일본어능력시험

한권합격
기본서+모의고사+단어장

N3

해커스

JLPT 최신 출제 경향을 철저히 분석하여 반영한 「해커스 JLPT N3 한권합격」을 내면서

"처음 N3 공부하는데 어떻게 시작해야 할지 모르겠어요."
"히라가나만 아는데 N3 합격할 수 있을까요?"
"청해 공부하는데 계속 좌절만 합니다."

대부분의 학습자들이 JLPT N3 학습으로 많은 어려움을 호소합니다. 이러한 학습자들의 어려움을 해결하고자 해커스 JLPT 연구소가 수 년간의 시험 분석을 통해 최신 출제 경향을 철저하게 반영한 **「해커스 JLPT N3 한권합격」**을 드디어 출간하게 되었습니다.

해커스 JLPT 연구소는 학습자들이 단 한 권으로 JLPT 시험을 충분히 대비하고, 한 번에 합격하는데 도움을 드리고자 노력하였습니다. 또한, **「해커스 JLPT N3 한권합격」**은 기존 교재들의 불편함, 부족한 점을 보완하여 단순히 학습자들의 시험 합격을 도와주는 도구뿐만 아니라 일본을 이해하고 소통하기 위한 튼튼한 발판이 되도록 정성을 다했습니다.

해커스 JLPT 한권합격 N3

기본서+모의고사+단어장

학습을 위한 추가 혜택

| 온라인 실전모의고사 1회분 | 무료 교재 MP3 (학습용/문제별 복습용/고사장 소음 버전) | 시험 D-20 빈출 단어·문형 암기장 (PDF+MP3) | 무료 어휘 암기 퀴즈(PDF) | 무료 청해 받아쓰기(PDF) | JLPT N3 최신 기출 어휘·문형 자료 (PDF) |

[이용 방법]
해커스일본어 사이트(japan.Hackers.com) 접속 후 로그인 ▶
페이지 상단 [교재/MP3 → MP3/자료] 클릭 후 이용하기

해커스일본어 사이트 바로 가기 ▶

해커스일본어 인강 30% 할인쿠폰

A7EK-AAD6-3DAK-7000 *쿠폰 유효기간: 쿠폰 등록 후 30일

[이용 방법]
해커스일본어 사이트(japan.Hackers.com) 접속 후 로그인 ▶
메인 우측 하단 [쿠폰&수강권 등록]에서 쿠폰번호 등록 후 강의 결제 시 사용 가능

* 본 쿠폰은 1회에 한해 등록 가능합니다.
* 이 외 쿠폰과 관련된 문의는 해커스 고객센터(02-537-5000)로 연락 바랍니다.

JLPT N3 합격 목표를 적어보자!

- 나의 다짐

- JLPT N3 합격 달성 _____년 _____월
- JLPT N3 목표 점수 _____점 / 180점

교재 p.14~15에 있는 **학습플랜을 활용하여**
매일매일 정해진 분량의 학습량으로 **JLPT N3를 준비**해보세요.

JLPT N3 최신 출제 경향을 반영한 교재!

JLPT N3를 합격하기 위해서는 최신 출제 경향을 확실하게 파악하고 철저히 대비하는 것이 매우 중요합니다. 이를 위해, 해커스의 JLPT 전문 연구원들은 최신 출제 경향을 심도 있게 분석하여 교재 전반에 철저하게 반영하였습니다.

히라가나밖에 몰라도 JLPT N3를 완벽히 대비할 수 있는 교재!

「해커스 JLPT N3 한권합격」은 일본어 왕초보 학습자들도 기초부터 탄탄히 학습할 수 있도록 구성되었습니다. 기초 학습 코너를 두어 본격적인 JLPT N3 학습 전에 일본어 기초 실력을 다지도록 하였으며, 상세한 해설, 해석, 어휘를 수록하여 혼자서도 효율적으로 학습할 수 있도록 하였습니다.

듣기 실력을 극대화하는 입체적 MP3 구성!

「해커스 JLPT N3 한권합격」은 청해 과목의 각 테스트를 한 번에 듣고 푸는 MP3와, 잘 들리지 않는 문제만을 듣고 학습할 수 있는 문제별 분할 MP3를 모두 제공하고 있습니다. 따라서 학습자들은 원하는 테스트와 문제를 손쉽게 찾아 듣고 학습할 수 있으며, "해커스 MP3 플레이어" 어플을 사용하면 1.05~2.0배속까지 원하는 배속으로 들을 수 있어 자신의 실력에 맞춰 효과적으로 듣기 실력을 향상시킬 수 있습니다.

「해커스 JLPT N3 한권합격」으로 꼭! 합격하시기를 기원하며, 일본어 실력 향상은 물론, 더 큰 목표와 꿈을 이뤄나가시기를 바랍니다.

목차

해커스가 제시하는 JLPT 합격 비법   6
A부터 Z까지 알려주는 JLPT 소개   10
JLPT N3 합격을 위한 학습 플랜   14
JLPT N3 시작 전 꼭 필요한 기초 학습   17

언어지식 문자·어휘

문제 1 한자읽기   30
문제 2 표기   60
문제 3 문맥규정   86
문제 4 유의표현   114
문제 5 용법   138

언어지식 문법

N3 빈출 문법   166
- 01 조사
- 02 부사
- 03 접속사
- 04 추측·전언 표현
- 05 수수 표현
- 06 수동·사역·사역 수동 표현
- 07 존경·가능 표현
- 08 경어 표현
- 09 명사 뒤에 접속하는 문형
- 10 동사 뒤에 접속하는 문형
- 11 여러 품사 뒤에 접속하는 문형

문제 1 문법형식 판단   226
문제 2 문장만들기   242
문제 3 글의 문법   258

해커스 JLPT N3 한권합격

독해

문제 4	내용이해(단문)	278
문제 5	내용이해(중문)	296
문제 6	내용이해(장문)	314
문제 7	정보검색	326

청해

문제 1	과제이해	340
문제 2	포인트이해	348
문제 3	개요이해	356
문제 4	발화표현	362
문제 5	즉시응답	370

실전모의고사

실전모의고사 1	376
실전모의고사 2	424
실전모의고사 3	470

 해설집 - 정답·해석·해설 [책 속의 책]

 시험 D-20 빈출 단어·문형 암기장 [별책]

해커스가 제시하는
JLPT 합격 비법

1. JLPT N3 최신 출제 경향 및 문제 풀이 전략을 철저히 익힌다!

① 최신 출제 경향을 담은 문제별 핵심 전략

JLPT N3 최신 출제 경향을 문제별로 철저하게 분석하여 핵심 전략을 정리하였습니다.

② 효과적인 문제 풀이를 위한 문제 풀이 Step

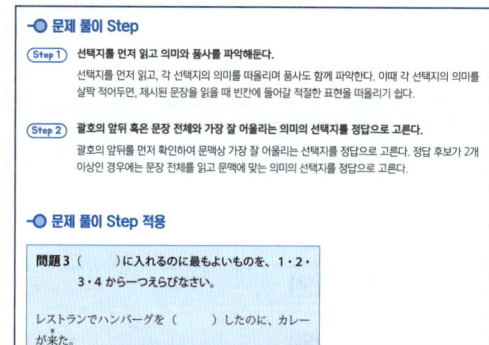

각 문제별로 가장 효과적인 문제 풀이 Step을 수록하였습니다. 실전에서 적용 가능한 문제 풀이 전략을 익힘으로써 효과적으로 대비할 수 있습니다.

③ 풀이 전략을 습득하는 문제 풀이 Step 적용

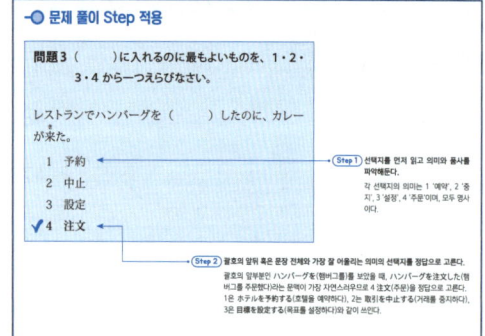

학습한 핵심 전략과 문제 풀이 Step을 문제별 대표 유형에 적용해 풀어봄으로써 더욱 철저히 체득할 수도록 하였습니다.

④ 문제 풀이 실력이 향상하는 실력 다지기

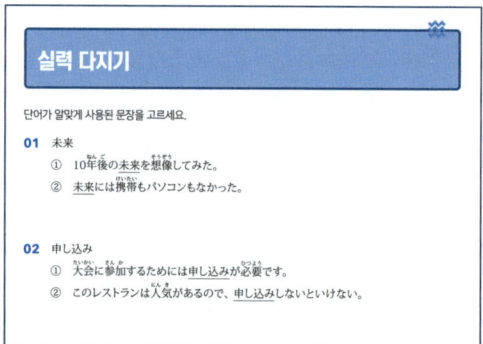

핵심 전략과 문제 풀이 Step을 곧바로 적용할 수 있도록, 실전 문제보다 간단한 형태의 문제를 통해 문제 풀이 실력을 충분히 다지고 향상시키도록 하였습니다.

2. 기본기와 실전 감각을 동시에 쌓는다!

① JLPT N3 시작 전 꼭 필요한 기초 학습

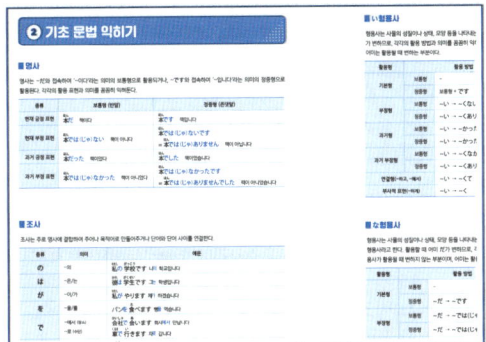

일본어 문자와 기초 문법을 이해하기 쉽게 정리하여 수록하였습니다. 문법 과목뿐만 아니라 문자·어휘, 독해, 청해 전 과목에 걸친 실력 향상에 큰 도움이 될 것입니다.

② 합격을 위해 꼭 알아야 하는 N3 빈출 단어

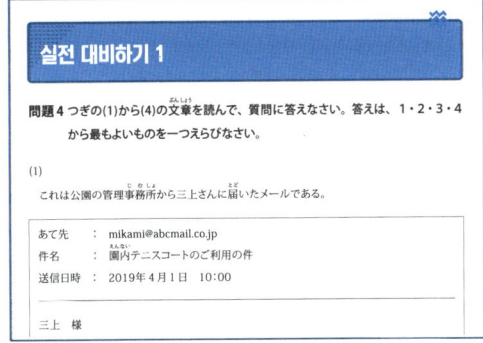

JLPT N3 합격을 위해 꼭 암기해야 하는 문자·어휘의 빈출 단어를 암기 포인트별로 정리하여 수록하였습니다.

* 교재에 수록된 모든 단어의 한자 및 히라가나 표기는 JLPT N3 시험에 따른 것입니다.

③ 합격 실력을 굳히는 실전 대비하기

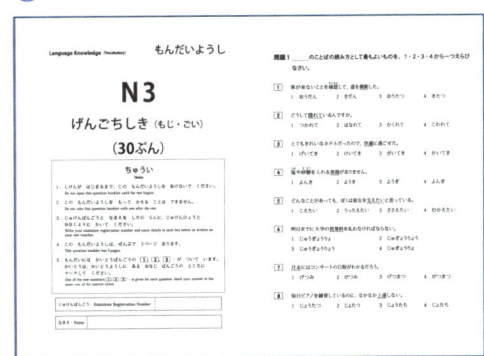

실제 출제 경향이 반영된 여러 회차의 실전 대비하기를 풀어봄으로써, 앞서 학습한 내용을 적용하고 실력을 키우면서 각 문제의 학습을 마무리하도록 하였습니다.

④ 실전 감각을 극대화하는 실전모의고사 4회분

교재 수록 3회분 + 온라인 제공 1회분, 총 4회분의 실전모의고사를 풀어봄으로써 실전 감각을 극대화할 수 있어 실전에서도 마음껏 실력을 발휘할 수 있습니다.

해커스가 제시하는
JLPT 합격 비법

3. 상세한 해설로 문제 풀이 실력을 극대화한다!

① 문제 풀이에 바로 적용 가능한 해설

> 해설 여자가 어떻게 미술관에 가는지를 고르는 문제이다. 남자가 バスを大森駅前で降りて大森駅から快速電車に乗り換えると30分早く着くって。駅の目の前がバス停だから乗り換えも楽だね(버스를 오모리 역 앞에서 내려서 오모리 역에서 쾌속 전철로 갈아타면 30분 빨리 도착한다. 역 코앞이 버스 정류장이니까 갈아타기도 편해)라고 하며, 또 다른 가는 방법에 대해 설명한 후 乗り換えが楽なほうがいいんじゃない(갈아타기 편한 쪽이 좋지 않겠어)라고 하자, 여자가 うん、そうだね(응, 그러네)라고 답하므로 갈아타기 편한 2 バスとでんしゃ(버스와 전철)가 정답이다. 1 '버스'는 버스로만 가면 시간이 꽤 걸린다고 했고, 3 '지하철'은 두 번 갈아타야 해서 환승이 복잡하다고 했고, 4 '버스와 지하철'은 언급되지 않았으므로 오답이다.
> 어휘 カフェ 圏 카페 美術館 びじゅつかん 圏 미술관 行く いく 圏 가다

가장 효과적으로 문제를 풀 수 있는 문제 풀이 Step을 기반으로 하여 실전에서 바로 적용 가능한 문제 풀이 해설을 수록하였습니다.

② 정답은 물론 오답 설명까지 포함한 해설

> 女 : 日程のことを考えると、企画を進めておいたほうがいいと思うけどなあ。
> 男 : 1 うまく進んでいるみたいだね。
>   2 締め切りには間に合ったはずだけど。
>   3 それは部長のチェックを受けてからでないと。
>
> 해설 남자가 전철의 시간을 맞추기 어려울 것 같다고 문제 언급을 하는 상황이다.
> 1 (O) '그럼, 그 다음 전철로 하자'라며 방안을 제시했으므로 적절한 응답이다.
> 2 (X) 9시 전철에는 시간을 못 맞출 것 같다고 한 상황에 맞지 않다.
> 3 (X) '지금 출발해도 늦는다'라는 내용을 전달한 남자의 말에 무く

정답뿐만 아니라 오답에 대한 설명까지 상세하게 수록하여 학습자들이 왜 오답인지를 충분히 이해할 수 있도록 하였습니다.

③ 일본어 문장 구조의 이해를 돕는 해석

> **4-6**
> ⁴의식하면 막을 수 있는 실수와 달리, 식후의 졸음만은 어찌할 도리가 없다. 졸음과 싸우면서 일을 해서, 실수를 한 적이 있는 사람도 많을 것이다. 일본 회사의 점심시간은 1시간밖에 없는 곳이 많기 때문에, 점심을 먹으면 시간이 지나가 전에 일이 시작된다. 그렇지만, 식후 사람은 자연스럽게 졸려진다.
> ①이런 식으로는 좋지 않다고 생각하고 있어도, 아무 대책도 취하지 않는 회사가 대부분일 것이다. 그런 가운데, 오사카의 어느 회사가 ②재미있는 시도를 시작했다. ⁵어느 유럽 나라를 흉내내서 낮에 길게 쉬는 제도를 도입한 것이다. 이 회사의 점심시간은 오후 1시부터 오후 4시까지이다. 하루에 일하는 시간은 다른 회사와 다르지

자연스럽지만 직역에 가까운 해석을 수록하여 해석을 통해서도 일본어 문장의 구조를 이해할 수 있도록 하였습니다.

④ 사전이 필요 없는 어휘 정리

> 어휘 意識 いしき 圏 의식 防ぐ ふせぐ 圏 막다 ミス 圏 실수
> 違う ちがう 圏 다르다 食後 しょくご 圏 식후 眠気 ねむけ 圏 졸음
> ~だけ 国 ~만 どうにもならない 어찌할 도리가 없다
> 戦う たたかう 圏 싸우다 ~ながら 国 ~(하)면서 仕事 しごと 圏 일
> ~たことがある ~(한) 적이 있다 人 ひと 圏 사람
> 多い おおい い圏 많다 ~はずだ ~(일) 것이다 日本 にほん 圏 일본
> 会社 かいしゃ 圏 회사 昼休み ひるやすみ 圏 점심시간
> 時間 じかん 圏 시간 ~しか ~밖에 ところ 圏 곳
> ~ので 国 ~때문에 昼食 ちゅうしょく 圏 점심
> 食べる たべる 圏 먹다 経つ たつ 圏 지나다
> ~ないうちに ~(하)지 않은 사이에 始まる はじまる 圏 시작되다
> ところが 国 그렇지만 自然だ しぜんだ な圏 자연스럽다

모든 문제에 사용된 어휘를 상세히 정리하여 학습자들이 따로 사전을 찾아보지 않아도 효율적으로 학습할 수 있도록 하였습니다.

4. 추가 학습자료로 합격 실력을 완성한다!

① 시험 D-20 빈출 단어·문형 암기장

N3 단어와 문형을 20일 동안 체계적으로 학습할 수 있도록 구성하였습니다. 해커스일본어(japan.Hackers.com)에서 PDF로도 내려받을 수 있습니다.

② 학습용 MP3 & 복습용 MP3 & 고사장 MP3

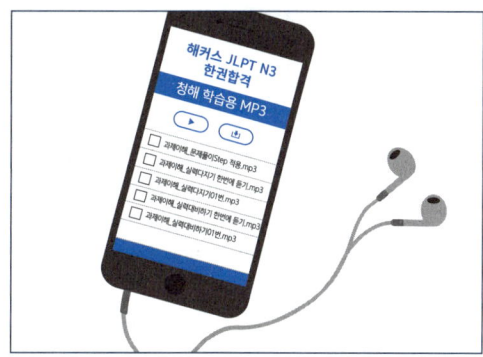

청해 과목 MP3뿐만 아니라, 원하는 문제만 반복하여 들을 수 있는 복습용 MP3, 실전 감각을 익힐 수 있는 고사장 버전 MP3까지 제공하여 청해 실력을 극대화할 수 있도록 하였습니다. "해커스 MP3 플레이어" 어플로 모든 MP3를 원하는 배속으로 들을 수 있습니다.

③ 어휘 암기 퀴즈 PDF

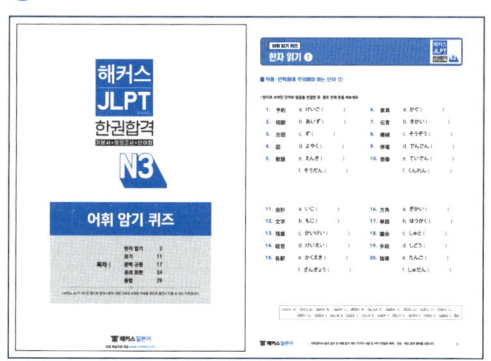

어휘 암기 퀴즈 PDF를 통해 어휘를 잘 암기했는지 스스로 확인해볼 수 있도록 하였습니다.

④ 청해 받아쓰기 PDF

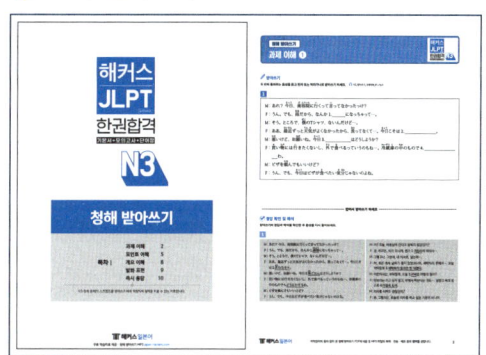

청해 문제 풀이에 핵심이 되는 키워드를 집중적으로 듣고 받아쓰는 연습을 하면서 직청직해 실력을 키울 수 있도록 하였습니다.

A부터 Z까지 알려주는
JLPT 소개

■ JLPT 란?

Japanese-Language Proficiency Test의 앞 글자를 딴 것으로, 일본어를 모국어로 하지 않는 사람의 일본어 능력을 측정하여 판단하고 인정하는 시험이다. 일본국제교류기금과 일본국제교육지원협회가 주최하고 있으며, 전 세계적으로 인정받을 수 있는 시험이다.

■ 급수 구성

급수	인정 수준
N1	폭 넓은 화제에 대해 쓰인 신문의 논설, 평론 등 논리적으로 복잡한 글이나 추상적인 글을 읽고 구성이나 내용, 흐름을 이해할 수 있으며, 자연스러운 속도의 뉴스, 강의 등을 듣고 논리 구성을 이해하거나 요지를 파악할 수 있다.
N2	폭 넓은 화제에 대해 쓰인 신문이나 잡지의 기사, 해설, 평론 등 논지가 명쾌한 글을 읽고 이해할 수 있으며, 자연스러움에 가까운 속도의 뉴스, 강의 등을 듣고 흐름이나 내용, 요지를 파악할 수 있다.
N3	일상적인 화제에 대해 쓰인 구체적인 내용의 글을 읽고 이해할 수 있으며, 조금 난이도가 있는 글도 다른 표현이 주어지면 요지를 이해할 수 있다. 제법 자연스러움에 가까운 속도의 회화를 듣고 구체적인 내용이나 등장인물의 관계를 거의 이해할 수 있다.
N4	기본적인 어휘나 한자를 사용하여 쓴 일상생활과 관련된 화제의 글을 읽고 이해할 수 있으며, 천천히 말하면 내용을 거의 이해할 수 있다.
N5	히라가나나 가타카나, 일상생활에서 쓰이는 기본적인 한자로 쓰인 정형화된 어구나 글을 읽고 이해할 수 있으며, 교실이나 주변 등 일상생활에서 자주 마주치는 장면에서 천천히 말하면 필요한 정보를 듣고 이해할 수 있다.

해커스 JLPT N3 한권합격

■ 시험 과목과 시험 시간

급수	1교시		휴식	2교시
N1	언어지식(문자·어휘·문법) / 독해 110분(10:00~11:50)		20분	청해 60분(12:10~13:10) *시험은 55분간 진행
N2	언어지식(문자·어휘·문법) / 독해 105분(10:00~11:45)			청해 55분(12:05~13:00) *시험은 50분간 진행
N3	언어지식(문자·어휘) 30분(14:00~14:30)	언어지식(문법) / 독해 70분(14:35~15:45)		청해 45분(16:05~16:50) *시험은 40분간 진행
N4	언어지식(문자·어휘) 25분(14:00~14:25)	언어지식(문법) / 독해 55분(14:30~15:25)		청해 40분(15:45~16:25) *시험은 35분간 진행
N5	언어지식(문자·어휘) 20분(14:00~14:20)	언어지식(문법) / 독해 40분(14:25~15:05)		청해 35분(15:25~16:00) *시험은 30분간 진행

* 시험이 시작되는 10시(N1~N2), 14시(N3~N5) 이후 시험장 입장은 불가하며, 2교시도 응시할 수 없다.
* N3~N5 시험의 경우, 1교시에 언어지식(문자·어휘)과 언어지식(문법) / 독해가 연결 실시되며, 언어지식(문자·어휘) 시험이 종료되면 시험지를 회수하고 바로 언어지식(문법) / 독해 시험을 진행한다.
* 청해는 별도의 마킹 시간이 없으므로 한 개의 문항을 풀 때마다 바로 바로 마킹한다.

■ 합격 기준

JLPT에 합격하기 위해서는 종합득점의 합격점과 과목별 기준점을 넘는 점수가 필요하다.

급수	합격점 / 종합득점	과목별 기준점 / 과목별 득점		
		언어지식(문자·어휘·문법)	독해	청해
N1	100점 / 180점	19점 / 60점	19점 / 60점	19점 / 60점
N2	90점 / 180점	19점 / 60점	19점 / 60점	19점 / 60점
N3	95점 / 180점	19점 / 60점	19점 / 60점	19점 / 60점
N4	90점 / 180점	38점 / 120점		19점 / 60점
N5	80점 / 180점	38점 / 120점		19점 / 60점

A부터 Z까지 알려주는
JLPT 소개

■ 문제 구성

과목		문제 유형	문항 수				
			N1	N2	N3	N4	N5
언어지식	문자·어휘	한자읽기	6	5	8	7	7
		표기	-	5	6	5	5
		단어형성	-	5	-	-	-
		문맥규정	7	7	11	8	6
		유의표현	6	5	5	4	3
		용법	6	5	5	4	-
		합계	25	32	35	28	21
	문법	문법형식 판단	10	12	13	13	9
		문장만들기	5	5	5	4	4
		글의 문법	5	5	5	4	4
		합계	20	22	23	21	17
독해		내용이해(단문)	4	5	4	3	2
		내용이해(중문)	9	9	6	3	2
		내용이해(장문)	4	-	4	-	-
		통합이해	2	2	-	-	-
		주장이해(장문)	4	3	-	-	-
		정보검색	2	2	2	2	1
		합계	25	21	16	8	5
청해		과제이해	5	5	6	8	7
		포인트이해	6	6	6	7	6
		개요이해	5	5	3	-	-
		발화표현	-	-	4	5	5
		즉시응답	11	12	9	8	6
		통합이해	3	4	-	-	-
		합계	30	32	28	28	24
총 문항수			100	107	102	85	67

* 문항 수는 시험마다 각 급수별로 1~4문항씩 달라질 수 있습니다.

■ 시험 접수 및 준비, 결과 확인

1. 시험 접수, 시험일, 시험 결과 조회 일정

회차	시험 접수	시험일	시험 결과 조회
매년 제1회 시험	매년 4월 초	매년 7월 첫 번째 일요일	매년 8월 말
매년 제2회 시험	매년 9월 초	매년 12월 첫 번째 일요일	매년 1월 말

* 일반 접수 기간이 끝난 뒤, 약 일주일 동안의 추가 접수 기간이 있다.
  정확한 시험 일정은 JLPT 한국 홈페이지 (http://jlpt.or.kr)에서 확인 가능하다.

2. 시험 접수 방법

(1) 인터넷 접수 * 회원 가입 및 로그인 필요

　　JLPT 한국 홈페이지(http://jlpt.or.kr)에서 [시험 접수]로 접수한다.

(2) 우편 접수 *시험장 선택 불가

　　구비 서류를 등기우편으로 발송하여 접수한다.
　　• 구비 서류 : 수험 원서(홈페이지 다운로드), 증명사진 1매(뒷면에 이름, 생년월일, 휴대 전화 번호 기재), 수험료(우체국 통상환)
　　• 보낼 곳 : [서울권역] (03060) 서울시 종로구 율곡로53, 해영빌딩 1007호 JLPT일본어능력시험
　　　　　　　 [부산권역] (48792) 부산광역시 동구 중앙대로 319, 1501호(초량동, 부산YMCA) (사) 부산한일문화교류협회
　　　　　　　 [제주권역] (63219) 제주특별자치도 제주시 청사로 1길 18-4 제주상공회의소 JLPT 담당자 앞

3. 시험 준비물

 수험표　 규정 신분증
(주민등록증, 운전면허증, 여권 등)　 필기구
(연필이나 샤프, 지우개)　 시계

4. 결과 확인

(1) 결과 조회

　　1회 시험은 8월 말, 2회 시험은 1월 말에 JLPT 한국 홈페이지(http://jlpt.or.kr)에서 조회 가능하다.

(2) 결과표 수령 방법

　　JLPT 결과표는 1회 시험은 9월 말, 2회 시험은 2월 말에 접수 시 기재한 주소로 택배 발송된다.
　　합격자 : 일본어능력인정서, 일본어능력시험 인정결과 및 성적에 관한 증명서 발송
　　불합격자 : 일본어능력시험 인정결과 및 성적에 관한 증명서만 발송

(3) 자격 유효 기간

　　유효기간이 없는 평생 자격이지만, 기관 등에서는 보통 2년 이내 성적을 요구한다.

JLPT N3 합격을 위한
학습 플랜

📅 20일 완성 학습 플랜

20일 동안 문제 유형을 하루에 2개씩 학습해, 짧은 기간에 집중적으로 학습하는 플랜입니다.

1일	2일	3일	4일	5일
[기초학습]	[언어지식(문자·어휘)] 문제1-2	[언어지식(문자·어휘)] 문제3-4	[언어지식(문자·어휘)] 문제5	[N3 빈출 문법] 01~08
[암기장] 1日	[암기장] 2日	[암기장] 3日	[암기장] 4日	[암기장] 5日

6일	7일	8일	9일	10일
[N3 빈출 문법] 09~11	[언어지식(문법)] 문제1-2	[언어지식(문법)] 문제3	[독해] 문제4-5	[독해] 문제6-7
[암기장] 6日	[암기장] 7日	[암기장] 8日	[암기장] 9日	[암기장] 10日

11일	12일	13일	14일	15일
[청해] 문제1-2	[청해] 문제3-4	[청해] 문제5	[실전모의고사] 1 풀기	[실전모의고사] 1 복습
[암기장] 11日	[암기장] 12日	[암기장] 13日	[암기장] 14日	[암기장] 15日

16일	17일	18일	19일	20일
[실전모의고사] 2 풀기	[실전모의고사] 2 복습	[실전모의고사] 3 풀기	[실전모의고사] 3 복습	전체 총정리
[암기장] 16日	[암기장] 17日	[암기장] 18日	[암기장] 19日	[암기장] 20日

📅 30일 완성 학습 플랜

30일 동안 문제 유형을 하루에 1개씩 학습해, 일일 학습의 부담을 줄이고 더욱 꼼꼼하게 학습하는 플랜입니다.

1일	2일	3일	4일	5일
[기초학습]	[언어지식(문자·어휘)] 문제1	[언어지식(문자·어휘)] 문제2	[언어지식(문자·어휘)] 문제3	[언어지식(문자·어휘)] 문제4

6일	7일	8일	9일	10일
[언어지식(문자·어휘)] 문제5	[N3 빈출 문법] 01~08	[N3 빈출 문법] 09~11	[언어지식(문법)] 문제1	[언어지식(문법)] 문제2
		[암기장] 1日	[암기장] 2日	[암기장] 3日

11일	12일	13일	14일	15일
[언어지식(문법)] 문제3	[독해] 문제4	[독해] 문제5	[독해] 문제6	[독해] 문제7
[암기장] 4日	[암기장] 5日	[암기장] 6日	[암기장] 7日	[암기장] 8日

16일	17일	18일	19일	20일
[청해] 문제1	[청해] 문제2	[청해] 문제3	[청해] 문제4	[청해] 문제5
[암기장] 9日	[암기장] 10日	[암기장] 11日	[암기장] 12日	[암기장] 13日

21일	22일	23일	24일	25일
[실전모의고사] 1 풀기	[실전모의고사] 1 복습	[실전모의고사] 2 풀기	[실전모의고사] 2 복습	[실전모의고사] 3 풀기
[암기장] 14日	[암기장] 15日	[암기장] 16日	[암기장] 17日	[암기장] 18日

26일	27일	28일	29일	30일
[실전모의고사] 3 복습	[실전모의고사] 1-3 복습	[언어지식] 전체 복습	[독해 / 청해] 전체 복습	전체 총정리
[암기장] 19日	[암기장] 20日			

* 60일 학습을 원할 경우 위의 표에서 하루 분량을 이틀에 걸쳐서 학습하면 됩니다.

무료 온라인 실전모의고사·학습자료 제공
해커스일본어 japan.Hackers.com

해커스 JLPT N3 한권합격

JLPT N3 시작 전 꼭 필요한

기초 학습

1. 일본어 문자 익히기
2. 기초 문법 익히기

① 일본어 문자 익히기

■ 히라가나 익히기

히라가나는 한자의 초서체에서 비롯된 문자로 현대 일본어의 가장 기본이 되는 문자이다. 아래 표에서 '단'은 같은 모음을 가진 문자, '행'은 같은 자음을 가진 문자를 의미한다. 특히 동사의 활용에서 '단'과 '행'의 개념이 중요하므로 '단'과 '행'에 유의하며 히라가나를 익혀둔다.

	あ행	か행	さ행	た행	な행	は행	ま행	や행	ら행	わ행	
あ단	あ [아]	か [카]	さ [사]	た [타]	な [나]	は [하]	ま [마]	や [야]	ら [라]	わ [와]	
い단	い [이]	き [키]	し [시]	ち [치]	に [니]	ひ [히]	み [미]		り [리]		
う단	う [우]	く [쿠]	す [스]	つ [츠]	ぬ [누]	ふ [후]	む [무]	ゆ [유]	る [루]		*ん [응]
え단	え [에]	け [케]	せ [세]	て [테]	ね [네]	へ [헤]	め [메]		れ [레]		
お단	お [오]	こ [코]	そ [소]	と [토]	の [노]	ほ [호]	も [모]	よ [요]	ろ [로]	を [오]	

*ん은 어떤 행, 단에도 속하지 않는다.

■ 가타카나 익히기

가타카나는 한자의 일부를 차용해 만든 문자로 외래어를 표기할 때 주로 사용된다. 언어지식(문자·어휘) 과목에서 빈칸에 들어갈 가타카나 단어를 묻거나 가타카나로 된 단어의 용법, 유의어를 묻는 문제가 출제되므로 シ(시)와 ツ(츠), ソ(소)와 ン(응)과 같이 모양이 비슷한 가타카나를 헷갈리지 않도록 정확히 익혀둔다. 가타카나도 히라가나와 마찬가지로 '단'과 '행'이 있다.

	ア행	カ행	サ행	タ행	ナ행	ハ행	マ행	ヤ행	ラ행	ワ행	
ア단	ア [아]	カ [카]	サ [사]	タ [타]	ナ [나]	ハ [하]	マ [마]	ヤ [야]	ラ [라]	ワ [와]	
イ단	イ [이]	キ [키]	シ [시]	チ [치]	ニ [니]	ヒ [히]	ミ [미]		リ [리]		
ウ단	ウ [우]	ク [쿠]	ス [스]	ツ [츠]	ヌ [누]	フ [후]	ム [무]	ユ [유]	ル [루]		ン [응]
エ단	エ [에]	ケ [케]	セ [세]	テ [테]	ネ [네]	ヘ [헤]	メ [메]		レ [레]		
オ단	オ [오]	コ [코]	ソ [소]	ト [토]	ノ [노]	ホ [호]	モ [모]	ヨ [요]	ロ [로]	ヲ [오]	

■ 탁음 익히기

탁음은 か, さ, た, は행의 문자 오른쪽 위에 [˚]을 붙인 것이며, が는 우리말 [ㄱ], ざ는 [ㅈ], だ는 [ㄷ], ば는 [ㅂ]처럼 발음한다. 언어지식(문자·어휘) 과목의 한자읽기 문제에서 탁음의 유무를 함정으로 이용한 오답 선택지가 자주 제시되므로 꼼꼼히 익혀둔다. 가타카나도 히라가나와 마찬가지로 탁음이 있다.

	が행	ざ행	だ행	ば행
あ단	が [가]	ざ [자]	だ [다]	ば [바]
い단	ぎ [기]	じ [지]	ぢ [지]	び [비]
う단	ぐ [구]	ず [즈]	づ [즈]	ぶ [부]
え단	げ [게]	ぜ [제]	で [데]	べ [베]
お단	ご [고]	ぞ [조]	ど [도]	ぼ [보]

	ガ행	ザ행	ダ행	バ행
ア단	ガ [가]	ザ [자]	ダ [다]	バ [바]
イ단	ギ [기]	ジ [지]	ヂ [지]	ビ [비]
ウ단	グ [구]	ズ [즈]	ヅ [즈]	ブ [부]
エ단	ゲ [게]	ゼ [제]	デ [데]	ベ [베]
オ단	ゴ [고]	ゾ [조]	ド [도]	ボ [보]

■ 반탁음 익히기

반탁음은 は행의 문자 오른쪽 위에 [˚]을 붙인 것이며, 우리말 [ㅍ]처럼 발음한다. 언어지식(문자·어휘) 과목의 한자읽기 문제에서 반탁음의 유무를 함정으로 이용한 오답 선택지가 자주 제시되므로 꼼꼼히 익혀둔다. 가타카나도 히라가나와 마찬가지로 반탁음이 있다.

	ぱ행
あ단	ぱ [파]
い단	ぴ [피]
う단	ぷ [푸]
え단	ぺ [페]
お단	ぽ [포]

	パ행
ア단	パ [파]
イ단	ピ [피]
ウ단	プ [푸]
エ단	ペ [페]
オ단	ポ [포]

■ 요음 익히기

い를 제외한 い단의 글자 뒤에 や, ゅ, ょ를 붙여서, 앞 글자와 함께 한 글자처럼 발음하는 것을 요음이라고 한다. 이때 や, ゅ, ょ는 앞 글자보다 작게 써야 한다. 단어를 학습할 때에는 や, ゅ, ょ가 작게 쓰여서 요음으로 발음해야 하는지, 크게 쓰여서 요음으로 발음하지 않아야 하는지를 주의하며 꼼꼼히 익혀둔다. 가타카나도 히라가나와 마찬가지로 요음이 있다.

	き	し	ち	に	ひ	み	り	ぎ	じ	ぢ	び	ぴ
ゃ	きゃ [캬]	しゃ [샤]	ちゃ [챠]	にゃ [냐]	ひゃ [햐]	みゃ [먀]	りゃ [랴]	ぎゃ [갸]	じゃ [쟈]	ぢゃ [쟈]	びゃ [뱌]	ぴゃ [퍄]
ゅ	きゅ [큐]	しゅ [슈]	ちゅ [츄]	にゅ [뉴]	ひゅ [휴]	みゅ [뮤]	りゅ [류]	ぎゅ [규]	じゅ [쥬]	ぢゅ [쥬]	びゅ [뷰]	ぴゅ [퓨]
ょ	きょ [쿄]	しょ [쇼]	ちょ [쵸]	にょ [뇨]	ひょ [효]	みょ [묘]	りょ [료]	ぎょ [교]	じょ [죠]	ぢょ [죠]	びょ [뵤]	ぴょ [표]

	キ	シ	チ	ニ	ヒ	ミ	リ	ギ	ジ	ヂ	ビ	ピ
ャ	キャ [캬]	シャ [샤]	チャ [챠]	ニャ [냐]	ヒャ [햐]	ミャ [먀]	リャ [랴]	ギャ [갸]	ジャ [쟈]	ヂャ [쟈]	ビャ [뱌]	ピャ [퍄]
ュ	キュ [큐]	シュ [슈]	チュ [츄]	ニュ [뉴]	ヒュ [휴]	ミュ [뮤]	リュ [류]	ギュ [규]	ジュ [쥬]	ヂュ [쥬]	ビュ [뷰]	ピュ [퓨]
ョ	キョ [쿄]	ショ [쇼]	チョ [쵸]	ニョ [뇨]	ヒョ [효]	ミョ [묘]	リョ [료]	ギョ [교]	ジョ [죠]	ヂョ [죠]	ビョ [뵤]	ピョ [표]

■ 촉음 익히기

つ를 っ와 같이 작게 표기하여 우리말의 받침과 비슷한 역할을 하는 것을 촉음이라고 한다. 촉음은 뒤에 어떤 글자가 오는지에 따라 여러 발음으로 읽힌다. 단어를 학습할 때에는 つ가 크게 쓰여서 [츠]로 발음해야 하는지, 작게 쓰여서 촉음으로 발음해야 하는지를 주의하며 꼼꼼히 익혀둔다. 가타카나도 히라가나와 마찬가지로 촉음이 있다.

'ㄱ' 받침으로 발음 되는 경우	か행 앞에 っ가 올 때 우리말 'ㄱ' 받침과 같이 발음한다. がっこう [각꼬-] 학교　　いっかい [익까이] 일층
'ㅂ' 받침으로 발음 되는 경우	ぱ행 앞에 っ가 올 때 우리말 'ㅂ' 받침과 같이 발음한다. いっぱい [입빠이] 가득　　いっぽ [입뽀] 한 걸음
'ㅅ' 받침으로 발음 되는 경우	さ, た행 앞에 っ가 올 때 우리말 'ㅅ' 받침과 같이 발음한다 ざっし [잣시] 잡지　　きっと [킷또] 분명히

■ 장음 익히기

두 음절 혹은 세 음절을 한 음처럼 길게 소리내는 것을 장음이라고 한다. 일본어는 장음인지 단음인지에 따라 단어의 뜻이 달라지는 경우가 많으므로 특히 주의해야 한다. 언어지식(문자·어휘) 과목의 한자읽기 문제에서 장음과 단음으로 혼동을 주는 문제가 자주 출제되므로 장음과 단음의 유무에 특히 주의하며 꼼꼼히 익혀둔다.

あ단 + あ	앞에 오는 あ단의 글자를 길게 발음한다.	お**か**あさん [오카-상] 어머니 お**ば**あさん [오바-상] 할머니
い단 + い	앞에 오는 い단의 글자를 길게 발음한다.	お**に**いさん [오니-상] 오빠, 형 お**じ**いさん [오지-상] 할아버지
う단 + う	앞에 오는 う단의 글자를 길게 발음한다.	**す**うがく [스-가쿠] 수학 **ゆ**うがた [유-가타] 저녁
え단 + い·え	앞에 오는 え단의 글자를 길게 발음한다.	**せ**んせい [센세-] 선생님 お**ね**えさん [오네-상] 언니, 누나
お단 + う·お	앞에 오는 お단의 글자를 길게 발음한다.	お**と**うさん [오토-상] 아버지 **お**おい [오-이] 많다
요음 + う	앞에 오는 요음의 글자를 길게 발음한다.	**じょ**うし [죠-시] 상사 **じゅ**う [쥬-] 10
가타카나의 장음 'ー'	'ー' 앞에 오는 글자를 길게 발음한다.	チ**ー**ズ [치-즈] 치즈 コ**ー**ヒ**ー** [코-히-] 커피

❷ 기초 문법 익히기

■ 명사

명사는 ~だ와 접속하여 '~이다'라는 의미의 보통형으로 활용되거나, ~です와 접속하여 '~입니다'라는 의미의 정중형으로 활용된다. 각각의 활용 표현과 의미를 꼼꼼히 익혀둔다.

종류	보통형 (반말)	정중형 (존댓말)
현재 긍정 표현	本だ 책이다	本です 책입니다
현재 부정 표현	本では(じゃ)ない 책이 아니다	本では(じゃ)ないです = 本では(じゃ)ありません 책이 아닙니다
과거 긍정 표현	本だった 책이었다	本でした 책이었습니다
과거 부정 표현	本では(じゃ)なかった 책이 아니었다	本では(じゃ)なかったです = 本では(じゃ)ありませんでした 책이 아니었습니다

■ 조사

조사는 주로 명사에 결합하여 주어나 목적어로 만들어주거나 단어와 단어 사이를 연결한다.

종류	의미	예문
の	~의 ~의 것	私の学校です 나의 학교입니다 この傘は私のです 이 우산은 제 것입니다
は	~은/는	彼は学生です 그는 학생입니다
が	~이/가	私がやります 제가 하겠습니다
を	~을/를	パンを食べます 빵을 먹습니다
で	~에서 (장소) ~로 (수단)	会社で会います 회사에서 만납니다 車で行きます 차로 갑니다
へ	~에/로 (방향)	公園へ行きます 공원에 갑니다
に	~에 (시간, 장소) ~에게 ~하러	5時に出ます 5시에 나갑니다. 友達に電話をします 친구에게 전화를 합니다 服を買いに行きます 옷을 사러 갑니다
と	~와/과 ~라고	弟と映画を見ます 남동생과 영화를 봅니다 「ありがとう」と言いました '고마워'라고 말했습니다
も	~도	りんごも好きです 사과도 좋아합니다.
か	~까? (문장의 마지막에 붙여서 의문문을 만든다)	これは本ですか 이것은 책입니까

■ い형용사

형용사는 사물의 성질이나 상태, 모양 등을 나타내는 품사이며 어미가 い인 형용사를 い형용사라고 한다. 활용할 때 어미 い가 변하므로, 각각의 활용 방법과 의미를 꼼꼼히 익혀둔다. 참고로, 어간은 동사나 형용사가 활용될 때 변하지 않는 부분이며, 어미는 활용될 때 변하는 부분이다.

활용형		활용 방법	예문
기본형	보통형	-	おいしい 맛있다
	정중형	보통형 + です	おいしいです 맛있습니다
부정형	보통형	~い → ~くない	おいしくない 맛있지 않다
	정중형	~い → ~くありません	おいしくありません 맛있지 않습니다
과거형	보통형	~い → ~かった	おいしかった 맛있었다
	정중형	~い → ~かったです	おいしかったです 맛있었습니다
과거 부정형	보통형	~い → ~くなかった	おいしくなかった 맛있지 않았다
	정중형	~い → ~くありませんでした	おいしくありませんでした 맛있지 않았습니다
연결형(~하고, ~해서)		~い → ~くて	おいしくて 맛있고, 맛있어서
부사적 표현(~하게)		~い → ~く	おいしく 맛있게

■ な형용사

형용사는 사물의 성질이나 상태, 모양 등을 나타내는 품사이며 어미가 だ이고, 명사를 수식할 때 な로 활용되는 형용사를 な형용사라고 한다. 활용할 때 어미 だ가 변하므로, 각각의 활용 방법과 그 의미를 꼼꼼히 익혀둔다. 참고로, 어간은 동사나 형용사가 활용될 때 변하지 않는 부분이며, 어미는 활용될 때 변하는 부분이다.

활용형		활용 방법	예문
기본형	보통형	-	静かだ 조용하다
	정중형	~だ → ~です	静かです 조용합니다
부정형	보통형	~だ → ~では(じゃ)ない	静かでは(じゃ)ない 조용하지 않다
	정중형	~だ → ~では(じゃ)ありません	静かでは(じゃ)ありません 조용하지 않습니다
과거형	보통형	~だ → ~だった	静かだった 조용했다
	정중형	~だ → ~でした	静かでした 조용했습니다
과거 부정형	보통형	~だ → ~では(じゃ)なかった	静かでは(じゃ)なかった 조용하지 않았다
	정중형	~だ → では(じゃ)ありませんでした	静かでは(じゃ)ありませんでした 조용하지 않았습니다
연결형(~하고, ~해서)		~だ → ~で	静かで 조용하고, 조용해서
부사적 표현(~하게)		~だ → ~に	静かに 조용하게

■ 동사

● 동사의 종류

모든 동사의 사전형*은 어미가 う단이며, 동사는 1그룹 동사, 2그룹 동사, 3그룹 동사 세 가지로 나뉘어진다.

종류	내용	단어 예시
1그룹	2그룹과 3그룹 동사를 제외한 모든 동사를 포함한다. * 예외적으로 어미가 る이고, る 앞의 문자가 い단 혹은 え단인 1그룹 동사도 있다. 예) 帰る(돌아가다), 知る(알다)	書く 쓰다 買う 사다 移る 옮기다
2그룹	어미가 る이고, る 앞의 문자가 い단 혹은 え단인 동사이다.	見る 보다 食べる 먹다
3그룹	する와 来る 두 가지뿐이다.	する 하다 来る 오다

* 사전형이란 사전에 수록된 기본 형태를 의미한다.

● ます형

ます는 '~합니다' 라는 의미로, 동사를 정중하게 말할 때 사용한다. 동사 뒤에 ます를 붙이려면 동사의 어미를 활용해야 하는데, 이렇게 바뀐 형태를 동사의 ます형이라고 하며, 동사의 ます형에 ます를 붙인 것을 동사의 정중형이라고 한다. ます형 뒤에는 ～ます(~합니다), ～ましょう(~합시다) 등의 문형을 붙일 수 있다.

종류	활용 방법	활용 예시
1그룹	어미 う단을 い단으로 바꾼다.	書く 쓰다 → 書きます 씁니다 買う 사다 → 買います 삽니다 移る 옮기다 → 移ります 옮깁니다
2그룹	어미 る를 삭제한다.	見る 보다 → 見ます 봅니다 食べる 먹다 → 食べます 먹습니다
3그룹	불규칙 동사 2개를 오른쪽과 같이 활용한다.	する 하다 → します 합니다 来る 오다 → 来ます 옵니다

● ない형

ない는 '~않다, ~않는다' 라는 의미로, 동사의 부정을 나타낼 때 사용한다. 동사 뒤에 ない를 붙이려면 동사의 어미를 활용해야 하는데, 이렇게 바뀐 형태를 동사의 ない형이라고 하며, 동사의 ない형에 ない를 붙인 것을 동사의 부정형이라고 한다. ない형 뒤에는 ~ない(~않다), ~ないで(~하지 않고) 등의 문형을 붙일 수 있다.

종류	활용 방법	활용 예시
1그룹	어미 う단을 あ단으로 바꾼다. (단, 어미가 う인 경우는 わ로 바꾼다.)	書く 쓰다 → 書かない 쓰지 않다 買う 사다 → 買わない 사지 않다
2그룹	어미 る를 삭제한다.	見る 보다 → 見ない 보지 않다 食べる 먹다 → 食べない 먹지 않다
3그룹	불규칙 동사 2개를 오른쪽과 같이 활용한다.	する 하다 → しない 하지 않다 来る 오다 → 来ない 오지 않다

● て형

て형은 '~해서, ~하고' 라는 의미로, 동사 두 개를 연결할 때 사용한다. 동사 뒤에 て를 붙이려면 동사의 어미를 활용해야 하는데, 이렇게 바뀐 형태에 て를 붙인 것을 동사의 て형이라고 하며, 동사의 て형은 동사의 연결형이라고도 한다. 동사의 て형은 ~てください(~해 주세요), ~ている(~하고 있다) 등의 문형에서 사용된다.

종류	활용 방법	활용 예시
1그룹	1. 어미가 く인 경우 いて로 바꾼다. 2. 어미가 ぐ인 경우 いで로 바꾼다. 3. 어미가 う, つ, る인 경우 って로 바꾼다. 4. 어미가 す인 경우 して로 바꾼다. 5. 어미가 ぬ, む, ぶ인 경우 んで로 바꾼다.	1. 書く 쓰다 → 書いて 써서 2. 脱ぐ 벗다 → 脱いで 벗어서 3. 知る 알다 → 知って 알아서 4. 話す 말하다 → 話して 말해서 5. 読む 읽다 → 読んで 읽어서
2그룹	어미 る를 빼고 て를 붙인다.	見る 보다 → 見て 봐서 食べる 먹다 → 食べて 먹어서
3그룹	불규칙 동사 2개를 오른쪽과 같이 활용한다.	する 하다 → して 해서 来る 오다 → 来て 와서

● た형

た형은 '~했다'라는 의미로, 동사의 과거를 나타낼 때 사용한다. 동사 뒤에 た를 붙이려면 동사의 어미를 활용해야 하는데, 이렇게 바뀐 형태에 た를 붙인 것을 동사의 た형이라고 하며, 동사의 た형은 동사의 과거형이라고도 한다. 동사의 た형은 ~たことがある(~한 적이 있다), ~たところ(~한 결과) 등의 문형에서 사용된다.

종류	활용 방법	활용 예시
1그룹	1. 어미가 く인 경우 いた로 바꾼다. 2. 어미가 ぐ인 경우 いだ로 바꾼다. 3. 어미가 う, つ, る인 경우 った로 바꾼다. 4. 어미가 す인 경우 した로 바꾼다. 5. 어미가 ぬ, む, ぶ인 경우 んだ로 바꾼다.	1. 書く 쓰다 → 書いた 썼다 2. 脱ぐ 벗다 → 脱いだ 벗었다 3. 知る 알다 → 知った 알았다 4. 話す 말하다 → 話した 말했다 5. 読む 읽다 → 読んだ 읽었다
2그룹	어미 る를 빼고 た를 붙인다.	食べる 먹다 → 食べた 먹었다 見る 보다 → 見た 봤다
3그룹	불규칙 동사 2개를 오른쪽과 같이 활용한다.	する 하다 → した 했다 来る 오다 → 来た 왔다

● 동사의 의지형과 청유형

의지형은 '~해야지'라는 의미이며, 청유형은 '~하자'라는 의미이다. 의지형과 청유형을 만들기 위한 동사의 활용 방법은 동일하지만, 의지형으로 사용될 때는 뒤에 ~と思う(~라고 생각하다) 또는 ~とする(~라고 하다)와 같은 표현을 붙여서, '~하려고 생각하다', '~하려고 하다'의 뜻으로 주로 사용한다.

종류	활용 방법	활용 예시
1그룹	어미 う단을 お단으로 바꾸고 う를 붙인다.	書く 쓰다 → 書こう 써야지, 쓰자 買う 사다 → 買おう 사야지, 사자
2그룹	어미 る를 빼고 よう를 붙인다.	食べる 먹다 → 食べよう 먹어야지, 먹자 見る 보다 → 見よう 봐야지, 보자
3그룹	불규칙 동사 2개를 오른쪽과 같이 활용한다.	する 하다 → しよう 해야지, 하자 来る 오다 → 来よう 와야지, 오자

● 동사의 명령형

명령형은 '~해' 라는 의미로, 다른 사람에게 무언가를 하라고 명령할 때 사용한다.

종류	활용 방법	활용 예시
1그룹	어미 う단을 え단으로 바꾼다.	書く 쓰다 → 書け 써 買う 사다 → 買え 사
2그룹	어미 る를 빼고 ろ를 붙인다.	食べる 먹다 → 食べろ 먹어 見る 보다 → 見ろ 봐
3그룹	불규칙 동사 2개를 오른쪽과 같이 활용한다.	する 하다 → しろ 해 来る 오다 → 来い 와

● 동사의 부정 명령형

부정 명령형은 '~하지마' 라는 의미로, 다른 사람에게 무언가를 금지시킬 때 사용한다.

종류	활용 방법	활용 예시
모든 동사	동사 사전형 뒤에 な를 붙인다.	書く 쓰다 → 書くな 쓰지마 買う 사다 → 買うな 사지마 食べる 먹다 → 食べるな 먹지마 見る 보다 → 見るな 보지마 する 하다 → するな 하지마 来る 오다 → 来るな 오지마

무료 온라인 실전모의고사·학습자료 제공
해커스일본어 japan.Hackers.com

해커스 JLPT N3 한권합격

언어 지식
문자·어휘

문제 1 한자읽기
문제 2 표기
문제 3 문맥규정
문제 4 유의표현
문제 5 용법

한자읽기

[문제 1 한자읽기]는 한자로 쓰여진 단어의 읽는 방법을 묻는 문제로, 음독 단어의 발음을 고르는 문제가 4~7문항, 훈독 단어의 발음을 고르는 문제가 1~4문항, 총 8문항이 출제된다.

핵심 전략

1 음독 단어의 발음을 고르는 문제는 탁음, 반탁음, 촉음, 장음을 추가 또는 삭제한 발음의 선택지로 헷갈리게 한다. 또한, 밑줄 친 단어에 포함된 한자의 또 다른 발음, 같은 한자를 포함하는 다른 단어의 발음 등으로 선택지를 구성하여 헷갈리게 한다. 따라서 밑줄 친 단어의 정확한 발음에 유의하여 정답을 골라야 한다.

2 훈독 단어의 발음을 고르는 문제는 어미가 같은 단어의 발음이나 의미적으로 연관이 있는 단어의 발음의 선택지로 헷갈리게 한다. 따라서 오로지 밑줄 친 단어의 한자 발음에 유의하여 정답을 고른다.

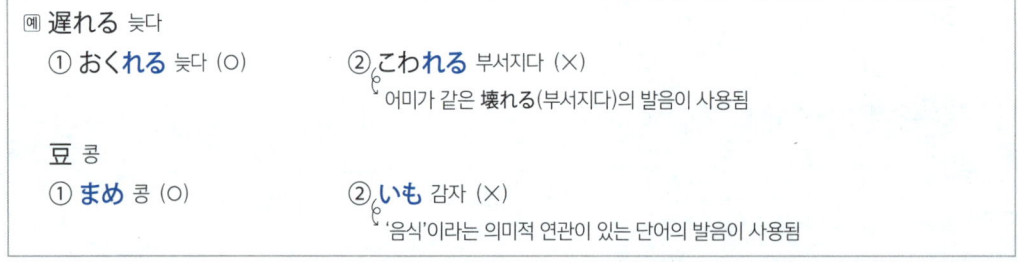

3 문장의 문맥에 어울리는 단어의 발음으로 오답 선택지가 구성되기도 하므로, 오로지 밑줄 친 단어의 발음에만 집중하여 문제를 푼다.

4 음독 단어 문제로 자주 출제되는 탁음, 반탁음, 장음, 촉음이 포함된 명사, 훈독 단어 문제로 자주 출제되는 동사, い형용사, な형용사를 발음에 유의하여 꼼꼼히 암기한다.

문제 풀이 Step

Step 1 밑줄 친 단어를 속으로 소리 내어 발음해 본다.

음독 단어의 경우 특히 탁음, 반탁음, 장음, 촉음에 유의하여 정확하게 발음해 본다. 훈독 단어의 경우 어미를 제외한 한자에 유의하여 정확하게 발음해 본다.

Step 2 발음에 해당하는 선택지를 정답으로 고른다.

발음이 헷갈리면 다시 천천히 발음해 보고 조금 더 정확하다고 판단되는 선택지를 정답으로 고른다. 밑줄 친 단어의 발음에만 집중하여 문제를 풀어야 시간이 단축된다.

문제 풀이 Step 적용

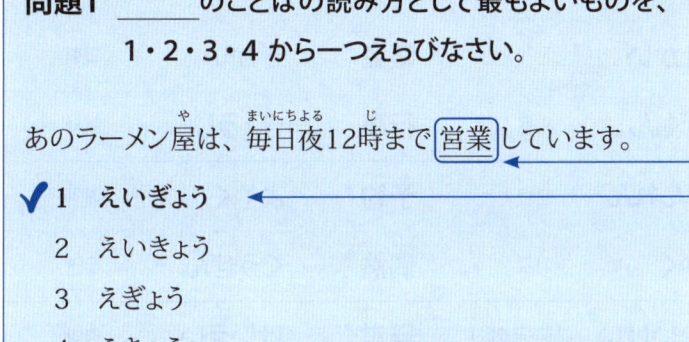

問題1 ＿＿＿ のことばの読み方として最もよいものを、1・2・3・4 から一つえらびなさい。

あのラーメン屋は、毎日夜12時まで 営業 しています。

✓ 1 えいぎょう
2 えいきょう
3 えぎょう
4 えきょう

Step 1 밑줄 친 단어를 속으로 소리 내어 발음해 본다.

밑줄 친 営業의 발음은 えいぎょう이다. 한자 営는 장음 えい로, 業는 탁음 ぎ가 포함된 ぎょう로 발음되는 것에 유의한다.

Step 2 발음에 해당하는 선택지를 정답으로 고른다.

밑줄 친 営業의 정확한 발음인 1 えいぎょう를 정답으로 고른다.
2는 ぎ에서의 탁음을 삭제한 오답이고, 3은 えい에서의 장음을 삭제한 오답이며, 4는 えい에서의 장음을 삭제하고, ぎ에서의 탁음을 삭제한 오답이다.

문제1 ＿＿＿ 의 말의 읽는 법으로 가장 알맞은 것을, 1·2·3·4에서 하나 고르세요.

저 라멘 가게는, 매일 밤 12시까지 영업하고 있습니다.

어휘 営業 えいぎょう 圏영업 ラーメン屋 ラーメンや 圏라멘 가게 毎日 まいにち 圏매일 夜 よる 圏밤 ～まで 国~까지

한자읽기에 자주 나오는 단어

■ 탁음·반탁음에 주의해야 하는 단어 ①

※ ★은 JLPT N3 중요 단어입니다.

か·が	改札★	かいさつ	개찰	価格	かかく	가격
	各駅★	かくえき	각 역	観客★	かんきゃく	관객
	完成	かんせい	완성	血液型★	けつえきがた	혈액형
	方角★	ほうがく	방향	録画	ろくが	녹화
き·ぎ	延期★	えんき	연기	気温	きおん	기온
	機械★	きかい	기계	議会★	ぎかい	의회
	疑問	ぎもん	의문	行事	ぎょうじ	행사
く·ぐ	訓練★	くんれん	훈련	予約★	よやく	예약
	家具★	かぐ	가구	偶然★	ぐうぜん	우연
け·げ	会計★	かいけい	(대금)계산	経営★	けいえい	경영
	外科	げか	외과	月末★	げつまつ	월말
	現象	げんしょう	현상	上下	じょうげ	상하
こ·ご	講義	こうぎ	강의	工事	こうじ	공사
	敬語	けいご	경어	集合★	しゅうごう	집합
	単語	たんご	단어	団子	だんご	경단
さ·ざ	削除	さくじょ	삭제	制作	せいさく	제작
	残業	ざんぎょう	잔업	存在	そんざい	존재
し·じ	指示	しじ	지시	指導★	しどう	지도
	首都	しゅと	수도	維持	いじ	유지
	個人★	こじん	개인	文字★	もじ	문자

한자읽기에 자주 나오는 단어를 꼭 암기하자!

す・ず	睡眠	すいみん	수면		数字	すうじ	숫자
	合図*	あいず	신호		図*	ず	그림
	頭痛*	ずつう	두통		地図	ちず	지도
せ・ぜ	成績*	せいせき	성적		節約	せつやく	절약
	専門家	せんもんか	전문가		以前	いぜん	이전
	完全	かんぜん	완전		税金*	ぜいきん	세금
そ・ぞ	想像*	そうぞう	상상		相談*	そうだん	상담
	製造	せいぞう	제조		増加	ぞうか	증가
	保存	ほぞん	보존		連続	れんぞく	연속
た・だ	洗濯	せんたく	세탁		横断	おうだん	횡단
	温暖だ	おんだんだ	온난하다		手段*	しゅだん	수단
て・で	相手*	あいて	상대		指定*	してい	지정
	停電*	ていでん	정전		電源	でんげん	전원
	伝言*	でんごん	전언		伝達	でんたつ	전달

확인 문제 단어의 알맞은 발음을 고르세요.

01 方角   ⓐ ほうかく   ⓑ ほうがく   05 横断   ⓐ おうだん   ⓑ おうたん
02 残業   ⓐ さんぎょう ⓑ ざんぎょう   06 完全   ⓐ かんせん   ⓑ かんぜん
03 地図   ⓐ ちず   ⓑ じず   07 家具   ⓐ がぐ   ⓑ かぐ
04 上下   ⓐ じょうげ   ⓑ しょうげ   08 指導   ⓐ しどう   ⓑ じどう

정답 01 ⓑ 02 ⓑ 03 ⓐ 04 ⓐ 05 ⓐ 06 ⓑ 07 ⓑ 08 ⓐ

한자읽기에 자주 나오는 단어

■ 탁음·반탁음에 주의해야 하는 단어 ②

※ ★은 JLPT N3 중요 단어입니다.

구분	한자	읽기	뜻	한자	읽기	뜻
と·ど	土地★	とち	토지	冷凍	れいとう	냉동
	同意★	どうい	동의	独身	どくしん	독신
	独立★	どくりつ	독립	努力★	どりょく	노력
は·ば·ぱ	配達★	はいたつ	배달	発売	はつばい	발매
	範囲	はんい	범위	看板	かんばん	간판
	順番★	じゅんばん	순번, 차례	売買	ばいばい	매매
	失敗	しっぱい	실패, 실수	心配★	しんぱい	걱정
ひ·び·ぴ	消費★	しょうひ	소비	準備	じゅんび	준비
	秒★	びょう	초	郵便★	ゆうびん	우편
	割引★	わりびき	할인	発表★	はっぴょう	발표
ふ·ぶ·ぷ	往復	おうふく	왕복	台風	たいふう	태풍
	無事	ぶじ	무사	部分★	ぶぶん	부분
	文章	ぶんしょう	문장	分布	ぶんぷ	분포
	分類★	ぶんるい	분류	切符	きっぷ	표
へ·べ·ぺ	平和	へいわ	평화	変化★	へんか	변화
	欧米	おうべい	유럽과 미국	区別★	くべつ	구별
	弁当	べんとう	도시락	短編	たんぺん	단편
ほ·ぼ·ぽ	翻訳	ほんやく	번역	応募	おうぼ	응모
	貿易★	ぼうえき	무역	予防	よぼう	예방
	散歩	さんぽ	산책	進歩	しんぽ	진보

한자읽기에 자주 나오는 단어를 꼭 암기하자!

■ 촉음에 주의해야 하는 단어

※ ★은 JLPT N3 중요 단어입니다.

촉음 っ						
	一般	いっぱん	일반	一方	いっぽう	한쪽, 한편
	学科	がっか	학과	活気	かっき	활기
	楽器★	がっき	악기	各国	かっこく	각국
	結果	けっか	결과	決心	けっしん	결심
	国会	こっかい	국회	作曲	さっきょく	작곡
	実家	じっか	본가, 친정	実験	じっけん	실험
	借金	しゃっきん	차금, 빚	出身	しゅっしん	출신
	出張★	しゅっちょう	출장	食器★	しょっき	식기
	接近★	せっきん	접근	特急	とっきゅう	특급
	日課	にっか	일과	日程	にってい	일정
	熱心★	ねっしん	열심	発刊	はっかん	발간
	発見	はっけん	발견	発想	はっそう	발상
	発達	はったつ	발달	立派だ	りっぱだ	훌륭하다

📋 확인 문제 단어의 알맞은 발음을 고르세요.

01	予防	ⓐ よぼう	ⓑ よほう	05	同意	ⓐ とうい	ⓑ どうい
02	心配	ⓐ しんはい	ⓑ しんぱい	06	発達	ⓐ はつたつ	ⓑ はったつ
03	区別	ⓐ くべつ	ⓑ くへつ	07	熱心	ⓐ ねっしん	ⓑ ねしん
04	文章	ⓐ ふんしょう	ⓑ ぶんしょう	08	出身	ⓐ しゅしん	ⓑ しゅっしん

정답 01 ⓐ 02 ⓑ 03 ⓐ 04 ⓑ 05 ⓑ 06 ⓑ 07 ⓐ 08 ⓑ

한자읽기에 자주 나오는 단어

■ 장음에 주의해야 하는 단어

※ ★은 JLPT N3 중요 단어입니다.

お단 + う	以降	いこう	이후	応用 ★	おうよう	응용
	共通 ★	きょうつう	공통	興味 ★	きょうみ	흥미
	苦労	くろう	고생	効果	こうか	효과
	講義	こうぎ	강의	広告 ★	こうこく	광고
	交代	こうたい	교대	紅茶	こうちゃ	홍차
	交通 ★	こうつう	교통	合流 ★	ごうりゅう	합류
	作業	さぎょう	작업	時刻表	じこくひょう	(운행)시간표
	事情 ★	じじょう	사정	失業	しつぎょう	실업
	授業料	じゅぎょうりょう	수업료	主要だ ★	しゅようだ	주요하다
	使用	しよう	사용	商業 ★	しょうぎょう	상업
	正直	しょうじき	정직	常識	じょうしき	상식
	上達	じょうたつ	기능이 향상됨	商品 ★	しょうひん	상품
	情報	じょうほう	정보	送信 ★	そうしん	송신
	早退 ★	そうたい	조퇴	大量	たいりょう	대량
	朝刊 ★	ちょうかん	조간	調査 ★	ちょうさ	조사
	到着 ★	とうちゃく	도착	道路	どうろ	도로
	表面	ひょうめん	표면	方向 ★	ほうこう	방향
	流行 ★	りゅうこう	유행	漁師	りょうし	어부

한자읽기에 자주 나오는 단어를 꼭 암기하자!

え단+い	完成	かんせい	완성	経営	けいえい	경영
	経営学*	けいえいがく	경영학	計算*	けいさん	계산
	成長	せいちょう	성장	提供	ていきょう	제공
	停止	ていし	정지	反省	はんせい	반성
	平均*	へいきん	평균	命令*	めいれい	명령
う단+う	救助	きゅうじょ	구조	空気	くうき	공기
	空席	くうせき	공석	研究	けんきゅう	연구
	呼吸*	こきゅう	호흡	就職*	しゅうしょく	취직
	自由	じゆう	자유	住宅	じゅうたく	주택
	集中*	しゅうちゅう	집중	台風	たいふう	태풍
	地球	ちきゅう	지구	駐車*	ちゅうしゃ	주차
	昼食*	ちゅうしょく	점심	通勤	つうきん	통근
	通知	つうち	통지	入荷	にゅうか	입하
	夫婦*	ふうふ	부부	普通*	ふつう	보통
	郵送*	ゆうそう	우송	有名*	ゆうめい	유명

확인 문제 단어의 알맞은 발음을 고르세요.

01 命令 ⓐ めいれい ⓑ めいれ
02 作業 ⓐ さぎょ ⓑ さぎょう
03 応用 ⓐ およう ⓑ おうよう
04 自由 ⓐ じゆう ⓑ じゆ
05 経営学 ⓐ けいえいがく ⓑ けいえがく
06 情報 ⓐ じょほう ⓑ じょうほう
07 早退 ⓐ そたい ⓑ そうたい
08 駐車 ⓐ ちゅうしゃ ⓑ ちゅしゃ

정답 01 ⓐ 02 ⓑ 03 ⓑ 04 ⓐ 05 ⓐ 06 ⓑ 07 ⓑ 08 ⓐ

한자읽기에 자주 나오는 단어

■ 발음이 두 개인 한자를 포함하는 단어

※ ★은 JLPT N3 중요 단어입니다.

한자	단어	읽기	뜻	단어	읽기	뜻
日 [じつ] [にち]	休日★	きゅうじつ	휴일	平日	へいじつ	평일
	日時	にちじ	일시	日課	にっか	일과
下 [か] [げ]	下記	かき	하기	下線★	かせん	밑줄
	地下	ちか	지하	下車	げしゃ	하차
	下宿	げしゅく	하숙	上下	じょうげ	상하
間 [かん] [ま]	間接	かんせつ	간접	期間	きかん	기간
	居間	いま	거실	仲間	なかま	동료
行 [こう] [ぎょう]	行為	こうい	행위	発行	はっこう	발행
	流行★	りゅうこう	유행	行事	ぎょうじ	행사
様 [さま] [よう]	王様	おうさま	왕, 임금님	様々だ★	さまざまだ	여러 가지이다
	模様	もよう	모양, 무늬	様子★	ようす	상태, 상황
人 [じん] [にん]	個人★	こじん	개인	知人	ちじん	지인
	他人	たにん	타인	人形	にんぎょう	인형
外 [がい] [げ]	意外★	いがい	의외	外貨	がいか	외화
	外食	がいしょく	외식	外科	げか	외과
気 [き] [け]	活気	かっき	활기	空気	くうき	공기
	景気	けいき	경기	雰囲気	ふんいき	분위기
	気配	けはい	낌새, 느낌	湿気	しっけ	습기
大 [たい] [だい]	大会★	たいかい	대회	大量	たいりょう	대량
	拡大	かくだい	확대	大部分	だいぶぶん	대부분

漢字	단어	읽기	뜻	단어	읽기	뜻
地 [じ] [ち]	生地	きじ	옷감, 반죽	地震	じしん	지진
	地面	じめん	지면, 땅	地球	ちきゅう	지구
	地図	ちず	지도	地方	ちほう	지방
工 [く] [こう]	工夫	くふう	궁리함	大工	だいく	목수
	工業★	こうぎょう	공업	工事	こうじ	공사
後 [ご] [こう]	後日	ごじつ	후일	直後	ちょくご	직후
	後期	こうき	후기	後輩	こうはい	후배
重 [じゅう] [ちょう]	重視	じゅうし	중시	重大だ★	じゅうだいだ	중대하다
	重要だ	じゅうようだ	중요하다	貴重だ	きちょうだ	귀중하다
代 [たい] [だい]	交代	こうたい	교대	近代	きんだい	근대
	現代	げんだい	현대	時代	じだい	시대
	世代	せだい	세대	代金	だいきん	대금
自 [し] [じ]	自然★	しぜん	자연	各自	かくじ	각자
	自覚	じかく	자각	自由	じゆう	자유

확인 문제 단어의 알맞은 발음을 고르세요.

01 日課　ⓐ じっか　ⓑ にっか
02 下線　ⓐ かせん　ⓑ げせん
03 外科　ⓐ げか　ⓑ がいか
04 地球　ⓐ じきゅう　ⓑ ちきゅう
05 直後　ⓐ ちょっこ　ⓑ ちょくご
06 行為　ⓐ こうい　ⓑ ぎょうい
07 個人　ⓐ こにん　ⓑ こじん
08 大会　ⓐ たいかい　ⓑ たいがい

한자읽기에 자주 나오는 단어

■ 같은 한자를 포함하는 단어

※ ★은 JLPT N3 중요 단어입니다.

한자	단어	읽기	뜻	단어	읽기	뜻
加 [か]	加熱 ★	かねつ	가열	参加 ★	さんか	참가
	増加	ぞうか	증가	追加	ついか	추가
過 [か]	超過	ちょうか	초과	通過	つうか	통과
給 [きゅう]	支給 ★	しきゅう	지급	時給	じきゅう	시급
業 [ぎょう]	産業 ★	さんぎょう	산업	残業	ざんぎょう	잔업
	商業	しょうぎょう	상업	卒業 ★	そつぎょう	졸업
金 [きん]	現金	げんきん	현금	税金 ★	ぜいきん	세금
	貯金	ちょきん	저금	料金 ★	りょうきん	요금
血 [けつ]	血圧 ★	けつあつ	혈압	血液	けつえき	혈액
語 [ご]	敬語	けいご	경어	言語	げんご	언어
	語学	ごがく	어학	単語	たんご	단어
査 [さ]	検査 ★	けんさ	검사	調査 ★	ちょうさ	조사
事 [じ]	事件	じけん	사건	事故	じこ	사고
	事実	じじつ	사실	返事 ★	へんじ	대답
日 [じつ]	休日 ★	きゅうじつ	휴일	祝日 ★	しゅくじつ	축일
	平日	へいじつ	평일	本日	ほんじつ	금일
食 [しょく]	少食 ★	しょうしょく	소식	昼食 ★	ちゅうしょく	점심식사
	朝食 ★	ちょうしょく	아침식사	夕食	ゆうしょく	저녁식사
選 [せん]	選手	せんしゅ	선수	選択 ★	せんたく	선택
達 [たつ]	配達	はいたつ	배달	発達	はったつ	발달

한자읽기에 자주 나오는 단어를 꼭 암기하자!

談 [だん]	冗談*	じょうだん	농담	相談*	そうだん	상담
地 [ち]	各地	かくち	각지	基地	きち	기지
	地域	ちいき	지역	地区	ちく	지구
通 [つう]	共通*	きょうつう	공통	交通*	こうつう	교통
伝 [でん]	宣伝*	せんでん	선전	伝言*	でんごん	전언
	伝染	でんせん	전염	伝統	でんとう	전통
売 [ばい]	商売*	しょうばい	장사	売店	ばいてん	매점
	発売	はつばい	발매	販売	はんばい	판매
方 [ほう]	方角*	ほうがく	방향	方向*	ほうこう	방향
面 [めん]	正面	しょうめん	정면	表面	ひょうめん	표면
	面接	めんせつ	면접	面倒だ	めんどうだ	번잡하고 성가시다
輸 [ゆ]	輸出*	ゆしゅつ	수출	輸入	ゆにゅう	수입
力 [りょく]	協力	きょうりょく	협력	実力*	じつりょく	실력
	体力	たいりょく	체력	努力*	どりょく	노력

📋 확인 문제 단어의 알맞은 발음을 고르세요.

01 努力   ⓐ どりょく   ⓑ きょうりょく   05 交通   ⓐ きょうつう   ⓑ こうつう
02 方向   ⓐ ほうこう   ⓑ ほうがく   06 昼食   ⓐ ちゅうしょく ⓑ ちょうしょく
03 事故   ⓐ じこ   ⓑ じけん   07 平日   ⓐ ほんじつ   ⓑ へいじつ
04 調査   ⓐ ちょうさ   ⓑ けんさ   08 相談   ⓐ じょうだん   ⓑ そうだん

정답 01 ⓐ 02 ⓐ 03 ⓐ 04 ⓐ 05 ⓑ 06 ⓐ 07 ⓑ 08 ⓑ

한자읽기에 자주 나오는 단어

■ 한자읽기에 자주 나오는 동사

※ ★은 JLPT N3 중요 단어입니다.

~う	疑う★	うたがう	의심하다		嫌う★	きらう	싫어하다
	吸う★	すう	들이마시다		払う★	はらう	지불하다
	拾う★	ひろう	줍다		笑う	わらう	웃다
~かる	預かる	あずかる	보관하다		受かる	うかる	합격하다
	掛かる	かかる	걸리다		助かる	たすかる	살아나다
~がる	上がる	あがる	오르다		怖がる★	こわがる	무서워하다
~す	表す	あらわす	표현하다		返す	かえす	돌려주다
	隠す	かくす	숨기다		示す	しめす	나타내다
	回す★	まわす	돌리다		汚す★	よごす	더럽히다
~つ	勝つ★	かつ	이기다		経つ	たつ	경과하다
~ぶ	遊ぶ★	あそぶ	놀다		転ぶ★	ころぶ	넘어지다
	運ぶ★	はこぶ	옮기다		結ぶ★	むすぶ	묶다
~まる	決まる	きまる	정해지다		泊まる★	とまる	묵다
~む	編む★	あむ	엮다, 짜다		組む★	くむ	짜다, 끼다
	包む★	つつむ	포장하다		悩む	なやむ	괴로워하다
~る	配る★	くばる	나누어 주다		困る★	こまる	곤란하다
	叱る★	しかる	야단치다		黙る	だまる	말을 하지 않다
	握る	にぎる	잡다, 쥐다		割る★	わる	깨다
~える	終える	おえる	끝마치다		覚える★	おぼえる	기억하다
	替える	かえる	교체하다		換える★	かえる	교환하다

한자읽기에 자주 나오는 단어를 꼭 암기하자!

	加える*	くわえる	더하다	支える	ささえる	버티다
~える	伝える*	つたえる	전하다	生える	はえる	(풀, 머리가) 나다
	冷える*	ひえる	차가워지다	燃える*	もえる	타다
~ける	預ける*	あずける	맡기다	助ける*	たすける	구조하다
~ねる	訪ねる	たずねる	방문하다	跳ねる	はねる	뛰다
~べる	比べる*	くらべる	비교하다	調べる	しらべる	조사하다
	並べる	ならべる	늘어놓다	述べる	のべる	진술하다
	冷める*	さめる	식다	閉める	しめる	닫다
~める	勧める	すすめる	권하다	進める	すすめる	나아가게 하다
	求める	もとめる	바라다	辞める	やめる	그만두다
	現れる*	あらわれる	나타나다	遅れる	おくれる	늦다, 더디다
~れる	折れる*	おれる	부러지다	隠れる	かくれる	숨다
	壊れる	こわれる	부서지다	倒れる*	たおれる	쓰러지다
	汚れる	よごれる	더러워지다	割れる	われる	갈라지다

확인 문제 단어의 알맞은 발음을 고르세요.

01 拾う ⓐ ひろう ⓑ きらう　　05 泊まる ⓐ きまる ⓑ とまる
02 表す ⓐ あらわす ⓑ うつす　　06 並べる ⓐ のべる ⓑ ならべる
03 助ける ⓐ あずける ⓑ たすける　　07 転ぶ ⓐ ころぶ ⓑ はこぶ
04 遅れる ⓐ こわれる ⓑ おくれる　　08 進める ⓐ すすめる ⓑ もとめる

정답 01 ⓐ 02 ⓐ 03 ⓑ 04 ⓑ 05 ⓑ 06 ⓑ 07 ⓐ 08 ⓐ

한자읽기에 자주 나오는 단어

■ 한자읽기에 자주 나오는 い·な형용사

※ ★은 JLPT N3 중요 단어입니다.

~しい	怪しい	あやしい	수상하다	美しい★	うつくしい	아름답다
	羨ましい★	うらやましい	부럽다	嬉しい	うれしい	기쁘다
	惜しい★	おしい	아깝다	恐ろしい	おそろしい	두렵다
	悲しい★	かなしい	슬프다	悔しい★	くやしい	분하다
	苦しい	くるしい	괴롭다	険しい	けわしい	험하다
	恋しい★	こいしい	그립다	寂しい	さびしい	쓸쓸하다
	騒がしい	さわがしい	시끄럽다	親しい★	したしい	친하다
	図々しい	ずうずうしい	뻔뻔스럽다	涼しい	すずしい	시원하다
	正しい	ただしい	옳다	楽しい	たのしい	즐겁다
	懐かしい★	なつかしい	그립다	激しい	はげしい	격심하다
	貧しい	まずしい	가난하다	眩しい★	まぶしい	눈부시다
	難しい★	むずかしい	어렵다	優しい★	やさしい	친절하다
~い	浅い★	あさい	얕다	厚い★	あつい	두껍다
	甘い	あまい	달다	薄い	うすい	얇다
	偉い★	えらい	훌륭하다	遅い★	おそい	늦다
	重い	おもい	무겁다	固い	かたい	딱딱하다
	軽い	かるい	가볍다	汚い★	きたない	더럽다
	怖い	こわい	무섭다	強い	つよい	강하다
	遠い★	とおい	멀다	深い	ふかい	깊다
	細い★	ほそい	가늘다	丸い★	まるい	둥글다
	短い★	みじかい	짧다	若い★	わかい	젊다

~だ	新ただ	あらただ	새롭다	快適だ	かいてきだ	쾌적하다
	下品だ	げひんだ	품위가 없다	重要だ	じゅうようだ	중요하다
	上品だ*	じょうひんだ	고상하다	素直だ	すなおだ	솔직하다
	適当だ*	てきとうだ	적당하다	得意だ*	とくいだ	잘하다
	苦手だ	にがてだ	서툴다	不安だ*	ふあんだ	불안하다
~的だ	一般的だ*	いっぱんてきだ	일반적이다	感情的だ*	かんじょうてきだ	감정적이다
	効果的だ*	こうかてきだ	효과적이다	自動的だ*	じどうてきだ	자동적이다
	消極的だ*	しょうきょくてきだ	소극적이다	積極的だ*	せっきょくてきだ	적극적이다
~かだ	明らかだ	あきらかだ	분명하다	穏やかだ	おだやかだ	온화하다
	爽やかだ	さわやかだ	상쾌하다	静かだ*	しずかだ	조용하다
	確かだ*	たしかだ	확실하다	賑やかだ	にぎやかだ	활기차다
	柔らかだ	やわらかだ	부드럽다	豊かだ	ゆたかだ	풍부하다

📋 확인 문제 단어의 알맞은 발음을 고르세요.

01 厚い　ⓐ あつい　ⓑ おもい　　05 上品だ　ⓐ げひんだ　ⓑ じょうひんだ

02 確かだ　ⓐ しずかだ　ⓑ たしかだ　　06 寂しい　ⓐ こいしい　ⓑ さびしい

03 親しい　ⓐ したしい　ⓑ すずしい　　07 浅い　ⓐ あさい　ⓑ うすい

04 軽い　ⓐ かるい　ⓑ ふかい　　08 素直だ　ⓐ すなおだ　ⓑ にがてだ

정답 01 ⓐ 02 ⓑ 03 ⓐ 04 ⓐ 05 ⓑ 06 ⓑ 07 ⓐ 08 ⓐ

한자읽기에 자주 나오는 단어

■ 한자읽기에 자주 나오는 훈독 명사

※ ★은 JLPT N3 중요 단어입니다.

분류	한자	읽기	뜻	한자	읽기	뜻
위치·물건	裏★	うら	뒤	角★	かど	모서리, 모퉁이
	小型★	こがた	소형	石油★	せきゆ	석유
	荷物★	にもつ	짐, 화물	値段★	ねだん	가격, 값
	残り★	のこり	나머지	広場★	ひろば	광장
	包丁	ほうちょう	식칼	申し込み★	もうしこみ	신청
	横★	よこ	옆, 가로	両替	りょうがえ	환전
자연	泡	あわ	거품	池★	いけ	연못
	泉	いずみ	샘, 샘물	岩	いわ	바위
	枝	えだ	가지	丘	おか	언덕, 구릉
	霧	きり	안개	坂	さか	비탈길, 고개
	島★	しま	섬	砂★	すな	모래
	種	たね	종자, 씨	波★	なみ	파도
	庭★	にわ	정원, 마당	根	ね	뿌리
	星	ほし	별	湖★	みずうみ	호수
	港★	みなと	항구	紅葉	もみじ	단풍
	森	もり	수풀, 삼림	夕日★	ゆうひ	석양
가족	妹	いもうと	여동생	夫	おっと	남편
	弟	おとうと	남동생	妻	つま	아내
	父母★	ふぼ	부모	孫	まご	손자
	息子	むすこ	아들	娘★	むすめ	딸

한자읽기에 자주 나오는 단어를 꼭 암기하자!

분류	한자	읽기	뜻	한자	읽기	뜻
색깔	青	あお	파랑	赤	あか	빨강
	黄色	きいろ	노랑	黒	くろ	검정
	白	しろ	하양	緑*	みどり	초록
음식	油*	あぶら	기름	芋*	いも	감자, 고구마
	貝*	かい	조개	粉*	こな	가루, 분말
	米*	こめ	쌀	塩*	しお	소금
	卵	たまご	달걀	豆*	まめ	콩
신체	足	あし	발	汗	あせ	땀
	息	いき	숨	笑顔	えがお	웃는 얼굴
	顔	かお	얼굴	肩*	かた	어깨
	皮	かわ	껍질, 가죽	首*	くび	목
	腰*	こし	허리	背中	せなか	등
	涙	なみだ	눈물	歯	は	이, 이빨
	胸*	むね	가슴	指	ゆび	손가락

📄 확인 문제 단어의 알맞은 발음을 고르세요.

01 庭　　ⓐ あわ　　ⓑ にわ　　　　05 湖　　ⓐ なみ　　ⓑ みずうみ

02 肩　　ⓐ かた　　ⓑ くび　　　　06 黒　　ⓐ くろ　　ⓑ きいろ

03 息子　ⓐ むすこ　ⓑ むすめ　　　07 裏　　ⓐ うら　　ⓑ かど

04 島　　ⓐ しま　　ⓑ みなと　　　08 夫　　ⓐ まご　　ⓑ おっと

정답 01 ⓑ 02 ⓐ 03 ⓐ 04 ⓐ 05 ⓑ 06 ⓐ 07 ⓐ 08 ⓑ

실력 다지기

단어의 알맞은 발음을 고르세요.

01 商業
① しょうぎょ ② しょうぎょう ③ しょぎょう ④ しょぎょ

02 預かる
① あずかる ② たすかる ③ しかる ④ かかる

03 上下
① しょうか ② じょうげ ③ じょうか ④ しょうげ

04 応募
① おうぼう ② おうぽう ③ おうぼ ④ おうぽ

05 朝食
① じょうしょく ② ちゅうしょく ③ ちょうしょく ④ じゅうしょく

06 郵便
① ゆうびん ② ゆびん ③ ゆうひん ④ ゆひん

07 食器
① しょうぎ ② しょっぎ ③ しょっき ④ しょうき

08 平均
① へきん ② ぺいきん ③ ぺきん ④ へいきん

09 編む
① あむ ② つつむ ③ くむ ④ なやむ

10 砂
① おか　② すな　③ さか　④ いわ

11 血液型
① げつえきかた　② げつえきがた　③ けつえきがた　④ けつえきかた

12 細い
① こわい　② ふかい　③ えらい　④ ほそい

13 合図
① あいず　② えいず　③ えいす　④ あいす

14 停電
① でいでん　② でいてん　③ ていでん　④ ていてん

15 顔
① うで　② かお　③ あし　④ かた

16 努力
① どうりょく　② とうりょく　③ とりょく　④ どりょく

17 明らかだ
① あきらかだ　② やわらかだ　③ なめらかだ　④ なだらかだ

18 卒業
① さんぎょう　② ぞつぎょう　③ そつぎょう　④ ざんぎょう

19 経営
① げいえい　② げえい　③ けえい　④ けいえい

20 進める
① すすめる　② しめる　③ さめる　④ やめる

실전 대비하기 1

問題1 ＿＿＿のことばの読み方として最もよいものを、1・2・3・4から一つえらびなさい。

1 試合が終わる最後の1秒まであきらめません。
   1 ひょう　　2 びょう　　3 しゅん　　4 じゅん

2 その選択がわたしの人生を変えました。
   1 せいたく　2 せいてい　3 せんたく　4 せんてい

3 夕日が空を赤く染めている。
   1 ようか　　2 ようひ　　3 ゆうか　　4 ゆうひ

4 各地で気温が上がる現象が起きている。
   1 げんぞう　2 げんしょう　3 けんぞう　4 けんしょう

5 正しい歯磨きで虫歯を予防しよう。
   1 よほう　　2 よぼう　　3 ようほう　4 ようぼう

6 私が転んでも、だれも心配してくれなかった。
   1 ころんで　2 やすんで　3 さけんで　4 なやんで

7 洗濯物を干すのがとても面倒だ。
   1 もんどう　2 もんとう　3 めんとう　4 めんどう

8 弟は就職してからも勉強を続けていて偉いと思う。
   1 すごい　　2 えらい　　3 するどい　4 かしこい

실전 대비하기 2

問題1 ＿＿＿＿のことばの読み方として最もよいものを、1・2・3・4から一つえらびなさい。

1 作ったパンの生地は冷蔵庫（れいぞうこ）に入れて一晩待ちます。
   1 いじ 　　2 きじ 　　3 せいじ 　　4 しょうじ

2 夫婦で旅行に行きたいです。
   1 ふさい 　2 ふふ 　　3 ふうさい 　4 ふうふ

3 街（まち）に熊（くま）が現れて、パニックになった。
   1 かくれて 2 たおれて 　3 あらわれて 　4 うまれて

4 あの角の花屋でバラを買いました。
   1 うら 　　2 よこ 　　3 かど 　　　4 おく

5 あなたの地域（ちいき）ではどのような産業が盛（さか）んですか。
   1 せいごう 2 さんごう 　3 せいぎょう 　4 さんぎょう

6 問題の適当な解決策（かいけつさく）は、まだ見つかっていない。
   1 てきと 　2 できと 　　3 てきとう 　　4 できとう

7 子どもたちは広場で元気に遊んでいる。
   1 こうば 　2 ひろば 　　3 こうじょう 　4 ひろじょう

8 これを包めばいいんですか。
   1 つつめば 2 あめば 　　3 はさめば 　　4 よめば

정답 해설집 p.5

실전 대비하기 3

問題1 ＿＿＿＿のことばの読み方として最もよいものを、1・2・3・4から一つえらびなさい。

1 近代の日本美術が学べる講義を聞くつもりだ。
   1 きんたい   2 きんだい   3 こんたい   4 こんだい

2 原田さんは彼を嫌っているようです。
   1 うたがって   2 わらって   3 さそって   4 きらって

3 駅で偶然、知人に会いました。
   1 ちじん   2 ちにん   3 しじん   4 しにん

4 もう少し軽いかばんがほしいです。
   1 あつい   2 ちいさい   3 かるい   4 やすい

5 パスポートが発行されるまで1週間ほどかかります。
   1 はっそう   2 はっこう   3 はつそう   4 はつこう

6 アクセルをふむと、車はどんどん加速した。
   1 かそく   2 かいそく   3 かぞく   4 かいぞく

7 花瓶はテレビの横に置きましょう。
   1 むかい   2 そば   3 よこ   4 となり

8 早く立派な大工になりたいです。
   1 だいく   2 たいく   3 だいくう   4 たいくう

실전 대비하기 4

問題1 ＿＿＿＿のことばの読み方として最もよいものを、1・2・3・4から一つえらびなさい。

[1] 伸びてきた枝をはさみで切った。
　　1　ね　　　　2　は　　　　3　くさ　　　　4　えだ

[2] サッカーは一試合5人まで選手を交代できる。
　　1　こうたい　　2　ごうたい　　3　こうてい　　4　ごうてい

[3] 特急に乗れば東京駅まで30分で着く。
　　1　とくきゅ　　2　とっきゅ　　3　とくきゅう　　4　とっきゅう

[4] 連休だったので、ひさしぶりに実家に帰った。
　　1　じつか　　2　じつや　　3　じっや　　4　じっか

[5] 本店は平日のみ営業しています。
　　1　たいにち　　2　たいじつ　　3　へいにち　　4　へいじつ

[6] 昼食を食べたあと、居間でテレビを見ていた。
　　1　いかん　　2　いま　　3　きょかん　　4　きょま

[7] 川でおぼれた人が救助されたそうです。
　　1　きゅじょ　　2　きゅじょう　　3　きゅうじょ　　4　きゅうじょう

[8] 怪しいメールが届きました。
　　1　あやしい　　2　かなしい　　3　めずらしい　　4　あたらしい

정답 해설집 p.6

실전 대비하기 5

問題1 ＿＿＿のことばの読み方として最もよいものを、1・2・3・4から一つえらびなさい。

1　この辺りには古い建物が多い。
　　1　たてもの　　2　たてぶつ　　3　けんもの　　4　けんぶつ

2　人間のインフルエンザは他の動物に伝染しない。
　　1　てんせい　　2　でんせい　　3　てんせん　　4　でんせん

3　現代の社会問題について考えてみた。
　　1　せんだい　　2　ねんだい　　3　げんだい　　4　きんだい

4　木村さんは受かったようです。
　　1　わかった　　2　うかった　　3　あずかった　　4　たすかった

5　持っていた外貨を日本円に換えた。
　　1　げかい　　2　がいかい　　3　げか　　4　がいか

6　山下さんはあまり常識がないらしい。
　　1　ぞうしき　　2　ぞうしく　　3　じょうしき　　4　じょうしく

7　新しい先生は思ったより若かった。
　　1　おそかった　　2　ほそかった　　3　わかかった　　4　こわかった

8　お客様によりよいサービスを提供したい。
　　1　ていきょう　　2　ていぎょう　　3　たんきょう　　4　たんぎょう

실전 대비하기 6

問題1 ＿＿＿のことばの読み方として最もよいものを、1・2・3・4から一つえらびなさい。

1 空にきれいな<u>星</u>が見えます。
　　1　つき　　　　2　にじ　　　　3　ほし　　　　4　くも

2 <u>指定</u>された座席に座ってください。
　　1　してい　　　2　してん　　　3　しってい　　4　しってん

3 母は<u>甘い</u>食べ物があまり好きではない。
　　1　すっぱい　　2　あまい　　　3　にがい　　　4　からい

4 <u>語学</u>を生かして、海外で働いている。
　　1　ごうがく　　2　ごがく　　　3　こうがく　　4　こがく

5 出口を出て、<u>正面</u>にある建物が銀行です。
　　1　せいもん　　2　しょうもん　3　せいめん　　4　しょうめん

6 年を取り、<u>背中</u>が曲がってしまった。
　　1　せなか　　　2　せいなか　　3　せちゅう　　4　せいちゅう

7 本田さんは何を<u>並べた</u>んですか。
　　1　えらべた　　2　まなべた　　3　しらべた　　4　ならべた

8 支払いは<u>後日</u>でもかまいません。
　　1　ごひ　　　　2　ごじつ　　　3　ごうひ　　　4　ごうじつ

실전 대비하기 7

問題1 _____のことばの読み方として最もよいものを、1・2・3・4から一つえらびなさい。

[1] 先生に来週の試験の範囲を教えてもらいました。
1 ほんい　　2 はんい　　3 ぼんい　　4 ばんい

[2] 友だちが勧めてくれた本を読んだ。
1 みとめて　2 ほめて　　3 あつめて　4 すすめて

[3] お探しの本が入荷しましたら、お知らせしますね。
1 にゅこ　　2 にゅうこ　3 にゅうか　4 にゅか

[4] 強い風が吹いて、木が倒れました。
1 ながれました　2 おれました　3 たおれました　4 ゆれました

[5] 日曜日は母と公園を散歩しました。
1 さぽう　　2 さんぽ　　3 さんぽう　4 さぽ

[6] あそこに時刻表がありますから、見てみましょう。
1 じかくひょう　2 じかくひょ　3 じこくひょう　4 じこくひょ

[7] 大学を卒業したら、翻訳の仕事がしたい。
1 ぼんよく　2 ほんやく　3 ぼんやく　4 ほんよく

[8] シャツとズボンを洗濯した。
1 せいだく　2 せんだく　3 せいたく　4 せんたく

실전 대비하기 8

問題1 ＿＿＿のことばの読み方として最もよいものを、1・2・3・4から一つえらびなさい。

[1] 山の頂上から海が見えました。
1　ちょじょう　　2　ちょしょう　　3　ちょうじょう　　4　ちょうしょう

[2] どうして疑っているんですか。
1　うたがって　　2　しかって　　3　とまって　　4　のこって

[3] 健康維持のために、ジョギングを始めた。
1　ゆし　　2　いし　　3　ゆじ　　4　いじ

[4] 1万円を両替すると、いくらになりますか。
1　りょうたい　　2　りょうがえ　　3　りょがえ　　4　りょたい

[5] 新しいパソコンにデータを移した。
1　まわした　　2　うつした　　3　おろした　　4　とおした

[6] あの坂をのぼると、中学校があります。
1　みち　　2　かべ　　3　さか　　4　おか

[7] 失敗したときは、反省しなければならない。
1　はんせい　　2　へんせい　　3　はんしょう　　4　へんしょう

[8] 昨日から頭痛がするんです。
1　ずうつう　　2　すつう　　3　ずつう　　4　すうつう

실전 대비하기 9

問題1 ＿＿＿のことばの読み方として最もよいものを、1・2・3・4から一つえらびなさい。

1 今日から３日間連続で雨が降るそうです。
    1 よんそく   2 よんぞく   3 れんそく   4 れんぞく

2 彼はよく知らない人からの誘いを断った。
    1 ねがった   2 ことわった   3 うたがった   4 きらった

3 この料理は時間に余裕があるときに作ります。
    1 ようゆう   2 よゆう   3 ようゆ   4 よゆ

4 会社を経営するのは、とても大変なことだと思う。
    1 けいえん   2 けんえい   3 けんえん   4 けいえい

5 彼女は私の手を握って、「ありがとう」と言った。
    1 さわって   2 ふって   3 はらって   4 にぎって

6 この店にはおしゃれな家具がそろっています。
    1 かぐ   2 かじ   3 いえぐ   4 いえじ

7 このスカートは流行に関係なく、長くはくことができる。
    1 りゅうぎょう   2 ゆうぎょう   3 りゅうこう   4 ゆうこう

8 祖父は若いとき、漁師をしていた。
    1 りょし   2 りょうし   3 ぎょし   4 ぎょうし

실전 대비하기 10

問題1 ＿＿＿のことばの読み方として最もよいものを、1・2・3・4から一つえらびなさい。

1 レストランを予約するために電話をした。
　　1　よやく　　　2　ようやく　　　3　よよく　　　4　ようよく

2 <ruby>公園<rt>こうえん</rt></ruby>で友だちと遊んだ。
　　1　さけんだ　　2　なやんだ　　　3　あそんだ　　4　ならんだ

3 赤いペンで線を引いてください。
　　1　もじ　　　　2　ず　　　　　　3　え　　　　　4　せん

4 最近血圧が高くなった。
　　1　けつあつ　　2　げつえき　　　3　けつえき　　4　げつあつ

5 <ruby>数学<rt>すうがく</rt></ruby>の<ruby>授業<rt>じゅぎょう</rt></ruby>はとても難しい。
　　1　やさしい　　2　たのしい　　　3　きびしい　　4　むずかしい

6 <ruby>近藤選手<rt>こんどうせんしゅ</rt></ruby>は今勝っていますか。
　　1　おこって　　2　かって　　　　3　こまって　　4　たたかって

7 この電車は各駅にとまります。
　　1　きゃくえぎ　2　がくえぎ　　　3　きゃくえき　4　かくえき

8 <ruby>勉強<rt>べんきょう</rt></ruby>するとき、いちばん重要なことは何ですか。
　　1　じゅよう　　2　じゅうよう　　3　しゅよう　　4　しゅうよう

문제 2 표기

[문제 2 표기]는 히라가나로 쓰여진 단어를 한자로 어떻게 쓰는지를 묻는 문제이다. 밑줄 친 히라가나가 음독인 단어의 한자를 고르는 문제와, 훈독인 단어의 한자를 고르는 문제가 골고루 출제되며, 총 6문항이 출제된다.

핵심 전략

1 밑줄 친 히라가나가 음독인 단어의 한자 표기를 고르는 문제는 주로 명사가 출제된다. 발음이 같거나 비슷한 한자, 모양이 비슷한 한자, 그리고 의미가 같거나 비슷한 다른 한자를 오답으로 사용하여 실제로 없는 단어를 만들어서 헷갈리게 하므로, 표기할 한자의 발음, 모양, 의미에 유의하여 정답을 고른다.

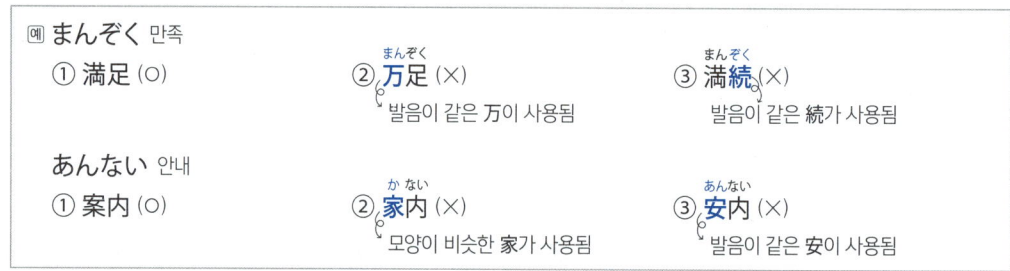

2 밑줄 친 히라가나가 훈독인 단어의 한자 표기를 고르는 문제는 동사나 형용사, 명사의 경우 모양 또는 의미가 비슷하거나 같은 한자를 사용한 단어를 오답으로 사용하거나, 실제로 없는 단어를 만들어서 헷갈리게 하고, 부사의 경우 의미가 비슷한 한자를 오답으로 사용하여 헷갈리게 한다. 따라서 표기할 한자의 모양과 의미에 유의하여 정답을 고른다.

3 한자가 잘 떠오르지 않는 경우에는 문장을 해석하여 문맥에 어울리지 않는 선택지나, 잘못된 일본어를 사용한 선택지를 오답으로 소거할 수도 있다.

4 한자를 암기할 때, 발음이 같거나 비슷한 한자, 모양이 비슷한 한자, 의미가 비슷한 한자를 포함하는 단어들을 구별하면서 꼼꼼히 암기한다.

문제 풀이 Step

Step 1 밑줄 친 히라가나 단어를 읽고 뜻을 떠올리며 한자를 써본다.

히라가나로 쓰여진 단어의 뜻을 생각하며 떠오르는 한자를 써본다. 단어의 뜻이나 한자 표기를 모를 경우 문장을 읽고 해석한다.

Step 2 히라가나에 해당하는 한자를 정답으로 고른다.

히라가나가 음독인 단어의 한자가 헷갈릴 때는 다시 한 번 정확한 한자의 모양을 떠올려 정답을 고른다. 히라가나가 훈독인 단어의 한자가 헷갈릴 때는 각 선택지의 발음과 어미 활용, 의미를 토대로 오답을 소거하면서 정답을 고른다.

문제 풀이 Step 적용

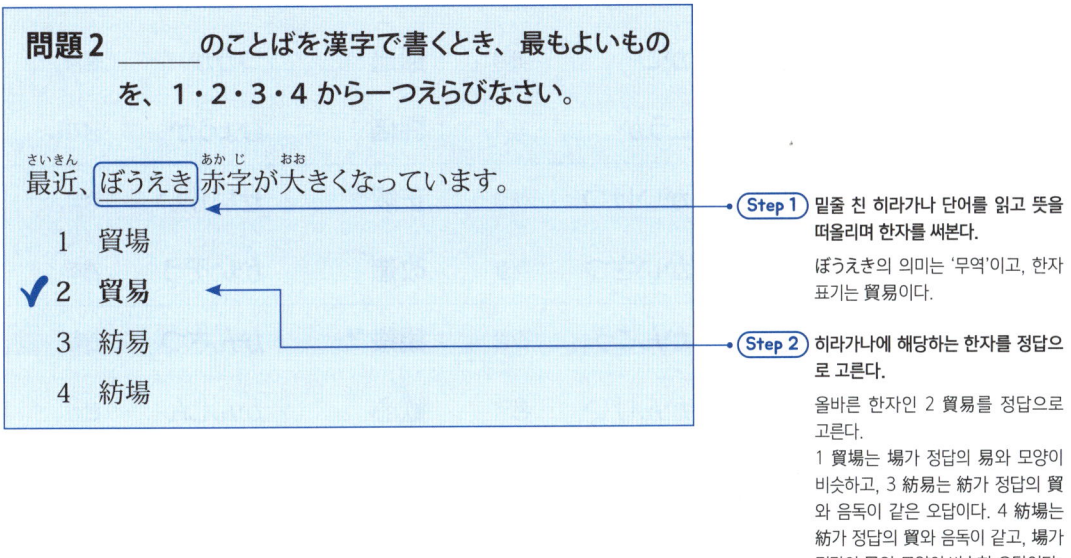

문제 2 _____ 의 말을 한자로 쓸 때, 가장 알맞은 것을, 1·2·3·4에서 하나 고르세요.

최근, <u>무역</u> 적자가 커지고 있습니다.

어휘 最近 さいきん 명 최근, 요즘　貿易 ぼうえき 명 무역　赤字 あかじ 명 적자　大きい おおきい い형 크다

표기에 자주 나오는 단어

음성 바로듣기

■ 발음이 같거나 비슷한 한자를 포함하는 단어 ①

院 [いん]	退院*	たいいん	퇴원	入院*	にゅういん	입원
員 [いん]	職員	しょくいん	직원	定員	ていいん	정원
影 [えい]	影響	えいきょう	영향	撮影	さつえい	촬영
映 [えい]	映画	えいが	영화	反映	はんえい	반영
仮 [か]	仮定*	かてい	가정	仮名	かめい	가명
過 [か]	過去	かこ	과거	通過	つうか	통과
価 [か]	高価*	こうか	고가	評価	ひょうか	평가
解 [かい]	解決	かいけつ	해결	正解*	せいかい	정답
改 [かい]	改札*	かいさつ	개찰	改造	かいぞう	개조
観 [かん]	観光	かんこう	관광	観察*	かんさつ	관찰
歓 [かん]	歓迎	かんげい	환영	歓心	かんしん	환심
関 [かん]	関係	かんけい	관계	関心*	かんしん	관심
感 [かん]	感覚*	かんかく	감각	感心	かんしん	감탄
間 [かん]	間接	かんせつ	간접	時間	じかん	시간
器 [き]	楽器*	がっき	악기	器用だ	きようだ	재주 있다
機 [き]	機会	きかい	기회	機械	きかい	기계
期 [き]	期間	きかん	기간	期待*	きたい	기대
規 [き]	規則*	きそく	규칙	規模	きぼ	규모
基 [き]	基礎	きそ	기초	基本*	きほん	기본
季 [き]	季節	きせつ	계절	四季	しき	사계

표기에 자주 나오는 단어를 꼭 암기하자!

強 [きょう]	強化	きょうか	강화	強調	きょうちょう	강조
教 [きょう]	教科書	きょうかしょ	교과서	教師	きょうし	교사
決 [けつ/けっ]	解決	かいけつ	해결	決心*	けっしん	결심
結 [けつ/けっ]	結果*	けっか	결과	結論	けつろん	결론
欠 [けつ/けっ]	欠席*	けっせき	결석	不可欠	ふかけつ	불가결
現 [げん]	実現	じつげん	실현	表現	ひょうげん	표현
限 [げん]	限界	げんかい	한계	制限*	せいげん	제한
減 [げん]	減少*	げんしょう	감소	増減*	ぞうげん	증감
交 [こう]	外交	がいこう	외교	交換	こうかん	교환
更 [こう]	更新	こうしん	갱신	変更	へんこう	변경
最 [さい]	最高	さいこう	최고	最初*	さいしょ	최초
際 [さい]	交際	こうさい	교제	実際	じっさい	실제
志 [し]	意志	いし	의지	志望	しぼう	지망
誌 [し]	雑誌*	ざっし	잡지	週刊誌*	しゅうかんし	주간지
紙 [し]	表紙	ひょうし	표지	用紙	ようし	용지

확인 문제 단어의 알맞은 한자 표기를 고르세요.

01 きかい   ⓐ 機会   ⓑ 期会   05 けつろん   ⓐ 結論   ⓑ 決論
02 かんさつ   ⓐ 観察   ⓑ 感察   06 せいげん   ⓐ 制現   ⓑ 制限
03 しぼう   ⓐ 誌望   ⓑ 志望   07 えいきょう ⓐ 影響   ⓑ 映響
04 しゅうかんし ⓐ 週刊誌   ⓑ 週刊志   08 きたい   ⓐ 基待   ⓑ 期待

정답 01 ⓐ 02 ⓐ 03 ⓑ 04 ⓐ 05 ⓐ 06 ⓑ 07 ⓐ 08 ⓑ

표기에 자주 나오는 단어

■ 발음이 같거나 비슷한 한자를 포함하는 단어 ②

※ ★은 JLPT N3 중요 단어입니다.

自 [じ]	各自	かくじ	각자	自信★	じしん	자신
持 [じ]	維持	いじ	유지	持参	じさん	지참
書 [しょ]	文書	ぶんしょ	문서	履歴書	りれきしょ	이력서
商 [しょう]	商業	しょうぎょう	상업	商店	しょうてん	상점
常 [じょう]	常識	じょうしき	상식	正常★	せいじょう	정상
情 [じょう]	表情	ひょうじょう	표정	友情	ゆうじょう	우정
乗 [じょう]	乗客	じょうきゃく	승객	乗車★	じょうしゃ	승차
心 [しん]	心配★	しんぱい	걱정	熱心★	ねっしん	열심
進 [しん]	進学	しんがく	진학	進歩	しんぽ	진보
正 [せい]	改正	かいせい	개정	修正	しゅうせい	수정
成 [せい]	成功	せいこう	성공	成長	せいちょう	성장
専 [せん]	専攻	せんこう	전공	専門家	せんもんか	전문가
線 [せん]	線路	せんろ	선로	直線	ちょくせん	직선
相 [そう/しょう]	相談★	そうだん	상담	首相	しゅしょう	수상, 총리
想 [そう]	感想★	かんそう	감상	予想★	よそう	예상
争 [そう]	競争★	きょうそう	경쟁	戦争	せんそう	전쟁
続 [ぞく]	接続	せつぞく	접속	連続	れんぞく	연속
足 [そく/ぞく]	不足	ふそく	부족	満足★	まんぞく	만족
点 [てん]	欠点★	けってん	결점	点数	てんすう	점수
伝 [でん]	伝説	でんせつ	전설	伝統	でんとう	전통

표기에 자주 나오는 단어를 꼭 암기하자!

都 [と]	都市	とし	도시	都心	としん	도심
道 [どう]	鉄道	てつどう	철도	道路	どうろ	도로
反 [はん]	違反	いはん	위반	反対*	はんたい	반대
犯 [はん]	犯罪	はんざい	범죄	防犯	ぼうはん	방범
捕 [ほ]	逮捕	たいほ	체포	捕獲	ほかく	포획
報 [ほう]	情報	じょうほう	정보	予報	よほう	예보
容 [よう]	容易だ	よういだ	용이하다	容器	ようき	용기, 그릇
用 [よう]	応用*	おうよう	응용	活用	かつよう	활용
律 [りつ]	規律	きりつ	규율	法律	ほうりつ	법률
立 [りつ]	公立	こうりつ	공립	国立	こくりつ	국립
料 [りょう]	給料	きゅうりょう	급료	材料	ざいりょう	재료
量 [りょう]	大量	たいりょう	대량	分量	ぶんりょう	분량
齢 [れい]	高齢者	こうれいしゃ	고령자	年齢	ねんれい	연령
冷 [れい]	冷蔵庫	れいぞうこ	냉장고	冷凍	れいとう	냉동

확인 문제 단어의 알맞은 한자 표기를 고르세요.

01 きゅうりょう　ⓐ 給料　ⓑ 給量
02 よそう　ⓐ 余想　ⓑ 予想
03 ほうりつ　ⓐ 法律　ⓑ 法立
04 しゅしょう　ⓐ 首相　ⓑ 首商
05 まんぞく　ⓐ 満足　ⓑ 満続
06 けってん　ⓐ 欠伝　ⓑ 欠点
07 はんたい　ⓐ 反対　ⓑ 犯対
08 じょうしゃ　ⓐ 乗車　ⓑ 条車

정답 01 ⓐ 02 ⓑ 03 ⓐ 04 ⓐ 05 ⓐ 06 ⓑ 07 ⓐ 08 ⓐ

표기에 자주 나오는 단어

■ 모양이 비슷한 한자를 포함하는 단어 ①

※ ★은 JLPT N3 중요 단어입니다.

痛	痛い	いたい	아프다	苦痛	くつう	고통
疲	疲れ★	つかれ	피로	疲れる★	つかれる	지치다
案	案内★	あんない	안내	提案	ていあん	제안
家	家具★	かぐ	가구	家内	かない	아내
健	健康★	けんこう	건강	保健	ほけん	보건
建	建設	けんせつ	건설	建てる	たてる	세우다
温	温める	あたためる	데우다	気温	きおん	기온
混	混む	こむ	붐비다	混雑	こんざつ	혼잡
組	組合	くみあい	조합	組む★	くむ	짜다, 끼다
結	結論	けつろん	결론	結ぶ★	むすぶ	묶다
経	経由★	けいゆ	경유	経つ	たつ	경과하다
続	続き★	つづき	다음	手続き	てつづき	수속, 절차
検	検査★	けんさ	검사	検討★	けんとう	검토
険	危険★	きけん	위험	険しい	けわしい	험하다
左	左右★	さゆう	좌우	左側	ひだりがわ	좌측
存	存在	そんざい	존재	保存	ほぞん	보존
在	現在★	げんざい	현재	滞在★	たいざい	체재, 체류
複	複雑★	ふくざつ	복잡	複数★	ふくすう	복수
復	往復	おうふく	왕복	回復	かいふく	회복
服	制服	せいふく	제복	服装	ふくそう	복장

報	情報*	じょうほう	정보	報告*	ほうこく	보고
績	業績	ぎょうせき	업적	成績*	せいせき	성적
積	積極的だ*	せっきょくてきだ	적극적이다	積もる	つもる	쌓이다
原	原因*	げんいん	원인	原料*	げんりょう	원료
源	資源*	しげん	자원	電源	でんげん	전원
比	比べる	くらべる	비교하다	比較*	ひかく	비교
批	批判	ひはん	비판	批評	ひひょう	비평
注	注ぐ	そそぐ	쏟다	注射*	ちゅうしゃ	주사
泣	泣き声	なきごえ	울음소리	泣く*	なく	울다
身	身長	しんちょう	신장	変身	へんしん	변신
射	発射	はっしゃ	발사	反射	はんしゃ	반사
倍	倍	ばい	~배, 배수	倍率	ばいりつ	배율
部	内部	ないぶ	내부	部	ぶ	부
暮	暮らす	くらす	살다	暮れ	くれ	해 질 녘
募	応募	おうぼ	응모	募集*	ぼしゅう	모집

📋 확인 문제 단어의 알맞은 한자 표기를 고르세요.

01 ふくすう ⓐ 服数 ⓑ 複数   05 きけん ⓐ 危検 ⓑ 危険
02 あんない ⓐ 案内 ⓑ 家内   06 あたためる ⓐ 温める ⓑ 湿める
03 げんいん ⓐ 資因 ⓑ 原因   07 くつう ⓐ 苦痛 ⓑ 苦病
04 ひかく   ⓐ 比較 ⓑ 批較   08 ないぶ ⓐ 内部 ⓑ 内倍

정답 01 ⓑ 02 ⓐ 03 ⓑ 04 ⓐ 05 ⓑ 06 ⓐ 07 ⓐ 08 ⓐ

표기에 자주 나오는 단어

■ 모양이 비슷한 한자를 포함하는 단어 ②

※ ★은 JLPT N3 중요 단어입니다.

側	内側★	うちがわ	안쪽	両側	りょうがわ	양쪽
測	観測	かんそく	관측	測る★	はかる	재다
氷	かき氷	かきごおり	빙수	氷	こおり	얼음
泳	泳ぐ	およぐ	헤엄치다	水泳	すいえい	수영
録	記録★	きろく	기록	登録	とうろく	등록
緑	緑★	みどり	초록	緑茶	りょくちゃ	녹차
詳	詳しい	くわしい	자세하다	詳細	しょうさい	상세
訳	通訳★	つうやく	통역	訳す★	やくす	번역하다
説	解説	かいせつ	해설	説明	せつめい	설명
寄	寄付	きふ	기부	寄る	よる	다가가다
宿	宿泊	しゅくはく	숙박	宿る★	やどる	머물다, 묵다
輸	輸出★	ゆしゅつ	수출	輸入	ゆにゅう	수입
論	議論	ぎろん	의논	評論	ひょうろん	평론
消	消す★	けす	끄다, 지우다	消費★	しょうひ	소비
削	削る	けずる	깎다	削除	さくじょ	삭제
現	現れる★	あらわれる	나타나다	現実	げんじつ	현실
視	視力	しりょく	시력	無視	むし	무시
逃	逃走	とうそう	도주	逃げる★	にげる	도망치다
追	追い越す★	おいこす	앞지르다	追う	おう	좇다, 따르다
通	共通★	きょうつう	공통	通勤	つうきん	통근

표기에 자주 나오는 단어를 꼭 암기하자!

한자	단어	읽기	뜻	단어	읽기	뜻
血	血液	けつえき	혈액	血	ち	피
皿	皿	さら	접시	灰皿	はいざら	재떨이
投	投資	とうし	투자	投げる★	なげる	던지다
役	役立つ	やくだつ	도움이 되다	役割	やくわり	역할
頼	依頼	いらい	의뢰	頼む	たのむ	부탁하다
預	預ける★	あずける	맡기다	預金	よきん	예금
順	順位	じゅんい	순위	順番★	じゅんばん	순번, 차례
囲	範囲	はんい	범위	雰囲気	ふんいき	분위기
困	困る★	こまる	곤란하다	困難	こんなん	곤란
貧	貧困	ひんこん	빈곤	貧しい	まずしい	가난하다
質	性質	せいしつ	성질	物質	ぶっしつ	물질
眠	睡眠	すいみん	수면	眠る★	ねむる	자다
眼	眼科	がんか	안과	眼鏡	めがね	안경
寺	寺院	じいん	사원, 사찰	寺★	てら	절
待	期待★	きたい	기대	待ち合わせ	まちあわせ	만나기로 함

확인 문제 단어의 알맞은 한자 표기를 고르세요.

01 きょうつう ⓐ 共通 ⓑ 共追
02 ぎろん ⓐ 議輪 ⓑ 議論
03 げんじつ ⓐ 視実 ⓑ 現実
04 きろく ⓐ 記緑 ⓑ 記録
05 つうやく ⓐ 通訳 ⓑ 通語
06 しょうひ ⓐ 削費 ⓑ 消費
07 いらい ⓐ 依頼 ⓑ 依預
08 しゅくはく ⓐ 宿泊 ⓑ 寄泊

표기에 자주 나오는 단어

■ 의미가 같거나 비슷한 한자를 포함하는 단어 ①

※ ★은 JLPT N3 중요 단어입니다.

한자	뜻	단어	읽기	뜻	단어	읽기	뜻
大	크다	拡大	かくだい	확대	大量	たいりょう	대량
多	많다	多様だ	たようだ	다양하다	多量	たりょう	다량
速	빠르다	高速	こうそく	고속	速い★	はやい	빠르다
早	이르다	早速★	さっそく	즉시	早い	はやい	이르다
急	급하다	急ぐ★	いそぐ	서두르다	急激だ	きゅうげきだ	급격하다
進	나아가다	進学	しんがく	진학	進む	すすむ	나아가다
移	이동하다	移動	いどう	이동	移る★	うつる	이동하다
勤	근무하다	出勤★	しゅっきん	출근	勤める★	つとめる	근무하다
務	종사하다	事務室	じむしつ	사무실	務める	つとめる	임무를 맡다
働	일하다	共働き	ともばたらき	맞벌이	働く	はたらく	일하다
券	증서	回数券	かいすうけん	회수권	特急券	とっきゅうけん	특급권
票	표	投票	とうひょう	투표	得票	とくひょう	득표
細	가늘다	詳細	しょうさい	상세	細い★	ほそい	가늘다
浅	얕다	浅い★	あさい	얕다	浅海	せんかい	얕은 바다
映	비치다	映る	うつる	비치다	反映	はんえい	반영
写	찍히다	写る	うつる	찍히다	写真	しゃしん	사진
独	혼자	独身	どくしん	독신	独特	どくとく	독특
単	하나	単語	たんご	단어	単身	たんしん	단신
借	빌리다	借りる★	かりる	빌리다	借金	しゃっきん	빚
貸	빌려 주다	貸出し	かしだし	대출	貸す	かす	빌려 주다

折 꺾다	右折*	うせつ	우회전	折る	おる	접다
曲 구부리다	曲線	きょくせん	곡선	曲げる*	まげる	굽히다
習 익히다	学習	がくしゅう	학습	復習	ふくしゅう	복습
学 배우다	見学	けんがく	견학	復学	ふくがく	복학
夕 저녁	夕刊	ゆうかん	석간	夕飯	ゆうはん	저녁밥
夜 밤	深夜	しんや	심야	徹夜	てつや	철야
翌 다음	翌週*	よくしゅう	다음주, 익주	翌年	よくねん	이듬해, 내년
後 뒤	後悔	こうかい	후회	最後*	さいご	최후
終 마지막	最終*	さいしゅう	최종	終了	しゅうりょう	종료
庭 정원	家庭	かてい	가정	庭*	にわ	정원
園 정원, 공원	遊園地	ゆうえんち	유원지	幼稚園	ようちえん	유치원
屋 집	屋上	おくじょう	옥상	部屋	へや	방
室 방	教室	きょうしつ	교실	室内*	しつない	실내
焼 익히다	日焼け	ひやけ	볕에 탐	焼く*	やく	굽다
燃 타다	燃料	ねんりょう	연료	燃やす	もやす	태우다

확인 문제
단어의 알맞은 한자 표기를 고르세요.

01 つとめる   ⓐ 勤める   ⓑ 働める
02 やく   ⓐ 燃く   ⓑ 焼く
03 けんがく   ⓐ 見学   ⓑ 見習
04 かくだい   ⓐ 拡多   ⓑ 拡大
05 こうそく   ⓐ 高急   ⓑ 高速
06 きょうしつ ⓐ 教室   ⓑ 教屋
07 ほそい   ⓐ 細い   ⓑ 浅い
08 かす   ⓐ 貸す   ⓑ 借す

표기에 자주 나오는 단어

■ 의미가 같거나 비슷한 한자를 포함하는 단어 ②

※ ★은 JLPT N3 중요 단어입니다.

한자	뜻	단어1	읽기1	뜻1	단어2	읽기2	뜻2
止	멈추다	中止	ちゅうし	중지	止まる	とまる	멈추다
停	머물다	停車	ていしゃ	정차	停電★	ていでん	정전
阻	막다	阻止	そし	저지	阻む	はばむ	저지하다
禁	금하다	禁煙	きんえん	금연	禁止★	きんし	금지
防	막다	防ぐ★	ふせぐ	막다	予防	よぼう	예방
葉	잎	葉★	は	잎	紅葉	もみじ	단풍
根	뿌리	根拠	こんきょ	근거	根	ね	뿌리
種	씨	種類★	しゅるい	종류	種	たね	씨
戻	돌아가다	払い戻す	はらいもどす	환불하다	戻す	もどす	되돌리다
回	돌리다	回収	かいしゅう	회수	回す★	まわす	돌리다
帰	돌아가다	帰る	かえる	돌아가다	帰宅★	きたく	귀가
退	물러나다	引退	いんたい	은퇴	早退	そうたい	조퇴
放	놓다	開放	かいほう	개방	放す	はなす	놓다
離	떨어지다	距離	きょり	거리	離れる	はなれる	떨어지다
別	나누다	特別	とくべつ	특별	別れる	わかれる	헤어지다
池	연못	池★	いけ	연못	電池	でんち	전지
波	파도	電波	でんぱ	전파	波★	なみ	파도
泉	샘	泉	いずみ	샘	温泉★	おんせん	온천
保	지키다	確保	かくほ	확보	保存	ほぞん	보존
守	지키다	守る★	まもる	지키다	留守	るす	부재중

표기에 자주 나오는 단어를 꼭 암기하자!

拡 넓히다	拡充	かくじゅう	확충	拡張	かくちょう	확장
張 넓히다	主張 ★	しゅちょう	주장	出張 ★	しゅっちょう	출장
降 내리다	降りる	おりる	(탈것에서) 내리다	降る	ふる	(눈, 비 등이) 내리다
落 떨어지다	落ちる	おちる	떨어지다	落下	らっか	낙하
当 맞다	当たる ★	あたる	맞다	当選	とうせん	당선
打 치다	打ち合わせ	うちあわせ	협의	打つ	うつ	치다
金 금	金額	きんがく	금액	現金	げんきん	현금
銀 은	銀色	ぎんいろ	은색	銀行	ぎんこう	은행
必 반드시	必ず ★	かならず	반드시	必要	ひつよう	필요
確 확실하다	確実だ	かくじつだ	확실하다	確認 ★	かくにん	확인
信 믿다	信じる ★	しんじる	믿다	信用	しんよう	신용
頼 의지하다	頼み	たのみ	부탁	頼る ★	たよる	의지하다
育 기르다	育てる	そだてる	키우다	体育	たいいく	체육
教 가르치다	教える ★	おしえる	가르치다	教育	きょういく	교육

확인 문제 단어의 알맞은 한자 표기를 고르세요.

01 わかれる ⓐ 別れる ⓑ 離れる
02 まわす ⓐ 戻す ⓑ 回す
03 しゅちょう ⓐ 主張 ⓑ 主拡
04 ていでん ⓐ 停電 ⓑ 止電
05 かえる ⓐ 戻る ⓑ 帰る
06 るす ⓐ 留守 ⓑ 留保
07 きんえん ⓐ 阻煙 ⓑ 禁煙
08 ね ⓐ 根 ⓑ 種

정답 01 ⓐ 02 ⓑ 03 ⓐ 04 ⓐ 05 ⓑ 06 ⓐ 07 ⓑ 08 ⓐ

실력 다지기

단어의 알맞은 한자 표기를 고르세요.

01 およぐ
① 泳ぐ ② 永ぐ ③ 水ぐ ④ 氷ぐ

02 きおん
① 気温 ② 気湿 ③ 基温 ④ 基湿

03 やくす
① 話す ② 論す ③ 訳す ④ 記す

04 ひかく
① 比較 ② 批較 ③ 以較 ④ 似較

05 せつめい
① 談明 ② 説明 ③ 記明 ④ 誌明

06 きょり
① 距遠 ② 距離 ③ 距別 ④ 距放

07 くらす
① 募らす ② 幕らす ③ 墓らす ④ 暮らす

08 しゅうかんし
① 週刊詩 ② 週刊誌 ③ 週刊紙 ④ 週刊志

09 かんそく
① 観測 ② 歓則 ③ 観則 ④ 歓測

10 はやい
① 走い　② 速い　③ 送い　④ 歩い

11 ようき
① 容器　② 容機　③ 容期　④ 容規

12 ゆしゅつ
① 論出　② 輸出　③ 輸周　④ 論周

13 ほそい
① 浅い　② 細い　③ 狭い　④ 小い

14 ちゅうし
① 禁止　② 阻止　③ 停止　④ 中止

15 じむしつ
① 事務室　② 業務室　③ 事務家　④ 業務家

16 うちがわ
① 内側　② 家側　③ 内測　④ 家測

17 いそぐ
① 進ぐ　② 忘ぐ　③ 急ぐ　④ 早ぐ

18 ぼしゅう
① 幕集　② 暮集　③ 墓集　④ 募集

19 けわしい
① 訳しい　② 駅しい　③ 験しい　④ 険しい

20 うつる
① 動る　② 降る　③ 働る　④ 移る

정답 해설집 p.11

실전 대비하기 1

問題2 ＿＿＿のことばを漢字で書くとき、最もよいものを、1・2・3・4から一つえらびなさい。

1 建物の中でたばこを<u>すって</u>はいけません。
　　1　及って　　　2　級って　　　3　吸って　　　4　扱って

2 あの二人は<u>かたい</u>友情で結ばれている。
　　1　動い　　　　2　固い　　　　3　団い　　　　4　重い

3 <u>へいわ</u>な世界を願っています。
　　1　半知　　　　2　平知　　　　3　半和　　　　4　平和

4 来月、<u>まご</u>が誕生日を迎える。
　　1　孫　　　　　2　娘　　　　　3　妻　　　　　4　夫

5 友人が<u>すすめて</u>くれた映画はとても面白かった。
　　1　勤めて　　　2　勧めて　　　3　促めて　　　4　捉めて

6 <u>きょうそう</u>に勝つためには努力が必要です。
　　1　競争　　　　2　強戦　　　　3　競戦　　　　4　強争

7 後ろの席だと、<u>こくばん</u>の字がよく見えません。
　　1　黒版　　　　2　墨板　　　　3　墨版　　　　4　黒板

8 貧しい人たちのために、お金を<u>きふ</u>した。
　　1　寄符　　　　2　期符　　　　3　寄付　　　　4　期付

정답 해설집 p.11

실전 대비하기 2

問題2 ＿＿＿のことばを漢字で書くとき、最もよいものを、1・2・3・4から一つえらびなさい。

1　投票率(とうひょうりつ)が前回よりもひくくなった。
　　1　氏く　　　　2　邸く　　　　3　低く　　　　4　底く

2　かいがを鑑賞(かんしょう)することが好きです。
　　1　絵画　　　　2　絵図　　　　3　改画　　　　4　改図

3　彼はからのペットボトルを捨てた。
　　1　間　　　　　2　穴　　　　　3　隙　　　　　4　空

4　試験結果はよそうしていた通りでした。
　　1　与思　　　　2　予思　　　　3　予想　　　　4　与想

5　このところ、あたたかい日が続いている。
　　1　穏かい　　　2　熱かい　　　3　暑かい　　　4　暖かい

6　サイバー攻撃(こうげき)をふせぐためにセキュリティを強化する。
　　1　防ぐ　　　　2　守ぐ　　　　3　停ぐ　　　　4　止ぐ

7　北海道(ほっかいどう)には5日間ほどたいざいする予定です。
　　1　帯在　　　　2　滞在　　　　3　滞存　　　　4　帯存

8　今日の会議はよくしゅうに延期された。
　　1　異週　　　　2　次週　　　　3　翌週　　　　4　後週

실전 대비하기 3

問題2 ＿＿＿のことばを漢字で書くとき、最もよいものを、1・2・3・4から一つえらびなさい。

1　将来(しょうらい)は笑顔があふれる<u>かてい</u>を持ちたい。
　　1　家定　　　2　家亭　　　3　家庭　　　4　家底

2　この度、市長に<u>とうせん</u>しました田中(たなか)です。
　　1　当選　　　2　当戦　　　3　頭選　　　4　頭戦

3　<u>ひやけ</u>しないように帽子(ぼうし)をかぶった。
　　1　火燃け　　2　日燃け　　3　火焼け　　4　日焼け

4　息子(むすこ)は今年から<u>ようちえん</u>に通っています。
　　1　幼稚館　　2　用稚館　　3　用稚園　　4　幼稚園

5　本棚(ほんだな)にほこりが<u>つもって</u>いて汚(きたな)い。
　　1　積もって　2　重もって　3　集もって　4　残もって

6　旅館(りょかん)で温(あた)かい<u>かんげい</u>を受けた。
　　1　歓印　　　2　歓迎　　　3　感印　　　4　感迎

7　目が痛いので、<u>がんか</u>で診(み)てもらうつもりです。
　　1　視科　　　2　眼科　　　3　視課　　　4　眼課

8　何があっても、<u>しゃっきん</u>だけはしたくない。
　　1　措禁　　　2　借禁　　　3　措金　　　4　借金

정답 해설집 p.13

실전 대비하기 4

問題2 ＿＿＿のことばを漢字で書くとき、最もよいものを、1・2・3・4から一つえらびなさい。

1 いずみの水はとてもきれいです。
　1　泉　　　　2　昇　　　　3　池　　　　4　波

2 インターネットを利用(りよう)したはんざいが増(ふ)えている。
　1　氾罪　　　2　氾悲　　　3　犯罪　　　4　犯悲

3 市内にあるこうりつの高校に通っています。
　1　公立　　　2　交立　　　3　工立　　　4　広立

4 今日のゆうかんを読んで、そのニュースを知った。
　1　夜列　　　2　夜刊　　　3　夕列　　　4　夕刊

5 書類(しょるい)をおって、封筒(ふうとう)に入れてください。
　1　曲って　　2　押って　　3　畳って　　4　折って

6 私の夢(ゆめ)は母のようなきょうしになることだ。
　1　教師　　　2　教氏　　　3　敦師　　　4　敦氏

7 暗くなる前に家にかえってきてね。
　1　復って　　2　退って　　3　戻って　　4　帰って

8 ダニエルさんはきように箸(はし)を使います。
　1　基用　　　2　器用　　　3　基様　　　4　器様

실전 대비하기 5

問題2 ＿＿＿のことばを漢字で書くとき、最もよいものを、1・2・3・4から一つえらびなさい。

1 今回の大会で世界記録(きろく)がこうしんされた。
   1 更真   2 更新   3 便真   4 便新

2 しぼうしていた大学に受(う)かりました。
   1 希望   2 志望   3 希盟   4 志盟

3 安田選手(やすだせんしゅ)がホームランをうちました。
   1 扱ちました   2 投ちました   3 打ちました   4 折ちました

4 ここで、ごみをもやしてはいけません。
   1 煙やして   2 焼やして   3 燃やして   4 熱やして

5 薬はぶんりょうを守(まも)って飲んでください。
   1 分量   2 分重   3 分料   4 分科

6 11月に入り、日がくれるのが早くなった。
   1 暮れる   2 墓れる   3 沈れる   4 枕れる

7 マンションのきそくで、ペットは飼(か)えない。
   1 基則   2 基側   3 規則   4 規側

8 デパートであわい水色のシャツを買った。
   1 優い   2 弱い   3 薄い   4 淡い

실전 대비하기 6

問題2 ＿＿＿のことばを漢字で書くとき、最もよいものを、1・2・3・4から一つえらびなさい。

1 イベントがしゅうりょうするまで残り三日です。
1　周了　　　　2　終了　　　　3　周良　　　　4　終良

2 あまりに体調が悪くてそうたいした。
1　速迫　　　　2　速退　　　　3　早迫　　　　4　早退

3 あずける荷物の中にライターはありませんか。
1　頃ける　　　2　額ける　　　3　預ける　　　4　頂ける

4 天気がいいから、にわで布団を干しましょう。
1　庭　　　　　2　廷　　　　　3　園　　　　　4　固

5 この店では着なくなった服をかいしゅうしている。
1　会収　　　　2　回収　　　　3　会拾　　　　4　回拾

6 授業が始まる前に黒板の文字をけした。
1　落した　　　2　除した　　　3　削した　　　4　消した

7 検査の結果はせいじょうでした。
1　正常　　　　2　正状　　　　3　王常　　　　4　王状

8 資料はA4サイズのようしに印刷してください。
1　容紙　　　　2　容誌　　　　3　用紙　　　　4　用誌

실전 대비하기 7

問題2 ＿＿＿のことばを漢字で書くとき、最もよいものを、1・2・3・4から一つえらびなさい。

1 次のバス停でおりましょう。
   1 阪りましょう   2 隆りましょう   3 院りましょう   4 降りましょう

2 営業成績がひょうかされ、うれしかった。
   （せいせき）
   1 評価   2 詞価   3 評果   4 詞果

3 決められたルールをいはんしてはいけません。
   1 遣拒   2 違拒   3 遣反   4 違反

4 泳ぐのは苦手だが、あさいプールならこわくない。
   1 浅い   2 低い   3 短い   4 細い

5 まちがえた問題のかいせつをじっくり読んだ。
   1 触説   2 触語   3 解説   4 解語

6 犬がボールをおって走っている。
   1 逃って   2 追って   3 造って   4 通って

7 秋になり、木のはがきれいな赤色に変わった。
   1 草   2 根   3 花   4 葉

8 しゅくはくするホテルには朝食バイキングがついている。
   1 宿泊   2 宿拍   3 縮泊   4 縮拍

정답 해설집 p.16

실전 대비하기 8

問題2 ＿＿＿のことばを漢字で書くとき、最もよいものを、1・2・3・4から一つえらびなさい。

1 ジュースにこおりを入れて飲みました。
1　泳　　　　2　凍　　　　3　永　　　　4　氷

2 道がこんでいて約束の時間に遅(おく)れそうだ。
1　湯んで　　2　満んで　　3　溢んで　　4　混んで

3 このボタンを押すと、データがほぞんされます。
1　呆存　　　2　保在　　　3　保存　　　4　呆在

4 この電車に乗るにはとっきゅうけんが必要(ひつよう)です。
1　特救票　　2　特急券　　3　特急票　　4　特救券

5 来週の水曜日は血液(けつえき)けんさをします。
1　険作　　　2　検作　　　3　険査　　　4　検査

6 家の近くで、ドラマのさつえいをしていた。
1　録影　　　2　録映　　　3　撮影　　　4　撮映

7 町に新しいほけん施設(しせつ)ができました。
1　法健　　　2　保健　　　3　保建　　　4　法建

8 郵便局(ゆうびんきょく)によってから、スーパーに行きます。
1　定って　　2　寄って　　3　府って　　4　応って

정답 해설집 p.17

실전 대비하기 9

問題2 _____のことばを漢字で書くとき、最もよいものを、1・2・3・4から一つえらびなさい。

1 料理を作るときは、髪をむすんだほうがいいですよ。
   1 結んだ   2 約んだ   3 緩んだ   4 統んだ

2 会議の日をへんこうしてもらえませんか。
   1 変交   2 変更   3 返交   4 返更

3 彼はいつもどくとくな服装をしている。
   1 強持   2 強特   3 独持   4 独特

4 頭がいたいなら、今日は家で休んだ方がいいよ。
   1 病い   2 痛い   3 疫い   4 症い

5 サービスセンターに電話して、テレビの修理をいらいしました。
   1 似頼   2 似預   3 依頼   4 依預

6 みんなの前でないてしまうなんて、恥ずかしすぎてたまらない。
   1 汗いて   2 泣いて   3 洋いて   4 活いて

7 あの店でいろいろな花のたねを買うことができる。
   1 植   2 稲   3 種   4 根

8 彼はすばらしい選手だったのに、いんたいしてしまって残念だ。
   1 印逆   2 印退   3 引逆   4 引退

실전 대비하기 10

問題2 ＿＿＿のことばを漢字で書くとき、最もよいものを、1・2・3・4から一つえらびなさい。

1 あの事件で若者(わかもの)5人がたいほされた。
   1 逮捕   2 適捕   3 逮保   4 適保

2 仕事の内容について、くわしい説明を聞きました。
   1 訳しい   2 許しい   3 記しい   4 詳しい

3 薬を飲んだら、すぐに効果(こうか)があらわれた。
   1 覚れた   2 見れた   3 現れた   4 規れた

4 彼は宇宙(うちゅう)へ行ったさいしょの人です。
   1 最初   2 祭初   3 祭始   4 最始

5 食事の前にはかならず、手を洗う。
   1 確ず   2 必ず   3 主ず   4 定ず

6 電車の故障(こしょう)できたくの時間が遅くなった。
   1 着室   2 着宅   3 帰宅   4 帰室

7 この先でうせつすると郵便局(ゆうびんきょく)があります。
   1 左折   2 右招   3 左招   4 右折

8 このドラマのつづきが楽しみです。
   1 続き   2 絵き   3 紙き   4 経き

문제 3 문맥규정

[문제 3 문맥규정]은 제시된 문장의 괄호에 들어갈 문맥에 맞는 알맞은 의미의 단어를 고르는 문제로, 총 11문항이 출제된다. 명사, 동사를 고르는 문제가 주로 출제되며, 부사와 형용사를 고르는 문제가 각각 1~2문항 정도 출제된다.

핵심 전략

1 문맥에 맞는 명사, 동사, 형용사를 고르는 문제는 괄호 앞뒤의 수식어와 함께 쓰여서 자연스러운 문맥을 만드는 단어를 정답으로 고른다.

> 예 田中さんが 引っ越すという (　　) 다나카 씨가 이사한다고 하는 (　　)
> ① うわさ 소문 (O)　② 宣伝 선전 (×)
> 　　　　　　　　　└─ 비슷한 의미의 단어가 사용됨
>
> テーブルを (　　) 테이블을 (　　)
> ① 囲んで 둘러싸고 (O)　② 包んで 포장하고 (×)
>
> この 計算は (　　) だ。 이 계산은 (　　) (하)다.
> ① 複雑 복잡 (O)　② 意外 의외 (×)

2 문맥에 맞는 부사를 고르는 문제는 주로 의성어·의태어가 출제되는데, 괄호 뒤에 오는 동사나 형용사와 함께 쓰여서 자연스러운 문맥을 만들거나, 문장 전체를 파악했을 때 자연스러운 문맥을 만드는 단어를 정답으로 고른다.

> 예 (　　) 書く。 (　　) 쓰다.
> ① すらすら 술술 (O)　② がらがら 달그락 달그락 (×)

3 시험에 자주 출제되는 단어를, 앞이나 뒤에서 자주 같이 사용되는 표현들과 구문으로 학습해둔다.

문제 풀이 Step

Step 1 선택지를 먼저 읽고 의미와 품사를 파악해둔다.

선택지를 먼저 읽고, 각 선택지의 의미를 떠올리며 품사도 함께 파악한다. 이때 각 선택지의 의미를 살짝 적어두면, 제시된 문장을 읽을 때 빈칸에 들어갈 적절한 표현을 떠올리기 쉽다.

Step 2 괄호의 앞뒤 혹은 문장 전체와 가장 잘 어울리는 의미의 선택지를 정답으로 고른다.

괄호의 앞뒤를 먼저 확인하여 문맥상 가장 잘 어울리는 선택지를 정답으로 고른다. 정답 후보가 2개 이상인 경우에는 문장 전체를 읽고 문맥에 맞는 의미의 선택지를 정답으로 고른다.

문제 풀이 Step 적용

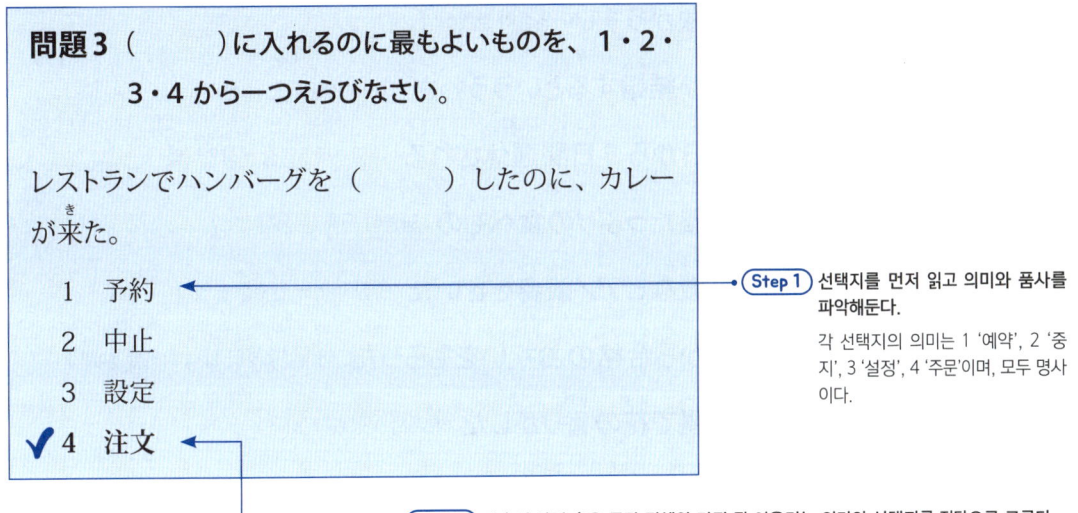

問題3 （　　）に入れるのに最もよいものを、1・2・3・4から一つえらびなさい。

レストランでハンバーグを（　　）したのに、カレーが来た。

1　予約
2　中止
3　設定
✓ 4　注文

Step 1 선택지를 먼저 읽고 의미와 품사를 파악해둔다.

각 선택지의 의미는 1 '예약', 2 '중지', 3 '설정', 4 '주문'이며, 모두 명사이다.

Step 2 괄호의 앞뒤 혹은 문장 전체와 가장 잘 어울리는 의미의 선택지를 정답으로 고른다.

괄호의 앞부분인 ハンバーグを(햄버거를)를 보았을 때, ハンバーグを注文した(햄버그를 주문했다)라는 문맥이 가장 자연스러우므로 4 注文(주문)을 정답으로 고른다. 1은 ホテルを予約する(호텔을 예약하다), 2는 取引を中止する(거래를 중지하다), 3은 目標を設定する(목표를 설정하다)와 같이 쓰인다.

문제3 （　　）에 넣을 것으로 가장 알맞은 것을, 1·2·3·4에서 하나 고르세요.

레스토랑에서 햄버그를 （　　）했는데, 카레가 왔다.

1 예약　　　　2 중지　　　　3 설정　　　　4 주문

어휘 レストラン 圕 레스토랑　ハンバーグ 圕 햄버그　～のに 㐬 ～는데　カレー 圕 카레　来る くる 图 오다　予約 よやく 圕 예약
中止 ちゅうし 圕 중지　設定 せってい 圕 설정　注文 ちゅうもん 圕 주문

문맥규정에 자주 나오는 단어

■ 문맥규정에 자주 나오는 명사 ①

※ ★은 JLPT N3 중요 단어입니다.

단어	뜻	예문	해석
合図(あいず) ★	신호, 손짓	合図を送る	신호를 보내다
愛用者(あいようしゃ) ★	애용자	当社の製品の愛用者	당사 제품의 애용자
あくび ★	하품	眠くなってあくびをした	졸려져서 하품을 했다
汗(あせ)	땀	汗をかく	땀을 흘리다
印象(いんしょう) ★	인상	印象がうすい	인상이 흐릿하다
うわさ	소문	彼が結婚するといううわさ	그가 결혼한다는 소문
運休(うんきゅう) ★	운휴	明日から5日間運休される	내일부터 5일간 운휴됩니다
栄養(えいよう) ★	영양	栄養たっぷりの食べもの	영양이 듬뿍 든 음식
演奏(えんそう)	연주	素敵なピアノ演奏をきいた	멋진 피아노 연주를 들었다
お祝(いわ)い	축하	母から合格のお祝いをもらった	어머니로부터 합격 축하를 받았다
香(かお)り	향기	部屋で花の香りがした	방에서 꽃향기가 났다
片方(かたほう)	한쪽	くつ下を片方だけなくした	양말을 한쪽만 잃어버렸다
可能(かのう) ★	가능	持ち込み可能	반입 가능
我慢(がまん)	참음, 견딤	眠いのを我慢する	졸린 것을 참는다
間隔(かんかく) ★	간격	電車が10分間隔で出る	전철이 10분 간격으로 나온다
観察(かんさつ) ★	관찰	動物を観察する	동물을 관찰하다
乾燥(かんそう) ★	건조	空気が乾燥している	공기가 건조하다
傷(きず)	상처	顔に傷ができて痛い	얼굴에 상처가 생겨서 아프다
期待(きたい) ★	기대	期待したのに面白くなかった	기대했는데 재미없었다
禁止(きんし) ★	금지	ここからは立ち入り禁止です	여기부터는 출입 금지입니다
くしゃみ ★	재채기	風邪でくしゃみが止まらない	감기로 재채기가 멈추지 않는다

문맥규정에 자주 나오는 단어를 꼭 암기하자!

단어	뜻	예문	해석
癖(くせ)	버릇	彼女(かのじょ)は悪(わる)い癖(くせ)がある	그녀는 나쁜 버릇이 있다
経営(けいえい)★	경영	スーパーを経営(けいえい)する	슈퍼를 경영하다
芸術(げいじゅつ)★	예술	そこには芸術(げいじゅつ)作品(さくひん)を見(み)に行(い)った	거기에는 예술작품을 보러 갔다
原料(げんりょう)★	원료	チーズの原料(げんりょう)	치즈의 원료
このあいだ★	요전, 지난번	このあいだ友(とも)だちにすすめられたドラマを見(み)た	요전에 친구에게 추천받은 드라마를 봤다
混雑(こんざつ)	혼잡	たくさんの人(ひと)で混雑(こんざつ)している	많은 사람으로 혼잡하다
差(さ)★	차이, 차	作品(さくひん)の完成度(かんせいど)に大(おお)きな差(さ)がある	작품의 완성도에 큰 차이가 있다
資源(しげん)★	자원	天然(てんねん)資源(しげん)	천연자원
事情(じじょう)★	사정	今日(きょう)は事情(じじょう)があって行(い)けません	오늘은 사정이 있어서 못 갑니다
姿勢(しせい)	자세	姿勢(しせい)が悪(わる)い	자세가 나쁘다
自慢(じまん)	자랑	彼(かれ)は自分(じぶん)の成績(せいせき)を自慢(じまん)した	그는 자신의 성적을 자랑했다
しみ★	얼룩	白(しろ)いシャツにコーヒーのしみができた	하얀 셔츠에 커피 얼룩이 생겼다
就職(しゅうしょく)★	취직	やっと就職(しゅうしょく)が決(き)まった	드디어 취직이 결정되었다
渋滞(じゅうたい)	정체	道路(どうろ)が渋滞(じゅうたい)している	도로가 정체되고 있다
親戚(しんせき)★	친척	親戚(しんせき)のおばさんに会(あ)った	친척 고모를 만났다

확인 문제 괄호에 들어갈 단어를 고르세요.

01 ゲームしたかったけど、(ⓐ 我慢(がまん) / ⓑ 合図(あいず))した。

02 スーパーを(ⓐ 芸術 / ⓑ 経営)しています。

03 彼(かれ)の絵(え)はとても(ⓐ 印象 / ⓑ 自慢)に残(のこ)った。

04 のどが(ⓐ 乾燥 / ⓑ しみ)して痛(いた)い。

05 (ⓐ 姿勢 / ⓑ くしゃみ)が悪(わる)くて、背中(せなか)が痛(いた)い。

06 バスは20分(ぷん)(ⓐ 片方 / ⓑ 間隔(かんかく))で運行(うんこう)している。

07 このジュースの(ⓐ 資源 / ⓑ 原料)はオレンジです。

08 今後(こんご)の活躍(かつやく)を(ⓐ 期待 / ⓑ 観察)しています。

정답 01 ⓐ 02 ⓑ 03 ⓐ 04 ⓐ 05 ⓐ 06 ⓑ 07 ⓑ 08 ⓐ

문맥규정에 자주 나오는 단어

■ 문맥규정에 자주 나오는 명사 ②

※ ★은 JLPT N3 중요 단어입니다.

단어	뜻	예문	해석
集中★	집중	勉強に集中できない	공부에 집중할 수 없다
主張	주장	自分の意見を主張する	자신의 의견을 주장하다
順番★	차례, 순번	順番をお待ちください	차례를 기다려 주세요
冗談★	농담	冗談を言う	농담을 하다
制限★	제한	入場制限がある	입장 제한이 있다
咳★	기침	咳に効く薬をもらった	기침에 효과가 있는 약을 받았다
席	자리, 좌석	自分の席に戻ってください	자기 자리로 돌아가 주세요
線★	선	ペンで線をひく	펜으로 선을 긋다
前後	전후	彼は食事の前後に手を洗う	그는 식사 전후로 손을 씻는다
想像★	상상	未来を想像する	미래를 상상하다
底★	바닥, 속	コップの底に穴があいた	컵 바닥에 구멍이 났다
中古★	중고	中古車を買った	중고차를 샀다
調子	상태	調子が悪くて早く帰った	상태가 나빠서 일찍 돌아갔다
通知★	통지	大学の合格を知らせる通知が来た	대학 합격을 알리는 통지가 왔다
動作★	동작	ダンサーの動作はなめらかだった	댄서의 동작이 매끄러웠다
当日	당일	試験の当日は遅刻しなかった	시험 당일은 지각하지 않았다
登場★	등장	歌手がステージに登場した	가수가 무대에 등장했다
特長	특별한 장점	使いやすいという特長	사용하기 쉽다는 특별한 장점
泥★	진흙	靴についた泥を落とした	신발에 묻은 진흙을 지웠다
流れ	흐름	会議の流れを彼女に説明した	회의 흐름을 그녀에게 설명했다
仲★	사이	彼女は妹ととても仲が良い	그녀는 여동생과 매우 사이가 좋다

단어	뜻	예문	해석
農業(のうぎょう)	농업	ここは農業が盛んだ	이곳은 농업이 성하다
発展(はってん)★	발전	経済が発展する	경제가 발전하다
半日(はんにち)	반나절	この仕事は半日かかりそうだ	이 일은 반나절 걸릴 것 같다
平気(へいき)★	태연함	あの人は平気でうそをつく	저 사람은 태연하게 거짓말을 한다
物価(ぶっか)	물가	物価があがって生活がきつい	물가가 올라서 생활이 힘들다
番(ばん)★	차례, 순서	少し待ったら、私の番が来ました	조금 기다렸더니, 제 차례가 왔습니다
貿易(ぼうえき)★	무역	貿易によって大きい利益を得た	무역으로 큰 이익을 얻었다
申込書(もうしこみしょ)	신청서	申込書の書き方を教えた	신청서 쓰는 법을 가르쳤다
目標(もくひょう)★	목표	1位を目標にする	1위를 목표로 하다
文句(もんく)★	불평, 불만	文句を言う	불평을 말하다
家賃(やちん)	집세	ここは家賃が安いけど駅から遠い	여기는 집세가 싸지만 역에서 멀다
翌日(よくじつ)★	다음날, 익일	テストの翌日には結果が出る	시험 다음날에는 결과가 나온다
料金(りょうきん)	요금	利用料金を払います	이용 요금을 지불합니다
わがまま	제멋대로 굶	彼は意外にわがままなところがある	그는 의외로 제멋대로인 구석이 있다
割合(わりあい)	비율	この学校は女子学生の割合が高い	이 학교는 여학생 비율이 높다

확인 문제 괄호에 들어갈 단어를 고르세요.

01 今日は(ⓐ 調子 / ⓑ 動作)がわるくて早く帰ります。
02 この動物園は入場(ⓐ 家賃 / ⓑ 料金)が安い。
03 発表の(ⓐ 当日 / ⓑ 半日)になりました。
04 今回優勝することが(ⓐ 目標 / ⓑ 登場)です。
05 これは値段が安いという(ⓐ 特長 / ⓑ 制限)がある。
06 彼はいつも会社について(ⓐ 主張 / ⓑ 文句)を言う。
07 この町は経済が(ⓐ 想像 / ⓑ 発展)している。
08 (ⓐ 農業 / ⓑ 物価)が高くなって生活がきつい。

정답 01 ⓐ 02 ⓑ 03 ⓐ 04 ⓐ 05 ⓐ 06 ⓑ 07 ⓑ 08 ⓑ

문맥규정에 자주 나오는 단어

■ 문맥규정에 자주 나오는 가타카나어

※ ★은 JLPT N3 중요 단어입니다.

アクセス ★	접근성, 액세스	アクセスがいい	접근성이 좋다
アドバイス	충고	後輩(こうはい)にアドバイスする	후배에게 충고하다
イメージ	이미지, 인상	おとなしいイメージ	얌전한 이미지
インタビュー	인터뷰	選手(せんしゅ)にインタビューする	선수를 인터뷰하다
インフルエンザ	인플루엔자, 유행성 감기	インフルエンザが流(はや)る	인플루엔자가 유행한다
エネルギー ★	에너지	太陽(たいよう)エネルギー	태양 에너지
エプロン	앞치마	エプロンをかける	앞치마를 걸친다
エンジン ★	엔진	エンジンが止(と)まる	엔진이 멈추다
カーブ	커브	急(きゅう)なカーブ	급커브
カタログ	카탈로그	商品(しょうひん)のカタログ	상품의 카탈로그
カット ★	자름, 커트	髪(かみ)をカットした	머리를 잘랐다
カバー	커버	カバーをかける	커버를 씌우다
キャンセル	취소, 캔슬	予約(よやく)をキャンセルする	예약을 취소하다
キャンパス	캠퍼스	キャンパス見学(けんがく)	캠퍼스 견학
コミュニケーション ★	커뮤니케이션	コミュニケーションを取(と)る	커뮤니케이션을 취하다
サービス ★	서비스	この店(みせ)のサービスはいい	이 가게의 서비스는 좋다
サイン ★	사인	書類(しょるい)にサインする	서류에 사인하다
スタート ★	시작	朝(あさ)9時(じ)にスタートする	아침 9시에 시작한다
ストップ	멈춤	列車(れっしゃ)がストップした	열차가 멈췄다
スピーチ	스피치	人前(ひとまえ)でスピーチする	사람들 앞에서 스피치하다
セット	세팅, 세트	機械(きかい)をセットする	기계를 세팅하다
タイトル	제목, 타이틀	本(ほん)のタイトル	책 제목

문맥규정에 자주 나오는 단어를 꼭 암기하자!

단어	뜻	예문	해석
チャレンジ	도전, 챌린지	留学にチャレンジするつもりだ	유학에 도전할 예정이다
テーマ	테마, 주제	話のテーマ	이야기의 테마
デザイン★	디자인	独特なデザインの服	독특한 디자인의 옷
ドライヤー	드라이어	ドライヤーで髪を乾かす	드라이어로 머리를 말리다
ノック★	노크	入るときはノックしてください	들어올 때는 노크해 주세요
バーゲン	바겐세일	バーゲンが始まる	바겐세일이 시작된다
バケツ★	양동이	バケツに水を入れる	양동이에 물을 넣다
パンフレット	팸플릿, 소책자	中国語のパンフレット	중국어 팸플릿
ヒント★	힌트	ヒントを得る	힌트를 얻다
マイク★	마이크	カラオケでマイクをもって歌う	노래방에서 마이크를 가지고 노래 부르다
メッセージ	메시지	メッセージを送る	메시지를 보내다
リサイクル	재활용, 리사이클	新聞をリサイクルする	신문을 재활용하다
レシピ★	레시피	レシピ通り料理を作る	레시피대로 요리를 만들다
ロッカー★	보관함, 로커	駅にロッカーがある	역에 보관함이 있다

확인 문제 괄호에 들어갈 단어를 고르세요.

01 上司から(ⓐ アドバイス / ⓑ バーゲン)을 もらった。
02 政治家に(ⓐ カバー / ⓑ インタビュー)する。
03 この本は(ⓐ バケツ / ⓑ タイトル)が面白い。
04 うちの(ⓐ キャンパス / ⓑ ヒント)はきれいだ。
05 この店は(ⓐ スタート / ⓑ サービス)がいい。
06 停電で電車が(ⓐ ドライヤー / ⓑ ストップ)した。
07 太陽(ⓐ エネルギー / ⓑ アクセス)を使う。
08 (ⓐ キャンセル / ⓑ サイン)料があります。

정답 01 ⓐ 02 ⓑ 03 ⓑ 04 ⓐ 05 ⓑ 06 ⓑ 07 ⓐ 08 ⓐ

문맥규정에 자주 나오는 단어

■ 문맥규정에 자주 나오는 동사 ①

※ ★은 JLPT N3 중요 단어입니다.

단어	예문
あきらめる 포기하다	結局あきらめた 결국 포기했다
飽きる 질리다, 싫증나다	何度食べても飽きない 몇 번 먹어도 질리지 않는다
扱う 취급하다	食材を扱う店 식재료를 취급하는 가게
あふれる★ 넘치다	川の水があふれた 강물이 넘쳤다
編む★ 뜨다, 엮다	セーターを編む 스웨터를 뜨다
合わせる 합치다	力を合わせて解決する 힘을 합쳐 해결하다
起きる 일어나다	彼女は毎朝早く起きる 그녀는 매일 아침 일찍 일어난다
溺れる★ (물에) 빠지다	海に溺れる事件 바다에 빠지는 사건
隠す 숨기다, 감추다	漫画を隠した 만화책을 숨겼다
囲む 둘러싸다	森に囲まれた湖 숲에 둘러싸인 호수
重ねる★ 포개다	皿を重ねる 접시를 포개다
枯れる★ 시들다	庭の花が枯れてしまった 정원의 꽃이 시들어 버렸다
繰り返す 반복하다, 되풀이하다	繰り返して発音する 반복해서 발음하다
加える★ 추가하다, 더하다	メンバーを加える 멤버를 추가하다
越える 넘다, 건너다	山を越える 산을 넘다
覚める 깨다, 눈이 뜨이다	目が覚める 잠이 깨다
沈む 가라앉다	水の中に沈んだ 물속으로 가라앉았다
しばる 묶다	引っ越しのため、荷物をしばった 이사를 위해 짐을 묶었다
しぼる★ 짜다, 좁히다	レモンをしぼる 레몬을 짜다
しまう★ 넣다, 끝내다, 치우다	箱にしまう 상자에 넣다
信じる★ 믿다	あなたを信じている 당신을 믿고 있다

문맥규정에 자주 나오는 단어를 꼭 암기하자!

단어	뜻	예문	해석
すます	끝내다, 마치다	宿題をすまして遊びに行った	숙제를 끝내고 놀러 갔다
確(たし)める	확인하다	間違いがないか確める	틀린 곳이 없는지 확인하다
戦(たたか)う	싸우다	彼はいつも一人で戦う	그는 언제나 혼자서 싸운다
たたく★	두드리다	ドアをたたく音がした	문을 두드리는 소리가 났다
畳(たた)む★	접다, 개다	傘を畳む	우산을 접다
経(た)つ	(시간이) 지나다	時間が経つ	시간이 지나다
貯(た)める	모으다	お金を貯める	돈을 모으다
頼(たよ)る	의지하다	親に頼る	부모님께 의지하다
付(つ)き合(あ)う★	사귀다	彼は後輩と付き合っている	그는 후배와 사귀고 있다
つめる	채우다, 담다	箱に本をつめた	상자에 책을 채웠다
積(つ)もる	쌓이다	雪が積もっていた	눈이 쌓여 있었다
連(つ)れる	데리고 가(오)다, 동반하다	学校に家族を連れてきた	학교에 가족을 데리고 왔다
溶(と)ける★	녹다	アイスクリームが溶けてしまった	아이스크림이 녹아버렸다
とばす	날리다	くつを空にむかってとばした	신발을 하늘을 향해 날렸다
取(と)り出(だ)す★	꺼내다	押入れからふとんを取り出す	벽장에서 이불을 꺼내다

📄 확인 문제 괄호에 들어갈 단어를 고르세요.

01 これは箱に(ⓐ しまって / ⓑ あふれて)ください。
02 この店は食材を(ⓐ 扱って / ⓑ 合わせて)います。
03 彼は仕事のミスを(ⓐ 覚めた / ⓑ 隠した)。
04 湖は森に(ⓐ 囲まれて / ⓑ おぼれて)いた。
05 何度読んでも(ⓐ 越えない / ⓑ 飽きない)。
06 くつが川に(ⓐ しずんだ / ⓑ しぼった)。
07 皿を(ⓐ 積もって / ⓑ 重ねて)ください。
08 室内ではかさを(ⓐ 頼って / ⓑ 畳んで)ください。

정답 01 ⓐ 02 ⓐ 03 ⓑ 04 ⓐ 05 ⓑ 06 ⓐ 07 ⓑ 08 ⓑ

문맥규정에 자주 나오는 단어

■ 문맥규정에 자주 나오는 동사 ②

※ ★은 JLPT N3 중요 단어입니다.

단어	예문
取り消す★ 취소하다	予約を取り消した 예약을 취소했다
流れる 흐르다, 흘러가다	川が流れる音を聞く 강이 흐르는 소리를 듣다
なめる★ 핥다	愛犬が私の手をなめた 반려견이 내 손을 핥았다
にぎる 쥐다	両手をにぎる 양 손을 쥔다
延ばす 연기하다, 연장시키다	試合を延ばす 시합을 연기하다
伸びる 뻗다, 펴지다	木の枝が伸びている 나뭇가지가 뻗어있다
話し合う★ 서로 이야기하다	旅行の計画は話し合って決めよう 여행 계획은 서로 이야기해서 정하자
ひかれる 치이다	車にひかれる 차에 치이다
引き受ける★ 떠맡다	依頼を引き受ける 의뢰를 떠맡다
引き落とす★ 자동이체하다	家賃を引き落とす 집세를 자동이체하다
広まる 널리 퍼지다, 넓어지다	うわさがとても早く広まった 소문이 매우 빨리 퍼졌다
深まる 깊어지다	理解が深まる 이해가 깊어지다
ぶつける★ 부딪치다	頭をぶつける 머리를 부딪치다
振る 흔들다	友達に手を振った 친구에게 손을 흔들었다
吠える★ 짖다	犬が吠えてうるさい 개가 짖어서 시끄럽다
干す★ 말리다	ベランダに服が干してある 베란다에 옷이 말려져 있다
褒める 칭찬하다	大学に受かった弟を褒めた 대학에 합격한 남동생을 칭찬했다
任せる 맡기다	私に任せてください 저에게 맡겨 주세요
交じる★ 섞이다	石が交じっている 돌이 섞여 있다
待ち合わせる★ 만나기로 하다	友達と駅前で待ち合わせる 친구와 역 앞에서 만나기로 하다
まとめる 정리하다, 통합하다	服をまとめて引き出しに入れた 옷을 정리해서 서랍에 넣었다

문맥규정에 자주 나오는 단어를 꼭 암기하자!

守る* 지키다	国を守る 나라를 지키다
迷う* 망설이다, 헤매다	留学するかどうか迷う 유학할지 말지 망설이다
見返す 다시 보다, 되돌아보다	出す前に申込書を見返した 내기 전에 신청서를 다시 봤다
向かう 향하다	舞台に向かっている席がいい 무대를 향해있는 좌석이 좋다
剥く (껍질을) 벗기다, 까다	りんごは皮を剥いて食べる 사과는 껍질을 벗겨서 먹는다
燃える 타다	燃えるごみを捨てる 타는 쓰레기를 버리다
雇う 고용하다	忙しくてアルバイトを雇った 바빠서 아르바이트생을 고용했다
やぶる (약속을) 깨다, 찢다	ルールをやぶってはいけない 규칙을 깨서는 안 된다
破れる* 찢어지다, 깨지다	教科書が破れてしまった 교과서가 찢어져 버렸다
許す* 용서하다, 허가하다	今回だけは許してあげる 이번만은 용서해 줄게
呼びかける* 호소하다	協力することを呼びかけた 협력할 것을 호소했다
わかる 이해하다	話の意味がやっとわかった 이야기의 의미를 드디어 이해했다
分ける* 나누다	2つのグループに分ける 두 개의 그룹으로 나누다
渡す 건네주다	好きな人に手紙を渡した 좋아하는 사람에게 편지를 건네줬다
わる 나누다, 깨트리다, 깨다	1000を5でわってください 1000을 5로 나누어 주세요

확인 문제 괄호에 들어갈 단어를 고르세요.

01 車内ではマナーを(ⓐ 守り / ⓑ 見返し)ましょう。
02 公園で友だちと(ⓐ 引き受けた / ⓑ 待ち合わせた)。
03 道に(ⓐ 迷った / ⓑ 分けた)ので父に電話した。
04 これは食べる前に皮を(ⓐ 剥いて / ⓑ わって)ください。
05 教室に学生と先生が(ⓐ 伸びて / ⓑ 交じって)いる。
06 (ⓐ 燃える / ⓑ 流れる)ごみはここに捨てましょう。
07 アンケートの結果を(ⓐ なめた / ⓑ まとめた)。
08 先生におみやげを(ⓐ 延ばした / ⓑ 渡した)。

정답 01 ⓐ 02 ⓑ 03 ⓐ 04 ⓐ 05 ⓑ 06 ⓐ 07 ⓑ 08 ⓑ

문맥규정에 자주 나오는 단어

■ 문맥규정에 자주 나오는 い·な 형용사

※ ★은 JLPT N3 중요 단어입니다.

단어	뜻	예문	해석
あやしい★	수상하다	あやしい人	수상한 사람
おかしい★	이상하다	様子がおかしい	상태가 이상하다
おそろしい	무섭다, 두렵다	おそろしい話を聞いた	무서운 이야기를 들었다
おとなしい★	얌전하다, 조용하다	おとなしい子	얌전한 아이
きつい★	꼭 끼다, 심하다	服がきつくなった	옷이 꼭 끼게 되었다
悔しい	분하다	負けて悔しい	져서 분하다
親しい★	친하다	隣の人と親しくなった	옆 사람과 친해졌다
しつこい	끈질기다	しつこくついてくる	끈질기게 따라온다
頼もしい	믿음직스럽다	頼もしい人	믿음직스러운 사람
懐かしい★	그립다	懐かしい故郷	그리운 고향
ぬるい★	미지근하다	お茶がぬるい	차가 미지근하다
まぶしい★	눈부시다	太陽がまぶしい	태양이 눈부시다
めずらしい★	희귀하다, 드물다	めずらしい動物	희귀한 동물
めんどうくさい★	귀찮다	ご飯を作るのがめんどうくさい	밥을 만드는 것이 귀찮다
もったいない★	아깝다	そのまま捨てるのはもったいない	그대로 버리는 것은 아깝다
ゆるい★	느슨하다, 완만하다	ベルトがゆるい	벨트가 느슨하다
意外だ★	의외다	意外に積極的だ	의외로 적극적이다
穏やかだ	온화하다	穏やかな天気	온화한 날씨
確実だ	확실하다	学生が確実に増えた	학생이 확실히 늘었다
からからだ	바싹 마르다	のどがからからだ	목이 바싹 마르다
がらがらだ	텅 비다	店内はがらがらだ	가게 안은 텅 비었다
感情的だ★	감정적이다	感情的になる	감정적으로 되다

문맥규정에 자주 나오는 단어를 꼭 암기하자!

단어	뜻	예문	해석
急(きゅう)だ ★	갑작스럽다, 위급하다	急(きゅう)な話(はなし)	갑작스러운 이야기
効果的(こうかてき)だ ★	효과적이다	効果的(こうかてき)な方法(ほうほう)	효과적인 방법
盛(さか)んだ ★	활발하다, 왕성하다	この学校(がっこう)はスポーツが盛(さか)んだ	이 학교는 스포츠가 활발하다
静(しず)かだ ★	조용하다	静(しず)かに歩(ある)く	조용히 걷다
自動的(じどうてき)だ ★	자동적이다	自動的(じどうてき)にドアが開(ひら)く	자동적으로 문이 열린다
重大(じゅうだい)だ ★	중대하다	重大(じゅうだい)な話(はなし)	중대한 이야기
清潔(せいけつ)だ ★	청결하다	このホテルはとても清潔(せいけつ)だ	이 호텔은 매우 청결하다
積極的(せっきょくてき)だ ★	적극적이다	積極的(せっきょくてき)な性格(せいかく)	적극적인 성격
そっくりだ ★	꼭 닮다	父親(ちちおや)にそっくりだ	아빠와 꼭 닮았다
代表的(だいひょうてき)だ	대표적이다	この店(みせ)の代表的(だいひょうてき)なメニュー	이 가게의 대표적인 메뉴
派手(はで)だ ★	화려하다	派手(はで)な柄(がら)のドレス	화려한 무늬의 드레스
複雑(ふくざつ)だ ★	복잡하다	この計算(けいさん)は複雑(ふくざつ)だ	이 계산은 복잡하다
無駄(むだ)だ ★	헛되다, 쓸데없다	時間(じかん)を無駄(むだ)に使(つか)いたくない	시간을 헛되게 쓰고 싶지 않다
豊(ゆた)かだ	풍부하다	自然(しぜん)が豊(ゆた)かだ	자연이 풍부하다

📄 확인 문제 괄호에 들어갈 단어를 고르세요.

01 (ⓐ あやしい / ⓑ きつい)人(ひと)には話(はな)しかけるな。
02 (ⓐ めずらしい / ⓑ しつこい)いろの花(はな)を見(み)つけた。
03 この町(まち)は昔(むかし)から農業(のうぎょう)が(ⓐ 積極的だ / ⓑ 盛んだ)。
04 彼(かれ)は(ⓐ 重大に / ⓑ 確実(たしか)に)前(まえ)よりやせた。
05 太陽(たいよう)が(ⓐ まぶしくて / ⓑ ゆるくて)目(め)が痛(いた)い。
06 いつも彼(かれ)に負(ま)けて(ⓐ めんどうくさい / ⓑ 悔(くや)しい)。
07 少(すこ)し(ⓐ 静かに / ⓑ 穏(おだ)やかに)してください。
08 車(くるま)が(ⓐ 複雑に / ⓑ 急に)止(と)まった。

정답 01 ⓐ 02 ⓐ 03 ⓑ 04 ⓑ 05 ⓐ 06 ⓑ 07 ⓐ 08 ⓑ

문맥규정에 자주 나오는 단어

■ 문맥규정에 자주 나오는 부사

※ ★은 JLPT N3 중요 단어입니다.

단어	뜻	예문	해석
いちおう★	일단	いちおう病院に行ってみます	일단 병원에 가보겠습니다
一度に★	한 번에	何も一度に頼まなくてもいいのに	뭐 한 번에 주문하지 않아도 괜찮은데
うっかり★	깜빡, 무심코	財布をうっかり忘れた	지갑을 깜빡 잊었다
うろうろ★	우왕좌왕	うろうろ歩き回る	우왕좌왕 돌아다니다
おたがいに★	서로	おたがいに頑張りましょう	서로 힘냅시다
主に	주로	参加者は主に学生だ	참가자는 주로 학생이다
がっかり	실망한 모양	中止になってがっかりした	중지되어 실망했다
きちんと★	정확히, 깔끔히	理由をきちんと説明してください	이유를 정확히 설명해 주세요
偶然★	우연히	偶然会いました	우연히 만났습니다
ぐっすり★	푹 (깊이 잠든 모양)	ぐっすり寝た	푹 잤다
ぐらぐら	흔들흔들	地面がぐらぐら揺れる	지면이 흔들흔들 흔들리다
さっそく★	즉시, 곧	さっそく行ってみた	즉시 가 봤다
しっかり★	단단히, 확실히	手をしっかりつかむ	손을 단단히 잡다
しばらく	잠시	しばらく会わない	잠시 만나지 않다
ずいぶん★	대단히, 몹시	ずいぶん寒い	대단히 춥다
ずきずき★	욱신욱신	転んでけがした足首がずきずきと痛む	넘어져서 다친 발목이 욱신욱신 아프다
絶対に★	절대로	絶対に負けない	절대로 지지 않는다
そっと	살짝	そっと置く	살짝 두다
たまたま	우연히, 때마침	たまたま選んだ席	우연히 고른 자리
ついに	드디어	ついに合格した	드디어 합격했다

문맥규정에 자주 나오는 단어를 꼭 암기하자!

단어	뜻	예문	해석
どきどき ★	두근두근	試験でどきどきした	시험으로 두근두근했다
突然 ★	돌연, 갑자기	突然暗くなった	돌연 어두워졌다
とんとん ★	순조로이, 척척	仕事がとんとん進む	일이 순조로이 진행되다
なるべく ★	가능한 한, 되도록	明日はなるべく来て	내일은 가능한 한 와 줘
はきはき	시원시원	はきはきした態度	시원시원한 태도
はっきり ★	똑똑히, 명확히	はっきり見える	똑똑히 보이다
早めに	빨리, 일찌감치	早めに出勤した	빨리 출근했다
ばらばら	뿔뿔이	みんなばらばらになった	모두 뿔뿔이 흩어졌다
ぴかぴか	반짝반짝	星がぴかぴか光る	별이 반짝반짝 빛나다
ぶつぶつ	투덜투덜	ぶつぶつ文句を言う	투덜투덜 불만을 말하다
ふらふら	휘청휘청	ふらふらと歩く	휘청휘청 걷다
ぶらぶら	어슬렁어슬렁	街をぶらぶらする	거리를 어슬렁어슬렁하다
別々	따로따로	別々に飲み物を注文した	따로따로 음료를 주문했다
ぺらぺら ★	술술	英語をぺらぺら話す	영어를 술술 말하다
まったく	전혀	まったく勉強してない	전혀 공부하고 있지 않다
無理に ★	무리하게	無理に行かせる	무리하게 가게 하다

확인 문제 괄호에 들어갈 단어를 고르세요.

01 (ⓐ 偶然 / ⓑ 別々)昔の友だちに会いました。
02 道に迷って(ⓐ うろうろ / ⓑ ぐらぐら)している人がいた。
03 大会が中止になって(ⓐ うっかり / ⓑ がっかり)した。
04 去年の冬は(ⓐ ずきずき / ⓑ ずいぶん)寒かった。
05 (ⓐ しばらく / ⓑ 偶然)休みましょう。
06 宿題を(ⓐ うっかり / ⓑ ぐっすり)忘れた。
07 予算を(ⓐ きちんと / ⓑ まったく)守る。
08 (ⓐ ばらばら / ⓑ さっそく)申し込みました。

정답 01 ⓐ 02 ⓐ 03 ⓑ 04 ⓑ 05 ⓐ 06 ⓐ 07 ⓐ 08 ⓑ

실력 다지기

괄호에 들어갈 단어를 고르세요.

01 結婚するという（　　）
① うわさ　　　　　　　　　② もんく

02 入場人数に（　　）がある。
① 渋滞　　　　　　　　　　② 制限

03 彼は自分の（　　）ばかりする。
① 内容　　　　　　　　　　② 主張

04 並んで（　　）をお待ちください。
① 回転　　　　　　　　　　② 順番

05 大雨で川の水が（　　）。
① あふれた　　　　　　　　② おぼれた

06 （　　）発音の練習をする。
① 見返して　　　　　　　　② 繰り返して

07 間違いがないか（　　）。
① たしかめた　　　　　　　② ひきうけた

08 （　　）人には近づくな。
① あやしい　　　　　　　　② おとなしい

09 ボールペンで（　　）お願いします。
① マナー　　　　　　　　　② サイン

10 道路が（　　）している。
　① 横断　　　　　　　　② 渋滞

11 忙しいから、（　　）早く来てください。
　① なるべく　　　　　　② まもなく

12 動物を（　　）して、日記を書いた。
　① 試験　　　　　　　　② 観察

13 野菜には（　　）がたっぷりある。
　① 栄養　　　　　　　　② 材料

14 ドアを（　　）する。
　① ノック　　　　　　　② マイナス

15 勉強に（　　）できません。
　① 混雑　　　　　　　　② 集中

16 傘を（　　）ください。
　① たたんで　　　　　　② あそんで

17 母の帰りを（　　）待つ。
　① まぶしく　　　　　　② おとなしく

18 彼は時々（　　）なる。
　① 感情的に　　　　　　② 自動的に

19 星が（　　）光っていた。
　① ぺらぺら　　　　　　② ぴかぴか

20 （　　）寝て、風邪がなおりました。
　① ぐっすり　　　　　　② うっかり

정답 해설집 p.19

실전 대비하기 1

問題3 (　　　) に入れるのに最もよいものを、1・2・3・4から一つえらびなさい。

1　水でぞうきんをぬらしたら、きつく（　　　）床を拭いてください。
　　1　へらして　　　2　しぼって　　　3　にぎって　　　4　しめて

2　間違ったチケットを買ってしまったんですが、（　　　）ことは可能でしょうか。
　　1　振り込む　　　2　引き出す　　　3　受け取る　　　4　払い戻す

3　自分の気持ちを言葉でうまく（　　　）するのは簡単なことではありません。
　　1　報告　　　2　展示　　　3　表現　　　4　伝言

4　最寄り駅は利用客が多くないため、快速列車が停車せずに（　　　）する。
　　1　運営　　　2　通過　　　3　進歩　　　4　輸送

5　製品の詳しい情報は、最新の（　　　）からご確認ください。
　　1　メニュー　　　2　テキスト　　　3　コピー　　　4　カタログ

6　姉はひまわりの成長を（　　　）して、ノートに記録を付けている。
　　1　見学　　　2　鑑賞　　　3　重視　　　4　観察

7　先日の試合は1点の差で負けるというとても（　　　）ゲームだった。
　　1　軽い　　　2　憎い　　　3　惜しい　　　4　貧しい

8　夏休みに（　　　）した作品が、学生絵画コンクールで賞を取った。
　　1　出版　　　2　応募　　　3　入会　　　4　投資

정답 해설집 p.21

실전 대비하기 2

問題3 ( )に入れるのに最もよいものを、1・2・3・4から一つえらびなさい。

1 カレーを作るのに必要な肉や野菜などの（　　）を買いに行った。
1 材料　　　2 道具　　　3 種類　　　4 内容

2 明日の朝には出発しなければいけないのに、旅行の準備を（　　）していない。
1 ようやく　　　2 一斉に　　　3 まったく　　　4 少なくとも

3 医師と話し合って、最も（　　）な治療方法を選ぶつもりです。
1 具体的　　　2 最終的　　　3 定期的　　　4 効果的

4 子育ての悩みを（　　）したくて、専門家に相談することにした。
1 解決　　　2 修正　　　3 納得　　　4 削除

5 本店では元気で明るいスタッフを（　　）しています。
1 回収　　　2 募集　　　3 要求　　　4 労働

6 結婚式の司会を（　　）のはこれで5回目だが、何回やっても緊張する。
1 働く　　　2 任せる　　　3 関わる　　　4 務める

7 熱で（　　）して、これでは一人で病院にも行けない。
1 はらはら　　　2 うろうろ　　　3 ふらふら　　　4 のろのろ

8 運動するときは髪の毛が邪魔にならないように、一つに（　　）います。
1 重ねて　　　2 握って　　　3 結んで　　　4 巻いて

실전 대비하기 3

問題3 (　　　)に入れるのに最もよいものを、1・2・3・4から一つえらびなさい。

1 彼はさっきから一人で（　　）文句を言っている。
1　ぴかぴか　　2　たまたま　　3　どきどき　　4　ぶつぶつ

2 うちの会社は社員の能力より経験を（　　）しています。
1　重視　　2　適用　　3　発見　　4　用意

3 田中さんは動物が好きだから、猫の（　　）のハンカチをプレゼントしよう。
1　柄　　2　しま　　3　帯　　4　そで

4 ずっと（　　）していた会社に入ることができてうれしいです。
1　希望　　2　要求　　3　実行　　4　集合

5 無駄遣いしていないで、（　　）お金の使い方を身につけたほうがいい。
1　詳しい　　2　鋭い　　3　賢い　　4　頼もしい

6 今日はお腹が痛くて、いつもは全部食べる給食を（　　）しまった。
1　やぶって　　2　のこして　　3　けずって　　4　こぼして

7 降り続いた雪の影響で、列車が（　　）したそうだ。
1　アウト　　2　ストップ　　3　スタート　　4　セット

8 店員の英語がわからなくて困っていると、わかりやすく（　　）くれた。
1　受け入れて　　2　置き換えて　　3　言い直して　　4　聞き取って

실전 대비하기 4

問題3 （　　　）に入れるのに最もよいものを、1・2・3・4から一つえらびなさい。

1　風呂から上がると部屋が暑かったので、クーラーの設定温度を（　　　）。
　　1　下げた　　　2　降ろした　　　3　抜いた　　　4　冷ました

2　脱いだくつは（　　　）に置かないで、きちんと揃えてください。
　　1　ふわふわ　　2　かさかさ　　　3　ばらばら　　4　ぼろぼろ

3　レポートを終わらせるために徹夜したせいで、今日は（　　　）が止まらない。
　　1　鼻水　　　　2　くしゃみ　　　3　咳　　　　　4　あくび

4　髪の毛はドライヤーを使わずに（　　　）させると、傷みやすくなります。
　　1　燃焼　　　　2　乾燥　　　　　3　洗濯　　　　4　沸騰

5　もう暖かくなってきたし、冬服は押入れに（　　　）。
　　1　あずけましょう　2　もりましょう　3　しまいましょう　4　あたえましょう

6　すしや天ぷらは世界中で知られている（　　　）な日本食です。
　　1　代表的　　　2　具体的　　　　3　効果的　　　4　積極的

7　この先に急な（　　　）があるので、加速してはいけません。
　　1　オーバー　　2　アクセス　　　3　エラー　　　4　カーブ

8　当時は中国との（　　　）が盛んで、中国から糸で作った製品などを購入していた。
　　1　輸入　　　　2　輸出　　　　　3　貿易　　　　4　販売

실전 대비하기 5

問題3 (　　　)に入れるのに最もよいものを、1・2・3・4から一つえらびなさい。

1 部員のみんなにすすめられ、サークルの部長を（　　　）ことになった。
　1　力を入れる　　2　手に入る　　3　受け取る　　4　引き受ける

2 自分で料理すると、いつも似たようなメニューになって（　　　）。
　1　いやがる　　2　あきる　　3　くたびれる　　4　あきらめる

3 試験を始めますから、一席分ずつ（　　　）を空けて座ってください。
　1　間隔　　2　区域　　3　範囲　　4　穴

4 この物語に（　　　）する人物たちはそれぞれ悩みをかかえている。
　1　表現　　2　発想　　3　登場　　4　出版

5 お金がなくて（　　　）の車しか買えなかった。
　1　借金　　2　途中　　3　中古　　4　品物

6 子どもの小さい時の写真を見て（　　　）気持ちになりました。
　1　まぶしい　　2　懐かしい　　3　惜しい　　4　頼もしい

7 この問題が難しくて全然わからないので、何か（　　　）をください。
　1　ヒント　　2　クイズ　　3　テーマ　　4　レシピ

8 彼は何も言わないで、私の顔を（　　　）見ていた。
　1　じっと　　2　すっきり　　3　ほっと　　4　そっくり

실전 대비하기 6

問題3 （　　）に入れるのに最もよいものを、1・2・3・4から一つえらびなさい。

1 前の人が呼ばれたから、次は私の（　　）だろう。
　1　幅　　　　　2　線　　　　　3　間　　　　　4　番

2 先生の講義を聞いて、世界経済についての理解が（　　）。
　1　足りた　　　2　深まった　　3　伸びた　　　4　越えた

3 そんなに大きな声で話したら周りの人に（　　）ですよ。
　1　不満　　　　2　批判　　　　3　迷惑　　　　4　世話

4 ゴール前であわてないで、落ち着いてシュートを決められる力を（　　）です。
　1　気にしたい　2　身につけたい　3　繰り返したい　4　受け入れたい

5 今年から大学の（　　）が上がるそうです。
　1　奨学　　　　2　料金　　　　3　金銭　　　　4　学費

6 1万円の食事代を4人で（　　）と、2,500円になる。
　1　こわす　　　2　わる　　　　3　へらす　　　4　ひく

7 30分待ってもバスが来ないので、（　　）してきた。
　1　うろうろ　　2　そろそろ　　3　いらいら　　4　ぎりぎり

8 となりの家の犬は知らない人が来ると大きな鳴き声で（　　）。
　1　とばす　　　2　やぶる　　　3　うめる　　　4　ほえる

실전 대비하기 7

問題3 （　　　）に入れるのに最もよいものを、1・2・3・4から一つえらびなさい。

1　シャワーの後、（　　　）で髪を乾かしました。
　　1　カタログ　　　2　ドライヤー　　　3　ブラシ　　　4　ワイパー

2　私が（　　　）をしたらそこから出てきてください。
　　1　合図　　　2　広告　　　3　信号　　　4　手間

3　子犬は母犬に（　　　）くっついて、そばを離れない。
　　1　ぴったり　　　2　こっそり　　　3　たっぷり　　　4　はっきり

4　最近、手足にしびれる（　　　）があって病院で診てもらうことにした。
　　1　感心　　　2　感情　　　3　感覚　　　4　感想

5　何回やってもできないので結局（　　　）。
　　1　やんだ　　　2　すました　　　3　くりかえした　　　4　あきらめた

6　朝起きて窓を開けたら、外は雪がつもっていて（　　　）でした。
　　1　真っ赤　　　2　真っ青　　　3　真っ白　　　4　真っ黒

7　最近はまっているドラマの結末を（　　　）してみました。
　　1　点検　　　2　観察　　　3　想像　　　4　発展

8　日曜日なので、デパートはたくさんの人で（　　　）していた。
　　1　満足　　　2　混雑　　　3　集中　　　4　渋滞

실전 대비하기 8

問題3（　　　）に入れるのに最もよいものを、1・2・3・4から一つえらびなさい。

1 先生は学生をAとBの2つのグループに（　　　）。
1　離した　　　2　分けた　　　3　割った　　　4　切った

2 （　　　）の悪い子どもがいたら大人が注意してあげなければいけません。
1　規則　　　2　責任　　　3　行儀　　　4　常識

3 突然飛び出してきた車に（　　　）、1週間入院した。
1　にぎって　　　2　むかって　　　3　はしって　　　4　ひかれて

4 これからは石油に代わる（　　　）が必要になるだろう。
1　エンジン　　　2　カロリー　　　3　エネルギー　　　4　ストーブ

5 洗濯機の売り上げが前年度と（　　　）して、約5千万円も増加しました。
1　並行　　　2　変更　　　3　反対　　　4　比較

6 あの食堂は料理があまりおいしくないので、昼でも（　　　）だ。
1　ばらばら　　　2　べつべつ　　　3　ぺこぺこ　　　4　がらがら

7 彼女は社長の（　　　）だから、いつも高そうな服を着ている。
1　夫人　　　2　主婦　　　3　女優　　　4　双子

8 学生の時の友だちとおいしい料理を（　　　）いろいろ話しました。
1　組んで　　　2　備えて　　　3　囲んで　　　4　含んで

실전 대비하기 9

問題3 (　　　)に入れるのに最もよいものを、1・2・3・4から一つえらびなさい。

1 この病気は、一度かかったら絶対に治らない（　　　）病気だ。
1　するどい　　　2　うるさい　　　3　はげしい　　　4　おそろしい

2 忙しいので、簡単な仕事は後輩に（　　　）。
1　預けた　　　2　任せた　　　3　移した　　　4　降ろした

3 私は今までに（　　　）で親を困らせたことがない。
1　わがまま　　　2　様子　　　3　不満　　　4　じゃま

4 この電子辞書は安いものだが、（　　　）使いやすくていい。
1　まったく　　　2　ぴったり　　　3　けっこう　　　4　じっと

5 彼女は失敗を繰り返した結果、ついに新しい機械を（　　　）した。
1　経営　　　2　発明　　　3　成功　　　4　活用

6 どんな（　　　）があっても、レポートは金曜日までに出さなければならない。
1　内緒　　　2　意思　　　3　具合　　　4　事情

7 彼は国を代表する選手になることを（　　　）にして頑張っている。
1　練習　　　2　日程　　　3　目標　　　4　結果

8 鈴木さんは夏休みにどこへ行くか（　　　）います。
1　迷って　　　2　加えて　　　3　数えて　　　4　扱って

실전 대비하기 10

問題3 (　　　)に入れるのに最もよいものを、1・2・3・4から一つえらびなさい。

[1] 最近、音楽や美術など（　　　）を学びたいと思う人が多いようだ。
　　1　貿易　　　　2　芸術　　　　3　化学　　　　4　工業

[2] あの子はいつも大きな声で（　　　）話すから気持ちがいい。
　　1　ぎりぎり　　2　ぶつぶつ　　3　のろのろ　　4　はきはき

[3] 今回の新商品は（　　　）も色も良くてとても人気です。
　　1　デザイン　　2　ミックス　　3　カット　　　4　ショット

[4] 彼の部屋はとても（　　　）で、私の部屋よりきれいだ。
　　1　新鮮　　　　2　正直　　　　3　清潔　　　　4　丁寧

[5] 私は（　　　）が決まったので、大学を卒業したらすぐ働きはじめます。
　　1　進行　　　　2　集中　　　　3　観察　　　　4　就職

[6] 赤ちゃんが寝ているので、起こさないように（　　　）部屋を出た。
　　1　ほっと　　　2　そっと　　　3　じっと　　　4　ぐっと

[7] 買い物するのが（　　　）から、週末にすることにした。
　　1　めんどうくさい　2　しょうがない　3　だらしない　4　まずしい

[8] 急に用事ができて、レストランの予約を（　　　）。
　　1　言い出した　2　取り消した　3　投げ捨てた　4　通り過ぎた

정답 해설집 p.34

유의표현

[문제 4 유의표현]은 밑줄 친 단어나 구와 의미적으로 가까운 표현을 고르는 문제로, 총 5문항이 출제된다. 주로 단어가 출제되며, 명사, 동사, 형용사, 부사의 유의표현을 고르는 문제가 골고루 출제된다.

─◯ 핵심 전략

1 밑줄 친 부분이 단어인 경우에는 동의어나 유사한 의미의 선택지를 정답으로 고른다.

> 예 わけを話した。 이유를 이야기했다.
> ① 理由 이유 (O)　　　② アイデア 아이디어 (×)

2 밑줄 친 부분이 구인 경우에는 밑줄 친 부분과 바꾸어 써도 문맥이 바뀌지 않는 선택지를 정답으로 고른다.

> 예 横断禁止です。 횡단 금지입니다.
> ① 渡ってはいけません 건너가서는 안 됩니다 (O)　　② 走ってはいけません 뛰어서는 안 됩니다 (×)

3 오답 선택지는 밑줄 부분에 대입해도 문장의 의미가 어색하지 않은 내용으로 구성된다. 따라서 선택지를 밑줄 친 부분에 대입하여 문맥에 맞는지 파악해서는 안 되고, 밑줄 친 부분과 의미가 같거나 유사한 선택지를 정답으로 고른다.

> 예 とてもおそろしい経験をした。 매우 무서운 경험을 했다.
> ① こわい 무서운 (O)　　② うれしい 기쁜 (×)　　③ たのしい 즐거운 (×)

4 시험에 자주 출제되는 단어의 동의어 또는 비슷한 의미의 구를 함께 학습해둔다.

문제 풀이 Step

Step 1 밑줄 친 단어나 구를 읽고 의미를 파악한다.

문장의 밑줄 친 부분을 읽고 그 의미를 파악한다. 이때 문장 전체를 읽고 해석하지 않아도 된다.

Step 2 선택지를 읽고 밑줄 친 부분과 의미가 같거나 비슷한 의미의 선택지를 정답으로 고른다.

선택지를 읽으며 밑줄 친 부분과 의미가 같거나 가장 비슷한 선택지를 정답으로 고른다. 밑줄 친 부분과 동일한 의미의 선택지가 없는 경우에는 밑줄 친 부분과 바꾸어 써도 문장의 의미를 동일하게 유지하는 선택지를 찾아 정답으로 고른다.

문제 풀이 Step 적용

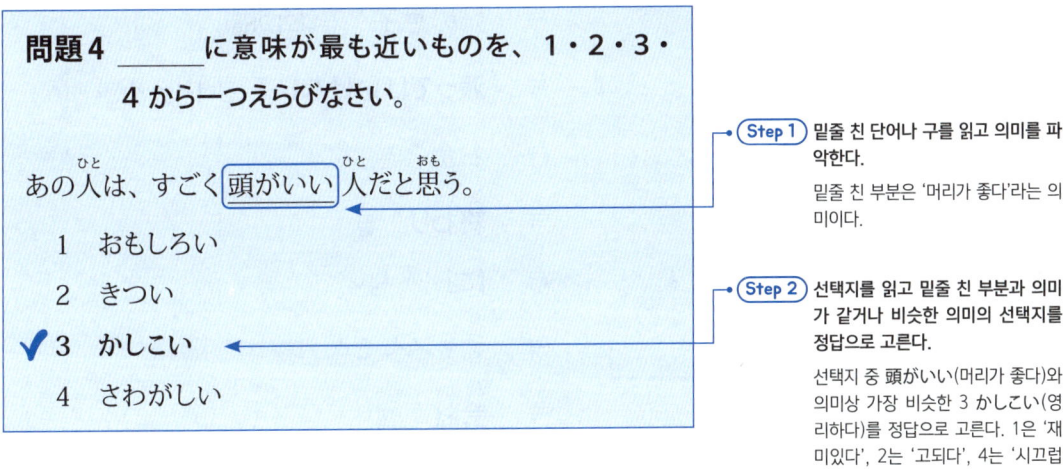

Step 1 밑줄 친 단어나 구를 읽고 의미를 파악한다.
밑줄 친 부분은 '머리가 좋다'라는 의미이다.

Step 2 선택지를 읽고 밑줄 친 부분과 의미가 같거나 비슷한 의미의 선택지를 정답으로 고른다.
선택지 중 頭がいい(머리가 좋다)와 의미상 가장 비슷한 3 かしこい(영리하다)를 정답으로 고른다. 1은 '재미있다', 2는 '고되다', 4는 '시끄럽다'라는 의미이다.

문제4 _____ 에 의미가 가장 가까운 것을, 1·2·3·4에서 하나 고르세요.

저 사람은, 굉장히 머리가 좋은 사람이라고 생각한다.

1 재미있는　　　　 2 고된　　　　 3 영리한　　　　 4 시끄러운

어휘 すごく 囝 굉장히　頭がいい あたまがいい 머리가 좋다　思う おもう 图 생각하다　おもしろい [い형] 재미있다
きつい [い형] (정도가) 고되다, 심하다　かしこい [い형] 영리하다, 현명하다　さわがしい [い형] 시끄럽다, 소란스럽다

유의표현에 자주 나오는 단어와 표현

■ 자주 나오는 명사와 유의표현

※ ★은 JLPT N3 중요 단어입니다.

アドバイス★ 충고	≒	助言 조언
案★ 안	≒	アイデア★ 아이디어
位置 위치	≒	場所 장소
売り切れ 품절	≒	全て売る 전부 팔다
おい★ (남자) 조카	≒	姉の息子★ 누나의 아들
横断禁止★ 횡단 금지	≒	渡ってはいけない★ 건너서는 안 된다
おこづかい★ 용돈	≒	お金★ 돈
おしまい★ 끝	≒	終わり★ 끝
かおり 향기	≒	におい 냄새
機会 기회	≒	チャンス 찬스, 기회
企業★ 기업	≒	会社★ 회사
規則★ 규칙	≒	決まり★ 규칙
キッチン★ 주방	≒	台所 부엌
逆★ 반대, 거꾸로	≒	反対★ 반대
共通点 공통점	≒	同じところ 같은 점
苦情 불평	≒	不満 불만
グラウンド★ 그라운드, 운동장	≒	運動場★ 운동장
グループ★ 그룹	≒	団体★ 단체
欠点★ 결점	≒	よくないところ★ 좋지 않은 점
この頃 요즘	≒	最近 최근
サイズ★ 사이즈	≒	大きさ★ 크기

유의표현에 자주 나오는 단어와 표현을 꼭 암기하자!

さっき 아까, 조금 전	≒	少し前に 조금 전에
指定* 지정	≒	決める* 정하다
手段* 수단	≒	やり方* 하는 방식
スケジュール* 스케줄	≒	予定* 예정
全て 모두	≒	全部 전부
立入禁止 출입 금지	≒	入ってはいけない 들어가면 안 된다
テイクアウト 테이크아웃	≒	持ち帰る 가지고 돌아가다
できあがり 완성	≒	完成 완성
トレーニング* 트레이닝	≒	練習* 연습
中身* 내용, 속	≒	内容 내용
ブーム 붐, 유행	≒	はやる 유행하다
孫 손자	≒	娘の息子 딸의 아들
めい* 조카딸	≒	兄弟の娘* 형제의 딸
翌年 익년, 다음 해	≒	次の年 다음 해
わけ 이유	≒	理由* 이유

📋 확인 문제 가장 가까운 의미의 표현을 고르세요.

01 規則　　　　ⓐ 決まり　　　ⓑ めい　　　　05 おしまい　　ⓐ 終わり　　　ⓑ グラウンド
02 トレーニング ⓐ 予定　　　　ⓑ 練習　　　　06 グループ　　ⓐ 団体　　　　ⓑ 場所
03 わけ　　　　ⓐ 理由　　　　ⓑ 内容　　　　07 手段　　　　ⓐ やり方　　　ⓑ 指定
04 案　　　　　ⓐ チャンス　　ⓑ アイデア　　08 逆　　　　　ⓐ 反対　　　　ⓑ 位置

정답 01 ⓐ 02 ⓑ 03 ⓐ 04 ⓑ 05 ⓐ 06 ⓐ 07 ⓐ 08 ⓐ

유의표현에 자주 나오는 단어와 표현

■ 자주 나오는 동사와 유의표현

※ ★은 JLPT N3 중요 단어입니다.

諦(あきら)める 포기하다	≒	辞(や)める 그만두다
あたえる★ 주다, 수여하다	≒	あげる★ 주다
余(あま)る★ 남다	≒	多(おお)すぎて残(のこ)る★ 너무 많아서 남다
慌(あわ)てる 황급히 굴다	≒	急(いそ)ぐ 서두르다
疑(うたが)う★ 의심하다	≒	本当(ほんとう)ではないかと思(おも)う★ 진짜가 아닌가하고 생각하다
奪(うば)う 빼앗다	≒	取(と)る 빼앗다
覚(おぼ)える 외우다	≒	暗記(あんき)する 암기하다
カーブする 구부러지다	≒	曲(ま)がる 구부러지다
回収(かいしゅう)する 회수하다	≒	集(あつ)める 모으다
輝(かがや)く★ 빛나다	≒	光(ひか)る★ 빛나다
協力(きょうりょく)する★ 협력하다	≒	手伝(てつだ)う★ 돕다
くたびれる 지치다	≒	疲(つか)れる 피로하다
検討(けんとう)する★ 검토하다	≒	よく考(かんが)える★ 잘 생각하다
混雑(こんざつ)する 혼잡하다	≒	人(ひと)がたくさんいる 사람이 많이 있다
指導(しどう)する★ 지도하다	≒	教(おし)える★ 가르치다
しゃべる★ 말하다	≒	話(はな)す★ 말하다
済(す)ませる★ 끝내다	≒	終(お)わらせる★ 끝내다
整理(せいり)する★ 정리하다	≒	片付(かたづ)ける★ 정리하다
確(たし)かめる★ 확인하다	≒	チェックする 확인하다
経(た)つ (시간이) 지나다	≒	過(す)ぎる 지나다

유의표현에 자주 나오는 단어와 표현을 꼭 암기하자!

黙る* 말을 하지 않다	≒	何も話さない 아무 말도 하지 않다
注文する 주문하다	≒	頼む 의뢰하다
通勤する 통근하다	≒	仕事に行く 일하러 가다
怒鳴る* 큰소리치다	≒	大声で怒る* 큰소리로 화내다
配達する* 배달하다	≒	届ける* 보내어 주다, 배달하다
バックする 물러가다	≒	後ろに下がる 뒤로 물러나다
はやる 유행하다	≒	流行する* 유행하다
避難する* 피난하다	≒	逃げる* 도망치다
触れる* 닿다, 접촉하다	≒	触る* 닿다, 손을 대다
減る 줄다	≒	少なくなる 적어지다
報告する* 보고하다	≒	知らせる* 알리다
待ち合わせる* 만나기로 하다	≒	会う約束をする 만날 약속을 하다
まとめる 정리하다	≒	整理する 정리하다
やり直す 다시 하다	≒	もう一度やる 다시 한 번 하다
用心する 조심하다	≒	気をつける 조심하다

📋 확인 문제 가장 가까운 의미의 표현을 고르세요.

01 減る   ⓐ 後ろに下がる   ⓑ 少なくなる   05 済ませる   ⓐ 届ける   ⓑ 終わらせる
02 慌てる   ⓐ 辞める   ⓑ 急ぐ   06 余る   ⓐ もう一度やる ⓑ 多すぎて残る
03 指導する   ⓐ まとめる   ⓑ 教える   07 避難する   ⓐ 逃げる   ⓑ 疲れる
04 輝く   ⓐ 光る   ⓑ 黙る   08 あたえる   ⓐ あげる   ⓑ 集める

정답 01 ⓑ 02 ⓑ 03 ⓑ 04 ⓐ 05 ⓑ 06 ⓑ 07 ⓐ 08 ⓐ

유의표현에 자주 나오는 단어와 표현

■ 자주 나오는 い·な형용사와 유의표현

※ ★은 JLPT N3 중요 단어입니다.

あわただしい 분주하다, 바쁘다	≒	忙しい 바쁘다
おかしい★ 이상하다	≒	変だ★ 이상하다
おさない 어리다	≒	年の若い 나이가 어리다
惜しい★ 아쉽다, 아깝다	≒	残念だ 유감이다
おそろしい 두렵다, 무섭다	≒	こわい 무섭다
かしこい 영리하다	≒	頭がいい 머리가 좋다
きつい★ 고되다, 심하다	≒	大変だ★ 힘들다
詳しい★ 자세하다	≒	細かい★ 자세하다
さわがしい 시끄럽다, 소란하다	≒	うるさい 시끄럽다
しかたない 어쩔 수 없다	≒	方法がない 방법이 없다
すばらしい★ 훌륭하다	≒	一流の★ 일류의
つらい 괴롭다	≒	くるしい 괴롭다
激しい 격하다	≒	強い 강하다
まずしい 가난하다	≒	お金がない 돈이 없다
眩しい★ 눈부시다	≒	明るすぎる★ 너무 밝다
めずらしい 희귀하다, 드물다	≒	めったにない 좀처럼 없다
もったいない★ 아깝다	≒	捨てたくない 버리고 싶지 않다
ゆるい★ 느슨하다, 헐렁하다	≒	大きい★ 크다
あいまいだ 애매하다	≒	はっきりしない 분명치 않다
からからだ 바싹 마르다	≒	かわく 마르다
がらがらだ★ 텅 비다	≒	すく 비다
簡単だ 간단하다	≒	容易だ 용이하다

유의표현에 자주 나오는 단어와 표현을 꼭 암기하자!

さまざまだ★ 다양하다	≒	いろいろだ★ 여러가지이다
真剣(しんけん)だ 진지하다	≒	まじめだ 진지하다, 성실하다
そっくりだ★ 꼭 닮다	≒	似(に)ている 닮았다
退屈(たいくつ)だ★ 지루하다	≒	つまらない★ 재미없다
短気(たんき)だ★ 성미가 급하다	≒	すぐ怒(おこ)る★ 바로 화내다
単純(たんじゅん)だ 단순하다	≒	分(わ)かりやすい 알기 쉽다
得意(とくい)だ★ 특히 잘하다	≒	とても上手(じょうず)だ★ 매우 능숙하다
不安(ふあん)だ 불안하다	≒	心配(しんぱい)だ★ 걱정스럽다
ベストだ★ 베스트다, 가장 좋다	≒	最(もっと)もよい★ 가장 좋다
ぺらぺらだ★ 술술 말하다	≒	上手(じょうず)に話(はな)せる★ 능숙하게 말할 수 있다
むだだ 쓸데없다	≒	役(やく)にたたない 도움이 되지 않다
楽(らく)だ 편하다, 쉽다	≒	簡単(かんたん)だ 간단하다
立派(りっぱ)だ 훌륭하다	≒	すぐれる 뛰어나다
冷静(れいせい)だ 냉정하다	≒	落(お)ち着(つ)く★ 침착하다
わがままだ 제멋대로다	≒	他人(たにん)のことを考(かんが)えない 타인을 생각하지 않다

📋 **확인 문제** 가장 가까운 의미의 표현을 고르세요.

01 おかしい ⓐ 変だ ⓑ 大きい
02 得意だ ⓐ 頭がいい ⓑ とても上手だ
03 つらい ⓐ くるしい ⓑ 細かい
04 きつい ⓐ 大変だ ⓑ 楽だ
05 真剣だ ⓐ 立派だ ⓑ まじめだ
06 退屈だ ⓐ めずらしい ⓑ つまらない
07 おそろしい ⓐ はっきりしない ⓑ こわい
08 単純だ ⓐ 分かりやすい ⓑ 詳しい

정답 01 ⓐ 02 ⓑ 03 ⓐ 04 ⓐ 05 ⓑ 06 ⓑ 07 ⓑ 08 ⓐ

유의표현에 자주 나오는 단어와 표현

■ 자주 나오는 부사와 유의표현

※ ★은 JLPT N3 중요 단어입니다.

相変わらず★ 변함없이	≒	前と同じで★ 전과 같이
案外 의외로	≒	思ったより 생각보다
いきなり 갑자기	≒	突然★ 돌연, 갑자기
およそ 약, 대략	≒	大体 대강, 대략
こっそり 살짝, 몰래	≒	周りに気づかれないように 주변에서 눈치채지 못하게
さっき★ 아까, 조금 전	≒	少し前★ 조금 전
次第に★ 점점, 차츰	≒	少しずつ 조금씩
じっと 가만히, 꼼짝 않고	≒	うごかないで 움직이지 않고
しばらく 잠깐	≒	少し 조금, 약간
正直 정직하게, 솔직히	≒	うそをつかないで 거짓말을 하지 않고
絶対★ 절대	≒	必ず★ 반드시
相当 상당히	≒	かなり 꽤
そっと 살짝, 가만히	≒	静かに★ 조용히
そのまま★ 그대로	≒	何も変えないで★ 무엇도 바꾸지 않은 채로
多少★ 다소	≒	ちょっと★ 조금
たっぷり 충분히	≒	十分 충분히
たびたび 자주, 여러 번	≒	何度も 몇 번이고
たまたま 우연히	≒	偶然★ 우연히
たまに 이따금	≒	ときどき 가끔, 때때로
ちっとも 조금도	≒	全然 전혀
次々と 차례로	≒	続いて 계속해서

유의표현에 자주 나오는 단어와 표현을 꼭 암기하자!

どうしても 어떻게 해서라도	≒	ぜひ 꼭
当然* 당연	≒	もちろん* 물론
なるべく 가능한 한	≒	できるだけ 가능한 한
年中 항상, 늘	≒	いつも 항상, 늘
のろのろ 느릿느릿	≒	ゆっくり 천천히
非常に* 매우	≒	とても 대단히
普段* 평소	≒	いつも 언제나
前もって 사전에	≒	事前に 사전에
ますます 점점	≒	だんだん 점점
まったく* 전혀	≒	全然* 전혀
もっとも 가장, 제일	≒	一番 가장
約* 약	≒	大体* 대략, 대개
ようやく* 겨우, 간신히	≒	やっと* 겨우, 가까스로
わずか 불과, 겨우	≒	たった 겨우

📋 확인 문제 가장 가까운 의미의 표현을 고르세요.

01 当然	ⓐ もちろん	ⓑ ときどき	05 非常に	ⓐ 少し	ⓑ とても
02 年中	ⓐ いつも	ⓑ およそ	06 まったく	ⓐ できるだけ	ⓑ 全然
03 多少	ⓐ やっと	ⓑ ちょっと	07 そっと	ⓐ 静かに	ⓑ たっぷり
04 約	ⓐ 大体	ⓑ だんだん	08 たまたま	ⓐ ちっとも	ⓑ 偶然

정답 01 ⓐ 02 ⓐ 03 ⓑ 04 ⓐ 05 ⓑ 06 ⓑ 07 ⓐ 08 ⓑ

유의표현에 자주 나오는 단어와 표현

■ 자주 나오는 구와 유의표현

※ ★은 JLPT N3 중요 단어입니다.

朝ご飯を抜く 아침밥을 거르다	≒	朝ご飯を全然食べない 아침밥을 전혀 먹지 않는다
英語がぺらぺらだ 영어가 유창하다	≒	英語で自由に話せる 영어로 자유롭게 말할 수 있다
延期になる★ 연기되다	≒	後の別の日にすることになる★ 나중의 다른 날로 하게 되다
うるさくする 시끄럽게 하다	≒	騒ぐ 떠들다
お金をあまり使わない 돈을 그다지 쓰지 않는다	≒	節約する 절약하다
お金を払う 돈을 내다	≒	おごる 한턱 내다
お腹がぺこぺこだ★ 배가 몹시 고프다	≒	お腹がすいている★ 배가 고프다
おわびする 사과하다	≒	謝る 사과하다
駆けてくる★ 뛰어오다	≒	走ってくる★ 뛰어오다
がっかりする★ 실망하다, 낙담하다	≒	残念だと思う★ 유감이라고 생각하다
学校をサボる★ 학교를 빼먹다	≒	あそびたくて学校を休む★ 놀고 싶어서 학교를 쉬다
気に入る 마음에 들다	≒	好きだ 좋아하다
気にしない 신경쓰지 않다	≒	かまわない 상관하지 않는다
首になる 해고되다	≒	やめさせられる 그만두게 되다
仕事が溜まる 일이 쌓이다	≒	仕事が残る 일이 남다
上手にできる★ 능숙하게 할 수 있다	≒	得意だ★ 특히 잘하다
信じている★ 믿고 있다	≒	本当だと思う★ 진짜라고 생각하다
通行止めとなる 통행 금지가 되다	≒	通ってはいけない 지나가면 안 된다

유의표현에 자주 나오는 단어와 표현을 꼭 암기하자!

手に入る 손에 들어오다	≒	買う 사다
手間がかかる 손이 많이 가다	≒	面倒だ 성가시다
とてもよくわかる★ 매우 잘 알다	≒	納得する★ 납득하다
内緒にする 비밀로 하다	≒	誰にも話さない 아무에게도 말하지 않다
配達してもらう★ 배달 해 받다	≒	届けてもらう★ 보내받다
火が通っていない 익지 않았다	≒	まだ焼けていない 아직 구워지지 않았다
学んでいる★ 배우고 있다	≒	勉強している★ 공부하고 있다
夜が明ける 날이 밝다	≒	日がのぼる 해가 뜨다
横になる 눕다	≒	寝て休む 누워서 쉬다

📄 확인 문제 가장 가까운 의미의 표현을 고르세요.

01 夜が明ける　ⓐ 日がのぼる　ⓑ 延期になる
02 首になる　ⓐ やめさせられる　ⓑ 仕事が残る
03 信じている　ⓐ 気にしない　ⓑ 本当だと思う
04 気に入る　ⓐ 好きだ　ⓑ 謝る
05 駆けてくる　ⓐ 手間がかかる　ⓑ 走ってくる
06 がっかりする　ⓐ 残念だと思う　ⓑ 手に入る
07 学んでいる　ⓐ 勉強している　ⓑ 横になる
08 内緒にする　ⓐ 誰にも話さない
　　　　　　　ⓑ お腹がすいている

정답 01 ⓐ 02 ⓐ 03 ⓑ 04 ⓐ 05 ⓑ 06 ⓐ 07 ⓐ 08 ⓐ

실력 다지기

가장 가까운 의미의 표현을 고르세요.

01 アドバイス
① 冗談   ② 助言   ③ 意見   ④ 文句

02 機会
① 理由   ② 納得   ③ チャンス   ④ 規則

03 この頃
① 最近   ② 昔   ③ 明日   ④ 未来

04 疑う
① うそを言う   ② 本当ではないかと思う
③ 本当だと思う   ④ 本当を言う

05 退屈だ
① いそがしい   ② こわい   ③ おもしろい   ④ つまらない

06 非常に
① 全然   ② とても   ③ わずか   ④ 多少

07 めずらしい
① めったにない   ② よくない   ③ すくなくない   ④ おおきくない

08 気に入る
① 好きだ   ② 嫌いだ   ③ 苦手だ   ④ 上手だ

09 延期になる
① 他の活動に変更することになる   ② 予定の日にすることになる
③ キャンセルすることになる   ④ 後の別の日にすることになる

10 孫
① 知人　　　② 息子　　　③ 娘の息子　　　④ 義理の姉

11 スケジュール
① 営業　　　② 予報　　　③ 当日　　　④ 予定

12 どなる
① 大声で怒る　　② 大声で泣く　　③ 小声で泣く　　④ 小声で怒る

13 しゃべる
① 歌う　　　② 書く　　　③ 作る　　　④ 話す

14 覚える
① 暗記する　　② 回想する　　③ 対応する　　④ 回答する

15 詳(くわ)しい
① 自動的(じどうてき)だ　　② 代表的(だいひょうてき)だ　　③ 具体的(ぐたいてき)だ　　④ 現実的(げんじつてき)だ

16 得意だ
① 少しもできない　② 上手にできる　③ 上手にできない　④ 少しできる

17 ようやく
① やっと　　② うまく　　③ よく　　④ いつも

18 そのまま
① ほぼ変えないで　② 何も変えないで　③ 全部変えて　④ 少し変えて

19 内緒にする
① だいたい話さない　　　　② 発表する
③ みんなに話す　　　　　　④ 誰にも話さない

20 通行止めとなる
① 通ってはいけない　② 通ってもいい　③ 入ってはいけない　④ 入ってもいい

실전 대비하기 1

問題4 ___ に意味が最も近いものを、1・2・3・4から一つえらびなさい。

1 決まりを守って行動しましょう。
　　1　伝統　　　2　順番　　　3　規則　　　4　礼儀

2 最後に一回チェックして提出します。
　　1　確かめて　2　たずねて　3　やり直して　4　書き直して

3 大学で社会学を指導している。
　　1　教えて　　2　習って　　3　研究して　　4　専攻して

4 昨日、おかしい夢を見ました。
　　1　幸せな　　2　変な　　　3　楽しい　　　4　めずらしい

5 たまたま入った店のコーヒーがおいしかった。
　　1　一旦　　　2　結局　　　3　偶然　　　　4　以前

6 ブームは繰り返すと言われている。
　　1　時代　　　2　歴史　　　3　あやまち　　4　はやり

정답 해설집 p.35

실전 대비하기 2

問題4 _____に意味が最も近いものを、1・2・3・4から一つえらびなさい。

1 出席するかどうかは各自の判断に任せます。
　　1　代表者　　　2　一人一人　　　3　あなた　　　4　保護者

2 問題があったら、すぐに報告してください。
　　1　聞いて　　　2　伝えて　　　3　検討して　　　4　解決して

3 あのニュースに対して興味があります。
　　1　不満　　　2　疑問　　　3　関心　　　4　意見

4 小林さんは中国語がぺらぺらだ。
　　1　上手に話せる　　　　　　2　上手に話せない
　　3　よく理解できる　　　　　4　よく理解できない

5 ここに詳しい説明が書いてある。
　　1　正しい　　　2　易しい　　　3　難しい　　　4　細かい

6 めいにおこづかいをあげた。
　　1　お祝い　　　2　お菓子　　　3　お土産　　　4　お金

정답 해설집 p.36

실전 대비하기 3

問題4 ＿＿＿＿に意味が最も近いものを、1・2・3・4から一つえらびなさい。

1 このカフェはきれいだが、アクセスが<u>多少</u>不便だ。
 1　いつも 2　ちょっと 3　とても 4　とくに

2 今日はお菓子を<u>控えよう</u>と思う。
 1　食べないようにしよう 2　準備しておこう
 3　作ってみよう 4　持って行こう

3 雨が<u>あがる</u>と思います。
 1　降る 2　止む 3　続く 4　弱まる

4 松木さんは<u>真剣な</u>顔で話し始めた。
 1　平気な 2　まじめな 3　複雑な 4　穏やかな

5 <u>面倒な</u>仕事を頼まれた。
 1　誰でもできる 2　誰もできなかった
 3　したくない 4　したかった

6 その通知を読んで、<u>がっかりした</u>。
 1　とても驚いた 2　とても喜んだ
 3　不思議だと思った 4　残念だと思った

실전 대비하기 4

問題4 ＿＿＿に意味が最も近いものを、1・2・3・4から一つえらびなさい。

1 むだな業務をできるだけ減らそう。
　　1　大変な　　　2　危険な　　　3　役に立たない　　4　時間がかかる

2 似たような事件がたびたび起きています。
　　1　何度も　　　2　もう一度　　3　またすぐ　　　　4　早速

3 製品のサイズを確認しました。
　　1　重さ　　　　2　大きさ　　　3　値段　　　　　　4　機能

4 どうしてもパーティーに参加したい。
　　1　今度　　　　2　たしかに　　3　ぜひ　　　　　　4　また

5 田中さんはわがままな人です。
　　1　知り合いが多い　　　　　　2　知り合いが少ない
　　3　他人のことを考える　　　　4　他人のことを考えない

6 仕方ないから諦めようと思う。
　　1　方法がない　　2　意味がない　　3　自信がない　　4　時間がない

실전 대비하기 5

問題4 ＿＿＿に意味が最も近いものを、1・2・3・4から一つえらびなさい。

1 彼女はトレーニングに集中している。
 1 研究　　2 練習　　3 運転　　4 作業

2 このスポーツのルールは単純だ。
 1 よく知られている
 2 あまり知られていない
 3 わかりやすい
 4 わかりにくい

3 木村さんは相当勉強したようですね。
 1 かなり　　2 すでに　　3 多少　　4 早めに

4 彼はその意見に激しく反対した。
 1 強く　　2 仕方なく　　3 弱弱しく　　4 めずらしく

5 そう言われてもやり直す時間はありません。
 1 実際にやる　　2 これからやる　　3 もう一度やる　　4 何度もやる

6 まぶしくて寝られなかった。
 1 うるさすぎて
 2 明るすぎて
 3 気温が高すぎて
 4 風が強すぎて

실전 대비하기 6

問題4 ＿＿＿に意味が最も近いものを、1・2・3・4から一つえらびなさい。

[1] さっき取引先から電話がかかってきました。
　　1　数日前に　　2　一日前に　　3　結構前に　　4　少し前に

[2] 二人は逆の方向に進んでいった。
　　1　一つ　　2　反対　　3　特定　　4　それぞれ

[3] 私が好きなアイドルはグループで活動してます。
　　1　国内　　2　海外　　3　団体　　4　個人

[4] 犬がこっちに駆けてきた。
　　1　集まってきた　　2　ほえてきた　　3　歩いてきた　　4　走ってきた

[5] 作品のできあがりは来月を予定しています。
　　1　販売　　2　完成　　3　制作　　4　発表

[6] キャンプ用に買った食材が余った。
　　1　多すぎて高かった　　　　2　少なすぎて足りなかった
　　3　多すぎて残った　　　　　4　少なすぎて買い足した

실전 대비하기 7

問題4 _____に意味が最も近いものを、1・2・3・4から一つえらびなさい。

[1] 今日のバイトはお客さんが多くてくたびれた。
　　1　疲れた　　2　頑張った　　3　慌てた　　4　困った

[2] 彼が書いた小説はすべて読みました。
　　1　一部　　2　全部　　3　初めて　　4　もう

[3] めまいがするなら、横になったほうがいいですよ。
　　1　薬を飲んだ　　　　　　2　目を閉じた
　　3　寝て休んだ　　　　　　4　しゃがんでじっとした

[4] 昼間は暖かいですが、夕方から次第に冷えるでしょう。
　　1　すっかり　　2　一気に　　3　少しずつ　　4　ずいぶん

[5] 本棚を整理したら、部屋がすっきりした。
　　1　拭いたら　　2　置いたら　　3　買い替えたら　　4　片付けたら

[6] この仕事は長い時間立っていなければいけないので、つらい。
　　1　いたい　　2　くるしい　　3　おそろしい　　4　ひどい

정답 해설집 p.41

실전 대비하기 8

問題4 _____に意味が最も近いものを、1・2・3・4から一つえらびなさい。

1 このビジネスは絶対に成功すると思っていた。
1　ある程度　　　2　たぶん　　　3　さらに　　　4　必ず

2 先生におわびしなければならないことがあります。
1　感謝しなければ　　　　　　2　お礼をしなければ
3　謝らなければ　　　　　　　4　気をつけなければ

3 今日は私がおごります。
1　意見を言います　2　教えます　3　準備します　4　お金を払います

4 運動不足なので、なるべく階段を使うようにしています。
1　できるだけ　　　2　つねに　　　3　わざと　　　4　とにかく

5 彼のピアノの演奏は見事でした。
1　ていねいでした　　　　　　2　いっしょうけんめいでした
3　すばらしかったです　　　　4　ひどかったです

6 ここは立入禁止です。
1　たててはいけません　　　　2　はいってはいけません
3　わたってはいけません　　　4　いそいではいけません41

실전 대비하기 9

問題4 _____に意味が最も近いものを、1・2・3・4から一つえらびなさい。

[1] 彼女はずっと<u>黙って</u>いた。
  1 何も話さなかった　　　　2 何も食べなかった
  3 寝なかった　　　　　　　4 来なかった

[2] まだ使えるのに<u>もったいない</u>。
  1 壊れてしまった　2 置いてきた　3 忘れてしまった　4 捨てたくない

[3] 友だちと電話している時に、母が<u>いきなり</u>部屋に入ってきた。
  1 急いで　　　2 たまたま　　　3 徐々に　　　4 突然

[4] 将来は世界中の<u>まずしい</u>人たちを助けたいと思っています。
  1 体が不自由な　2 お金がない　3 具合が悪い　4 勉強したい

[5] 私はこの花の<u>かおり</u>が好きです。
  1 すがた　　　2 はたけ　　　3 におい　　　4 がら

[6] 知らない人に話しかけられたら、<u>用心した</u>ほうがいい。
  1 興味を持った　　　　　　2 熱心に話を聞いた
  3 気をつけた　　　　　　　4 丁寧に話した

실전 대비하기 10

問題4 ＿＿＿に意味が最も近いものを、1・2・3・4から一つえらびなさい。

1　この本で紹介されている料理はどれも手間がかからないものだ。
　1　面倒じゃない　　　　　　　2　味が濃くない
　3　材料費が高くない　　　　　4　普段よく食べる

2　今、弟は台所にいます。
　1　キッチン　　2　玄関　　3　居間　　4　庭

3　鈴木さんは自分のことしか考えないという欠点がある。
　1　積極的なところ　　　　　　2　つまらないところ
　3　よくないところ　　　　　　4　にぎやかなところ

4　仕事を済ませてください。
　1　終わらせて　　2　休ませて　　3　やめて　　4　任せて

5　中身のない話を聞かされるのは嫌だ。
　1　内容　　2　関係　　3　興味　　4　結論

6　この肉は火が通っていません。
　1　そのまま食べられます　　　2　冷たくなってしまいました
　3　あまり温かくないです　　　4　まだ焼けていません

문제 5 용법

[문제 5 용법]은 제시어가 쓰이는 상황과 의미가 모두 올바르게 사용된 문장을 고르는 문제로, 총 5문항이 출제된다. 제시어로는 명사와 동사가 주로 출제되며, 형용사나 부사가 각각 1문항 정도 출제된다.

핵심 전략

1 제시어가 명사인 경우에는 제시어의 앞뒤 표현에 유의하고, 동사인 경우에는 제시어의 앞부분에 유의하여 문맥상 올바르게 사용된 선택지를 정답으로 고른다.

> 예) 指示 지시
> ① 「この資料コピーしておいて」と秘書に指示した。(O) "이 자료 복사해 둬"라고 비서에게 지시했다.
> ② 「あした、遊びに行こうか」と友達に指示した。(X) "내일, 놀러 갈까"라고 친구에게 지시했다.
>
> まげる 구부리다
> ① 腕を伸ばしたりまげたりすると、まだ少し痛む。(O) 팔을 뻗거나 구부리거나 하면, 아직 조금 아프다.
> ② 一つのパンを半分にまげて二人で食べた。(X) 하나의 빵을 반으로 구부려서 두 명이서 먹었다.

2 제시어가 형용사인 경우에는 제시어의 앞뒤 표현에 유의하고, 부사인 경우에는 제시어의 뒷부분이나 문장 전체의 문맥에 유의하여 문맥상 제시어가 올바르게 사용된 선택지를 정답으로 고른다.

> 예) 正直な 정직한
> ① 松本さんは正直な人で、決してうそは言いません。(O)
> 마츠모토 씨는 정직한 사람으로, 결코 거짓말은 하지 않습니다.
> ② この商品の正直な使い方が分かりません。(X)
> 이 상품의 정직한 사용법을 모르겠습니다.
>
> 急に 갑자기
> ① 部屋から急に人が飛び出してきた。(O)
> 방에서 갑자기 사람이 뛰어나왔다.
> ② この料理は電子レンジで急にできるので、便利だ。(X)
> 이 요리는 전자레인지로 갑자기 되기 때문에 편리하다.

3 시험에 자주 출제되는 품사별 단어를, 자주 사용되는 구문으로 학습해둔다.

문제 풀이 Step

Step 1 제시어를 읽고 품사와 의미를 확인한다.

제시어를 읽고 제시어의 품사와 의미를 확인한다. 이때 제시어의 의미를 살짝 적어둔다.

Step 2 제시어의 앞뒤 혹은 문장 전체의 문맥을 파악하여, 제시어가 올바르게 사용된 선택지를 정답으로 고른다.

제시어의 품사에 따라 앞뒤 혹은 문장 전체의 문맥이 가장 자연스러운 선택지를 정답으로 고른다. 선택지를 읽으면서 확실히 오답인 것은 ×, 헷갈리는 것은 △, 확실히 정답인 것은 ○로 표시하고, 확실하게 ○로 표시한 선택지가 있다면 정답으로 고른 뒤 바로 다음 문제로 넘어간다.

문제 풀이 Step 적용

問題5 つぎのことばの使い方として最もよいものを、1・2・3・4から一つえらびなさい。

かなり
1 大雨（おおあめ）で、家（いえ）がかなりにこわれてしまった。 ×
✓ 2 かなり勉強（べんきょう）したが、いい結果（けっか）が出（で）なかった。 ○
3 成人（せいじん）したとはいえ、かなりまだ子供（こども）だな。 ×
4 昔（むかし）のことを、かなり思（おも）い出（だ）して、涙（なみだ）が出（で）た。 ×

Step 1 제시어를 읽고 품사와 의미를 확인한다.

제시어 かなり는 '제법, 상당히'라는 의미의 부사이다. 주로 정도가 보통의 상태를 넘는 상황에 사용한다.

Step 2 제시문의 앞뒤 혹은 문장 전체의 문맥을 파악하여, 제시어가 올바르게 사용된 선택지를 정답으로 고른다.

제시어가 부사이므로, 각 선택지에서 먼저 제시어의 뒷부분과 함께 읽어본다.
2의 かなり勉強したが(제법 공부했지만)에서 문맥상 올바르게 사용되었으므로, 2를 정답으로 고른다. 1은 '제법으로 부서져 버렸다', 3은 '제법 아직 아이네', 4는 '제법 떠올려서, 눈물이 났다'라는 어색한 문맥이므로 오답이다.

문제5 다음의 말의 사용 방법으로 가장 알맞은 것을, 1·2·3·4에서 하나 고르세요.

제법
1 폭우로, 집이 제법으로 부서져 버렸다.
2 제법 공부했지만, 좋은 결과가 나오지 않았다.
3 성인이 되었다고는 하지만, 제법 아직 아이네.
4 옛날 일을, 제법 떠올려서, 눈물이 났다.

어휘 かなり 🖫제법, 상당히 大雨 おおあめ 🖫폭우 家 いえ 🖫집 こわれる 🖫부서지다 勉強 べんきょう 🖫공부 結果 けっか 🖫결과 出る でる 🖫나오다 成人する せいじんする 성인이 되다 まだ 🖫아직 子供 こども 🖫아이 昔 むかし 🖫옛날 思い出す おもいだす 🖫떠올리다 涙が出る なみだがでる 눈물이 나다

용법에 자주 나오는 단어

■ 용법에 자주 나오는 명사 ①

※ ★은 JLPT N3 중요 단어입니다.

단어	뜻	예문
行き先 (いきさき)	행선지, 목적지	彼は行き先も言わずに出て行った 그는 행선지도 말하지 않고 나갔다
異常 (いじょう) ★	이상(정상의 반대)	世界中で異常気象が確認されている 전세계에서 이상 기후가 확인되고 있다
応援 (おうえん)	응원	父は私の夢を応援してくれた 아버지는 내 꿈을 응원해 주었다
オーバー ★	오버, 초과	プロジェクトの予算をオーバーした 프로젝트의 예산을 오버했다
活動 (かつどう) ★	활동	私は韓国の文化を外国に紹介する活動をしています 저는 한국 문화를 외국에 소개하는 활동을 하고 있습니다
期限 (きげん)	기한	支払い期限が過ぎてしまった 지불 기한이 지나 버렸다
希望 (きぼう)	희망	希望する大学に受かった 희망하는 대학에 합격했다
距離 (きょり) ★	거리	前の車との距離が近すぎる 앞 차와의 거리가 너무 가깝다
緊張 (きんちょう) ★	긴장	試験前はいつも緊張してしまいます 시험 전에는 항상 긴장해 버립니다
区別 (くべつ) ★	구별	仕事と私生活は区別しましょう 일과 사생활은 구별합시다
経由 (けいゆ)	경유	今度は羽田を経由してアメリカへ行きます 이번에는 하네다를 경유해서 미국에 갑니다
健康 (けんこう) ★	건강	健康のために毎朝ジョギングする 건강을 위해서 매일 아침 조깅한다
減少 (げんしょう) ★	감소	日本の人口は減少し続けている 일본의 인구는 계속 감소하고 있다
交流 (こうりゅう) ★	교류	両国の文化交流を深める 양국 문화 교류를 돈독히 하다

용법에 자주 나오는 단어를 꼭 암기하자!

参加(さんか) ★ 참가	セミナーに参加(さんか)するつもりです 세미나에 참가할 예정입니다
実物(じつぶつ) ★ 실물	あのアイドルは実物(じつぶつ)のほうがかわいい 저 아이돌은 실물 쪽이 귀엽다
締(し)め切(き)り ★ 마감	締(し)め切(き)りまでにはぎりぎり間(ま)に合(あ)うと思(おも)います 마감까지는 아슬아슬하게 맞출 거라고 생각합니다
修理(しゅうり) 수리	修理(しゅうり)するより新(あたら)しいものを買(か)った方(ほう)がいいですよ 수리하는 것보다 새로운 것을 사는 편이 나아요
渋滞(じゅうたい) 정체	道路(どうろ)が渋滞(じゅうたい)していて会社(かいしゃ)に遅刻(ちこく)した 도로가 정체되고 있어서 회사에 지각했다
主張(しゅちょう) 주장	彼(かれ)は自分(じぶん)の主張(しゅちょう)を曲(ま)げない人(ひと)です 그는 자신의 주장을 굽히지 않는 사람입니다
診察(しんさつ) ★ 진찰	歯(は)が痛(いた)くて歯医者(はいしゃ)で診察(しんさつ)してもらった 이가 아파서 치과에서 진찰받았다
進歩(しんぽ) 진보	技術(ぎじゅつ)の進歩(しんぽ)で世界(せかい)のどこでも簡単(かんたん)に行(い)ける 기술의 진보로 세계 어디든지 간단히 갈 수 있다
性格(せいかく) 성격	彼女(かのじょ)は明(あか)るい性格(せいかく)の人(ひと)です 그녀는 밝은 성격의 사람입니다

확인 문제 단어가 알맞게 사용된 문장을 고르세요.

01 距離　　ⓐ 目的地(もくてきち)までの距離(きょり)を調(しら)べた。　　ⓑ スカートの距離(きょり)が短(みじか)い。

02 修理　　ⓐ カメラが壊(こわ)れて修理(しゅうり)に出(だ)した。　　ⓑ レポートの誤字(ごじ)を修理(しゅうり)した。

03 期限　　ⓐ ここは人数(にんずう)期限(きげん)があります。　　ⓑ 申(もう)し込(こ)みの期限(きげん)が過(す)ぎてしまった。

04 行き先　ⓐ 先生(せんせい)になるのが私(わたし)の行(い)き先(さき)です。　　ⓑ 行(い)き先(さき)を言(い)ってから出(で)かけましょう。

05 診察　　ⓐ システムを定期的(ていきてき)に診察(しんさつ)する。　　ⓑ 頭(あたま)が痛(いた)くて病院(びょういん)で診察(しんさつ)を受(う)けた。

정답 01 ⓐ 02 ⓐ 03 ⓑ 04 ⓑ 05 ⓑ

용법에 자주 나오는 단어

■ 용법에 자주 나오는 명사 ②

※ ★은 JLPT N3 중요 단어입니다.

단어	예문
せいげん 制限 ★ 제한	たてもの この建物はとても狭いので、入場制限があります 이 건물은 매우 좁아서, 입장 제한이 있습니다
せいぶん 成分 성분	はだ 肌にいい成分が入っている 피부에 좋은 성분이 들어 있다
たいちょう 体調 몸 상태	たいちょう わる かいしゃ やす 体調が悪くて会社を休んだ 몸 상태가 좋지 않아서 회사를 쉬었다
タイトル ★ 타이틀	かれ いっしょ み えい が おも だ 彼と一緒に見た映画のタイトルが思い出せない 그와 함께 봤던 영화의 타이틀이 떠오르지 않는다
たち ば 立場 입장	かれ わたし い けん はんたい たち ば 彼はいつも私の意見に反対の立場をとる 그는 항상 나의 의견에 반대의 입장을 취한다
ち しき 知識 ★ 지식	い がく ち しき まった 医学についての知識は全くない 의학에 대한 지식은 전혀 없다
ちゅうじゅん 中旬 ★ 중순	らいげつ ちゅうじゅん 来月の中旬にテストがあります 다음 달 중순에 시험이 있습니다
つ ごう 都合 ★ 사정, 형편	あした つ ごう わる ほか ひ あ 明日は都合が悪いから他の日に会うことにしよう 내일은 사정이 안 좋으니까 다른 날에 만나는 것으로 하자
ないよう 内容 ★ 내용	よ やくないよう かくにん 予約内容を確認してください 예약 내용을 확인해 주세요
ばんぐみ 番組 (방송) 프로그램	さいきん ばんぐみ にん き 最近はどんなテレビ番組が人気ですか 최근에는 어떤 텔레비전 프로그램이 인기인가요?
ぶんるい 分類 ★ 분류	まいにち しんぶん き じ べつ ぶんるい 毎日、新聞の記事をテーマ別に分類している 매일, 신문의 기사를 테마별로 분류하고 있다
ほうこく 報告 ★ 보고	きょう かい ぎ ほうこく し りょう 今日の会議で報告するために資料をまとめた 오늘 회의에서 보고하기 위해 자료를 정리했다
ほうもん 訪問 방문	がくせい かあ そうだん か ていほうもん 学生のお母さんと相談するために家庭訪問をしました 학생 어머니와 상담하기 위해 가정방문을 했습니다
ほんやく 翻訳 번역	わたし えい ご に ほん ご ほんやく し ごと 私は英語を日本語に翻訳する仕事をしている 나는 영어를 일본어로 번역하는 일을 하고 있다

단어		예문
満(まん)員(いん)	만원	コンサート会(かい)場(じょう)は満(まん)員(いん)だった 콘서트장은 만원이었다
見(み)本(ほん)	견본	報(ほう)告(こく)書(しょ)の見(み)本(ほん)を見せてください 보고서의 견본을 보여주세요
未(み)来(らい)	미래	100年(ねん)後の未(み)来(らい)を想(そう)像(ぞう)してみた 100년 후의 미래를 상상해 봤다
申(もう)し込(こ)み	신청	申(もう)し込(こ)み書(しょ)類(るい)の書(か)き方(かた)を教(おし)えてください 신청 서류 쓰는 법을 알려 주세요
模(も)様(よう)	모양	このお皿(さら)には独(どく)特(とく)な模(も)様(よう)が入っている 이 접시에는 독특한 모양이 들어가 있다
ユーモア	유머	ユーモアがある人(ひと)は、人(にん)気(き)があります 유머가 있는 사람은, 인기가 있습니다
輸(ゆ)入(にゅう)	수입	この機(き)械(かい)の部(ぶ)品(ひん)は海(かい)外(がい)から輸(ゆ)入(にゅう)している 이 기계의 부품은 해외에서 수입하고 있다
予(よ)防(ぼう)	예방	手(て)洗(あら)いは風(かぜ)邪(ぜ)の予(よ)防(ぼう)に効(こう)果(か)的(てき)だ 손 씻기는 감기 예방에 효과적이다
リーダー	리더	彼(かの)女(じょ)はクラスのリーダーに選(えら)ばれた 그녀는 학급의 리더로 뽑혔다

확인 문제 단어가 알맞게 사용된 문장을 고르세요.

01 報告　ⓐ 今(きょう)日のニュースで報告された。　ⓑ 今(こん)月(げつ)の売(う)り上(あ)げを報告しました。
02 内容　ⓐ 詳(くわ)しい内容は書(か)かれていなかった。　ⓑ お母(かあ)さんには内容にしてください。
03 満員　ⓐ クラスの満員は25人(にん)です。　ⓑ 電(でん)車(しゃ)が満員で乗(の)れなかった。
04 訪問　ⓐ 問(もん)題(だい)について訪問があります。　ⓑ 今(きょう)日訪問するつもりです。
05 輸入　ⓐ 外(がい)国(こく)から果(くだ)物(もの)を輸入する。　ⓑ 自(じ)動(どう)車(しゃ)を他(た)国(こく)へ輸入している。

정답 01 ⓑ 02 ⓐ 03 ⓑ 04 ⓑ 05 ⓐ

용법에 자주 나오는 단어

■ 용법에 자주 나오는 동사 ①

※ ★은 JLPT N3 중요 단어입니다.

あきらめる 포기하다	家がまずしくて進学をあきらめた 집이 가난해서 진학을 포기했다
預ける★ 맡기다	ホテルに荷物を預けて出かけた 호텔에 짐을 맡기고 외출했다
余る★ 남다	余ったプリントは先生に渡してください 남은 프린트는 선생님한테 전달해 주세요
移動する 이동하다	バスに乗って移動しましょう 버스를 타고 이동합시다
植える 심다	庭にいろんな花を植えました 정원에 다양한 꽃을 심었습니다
受け入れる 받아들이다	彼の意見を受け入れて、デザインを少し修正しました 그의 의견을 받아들여, 디자인을 조금 수정했습니다
埋める★ 묻다, 메우다	生ゴミは庭に穴を掘って埋めています 음식물 쓰레기는 정원에 구멍을 파서 묻고 있습니다
延期する★ 연기하다	試合は延期された 시합은 연기되었다
追いつく★ 따라잡다	彼はすぐ私たちに追いつくと思います 그는 바로 우리를 따라잡을 거라고 생각합니다
追い抜く★ 앞지르다	後ろのランナーが私を追い抜いた 뒤의 주자가 나를 앞질렀다
落ち着く★ 침착하다, 안정되다	緊張しないで落ち着いて話してください 긴장하지 말고 침착하게 이야기해 주세요
かきまぜる★ 뒤섞다	コーヒーに砂糖を入れてかきまぜてください 커피에 설탕을 넣고 뒤섞어 주세요
重なる★ 겹치다	誕生日と祝日が重なってうれしい 생일과 공휴일이 겹쳐서 기쁘다
かれる★ 시들다	おととい買った花が、かれてしまった 그저께 산 꽃이, 시들어 버렸다

용법에 자주 나오는 단어를 꼭 암기하자!

단어	예문
気付く★ 깨닫다	携帯を家に置いて出てきたことに気付いた 휴대전화를 집에 두고 나온 것을 깨달았다
区切る 구분하다, 단락 짓다	一つの部屋を壁で区切って二つに分けた 하나의 방을 벽으로 구분하여 두 개로 나눴다
断る★ 거절하다	彼の依頼を断ることができなかった 그의 의뢰를 거절하는 것이 불가능했다
こぼす 흘리다	息子はいつもごはんをこぼして妻にしかられている 아들은 언제나 밥을 흘려서 아내에게 혼나고 있다
ころぶ★ 넘어지다, 구르다	階段でころんで足をけがした 계단에서 넘어져서 다리를 다쳤다
指示する 지시하다	部下に指示した 부하 직원에게 지시했다
縮小する 축소하다	生産を縮小すると決めました 생산을 축소하기로 결정했습니다
知り合う★ 알게 되다, 아는 사이가 되다	彼は旅行先で知り合った 그는 여행지에서 알게 됐다
進歩する 진보하다	昔より医学がかなり進歩した 옛날보다 의학이 상당히 진보했다

📋 확인 문제 단어가 알맞게 사용된 문장을 고르세요.

01 余る　ⓐ 壁に穴が余った。　ⓑ 料理をたくさん作って余った。
02 かきまぜる　ⓐ 材料を入れてかきまぜる。　ⓑ 絵にかきまぜたような景色ですね。
03 植える　ⓐ 庭に花を植えた。　ⓑ 山に木が植えている。
04 知り合う　ⓐ この問題をよく知り合っている。　ⓑ 彼とは大学時代に知り合いました。
05 断る　ⓐ 彼の招待を断った。　ⓑ 問題の答えが断っている。

정답 01 ⓑ 02 ⓐ 03 ⓐ 04 ⓑ 05 ⓐ

용법에 자주 나오는 단어

■ 용법에 자주 나오는 동사 ②

※ ★은 JLPT N3 중요 단어입니다.

단어	예문
すませる★ 끝내다, 해결하다	手続きをすませてから入場した 수속을 끝내고 나서 입장했다
だく★ 안다	母は泣いている妹をだいた 어머니는 울고 있는 여동생을 안았다
たまる 쌓이다, 늘다	毎日勉強ばかりしているのでストレスがたまる 매일 공부만 하고 있어서 스트레스가 쌓인다
散らかる 어질러지다	弟の部屋はいつも散らかっている 남동생의 방은 항상 어질러져 있다
伝わる 전해지다, 알려지다	プレゼントから彼の温かい気持ちが伝わってきた 선물에서 그의 따뜻한 마음이 전해져 왔다
詰める★ 채우다	お弁当に好きなおかずを詰めた 도시락에 좋아하는 반찬을 채웠다
通り過ぎる★ 지나가다	台風が通り過ぎた後はさわやかに晴れた 태풍이 지나간 후에는 상쾌하게 개었다
怒鳴る★ 고함치다, 호통치다	怒るとすぐ怒鳴ってしまうのはよくない 화가 나면 바로 고함쳐 버리는 것은 좋지 않다
飛び込む 뛰어들다, 뛰어들어가다	最近とても暑いので、冷たい海に飛び込みたい 최근 너무 더워서, 시원한 바다에 뛰어들고 싶다
飛び出す 튀어나오다, 별안간 나타나다	子供が道路に飛び出した 아이가 도로로 튀어나왔다
取り上げる 다루다	この授業では日本の現代史について取り上げます 이 수업에서는 일본의 현대사에 대해 다룹니다
慰める★ 위로하다, 달래다	泣いていた私を友だちが慰めてくれた 울고 있던 나를 친구가 위로해 주었다
計る (무게, 길이, 넓이 등을) 재다	運動した後は必ず体重を計っています 운동한 후에는 반드시 체중을 재고 있습니다
発生する★ 발생하다	交通事故が発生して、道路が渋滞している 교통사고가 발생해서, 도로가 정체되고 있다

용법에 자주 나오는 단어를 꼭 암기하자!

단어	예문
<ruby>話<rt>はな</rt></ruby>しかける 말을 걸다	<ruby>彼女<rt>かのじょ</rt></ruby>は<ruby>友達<rt>ともだち</rt></ruby>がいなかった<ruby>私<rt>わたし</rt></ruby>にいつも<ruby>話<rt>はな</rt></ruby>しかけてくれた 그녀는 친구가 없던 나에게 항상 말을 걸어 주었다
<ruby>離<rt>はな</rt></ruby>す (잡은 것) 놓다, (간격) 벌리다	<ruby>子供<rt>こども</rt></ruby>の<ruby>手<rt>て</rt></ruby>を<ruby>離<rt>はな</rt></ruby>さないようにしてください 아이의 손을 놓지 않도록 해 주세요
<ruby>引<rt>ひ</rt></ruby>き<ruby>出<rt>だ</rt></ruby>す★ 인출하다, 꺼내다	<ruby>口座<rt>こうざ</rt></ruby>から１<ruby>万円<rt>まんえん</rt></ruby>を<ruby>引<rt>ひ</rt></ruby>き<ruby>出<rt>だ</rt></ruby>す 계좌에서 1만엔을 인출하다
ひびく★ 울리다	<ruby>教会<rt>きょうかい</rt></ruby>の<ruby>鐘<rt>かね</rt></ruby>の<ruby>音<rt>おと</rt></ruby>がひびいている 교회 종소리가 울리고 있다
<ruby>沸騰<rt>ふっとう</rt></ruby>する★ (액체가) 끓어오르다	<ruby>水<rt>みず</rt></ruby>は100<ruby>度<rt>ど</rt></ruby>で<ruby>沸騰<rt>ふっとう</rt></ruby>する 물은 100도에서 끓어오른다
<ruby>混<rt>ま</rt></ruby>ぜる★ 섞다	<ruby>水<rt>みず</rt></ruby>と<ruby>油<rt>あぶら</rt></ruby>を<ruby>混<rt>ま</rt></ruby>ぜることはできない 물과 기름을 섞는 것은 불가능하다
<ruby>見送<rt>みおく</rt></ruby>る 배웅하다	<ruby>留学<rt>りゅうがく</rt></ruby>に<ruby>行<rt>い</rt></ruby>く<ruby>友<rt>とも</rt></ruby>だちを<ruby>空港<rt>くうこう</rt></ruby>まで<ruby>見送<rt>みおく</rt></ruby>った 유학을 가는 친구를 공항까지 배웅했다
<ruby>見<rt>み</rt></ruby>かける 보다, 언뜻 보다	<ruby>最近<rt>さいきん</rt></ruby><ruby>田中<rt>たなか</rt></ruby>さんをよく<ruby>見<rt>み</rt></ruby>かける 최근 다나카 씨를 자주 본다
<ruby>身<rt>み</rt></ruby>につける 배워 익히다, 몸에 지니다	<ruby>仕事<rt>しごと</rt></ruby>に<ruby>役立<rt>やくだ</rt></ruby>つコンピューターの<ruby>技術<rt>ぎじゅつ</rt></ruby>を<ruby>身<rt>み</rt></ruby>につけたい 일에 도움이 되는 컴퓨터 기술을 익히고 싶다

확인 문제
단어가 알맞게 사용된 문장을 고르세요.

01 発生する　ⓐ この<ruby>雑誌<rt>ざっし</rt></ruby>は<ruby>毎月<rt>まいつき</rt></ruby>発生する。　ⓑ エラーが発生しました。

02 混ぜる　ⓐ <ruby>材料<rt>ざいりょう</rt></ruby>を<ruby>全部<rt>ぜんぶ</rt></ruby>混ぜてください。　ⓑ <ruby>彼女<rt>かのじょ</rt></ruby>と<ruby>言葉<rt>ことば</rt></ruby>を混ぜたことはない。

03 たまる　ⓐ <ruby>書類<rt>しょるい</rt></ruby>をクリップでたまった。　ⓑ <ruby>仕事<rt>しごと</rt></ruby>でストレスがたまる。

04 計る　ⓐ ハンドルから<ruby>手<rt>て</rt></ruby>を計った。　ⓑ <ruby>血圧<rt>けつあつ</rt></ruby>を計る。

05 見送る　ⓐ <ruby>駅<rt>えき</rt></ruby>まで<ruby>友<rt>とも</rt></ruby>だちを見送った。　ⓑ <ruby>最近<rt>さいきん</rt></ruby>よく見送るようになった。

정답 01 ⓑ 02 ⓐ 03 ⓑ 04 ⓑ 05 ⓐ

용법에 자주 나오는 단어

■ 용법에 자주 나오는 い·な형용사

※ ★은 JLPT N3 중요 단어입니다.

단어	예문
かしこい 영리하다	田中くんはかしこくて、まじめな学生だ 다나카 군은 영리하고, 성실한 학생이다
かゆい 가렵다	いきなり目がかゆくなって、病院に行った 갑자기 눈이 가려워져서, 병원에 갔다
悔しい ★ 분하다	試合で負けたことが眠れないぐらい悔しかった 시합에서 진 것이 잘 수 없을 정도로 분했다
険しい 험하다	この道は険しくて、運転するのが難しい 이 길은 험해서, 운전하는 것이 어렵다
親しい ★ 친하다	新学期なので、まだまわりに親しい人がいません 신학기이기 때문에, 아직 주변에 친한 사람이 없습니다
だるい 나른하다, 지루하다	風邪をひいて体がだるくなった 감기에 걸려서 몸이 나른해졌다
貧しい 가난하다	家が貧しくて進学するか、就職するか悩んでいます 집이 가난해서 진학할지, 취직할지 고민하고 있습니다
もったいない 아깝다	全部捨てるのはもったいない 전부 버리는 것은 아깝다
緩い ★ 헐렁하다, 엄하지 않다, 완만하다	最近、やせたので服が緩くなった 최근, 살이 빠졌기 때문에 옷이 헐렁해졌다
意外だ ★ 의외다	彼女がここまで来るとはとても意外なことだ 그녀가 여기까지 오다니 정말 의외의 일이다
厳重だ 엄중하다	警察はあの品を厳重に管理している 경찰은 그 물건을 엄중하게 관리하고 있다
盛んだ ★ 성하다, 번성하다	この国は貿易が盛んだ 이 나라는 무역이 성하다
重大だ ★ 중대하다	重大な問題を見つけた 중대한 문제를 발견했다
正直だ 정직하다	彼は正直な人で、うそを言うはずがない 그는 정직한 사람이라, 거짓을 말할 리가 없다

용법에 자주 나오는 단어를 꼭 암기하자!

新鮮だ★ 신선하다	この店は新鮮な食材を扱っている 이 가게는 신선한 식재료를 취급하고 있다
正確だ 정확하다	正確なスケジュールを教えてください 정확한 스케줄을 알려 주세요
清潔だ★ 청결하다	部屋を清潔にしなさい 방을 청결하게 하세요
そっくりだ★ 꼭 닮다	彼は父親にそっくりだ 그는 아버지와 꼭 닮았다
得意だ★ 잘하다, 자신 있다	彼は英語が得意で、英語のスピーチコンテストで優勝した 그는 영어를 잘해서, 영어 스피치 콘테스트에서 우승했다
なだらかだ 완만하다, 온화하다	なだらかな山なのに登るのが意外ときつかった 완만한 산인데 오르는 것이 의외로 힘들었다
豊かだ 풍부하다	この町は自然が豊かで多くの人が引っ越してきている 이 마을은 자연이 풍부해서 많은 사람이 이사해 오고 있다
楽だ 편하다	経済的に楽な生活をしたい 경제적으로 편한 생활을 하고 싶다

📋 확인 문제 단어가 알맞게 사용된 문장을 고르세요.

01 かゆい ⓐ 昨日から目がかゆい。 ⓑ このかばんはかゆくていいですね。
02 意外だ ⓐ 彼女が会社をやめるのは意外だ。 ⓑ 意外なスケジュールが知りたいです。
03 新鮮だ ⓐ 部屋を新鮮にしましょう。 ⓑ 毎日新鮮な野菜を食べたい。
04 貧しい ⓐ 子どもの頃は貧しい生活をしていた。 ⓑ この料理は貧しくて食べられない。
05 楽だ ⓐ 楽な用事ができて、今日は出席できません。 ⓑ 楽な仕事を探している。

정답 01 ⓐ 02 ⓐ 03 ⓑ 04 ⓐ 05 ⓑ

용법에 자주 나오는 단어

■ 용법에 자주 나오는 부사

※ ★은 JLPT N3 중요 단어입니다.

단어	의미	예문
いよいよ	드디어, 마침내	いよいよ明日から夏休みが始まる 드디어 내일부터 여름 휴가가 시작된다
うっかり ★	깜빡	彼との約束をうっかり忘れた 그와의 약속을 깜빡 잊어버렸다
うろうろ ★	우왕좌왕	変な人がマンションの入り口をうろうろしている 이상한 사람이 맨션 입구를 우왕좌왕하고 있다
お互いに ★	서로	お互いに協力し合う 서로 협력하다
思わず	엉겁결에, 무심코	私は思わず大きな声を出してしまった 나는 엉겁결에 큰 소리를 내 버렸다
がっかり ★	실망(하는 모양)	成績が落ちたくらいで、がっかりするなよ 성적이 떨어진 정도로, 실망하지 마
きっと	꼭, 반드시	彼はきっとそうしてくれるでしょう 그는 분명 그렇게 해 주겠죠
急に ★	갑자기, 돌연	急に出張が決まった 갑자기 출장이 결정되었다
ぎりぎり	빠듯한, 아슬아슬	締め切りまでにぎりぎり間に合った 마감까지 빠듯하게 맞췄다
ぐっすり ★	푹(깊이 잠든 모양)	昨日、久しぶりにぐっすり寝た 어제, 오랜만에 푹 잤다
すっきり	깔끔하게	部屋を片付けたからすっきり見える 방을 치웠더니 깔끔하게 보인다
そろそろ	슬슬, 이제	そろそろ昼食の時間ですね 슬슬 점심시간이네요
たっぷり	충분히, 듬뿍	時間はたっぷりあるから、急がなくてもいいですよ 시간은 충분히 있으니까, 서두르지 않아도 괜찮아요
常に	항상	彼は常に働いている 그는 항상 일하고 있다

용법에 자주 나오는 단어를 꼭 암기하자!

단어	뜻	예문
とうとう	결국	彼女(かのじょ)は**とうとう**最後(さいご)まで来(こ)なかった 그녀는 결국 마지막까지 오지 않았다
どきどき ★	두근두근	胸(むね)が**どきどき**する 가슴이 두근두근거린다
とっくに	벌써, 훨씬 전에	彼(かれ)は**とっくに**帰(かえ)った 그는 벌써 돌아갔다
にこにこ ★	싱글벙글	弟(おとうと)は**にこにこ**笑(わら)いながらマンガを読(よ)んでいる 남동생은 싱글벙글 웃으면서 만화를 읽고 있다
のんびり	한가로이, 태평스럽게	休(やす)みの日(ひ)は家(いえ)で**のんびり**過(す)ごしている 쉬는 날은 집에서 한가로이 보내고 있다
はっきり ★	분명히, 뚜렷이	行(い)くか、行(い)かないか、**はっきり**答(こた)えてください 가는지, 가지 않는지, 분명히 대답해 주세요
ふと	우연히	**ふと**いいアイディアを思(おも)いついた 우연히 좋은 아이디어를 떠올렸다
前(まえ)もって	미리	**前(まえ)もって**予約(よやく)したほうがいい 미리 예약하는 편이 좋다
わざわざ	일부러	**わざわざ**来(き)てくれてありがとう 일부러 와 줘서 고마워

확인 문제 단어가 알맞게 사용된 문장을 고르세요.

01 とっくに ⓐ これはとっくに好きな作品です。 ⓑ 寝る時間はとっくに過ぎていた。

02 がっかり ⓐ がっかり約束を忘れた。 ⓑ 試験に落ちてがっかりした。

03 急に ⓐ 彼は急に走り出した。 ⓑ 確認したら、急に返事をください。

04 いよいよ ⓐ いよいよ試験は難しかった。 ⓑ いよいよ試合が始まります。

05 わざわざ ⓐ わざわざ帰りましょう。 ⓑ わざわざ来てくれてありがとう。

정답 01 ⓑ 02 ⓑ 03 ⓐ 04 ⓑ 05 ⓑ

실력 다지기

단어가 알맞게 사용된 문장을 고르세요.

01 未来
① 10年後の未来を想像してみた。
② 未来には携帯もパソコンもなかった。

02 申し込み
① 大会に参加するためには申し込みが必要です。
② このレストランは人気があるので、申し込みしないといけない。

03 話しかける
① この問題の対策をみんなと話しかけました。
② 今は忙しいから話しかけないでください。

04 混ぜる
① この前で右に混ぜると病院です。
② 卵と牛乳をよく混ぜてください。

05 もったいない
① まだ使えるのに捨てるのはもったいない。
② 家がもったいなくて、大学院進学をあきらめた。

06 わざわざ
① わざわざここまで来てくれてありがとう。
② 教室がわざわざしてとてもうるさい。

07 都合
① その日は都合が悪くて参加できません。
② 彼女は風邪を都合に欠席した。

08 区別
① 実験の結果を区別してレポートを書きました。
② 仕事とプライベートなことを区別してください。

09 期限
① これは食べられる期限が過ぎてしまった。
② 期限をむだに使わないでください。

10 指示
① 資料を準備するように指示した。
② 食品は必ず成分を指示しなければならない。

실전 대비하기 1

問題5 つぎのことばの使い方として最もよいものを、1・2・3・4から一つえらびなさい。

① 豊か
1. 主演女優は宝石がついた豊かなドレスで式典に登場した。
2. 試験重視の日本の英語教育にはまだまだ課題が豊かだ。
3. 退職後は自然が豊かな田舎でのんびり過ごしたい。
4. シャンプーが残らないよう、豊かに洗い流してください。

② 区別
1. 子供には冗談といじわるを区別するのが難しいようだ。
2. 親戚からもらったみかんを近所の人にも区別しました。
3. この取引に問題がないか区別するのは部長の仕事だ。
4. 多くの遊園地では安全を考え、客の入場を区別している。

③ 経由
1. アメリカでの留学生活では初めて経由することがたくさんありました。
2. 香港を経由してロンドンに行くと、到着するまでに20時間くらいかかる。
3. 今日はコンビニに経由して、デザートを買ってから家に帰るつもりだ。
4. 会社を辞めて3年が経由したけれど、同期とは今も変わらず仲がいいです。

④ やぶる
1. 人との約束を簡単にやぶる人は、信用することができません。
2. 私が玄関の花瓶をやぶったことを知ったら、母は怒るだろう。
3. 周りとの関係をやぶらないように、気を付けています。
4. 料理中に包丁で手をやぶってしまい、血が止まらなくなった。

실전 대비하기 2

問題5 つぎのことばの使い方として最もよいものを、1・2・3・4から一つえらびなさい。

[1] たまる
1 昨日から降り続けた雪は、ひざの高さまでたまった。
2 1時間も列にたまって食べたラーメンは本当においしかった。
3 高級店がたまるこの通りは歩いているだけで楽しいです。
4 部屋のすみはほこりがたまりやすいから丁寧に掃除しよう。

[2] 相当
1 頑張って勉強した森さんなら希望した大学に相当入れる。
2 報告書は相当形式に合わせて、作成するようにしてください。
3 大勢の前でピアノを弾くのは初めてだから、相当緊張しそうだ。
4 今にも雨が降ってきそうだから、相当家に帰ろうよ。

[3] 宣伝
1 店内にポスターを貼り、来月から営業時間が変わることを宣伝した。
2 テレビを見ていると、新商品を宣伝する広告が流れてきた。
3 今日、入学試験の合格者受験番号がホームページで宣伝される。
4 客から掛かってきた電話の内容を担当の職員に宣伝した。

[4] 調子
1 本田選手は体の調子がいいのか、次々と点を決めた。
2 現場に到着した警察に事故が起きたときの調子を説明した。
3 うちの会社は明るい調子で、先輩たちもとても親切だ。
4 このコンピューターは現在、電源が入っていない調子です。

실전 대비하기 3

問題5 つぎのことばの使い方として最もよいものを、1・2・3・4から一つえらびなさい。

[1] 追いつく
1 自分の部屋は自分で追いつくのが当然だと思います。
2 あの問題を解決するいい考えが追いついた。
3 彼女は友達より後で出発したが、すぐ追いついた。
4 山で動物に追いつくことはとても危険です。

[2] 建築
1 水道管の建築が始まったら、しばらく水が使えない。
2 市民体育館の建築には10か月以上かかるそうだ。
3 平和の建築は世界中のみんなが願っていることだ。
4 この工場では自動車の建築を行っています。

[3] たっぷり
1 このスープは肉と野菜がたっぷり入っていてお腹がいっぱいになる。
2 原口さんをデートに誘ったが、たっぷり断られてしまった。
3 息子は目覚まし時計が鳴っているのに、たっぷり寝ていて起きない。
4 プールの授業がある日にたっぷり水着を忘れ、母に届けてもらった。

[4] 似合う
1 彼とはサッカーという共通の趣味があるので、話が似合う。
2 私と夫は顔がよく似合っていて、たまに兄弟に間違われる。
3 最後の問題の答えが似合っていれば満点だったのに残念だ。
4 スーツと水玉模様のネクタイがよく似合っていますね。

실전 대비하기 4

問題 5 つぎのことばの使い方として最もよいものを、1・2・3・4から一つえらびなさい。

1 そろえる
1 すてきなカップに熱いコーヒーをそろえました。
2 くつを脱いだら、きれいにそろえてください。
3 山をそろえたところに小さな町があります。
4 将来にそろえて、お金をためようと思います。

2 編む
1 祖母は毛糸を編んでかばんや帽子を作るのが趣味だそうです。
2 靴のひもはしっかり編まないと、ほどけてしまって危ない。
3 赤色と青色の絵の具を編むと、きれいな紫色が出来上がった。
4 担任の先生が教室の前で、腕を編んで立っています。

3 活動
1 災害が発生したときにとるべき活動を知っておいたほうがいい。
2 ボランティアで街中や公園のごみを拾う活動をしています。
3 健康のために週の半分はジムに行ってランニングなどの活動をする。
4 パソコンの活動が遅くなったので、修理に出すことにした。

4 常に
1 普段はデザートを食べないが、常にどうしても食べたくなる時がある。
2 この試験には一度落ちたから、今回こそは常に合格したい。
3 夫は常に前向きで、何にでも挑戦しようとするところが尊敬できる。
4 学生時代から仲の良い友達の結婚式だから、常に出席するつもりです。

실전 대비하기 5

問題5 つぎのことばの使い方として最もよいものを、1・2・3・4から一つえらびなさい。

1 厳重(げんじゅう)
1. 大事な書類は鍵(かぎ)のついたロッカーで厳重(げんじゅう)に管理(かんり)されている。
2. 高校で所属(しょぞく)していたバレー部の先生はとても厳重(げんじゅう)だった。
3. 親友と必ず夢を叶(かな)えようと厳重(げんじゅう)な約束を交わした。
4. このかばんは軽いのに厳重(げんじゅう)で壊(こわ)れにくいところが長所です。

2 かき混ぜる
1. チームをかき混ぜるのもチームリーダーの役割だと思う。
2. コップの中の氷がかき混ぜて、ジュースの味が薄(うす)くなった。
3. 海外生活が長い彼女は英語と日本語をかき混ぜて話す。
4. 割(わ)った卵(たまご)を器に入れ、塩を少し入れてよくかき混ぜてください。

3 緊張(きんちょう)
1. 今朝は寝坊(ねぼう)をしてしまい、緊張(きんちょう)して支度をして家を出た。
2. 何度受けても、会社の面接はやっぱり緊張(きんちょう)します。
3. 仕事をミスしたことを伝えると、部長はすごく緊張(きんちょう)した。
4. 申込書(もうしこみしょ)の書き方を説明しますから、緊張(きんちょう)して聞いてください。

4 落ち着く
1. 手に持っていた鏡(かがみ)が地面に落ち着いて、割(わ)れてしまった。
2. 病院でもらった薬を飲んだら、風邪(かぜ)の症状(しょうじょう)が落ち着いた。
3. そんなに勉強をさぼっていたら、成績が落ち着くよ。
4. 雨の降る日に階段ですべって落ち着いて、骨折(こっせつ)した。

실전 대비하기 6

問題5 つぎのことばの使い方として最もよいものを、1・2・3・4から一つえらびなさい。

[1] 原料
1 植物性の油を原料とした洗剤を使うようにしている。
2 コーヒーには眠気を覚ます効果がある原料が入っています。
3 この大人気のアニメは、まんがが原料らしいです。
4 カレーを作るための原料をスーパーに買いに行った。

[2] くやしい
1 彼は自動車にくやしいので、あとで聞いてみてください。
2 私はくやしいドラマを見ると、いつも泣いてしまいます。
3 私と彼女は小学校のときからのくやしい友だちです。
4 あともう少しで勝てたのに、負けてしまってくやしいです。

[3] 気づく
1 レポートを提出してから、内容に間違いがあったことに気づいた。
2 外国人の夫は日本の歴史に興味があって、私よりよく気づいている。
3 業務中に気づかないことがあれば、いつでも質問してください。
4 忘れ物がないかきちんと気づいてから、家を出るようにしている。

[4] ユーモア
1 昨日の発表会はとてもユーモアでした。
2 週末は家族とユーモアの旅行に行きます。
3 彼はユーモアのあるスピーチをして、みんなを笑わせた。
4 元気がないときは、ユーモアに話しましょう。

정답 해설집 p.50

실전 대비하기 7

問題5 つぎのことばの使い方として最もよいものを、1・2・3・4から一つえらびなさい。

[1] 飛び込む
1. 夕方になると、たくさんの鳥が空を飛び込む。
2. 子どもたちは軽く運動してから、プールに飛び込んだ。
3. 飛行機が2時間遅れで飛び込んだので、着いた時は夜でした。
4. 授業が終わると、彼は教室を飛び込んで、トイレに行った。

[2] 共通
1. 彼女とは共通の趣味である読書がきっかけで知り合いました。
2. 待ち合わせに現れた友人は私とまったく共通の服を着ていた。
3. お越しになる際は、共通の交通機関を利用してください。
4. 一度しか使っていない新品と共通のカメラを弟に貸してあげた。

[3] 発展
1. 留学をしていた娘は大きく発展して帰ってきた。
2. ギター教室に通っているが、なかなかギターが発展しない。
3. 経済が発展しないと、国民の暮らしは豊かになりません。
4. 課長から部長に発展して、給料が大きく増えました。

[4] 片道
1. 車がたくさん通るので、片道を歩いた。
2. ちょっと片道になるけど、楽な行き方がある。
3. この駅からあの駅までは片道350円もかかる。
4. 片道の靴下がどこを探しても見つからない。

정답 해설집 p.51

실전 대비하기 8

問題5 つぎのことばの使い方として最もよいものを、1・2・3・4から一つえらびなさい。

1 模様（もよう）
1. 彼の模様が心配なので、家まで見に行きました。
2. 子どもは親の行動を見て模様をするそうです。
3. 私と同じ模様で食べてみてください。
4. この傘は花の模様がとてもきれいですね。

2 見かける
1. 久しぶりに山に登って、頂上から街を見かけた。
2. 昨日、駅前のデパートで奥さんと買い物をしている先生を見かけた。
3. 私が留学に行く日にたくさんの友だちが空港に見かけに来てくれた。
4. 書類を出す前に、間違いがないかどうか何回も見かけた。

3 ふと
1. 彼が帰ったあとに、ふとテーブルの下を見たら財布が落ちていた。
2. どちらも同じ大きさだと言うが、左の箱のほうがふと大きく見える。
3. 約束の日から1週間も過ぎたのに、ふと本を返してもらっていない。
4. 学校の宿題はふと終わったので、明日は友だちと遊びに行こうと思う。

4 集合
1. ボランティアに参加してくれる元気な学生を集合しています。
2. うちの地区では燃えるごみは火曜日と金曜日に集合する。
3. 明日は社員旅行なので森口駅に8時に集合しなければならない。
4. 今は仕事に集合したい時期だから、結婚のことは考えられない。

실전 대비하기 9

問題5 つぎのことばの使い方として最もよいものを、1・2・3・4から一つえらびなさい。

1 予防
1 予防が足りないので、パーティーの飲み物を少し減らそう。
2 なくすこともあるから、筆箱に予防の消しゴムを入れている。
3 うちの会社が今後どうなるか全く予防ができません。
4 1日に1個りんごを食べると、風邪の予防になるそうです。

2 あきらめる
1 明日図書館が開いているか電話をしてあきらめた。
2 私はパンが大好きなので、毎日食べてもあきらめない。
3 山の上からすばらしい景色をあきらめることができる。
4 試験に2回も落ちたので、大学に行くのはあきらめた。

3 取り上げる
1 デパートで買ったシャツが小さかったので取り上げてもらった。
2 町の環境問題については来週の会議で取り上げるつもりだ。
3 雨がやんだあと晴れた空を取り上げたら、気持ちがすっきりした。
4 学校の先生にお土産を取り上げたら、とてもよろこんでくれた。

4 中旬
1 あの本屋は来月の中旬にオープンする予定です。
2 明日から中旬テストなので、勉強しなければならない。
3 親からもらったテーブルは部屋の中旬にあります。
4 家に帰る中旬で急に雨が降ってきて服がぬれてしまった。

실전 대비하기 10

問題5 つぎのことばの使い方として最もよいものを、1・2・3・4から一つえらびなさい。

1 参加
1 天気がよいので、久しぶりに母と公園を参加しました。
2 転校は悲しいですが、すぐ新しい友達を参加できると思います。
3 結婚する前に一人で、福岡に参加したいです。
4 有名な歌手である高橋さんもマラソン大会に参加するらしい。

2 埋める
1 学生たちが学校の校庭に、きれいな花を埋めました。
2 安全のため、電線を地下に埋める工事をやっている。
3 昨日服を買いすぎたので、引き出しに埋めました。
4 太陽が埋めていく景色が美しくて感動した。

3 健康
1 この店の家具はとても健康で、いつもここで買います。
2 最近健康のために、できるだけ階段を使うようにしている。
3 健康だったテレビが、今日の朝、いきなり壊れた。
4 弟はすごく明るい性格で、いつも健康にあいさつします。

4 追い抜く
1 締め切りが追い抜いてしまい、レポートを提出できなかった。
2 警察は飲食店の現金を取って逃げた犯人を追い抜いている。
3 38度を追い抜く熱が出たので、会社を休むことにした。
4 ゴール手前で高橋選手がトップを走っていた選手を追い抜いた。

무료 온라인 실전모의고사·학습자료 제공
해커스일본어 japan.Hackers.com

해커스 JLPT N3 한권합격

언어
지식
문법

N3 빈출 문법
01 조사
02 부사
03 접속사
04 추측·전언 표현
05 수수 표현
06 수동·사역·사역 수동 표현
07 존경·가능 표현
08 경어 표현
09 명사 뒤에 접속하는 문형
10 동사 뒤에 접속하는 문형
11 여러 품사 뒤에 접속하는 문형

문제 1 문법형식 판단
문제 2 문장만들기
문제 3 글의 문법

N3 빈출 문법
01 조사

[학습목표]

문법에서는 빈칸에 들어갈 알맞은 조사를 고르는 문제가 출제된다. N3에 자주 나오는 조사의 의미를 예문과 함께 암기하자.

예 빈칸에 들어갈 알맞은 표현을 고르세요.

今、500円（　　　）持っていません。　지금, 500엔 (　　) 가지고 있지 않습니다.

1 か　　　　　2 しか　　　　　3 で　　　　　4 こそ
　할지　　　　　밖에　　　　　에서　　　　　야말로

1. 조사의 역할

조사는 주로 명사와 결합하여 주어나 목적어를 만들어주고 수식, 강조 등의 일정한 의미를 덧붙이는 등 문장 내에서 단어와 단어를 연결한다.

[주어]　　私**は**学校に行く。　나는 학교에 간다.

[목적어]　友達はりんご**を**食べる。　친구는 사과를 먹는다.

[수식]　　これは私**の**本です。　이것은 나의 책입니다.

[강조]　　今は100円**しか**持っていない。　지금은 100엔**밖에** 갖고 있지 않다.

2. N3 빈출 조사

조사	의미	예문
か	~할지	行く**か**行かない**か**決めてください。 갈**지** 안 갈**지** 정해 주세요.
から	~부터, ~에서	ここ**から**目的地までは近いです。 여기**부터** 목적지까지는 가깝습니다.
から	~때문에	今日は土曜日だ**から**、銀行は休みですよ。 오늘은 토요일이기 **때문에**, 은행은 휴무예요.
くらい	~만큼, ~정도	悲しい映画を見て、頭が痛くなる**くらい**泣いた。 슬픈 영화를 보고, 머리가 아파질 **만큼** 울었다.

조사

조사	의미	예문
けれど/けど	~지만	下手だ**けれど**、ピアノを弾くのは楽しい。 서투르**지만**, 피아노를 치는 것은 즐겁다.
こそ	~야말로	今年**こそ**アメリカに行ってみたいな。 올해**야말로** 미국에 가보고 싶네.
さえ	~조차, ~까지	私は料理が苦手で、みそ汁**さえ**作れない。 나는 요리가 서툴러서, 된장국**조차** 만들지 못한다.
し	~고	あの店は安い**し**、うまい。 저 가게는 싸**고**, 맛있다.
しか	~밖에	朝はコーヒー**しか**飲まない。 아침에는 커피**밖에** 안 마신다.
っけ	~던가	今日は木下さんの発表じゃなかった**っけ**? 오늘은 기노시타 씨의 발표가 아니었**던가**?
って	~는, ~란, ~라고	田中さん**って**いい人ですね。 다나카 씨**는** 좋은 사람이네요.
で	~에서	この中**で**一番好きな曲はなんですか。 이 중**에서** 가장 좋아하는 곡은 무엇입니까?
でも	~라도, ~든지	カレーは誰**でも**おいしく作れる。 카레는 누구**라도** 맛있게 만들 수 있다.

확인 문제
빈칸에 들어갈 알맞은 조사를 고르세요.

01 朝はコーヒー_____飲まない。　　ⓐ こそ　　ⓑ しか

02 今日は土曜日だ_____、銀行は休みですよ。　　ⓐ から　　ⓑ っけ

03 悲しい映画を見て、頭が痛くなる_____泣いた。　　ⓐ くらい　　ⓑ けれど

04 カレーは誰_____おいしく作れる。　　ⓐ でも　　ⓑ けど

05 私は料理が苦手で、みそ汁_____作れない。　　ⓐ から　　ⓑ さえ

정답 01 ⓑ 02 ⓐ 03 ⓐ 04 ⓐ 05 ⓑ

とか	~라든가	ケーキとか和菓子とか、甘いものが好きです。 케이크라든가 화과자라든가, 단 것을 좋아합니다.
ながら	~하면서	音楽をききながらコーヒーを飲むのが好きです。 음악을 들으면서 커피를 마시는 것을 좋아합니다.
など	~등	コンビニやカフェなどのお店でアルバイトをして学費を貯めている。 편의점이나 카페 등의 가게에서 아르바이트를 해서 학비를 모으고 있다.
なんか	~같은 것, ~따위	雨なんか、降らないと思う。 비 같은 것, 안 올 거라고 생각해.
なんて	~하다니, ~라니	毎日10キロも走るなんてすごいですね。 매일 10킬로미터나 뛰다니 대단하네요.
にも	~에게도, ~에도	誰にも負けない。 누구에게도 지지 않아.
のか	~것인지	いつ来るのか教えてください。 언제 오는 것인지 알려주세요.
ので	~때문에	頭が痛いので、薬を飲んだ。 머리가 아프기 때문에, 약을 먹었다.
のに	~인데	家が近いのによく遅刻する。 집이 가까운데 자주 지각한다.
のに	~(하는) 데에	この道具は料理をするのに必要です。 이 도구는 요리를 하는 데에 필요합니다.
ばかり	~만, ~뿐	うちの子はまんがばかり読んでいる。 우리 집 아이는 만화책만 읽고 있다.
への	~로의	未来への希望を込めて歌う。 미래로의 희망을 담아서 노래한다.
ほど	~정도	修理には一週間ほどかかります。 수리에는 일주일 정도 걸립니다.
まで	~까지 (지속)	3時まで勉強します。 3시까지 공부합니다. * 어떠한 사건이 특정 시점이나 장소까지 계속됨을 나타낸다.

조사

までに ~까지(기한, 한계)	会議は11時半**までに**は終わると思いますよ。 회의는 11시 반**까지**는 끝날 거라고 생각해요. ＊어떠한 사건의 종료를 나타내기 때문에 までに 뒤에는 계속을 나타내는 표현을 사용할 수 없다. 주로 기한, 한계를 나타낼 때 사용한다.	
もん(もの) ~인걸, ~란 말이야	雪が降ったんだ**もん**。行けるわけないでしょう。 눈이 왔**는걸**. 갈 수 있을 리가 없잖아. ＊문장 끝에서 사용된다.	
より ~보다	思っていた**より**人が多かった。 생각했던 것**보다** 사람이 많았다.	

📋 확인 문제 빈칸에 들어갈 알맞은 조사를 고르세요.

01 会議は11時半_____は終わると思いますよ。　　　ⓐ まで　　ⓑ までに
02 家が近い_____よく遅刻する。　　　　　　　　　ⓐ ので　　ⓑ のに
03 音楽をきき_____コーヒーを飲むのが好きです。　ⓐ ながら　ⓑ なんて
04 思っていた_____人が多かった。　　　　　　　　ⓐ ばかり　ⓑ より
05 修理には一週間_____かかります。　　　　　　　ⓐ までに　ⓑ ほど

정답 01 ⓑ 02 ⓑ 03 ⓐ 04 ⓑ 05 ⓑ

N3 빈출 문법

02 부사

학습목표

문법에서는 빈칸에 들어갈 알맞은 부사를 고르는 문제가 출제된다. N3에 자주 나오는 부사의 의미를 예문과 함께 암기하자.

예 빈칸에 들어갈 알맞은 표현을 고르세요.
駅に人が（　　）多いです。 역에 사람이 (　) 많습니다.
1　少しも　　　2　ちっとも　　　**3　とても**　　　4　めったに
　　조금도　　　　조금도　　　　　　매우　　　　　　좀처럼

1. 부사의 역할

부사는 동사, 형용사, 다른 부사 혹은 문장 전체를 수식하는 역할을 한다.

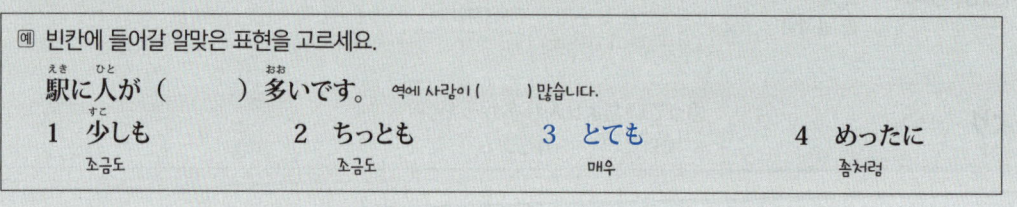

[동사 수식]　どうしても北海道へ行きたい。　무슨 일이 있어도 홋카이도에 가고 싶다.

[형용사 수식]　このくつはあまりにも高い。　이 구두는 너무나도 비싸다.

[부사 수식]　あしたはもっと早く来てください。　내일은 좀 더 빨리 와주세요.

[문장 전체 수식]　確かにそれは事実だ。　확실히 그것은 사실이다.

2. N3 빈출 부사

(1) 정도를 나타내는 부사

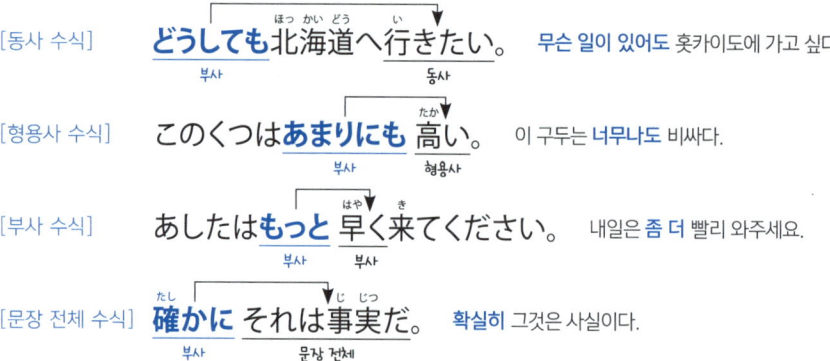

あまり〜ない　그다지 ~않다	このくつはあまり高くない。 이 구두는 그다지 비싸지 않다.
あまりに　너무나	あまりに疲れて何もしたくない。 너무나 지쳐서 아무것도 하고 싶지 않다.
あまりにも　너무나도	これはあまりにも大きい。 이것은 너무나도 크다.
少し　조금, 약간	この問題は少しむずかしいです。 이 문제는 조금 어렵습니다.

부사

부사	예문
少^{すこ}しも~ない 조금도 ~않는다	彼^{かれ}はホラー映画^{えいが}が好^すきなので、少^{すこ}しも怖^{こわ}がらない。 그는 호러 영화를 좋아하기 때문에, 조금도 무서워하지 않는다.
絶対^{ぜったい}に 절대로	あやまるとしても絶対^{ぜったい}にゆるさない。 사과한다고 해도 절대로 용서하지 않아.
ちっとも (부정 표현과 함께) 조금도	ちっとも勉強^{べんきょう}しなかったので、不安^{ふあん}だ。 조금도 공부하지 않았기 때문에, 불안하다.
とても 매우, 대단히	電車^{でんしゃ}を使^{つか}う人^{ひと}がとても多^{おお}いです。 전철을 사용하는 사람이 매우 많습니다.
なかなか 1. 상당히 2. (부정 표현과 함께) 좀처럼 ~않다	1. 色^{いろ}もいいですが、デザインもなかなかいいですね。 색깔도 좋지만, 디자인도 상당히 좋네요. 2. アメリカはなかなか行^いく機会^{きかい}がない。 미국은 좀처럼 갈 기회가 없다.
なんて 얼마나	なんてきれいな景色^{けしき}なんでしょう。 얼마나 아름다운 경치인가요?
まったく 1. (부정 표현과 함께) 전혀 ~않다 2. 정말로	1. 授業^{じゅぎょう}はまったくおもしろくなかった。 수업은 전혀 재미있지 않았다. 2. まったくすばらしい演奏^{えんそう}だった。 정말로 훌륭한 연주였다.
めったに~ない 좀처럼 ~않다	歌^{うた}うことが苦手^{にがて}なので、カラオケにはめったに行^いきません。 노래하는 것이 서툴기 때문에, 노래방에는 좀처럼 가지 않습니다.

확인 문제 빈칸에 들어갈 알맞은 부사를 고르세요.

01 このくつは_____高^{たか}くない。　　　ⓐ とても　ⓑ あまり

02 色^{いろ}もいいですが、デザインも_____いいですね。　　　ⓐ なかなか　ⓑ ちっとも

03 授業^{じゅぎょう}は_____おもしろくなかった。　　　ⓐ めったに　ⓑ まったく

04 カラオケには_____行^いきません。　　　ⓐ とても　ⓑ めったに

05 彼^{かれ}はホラー映画^{えいが}が好^すきなので、_____怖^{こわ}がらない。　　　ⓐ 少^{すこ}しも　ⓑ あまりにも

정답 01 ⓑ 02 ⓐ 03 ⓑ 04 ⓑ 05 ⓐ

(2) 시간을 나타내는 부사

いつか 언젠가	私も**いつか**一度行ってみたい。 나도 언젠가 한번 가보고 싶다.
いつのまにか 어느새	**いつのまにか**秋になって涼しくなった。 어느새 가을이 되어 선선해졌다.
いつも 언제나, 늘	**いつも**6時に起きる。 언제나 6시에 일어난다.
先に 먼저, 앞서	**先に**行きましょうか。 먼저 갈까요?
さっき 아까, 조금 전	兄は**さっき**部屋にいたけど、忙しそうだったよ。 형은 아까 방에 있었는데, 바쁜 것 같았어.
次第に 점점	夕方になると空が**次第に**暗くなる。 저녁이 되면 하늘이 점점 어두워진다.
しばらく 잠깐, 당분간	**しばらく**ここでお待ちください。 잠깐 여기서 기다려 주십시오.
すぐに 금방, 곧, 즉시	**すぐに**次の電車が来るから急がなくてもいい。 금방 다음 전철이 오니까 서두르지 않아도 된다.
ずっと 계속	赤ちゃんが**ずっと**泣いている。 아기가 계속 울고 있다.
せっかく 모처럼	**せっかく**有名なすし屋に来たのに、お店は休みだった。 모처럼 유명한 스시 가게에 왔는데, 가게는 휴일이었다.
そろそろ 슬슬	**そろそろ**食べてもよさそうだね。 슬슬 먹어도 좋을 것 같아.
だんだん 점점	結婚する人が**だんだん**少なくなっている。 결혼하는 사람이 점점 적어지고 있다.
つい 바로	上田先生は**つい**さっきお帰りになりました。 우에다 선생님은 바로 조금 전에 귀가하셨습니다.
まず 우선, 먼저	**まず**自己紹介をしてください。 우선 자기소개를 해 주세요.
まだ 아직, 여태까지	彼女は**まだ**到着していない。 그녀는 아직 도착하지 않았다.

(3) 결과를 나타내는 부사

結局 けっきょく 결국	急いで準備したが、**結局**約束の時間に間に合わなかった。 서둘러서 준비했지만, 결국 약속 시간에 맞추지 못했다.
ついに 드디어	山田選手は**ついに**全国大会で優勝した。 야마다 선수는 드디어 전국 대회에서 우승했다.
つまり 즉	去年、**つまり**2016年に結婚した。 작년, 즉 2016년에 결혼했다.
とうとう 마침내, 결국	大好きなドラマが**とうとう**終わってしまった。 정말 좋아하는 드라마가 마침내 끝나 버렸다.
ようやく 드디어, 간신히	来年**ようやく**卒業だ。 내년에 드디어 졸업이다.
もう~ない 더 이상 ~않는다	この焼き肉屋は**もう**営業**しない**んです。 이 고깃집은 더 이상 영업하지 않습니다.

확인 문제　빈칸에 들어갈 알맞은 부사를 고르세요.

01 _____ 食べてもよさそうだね。　　　　　　　　ⓐ いつか　　ⓑ そろそろ
02 _____ 次の電車が来るから急がなくてもいい。　　ⓐ 先に　　　ⓑ すぐに
03 _____ 有名なすし屋に来たのに、お店は休みだった。 ⓐ せっかく　ⓑ つまり
04 結婚する人が _____ 少なくなっている。　　　 ⓐ まだ　　　ⓑ だんだん
05 大好きなドラマが _____ 終わってしまった。　　ⓐ とうとう　ⓑ しばらく

정답 01 ⓑ 02 ⓑ 03 ⓐ 04 ⓑ 05 ⓐ

(4) 강조의 역할을 하는 부사

必ず 반드시	この薬は、**必ず**水と飲んでください。 이 약은, **반드시** 물과 드세요.
必ずしも～ない 반드시 ~인 것은 아니다	金持ちが**必ずしも**幸せだとは言え**ない**。 부자가 **반드시** 행복하다고 말할 수 **있는 것은 아니다**.
きっと 분명, 반드시	鈴木さんも**きっと**来るでしょう。 스즈키 씨도 **분명** 올 거예요.
けっして 결코	あなたのことを**けっして**忘れません。 당신을 **결코** 잊지 않겠습니다.
すっかり 완전히	大事な約束を**すっかり**忘れてしまった。 중요한 약속을 **완전히** 잊어버리고 말았다.
ぜひ 꼭, 제발	**ぜひ**参加してください。 **꼭** 참가해 주세요.
どうか 부디, 제발	**どうか**よろしくお願いします。 **부디** 잘 부탁드립니다.
どうしても 무슨 일이 있어도	次の休みには**どうしても**海外へ行きたい。 다음 휴가에는 **무슨 일이 있어도** 해외에 가고 싶다.
どうも 아무래도	**どうも**熱がありそうだ。早く病院に行かなきゃ。 **아무래도** 열이 있는 것 같아. 빨리 병원에 가지 않으면 안 돼.
どんなに 얼마나, 아무리	野菜を育てることが**どんなに**大変なことかわかった。 채소를 키우는 것이 **얼마나** 힘든 일인지 알았다.
ぴったり 딱, 꼭 (맞다)	洋服のサイズも**ぴったり**あってすごく似合う。 양복의 사이즈도 **딱** 맞아서 정말 잘 어울린다.
また 또	中国に**また**行きたいです。 중국에 **또** 가고 싶습니다.
まるで 마치	**まるで**夢のようだ。 **마치** 꿈인 것 같다.
やはり 역시	**やはり**この店はいつ来てもおいしいね。 **역시** 이 가게는 언제 와도 맛있네.

(5) 그 외의 부사

おそらく 아마, 필시	**おそらく**今ごろおわってるでしょう。 아마 지금쯤 끝났겠죠.
確かに 확실히, 분명히	彼は**確かに**悪い人ではない。 그는 확실히 나쁜 사람은 아니다.
たとえ 설령	**たとえ**試験勉強で忙しくても電話くらいはしてくれよ。 설령 시험 공부로 바쁘더라도 전화 정도는 해 줘.
たとえば 예를 들어	私は**たとえば**、すしやとんかつのような日本料理が好きです。 저는 예를 들어, 스시나 돈가스와 같은 일본요리를 좋아합니다.
多分 아마	**多分**いっしょに旅行に行けると思います。 아마 같이 여행에 갈 수 있을 거라고 생각해요.
どうぞ 어서, 부디	冷めないうちに、**どうぞ**召し上がってください。 식기 전에, 어서 드세요.
もし 만약, 만일	**もし**自分を色で表すとしたら、何色だと思う? 만약 자신을 색으로 표현한다면, 무슨 색이라고 생각해?
もしかすると 어쩌면	**もしかすると**雪が降るかもしれない。 어쩌면 눈이 내릴지도 몰라.
もちろん 물론	英語は**もちろん**日本語も話せるなんてすごいですね。 영어는 물론 일본어도 말할 수 있다니 대단하네요.
ゆっくり 느긋하게	**ゆっくり**休みたいです。 느긋하게 쉬고 싶습니다.

확인 문제 빈칸에 들어갈 알맞은 부사를 고르세요.

01 金持ちが _____ 幸せだとは言えない。　　ⓐ 必ずしも　ⓑ けっして
02 _____ 夢のようだ。　　ⓐ また　ⓑ まるで
03 _____ この店はいつ来てもおいしいね。　　ⓐ やはり　ⓑ どうか
04 _____ 今ごろおわってるでしょう。　　ⓐ おそらく　ⓑ ゆっくり
05 彼は _____ 悪い人ではない。　　ⓐ もし　ⓑ 確かに

정답 01 ⓐ 02 ⓑ 03 ⓐ 04 ⓐ 05 ⓑ

N3 빈출 문법
03 접속사

> **학습목표**
> 문법에서는 빈칸에 들어갈 알맞은 접속사를 고르는 문제가 출제된다. N3에 자주 나오는 접속사의 의미를 예문과 함께 암기하자.
>
> 예 빈칸에 들어갈 알맞은 표현을 고르세요.
> 昨日残業をしました。（　　　）今日はとても疲れています。
> 어제 잔업을 했습니다. (　　) 오늘은 매우 피곤합니다.
>
> 1　けれども　　　2　だが　　　3　しかし　　　**4　それで**
> 　 하지만　　　　　 하지만　　　　 그러나　　　　 **그래서**

1. 접속사의 역할

접속사는 단어와 단어, 혹은 문장과 문장을 연결하는 역할을 하며, 순접, 선택, 역접, 설명, 보충, 화제 전환 등의 관계를 나타낸다.

<u>2時間待った。</u> **けれども、** <u>彼は姿を現さなかった。</u>
　　문장　　　　　　+　　　　　　　문장

2시간 기다렸다. 하지만, 그는 모습을 드러내지 않았다.

2. N3 빈출 접속사

(1) 순접 접속사

したがって 따라서	物価が上がった。**したがって**、私の生活がきつくなった。 물가가 올랐다. 따라서, 나의 생활이 힘들어졌다.
すると 그러자	ボタンを押した。**すると**、ドアが開いた。 버튼을 눌렀다. 그러자, 문이 열렸다.
そこで 그래서	日本語が通じなかった。**そこで**通訳アプリを使った。 일본어가 통하지 않았다. 그래서 통역 어플을 사용했다.
そして 그리고	フランスに行ってみたい。**そして**イタリアにも行ってみたい。 프랑스에 가보고 싶다. 그리고 이탈리아에도 가보고 싶다.
そのため 그 때문에	昨日夜遅くまで残業をしました。**そのため**、今日はとても疲れています。 어제 밤 늦게까지 잔업을 했습니다. 그 때문에, 오늘은 매우 피곤합니다.

それから 그 다음에, 그리고 또	週末は友だちと野球を見に行った。**それから**公園で散歩をした。	
	주말에는 친구와 야구를 보러 갔다. **그 다음에** 공원에서 산책을 했다.	
それで 그래서	土曜日は母の誕生日です。**それで**プレゼントを買いに行ってきました。	
	토요일은 어머니의 생신입니다. **그래서** 선물을 사러 갔다 왔습니다.	
だから 그러니까	彼は何か誤解しているみたいよ。**だから**、彼とちゃんと話したほうがいいと思う。	
	그는 뭔가 오해하고 있는 것 같아. **그러니까**, 그와 제대로 이야기하는 편이 좋다고 생각해.	
ですから 그러므로	旅行が好きです。**ですから**一か月に一回は旅行に行くようにしています。	
	여행을 좋아합니다. **그러므로** 한 달에 한 번은 여행을 가도록 하고 있습니다.	

(2) 선택 접속사

あるいは 혹은, 또는	黒**あるいは**青のペンで書いてください。	
	검정 **혹은** 파란 펜으로 써 주세요.	
それとも 혹은, 또는	進学するか、**それとも**就職するかとずいぶん悩んだ。	
	진학할지, **혹은** 취직할지 하고 꽤나 고민했다.	
または 혹은, 또는	今日の晩ごはんはとんかつ**または**うどんが食べたい。	
	오늘 저녁은 돈가스 **혹은** 우동을 먹고 싶다.	

📄 **확인 문제** 빈칸에 들어갈 알맞은 접속사를 고르세요.

01 昨日夜遅くまで残業をしました。_____、今日はとても疲れています。　ⓐ そのため　ⓑ すると

02 彼は何か誤解しているみたいよ。_____、彼とちゃんと話したほうがいいと思う。　ⓐ それから　ⓑ だから

03 土曜日は母の誕生日です。_____プレゼントを買いに行ってきました。　ⓐ または　ⓑ それで

04 進学するか、_____就職するかとずいぶん悩んだ。　ⓐ そこで　ⓑ それとも

05 フランスに行ってみたい。_____イタリアにも行ってみたい。　ⓐ それで　ⓑ そして

정답 01 ⓐ 02 ⓑ 03 ⓑ 04 ⓑ 05 ⓑ

(3) 역접 접속사

けれども 하지만	私は黄色が好きです。**けれども**黄色の服はあまり持っていません。 저는 노란색을 좋아합니다. 하지만 노란색 옷은 별로 가지고 있지 않습니다.	
しかし 그러나	約束の時間が過ぎた。**しかし**、彼女は来なかった。 약속 시간이 지났다. 그러나, 그녀는 오지 않았다.	
それでも 그렇지만	風邪をひいて具合が悪いです。**それでも**学校に行かなければなりません。 감기에 걸려서 몸 상태가 좋지 않습니다. 그렇지만 학교에 가지 않으면 안 됩니다.	
だが 하지만	新しいくつがほしい。**だが**、お金がたりなくて買えない。 새 구두를 갖고 싶다. 하지만, 돈이 부족해서 살 수 없다.	
でも 그렇지만	今日は休みだ。**でも**、出勤する人が多い。 오늘은 휴일이다. 그렇지만, 출근하는 사람이 많다.	
ところが 그런데	20人ぐらい集まると思っていた。**ところが**、7人しか来ていなかった。 20명 정도 모일 거라고 생각하고 있었다. 그런데, 7명밖에 와 있지 않았다.	

(4) 설명 접속사

それでは 그러면, 그렇다면	**それでは**、明日の午後7時にお食事をご用意いたします。 그러면, 내일 오후 7시에 식사를 준비하겠습니다.	
それには 그러기 위해서는	来月、交流会を開催します。**それには**みなさんの協力が必要です。 다음 달, 교류회를 개최합니다. 그러기 위해서는 여러분의 협력이 필요합니다.	
というのは 왜냐하면	私は旅行に行くのが好きです。**というのは**、新しい経験ができるからです。 저는 여행에 가는 것을 좋아합니다. 왜냐하면, 새로운 경험이 가능하기 때문입니다.	
なぜなのか 왜 그런지	**なぜなのか**調べてください。 왜 그런지 조사해 주세요.	
なぜなら 왜냐하면	まだ結果はわかりません。**なぜなら**まだ会議をしているからです。 아직 결과는 알 수 없습니다. 왜냐하면 아직 회의를 하고 있기 때문입니다.	

(5) 보충 접속사

および 및	申し込みについては、インターネット**および**ハガキでお願いします。 신청에 대해서는, 인터넷 및 엽서로 부탁드립니다.	

これからも 앞으로도	自転車に乗るのはとても楽しい。**これからも**楽しく乗りたいと思う。 자전거를 타는 것은 정말 즐겁다. 앞으로도 즐겁게 타고 싶다고 생각한다.	
さらに 게다가, 더욱더	日本はゴミを捨てることができる日が決まっています。**さらに**、ゴミの種類によっても捨てる日が違います。 일본은 쓰레기를 버릴 수 있는 날이 정해져 있습니다. 게다가, 쓰레기의 종류에 따라서도 버리는 날이 다릅니다.	
しかも 게다가	このレストランの料理はとてもおいしい。**しかも**値段もそんなに高くない。 이 레스토랑의 요리는 매우 맛있다. 게다가 가격도 그렇게 비싸지 않다.	
そのうえ 게다가	鈴木君はハンサムだ。**そのうえ**運動も上手なので人気がある。 스즈키 군은 잘생겼다. 게다가 운동도 잘해서 인기가 있다.	
それに 게다가, 더욱이	雨が降り出した。**それに**風も強くなった。 비가 내리기 시작했다. 게다가 바람도 강해졌다.	
ただし(ただ) 단, 다만	テニスコートの使用料は1時間千円です。**ただし**、午前中は半額となります。 테니스 코트 사용료는 1시간 천 엔입니다. 단, 오전 중에는 반액입니다.	

(6) 전환 접속사

ところで 그런데, 그건 그렇고	今日の会議は長かったね。**ところで**、出張の準備はできているの? 오늘 회의는 길었네. 그런데, 출장 준비는 되어 있니?

확인 문제 빈칸에 들어갈 알맞은 접속사를 고르세요.

01 約束の時間が過ぎた。_____、彼女は来なかった。　　ⓐ しかし　ⓑ および
02 まだ結果はわかりません。_____ まだ会議をしているからです。　ⓐ なぜなら　ⓑ だが
03 このレストランの料理はとてもおいしい。_____ 値段もそんなに高くない。　ⓐ しかも　ⓑ しかし
04 使用料は1時間千円です。_____、午前中は半額となります。　ⓐ それには　ⓑ ただし
05 今日の会議は長かったね。_____、出張の準備はできているの?　ⓐ ところで　ⓑ というのは

정답 01 ⓐ 02 ⓐ 03 ⓐ 04 ⓑ 05 ⓐ

N3 빈출 문법

04 추측·전언 표현

> **학습목표**
>
> **문법**에서는 빈칸에 들어갈 알맞은 추측 표현이나 전언 표현을 고르는 문제가 출제된다. N3에 자주 나오는 추측, 전언 표현의 의미를 예문과 함께 암기하자.
>
> 예 빈칸에 들어갈 알맞은 표현을 고르세요.
> 空が暗くなった。雨が降り（　　）。 하늘이 어두워졌다. 비가 내릴（　）.
> 1　ようだ　　　　2　みたいだ　　　　3　らしい　　　　**4　そうだ**
> 　 것 같다　　　　　　것 같다　　　　　　것 같다　　　　　　것 같다

1. そうだ 것 같다/라고 한다

そうだ는 추측과 전언 모두 사용할 수 있으며, 추측의 경우 직감적인 판단으로 추측할 때 사용한다.

(1) 추측의 そうだ

	명사	い형용사	な형용사	동사
긍정	-	おいしそうだ 맛있을 것 같다	静かそうだ 조용할 것 같다	行きそうだ 갈 것 같다
부정	人ではなさそうだ 사람이 아닐 것 같다	おいしそうではない おいしくなさそうだ 맛있을 것 같지 않다	静かそうではない 静かではなさそうだ 조용할 것 같지 않다	行きそうにない 갈 것 같지 않다

예문　今にも行き**そうだ**。 지금이라도 갈 것 같다.
　　　今日は雨が降り**そうだ**。 오늘은 비가 내릴 것 같다.

(2) 전언의 そうだ

	명사	い형용사	な형용사	동사
긍정	人だそうだ 사람이라고 한다	おいしいそうだ 맛있다고 한다	静かだそうだ 조용하다고 한다	行くそうだ 간다고 한다
부정	人ではないそうだ 사람이 아니라고 한다	おいしくないそうだ 맛있지 않다고 한다	静かではないそうだ 조용하지 않다고 한다	行かないそうだ 가지 않는다고 한다

예문　今でも行く**そうだ**。 지금이라도 간다고 한다.
　　　彼は留学生だ**そうだ**。 그는 유학생이라고 한다.

> 추측·전언 표현

2. らしい 것 같다/라고 한다

らしい는 추측과 전언 모두 사용할 수 있으며, 추측의 경우 객관적 근거를 가지고 추측할 때 사용한다.

	명사	い형용사	な형용사	동사
긍정	人らしい 사람인 것 같다/사람이라고 한다	おいしいらしい 맛있는 것 같다/맛있다고 한다	静かららしい 조용한 것 같다/조용하다고 한다	行くらしい 가는 것 같다/간다고 한다
부정	人ではないらしい 사람이 아닌 것 같다/ 사람이 아니라고 한다	おいしくないらしい 맛있지 않은 것 같다/ 맛있지 않다고 한다	静かではないらしい 조용하지 않은 것 같다/ 조용하지 않다고 한다	行かないらしい 가지 않는 것 같다/ 가지 않는다고 한다

예문 旅行に行くと言ってたのに、今から行く**らしい**。 여행 간다더니, 지금부터 가는 것 같다.
山田さんは今日、旅行に行く**らしい**。 야마다 씨는 오늘 여행 간다고 한다.

3. ようだ 것 같다(= みたいだ)

ようだ는 추측으로만 사용할 수 있으며, 주관적 근거를 가지고 추측할 때 사용한다. 회화에서는 ようだ 대신 みたいだ를 많이 사용한다.

	명사	い형용사	な형용사	동사
긍정	人のようだ 사람인 것 같다	おいしいようだ 맛있는 것 같다	静かなようだ 조용한 것 같다	行くようだ 가는 것 같다
부정	人ではないようだ 사람이 아닌 것 같다	おいしくないようだ 맛있지 않은 것 같다	静かではないようだ 조용하지 않은 것 같다	行かないようだ 가지 않는 것 같다

* みたいだ는 대부분 ようだ와 접속 방법이 같다. 단, 명사 현재 긍정형, な형용사 현재 긍정형과 접속할 때 문장 끝의 だ를 떼고 접속한다.

예문 スーツケースを持っているから、今旅行に行く**ようだ**。 캐리어를 갖고 있으니까, 지금 여행을 가는 것 같다.

확인 문제 빈칸에 들어갈 알맞은 표현을 고르세요.

01 彼は留学生だ_____。　　　　　　　　ⓐ そうだ　　ⓑ ようだ

02 旅行に行くと言ってたのに、今から行く_____。　ⓐ ないらしい　ⓑ らしい

03 山田さんは今日、旅行に_____。　　　　ⓐ 行きらしい　ⓑ 行くらしい

04 これはおいしくなさ_____。　　　　　　ⓐ そうだ　　ⓑ ようだ

정답 01 ⓑ 02 ⓑ 03 ⓑ 04 ⓐ

N3 빈출 문법
05 수수 표현

> **학습목표**
>
> **문법**에서는 빈칸에 들어갈 알맞은 수수 표현을 고르는 문제가 출제된다. N3에 자주 나오는 수수 표현의 의미를 예문과 함께 암기하자.
>
> 예 빈칸에 들어갈 알맞은 표현을 고르세요.
> 友_{とも}だちにプレゼントを（　　）。 친구에게 선물을 (　).
> 1 買_かってくださった　2 買_かっていただいた　3 買_かってくれた　**4 買_かってもらった**
> 　사 주셨다　　　　　　 사 받았다　　　　　　　사 주었다　　　　　사 받았다

1. 수수 동사

수수 동사란 물건이나 행동을 주고받을 때 사용하는 동사이다.

	주다		받다
주는 사람 → 받는 사람	나 → 상대 제 3자 → 제 3자	상대 → 나 상대 → 나의 가족, 동료, 친구 등	상대 → 나 제 3자 → 제 3자
상대와 동등한 관계일 때	あげる 주다	くれる (나에게) 주다	もらう 받다
상대가 윗사람일 때	さしあげる 드리다	くださる (나에게) 주시다	いただく 받다
상대가 손아래 / 동식물일 때	やる 주다	くれる (나에게) 주다	もらう 받다

2. あげる 주다, さしあげる 드리다, やる 주다

상대와 동등한 관계일 때는 あげる, 상대가 윗사람일 때는 さしあげる, 아랫사람이나 동식물일 때는 やる를 쓴다.

예문　私_{わたし}は兄_{あに}にケーキを**あげました**。 나는 오빠에게 케이크를 **주었습니다**.
　　　友達_{ともだち}は先生_{せんせい}に誕生日_{たんじょうび}プレゼントを**さしあげた**。 친구는 선생님께 생신선물을 **드렸다**.
　　　僕_{ぼく}は毎日_{まいにち}ペットにえさを**やる**。 나는 매일 애완동물에게 먹이를 **준다**.

3. くれる (나에게) 주다, くださる (나에게) 주시다

상대와 동등하거나 상대가 아랫사람이나 동식물일 때는 くれる, 상대가 윗사람일 때는 くださる를 쓴다.

예문　隣_{となり}の人_{ひと}が私_{わたし}の母_{はは}にお土産_{みやげ}を**くれました**。 이웃 사람이 우리 어머니에게 여행 선물을 **주었습니다**.
　　　先生_{せんせい}が私_{わたし}にいい本_{ほん}を**くださいました**。 선생님께서 저에게 좋은 책을 **주셨습니다**.

> 수수 표현

4. もらう 받다, いただく 받다

상대와 동등하거나 상대가 아랫사람이나 동식물일 때는 もらう, 상대가 윗사람일 때는 いただく를 쓴다.

예문　私は後輩から手紙を**もらいました**。 나는 후배로부터 편지를 **받았습니다**.

　　　鈴木さんは先生に辞書を**いただきました**。 스즈키 씨는 선생님께 사전을 **받았습니다**.

5. て형에 연결하여 사용하는 수수 표현

'~해 주다', '~해 받다'라는 뜻으로 사용할 때는 수수 동사에 て형을 연결하여 사용한다.

예문　林さんにCDを**貸してあげました**。 하야시 씨에게 CD를 **빌려 주었습니다**.

　　　社長に英語で書かれた手紙を**翻訳してさしあげた**。 사장님께 영어로 쓰여진 편지를 **번역해 드렸다**.

　　　近所の子にアイスクリームを**買ってやった**。 이웃집 아이에게 아이스크림을 **사 줬다**.

　　　友達が京都を**案内してくれた**。 친구가 교토를 **안내해 주었다**.

　　　課長は新しいプロジェクトについて**説明してくださった**。 과장님은 새로운 프로젝트에 대해서 **설명해 주셨다**.

　　　親切な人に道を**教えてもらった**。 친절한 사람에게 길을 **가르쳐 받았다**. (= 친절한 사람이 길을 **가르쳐 주었다**.)

　　　先生に英語を**教えていただきました**。 선생님께 영어를 **가르쳐 받았습니다**. (=선생님이 영어를 **가르쳐 주셨습니다**.)

확인 문제 빈칸에 들어갈 알맞은 표현을 고르세요.

01　私は兄にケーキを_____。　　　　ⓐ あげました　　ⓑ くれました
02　先生が私にいい本を_____。　　　ⓐ もらった　　　ⓑ くださった
03　近所の子にアイスクリームを買って_____。　ⓐ やった　　　　ⓑ いただいた
04　友達が京都を案内して_____。　　ⓐ いただきました　ⓑ くれた
05　私は後輩から手紙を_____。　　　ⓐ さしあげました　ⓑ もらいました

정답　01 ⓐ　02 ⓑ　03 ⓐ　04 ⓑ　05 ⓑ

N3 빈출 문법

06 수동·사역·사역 수동 표현

> **학습목표**
>
> **문법**에서는 빈칸에 들어갈 알맞은 수동 표현이나 사역 표현, 사역 수동 표현을 고르는 문제가 출제된다. N3에 자주 나오는 수동, 사역, 사역 수동 표현의 의미를 예문과 함께 암기하자.
>
> 예 빈칸에 들어갈 알맞은 표현을 고르세요.
> この本(ほん)は多(おお)くの人(ひと)に（　　　）。 이 책은 많은 사람들에게 (　　).
> **1 読(よ)まれました**　　2 読ませました　　3 読みました　　4 読ませられました
> 　읽혔습니다　　　　　　읽게 했습니다　　　　읽었습니다　　　　(억지로) 읽게 되었습니다

1. 수동 표현

상대의 행동이나 동작을 받을 때 사용하는 표현으로 '~하게 되다', '~지다'라는 의미이다.

동사의 종류	만드는 방법	활용 예시
1그룹 동사	마지막 문자를 あ단으로 바꾸고 れる를 붙인다. 마지막 문자가 う인 경우 わ로 바꾸고 れる를 붙인다.	書(か)く → 書(か)かれる 쓰이다 読(よ)む → 読(よ)まれる 읽히다 言(い)う → 言(い)われる 말해지다
2그룹 동사	마지막 문자인 る를 빼고 られる를 붙인다.	食(た)べる → 食(た)べられる 먹히다 見(み)る → 見(み)られる (남에게) 보이다
3그룹 동사	する → される 来(く)る → 来(こ)られる	する → される 당하다 来(く)る → 来(こ)られる 오다(상대방이 와서 곤란하다)

예문 この本(ほん)は日本語(にほんご)、英語(えいご)、韓国語(かんこくご)の三(さん)か国語(こくご)で**書(か)かれている**。 이 책은 일본어, 영어, 한국어의 3개 국어로 **쓰여 있다**.

2. 사역 표현

상대에게 행동이나 역할을 시키려는 의도를 나타내는 표현으로 '~하게 하다'라는 의미이다.

동사의 종류	만드는 방법	활용 예시
1그룹 동사	마지막 문자를 あ단으로 바꾸고 せる를 붙인다. 마지막 문자가 う인 경우 わ로 바꾸고 せる를 붙인다.	書(か)く → 書(か)かせる 쓰게 하다 読(よ)む → 読(よ)ませる 읽게 하다 言(い)う → 言(い)わせる 말하게 하다

동사의 종류	만드는 방법	활용 예시
2그룹 동사	마지막 문자인 る를 빼고 させる를 붙인다.	食べる → 食べさせる 먹게 하다 見る → 見させる 보게 하다
3그룹 동사	する → させる 来る → 来させる	する → させる 하게 하다 来る → 来させる 오게 하다

예문 子供に野菜を**食べさせています**。 아이에게 야채를 **먹게 하고 있습니다**.

3. 사역 수동 표현

자신의 의지와 상관없이 행동하게 되는 것을 나타내는 표현으로 '(억지로) ~당하다, ~하게 되다'라는 의미이다.

동사의 종류	만드는 방법	활용 예시
1그룹 동사	마지막 문자를 あ단으로 바꾸고 せられる 혹은 される를 붙인다. 마지막 문자가 う인 경우 わ로 바꾸고 せられる 혹은 される를 붙인다. * 단, 마지막 문자가 す인 경우에는 される를 붙일 수 없다.	飲む → 飲ませられる／飲まされる (억지로) 마시게 되다 言う → 言わせられる／言わされる (억지로) 말하게 되다 話す → 話させられる (억지로) 이야기하게 되다
2그룹 동사	마지막 문자인 る를 빼고 させられる를 붙인다.	食べる → 食べさせられる (억지로) 먹게 되다 見る → 見させられる (억지로) 보게 되다
3그룹 동사	する → させられる 来る → 来させられる	する → させられる (억지로) 하게 되다 来る → 来させられる (억지로) 오게 되다

예문 先輩に酒を**飲まされた**。 선배에게 (억지로) 술 마심을 **당했다**. (직역) → 선배가 (억지로) 술을 **마시게 했다**. (자연스러운 의역)

📋 확인 문제 빈칸에 들어갈 알맞은 표현을 고르세요.

01 先輩に酒を_____。　　　　　ⓐ 飲まされた　　ⓑ 飲まれた
02 週末なのに会社に_____。　　ⓐ 来られた　　　ⓑ 来させられた
03 子供に勉強を_____。　　　　ⓐ させる　　　　ⓑ させられる
04 子供に野菜を_____います。　ⓐ 食べられて　　ⓑ 食べさせて

정답 01 ⓐ 02 ⓑ 03 ⓐ 04 ⓑ

N3 빈출 문법

07 존경·가능 표현

> **학습목표**
>
> **문법**에서는 빈칸에 들어갈 알맞은 존경 표현이나 가능 표현을 고르는 문제가 출제된다. N3에 자주 나오는 존경, 가능 표현의 의미를 예문과 함께 암기하자.
>
> 예 빈칸에 들어갈 알맞은 표현을 고르세요.
>
> 私(わたし)はアレルギーがあって、ももは（　　　）。 저는 알레르기가 있어서, 복숭아는 （　　　）.
>
> 1　食(た)べます　　　2　食(た)べられません　　　3　食(た)べました　　　4　食(た)べさせます
> 　　먹습니다　　　　　　　먹을 수 없습니다　　　　　　먹었습니다　　　　　　먹게 합니다

1. 존경 표현

수동 표현과 동일한 방법을 활용하여 윗사람의 행위를 높이는 존경 표현을 만든다.

동사의 종류	만드는 방법	활용 예시
1그룹 동사	마지막 문자를 あ단으로 바꾸고 れる를 붙인다. 마지막 문자가 う인 경우 わ로 바꾸고 れる를 붙인다.	書(か)く → 書(か)かれる 쓰시다 読(よ)む → 読(よ)まれる 읽으시다 言(い)う → 言(い)われる 말씀하시다
2그룹 동사	마지막 문자인 る를 빼고 られる를 붙인다.	食(た)べる → 食(た)べられる 드시다 見(み)る → 見(み)られる 보시다
3그룹 동사	する → される 来(く)る → 来(こ)られる	する → される 하시다 来(く)る → 来(こ)られる 오시다

예문　コピー機(き)を使(つか)われますか。 복사기를 사용하시겠어요?

　　　先生(せんせい)はいつ行(い)かれましたか。 선생님은 언제 가셨나요?

　　　社長(しゃちょう)は毎年(まいとし)マラソン大会(たいかい)に出(で)られる。 사장님은 매년 마라톤 대회에 나가신다.

　　　田中(たなか)さんはすぐこちらに来(こ)られます。 다나카 씨는 곧 이쪽으로 오십니다.

2. 가능 표현

어떤 행동이나 상태가 가능함을 나타내는 표현이다.

동사의 종류	만드는 방법	활용 예시
1그룹 동사	마지막 문자를 え단으로 바꾸고 る를 붙인다.	書く → 書ける 쓸 수 있다 読む → 読める 읽을 수 있다 言う → 言える 말할 수 있다
2그룹 동사	마지막 문자인 る를 빼고 られる를 붙인다.	食べる → 食べられる 먹을 수 있다 見る → 見られる 볼 수 있다
3그룹 동사	する → できる 来る → 来られる	する → できる 할 수 있다 来る → 来られる 올 수 있다

* 단, わかる(알다, 이해할 수 있다)와 같이, 단어 자체에 이미 가능의 의미를 가진 동사나 見える(보이다), 聞こえる(들리다)와 같은 지각동사는 가능 표현으로 만들 수 없다.

예문 私は韓国語が**書けます**。 저는 한국어를 **쓸 수 있습니다**.

100メートルを15秒で**走れます**。 100미터를 15초에 **달릴 수 있습니다**.

昨日は空がきれいで、星が**見られた**。 어제는 하늘이 맑아서, 별을 **볼 수 있었다**.

母は日本語が**できる**。 어머니는 일본어를 **할 수 있다**.

📄 확인 문제 빈칸에 들어갈 알맞은 표현을 고르세요.

01 私は韓国語が_____。 ⓐ 書かれます ⓑ 書けます

02 私はアレルギーがあって、りんごは_____。 ⓐ 食べられます ⓑ 食べられません

03 先生はいつ_____。 ⓐ 行かれましたか ⓑ 行けましたか

04 田中さんはすぐこちらに_____。 ⓐ 来られます ⓑ 来させますか

05 昨日は空がきれいで、星が_____。 ⓐ 見られた ⓑ 見る

정답 01 ⓑ 02 ⓑ 03 ⓐ 04 ⓐ 05 ⓐ

08 경어 표현

N3 빈출 문법

> **학습목표**
> 문법에서는 빈칸에 들어갈 알맞은 경어 표현을 고르는 문제가 출제된다. N3에 자주 나오는 경어 표현의 의미를 예문과 함께 암기하자.
>
> 예 빈칸에 들어갈 알맞은 표현을 고르세요.
> お客様、少々 (　　　)。 손님, 잠시만 (　　　).
> 1　お待ちください　　2　お待ちします　　3　待っていただきます　　4　待ってくださいます
> 　　기다려 주세요　　　　　기다리겠습니다　　　　　기다려 받습니다　　　　　기다려 주십니다

1. 존경 표현

존경 표현은 윗사람의 행위를 높이는 말이다.

만드는 방법	예문
お/ご + 동사 ます형 / 한자 명사 + になる ~하십니다	部長はもうお帰りになりました。 부장님은 벌써 귀가하셨습니다. サービスがご利用になれます。 서비스를 이용하실 수 있습니다.
お/ご + 동사 ます형 / 한자 명사 + ください ~해 주세요	少々お待ちください。 잠시 기다려 주세요. お名前をご入力ください。 이름을 입력해 주세요.
~てくださる　~해 주시다	先生が論文をコピーしてくださった。 선생님께서 논문을 복사해 주셨다.
~させてくださる　~하게 해 주시다	昨日、休ませてくださったので、すっかり治りました。 어제, 쉬게 해 주셔서, 완전히 나았습니다.

2. 겸양 표현

겸양 표현은 자기 자신 또는 자기와 관련된 사람(가족, 동료 등)의 행위를 낮추는 말이다.

만드는 방법	예문
お/ご + 동사 ます형 / 한자 명사 + する (いたす) ~하겠습니다	ここでお待ちします。 여기에서 기다리겠습니다. 私がご説明いたします。 제가 설명하겠습니다.
~ていただく　~해 주시다, ~해 받다	部長に駅まで送っていただきました。 부장님께서 역까지 바래다 주셨습니다.
~させていただく　~하겠습니다	スケジュールを変更させていただきます。 스케줄을 변경하겠습니다.

3. 특수 경어

일부 동사들은 앞서 언급한 방법의 경어 표현 외에, 특수 경어를 가지고 있기 때문에 그것을 사용하기도 한다.

단어	존경어	겸양어
会う 만나다	-	お目にかかる 뵙다
行く/来る 가다/오다	いらっしゃる 가시다, 오시다	参る 가다, 오다
いる 있다	いらっしゃる 계시다	おる 있다
知っている 알고 있다	ご存知だ 알고 계시다	存じている 알고 있다
する 하다	なさる 하시다	いたす 하다
言う 말하다	おっしゃる 말씀하시다	申す / 申し上げる 말하다
聞く 묻다, 듣다	-	伺う 묻다, 듣다
訪ねる 방문하다	-	伺う 방문하다
見る 보다	ご覧になる 보시다	拝見する 보다
あげる 주다	-	差し上げる 드리다
くれる (나에게) 주다	くださる (나에게) 주시다	-
もらう 받다	-	いただく 받다
食べる/飲む 먹다/마시다	召し上がる 드시다	いただく 먹다

확인 문제
빈칸에 들어갈 알맞은 표현을 고르세요.

01 部長はもうお帰りに_____。　　ⓐ なりました　ⓑ ください

02 昨日は、失礼_____。　　　　　ⓐ なさいます　ⓑ いたしました

03 部長に駅まで送って_____。　　ⓐ いただきました　ⓑ くださった

04 私は営業部の佐々木と_____。　ⓐ おっしゃいます　ⓑ 申します

05 ここで_____。　　　　　　　　ⓐ お待つです　ⓑ お待ちします

정답 01 ⓐ 02 ⓑ 03 ⓑ 04 ⓑ 05 ⓑ

N3 빈출 문법
09 명사 뒤에 접속하는 문형

[학습목표]

문법에서는 빈칸에 들어갈 알맞은 문형을 고르는 문제가 출제된다. N3에 자주 나오는 문형의 의미를 예문과 함께 암기하자.

[예] 빈칸에 들어갈 알맞은 표현을 고르세요.

彼はアナウンサー（　　）働いています。　그는 아나운서 (　　) 일하고 있습니다.

1 として	2 にかけて	3 について	4 だって
로서	에 걸쳐	에 대해서	라도

1. 명사 뒤에 접속하는 문형

문형이란 명사나 동사 등 다양한 품사에 접속해 특정한 의미, 표현 의도를 드러내는 문장의 구조이다. 어떤 문형은 명사 뒤에 접속해 문장을 만든다.

<u>注文</u>は<u>オムライス</u>にします。　주문은 오므라이스로 하겠습니다.
　명사

2. 명사 뒤에 접속하는 N3 빈출 문형

~だって ~라도	접속	명사 + だって
	예문	そのくらいは小学生だって知っているはずだ。 그 정도는 초등학생이라도 알고 있을 것이다.
~でいい ~면 된다	접속	명사 + でいい
	예문	おやつは一つでいい。 간식은 한 개면 된다.
~でしかない ~에 불과하다	접속	명사 + でしかない
	예문	スマホはただの連絡手段でしかない。 스마트폰은 그저 연락수단에 불과하다.
~でなくてもよければ ~가 아니라도 좋다면	접속	명사 + でなくてもよければ
	예문	今日でなくてもよければ買い物に付き合える。 오늘이 아니라도 좋다면 쇼핑에 같이 갈 수 있다.
~として ~로서	접속	명사 + として
	예문	彼は歌手として有名になった。 그는 가수로서 유명해졌다.

명사 뒤에 접속하는 문형

문형	접속 / 예문
~としては ~의 입장으로서는, ~의 관점으로서는	접속: 명사 + としては 예문: 私**としては**あなたの意見に賛成することができません。 저의 **입장으로서는** 당신의 의견에 찬성하는 것이 불가능합니다.
~において ~에 있어서	접속: 명사 + において 예문: 人生**において**もっとも重要だと思うことは何ですか。 인생에 **있어서** 가장 중요하다고 생각하는 것은 무엇인가요?
~にかけて ~에 걸쳐	접속: 명사 + にかけて 예문: この仕事は夏休み**にかけて**特に忙しくなる。 이 일은 여름 방학에 **걸쳐** 특히 바빠진다.
~に比べて ~에 비하여	접속: 명사 + に比べて 예문: 日本**に比べて**ベトナムの方が物価が安い。 일본에 **비하여** 베트남 쪽이 물가가 싸다.
~に加えて ~에 더하여	접속: 명사 + に加えて 예문: 彼女は仕事**に加えて**子育てもしている。 그녀는 일에 **더하여** 육아도 하고 있다.
~にしかできない ~밖에 할 수 없다, ~만이 할 수 있다	접속: 명사 + にしかできない 예문: この仕事はあなた**にしかできない**。 이 일은 당신**밖에 할 수 없다**. (이 일은 당신**만이 할 수 있다**.)

확인 문제 빈칸에 들어갈 알맞은 표현을 고르세요.

01 そのくらいは小学生_____知っているはずだ。　　ⓐ かけて　　ⓑ だって

02 彼女は仕事_____子育てもしている。　　ⓐ に加えて　　ⓑ に比べて

03 彼は歌手_____有名になった。　　ⓐ おいて　　ⓑ として

04 私_____あなたの意見に賛成することができません。　　ⓐ としては　　ⓑ でなくてもよければ

05 人生に_____もっとも重要だと思うことは何ですか。　　ⓐ おいて　　ⓑ 加えて

정답 01 ⓑ 02 ⓐ 03 ⓑ 04 ⓐ 05 ⓐ

~にする ~로 하다 (결정)	접속	명사 + にする
	예문	私はハンバーグ**にします**。 저는 햄버그로 할게요.
~に対して ~에 대하여, ~에 대해	접속	명사 + に対して
	예문	この美術館は学生**に対して**割引サービスを行っています。 이 미술관은 학생에 대하여 할인 서비스를 시행하고 있습니다.
~について ~에 대해서	접속	명사 + について
	예문	農村**について**調べている。 농촌에 대해서 조사하고 있다.
~にとって ~에게 있어서, ~에게는	접속	명사 + にとって
	예문	私**にとって**人生でいちばん大切なのは家族の幸せだ。 나에게 있어서 인생에서 가장 소중한 것은 가족의 행복이다.
~に反して ~와 달리, ~에 반하여	접속	명사 + に反して
	예문	予想**に反して**、今年の試験は難しくなかったそうだ。 예상과 달리, 올해 시험은 어렵지 않았다고 한다.
~によって / ~により ~에 따라서, ~에 의해서	접속	명사 + によって / により
	예문	人**によって**考え方が違う。 사람에 따라서 사고방식이 다르다. 調査結果**により**知らなかったことがわかるようになった。 조사 결과에 의해서 몰랐던 것을 알게 되었다.
~による ~에 의한, ~에 따른	접속	명사 + による
	예문	台風**による**被害が大きいそうです。 태풍에 의한 피해가 크다고 합니다.
~によると ~에 의하면, ~에 따르면	접속	명사 + によると
	예문	天気予報**によると**明日は晴れだそうです。 일기 예보에 의하면 내일은 맑다고 합니다.
~にわたって ~에 걸쳐	접속	명사 + にわたって
	예문	中田先生の講義は2時間**にわたって**続いた。 나카타 선생님의 강의는 2시간에 걸쳐 계속되었다.
~のことで ~에 대해서	접속	명사 + のことで
	예문	レポート**のことで**、相談したいことがあるんですが…。 리포트에 대해서, 상담하고 싶은 것이 있습니다만….
~を中心に ~을 중심으로	접속	명사 + を中心に
	예문	先生**を中心に**写真を撮りましょう。 선생님을 중심으로 사진을 찍읍시다.

명사 뒤에 접속하는 문형

문형	접속/예문
~を通じて ~내내, ~을 통하여	접속: 명사 + を通じて 예문: この国は一年を通じて暖かいので、雪が降りません。 이 나라는 1년 내내 따뜻하기 때문에, 눈이 내리지 않습니다.
~を抜きにして ~을 빼고	접속: 명사 + を抜きにして 예문: 松本さんの努力を抜きにして今回のような成果はありえなかったと思う。 마쓰모토 씨의 노력을 빼고 이번과 같은 성과는 있을 수 없었다고 생각한다.
~をめぐって ~를 둘러싸고	접속: 명사 + をめぐって 예문: そのうわさをめぐっていろんな意見がある。 그 소문을 둘러싸고 여러 의견이 있다.
~をもとに ~를 토대로, 바탕으로	접속: 명사 + をもとに 예문: この小説は実際にあった事件をもとにしている。 이 소설은 실제로 있었던 사건을 토대로 하고 있다.
A, B といったC A, B와 같은 C	접속: 명사 A, 명사 B + といった + 명사 C 예문: タイ、ベトナムといった東南アジアに旅行に行きたい。 태국, 베트남과 같은 동남아시아로 여행가고 싶다.
A ほど ~ B はない A만큼 ~한 B는 없다	접속: 명사 A + ほど ~ 명사 B + はない 예문: 母が作るケーキほどおいしいものはない。 엄마가 만드는 케이크만큼 맛있는 것은 없다.

확인 문제 빈칸에 들어갈 알맞은 표현을 고르세요.

01. そのうわさを_____いろんな意見がある。　　ⓐ めぐって　　ⓑ 通じて
02. 松本さんの努力を_____今回のような成果はありえない。　　ⓐ 抜きにして　　ⓑ もとに
03. 母が作るケーキ_____おいしいものはない。　　ⓐ といった　　ⓑ ほど
04. この小説は実際にあった事件を_____している。　　ⓐ もとに　　ⓑ めぐって
05. この国は一年_____暖かいので、雪が降りません。　　ⓐ を通じて　　ⓑ のことで

정답 01 ⓐ 02 ⓐ 03 ⓑ 04 ⓐ 05 ⓐ

N3 빈출 문법
10 동사 뒤에 접속하는 문형

학습목표

문법에서는 빈칸에 들어갈 알맞은 문형을 고르는 문제가 출제된다. N3에 자주 나오는 문형의 의미를 예문과 함께 암기하자.

예) 빈칸에 들어갈 알맞은 표현을 고르세요.

中国は韓国から近いので（　　　）と思います。 중국은 한국에서 가깝기 때문에 (　　　)고 생각합니다.
1　行ききれない　　2　行きおわる　　3　行きやすい　　4　行きなおす
　　다 갈 수 없다　　　　다 간다　　　　　　가기 쉽다　　　　　다시 간다

1. 동사 뒤에 접속하는 문형

어떤 문형은 동사 뒤에 접속해 문장을 만든다. 문형에 따라 ます형, て형, た형 등 접속할 수 있는 동사의 활용형이 다르므로 유의하여 학습한다.

[동사 ます형]　早く家に帰り**たい**。　　빨리 집에 돌아가고 싶다.
　　　　　　　　　　　동사 ます형

[동사 て형]　　静かにして**ほしい**。　　조용히 해 줬으면 좋겠다.
　　　　　　　　　동사 て형

[동사 た형]　　セミナーに参加した**ことがある**。　세미나에 참가한 적이 있다.
　　　　　　　　　　　　　동사 た형

2. 동사 뒤에 접속하는 N3 빈출 문형

いまにも ~ そうだ 금세라도 ~(할) 것 같다	접속	いまにも + 동사 ます형 + そうだ
	예문	**いまにも**泣き**そうな**顔をしている。 금세라도 울 것 같은 얼굴을 하고 있다.
~がちだ ~(하)기 쉽다	접속	동사 ます형 + がちだ
	예문	子供は好きなものだけ食べ**がちだ**。 아이는 좋아하는 것만 먹기 쉽다.
~かねない ~(할)지도 모른다, ~(할) 듯하다	접속	동사 ます형 + かねない
	예문	そうやって週末も仕事していたら病気になり**かねない**よ。 그렇게 주말도 일하고 있으면 병에 걸릴지도 몰라요.
~きれない 다 ~(할) 수 없다	접속	동사 ます형 + きれない
	예문	量が多すぎて食べ**きれなかった**。 양이 너무 많아서 다 먹을 수 없다.

> 동사 뒤에 접속하는 문형

~そうもない ~(할) 것 같지도 않다 **~そうにない** ~(할) 것 같지 않다	접속	동사 ます형 + そうもない / そうにない
	예문	いくら頑張っても、でき**そうもない**。 아무리 열심히 해도, 가능할 것 같지도 않다. 雨はまだ降り**そうにない**。비는 아직 내릴 것 같지 않다.
~そうになる ~(할) 뻔 하다	접속	동사 ます형 + そうになる
	예문	事故を起こし**そうになった**ことがある。사고를 일으킬 뻔한 적이 있다.
~たい ~(하)고 싶다	접속	동사 ます형 + たい
	예문	将来は作家になり**たい**。장래에는 작가가 되고 싶다.
~っぱなし ~(한) 채	접속	동사 ます형 + っぱなし
	예문	エアコンをつけ**っぱなし**にしていると、電気代が高くなる。 에어컨을 켠 채로 있으면, 전기세가 비싸진다.
~終わる 다 ~(하)다, ~(하)는 것이 끝나다	접속	동사 ます형 + 終わる
	예문	昨日借りたDVDは見**終わった**。어제 빌린 DVD는 다 보았다.
~直す 다시 ~(하)다	접속	동사 ます형 + 直す
	예문	レポートのテーマを変えたせいで、最初から書き**直した**。 리포트의 주제를 바꾼 탓에, 처음부터 다시 썼다.
~にくい ~(하)기 어렵다	접속	동사 ます형 + にくい
	예문	ここでは話し**にくい**内容だからあとで話すね。 여기에서는 말하기 어려운 내용이니까 나중에 말할게.
~始める ~(하)기 시작하다	접속	동사 ます형 + 始める
	예문	先週からピアノを習い**始めた**。지난주부터 피아노를 배우기 시작했다.

📑 **확인 문제** 빈칸에 들어갈 알맞은 표현을 고르세요.

01 将来は作家になり_____。　　　　ⓐ がち　　ⓑ たい
02 子供は好きなものだけ食べ_____。　ⓐ っぱなし　ⓑ がちだ
03 そうやって週末も仕事していたら病気に_____よ。　ⓐ なりかねない　ⓑ なってかねない
04 昨日借りたDVDは_____。　　　　ⓐ 見る終わった　ⓑ 見終わった

정답 01 ⓑ 02 ⓐ 03 ⓐ 04 ⓑ

~やすい ~(하)기 쉽다	접속	동사 ます형 + やすい
	예문	日本は韓国から近いので行き**やすい**。 일본은 한국에서 가깝기 때문에 가**기 쉽다**.
~てある ~되어 있다	접속	동사 て형 + ある
	예문	テーブルの上には花が飾って**ある**。 테이블 위에는 꽃이 장식**되어 있다**.
~ていく ~(하)고 가다	접속	동사 て형 + いく
	예문	今日はお弁当を持って**いきます**。 오늘은 도시락을 가지고 **갑니다**.
~て以来 ~(한) 이래, ~(한) 이후	접속	동사 て형 + 以来
	예문	マラソンを始めて**以来**、初めて大会に出てみようと思っている。 마라톤을 시작한 **이래**, 처음으로 대회에 나가보려고 생각하고 있다.
~ている ~(하)고 있다, ~(한) 상태이다	접속	동사 て형 + いる
	예문	人が多いから待って**います**。 사람이 많아서 기다리고 **있습니다**.
~ている間に ~(하)는 동안에	접속	동사 て형 + いる間に
	예문	友だちを待って**いる間に**、音楽をきいていました。 친구를 기다리**는 동안에**, 음악을 듣고 있었습니다.
~ておく ~(해) 두다	접속	동사 て형 + おく
	예문	暑いから窓は開け**ておく**ね。 더우니까 창문은 열어 **둘게**.
~てから ~(하)고 나서	접속	동사 て형 + から
	예문	遊びに行くのは宿題を終え**てから**だ。 놀러 가는 것은 숙제를 끝내고 **나서**다.
~てからでないと ~(하)지 않고서는	접속	동사 て형 + からでないと
	예문	この仕事が全部終わっ**てからでないと**帰れません。 이 일이 전부 끝나**지 않고서는** 돌아갈 수 없습니다.
~てください ~(해) 주세요	접속	동사 て형 + ください
	예문	ここに名前と電話番号を書い**てください**。 여기에 이름과 전화번호를 써 **주세요**.
~てくる ~(하)고 오다	접속	동사 て형 + くる
	예문	チケットは私が買っ**てきます**。 티켓은 제가 사 **오겠습니다**.
~てごらん ~(해) 보렴	접속	동사 て형 + ごらん
	예문	もう一度ゆっくりやっ**てごらん**。 한 번 더 천천히 해 **보렴**.

동사 뒤에 접속하는 문형

문형	접속/예문
~てしまう(~ちゃう) ~(해) 버리다	접속: 동사 て형 + しまう 예문: お皿を割っ**てしまいました**。 접시를 깨 **버렸습니다**. 発表で大きな失敗を**しちゃった**。 발표에서 큰 실수를 해 **버렸다**.
~てはじめて ~(하)고 나서야 비로소	접속: 동사 て형 + はじめて 예문: 社会人になっ**てはじめて**、お金を稼ぐことの大変さが分かりました。 사회인이 되**고 나서야 비로소**, 돈을 버는 것의 어려움을 알았습니다.
~てばかりいる ~(하)기만 하다	접속: 동사 て형 + ばかりいる 예문: 最近遊ん**でばかりいた**せいで成績が落ちた。 최근 놀**기만 했던** 탓에 성적이 떨어졌다.
~てほしい ~(해) 줬으면 좋겠다, ~(하)면 좋겠다	접속: 동사 て형 + ほしい 예문: もしよかったら、少し手伝っ**てほしいです**。 혹시 괜찮다면, 조금 도와**주었으면 좋겠습니다**.
~てみる ~(해) 보다	접속: 동사 て형 + みる 예문: 前髪を作ってイメージを変え**てみました**。 앞머리를 만들어서 이미지를 바꿔 **봤습니다**.
~てもいい ~(해)도 좋다	접속: 동사 て형 + もいい 예문: 6時が過ぎたら、行っ**てもいいです**。 6시가 지나면, 가**도 좋습니다**.
~てもかまわない ~(해)도 괜찮다	접속: 동사 て형 + もかまわない 예문: 食事が終わったら、1階でお土産を見てい**てもかまいません**。 식사가 끝나면, 1층에서 기념품을 보고 있어**도 괜찮습니다**.
~たうえで ~후에	접속: 동사 た형 + うえで 예문: 相手の意見を理解し**たうえで**自分の考えを話してください。 상대의 의견을 이해한 **후에** 자신의 생각을 말해 주세요.

📋 확인 문제 빈칸에 들어갈 알맞은 표현을 고르세요.

01 暑いから窓は_____ね。 ⓐ 開けおく ⓑ 開けておく
02 友だちを待って_____、音楽をきいていました。 ⓐ いる間に ⓑ 間に
03 人が多いから待って_____。 ⓐ います ⓑ いきます
04 テーブルの上には花が飾って_____。 ⓐ いく ⓑ ある

정답 01 ⓑ 02 ⓐ 03 ⓐ 04 ⓑ

～たことがある ~(한) 적이 있다 **～たことがない** ~(한) 적이 없다	접속	동사 た형 + ことがある / ことがない
	예문	日本の小説を読ん**だことがある**。 일본의 소설을 읽은 적이 있다. 両親は飛行機に乗っ**たことがない**。 부모님은 비행기를 탄 적이 없다.
～たところ ~(해) 보니, ~(한) 결과	접속	동사 た형 + ところ
	예문	アンケート調査をしてみ**たところ**、意外な結果が出た。 앙케이트 조사를 해 보니, 의외의 결과가 나왔다.
～たとたん ~(하)자마자	접속	동사 た형 + とたん
	예문	空港に着い**たとたん**、あやしい人が話しかけてきた。 공항에 도착하자마자, 수상한 사람이 말을 걸어왔다.
～たばかり ~(한) 지 얼마 되지 않다, 막 ~(하)다	접속	동사 た형 + ばかり
	예문	買っ**たばかり**のテレビなのに壊れてしまった。 산 지 얼마 안 된 텔레비전인데 고장 나 버렸다.
～たものだ ~(하)곤 했다	접속	동사 た형 + ものだ
	예문	子供のころはこの公園でよく遊ん**だものだ**。 어릴 때는 이 공원에서 자주 놀곤 했다.
～たり～たりする ~(하)거나 ~(하)거나 하다	접속	동사 た형 + り + 동사 た형 + りする
	예문	週末は買い物をし**たり**友達と食事をし**たりする**。 주말은 쇼핑을 하거나 친구와 식사를 하거나 한다.
～ずに ~(하)지 않고	접속	동사 ない형 + ずに ★ 예외 する→せずに / 来る→来ずに
	예문	この料理は誰でも失敗せ**ずに**おいしく作れる。 이 요리는 누구라도 실패하지 않고 맛있게 만들 수 있다.
～ないこともない ~(하)지 않을 것도 없다	접속	동사 ない형 + ないこともない
	예문	この山はそんなに高くないので、1時間で登れ**ないこともないです**。 이 산은 그렇게 높지 않아서, 1시간에 오르지 못할 것도 없습니다.
～ないで ~(하)지 않고	접속	동사 ない형 + ないで
	예문	一週間も授業に来**ないで**何をしていたの? 일주일이나 수업에 오지 않고 무엇을 하고 있던 거야?
～一方だ ~(하)기만 하다	접속	동사 사전형 + 一方だ
	예문	子どもの数は減る**一方だ**。 아이의 수는 줄기만 한다.

동사 뒤에 접속하는 문형

~一方で ~(하)는 한편	접속	동사 사전형 + 一方で
	예문	最近、自転車が健康にいいと注目される一方で、自転車事故が増えて問題になっている。 최근, 자전거가 건강에 좋다고 주목을 받는 한편, 자전거 사고가 늘어서 문제가 되고 있다.
~うえで ~에 있어서	접속	동사 사전형 + うえで
	예문	生きるうえで、一番重要なものは何だと思う？ 살아가는 데에 있어서, 가장 중요한 것은 무엇이라고 생각해?
~ことができる ~(할) 수 있다	접속	동사 사전형 + ことができる
	예문	さまざまな方法を利用して感情を伝えることができる。 다양한 방법을 이용해서 감정을 전달할 수 있다.
~ことだ ~(해)야 한다, ~것이다	접속	동사 사전형 + ことだ / 동사 ない형 + ないことだ
	예문	かぜを早く治したいんだったら、ぐっすり寝ることだ。 감기를 얼른 낫게 하고 싶다면, 푹 자야 한다. 夜遅くはピアノをひかないことだ。 밤 늦게는 피아노를 치면 안 되는 것이다.
~ことにする ~(하)기로 하다	접속	동사 사전형 + ことにする / 동사 ない형 + ないことにする
	예문	友だちと旅行に行くことにした。 친구와 여행을 가기로 했다. 健康のためにお酒は飲まないことにした。 건강을 위해서 술은 마시지 않기로 했다.
~ことになっている ~(하)게 되어 있다	접속	동사 사전형 + ことになっている / 동사 ない형 + ないことになっている
	예문	運転免許は10年ごとに更新することになっている。 운전면허는 10년마다 갱신하게 되어 있다. これ以上は参加者を増やさないことになっています。 이 이상은 참가자를 늘리지 않게 되어있습니다.

📋 확인 문제 빈칸에 들어갈 알맞은 표현을 고르세요.

01 この料理は誰でも失敗_____おいしく作れる。　　ⓐ したとたん　　ⓑ せずに
02 運転免許は10年ごとに更新_____。　　ⓐ することになっている　　ⓑ しないこともない
03 子どもの数は減る_____。　　ⓐ 一方だ　　ⓑ ことができる
04 生きる_____、一番重要なものは何だと思う？　　ⓐ うえで　　ⓑ 一方で

정답 01 ⓑ 02 ⓐ 03 ⓐ 04 ⓐ

~ことになる ~(하)게 되다	접속	동사 사전형 + ことになる / 동사 ない형 + ないことになる
	예문	親の転勤でアメリカに行く**ことになりました**。 부모님의 전근으로 미국에 가게 **되었습니다**. けがをして今回の試合に出**ないことになりました**。 다쳐서 이번 시합에 나가**지 않게 되었습니다**.
~ことはない ~(할) 필요는 없다	접속	동사 사전형 + ことはない
	예문	失敗しただけで、そんなに泣く**ことはない**。 실수한 것만으로, 그렇게 울 **필요는 없다**.
~つもりだ ~(할) 계획이다, ~(할) 생각이다	접속	동사 사전형 + つもりだ / 동사 ない형 + ないつもりだ
	예문	来年はヨーロッパへ旅行する**つもりだ**。 내년은 유럽으로 여행 갈 **계획이다**. 宿題が多いので今日は寝**ないつもりだ**。 숙제가 많기 때문에 오늘은 자**지 않을 생각이다**.
~といい ~(하)면 좋다	접속	동사 사전형 + といい
	예문	この料理にはさとうを少々入れる**といい**。 이 요리에는 설탕을 조금 넣으**면 좋다**.
~ところだ ~(하)려던 참이다	접속	동사 사전형 + ところだ
	예문	仕事が終わって、これから帰る**ところだった**。 일이 끝나서, 이제부터 돌아가려던 **참이었다**.
~には ~(하)려면	접속	동사 사전형 + には
	예문	この列車に乗る**には**予約をとる必要があります。 이 열차를 타**려면** 예약할 필요가 있습니다.
~ほうがいい ~(하)는 편이 좋다	접속	동사 사전형 + ほうがいい / 동사 ない형 + ないほうがいい / 동사 た형 + たほうがいい
	예문	このことは早く彼に言う**ほうがいい**。 이 일은 빨리 그에게 말하**는 편이 좋아**. 今は話しかけ**ないほうがいい**と思う。 지금은 말 걸**지 않는 편이 좋다**고 생각해. 風邪をひいたら薬を飲んだ**ほうがいい**。 감기에 걸리면 약을 먹**는 편이 좋아**.
~ほかない ~(하)는 수밖에 없다	접속	동사 보통형 + ほかない
	예문	この辺りはタクシーも来ないので、歩いて行く**ほかありません**。 이 주변은 택시도 오지 않기 때문에, 걸어서 가**는 수밖에 없습니다**.

/ 동사 뒤에 접속하는 문형 /

~ものではない ~(해)서는 안 된다	접속	동사 사전형 + ものではない
	예문	うそを言う**ものではない**。 거짓을 말해서는 안 된다.
~ようと思う ~(하)려고 생각하다	접속	동사 의지형 + と思う
	예문	今月から運動を始め**ようと思っている**。 이번 달부터 운동을 시작하려고 생각하고 있다.
~ようとする ~(하)려고 하다	접속	동사 의지형 + とする
	예문	勉強**しようとした**のに、母に呼ばれた。 공부하려고 했는데, 엄마한테 불렸다.
~ようにする ~(하)도록 하다	접속	동사 사전형 + ようにする / 동사 ない형 + ないようにする
	예문	健康のために運動する**ようにします**。 건강을 위해서 운동하도록 하겠습니다. 遅刻し**ないようにします**。 지각하지 않도록 하겠습니다.
~ようになる ~(하)게 되다	접속	동사 사전형 + ようになる
	예문	歴史をもっと学びたいと思う**ようになった**。 역사를 더 배우고 싶다고 생각하게 되었다.
~わけにはいかない ~(할) 수는 없다	접속	동사 사전형 + わけにはいかない / 동사 ない형 + ないわけにはいかない
	예문	残念ですが、うちで犬を飼う**わけにはいきません**。 유감이지만, 우리 집에서 개를 키울 수는 없습니다. 社長に頼まれた仕事は嫌でもし**ないわけにはいかない**。 사장님에게 부탁받은 일은 싫어도 안 할 수는 없다.

📋 확인 문제 빈칸에 들어갈 알맞은 표현을 고르세요.

01 今は話しかけない_____と思う。　　ⓐ ほうがいい　　ⓑ ようとする

02 遅刻しない_____。　　ⓐ ようにします　　ⓑ ものではない

03 歴史をもっと学びたいと思う_____。　　ⓐ ようとした　　ⓑ になった

04 今月から運動を始め_____思っている。　　ⓐ ようと　　ⓑ ほかないと

정답 01 ⓐ 02 ⓐ 03 ⓑ 04 ⓐ

N3 빈출 문법

11 여러 품사 뒤에 접속하는 문형

> **학습목표**
>
> **문법**에서는 빈칸에 들어갈 알맞은 문형을 고르는 문제가 출제된다. N3에 자주 나오는 문형의 의미를 예문과 함께 암기하자.
>
> 예 빈칸에 들어갈 알맞은 표현을 고르세요.
> 夫の転勤でカナダに行く（　　　）さびしい。　남편의 전근으로 캐나다에 가게 (　　) 섭섭하다.
> 1 ことになって　　2 だけで　　3 には　　4 うえで
> 　(하게) 되어　　　　만으로　　　하려면　　　에 있어서

1. 여러 품사 뒤에 접속하는 문형

어떤 문형은 동사, 형용사, 명사와 같이 다양한 품사 뒤에 접속해 문장을 만든다. 같은 문형이더라도 품사에 따라 접속 방식이 달라지므로 유의하여 학습한다.

[동사] 来月、出張に<u>行く</u>**かもしれない**。　다음 달에, 출장을 갈지도 모른다.

[형용사] 意外と<u>おいしい</u>**かもしれない**。　의외로 맛있을지도 모른다.

[명사] 彼は<u>俳優</u>**かもしれない**。　그는 배우일지도 모른다.

2. 여러 품사 뒤에 접속하는 N3 빈출 문형

~ことで ~로 인해, ~(해)서	접속	1 동사 보통형 + ことで　　2 な형용사 어간 な + ことで 3 い형용사 보통형 + ことで　4 명사 の + ことで
	예문	1 早く起きる**ことで**ゆっくり朝食が食べられるようになった。 일찍 일어남으로 인해 느긋하게 아침을 먹을 수 있게 되었다. 2 考えたくないのに、不安な**ことで**頭がいっぱいになってしまう。 생각하고 싶지 않은데, 불안으로 인해 머리가 꽉 차 버린다. 3 小さい**ことで**怒らないで。작은 일로 인해 화내지 마. 4 ピアノの発表会の**ことで**相談したいことがあります。 피아노 발표회로 인해 상담하고 싶은 것이 있습니다.

여러 품사 뒤에 접속하는 문형

~ことから
~(하)기 때문에, ~(해)서

접속
1. 동사 보통형 + ことから
2. な형용사 어간 な/である + ことから
3. い형용사 보통형 + ことから
4. 명사 である + ことから

예문
1. 本田君は色々な知識があることから、歩く辞書と呼ばれています。
   혼다 군은 다양한 지식이 있기 때문에, 걸어 다니는 사전이라고 불리고 있습니다.
2. 彼女の机がきれいなことから、きれい好きな性格だと分かった。
   그녀의 책상이 깨끗해서, 깨끗한 것을 좋아하는 성격이란 것을 알았다.
3. うちのねこは耳だけが黒いことから、「クロ」と名付けられた。
   우리 집 고양이는 귀만 까맣기 때문에, '까망'이라고 이름 지어졌다.
4. 人気商品の最新モデルであることから、発売前から注目度が高い。
   인기 상품의 최신 모델이기 때문에, 발매 전부터 주목도가 높다.

~って
~(하)대, ~래

접속
1. 동사 사전형 んだ + って
2. な형용사 어간 なんだ + って
3. い형용사 사전형 んだ + って
4. 명사 なんだ + って

예문
1. 日本ではスイカに塩をかけて食べるんだって。
   일본에서는 수박에 소금을 뿌려서 먹는대.
2. 高橋さん、この頃店が暇なんだって。 다카하시 씨, 요즘 가게가 한가하대.
3. 昨日公開した映画、おもしろいんだって。 어제 개봉한 영화, 재미있대.
4. 今回優勝したチームはAチームなんだって。 이번에 우승한 팀은 A팀이래.

확인 문제 빈칸에 들어갈 알맞은 표현을 고르세요.

01 小さい _____ 怒らないで。　　　　　　　ⓐ ことで　　ⓑ ことから
02 日本ではスイカに塩をかけて食べる _____ 。　ⓐ んだって　ⓑ ことで
03 うちのねこは耳だけが黒い _____ 、「クロ」と名付けられた。　ⓐ って　　ⓑ ことから
04 ピアノの発表会の _____ 相談したいことがあります。　ⓐ ことから　ⓑ ことで
05 昨日公開した映画、おもしろいんだ _____ 。　ⓐ ことで　　ⓑ って

정답 01 ⓑ 02 ⓐ 03 ⓑ 04 ⓑ 05 ⓑ

〜てもおかしくない ~(해)도 이상하지 않다	접속	1 동사 て형 + もおかしくない 2 な형용사 어간 + でもおかしくない 3 い형용사 어간 く + てもおかしくない 4 명사 + でもおかしくない
	예문	1 最近、無理をしているから、いつ病気になって**もおかしくない**と思う。 　최근, 무리를 하고 있으니까, 언제 병이 나도 이상하지 않다고 생각한다. 2 約束が急になくなったんだから、不満**でもおかしくない**。 　약속이 갑자기 없어졌으니까, 불만이어도 이상하지 않다. 3 女性が鉄道に詳しく**てもおかしくありません**。 　여성이 철도에 대해 자세히 알고 있어도 이상하지 않습니다. 4 はるかという名前は男**でもおかしくない**名前です。 　하루카라는 이름은 남자여도 이상하지 않은 이름입니다.
〜ても不思議ではない ~(해)도 이상하지 않다	접속	1 동사 て형 + も不思議ではない 2 な형용사 어간 + でも不思議ではない 3 い형용사 어간 く + ても不思議ではない 4 명사 + でも不思議ではない
	예문	1 いつ倒れ**ても不思議ではない**くらい古い家です。 　언제 무너져도 이상하지 않을 정도로 오래된 집입니다. 2 趣味がないなら毎日が退屈**でも不思議ではない**。 　취미가 없다면 매일이 심심해도 이상하지 않다. 3 昨日雨が降ったので車が汚く**ても不思議ではない**です。 　어제 비가 내렸기 때문에 차가 더러워도 이상하지 않습니다. 4 その会議で反対が過半数**でも不思議ではない**。 　그 회의에서 반대가 과반수여도 이상하지 않다.
〜わけだ ~(한) 것이다 **〜わけがない** ~(할) 리가 없다	접속	1 동사 보통형 + わけだ / わけがない 2 な형용사 어간 な + わけだ / わけがない 3 い형용사 보통형 + わけだ / わけがない 4 명사 な + わけだ / わけがない
	예문	1 遊んでばかりいる彼が合格する**わけがない**。 　놀기만 하고 있는 그가 합격할 리가 없다. 2 寒いのにずっと外にいたから顔が真っ赤な**わけだ**。 　추운데 계속 밖에 있었기 때문에 얼굴이 새빨간 것이다. 3 彼女は日本で3年間働いたらしい。だから日本に詳しい**わけだ**。 　그녀는 일본에서 3년간 일했다고 한다. 그 때문에 일본에 대해 잘 아는 것이다. 4 彼は作文が下手なのに作家な**わけがない**。 　그는 작문을 못하는데 작가일 리가 없다.

여러 품사 뒤에 접속하는 문형

~たら
~(하)면, ~(했)더니

접속	
1 동사 た형 + ら	2 な형용사 어간 + だったら
3 い형용사 어간 + かったら	4 명사 + だったら

예문

1 薬を飲んだら少し楽になりました。 약을 먹었더니 조금 편해졌습니다.
   ★ '~(했)더니'의 뜻은 동사에 접속할 경우에 해당함.
2 坂がなだらかだったら、自転車に乗ったまま坂を越えるのに。
   언덕이 완만했으면, 자전거를 탄 채로 언덕을 넘는데.
3 服装がだらしなかったら先生に注意されちゃうよ。
   복장이 깔끔하지 못하면 선생님께 주의 받을 거야.
4 申請を取り消すのが本人の希望だったら問題ありません。
   신청을 취소하는 것이 본인의 희망이라면 문제 없습니다.

~だけあって
~(한) 만큼

접속	
1 동사 보통형 + だけあって	2 な형용사 어간 な + だけあって
3 い형용사 보통형 + だけあって	4 명사 + だけあって

예문

1 A大学を目指しているだけあって、山田さんは頭がいい。
   A대학을 목표로 하고 있는 만큼, 야마다 씨는 머리가 좋다.
2 この機械は病気の詳しい検査が可能なだけあって大きいですね。
   이 기계는 병의 상세한 검사가 가능한 만큼 크네요.
3 練習がきつかっただけあって、夏休みの間にかなり上達した。
   연습이 힘들었던 만큼, 여름방학 동안에 꽤 실력이 늘었다.
4 中村さんは大学の先生だけあっていろいろなことを知っていますね。
   나카무라 씨는 대학의 선생님인 만큼 다양한 것을 알고 있네요.

📋 확인 문제 빈칸에 들어갈 알맞은 표현을 고르세요.

01 彼は作文が下手なのに作家_____。
   ⓐ でも不思議ではない ⓑ なわけがない

02 薬を_____少し楽になりました。
   ⓐ 飲んだら ⓑ 飲むわけだ

03 最近、無理をしているから、いつ病気になっ_____と思う。
   ⓐ たら ⓑ てもおかしくない

04 彼女は日本で3年間働いたらしい。だから日本に詳しい_____。
   ⓐ わけがない ⓑ わけだ

05 中村さんは大学の先生_____いろいろなことを知っていますね。
   ⓐ だけあって ⓑ でも不思議ではない

정답 01 ⓑ 02 ⓐ 03 ⓑ 04 ⓑ 05 ⓐ

～だけだ ~뿐이다	접속	1 동사 보통형 + だけだ　　　2 な형용사 어간 な + だけだ 3 い형용사 보통형 + だけだ　　4 명사 + だけだ
	예문	1 このクッキーは材料を混ぜて焼く**だけだ**から、難しくない。 이 쿠키는 재료를 섞어서 구울 **뿐이기** 때문에, 어렵지 않다. 2 動物は苦手な**だけです**。嫌いではありません。 동물은 다루기 어려울 **뿐입니다**. 싫지는 않습니다. 3 このズボンはゆるい**だけだ**から、ベルトがあればまだはけます。 이 바지는 헐렁할 **뿐**이라서, 벨트가 있으면 아직 입을 수 있습니다. 4 宿題を出していないのはもうあなた**だけです**。 숙제를 내지 않은 것은 이제 당신**뿐입니다**.
～だけで ~만으로, ~뿐	접속	1 동사 보통형 + だけで　　　2 な형용사 어간 な + だけで 3 い형용사 보통형 + だけで　　4 명사 + だけで
	예문	1 あなたが笑ってくれる**だけで**、私は幸せです。 당신이 웃어주는 것**만으로**, 나는 행복합니다. 2 一人で家事をするのは、大変な**だけで**できないことではない。 혼자서 집안일을 하는 것은, 힘들 **뿐** 할 수 없는 것은 아니다. 3 道が少し険しかった**だけで**、登れない山ではなかったです。 길이 조금 험했을 **뿐**, 오를 수 없는 산은 아니었습니다. 4 このお菓子は小麦粉と卵**だけで**できています。 이 과자는 밀가루와 달걀**만으로** 만들어져 있습니다.
～だけでなく ~뿐만 아니라	접속	1 동사 보통형 + だけでなく　　2 な형용사 어간 な + だけでなく 3 い형용사 보통형 + だけでなく　4 명사 + だけでなく
	예문	1 試合に勝つ**だけでなく**、大会で優勝したいです。 시합에서 이기는 것**뿐만 아니라**, 대회에서 우승하고 싶습니다. 2 彼は歌が上手な**だけでなく**、自分で曲も作る。 그는 노래를 잘할 **뿐만 아니라**, 스스로 곡도 만든다. 3 あの看板は大きい**だけでなく**、とても派手で目立っている。 저 간판은 클 **뿐만 아니라**, 매우 화려해서 눈에 띈다. 4 この旅館は美味しい料理**だけでなく**、天然の温泉でも有名です。 이 료칸은 맛있는 요리**뿐만 아니라**, 천연 온천으로도 유명합니다.

여러 품사 뒤에 접속하는 문형

~だけでよければ
~만으로 좋다면

접속	1 동사 보통형 + だけでよければ	2 な형용사 어간 な + だけでよければ
	3 い형용사 보통형 + だけでよければ	4 명사 + だけでよければ

예문
1 宣伝の紙を配る**だけでよければ**、私にも手伝わせてください。
　선전 종이를 나눠주는 것**만으로 좋다면**, 나에게도 돕게 해 주세요.
2 英語が上手な**だけでよければ**、誰でも申し込みできますか。
　영어를 잘하는 것**만으로 좋다면**, 누구든지 신청할 수 있습니까?
3 背が高い**だけでよければ**、紹介できる人がいます。
　키가 큰 것**만으로 좋다면**, 소개할 수 있는 사람이 있습니다.
4 午前中**だけでよければ**私は大丈夫です。
　오전 중**만으로 좋다면** 저는 괜찮습니다.

~だけに
~(한) 만큼, ~라서 그런지

접속	1 동사 보통형 + だけに	2 な형용사 어간 な + だけに
	3 い형용사 보통형 + だけに	4 명사 + だけに

예문
1 よく旅行に行く**だけに**彼は英語が上手だ。
　자주 여행을 가는 **만큼** 그는 영어를 잘한다.
2 サッカーが好きな**だけに**夜遅くまで試合を見たりする。
　축구를 좋아하는 **만큼** 밤 늦게까지 시합을 보거나 한다.
3 若い**だけに**何が流行しているかよく知っている。
　젊은 **만큼** 무엇이 유행하고 있는지 잘 알고 있다.
4 初めて作った料理**だけに**、母においしいと言われてうれしかった。
　처음 만든 요리인 **만큼**, 엄마에게 맛있다고 들어서 기뻤다.

확인 문제 빈칸에 들어갈 알맞은 표현을 고르세요.

01 よく旅行に行く_____彼は英語が上手だ。　　ⓐ だけに　　ⓑ だけでよければ
02 あなたが笑ってくれる_____、私は幸せです。　　ⓐ だけで　　ⓑ だけだ
03 このクッキーは材料を混ぜて焼く_____から、難しくない。　　ⓐ だけで　　ⓑ だけだ
04 背が高い_____、紹介できる人がいます。　　ⓐ だけでよければ　　ⓑ だけに
05 彼は歌が上手な_____自分で曲も作る。　　ⓐ だけで　　ⓑ だけでなく

정답　01 ⓐ　02 ⓐ　03 ⓐ　04 ⓐ　05 ⓑ

~なら ~라면, ~(한)다면	접속	1 동사 보통형 + なら　　2 な형용사 어간 + なら 3 い형용사 보통형 + なら　　4 명사 + なら
	예문	1 ペットが飼える**なら**毎日世話をすると約束します。 애완 동물을 키울 수 있**다면** 매일 돌볼 거라고 약속합니다. 2 一人で処理するのが困難**なら**、誰かにお願いすることにします。 혼자서 처리하는 것이 곤란하**다면**, 누군가에게 부탁하는 것으로 하겠습니다. 3 故郷の家族が恋しい**なら**、たまには会いにいけばいい。 고향의 가족이 그립**다면**, 가끔 만나러 가면 된다. 4 本**なら**何でも好きです。　책**이라면** 무엇이든지 좋아합니다.
~ようなら ~(할) 것 같으면, ~(인) 경우에	접속	1 동사 보통형 + ようなら　　2 な형용사 어간 な + ようなら 3 い형용사 보통형 + ようなら　　4 명사 の + ようなら
	예문	1 この服、サイズが合う**ようなら**君にあげるよ。 이 옷, 사이즈가 맞을 **것 같으면** 너에게 줄게. 2 手が汚れて真っ黒な**ようなら**、あっちで手を洗ってきなさい。 손이 더러워져서 새까만 **경우에**, 저기에서 손을 씻고 오세요. 3 これ以上しつこい**ようなら**、こちらも黙ってはいません。 이 이상 끈질긴 **경우에는**, 이쪽도 가만히 있지 않습니다. 4 この量でも余裕の**ようなら**、明日はもっとお願いします。 이 정도 양이라도 여유인 **것 같으면**, 내일은 좀 더 부탁합니다.
~と ~(하)면 **~ないと** ~(하)지 않으면	접속	1 동사 사전형 + と / 동사 ない형 + ないと 2 な형용사 어간 だ + と / な형용사 어간 では(じゃ) + ないと 3 い형용사 사전형 + と / い형용사 어간 く + ないと 4 명사 だ + と / 명사 では(じゃ) + ないと
	예문	1 砂糖を入れる**と**甘くなります。　설탕을 넣으**면** 달아집니다. 2 何でも積極的では**ないと**せっかくの機会を失ってしまう。 무엇이든 적극적이**지 않으면** 모처럼의 기회를 잃어버린다. 3 動きがあまり激しい**と**疲れやすいので、腕は小さく動かします。 움직임이 지나치게 격하**면** 피로해지기 쉬우므로, 팔은 작게 움직입니다. 4 今日は大雨だから授業が休講**じゃないと**納得できない。 오늘은 큰비이므로 수업이 휴강**이지 않으면** 납득할 수 없다.

여러 품사 뒤에 접속하는 문형

~という
~라는, ~라고 하는

접속
1. 동사 보통형 + という
2. な형용사 어간 だ + という
3. い형용사 보통형 + という
4. 명사 + という

예문
1. 林さんがやめる**という**うわさを聞きました。
   하야시 씨가 그만둔**다고 하는** 소문을 들었습니다.
2. 今年の山下公園の桜は見事だ**ということです**。
   올해 야마시타 공원의 벚꽃은 훌륭하**다는** 것입니다.
3. お風呂の水を捨てるのはもったいない**という**人もいます。
   욕조의 물을 버리는 것은 아깝**다고 하는** 사람도 있습니다.
4. 奨学金**という**援助を受けながら、大学に通っています。
   장학금**이라고 하는** 원조를 받으면서, 대학을 다니고 있습니다.

~ということだ
~라고 한다

접속
1. 동사 보통형 + ということだ
2. な형용사 어간 だ + ということだ
3. い형용사 보통형 + ということだ
4. 명사 (だ) + ということだ

예문
1. この店はしばらく休業する**ということだ**。 이 가게는 잠시 휴업한**다고 한다**.
2. 駅前にあるあの広告は効果的だ**ということだ**。
   역 앞에 있는 저 광고는 효과적**이라고 한다**.
3. 彼はテレビも買えないくらいに貧しい**ということだ**。
   그는 텔레비전도 살 수 없을 정도로 가난하**다고 한다**.
4. あの会社の経営は、今危ない状態だ**ということだ**。
   저 회사의 경영은, 지금 위험한 상태**라고 한다**.

확인 문제
빈칸에 들어갈 알맞은 표현을 고르세요.

01. 砂糖を入れる_____甘くなります。　　ⓐ という　　ⓑ と
02. 駅前にあるあの広告は効果的だ_____。　　ⓐ ようなら　　ⓑ ということだ
03. この服、サイズが合う_____君にあげるよ。　　ⓐ ようなら　　ⓑ と
04. 本_____何でも好きです。　　ⓐ なら　　ⓑ ないと
05. 林さんがやめる_____うわさを聞きました。　　ⓐ ないと　　ⓑ という

정답 01 ⓑ 02 ⓑ 03 ⓐ 04 ⓐ 05 ⓑ

〜というのに 〜라고 하는데	접속	1 동사 보통형 + というのに　　2 な형용사 어간 だ + というのに 3 い형용사 보통형 + というのに　　4 명사 だ + というのに
	예문	1 来月友だちが結婚する**というのに**、なぜか少し悲しくなった。 다음 달 친구가 결혼한**다고 하는데**, 왠지 조금 슬퍼졌다. 2 レストランの予約がいっぱいだ**というのに**、どうしても行きたい。 레스토랑 예약이 꽉 찼**다고 하는데**, 어떻게든 가고 싶다. 3 みんなあの曲はとてもいい**というのに**、私はあまり好きではない。 모두 저 노래는 매우 좋**다고 하는데**, 나는 그다지 좋아하지 않는다. 4 彼は先生だ**というのに**、まったくそう見えない。 그는 선생님**이라고 하는데**, 전혀 그렇게 보이지 않는다.
〜といっても 〜라고 해도	접속	1 동사 보통형 + といっても　　2 な형용사 어간 だ + といっても 3 い형용사 보통형 + といっても　　4 명사 (だ) + といっても
	예문	1 中国語ができる**といっても**、あいさつぐらいです。 중국어를 할 수 있**다고 해도**, 인사 정도입니다. 2 兄は元気だ**といっても**骨折していることにかわりはない。 형은 건강하**다고 해도** 골절한 것에 변함은 없다. 3 水泳がうまい**といっても**、もっとうまい人はたくさんいます。 수영을 잘하**다고 해도**, 더 잘 하는 사람은 많이 있습니다. 4 いくらそれが最近の流行だ**といっても**、決してまねしたくはない。 아무리 그것이 최근 유행**이라고 해도**, 결코 따라하고 싶지는 않다.
〜としたら 〜라고 하면	접속	1 동사 보통형 + としたら　　2 な형용사 어간 だ + としたら 3 い형용사 보통형 + としたら　　4 명사 だ + としたら
	예문	1 もし自分を色で表す**としたら**、何色だと思う? 만약 자신을 색으로 표현한**다고 하면**, 무슨 색이라고 생각해? 2 顔が真っ青だ**としたら**、すぐに家に帰って休む必要がある。 얼굴이 새파랗**다면**, 바로 집에 돌아가 쉴 필요가 있다. 3 犬がおとなしい**としたら**、お店に連れて行ってもいいですか? 개가 얌전하**다고 한다면**, 가게에 데리고 가도 괜찮습니까? 4 その話が誤解だ**としたら**、はやく本当のことを伝えるべきです。 그 이야기가 오해**라고 한다면**, 빨리 사실을 전해야 합니다.

~としても
~라고 해도

접속
1. 동사 보통형 + としても
2. な형용사 어간 だ + としても
3. い형용사 보통형 + としても
4. 명사 (だ) + としても

예문
1. 部屋を片付けたとしても、また散らかしてしまうと思います。
   방을 정리했다고 해도, 또 어질러 버릴 거라고 생각합니다.
2. たとえ困難だとしても最初から諦めてはいけません。
   만약 곤란하다고 해도 처음부터 포기해서는 안 됩니다.
3. 怪しかったとしても理由もなく人を疑うことはよくない。
   수상했다고 해도 이유도 없이 사람을 의심하는 것은 좋지 않다.
4. もし事実だとしても信じたくない。 만일 사실이라고 해도 믿고 싶지 않다.

~とは限らない
~라고는 단정지을 수 없다

접속
1. 동사 보통형 + とは限らない
2. な형용사 어간 (だ) + とは限らない
3. い형용사 보통형 + とは限らない
4. 명사 (だ) + とは限らない

예문
1. 必ずしも勝つとは限りません。 반드시 이긴다고는 단정지을 수 없습니다.
2. いつも笑っているからといってその人が幸せだとは限らない。
   항상 웃고 있으니까 라고 해서 그 사람이 행복하다고는 단정지을 수 없다.
3. 小学校から同じクラスだからといって親しいとは限りません。
   초등학교부터 같은 반이었다고 해서 친하다고는 단정지을 수 없습니다.
4. 姉は3歳からピアノを習っているが彼女の意思とは限らない。
   누나는 3살 때부터 피아노를 배우고 있지만 그녀의 의사라고는 단정지을 수 없다.

📖 확인 문제 빈칸에 들어갈 알맞은 표현을 고르세요.

01 もし自分を色で表す＿＿＿、何色だと思う？　　　ⓐ としても　　ⓑ としたら
02 来月友だちが結婚する＿＿＿、なぜか少し悲しくなった。　ⓐ といっても　ⓑ というのに
03 小学校から同じクラスだからといって親しい＿＿＿。　ⓐ とは限りません　ⓑ といっても
04 中国語ができる＿＿＿、あいさつぐらいです。　　ⓐ とは限らない　ⓑ といっても
05 もし事実だ＿＿＿信じたくない。　　　　　　　　ⓐ としても　　ⓑ というのに

정답 01 ⓑ 02 ⓑ 03 ⓐ 04 ⓑ 05 ⓐ

〜うえに 〜(한) 데다가	접속	1 동사 보통형 + うえに　　　　2 な형용사 어간 な + うえに 3 い형용사 보통형 + うえに　　4 명사 である + うえに
	예문	1 友達は宿題を早く終わらせた**うえに**、私の宿題もしてくれた。 　친구는 숙제를 빨리 끝낸 **데다가**, 내 숙제도 해 주었다. 2 あの魚は巨大な**うえに**めずらしいので高く売れた。 　저 물고기는 거대한 **데다가** 희귀하기 때문에 비싸게 팔렸다. 3 この仕事は危ない**うえに**、給料も安いのでやりたくない。 　이 일은 위험한 **데다가**, 급료도 싸기 때문에 하기 싫다. 4 厳しい訓練である**うえに**休憩時間も少なく、みんな疲れていた。 　엄한 훈련인 **데다가** 휴식 시간도 적어, 모두 지쳐 있었다.
〜かわりに 〜대신에	접속	1 동사 보통형 + かわりに　　　2 な형용사 어간 な + かわりに 3 い형용사 보통형 + かわりに　4 명사 の + かわりに
	예문	1 私が洗濯物をたたむ**かわりに**あなたはお皿を洗ってね。 　내가 세탁물을 개는 **대신에** 당신은 접시를 씻어 줘. 2 人前で話すのが苦手な**かわりに**文章を書くことは得意です。 　사람들 앞에서 이야기하는 것이 서툰 **대신에** 글을 쓰는 것은 자신 있습니다. 3 このお店はアクセスが悪い**かわりに**、味は最高なんですよ。 　이 가게는 접근성이 나쁜 **대신에**, 맛은 최고입니다. 4 私の**かわりに**山本さんが発表する予定です。 　저 **대신에** 야마모토 씨가 발표할 예정입니다.
〜からといって 〜라고 해서, 〜라고 하더라도	접속	1 동사 보통형 + からといって　　2 な형용사 어간 だ + からといって 3 い형용사 보통형 + からといって　4 명사 だ + からといって
	예문	1 失敗した**からといって**あきらめる必要はない。 　실패했**다고 해서** 포기할 필요는 없다. 2 面倒だ**からといって**宿題をしないわけにはいかない。 　귀찮**다고 해서** 숙제를 안 할 수는 없다. 3 安い**からといって**何でも買うのはよくない。 　싸**다고 해서** 무엇이든 사는 것은 좋지 않다. 4 医者だ**からといって**すべての病気は治せない。 　의사**라고 해도** 모든 병은 고칠 수 없다.

/ 여러 품사 뒤에 접속하는 문형 /

~せいで
~탓에, ~탓으로

접속
1 동사 보통형 + せいで
2 な형용사 어간 な + せいで
3 い형용사 보통형 + せいで
4 명사 の + せいで

예문
1 寝坊したせいで、新幹線に乗れなかった。 늦잠 잔 탓에, 신칸센을 못 탔다.
2 腹の中が空っぽなせいで授業に全然集中できない。
  뱃속이 텅 빈 탓에 수업에 전혀 집중할 수 없다.
3 気候がおかしいせいで突然暑くなったり寒くなったりする。
  날씨가 이상한 탓에 돌연 더워졌다가 추워졌다가 한다.
4 少ない予算のせいで買いたかったプレゼントが買えなかった。
  적은 예산 탓에 사고 싶었던 선물을 살 수 없었다.

~ごとに
~마다

접속
1 동사 사전형 + ごとに
2 명사 + ごとに

예문
1 パンが焼けるごとに、すぐお店に出して売っています。
  빵이 구워질 때마다, 바로 가게에 내서 팔고 있습니다.
2 あのめざまし時計は10分ごとに鳴るようにしておきました。
  저 알람 시계는 10분마다 울리도록 해 두었습니다.

~最中に
한창 ~(하)는 중에

접속
1 동사 て형 + いる + 最中に
2 명사 の + 最中に

예문
1 勉強をしている最中に停電した。 한창 공부를 하는 중에 정전됐다.
2 商品の輸送の最中に問題が発生したと会社から連絡が来た。
  상품의 운송 중에 문제가 발생했다고 회사에서 연락이 왔다.

📋 확인 문제 빈칸에 들어갈 알맞은 표현을 고르세요.

01 あの魚は巨大な_____めずらしいので高く売れた。　　ⓐ うえに　　ⓑ からといって

02 安い_____、何でも買うのはよくない。　　ⓐ からといって　　ⓑ 最中に

03 気候がおかしい_____突然暑くなったり寒くなったりする。　　ⓐ かわりに　　ⓑ せいで

04 あのめざまし時計は10分_____鳴るようにしておきました。　　ⓐ 最中に　　ⓑ ごとに

05 人前で話すのが苦手な_____文章を書くことは得意です。　　ⓐ ごとに　　ⓑ かわりに

정답 01 ⓐ 02 ⓐ 03 ⓑ 04 ⓑ 05 ⓑ

~くせに ~주제에	접속	1 동사 보통형 + くせに 2 な형용사 어간 な + くせに 3 い형용사 보통형 + くせに 4 명사 の + くせに
	예문	1 彼は遅れてきた**くせに**、席が悪いと文句を言った。 그는 늦게 온 **주제에**, 자리가 나쁘다고 불만을 말했다. 2 自分も嫌な**くせに**、他の人にその仕事をやらせた。 자신도 싫어하는 **주제에**, 다른 사람에게 그 일을 시켰다. 3 頭はいい**くせに**、なんで勉強しないんだろう。 머리는 좋은 **주제에**, 왜 공부하지 않는 걸까. 4 大人の**くせに**、ごみの捨て方も知らないなんて。 어른인 **주제에**, 쓰레기 버리는 방법도 모르다니.
~たびに ~(할) 때마다	접속	1 동사 사전형 + たびに 2 명사 の + たびに
	예문	1 親に会う**たびに**、「いつ結婚するの」と聞かれるのがいやだ。 부모님을 만날 **때마다**, '언제 결혼하니?'라고 듣는 것이 싫다. 2 事件の解決の**たびに**ニュースで大きく取り上げられる。 사건 해결 **때마다** 뉴스에서 크게 거론된다.
~ために ~위해서	접속	1 동사 사전형 + ために 2 명사 の + ために 3 동사 ない형 + ないために
	예문	1 野菜をおいしく育てる**ために**は水と太陽といい土が必要です。 야채를 맛있게 키우기 **위해서**는 물과 태양과 좋은 흙이 필요합니다. 2 世界平和の**ために**国際会議が開かれる。 세계 평화를 **위해서** 국제회의가 열린다. 3 これ以上子供を減らさ**ないために**政府は対策をすべきです。 이 이상 아이를 줄지 않게 하기 **위해서** 정부는 대책을 세워야 합니다.
~ついでに ~(하)는 김에	접속	1 동사 보통형 + ついでに 2 명사 の + ついでに
	예문	1 郵便局に行く**ついでに**本屋によって雑誌を買って来てくれない? 우체국에 가는 **김에** 서점에 들러서 잡지를 사 와주지 않을래? 2 誕生日のお祝いの**ついでに**就職のお祝いもしましょう。 생일 축하하는 **김에** 취직 축하도 합시다.
~とおりに ~대로	접속	1 동사 사전형 + とおりに 2 동사 た형 + とおりに 3 명사 の + とおりに 4 명사 + どおりに
	예문	1 私の言う**とおりに**してください。 제가 말하는 **대로** 해 주세요. 2 覚えた**とおりに**一度やってみましょう。 외운 **대로** 한 번 해 봅시다. 3 説明書の**とおりに**組み立てたら簡単に完成しました。 설명서**대로** 조립했더니 간단히 완성했습니다. 4 普段**どおりに**早く寝ようとしたが、昨日はなかなか眠れなかった。 평소**대로** 빨리 자려고 했지만, 어제는 좀처럼 잘 수 없었다.

여러 품사 뒤에 접속하는 문형

~とともに ~와 함께, ~와 동시에	접속	1 동사 사전형 + とともに　　　2 명사 + とともに
	예문	1 健康になる**とともに**体力もついた。 건강해짐**과 함께** 체력도 붙었다. 2 町の発展**とともに**引っ越してくる人が増えた。 마을의 발전**과 함께** 이사해 오는 사람이 늘었다.
~うちに ~(하)는 동안에, ~(일) 때	접속	1 동사 보통형 + うちに 2 な형용사 보통형 + うちに (단, 현재·긍정은 な형용사 어간 な에 접속) 3 い형용사 보통형 + うちに 4 명사 の + うちに
	예문	1 英語を学ぶ**うちに**留学に興味を持つようになった。 영어를 배우**는 동안에** 유학에 흥미를 가지게 되었다. 2 祖父が元気な**うちに**たくさん会いに行くつもりだ。 할아버지가 건강하**신 동안에** 많이 만나러 갈 생각이다. 3 料理は熱い**うちに**食べたほうがおいしいです。 요리는 뜨거**울 때** 먹는 편이 맛있습니다. 4 学生の**うちに**一人で旅行してみたいです。 학생일 **때** 혼자서 여행해보고 싶습니다. ★「부정형 + うちに」의 형태로 쓰일 경우, ~(하)기 전에 (~하지 않는 동안에)의 뜻을 가진다. 忘れない**うちに**、みんなに連絡しておきましょう。 잊어버리기 전에, 모두에게 연락해 둡시다.
~なる ~(하)게 되다	접속	1 な형용사 어간 に + なる　　　2 い형용사 어간 く + なる 3 명사 に + なる
	예문	1 毎日練習して、上手**になりました**。 매일 연습해서, 잘 하게 **되었습니다**. 2 牛乳を飲んで、背が高**くなりました**。 우유를 마시고, 키가 커지게 **되었습니다**. 3 雨で明日の運動会は中止**になりました**。 비로 내일 운동회는 중지 **되었습니다**.

📋 **확인 문제** 빈칸에 들어갈 알맞은 표현을 고르세요.

01 世界平和の＿＿＿＿国際会議が開かれる。　　　　　　　ⓐ ために　ⓑ ついでに
02 覚えた＿＿＿＿一度やってみましょう。　　　　　　　ⓐ たびに　ⓑ とおりに
03 親に会う＿＿＿＿、「いつ結婚するの」と聞かれるのがいやだ。　ⓐ ために　ⓑ たびに
04 誕生日のお祝いの＿＿＿＿就職のお祝いもしましょう。　　ⓐ ごとに　ⓑ ついでに
05 町の発展＿＿＿＿引っ越してくる人が増えた。　　　　ⓐ とともに　ⓑ とおりに

정답 01 ⓐ 02 ⓑ 03 ⓑ 04 ⓑ 05 ⓐ

~にしても ~라고 해도	접속	1 동사 보통형 + にしても　　2 な형용사 어간 である + にしても 3 い형용사 보통형 + にしても　　4 명사(である) + にしても
	예문	1 遊ぶにしても宿題を済ませないと遊びに行けません。 논다고 해도 숙제를 끝내지 않으면 놀러 갈 수 없습니다. 2 数学が苦手であるにしてもこれくらいの問題は解けます。 수학이 서툴다고 해도 이 정도의 문제는 풀 수 있습니다. 3 安いにしても、今はお金がなくて買えません。 싸다고 해도, 지금은 돈이 없어서 살 수 없습니다. 4 休日にしても今日のデパートは人が多すぎるんじゃないかな。 휴일이라고 해도 오늘의 백화점은 사람이 너무 많은 것 아닐까.
~にしては ~치고는	접속	1 동사 보통형 + にしては　　2 な형용사 어간 + にしては 3 い형용사 보통형 + にしては　　4 명사 + にしては
	예문	1 練習したにしては結果があまりよくなかった。 연습한 것치고는 결과가 그다지 좋지 않았다. 2 彼はまじめにしては遅刻が多い。　그는 성실한 것치고는 지각이 많다. 3 このコップは小さいにしては重い。　이 컵은 작은 것치고는 무겁다. 4 人生初めての面接にしては、全く緊張しなかった。 인생 첫 면접치고는, 전혀 긴장하지 않았다.
~につれ ~(함)에 따라	접속	1 동사 사전형 + につれ　　2 명사 + につれ
	예문	1 発表する日が近づくにつれ緊張してきました。 발표하는 날이 가까워져 옴에 따라 긴장되어 왔습니다. 2 時代の変化につれ、人も言葉も変わっていく。 시대의 변화에 따라, 사람도 말도 변해 간다.
~場合 ~(한) 경우	접속	1 동사 보통형 + 場合　　2 な형용사 어간 な + 場合 3 い형용사 보통형 + 場合　　4 명사 の + 場合
	예문	1 電話番号が変わった場合は新しい番号を教えてくださいね。 전화번호가 바뀐 경우는 새로운 번호를 알려주세요. 2 受験のことで不安な場合はいつでも相談しにきていいですよ。 수험으로 불안한 경우는 언제든지 상담하러 와도 좋습니다. 3 何度注意してもしつこい場合は、警察に連絡します。 몇 번 주의를 줘도 끈질긴 경우에는, 경찰에게 연락합니다. 4 火事、地震など、非常の場合には、階段をご利用ください。 화재, 지진 등, 비상의 경우에는, 계단을 이용해 주십시오.

여러 품사 뒤에 접속하는 문형

~ほか / ~ほかに
~외에 / ~외에는

접속
1. 동사 보통형 + ほか / ほかに
2. な형용사 어간 な + ほか / ほかに
3. い형용사 보통형 + ほか / ほかに
4. 명사 の + ほか / ほかに

예문
1. 風邪予防には人の多い場所を避ける**ほかに**、手を洗うのが大切だ。
   감기 예방에는 사람이 많은 장소를 피하는 것 외에는, 손을 씻는 것이 중요하다.
2. 日本は家では靴を脱ぐのが一般的な**ほか**、床に座るのも一般的だ。
   일본은 집에서는 신발을 벗는 것이 일반적인 외에, 바닥에 앉는 것도 일반적이다.
3. ここは駅から近い**ほかに**メリットがない。
   여기는 역에서 가까운 것 외에는 메리트가 없다.
4. 急激に上昇した物価の**ほか**、税金も上がって生活は苦しくなった。
   급격하게 상승한 물가 외에, 세금도 올라서 생활이 괴로워졌다.

~前に
~전에

접속
1. 동사 사전형 + 前に
2. 명사 の + 前に

예문
1. 食事をする**前に**手を洗いましょう。 식사를 하기 전에 손을 씻읍시다.
2. 面接の準備の**前に**まずは筆記試験に合格することが大切です。
   면접 준비 전에 우선은 필기 시험에 합격하는 것이 중요합니다.

~まま
~(한) 채, ~그대로

접속
1. 동사 た형 + まま
2. な형용사 어간 な + まま
3. い형용사 사전형 + まま
4. 명사 の + まま

예문
1. テレビをつけた**まま**、寝てしまった。 텔레비전을 켠 채, 자 버렸다.
2. 出かけた息子が帰って来なくて心配な**まま**一日を過ごした。
   외출한 아들이 돌아오지 않아 걱정하는 채로 하루를 보냈다.
3. 何度洗濯してもその靴下は臭い**まま**だった。
   몇 번 세탁해도 그 양말은 냄새 나는 그대로였다.
4. 彼女は外国人と結婚したが、国籍は日本の**まま**です。
   그녀는 외국인과 결혼했지만, 국적은 일본인 채입니다.

확인 문제 빈칸에 들어갈 알맞은 표현을 고르세요.

01 練習した_____結果があまりよくなかった。　　　　ⓐ ほかに　　ⓑ にしては

02 数学が苦手である_____これくらいの問題は解けます。　ⓐ にしては　ⓑ にしても

03 時代の変化_____、人も言葉も変わっていく。　　　ⓐ にしても　ⓑ につれ

04 ここは駅から近い_____メリットがない。　　　　　ⓐ ほかに　　ⓑ につれ

05 何度注意してもしつこい_____は、警察に連絡します。　ⓐ 場合　　　ⓑ ほか

정답 01 ⓑ 02 ⓐ 03 ⓑ 04 ⓐ 05 ⓐ

～わりに ~에 비해서	접속	1 동사 보통형 + わりに　　　2 な형용사 어간 な + わりに 3 い형용사 사전형 + わりに　　4 명사 の + わりに
	예문	1 いつもお金がないって言って**わりに**よく旅行に行くね。 항상 돈이 없다고 말하는 것**에 비해서** 자주 여행을 가네. 2 あの山道は坂が急な**わりに**意外と歩きやすいです。 저 산길은 고개가 가파른 것**에 비해서** 의외로 걷기 쉽습니다. 3 友達は頭がいい**わりに**成績は大して良くないらしい。 친구는 머리가 좋은 것**에 비해서** 성적은 그다지 좋지 않은 것 같다. 4 あの二人は姉妹の**わりに**顔も性格も似ていない。 저 둘은 자매인 것**에 비해서** 얼굴도 성격도 닮지 않았다.
～おかげだ ~덕분이다	접속	1 동사 た형 + おかげだ　　　2 な형용사 어간 な + おかげだ 3 い형용사 보통형 + おかげだ　4 명사 の + おかげだ
	예문	1 外国人の友達がたくさんいるのは、海外で暮らしていた**おかげだ**。 외국인 친구가 많이 있는 것은, 해외에서 살았던 **덕분이다**. 2 いろんな場所に旅行に行けるのは、運転が可能な**おかげです**。 여러 장소에 여행을 갈 수 있는 것은, 운전이 가능한 **덕분입니다**. 3 今日かばんが軽いのは、普段より授業が少ない**おかげだ**。 오늘 가방이 가벼운 것은, 평소보다 수업이 적은 **덕분이다**. 4 子供が無事なのはあなたの**おかげです**。 아이가 무사한 것은 당신 **덕분입니다**.
～かもしれない ~(할)지도 모른다	접속	1 동사 보통형 + かもしれない　　2 な형용사 어간 + かもしれない 3 い형용사 보통형 + かもしれない　4 명사 + かもしれない
	예문	1 犯人は事件の現場にまた現れる**かもしれない**。 범인은 사건 현장에 다시 나타날**지도 모른다**. 2 彼は料理が苦手**かもしれない**。 그는 요리가 서툴**지도 모른다**. 3 思ったよりおもしろい**かもしれない**。 생각보다 재미있을**지도 몰라**. 4 あの人は様々な病気について詳しいから医者**かもしれない**。 저 사람은 다양한 병에 대해 잘 알고 있기 때문에 의사일**지도 모른다**.
～がる ~싶어 하다, ~(해) 하다	접속	1 동사 ます형 + たがる 2 な형용사 어간 + がる (느낌을 나타내는 な형용사만 가능) 3 い형용사 어간 + がる
	예문	1 祖父は孫に会いた**がって**いる。 할아버지는 손자를 보고 **싶어 하고** 있다. 2 子供が不安**がる**ので、大きな声で騒がないでくれませんか。 아이가 불안해**하기** 때문에, 큰 소리로 떠들지 말아 주시겠습니까? 3 妹は犬を怖**がる**。 여동생은 개를 무서워**한다**. ★ ~がる는 제 3자의 감정이나 행동을 말할 때만 사용한다.

~かどうか
~(할)지 어떤지

접속
1. 동사 보통형 + かどうか
2. な형용사 어간 + かどうか
3. い형용사 보통형 + かどうか
4. 명사 + かどうか

예문
1. この仕事を新入社員に任せる**かどうか**、考え直すべきだ。
   이 일을 신입사원에게 맡길지 어떨지, 다시 생각해야 한다.
2. あの子が意地悪**かどうか**なんて友達の私が一番わかっています。
   저 아이가 짓궂은지 어떤지 따위 친구인 내가 가장 잘 알고 있습니다.
3. その映画がおもしろい**かどうか**は見てみなければ分からない。
   그 영화가 재미있는지 어떤지는 봐 보지 않으면 모른다.
4. 来週の遠足が中止**かどうか**は当日の天気で決まります。
   다음 주 소풍이 중지일지 어떨지는 당일의 날씨로 결정됩니다.

~すぎる
너무 ~(하)다

접속
1. 동사 ます형 + すぎる
2. な형용사 어간 + すぎる
3. い형용사 어간 + すぎる
4. 명사 + すぎる

예문
1. チョコレートは冷やし**すぎる**と固くなりすぎる。
   초콜릿은 너무 식히면 너무 단단해진다.
2. 彼女はいつも上品**すぎて**、ただの一般人とは思えない。
   그녀는 항상 너무 고상해서, 그저 일반인이라고는 생각할 수 없다.
3. このコーヒーは熱**すぎる**。 이 커피는 너무 뜨겁다.
4. もらったお米が大量**すぎて**一人では食べられません。
   받은 쌀이 너무 대량이어서 혼자서는 먹을 수 없습니다.

📋 확인 문제 빈칸에 들어갈 알맞은 표현을 고르세요.

01 祖父は孫に会いた_____いる。 　　　ⓐ かどうか　　ⓑ がって
02 思ったよりおもしろい_____。 　　　ⓐ かもしれない　　ⓑ 前に
03 あの山道は坂が急な_____意外と歩きやすいです。 　ⓐ まま　　ⓑ わりに
04 子供が無事なのはあなたの_____。 　　ⓐ おかげです　　ⓑ かもしれないです
05 彼女はいつも上品_____、ただの一般人とは思えない。 　ⓐ すぎて　　ⓑ おかげで

정답 01 ⓑ 02 ⓐ 03 ⓑ 04 ⓐ 05 ⓐ

~だろう ~(하)겠지	접속　1 동사 보통형 + だろう　　　2 な형용사 어간 + だろう 　　　3 い형용사 보통형 + だろう　　4 명사 + だろう 예문　1 来週には桜が咲く**だろう**。 다음 주에는 벚꽃이 피**겠지**. 　　　2 この試合に負けても優勝できるので気楽**だろう**。 　　　　이 시합에서 져도 우승할 수 있어서 마음이 편하**겠지**. 　　　3 熱が下がったばかりでまだ体がだるい**だろう**。 　　　　열이 내린 직후라서 아직 몸이 나른하**겠지**. 　　　4 留学して1年、そろそろ帰国するとき**だろう**。 유학한 지 1년, 슬슬 귀국할 때**겠지**.
~に決まっている 당연히 ~이다, ~으로 정해져 있다	접속　1 동사 보통형 + に決まっている　　2 い형용사 보통형 + に決まっている 　　　3 명사 + に決まっている 예문　1 遅刻したら、先生は怒る**に決まっている**。 지각하면, 선생님은 **당연히** 화낼 것**이다**. 　　　2 彼女が作った料理だから、おいしい**に決まっている**。 　　　　그녀가 만든 요리니까, **당연히** 맛있을 것**이다**. 　　　3 今年の優勝は彼**に決まっている**。 올해 우승은 **당연히** 그일 것**이다**.
~に違いない ~(임)에 틀림없다	접속　1 동사 보통형 + に違いない　　　2 な형용사 어간 + に違いない 　　　3 い형용사 보통형 + に違いない　　4 명사 + に違いない 예문　1 あの俳優は今年きっと売れる**に違いない**。 　　　　저 배우는 올해 분명 인기 있어질 것임에 **틀림없다**. 　　　2 私が想像するよりも子供を育てることは大変**に違いない**。 　　　　내가 상상하는 것보다도 아이를 키우는 것은 힘듦에 **틀림없다**. 　　　3 今回の試験は難しかった**に違いない**。 이번 시험은 어려웠음에 **틀림없다**. 　　　4 まさか私が代表だなんて。きっと冗談**に違いない**。 　　　　설마 내가 대표라니. 분명 농담임에 **틀림없어**.
~に行く ~(하)러 가다	접속　1 동사 ます형 + に行く　　　2 동작 명사 + に行く (쇼핑, 식사, 공부 등) 예문　1 コンビニにパンを買い**に行った**。 편의점에 빵을 사러 **갔다**. 　　　2 週末は家族みんなで外食**に行く**ことになっている。 　　　　주말은 가족 모두와 외식**하러 가기**로 되어 있다.
~にしたがって ~에 따라	접속　1 동사 사전형 + にしたがって　　2 명사 + にしたがって 예문　1 高度が上昇する**にしたがって**気圧は下がる。 고도가 상승함**에 따라** 기압은 내려간다. 　　　2 先生の合図**にしたがって**生徒たちは同時に歩き出した。 　　　　선생님의 신호**에 따라** 학생들은 동시에 걷기 시작했다.

여러 품사 뒤에 접속하는 문형

～のです (～んです)
~(한) 것입니다

접속
1 동사 보통형 + のです (=んです)
2 な형용사 보통형 + のです (=んです) (단, 현재·긍정은 な형용사 어간 な에 접속)
3 い형용사 보통형 + のです (=んです)
4 명사 な + のです (=んです)

예문
1 来週、試合なのにちっとも練習に来ないで何をやっていた**のです**か。
다음 주, 시합인데 조금도 연습에 오지 않고 무엇을 하고 있던 것입니까?

2 この店はお昼だけ飲み物のおかわりが無料な**んです**よ。
이 가게는 낮에만 음료 리필이 무료인 것이에요.

3 昨日からご飯も食べなくてなんか様子がおかしい**のです**。
어제부터 밥도 먹지 않고 뭔가 상태가 이상한 것입니다.

4 女子サッカー選手になることが昔から私の夢な**んです**。
여자 축구 선수가 되는 것이 옛날부터 저의 꿈인 것입니다.

～はずだ
~(할) 것이다

접속
1 동사 보통형 + はずだ
2 な형용사 어간 な + はずだ
3 い형용사 보통형 + はずだ
4 명사 の + はずだ

예문
1 この地域は地震がよく起きるので普段から備えている**はずです**。
이 지역은 지진이 자주 일어나기 때문에 평소부터 준비하고 있을 것입니다.

2 昨日スーパーで買ったばかりの卵だから新鮮な**はずだ**。
어제 슈퍼에서 막 산 달걀이므로 신선할 것이다.

3 今日は朝からずっと会議があると言っていたから忙しい**はずです**。
오늘은 아침부터 계속 회의가 있다고 말했기 때문에 바쁠 것입니다.

4 今年はあの子も卒業の**はずだ**。올해는 그 아이도 졸업일 것이다.

📋 확인 문제 빈칸에 들어갈 알맞은 표현을 고르세요.

01 コンビニにパンを買いに＿＿＿＿。　　　　　　ⓐ 違いない　　ⓑ 行った
02 今年はあの子も卒業＿＿＿＿。　　　　　　　　ⓐ のです　　　ⓑ のはずだ
03 今年の優勝は彼に＿＿＿＿。　　　　　　　　　ⓐ 決まっている　ⓑ おかげだ
04 高度が上昇する＿＿＿＿気圧は下がる。　　　　ⓐ に行って　　ⓑ にしたがって
05 熱が下がったばかりでまだ体がだるい＿＿＿＿。ⓐ だろう　　　ⓑ に決まる

정답 01 ⓑ 02 ⓑ 03 ⓐ 04 ⓑ 05 ⓐ

〜はずがない 〜(할) 리가 없다	접속	1 동사 보통형 + はずがない　　2 な형용사 어간 な + はずがない 3 い형용사 보통형 + はずがない　　4 명사 の + はずがない
	예문	1 歴史に詳しい君が知らない**はずがない**。 역사에 밝은 네가 모를 리가 없다. 2 友達に頼られることが迷惑な**はずがない**。 친구에게 의지되는 것이 민폐일 리가 없다. 3 病院でもらった薬を飲んでいるから痛い**はずがありません**。 　병원에서 받은 약을 먹고 있기 때문에 아플 리가 없습니다. 4 部屋の明かりがついているから留守の**はずがない**と思う。 　방의 불이 켜져 있기 때문에 부재중일 리가 없다고 생각해.
〜ないといけない 〜(하)지 않으면 안 된다	접속	1 동사 ない형 + ないといけない 2 な형용사 어간 で(じゃ) + ないといけない 3 い형용사 어간 + く + ないといけない 4 명사 で(じゃ) + ないといけない
	예문	1 痛みがない時も薬を飲ま**ないといけないのでしょうか**。 　통증이 없을 때도 약을 먹지 않으면 안 되나요? 2 簡単に勝てる相手ではないので強気で**ないといけない**。 　간단히 이길 수 있는 상대가 아니기 때문에 강경하지 않으면 안 된다. 3 時間は3分しかないから発表する内容は短く**ないといけない**。 　시간은 3분밖에 없기 때문에 발표하는 내용은 짧지 않으면 안 된다. 4 ルールというのはすべての人にとって公平で**ないといけません**。 　규칙이라는 것은 모든 사람에게 있어서 공평하지 않으면 안 됩니다.
〜なくてはならない **(〜なくちゃ)** 〜(하)지 않으면 안 된다	접속	1 동사 ない형 + なくてはならない (= なくちゃ) 2 な형용사 어간 で + なくてはならない (= なくちゃ) 3 い형용사 어간 く + なくてはならない (= なくちゃ) 4 명사 で + なくてはならない (= なくちゃ)
	예문	1 急いで準備し**なくちゃ**。 서둘러서 준비하지 않으면 안 돼. 2 赤ちゃんが使うものは常に清潔で**なくてはなりません**。 　아기가 쓰는 것은 항상 청결하지 않으면 안 됩니다. 3 学校の先生になるにはまず賢く**なくちゃ**。 　학교의 선생님이 되기 위해서는 우선 현명하지 않으면 안 돼. 4 暗証番号は他の人がわからないように複雑で**なくてはならない**。 　비밀번호는 타인이 알 수 없게 복잡하지 않으면 안 된다.

여러 품사 뒤에 접속하는 문형

～なくなってから
~(하)지 않게 되고 나서

접속
1 동사 ない형 + なくなってから
2 な형용사 어간 で + なくなってから
3 い형용사 어간 く + なくなってから
4 명사 で + なくなってから

예문
1 授業中に友達としゃべら**なくなってから**テストの点数が上がった。
　수업 중에 친구와 이야기하지 않게 되고 나서 시험 점수가 올랐다.
2 仕事が楽で**なくなってから**辞めたいと思うようになった。
　일이 편하지 않게 되고 나서 그만두고 싶다고 생각하게 되었다.
3 あの店は安く**なくなってから**は行っていない。
　저 가게는 저렴하지 않게 되고 나서는 가지 않고 있다.
4 学生で**なくなってから**大学の友達に会うことも少なくなった。
　학생이 아니게 되고 나서 대학 친구와 만나는 일도 줄었다.

～なければならない
~(하)지 않으면 안 된다

접속
1 동사 ない형 + なければならない
2 な형용사 어간 で + なければならない
3 い형용사 어간 く + なければならない
4 명사 で + なければならない

예문
1 上司に報告する時は、話し方に気をつけ**なければならない**。
　상사에게 보고할 때는, 말하는 방법에 신경 쓰지 않으면 안 된다.
2 正しい判断をするためには冷静で**なければならない**。
　올바른 판단을 하기 위해서는 냉정하지 않으면 안 된다.
3 風邪を引かないためにも冬に着る服は暖かく**なければならない**。
　감기에 걸리지 않기 위해서라도 겨울에 입는 옷은 따뜻하지 않으면 안 된다.
4 場所を変更するのであれば連絡は早めで**なければならない**。
　장소를 변경하는 것이라면 연락은 빨리 하지 않으면 안 된다.

확인 문제 빈칸에 들어갈 알맞은 표현을 고르세요.

01 あの店は安く_____は行っていない。　　　ⓐ なくなってから　　ⓑ なくてはならない
02 病院でもらった薬を飲んでいるから痛_____。　ⓐ なはずだ　　　　ⓑ いはずがない
03 急いで準備し_____。　　　　　　　　　　ⓐ なくなってから　　ⓑ なくちゃ
04 正しい判断をするためには冷静で_____。　　ⓐ なければならない　ⓑ はずがない
05 簡単に勝てる相手ではないので強気_____。　ⓐ でないといけない　ⓑ に決まっている

정답 01 ⓐ 02 ⓑ 03 ⓑ 04 ⓐ 05 ⓐ

~ば ~(하)면	접속	1 동사 사전형 う단을 え단으로 + ば　　2 な형용사 어간 + ならば 　★ 예외 する → すれば / 来(く)る → 来(く)れば 3 い형용사 어간 + ければ　　4 명사 + ならば
	예문	1 どの電車(でんしゃ)で行(い)け**ば**いちばん便利(べんり)なのか知(し)っていますか。 　어느 전철로 가**면** 가장 편리한지 알고 계시나요? 2 命令(めいれい)が絶対(ぜったい)なら**ば**無視(むし)することはできないでしょう。 　명령이 절대적이라**면** 무시하는 것은 불가능하겠죠. 3 僕(ぼく)がテニスができるのがうらやましけれ**ば**君(きみ)も始(はじ)めるといいよ。 　내가 테니스를 할 수 있는 것이 부럽다**면** 너도 시작하면 돼. 4 この実験(じっけん)が成功(せいこう)なら**ば**これは大発見(だいはっけん)です。 　이 실험이 성공이라**면** 이것은 대발견입니다.
~ば ~ほど ~(하)면 ~(할)수록	접속	1 동사 사전형 う단을 え단으로 + ば + 동사 사전형 + ほど 2 な형용사 어간 + であればある + ほど 3 い형용사 어간 + ければ + い형용사 사전형 + ほど 4 명사 + であればある + ほど
	예문	1 考(かんが)えれ**ば**考(かんが)える**ほど**むずかしいね。 생각하**면** 생각할**수록** 어렵네. 2 必死(ひっし)であれ**ば**ある**ほど**同時(どうじ)に不安(ふあん)にもなるものです。 　필사적이면 필사적일**수록** 동시에 불안해지기도 하는 것이다. 3 人(ひと)は悔(くや)しけれ**ば**悔(くや)しい**ほど**努力(どりょく)をする生(い)き物(もの)だ。 　사람은 분하면 분할**수록** 노력을 하는 생물이다. 4 何(なに)かに夢中(むちゅう)であれ**ば**ある**ほど**周(まわ)りが見(み)えなくなりやすい。 　무언가에 빠지면 빠질**수록** 주변이 보이지 않게 되기 쉽다.
~ばよかった ~(할) 걸 그랬다, ~(하)면 좋았겠다	접속	1 동사 사전형 う단을 え단으로 + ばよかった 2 な형용사 어간 + ならばよかった 3 い형용사 어간 + ければよかった 4 명사 + ならばよかった
	예문	1 私(わたし)も行(い)け**ばよかった**。 나도 갈 걸 그랬다. 2 この割引券(わりびきけん)がまだ有効(ゆうこう)**ならばよかった**のに。 　이 할인권이 아직 유효하**면 좋았**을 텐데. 3 自分(じぶん)がもう少(すこ)し絵画(かいが)について詳(くわ)し**ければよかった**と思(おも)った。 　자신이 좀 더 회화에 대해 잘 알았으**면 좋았을 걸**이라고 생각했다. 4 現実(げんじつ)じゃなくて夢(ゆめ)**ならばよかった**のにと何度(なんど)も思(おも)う。 　현실이 아니고 꿈**이면 좋았**을 텐데 라고 몇 번이나 생각한다.

> 여러 품사 뒤에 접속하는 문형

~ばかりか
~뿐만 아니라

접속
1. 동사 보통형 + ばかりか
2. な형용사 보통형 + ばかりか
   (단, 현재·긍정은 な형용사 어간 な에 접속)
3. い형용사 보통형 + ばかりか
4. 명사 + ばかりか

예문
1. 親切な若者は道を教えてくれた**ばかりか**荷物も運んでくれました。
   친절한 젊은이는 길을 가르쳐줬을 뿐만 아니라 짐도 옮겨 주었습니다.
2. 寝ることは体の健康にとって重要**ばかりか**心の健康にも重要だ。
   자는 것은 몸 건강에 있어서 중요할 뿐만 아니라 마음의 건강에도 중요하다.
3. あのホテルは部屋がきたない**ばかりか**、値段も高かった。
   저 호텔은 방이 더러울 뿐만 아니라, 가격도 비쌌다.
4. 先日買った電子レンジは価格**ばかりか**質もよくて満足している。
   얼마 전 산 전자레인지는 가격뿐만 아니라 질도 좋아서 만족하고 있다.

~さえ…ば
~만 …(한)다면

접속
1. 동사 ます형 + さえすれば
2. 동사 て형 + さえ…ば
3. 명사 + さえ…ば
4. 의문사로 시작하는 의문문 + さえ…ば

예문
1. やせ**さえ**すれ**ば**いいという考えはよくない。 마르기만 하면 된다는 생각은 좋지 않다.
2. 彼が携帯を持って**さえ**いれ**ば**連絡はできる。
   그가 핸드폰을 가지고 있기만 하면 연락은 할 수 있다.
3. あの時、彼女**さえ**いれ**ば**よかったのに。 그 때, 그녀만 있었다면 좋았을걸.
4. 何が必要なのか**さえ**わかれ**ば**それを買っていくのに。
   무엇이 필요한지만 안다면 그걸 사서 갈 텐데.

なんて~だろう
어쩜 이렇게 ~(할)까?

접속
1. な형용사 어간 なん + だろう
2. い형용사 보통형 の + だろう
3. 명사 なん + だろう

예문
1. あの人は**なんて**親切な**んだろう**。 저 사람은 어쩜 이렇게 친절할까?
2. この人形は**なんて**かわいらしいの**だろう**。 이 인형은 어쩜 이렇게 귀여울까?
3. **なんて**賢い犬な**んだろう**。 어쩜 이렇게 똑똑한 개일까?

📋 **확인 문제** 빈칸에 들어갈 알맞은 표현을 고르세요.

01	考えれば考える_____むずかしいね。	ⓐ ほど	ⓑ ばかりか
02	やせ_____すればいいという考えはよくない。	ⓐ さえ	ⓑ はず
03	この実験が成功_____これは大発見です。	ⓐ らば	ⓑ ならば
04	あのホテルは部屋がきたない_____、値段も高かった。	ⓐ ばかりか	ⓑ ほど
05	現実じゃなくて夢なら_____のにと何度も思う。	ⓐ 違いない	ⓑ ばよかった

정답 01 ⓐ 02 ⓐ 03 ⓑ 04 ⓐ 05 ⓑ

문제 1 문법형식 판단

[문제 1 문법형식 판단]은 빈칸이 포함된 짧은 서술문 또는 대화문에서 빈칸 안에 들어갈 문맥에 맞는 문법형식을 고르는 문제로, 총 13문항이 출제된다. 조사나 부사, 문형, 문말 표현, 경어 표현을 묻는 문제가 골고루 출제된다.

◉ 핵심 전략

1 조사나 부사, 문형을 묻는 문제는 빈칸 바로 앞뒤나 문장 전체의 문맥에 유의하여 알맞은 선택지를 정답으로 고른다. 빈칸 앞 또는 뒤와 접속이 올바르지 않은 선택지가 있으면 오답으로 먼저 소거한다.

> 예 今度の試合に勝てる（　　　）がんばります。 이번 시합에 이길 수 있（　　　） 노력하겠습니다.
> ① ように ~도록 (○)　　② ために ~위해서 (×)
> 　　　　　　　　　목적을 나타내는 ために는 동사 사전형과 접속한다

2 문말 표현을 묻는 문제는 문장 전체의 문맥에 맞는 선택지를 정답으로 고른다. 특히, 수수·수동·사역·사역 수동 표현이 자주 출제되므로 정확히 해석하면서 문맥을 파악해야 한다.

> 예 私の町では毎年 7月最後の土曜日に祭りが（　　　）。
> 우리 마을에서는 매년 7월 마지막 토요일에 축제가 (　　　).
> ① 行われます 행해집니다 (○)　② 行わせます 행하게 합니다 (×)

3 경어 표현을 묻는 문제는 대화문에서 주로 출제된다. 대화자 간의 관계나 행동의 주체에 유의하여 문맥에 맞는 선택지를 정답으로 고른다.

> 예 山本「はい、あおい電気の営業部です。」
> 야마모토 "네, 아오이 전기의 영업부입니다."
> 中田「私、みどり銀行の中田と（　　　）が、吉村さんをお願いします。」
> 나카타 "저, 미도리 은행의 나카타라고 (　　　)만, 요시무라 씨 부탁드립니다."
> ① 申します (말)합니다 (○)　② 申し上げます 드리겠습니다 (×)

4 N3 빈출 문법(p.166~225)에서 조사, 부사, 경어, 문형 및 활용 표현 내용을 특히 더 꼼꼼하게 학습해둔다.

문제 풀이 Step

Step 1 선택지를 읽고 각 선택지의 의미와 무엇을 묻는 문제인지 파악한다.

선택지를 읽고 각각의 의미를 확인한 뒤 조사나 부사, 문형을 묻는 문제인지, 문말 표현을 묻는 문제인지, 경어 표현을 묻는 문제인지 파악한다.

Step 2 서술문 또는 대화문을 읽고 문맥상, 문법상 적절한 선택지를 정답으로 고른다.

선택지를 빈칸 안에 넣었을 때 문맥상 적절한 선택지를 찾고, 빈칸 앞뒤의 접속, 시제, 활용형 등과 같은 문법적인 부분에서 오류가 없는지 확인한 뒤 정답을 고른다.

문제 풀이 Step 적용

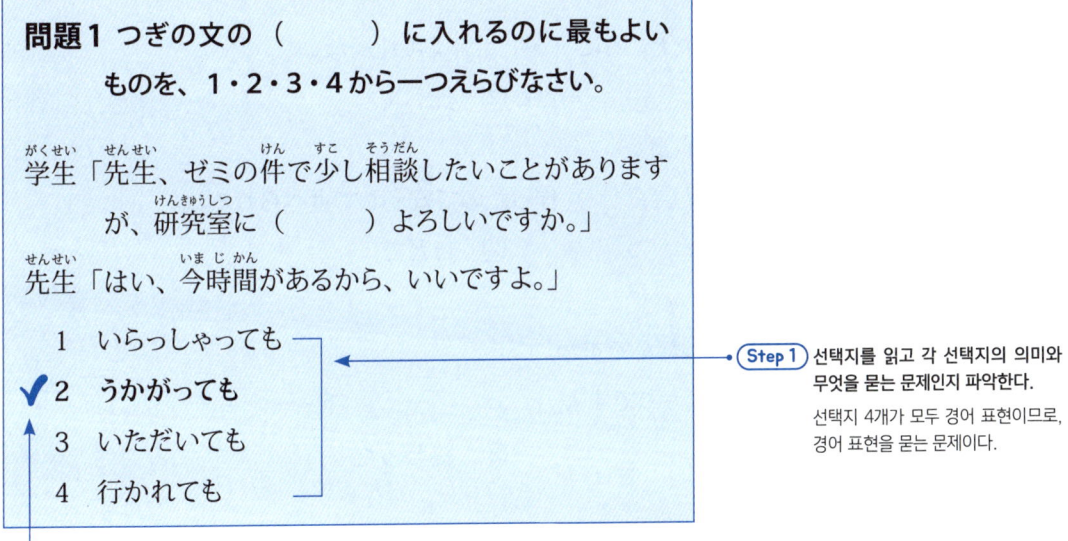

Step 1 선택지를 읽고 각 선택지의 의미와 무엇을 묻는 문제인지 파악한다.
선택지 4개가 모두 경어 표현이므로, 경어 표현을 묻는 문제이다.

Step 2 서술문 또는 대화문을 읽고 문맥상, 문법상 적절한 선택지를 정답으로 고른다.
대화자는 선생님과 학생 관계이며, 빈칸이 있는 문장에서 행동의 주체는 학생이다. 따라서, 빈칸에 들어갈 표현은 겸양 표현이어야 한다. 선택지 중에서 겸양 표현은 2번과 3번이다.
2 うかがっても(찾아 뵈어도)와 3 いただいても(받아도) 중에서 빈칸 앞의 研究室に(연구실로)라는 내용이 있으므로, 문맥상 어울리는 2 うかがっても(찾아 뵈어도)를 정답으로 고른다.

문제1 다음 문장의 (   )에 넣을 것으로 가장 알맞은 것을, 1·2·3·4에서 하나 고르세요.

학생 "선생님, 세미나 건으로 조금 상담하고 싶은 것이 있습니다만, 연구실로 (   ) 괜찮을까요?"
선생님 "네, 지금 시간이 있으니까, 괜찮아요."

1 오셔도   2 찾아 뵈어도   3 받아도   4 가셔도

어휘 学生 がくせい 몡학생   先生 せんせい 몡선생님   ゼミ 몡세미나   件 けん 몡건   少し すこし 튀조금   相談 そうだん 몡상담
研究室 けんきゅうしつ 몡연구실   よろしい い형괜찮다, 좋다   今 いま 몡지금   時間 じかん 몡시간   ~から 조~니까
いらっしゃる 오시다(来る의 존경어)   うかがう 통찾아 뵙다(訪ねる의 겸양어)   いただく 통받다(もらう의 겸양어)
行かれる 가시다(行く의 존경 표현)

실력 다지기

다음 제시문의 빈칸에 들어갈 올바른 표현을 고르세요.

01 会社が家から遠いので、（　　）ことにしました。
① 引っ越す　　　　　　　　② 引っ越した

02 課題は来週の月曜日（　　）出さないといけません。
① まで　　　　　　　　　　② までに

03 このラーメン屋は以前食べたところに（　　）おいしくない。
① 対して　　　　　　　　　② 比べて

04 このケーキは体にいいもの（　　）作ったので安心して食べられる。
① だけで　　　　　　　　　② ほどで

05 A「発表の準備、もう終わったんですか。」
　　B「ちょうど今（　　）ばかりですよ。」
① 終わる　　　　　　　　　② 終わった

06 A「すみません。パスポートを（　　）よろしいですか。」
　　B「はい、どうぞ。」
① 拝見しても　　　　　　　② ごらんになっても

07 A「今朝、重要な会議があるのに、寝坊（　　）。」
　　B「朝から大変でしたね。」
① してしまいました　　　　② してみてもいいですか

08 あの先生はいつもわかりやすく説明（　　）ので、人気が高い。
① してもらう　　　　　　　② してくれる

09 (　　) 仕事が早く終わったから、ご飯でもどうですか。
　① せっかく　　　　　　　　　　② まったく

10 彼と飲み会に行くといつも (　　) から、いっしょに行きたくない。
　① 飲める　　　　　　　　　　② 飲まされる

11 A「すみません。ただいま、満席なのでこちらで (　　)。」
　B「はい。わかりました。」
　① お待ちください　　　　　　② お待ちします

12 A「最近、テニスを習ってるんですが、本当に難しいです。どうしたらうまくなれますか。」
　B「やはり、毎日 (　　) ね。そうすれば、きっとうまくなれますよ。」
　① 練習したことがあります　　② 練習するしかないです

13 A「このアパートでは、ビンと缶は水曜日に (　　)。」
　B「あ、すみません。知らなかったです。」
　① 捨てることになっています　② 捨てないこともないです

14 A「友達から聞いたんだけど、山田先生、来月結婚 (　　) よ。」
　B「え、本当? 知らなかった。」
　① するそうだ　　　　　　　　② しそうだ

15 A「今度の交流会、参加しますか。」
　B「すみません、今回は遠慮 (　　)。」
　① させていただきます　　　　② させてくださいます

16 今回の失敗は (　　) 忘れられないと思う。
　① けっして　　　　　　　　　② ようやく

실전 대비하기 1

問題1 つぎの文の（　　）に入れるのに最もよいものを、1・2・3・4から一つえらびなさい。

① 本館では、9月から12月（　　）わたって、国内の近代美術作品を展示します。
　1　を　　　　　2　に　　　　　3　にて　　　　4　まで

② 年末年始は海外旅行に行こうと思っている。目的地は、まだ行ったことのないタイやベトナム（　　）東南アジアの国にするつもりだ。
　1　にとって　　2　において　　3　として　　　4　といった

③ 人と仲良くなるのに時間がかかるタイプで、決まった友達（　　）遊ばない。
　1　にしか　　　2　にだけ　　　3　としか　　　4　とだけ

④ 数か月前、車で事故を（　　）以来、運転するのが怖くなってしまった。
　1　起こ　　　　2　起こす　　　3　起こした　　4　起こして

⑤ （会社で）
原西「部長、はなまる貿易からメールの返事が来なくて、仕事を進めることができません。」
部長「遅くても、（　　）明日か明後日には来るでしょう。先に他のことをしてください。」
　1　おそらく　　2　しばらく　　3　とうとう　　4　できれば

⑥ ガムやあめなどの食べ物を口に（　　）、プールに入ってはいけません。
　1　入れたわりに　2　入れたまま　3　入れたかわりに　4　入れたほか

⑦ A「週末の山登り、7時に待ち合わせでいいかな？」
B「いいけど、そんなに早く？」
A「昼前から気温が上がるから、（　　）下りて来たいの。」
　1　暑くなるときに　2　暑くなるうちに　3　暑くなるたびに　4　暑くなる前に

8 今回、出張で泊まるホテルは駅前にあるから、夜遅く（　　　）安心だ。
1　着きそうになって　　　　　　2　着いたばかりで
3　着いたからには　　　　　　　4　着いたとしても

9 （レストランの出入口で）
A「おかしいな。入るとき、ここに傘を置いたはずなのに。」
B「なくなったの？　誰かに（　　　）？」
1　盗んだんじゃない　　　　　　2　盗ませたんじゃない
3　盗まれたんじゃない　　　　　4　盗ませられたんじゃない

10 成功したいなら諦めない（　　　）。続けていれば、チャンスは必ずやってきます。
1　ことです　　2　ところです　　3　限りです　　4　場合です

11 今日は友達とキャンプに（　　　）、熱が出て行けなくなりました。
1　行くためだったら　　　　　　2　行くためだったのに
3　行くはずだったら　　　　　　4　行くはずだったのに

12 田中「今度の飲み会は焼肉の店なんですが、近藤さんはお肉が苦手でしたよね。」
近藤「確かにあまり好きではないですが、（　　　）から気にしないでください。」
1　食べられないこともないです　　2　食べられないほうがいいです
3　食べられないはずがないです　　4　食べられないわけがないです

13 （会社で）
A「課長から聞いたんだけど、今年は新入社員が5人も（　　　）よ。」
B「そうなんだ。楽しみだね。」
1　入ってきがちだ　　　　　　　2　入るようにする
3　入ってくるらしい　　　　　　4　入るつもりだ

실전 대비하기 2

問題1 つぎの文の（　　）に入れるのに最もよいものを、1・2・3・4から一つえらびなさい。

① 5年ぶりに会った幼馴染はなんだか雰囲気がやわらかくなった気（　　）する。
1　に　　　2　が　　　3　を　　　4　で

② この仕事は危ない（　　）、給料も安いのでやりたくない。
1　とおりに　　2　うえに　　3　かわりに　　4　ために

③ 歌うことがあまり好きじゃないので、カラオケには（　　）行きません。
1　きっと　　2　ついに　　3　たとえ　　4　めったに

④ A「お腹、大丈夫？何か変なもの食べたんじゃない？」
B「昨夜のさしみかな。他に原因が（　　）、今朝食べた生卵かもしれないなあ。」
1　考えられるとしたら　　　　2　考えられるように
3　考えさせるとしたら　　　　4　考えさせるように

⑤ (会社で)
社員A「明日の会議が中止になったそうですよ。」
社員B「そうですか。じゃあ（　　）うちに、みんなに連絡しておきましょう。」
1　忘れない　　2　忘れる　　3　忘れてしまう　　4　忘れられる

⑥ 私の趣味は読書で、部屋には五つの本棚がある。以前は何も気にせず買った順番に本を並べていたが、本が（　　）作者別に並び変えた。
1　探しにくいなら　　　　　2　探しかねないなら
3　探しにくいので　　　　　4　探しかねないので

⑦ この地域では、燃えないゴミは火曜日と木曜日に（　　）。
1　出すわけがない　　　　　2　出すことになっている
3　出すところだ　　　　　　4　出すふりをしている

8　(会社で)
部下「部長に（　　　）出張のお土産、みんなで食べました。おいしかったです。
　　　ありがとうございました。」
部長「それはよかった。また買ってくるね。」
　1　なさった　　　2　いただいた　　　3　さしあげた　　　4　くださった

9　社会人に（　　　）はじめて、お金を稼ぐことの大変さがわかりました。
　1　なった　　　2　なり　　　3　なって　　　4　なる

10　ちょっと恥ずかしいんですが、スペイン語が（　　　）、あいさつぐらいです。
　1　できるからこそ　　2　できるにしては　　3　できるように　　4　できるといっても

11　子「お母さん、どうしたの？ そんなに買って来て。」
　母「セールしてたから、つい（　　　）。」
　1　買いすぎちゃって　　　　　2　買いやすかったのよ
　3　買わなきゃいけなくて　　　4　買っておいたのよ

12　妻「あれ？ 居間のテレビがついている。見ていないならちゃんと（　　　）。」
　夫「ごめん、消すのをすっかり忘れていたよ。」
　1　消しておかないと　　　　　2　消してみないと
　3　消してあるでしょう　　　　4　消してしまうでしょう

13　山田「中村さん、今日のマラソン大会、がんばってくださいね。」
　中村「ええ。苦しくてもゴールまで（　　　）。」
　1　走り切ってほしいです　　　　2　走り切らないでもらいたいです
　3　走り切ろうと思います　　　　4　走り切りませんように

실전 대비하기 3

問題1 つぎの文の（　　）に入れるのに最もよいものを、1・2・3・4から一つえらびなさい。

1 娘は明後日からテスト期間に入る（　　）、まったく勉強する気配がない。
　1　として　　　2　というのに　　　3　といえば　　　4　とすると

2 A「クリスマスの東京（　　）どこもにぎやかなんですね。」
　B「そうですね。それにみんな幸せそうです。」
　1　って　　　2　とか　　　3　など　　　4　こそ

3 車のバッテリーやエンジンは使っているうちに性能が低下します。（　　）、普段から定期的にチェックする必要があるということです。
　1　ようやく　　　2　決して　　　3　つまり　　　4　どうか

4 （病院で）
　親　「先生、うちの子、大丈夫でしょうか。」
　医者「薬を飲めばよくなるでしょう。でも、今日はお風呂に（　　）くださいね。」
　1　入らないままにして　　　2　入ろうとして
　3　入れると思って　　　4　入らせないようにして

5 スーパーで牛肉が半額セールをしていると聞き、帰りに（　　）のに、すっかり忘れていた。
　1　寄ってきたがった　　　2　寄ってくるつもりだった
　3　寄ってきそうだった　　　4　寄ってくるみたいだった

6 （会社で）
　山田「木下さん、A社の田中部長が（　　）よ。」
　木下「そうですか。今行きます。」
　1　まいりました　　　2　ご覧になりました
　3　お見えになりました　　　4　うかがいました

7 夫「ああ、また太っちゃったよ。」
妻「毎日寝る前に甘いものを食べてるんだから、(　　　)。」
1　太るに決まってるじゃない　　　2　太るとは限らないわよ
3　太らなくてもしょうがないわ　　4　太らないんじゃない

8 みんなは無駄だと言うけれど、私(　　　)家で何もしないでいる時間は大切だ。
1　に対して　　2　によると　　3　にとって　　4　について

9 ピアノを弾いている(　　　)大きな虫が飛んできました。
1　最中に　　2　わりに　　3　からこそ　　4　とおりに

10 昨夜大雪が降った影響で線路が(　　　)電車の運行まではもうしばらくかかるという。
1　こおってしまったついでに　　2　こおってしまったからこそ
3　こおってしまったかどうか　　4　こおってしまったために

11 彼のことで怒りたくなる気持ちはわかりますが、ここで悪口を(　　　)。
1　言うわけではありません　　2　言うものではありません
3　言わないこともあります　　4　言うはずはありません

12 子「お母さん、これ、できないよ。」
母「あきらめないで、もう一度ゆっくり(　　　)。」
1　やってないと　　2　やるんだもん　　3　やってごらん　　4　やればよかった

13 (デパートで)
店員「こちらのワンピースは今年とても人気があります。」
客　「そうですか。かわいいですね。ちょっと娘に(　　　)。」
1　着てみてもいいですか　　　2　着せてみてもいいですか
3　着てみてもらいますか　　　4　着せてもらいますか

실전 대비하기 4

問題1 つぎの文の（　　）に入れるのに最もよいものを、1・2・3・4から一つえらびなさい。

1 久しぶりに家族みんなと楽しい週末（　　）過ごしました。
1　に　　　　2　も　　　　3　へ　　　　4　を

2 A「昨日、テレビでサッカーの試合見ました？」
B「いいえ、疲れていたせいか、（　　）寝てしまって見てないんです。」
1　せっかく　　2　そろそろ　　3　いつのまにか　　4　たまたま

3 木村「『星の国』というドラマ、見たことある？」
山本「うん、5話（　　）見たけど、その後はまだ見てない。」
1　までしか　　2　ずつなら　　3　までなら　　4　ずつしか

4 A「どうしたんですか? お菓子、食べないんですか。」
B「うん、医者に甘い物を（　　）って言われてるんだ。」
1　食べろ　　2　食べない　　3　食べよう　　4　食べるな

5 小林さんが来月行われる地方選挙についていろいろ説明してくれた。さすが政治学部を（　　）政治に詳しい。
1　出ていくところだから　　2　出ているだけあって
3　出ていったからといって　　4　出ていったうえで

6 先生は卒業してからすぐ就職しようと思っていた私に、「大学に進学したほうがいい」と（　　）。
1　うかがいました　　2　いらっしゃいました
3　まいりました　　4　おっしゃいました

7 オフィスのエアコンの温度を自由に設定できるようにしてほしいという彼女の提案（　　）多くの人が賛成した。

1　に加えて　　　2　をめぐって　　　3　に対して　　　4　を含めて

8 夫「もう寝るの？ いつもより早いね。」
妻「明日は朝から重要な会議があるので、早めに（　　）の。」
1　寝なくてもよさそうだ　　　　　2　寝なければいい
3　寝ないといけない　　　　　　　4　寝なくてもしかたない

9 今回の行事が無事に成功したのは全て、田中くんの（　　）。

1　おかげです　　2　はずです　　3　せいです　　4　ようです

10 すこし狭いけど、あの店に行くためにはこの道（　　）道はないよ。

1　のついでに　　2　のうえに　　3　のように　　4　のほかに

11 A「急ごう。すぐ電車が（　　）よ。」
B「大丈夫。そんなに急がなくても間に合うと思うよ。」
1　来よう　　　2　来た　　　3　来ている　　　4　来ちゃう

12 友達に見たくもない恋愛映画に無理矢理（　　）。でも、見てみると意外とおもしろくて、恋愛映画もいいものだなと思った。

1　付き合わせた　　　　　　　　2　付き合わせられた
3　付き合わないようにした　　　4　付き合ってきてよかった

13 岡田「山下くん、田中くんを見なかった？ 彼ならパーティーに（　　）、見つけられなくて…。」
山下「田中くんなら、さっき廊下で友達と話していたよ。」
1　来ないはずがないのに　　　　2　来るわけじゃないけど
3　来ないとは限らないのに　　　4　来ようとは思わないけど

실전 대비하기 5

問題1 つぎの文の（　　）に入れるのに最もよいものを、1・2・3・4から一つえらびなさい。

①　名前（　　）知らない人を好きになって、顔を見るために毎日カフェに行っている。
　　1　ほど　　　　2　も　　　　　3　から　　　　4　が

②　軽自動車は大人5人が乗れる大きさだが、法律で大人4人（　　）乗れないと決まっている。
　　1　くらいより　2　まででも　　3　くらいだけ　4　までしか

③　（　　）画家になりたいので、毎日絵の練習をしています。
　　1　どうして　　2　どうやって　3　どうか　　　4　どうしても

④　松山さんは（　　）いつも文句ばかり言っているので、好きではない。
　　1　残業が多いとか疲れるとか　　2　残業が多かったり疲れたり
　　3　残業が多いし疲れるし　　　　4　残業が多いか疲れるか

⑤　(会社で)
　　田中「高橋さん、すみませんが、あの箱を高橋さんの席の後ろに（　　）。」
　　高橋「いいですよ。ずいぶん大きい箱ですね。運ぶの、手伝いましょうか。」
　　1　置いていただけませんか　　　2　置かせていただけませんか
　　3　置いてさしあげませんか　　　4　置かせてさしあげませんか

⑥　早いもので8月も残り1週間となった。日がだんだん（　　）、今年ももう大好きな夏が終わってしまうのかと思うと悲しい気持ちになる。
　　1　短くなりつつ　　　　2　短くなる場合
　　3　短くなるにつれ　　　4　短くなるかわりに

7 A「兄からおいしそうなお菓子を（　　　）よ。一緒に食べようよ。」
　　B「食べていいの？ ありがとう！」
　　1　くれた　　　　2　もらった　　　　3　あげた　　　　4　くださった

8 この本に夢中になっていたら、いつのまにか11時を過ぎていた。寝不足になるといけないから半分くらい（　　　）ベッドに入ろうと思う。
　　1　読み終わらずに　　　　　　　2　読み終わることなく
　　3　読み終わったところで　　　　4　読み終わったことで

9 引っ越しの日、友達の顔を見ていたら急に悲しくなって、つい（　　　）。
　　1　泣いてしまいました　　　　　2　泣いてはいけません
　　3　泣いたものでした　　　　　　4　泣いたばかりでした

10 夫「ちょっと出かけてくるね。夜ごはんはもう（　　　）から、好きなときに食べて。」
　　妻「ありがとう。いってらっしゃい。」
　　1　作っている　　2　作ってある　　3　作ってみる　　4　作っていく

11 彼女はただきれいな（　　　）、性格もよいので人気がある。
　　1　だけでなく　　2　わけで　　3　だけで　　4　わけがなく

12 A「雨が降りそうですね。空も曇ってきたし…」
　　B「そうですね。雨が（　　　）はやく帰りましょう。」
　　1　降るはずがないから　　　　　2　降らなくてもいいから
　　3　降らないうちに　　　　　　　4　降らないこともあるので

13 おばあさんはなかなか歌わないが一回だけ、おばあさんの歌を（　　　）。
　　1　聞いたことがある　　　　　　2　聞いたことにする
　　3　聞いたことがない　　　　　　4　聞いたことになる

실전 대비하기 6

問題1 つぎの文の（　　）に入れるのに最もよいものを、1・2・3・4から一つえらびなさい。

① 何も知らない（　　）いいかげんなことを言わないでください。
　1　くせに　　　2　あいだに　　　3　ように　　　4　わりに

② 明日は北海道から新潟県（　　）、雪が降るでしょう。
　1　にかけて　　2　を通じて　　　3　にしては　　4　をもとに

③ 予習しないと授業の内容が（　　）理解できないので、予習は絶対にするようにしている。
　1　だんだん　　2　ついに　　　3　ちっとも　　　4　もしも

④ （家で）
　妻「あなた、ずっと前から車を洗ってってお願いしてるのに、まだなの? もう1か月になるわよ。」
　夫「ごめん。いろいろ忙しくてね。でも、今日（　　）は洗うよ。」
　1　さえ　　　　2　こそ　　　　3　だけ　　　　4　ほど

⑤ 貧血の症状なのかソファーから（　　）とたん、頭がふらふらして床に座り込んでしまった。
　1　立ち上がって　2　立ち上がる　3　立ち上がり　4　立ち上がった

⑥ （電話で）
　田中「○○商社の田中と申しますが、中村社長は今いらっしゃいますか?」
　吉村「申し訳ありません。中村はただいま（　　）。」
　1　外出していらっしゃいます　　　2　外出させていただきます
　3　外出なさっています　　　　　　4　外出しております

7 （会社で）
山下「あれ？ 部長がいらっしゃらないけど、今日、お休みですか？」
鈴木「それが、部長は昨日（　　　　）。」

1　入院されたそうです　　　　　2　入院されそうです
3　入院いたしたそうです　　　　4　入院いたしそうです

8 病気の母（　　　　）祖母が私たちの面倒を見てくれることになりました。

1　によって　　2　のかわりに　　3　としては　　4　において

9 友達が6時までに駅に（　　　　）と言ったので、5時に家を出ました。

1　来よう　　2　来てくれ　　3　来るな　　4　来てもらえ

10 来月から電気代（　　　　）ガス代も上がるから、節約しなければならない。

1　だけに　　2　かどうか　　3　に反して　　4　ばかりか

11 先生「明日漢字のテストをします。範囲は15ページから25ページまでです。」
学生「えっ、そんなに！ たった1日で漢字を100個も（　　　　）よ。」

1　覚えるわけがないです　　　　　2　覚えるものではないです
3　覚えられるわけがないです　　　4　覚えられるとは限りません

12 事故で電車が止まっちゃって遅刻（　　　　）けど、間に合ってよかった。

1　するはずだった　　2　するらしかった　　3　するところだった　　4　するつもりだった

13 孫　「おじいちゃんは、子どものころ、どんなことをして遊んだの？」
祖父「そうだなあ。おじいちゃんが子どものころは、山で虫をつかまえたり、川で泳いだり（　　　　）。」

1　することだよ　　2　させたもんだよ　　3　されたことだよ　　4　したもんだよ

문제 2 문장만들기

[문제 2 문장만들기]는 4개의 선택지를 올바른 순서로 배열한 뒤 ★이 있는 빈칸에 들어갈 선택지를 고르는 문제로, 총 5문항이 출제된다. ★은 주로 세 번째에 위치하며, 한 문제 정도 다른 위치에 출제되기도 한다.

🔵 핵심 전략

1 품사나 문형으로 연결되는 선택지가 있으면 먼저 배열한 후 나머지 선택지를 의미에 맞게 배열한다.

> 예 ① 見る機会がない ② 専門家でも ③ なかなか ④ 研究をしている
>   볼 기회가 없다   전문가여도   좀처럼   연구를 하고 있는
>
> → ④ 研究をしている ② 専門家でも ★ ③ なかなか ① 見る機会がない
>   연구를 하고 있는   전문가여도   ★좀처럼   볼 기회가 없다
>   なかなか~ない는 '좀처럼 ~ 없다'라는 의미이다

2 의미만으로 4개의 선택지의 순서를 배열하는 문제도 출제된다.

> 예 ① のが 것이 ② という 라는 ③ 家で過ごす 집에서 지낸다 ④ どこにも出かけずに 어디에도 나가지 않고
>
> → ④ どこにも出かけずに ③ 家で過ごす ★ ② という ① のが
>   어디에도 나가지 않고   집에서 지낸다   ★라는   것이

3 배열한 선택지가 앞뒤 문맥과 맞지 않을 수 있으므로 배열을 마친 뒤 반드시 빈칸 앞뒤 표현을 보고 전체 문장이 자연스러운지 확인한다. 선택지만으로 배열이 어려울 때도 빈칸 앞뒤 표현을 보고 문맥이 자연스럽도록 배열한다.

> 예 学生 ＿＿ ＿＿ ★ ＿＿ についてアンケート調査をした。
>
> ① に対する ~에 대한 ② の 의 ③ 考え方 사고방식 ④ 働くこと 일하는 것
>
> → 学生 の 働くこと ★ に対する 考え方 についてアンケート調査をした。(○)
>   학생 의 일하는 것 ★ 에 대한 사고방식 에 대해서 앙케이트 조사를 했다.
>
> → 学生 働くこと に対する ★ 考え方 の についてアンケート調査をした。(✕)
>   학생 일하는 것 에 대한 ★ 사고방식 의 에 대해서 앙케이트 조사를 했다.

4 품사나 문형상 연결되는 선택지를 빠르게 찾기 위해 N3 빈출 문법에서 9~11(p.190~225)의 문형들의 접속 형태와 의미를 꼼꼼하게 학습해둔다.

문제 풀이 Step

Step 1 선택지를 읽고 의미를 파악한다.
선택지를 읽고 의미를 파악한다. 각 선택지의 의미를 살짝 적어두면, 의미상 자연스럽게 연결되는 선택지를 빠르게 찾아 배열할 수 있다.

Step 2 선택지를 의미가 통하도록 배열한 뒤, 문장 전체의 문맥이 맞는지 확인한다.
앞서 파악한 선택지의 의미를 바탕으로, 우선 선택지만으로 순서를 배열한다. 이때 품사 혹은 문형으로 연결되는 선택지가 있을 경우 먼저 배열한다. 선택지만으로는 배열이 어렵거나, 남는 선택지가 있는 경우, 제시문의 빈칸 앞뒤 표현을 보고 배열한 뒤 문장 전체의 문맥이 맞는지 확인한다.

Step 3 배열한 선택지의 번호를 각 빈칸에 적고 ★이 있는 선택지를 정답으로 고른다.
배열이 완료된 선택지의 번호를 순서대로 각 빈칸에 적고 ★이 있는 빈칸의 선택지 번호를 정답으로 고른다.

문제 풀이 Step 적용

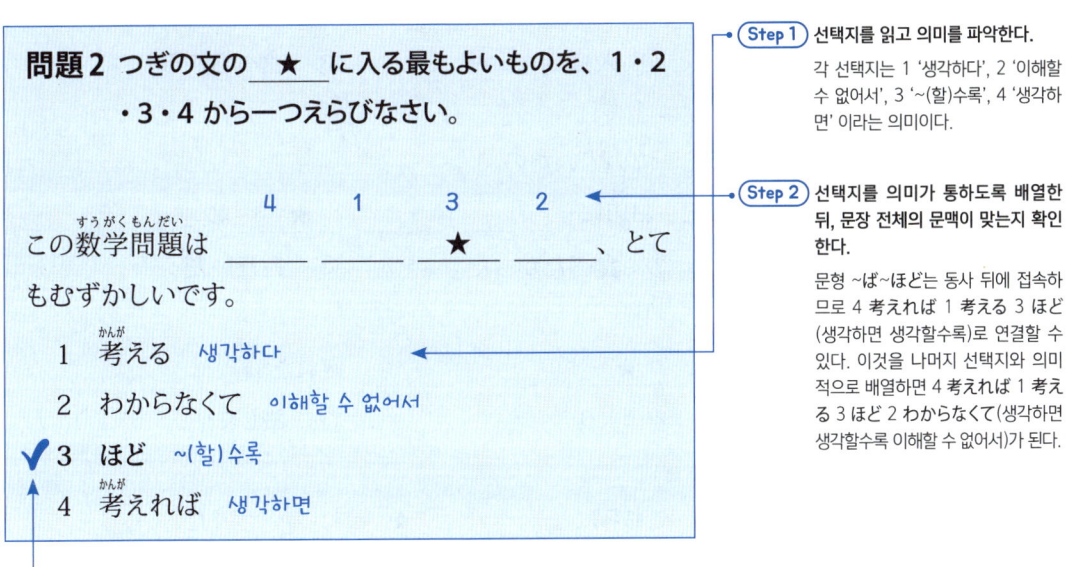

문제2 다음 문장의 ___★___ 에 들어갈 가장 알맞은 것을, 1·2·3·4에서 하나 고르세요.

이 수학 문제는 4 생각하면 1 생각할 ★3 수록 2 이해할 수 없어서, 정말 어렵습니다.

어휘 数学 すうがく 圀 수학 問題 もんだい 圀 문제 とても 囝 정말, 매우 むずかしい い형 어렵다 考える かんがえる 图 생각하다
わかる 图 이해할 수 있다 ~ば~ほど ~(하)면 ~(할)수록

실력 다지기

선택지를 올바르게 배열하여 ___★___ 에 들어갈 선택지를 고르세요.

01 最近 弟が毎晩、夜 _____ __★__ _____ していて、とても心配です。
① まで ② ゲームばかり ③ 遅く

02 20年前は携帯を _____ _____ __★__ いませんでした。
① 小学生は ② めったに ③ 持っている

03 子供のころは、いつも彼と _____ __★__ _____ 仲が良かった。
① 遊んで ② くらい ③ いた

04 田中さんほど熱いものを _____ __★__ _____ たぶんいないと思う。
① 早く ② 人は ③ 食べられる

05 母「さっき、なんで中村くん、泣いていたの。」
子「私もよくわからないけど、お店に _____ _____ __★__ よ。」
① クッキーがなかった ② 食べたかった ③ みたいだ

06 来週が試合なので、いつも __★__ _____ _____ 疲れた。
① 練習させられて ② より ③ 厳しく

07 店員「ただいま満席なので、こちらに _____ __★__ _____ ください。」
客 「はい。」
① お待ち ② おかけになって ③ 少々

08 今日のこの _____ _____ __★__ どこかに書いておきたい。
① 素敵な経験を ② うちに ③ 忘れない

09 海外ではその国の _____ __★__ _____ ならないと思います。
① 法律 ② 従わなければ ③ に

10 彼 ＿＿＿ ★ ＿＿＿ 来てくださいと伝えておきました。
　① 10時　　② までに　　③ には

11 田中さんの病気が ＿＿★＿＿ ＿＿＿ ＿＿＿ 入院することになりました。
　① 結局　　② さらに　　③ 重くなって

12 先生に数学を教えて ＿＿＿ ★ ＿＿＿ と思います。
　① から　　② 合格できた　　③ もらった

13 A「今度みなみ公園で ＿＿＿ ＿＿＿ ★ ？」
　B「うん、いいよ。いつだったっけ。」
　① 一緒に行かない　　② あるんだけど　　③ お祭りが

14 彼は今までずっと成績もよかったし、努力してきたから ＿＿＿ ★ ＿＿＿ です。
　① はず　　② 合格する　　③ きっと

15 インフルエンザの初期症状が ＿★＿ ＿＿＿ ＿＿＿ ので家で休みました。
　① 早退させられた　　② 先生に　　③ 出て

16 先生から ＿＿＿ ★ ＿＿＿ おいしかったです。
　① お土産は　　② とても　　③ いただいた

17 最近、水泳を始めたんだけど、本当に面白いよ。水着 ＿＿＿ ★ ＿＿＿ みない？
　① 貸して　　② やって　　③ あげるから

18 出発時間に ＿＿＿ ＿＿＿ ★ 乗れなかった。
　① バスに　　② せいで　　③ 遅れた

실전 대비하기 1

問題2 つぎの文の ＿★＿ に入る最もよいものを、1・2・3・4から一つえらびなさい。

(問題例)
　　旅行を ＿＿＿ ＿＿＿ ＿★＿ ＿＿＿ アメリカに行くことにした。
　　1　すればするほど　　2　次は　　3　行きたいと思って　　4　もっと遠くまで

(解答のしかた)

1. 正しい答えはこうなります。

　　旅行を ＿＿＿ ＿＿＿ ＿★＿ ＿＿＿ アメリカに行くことにした。
　　1　すればするほど　　4　もっと遠くまで　　3　行きたいと思って　　2　次は

2. ＿★＿ に入る番号を解答用紙にマークします。

(解答用紙)　(例)　① ② ● ④

[1]　木にとまっていた鳥が ＿＿＿ ＿＿＿ ＿★＿ ＿＿＿ しまった。
　　1　しばらく　　2　飛び立って　　3　すると　　4　空へ

[2]　屋内にいる際に ＿＿＿ ＿＿＿ ＿★＿ ＿＿＿ 可能性があるため、机の下に入って身を守ることが大切です。
　　1　地震が発生した　　　　　　2　家具が倒れたりする
　　3　棚から物が落ちたり　　　　4　場合は

3 子供たちが成長するに ＿＿ ＿＿ ★ ＿＿ 寂しく感じる。

1　ことが　　　2　したがって　　　3　減っていく　　　4　家族の時間が

4 今月に入って外食 ＿＿ ＿＿ ★ ＿＿ もうなくなってしまった。

1　していたら　　　2　お小遣い　　　3　が　　　4　ばかり

5 母は、空港で留学へ向かう弟を見送りながら、＿＿ ＿＿ ★ ＿＿ いた。

1　顔を　　　2　して　　　3　いまにも　　　4　泣き出しそうな

6 A「あの店は今、セール中です。原田さん ＿＿ ＿＿ ★ ＿＿ 。」

B「そうですか。行ってみましょう。」

1　によると　　　2　今週末まで　　　3　ということです　　　4　安い

7 バイトを始めてもう３年目になり、店長に言われてバイトリーダーを ＿＿ ＿＿ ★ ＿＿ か不安だ。

1　務められる　　　2　務める　　　3　ことになったが　　　4　ちゃんと

8 お札のデザインが新しくなる ＿＿ ＿＿ ★ ＿＿ ありません。

1　ことは　　　2　昔のお札が　　　3　からといって　　　4　使えなくなる

실전 대비하기 2

問題2 つぎの文の ＿★＿ に入る最もよいものを、1・2・3・4から一つえらびなさい。

(問題例)

旅行を ＿＿＿ ＿＿＿ ★ ＿＿＿ アメリカに行くことにした。

1　すればするほど　　2　次は　　3　行きたいと思って　　4　もっと遠くまで

(解答のしかた)

1. 正しい答えはこうなります。

旅行を ＿＿＿ ＿＿＿ ★ ＿＿＿ アメリカに行くことにした。

1　すればするほど　　4　もっと遠くまで　　3　行きたいと思って　　2　次は

2. ＿★＿ に入る番号を解答用紙にマークします。

(解答用紙)　(例) ① ② ● ④

---

[1]　クレジットカードは ＿＿＿ ＿＿＿ ★ ＿＿＿、未成年は申し込むことができません。

1　支払い能力が　　2　作れないことに　　3　認められないと　　4　なっているため

[2]　A「昨日塾をさぼったことが親にばれて、ひどく叱られたよ。」
　　B「全部自分のせいじゃない。嘘 ＿＿＿ ＿＿＿ ★ ＿＿＿ よ。」

1　つくから　　2　になるの　　3　そんなこと　　4　なんかを

3 交差点を ___ ★ ___ ___ バイクにぶつけられ、事故が発生した。
　1 走っていた　　2 右折しようとした　3 後ろを　　4 ところ

4 A「来月の中国語スピーチ大会に、中国に２年住んでた田辺(たなべ)さんも出場するんだって。」
　B「え、それじゃ私たちが ___ ___ ★ ___ のは彼女に決まっているじゃない。」
　1 練習した　　2 優勝(ゆうしょう)する　　3 としても　　4 どんなに

5 彼がオリンピックで見せた４回転ジャンプは ___ ___ ★ ___ 技です。
　1 できないほど　　　　　　2 限られた選手にしか
　3 とても難しい　　　　　　4 世界でも

6 コンサートで彼女の歌声を ___ ___ ★ ___ ことを今でもはっきりと覚えている。
　1 初めて聞いた　　　　　　2 美しくて感動した
　3 とき　　　　　　　　　　4 あまりにも

7 近年、技術がものすごいスピードで進歩しているため、___ ___ ★ ___。
　1 不思議ではない　　　　　2 いつ来ても
　3 空飛ぶ車に乗る日が　　　4 一般の人が

8 客　「すみません。予約していないんですが、入れますか。」
　店員「ただいまテラス席は満席です。___ ___ ★ ___、いかがいたしましょうか。」
　1 すぐに　　　　　　　　　2 テラス席でなくても
　3 ご案内できますが　　　　4 よければ

실전 대비하기 3

問題2 つぎの文の ___★___ に入る最もよいものを、1・2・3・4から一つえらびなさい。

(問題例)

旅行を _____ _____ ★ _____ アメリカに行くことにした。

1 すればするほど　　2 次は　　3 行きたいと思って　　4 もっと遠くまで

(解答のしかた)

1. 正しい答えはこうなります。

   旅行を _____ _____ ★ _____ アメリカに行くことにした。
   1 すればするほど　　4 もっと遠くまで　　3 行きたいと思って　　2 次は

2. ___★___ に入る番号を解答用紙にマークします。

   (解答用紙) | (例) | ① | ② | ● | ④ |

[1] 志望校が決まれば、あとは _____ _____ ★ _____ です。

1 合格に向けて　　2 を勉強する　　3 必要な科目　　4 だけ

[2] A「スキー用の服がないんだけど、これでいいかな?」

B「気温が低いうえに風もあるのに、 _____ _____ ★ _____ 。服はスキー場で借りようよ。」

1 わけがない　　2 そんな格好で　　3 耐えられる　　4 じゃない

3　主に３月から４月にかけて花を咲かせるたんぽぽは、コンクリートの隙間でも ＿＿＿＿ ＿＿＿＿ ★ ＿＿＿＿ ＿＿＿＿ 花です。

1　という　　　　　　　　　　　　2　強い生命力
3　を持った　　　　　　　　　　　4　成長することができる

4　A「このあと仕事が終わったら、晩ご飯でも一緒にどう？」
　　B「いいけど、今日、はまってるドラマの最終回が放送される日だから、 ＿＿＿＿ ＿＿＿＿ ★ ＿＿＿＿ いけないんだ。」

1　遅くても　　　2　９時までには　　3　どんなに　　4　家に帰らないと

5　せっかくやりたいことや目標があるのに時間がなくて ＿＿＿＿ ＿＿＿＿ ★ ＿＿＿＿ と思う。

1　でしかない　　2　ただの言い訳　　3　というのは　　4　できない

6　幼い頃は人前に立つ ＿＿＿＿ ＿＿＿＿ ★ ＿＿＿＿ 何ともなくなってきた。

1　恥ずかしがっていたが　　　　　2　うちに
3　社会経験を積む　　　　　　　　4　のを

7　人は ＿＿＿＿ ★ ＿＿＿＿ ＿＿＿＿ だとは限らない。むしろ、いいことだとも考えられる。

1　失敗することが　　2　失敗を通して　　3　悪いこと　　4　学びを得るため

8　社長に ＿＿＿＿ ＿＿＿＿ ★ ＿＿＿＿ わけにはいかない。

1　頼まれた　　2　しない　　3　仕事は　　4　嫌でも

실전 대비하기 4

問題2 つぎの文の＿★＿に入る最もよいものを、1・2・3・4から一つえらびなさい。

(問題例)

旅行を ＿＿＿ ＿＿＿ ★ ＿＿＿ アメリカに行くことにした。

1　すればするほど　　2　次は　　3　行きたいと思って　　4　もっと遠くまで

(解答のしかた)

1. 正しい答えはこうなります。

   旅行を ＿＿＿ ＿＿＿ ★ ＿＿＿ アメリカに行くことにした。
   1　すればするほど　　4　もっと遠くまで　　3　行きたいと思って　　2　次は

2. ★に入る番号を解答用紙にマークします。

   (解答用紙)　(例)　① ② ● ④

1　たとえ毎日試験勉強で ＿＿＿ ＿＿＿ ★ ＿＿＿ でしょう。
　　1　できる　　2　くらいは　　3　忙しくても　　4　電話する

2　(家で)
　　夫「今から郵便局に行ってくるね。」
　　妻「あ、悪いけど、郵便局に ＿＿＿ ★ ＿＿＿ ＿＿＿ 牛乳を買って来てくれない?」
　　1　スーパーに　　2　行く　　3　よって　　4　ついでに

3 二日に一回は鎮痛剤を飲むので、頭痛について調べてみた。その原因は＿＿＿ ★ ＿＿＿ ＿＿＿ ことがあるらしい。
1 痛みを引き起こす　　2 体に水分が足りない
3 ときも　　　　　　　4 いろいろあるが

4 山本「課長に何かあったんですか。課長の目が赤いですよ。」
鈴木「ええ、実は昨日飼っていた犬が死んでしまったそうで、＿＿＿ ＿＿＿ ★ ＿＿＿ とても残念です。」
1 のに　　　　　　　　2 とって
3 課長に　　　　　　　4 大切な家族だった

5 1年くらいバイオリンを習っていますが、＿＿＿ ＿＿＿ ★ ＿＿＿ なりません。
1 全然　　2 練習しても　　3 いくら　　4 上手に

6 友だちは「すぐ戻る」と言ったのに、図書館に ＿＿＿ ★ ＿＿＿ ＿＿＿ 帰ってこない。
1 返しに　　2 行ったまま　　3 なかなか　　4 本を

7 私は好きな ＿＿＿ ＿＿＿ ★ ＿＿＿ 聞きません。
1 しか　　2 歌　　3 歌手の　　4 だけ

8 中村「やっと試験が終わったね。山本くんは今日何するつもり？」
山本「ぼくは試験が終わったら ＿＿＿ ＿＿＿ ★ ＿＿＿ から、それを読むよ。」
1 たくさんある　　2 読もう　　3 本が　　4 と思っていた

실전 대비하기 5

問題2 つぎの文の ★ に入る最もよいものを、1・2・3・4から一つえらびなさい。

(問題例)

旅行を ＿＿＿ ＿＿＿ ★ ＿＿＿ アメリカに行くことにした。

1 すればするほど　　2 次は　　3 行きたいと思って　　4 もっと遠くまで

(解答のしかた)

1. 正しい答えはこうなります。

   旅行を ＿＿＿ ＿＿＿ ★ ＿＿＿ アメリカに行くことにした。
   1 すればするほど　　4 もっと遠くまで　　3 行きたいと思って　　2 次は

2. ★ に入る番号を解答用紙にマークします。

   (解答用紙)

---

1 木下「最近、仕事のせいで家に帰るのが遅いんですが、暗い道を一人で歩くのが怖いんです。変な人がいたらどうしようと思って…。」
　加藤「＿＿＿ ＿＿＿ ★ ＿＿＿ 帰るのはどうですか。けっこう効果があるみたいですよ。」

　1 しながら　　2 ふりを　　3 している　　4 電話を

2 同じ会社で同じ仕事をしていても、＿＿＿ ＿＿＿ ★ ＿＿＿ ものだ。

　1 考え方は　　2 仕事に　　3 対する　　4 人によって違う

3 夏なのに家に冷蔵庫がないせいで、＿＿＿ ＿＿＿ ★ ＿＿＿ 飲みたくない。

　1 買ってきたジュース　　　2 なくて
　3 おいしく　　　　　　　　4 が

4 部下「山田さんは ＿＿＿ ＿＿＿ ★ ＿＿＿。山田さんが来るまで待ちましょうか?」
　課長「いいえ。会議は予定通りに進めてください。」

　1 会議に10分ほど　　　　　2 遅れるそうです
　3 で　　　　　　　　　　　4 電車の事故

5 私は健康の ＿＿＿ ＿＿＿ ★ ＿＿＿ が、最近忙しくてもう何日も走っていない。

　1 ために　　2 ことにしている　3 毎日　　4 公園を走る

6 大学を卒業する前にヨーロッパに行ってみたいんですが、＿＿＿ ＿＿＿ ★ ＿＿＿ います。

　1 悩んで　　　2 の　　　　3 費用　　　4 ことで

7 去年の ＿＿＿ ★ ＿＿＿ ＿＿＿ 多くの道路がまだ壊れている。

　1 被害　　　2 による　　　3 で　　　　4 地震

8 昔から ＿＿＿ ＿＿＿ ★ ＿＿＿、実際、牛乳を飲んでも背は伸びないそうだ。

　1 牛乳を飲めば　　　　　　2 背が伸びると
　3 広告がたくさんあったが　　4 思わせる

실전 대비하기 6

問題 2 つぎの文の ★ に入る最もよいものを、1・2・3・4から一つえらびなさい。

(問題例)

旅行を _____ _____ ★ _____ アメリカに行くことにした。

1　すればするほど　　2　次は　　3　行きたいと思って　　4　もっと遠くまで

(解答のしかた)

1. 正しい答えはこうなります。

   旅行を _____ ★ _____ アメリカに行くことにした。
   1　すればするほど　　4　もっと遠くまで　　3　行きたいと思って　　2　次は

2. ★ に入る番号を解答用紙にマークします。

   (解答用紙)　(例)　① ② ● ④

1　駅の近くにあるパン屋はとてもおいしくて、_____ _____ ★ _____ しまいます。

　1　行く　　　　　　　　2　たびに
　3　いつも買いすぎて　　4　あの店に

2　今週の _____ _____ ★ _____ 行こうと思っています。

　1　動物園に　　　　　　2　週末は
　3　行きたがっていた　　4　息子が

3 鈴木「山下くん、中国語を習っているって本当？」
　山下「うん。でも ＿＿＿ ＿＿＿ ★ ＿＿＿、まだあいさつぐらいしかできないよ。」
　　1　ばかり　　　2　先週から　　　3　だから　　　4　習い始めた

4 この映画は実際に ＿＿＿ ＿＿＿ ＿＿＿ ★ そうです。
　　1　作られた　　2　もとにして　　3　ことを　　　4　あった

5 材料が高くなったので、商品の ＿＿＿ ＿＿＿ ★ ＿＿＿ 少なくすることにした。
　　1　上げる　　　2　量を　　　　3　値段を　　　4　とともに

6 東京に来て半年が経って知り合いは ＿＿＿ ＿＿＿ ★ ＿＿＿ まだいない。
　　1　できたが　　　　　　　　　2　友達は
　　3　友達と呼べる　　　　　　　4　何でも素直に話せる

7 中村「田中さん、今度あの店に行きましょうよ。辛い料理が有名だそうですよ。」
　田中「すみません。辛いものは ＿＿＿ ＿＿＿ ★ ＿＿＿ あまり好きじゃないんです。」
　　1　ない　　　　2　ことは　　　3　んですが　　4　食べられない

8 A「毎日仕事ばかりで嫌になっちゃいますね。たまには休みたいですよね。」
　B「ええ、もし1か月ぐらい ＿＿＿ ＿＿＿ ★ ＿＿＿ 行きたいです。」
　　1　旅行に　　　2　としたら　　3　ヨーロッパに　4　休める

문제 3 글의 문법

[문제 3 글의 문법]은 글의 흐름에 맞게 빈칸에 들어갈 알맞은 표현을 고르는 문제로, 지문 1개에 4~5문항이 출제된다. 접속사나 부사, 지시어, 조사와 같은 기능어를 묻는 문제와 문형, 문말 표현을 묻는 문제가 골고루 출제된다.

🔵 핵심 전략

1 접속사나 부사, 지시어, 조사와 같은 기능어를 묻는 문제는 빈칸 앞뒤 문맥에 따라서 빈칸에 들어갈 알맞은 선택지를 정답으로 고른다.

> 예 たくさん駅があるから、どこへでも行けます。□、あまり待たなくてもすぐに次の電車が来ます。
> 많은 역이 있기 때문에, 어디라도 갈 수 있습니다. □, 그다지 기다리지 않아도 금방 다음 전철이 옵니다.
> ① それから 그리고 (O)　　　　② たとえば 예를 들어 (X)
>
> 天気の話は誰ともしやすいです。□も天気の話をする人が多い理由の一つかもしれません。
> 날씨 이야기는 누구와도 하기 쉽습니다. □도 날씨 이야기를 하는 사람이 많은 이유의 하나일지도 모릅니다.
> ① これ 이것 (O)　　　　② それら 그것들 (X)
>
> 日本のラーメン屋さんには箸□ないので、大変でした。
> 일본의 라면 가게에는 젓가락 □ 없기 때문에, 힘들었습니다.
> ① しか ~밖에 (O)　　　　② だけ ~만 (X)

2 문형, 문말 표현을 고르는 문제는 빈칸이 포함된 문장과 필요 시 앞 문장까지 문맥을 파악하여 문맥에 맞는 선택지를 정답으로 고른다.

> 예 日本人の友だちにお弁当を持ってくる理由を□、お金の節約ができるから、と言った。
> 일본인 친구에게 도시락을 가져오는 이유를 □, 돈 절약을 할 수 있으니까, 라고 말했다.
> ① 聞いてみたところ 물어봤더니 (O)　　② 聞いてみるついでに 물어보는 김에 (X)
>
> 東京に来て3か月たって、その理由が□。
> 도쿄에 와서 3개월이 지나고, 그 이유를 □.
> ① わかってきました 알게 되었습니다 (O)　　② わかってくるはずです 알게 될 것임에 분명합니다 (X)

3 N3 빈출 문법(p.166~225)에서 접속사, 부사, 조사, 문형의 의미와 용법을 특히 더 꼼꼼하게 학습한다.

문제 풀이 Step

Step 1 선택지를 읽고 각 선택지의 의미와 무엇을 고르는 문제인지 파악한다.

선택지를 읽으면서 각각의 의미를 확인하고, 접속사나 부사, 지시어, 조사, 문형, 문말 표현 중 무엇을 고르는 문제인지를 파악한다.

선택지 1 つまり 즉   2 しかし 그러나   3 それで 그래서   4 だから 그러니까
　　　　 (부사)   (접속사)   (접속사)   (접속사)

Step 2 빈칸 앞뒤를 읽으며 문맥을 파악한다.

빈칸이 포함된 문장 혹은 그 앞뒤 문장까지 읽고 문맥을 파악한다.

문제 納豆は日本を代表するたべものです。☐☐☐、食べられない日本人もけっこういるそうです。

낫토는 일본을 대표하는 음식입니다. ☐☐☐, 먹지 못하는 일본인도 꽤 있다고 합니다.

빈칸 앞뒤가 상반되는 내용

Step 3 문맥에 맞는 선택지를 정답으로 고른다.

앞서 추측한 빈칸의 내용을 생각하며 가장 적절한 선택지를 정답으로 고른다.

선택지 1 つまり 즉   ✓2 しかし 그러나   3 それで 그래서   4 だから 그러니까

문제 納豆は日本を代表するたべものです。しかし、食べられない日本人もけっこういるそうです。

낫토는 일본을 대표하는 음식입니다. 그러나, 먹지 못하는 일본인도 꽤 있다고 합니다.

문제 풀이 Step 적용

問題3 つぎの文章を読んで、文章全体の内容を考えて、☐ の中に入る最もよいものを、1・2・3・4 から一つえらびなさい。

下の文章は、留学生が書いた作文です。

日本語の難しさについて

イングリッド　アーリラ

　日本に来てから1年経ちましたが、今でも日本人が私のお願いや誘いを断っているのかどうかを判断することはとても難しいです。

　例えば、私が日本に来たばかりのときに、クレジットカードが作りたかったので、インターネットで申し込んでみました。☐☐☐☐、カード会社から返信が来ました。そこには難しい単語や表現で丁寧にいろいろなことが書いてありましたが、何度読んでも否定の言葉は一つもありませんでした。だから、私はたぶん大丈夫だろうと思っていました。しかし、どんなに待ってもカードは来ませんでした。それで、やっと断られたと気づいたのです。

1　ところが
2　そのうえ
3　つまり
✓ 4　すると

Step 1 선택지를 읽고 각 선택지의 의미와 무엇을 고르는 문제인지 파악한다.

선택지를 보면 1 '그러나', 2 '게다가', 3 '즉', 4 '그러자'이며, 문맥에 맞는 접속사 혹은 부사를 고르는 문제이다.

Step 2 빈칸 앞뒤를 읽으며 문맥을 파악한다.

빈칸 뒤의 カード会社から返信が来ました(카드 회사로부터 답장이 왔습니다)는 빈칸 앞의 クレジットカードが作りたかったので、インターネットで申し込んでみました(신용카드를 만들고 싶었기 때문에, 인터넷으로 신청해보았습니다)의 결과이므로, 빈칸에는 결과를 나타내는 접속사가 필요하다.

Step 3 문맥에 맞는 선택지를 정답으로 고른다.

선택지 1 '그러나', 2 '게다가', 3 '즉', 4 '그러자' 중 4 すると(그러자)가 문맥상 가장 자연스러우므로 4 すると를 정답으로 고른다.

문제3 다음 글을 읽고, 글 전체의 내용을 생각하여, ☐의 안에 들어갈 가장 알맞은 것을, 1·2·3·4에서 하나 고르세요.

아래의 글은, 유학생이 쓴 작문입니다.

일본어의 어려움에 대하여
잉그리드 아리라

　일본에 오고 나서 1년 지났습니다만, 지금도 일본인이 제 부탁이나 권유를 거절하고 있는 것인지 아닌지를 판단하는 것은 매우 어렵습니다.

　예를 들어, 제가 일본에 막 왔을 때에, **신용카드를 만들고 싶었기 때문에, 인터넷으로 신청해보았습니다.** ☐, 카드 회사로부터 답장이 왔습니다. 거기에는 어려운 단어나 표현으로 정중하게 다양한 것이 쓰여있었습니다만, 몇 번을 읽어도 부정의 말은 하나도 없었습니다. 그래서, 저는 아마 괜찮겠지라고 생각하고 있었습니다. 그러나, 아무리 기다려도 카드는 오지 않았습니다. 그래서, 겨우 거절당했다고 알아차렸던 것입니다.

1 그러나　　　2 게다가　　　3 즉　　　4 그러자

어휘　下 した 명아래　文章 ぶんしょう 명글, 문장　留学生 りゅうがくせい 명유학생　書く かく 동적다　作文 さくぶん 명작문
　　　日本語 にほんご 명일본어　難しさ むずかしさ 명어려움　~について ~에 대하여　日本 にほん 명일본　来る くる 동오다
　　　~てから ~(하)고 나서　経つ たつ 동(시간, 때가) 지나다, 경과하다　今でも いまでも 지금도　日本人 にほんじん 명일본인
　　　お願い おねがい 명부탁　誘い さそい 명권유　断る ことわる 동거절하다　~かどうか ~인지 아닌지　判断 はんだん 명판단
　　　とても 부매우, 굉장히　難しい むずかしい い형어렵다　例えば たとえば 부예를 들어　~たばかり 막 ~(하)다
　　　クレジットカード 명신용카드　作る つくる 동만들다　~ので 조~때문에　インターネット 명인터넷
　　　申し込む もうしこむ 동신청하다　カード会社 カードがいしゃ 명카드 회사　~から 조~로부터　返信 へんしん 명답장
　　　単語 たんご 명단어　表現 ひょうげん 명표현　丁寧に ていねいに 정중하게　いろいろだ な형다양하다
　　　何度 なんど 부몇 번, 여러 번　読む よむ 동읽다　否定 ひてい 명부정　言葉 ことば 명말　だから 접그래서, 그러니까
　　　たぶん 부아마　大丈夫だ だいじょうぶだ な형괜찮다　しかし 접그러나　どんなに 아무리　待つ まつ 동기다리다　カード 명카드
　　　それで 접그래서　やっと 부겨우, 가까스로　断る ことわる 동거절하다　気づく きづく 동알아차리다, 깨닫다　ところが 접그러나
　　　そのうえ 접게다가　つまり 부즉　すると 접그러자

실력 다지기

빈칸에 들어갈 알맞은 표현을 고르세요.

01

日本人は寝る前にお風呂に入ることが多い。きれい好きな日本人は、外出中、体についた汚れをきれいにしてから布団に入りたいと思うからではないだろうか。しかし、西洋では朝、シャワーを浴びるのが一般的である。ある調査によると ☐ 理由は、西洋では人に会う前に体を清潔にしたいと思うからだそうだ。

① その
② どの

02

日本では今も着物や浴衣などの伝統衣装を日常的に着ている人が多い。特に夏祭りでは、ほとんどの人が浴衣を着ている様子を目にすることができる。私の国では伝統衣装を着ることがあまりないので、普段の生活の中で伝統を守っていることがとてもうらやましいと思った。今年の夏祭りには私も浴衣を ☐ 。

① 着てみたい
② 着て欲しい

03

日本の夏はとても暑いです。私の国の夏は気温が高くても乾燥していて、日本 ☐ 暑くは感じません。

① しか
② ほど

04

日本には「晴れ女」、「雨男」のような言葉があります。ほかの国では聞いたことがない言葉かもしれません。日本では四季があり、一年中様々な天気を楽しむことができます。きっと日本は天気の影響を大きく受ける国なので、このような言葉が生まれ、日常生活の中でたくさん　　　　　。

① 使われるようにしたからです
② 使われるようになったのでしょう

05

日本の結婚式は招待された人しか参加することができません。　　　　　、招待状をもらったら必ず参加するかどうかを返信しなければいけません。なぜなら参加する人の数しか座席を準備しないからです。

① それに
② それでも

06

初めて日本でカラオケに行ったときは、とても恥ずかしかったです。なぜなら、私の国では人の前で　　　　　からです。しかし、友達と何度か行くうちに、カラオケの魅力にはまり、週に一回は友達とカラオケで歌うようになりました。

① 歌うことになっている
② 歌うことがめったにない

07

日本では交通手段として自転車が人気です。それは、日本の交通費が高いうえ、特に都会では道路が混むことが多いからではないでしょうか。ある新聞記事によると、これから自転車を利用する人がより一層　　　　　。

① 増えるそうです
② 増えるようです

실전 대비하기 1

問題3 つぎの文章を読んで、文章全体の内容を考えて、 1 から 4 の中に入る最もよいものを、1・2・3・4から一つえらびなさい。

下の文章は、留学生が書いた作文です。

温泉旅行

ナオミ　バーンズ

　私が日本に来て好きになったものの一つがお風呂です。私の国ではお湯に入る習慣がないので、いつもシャワーで簡単に済ませていましたが、日本に来てから毎日30分以上お風呂に入っています。そんなお風呂好きの私をホストファミリーが温泉旅館に連れて行ってくれました。ありがたかったですが、 1 遠いところまで時間をかけてお風呂に入りに行く理由がわかりませんでした。私は家のお風呂でも十分満足していたためです。

　でも、旅館に到着してすぐに、旅館の良さがわかりました。まずは雰囲気です。日本の伝統的な古い建物と素晴らしいサービスに感動しました。それから、温泉もお風呂とは全然違うものでした。 2 には露天風呂があって、自然豊かな景色を見ながら湯につかりました。ちょうど雪が降っていて、とてもきれいでした。外の空気は冷たいのに、温泉は温かくてなんだか不思議でした。

　また、料理もおいしかったです。和食のコースになっていて、次々と料理が運ばれてきました。それらは懐石料理と呼ばれるそうです。料理一つ一つの量が少ない 3 、種類が多くてとてもお腹いっぱいになりました。

　旅館は私が考えるよりもずっとすてきなところでした。自然を見ながら入る温泉に加えておいしいご飯まで 4 。来月には国の家族が日本に遊びに来るので、ぜひ連れて行ってあげようと思います。

1
1 まるで 2 せっかく 3 いっさい 4 わざわざ

2
1 そこ 2 どこ 3 あれ 4 これ

3
1 せいで 2 かわりに 3 うえに 4 ほか

4
1 楽しむことにしました 2 楽しめばよかったです
3 楽しむことができました 4 楽しんでばかりいます

실전 대비하기 2

問題3 つぎの文章を読んで、文章全体の内容を考えて、 1 から 4 の中に入る最もよいものを、1・2・3・4から一つえらびなさい。

下の文章は、留学生が書いた作文です。

ドラッグストアと薬局

エミリー　トマス

　このあいだ、日本に来てはじめて風邪をひきました。近くの薬局に行ったら、医者からもらった処方箋と呼ばれる紙がないと薬は出せないと言われました。私は薬局 1 知らなかったので、困ってしまいました。すると、薬局の人が「ドラッグストアなら病院で診察を受けなくても薬が買えますよ」と教えてくれたのです。

　 2 、ドラッグストアを探して行ってみました。そこにはたくさんの薬が売られていました。そして、薬以外にもたくさんの物が売られていました。化粧品、ノートやペン、それにパンや牛乳なども置かれていてスーパーに 3 。

　薬局とドラッグストア、名前だけではどちらも同じに聞こえます。でも日本では、病院で処方箋をもらって薬を買いに行くのが薬局で、処方箋がなくても買える薬が置いてあるのがドラッグストアです。そのことを知って複雑だなと思いました。私のような外国人は最初はその違いがきっとわからないと思います。だから、今度ほかの外国人の友達にも 4 。

1
1 だけ　　　2 とか　　　3 さえ　　　4 しか

2
1 そこで　　　2 さらに　　　3 それに　　　4 すると

3
1 来たらしいです　　　2 来たいようでした
3 来たところです　　　4 来たみたいでした

4
1 教えてあげましょう　　　2 教えてあげるに違いないです
3 教えてあげるつもりです　　　4 教えてあげてはいけません

실전 대비하기 3

問題3 つぎの文章を読んで、文章全体の内容を考えて、 1 から 4 の中に入る最もよいものを、1・2・3・4から一つえらびなさい。

下の文章は、留学生が書いた作文です。

日本の生活

アダム　パーカー

　日本に来て今日 1 1年経ちました。国の友だちや日本で初めて会った人によく「日本の生活はどう？」と聞かれます。

　日本に来る前に国で1年間日本語を勉強したので、日本語には少し自信がありました。しかし、日本に 2 、その自信はすぐになくなってしまいました。学校でもスーパーでも日本人の言うことが聞き取れないし、日本人も私が言っていることがわからないようでした。

　 3 、だんだん日本語を話すのが怖くなって、ただ学校と家を行ったり来たりするだけの生活になってしまいました。

　しかし、このままではいけないと思って、留学生の先輩に相談したところ、先輩が日本人の友だちを紹介してくれました。彼は私の国の言葉や文化に興味があって、私の下手な日本語の説明も熱心に聞いてくれました。今では食事をしたり、遊びに行ったり 4 。今は先輩や友だちのおかげで、自信を持って日本の生活が楽しいと言えます。

1

1 に　　　2 の　　　3 で　　　4 から

2

1 住み始めてからでないと　　2 住み始めただけでなく
3 住み始めたとたん　　　　　4 住み始めたばかりか

3

1 なぜなら　　2 それで　　3 または　　4 つまり

4

1 したままです　　　　　　2 すればいいと思います
3 するということです　　　4 するようになりました

실전 대비하기 4

問題3 つぎの文章を読んで、文章全体の内容を考えて、 1 から 5 の中に入る最もよいものを、1・2・3・4から一つえらびなさい。

下の文章は、留学生が書いた作文です。

日本の福袋

キム　スミン

　今回日本でお正月を過ごしていて、驚いたことがあります。それは福袋という中身の見えない袋に入った商品が売られていて、 1 、それがとても人気だったことです。お正月に買い物にいったときに、たくさんの人が並んでいるお店があったのですが、その列の先に福袋が 2 。

　中身が見えないのになぜ人気なのか、不思議に思って友達に聞いてみたところ、「売っている金額以上の値段の商品が入っていてお得なんだよ」と教えてくれました。私は、自分がほしいものだけを買うのが当たり前だと思っていたので、 3 考え方もあるんだなと思いました。そこで、私も服の福袋を 4 。普段の私なら買わないデザインの服も入っていましたが、いい服が安く買えて嬉しかったです。

　福袋は、何が出るかわからないからこそわくわく 5 、予想外にいいものが手に入ったときにはすごく嬉しいから、多くの日本人が列に並んででも買いにいくんだなと思いました。

[1]
1 しかし　　　2 そのため　　　3 しかも　　　4 それとも

[2]
1 置かれてしまいました　　　2 置かれてもおかしくないです
3 置かれてありました　　　　4 置かれてばかりです

[3]
1 そういう　　　2 そちらの　　　3 あんな　　　4 どういった

[4]
1 買いにいくところでした　　　2 買うとは限りませんでした
3 買っておくはずでした　　　　4 買ってみることにしました

[5]
1 するのに　　　2 するし　　　3 するなんて　　　4 するとか

실전 대비하기 5

問題3 つぎの文章を読んで、文章全体の内容を考えて、 1 から 5 の中に入る最もよいものを、1・2・3・4から一つえらびなさい。

下の文章は、留学生が書いた作文です。

日本のゴミの捨て方

グエンフー　アミ

　私が日本に来てから、もう1年になります。日本に来たばかりのときは、おどろいたことがたくさんありました。その中でも、私がいちばんおどろいたことは、ゴミの捨て方です。

　日本の街は道にゴミ箱がないのに、ゴミがほとんどありません。日本人の友だちの話 1 よると、自分のゴミは自分で持って帰るそうです。日本人は小さいころから、親にそのように 2 と聞いて、感心しました。

　日本はゴミを捨てるシステムがとても発達していると思います。まず、ゴミを捨てることができる日が決まっています。 3 、ゴミの種類によっても捨てる日が違います。ですから、ゴミが捨てられる日が来るまで、自宅に 4 。みんながこのようにゴミを捨てれば、ゴミを運ぶ費用も、ゴミを処理する費用も減らすことができるそうです。私は日本の街がきれいなのは、みんながゴミ捨てのルールを守っているからだと思いました。

　私の国では、 5 ゴミでも時間や曜日に関係なく捨てることができます。それはそれで便利ですが、環境のためにはゴミを分けて捨てることも必要なのではないかと思いました。

1
1 に   2 と   3 で   4 から

2
1 教育してくる   2 教育させる   3 教育してみる   4 教育される

3
1 そこで   2 さらに   3 つまり   4 それとも

4
1 置いておくはずがありません   2 置いておいてほしいです
3 置いておかなければなりません   4 置いておいたものです

5
1 その   2 こんな   3 どんな   4 あれらの

실전 대비하기 6

問題3 つぎの文章を読んで、文章全体の内容を考えて、 1 から 5 の中に入る最もよいものを、1・2・3・4から一つえらびなさい。

下の文章は、留学生が書いた作文です。

自動販売機の王国

ジョアナ　スミス

　初めて日本に来て一番驚いたのは自動販売機が多いことでした。駅のホーム、コンビニの前、人通りの少ない道まで、 1 にでも自動販売機があります。いつでもお金を入れれば買いたいものを手に入れることができるのは、とても便利だと思います。

　「国民23人に1台」と言われるほど、その数も多いけど、売っている商品の種類も 2 ほどあるそうです。私の国には飲み物やお菓子を売っているものしかありません。でも、日本は飲み物 3 もちろん、果物から指輪まで、自動販売機で買えると思ってなかったものも買えてびっくりしました。

　 4 、日本にはなぜこんなに自動販売機が多いのでしょうか。それはもしかしたら日本の天気と関係が 5 。日本の夏はとても暑いので、スーパーやコンビニまで行かなくても、どこでもつめたい飲み物が買えるように自動販売機が多くなったのではないでしょうか。

　せっかく「自動販売機の王国」で生活しているのだから、これからもっと色々な自動販売機を探してみようと思います。

1
1 そこ　　　　2 どこ　　　　3 ここ　　　　4 あそこ

2
1 数える　　　2 数えた　　　3 数えられる　4 数えられない

3
1 に　　　　　2 を　　　　　3 が　　　　　4 は

4
1 ところで　　2 だから　　　3 ただし　　　4 そのうえ

5
1 あるはずがありません　　　2 ありそうもありません
3 あるかもしれません　　　　4 あったほうがいいです

무료 온라인 실전모의고사·학습자료 제공
해커스일본어 japan.Hackers.com

해커스 JLPT N3 한권합격

독해

문제 4 내용이해 (단문)

문제 5 내용이해 (중문)

문제 6 내용이해 (장문)

문제 7 정보검색

문제 4 내용이해(단문)

[문제 4 내용이해(단문)]는 150~200자 내외의 지문을 읽고 올바른 것을 고르는 문제로, 지문 4개와 각 지문에 관련된 문제가 1문항씩, 총 4문항이 출제된다. 일상 생활에서의 경험 또는 특정 소재와 관련된 에세이나 설명문이 2개, 이메일, 메모, 편지, 공지 형식의 실용문이 2개 출제된다.

핵심 전략

1. 에세이나 설명문은 특정한 형식 없이 쓰여진 글이며, 필자의 생각이나 지문의 주제, 밑줄 친 부분에 대해 묻는 문제가 출제된다. 필자의 생각이나 지문의 주제는 지문의 마지막 부분에서 주로 언급되며, 밑줄 친 부분을 묻는 문제는 지문에서 밑줄 친 부분을 찾아 그 주변에서 정답의 단서를 찾는다.

   > 예 **スマートフォン**について、「私」は**どのように考えているか**。
   > 스마트폰에 대해, '나'는 어떻게 생각하고 있는가?
   >
   > **うれしいこと**とあるが、**どのようなことか**。 기쁜 것이라고 했는데, 어떠한 것인가?

2. 실용문은 이메일, 메모, 편지, 공지 등의 형식으로 쓰여진 글이며, 주로 지문의 세부 내용이나 밑줄 친 부분에 대해 묻는 문제가 출제된다. 세부 내용을 묻는 문제는 지문 내용과 일치하는 선택지가 무엇인지 꼼꼼히 대조하며 정답을 고르고, 밑줄 친 부분을 묻는 문제는 지문에서 밑줄 친 부분을 찾아 그 주변에서 정답의 단서를 찾는다.

   > 예 このメモを読んで、**パクさんがしなければならないこと**は何か。
   > 이 메모를 읽고, 박 씨가 하지 않으면 안 되는 것은 무엇인가?
   >
   > このメールから**わかること**は何か。 이 메일에서 알 수 있는 것은 무엇인가?
   >
   > **足りないもの**は何か。 부족한 것은 무엇인가?

3. 지문에서 사용된 표현이 선택지에 그대로 사용되지 않고 동의어나 비슷한 표현으로 바뀌어 제시되기도 하므로, 꼼꼼히 해석하고 내용을 정확히 파악하여 정답을 선택한다.

4. 서비스·제품, 일정·정보, 생각·인생 등과 관련된 다양한 주제의 지문이 출제되므로, <시험 D-20 빈출 단어·문형 암기장>(암기장 p.30)을 활용하여 관련된 단어를 꼼꼼히 학습해둔다.

문제 풀이 Step

Step 1 질문과 선택지를 읽고 무엇을 묻는 문제인지 파악하고 공통 핵심 어구에 표시한다.

질문을 읽으며 무엇을 묻는 문제인지 파악한 뒤에 핵심 어구에 표시하고, 선택지에서 반복적으로 등장하는 공통 단어나 표현을 표시해둔다.

질문 このメールを見て、参加する人は、どうしなければならないか。
　　　이 메일을 보고, 참가하는 사람은, 어떻게 하지 않으면 안 되는가?

선택지 1 返信の必要はないが、11月30日までに参加費を払う。
　　　　　답장의 필요는 없지만, 11월 30일까지 참가비를 지불한다.

　　　 2 返信の必要はないが、12月13日に参加費を払う。
　　　　　답장의 필요는 없지만, 12월 13일에 참가비를 지불한다.

　　　 3 11月6日までに返信して、11月30日までに参加費を払う。
　　　　　11월 6일까지 답장하고, 11월 30일까지 참가비를 지불한다.

　　　 4 11月6日までに返信して、12月13日に参加費を払う。
　　　　　11월 6일까지 답장하고, 12월 13일에 참가비를 지불한다.

Step 2 지문에서 공통 핵심 어구가 언급되는 부분을 주의 깊게 읽고 정답의 단서를 찾는다.

필자의 생각이나 주제를 묻는 문제는 지문의 마지막 부분을, 지문의 세부 내용이나 밑줄 친 부분을 묻는 문제는 지문에서 핵심 어구가 언급되는 문장과 그 주변을 주의 깊게 읽는다.

지문 　今年の同窓会について、お知らせします。

　　　日時：12月13日（金）午後6時～9時
　　　11月6日までに参加するかどうかを返信してください。参加費は当日会場で集めます。
　　　参加できない方は、記念品代を11月末までに払ってください。

　　　올해 동창회에 대해, 알려드립니다.

　　　일시: 12월 13일 (금) 오후 6시~9시
　　　11월 6일까지 참가할지 어떨지를 답장해 주세요. 참가비는 당일 회장에서 모읍니다.
　　　참가 불가능한 분은, 기념품 값을 11월 말까지 지불해 주세요.

Step 3 지문에서 찾은 정답의 단서와 일치하는 선택지를 정답으로 고른다.

선택지 1 返信の必要はないが、11月30日までに参加費を払う。
　　　 2 返信の必要はないが、12月13日に参加費を払う。
　　　 3 11月6日までに返信して、11月30日までに参加費を払う。
　　　✓4 11月6日までに返信して、12月13日に参加費を払う。

🔵 문제 풀이 Step 적용

問題4 つぎの文章を読んで、質問に答えなさい。答えは、1・2・3・4から最もよいものを一つえらびなさい。

　日本の結婚式に行ったことがありますか。日本の結婚式には、招待状をもらった人しか行くことができません。招待状をもらったら、行くか行かないか、必ず返事を出さなければなりません。そのときに、お祝いの言葉を一言書くのもいいでしょう。結婚式では、お祝いのお金を出します。3万円が普通ですが、2万円や4万円など2で割ることができる数字は注意したほうがいいです。そして着ていく服は、男性はスーツ、女性はドレスかワンピースが良いでしょう。ただし、白はだめです。白は花嫁(注)が着る色だからです。

(注)花嫁：結婚する女性のこと

そのときとあるが、どのようなときか。
1　結婚式に招待するとき
✓ 2　結婚式の招待状の返事を送るとき
3　結婚式のお祝いのお金を出すとき
4　結婚式に行くとき

Step 1 질문과 선택지를 읽고 무엇을 묻는 문제인지 파악하고 공통 핵심 어구에 표시한다.

질문에서 밑줄 친 そのとき(그때)가 어떤 때인지를 묻고 있으므로, そのとき에 표시해둔다. 밑줄 문제이므로 선택지에서 반복되는 結婚式(결혼식), 招待(초대)를 밑줄 주변에서 찾는다.

Step 2 지문에서 공통 핵심 어구가 언급되는 부분을 주의 깊게 읽고 정답의 단서를 찾는다.

지문에서 밑줄 친 そのとき를 찾고, 앞뒤 문장을 주의 깊게 읽는다. 지문에서 밑줄 친 そのとき의 앞 문장을 보면 招待状をもらったら、行くか行かないか、必ず返事を出さなければなりません(초대장을 받으면, 갈지 가지 않을지, 반드시 답장을 보내지 않으면 안 됩니다)이라고 언급하고 있다.

Step 3 지문에서 찾은 정답의 단서와 일치하는 선택지를 정답으로 고른다.

따라서, 동일한 내용인 2 結婚式の招待状の返事を送るとき(결혼식 초대장의 답장을 보낼 때)가 정답이다.

문제 4 다음의 글을 읽고, 질문에 답하세요. 답은, 1·2·3·4에서 가장 알맞은 것을 하나 고르세요.

　일본의 결혼식에 간 적이 있습니까? 일본의 결혼식에는, 초대장을 받은 사람밖에 갈 수 없습니다. **초대장을 받으면, 갈지 가지 않을지, 반드시 답장을 보내지 않으면 안 됩니다.** 그때에, 축하의 말을 한 마디 적는 것도 좋겠지요. 결혼식에서는, 축하의 돈을 냅니다. 3만엔이 보통이지만, 2만엔이나 4만엔 등 2로 나누는 것이 가능한 숫자는 주의하는 것이 좋습니다. 그리고 입고 가는 옷은, 남성은 정장, 여성은 드레스나 원피스가 좋겠지요. 다만, 하얀색은 안 됩니다. 하얀색은 신부⁽ᵏ⁾가 입는 색이기 때문입니다.

(주) 신부 : 결혼하는 여성

그때라고 했는데, 어떤 때인가?

1　결혼식에 초대할 때
2　결혼식 초대장의 답장을 보낼 때
3　결혼식 축하의 돈을 낼 때
4　결혼식에 갈 때

어휘 日本 にほん 명 일본　結婚式 けっこんしき 명 결혼식　行く いく 동 가다　招待状 しょうたいじょう 명 초대장　もらう 동 받다
～しか…できない ～밖에 …할 수 없다　必ず かならず 부 반드시　返事を出す へんじをだす 답장을 보내다
～なければならない ～(하)지 않으면 안 된다　祝い いわい 명 축하　言葉 ことば 명 말　一言 ひとこと 명 한 마디
書く かく 동 쓰다, 적다　お金 おかね 명 돈　出す だす 동 내다　普通だ ふつうだ な형 보통이다　割る わる 동 나누다
数字 すうじ 명 숫자　注意 ちゅうい 명 주의　～たほうがいい ～(하)는 편이 좋다　そして 접 그리고　着る きる 동 입다
服 ふく 명 옷　男性 だんせい 명 남성　スーツ 명 정장　女性 じょせい 명 여성　ドレス 명 드레스　ワンピース 명 원피스
ただし 접 다만, 단　白 しろ 명 하얀색　だめだ な형 안 된다　色 いろ 명 색　送る おくる 동 보내다

실력 다지기

지문을 읽고 질문에 답하세요.

01

　このごろ、服を手に入れる方法が多様化してきています。今まではお店やインターネットで買ったり、姉や兄の服をもらったりしていましたが、最近は服のレンタルサービスを行う会社も出てきました。この会社は、「特別な日に一度着ただけで、その後あまり着られなくなる服がもったいない」という思いからつくられたそうです。まだ利用者は少ないようですが、どんどん増えることでしょう。

この文章を書いた人は、服を貸してくれる会社についてどう思っていますか。
① 昔からあった会社だが、どんどん人気がなくなっている。
② 特別な日に着る服を買わなくてもいいから便利だ。

02

　　　　　みなみ小学校　運動会日程変更のお知らせ
　6月25日(水)に予定されていた運動会は当日雨の予報のため、他の日に変更いたします。運動会は7日後の7月2日(水)に行う予定で、元々予定していた日はいつもどおり授業を行いますので、日程を確認の上、間違いのないようお願いします。

このお知らせを読んで、学生は6月25日に何をしなければなりませんか。
① 授業で使うテキストを準備する。
② 運動会で使う応援道具を準備する。

03

　みなさんは定期的に運動をしていますか。携帯もテレビもなかった昔は、外で遊ぶだけで運動になりましたが、今は携帯やテレビを見るなど室内での遊びが多くなり、運動不足の人が増えました。しかし、健康のためには、ある程度運動をしなければなりません。週に3回以上は運動する健康的な習慣を身につけましょう。

健康的な習慣とあるが、どのようなことか。
① 週に3回以上運動する。
② 携帯をあまり使わない。

04

田中くん

　今日の発表で使う資料の印刷をお願いします。私は午前、授業があり、印刷する時間がありません。学校の図書館にあるプリンターは30枚まで無料ですから、そこを利用してください。先生の分まで10部お願いします。発表で使うCDは私が佐藤くんから借りて行きます。よろしくお願いします。

中村

田中くんが発表のためにしなければならないことは何か。
①　発表の資料を印刷して行く。
②　発表で使うCDを借りて行く。

05

　昨日友達と一緒に野球の試合を見に行った。私たちが応援するチームはリーグ最下位のチームで、相手チームはリーグ1位のチームだった。誰もが負けると思っていた試合だったが、試合が終わる直前、逆転ホームランで劇的に勝利した。最後まであきらめずに努力する選手たちを見て感動した。私も彼らのように生きていこうと思った。

彼らのようにとあるが、どのようなことか。
①　負けそうな試合は早くあきらめて他の試合の準備をすること
②　どんな試合でもあきらめずに努力すること

06

中田先生

　お元気でいらっしゃいますか。去年、先生の授業を受けた林と申します。今年も先生にお目にかかることを楽しみにしておりましたが、今年ご退職され授業は受け持ちにならないと聞き、とても残念です。先生の授業を受けることはできませんが、以前からずっとお伺いしたかった質問がいくつかあり、連絡いたしました。もしよろしければ、先生のご都合のよい時間に伺い、質問させていただければと思っております。お返事いただけましたらうれしいです。

林

この手紙からわかることは何か。
①　中田先生と林が会う約束をしたこと
②　中田先生が今年から授業をしないこと

실전 대비하기 1

問題4 つぎの(1)から(4)の文章を読んで、質問に答えなさい。答えは、1・2・3・4から最もよいものを一つえらびなさい。

(1)
これは公園の管理事務所から三上さんに届いたメールである。

あて先　　： mikami@abcmail.co.jp
件名　　　： 園内テニスコートのご利用の件
送信日時　： 2019年4月1日　10:00

三上　様
　石山公園管理事務所の田中です。ご質問の件ですが、公園のテニスコートは、利用したい日の2か月前から電話で予約することができます。電話受付は午前9時から午後5時までです(土日は除きます)。電話予約したうえで、申込書を公園の事務所に出してください。申込書を利用したい日の1週間前までに出さない場合は、予約が取り消されますので、ご注意ください。

---

1 このメールからわかることは何か。
　　1　土曜日と日曜日はテニスコートが使えない。
　　2　申し込みは電話でしてもいいし、事務所に行ってしてもいい。
　　3　申込書を事務所でもらってから、電話をして予約しなければいけない。
　　4　申込書を利用したい日の前日に出したら、テニスコートは使えない。

(2)

　私の友だちの多くは、社会人になってある程度貯金ができたら、車を買いたいと言っている。週末にドライブをすればストレス解消になるし、車があれば買い物に行くときも便利だろう。

　でも、車を買ったらお金がたくさんかかる。ガソリン代もかかるし、税金も払わなければならない。それに、私の家は駅の近くにあるし、買い物はインターネットでもできる。だから、私は今無理をして買わなくてもいいと思っている。いつか本当に必要になった時に買えばいい。

2　車について、「私」はどのように考えているか。
1　お金がかかるし、興味もないので、これからも車を持つつもりはない。
2　お金はかかるが、便利なので、近いうちに買いに行くつもりだ。
3　車があったらいいと思うが、今は特に不便じゃないので、必要ない。
4　車に関心はないが、友だちがみんな持っているので、買わなければならない。

(3)

　ボールペンで書いた字が消せなくて困った経験をしたことがある人は多いだろう。そんな中、最近あるボールペンが人気を集めている。それは、消せるボールペンだ。このボールペンは専用の消しゴムを使えば、書いた字を消すことができる。

　このボールペンを発明した会社の社長はこう話している。「今までみんなボールペンは字が消えてはいけないものだと思っていました。だから、反対に、消せるボールペンを作れば、みんながめずらしがるから、よく売れるだろうと思ったんです。」

[3] 消せるボールペンが作られることになったのは、どうしてか。
　　1　一般的な考えとは違うものを作れば、みんながほしくなると思ったから
　　2　ボールペンで書いた字が消せなくて困るとお客さんから会社に連絡が来たから
　　3　ボールペンで書いた字を消したいという人がだんだん多くなってきたから
　　4　みんなの考えを参考にして新しいボールペンを作れば、売れると思ったから

(4)

あるホテルのフロントにクリスマスイベントのお知らせが貼ってある。

クリスマスイベントのご案内

12月9日(金)から12月25日(日)まで、東山公園でクリスマスイベントが行われます。入場は無料です。

会場には様々なイベントブースが用意され、クリスマスの飾りの販売やワイン、ソーセージが食べられる店、ミニクリスマスツリーが作れる体験コーナーなどがあります。飲食や体験コーナーは別料金がかかります。毎日19時から音楽演奏会が行われ、クリスマスの雰囲気をさらに楽しむことができます。

ただいま当ホテルでは、会場で利用できる割引チケットをお配りしております。必要な方はフロントまでお声がけください。

---

4 このお知らせからわかることは何か。

1 ホテルに泊まっている客でも、イベントの会場に入るには別料金がかかる。
2 フロントにある割引チケットを使えば、飲食や体験コーナーが無料になる。
3 イベントの間はホテルのフロント前で毎晩音楽演奏会が行われる。
4 フロントの人に言えば、イベントで使える割引チケットがもらえる。

실전 대비하기 2

問題4 つぎの(1)から(4)の文章を読んで、質問に答えなさい。答えは、1・2・3・4から最もよいものを一つえらびなさい。

(1)

山岡市ダンス大会

8月17日に山岡市文化センターで山岡市ダンス大会を開催します。申し込みは締め切りが8月2日18時までで、市のホームページからのみ承っております。参加は個人でも団体でもかまいません。参加者は当日の15時までに会場に集合となっております。なお、当日は舞台を使ったリハーサルも可能です。リハーサルを行いたい方は申し込む際にその他の欄に「リハーサル希望」と記入していただき、当日12時までにお集まりください。

---

1 リハーサルに参加したい人はどうしなければならないか。

1 8月2日までに大会にだけ申し込んで、8月17日12時までに会場に行く。
2 8月2日までに大会とリハーサルに申し込んで、8月17日12時までに会場に行く。
3 8月2日までに大会とリハーサルに申し込んで、8月17日15時までに会場に行く。
4 8月17日までに大会とリハーサルに申し込んで、8月17日15時までに会場に行く。

(2)
　携帯電話を持ちはじめてからいつの間にか手紙は遠い存在になった。携帯のメール機能は手紙とは異なって、費用も手間もかからず、いつでもどこでも相手とやり取りできる。
　でも、たまに再会すると新鮮な気持ちになる。きれいな花や鳥が描かれた切手や手書きの字を見ると相手の顔が思い浮かんで、つい笑顔がこぼれる。メールには感じられないその温かい配慮にうれしくなる。面倒だからこそ貴重なものなのかもしれない。

2 この文章を書いた人は手紙についてどのように考えているか。

1　手紙には気持ちが表れるから、面倒に感じるときは書かないほうがいい。
2　手紙のほうが思いが伝わるので、大切なことは手紙で伝えるべきだと思う。
3　相手が自分のために手間をかけてくれた分、手紙からは温かさが感じられる。
4　最近は手紙を書かなくなったので、手紙のよさがわからない人が多い。

(3)

　主婦仲間の話を聞いていてもったいないと感じることが多々ある。食べ物の中にある栄養についてはよく知っていても、忘れがちなのが調理方法だ。例えば、体にいいと知られるほうれん草。野菜の中で鉄分が最も多く、鉄分の吸収を助けるビタミンCも豊富であるため、健康食材として意識して食べている人も多い。ただ、ビタミンCには水に流れ出やすい性質があり、水につけたり、ゆでたりする時間が長いとどんどん外に逃げていってしまう。これではせっかくの知識がむだになる。どうせなら、どうすれば栄養を効果的にとれるかという点にまで意識したいものだ。

3 もったいないと感じるとあるが、文章を書いた人はなぜもったいないと思っているのか。
1 体への効果が弱くなるやり方で食材を料理しているから
2 食べ物に含まれる栄養が体へどのような効果を与えるか知らないから
3 栄養について知識をつけるばかりで、料理に役立てていないから
4 栄養の吸収を助ける食材の組み合わせを気にしないから

(4)

休憩室の机の上に、店長からタンさんへのメモが置いてあった。

タンさん

お疲れさまです。

今日は本社で会議があるので、午後からお店に行きます。

午前中、田中様という女性のお客様が昨日お店で忘れたお財布を取りに来ます。身分証を持って来るように言ってあるので、田中様が来たら、まず本人かどうか確認してください。それから、田中様といっしょに財布の中を確かめて、問題なければそのまま田中様に渡していいですが、何かなくなっていたら、私に電話してください。

よろしくお願いします。

店長

4 このメモを読んで、タンさんがしなければならないことは何か。
1 お客さんに電話して、昨日店に財布を忘れて行ったことを伝える。
2 お客さんに身分証を見せてもらってから、一緒に財布の中を確認する。
3 お客さんに電話して、店に来るときに身分証を持って来るように伝える。
4 身分証を確認したことを電話で店長に伝えてからお客さんに財布を渡す。

실전 대비하기 3

問題4 つぎの(1)から(4)の文章を読んで、質問に答えなさい。答えは、1・2・3・4 から最もよいものを一つえらびなさい。

(1)

これは旅行会社から客に届いたメールである。

あて先	：	ryokou@abc-kaisya.co.jp
件名	：	旅行代金のお支払いの件
送信日時	：	2019年4月1日　10:00

佐川様

　いつもご利用いただき、ありがとうございます。

　先ほど、お電話でお話しした件ですが、お申し込みいただいた旅行プランの代金のご入金が確認できておりません。請求書をもう一度お送りしますので、金額をご確認のうえ、4月4日までにご入金いただきますようお願いいたします。なお、4月4日までにご入金が確認できない場合、ご予約が取り消しになることもございますので、ご注意ください。よろしくお願いいたします。

---

1 このメールを読んで、客がしなければならないことは何か。

1. 旅行会社に電話して、旅行代金がいくらなのか問い合わせる。
2. 申し込んだ旅行プランの代金を入金したかどうか電話で確認する。
3. 4月4日までに請求書に書いてある金額を旅行会社に入金する。
4. 4月4日までに申し込んだ旅行プランを取り消せるか確認する。

(2)

　携帯電話は昔に比べて便利になった。電話だけではなく、インターネットをしたり、お金を払ったりすることもできる。
　だから、少し前まで私は携帯電話一つあれば地図や財布はもう要らないと思っていた。ところが、ある日携帯電話をなくして大変な思いをしたことで、私の考えは変わった。
　携帯電話は私たちの生活になくてはならないものだ。しかし、もしもの時を考えて、代わりの手段を用意しておいたほうがいいのではないかと思う。

2 携帯電話について、「私」はどのように考えているか。
1　携帯電話一つで何でもできるので、荷物が軽くなっていいと思う。
2　携帯電話は不便な点もあるので、必ずしも生活するのに必要ではないと思う。
3　携帯電話は便利になったので、携帯電話さえあれば生活には困らないと思う。
4　携帯電話は便利だと思うが、なくても生活できるようにしておくべきだと思う。

(3)

　何か考え事をするとき、無意識に上の方を見てしまうことはありませんか。

　これは、目から入ってくる情報の量に関係しています。私たちは、人の顔や風景など、いつもいろいろな物を見ることで、周りの状況を理解しています。

　しかし、何かについて集中して考えたいときは、それらの情報が邪魔になってしまいます。それで、空などの何もないところを見ようとするのです。考えながら目を閉じたり、下を見たりするのもこれと同じ理由です。

[3]　人間が何か考え事をするとき、無意識に上の方を見てしまうのは、どうしてか。

1　目から得る情報が多ければ、周りの状況をよく理解した上で考えられるから
2　目から得る情報が少なければ、もっと集中して考えることができるから
3　上のほうを見れば、普段見えないものが見えるので、よく考えられるから
4　下を見るより、上を見たほうが考えるときに邪魔になるものが少ないから

(4)

下の手紙は島田さんがホワイトさんに送った手紙である。

ホワイトさん

　おつかれさまです。

　来週会社を辞める山川さんのために、みんなで何かプレゼントをあげるつもりです。何にするかはまだ決めていませんが、1人500円ずつ出して、5,000円ぐらいのものにしたらどうかと思っています。

　明日の午前中にホワイトさんのところに行きますので、プレゼント代をいただければと思います。明日、会社が終わったら、私が代表してプレゼントを買いに行きます。

　よろしくお願いします。

　　　　　　　　　　　　　　　　　　　　　　　　　　　　　　7月10日

　　　　　　　　　　　　　　　　　　　　　　　　　　　　　　島田

---

[4]　この手紙を読んで、ホワイトさんがしなければならないことは何か。

　1　明日の午前、みんなから500円ずつお金を集めて、島田さんが来たらそれを渡す。
　2　明日の午前、島田さんが来たら、プレゼントを買うためのお金を渡す。
　3　明日、会社が終わるまでに、山川さんに何をプレゼントするか決める。
　4　明日の夜、島田さんから5,000円を受け取って、プレゼントを買いに行く。

문제 5 내용이해(중문)

[문제 5 내용이해(중문)]는 350자 내외의 지문을 읽고 올바른 것을 고르는 문제로, 지문 2개와 각 지문에 관련된 문제가 3문항씩, 총 6문항이 출제된다. 특정 이슈에 대한 필자의 경험이나 생각을 담은 에세이가 제시되며, 밑줄 친 부분에 대해 묻는 문제, 지문의 세부 내용을 묻는 문제, 그리고 필자의 생각이나 주제를 묻는 문제가 출제된다.

─○ 핵심 전략

1 밑줄 친 부분에 대해 묻는 문제는 지문에서 밑줄 친 부분의 앞 또는 뒤의 내용과 일치하는 것을 정답으로 고른다.

> 예 それとあるが、何(なん)のことか。 그것이라고 했는데, 무엇인가?

2 세부 내용을 묻는 문제, 지문의 내용과 일치하는 것을 묻는 문제, 빈칸에 들어갈 말을 묻는 문제는 질문에서 핵심 어구를 파악하여 해당 표현을 지문에서 찾고, 그 주변의 내용과 일치하는 것을 정답으로 고른다.

> 예 A社(しゃ)が、利用者(りようしゃ)にしてほしいと言っていることは何(なに)か。
> A사가, 이용자에게 해주길 바란다고 말하는 것은 무엇인가?
>
> 「車(くるま)」についての説明(せつめい)で、合(あ)っているものはどれか。 '차'에 대한 설명으로, 맞는 것은 어떤 것인가?
>
> （　）に入(はい)ることばで最(もっと)もよいものはどれか。 （　）에 들어갈 말로 가장 알맞은 것은 어떤 것인가?

3 필자의 생각이나 지문의 주제를 묻는 문제는 주로 지문의 후반부에서 정답의 단서를 찾아 내용이 일치하는 선택지를 정답으로 고른다.

> 예 本(ほん)を借(か)りることについて、「私(わたし)」はどう思(おも)っているか。 책을 빌리는 것에 대해서, '나'는 어떻게 생각하는가?

4 첫 번째 문제는 지문의 초반부, 두 번째 문제는 지문의 중반부, 세 번째 문제는 지문의 후반부 혹은 지문 전체를 이해해야 하는 문제로 출제된다. 따라서, 지문을 처음부터 읽으면서 문제 순서대로 질문과 관련된 내용을 찾고, 찾은 내용을 바탕으로 해당 문제의 정답을 고른다.

5 감정·기분, 사회·환경 등과 관련된 다양한 주제의 지문이 출제되므로, <시험 D-20 빈출 단어·문형 암기장>(암기장 p.32)을 활용하여 관련된 단어를 꼼꼼히 학습해둔다.

🔵 문제 풀이 Step

Step 1 질문을 읽고 무엇을 묻는 문제인지 파악하고 핵심 어구에 표시한다.

질문을 읽으며, 무엇에 대해서 묻고 있는지, 또는 지문에서 어떤 내용을 찾아야 하는지 등을 파악하고 핵심 어구에 표시한다.

질문 この文章を書いた人は、ラジオで音楽を聴いたときに昔のことを思い出したのはなぜだと考えているか。

이 글을 쓴 사람은, 라디오에서 음악을 들었을 때 옛날 생각이 난 것은 왜라고 생각하고 있는가?

Step 2 지문에서 질문의 핵심 어구를 찾아 그 주변에서 정답의 단서를 찾는다.

지문을 읽으면서 질문의 핵심 어구를 찾아 주변 문장에서 정답의 단서를 찾는다.

지문 昔住んでいた家には庭があって、春になると、きれいな花が咲いていました。私は落ち込んだとき、好きな音楽を聴きながら庭を散歩したり、花見をしたりするのが好きでした。その音楽が今日ラジオで聴いた音楽だったのです。

예전에 살았던 집에는 정원이 있어서, 봄이 되면, 예쁜 꽃이 피어있었습니다. 저는 울적할 때, 좋아하는 음악을 들으면서 정원을 산책하거나, 꽃구경을 하거나 하는 것을 좋아했습니다. 그 음악이 오늘 라디오에서 들었던 음악이었던 것입니다.

Step 3 지문에서 찾은 정답의 단서와 일치하는 선택지를 정답으로 고른다.

정답의 단서를 찾았으면, 바로 해당 문제의 질문을 다시 확인하고 정답의 단서와 일치하는 선택지를 정답으로 고른다.

선택지 1 昔住んでいた家の近くに住んでいた友達が好きだった音楽だから
   예전에 살았던 집 근처에 살던 친구가 좋아하던 음악이라서

2 昔住んでいた家で母がよく歌っていた音楽だたら
   예전에 살았던 집에서 엄마가 자주 부르던 음악이라서

✓3 昔住んでいた家の庭でよく聴いていた音楽だから
   예전에 살았던 집의 정원에서 자주 들었던 음악이라서

4 昔住んでいた家の近くの花屋さんでよく聴いていた音楽だから
   예전에 살았던 집 근처의 꽃집에서 자주 들었던 음악이라서

🔵 문제 풀이 Step 적용

問題5 つぎの文章を読んで、質問に答えなさい。答えは、1・2・3・4から最もよいものを一つえらびなさい。

　先週、久しぶりに家に帰った。家に帰るのは、何年ぶりだろうか。玄関で「ただいま」と言うと、奥の方から母の声で、「どなたですか」と返ってきた。「僕だよ」というと、母はびっくりした顔で「おかえりなさい」と言ってくれた。そのとき、少しホッとした気持ちになった。

　その夜、いつもは仕事で忙しい父と、大学に通っている妹が早く帰ってきたので、一緒に夕食を食べた。家族でご飯を食べるのも久しぶりだったが、やはり母が作った料理が一番おいしい。普段は、コンビニやお弁当屋で買って食べることが多いのだが、いつも母の料理の味を思い出していた。父は、相変わらず「いつ結婚するんだ」とか「仕事はちゃんとしてるのか」ばかりだ。でも、こういうことを言ってくれるのは、家族だからなんだろう。

（後略）

父の発言について、「私」はどう思っているか。

1　結婚するつもりではないので、言われたくないと思っている。
2　結婚するつもりだし、仕事もちゃんとしているので言われてもいいと思っている。
✓ 3　父は色々なことを言うが、家族だから言ってくれると思っている。
4　家族だとしても結婚や仕事の話は言われたくないと思っている。

Step 1 질문을 읽고 무엇을 묻는 문제인지 파악하고 핵심 어구에 표시한다.

질문에 父の発言(아버지의 발언)이 언급되므로 父の発言에 표시해둔다. 아버지가 말한 것에 대해 '나'가 어떻게 생각하고 있는지 묻는 문제이므로 아버지의 말에 대한 필자의 생각을 파악하며 지문을 읽어야 한다.

Step 2 지문에서 질문의 핵심 어구를 찾아 그 주변에서 정답의 단서를 찾는다.

지문의 후반부에 父は、相変わらず「いつ結婚するんだ」とか「仕事はちゃんとしてるのか」ばかりだ(아버지는, 여전히 '언제 결혼하니'라든가 '일은 제대로 하고 있는 거니' 뿐이다)라고 서술하고 있다. 그리고 그 뒤에 でも、こういうことを言ってくれるのは、家族だからなんだろう(하지만, 이런 것을 말해주는 것은, 가족이니까 그런 거겠지)라고 아버지의 말에 대한 '나'의 생각을 서술한 부분이 정답의 단서이다.

Step 3 지문에서 찾은 정답의 단서와 일치하는 선택지를 정답으로 고른다.

정답의 단서와 일치하는 내용인 3 父は色々なことを言うが、家族だから言ってくれると思っている(아버지는 여러 말씀을 하시지만, 가족이니까 말해주는 것이라고 생각하고 있다)를 정답으로 고른다.

문제 5 다음의 글을 읽고, 질문에 답하세요. 답은, 1·2·3·4에서 가장 알맞은 것을 하나 고르세요.

　지난주, 오래간만에 집에 돌아갔다. 집에 돌아가는 것은, 몇 년만인지. 현관에서 '다녀왔습니다'라고 말하자, 안쪽에서 엄마의 목소리로 '누구세요?'라고 되돌아왔다. '나야'라고 하자, 엄마는 깜짝 놀란 얼굴로 '어서 오렴'이라고 말해 주었다. 그때, 조금 안심하는 기분이 들었다.
　그날 밤, 평소에는 일로 바쁜 아빠와, 대학에 다니고 있는 여동생이 빨리 돌아왔기 때문에, 함께 저녁밥을 먹었다. 가족끼리 밥을 먹는 것도 오랜만이었지만, 역시 엄마가 만든 요리가 제일 맛있다. 평상시에는, 편의점이나 도시락 가게에서 사서 먹는 경우가 많지만, 항상 엄마 요리의 맛을 떠올렸었다. 아버지는, 여전히 '언제 결혼하니' 라든가 '일은 제대로 하고 있는 거니'뿐이다. 하지만, 이런 것을 말해주는 것은, 가족이니까 그런 거겠지.
　(후략)

아버지의 발언에 대해서, '나'는 어떻게 생각하고 있는가?
1 결혼할 예정은 아니기 때문에, 듣고 싶지 않다고 생각하고 있다.
2 결혼할 예정이고, 일도 제대로 하고 있기 때문에 들어도 괜찮다고 생각하고 있다.
3 아버지는 여러 말씀을 하시지만, 가족이니까 말해주는 것이라고 생각하고 있다.
4 가족이라고 해도 결혼이나 일 이야기는 듣고 싶지 않다고 생각하고 있다.

실력 다지기

지문을 읽고 질문에 답하세요.

01
　来月、やっと引っ越しをすることになりました。元々使っていた家具は、なるべく新しい家に持って行きますが、本棚は新しく買うつもりです。お気に入りの本棚ですが、年を重ねるにつれ新しい本が増え、もうこれ以上、空きスペースがないので新しいものを買うことにしました。新しく引っ越す家には、もっと大きな本棚を置き、私の好きな本でいっぱいにしたいと思っています。

新しい本棚を買おうとしているのはなぜか。
① あまり気に入らない本棚だから
② 本が多くなって、空きスペースがないから

02
　先週の土曜日は、外出せずに一日中のんびり映画を見ました。映画を選んでいると、ふと、高校時代一番好きだった映画を思い出しました。受験勉強で疲れたとき、その映画を見ながらしばらく笑うと、悩みを忘れ、またがんばれるような気がしました。久しぶりにその映画を見ると、少しくすぐったい部分もありましたが、昔のことを思い出し、相変わらず良い映画だと思いました。

その映画とあるが、どのようなことか。
① 学生時代に好きだった映画
② 受験についての映画

03
　最近高齢者による交通事故が増えています。高齢になるにつれて身体能力や判断力が低下するので、事故を起こしやすくなるのです。そこで、日本では70歳以上の高齢者に対して、運転免許の返納を呼びかけています。公共交通機関が少ない地方都市は車がないと生活が不便になるため、シャトルバスなど車に代わる移動手段を確保しておく必要があります。

この文章で一番言いたいことは何か。
① 高齢者は身体能力が低下しないように運転練習が必要だ。
② 高齢者が車の代わりに利用できる交通手段が必要だ。

04
「アップサイクル」という言葉を聞いたことがありますか。リサイクルが物をそのままの状態で活用することなら、アップサイクルはデザインまたは活用度を高め、元の製品から新しい製品をつくりだすことを言います。例えば、捨てられた傘の布を使って財布を作ったり、捨てられた布を活用しかばんを作ったりします。最近では、このようなアップサイクル製品が多くの関心を集め、捨てられた資源の活用に大きく役立っています。

「アップサイクル」とあるが、何か。
① 「アップサイクル」は捨てられた資源を活用して新しい物を作ることである。
② 「アップサイクル」は捨てられた資源をそのままの状態で活用することである。

05
日本のとある大学の国際交流クラブでは、毎年外国人留学生会員を募集しており、多くの外国人留学生がこのクラブに加入している。ほかのクラブに比べ、会員が多いのは、このクラブで行う様々なイベントのおかげだ。みんなで一緒に旅行に行くのはもちろん、日本語で自分自身について語るスピーチコンテスト、日本人の生活を実際に体験できるホームステイなど、いろいろな行事を楽しむことができる。留学生一人では経験できないたくさんの活動を経験することができるうえ、日本人の友達も作ることができるので、日本語能力を高めたい外国人留学生には良い機会になると思う。

国際交流クラブについての説明で、合っているものはどれか。
① 留学生一人ではできない様々な経験ができる。
② イベントに参加した留学生しか加入できない。

06
皆さんは寝ている間、いびきをかいていませんか？いびきをかくのはぐっすり眠っているからだと思っている人も多いようです。しかし、実はいびきは息が苦しい時に起こるので、よく眠れていないということなのです。いびきがひどくなると睡眠中にたびたび呼吸が止まることもあります。そのため眠りが浅くなり、長時間眠っても睡眠不足状態が続きます。いびきは体の赤信号なので、早めに治すことが重要です。

この文章で一番言いたいことは何か。
① いびきは早く治療するのがいい。
② いびきは睡眠にいいので、心配しなくてもいい。

실전 대비하기 1

問題5 つぎの(1)と(2)の文章を読んで、質問に答えなさい。答えは、1・2・3・4から最もよいものを一つえらびなさい。

(1)

　大学生になって、一人暮らしを始めた。一人暮らしは毎日自由で楽しいことばかりだろうと思っていたが、実際にしてみると後悔することもある。
①
　勉強やアルバイトで疲れて家に帰って来ても、家の中は真っ暗だ。そして、「ただいま」と言っても、誰も「おかえり」と言ってくれない。家族と暮らしていたときは、「面倒だな」と思っていたのに、今はにぎやかでよかったなと思う。
　しかし、後悔だけではなく、よかったこともある。一人暮らしをしたおかげで、家族の大切さについて初めて考えることができた。私のことを思っていろいろしてくれた両親に「うるさい」と言ってしまった自分が恥ずかしい。
②
　時間が過ぎれば、この寂しさにも慣れてくるだろう。でも、今のこの気持ちは忘れないようにしたい。次に家族が住む家に帰る時には、みんなが好きなケーキでも買って帰ろう。

[1] ①後悔することとあるが、どのようなことか。
1 夜、家に帰ってくることが多いので、家の中が暗くて何も見えないこと
2 いつも家に誰もいないし、話したくても話し相手がいないので、寂しいこと
3 家に帰るたびに、電気をつけたり、あいさつをしたりするのが面倒なこと
4 勉強やアルバイトが忙しいので、家では疲れてしまって何もできないこと

[2] ②自分が恥ずかしいとあるが、それはなぜか。
1 一人暮らしを始めるときに家族に手伝ってもらったのに、全然感謝しなかったから
2 一人暮らしを始めてから、家族に失礼なことを言うようになってしまったから
3 家族の大切さについて十分理解していたのに、家族に失礼なことを言ってしまったから
4 家族の大切さに気づいていなかったせいで、家族に感謝できなかったから

[3] 一人暮らしをすることについて、「私」はどう思っているか。
1 だんだん寂しくなくなるだろうが、家族の大切さは忘れてはいけないと思う。
2 だんだん寂しくなくなるだろうから、一人での生活が楽しくなってくると思う。
3 ときどき寂しくなるので、そんなときは家族の住む家に帰ればいいと思う。
4 寂しくなったら、恥ずかしくても家族に来てもらったほうがいいと思う。

(2)

　意識すれば防げるミスと違って、食後の眠気だけはどうにもならない。眠気と戦いながら仕事をして、ミスをしたことがある人も多いはずだ。日本の会社の昼休みは1時間しかないところが多いので、昼食を食べたら時間が経たないうちに仕事が始まる。ところが、食後人は自然に眠くなる。

　これではよくないと思っていても、何の対策も取らない会社がほとんどだろう。そんな中、大阪のある会社がおもしろい取り組みを始めた。あるヨーロッパの国をまねして昼に長く休む制度を取り入れたのだ。この会社の昼休みは午後1時から午後4時までだ。1日に働く時間は他の会社と変わらない。早く帰りたければ、制度を利用しなくてもいい。この制度を利用して昼休みに会社で昼寝をする社員が多いが、中には会社の近くで運動したり、映画を見に行く社員もいるそうだ。

　その効果にこの会社の社長も満足している。社長は「仕事の質が上がって残業が減った。社員同士のコミュニケーションが増え、社員から新しいアイデアがたくさん出るようになったのもよかった。予算をかけずに始められるので他の会社にもすすめたい」と述べている。

4 ①これとあるが、何か。

1 意識すれば防げるようなミスをくり返す社員が多いこと
2 昼休みの時間が短くて、社員がゆっくり昼食を食べられないこと
3 昼休みの後に、社員が眠くなって仕事の効率が下がってしまうこと
4 食後に寝ている社員がいても、会社がほとんど対策してくれないこと

5 ②おもしろい取り組みを始めたとあるが、どんな取り組みを始めたのか。

1 昼休みという考え方をなくして、1日のうち社員の好きな時間に休めるようにする取り組み
2 昼食を食べる時間とは別に、社員がゆっくり昼寝ができるようにする取り組み
3 会社にいる時間は変えず、昼休みの時間を延ばして社員が働く時間を減らす取り組み
4 昼休みを長くして、社員の働き方に合わせて自由に過ごせるようにする取り組み

6 ③その効果とあるが、どのような効果があったと言っているか。

1 会社で過ごす時間が長くなって、社員同士の仲が良くなったこと
2 以前に比べて社員のミスが減り、アイデアも出しやすい雰囲気になったこと
3 社員が仕事だけでなく運動や映画鑑賞などの趣味を持つようになったこと
4 社員が積極的に働くようになって、他の会社より売上が上がったこと

실전 대비하기 2

問題5 つぎの(1)と(2)の文章を読んで、質問に答えなさい。答えは、1・2・3・4から最もよいものを一つ選びなさい。

(1)

　私は車の運転に向いていないようで、今まで事故を起こしそうになったことが何回かある。出勤するために仕方なく運転するが、私にとって運転はストレスでしかない。車の運転が楽しくてしょうがないという人はきっと勇気がある人だ。

　<u>そんな私</u>①にうれしい知らせだ。なんと自動運転の車ができたそうだ。ぶつかりそうになったら自分で止まるし、何もしないで目的地まで行けたり、車を降りたら車が自分で駐車してくれたりもするようだ。<u>こんなこと</u>②は少し前までは映画の中の話だった。

　しかし、自動運転の車は機械なのだから、故障することがないとは言えないはずだ。もしも、それが原因で事故が起きたらどうなってしまうのか。自分の車を運転している場合でも誰が責任を持つか難しいのに、それがタクシーやトラックの運転手など、会社の車を運転したり管理する人が別だったりする場合はより複雑になりそうだ。そう考えると、<u>みんなが自動運転の車に乗るようになる日はまだ遠いのではないかと思う</u>③。

1　①そんな私とあるが、何か。
　　1　車の運転が苦手な私
　　2　車の事故にあった私
　　3　仕事のストレスが多い私
　　4　車の運転が楽しいと思う私

2　②こんなこととあるが、何か。
　　1　練習しなくても運転が上手になること
　　2　運転中に絶対に故障することがないこと
　　3　車が自分で考えて動いてくれること
　　4　車が空いている駐車場を教えてくれること

3　③まだ遠いのではないかと思うのはどうしてか。
　　1　自動運転の機能の故障によって事故が起きても、車の会社は責任を取らないから
　　2　自動運転中に事故を起こした場合、どこに責任があるかはっきりしていないから
　　3　自動運転中に事故を起こしても、勝手に動く車を止めることはできないから
　　4　自動運転の機能を持つ車をタクシーやトラックの運転手が利用してはいけないから

(2)
　梅雨の時期を迎え、持ち歩くのに便利な軽い折り畳み傘を買った。折り畳み傘ということで普通の傘より小さいため、差していても腕や持っているかばんに雨がかかってしまう。値段のわりに強風が吹いてもしっかりしていて驚いたが、それだけが①少し不満だった。
　ある日、傘をうっかり家に忘れてしまい、②友人の折り畳み傘を貸してもらった。閉じた状態だとわからなかったが、それは不思議な形をしていた。傘は大体、上から見ると丸い形をしているが、それは横に長く、丸がつぶれたような形をしているのだ。それに、持ち手から伸びる棒が真ん中にあるのではなく少し横にずれている。友人はこの形だと濡れなくていいと言った。普通、持ち手を持つ手と反対側の手や足は濡れてしまいがちだ。これだと持ち手の反対側の空間が広くなっているので、余裕があって濡れずに済むというわけだ。
　折り畳み傘は軽くて便利だが濡れてしまうところが嫌だったので、普通の傘に変えようかと思っていた。でも、この傘にすれば悩みが解決できそうだ。早く買って雨の日も快適に過ごせるようになりたい。

（注）持ち手：ここでは、傘を持つためについている部分

4 ①少し不満だったとあるが、それはなぜか。
1 折り畳み傘なのに、思ったよりも軽くないため
2 開いたときに他の折り畳み傘より小さいため
3 傘を差していても、体や荷物が濡れるため
4 値段が高かったのに、強い風に弱いため

5 ②友人の折り畳み傘とあるが、その説明で合っているものはどれか。
1 開いた状態で上から見ると、丸い形をしている。
2 開いた状態で上から見ると、持ち手が真ん中にある。
3 開いた状態で上から見ると、持ち手があるほうの空間が広くなっている。
4 開いた状態で上から見ると、持ち手がないほうの空間が広くなっている。

6 「私」は今、傘についてどう考えているか。
1 普通の傘は持ち歩くのに不便なので、これからも今持っている傘を使い続けたい。
2 折り畳み傘は軽くて便利なので、これからも今持っている傘を使い続けたい。
3 持ち手がずれている傘は濡れなくていいので、友人と同じ傘に買い替えたい。
4 大きい傘は空間が広くて濡れにくいので、友人と同じ傘に買い替えたい。

실전 대비하기 3

問題5 つぎの(1)と(2)の文章を読んで、質問に答えなさい。答えは、1・2・3・4から最もよいものを一つ選びなさい。

(1)

　友だちからプレゼントをもらった。もちろんうれしかったが、プレゼントを包んでいるきれいな紙を見ながら考えた。これを作るためにたくさんの<u>労力</u>①と時間がかかったに違いない。紙の材料である木は外国から運ばれてきて、日本の工場で紙になる。森を出発してから、紙になるまで少なくとも二か月ぐらいはかかるだろう。それなのに、プレゼントを包んで、家で開けたとたんにごみになって焼かれる。必要ならいくらでも紙を使ってもいいと思う。例えば新聞とか、本とか。しかし、紙で箱を包むことに一体何の意味があるだろうか。

　こうして考えていたら、<u>重要なこと</u>②に気づいた。私たちは、実はごみを意識的に作っていることが多い。つまり、労力して作ったものがすぐごみになるとわかっているのに、箱や物を紙で包むのである。これは「出た」ごみではなく、「作った」ごみなのだ。

[1] ①たくさんの労力と時間とあるが、何か。
1 友だちが贈り物を作るのにかけた労力と時間
2 外国で包み紙を作るのにかかった労力と時間
3 木材から紙が作られるまでにかかった労力と時間
4 紙の原料を見つけ出すのにかかった労力と時間

[2] ②重要なこととあるが、何か。
1 何か特別な理由があるなら、たくさん紙を使っても問題ないということ
2 プレゼントを紙で包むのには、実は特別な理由があったということ
3 すぐ捨てられるとわかっているのに、わざわざごみを作るということ
4 人間は物を作ることが大変だとわかっているから、ごみを出さないということ

[3] プレゼントを紙で包むことについて、この文章を書いた人はどう思っているか。
1 生活に必要なことでもないしもったいないので、無駄だ。
2 きれいなものを見ると人間は気分がよくなるので、必要だ。
3 包むのに時間も労力もあまりかからないので、したほうがいい。
4 外国から木を持ってこなければならないので、やめたほうがいい。

(2)

　人はストレスを受けると体の中でホルモンが出る。そして、髪の毛はこのホルモンをためながら伸びるそうだ。この性質(注1)に注目したある大学の研究グループが、髪の毛の中のホルモンの量を調べることで簡単にストレスチェックができる技術を開発した。

　髪の毛は一般的に1か月に1cmぐらい伸びるため、髪の毛を1cmずつ切って調べるといつごろ強いストレスを受けたかがわかる。これまでの技術ではストレスチェックに数十本の髪の毛を提供しなければならなかったが、この技術を使えば3本か4本で済む。

　研究グループは、最近仕事のストレスで病気になる人が増えているが、この技術を使えば、ストレスが目に見えるようになるので企業が社員の健康を管理しやすくなるはずだと話している。（　　　　）はぜひ連絡してほしいと言っている。

(注1) ホルモン：人間の体を調整するために、体内から出る物質
(注2) 性質：物が持っている性格や特徴

4 この性質とあるが、何か。
1　髪の毛にストレスと関係があるホルモンが残るという性質
2　ストレスによって出たホルモンが髪の毛を長くするという性質
3　ストレスを受けると髪の毛が1か月に1cm長くなるという性質
4　ホルモンがたまった髪の毛を切るとストレスがなくなるという性質

5 簡単にストレスチェックができる技術についての説明で、合っているものはどれか。
1　ストレスを受けているかをはかるには、髪の毛を1cm切るだけでいい。
2　1か月に数本の髪の毛をチェックするだけで、ストレスに強いかわかる。
3　ストレスを受けた時期を調べるには、数本の髪の毛さえあればいい。
4　髪の毛を毎日1cmずつ切るだけで、いつ強いストレスを受けたかわかる。

6 （　　　）に入れるのに最もよいものはどれか。
1　社員が足りなくて困っている企業
2　働きやすい環境を作りたい企業
3　経営についてアドバイスがほしい企業
4　ストレスについて研究している企業

문제 6 내용이해(장문)

[문제 6 내용이해(장문)]는 550자 내외의 지문을 읽고 올바른 것을 고르는 문제로, 지문 1개와 지문에 관련된 문제가 총 4문항이 출제된다. 특정 이슈에 대한 필자의 경험이나 생각을 담은 에세이가 출제되며, 밑줄 친 부분에 대해 묻는 문제, 지문의 세부 내용을 묻는 문제, 그리고 필자의 생각이나 주제를 묻는 문제가 출제된다.

핵심 전략

1. 밑줄 친 부분에 대해 묻는 문제는 지문에서 밑줄 친 부분의 앞 또는 뒤의 내용과 일치하는 것을 정답으로 고른다.

   > 예 驚きましたとあるが、なぜ驚いたのか。 놀랐습니다라고 했는데, 왜 놀랐는가?

2. 세부 내용을 묻는 문제, 지문의 내용과 일치하는 것을 묻는 문제, 빈칸에 들어갈 말을 묻는 문제는 질문에서 핵심 어구를 파악하여 해당 표현을 지문에서 찾고, 그 주변의 내용과 일치하는 것을 정답으로 고른다.

   > 예 この会社が調査をして、わかったことはどのようなことか。
   > 이 회사가 조사를 하고, 알게 된 것은 어떤 것인가?

3. 필자의 생각이나 지문의 주제를 묻는 문제는 주로 지문의 후반부에서 정답의 단서를 찾거나 지문 전체를 이해해야 풀 수 있다.

   > 예 「私」はペットを飼うことについてどう考えているか。
   > '나'는 애완 동물을 키우는 것에 대해 어떻게 생각하고 있는가?
   > この文章のテーマは、何か。 이 글의 테마는, 무엇인가?
   > この文章で一番言いたいことは何か。 이 글에서 가장 말하고 싶은 것은 무엇인가?

4. 첫 번째 문제는 지문의 초반부, 두 번째와 세 번째 문제는 지문의 중반부, 네 번째 문제는 지문의 후반부 혹은 지문 전체를 이해해야 하는 문제로 자주 출제된다. 따라서, 지문을 처음부터 읽으면서 문제 순서대로 질문과 관련된 내용을 찾고, 찾은 내용을 바탕으로 해당 문제의 정답을 고른다.

5. 기술·시사, 교육 등과 관련된 다양한 주제의 지문이 출제되므로, <시험 D-20 빈출 단어·문형 암기장>(암기장 p.33)을 활용하여 관련된 단어를 꼼꼼히 학습해둔다.

문제 풀이 Step

Step 1 질문을 읽고 무엇을 묻는 문제인지 파악하고 핵심 어구에 표시한다.

질문을 먼저 읽고, 무엇에 대해서 묻고 있는지, 또는 지문에서 어떤 내용을 찾아야 하는지 등을 파악하고 핵심 어구에 표시한다.

질문 びっくりしました とあるが、それはなぜか。 깜짝 놀랐습니다라고 했는데, 그것은 왜인가?

Step 2 지문에서 질문의 핵심 어구를 찾아 그 주변에서 정답의 단서를 찾는다.

지문을 읽으면서 질문의 핵심 어구를 찾아 주변 문장에서 정답의 단서를 찾는다.

지문 びっくりしました。多くの利用者(りょうしゃ)が希望(きぼう)している商品(しょうひん)は、私たちが予想(よそう)していたのとは違(ちが)うものでした。

깜짝 놀랐습니다. 많은 이용자가 희망하고 있는 상품은, 우리들이 예상하고 있던 것과는 다른 것이었습니다.

Step 3 지문에서 찾은 정답의 단서와 일치하는 선택지를 정답으로 고른다.

정답의 단서를 찾았으면, 바로 해당 문제의 질문을 다시 확인하고 정답의 단서와 일치하는 선택지를 정답으로 고른다.

선택지 1 調査(ちょうさ)に答えてくれた利用者(りょうしゃ)が思ったより多かったから
  조사에 답해 준 이용자가 생각보다 많았기 때문

  2 調査(ちょうさ)によって利用者(りょうしゃ)についての情報(じょうほう)をたくさん得(え)たから
  조사에 의해 이용자에 대한 정보를 많이 얻었기 때문

  3 調査(ちょうさ)を行(おこな)っても、利用者(りょうしゃ)の本当の希望(きぼう)が分からなかったから
  조사를 시행해도, 이용자의 진짜 희망을 알 수 없었기 때문

  ✓ 4 調査(ちょうさ)でわかった利用者(りょうしゃ)の希望(きぼう)が、考えていたこととは違(ちが)っていたから
  조사에서 알게 된 이용자의 희망이, 생각하고 있던 것과는 달랐기 때문

🔵 문제 풀이 Step 적용

問題6 つぎの文章を読んで、質問に答えなさい。答えは、1・2・3・4から最もよいものを一つえらびなさい。

　筆者が ミニマリストとして生きることに決めた のは、10年ほど前のことだ。それまでは自分の所有している物を気にすることにとても長い時間を使っていた。そして、必要のないものを買い集め、管理することに多額の無駄遣いをしていた。それでも物は私に喜びも、持続的な幸せもくれなかった。
　私の所有物は人生に集中することができないようにするものだった。そして、私が人生の重要なものに改めて集中するための最善の方法は、家からそうした余計なものをなくすことだった。
　必要のない、くだらないものを捨てることの重要性を決して低く評価してはいけない。捨てることには、あなたの人生を劇的に変える力がある。
　意図的に持ち物を少なくすることは、より良い生き方だ。自由、明晰さ、機会をもたらしてくれる。私たちはそれぞれ自分なりの方法で、そうした暮らしを実践することについて考えてみるべきだ。
　私たちには新たな刺激が必要だ。より多くの、消費者主義を否定し、人生を選択する人が必要だ。自分自身のために、家族のために、あなたを取り巻く世界のために、持ち物を減らそう。私たちのたった一度の人生には限りがある。目的を達成するために与えられた資源も限られている。
　(注)明晰: 明らかではっきりしていること

ミニマリストとして生きることに決めた とあるが、それはなぜか。
1　自分が何を持っているか考えるのが好きだったから
2　必要なものだけを買って集めたかったから
3　多くの無駄遣いが楽しかったから
✓4　物は私に喜びも幸せもくれなかったから

Step 1 질문을 읽고 무엇을 묻는 문제인지 파악하고 핵심 어구에 표시한다.

지문의 밑줄 친 ミニマリストとして生きることに決めた (미니멀리스트로서 살기로 결정했다) 부분에 표시해두고 주변을 주의 깊게 읽는다.

Step 2 지문에서 질문의 핵심 어구를 찾아 그 주변에서 정답의 단서를 찾는다.

뒷부분에서 物は私に喜びも持続的な幸せもくれなかった(물건은 나에게 기쁨도, 지속적인 행복도 주지 않았다)라고 언급된 부분이 정답의 단서이다.

Step 3 지문에서 찾은 정답의 단서와 일치하는 선택지를 정답으로 고른다.

정답의 단서와 일치하는 내용인 4 物は私に喜びも幸せもくれなかったから(물건은 나에게 기쁨도 행복도 주지 않았기 때문)를 정답으로 고른다.

문제 6 다음의 글을 읽고, 질문에 답하세요. 답은, 1·2·3·4에서 가장 알맞은 것을 하나 고르세요.

　필자가 미니멀리스트로서 살기로 결정한 것은, 10년 정도 전의 일이다. 그때까지는 자신이 소유하고 있는 것을 신경 쓰는 일에 매우 긴 시간을 쓰고 있었다. 그리고, 필요 없는 것을 사 모으고, 관리하는 것에 고액을 낭비하고 있었다. 그런데도 물건은 나에게 기쁨도, 지속적인 행복도 주지 않았다.
　나의 소유물은 인생에 집중하는 것을 불가능하게 하는 것이었다. 그리고, 내가 인생의 중요한 것에 새롭게 집중하기 위한 최선의 방법은, 집에서 그런 불필요한 것을 없애는 일이었다.
　필요 없는, 하찮은 것을 버리는 일의 중요성을 결코 낮게 평가해서는 안 된다. 버리는 것에는, 당신의 인생을 극적으로 바꾸는 힘이 있다. 의도적으로 소유물을 적게 하는 것은, 보다 좋은 삶의 방식이다. 자유, 명석함, 기회를 가져와준다. 우리는 제각각 자기 나름의 방법으로, 그런 생활을 실천하는 것에 대해 생각해 봐야 한다.
　우리들에게는 새로운 자극이 필요하다. 보다 많은, 소비자주의를 부정하고, 인생을 선택하는 사람이 필요하다. 자기 자신을 위해, 가족을 위해, 당신을 둘러 싼 세계를 위해, 소유물을 줄이자. 우리의 단 한 번의 인생에는 한계가 있다. 목적을 달성하기 위해 주어진 자원도 한정되어 있다.

(주) 명석 : 분명하고 확실하게 하고 있는 것

미니멀리스트로서 살기로 결정했다고 했는데, 그것은 왜인가?

1 자기가 무엇을 가지고 있는지를 생각하는 것이 좋았기 때문
2 필요한 것만을 사서 모으고 싶었기 때문
3 많은 낭비가 즐거웠기 때문
4 물건은 나에게 기쁨도 행복도 주지 않았기 때문

실력 다지기

지문을 읽고 질문에 알맞은 선택지를 고르세요.

01
　現在、日本で農業をする人の60％以上が65歳以上の高齢者だ。この問題を解決するために様々な方法を考える必要がある。まず初めに、国家で農業教育を行うのはどうだろう。農業を始めたい人を募集し、経験者が参加者に農業について一から十まで細かく教え、初心者でもすぐ学べるようにするのだ。次に、農業がきっかけで地方に住むことになった人のために、地域住民の集まりや病院、スーパーなどを作り、生活に不便がないよう、またさびしくないように環境をつくるのもよい方法ではないだろうか。

様々な方法とあるが、例えばどんな方法があるか。
① 各地域で農業人口の増加のために教育をする。
② 農業がきっかけで地方に引っ越した人のために様々な施設を作る。

02
　お店の紙コップ、ストローなど、私たちの周りには知らぬ間に使われている使い捨て用品があふれている。そこで、使い捨て用品の使用を減らそう、というのが最近大きな話題になっている。使い捨て用品を減らす方法の一つとして、個人専用のコップを持ち歩くことがある。カフェが増えるとともに増えた紙コップの使用量も個人用のコップを使うことで減らすことができる。次に、ストローの使用をおさえたり、ガラスでできたストローを使うことなどもその方法の一つだ。プラスチックは腐りづらいが、ガラスは再利用できる。環境と私たちの健康のために、使い捨て用品の使用を少しずつ減らしていくことが大切だと思う。

使い捨て用品の使用を減らす方法には、例えばどんなものがあると言っているか。
① 個人用のコップを持ち歩く。
② カフェに行くことをおさえる。

03

　最近、世界中の自動車会社が開発に向けて力を注いでいるものの一つが「空飛ぶ車」である。通勤時間、渋滞する道路を想像すると、空飛ぶ車がなぜ好まれるのかがすぐに理解できる。しかし、空飛ぶ車を使えるようになることが必ずしも私たちに良いとは限らない。もし、空中で事故が起きるとどうだろう。車に少しでも問題が発生すると、そのまま落ちる危険性が高い。なので空飛ぶ車を開発するのは良いが、開発以前にどうすれば安全に運転できるかを考えるべきである。

「空飛ぶ車」について、この文章を書いた人はどう思っているか。
① 良い点がたくさんあるので、早く開発されるべきだ。
② 良い点がたくさんあるが、開発の前に解決すべき問題がある。

04

　蒸し暑い夏に日傘をさすことについてどう思いますか。日傘がないとだめ、という方から不便だし必要ないという方まで様々な意見があると思います。しかしこれからは、蒸し暑い夏になるべく日傘をさすことをおすすめします。日傘をさすと、太陽光が防げ、体温が全体的に下がります。また日傘のUVカット機能が皮ふを守る役割をします。不便だと思わずに、一度日傘をさしてみるのはいかがですか。

日傘をさすとあるが、この文章を書いた人は、なぜそれがいいと言っているのか。
① 太陽光から守ってくれるから
② 体温が下がらないようにしてくれるから

05

　最近、人々の旅行目的が大きく変化している。これまでの旅行に対するイメージは、できるだけいろんな場所を観光することだった。しかし、今時の旅行客に旅行の目的をたずねると、もちろん、ショッピング、季節ごとの観光が目的の人もいるが、意外と「休むこと」が目的だという人も多い。観光とショッピングは最小限にし、のんびりやすんでくるのだ。このような現象は、いつもと同じ日常から離れたい気持ちと、一生懸命見て回るよりは休みたいという気持ちが合わさったことで起きているようにみえる。

この文章全体のテーマは何か。
① 変化する旅行の季節
② 変化する旅行の目的

실전 대비하기 1

問題6 つぎの文章を読んで、質問に答えなさい。答えは、1・2・3・4から最もよい
ものを一つえらびなさい。

　ある教育関係の会社が来年小学校に入学予定の子どもを持つ母親に対して調査を行った。
その結果、半数以上の子どもたちが、ひらがなはもちろんカタカナも全て読み書きできる状態
で小学校に入学することがわかった。ひらがなに限れば、その数字は約90％にも上るそう
だ。

　日本の昔の子どもたちは小学校に入ってからひらがなを覚えた。もちろん今も、小学1年生
の勉強は「あいうえお」から始まる。しかし、今の子どもたちの多くがその学習を終えて小学
校に入学するという。小学校の先生たちが自分の名前がひらがなで読める程度で問題ないと
親たちに言っても耳を貸さないのは、今はそんな時代ではないからだろう。

　「小学校に入学してから困らないように」と0～5歳の子どもに字や外国語、音楽などを習
わせる親が増えている。しかし、このような早期教育で、本当に子どもの能力を伸ばすことが
できるのだろうか。

　3歳から英語と水泳とピアノを習い始めたSくんは、小学校に入学してしばらく経つと長期
間学校に行けなくなってしまった。入学前からひらがなやカタカナだけでなく漢字の勉強もし
ていた。だから、小学校入学後は「天才」だとみんなにほめられたが、習い事と学校の勉強
のどちらにも一生懸命だったSくんは睡眠に時間が取れず、毎日のように頭痛に悩まされるよ
うになった。

　確かに、他の子よりいろいろなことができる子どもは、自信を持つことができるので、その
点ではいいかもしれない。しかし、勉強がよくできても心や体が安定していなければ、幸せだ
とは言えないのではないだろうか。早期教育のプログラムに申し込む前に、親はもう一度よく
考えてみる必要がある。

[1] ①調査を行ったとあるが、調査でどんなことがわかったか。
1 ほどんどの子どもがひらがなを親から教わること
2 ひらがなよりもカタカナが読める子どもが多いこと
3 小学校に入る前から、ほとんどの子どもがひらがなが読めること
4 小学校に入る前には、カタカナを勉強する子どもが少ないこと

[2] ②そんな時代とあるが、何か。
1 小学校の最初の授業でひらがなの読み書きを習う時代
2 小学校入学までに字だけでなく外国語や音楽を習わせる時代
3 小学校の最初の授業でひらがなの読み書きを習わなくなった時代
4 小学校入学までに自分の名前に使われるひらがなだけ覚えればいい時代

[3] ③学校に行けなくなってしまったとあるが、どうしてか。
1 習い事で習ったことをまた学校で習わなければならなかったから
2 成績が良いせいで「天才」だとみんなに言われるのが嫌だったから
3 寝る時間が短くなって、健康に悪い影響が出てしまったから
4 学校の勉強よりも水泳やピアノの練習を一生懸命にやっていたから

[4] ④親はもう一度よく考えてみる必要があるとあるが、この文章を書いた人はなぜそのように言っているのか。
1 早期教育を受けなければ、子どもは自信を持つことができないから
2 勉強ができることより、子どもの心や体の安定のほうが大切だから
3 どの早期教育に申し込むか、親は子どもとよく相談しなければいけないから
4 自分の子どもの心や体が安定しているか、確認する必要があるから

실전 대비하기 2

問題6 つぎの文章を読んで、質問に答えなさい。答えは、1・2・3・4から最もよいものを一つ選びなさい。

　海外だけでなく日本でも注目が集まっているのがウォーキング・ミーティングだ。その名前の通り会議室ではなく会社の周りなどを歩きながら会議を行う方法である。アイデアを生み出すと言ってもその思考は2種類に分かれる。一つは特定の問題に対して、解決方法を考え出すもので、もう一つは正解のない物事に対して、自由にアイデアを出していくものだ。今回紹介する会議方法と合うのは二つ目である。

　ウォーキング・ミーティングは費用がかからないため、取り入れやすい。これを取り入れたことで気持ちがリフレッシュして、たくさんアイデアが出るようになったと様々な企業から報告されている。①これがもともとの目的だ。いつもとは違う環境で話をするため、新しい視点で物事が考えられるらしい。それから上司と部下の壁がなくなったという意見もあったが、これは海外で見られないものだった。

　②社員の健康面から見てもプラスである。デスクワークが中心の社員は通勤以外にほとんど歩かない。働きながら運動不足の解消にもなる。また、長時間座り続けるのは病気になりやすい。ずっと同じ姿勢でいたせいで悪くなった血液の流れをスムーズにする効果もある。それに太陽の光を浴びることでストレスを受けにくくなる。

　ただ、いいことばかりのように見えるウォーキング・ミーティングだが、悪い点もある。パソコンや資料を使用しなければならない場合には会議室に戻る必要があるし、天気が悪い日には屋外での会議が反対にストレスになることもある。そのため、会議の内容や目的に合わせて行うことが重要だとされている。

[1] ウォーキング・ミーティングの説明で正しいものはどれか。
1 海外の企業ではよく行われているが、日本の企業ではまだ始められていない。
2 会議室で会議をやっていても、アイデアがなかなか出ないときに行われる。
3 どうしても解決しなければならないことを話し合うときにおすすめされるものだ。
4 あるテーマに対して、たくさんアイデアを出してほしいときにおすすめされるものだ。

[2] ①これがもともとの目的だとあるが、ウォーキング・ミーティングを行う目的は何か。
1 費用をかけないで、効果的なアイデアを出すこと
2 リラックスした環境で、アイデアを出しやすくすること
3 新しい視点を持って、今までにないアイデアを出させること
4 上司と部下の関係をなくして、誰でもアイデアを出せるようにすること

[3] ②社員の健康面から見てもプラスであるとあるが、どのような効果があるのか。
1 全く運動する時間がない社員も病気になりにくくなる。
2 デスクワークばかり行う社員も病気になりにくくなる。
3 座りっぱなしで姿勢が悪くなっていた社員の姿勢が良くなる。
4 ストレスで悩んでいた社員もストレスが減って元気になる。

[4] この文章の内容と合っているものはどれか。
1 ウォーキング・ミーティングの問題点に気付いていない企業が多い。
2 ウォーキング・ミーティングのおかげで社員の健康を考える企業が増えた。
3 会議のやり方をウォーキング・ミーティングを通して考え直す必要性がある。
4 会議室での会議とウォーキング・ミーティングを使い分ける必要性がある。

실전 대비하기 3

問題6 つぎの文章を読んで、質問に答えなさい。答えは、1・2・3・4から最もよい
ものを一つ選びなさい。

　インターネットなどの通信の発達により、私たちは誰でも簡単に自分の意見や考えをいろいろな人に伝えることができるようになった。これは、表現の自由という面ではいいことだろう。

　しかし一方で、簡単であるせいで、人々は情報を伝えることの責任や難しさを忘れてしまったように思う。例えば、メールやSNSでのやりとりが原因で人間関係が悪くなってしまったことがある人は少なくないのではないか。

　「書く」ことと、「話す」ことは違う。会話のときは、言語情報だけではなく、表情や体の動き、話すスピードなどのさまざまな要素を利用して感情を伝えることができる。一方、文字はそれらができないので、自分の考えを正しく伝える言葉や相手に誤解されない表現が求められる。私たちはそれをきちんと理解したうえで自分の考えを書かなければならない。
①

　昔からある文字コミュニケーションの手段が手紙だ。昔の人は「夜書いた手紙はそのまま出さないで、朝見直してから送れ」と言った。夜は必要以上に気持ちを込めて文章を書きがち
②
だから、気持ちが落ち着いている朝、何を書いたかもう一度読んでみたほうがいいという意味だが、手紙に限らず、自分の思いを書くということは、それほど慎重になる必要があるということだ。

　メールやSNSでは、そんな時間は持てないだろう。でも、文字コミュニケーションの特徴を
③
忘れずに、それを受け取った相手の気持ちを想像することは大切にしてほしい。

[1] ①それとあるが、何か。
1 自分の考えは、書くより話して伝えたほうがいいということ
2 書くときは、文字だけですべてを伝えなければならないということ
3 話すときと同じように書けば、自分の感情を伝えられるということ
4 昔の人は手紙を書いて自分の考えを相手に伝えたということ

[2] ②「夜書いた手紙はそのまま出さないで、朝見直してから送れ」とあるが、それはどうしてだと言っているか。
1 夜手紙を書くと、字がよく見えないので字の間違いが多くなってしまうから
2 夜手紙を書くと、慎重(しんちょう)になりすぎて、思いをうまく表現できないことが多いから
3 夜手紙を書くと、郵便局(ゆうびんきょく)が閉まっているので、すぐ送ることができないから
4 夜手紙を書くと、文章に感情をいれすぎることがあるから

[3] ③そんな時間とあるが、何か。
1 書くことと話すことの違いを考える時間
2 自分の考えを手紙に書く時間
3 自分が書いた内容を確認する時間
4 もらった手紙を何回も読む時間

[4] この文章全体のテーマは、何か。
1 文字で自分の考えを表現する自由
2 文字で自分の考えを表現することの難しさ
3 文字で自分の考えを表現することの楽しさ
4 文字で自分の考えを表現することの大切さ

문제 7 정보검색

[문제 7 정보검색]은 조건이나 상황을 제시하는 문제 2문항과 관련된 지문 1개가 출제된다. 600자 내외의 광고, 팸플릿, 안내문 등의 정보지가 출제되며, 조건들에 맞는 상품이나 행사 등을 검색해야 하는 문제, 주어진 상황에 따라 해야 할 행동이나 지불할 금액 등을 파악해야 하는 문제가 주로 출제된다.

핵심 전략

1. 조건에 맞는 것을 검색해야 하는 문제는, 질문에서 제시된 조건이 모두 포함되는 내용을 지문에서 찾아 이를 언급한 선택지를 정답으로 고른다.

   예 今日は**土曜日**である。ソフィさんは**14時**に**入園**し、この**ポスター**を見た。動物園が**昼間**に行っている**案内や教室**の中で、**今から参加できるもの**はどれか。
   오늘은 토요일이다. 소피 씨는 14시에 입장하여, 이 포스터를 봤다. 동물원이 낮에 실시하고 있는 안내나 교실 중에서, 지금부터 참가할 수 있는 것은 무엇인가?

2. 주어진 상황에 따라서 해야 할 행동이나 지불할 금액을 검색해야 하는 문제는, 지문에서 질문의 상황과 관련된 내용을 찾아 일치하는 내용의 선택지를 정답으로 고른다.

   예 スミスさんは**9月8日の昼**に**動物園**に来て、園内でポスターを見て、**その日の「夜の動物園」**も見たくなった。「夜の動物園」を見るために、スミスさんが**しなければならないこと**はどれか。
   스미스 씨는 9월 8일 낮에 동물원에 와서, 원내에서 포스터를 보고, 그 날의 '밤의 동물원'도 보고 싶어졌다. '밤의 동물원'을 보기 위해서, 스미스 씨가 해야만 하는 것은 무엇인가?

3. 문제 설명의 첫 문장에서 언급되는 지문의 종류를 확인하면 각 질문과 지문의 내용을 파악하는 데 도움이 된다.

   예 「**世界の料理を楽しもう**」という**イベントの案内**である。 '세계의 요리'를 즐기자'라는 이벤트의 안내이다.
   動物園のポスターである。 동물원의 포스터이다.

4. 지문에서 注意 또는 ※가 있는 부분이나, 표 아래에 설명으로 적힌 주의 사항 및 특이 사항이 있으면 그 내용을 꼼꼼히 확인한다.

5. 지문 내용을 토대로 날짜나 금액 등을 계산하여 정답을 선택해야 할 수도 있다.

6. 행사·홍보, 시간표·요금표 등과 관련된 다양한 주제의 지문이 출제되므로, <시험 D-20 빈출 단어·문형 암기장>(암기장 p.34)을 활용하여 관련된 단어를 꼼꼼히 학습해둔다.

문제 풀이 Step

Step 1 지문의 종류를 먼저 확인한 후, 질문을 읽고 제시된 조건이나 상황에 표시한다.

문제 설명의 첫 문장에서 지문의 종류를 먼저 확인한 후, 질문을 읽으면서 제시되는 여러 조건이나 상황을 찾아 표시하고 묻는 내용을 파악한다.

문제 설명　問題7　右のページは、|旅行会社のポスター|である。
　　　　　　　　　　　　　　　　　　　　지문의 종류

문제 7 오른쪽 페이지는, 여행 회사의 포스터이다.

질문　リエンさんは、旅行に行きたいと思っている。海よりは|山|のほうがいい。
　　　　　　　　　　　　　　　　　　　　　　　　　　　　조건 ①
　　また、|温泉旅館|に泊まりたいと思っている。リエンさんの希望に合うのは、どれか。
　　　　　조건 ②

리엔 씨는, 여행을 가고 싶다고 생각하고 있다. 바다보다는 산 쪽이 좋다. 또, 온천 여관에 숙박하고 싶다고 생각하고 있다. 리엔 씨의 희망에 맞는 것은, 어느 것인가.

Step 2 지문에서 제시된 조건이나 상황에 해당하는 부분을 찾아 표시한다.

지문에서 질문의 조건이나 상황에 해당하는 부분을 지문에서 찾아 표시한다. 지문에 주의 사항 및 특이 사항이 있으면 주의 깊게 읽는다.

지문

	旅行名	料金(円)	内容
①	青島ビーチ旅行　4日間 아오시마 비치 여행 4일간	40,000	- リゾートに泊まります 리조트에서 숙박합니다
②	青島ビーチ旅行　3日間 아오시마 비치 여행 3일간	35,000	- |温泉旅館|に泊まります 조건 ② 온천 여관에서 숙박합니다
✓③	|南山旅行|　4日間 조건 ① 미나미 산 여행 4일간	27,000	- |温泉旅館|に泊まります 조건 ② 온천 여관에서 숙박합니다
④	|南山旅行|　3日間 조건 ① 미나미 산 여행 3일간	24,000	- ホテルに泊まります 호텔에서 숙박합니다

Step 3 질문의 조건에 모두 부합하는 선택지나 상황에 맞는 선택지를 정답으로 고른다.

각 문제마다 1개 이상의 조건이 제시되므로, 반드시 모든 조건을 만족시키는 선택지인지 꼼꼼하게 확인하여 정답을 고른다.

선택지　1 ①　　2 ②　　✓3 ③　　4 ④

문제 풀이 Step 적용

問題7 下のページは、就職説明会のポスターである。これを読んで、下の質問に答えなさい。答えは、1・2・3・4から最もよいものを一つえらびなさい。

ジョンさんは、外国人留学生就職説明会に参加したいと思っている。しかし、アルバイトで履歴書を書く時間がない。また、11月19日は午前にアルバイトがある。ジョンさんが参加できるプログラムはどれか。

1　エントリーシート作成の方法
2　各企業担当者の説明
3　模擬面接
✓4　企業担当者との相談

外国人留学生　就職説明会のご案内

外国人留学生のための就職説明会を実施します。興味がある方はぜひご来場ください。

日時	11月19日(火)　午前9時~午後6時
場所	かな日本語学校　本館　3階　会議室
対象	かな日本語学校卒業予定の外国人留学生
プログラム内容	・○○商社、△△社など、総35社が参加します。 ・9時~10時：エントリーシート作成の方法 ・10時~12時：企業担当者の説明 ・13時~15時：模擬面接(必ず履歴書をお持ちください) ・15時~18時：企業担当者との相談

※模擬面接と担当者との相談は事前に申し込みしない場合、参加することができないので、ご注意ください。

Step 1 지문의 종류를 먼저 확인한 후, 질문을 읽고 제시된 조건이나 상황에 표시한다.

취직 설명회 포스터이다. 질문에 제시된 조건인 (1) 履歴書を書く時間がない(이력서를 쓸 시간이 없다), (2) 午前にアルバイトがある(오전에 아르바이트가 있다)와 질문인 参加できるプログラム(참가할 수 있는 프로그램)에 표시해둔다.

Step 2 지문에서 제시된 조건이나 상황에 해당하는 부분을 찾아 표시한다.

(1) 이력서를 쓸 시간이 없다 : 13~15시에 있는 模擬面接(모의 면접)는 이력서가 필요하므로 X 표시를 한다.

(2) 오전에 아르바이트가 있다 : 9시~10시의 エントリーシート作成の方法(입사 지원서 작성 방법), 10시~12시의 企業担当者の説明(기업 담당자의 설명)에는 아르바이트 때문에 참가가 불가능하기 때문에 X 표시를 한다

Step 3 질문의 조건에 모두 부합하는 선택지나 상황에 맞는 선택지를 정답으로 고른다.

질문에 제시된 모든 조건과 상황을 만족시키는 프로그램은 15시~18시의 企業担当者との相談(기업 담당자와의 상담)이므로 4번을 정답으로 고른다.

문제 7 아래 페이지는, **취직 설명회 포스터**이다. 이것을 읽고, 아래의 질문에 답하세요. 답은, 1·2·3·4에서 가장 알맞은 것을 하나 고르세요.

존 씨는, 외국인 유학생 취직 설명회에 참가하고 싶다고 생각하고 있다. 하지만, 아르바이트 때문에 **이력서를 쓸 시간이 없다**. 또한, 11월 19일은 **오전에 아르바이트가 있다**. 존 씨가 **참가할 수 있는 프로그램**은 무엇인가?

1 입사지원서 작성 방법
2 각 기업 담당자의 설명
3 모의 면접
4 기업 담당자와의 상담

외국인 유학생 취직 설명회 안내

외국인 유학생을 위한 취직 설명회를 실시합니다. 흥미가 있는 분은 꼭 와 주세요.

일시	11월 19일 (화) 오전 9시~오후 6시
장소	카나 일본어학교 본관 3층 회의실
대상	카나 일본어학교 졸업 예정인 외국인 유학생
프로그램 내용	·○○상사, △△사 등, 총 35사가 참가합니다. ·9시~10시 : 입사 지원서 작성 방법 ·10시~12시 : 기업 담당자의 설명 ·13시~15시 : 모의면접 (반드시 **이력서**를 가져와주세요) ·15시~18시 : 기업 담당자와의 상담

※모의 면접과 담당자와의 상담은 사전에 신청하지 않을 경우, 참가할 수 없기 때문에, 주의해주세요.

어휘 就職 しゅうしょく 몡취직   説明会 せつめいかい 몡설명회   外国人 がいこくじん 몡외국인   留学生 りゅうがくせい 몡유학생
ポスター 몡포스터   参加 さんか 몡참가   しかし 쩝하지만   アルバイト 몡아르바이트   履歴書 りれきしょ 몡이력서
書く かく 통쓰다   時間 じかん 몡시간   また 튄또한   午前 ごぜん 몡오전   できる 할 수 있다   プログラム 몡프로그램
エントリーシート 몡입사 지원서   作成 さくせい 몡작성   方法 ほうほう 몡방법   各 かく 몡각   企業 きぎょう 몡기업
担当者 たんとうしゃ 몡담당자   説明 せつめい 몡설명   模擬 もぎ 몡모의   面接 めんせつ 몡면접   相談 そうだん 몡상담
案内 あんない 몡안내   ため 위함, 때문   実施 じっし 몡실시   興味 きょうみ 몡흥미   方 かた 몡분   ぜひ 튄꼭
来場 らいじょう 몡(그 장소에) 옴   日時 にちじ 몡일시   午後 ごご 몡오후   場所 ばしょ 몡장소   日本語 にほんご 몡일본어
学校 がっこう 몡학교   本館 ほんかん 몡본관   会議室 かいぎしつ 몡회의실   対象 たいしょう 몡대상   卒業 そつぎょう 몡졸업
予定 よてい 몡예정   内容 ないよう 몡내용   商社 しょうしゃ 몡상사   社 しゃ 몡사 (회사)   ~など 조~등, 따위   総 そう 몡총
必ず かならず 튄반드시, 꼭   持つ もつ 통가지다   事前 じぜん 몡사전   申し込み もうしこみ 몡신청   場合 ばあい 몡경우
~ので 조~때문에   注意 ちゅうい 몡주의

실력 다지기

지문을 읽고 질문의 정답으로 알맞은 선택지를 고르세요.

01 鈴木さんは15歳の息子と一緒にハイキングに行きたいと思っている。今日は10月13日である。ハイキングに申し込むために、鈴木さんがしなければならないことはどれか。

① インターネットで申し込む。
② ＡＢＣ旅行センターで申し込む。

初心者でも楽しめる秋のハイキング

専門的な道具がなくても大丈夫！初心者でも楽しめる３時間程度のコースです。
ゆっくり歩きながら、秋の紅葉を楽しみたい方は、ぜひご参加ください。

日時　　：　2020年10月18日 (日)
参加費　：　一般　　　　5,000円
　　　　　　小中学生　　3,000円

申し込み方法
１) インターネット
・www.aki-hiking.co.jp/2020/01にてお申し込みください。
・受付は出発日の10日前までです。

２) 窓口・ご来店
・最寄りのＡＢＣ旅行センターにてお申し込みください。
・受付は出発日の前日までです。

02 会社員の中村さんは健康のために運動をしようと思っている。週2回以上、仕事が終わってから通いたい。遅くまで会議がある水曜日を除いた平日は午後6時に仕事が終わる。運動経験がない中村さんの希望に合うのはどれか。

① A、D
② A、C、D

会社員のための運動プログラム

	プログラム	曜日	時間	その他
A	水泳	週二日 月、金	19:00-20:00	
B	ヨガ初級	週二日 月、水	19:00-20:30	
C	ヨガ上級	週二日 火、金	20:00-21:30	初級修了後、受講可能
D	卓球	週三日 火、木、土	火、木：19:00-20:00 土：11:00-12:00	

- 登録は毎月最終日まで窓口で受け付けております。
- 初めて登録される方は身分証明書を必ず持参してください。
- 受講料は各プログラムあたり15,000円です。

실전 대비하기 1

問題7 右のページは、「日本まつり」のポスターである。これを読んで、下の質問に答えなさい。答えは、1・2・3・4から最もよいものを一つえらびなさい。

1 今日は6月6日である。ジェシカさんは13時半に「日本まつり」に来て、このポスターを見た。昼の部のプログラムで、今から参加できるものはどれか。

1　Cだけ
2　AとBとC
3　AとC
4　AとD

2 中国出身のオウさんは6月7日の昼に「日本まつり」に来て、初めてこのポスターを見た。その日の夜の部にも参加したいと思っている。夜の部に参加するために、オウさんが必ずしなければならないことはどれか。

1　日本語で自己紹介を書いて提出する。
2　子どもと中国のダンスを練習する。
3　家に帰って、中国の料理を作って持って来る。
4　「日本まつり」の担当者に連絡する。

日本まつりに来てください!

昼の部

6月1日から7日までの1週間、いろいろな日本の文化が体験できます。

A 日本の踊り	B 料理を作ろう
みんなで日本の夏まつりで踊る「盆踊り」を踊ります。必要時間は約1時間です。 1日〜5日　14時〜15時 6日と7日　11時〜12時、14時〜15時	外国の方に人気がある「たこやき」と「やきそば」を作って、食べます。 毎日 12時〜14時半 (途中からは参加できません)
C 日本の遊び	D 日本語を書こう
専門の先生から遊び方や歴史を聞きながら、日本の伝統的な遊びを体験します。必要時間は約45分です。 毎日2回 ①10時〜、②16時〜	あなたが好きな単語の書き方を習って、きれいに書いてみましょう。 2日　15時〜16時 4日　14時〜15時 6日　10時〜11時

夜の部

おいしい料理を食べながら、みんなでおしゃべりしましょう。

日　時　6月5日、6日、7日
　　　　各日18時半〜21時 (18時から受付開始)

参加費　日本の方は1,000円、外国の方は500円
　　　　小学生以下の子どもと、自分の国の料理を作って持って来た方は無料です。

注意事項
・参加する方は全員日本語で簡単な自己紹介を書いて、受付に出してください。
・自分の国の歌やダンスを発表したい方は、4日までに担当者に連絡してください。

실전 대비하기 2

問題7 右のページは、北城市文化センターの案内である。これを読んで、下の質問に答えなさい。答えは、1・2・3・4から最もよいものを一つえらびなさい。

1 マリアさんは北城市に住んでいる。今度開かれる「お花見交流会」に参加しようと思っている。普段は外食が多いので料理に必要な道具は何も持っていない。マリアさんはいくら払わなければならないか。

1　3,000円
2　3,000円と50円
3　4,000円
4　4,000円と50円

2 ケイトさんは「お花見交流会」に夫と子供を誘った。「お花見交流会」に参加するために、ケイトさんはどうしなければならないか。

1　4月1日までに参加者全員の名前と連絡先を書いたメールを送る。
2　4月1日までに自分の名前と連絡先、参加人数を書いたメールを送る。
3　4月3日までに参加者全員の名前と連絡先を書いたメールを送る。
4　4月3日までに自分の名前と連絡先、参加人数を書いたメールを送る。

お花見交流会のご案内

　もうすぐ桜が見頃を迎えますね。北城市文化センターではお花見交流会を行います。すてきな弁当を手作りして、北城公園でお花見を楽しみましょう。日本の方も外国の方も気軽にご参加ください。

こんな方におすすめです！

・本格的な日本料理にチャレンジしたいけど言葉が不安
・様々な国の人とおしゃべりしたい

日　時：4月3日(月)13:00～18:00
　　　　　13:00～15:00　北城市文化センター内の調理室で弁当作り(日本語・英語で説明します)
　　　　　15:00～15:30　後片付け・公園に移動(徒歩での移動になります)
　　　　　15:40～18:00　公園で交流会

参加費：北城市民　3,000円(北城市民以外　4,000円)
参加費には弁当の材料費、飲み物代、日本語・英語のレシピ代が含まれています。
※当日現金でお支払いください。

人　数：20人まで(定員が埋まり次第、募集終了となります)

持ち物：エプロン

申し込み方法：
4月1日(土)までにEメールでお申し込みください。(hanami@kitashiro.co.jp)
Eメールにはお名前、電話番号をご記入ください。なお、2名以上で申請する場合は代表者の情報のみでかまいません。それから参加人数も忘れずにお願いします。

注意事項：
・交流会の最中に帰宅することはお控えください。
・アレルギーや苦手なものがある方は事前に必要情報とともにお知らせください。
・エプロンがない方は、申し込みの際にお知らせください。センターのエプロンをお貸しします。
　(洗濯代50円が別に必要です)
・日が沈むと冷え込むことが予想されますので、暖かい服装でお越しください。
・天候が悪い場合は、センターの休憩スペースでのお食事となります。

실전 대비하기 3

問題7 右のページは、ダンス教室の案内である。これを読んで、下の質問に答えなさい。答えは、1・2・3・4から最もよいものを一つえらびなさい。

1 木村君は中学2年生で、スターダンススクールに入会したいと思っている。ダンスはやったことはないが、運動は得意なほうだ。火曜日と木曜日は他の習い事がある。木村君が通えるコースはどれか。

    1　Aコース
    2　Bコース
    3　Cコース
    4　Dコース

2 パクさんはスターダンススクールに入会して1年になる。3月に帰国するのでやめなければならないが、2月の末まではダンススクールに通うつもりだ。パクさんはどうしなければならないか。

    1　2月に入る前にフロントにスクールをやめることを伝える。
    2　2月に入る前にフロントにスクールをやめることを伝えて、300円を払う。
    3　3月に入る前にフロントにスクールをやめることを伝える。
    4　3月に入る前にフロントにスクールをやめることを伝えて、300円を払う。

スターダンススクール入会案内
小学生から高校生向けのコースです！

[コース・クラスについて]

以下の四つのコースの中から、ご希望の曜日、時間のクラスをお選びいただけます。レッスンは週に1回行われます。レッスンの様子は下記のホームページからご覧になれます。

各コースのクラスの定員：10名

レッスン時間：60分

コース：

コース	曜日	時間	対象者
Aコース	月・火	19:30~20:30	初心者
Bコース	火・金	20:30~21:30	中級以上
Cコース	木・土	17:00~18:00	初心者
Dコース	月・土	18:00~19:00	中級以上

*中学生以下の学生は20時以降に終わるレッスンには参加できません。

レッスン料：8,000円（月4回）

*ご入会の際に入会費と年会費、それから1か月分のレッスン料を現金でお支払いください。2か月目からは口座からの引き落としが可能です。

[割引制度]

家族割引：家族が本スクールに通っている方は初回の受講料が30％引きの価格になります。
*現在受講されていない場合は対象となりません。

カップル割引：友達や家族と共に入会される方は各自の年会費が無料になります。

[その他]

以下の手続きを行う場合はフロントでお願いいたします。期限をお守りください。変更・休会には手数料として300円いただきます。

コースを変更する場合	変更したい月の2週間前まで
同じコース内で曜日・時間を変更する場合	変更したい月の1週間前まで
休会する場合	休会する月の2週間前まで
退会する場合	最終受講する月の前の月の末まで

電話：0386-39-0727
住所：〒980-0020 東本市朝日町2-5
ホームページ：http://www.dancedancestars.jp

무료 온라인 실전모의고사·학습자료 제공
해커스일본어 japan.Hackers.com

해커스 JLPT N3 한권합격

청해

문제 1 과제이해

문제 2 포인트이해

문제 3 개요이해

문제 4 발화표현

문제 5 즉시응답

과제이해

음성 바로듣기

[문제 1 과제이해]는 특정 이슈에 대한 두 사람의 대화, 또는 음성 메시지나 행사 설명과 같은 한 사람이 하는 말을 듣고 화자가 앞으로 해야 할 일을 고르는 문제로, 총 6문항이 출제된다. 앞으로 해야 할 일을 묻는 문제와 가장 먼저 해야 할 일이 무엇인지 묻는 문제가 출제된다.

◉ 핵심 전략

1 대화나 한 사람의 말이 시작되기 전에 대화의 상황과 질문을 먼저 들려주므로 이때 질문의 포인트를 파악해둔다. 대화로는 주로 학교 친구 간의 대화, 교사와 학생, 회사 상사와 부하, 가족 간의 대화가 출제되며, 한 사람의 말로는 주로 음성 메시지나 특정 행사에 대한 설명이 출제된다.

2 앞으로 해야 할 일을 묻는 문제는 음성에서 언급된 과제들 중에서 최종적으로 결정된 과제를 정답으로 고른다. 특히, 지불해야 하는 비용을 묻는 문제는 금액을 자주 번복하므로 끝까지 듣고 정답을 고른다.

> 예 男の人は何を注文しますか。 남자는 무엇을 주문합니까?
> 男の人はいつシャツを取りに行きますか。 남자는 언제 셔츠를 가지러 갑니까?
> 女の人はいくら払いますか。 여자는 얼마 지불합니까?

3 가장 먼저 해야 할 일을 묻는 문제는 음성에서 시간, 날짜, 순서 등과 관련된 표현이 들리면 특히 유의하여 듣고, 가장 먼저 해야 할 일을 정답으로 고른다.

> 예 このメッセージを聞いたあと、まず何をしますか。 이 메시지를 들은 뒤, 우선 무엇을 합니까?

4 대화의 경우 선택지로 그림이 제시되기도 하며, 대화에서 최종 결정된 사물이나 행동을 파악하여 관련 그림을 정답으로 고른다.

> 예 女の人はどのかさを買いますか。 여자는 어떤 우산을 삽니까?
> 女: もう少し大きくないと。あ、この白いのはどう？ サイズもよさそう。
> 조금 더 크지 않으면 안 돼. 아, 이 하얀 거는 어때? 사이즈도 좋아 보여.

5 장소, 가정·생활, 업무·학습, 취미 등과 관련된 내용이 출제되므로, <시험 D-20 빈출 단어·문형 암기장>(암기장 p.36)을 활용하여 관련된 단어를 꼼꼼히 학습해둔다.

🔵 문제 풀이 Step

Step 1 음성을 듣기 전, 선택지를 빠르게 읽고 음성에서 언급될 과제들을 미리 확인한다.

문제지에 제시되는 선택지들은 대부분 음성에서 언급될 과제이며, 주로 선택지 순서대로 음성에서 언급되므로 음성을 듣기 전에 미리 읽어두면 음성을 더 쉽게 파악할 수 있다.

선택지　1　まどを開ける　창문을 연다
　　　　2　シャワーをあびる　샤워를 한다
　　　　3　そうじをする　청소를 한다
　　　　4　買い物に行く　장보러 간다

Step 2 음성에서 질문을 들을 때 질문의 포인트를 파악하고, 대화 또는 한 사람의 말을 들을 때 과제의 순서나 최종 확정된 사항을 파악한다.

질문을 들을 때 과제를 해야 할 사람이 대화자 중 누구인지 또는, 무엇을 묻는 문제인지 파악한다. 대화 또는 한 사람의 말을 들을 때 과제의 순서나 최종 확정된 사항을 파악하되, 이미 수행했거나, 하지 않아도 되는 일, 다른 사람이 하는 일에 해당하는 선택지에는 ✕ 표시한다.

질문　男の人はこのあとまず何をしますか。　남자는 이후 우선 무엇을 합니까?　남자가 할 일

대화　女: あのさ、掃除をお願いしてもいい?
　　　　있잖아, 청소를 부탁해도 될까?
　　　男: わかりました。じゃ、部屋の掃除をしておきます。→ 선택지 3에 ○ 표시
　　　　알겠습니다. 그럼, 방 청소를 해둘게요.
　　　女: ありがとう。その間、私は買い物に行ってくるね。→ 선택지 4에 ✕ 표시
　　　　고마워. 그 동안, 나는 장보러 다녀올게.

Step 3 질문을 다시 들을 때 결정된 과제로 언급된 선택지를 정답으로 고른다.

질문을 다시 들을 때, 결정된 과제로 언급되어서 ○ 표시한 선택지를 정답으로 선택한다.

선택지　1　まどを開ける　창문을 연다
　　　　2　シャワーをあびる　샤워를 한다
　　✓　3　そうじをする　청소를 한다　○
　　　　4　買い物に行く　장보러 간다　✕

문제 풀이 Step 적용

🔊 문제1 과제이해_01문제 풀이 Step 적용.mp3

[문제지]

問題1では、まず質問を聞いてください。それから話を聞いて、問題用紙の1から4の中から、最もよいものを一つえらんでください。

1　イタリアンレストランへ行く　✕
2　カレーを食べに行く　✕
3　家で作って食べる　✕
✓ 4　ホテルのすし屋へ行く　◯

Step 1 음성을 듣기 전, 선택지를 빠르게 읽고 음성에서 언급될 과제들을 미리 확인한다.

선택지를 읽고, 1 이탈리안 레스토랑, 2 카레, 3 집에서 만들어 먹기, 4 호텔의 스시 가게에 관한 내용이 대화에 언급될 것임을 파악해둔다.

[음성]

女の人と男の人が話しています。二人は晩ごはんをどうすることにしましたか。

女: あなた、今日の晩ごはんどうする？
男: うーん、どうしようか。
女: たまには外で食べるのはどう？ 隣の奥さんに最近オープンしたイタリアンレストランの店を教えてもらったのよ。安くて、すごくおいしかったって。
男: イタリアンレストランか。今日のお昼に会社の近くでスパゲティとピザを食べたからな。
女: そうなんだ。残念。なら、カレーはどう？ 先月、一緒に行ったじゃない？
男: あー、あの店か。おいしかったよね。でも、この間、前を通ったときに、当分休みますって書いてあったような。
女: えぇ、本当？ 今日は、外で食べる日じゃないみたいね。久しぶりに、あなたとデートできると楽しみにしてたのに。
男: なら、駅前のホテルのすし屋はどう？ あそこだったら、静かでゆっくり食べることができるし。
女: いいわね。そこにしましょう。

二人は晩ごはんをどうすることにしましたか。

Step 2 음성에서 질문을 들을 때 질문의 포인트를 파악하고, 대화 또는 한 사람의 말을 들을 때 과제의 순서나 최종 확정된 사항을 파악한다.

두 사람의 오늘 저녁을 고르는 문제임을 파악한다. 대화에서 남자가 오늘 점심에 스파게티를 먹었다고 언급했으므로 1번에 ✕ 표시를 한다. 카레 가게는 당분간 쉰다고 언급하므로 2번에 ✕ 표시를 한다. 駅前のホテルのすし屋はどう？(역 앞 호텔의 스시 가게는 어때?)라고 묻자, 여자가 いいわね。そこにしましょう(좋네. 거기로 해요)라고 동의한다. 따라서 4번에 ◯ 표시를 한다. 3번은 대화가 끝날 때까지 언급되지 않으므로 ✕ 표시를 한다.

Step 3 질문을 다시 들을 때 결정된 과제로 언급된 선택지를 정답으로 고른다.

질문을 다시 들을 때, ◯ 표시를 한 4 ホテルのすし屋へ行く(호텔의 스시 가게를 간다)를 정답으로 고른다.

[문제지]

문제 1에서는, 먼저 질문을 들어주세요. 그리고 이야기를 듣고, 문제 용지의 1부터 4 중에서, 가장 알맞은 것을 하나 골라주세요.

1 이탈리안 레스토랑에 간다
2 카레를 먹으러 간다
3 집에서 만들어 먹는다
4 호텔의 스시 가게에 간다

[음성]

여자와 남자가 이야기하고 있습니다. 두 사람은 저녁 식사를 어떻게 하기로 했습니까?

여: 여보, 오늘 저녁 식사 어떻게 할거야?
남: 음, 어떻게 할까?
여: 가끔은 밖에서 먹는 것은 어때? 이웃집 부인이 최근 오픈한 이탈리안 레스토랑 가게를 가르쳐 주었어. 싸고, 굉장히 맛있었대.
남: 이탈리안 레스토랑인가. 오늘 점심에 회사 근처에서 스파게티와 피자를 먹었으니까.
여: 그렇구나. 아쉽네. 그러면, 카레는 어때? 지난달, 같이 갔잖아?
남: 아, 그 가게인가. 맛있었지. 하지만, 얼마 전, 앞을 지날 때, 당분간 쉽니다라고 쓰여있었던 것 같은데.
여: 앗, 진짜? 오늘은, 밖에서 먹을 날이 아닌 것 같네. 오랜만에 당신이랑 데이트 할 수 있다고 기대했는데.
남: 그러면, 역 앞 호텔의 스시 가게는 어때? 거기라면, 조용하고 느긋하게 먹을 수 있고.
여: 좋네. 거기로 해요.

두 사람은 저녁 식사를 어떻게 하기로 했습니까?

어휘 イタリアン 명 이탈리안 レストラン 명 레스토랑 行く いく 동 가다 カレー 명 카레 食べる たべる 동 먹다 家 いえ 명 집 作る つくる 동 만들다 ホテル 명 호텔 すし屋 すしや 명 스시 가게 晩ごはん ばんごはん 명 저녁 식사 あなた 명 여보, 당신 今日 きょう 명 오늘 たまに 부 가끔 外 そと 명 밖 隣 となり 명 이웃집 奥さん おくさん 명 부인 最近 さいきん 명 최근 オープン 명 오픈 店 みせ 명 가게 教える おしえる 동 가르치다 安い やすい い형 싸다 すごく 부 굉장히 おいしい い형 맛있다 ～って 조 ~래, 라고 한다 お昼 おひる 명 점심, 낮 会社 かいしゃ 명 회사 近く ちかく 명 근처 スパゲティ 명 스파게티 ピザ 명 피자 ～から 조 ~니까 残念だ ざんねんだ な형 아쉽다, 유감이다 なら 접 그러면 先月 せんげつ 명 지난달 一緒に いっしょに 같이, 함께 でも 접 하지만 この間 このあいだ 명 얼마 전, 일전 前 まえ 명 앞 通る とおる 동 지나다 当分 とうぶん 부 당분간 休む やすむ 동 쉬다 書く かく 동 쓰다 本当 ほんとう 진짜 日 ひ 명 날 久しぶり ひさしぶり 명 오래간만 デート 명 데이트 できる 동 할 수 있다, 가능하다 楽しみにする たのしみにする 기대하다 ～のに 조 ~는데 駅前 えきまえ 명 역 앞 静かだ しずかだ な형 조용하다 ゆっくり 부 느긋하게

실력 다지기

대화를 듣고 질문에 알맞은 선택지를 고르세요.

01
① まどをしめる
② 教室のドアをしめる

02
① レストランを　よやくする
② レストランの電話番号をしらべる

03
① 発表をする
② 資料をみる

04
① 2,500円
② 1,500円

05
① いざかや
② やきにくや

06
① 9月22日
② 9月18日

07
① 書類をかく
② 血圧をはかる

08
① さとうさんに話す
② 修理の人をよぶ

09
① つまを迎えにいく
② レストランを　よやくする

10
① コーヒーをのむ
② 30分ねる

실전 대비하기

問題1

問題1では、まず質問を聞いてください。それから話を聞いて、問題用紙の1から4の中から、最もよいものを一つえらんでください。

1ばん

1　ア　イ
2　イ　ウ
3　ウ　エ
4　イ　エ

2ばん

1　バス
2　バスとでんしゃ
3　ちかてつ
4　バスとちかてつ

3ばん

1 今週の土よう日
2 来週の土よう日
3 今週の日よう日
4 来週の日よう日

4ばん

1 床にそうじきをかける
2 いらない本をすてる
3 本だなに本をもどす
4 そうじきを持ってくる

5ばん

1 バスに乗る
2 昼ごはんを食べる
3 サンドイッチを もらう
4 はくぶつかんを みる

6ばん

1 さとうさんの 友だちに アルバイトを おねがいする
2 会社に アルバイトできる人を しょうかいして もらう
3 店長の友だちに アルバイトを おねがいする
4 店に アルバイトを探している お知らせを はる

문제 2 포인트이해

음성 바로듣기

 **[문제 2 포인트이해]**는 두 사람의 대화, 또는 한 사람이 말하는 음성 메시지나 방송을 듣고 질문에 맞는 정답을 고르는 문제로, 총 6문항이 출제된다. 주로 음성에서 언급된 세부사항과 관련하여 이유, 상태, 일정, 방법 등을 묻는 문제가 출제된다.

─◯ 핵심 전략

1 음성이 시작되기 전에 상황과 질문을 먼저 들려주며 이 때 의문사와 핵심 어구에 유의하여 질문의 포인트를 파악해야 한다. 질문이 끝나면 20초 동안 선택지 읽는 시간을 주는데, 선택지의 내용이 대부분 음성에서 언급되므로 정확하게 읽고 파악해두는 것이 중요하다.

2 주로 친구, 가족, 직원과 손님, 상사와 부하의 대화나, 부재중 전화 메시지, 라디오나 텔레비전에서의 방송 내용 등에서 특정 이슈와 관련하여 구체적으로 이야기하는 상황이 출제된다.

3 どうして(어째서)나 なぜ(왜)와 같은 의문사를 사용하여 이유를 묻는 문제가 가장 많이 출제되며, 何(무엇), どんな(어떤), いつ(언제), どう(어떻게) 등의 의문사를 사용하는 문제도 지속적으로 출제되므로, 질문에서 사용된 의문사를 정확히 들어야 한다.

> 예) 女の人は**どうして**食事に行けないと言っていますか。
> 여자는 어째서 식사에 갈 수 없다고 말하고 있습니까?
>
> 男の店員は店の**何**が問題だと言っていますか。 남자 점원은 가게의 무엇이 문제라고 말하고 있습니까?
>
> 女の人と男の人は**いつ**相談しますか。 여자와 남자는 언제 상담합니까?
>
> 相手と意見が違うとき、**どう**話せばいいと言っていますか。
> 상대와 의견이 다를 때, 어떻게 이야기하면 좋다고 말하고 있습니까

4 오답 선택지는 대부분 음성에서 언급된 표현으로 구성되므로 질문의 핵심 어구와 관련하여 언급되는 내용과 일치하는 선택지를 정답으로 고른다.

5 여가·일과, 심리·질병, 학교·회사 등과 관련된 내용이 출제되므로, <시험 D-20 빈출 단어·문형 암기장>(암기장 p.37)을 활용하여 관련된 단어를 꼼꼼히 학습해둔다.

문제 풀이 Step

Step 1 음성에서 상황 설명과 질문을 들은 뒤 20초 동안 선택지를 빠르게 읽는다.

상황 설명과 질문을 들으며 누구에 관련된 문제인지 또는 어떤 것을 묻는 문제인지 파악하여 질문의 포인트를 적어둔다. 이후, 주어지는 20초 동안 각 선택지를 읽으며 내용을 파악해둔다.

음성 女の学生と男の学生が話しています。女の学生はどうしてこの教室に興味を持ちましたか。
여학생   어째서   교실 흥미

여학생과 남학생이 이야기하고 있습니다. 여학생은 어째서 이 교실에 흥미를 가졌습니까?

선택지 1 料理が好きだから 요리를 좋아하니까
2 いろいろな料理が学べるから 여러 가지 요리를 배울 수 있으니까
3 家のちかくでやっているから 집 근처에서 하고 있으니까
4 料金がやすいから 요금이 싸니까

Step 2 음성을 들으며 질문의 포인트에 유의하여 정답의 단서를 파악한다.

음성을 들을 때 질문의 포인트에 유의하며 정답의 단서를 파악하되, 어떤 선택지가 음성 내용에 부합하는지도 함께 파악한다.

음성 男: 木下さん、料理教室に行ってるそうですね。どうですか?
기노시타 씨, 요리 교실에 다니고 있다고 들었어요. 어떤가요?

女: ええ。いろんな料理の作り方を学ぶのでとても楽しいです。 질문과 관련된 내용
네. 여러 가지 요리의 만드는 법을 배우기 때문에 정말 즐거워요.

男: わあ、面白そうですね。
와, 재미있을 것 같네요.

Step 3 음성에서 질문을 다시 들을 때 정답의 단서와 일치하는 내용의 선택지를 정답으로 고른다.

질문을 다시 들으며 정답의 단서와 일치하는 내용의 선택지를 정답으로 고른다.

음성 女の学生はどうしてこの教室に興味を持ちましたか。
여학생은 어째서 이 교실에 흥미를 가졌습니까?

선택지 1 料理が好きだから 요리를 좋아하니까
✓ 2 いろいろな料理が学べるから 여러 가지 요리를 배울 수 있으니까
3 家のちかくでやっているから 집 근처에서 하고 있으니까
4 料金がやすいから 요금이 싸니까

문제 풀이 Step 적용

🔊 문제2 포인트이해_01문제 풀이 Step 적용.mp3

[문제지]

問題2では、まず質問を聞いてください。そのあと、問題用紙を見てください。読む時間があります。それから話を聞いて、問題用紙の1から4の中から、最もよいものを一つえらんでください。

1 同期を 見まう から   ← 여행을 가지 못하는 이유
2 交通事故 があったから
✓ 3 出張 に行くから
4 食事のやくそく が できたから

Step 1 음성에서 상황 설명과 질문을 들은 뒤 20초 동안 선택지를 빠르게 읽는다.

남자가 여행을 가지 못하는 이유를 묻는 문제이다. 각 선택지의 핵심 내용은, 1 '병문안', 2 '교통사고', 3 '출장', 4 '식사 약속'이다.

[음성]

留守番電話のメッセージを聞いています。男の人はどうして旅行に行けないと言っていますか。

男: 鈴木です。来週行くつもりだった大阪旅行なんだけど、ごめん。その日、出張に行くことになって、旅行に行けなくなったんだ。実は、今回の出張は僕の同期の担当なんだけど、昨日交通事故でけがをして入院したって聞いた。それで僕が急に担当することになった。出張の日程を変えようとしたけど、できなかった。ごめん。もしよかったら旅行の日程を変えない？変更による手数料とか追加料金は僕が払うから。詳しいことは明日会って食事しながら話すよ。本当にごめん。

男の人はどうして旅行に行けないと言っていますか。

Step 2 음성을 들으며 질문의 포인트에 유의하여 정답의 단서를 파악한다.

대화 중, 남자가 그 날, 출장에 가게 되어서, 여행에 갈 수 없게 되었어)라고 한다.

Step 3 음성에서 질문을 다시 들을 때 정답의 단서와 일치하는 내용의 선택지를 정답으로 고른다.

남자가 여행을 가지 못하는 이유를 묻는 문제이므로, 3 出張に行くから(출장에 가기 때문에)를 정답으로 고른다. 1은 언급되지 않았고, 2는 교통사고가 있었던 것은 남자가 아니라 동기라고 했으므로 오답이다. 4는 식사 약속이 생겨서 여행을 못 가는 것이 아니라, 남자가 내일 친구와 식사를 하며 이야기를 할 예정이라는 것이므로 오답이다.

[문제지]

　　문제 2에서는, 먼저 질문을 들어주세요. 그 후, 문제 용지를 봐주세요. 읽는 시간이 있습니다. 그리고 이야기를 듣고, 문제 용지의 1부터 4 중에서, 가장 알맞은 것을 하나 골라주세요.

1　동기를 문병하기 때문
2　교통사고가 있었기 때문
3　출장에 가기 때문
4　식사 약속이 생겼기 때문

[음성]

부재중 전화 메시지를 듣고 있습니다. 남자는 어째서 여행에 갈 수 없다고 말하고 있습니까?

남: 스즈키 입니다. 다음 주 갈 예정이었던 오사카 여행 말인데, 미안. 그날, 출장에 가게 되어서, 여행에 갈 수 없게 되었어. 실은, 이번 출장은 내 동기의 담당인데, 어제 교통사고로 부상을 당해서 입원했다고 들었어. 그래서 내가 급히 담당하게 되었어. 출장의 일정을 바꾸려고 했는데, 못했어. 미안. 혹시 괜찮다면 여행의 일정을 바꾸지 않을래? 변경에 의한 수수료라든가 추가 요금은 내가 지불할 테니까. 자세한 것은 내일 만나서 식사하면서 이야기할게. 정말 미안.

남자는 어째서 여행에 갈 수 없다고 말하고 있습니까?

어휘　同期 どうき 명 동기　見まう みまう 동 문병하다　~から 조 ~때문　交通事故 こうつうじこ 명 교통사고　出張 しゅっちょう 명 출장
　　　　行く いく 동 가다　食事 しょくじ 명 식사　やくそく 명 약속　できる 동 생기다, 할 수 있다
　　　　留守番電話 るすばんでんわ 명 부재중 전화　メッセージ 명 메시지　旅行 りょこう 명 여행　来週 らいしゅう 명 다음 주
　　　　つもり 명 예정　大阪 おおさか 명 오사카(지명)　~けど 조 ~인데, 는데　日 ひ 명 날　実は じつは 실은　今回 こんかい 명 이번
　　　　担当 たんとう 명 담당　昨日 きのう 어제　けがをする 부상을 당하다　入院 にゅういん 명 입원　~って 조 ~라고
　　　　聞く きく 동 듣다　それで 그래서　急に きゅうに 급히, 갑자기　日程 にってい 명 일정　変える かえる 동 바꾸다　もし 부 혹시
　　　　変更 へんこう 명 변경　手数料 てすうりょう 명 수수료　~とか 조 ~라든가　追加 ついか 명 추가　料金 りょうきん 명 요금
　　　　払う はらう 동 지불하다　~から 조 ~니까　詳しい くわしい い형 자세하다　明日 あした 명 내일　会う あう 동 만나다
　　　　~ながら 조 ~면서　話す はなす 동 이야기하다　本当に ほんとうに 정말

실력 다지기

대화를 듣고 질문에 알맞은 선택지를 고르세요.

01
① フランスで食べた料理の味がするから
② アクセスもよく駐車場がおおきいから

02
① すし
② なべ料理

03
① 旅行に行くため
② ゲームCDを買うため

04
① 自分自身への信頼がない人がおおいこと
② まずしくてきつく生きていく人がおおいこと

05
① 図書館にいく
② 博物館にいく

06
① 7月17日
② 7月31日

07
① ちゅうか料理
② かんこく料理

08
① 芸術でゆうめいな大学だから
② ひとりで参加できるプログラムがあるから

09
① いつも試合でかつから
② いつもがんばって試合するから

10
① とてもきれいな景色をみたこと
② ゆっくり生活できたこと

실전 대비하기

問題2

問題2では、まず質問を聞いてください。そのあと、問題用紙を見てください。読む時間があります。それから話を聞いて、問題用紙の1から4の中から、最もよいものを一つえらんでください。

1ばん
1 手紙を送ってもらうため
2 メモの内容をみてもらうため
3 どんなパンが食べたいか聞くため
4 晩ごはんを作ってもらうため

2ばん
1 動物がすきじゃないから
2 犬や猫は大きくてこわいから
3 自分の家が買いたいから
4 アパートの規則があるから

3ばん
1 おとうと家族といっしょにお花見にいく
2 会社に行ってしごとをする
3 家族や　しんせきとごはんを食べる
4 おとうと家族を空港につれていく

4ばん

1 友だちがすすめていたから
2 読書かんそうぶんを書かないといけなかったから
3 人気のドラマのもとになったから
4 有名なかんとくが本を出したから

5ばん

1 本屋で人気のある本をかう
2 ２か月間、外国語の本をよむ
3 外国語の歌をたくさん聞く
4 単語ノートを作っておぼえる

6ばん

1 あまり勉強しないこと
2 授業に必要なものをもってこないこと
3 友だちとの関係がよくないこと
4 先生の言ったことをメモしないこと

개요이해

음성 바로듣기

[문제 3 개요이해]는 두 사람의 대화 또는 한 사람이 말하는 음성 메시지나 방송 내용 등을 듣고 개요를 파악하는 문제로, 총 3문항이 출제된다. 화자의 생각이나 대화의 소재, 혹은 중심 내용이나 주제를 묻는 문제가 출제된다.

◉ 핵심 전략

1 개요이해에서는 맨 처음에 상황 설명만 들려주고 질문은 들려주지 않는다. 따라서 상황 설명을 들을 때 화자가 몇 명인지 파악하고, 이어지는 대화나 한 사람의 말을 들을 때 개요, 즉 주제나 소재를 파악하며 듣는다.

> 예 女の人と男の人が話しています。 여자와 남자가 이야기하고 있습니다.
>
> ラジオでスポーツ選手が話しています。 라디오에서 스포츠 선수가 이야기하고 있습니다.

2 두 사람의 대화인 경우, 대화 내용에 대한 화자 한 명의 생각, 대화의 소재를 묻는 문제가 출제된다.

> 예 女の学生は旅行についてどう思っていますか。 여학생은 여행에 대해 어떻게 생각하고 있습니까?
>
> 男の人は何について話していますか。 남자는 무엇에 대해 이야기하고 있습니까?

3 한 사람이 하는 말인 경우, 주로 중심 내용이나 주제를 묻는 문제가 출제된다.

> 예 社長は会社の何について話していますか。 사장은 회사의 무엇에 대해 이야기하고 있습니까?
>
> 田中さんが一番言いたいことは何ですか。 다나카 씨가 가장 말하고 싶은 것은 무엇입니까?

4 개요이해는 문제지에 아무것도 제시되어 있지 않고 오로지 듣기로만 문제를 풀어야 하므로, 음성을 들으며 핵심 내용을 한국어 또는 일본어로 메모하는 연습을 꾸준히 해야 한다.

5 관심사, 건강·양육 등과 관련된 내용이 출제되므로, <시험 D-20 빈출 단어·문형 암기장>(암기장 p.38)을 활용하여 관련된 단어를 꼼꼼히 학습해둔다.

🔵 문제 풀이 Step

Step 1 음성에서 상황 설명을 듣고 대화 또는 한 사람의 말 중 무엇을 듣게 될지 파악하고 질문을 미리 예상한다.

두 사람의 대화인 경우에는 대화 내용에 대한 화자 한 명의 생각이나 대화의 소재를 묻고, 한 사람이 하는 말인 경우에는 중심 내용이나 주제를 묻는 질문이 나올 것임을 예상한다.

상황 설명 [女の人と男の人]が話しています。 여자와 남자가 이야기하고 있습니다. **남녀 대화**

Step 2 음성을 들을 때, 핵심 내용을 파악하고 간단히 메모한다.

대화에서는 대화의 개요에 해당하는 내용이나 주로 말을 하는 화자의 생각을 파악하고, 한 사람의 말은 중심 내용이나 주제를 파악하여 간단히 메모해둔다.

음성   女: 先週、友達と韓国に行ってきたよ。
    지난주, 친구와 한국에 갔다 왔어.

    男: いいな。旅行はどうだった?
    좋겠다. 여행은 어땠어?

    女: 日本より**寒くて大変だったけど**、おいしいものもたくさん食べたし、**いろいろ楽しかった**。
    일본보다 **춥고 힘들었지만**, 맛있는 것도 많이 먹었고, **여러 가지 즐거웠어**.

여자 - 지난 주 한국 여행 / 추웠다, 힘들었다, 즐거웠다

Step 3 음성에서 질문과 선택지를 듣고, 알맞은 내용의 선택지를 정답으로 고른다.

질문을 듣고 무엇을 묻는 문제인지 정확하게 파악한다. 그리고 메모해둔 내용을 토대로 선택지를 들으면서 질문에 가장 알맞은 내용의 선택지를 정답으로 고른다.

질문   [女の人]は[今回の旅行]についてどう思っていますか。
    여자는 이번 여행에 대해서 어떻게 생각하고 있습니까?

선택지 1 友達とけんかしたので、よくなかった 친구와 싸웠기 때문에, 좋지 않았다
    2 友達が疲れたので、よくなかった 친구가 피곤했기 때문에, 좋지 않았다
    3 寒くなかったけど、あまり楽しくなかった 춥지 않았지만, 그다지 즐겁지 않았다
    ✓ 4 寒かったけど、楽しかった 추웠지만, 즐거웠다

문제 풀이 Step 적용

🔊 문제3 개요이해_01문제 풀이 Step 적용.mp3

[문제지]

問題3では、問題用紙に何もいんさつされていません。この問題は、ぜんたいとしてどんなないようかを聞く問題です。話の前に質問はありません。まず話を聞いてください。それから、質問とせんたくしを聞いて、1から4の中から、最もよいものを一つえらんでください。

-メモ-

수요일 저녁 약속　　이미 가게 예약　　남녀 대화　　1명 못 감, 인원수 변경

Step 1 음성에서 상황 설명을 듣고 대화 또는 한 사람의 말 중 무엇을 듣게 될지 파악하고 질문을 미리 예상한다.

이번 주 수요일에 팀원들 다같이 저녁 식사를 하기로 하여, 여자가 식당을 예약해두었다. 그러나, 팀원 중 한 명이 못 가게 되어서 예약 인원수를 변경해야 한다. 남자가 여자에게 인원수 변경 가능 여부를 식당에 물어봐 주기를 부탁하는 내용의 대화이다.

Step 2 음성을 들을 때, 핵심 내용을 파악하고 간단히 메모한다.

상황 설명에서 언급된 화자가 남자와 여자 두 명이므로, 대화 내용에 대한 화자 한 명의 생각이나 대화의 소재를 묻는 질문이 나올 것임을 예상한다.

[음성]

男の人と女の人が話しています。

男: 田中さん。今週の水曜日にチームのみんなで晩ご飯を食べに行く約束なんだけど。

女: あ、それだったらもうお店を予約しましたよ。6時半に7人ですよね。

男: 申し訳ないんだけど、さっき吉川くんが、都合が悪くなって行けなくなったらしいんだよ。まだ人数を変えることができるかな。

女: そうなんですね。わかりました。一度聞いてみます。だめだったらどうしますか。

男: そうだね。その時は、僕が吉川くんの分を出すよ。

女: わかりました。確認してからまた報告しますね。

二人は予約の何について話していますか。

1　予約のお店を変えること
2　予約の時間を変えること
✓3　予約の人数を変えること
4　予約の曜日を変えること

Step 3 음성에서 질문과 선택지를 듣고, 알맞은 내용의 선택지를 정답으로 고른다.

질문에서 두 사람의 대화 소재가 무엇인지 물었으므로, 3 予約の人数を変えること(예약한 인원수를 바꾸는 것)를 정답으로 고른다.

[문제지]

　　문제 3에서는, 문제 용지에 아무것도 인쇄되어 있지 않습니다. 이 문제는, 전체로서 어떤 내용인가를 묻는 문제입니다. 이야기의 앞에 질문은 없습니다. 먼저 이야기를 들어주세요. 그리고, 질문과 선택지를 듣고, 1부터 4 중에서, 가장 알맞은 것을 하나 골라주세요.

[음성]

남자와 여자가 이야기하고 있습니다.

남: 다나카 씨. 이번 주 수요일에 팀 모두와 저녁을 먹으러 가는 약속 말인데.
여: 아, 그것이라면 이미 가게를 예약했습니다. 6시 반에 7명이지요?
남: 미안하지만, 아까 요시카와 군이, 사정이 좋지 않아져서 갈 수 없다는 것 같아. 아직 인원수를 바꾸는 것이 가능할까?
여: 그렇군요. 알겠습니다. 한번 물어보겠습니다. 안 된다면 어떻게 할까요?
남: 그러게. 그 때는, 내가 요시카와 군의 몫을 낼게.
여: 알겠습니다. 확인해보고 다시 보고할게요.

두 사람은 예약의 무엇에 대해서 이야기하고 있습니까?

1　예약한 가게를 바꾸는 것
2　예약한 시간을 바꾸는 것
3　예약한 인원수를 바꾸는 것
4　예약한 요일을 바꾸는 것

어휘　今週 こんしゅう 명 이번 주　水曜日 すいようび 명 수요일　チーム 명 팀　みんな 명 모두　晩ご飯 ばんごはん 명 저녁(식사)
　　　食べる たべる 동 먹다　行く いく 동 가다　約束 やくそく 명 약속　~けど 조 ~인데　もう 부 이미, 벌써　店 みせ 명 가게
　　　予約 よやく 명 예약　申し訳ない もうしわけない い형 미안하다　さっき 부 아까　都合 つごう 명 사정
　　　悪い わるい い형 좋지 않다, 나쁘다　まだ 부 아직　人数 にんずう 명 인원수　変える かえる 동 바꾸다　できる 동 가능하다
　　　わかる 동 알다　一度 いちど 명 한번　聞く きく 동 묻다　だめだ な형 안 되다　分 ぶん 명 몫, 분　出す だす 동 내다
　　　確認 かくにん 명 확인　また 부 다시　報告 ほうこく 명 보고　時間 じかん 명 시간　曜日 ようび 명 요일

실력 다지기

 문제3 개요이해_02실력다지기.mp3

대화를 듣고 질문에 알맞은 선택지를 고르세요.

01 ① ②

02 ① ②

03 ① ②

04 ① ②

05 ① ②

06 ① ②

07 ① ②

08 ① ②

09 ① ②

10 ① ②

정답 해설집 p.142

실전 대비하기

問題 3

問題3では、問題用紙に何もいんさつされていません。この問題は、ぜんたいとしてどんなないようかを聞く問題です。話の前に質問はありません。まず話を聞いてください。それから、質問とせんたくしを聞いて、1から4の中から、最もよいものを一つえらんでください。

— メモ —

발화표현

음성 바로듣기

[문제 4 발화표현]은 주어진 상황에서 그림 속 화살표가 가리키는 인물이 할 말을 고르는 문제로, 총 4문항이 출제된다. 문의, 요청, 안내, 인사, 금지 등과 관련된 상황이 출제된다. 한 문항당 3개의 선택지가 제시되는 것에 유의한다.

◯ 핵심 전략

1 질문을 듣기 전에 그림 속 상황과 화살표가 표시된 인물을 미리 확인해두면 질문과 선택지의 내용을 파악하기 쉽다.

2 오답 선택지는, 상황에 맞지 않는 말이나 화살표 표시가 없는 인물이 할 법한 말로 구성된다. 따라서 질문이 어떤 상황인지 누가 누구에게 하는 말을 묻고 있는지 정확히 파악해야 한다.

> 예 忙しい先輩を手伝いたいです。先輩に何と言いますか。
> 바쁜 선배를 돕고 싶습니다. 선배에게 뭐라고 말합니까?
>
> ① あの、手伝いましょうか。 저기, 도와드릴까요? (○)
> ② あの、手伝ってくれませんか。 저기, 도와주지 않을래요? (×) → 선배가 할 법한 말
>
> 会社でお客さんを案内します。何と言いますか。
> 회사에서 손님을 안내합니다. 뭐라고 말합니까?
>
> ① お入りください。 들어오세요. (○)
> ② 入らないでください。 들어가지 말아 주세요. (×) → 상황에 전혀 맞지 않는 말

3 의사소통, 문화, 수업·일 등과 관련된 내용이 출제되므로, <시험 D-20 빈출 단어·문형 암기장>(암기장 p.40)을 활용하여 관련된 단어를 꼼꼼히 학습해둔다.

🌕 문제 풀이 Step

Step 1 질문을 듣기 전, 그림 속 상황과 화살표의 인물을 확인하고 여백에 선택지 번호를 미리 써둔다.

질문을 듣기 전에 그림 속 상황과 화살표의 인물을 확인한다. 그리고 선택지를 듣기 전에 그림 옆 문제지 여백에 선택지 번호 1, 2, 3을 재빨리 써둔다.

1

2

3

Step 2 질문을 들을 때, 상황과 누가 할 말을 묻고 있는지 파악한다.

질문을 들으면서 어떤 상황인지, 누가 누구에게 하는 말을 묻고 있는지 등을 파악하여 간단히 메모해둔다.

질문 友(とも)だちの家(いえ)にはじめて遊(あそ)びに行(い)きました。部屋(へや)に友(とも)だちのお父(とう)さんが来(き)ました。
何(なん)と言(い)いますか。
친구의 집에 처음으로 놀러 갔습니다. 방에 친구의 아버지가 오셨습니다. 뭐라고 말합니까?

친구의 아버지 오심

Step 3 음성에서 선택지를 듣고, 질문에 가장 적절한 것을 정답으로 고른다.

선택지를 들으면서 미리 써둔 선택지 번호 1, 2, 3 옆에 확실히 오답인 것은 ✕, 헷갈리는 것은 △, 확실히 정답인 것은 ○ 표시한다. ○ 표시한 선택지를 정답으로 고른다.

선택지 1 初(はじ)めまして、失礼(しつれい)ですね。 처음 뵙겠습니다, 실례입니다.
2 初(はじ)めまして、お疲(つか)れ様(さま)です。 처음 뵙겠습니다, 수고하셨습니다.
✓ 3 初(はじ)めまして、お邪魔(じゃま)しています。 처음 뵙겠습니다, 실례하고 있습니다.

1 ✕

2 △

3 ○

문제 풀이 Step 적용

🔊 문제4 발화표현_01문제 풀이 Step 적용.mp3

[문제지]

問題4では、えを見ながら質問を聞いてください。やじるし(➡)の人は何と言いますか。1から3の中から、最もよいものを一つえらんでください。

주말 아르바이트 / 쉬고 싶음

1. ✗
✓ 2. ○
3. ✗

Step 1 질문을 듣기 전, 그림 속 상황과 화살표의 인물을 확인하고 여백에 선택지 번호를 미리 써둔다.

그림 속 인물 중 왼쪽 여자에 화살표 표시가 되어 있으므로, 그림의 상황에 맞는 여자의 말을 고르는 문제임을 파악한다.

[음성]

週末のアルバイトを休みたいです。何と言いますか。

女：1　すみません、週末のバイトを休んでもらいたいのですが。
✓ 2　すみません、週末のバイトを休みたいんですが。
　 3　すみません、週末のバイトをやめたいんですが。

Step 2 질문을 들을 때, 상황과 누가 할 말을 묻고 있는지 파악한다.

화살표의 대상이 주말 아르바이트를 쉬고 싶어하는 상황에서 할 수 있는 말을 고르는 문제이다.

Step 3 음성에서 선택지를 듣고, 질문에 가장 적절한 것을 정답으로 고른다.

1은 '죄송합니다, 주말 아르바이트를 쉬어주었으면 좋겠는데요'이다. 2 '죄송합니다, 주말 아르바이트를 쉬고 싶습니다만'은 주말 아르바이트를 쉬고 싶은 상황에 적절한 말이므로 2 옆에 ○ 표시를 한다. 3은 '죄송합니다, 주말 아르바이트를 그만두고 싶은데요'이므로, 그림의 상황과 맞지 않다. 따라서 ○ 표시를 한 2를 정답으로 고른다.

[문제지]
　　문제 4에서는, 그림을 보면서 질문을 들어주세요. 화살표(➡)의 사람은 뭐라고 말합니까? 1부터 3 중에서, 가장 알맞은 것을 하나 골라주세요.

[음성]
주말 아르바이트를 쉬고 싶습니다. 뭐라고 말합니까?

여: 1　죄송합니다, 주말 아르바이트를 쉬어주었으면 좋겠는데요.
　　2　죄송합니다, 주말 아르바이트를 쉬고 싶습니다만.
　　3　죄송합니다, 주말 아르바이트를 그만두고 싶은데요.

어휘 週末 しゅうまつ 몡 주말　アルバイト 몡 아르바이트　休む やすむ 동 쉬다　バイト 몡 아르바이트　やめる 동 그만두다, 그만하다

실력 다지기

문제4 발화표현_02실력다지기.mp3

그림을 보면서 질문을 들어 주세요. 화살표(➡)가 있는 사람은 뭐라고 말합니까? 둘 중 맞는 것을 고르세요.

01

02

03

04

05

06

07

08

실전 대비하기

問題4

問題4では、えを見ながら質問を聞いてください。やじるし（➡）の人は何と言いますか。1から3の中から、最もよいものを一つえらんでください。

1ばん

2ばん

3ばん

4ばん

문제 5 즉시응답

음성 바로듣기

[문제 5 즉시응답]은 짧은 질문과 3개의 선택지를 듣고 질문에 적절한 응답을 고르는 문제로, 총 9문항이 출제된다. 질문, 부탁, 요청, 인사 등의 의도를 가진 질문이 출제된다.

◉ 핵심 전략

1. 질문이 의문문인 경우 주로 사실 확인, 부탁, 허락 등의 내용이 출제된다. 질문의 의도에 맞게 사실을 확인 해주거나, 승낙 또는 거절하는 응답을 정답으로 고른다.

   > 例 男: キムさん、来週のアルバイト、6時に変えてもらえますか。
   > 김 씨, 다음 주의 아르바이트, 6시로 바꿔주실 수 있나요?
   >
   > 女: ① はい、大丈夫です。 네, 괜찮습니다. (O)
   >
   > ② いつでも来てください。 언제든지 와주세요. (X)

2. 질문이 평서문인 경우 주로 문제 언급, 칭찬, 요청, 인사 등의 내용이 출제된다. 질문의 의도에 따라 공감, 해사, 승낙, 거절 등의 응답을 정답으로 고른다.

   > 例 女: あの映画、もうやってないんだって。 저 영화, 이제 안 한대.
   >
   > 男: ① えっ、終わっちゃったんだ。 앗, 끝났구나. (O)
   >
   > ② うん、まだやってよかったね。 응, 아직 해서 다행이네. (X)

3. 오답은 질문의 표현을 그대로 반복하거나, 질문과 내용적으로 관련이 있는 표현, 질문자가 해야 하는 말, 시제가 잘못된 말 등으로 혼란을 주므로, 질문의 의도와 상황을 정확하게 이해하고 정답을 고른다.

   > 例 女: バス、なかなか来ないですね。 버스, 좀처럼 오지 않네요.
   >
   > 男: ① 道が混んでるみたいですね。 길이 막히고 있는 것 같네요. (O)
   >
   > ② バスにしてよかったです。 버스로 하길 잘했습니다. (X) → 질문에 나온 バス를 사용한 오답
   >
   > ③ バス停はここから近いです。 버스 정류장은 여기에서 가깝습니다. (X)
   > → 질문의 バス와 관련이 있는 정류장을 사용한 오답

4. 식당·음식, 과제·회의, 일상생활 등과 관련된 내용이 출제되므로, <시험 D-20 빈출 단어·문형 암기장> (암기장 p.40)을 활용하여 관련된 단어를 꼼꼼히 학습해둔다.

문제 풀이 Step

※ 예시 문제를 들려줄 때, 1부터 9까지의 문항 번호를 미리 써둔다.

Step 1 질문을 들을 때 내용과 의도를 파악한다.

질문을 잘 듣고 질문의 의도와 내용을 정확하게 파악한다.

Step 2 음성에서 선택지를 듣고, 질문에 가장 적절한 것을 정답으로 고른다.

질문에 대해 확실히 오답인 것은 ×, 헷갈리는 것은 △, 확실히 정답인 것은 ○ 표시한다. ○ 표시한 선택지를 정답으로 고른다.

문제 풀이 Step 적용 🔊 문제5 즉시응답_01문제 풀이 Step 적용.mp3

[문제지]

問題5では、問題用紙に何もいんさつされていません。まず 文を聞いてください。それから、そのへんじを聞いて、1から 3の中から、最もよいものを一つえらんでください。

✓ 1. ○ 　-メモ-
　2. ×
　3. ×

> **Step 1** 질문을 들을 때 내용과 의도를 파악한다.
> 여자가 남자에게 자리가 비어 있는지 묻고 있는 상황이다.

> **Step 2** 음성에서 선택지를 듣고, 질문에 가장 적절한 것을 정답으로 고른다.
> 1의 '앉으세요'는 자리가 비어 있다는 의미이므로, 빈 자리인지 묻는 여자의 말에 대한 적절한 응답이다. 따라서 1 옆에 ○ 표시를 한다. 2는 空いて(あいて)를 あけて로 반복 사용하여 혼동을 준 오답이므로, 2 옆에 × 표시를 한다. 3은 빈 자리인지 묻고 있는 상황에 맞지 않는 응답이므로, 3 옆에 × 표시를 한다. ○ 표시를 한 1 あ、どうぞ(아, 앉으세요)를 정답으로 고른다.

[음성]

女: あのう、ここ空いてますか。
男: ＿＿＿＿＿＿＿。

✓ 1 あ、どうぞ。
　2 すみません。あけています。
　3 え、すわっちゃったの？

[문제지]
　문제 5에서는, 문제 용지에 아무것도 인쇄되어 있지 않습니다. 먼저 문장을 들어주세요. 그리고, 그 대답을 듣고, 1에서 3 중에서, 가장 알맞은 것을 하나 골라주세요.

[음성]
여: 저기, 여기 비어 있나요?

남: 1 아, 앉으세요.
　 2 죄송합니다. 비우고 있습니다.
　 3 앗, 앉아버렸어?

어휘 空く あく 图비다　どうぞ 图앉으세요(승낙을 나타내는 공손한 표현)　あける 图비우다　すわる 图앉다

실력 다지기

 문제5 즉시응답_02실력다지기.mp3

문장을 먼저 들어 주세요. 두 개의 대답을 듣고 알맞은 것을 하나 골라주세요.

01 ①   ②

02 ①   ②

03 ①   ②

04 ①   ②

05 ①   ②

06 ①   ②

07 ①   ②

08 ①   ②

09 ①   ②

10 ①   ②

정답 해설집 p.157

실전 대비하기

問題 5

問題 5 では、問題用紙に何もいんさつされていません。まず文を聞いてください。それから、そのへんじを聞いて、1 から 3 の中から、最もよいものを一つえらんでください。

— メモ —

무료 온라인 실전모의고사·학습자료 제공
해커스일본어 **japan.Hackers.com**

실전모의고사 1, 2, 3

실전모의고사 1   376
실전모의고사 2   424
실전모의고사 3   470

실전모의고사 1

답안지 작성법

にほんごのうりょくしけん かいとうようし
일본어능력시험 정답 용지

N3 (인어지식(문자·어휘)
げんごちしき (もじ・ごい)

あなたの なまえを ローマじで かいて ください。
당신의 이름을 로마자로 써 주세요.

| なまえ Name | KIM JIISU |

<ちゅうい Notes>
1. くろいえんぴつ(HB、No.2)でかいて ください。
 (ペンやボールペンではかかないでく ださい。)
 Use a black medium soft (HB or No.2) pencil.
 (Do not use any kind of pen.)
2. かきなおすときは、けしゴムで きれいにけしてください。
 Erase any unintended marks completely.
3. きたなく したり、おったり しない でください。
 Do not soil or bend this sheet.
4. マークれい Marking Examples

よい れい Correct Example	わるい れい Incorrect Examples
●	⊘⊗◐◑⊙○

<주의사항>
1. 검정 연필(HB, No.2)로 써 주세요.
 펜이나 볼펜으로는 쓰지 마세요.
2. 고쳐 쓸 때는 지우개로 깨끗이 지워주세요.
3. 답안지를 더럽히거나 접지 마세요.
4. 마킹 예시

올바른 예	잘못된 예
●	⊘⊗◐◑⊙○

Please print in block letters.

수험표 상의 영문 이름과 답안지에 기재된 영문 이름이 일치하는지 확인하세요.

단안 마킹 시 문항 번호에 주의하세요. →

問題 1 문제 1				
1	①	②	③	④
2	①	②	③	④
3	①	②	③	④
4	①	②	③	④
5	①	②	③	④
6	①	②	③	④
7	①	②	③	④
8	①	②	③	④

問題 2 문제 2				
9	①	②	③	④
10	①	②	③	④
11	①	②	③	④
12	①	②	③	④
13	①	②	③	④
14	①	②	③	④

問題 3 문제 3				
15	①	②	③	④
16	①	②	③	④
17	①	②	③	④
18	①	②	③	④

問題 4 문제 4				
26	①	②	③	④
27	①	②	③	④
28	①	②	③	④
29	①	②	③	④
30	①	②	③	④

問題 5 문제 5				
31	①	②	③	④
32	①	②	③	④
33	①	②	③	④
34	①	②	③	④
35	①	②	③	④

じゅけんばんごうを かいて、その した のマークらんに マークして ください。
Fill in your examinee registration number in this box, and then mark the circle for each digit of the number.

じゅけんばんごう (Examinee Registration Number)
수험 번호

| 2 | 0 | A | 1 | 0 | 1 | 0 | 1 | 2 | 3 | – | 3 | 0 | 1 | 2 | 3 |

せいねんがっぴを かいて ください。
Fill in your date of birth in the box.
생년월일

せいねんがっぴ(Date of Birth)

ねん Year				つき Month		ひ Day	
1	9	9	3	0	4	1	4

생년월일을 틀리지 않게 작성하세요.
오늘 날짜를 작성하지 않도록 주의하세요.

무료 온라인 실전모의고사 · 학습자료 제공
해커스일본어 japan.Hackers.com

실전모의고사 1

にほんごのうりょくしけん かいとうようし

N3 언어지식(문자·어휘)
げんごちしき (もじ・ごい)

あなたの なまえを ローマじで かいて ください。

なまえ
Name

〈ちゅうい Notes〉
1. くろいえんぴつ(HB、No.2)でかいて ください。
   Use a black medium soft (HB or No.2) pencil.
   (ペンやボールペンではかかないで ください。)
   (Do not use any kind of pen.)
2. かきなおすときは、けしゴムで きれいに けしてください。
   Erase any unintended marks completely.
3. きたなく したり、おったり しないで ください。
   Do not soil or bend this sheet.
4. マークれい Marking Examples

よい れい Correct Example	わるい れい Incorrect Examples
●	⊘ ⊙ ◐ ◑ ◍ ⦿

Please print in block letters.

問題 1				
1	①	②	③	④
2	①	②	③	④
3	①	②	③	④
4	①	②	③	④
5	①	②	③	④
6	①	②	③	④
7	①	②	③	④
8	①	②	③	④

問題 2				
9	①	②	③	④
10	①	②	③	④
11	①	②	③	④
12	①	②	③	④
13	①	②	③	④
14	①	②	③	④

問題 3				
15	①	②	③	④
16	①	②	③	④
17	①	②	③	④
18	①	②	③	④
19	①	②	③	④
20	①	②	③	④
21	①	②	③	④
22	①	②	③	④
23	①	②	③	④
24	①	②	③	④
25	①	②	③	④

問題 4				
26	①	②	③	④
27	①	②	③	④
28	①	②	③	④
29	①	②	③	④
30	①	②	③	④

問題 5				
31	①	②	③	④
32	①	②	③	④
33	①	②	③	④
34	①	②	③	④
35	①	②	③	④

じゅけんばんごうを かいて、その したの マークらんに マークして ください。
Fill in your examinee registration number in this box, and then mark the circle for each digit of the number.

じゅけんばんごう
(Examinee Registration Number)

20A10101 23-30123

せいねんがっぴを かいて ください。
Fill in your date of birth in the box.

せいねんがっぴ(Date of Birth)

ねん Year	つき Month	ひ Day

실전모의고사 1

にほんごのうりょくしけん かいとうようし

N3 언어지식(문법)·독해
げんごちしき (ぶんぽう)・どっかい

あなたの なまえを ローマじで かいて ください。
Please print in block letters.

なまえ
Name

〈ちゅうい Notes〉
1. くろいえんぴつ(HB、No.2)でかいて ください。
  Use a black medium soft (HB or No.2) pencil.
  (ペンやボールペンではかかないで ください。)
  (Do not use any kind of pen)
2. かきなおす ときは、けしゴムで きれいに けして ください。
  Erase any unintended marks completely.
3. きたなく したり、おったり しないで ください。
  Do not soil or bend this sheet.
4. マークれい Marking Examples

よい れい Correct Example	わるい れい Incorrect Examples
●	⊘ ○ ◐ ○ ◑ ①

じゅけんばんごう
(Examinee Registration Number)

20A1010123-30123

せいねんがっぴを かいて ください。
Fill in your date of birth in the box.

せいねんがっぴ(Date of Birth)
ねん Year	つき Month	ひ Day

問題 1

	1	2	3	4
1	①	②	③	④
2	①	②	③	④
3	①	②	③	④
4	①	②	③	④
5	①	②	③	④
6	①	②	③	④
7	①	②	③	④
8	①	②	③	④
9	①	②	③	④
10	①	②	③	④
11	①	②	③	④
12	①	②	③	④
13	①	②	③	④

問題 2

	1	2	3	4
14	①	②	③	④
15	①	②	③	④
16	①	②	③	④
17	①	②	③	④
18	①	②	③	④

問題 3

	1	2	3	4
19	①	②	③	④
20	①	②	③	④
21	①	②	③	④
22	①	②	③	④

問題 4

	1	2	3	4
23	①	②	③	④
24	①	②	③	④
25	①	②	③	④
26	①	②	③	④

問題 5

	1	2	3	4
27	①	②	③	④
28	①	②	③	④
29	①	②	③	④
30	①	②	③	④
31	①	②	③	④
32	①	②	③	④

問題 6

	1	2	3	4
33	①	②	③	④
34	①	②	③	④
35	①	②	③	④
36	①	②	③	④

問題 7

	1	2	3	4
37	①	②	③	④
38	①	②	③	④

실전모의고사 1

にほんごのうりょくしけん かいとうようし

N3 청해
ちょうかい

정해

(ちゅうい Notes)
1. くろいえんぴつ(HB、No.2)でかいて ください。
   Use a black medium soft (HB or No.2) pencil.
   (ペンやボールペンではかかないで ください。)
   (Do not use any kind of pen.)
2. かきなおす ときは、けしゴムで きれいに けして ください。
   Erase any unintended marks completely.
3. きたなく したり、おったり しないで ください。
   Do not soil or bend this sheet.
4. マークれい Marking Examples

よい れい Correct Example	わるい れい Incorrect Examples
●	⊘ ○ ◐ ◑ ◉ ⦸

あなたの なまえを ローマじで かいて ください。 Please print in block letters.

なまえ Name

じゅけんばんごう かいて、その したの マークらんに マークして ください。
Fill in your examinee registration number in this box, and then mark the circle for each digit of the number.

じゅけんばんごう
(Examinee Registration Number)

20A1010123-30123

せいねんがっぴを かいて ください。
Fill in your date of birth in the box.

せいねんがっぴ(Date of Birth)

ねん Year	つき Month	ひ Day

もんだい 問題 1				
れい	①	●	③	④
1	①	②	③	④
2	①	②	③	④
3	①	②	③	④
4	①	②	③	④
5	①	②	③	④
6	①	②	③	④

もんだい 問題 2				
れい	①	②	●	④
1	①	②	③	④
2	①	②	③	④
3	①	②	③	④
4	①	②	③	④
5	①	②	③	④
6	①	②	③	④

もんだい 問題 3				
れい	●	②	③	④
1	①	②	③	④
2	①	②	③	④
3	①	②	③	④

もんだい 問題 4			
れい	①	②	●
1	①	②	③
2	①	②	③
3	①	②	③
4	①	②	③

もんだい 問題 5			
れい	①	②	●
1	①	②	③
2	①	②	③
3	①	②	③
4	①	②	③
5	①	②	③
6	①	②	③
7	①	②	③
8	①	②	③
9	①	②	③

Language Knowledge (Vocabulary)　もんだいようし

N3

げんごちしき（もじ・ごい）

（30ぷん）

ちゅうい
Notes

1. しけんが はじまるまで、この もんだいようしを あけないで ください。
   Do not open this question booklet until the test begins.

2. この もんだいようしを もって かえる ことは できません。
   Do not take this question booklet with you after the test.

3. じゅけんばんごうと なまえを したの らんに、じゅけんひょうと おなじように かいて ください。
   Write your examinee registration number and name clearly in each box below as written on your test voucher.

4. この もんだいようしは、ぜんぶで 5ページ あります。
   This question booklet has 5 pages.

5. もんだいには かいとうばんごうの 1、2、3 … が ついて います。かいとうは、かいとうようしに ある おなじ ばんごうの ところに マークして ください。
   One of the row numbers 1, 2, 3 … is given for each question. Mark your answer in the same row of the answer sheet.

じゅけんばんごう　Examinee Registration Number

なまえ　Name

問題1 ＿＿＿のことばの読み方として最もよいものを、1・2・3・4から一つえらびなさい。

[1] 車が来ないことを確認して、道を横断した。
   1 おうだん 2 きだん 3 おうたつ 4 きたつ

[2] どうして隠れているんですか。
   1 つかれて 2 はなれて 3 かくれて 4 こわれて

[3] とてもきれいなホテルだったので、快適に過ごせた。
   1 げいてき 2 けいてき 3 がいてき 4 かいてき

[4] 塩や砂糖を入れる容器がありません。
   1 よんき 2 ようき 3 ようぎ 4 よんぎ

[5] どんなことがあっても、ぼくは彼女を支えたいと思っている。
   1 こえたい 2 うったえたい 3 ささえたい 4 むかえたい

[6] 明日までに大学の授業料を払わなければならない。
   1 じゅうぎょうりょ 2 じゅぎょうりょう
   3 じゅうぎょうりょう 4 じゅぎょうりょ

[7] 月末にはコンサートの日程がわかるだろう。
   1 げつみ 2 がつみ 3 げつまつ 4 がつまつ

[8] 毎日ピアノを練習しているのに、なかなか上達しない。
   1 じょうたつ 2 じょたつ 3 じょうたち 4 じょたち

問題2 _____のことばを漢字で書くとき、最もよいものを、1・2・3・4から一つえらびなさい。

9 大学では教育学を<u>せんこう</u>していました。
　　1　選功　　　2　選攻　　　3　専功　　　4　専攻

10 アルバイトをするために、<u>りれきしょ</u>を書きました。
　　1　属歴証　　2　履歴証　　3　属歴書　　4　履歴書

11 東京ではゲストハウスに<u>とまる</u>予定だ。
　　1　縮まる　　2　宿まる　　3　泊まる　　4　伯まる

12 よくないことがあったのか、彼女の<u>ひょうじょう</u>は暗かった。
　　1　顔情　　　2　顔状　　　3　表情　　　4　表状

13 <u>としん</u>から少し離(はな)れたところに家を借りました。
　　1　都新　　　2　都心　　　3　道新　　　4　道心

14 全部の問題を<u>とく</u>のに10分もかからなかった。
　　1　判く　　　2　訳く　　　3　導く　　　4　解く

問題3（　　）に入れるのに最もよいものを、1・2・3・4から一つえらびなさい。

[15] 打ち返したボールが窓に（　　）、ガラスが割れてしまった。
1　たたいて　　2　あたえて　　3　ひびいて　　4　あたって

[16] 来週からデパートで（　　）が始まるそうです。
1　ボーナス　　2　ドライヤー　　3　バーゲン　　4　レシート

[17] この家は駅から近くて、新しい建物なので、（　　）が高いです。
1　給料　　2　借金　　3　家賃　　4　料金

[18] 3か月かけて（　　）作品が完成しました。
1　そろそろ　　2　ぜひとも　　3　ついに　　4　うっかり

[19] アメリカの大学に留学するという息子の（　　）はとても固かった。
1　意志　　2　意見　　3　意味　　4　意識

[20] 大きく発展するこの国の経済は、日本の経済を（　　）しまいそうな勢いだ。
1　追い越して　　2　押し込んで　　3　飛び出して　　4　落ち着いて

[21] ストーブに触れて、やけどしてしまったところがまだ（　　）痛む。
1　どすどす　　2　ちかちか　　3　ざあざあ　　4　ずきずき

[22] この仕事は（　　）がかかるので、誰もやりたがらない。
1　作法　　2　作業　　3　手間　　4　手品

[23] 友達がサッカーの試合に出るので、（　　）しに行きました。
1　援助　　2　応援　　3　救助　　4　演技

[24] このかばんはまだ使えるので、捨てるのは（　　）と思う。
1　なつかしい　　2　もったいない　　3　まずしい　　4　くやしい

[25] 店長はアルバイトを3人（　　）つもりだと言っていました。
1　望む　　2　放す　　3　招く　　4　雇う

問題4 _____に意味が最も近いものを、1・2・3・4から一つえらびなさい。

26 店の中で<u>しばらく</u>待っていたが、誰も出て来なかった。
　　1　たくさん　　　2　少し　　　3　静かに　　　4　ゆっくり

27 この子は本当に<u>かしこい</u>子だ。
　　1　おさない　　　2　かわいい　　　3　頭がいい　　　4　礼儀正しい

28 父が私の<u>頼み</u>を聞いてくれました。
　　1　悩み　　　2　命令　　　3　相談　　　4　お願い

29 最近、朝ごはんを<u>抜く</u>人が増えているそうです。
　　1　作って食べる　　　　　　2　買って食べる
　　3　全然食べない　　　　　　4　少ししか食べない

30 道が<u>カーブして</u>いるので、注意して運転した。
　　1　曲がって　　　2　濡れて　　　3　渋滞して　　　4　工事して

問題5 つぎのことばの使い方として最もよいものを、1・2・3・4から一つえらびなさい。

31 支給
1 母の誕生日に花束を支給したら、とても喜んでくれました。
2 親戚に野菜をもらったから、近所の人にも支給しようと思う。
3 年2回だったボーナスが、今年は1回だけ支給されることになった。
4 常に笑顔でいることを意識すると、相手にいい印象を支給できる。

32 植える
1 自然環境を守るために、山に木を植える活動を行っています。
2 卒業式の日に思い出が詰まったタイムカプセルを校庭に植えた。
3 彼女は実家の近くの土地を買って、家を植えるらしいです。
4 工事している場所に立入禁止の注意書きが植えてあった。

33 実物
1 短い出場時間の中で、自分の実物の出し切るのは難しかった。
2 となりの家に住む中川くんとは、実物の兄弟のような関係です。
3 この記事の内容には実物と違うところがいくつかあります。
4 絵が得意な妹が描いた愛犬は実物ととてもそっくりだった。

34 診察
1 今回の火事の原因は古いエアコンの可能性が高いと診察された。
2 学生が一日にどのぐらいインターネットを利用しているか診察する。
3 しばらくアリを診察すると、それぞれに役割があることがわかった。
4 一週間ほど咳が続いているので、病院で診察してもらいました。

35 散らかる
1 新しくオープンする店の広告を今から散らかってきます。
2 部屋が散らかっているので、友だちを呼ぶことができません。
3 桜の花はきれいですが、散らかるのがはやいのが残念です。
4 子どもたちはグループに散らかって、中を見学しました。

Language Knowledge (Grammar)・Reading

問題用紙

N3

言語知識（文法）・読解

（70分）

注　意
Notes

1. 試験が始まるまで、この問題用紙を開けないでください。
   Do not open this question booklet until the test begins.
2. この問題用紙を持って帰ることはできません。
   Do not take this question booklet with you after the test.
3. 受験番号と名前を下の欄に、受験票と同じように書いてください。
   Write your examinee registration number and name clearly in each box below as written on your test voucher.
4. この問題用紙は、全部で18ページあります。
   This question booklet has 18 pages.
5. 問題には解答番号の 1 、 2 、 3 … が付いています。解答は、解答用紙にある同じ番号のところにマークしてください。
   One of the row numbers 1, 2, 3 … is given for each question. Mark your answer in the same row of the answer sheet.

受験番号 Examinee Registration Number

名　前 Name

問題1 つぎの文の（　　）に入れるのに最もよいものを、1・2・3・4から一つえらびなさい。

1　この水族館では季節（　　）開かれるイベントが大人気で、毎回たくさんの子どもたちが訪れる。

 1　だけで　　　　2　ずつ　　　　3　ごとに　　　　4　により

2　志村「山下さん、スピーチ大会で優勝したって聞きましたよ。すごいですね。」
 山下「いや、大したことないですよ。大会（　　）、参加者は5人しかいなかったので。」

 1　に反して　　　2　といっても　　3　をめぐって　　4　のついでに

3　気温が下がってきているので、（　　）明日雪が降るかもしれない。

 1　もしかすると　2　少しも　　　　3　かならずしも　4　まるで

4　（電話で）
 妻「もしもし、あなた？ 今どこ？」
 夫「今会社だよ。仕事が終わって、これから（　　）よ。」

 1　帰ってばかりいる　　　　　　2　帰ったばかりだ
 3　帰るところだ　　　　　　　　4　帰っているところだ

5　結婚する人がだんだん少なくなっているので、子どもの数は（　　）一方だ。

 1　減った　　　　2　減る　　　　3　減らない　　　4　減って

6　（家で）
 母「勉強しないの？ 大学に落ちてからもっと一生懸命に（　　）後悔しても遅いのよ。」
 息子「これからやろうと思っていたんだよ。」

 1　勉強すればよかったって　　　2　勉強してよかったって
 3　勉強したほうがいいとか　　　4　勉強したからいいとか

7 先生がクラスのみんなに旅行の時に撮った写真を（　　　）。
1　見せていただきました　　　2　見せてさしあげました
3　見せてくださいました　　　4　お見せしました

8 彼女は仕事（　　　）子育てもしているので、いつも忙しそうだ。
1　につれて　　2　にくらべて　　3　にわたって　　4　にくわえて

9 いつか成功して、両親を（　　　）たいと思っています。
1　喜ばせ　　2　喜び　　3　喜ばれ　　4　喜んで

10 うちの夫（　　　）親切でやさしい人はいないと思います。
1　だけ　　2　こそ　　3　ほど　　4　さえ

11 吉田「どうしたの？ 何で泣いてるの？」
高橋「実は仕事で大きな失敗をしちゃって…。」
吉田「一度失敗しただけで、そんなに（　　　）よ。また頑張ればいいじゃないか。」
1　泣こうとするな　　　　2　泣くことはない
3　泣いたに違いない　　　4　泣かないべきだ

12 田中「ねえ、このお菓子食べてみて。おいしいよ。」
加藤「ごめん。最近、やせるためにお菓子を（　　　）の。」
1　食べないことになっている　　　2　食べ過ぎないことになっている
3　食べ過ぎるようにしている　　　4　食べないようにしている

13 大野「鈴木さんは弟さんと仲がよさそうですね。」
鈴木「はい。でも子供のころは毎日弟とけんかして、よく弟を（　　　）。」
1　泣きそうでした　　　2　泣かせました
3　泣かされました　　　4　泣こうとしました

問題2 つぎの文の ___★___ に入る最もよいものを、1・2・3・4から一つえらびなさい。

(問題例)

旅行を ___ ___ ★ ___ アメリカに行くことにした。

1　すればするほど　　2　次は　　3　行きたいと思って　　4　もっと遠くまで

(解答のしかた)

1. 正しい答えはこうなります。

> 旅行を ___ ___ ★ ___ アメリカに行くことにした。
> 1 すればするほど　　4 もっと遠くまで　　3 行きたいと思って　　2 次は

2. ___★___ に入る番号を解答用紙にマークします。

(解答用紙)　(例)　① ② ● ④

14　子どものころ、宿題を ___ ___ ★ ___ と、遊びに行けなかった。
　　1　全部　　2　から　　3　やって　　4　でない

15　会社に行く前に、毎朝 ___ ★ ___ ___ 、すごいですね。
　　1　も　　2　なんて　　3　走っている　　4　10キロ

16　鈴木「山本さん、コピー機が壊れているようなんですが、見てもらえませんか。」
　　山本「あ、このコピー機はカードを ___ ___ ★ ___ んですよ。」
　　1　使えない　　2　なっている　　3　入れないと　　4　ように

17 田中「最近一生懸命勉強してるね。」
岡田「うん。毎日 ＿＿＿ ＿＿＿ ★ ＿＿＿ 成績が落ちちゃって。」
1 遊んで　　2 せいで　　3 いた　　4 ばかり

18 正月は実家で過ごすのが当たり前で、＿＿＿ ＿＿＿ ★ ＿＿＿ だからわくわくする。
1 海外で　　　　　　　2 生まれて初めて
3 正月は　　　　　　　4 過ごす

問題3 つぎの文章を読んで、文章全体の内容を考えて、 19 から 22 の中に入る最もよいものを、1・2・3・4から一つえらびなさい。

下の文章は、日本に住んでいる外国人が書いた作文です。

日本人とお弁当

グエン　タイン　トアン

　私は今年大学を卒業して、今は日本の会社で働いています。入社して驚いたことがあります。それは昼休みに外にご飯を食べに行かずに、家から持ってきたお弁当を食べている人が多いことです。最初はわざわざ手間をかけてお弁当を準備して、冷めたご飯を口にする日本人が理解できませんでした。 19 私の国では料理は温かくなければおいしくないという考えが一般的だからです。

　日本人の同僚にお弁当を持って来る理由を 20 、最も多かったのは「お金の節約になるから」という回答でした。その次は「昼休みの時間を有効に使いたいから」という回答でした。日本は物価も高いし、昼休みも短いです。そのため、お弁当が最適だということです。

　また、お弁当は冷たいまま食べるものだ 21 。温かい状態を保ったまま持って来られる弁当箱も売っていますし、私の会社にはお弁当を温める 22 レンジも置いてあります。私も今度お弁当を作ってみようと思います。

19
1　したがって　　2　というのは　　3　それなのに　　4　一方(いっぽう)

20
1　聞いたものだから　　　　2　聞くからといって
3　聞いてみても　　　　　　4　聞いてみたところ

21
1　とは思いませんか　　　　2　とは限(かぎ)らないようです
3　とされています　　　　　4　と言うしかなさそうです

22
1　ために　　2　ためで　　3　ためには　　4　ためでは

問題4 つぎの(1)から(4)の文章を読んで、質問に答えなさい。答えは、1・2・3・4から最もよいものを一つえらびなさい。

(1)
これは市民センターからミラーさんに届いたメールである。

あて先　　：　miller_h@nihonmail.co.jp
件名　　　：　5月の日本語教室の件
送信日時　：　2019年4月1日　10:00

ミラー様

　お問い合わせいただいた5月の日本語教室の件ですが、クラスはレベルテストによって決めますので、4月中に必ずレベルテストを受けていただかなければなりません。レベルテストはセンターが開いている時でしたらいつでも受けられますが、電話で予約してから受けに来てください。教科書はこちらで用意します。最初の授業の時に3,000円の授業料が必要ですが、70%以上出席した方には最後の授業の日にお返しします。

23　このメールを読んで、ミラーさんがまずしなければならないことは何か。
1　市民センターでレベルテストを受けて、授業を受けるクラスを決める。
2　市民センターに電話をして、レベルテストをいつ受けるか決める。
3　市民センターに電話をして、教科書を確認してから本屋に買いに行く。
4　市民センターに日本語の授業を受けに行って、授業料の3,000円を払う。

(2)

　夏のとても暑い日に、冷房がよく効いた部屋に入ると最初は涼しくて気持ちがいい。しかし、そこにずっといると、部屋の外と中の温度の差が大きすぎて体の調子が悪くなることがある。
　冷房の温度は、外の気温より5度ぐらい低い温度にするのがいちばんいいそうだ。東京の8月の平均気温が32度だとすると、27度にするのがいいということだ。27度では暑いと感じる人もいるかもしれないが、健康のためにはしょうがないだろう。

24 冷房について、「私」はどのように考えているか。
1　暑い部屋に長時間いると健康に悪いので、夏は冷房を使ったほうがいいと思う。
2　健康のために、朝晩の外の気温が低いときは冷房を使わないほうがいいと思う。
3　夏は冷房を使って室内と室外の温度の差を大きくしたほうが体にいいと思う。
4　健康のために、部屋が少し暑くても冷房の温度は下げすぎないほうがいいと思う。

(3)

　野生動物にカメラをつけて彼らの行動を観察する研究者がいる。彼の研究により、あるクジラが立って泳ぎながら小魚を食べている姿が確認された。頭の部分を外に出して海面の高さまであごを開き、小魚が口に入ってくるのをじっと待ってから食べるという。これまでこの種類のクジラが小魚を食べるとき、口を開けたまま魚が集まっているところに突っ込んで一気に飲み込むものだと考えられていたが、必ずしもそういうわけではないようだ。これは新しい発見だった。動物には私たちが知らない秘密がもっとたくさんあるだろう。

　（注1）野生動物：人間に飼われていない動物
　（注2）海面：海の表面

25 新しい発見だったとあるが、クジラについてどのようなことがわかったのか。

1　小魚を口に入れたまま立って泳ぐことができるということ
2　立って泳ぎながら口を広げ、口に入った小魚を食べるということ
3　口を開けて小魚の集団に突っ込み、口に入った小魚を食べるということ
4　小魚が口に入ると、歯でかまずに一気に飲み込むということ

(4)

パクさんの机の上に、先生からのメモが置いてあった。

パクさん

　来週の水曜日にXクラスとYクラスは一緒に授業をします。授業の前の日までに、Yクラスの立花先生にY教室のいすをX教室に移動させる許可をもらってください。許可がもらえたら、Y教室のいすに小さな赤い紙を貼ってください。

　授業の日は授業が始まる20分前に来て、Y教室のいすをX教室に運んでほしいのですが、一人では大変でしょうから、ホセさんにも手伝うように言っておきます。よろしくお願いします。

高橋

---

26 来週の水曜日に、パクさんがしなければならないことは何か。
1　立花先生にY教室のいすを移動させてもいいか聞く。
2　Y教室のいすに紙を貼って、いすがまざらないようにする。
3　少し早めに行って、X教室にY教室のいすを移動させる。
4　ホセさんにいすを一緒に運んでほしいとお願いする。

問題5 つぎの(1)と(2)の文章を読んで、質問に答えなさい。答えは、1・2・3・4から最もよいものを一つえらびなさい。

(1)
　この30年間オリンピックでいい成績が残せていなかったバレーボール競技で①メダルが期待されていた。他の国に比べて平均身長が低い日本はもともと守りを重視したチームだったが、その身長をカバーするジャンプ力と技術を持った選手たちがそろい、攻撃力が上がったのだ。
　日本で行われた強化試合では優勝候補と呼ばれる相手国といい試合をしていたが、オリンピックの結果はというと惜しくも予選で負けてしまった。この予想もしなかった結果に悪口にも似た批判の声が集まった。②私はとても悲しくなった。インタビューで選手たちは傷ついた表情で「応援してくれた方々に申し訳ないです」と答えた。一番落ち込んでいるのは本人たちのはずなのに、そんなひどい言葉をかけるなんて信じられなかった。
　それをチームの成長を願った愛のある批判だと言う人もいるが、人を傷つける言葉に愛はない。私たちファンが選手たちにできることは一生懸命に応援し、感謝の気持ちを伝えることだけじゃないだろうか。悔しい気持ちを批判という形で選手に向けるのは間違っている。

[27]　①メダルが期待されていたとあるが、なぜか。
　　1　身長の差を考えて、守りに力を入れたチームになったから
　　2　守りだけではなく、攻撃を得意とする選手が集まったから
　　3　今回のオリンピックが日本で開かれることになったから
　　4　優勝が予想される国と試合をして、勝つことができたから

[28]　②私はとても悲しくなったとあるが、どうして悲しくなったのか。
　　1　バレーボールのチームがオリンピックで一度も勝てなかったから
　　2　試合に負けたバレーボールの選手に対してひどいことを言う人がいたから
　　3　インタビューでバレーボールの選手が試合に負けたことを謝ったから
　　4　悪口のような批判を聞いて、バレーボールの選手が落ち込んでいたから

[29] この文章を書いた人が一番言いたいことは何か。
1 チームの成長を願う本当のファンだけが、選手に愛のある批判をすることができる。
2 チームの成長のために批判したいなら、選手を傷つける言葉は使ってはならない。
3 チームのファンならばどんな結果であっても、批判せず選手に温かい声をかけるべきだ。
4 チームが負けて悔しい気持ちを選手への批判という形で表現しても、何も変わらない。

(2)

　幼い頃は野菜が苦手だった。もやしや玉ねぎなどはにおいがあっても食べられたのだが、にんじんのように色の濃い野菜はクレヨンに見えて、どうしてそんなものを食べさせるのかと母親に言っていたらしい。色がはっきりしていてもかぼちゃは甘いので食べられた。たぶん苦さも関係していたのかもしれない。

　世の中の親たちは子どもに栄養が豊富な野菜を食べてほしいと細かく切ってスープに入れたり、野菜についての絵本を読んであげたり様々な工夫をする。私も一度ジュースになったにんじんを見たことがある。親によっては畑を借りて野菜を一緒に育てる人までいるらしい。

　成長していくうちにいつの間にか野菜が食べられるようになっていた。親が無理に食べさせようとしなかったおかげだと思うのは、それが記憶に残っていて未だに野菜嫌いの同僚がいるからだ。親として好き嫌いせずに食べるようにしつけするのはもちろん大事だが、どこまで言い続けるのか難しいところだ。親にはとても感謝している。

[30] 野菜が苦手だったとあるが、「私」はどんな野菜が苦手だったか。
　1　においが強くて、苦みがある野菜
　2　色がはっきりしていて、苦みがある野菜
　3　色がはっきりしていて、甘みがある野菜
　4　においが強くて、甘みがある野菜

[31] 親は「私」に野菜を食べてもらうために、どんな工夫をしたのか。
　1　切った野菜を料理に入れて、野菜だということをわからなくした。
　2　野菜に関係する絵本を読んで、野菜が好きになるようにした。
　3　野菜を飲み物にして、野菜だということをわからなくした。
　4　自分で野菜を育てさせて、野菜が好きになるようにした。

[32] 「私」はどうして親に感謝しているのか。

1　野菜を食べるようにと強くすすめられることがなかったから
2　私が野菜を食べられるように、たくさんの工夫をしてくれたから
3　私が好き嫌いしない子に育つように、厳しくしつけしてくれたから
4　好き嫌いがあることが良くないことだと考えていなかったから

問題6 つぎの文章を読んで、質問に答えなさい。答えは、1・2・3・4から最もよいものを一つえらびなさい。

　田舎に住む人にとって車のない生活はとても不便だ。バス停や駅が自宅から遠いうえに、バスや電車の便も少ない。タクシーは便利だが、運賃が高い。

　しかし、ある町に住む高齢者たちは①車がなくても生活に困っていないと言う。その町には「乗り合いタクシー」というサービスがある。家が集まっているところやスーパー、病院など高齢者がよく行く場所に停留所があり、多くて一日に5回運行する。利用するには事前に電話での予約が必要だ。運賃は距離に関係なく300円と安い。バスのように数人が同時に車に乗り、タクシーのように予約があったときだけ運行するため、この値段が可能になった。

　サービスを始めたときは予約なしでも乗れるほうがいい、インターネットでも予約できたほうが便利だなどの意見も出たが、タクシー会社は採用しなかった。②高齢者への調査でそれらが必要ないことがわかっていたからだ。調査によると、高齢者の多くがスーパーに行く日、病院に行く日などいつ何をするか予定を立てていて、日程が急に変わることはあまりないという。それに、携帯電話を使うのが得意ではないためサイト上での予約は難しいと考える人が多いそうだ。つまり、利用する人が望まない不要なサービスは作らずにシンプルさを求めた結果、人気を得たのだ。

　「新しいことを始めるときは様々な意見をもらいますが、それが本当に参考にすべき内容なのか判断することが大事です。実際に利用しない人の意見は聞く必要がないことも多いんです。」とタクシー会社の社長は教えてくれた。

　(注) 停留所：乗客が乗ったり降りたりする場所

---

33 ①車がなくても生活に困っていないとあるが、どうしてか。
1　バス停や駅の近くに住む高齢者が多いから
2　バスや電車が、あまり待たなくてもよく来るから
3　タクシーの運賃が他の地域に比べて安いから
4　「乗り合いタクシー」というサービスがあるから

34 「乗り合いタクシー」の運賃が安い理由について、この文章を書いた人は何と言っているか。
1 住宅地や病院など、高齢者がよく行くところにしか停留所がないから
2 バスと同様に予約する必要がなく、たくさんの人が一度に乗れるから
3 運行する道が決まっていて、距離が長くないから
4 数人が一度に乗って、予約がないときは運行しないから

35 ②高齢者への調査とあるが、その結果、例えばどのようなことがわかったか。
1 家が少ない地域にはバス停が少なくて不便だということ
2 運賃が安い公共交通機関を使う人が多いということ
3 予定を決めて、それに合わせて行動する人が多いということ
4 携帯電話の使用が苦手で、電話での予約は難しいということ

36 この文章を書いた人が言いたいことは何か。
1 何かを始めるときは色んな意見を言われるが、必要のない意見は聞かなくていい。
2 何かを始めるときは色んな意見を言われるが、それらは全く気にする必要がない。
3 実際にはサービスを利用しない人に、否定的な意見を言われることが多い。
4 実際にはサービスを利用しない人に、肯定的な意見を言われても意味がない。

問題7 右のページは、パーティー料理を配達する会社の広告である。これを読んで、下の質問に答えなさい。答えは、1・2・3・4から最もよいものを一つえらびなさい。

[37] キャシーさんは、クラスのみんなでパーティーをすることになった。パーティーに参加する学生は25人である。クラスのみんなは「料理をたくさん食べたい」、「デザートを食べながらおしゃべりがしたい」と言っている。予算は一人2,000円である。キャシーさんは、どのように注文すればいいか。

1 Aコースを注文して、飲み物は付けない。
2 Bコースを注文して、飲み物を付ける。
3 Cコースを注文して、飲み物は付けない。
4 Cコースを注文して、飲み物を付ける。

[38] イさんは高校の友だち20名と同窓会をすることにした。12月15日にBコースを食べるためにはいつまでに料理を注文しなければならないか。

1 11月3日
2 11月13日
3 12月8日
4 12月10日

★パーティー料理　さくら★

楽しいパーティーには、おいしいお料理！
パーティー料理さくらが、みなさまのお腹を満足させるお料理をお届けします。

	内容	料金
Aコース	このお値段でこの内容！学生さんに人気のコースです！お料理は4種類（ピザ、スパゲッティ、サンドイッチ、サラダ）	お一人様　1,000円 ※ご注文は20名様以上でお願いいたします。
Bコース	お腹いっぱいになります！みんな大満足のコースです！お料理は6種類（ピザ、スパゲッティ、サンドイッチ、サラダ、ステーキ、すし）	お一人様　1,500円 ※ご注文は20名様以上でお願いいたします。
Cコース	女性が喜ぶデザート付き！パーティー料理さくらでいちばん人気のコースです！お料理はBコースの内容に、ケーキか果物が付きます。	お一人様　2,000円 ※ご注文は10名様以上でお願いいたします。

※ お飲み物もお付けする場合は、上の料金にお一人様300円プラスになります。
　 お飲み物はコーラかオレンジジュースをお選びいただけます。

※ ご注文は、パーティーの日の1か月前から1週間前までにお願いいたします。

※ ご注文を変更する場合は、2日前までにご連絡ください。

※ ご注文のキャンセルは3日前までにお願いします。2日前からはキャンセル料がかかりますのでご注意ください。

ご注文をお待ちしています。ご相談やお問い合わせもお電話ください。

電話：080-5472-1215
営業時間：平日10:00～20:00、土日10:00～18:00（年中無休）

Listening

問題用紙

N3

聴解
ちょうかい

（40分）

注　意
Notes

1. 試験が始まるまで、この問題用紙を開けないでください。
   Do not open this question booklet until the test begins.

2. この問題用紙を持って帰ることはできません。
   Do not take this question booklet with you after the test.

3. 受験番号と名前を下の欄に、受験票と同じように書いてください。
   Write your examinee registration number and name clearly in each box below as written on your test voucher.

4. この問題用紙は、全部で14ページあります。
   This question booklet has 14 pages.

5. この問題用紙にメモをとってもいいです。
   You may make notes in this question booklet.

受験番号　Examinee Registration Number

名　前　Name

問題 1

問題1では、まず質問を聞いてください。それから話を聞いて、問題用紙の1から4の中から、最もよいものを一つえらんでください。

れい

1 コンビニ
2 駅の北口
3 レストラン
4 ゆうびんきょく

1ばん

1 ア　ウ
2 イ　エ
3 ウ　エ
4 ア　イ

2ばん

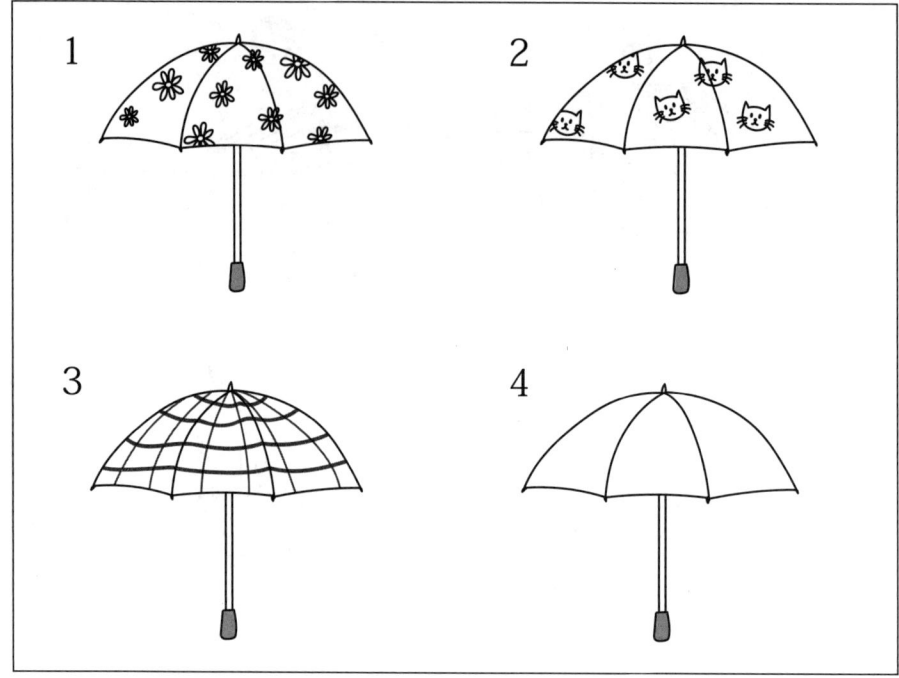

3ばん

1 会議室にいすをはこぶ
2 べつの会議室をよやくする
3 プロジェクターをべつの会議室におく
4 会議室のへんこうを知らせる

4ばん

1 けしょうひんをスーツケースにしまう
2 電気とガスをとめる
3 ひっこしのトラックに箱をのせる
4 住所をかえる手続きをする

5ばん

1 トイレに行く
2 自分の席をかくにんする
3 けいたいでんわのでんげんを切る
4 飲み物を飲む

6ばん

1 もうしこみしょを書く
2 こうぎのお金をはらう
3 売店に行ってお金をおろす
4 銀行に行ってお金をおろす

問題 2

問題2では、まず質問を聞いてください。そのあと、問題用紙を見てください。読む時間があります。それから話を聞いて、問題用紙の1から4の中から、最もよいものを一つえらんでください。

れい

1 祭りに人がたくさん来ないから
2 祭りを楽しみにしていたから
3 いろいろなやたいが出ているから
4 やきにくが食べほうだいだから

1ばん

1 はっぴょうする日の前日
2 はっぴょうする日の2日前
3 はっぴょうする日の3日前
4 はっぴょうする日の5日前

2ばん

1 親がカラオケでよく歌っているから
2 メロディがきれいだから
3 歌詞がりかいしやすいから
4 最近の歌手にあきてしまったから

3ばん

1 毎日練習したこと
2 遊びに行けなかったこと
3 他の選手に負けたこと
4 けがで練習ができなかったこと

4ばん

1 具合がよくなったから
2 仕事がたくさんあったから
3 病院がすきじゃないから
4 子どもの世話をしたから

5ばん

1 テキストをたくさん買うこと
2 情報がおおいテキストを買うこと
3 一冊のテキストを何回も読むこと
4 たくさんのテキストを何回も読むこと

6ばん

1 自分の考えを言わずに相手の話にりかいを示す
2 相手にりかいを示したあとで自分の考えを言う
3 最初から正直に相手のいけんに反対だと伝える
4 相手がわかってくれるまで自分のいけんを言う

問題3

問題3では、問題用紙に何もいんさつされていません。この問題は、ぜんたいとしてどんなないようかを聞く問題です。話の前に質問はありません。まず話を聞いてください。それから、質問とせんたくしを聞いて、1から4の中から、最もよいものを一つえらんでください。

- メモ -

問題4

問題4では、えを見ながら質問を聞いてください。やじるし（➡）の人は何と言いますか。1から3の中から、最もよいものを一つえらんでください。

れい

1 ばん

2 ばん

3ばん

4ばん

問題 5

問題5では、問題用紙に何もいんさつされていません。まず文を聞いてください。それから、そのへんじを聞いて、1から3の中から、最もよいものを一つえらんでください。

- メモ -

실전모의고사 2

실전모의고사 2

にほんごのうりょくしけん かいとうようし

N3 言語知識(文字・語彙)
げんごちしき (もじ・ごい)

あなたの なまえを ローマじで かいて ください。

なまえ
Name

(ちゅうい Notes)
1. くろいえんぴつ(HB、No.2)でかいて ください。
   Use a black medium soft (HB or No.2) pencil.
   (ペンやボールペンではかかないで ください。)
   (Do not use any kind of pen)
2. かきなおすときは、けしゴムで きれいに けしてください。
   Erase any unintended marks completely.
3. きたなくしたり、おったりしないでください。
   Do not soil or bend this sheet.
4. マークれい Marking Examples

よい れい Correct Example	わるい れい Incorrect Examples
●	⊘ ○ ◐ ○ ◑ ○

Please print in block letters.

じゅけんばんごう (Examinee Registration Number)

20A1010123-30123

せいねんがっぴを かいて ください。
Fill in your date of birth in the box.

せいねんがっぴ(Date of Birth)

ねん Year	つき Month	ひ Day

問題 1				
1	①	②	③	④
2	①	②	③	④
3	①	②	③	④
4	①	②	③	④
5	①	②	③	④
6	①	②	③	④
7	①	②	③	④
8	①	②	③	④

問題 2				
9	①	②	③	④
10	①	②	③	④
11	①	②	③	④
12	①	②	③	④
13	①	②	③	④
14	①	②	③	④

問題 3				
15	①	②	③	④
16	①	②	③	④
17	①	②	③	④
18	①	②	③	④
19	①	②	③	④
20	①	②	③	④
21	①	②	③	④
22	①	②	③	④
23	①	②	③	④
24	①	②	③	④
25	①	②	③	④

問題 4				
26	①	②	③	④
27	①	②	③	④
28	①	②	③	④
29	①	②	③	④
30	①	②	③	④

問題 5				
31	①	②	③	④
32	①	②	③	④
33	①	②	③	④
34	①	②	③	④
35	①	②	③	④

실전모의고사 2

N3 언어지식(문법)·독해

にほんごのうりょくしけん かいとうようし

げんごちしき (ぶんぽう)・どっかい

실전모의고사 2

N3 정해 ちょうかい

にほんごのうりょくしけん かいとうようし

あなたの なまえを ローマじで かいて ください。 Please print in block letters.

なまえ
Name

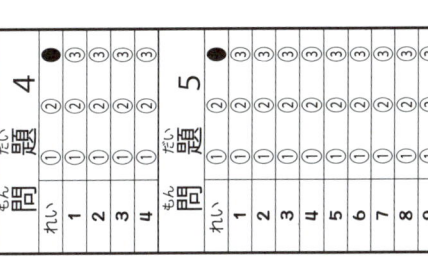

Language Knowledge (Vocabulary)　もんだいようし

N3

げんごちしき（もじ・ごい）

（30ぷん）

ちゅうい
Notes

1. しけんが はじまるまで、この もんだいようしを あけないで ください。
   Do not open this question booklet until the test begins.

2. この もんだいようしを もって かえる ことは できません。
   Do not take this question booklet with you after the test.

3. じゅけんばんごうと なまえを したの らんに、じゅけんひょうと おなじように かいて ください。
   Write your examinee registration number and name clearly in each box below as written on your test voucher.

4. この もんだいようしは、ぜんぶで 5ページ あります。
   This question booklet has 5 pages.

5. もんだいには かいとうばんごうの 1、2、3…が ついて います。かいとうは、かいとうようしに ある おなじ ばんごうの ところに マークして ください。
   One of the row numbers 1、2、3 … is given for each question. Mark your answer in the same row of the answer sheet.

じゅけんばんごう　Examinee Registration Number	

なまえ　Name	

問題1 ＿＿＿のことばの読み方として最もよいものを、1・2・3・4から一つえらびなさい。

1 むすめが大学に合格したと聞いて、すごくうれしかった。
　　1　こかく　　　　2　ごかく　　　　3　ごうかく　　　　4　こうかく

2 ゲーム大会で優勝したので、賞品としてキーボードをもらった。
　　1　じょひん　　　2　じょうひん　　3　しょひん　　　　4　しょうひん

3 旅行用には小型のカメラが便利です。
　　1　こがた　　　　2　こうがた　　　3　こかた　　　　　4　こうかた

4 朝刊を読みながらごはんを食べた。
　　1　あさかん　　　2　ちょうかん　　3　あさかい　　　　4　ちょうかい

5 木村さんの車はとても汚かった。
　　1　くさかった　　2　きたなかった　3　あぶなかった　　4　せまかった

6 石田さんは門限が決まっていますか。
　　1　もんげん　　　2　もんけん　　　3　かんげん　　　　4　かんけん

7 海外出張の準備で非常に忙しい。
　　1　しゅちょ　　　2　しゅっちょう　3　しゅちょう　　　4　しゅっちょ

8 植物はどうやって水を吸っていますか。
　　1　すって　　　　2　とって　　　　3　つくって　　　　4　あつかって

問題2 ＿＿＿のことばを漢字で書くとき、最もよいものを、1・2・3・4から一つえらびなさい。

9 最近の子供の<u>しんちょう</u>はとても高い。
　　1　信重　　　　2　身重　　　　3　身長　　　　4　信長

10 来週までに<u>かいひ</u>を集めなければならない。
　　1　会賃　　　　2　会費　　　　3　回賃　　　　4　回費

11 上司夫妻が夕食に<u>まねいて</u>くれた。
　　1　担いて　　　2　持いて　　　3　抱いて　　　4　招いて

12 引っ越しをしたので、会社までの<u>つうきん</u>時間が30分も短くなった。
　　1　通勤　　　　2　道勤　　　　3　通動　　　　4　道動

13 合計<u>きんがく</u>は2,300円です。
　　1　銀額　　　　2　金額　　　　3　鋼額　　　　4　銅額

14 車を運転する<u>こうれいしゃ</u>が増えてきた。
　　1　高冷者　　　2　高令者　　　3　高鈴者　　　4　高齢者

問題3（　　）に入れるのに最もよいものを、1・2・3・4から一つえらびなさい。

[15] 小説家になりたいので、大学は（　　）に行きたいです。
1 経営学部　　2 理工学部　　3 医学部　　4 文学部

[16] 体調が悪かったが、同僚たちに心配をかけないように（　　）ふりをした。
1 のんきな　　2 安全な　　3 平気な　　4 異常な

[17] 東京に出てきてもう10年になるが、やっぱり緑が溢れるふるさとが（　　）。
1 恋しい　　2 親しい　　3 なだらかだ　　4 穏やかだ

[18] テーブルをふくから、台所から（　　）を持ってきて。
1 はし　　2 ふきん　　3 さら　　4 びん

[19] 昨日、街で（　　）高校の時の友達に会ってびっくりした。
1 とうとう　　2 さっそく　　3 たまたま　　4 まったく

[20] せっかく彼氏からもらった花が（　　）しまった。
1 ゆれて　　2 さいて　　3 ささって　　4 かれて

[21] （　　）で学校を休む人が増えたので、明日から2、3日休校します。
1 ラッシュ　　2 エネルギー　　3 インフルエンザ　　4 ダイエット

[22] 街で警察が自転車に乗る際はヘルメットをかぶるように（　　）いる。
1 話し出して　　2 言い返して　　3 取り上げて　　4 呼び掛けて

[23] 昔付き合っていた人のメールアドレスを（　　）しました。
1 削除　　2 製作　　3 完了　　4 注文

[24] 大友選手は見事2位の選手に大きな（　　）をつけてゴールインした。
1 目　　2 差　　3 段　　4 幅

[25] 工場の機械が故障しないように定期的に（　　）を行っている。
1 診察　　2 見学　　3 点検　　4 予測

問題4 _____に意味が最も近いものを、1・2・3・4から一つえらびなさい。

26 高校では、アイドルの歌が<u>はやって</u>いるそうです。
    1　聞かれて　　　2　流れて　　　3　流行して　　　4　楽しまれて

27 今日の会議の内容を<u>まとめて</u>おいてくれないかな。
    1　整理して　　　2　放置して　　　3　管理して　　　4　位置して

28 この間、久しぶりに実家に帰ったら、庭に<u>めずらしい</u>花がさいていた。
    1　どこにもない　　2　よくある　　　3　めったにない　　4　どこにもある

29 検査の<u>スケジュール</u>を確認したほうがいいよ。
    1　方法　　　2　日程　　　3　費用　　　4　結果

30 セール品のたまごは<u>売り切れて</u>いた。
    1　たくさん残って　2　ぎりぎり残って　3　全部売れて　　4　とてもよく売れて

問題5 つぎのことばの使い方として最もよいものを、1・2・3・4から一つえらびなさい。

31 親しい
1 毎日忙しいので自由な時間はゼロに親しいです。
2 彼は親しい意見を言ってみんなを驚かせました。
3 子どものころ、家が親しくて服も買えませんでした。
4 はやくクラスのみんなと親しくなりたいです。

32 行き先
1 行きたいところが多すぎて、旅の行き先が全然決まらない。
2 睡眠をとることの一番の行き先は体を休めることです。
3 後ろを走ってきたランナーに行き先の手前で抜かれてしまった。
4 地図を見ていたのに、目的地とは逆の行き先に進んでいた。

33 ひびく
1 正午になると、教会にお祈りの時間を知らせるベルの音がひびいた。
2 帰宅してソファーに座ろうとしたら、ちょうど電話がひびいた。
3 公園で卒業式を終えた高校生たちが制服姿でひびいています。
4 山で道に迷ってしまって、大きな声でひびいて助けを求めた。

34 だく
1 今日は雨の予報だから、傘をだいて行ったほうがいいよ。
2 運転をするときはハンドルを両手でしっかりだいてください。
3 娘がお気に入りのぬいぐるみを胸にだいて眠っていた。
4 りんごをパイでだいて、おいしいデザートを作りました。

35 分類
1 ケーキをもらったから、半分に切って母と分類して食べた。
2 撮った写真はイベント別に分類して、パソコンに保存しています。
3 バスケ部に分類している兄の試合を応援しに行ってきた。
4 仕事とプライベートを分類しないと、どちらもうまくいかないよ。

Language Knowledge (Grammar)・Reading

問題用紙

N3
言語知識(文法)・読解
(70分)

注 意
Notes

1. 試験が始まるまで、この問題用紙を開けないでください。
   Do not open this question booklet until the test begins.
2. この問題用紙を持って帰ることはできません。
   Do not take this question booklet with you after the test.
3. 受験番号と名前を下の欄に、受験票と同じように書いてください。
   Write your examinee registration number and name clearly in each box below as written on your test voucher.
4. この問題用紙は、全部で18ページあります。
   This question booklet has 18 pages.
5. 問題には解答番号の 1 、 2 、 3 … が付いています。解答は、解答用紙にある同じ番号のところにマークしてください。
   One of the row numbers 1 , 2 , 3 … is given for each question. Mark your answer in the same row of the answer sheet.

受験番号 Examinee Registration Number	

名 前 Name	

問題1 つぎの文の（　　）に入れるのに最もよいものを、1・2・3・4から一つえらびなさい。

1 先生「松本君いつも遅刻ばかりしているね。明日からは、遅刻（　　）気をつけてください。」
　　学生「先生、すみません。気をつけます。」
　　1　しますように　　2　しないように　　3　するように　　4　させないように

2 好きな人に「君（　　）いれば何もいらない」と言われた。
　　1　しか　　2　ばかり　　3　かも　　4　さえ

3 学生「昨日の説明会に出席できなかったんですが、資料を（　　）。」
　　職員「はい、ご自由にどうぞ。」
　　1　コピーしていただけますか　　2　コピーなさいましたか
　　3　コピーなさろうとしますか　　4　コピーさせていただけますか

4 取引先の人との会食先を決める前に、かならず食べ物のアレルギーが（　　）聞くようにしている。
　　1　あるかどうか　　2　あるようでも　　3　あるはずなら　　4　あるばかりか

5 （病院で）
　　医者「山本さんの治療法については今説明したとおりです。ご家族で（　　）うえでどのように治療していくか決めてください。」
　　山本「はい、家族で話し合って決めます。」
　　1　相談する　　2　相談して　　3　相談しない　　4　相談した

6 うちの娘が水泳を習いたいと言ったので、来月から（　　）と思っています。
　　1　習わせよう　　2　習えない　　3　習いたくなる　　4　習わせられる

7 A「今日高木さん、欠席だから会議の司会お願いね。今日（　　　）来週の司会は高木さんにするように言っておくから。」
B「はい、わかりました。」
1　やってくれるおかげで　　　　　2　やってくれるかわりに
3　やってくるおかげで　　　　　　4　やってくるかわりに

8 A「来年、ヨーロッパに旅行に行こうと思って、その（　　　）アルバイトをしているんだ。」
B「そうなんだ。ヨーロッパか。いいね。」
1　ために　　　2　せいで　　　3　ように　　　4　うえに

9 彼女は作家（　　　）有名ですが、もともとは歌手だったそうです。
1　に対して　　　2　について　　　3　として　　　4　と比べて

10 明日映画を見に行く予定だった。ところが、急に病気になって（　　　）。
1　行かなければならない　　　　　2　行けなくなった
3　行こうと思う　　　　　　　　　4　行くことがいい

11 ニュースによると、今年の冬は去年よりもかなり（　　　）暖かいダウンジャケットを買おう。
1　寒くするそうだから　　　　　　2　寒がっているそうだから
3　寒くなるそうだから　　　　　　4　寒すぎたそうだから

12 クッキーとビスケットの違いが気になって（　　　）、クッキーがビスケットの一種であることがわかった。
1　調べてみただけでは　　　　　　2　調べてみたはいいが
3　調べてみただろうに　　　　　　4　調べてみたところ

13 いくら周りから許してあげるように言われても、あんなひどいことをした人を（　　　）。
1　許さないわけがない　　　　　　2　許さないわけではない
3　許すわけにはいかない　　　　　4　許すことにしている

問題2 つぎの文の ___★___ に入る最もよいものを、1・2・3・4から一つえらびなさい。

(問題例)

旅行を ___ ___ ★ ___ アメリカに行くことにした。

1　すればするほど　　2　次は　　3　行きたいと思って　　4　もっと遠くまで

(解答のしかた)

1. 正しい答えはこうなります。

   旅行を ___ ___ ★ ___ アメリカに行くことにした。
   1　すればするほど　　4　もっと遠くまで　　3　行きたいと思って　　2　次は

2. ___★___ に入る番号を解答用紙にマークします。

   (解答用紙)　(例)　① ② ● ④

[14] あのホテルは ___ ___ ★ ___ か、値段も高かったし、サービスも良くなかった。

1　ばかり　　　2　きたない　　　3　が　　　4　部屋

[15] 田中くんの努力を ___ ___ ★ ___ だろう。

1　今回のプロジェクトの　　　2　ありえなかった
3　抜きにしては　　　　　　 4　成功は

[16] 妻「今晩ご飯の準備をしているから、___ ___ ★ ___ けど、やってくれる?」
　　 夫「もちろん。他には手伝うことない?」

1　して　　　　　　　　　　2　テーブルの上の
3　もらいたいんだ　　　　　4　片づけを

17 実験が失敗することよりも ＿＿＿ ＿＿＿ ★ ＿＿＿ ほうがつらい。
　1　がっかりさせる　　　　　2　私に
　3　先生を　　　　　　　　　4　期待してくれている

18 この間、友だちに新しい自転車を買ったことを妻に ＿＿＿ ＿＿＿ ★ ＿＿＿ から秘密を守っている。
　1　と　　　　2　言わないで　　3　くれ　　　4　言われた

問題3 つぎの文章を読んで、文章全体の内容を考えて、 19 から 22 の中に入る最もよいものを、1・2・3・4から一つえらびなさい。

下の文章は、留学生が書いた作文です。

初めての富士山

キム ミンス

　夏休みに日本人の友だちと富士山に登りました。富士山は頂上まで登って下るのに大体10時間ぐらいかかるので、1日で 19 。でも、私たちは頂上から日の出が見たかったので、途中にある山小屋に泊まることにしました。

　午後1時から登り始めて、4時に予約しておいた山小屋に着きました。山小屋は人がいっぱいでした。寝るときは右にも左にも人がいて、 20 。ゆっくりは休めませんでしたが、今考えてみるとこれもいい思い出です。

　次の日は朝早く出発して、午前5時ごろ頂上に到着しました。 21 は運が良く天気が晴れていて、日の出を見ることができました。今まで見た中でいちばん美しい朝日でした。

　 22 残念なこともありました。頂上に登山客が捨てたごみがたくさんあったのです。日の出を待っている間に、友だちと少し拾いましたが、やはり自分のごみは自分で持って帰らなければならないと思いました。

19
1 登れるはずがないです　　2 登れるとは限らないです
3 登れるわけがないです　　4 登れないこともないです

20
1 動けないほどでした　　2 動こうとしませんでした
3 動けないようにしました　　4 動くしかなかったです

21
1 こういう日　　2 どの日　　3 その日　　4 あんな日

22
1 ただ　　2 くわえて　　3 そのため　　4 それには

問題４ つぎの(1)から(4)の文章を読んで、質問に答えなさい。答えは、１・２・３・４から最もよいものを一つえらびなさい。

(1)

　温泉街を下ったところに朝市はある。朝市では、人気がある商品はすぐ売り切れる。それでも、人気の商品だけを置いたりはしない。今よりも稼げるかもしれないが、そもそも目的はそこではないからだ。

　朝市では様々な人に自分の店を紹介できる。この朝市に参加するのは実際に路面に店をかまえる人が大半だ。まずはどんな店か知ってもらう。これを繰り返すことでいずれ店の売り上げを伸ばすことにつながるのだ。

23　この文章を書いた人は、朝市についてどのように考えているか。
1　朝市では売れる商品が決まっているから、客に人気がある商品だけ売るべきだ。
2　朝市では客に人気がある商品だけでなく、あまり売れない商品も並べるべきだ。
3　朝市に参加するのは、自分の店を持つ人とのつながりを作るためである。
4　朝市に参加するのは、自分の店で買い物をしてくれる客を増やすためである。

(2)
これは、大学が学生に呼びかけた掲示板である。

学生の皆さんへ

　最近、教室やトイレをきれいに使わない人が増えてきています。教室やトイレは、自分だけが使う場所ではありません。この学校で勉強している人、みんなのものです。そのため、「学校をきれいに使おう運動」を始めたいと思います。次の項目は、必ず守るようにしましょう。

1. 自分のゴミは、必ずゴミ箱に捨てよう。
2. 教室を出るときにゴミがあったら、拾って捨てよう。
3. タバコは決まったところで吸うようにしよう。
4. トイレを使ったあとは水を流そう。
5. 燃えるゴミと燃えないゴミ、そしてリサイクルゴミは必ず分けて捨てよう。

以上
ひがし大学学長

---

24 この文章からわかることは何か。
1　この文章の対象は、大学で仕事をしている先生である。
2　学長は、学校はみんなの場所なので、きれいに使うことを願っている。
3　学校ではタバコを吸ってはいけない。
4　ゴミは分別せず、指定の場所に捨てる。

(3)

　昨年、50インチのテレビを購入しました。高価な買い物でしたが割引もきいたうえに、故障しても無料で修理してもらえるサービスがあったので購入を決めました。

　今朝、テレビが突然映らなくなりました。保証書にある保証期間は１年でした。まだ購入して半年も経っていないので、修理サービスに持って行きました。しかし、保証書には購入日も購入場所も記入されていませんでした。この場合には、保証はできません。仕方なく、修理代を支払って修理してもらいました。

[25] 修理代を支払って修理してもらいましたとあるが、どうしてか。
1　修理サービスを受けない代わりに、値段を割引してもらったから
2　保証書に書かれた修理サービスを受けられる期間が過ぎていたから
3　保証書に修理サービスを受けるのに必要な情報がなかったから
4　修理サービスを受けるのに必要な保証書をなくしてしまったから

(4)

これは、山本さんが田中さんに送ったメールである。

あ て 先：tanaka1212@group.co.jp
件　　名：お願いがあります。(山本)
送信日時：2019年8月10日 12:15

田中さん、山本りえです。

先日の同窓会で、十数年ぶりに会えてとてもうれしかったです。

今回、交流の機会を増やせるように同窓会のホームページを作ろうという話が出ました。みんな、会社で働いたり育児に追われたりしていて、集まるのが難しいです。でも、ホームページがあれば、同窓会の写真や動画などをいつでも見られますし、同窓会の感想も書き込めます。それに、次回同窓会をするときには簡単に連絡を取ることもできます。

同窓会のホームページの作成は私が担当する予定です。田中さんも遊びに来て一言残してくれるとうれしいです。

山本りえ

---

26 田中さんがこのメールでお願いされていることは何か。
1 同窓会を開くために、ホームページを一緒に作ってほしい。
2 同窓会のホームページを作ったことを友人に知らせてほしい。
3 同窓会のホームページにのせる写真や動画を送ってほしい。
4 同窓会のホームページにメッセージを書いてほしい。

問題5 つぎの(1)と(2)の文章を読んで、質問に答えなさい。答えは、1・2・3・4から最もよいものを一つえらびなさい。

(1)
　都会から田舎に移り住み、①農業に取り組む若者が増えています。農業に関心があったというよりは何か新しいことで成功したいという希望をもとにチャレンジするのでしょう。その多くは都会での会社員生活に疲れて、自然豊かな田舎での新しい生活を求めて農業を始める人たちです。

　農業を始めるうえで初期費用の高さが農業をやってみたいという人の最初の壁でしたが、②政府から支援が受けられるようになりました。期間は5年で最初の3年までは150万円ずつ、4年目からは120万円ずつ与えられます。合わせて約700万円の経済的な支援ですが、将来的にはその金額を1000万円まで増やすとしています。

　以前より農業が始めやすい環境になりましたが、再び都会に戻る若者も少なくないと言います。その原因は暮らしです。田舎での暮らしは都会に比べて不便なことが多く、その社会に溶け込むのも簡単ではありません。新しいことをするときに、その期待から成功例ばかりに目が行きがちです。しかし、失敗例にも目を向けて自分のライフスタイルや価値観に合うかどうか一度立ち止まってみることも重要です。

27 ①農業に取り組む若者が増えているとあるが、若者が農業を始める理由として多いものは何か。

1　もともと農業に関心があって、農業で成功したいという思いがあったから
2　都会に疲れて、今までしたことのないことにチャレンジしたいから
3　会社で多くの人と働くよりも、自然の中で一人で働いたほうが気が楽だから
4　政府が新しく農業を始める人のために、費用を出してくれるから

[28] ②政府から支援が受けられるとあるが、どのような支援を行っているか。
1 農業を始めたいが、お金がない人に初期費用をすべて払っている。
2 農業を始めてから3年目の人に150万円の支援金を払っている。
3 農業を始める人に5年にわたって、毎年100万円以上の支援金を払っている。
4 農業を始める人に5年にわたって、合わせて1000万円の支援金を払っている。

[29] 農業を始めることについて、文章を書いた人はどう考えているか。
1 以前より環境が良くなったので、どんどんチャレンジしたほうがいい。
2 失敗例にも目を向けて、農業で成功できると期待しないほうがいい。
3 都会の人が田舎で生活するのは難しいから考え直したほうがいい。
4 田舎暮らしのいい点と悪い点をよく見てから決めたほうがいい。

(2)

　ある日、東京に行ったときのことだ。友だちと駅前の広場を歩いていたら、外国人の男性二人に声をかけられた。①私はびっくりして、何も言葉が出なかった。しかし、友だちは英語ですらすら説明していた。彼らはガイドブックにある店を探していたそうだ。

　私が「あの人たち、無事に到着できるかな。」と友だちに聞くと「一応説明はしたけど、知らない国だし、お店まで連れて行ってあげたらよかったね。」と言った。二人でさっきの②男の人たちを探すことにした。彼らの方を見ると、説明した道とは逆の方向に行こうとしていた。後ろから声をかけると、男の人たちはびっくりした顔をしていた。友だちがその場所まで案内すると伝えると、「サンキュー」とうれしそうな顔で言われた。困ったときには、日本人も外国人も関係ない。

　以前、韓国で③警察官が助けてくれたことを思い出した。空港まで迎えに来てくれるはずの友だちが急に来られなくなった私は、泊まるホテルまで一人で向かうことになった。ホテルのある駅までは行けたが、道がわからなくて同じ場所を行ったり来たりしていたのだ。あのときの安心感と感謝の気持ちは今も忘れられない。

30 ①私はびっくりしてとあるが、どうして私はびっくりしたのか。
1 友だちと広場であったから
2 友だちの英語が上手だったから
3 いきなり英語で質問されたから
4 ガイドブックにある店を知っていたから

31 ②男の人たちを探すことにしたとあるが、その理由は何か。
1 男の人たちが道に迷っているかもしれないと思ったから
2 男の人たちが日本のことをよく知っているから
3 私たちが説明した道に男の人たちが行ったから
4 男の人たちの後ろから声をかけてびっくりさせたかったから

32 ③警察官が助けてくれたとあるが、私はなぜ警察官に助けてもらったのか。

1　空港からホテルまでの行き方がわからなかったから

2　駅を探しているうちに、道に迷ってしまったから

3　友だちが迎えに来ることができなかったから

4　ホテルを見つけることができなかったから

問題6 つぎの文章を読んで、質問に答えなさい。答えは、1・2・3・4から最もよいものを一つえらびなさい。

　大学生のおこづかいに関する調査結果によると、実家で暮らしている大学生のおこづかいは、年間約101万円だそうだ。一か月平均8万円ぐらいになる。そして、アルバイトなどを合わせると1か月15万円ほどになる。ここで①疑問に思うのが、自分たちが学生のときには、こんなにたくさんもらっていたのかということだ。調査結果によると、この実家からもらっている8万円には、大学の授業料の一部が含まれていることが多いそうだ。大学生の多くが、親からもらったお金だけでなく、自分でアルバイトをしてかせいだお金で授業料を払っている。そのため、8万円という高い金額になったそうだ。

　それでは、授業料を除いた実際の大学生のおこづかいは、いくらだろうか。大学生の平均的なおこづかいは、2.5万円だった。実際に使えるお金はそれほど多くないことがわかった。

　ところで、調査ではこんな②面白い結果も出ていた。その結果によると、女子大学生の60％がおこづかいをもらっていなかった。それでは、女子大学生はどうやっておこづかいをかせいでいるだろうか。調査の結果、彼女たちの多くがアルバイトをしておこづかいをかせいでいることが多かった。

　大学生活は、色々とお金がかかる。だが、今は両親からおこづかいをもらうのが難しい時代だ。アルバイトでおこづかいをかせぐのは良いことだと思うが、③そればかりに集中して勉強する時間がなくなってしまってはいけない。

[33] ①疑問とあるが、何か。
　　1　大学生が実家で暮らしていること
　　2　大学生のおこづかいが多いこと
　　3　大学生がアルバイトをしないこと
　　4　大学生のおこづかいが減っていること

34 ②面白い結果とあるが、それは何か。
1　大学生の平均授業料が高いということ
2　アルバイトでたくさんお金をかせいでいること
3　大学生のおこづかいの平均が、2.5万円だったこと
4　女子大学生の多くがおこづかいをもらっていないこと

35 ③それとあるが、何か。
1　おこづかいをもらうこと
2　大学の授業料を払うこと
3　アルバイトでお金をかせぐこと
4　集中して勉強すること

36 この文章の内容と合っているものはどれか。
1　大学生が実際に使えるおこづかいはとても多い。
2　女子大学生の5人に1人がおこづかいをもらっていない。
3　実家で暮らしている大学生のおこづかいは、年間約8万円である。
4　大学生は自分でかせいだお金だけで授業料を払っていない。

問題7 右のページは、文化教室プログラムの案内である。これを読んで、下の質問に答えなさい。答えは、1・2・3・4から最もよいものを一つえらびなさい。

37 上田さんは教室に通いたいと思っているが、仕事が忙しくなる9月は参加できない。それから、自分で準備する物がないプログラムがいい。上田さんが選べるものはどれか。

1　A
2　B
3　C
4　D

38 松野さんは明日の7月2日にギター教室を申し込む予定だ。以前春の文化教室に参加したことがあって、ギターは持っている。松野さんは明日どうするか。

1　文化センターで教室の料金と入会金を払ったあと、パンフレットと日程表をもらう。
2　文化センターで教室の料金を払ったあと、パンフレットと日程表をもらう。
3　教室の料金と入会金を銀行口座に振り込んだあと、文化センターにパンフレットと日程表を取りに行く。
4　教室の料金を銀行口座に振り込んだあと、文化センターにパンフレットと日程表を取りに行く。

夏の文化教室プログラム
初めての人もぜひ！気軽にご参加ください！！

―教室紹介―

A　絵画教室 月曜日　18:30-19:30 全5回 7月10日(月)〜8月14日(月) 料金：4,300円　*テキスト代込み	B　お花教室 日曜日　10:00-10:50 全10回 7月2日(日)〜9月24日(日) 料金：13,500円　*テキスト代込み
C　俳句教室 水曜日　19:00-20:30 全8回 7月12日(水)〜8月30日(水) 料金：10,000円　*テキスト代込み	D　ギター教室 土曜日　13:30-14:30 全8回 7月8日(土)〜9月11日(土) 料金：11,800円　*テキスト代込み

―持ち物―
A：色鉛筆、テキスト　　　B：テキスト
C：テキスト　　　　　　　D：ギター、テキスト

＊テキストは初回の授業でお渡しいたします。それ以外の物はご自身でご準備ください。

●申請方法
お申し込みは初回の授業の5日前まで承っております。窓口にお越しいただくか、お電話でお願いします。なお、お電話でのお申し込みは初回の授業の10日前まで可能です。お電話の場合は申し込まれてから2日以内に料金をお支払いください。

＊初めて文化教室のプログラムを利用される方には入会費として300円いただいております。

●料金の支払い
[方法① 窓口]
窓口にお越しいただき、その場で教室の料金、入会費をお支払いください。手続きが終わりましたら、教室の説明が書かれたパンフレットと日程表をお渡しします。

[方法② 口座振込]
お電話で銀行口座をお伝えしますので、そちらに教室の料金、入会費をお振込みください。確認できましたら、後日教室の説明が書かれたパンフレットと日程表を郵送いたします。

古村市民文化センター　☎：0123-XXX-000

Listening

問題用紙

N3

聴解
ちょうかい

（40分）

注　意
Notes

1. 試験が始まるまで、この問題用紙を開けないでください。
   Do not open this question booklet until the test begins.

2. この問題用紙を持って帰ることはできません。
   Do not take this question booklet with you after the test.

3. 受験番号と名前を下の欄に、受験票と同じように書いてください。
   じゅけんばんごう　　　　　　　らん　　じゅけんひょう
   Write your examinee registration number and name clearly in each box below as written on your test voucher.

4. この問題用紙は、全部で14ページあります。
   ぜんぶ
   This question booklet has 14 pages.

5. この問題用紙にメモをとってもいいです。
   You may make notes in this question booklet.

受験番号 Examinee Registration Number	
じゅけんばんごう	

名　前　Name	

問題 1

🔊 실전모의고사2.mp3

問題1では、まず質問を聞いてください。それから話を聞いて、問題用紙の1から4の中から、最もよいものを一つえらんでください。

れい

1　コンビニ
2　駅の北口
3　レストラン
4　ゆうびんきょく

1ばん

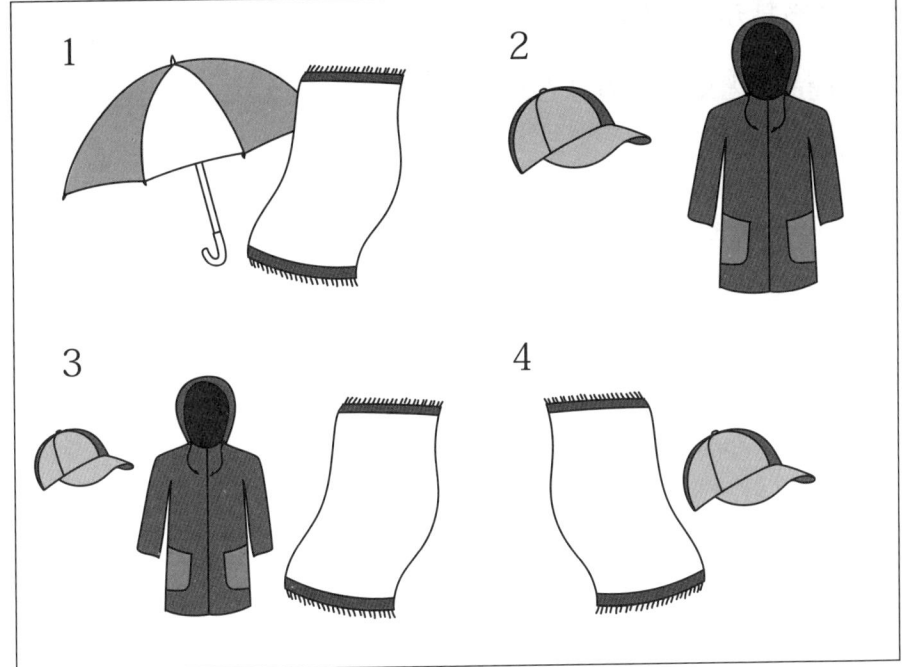

2ばん

1 先生にしょうめいしょを出す
2 先生にこうぎを休むことを話す
3 学生部でしょうめいしょを申し込む
4 必要なしょるいを集める

3ばん

1 にている商品があるか探す
2 他社の商品のとくちょうをまとめる
3 他社の商品のひょうかを集める
4 かちょうに日程をそうだんする

4ばん

1 紙に必要なじょうほうを書く
2 紙にしょうじょうを書く
3 ほかのないかに電話する
4 ひふかに電話する

5ばん

1 ストレッチをする
2 深くこきゅうをする
3 目をとじて横になる
4 たくさん水を飲む

6ばん

1 安くスキーができるスキー場を探す
2 安く泊まれるおんせんりょかんを探す
3 スキー場のやどにねだんを聞く
4 サークルの人たちにいけんを聞く

もんだい
問題 2

問題 2 では、まず質問を聞いてください。そのあと、問題用紙を見てください。読む時間があります。それから話を聞いて、問題用紙の 1 から 4 の中から、最もよいものを一つえらんでください。

れい

1 祭りに人がたくさん来ないから
2 祭りを楽しみにしていたから
3 いろいろなやたいが出ているから
4 やきにくが食べほうだいだから

1ばん

1　男の人の大学の同窓会があったから
2　男の人のでんわがこわれたから
3　男の人がやくそくの日時を間違っていたから
4　男の人のバイトがあったから

2ばん

1　デスクトップパソコン
2　ノートパソコン
3　タブレットPC
4　スマートフォン

3ばん

1 店内がおしゃれだから
2 めずらしいなべが食べられるから
3 料理の量が多いから
4 すもう選手と会えるから

4ばん

1 はたらく場所が変わったから
2 通う時間がないから
3 サッカーチームに入るから
4 けがをしたから

5ばん

1　近所のお姉さんと遊んでいたこと
2　となりのお兄さんとテレビゲームをしていたこと
3　母と一緒に勉強していたこと
4　家族と一緒に沖縄に行ったこと

6ばん

1　今日の午後3時から
2　今日の午後4時から
3　明日の午後3時から
4　明日の午後4時から

問題3

問題3では、問題用紙に何もいんさつされていません。この問題は、ぜんたいとしてどんなないようかを聞く問題です。話の前に質問はありません。まず話を聞いてください。それから、質問とせんたくしを聞いて、1から4の中から、最もよいものを一つえらんでください。

- メモ -

問題4

問題4では、えを見ながら質問を聞いてください。やじるし（➡）の人は何と言いますか。1から3の中から、最もよいものを一つえらんでください。

れい

1ばん

2ばん

3ばん

4ばん

問題5

問題5では、問題用紙に何もいんさつされていません。まず文を聞いてください。それから、そのへんじを聞いて、1から3の中から、最もよいものを一つえらんでください。

- メモ -

실전모의고사 3

실전모의고사 3

N3 언어지식(문자·어휘)

げんごちしき (もじ・ごい)

실전모의고사 3

にほんごのうりょくしけん かいとうようし

N3 언어지식(문법)·독해
げんごちしき (ぶんぽう)・どっかい

あなたの なまえを ローマじで かいて ください。 Please print in block letters.

なまえ
Name

じゅけんばんごう
(Examinee Registration Number)

20A1010123-30123

せいねんがっぴを かいて ください。
せいねんがっぴ(Date of Birth)
Fill in your date of birth in the box.

ねん Year	つき Month	ひ Day

〈ちゅうい Notes〉
1. くろいえんぴつ(HB、No.2)でかいて ください。
   Use a black medium soft (HB or No.2) pencil.
   (ペンやボールペンではかかないで ください。)
   (Do not use any kind of pen.)
2. かきなおす ときは、けしゴムで きれいに けして ください。
   Erase any unintended marks completely.
3. きたなく したり、おったり しないで ください。
   Do not soil or bend this sheet.
4. マークれい Marking Examples

よい れい Correct Example	わるい れい Incorrect Examples
●	⊘ ⊙ ○ ◐ ◑

じゅけんばんごうを かいて、その したの マークらんに マークして ください。
Fill in your examinee registration number in this box, and then mark the circle for each digit of the number.

問題 1				
1	①	②	③	④
2	①	②	③	④
3	①	②	③	④
4	①	②	③	④
5	①	②	③	④
6	①	②	③	④
7	①	②	③	④
8	①	②	③	④
9	①	②	③	④
10	①	②	③	④
11	①	②	③	④
12	①	②	③	④
13	①	②	③	④
問題 2				
14	①	②	③	④
15	①	②	③	④
16	①	②	③	④
17	①	②	③	④
18	①	②	③	④
問題 3				
19	①	②	③	④
20	①	②	③	④
21	①	②	③	④
22	①	②	③	④
23	①	②	③	④

問題 4				
24	①	②	③	④
25	①	②	③	④
26	①	②	③	④
27	①	②	③	④
問題 5				
28	①	②	③	④
29	①	②	③	④
30	①	②	③	④
31	①	②	③	④
32	①	②	③	④
33	①	②	③	④
問題 6				
34	①	②	③	④
35	①	②	③	④
36	①	②	③	④
37	①	②	③	④
問題 7				
38	①	②	③	④
39	①	②	③	④

실전모의고사 3 정해 ちょうかい

N3

もんだい1
- れい: ②
- 1: ②
- 2: ①
- 3: ④
- 4: ①
- 5: ①
- 6: ②

もんだい2
- れい: ②
- 1: ②
- 2: ③
- 3: ④
- 4: ③
- 5: ③
- 6: ③

もんだい3
- れい: ①
- 1: ②
- 2: ②
- 3: ④

もんだい4
- れい: ①
- 1: ②
- 2: ①
- 3: ②
- 4: ②

もんだい5
- れい: ①
- 1: ②
- 2: ③
- 3: ③
- 4: ②
- 5: ①
- 6: ③
- 7: ②
- 8: ③
- 9: ②

じゅけんばんごう (Examinee Registration Number): 20A1010123-30123

せいねんがっぴ (Date of Birth)

Language Knowledge (Vocabulary) もんだいようし

N3

げんごちしき（もじ・ごい）

（30ぷん）

ちゅうい
Notes

1. しけんが はじまるまで、この もんだいようしを あけないで ください。
   Do not open this question booklet until the test begins.

2. この もんだいようしを もって かえる ことは できません。
   Do not take this question booklet with you after the test.

3. じゅけんばんごうと なまえを したの らんに、じゅけんひょうと おなじように かいて ください。
   Write your examinee registration number and name clearly in each box below as written on your test voucher.

4. この もんだいようしは、ぜんぶで 5ページ あります。
   This question booklet has 5 pages.

5. もんだいには かいとうばんごうの 1、2、3 … が ついて います。かいとうは、かいとうようしに ある おなじ ばんごうの ところに マークして ください。
   One of the row numbers 1, 2, 3 … is given for each question. Mark your answer in the same row of the answer sheet.

じゅけんばんごう　Examinee Registration Number	

なまえ　Name	

問題1 ＿＿＿のことばの読み方として最もよいものを、1・2・3・4から一つえらびなさい。

1 政治について<u>基本</u>から学びたい。
   1　きもと　　　　2　しもと　　　　3　きほん　　　　4　しほん

2 私が何を言っても、彼は<u>黙って</u>いました。
   1　ことわって　　2　たよって　　　3　ゆずって　　　4　だまって

3 この土地には<u>住宅</u>を建てることができません。
   1　じゅうたく　　2　じゅてく　　　3　じゅうてく　　4　じゅたく

4 計算が合っているか<u>再度</u>、確認した。
   1　さいどう　　　2　まいどう　　　3　まいど　　　　4　さいど

5 使った物はもとの場所に<u>返して</u>ください。
   1　なおして　　　2　おろして　　　3　かえして　　　4　もどして

6 ゴールまで<u>残り</u>1キロとなりました。
   1　はしり　　　　2　のこり　　　　3　かぎり　　　　4　あまり

7 化粧品の箱に成分が<u>表示</u>されている。
   1　ひょうし　　　2　ひょうじ　　　3　びょうし　　　4　びょうじ

8 今すぐ食べない肉は<u>冷凍</u>しておきましょう。
   1　れいとう　　　2　れいどう　　　3　ねいとう　　　4　ねいどう

問題2 ＿＿＿＿のことばを漢字で書くとき、最もよいものを、1・2・3・4から一つえらびなさい。

⑨ この<u>かいが</u>は500年も前に描かれたものだ。
　　1　改図　　　　2　絵図　　　　3　絵画　　　　4　改画

⑩ 新しくできたレストランは<u>ふんいき</u>がいい。
　　1　雰困気　　　2　雰囲気　　　3　震困気　　　4　震囲気

⑪ 年を重ねても、丈夫な<u>ほね</u>を維持したいです。
　　1　身　　　　　2　歯　　　　　3　骨　　　　　4　肌

⑫ <u>よほう</u>では、明日の天気は雨だそうですよ。
　　1　予報　　　　2　予訪　　　　3　預報　　　　4　預訪

⑬ 今日の大会で、すばらしい<u>きろく</u>が出た。
　　1　紀録　　　　2　記録　　　　3　紀緑　　　　4　記緑

⑭ 子どものころ、とても<u>まずしい</u>生活をしていた。
　　1　質しい　　　2　含しい　　　3　盆しい　　　4　貧しい

問題3（　　）に入れるのに最もよいものを、1・2・3・4から一つえらびなさい。

[15] 約束を（　　）人とは友だちになれません。
　　1　わる　　　2　こわす　　　3　せめる　　　4　やぶる

[16] 料理するときに服が汚れないように（　　）をつけた。
　　1　エプロン　　2　マフラー　　3　シートベルト　　4　ライター

[17] あの店は店員の（　　）があまりよくない。
　　1　心理　　　2　態度　　　3　手間　　　4　性質

[18] 高橋さんのデスクは（　　）整理されていて、とてもきれいだ。
　　1　ぐっすり　　2　せっかく　　3　きちんと　　4　なるべく

[19] 将来やりたいことがないなら、まずは自分の（　　）が何か考えてみよう。
　　1　重み　　　2　広さ　　　3　強み　　　4　高さ

[20] かばんに食べ物をたくさん（　　）出かけました。
　　1　つめて　　2　含んで　　3　のせて　　4　越して

[21] うちの娘はとにかく（　　）、ゲームよりも体を動かして遊ぶことが好きだ。
　　1　熱心で　　2　活発で　　3　気楽で　　4　派手で

[22] 1か月に1冊も本を読まない人の（　　）は年々増えています。
　　1　割合　　　2　比較　　　3　分数　　　4　確率

[23] この犬はよく（　　）されていて、目の不自由な人の生活をサポートします。
　　1　育児　　　2　世話　　　3　訓練　　　4　学習

[24] あそこにある洗濯物を（　　）おいてください。
　　1　組んで　　2　折って　　3　たたんで　　4　おさめて

[25] この機械は（　　）が難しいので、練習が必要だ。
　　1　手段　　　2　操作　　　3　手術　　　4　作法

問題4 ＿＿＿＿に意味が最も近いものを、1・2・3・4から一つえらびなさい。

26 昔からおいとは、とても仲がいい。
1　姉の娘　　　2　姉の息子　　　3　母の弟　　　4　母の妹

27 みなさんの自然な顔を撮りたいです。
1　見事な　　　2　まじめな　　　3　めずらしい　　　4　ふだんの

28 暮れに家族みんなで家の掃除をしました。
1　夜中　　　2　以前　　　3　休み　　　4　年末

29 田中さんと駅の前で待ち合わせた。
1　会う約束をした　　　　　　2　ひさしぶりに会った
3　一緒に待っていた　　　　　4　ずっと待たされた

30 この仕事は体力のある人に向いていると思う。
1　人気がある　　　　　　　　2　させるべきだ
3　合っている　　　　　　　　4　知られている

問題5 つぎのことばの使い方として最もよいものを、1・2・3・4から一つえらびなさい。

31 整理
1 友人が遊びに来るから、いつもより丁寧にトイレを整理した。
2 世界のコインを整理することが趣味で、部屋に飾っている。
3 洋服が多いので、探しやすいように色ごとに整理しています。
4 お送りいただいた履歴書は、こちらで整理しておきます。

32 異常
1 店長が店内を撮影することを異常に許可してくれました。
2 植物園には普段目にできない異常な花もあります。
3 有名人のふりをした異常なメールに気をつけてください。
4 この地域は夏でも過ごしやすいけど、今年は異常に暑いね。

33 立場
1 そこは立場じゃないので、降りてください。
2 今の私の立場では何も言えません。
3 あの映画は別れの立場が感動的です。
4 週に1回は立場に行って、野菜などを買います。

34 与える
1 マンションの部屋を与えて、入ってくる家賃で生活している。
2 相手にいい印象を与えるために、常に笑顔を意識しましょう。
3 たくさん悩んだが、上司に退職の希望を与えることにした。
4 いつも与えてもらっているので、今日は私がごちそうします。

35 思い込む
1 試験の日を今日だと思い込んでいたが、明日だった。
2 いろいろ思い込んだ結果、アメリカに留学することにした。
3 電車に乗っているときに、いいアイデアが思い込んだ。
4 みんなの意見が思い込んで、最後まで何も決まらなかった。

Language Knowledge (Grammar)・Reading

問題用紙

N3

言語知識（文法）・読解

（70分）

注意
Notes

1. 試験が始まるまで、この問題用紙を開けないでください。
   Do not open this question booklet until the test begins.
2. この問題用紙を持って帰ることはできません。
   Do not take this question booklet with you after the test.
3. 受験番号と名前を下の欄に、受験票と同じように書いてください。
   Write your examinee registration number and name clearly in each box below as written on your test voucher.
4. この問題用紙は、全部で18ページあります。
   This question booklet has 18 pages.
5. 問題には解答番号の 1 、 2 、 3 … が付いています。解答は、解答用紙にある同じ番号のところにマークしてください。
   One of the row numbers 1, 2, 3 … is given for each question. Mark your answer in the same row of the answer sheet.

受験番号 Examinee Registration Number

名前 Name

問題1 つぎの文の（　　）に入れるのに最もよいものを、1・2・3・4から一つえらびなさい。

1 最近自転車が健康にいいと注目される（　　）、自転車事故が増えて問題になっている。
　1　からこそ　　　2　ついでに　　　3　とおりに　　　4　一方で

2 この辺はバスもタクシーも来ないので、歩いて（　　）。
　1　行くほかありません　　　　2　行くとは限りません
　3　行くわけにもいきません　　4　行ってばかりいます

3 この音楽を聞いていると、（　　）森の中にいるような気分になります。
　1　少しも　　　2　もしも　　　3　たとえ　　　4　まるで

4 （家で）
　夫「今週の週末も仕事に行くことになったよ。」
　妻「あなた、そうやって週末も仕事していたら病気に（　　）わ。週に1日は休んだほうがいいんじゃない？」
　1　ならないかもしれない　　　2　なろうとしない
　3　なりかねない　　　　　　　4　なるはずがない

5 料理をしている（　　）電話がかかってきた。
　1　最中に　　　2　上で　　　3　あとに　　　4　くせに

6 （学校で）
　学生　「あの、上田先生はいらっしゃいますか。先生の授業の時間なんですが、先生が来ないんです。」
　事務の人「上田先生は病院に（　　）そうで、5分ほど遅れると連絡がありました。」
　1　寄ってまいる　　2　お寄りになる　　3　お寄りする　　4　寄っておる

7 国内だけでなく海外（　　　）お客さんにも楽しんでもらえるように、英語のパンフレットも用意した。
　　1　ばかり　　　2　ばかりの　　　3　から　　　4　からの

8 この国は一年（　　　）暖かいので、雪が降りません。
　　1　について　　2　に比べて　　　3　を通じて　　4　を中心に

9 高校3年生の時、朝7時までに学校に（　　　）、とても大変でした。
　　1　来たがって　2　来させられて　3　来られて　　4　来やすくて

10 親や友だちに会う（　　　）、「いつ結婚するのか」と聞かれるのがいやだ。
　　1　にしては　　2　といえば　　　3　せいで　　　4　たびに

11 A「来週、旅行に行くんだ。」
　　B「えっ、また行くの？　いつもお金がないって言ってる（　　　）よく旅行に行くね。」
　　1　ばかりか　　2　わりに　　　　3　とたんに　　4　ままに

12 母「デパートに行ってきたの？　日曜日だったから、すごく混んでたでしょう。」
　　子「ううん、（　　　）空いてたよ。」
　　1　思ったほどは　　　　　　　　2　思っていたよりも
　　3　思ったというより　　　　　　4　思っていたとしたら

13 三田「ねえ、日曜日、どこかに遊びに行かない？」
　　中川「悪いけど、月曜日に大事な試験があるから、（　　　）んだ。」
　　1　遊びに行くどころじゃない　　2　遊びに行くところがない
　　3　遊びに行くことはない　　　　4　遊びに行くことになる

問題2 つぎの文の　★　に入る最もよいものを、1・2・3・4から一つえらびなさい。

(問題例)

旅行を ＿＿＿ ＿＿＿ ★ ＿＿＿ アメリカに行くことにした。

1　すればするほど　　2　次は　　3　行きたいと思って　　4　もっと遠くまで

(解答のしかた)

1. 正しい答えはこうなります。

旅行を ＿＿＿ ＿＿＿ ★ ＿＿＿ アメリカに行くことにした。
1　すればするほど　　4　もっと遠くまで　　3　行きたいと思って　　2　次は

2. ★ に入る番号を解答用紙にマークします。

(解答用紙)　(例)　① ② ● ④

14　この作品を作る ＿＿＿ ＿＿＿ ★ ＿＿＿ の合計は15万円だ。

1　かかった　　2　ため　　3　費用　　4　に

15　学生のときはよく図書館に行ったが、＿＿＿ ＿＿＿ ★ ＿＿＿ 行かない。

1　なって　　2　めったに　　3　会社員に　　4　からは

16　大勢の前で話すことは昔から得意なほうだ。だから、今回のプレゼンも ＿＿＿ ＿＿＿ ★ ＿＿＿ 発表できた。

1　あったが　　　　　　　　2　部長からの期待が
3　緊張しないで　　　　　　4　少し負担では

17 中村「このお寺は今から800年ぐらい前に建てられたそうだよ。」
　　山本「いやー、さすが中村さんは ＿＿＿ ＿＿＿ ★ ＿＿＿ を知っていますね。」

　　1　大学の先生　　　　　　2　いろいろなこと
　　3　あって　　　　　　　　4　だけ

18 子「お母さん、これ、どうやったらいいの?」
　　母「ここに ＿＿＿ ★ ＿＿＿ ＿＿＿ ごらん。」

　　1　ある　　　2　やってみて　　3　書いて　　4　とおりに

問題3 つぎの文章を読んで、文章全体の内容を考えて、 19 から 23 の中に入る最もよいものを、1・2・3・4から一つえらびなさい。

下の文章は、留学生が書いた作文です。

箸の練習

ボビー　ホワイト

日本に来て私が苦労したのは言葉よりも食事でした。箸を使うのが下手だったからです。日本食が苦手なわけではありません。 19 箸のせいで日本食を食べるのに時間がかかりました。特にラーメンはつかんでもつるつるとすべって口に入れる前に落ちてしまいます。

ある日、日本人の友達 20 誘われて近所の食堂でごはんを食べていました。箸が下手な私を見て友達は「練習が必要だね」と言いました。食事のあとに箸の専門店に連れていってくれました。そこには長さや太さが違う様々な箸がありました。友達は「ボビーに合うものを見つけないと」と言うと店員に声をかけ、 21 箸を選びはじめました。そして、私にぴったりな箸をプレゼントしてくれたのです。

22 すてきなプレゼントをもらったんだから、友達をがっかりさせてはいけないと思って、それから家で食事をするときも箸を使うようにして、頑張って練習をしました。練習を続けるうちに上手になり、今ではあんなに苦労していたラーメンだって簡単につかめます。友達にはとても感謝しています。あのときのプレゼントがなければ、私は今も箸を使うのが 23 。

19

1 あるいは　　2 しかも　　3 けれども　　4 それでも

20

1 が　　2 は　　3 に　　4 を

21

1 相談しながら　　2 相談せずに　　3 相談しては　　4 相談しなくても

22

1 そういう　　2 こんな　　3 あの　　4 その

23

1 下手だと思っていました　　2 下手だと感じました
3 下手じゃないんでしょうか　　4 下手だったでしょう

問題4 つぎの(1)から(4)の文章を読んで、質問に答えなさい。答えは、1・2・3・4から最もよいものを一つえらびなさい。

(1)
これは洗濯機の会社のサービスセンターから客に届いたメールである。

あて先　　：　yoshida@abcmail.co.jp
件名　　　：　当社製品の不具合につきまして
送信日時　：　2019年4月1日　10:00

吉田様

当社の製品をいつもご利用いただき、ありがとうございます。

　当社の洗濯機が洗濯の途中で止まってしまうことがあるということで、ご迷惑をおかけして申し訳ありません。

　メールやお電話ではどこに不具合があるのか判断しかねますので、お客様のお宅に伺って、洗濯機の状態を調べさせていただきたいと思います。

　担当者を行かせますので、お客様のご都合のよい日をご連絡いただけますか。よろしくお願いいたします。

---

[24] このメールからわかることは何か。
1　吉田さんは家の洗濯機が全然動かなくなってしまったのでセンターに連絡した。
2　担当者が吉田さんに電話をしてどこが故障しているのか調べることにした。
3　担当者が吉田さんの家を調べた結果、洗濯機が故障していることがわかった。
4　担当者が来る日を決めるために、吉田さんはセンターに連絡しなければいけない。

(2)

　私は貿易会社で営業の仕事をしています。人と会うことが好きなので仕事は楽しいですが、多くの人と会う仕事なので相手の顔を見ても名前が出てこないことが度々あります。その点では上司は苦労がいりません。知らない人にでも積極的に話しかける明るい上司ですが、初めて会った人でも何度か言葉を交わしていると、いつの間にか相手の名前を覚えているそうです。私はそうはいかないので何か工夫できることはないか方法を探しています。

25 この文章を書いた人は上司について、どう思っているか。
1　人と会うのが好きで、どんな相手にも話しかけられるところがうらやましい。
2　話しているうちに、自然と相手の名前を覚えられるところがうらやましい。
3　初めて会った人にも大体名前を知ってもらっているところがうらやましい。
4　初めて会った人にもすぐ顔と名前を覚えてもらえるところがうらやましい。

(3)

料理ができる人は頭のいい人が多いと言われる。料理というものは意外に難しいのだ。

まず、材料を無駄にしないために、冷蔵庫の中を見て今ある材料で何が作れるか考えなければならない。それから段取りも重要だ。晩ごはんなら、料理を1つだけ作るということはあまりないので、いくつかの料理を同時に作る。温かい料理や冷たい料理をいちばんおいしい状態でテーブルに並べるためにはどうしたらいいのかよく考えなければならないのだ。

26 段取りとあるが、どういう意味か。
 1 料理をするときに、何をどのような順番で作るか考えておくこと
 2 家にどんな材料があるかわかるように冷蔵庫の中を整理しておくこと
 3 温かい料理だけではなく、冷たい料理も作れるように練習すること
 4 家族においしいとほめてもらえるように料理について勉強すること

(4)

高橋さんの机の上に、部下の木下さんからのメモが置いてあった。

高橋さん

お疲れさまです。

頼まれていた英語の資料の翻訳が終わりました。机の上に置いておきます。

それから来週の会議で使う資料は、すでに完成しておりますので、締め切りは延ばしていただかなくても大丈夫です。山田課長に一度確認していただいてからコピーします。

ところで、明日30分ほどお時間をいただけませんか。来月の出張の日程のことで確認したいことがあります。時間はいつでもかまいませんのでよろしくお願いいたします。

3月3日　15:30

木下

27　このメモを読んで、高橋さんがしなければならないことは何か。

1　英語の資料がきちんと翻訳してあるか確認する。
2　山田課長から来週の会議で使用する資料を受け取る。
3　来月に予定されている出張の日程を変える。
4　明日の空いている時間帯を木下さんに伝える。

問題5 つぎの(1)と(2)の文章を読んで、質問に答えなさい。答えは、1・2・3・4から最もよいものを一つえらびなさい。

(1)
　子どもの「孤食」が増えて問題になっている。「孤食」というのは、家族がいるのに一人で食事をすることだ。人々の生活はどんどん便利になっているが、①それとともに忙しくなっている。両親ともに働いている家庭は多いし、学校が終わった後に習い事に行く子どもも多い。それで、みんなの食事の時間が合わなくなって、子どもも一人でご飯を食べるようになるのだ。
　②「孤食」が子どもに及ぼす影響は大きい。食事の間、誰にも注意されないから、好きな物だけ食べがちになるので、食事の代わりにお菓子を食べたりする。また、大人たちから食事に関する礼儀を学んだりすることもできない。
　大学教授の話では、大昔から人間は誰かと一緒に食事をする動物なのだそうだ。毎回は難しくても、一日に一回は必ず食卓を囲んで、子どもに一緒に食べることのよさを伝えるようにしたいものだ。

[28]　①それとあるが、何か。
　　1　一人で食事する子どもが多いこと
　　2　子どもが家に帰るのが遅いこと
　　3　両親が食事の準備ができないこと
　　4　人々の生活が便利になったこと

[29]　②「孤食」が子どもに及ぼす影響についての説明で、合っているものはどれか。
　　1　自分の好きなものや嫌いなものが何かわからなくなる。
　　2　食事だけでは足りないのでお菓子を食べるようになる。
　　3　食事中にしてはいけないことを教わることができない。
　　4　大人になっても料理をどうやって作るかわからない。

[30] この文章を書いた人がいちばん言いたいことは、何か。

1 子どもが大人と一緒に食事する機会をできるだけ作ったほうがいい。
2 昔と同じように、人はいつも家族みんなで食事をしなければならない。
3 外食ばかりだと子どもの教育によくないので、家で食べたほうがいい。
4 親は子どもに習い事をやめさせて、子どもを家にいさせるべきだ。

(2)

　約束の時間に遅れて他人に迷惑をかけることは悪いことだとみんなが思っているはずだ。それなのにどうして私たちは時間を守らないのだろうか。理由はいろいろ考えられるが、私たちの多くが少しくらい時間を無駄にしてもいいと思っているのがいちばん大きな理由だと思う。

　例えば、3人で会う約束をして、そのうち1人が10分遅れて来たら、他の2人の10分、つまり全部で20分の時間を無駄にしたことになるが、遅れた人はそれほど大変なことをしたと思わない。

　もし、①これがお金だったらどうだろうか。気にしないわけにはいかないだろう。時間はお金ほど大切に思われていない。しかし、これからは②そうはいかない。人々の生活はどんどん忙しくなっていて、自分の時間がますます大切になる。だから、これからはもっと他人の時間を大切にしなければならないのだ。

31 ①これとあるが、何か。
1　3人で会うこと
2　無駄にするもの
3　大変じゃないこと
4　大切だと思うもの

32 ②そうとあるが、何か。
1　遅刻することが悪いことだと思い続けること
2　このまま時間を無駄にしてもいいと思うこと
3　このままお金を自分の好きなように使うこと
4　人の生活においてお金が最も大切だと思うこと

[33] 時間についてこの文章を書いた人はどのように考えているか。
1 10分ぐらいの短い時間なら無駄にしてもたいしたことはないので問題ない。
2 忙しいときは、みんなで遊ぶ時間よりも一人で過ごす時間のほうが重要だ。
3 約束の時間に遅れて他の人に迷惑をかけた人は、みんなにお金を払うべきだ。
4 これからは少しの時間でも無駄にしてはいけないと考え方を変えるべきだ。

問題6 つぎの文章を読んで、質問に答えなさい。答えは、1・2・3・4から最もよいものを一つえらびなさい。

　私は中学生までバスケットボールをやっていた。私のチームは県大会にも出られない弱いチームで、仲間と勝利を喜び合った経験より負けて味わった悔しさのほうが多かった。しかし、ただコーチに言われるまま練習していた。受験勉強に力を入れるために仕方なくバスケとは離れたが、会社員になった今考えてみると弱かったのには理由があった。

　弱いチームの傾向として試合に負けた原因を個人の責任にして、チーム全体での問題に結びつけて考えることが少ない。誰が何本シュートを外したとか他人を責める考え方が広がると、自分の行動に目を向ける機会を失ってしまうのだ。こうした雰囲気の中では勝ち負けよりもミスをしないかどうかに集中してしまい、①チームとしてのまとまりがなくなる。

　ただ、チームのまとまりと仲の良さは別で、②コミュニケーションの取り方にも違いが出てくる。意見を言い合い、アドバイスし合うことでいいチームは成長していく。一方、弱いチームというのはその反対で、意見を言うのはコーチばかりで周りはだまって聞くという状態だ。不満があっても対立を避けようと言葉にしないチームには衝突(注)が生まれやすくなる。

　強いチームを作るためのポイントを挙げるとしたら、チーム全体でチームの目標を共有することだ。そうすることで基準が生まれ、それにしたがって全員が行動すればいい。ただ、目標があいまいではいけない。なぜなら勝った試合で何が良かったのか、負けた試合で何が足りなかったのかがはっきりしないからである。つまり、チームの成長につながらないのだ。

（注）衝突：ぶつかること

[34]　「私」はどうしてバスケットボールをやめてしまったのか。
1　入っていたチームが弱くて、県大会に出られなかったから
2　バスケットボールを続けても、試合で勝つことができないと思ったから
3　入っていたチームのコーチが厳しくて、よくしかられていたから
4　バスケットボールを続けたかったが、勉強に集中したかったから

[35] ①チームとしてのまとまりがなくなるとあるが、それはどうしてか。
1 試合に負けたとき、チーム全体ではなく、負けた原因を個人個人で考えるから
2 試合に負けたとき、チーム全体ではなく、個人のミスばかりに目を向けてしまうから
3 試合に負けた理由をお互いのせいにして、仲間との仲が悪くなってしまうから
4 試合で負けた理由をチーム全体のせいにして、個人のミスは気にしないから

[36] ②コミュニケーションの取り方とあるが、弱いチームはどのようにコミュニケーションを取っているのか。
1 仲間にとって必要だと思うことは、どんなことでも正直に意見を話している。
2 自分はできていないことでも、仲間には気にせずアドバイスをしている。
3 仲間との仲を悪くしたくないから、自分の意見を言わないようにしている。
4 試合に出られなくなるのは嫌だから、コーチとは衝突しないようにしている。

[37] 「私」は強いチームを作るにはどうするべきだと考えているか。
1 チームで明確な目標を持って、一人一人にきちんと理解させなければならない。
2 チーム全員が守れる目標を作って、全員に守らせなければならない。
3 チームの基準になる目標を作って、試合後にきちんと反省をさせなければならない。
4 チームに何が足りないかを理解させ、一人一人を成長させなければならない。

問題7 右のページは、大山市文化センターの英会話教室の案内である。これを読んで、下の質問に答えなさい。答えは、1・2・3・4から最もよいものを一つえらびなさい。

[38] 斉藤さんは「英語でスピーチ」クラスを受けたいと思っている。「英語でスピーチ」クラスを受けるために斉藤さんは何をしなければならないか。

1　11月15日に電話で申し込む。
2　11月15日にレベルテストを受ける。
3　11月25日に電話で申し込む。
4　11月25日にレベルテストを受ける。

[39] 小林さんは山田先生の「はじめての英会話」クラスを申し込みした。小林さんがしなければならないことはどれか。

1　12月1日月曜日に15,000円を持って行く。
2　12月2日火曜日に15,000円を持って行く。
3　12月1日月曜日に15,500円を持って行く。
4　12月2日火曜日に15,500円を持って行く。

12月英会話教室のご案内

はじめて英会話を学ぶ方から、もっと上手に英語を話したい方まで、あなたに合ったクラスで英会話を学んでみませんか。

クラス名	内容
はじめての英会話 (週2回)	英会話をはじめて学ぶ人向けのクラスです。
初級(しょきゅう)英会話 (週2回)	自己紹介や近い将来の予定など、日常生活で使う簡単な会話ができるようにします。
中級(ちゅうきゅう)英会話 (週2回)	日常生活でよく使う表現を学び、自然な会話ができるようにします。
英語でスピーチ (週2回)*	いろいろなテーマでスピーチをしてみます。初級(しょきゅう)が終わった程度の方が対象です。

*「英語でスピーチ」クラスを希望する方は、11月15日までにレベルテストを受けなければなりません。

時間＼曜日	月	火	木	金
13:00～13:50	はじめて (山田先生)	中級(ちゅうきゅう) (スミス先生)	はじめて (山田先生)	中級(ちゅうきゅう) (スミス先生)
14:00～14:50	スピーチ (ミラー先生)	初級(しょきゅう) (高橋先生)	スピーチ (ミラー先生)	初級(しょきゅう) (高橋先生)
19:00～19:50	はじめて (前川先生)	スピーチ (ブラウン先生)	はじめて (前川先生)	スピーチ (ブラウン先生)
20:00～20:50	中級(ちゅうきゅう) (ホワイト先生)	初級(しょきゅう) (酒井先生)	中級(ちゅうきゅう) (ホワイト先生)	初級(しょきゅう) (酒井先生)

○授業料は1か月15,000円です。授業の最初の日に先生に授業料をお支払いください。
　授業は12月1日(月)に始まります。
○山田先生の授業はテキスト代(500円)が必要です。授業料と一緒にお支払いください。
○11月25日まではがきかFAXで申し込んでください。
　第2希望までのクラス名とその曜日、時間、名前、電話番号をご記入ください。
○お問い合わせはお電話で。　03-5014-1103(9:00-18:00　土日除(のぞ)く)

Listening

問題用紙

N3

聴解
ちょうかい

（40分）

注　意
Notes

1. 試験が始まるまで、この問題用紙を開けないでください。
   Do not open this question booklet until the test begins.

2. この問題用紙を持って帰ることはできません。
   Do not take this question booklet with you after the test.

3. 受験番号と名前を下の欄に、受験票と同じように書いてください。
   Write your examinee registration number and name clearly in each box below as written on your test voucher.

4. この問題用紙は、全部で14ページあります。
   This question booklet has 14 pages.

5. この問題用紙にメモをとってもいいです。
   You may make notes in this question booklet.

受験番号　Examinee Registration Number

名　前　Name

問題 1

(학습용) 　(고사장용)

🔊 실전모의고사3.mp3

問題1では、まず質問を聞いてください。それから話を聞いて、問題用紙の 1 から 4 の中から、最もよいものを一つえらんでください。

れい

1　コンビニ
2　駅の北口
3　レストラン
4　ゆうびんきょく

1ばん

1 ア イ
2 イ ウ
3 ウ エ
4 イ エ

2ばん

1 まどを開けている
2 エアコンをつけている
3 せんぷうきをつけている
4 氷のまくらを使っている

3ばん

1　スーツを新しく買う
2　めんせつの練習をする
3　質問のこたえを直す
4　会社のメールにへんしんする

4ばん

1　学校に行く前
2　学校に行ってから
3　バイトがはじまる前
4　バイトがおわった後

5ばん

1　スパゲッティのめんをゆでる
2　トマトを半分に切る
3　トマトのかわをとる
4　トマトを水であらう

6ばん

1　男の人といっしょに帰る
2　おっとに電話をかける
3　かさを取りに戻る
4　戻って仕事をする

問題 2

問題 2 では、まず質問を聞いてください。そのあと、問題用紙を見てください。読む時間があります。それから話を聞いて、問題用紙の 1 から 4 の中から、最もよいものを一つえらんでください。

れい

1　祭りに人がたくさん来ないから
2　祭りを楽しみにしていたから
3　いろいろなやたいが出ているから
4　やきにくが食べほうだいだから

1ばん

1 先生の本をはこぶ
2 食事をする
3 かんこく映画を見る
4 図書館で勉強する

2ばん

1 コーヒーの値段を下げる
2 テラス席のインテリアを海外風にする
3 SNSに店の写真をあげる
4 テラス席にペットが入れるようにする

3ばん

1 仕事の内容が知れたこと
2 デザインのぎじゅつが学べたこと
3 色んな人と関われたこと
4 会社のふんいきを感じられたこと

4ばん

1 あした他の店で買うつもりだから
2 他の店で買ったほうが安いから
3 パンがおいしくなさそうだから
4 買いすぎはよくないと思うから

5ばん

1 日にちをまちがえたから
2 開始時間をまちがえたから
3 降りる駅をまちがえたから
4 会場をまちがえたから

6ばん

1 日本の子どもの数がへっていること
2 日本ではたらく人が足りていないこと
3 世界の人口がぞうかしていること
4 人間がしげんをむだにしていること

問題3

問題3では、問題用紙に何もいんさつされていません。この問題は、ぜんたいとしてどんなないようかを聞く問題です。話の前に質問はありません。まず話を聞いてください。それから、質問とせんたくしを聞いて、1から4の中から、最もよいものを一つえらんでください。

- メモ -

問題4

問題4では、えを見ながら質問を聞いてください。やじるし（➡）の人は何と言いますか。1から3の中から、最もよいものを一つえらんでください。

れい

1ばん

2ばん

3ばん

4ばん

問題 5

問題5では、問題用紙に何もいんさつされていません。まず文を聞いてください。それから、そのへんじを聞いて、1から3の中から、最もよいものを一つえらんでください。

- メモ -

해커스 JLPT 한권합격
기본서 + 모의고사 + 단어장
N3

개정 2판 4쇄 발행	2026년 1월 12일
개정 2판 1쇄 발행	2025년 1월 24일
지은이	해커스 JLPT연구소
펴낸곳	㈜해커스 어학연구소
펴낸이	해커스 어학연구소 출판팀
주소	서울특별시 서초구 강남대로61길 23 ㈜해커스 어학연구소
고객센터	02-537-5000
교재 관련 문의	publishing@hackers.com
	해커스일본어 사이트(japan.Hackers.com) 교재 Q&A 게시판
동영상강의	japan.Hackers.com
ISBN	978-89-6542-442-0 (13730)
Serial Number	02-04-01

저작권자 ⓒ 2025, 해커스 어학연구소

이 책 및 음성파일의 모든 내용, 이미지, 디자인, 편집 형태에 대한 저작권은 저자에게 있습니다.
서면에 의한 저자와 출판사의 허락 없이 내용의 일부 혹은 전부를 인용, 발췌하거나 복제, 배포할 수 없습니다.

일본어 교육 1위
해커스일본어(japan.Hackers.com)

해커스 일본어

- 해커스 스타강사의 **본 교재 인강**(교재 내 할인쿠폰 수록)
- 언제 어디서나 편리하게 보는 **시험 D-20 빈출 단어·문형 암기장**
- 청해 문제풀이와 단어 학습을 돕는 다양한 **무료 교재 MP3**
- **어휘 암기 퀴즈, 청해 받아쓰기, 실전모의고사** 등 다양한 JLPT 학습 콘텐츠

한경비즈니스 선정 2020 한국브랜드선호도 교육(온·오프라인 일본어) 부문 1위

일본어 교육 1위 해커스일본어
한경비즈니스 선정 2020 한국브랜드선호도 교육(온·오프라인 일본어) 부문 1위

쉽고 재미있는 일본어 학습을 위한
체계적 학습자료

무료 일본어 레벨테스트
5분 만에 일본어 실력 확인
& 본인의 실력에 맞는 학습법 추천!

선생님과의 1:1 Q&A
학습 내용과 관련된 질문사항을
Q&A를 통해 직접 답변!

해커스일본어 무료 강의
실시간 가장 핫한 해커스일본어
과목별 무료 강의 제공!

데일리 무료 학습 콘텐츠
일본어 단어부터 한자, 회화 콘텐츠까지
매일매일 확인하는 데일리 무료 콘텐츠!

일본어 교육 1위 해커스일본어
japan.Hackers.com

무료 학습자료 확인하기 ▶

해커스 JLPT

한권합격

기본서+모의고사+단어장

해설집

N3

해커스 어학연구소

해설집

무료 온라인 실전모의고사·학습자료 제공
해커스일본어 japan.Hackers.com

해커스 JLPT N3 한권합격

목차

언어지식 문자·어휘	4
언어지식 문법	56
독해	93
청해	124
실전모의고사 1	166
실전모의고사 2	202
실전모의고사 3	236

언어지식 문자·어휘

한자읽기

실력 다지기
p.48

01 ② (상업)	02 ① (보관하다)	03 ② (상하)
04 ③ (응모)	05 ③ (아침식사)	06 ① (우편)
07 ③ (식기)	08 ④ (평균)	09 ① (짜다)
10 ② (모래)	11 ③ (혈액형)	12 ④ (가늘다)
13 ① (신호)	14 ③ (정전)	15 ② (얼굴)
16 ④ (노력)	17 ① (분명하다)	18 ③ (졸업)
19 ④ (경영)	20 ① (나아가게 하다)	

실전 대비하기 1
p.50

| 1 2 | 2 3 | 3 4 | 4 2 | 5 2 |
| 6 1 | 7 4 | 8 2 | | |

문제1 _____의 말의 읽는 법으로 가장 알맞은 것을, 1·2·3·4에서 하나 고르세요.

1
시합이 끝나는 마지막 1초秒까지 포기하지 않겠습니다.

해설 秒는 2 びょう로 발음한다. びょう가 탁음인 것에 주의한다.
어휘 ~秒 ~びょう ~초   試合 しあい 몡 시합   終わる おわる 동 끝나다
    最後 さいご 몡 마지막   あきらめる 동 포기하다

2
그 선택選択이 제 인생을 바꾸었습니다.

해설 選択는 3 せんたく로 발음한다. 選은 せん으로, 択는 たく로 발음되는 것에 주의한다.
어휘 選択 せんたく 몡 선택   人生 じんせい 몡 인생
    変える かえる 동 바꾸다

3
석양夕日이 하늘을 빨갛게 물들이고 있다.

해설 夕日는 4 ゆうひ로 발음한다.
어휘 夕日 ゆうひ 몡 석양   空 そら 몡 하늘   赤い あかい い형 빨갛다
    染める そめる 동 물들이다

4
각지에서 기온이 오르는 현상現象이 일어나고 있다.

해설 現象는 2 げんしょう로 발음한다. げん이 탁음인 것과 現象의 象는 두 가지 음독 しょう와 ぞう 중 しょう로 발음하는 것에 주의한다.
어휘 現象 げんしょう 몡 현상   各地 かくち 몡 각지   気温 きおん 몡 기온
    上がる あがる 동 오르다   起きる おきる 동 일어나다

5
올바른 양치질로 충치를 예방予防하자.

해설 予防는 2 よぼう로 발음한다. 1 よほう는 2 よぼう와 같은 한자를 포함하고 비슷한 발음을 써서 혼동을 준 오답이다.
어휘 予防 よぼう 몡 예방   正しい ただしい い형 올바르다
    歯磨き はみがき 몡 양치질   虫歯 むしば 몡 충치

6
내가 넘어져転んで도, 아무도 걱정해 주지 않았다.

해설 転んでは 1 ころんで로 발음한다.
어휘 転ぶ ころぶ 동 넘어지다   心配 しんぱい 몡 걱정

7
세탁물을 너는 것이 매우 귀찮面倒다.

해설 面倒는 4 めんどう로 발음한다. どう가 탁음인 것에 주의한다.
어휘 面倒だ めんどうだ な형 귀찮다   洗濯物 せんたくもの 몡 세탁물, 빨래
    干す ほす 동 널다, 말리다   とても 부 매우

8
남동생은 취직하고 나서도 공부를 계속하고 있어서 훌륭하다偉い고 생각한다.

해설 偉い는 2 えらい로 발음한다.
어휘 偉い えらい い형 훌륭하다   就職 しゅうしょく 몡 취직
    続ける つづける 동 계속하다

실전 대비하기 2   p.51

1 2   **2** 4   **3** 3   **4** 3   **5** 4
6 3   **7** 2   **8** 1

문제1 _____의 말의 읽는 법으로 가장 알맞은 것을, 1·2·3·4에서 하나 고르세요.

1
만든 빵 반죽生地은 냉장고에 넣어서 하룻밤 기다립니다.

해설 生地는 2 きじ로 발음한다. 生地의 生는 음독 せい와 しょう, 훈독 き 중 훈독 き로 발음하는 것에 주의한다.
어휘 生地 きじ 圐 반죽   作る つくる 퇗 만들다   パン 圐 빵
冷蔵庫 れいぞうこ 圐 냉장고   入れる いれる 퇗 넣다
一晩 ひとばん 圐 하룻밤   待つ まつ 퇗 기다리다

2
부부夫婦끼리 여행을 가고 싶어요.

해설 夫婦는 4 ふうふ로 발음한다. ふう가 장음인 것에 주의한다.
어휘 夫婦 ふうふ 圐 부부   旅行 りょこう 圐 여행   行く いく 퇗 가다
~たい ~(하)고 싶다

3
거리에 곰이 나타나서現れて, 혼란 상태가 되었다.

해설 現れて는 3 あらわれて로 발음한다.
어휘 現れる あらわれる 퇗 나타나다   街 まち 圐 거리   熊 くま 圐 곰
パニック 圐 혼란 상태, 패닉

4
저 모퉁이角의 꽃집에서 장미를 샀습니다.

해설 角는 3 かど로 발음한다.
어휘 角 かど 圐 모퉁이   花屋 はなや 圐 꽃집   バラ 圐 장미
買う かう 퇗 사다

5
당신의 지역에서는 어떤 산업産業이 활발합니까?

해설 産業는 4 さんぎょう로 발음한다. 業는 ごう와 ぎょう로 발음할 수 있는데, 産業의 경우에는 ぎょう로 발음되는 것에 주의한다.
어휘 産業 さんぎょう 圐 산업   地域 ちいき 圐 지역
盛んだ さかんだ 퇗 활발하다, 번성하다

6
문제의 적당適当한 해결책은, 아직 발견되지 않았다.

해설 適当는 3 てきとう로 발음한다. てき가 탁음이 아닌 것과 とう가 장음인 것에 주의한다.
어휘 適当だ てきとうだ 퇗 적당한   問題 もんだい 圐 문제
解決策 かいけつさく 圐 해결책   まだ 퇗 아직
見つかる みつかる 퇗 발견되다

7
아이들은 광장広場에서 활기차게 놀고 있다.

해설 広場는 2 ひろば로 발음한다.
어휘 広場 ひろば 圐 광장   子ども こども 圐 아이
元気だ げんきだ 퇗 활기차다   遊ぶ あそぶ 퇗 놀다

8
이것을 포장하면包めば 되나요?

해설 包めば는 1 つつめば로 발음한다.
어휘 包む つつむ 퇗 포장하다, 싸다

실전 대비하기 3   p.52

1 2   **2** 4   **3** 1   **4** 3   **5** 2
6 1   **7** 3   **8** 1

문제1 _____의 말의 읽는 법으로 가장 알맞은 것을, 1·2·3·4에서 하나 고르세요.

1
근대近代 일본 미술을 배울 수 있는 강의를 들을 생각이다.

해설 近代는 2 きんだい로 발음한다. だい가 탁음인 것에 주의한다.
어휘 近代 きんだい 圐 근대   日本 にほん 圐 일본   美術 びじゅつ 圐 미술
学ぶ まなぶ 퇗 배우다   講義 こうぎ 圐 강의   聞く きく 퇗 듣다
~つもりだ ~(할) 생각이다

2
하라다 씨는 그를 싫어하고嫌って 있는 것 같습니다.

해설 嫌って는 4 きらって로 발음한다.
어휘 嫌う きらう 퇗 싫어하다   うたがう 퇗 의심하다   わらう 퇗 웃다
さそう 퇗 초대하다, 권유하다   彼 かれ 圐 그   ~ようだ ~인 것 같다

3

역에서 우연히, 지인知人을 만났습니다.

해설 知人은 1 ちじん으로 발음한다. 人은 じん과 にん 두 가지로 발음할 수 있는데, 知人의 경우에는 じん으로 발음하는 것에 주의한다.

어휘 知人 ちじん 몡지인 駅 えき 몡역 偶然 ぐうぜん 閉우연히
会う あう 통만나다

4

조금 더 가벼운軽い 가방이 갖고 싶습니다.

해설 軽い는 3 かるい로 발음한다.

어휘 軽い かるい い형가볍다 あつい い형두껍다 ちいさい い형작다
やすい い형싸다 もう少し もうすこし 囲조금 더 かばん 몡가방
ほしい い형갖고 싶다, 원하다

5

여권이 발행発行되기까지 1주일 정도 걸립니다.

해설 発行는 2 はっこう로 발음한다. はっ이 촉음인 것에 주의한다.

어휘 発行 はっこう 몡발행 パスポート 몡여권 ~まで 조~까지
1週間 いっしゅうかん 몡1주일 ~ほど 조~정도 かかる 통걸리다

6

악셀을 밟으니, 차는 점점 가속加速했다.

해설 加速는 1 かそく로 발음한다. そく가 탁음이 아닌 것에 주의한다.

어휘 加速 かそく 몡가속 アクセル 몡악셀 ふむ 통밟다
車 くるま 몡차 どんどん 囲점점

7

꽃병은 텔레비전 옆横에 둡시다.

해설 横는 3 よこ로 발음한다.

어휘 横 よこ 몡옆 むかい 몡맞은편 そば 몡근처, 곁 となり 몡옆, 이웃
花瓶 かびん 몡꽃병 テレビ 몡텔레비전 置く おく 통두다, 놓다

8

빨리 훌륭한 목수大工가 되고 싶습니다.

해설 大工는 1 だいく로 발음한다. く가 장음이 아닌 것에 주의한다.

어휘 大工 だいく 몡목수 早く はやく 囲빨리
立派だ りっぱだ な형훌륭하다

실전 대비하기 4   p.53

| 1 4 | 2 1 | 3 4 | 4 4 | 5 4 |
| 6 2 | 7 3 | 8 1 | | |

문제1 _____의 말의 읽는 법으로 가장 알맞은 것을, 1·2·3·4에서 하나 고르세요.

1

길어진 가지枝를 가위로 잘랐다.

해설 枝는 4 えだ로 발음한다.

어휘 枝 えだ 몡가지 ね 몡뿌리 は 몡잎 くさ 몡풀
伸びる のびる 통길어지다 はさみ 몡가위 切る きる 통자르다

2

축구는 한 시합 5명까지 선수를 교대交代할 수 있다.

해설 交代는 1 こうたい로 발음한다. こう가 탁음이 아닌 것에 주의한다.

어휘 交代 こうたい 몡교대 サッカー 몡축구 試合 しあい 몡시합
~人 ~にん ~명 ~まで 조~까지 選手 せんしゅ 몡선수
できる 통할 수 있다

3

특급特急을 타면 도쿄역까지 30분만에 도착한다.

해설 特急는 4 とっきゅう로 발음한다. とっ이 촉음인 것과 きゅう가 장음인 것에 주의한다.

어휘 特急 とっきゅう 몡특급 乗る のる 통타다 東京 とうきょう 몡도쿄
駅 えき 몡역 ~まで 조~까지 ~分 ~ぶん ~분
着く つく 통도착하다

4

연휴였기 때문에, 오랜만에 본가実家로 돌아갔다.

해설 実家는 4 じっか로 발음한다. じっ이 촉음인 것에 주의한다. 家는 음독으로 か 혹은 け, 훈독으로 や 혹은 いえ로 발음할 수 있는데, 実家의 경우에는 か로 발음하는 것에 주의한다.

어휘 実家 じっか 몡본가 連休 れんきゅう 몡연휴 ~ので 조~기 때문에
ひさしぶりだ な형오랜만이다 帰る かえる 통돌아가다

5

본점은 평일平日만 영업하고 있습니다.

해설 平日는 4 へいじつ로 발음한다. 日는 じつ와 にち 두 가지로 발음할 수 있는데, 平日의 경우에는 じつ로 발음하는 것에 주의한다.

어휘 平日 へいじつ 몡평일 本店 ほんてん 몡본점 ~のみ 조~만
営業 えいぎょう 몡영업

6

점심을 먹은 후, 거실居間에서 텔레비전을 보고 있었다.

해설 居間는 2 いま로 발음한다. 居는 음독으로 きょ, 훈독으로 い로 발음할 수 있는데, 居間의 경우에는 い로 발음하는 것에 주의한다. 間

는 음독으로 かん, 훈독으로 ま로 발음할 수 있는데, 居間의 경우에는 ま로 발음하는 것에 주의한다.

어휘 居間 いま 명 거실   昼食 ちゅうしょく 명 점심   食べる たべる 동 먹다
あと 명 후   テレビ 명 텔레비전   見る みる 동 보다

7

강에 빠진 사람이 <u>구조</u>**救助**되었다고 합니다.

해설 救助는 3 きゅうじょ로 발음한다. きゅう가 장음인 것과 じょ가 장음이 아닌 것에 주의한다.

어휘 救助 きゅうじょ 명 구조   川 かわ 명 강   おぼれる 동 빠지다
人 ひと 명 사람   ~そうだ ~다고 한다

8

<u>수상한</u>**怪しい** 이메일이 도착했습니다.

해설 怪しい는 1 あやしい로 발음한다.

어휘 怪しい あやしい い형 수상하다   かなしい い형 슬프다
めずらしい い형 드물다   あたらしい い형 새롭다   メール 명 이메일
届く とどく 동 도착하다

실전 대비하기 5   p.54

| 1 1 | 2 4 | 3 3 | 4 2 | 5 4 |
| 6 3 | 7 3 | 8 1 | | |

문제1 _____의 말의 읽는 법으로 가장 알맞은 것을, 1·2·3·4에서 하나 고르세요.

1

이 근처에는 오래된 <u>건물</u>**建物**이 많다.

해설 建物는 1 たてもの로 발음한다. 建는 음독으로 けん, 훈독으로 たて로 발음할 수 있는데, 建物의 경우에는 たて로 발음하는 것에 주의한다. 物는 음독으로 ぶつ 혹은 もつ, 훈독으로 もの로 발음할 수 있는데, 建物의 경우에는 もの로 발음하는 것에 주의한다.

어휘 建物 たてもの 명 건물   この 이   辺り あたり 명 근처
古い ふるい い형 오래되다   多い おおい い형 많다

2

인간의 독감은 다른 동물에게 <u>전염</u>**伝染**되지 않는다.

해설 伝染은 4 でんせん으로 발음한다. でん이 탁음인 것에 주의한다.

어휘 伝染 でんせん 명 전염   人間 にんげん 명 인간
インフルエンザ 명 독감   他 ほか 명 다른 (것)
動物 どうぶつ 명 동물

3

<u>현대</u>**現代** 사회 문제에 대해 생각해 보았다.

해설 現代는 3 げんだい로 발음한다. 모든 선택지가 3 げんだい와 같은 한자를 포함하며 의미에 연관이 있는 단어의 발음을 써서 혼동을 준 오답이다.

어휘 現代 げんだい 명 현대   せんだい 명 선대   ねんだい 명 연대
きんだい 명 근대   社会 しゃかい 명 사회   問題 もんだい 명 문제
~について ~에 대해   考える かんがえる 동 생각하다
~てみる ~(해) 보다

4

기무라 씨는 <u>합격한</u>**受かった** 것 같습니다.

해설 受かった는 2 うかった로 발음한다.

어휘 受かる うかる 동 합격되다   わかる 동 알다   あずかる 동 맡다
たすかる 동 살아나다   ~ようだ ~인 것 같다

5

가지고 있던 <u>외화</u>**外貨**를 일본 엔으로 바꿨다.

해설 外貨는 4 がいか로 발음한다. 外는 がい와 げ 두 가지로 발음할 수 있는데, 外貨의 경우에는 がい로 발음하는 것에 주의한다.

어휘 外貨 がいか 명 외화   持つ もつ 동 가지다
日本円 にほんえん 명 일본 엔   換える かえる 동 바꾸다

6

야마시타 씨는 그다지 <u>상식</u>**常識**이 없다고 한다.

해설 常識는 3 じょうしき로 발음한다.

어휘 常識 じょうしき 명 상식   あまり 부 그다지   ない い형 없다
~らしい ~라고 한다

7

새로운 선생님은 생각보다 <u>젊었다</u>**若かった**.

해설 若かった는 3 わかかった로 발음한다.

어휘 若い わかい い형 젊다   おそい い형 늦다   ほそい い형 가늘다
こわい い형 무섭다   新しい あたらしい い형 새롭다
先生 せんせい 명 선생님   思う おもう 동 생각하다   ~より 조 ~보다

8

손님에게 보다 좋은 서비스를 <u>제공</u>**提供**하고 싶다.

해설 提供는 1 ていきょう로 발음한다.

어휘 提供 ていきょう 명 제공   お客様 おきゃくさま 명 손님   より 부 보다
よい い형 좋다   サービス 명 서비스   ~たい ~(하)고 싶다

실전 대비하기 6   p.55

| **1** 3 | **2** 1 | **3** 2 | **4** 2 | **5** 4 |
| **6** 1 | **7** 4 | **8** 2 | | |

문제1 ＿＿＿의 말의 읽는 법으로 가장 알맞은 것을, 1·2·3·4에서 하나 고르세요.

1
하늘에 예쁜 별星이 보입니다.

해설 星는 3 ほし로 발음한다.
어휘 星 ほし 명별   つき 명달   にじ 명무지개   くも 명구름
　　 空 そら 명하늘   きれいだ な형예쁘다   見える みえる 동보이다

2
지정指定된 좌석에 앉아 주세요.

해설 指定는 1 してい로 발음한다. し가 촉음이 아닌 것에 주의한다.
어휘 指定 してい 명지정   座席 ざせき 명좌석   座る すわる 동앉다
　　 ～てください ~(해) 주세요

3
어머니는 단甘い 음식을 별로 좋아하지 않는다.

해설 甘い는 2 あまい로 발음한다.
어휘 甘い あまい い형달다   すっぱい い형시다   にがい い형쓰다
　　 からい い형맵다   母 はは 명어머니   食べ物 たべもの 명음식
　　 あまり 부별로   好きだ すきだ な형좋아하다

4
어학語学을 살려, 해외에서 일하고 있다.

해설 語学는 2 ごがく로 발음한다. ご가 장음이 아닌 것과 탁음인 것에 주의한다.
어휘 語学 ごがく 명어학   生かす いかす 동살리다
　　 海外 かいがい 명해외   働く はたらく 동일하다

5
출구를 나가서, 정면正面에 있는 건물이 은행입니다.

해설 正面은 4 しょうめん으로 발음한다. 正는 しょう와 せい 두 가지로 발음할 수 있는데, 正面의 경우에는 しょう로 발음하는 것에 주의한다.
어휘 正面 しょうめん 명정면   出口 でぐち 명출구   出る でる 동나가다
　　 建物 たてもの 명건물   銀行 ぎんこう 명은행

6
나이를 먹고, 등背中이 굽고 말았다.

해설 背中는 1 せなか로 발음한다. せ가 장음이 아닌 것에 주의한다. 中는 음독으로 ちゅう 혹은 じゅう, 훈독으로 なか로 발음할 수 있는데, 背中의 경우에는 なか로 발음하는 것에 주의한다.
어휘 背中 せなか 명등   年 とし 명나이   取る とる 동(나이) 먹다
　　 曲がる まがる 동굽다   ～てしまう ~하고 말다

7
혼다 씨는 무엇을 늘어놓았並べた습니까?

해설 並べた는 4 ならべた로 발음한다.
어휘 並べる ならべる 동늘어놓다, 나열하다   えらぶ 동고르다
　　 まなぶ 동배우다   しらべる 동조사하다, 알아보다   何 なに 명무엇

8
지불은 나중後日이라도 상관없습니다.

해설 後日는 2 ごじつ로 발음한다. ご가 장음이 아닌 것에 주의한다. 日는 음독으로 にち 혹은 じつ, 훈독으로 ひ 혹은 か로 발음할 수 있는데, 後日의 경우에는 じつ로 발음하는 것에 주의한다.
어휘 後日 ごじつ 명나중, 후일   支払い しはらい 명지불
　　 ～でも 조~라도   かまわない 상관없다

실전 대비하기 7   p.56

| **1** 2 | **2** 4 | **3** 3 | **4** 3 | **5** 2 |
| **6** 3 | **7** 2 | **8** 4 | | |

문제1 ＿＿＿의 말의 읽는 법으로 가장 알맞은 것을, 1·2·3·4에서 하나 고르세요.

1
선생님이 다음 주 시험 범위範囲를 가르쳐 주었습니다.

해설 範囲는 2 はんい로 발음한다. はん이 탁음이 아닌 것에 주의한다.
어휘 範囲 はんい 명범위   先生 せんせい 명선생(님)
　　 来週 らいしゅう 명다음 주   試験 しけん 명시험
　　 教える おしえる 동가르치다

2
친구가 추천해勧めて 준 책을 읽었다.

해설 勧めて는 4 すすめて로 발음한다.
어휘 勧める すすめる 동추천하다   みとめる 동인정하다

ほめる 동칭찬하다   あつめる 동모으다   友だち ともだち 명친구
本 ほん 명책   読む よむ 동읽다

3
찾으시는 책이 입하入荷되면, 알려드릴게요.

해설 入荷는 3 にゅうか로 발음한다. にゅう가 장음인 것에 주의한다.
어휘 入荷 にゅうか 명입하   探す さがす 동찾다   本 ほん 명책
〜たら 조〜하면   知らせる しらせる 동알리다

4
강한 바람이 불어서, 나무가 쓰러졌습니다倒れました.

해설 倒れました는 3 たおれました로 발음한다.
어휘 倒れる たおれる 동쓰러지다   ながれる 동흘러가다
おれる 동꺾어지다   ゆれる 동흔들리다
強い つよい い형강하다, 세다   風 かぜ 명바람
吹く ふく 동(바람이) 불다   木 き 명나무

5
일요일은 엄마와 공원을 산책散歩했습니다.

해설 散歩는 2 さんぽ로 발음한다. ぽ가 장음이 아닌 것에 주의한다.
어휘 散歩 さんぽ 명산책   日曜日 にちようび 명일요일   母 はは 명엄마
公園 こうえん 명공원

6
저기에 시간표時刻表가 있으니까, 봐 봅시다.

해설 時刻表는 3 じこくひょう로 발음한다. ひょう가 장음인 것에 주의한다.
어휘 時刻表 じこくひょう 명(열차, 항공기의) 시간표
〜から 조〜니까, 이므로   見る みる 동보다

7
대학을 졸업하면, 번역翻訳 일이 하고 싶다.

해설 翻訳는 2 ほんやく로 발음한다. ほん이 탁음이 아닌 것에 주의한다.
어휘 翻訳 ほんやく 명번역   大学 だいがく 명대학
卒業 そつぎょう 명졸업   仕事 しごと 명일

8
셔츠와 바지를 세탁洗濯했다.

해설 洗濯는 4 せんたく로 발음한다. たく가 탁음이 아닌 것에 주의한다.
어휘 洗濯 せんたく 명세탁   シャツ 명셔츠   ズボン 명바지

실전 대비하기 8   p.57

| **1** 3 | **2** 1 | **3** 4 | **4** 2 | **5** 2 |
| **6** 3 | **7** 1 | **8** 3 |

문제1 _____ 의 말의 읽는 법으로 가장 알맞은 것을, 1·2·3·4에서 하나 고르세요.

1
산 정상頂上에서 바다가 보였습니다.

해설 頂上는 3 ちょうじょう로 발음한다. ちょう가 장음인 것과 じょう가 탁음인 것에 주의한다.
어휘 頂上 ちょうじょう 명정상   山 やま 명산   〜から 조〜에서
海 うみ 명바다   見える みえる 동보이다

2
어째서 의심하고疑って 있는 거예요?

해설 疑って는 1 うたがって로 발음한다.
어휘 疑う うたがう 동의심하다   しかる 동혼내다   とまる 동멈추다
のこる 동남다   どうして 부어째서

3
건강 유지維持를 위해서, 조깅을 시작했다.

해설 維持는 4 いじ로 발음한다. じ가 탁음인 것에 주의한다.
어휘 維持 いじ 명유지   健康 けんこう 명건강   〜ために 〜위해서, 때문에
ジョギング 명조깅   始める はじめる 동시작하다

4
1만 엔을 환전両替하면, 얼마가 됩니까?

해설 両替는 2 りょうがえ로 발음한다. りょう가 장음인 것에 주의한다. 替는 음독으로 たい, 훈독으로 かえ로 발음할 수 있는데, 両替의 경우에는 がえ로 발음하는 것에 주의한다.
어휘 両替 りょうがえ 명환전, 돈을 바꿈   いくら 명얼마

5
새 컴퓨터에 데이터를 옮겼다移した.

해설 移した는 2 うつした로 발음한다.
어휘 移す うつす 동옮기다   まわす 동돌리다   おろす 동내리다
とおす 동통하게 하다   新しい あたらしい い형새롭다
パソコン 명컴퓨터   データ 명데이터

6

저 비탈길坂을 오르면, 중학교가 있습니다.

해설 坂는 3 さか로 발음한다.
어휘 坂 さか 명비탈길, 고개　みち 명길　かべ 명벽　おか 명언덕, 구릉
　　　のぼる 동오르다　中学校 ちゅうがっこう 명중학교

7

실수했을 때는, 반성反省하지 않으면 안 된다.

해설 反省는 1 はんせい로 발음한다. 省는 しょう와 せい 두 가지로 발음할 수 있는데, 反省의 경우에는 せい로 발음하는 것에 주의한다.
어휘 反省 はんせい 명반성　失敗 しっぱい 명실수

8

어제부터 두통頭痛이 납니다.

해설 頭痛는 3 ずつう로 발음한다. ず가 탁음이면서 장음이 아닌 것에 주의한다.
어휘 頭痛がする ずつうがする 두통이 나다　昨日 きのう 명어제
　　　～から 조 ~부터

실전 대비하기 9   p.58

| **1** 4 | **2** 2 | **3** 2 | **4** 4 | **5** 4 |
| **6** 1 | **7** 3 | **8** 2 | | |

문제1 _____의 말의 읽는 법으로 가장 알맞은 것을, 1·2·3·4에서 하나 고르세요.

1

오늘부터 3일간 연속連続으로 비가 내린다고 합니다.

해설 連続는 4 れんぞく로 발음한다. ぞく가 탁음인 것에 주의한다.
어휘 連続 れんぞく 명연속　今日 きょう 명오늘　～から 조 ~부터
　　　雨 あめ 명비　降る ふる 동(비, 눈이) 내리다

2

그는 잘 모르는 사람으로부터의 권유를 거절했다断った.

해설 断った는 2 ことわった로 발음한다.
어휘 断る ことわる 동거절하다　ねがう 동바라다　うたがう 동의심하다
　　　きらう 동싫어하다　よく 부잘　知るしる 동알다
　　　～から 조 ~(으)로부터　誘い さそい 명권유

3

이 요리는 시간에 여유余裕가 있을 때에 만듭니다.

해설 余裕는 2 よゆう로 발음한다. よ가 장음이 아닌 것과 ゆう가 장음인 것에 주의한다.
어휘 余裕 よゆう 명여유　料理 りょうり 명요리　時間 じかん 명시간
　　　作る つくる 동만들다

4

회사를 경영経営하는 것은, 매우 힘든 일이라고 생각한다.

해설 経営는 4 けいえい로 발음한다. 経의 음독은 けい인 것과 営의 음독은 えい인 것에 주의한다.
어휘 経営 けいえい 명경영　会社 かいしゃ 명회사　とても 부매우
　　　大変だ たいへんだ な형힘들다　～と思う ～とおもう ~라고 생각하다

5

그녀는 나의 손을 잡고握って, '고마워'라고 말했다.

해설 握って는 4 にぎって로 발음한다.
어휘 握る にぎる 동잡다　さわる 동만지다　ふる 동흔들다
　　　はらう 동지불하다　手 て 명손

6

이 가게에는 멋진 가구家具가 구비되어 있습니다.

해설 家具는 1 かぐ로 발음한다. 家具의 家는 음독 か, 훈독 いえ 중 음독 か로 발음하는 것에 주의한다.
어휘 家具 かぐ 명가구　店 みせ 명가게　おしゃれだ な형멋지다
　　　そろう 동구비하다, 갖추다　家事 かじ 명가사, 집안일

7

이 스커트는 유행流行에 관계 없이, 오래 입을 수 있다.

해설 流行는 3 りゅうこう로 발음한다. 行는 ぎょう와 こう 두 가지로 발음할 수 있는데, 流行의 경우에는 こう로 발음하는 것에 주의한다.
어휘 流行 りゅうこう 명유행　スカート 명스커트　関係 かんけい 명관계
　　　長い ながい い형(시간이) 오래다, 길다　はく 동(하의를) 입다
　　　できる 동할 수 있다

8

할아버지는 젊었을 때, 어부漁師를 했었다.

해설 漁師는 2 りょうし로 발음한다. 漁는 ぎょ와 りょう로 발음할 수 있는데, 漁師의 경우에는 りょう로 발음하며 りょう가 장음인 것에 주의한다.
어휘 漁師 りょうし 명어부　祖父 そふ 명할아버지　若い わかい い형젊다
　　　～とき ~때

실전 대비하기 10   p.59

| 1 1 | 2 3 | 3 4 | 4 1 | 5 4 |
| 6 2 | 7 4 | 8 2 | | |

문제1 _____의 말의 읽는 법으로 가장 알맞은 것을, 1·2·3·4에서 하나 고르세요.

1

레스토랑을 예약予約하기 위해서 전화를 했다.

해설 予約는 1 よやく로 발음한다. よ가 장음이 아닌 것에 주의한다.
어휘 予約 よやく 명예약   レストラン 명레스토랑
　　 ~ために ~위해서, 때문에   電話 でんわ 명전화

2

공원에서 친구와 놀았다遊んだ.

해설 遊んだ는 3 あそんだ로 발음한다.
어휘 遊ぶ あそぶ 동놀다   さけぶ 동외치다   なやむ 동고민하다
　　 ならぶ 동늘어서다, 한 줄로 서다   公園 こうえん 명공원
　　 友だち ともだち 명친구

3

빨간 펜으로 선線을 그어 주세요.

해설 線은 4 せん으로 발음한다.
어휘 線を引く せんをひく 선을 긋다   もじ 명글자   ず 명그림
　　 え 명그림   赤い あかい い형빨갛다   ペン 명펜

4

최근 혈압血圧이 높아졌다.

해설 血圧는 1 けつあつ로 발음한다. けつ가 탁음이 아닌 것에 주의한다.
어휘 血圧 けつあつ 명혈압   最近 さいきん 명최근
　　 高い たかい い형높다

5

수학 수업은 매우 어렵다難しい.

해설 難しい는 4 むずかしい로 발음한다.
어휘 難しい むずかしい い형어렵다   やさしい い형친절하다
　　 たのしい い형즐겁다   きびしい い형엄하다   数学 すうがく 명수학
　　 授業 じゅぎょう 명수업   とても 부매우

6

곤도 선수는 지금 이기고勝って 있습니까?

해설 勝って는 2 かって로 발음한다.
어휘 勝つ かつ 동이기다   選手 せんしゅ 명선수   おこる 동화내다
　　 こまる 동곤란해하다   たたかう 동싸우다

7

이 전철은 각 역各駅에 멈춥니다.

해설 各駅는 4 かくえき로 발음한다. かく가 탁음이 아닌 것과 えき가 탁음이 아닌 것에 주의한다.
어휘 各駅 かくえき 명각 역   電車 でんしゃ 명전철
　　 とまる 동멈추다, 정지하다

8

공부할 때, 가장 중요重要한 것은 무엇입니까?

해설 重要는 2 じゅうよう로 발음한다. じゅう가 탁음이면서 장음인 것에 주의한다.
어휘 重要だ じゅうようだ な형중요하다   勉強 べんきょう 명공부
　　 いちばん 부가장, 제일

문제 2 표기

실력 다지기   p.74

01 ① (헤엄치다)	02 ① (기온)	03 ③ (번역하다)
04 ① (비교)	05 ② (설명)	06 ② (거리)
07 ④ (살다)	08 ② (주간지)	09 ① (관측)
10 ② (빠르다)	11 ① (용기)	12 ② (수출)
13 ② (가늘다)	14 ④ (중지)	15 ① (사무실)
16 ① (안쪽)	17 ③ (서두르다)	18 ④ (모집)
19 ④ (험하다)	20 ④ (옮기다)	

실전 대비하기 1   p.76

| 1 3 | 2 2 | 3 4 | 4 1 | 5 2 |
| 6 1 | 7 4 | 8 3 | | |

문제2 _____의 말을 한자로 쓸 때, 가장 알맞은 것을, 1·2·3·4에서 하나 고르세요.

1

건물 안에서 담배를 피워서すって는 안 됩니다.

해설 すって는 3 吸って로 표기한다.

어휘 吸う すう 图피우다   建物 たてもの 图건물   中 なか 图안
　　 たばこ 图담배   ~てはいけない ~(해)서는 안 된다

2
저 두 사람은 <u>단단한 かたい</u> 우정으로 묶여 있다.

해설 かたい는 2 固い로 표기한다.
어휘 固い かたい い형단단하다   二人 ふたり 图두 사람
　　 友情 ゆうじょう 图우정   結ぶ むすぶ 图묶다, 맺다

3
<u>평화 へいわ</u>로운 세계를 바라고 있습니다.

해설 へいわ는 4 平和로 표기한다. 平(へい, 평평하다)를 선택지 1과 3의 半(はん, 반)과 구별해서 알아 두고, 和(わ, 화합하다)를 선택지 1과 2의 知(ち, 알다)와 구별해서 알아 둔다.
어휘 平和だ へいわだ な형평화롭다   世界 せかい 图세계
　　 願う ねがう 图바라다

4
다음 달, <u>손자 まご</u>가 생일을 맞이한다.

해설 まご는 1 孫로 표기한다.
어휘 孫 まご 图손주   来月 らいげつ 图다음 달
　　 誕生日 たんじょうび 图생일   迎える むかえる 图맞이하다

5
친구가 <u>추천해 すすめて</u> 준 영화는 매우 재미있었다.

해설 すすめて는 2 勧めて로 표기한다.
어휘 勧める すすめる 图추천하다   友人 ゆうじん 图친구   とても 부매우
　　 面白い おもしろい い형재미있다

6
<u>경쟁 きょうそう</u>에 이기기 위해서는 노력이 필요합니다.

해설 きょうそう는 1 競争로 표기한다. 競(きょう, 다투다)를 선택지 2와 4의 強(きょう, 강하다)와 구별해서 알아 두고, 争(そう, 다투다)를 선택지 2와 3의 戦(せん, 싸우다)과 구별해서 알아 둔다.
어휘 競争 きょうそう 图경쟁   勝つ かつ 图이기다   努力 どりょく 图노력
　　 必要だ ひつようだ な형필요하다

7
뒷자리면, <u>칠판 こくばん</u>의 글씨가 잘 보이지 않습니다.

해설 こくばん는 4 黒板으로 표기한다. 黒(こく, 검다)를 선택지 2와 3의 墨(ぼく, 먹)와 구별해서 알아 두고, 板(ばん, 판자)을 선택지 1과 3의 版(はん, 판목)과 구별해서 알아 둔다.
어휘 黒板 こくばん 图칠판   後ろ うしろ 图뒤   席 せき 图자리
　　 字 じ 图글씨   よく 부잘   見える みえる 图보이다

8
가난한 사람들을 위해, 돈을 <u>기부 きふ</u>했다.

해설 きふ는 3 寄付로 표기한다. 寄(き, 부치다)를 선택지 2와 4의 期(き, 기약하다)와 구별해서 알아 두고, 付(ふ, 부치다)를 선택지 1과 2의 符(ふ, 부호)와 구별해서 알아 둔다.
어휘 寄付 きふ 图기부   貧しい まずしい い형가난하다
　　 お金 おかね 图돈

실전 대비하기 2   p.77

1 3   **2** 1   **3** 4   **4** 3   **5** 4
6 1   **7** 2   **8** 3

문제2 _____의 말을 한자로 쓸 때, 가장 알맞은 것을, 1·2·3·4에서 하나 고르세요.

1
투표율이 지난번보다 <u>낮아 ひくく</u>졌다.

해설 ひくく는 3 低く로 표기한다.
어휘 低い ひくい い형낮다   投票率 とうひょうりつ 图투표율
　　 前回 ぜんかい 图지난번

2
<u>그림 かいが</u>을 감상하는 것을 좋아합니다.

해설 かいが는 1 絵画로 표기한다. 絵(かい, 그림)를 선택지 3과 4의 改(かい, 고치다)와 구별해서 알아 두고, 画(が, 그림)를 선택지 2와 4의 図(ず, 그림)와 구별해서 알아 둔다.
어휘 絵画 かいが 图그림, 회화   鑑賞 かんしょう 图감상
　　 好きだ すきだ な형좋아하다

3
그는 <u>빈</u>から 페트병을 버렸다.

해설 から는 4 空로 표기한다.
어휘 空 から 图빔   ペットボトル 图페트병   捨てる すてる 图버리다

4
시험 결과는 <u>예상 よそう</u>하고 있던 대로였습니다.

해설 よそう는 3 予想로 표기한다. 予(よ, 미리)를 선택지 1과 4의 与(よ, 주다)와 구별해서 알아 두고, 想(そう, 생각하다)를 선택지 1과 2의 思(し, 생각하다)와 구별해서 알아 둔다.
어휘 予想 よそう 图예상   試験 しけん 图시험   結果 けっか 图결과
　　 ~た通り ~たとおり ~한 대로

5
요즘, 따뜻한あたたかい 날이 계속되고 있다.

해설 あたたかい는 4 暖かい로 표기한다.
어휘 暖かい あたたかい [い형]따뜻하다 このところ [부]요즘 日 ひ [명]날
　　 続く つづく [동]계속되다

6
사이버 공격을 막기ふせぐ 위해서 보안을 강화한다.

해설 ふせぐ는 1 防ぐ로 표기한다.
어휘 防ぐ ふせぐ [동]막다, 방지하다 サイバー [명]사이버
　　 攻撃 こうげき [명]공격 セキュリティ [명]보안 強化 きょうか [명]강화

7
홋카이도에는 5일 정도 체류たいざい할 예정입니다.

해설 たいざい는 2 滞在로 표기한다. 滞(たい, 막히다)를 선택지 1과 4의 帯(たい, 띠)와 구별해서 알아 두고, 在(ざい, 있다)를 선택지 3과 4의 存(そん, 있다)과 구별해서 알아 둔다.
어휘 滞在 たいざい [명]체류 北海道 ほっかいどう [명]홋카이도
　　 ～間 ～かん ~동안 予定 よてい [명]예정

8
오늘 회의는 다음 주よくしゅう로 연기되었다.

해설 よくしゅう는 3 翌週로 표기한다. 翌(よく, 다음)를 선택지 1의 異(い, 다르다), 선택지 2의 次(じ, 다음), 선택지 4의 後(ご, 뒤)와 구별해서 알아 둔다.
어휘 翌週 よくしゅう [명]다음 주 今日 きょう [명]오늘 会議 かいぎ [명]회의
　　 延期 えんき [명]연기

실전 대비하기 3   p.78

| 1 3 | 2 1 | 3 4 | 4 4 | 5 1 |
| 6 2 | 7 2 | 8 4 | | |

문제2 ＿＿＿의 말을 한자로 쓸 때, 가장 알맞은 것을, 1·2·3·4에서 하나 고르세요.

1
장래에는 웃음이 넘치는 가정かてい을 가지고 싶다.

해설 かてい는 3 家庭로 표기한다. 庭(てい, 뜰)를 선택지 1의 定(てい, 정하다), 2의 亭(てい, 머무르다), 4의 底(てい, 밑)와 구별해서 알아 둔다.
어휘 家庭 かてい [명]가정 将来 しょうらい [명]장래
　　 笑顔 えがお [명]웃음, 웃는 얼굴 あふれる [동]넘치다
　　 持つ もつ [동]가지다 ～たい ~(하)고 싶다

2
이번에, 시장에 당선とうせん된 다나카입니다.

해설 とうせん은 1 当選으로 표기한다. 当(とう, 마땅하다)를 선택지 3과 4의 頭(とう, 머리)와 구별해서 알아두고, 選(せん, 가리다)을 선택지 2와 4의 戦(せん, 싸우다)과 구별해서 알아둔다.
어휘 当選 とうせん [명]당선 この度 このたび [명]이번
　　 市長 しちょう [명]시장

3
햇빛에 타ひやけ지 않도록 모자를 썼다.

해설 ひやけ는 4 日焼け로 표기한다. 日(ひ, 햇빛)를 선택지 1과 3의 火(ひ, 불)와 구별해서 알아두고, 焼(やく, 태우다)를 선택지 1과 2의 燃(もえる, 불타다)와 구별해서 알아둔다.
어휘 日焼け ひやけ [명]햇빛에 탐 ～ないように ~(하)지 않도록
　　 帽子 ぼうし [명]모자 かぶる [동](모자를) 쓰다

4
아들은 올해부터 유치원ようちえん에 다니고 있습니다.

해설 ようちえん은 4 幼稚園으로 표기한다. 幼(よう, 어리다)를 선택지 2와 3의 用(よう, 쓰다)과 구별해서 알아두고, 園(えん, 동산)을 선택지 1과 2의 館(かん, 집)과 구별해서 알아둔다.
어휘 幼稚園 ようちえん [명]유치원 息子 むすこ [명]아들
　　 今年 ことし [명]올해 ～から [조]~부터 通う かよう [동]다니다

5
책꽂이에 먼지가 쌓여つもって 있어서 더럽다.

해설 つもって는 1 積もって로 표기한다. 2, 3, 4는 없는 단어이다.
어휘 積もる つもる [동]쌓이다 重ねる かさねる [동]겹치다
　　 集まる あつまる [동]모이다 残る のこる [동]남다
　　 本棚 ほんだな [명]책꽂이 ほこり [명]먼지 汚い きたない [い형]더럽다

6
여관에서 따뜻한 환영かんげい을 받았다.

해설 かんげい는 2 歓迎로 표기한다. 歓(かん, 기쁨)을 선택지 3과 4의 感(かん, 느낌)과 구별해서 알아두고, 迎(げい, 맞이하다)를 선택지 1과 3의 印(いん, 도장)과 구별해서 알아둔다.
어휘 歓迎 かんげい [명]환영 旅館 りょかん [명]여관
　　 温かい あたたかい [い형]따뜻하다 受ける うける [동]받다

7
눈이 아프기 때문에, 안과がんか에서 진찰받을 생각입니다.

해설 がんかは 2 眼科로 표기한다. 眼(がん, 눈)을 선택지 1과 3의 視(し, 보다)와 구별해서 알아두고, 科(か, 과목)를 선택지 3과 4의 課(か, 할당된 일)와 구별해서 알아둔다.

어휘 眼科 がんか 명안과   目 め 명눈   痛い いたい い형아프다
~ので 조~때문에   診る みる 동진찰하다   ~てもらう ~(해) 받다
~つもりだ ~(할) 생각이다

8

무슨 일이 있어도, 빚<u>しゃっきん</u>만은 지고 싶지 않다.

해설 しゃっきんは 4 借金으로 표기한다. 借(しゃく, 빌리다)를 선택지 1과 3의 措(そ, 두다)와 구별해서 알아두고, 金(きん, 금)을 선택지 1과 2의 禁(きん, 금지)과 구별해서 알아둔다.

어휘 借金 しゃっきん 명빚   ~だけ 조~만   ~たい ~(하)고 싶다

실전 대비하기 4   p.79

| 1 1 | 2 3 | 3 1 | 4 4 | 5 4 |
| 6 1 | 7 4 | 8 2 | | |

문제2 ____의 말을 한자로 쓸 때, 가장 알맞은 것을, 1·2·3·4에서 하나 고르세요.

1

<u>샘いずみ</u>의 물은 매우 깨끗합니다.

해설 いずみは 1 泉로 표기한다. 2는 없는 단어이다.

어휘 泉 いずみ 명샘   昇る のぼる 동오르다   池 いけ 명못
波 なみ 명파도   水 みず 명물   とても 부매우
きれい い형깨끗하다

2

인터넷을 이용한 범죄<u>はんざい</u>가 늘고 있다.

해설 はんざいは 3 犯罪로 표기한다. 犯(はん, 범하다)을 선택지 1과 2의 氾(はん, 넘치다)과 구별해서 알아두고, 罪(ざい, 죄)를 선택지 2와 4의 悲(ひ, 슬픔)와 구별해서 알아둔다.

어휘 犯罪 はんざい 명범죄   インターネット 명인터넷
利用 りよう 명이용   増える ふえる 동늘다

3

시내에 있는 <u>공립こうりつ</u> 고등학교에 다니고 있습니다.

해설 こうりつは 1 公立로 표기한다. 公(こう, 공평하다)를 선택지 2의 交(こう, 사귀다), 3의 工(こう, 장인), 4의 広(こう, 넓다)와 구별해서 알아둔다.

어휘 公立 こうりつ 명공립   市内 しない 명시내   ある 동있다

高校 こうこう 명고등학교   通う かよう 동다니다

4

오늘의 <u>석간ゆうかん</u>을 읽고, 그 뉴스를 알았다.

해설 ゆうかんは 4 夕刊으로 표기한다. 夕(ゆう, 저녁)를 선택지 1과 2의 夜(や, 밤)와 구별해서 알아두고, 刊(かん, 인쇄)을 선택지 1과 3의 列(れつ, 줄)와 구별해서 알아둔다.

어휘 夕刊 ゆうかん 명석간   今日 きょう 명오늘   読む よむ 동읽다
その 그   ニュース 명뉴스   知る しる 동알다

5

서류를 <u>접어서おって</u>, 봉투에 넣어 주세요.

해설 おっては 4 折って로 표기한다. 1, 2, 3은 없는 단어이다.

어휘 折る おる 동접다   曲がる まがる 동굽다   押す おす 동밀다
畳む たたむ 동접다   書類 しょるい 명서류   封筒 ふうとう 명봉투
入れる いれる 동넣다   ~てください ~(해) 주세요

6

나의 꿈은 엄마와 같은 <u>교사きょうし</u>가 되는 것이다.

해설 きょうしは 1 教師로 표기한다. 教(きょう, 가르치다)를 선택지 3과 4의 敦(とん, 두텁다)과 구별해서 알아두고, 師(し, 스승)를 선택지 2과 4의 氏(し, 성씨)와 구별해서 알아둔다.

어휘 教師 きょうし 명교사   私 わたし 명저   夢 ゆめ 명꿈
母 はは 명엄마   ~のようだ ~와 같다   ~になる ~가 되다
こと 명것

7

어두워지기 전에 집에 <u>돌아かえって</u>와.

해설 かえっては 4 帰って로 표기한다. 1은 없는 단어이다.

어휘 帰る かえる 동돌아오다   復する ふくする 동원상태로 되다
退く しりぞく 동물러나다   戻る もどる 동되돌아오다
暗い くらい い형어둡다   前 まえ 명전   家 いえ 명집

8

다니엘 씨는 <u>능숙하きようげ</u> 젓가락을 사용합니다.

해설 きようは 2 器用로 표기한다. 器(き, 능력)를 선택지 1과 3의 基(き, 토대)와 구별해서 알아두고, 用(よう, 사용하다)를 선택지 3과 4의 様(よう, 모양)과 구별해서 알아둔다.

어휘 器用だ きようだ な형능숙하다   箸 はし 명젓가락
使う つかう 동사용하다

실전 대비하기 5 p.80

1	2	2	2	3	3	4	3	5	1
6	1	7	3	8	4				

문제2 ____의 말을 한자로 쓸 때, 가장 알맞은 것을, 1·2·3·4에서 하나 고르세요.

1
이번 대회에서 세계 기록이 경신こうしん되었다.

해설 こうしん은 2 更新으로 표기한다. 更(こう, 고치다)를 선택지 3과 4의 便(びん, 편하다)과 구별해서 알아두고, 新(しん, 새롭다)을 선택지 1과 3의 真(しん, 진실)과 구별해서 알아둔다.

어휘 更新 こうしん 명경신 今回 こんかい 명이번
大会 たいかい 명대회 世界 せかい 명세계 記録 きろく 명기록

2
지망しぼう하고 있었던 대학에 붙었습니다.

해설 しぼう는 2 志望로 표기한다. 志(し, 뜻)를 선택지 1과 3의 希(き, 희망하다)와 구별해서 알아두고, 望(ぼう, 바라다)를 선택지 3과 4의 盟(めい, 맹세하다)과 구별해서 알아둔다.

어휘 志望 しぼう 명지망 大学 だいがく 명대학
受かる うかる 동(시험 등에) 붙다

3
야스다 선수가 홈런을 쳤습니다うちました.

해설 うちました는 3 打ちました로 표기한다. 1, 2, 4는 없는 단어이다.

어휘 打つ うつ 동치다 扱う あつかう 동취급하다
投げる なげる 동던지다 折る おる 동접다 選手 せんしゅ 명선수
ホームラン 명홈런

4
여기에서, 쓰레기를 태워서もやして는 안 됩니다.

해설 もやして는 3 燃やして로 표기한다. 1, 2, 4는 없는 단어이다.

어휘 燃やす もやす 동태우다 煙 けむり 명연기 焼く やく 동굽다
熱い あつい い형뜨겁다 ここ 여기 ごみ 명쓰레기
~てはいけない ~(해)서는 안 된다

5
약은 분량ぶんりょう을 지켜서 먹어 주세요.

해설 ぶんりょう는 1 分量으로 표기한다. 量(りょう, 양)를 선택지 2의 重(じゅう, 무겁다), 3의 料(りょう, 재료), 4의 科(か, 구분)와 구별해서 알아둔다.

어휘 分量 ぶんりょう 명분량 薬 くすり 명약 守る まもる 동지키다
飲む のむ 동(약을) 먹다 ~てください ~해 주세요

6
11월에 들어, 해가 저무는くれる 것이 빨라졌다.

해설 くれる는 1 暮れる로 표기한다. 2, 3, 4는 없는 단어이다.

어휘 暮れる くれる 동저물다 墓 はか 명묘 沈む しずむ 동가라앉다
枕 まくら 명베개 ~月 ~がつ ~월 入る はいる 동들다
日 ひ 명해 早い はやい い형빠르다

7
맨션의 규칙きそく으로, 반려동물은 키울 수 없다.

해설 きそく는 3 規則로 표기한다. 規(き, 법)를 선택지 1과 2의 基(き, 기초)와 구별해서 알아두고, 則(そく, 규정)를 선택지 2와 4의 側(そく, 옆)와 구별해서 알아둔다.

어휘 規則 きそく 명규칙 マンション 명맨션, 아파트 ペット 명반려동물
飼う かう 동키우다

8
백화점에서 옅은あわい 하늘색의 셔츠를 샀다.

해설 あわい는 4 淡い로 표기한다. 1은 없는 단어이다.

어휘 淡い あわい い형옅다 優しい やさしい い형다정하다
弱い よわい い형약하다 薄い うすい い형얇다 デパート 명백화점
水色 みずいろ 명하늘색, (옅은) 남색 シャツ 명셔츠
買う かう 동사다

실전 대비하기 6 p.81

1	2	2	4	3	3	4	1	5	2
6	4	7	1	8	3				

문제2 ____의 말을 한자로 쓸 때, 가장 알맞은 것을, 1·2·3·4에서 하나 고르세요.

1
이벤트가 종료しゅうりょう되기까지 앞으로 3일입니다.

해설 しゅうりょう는 2 終了로 표기한다. 終(しゅう, 끝나다)를 선택지 1과 3의 周(しゅう, 돌다)와 구별해서 알아두고, 了(りょう, 끝나다)를 선택지 3과 4의 良(りょう, 좋다)와 구별해서 알아둔다.

어휘 終了 しゅうりょう 명종료 イベント 명이벤트 ~まで 조~까지
残り~ のこり~ 앞으로~ 三日 みっか 명3일

2
너무 몸 상태가 안 좋아서 조퇴そうたい했다.

해설 そうたい는 4 早退로 표기한다. 早(そう, 이르다)를 선택지 1과 2의 速(そく, 빠르다)와 구별해서 알아두고, 退(たい, 물러나다)를 선택지 1과 3의 迫(はく, 닥쳐오다)와 구별해서 알아둔다.

어휘 早退 そうたい 圏조퇴　あまりに 너무(나), 지나치게
体調 たいちょう 圏몸 상태　悪い わるい い圏안 좋다, 나쁘다

3
맡기는あずける 짐 속에 라이터는 없나요?

해설 あずける는 3 預ける로 표기한다. 1, 2는 없는 단어이다.

어휘 預ける あずける 圏맡기다　頃 ころ 圏때, 무렵　額 ひたい 圏이마
頂く いただく 圏받다(もらう의 겸양어)　荷物 にもつ 圏짐
中 なか 圏속, 안　ライター 圏라이터

4
날씨가 좋으니까, 마당にわ에서 이불을 말립시다.

해설 にわ는 1 庭로 표기한다. 2, 4는 없는 단어이다.

어휘 庭 にわ 圏마당, 정원　園 その 圏뜰, 정원
固い かたい い圏단단하다　天気 てんき 圏날씨　いい い圏좋다
~から 조~니까　布団 ふとん 圏이불　干す ほす 圏말리다

5
이 가게는 입지 않게 된 옷을 회수かいしゅう하고 있다.

해설 かいしゅう는 2 回収로 표기한다. 回(かい, 돌리다)를 선택지 1과 3의 会(かい, 만나다)와 구별해서 알아두고, 収(しゅう, 거두어들이다)를 선택지 3과 4의 拾(しゅう, 줍다)와 구별해서 알아둔다.

어휘 回収 かいしゅう 圏회수　店 みせ 圏가게　着る きる 圏입다
服 ふく 圏옷

6
수업이 시작되기 전에 칠판의 글자를 지웠다けした.

해설 けした는 4 消した로 표기한다. 3은 없는 단어이다.

어휘 消す けす 圏지우다　落とす おとす 圏떨어뜨리다
除する じょする 圏나누다　削る けずる 圏깎다
授業 じゅぎょう 圏수업　始まる はじまる 圏시작되다
前 まえ 圏전, 앞　黒板 こくばん 圏칠판　文字 もじ 圏글자

7
검사 결과는 정상せいじょう이었습니다.

해설 せいじょう는 1 正常로 표기한다. 正(せい, 바름)를 선택지 3과 4의 王(おう, 왕)와 구별해서 알아두고, 常(じょう, 항상)를 선택지 2와 4의 状(じょう, 형상)와 구별해서 알아둔다.

어휘 正常 せいじょう 圏정상　検査 けんさ 圏검사　結果 けっか 圏결과

8
자료는 A4 사이즈 용지ようし에 인쇄해 주세요.

해설 ようし는 3 用紙로 표기한다. 用(よう, 소용)를 선택지 1과 2의 容(よう, 모습)와 구별해서 알아두고, 紙(し, 종이)를 선택지 2와 4의 誌(し, 기록)와 구별해서 알아둔다.

어휘 用紙 ようし 圏용지　資料 しりょう 圏자료　サイズ 圏사이즈
印刷 いんさつ 圏인쇄　~てください ~(해) 주세요

실전 대비하기 7 p.82

| 1 4 | 2 1 | 3 4 | 4 1 | 5 3 |
| 6 2 | 7 4 | 8 1 | | |

문제2 ＿＿＿의 말을 한자로 쓸 때, 가장 알맞은 것을, 1·2·3·4에서 하나 고르세요.

1
다음 버스 정류장에서 내립시다おりましょう.

해설 おりましょう는 4 降りましょう로 표기한다. 1, 2, 3은 없는 단어이다.

어휘 降りる おりる 圏내리다　坂 さか 圏언덕　次 つぎ 圏다음
バス停 バスてい 圏버스 정류장

2
영업 성적이 평가ひょうか받아, 기뻤다.

해설 ひょうか는 1 評価로 표기한다. 評(ひょう, 평론하다)를 선택지 2와 4의 詞(し, 문장)와 구별해서 알아두고, 価(か, 값)를 선택지 3과 4의 果(か, 과일)와 구별해서 알아둔다.

어휘 評価 ひょうか 圏평가　営業 えいぎょう 圏영업
成績 せいせき 圏성적　うれしい い圏기쁘다

3
정해진 규칙을 위반いはん해서는 안 됩니다.

해설 いはん은 4 違反으로 표기한다. 違(い, 다르다)를 선택지 1과 3의 遣(けん, 보내다)과 구별해서 알아두고, 反(はん, 뒤집어지다)을 선택지 1과 2의 拒(きょ, 막다)와 구별해서 알아둔다.

어휘 違反 いはん 圏위반　決める きめる 圏정하다　ルール 圏규칙
~てはいけない ~(해)서는 안 된다

4
수영하는 것은 서툴지만, 얕은あさい 수영장이라면 무섭지 않다.

해설 あさい는 1 浅い로 표기한다.
어휘 浅い あさい [い형] 얕다　低い ひくい [い형] 낮다
　　短い みじかい [い형] 짧다　細い ほそい [い형] 가늘다
　　泳ぐ およぐ [동] 수영하다, 헤엄치다
　　苦手だ にがてだ [な형] 서투르다, 잘하지 못하다　プール [명] 수영장
　　こわい [い형] 무섭다

5

틀린 문제의 해설かいせつ을 곰곰이 읽었다.

해설 かいせつ는 3 解説로 표기한다. 解(かい, 풀다)를 선택지 1과 2의 触(しょく, 닿다)와 구별해서 알아두고, 説(せつ, 설명하다)를 선택지 2와 4의 語(ご, 말)와 구별해서 알아둔다.
어휘 解説 かいせつ [명] 해설　まちがえる [동] 틀리다, 잘못하다
　　問題 もんだい [명] 문제　じっくり [부] 곰곰이, 차분히　読む よむ [동] 읽다

6

개가 공을 쫓おって 달리고 있다.

해설 おって는 2 追って로 표기한다.
어휘 追う おう [동] 쫓다　逃がれる のがれる [동] 벗어나다
　　造る つくる [동] 만들다, 짓다　通う かよう [동] 다니다　犬 いぬ [명] 개
　　ボール [명] 공　走る はしる [동] 달리다

7

가을이 되어, 나뭇잎は이 예쁜 빨간색으로 변했다.

해설 は는 4 葉로 표기한다.
어휘 葉 は [명] 잎　草 くさ [명] 풀　根 ね [명] 뿌리　花 はな [명] 꽃
　　秋 あき [명] 가을　木 き [명] 나무　きれいだ [な형] 예쁘다
　　赤色 あかいろ [명] 빨간색　変わる かわる [동] 변하다

8

숙박しゅくはく할 호텔에는 조식 뷔페가 딸려 있다.

해설 しゅくはく는 1 宿泊로 표기한다. 宿(しゅく, 숙소)를 선택지 3과 4의 縮(しゅく, 줄임)와 구별해서 알아두고, 泊(はく, 머물다)를 선택지 2와 4의 拍(はく, 치다)와 구별해서 알아둔다.
어휘 宿泊 しゅくはく [명] 숙박　ホテル [명] 호텔　朝食 ちょうしょく [명] 조식
　　バイキング [명] 뷔페　つく [동] 딸리다

실전 대비하기 8　　　　　　　　p.83

| 1 4 | 2 4 | 3 3 | 4 2 | 5 4 |
| 6 3 | 7 2 | 8 2 | | |

문제2 ＿＿＿의 말을 한자로 쓸 때, 가장 알맞은 것을, 1·2·3·4에서 하나 고르세요.

1

주스에 얼음こおり을 넣어서 마셨습니다.

해설 こおり는 4 氷로 표기한다.
어휘 氷 こおり [명] 얼음　泳ぐ およぐ [동] 헤엄치다　凍る こおる [동] 얼다
　　永い ながい [い형] 영원하다　ジュース [명] 주스　入れる いれる [동] 넣다
　　飲む のむ [동] 마시다

2

길이 붐비고こんで 있어서 약속 시간에 늦을 것 같다.

해설 こんでは 4 混んで로 표기한다.
어휘 混む こむ [동] 붐비다　道 みち [명] 길　約束 やくそく [명] 약속
　　時間 じかん [명] 시간　遅れる おくれる [동] 늦다　～そうだ ~일 것 같다

3

이 버튼을 누르면, 데이터가 보존ほぞん됩니다.

해설 ほぞん은 3 保存으로 표기한다. 保(ほ, 지키다)를 선택지 1과 4의 呆(ほう, 어리석다)와 구별해서 알아두고, 存(ぞん, 존재하다)을 선택지 2와 4의 在(ざい, 존재하다)와 구별해서 알아둔다.
어휘 保存 ほぞん [명] 보존　ボタン [명] 버튼　押す おす [동] 누르다
　　データ [명] 데이터

4

이 전철에 타려면 특급권とっきゅうけん이 필요합니다.

해설 とっきゅうけん은 2 特急券으로 표기한다. 急(きゅう, 진행이 빠르다)를 선택지 1과 4의 救(きゅう, 구조하다)와 구별해서 알아두고, 券(けん, 권)을 선택지 1과 3의 票(ひょう, 표)와 구별해서 알아둔다.
어휘 特急券 とっきゅうけん [명] 특급권, 특급열차 표　電車 でんしゃ [명] 전철
　　乗る のる [동] 타다　必要だ ひつようだ [な형] 필요하다

5

다음 주 수요일은 혈액 검사けんさ를 합니다.

해설 けんさ는 4 検査로 표기한다. 検(けん, 검사하다)을 선택지 1과 3의 険(けん, 위험하다)과 구별해서 알아두고, 査(さ, 조사하다)를 선택지 1과 2의 作(さく, 만들다)와 구별해서 알아둔다.
어휘 検査 けんさ [명] 검사　来週 らいしゅう [명] 다음 주
　　水曜日 すいようび [명] 수요일　血液 けつえき [명] 혈액

6

집 근처에서, 드라마 촬영さつえい을 하고 있었다.

해설 さつえい는 3 撮影로 표기한다. 撮(さつ, 사진 찍다)를 선택지 1과

2의 録(ろく, 기록하다)와 구별해서 알아두고, 影(えい, 모습)를 선택지 2와 4의 映(えい, 비추다)와 구별해서 알아둔다.

어휘 撮影 さつえい 명촬영　家 いえ 명집　近く ちかく 명근처, 가까운 곳
ドラマ 명드라마

7
마을에 새로운 보건ほけん 시설이 생겼습니다.

해설 ほけん은 2 保健으로 표기한다. 保(ほ, 지키다)를 선택지 1과 4의 法(ほう, 법)와 구별해서 알아두고, 健(けん, 건강하다)을 선택지 3과 4의 建(けん, 세우다)과 구별해서 알아둔다.

어휘 保健 ほけん 명보건　町 まち 명마을, 도회
新しい あたらしい い형새롭다　施設 しせつ 명시설
できる 동생기다

8
우체국에 들르고よって 나서, 슈퍼에 갑니다.

해설 よって는 2 寄って로 표기한다. 1, 3, 4는 없는 단어이다.
어휘 寄る よる 동들르다　定める さだめる 동정하다
府 ふ 명부, 중심이 되는 곳　応じる おうじる 동응하다
郵便局 ゆうびんきょく 명우체국　スーパー 명슈퍼
行く いく 동가다

실전 대비하기 9　　　　　　　　　　　　p.84

| **1** 1 | **2** 2 | **3** 4 | **4** 2 | **5** 3 |
| **6** 2 | **7** 3 | **8** 4 | | |

문제2 ＿＿＿의 말을 한자로 쓸 때, 가장 알맞은 것을, 1·2·3·4에서 하나 고르세요.

1
요리를 만들 때는, 머리카락을 묶는むすんだ 편이 좋아요.

해설 むすんだ는 1 結んだ로 표기한다. 2는 없는 단어이다.
어휘 結ぶ むすぶ 동묶다　約 やく 부대략　緩む ゆるむ 동느슨해지다
統べる すべる 동총괄하다　料理 りょうり 명요리
作る つくる 동만들다　髪 かみ 명머리카락

2
회의 날을 변경へんこう해 받을 수 없을까?

해설 へんこう는 2 変更로 표기한다. 変(へん, 변화하다)을 선택지 3과 4의 返(へん, 돌려주다)과 구별해서 알아두고, 更(こう, 고쳐지다)를 선택지 1과 3의 交(こう, 사귀다)와 구별해서 알아둔다.

어휘 変更 へんこう 명변경　会議 かいぎ 명회의　日 ひ 명날짜

3
그는 항상 독특どくとく한 복장을 하고 있다.

해설 どくとく는 4 独特로 표기한다. 独(どく, 혼자)를 선택지 1과 2의 強(きょう, 강하다)와 구별해서 알아두고, 特(とく, 특별하다)를 선택지 1과 3의 持(じ, 가지다)와 구별해서 알아둔다.

어휘 独特だ どくとくだ な형독특하다　いつも 부항상, 늘
服装 ふくそう 명복장

4
머리가 아프다いたい면, 오늘은 집에서 쉬는 편이 좋아.

해설 いたい는 2 痛い로 표기한다. 1, 3, 4는 없는 단어이다.
어휘 痛い いたい い형아프다　病気 びょうき 명병
免疫 めんえき 명면역　症状 しょうじょう 명증상　頭 あたま 명머리
今日 きょう 명오늘　家 いえ 명집　休む やすむ 동쉬다

5
서비스 센터에 전화해서, 텔레비전의 수리를 의뢰いらい했습니다.

해설 いらい는 3 依頼로 표기한다. 依(い, 의지하다)를 선택지 1과 2의 似(じ, 닮다)와 구별해서 알아두고, 頼(らい, 의지하다)를 선택지 2와 4의 預(よ, 맡기다)와 구별해서 알아둔다.

어휘 依頼 いらい 명의뢰　サービス 명서비스　センター 명센터
電話 でんわ 명전화　テレビ 명텔레비전　修理 しゅうり 명수리

6
모두의 앞에서 울어ないて버리다니, 너무 부끄러워서 견딜 수 없다.

해설 ないて는 2 泣いて로 표기한다. 1, 3, 4는 없는 단어이다.
어휘 泣く なく 동울다　汗 あせ 명땀　洋服 ようふく 명양복
生活 せいかつ 명생활　みんな 명모두　前 まえ 명앞
恥ずかしすぎる はずかしすぎる 너무 부끄럽다
たまらない 견딜 수 없다

7
저 가게에서 여러 가지 꽃의 씨앗たね을 살 수 있다.

해설 たね는 3 種로 표기한다.
어휘 種 たね 명씨앗, 종자　稲 いね 명벼　根 ね 명뿌리
店 みせ 명가게　いろいろだ な형여러가지이다　花 はな 명꽃
買う かう 동사다　~ことができる ~할 수 있다

8
그는 대단한 선수였는데, 은퇴いんたい해 버려 유감이다.

해설 いんたい는 4 引退로 표기한다. 引(いん, 끌다)을 선택지 1과 2의 印(いん, 도장)과 구별해서 알아두고, 退(たい, 물러나다)를 선택지 1과 3의 逆(ぎゃく, 반대)와 구별해서 알아둔다.

어휘 引退 いんたい 명은퇴　すばらしい い형대단하다

選手 せんしゅ 명선수　～のに 조~(는)데
残念だ ざんねんだ な형유감이다

실전 대비하기 10　　　　　　　　　p.85

| **1** 1 | **2** 4 | **3** 3 | **4** 1 | **5** 2 |
| **6** 3 | **7** 4 | **8** 1 | | |

문제 2 ＿＿＿의 말을 한자로 쓸 때, 가장 알맞은 것을, 1·2·3·4에서 하나 고르세요.

1
그 사건으로 젊은이 5명이 체포たいほ됐다.

해설　たいほ는 1 逮捕로 표기한다. 速(たい, 잡다)를 선택지 2와 4의 適(てき, 알맞다)를 구별해서 알아두고, 捕(ほ, 잡다)를 선택지 3과 4의 保(ほ, 지키다)와 구별해서 알아둔다.

어휘　逮捕 たいほ 명체포　事件 じけん 명사건
　　　若者 わかもの 명젊은이, 청년

2
일의 내용에 대해, 자세한くわしい 설명을 들었습니다.

해설　くわしい는 4 詳しい로 표기한다. 1, 2, 3은 없는 단어이다.

어휘　詳しい くわしい い형자세하다　訳す やくす 동번역하다
　　　許す ゆるす 동용서하다　記す しるす 동적다　仕事 しごと 명일
　　　内容 ないよう 명내용　説明 せつめい 명설명　聞く きく 동듣다

3
약을 먹었더니, 곧바로 효과가 나타났다あらわれた.

해설　あらわれた는 3 現れた로 표기한다. 1, 4는 없는 단어이다.

어휘　現れる あらわれる 동나타나다　覚える おぼえる 동기억하다
　　　見る みる 동보다　規則 きそく 명규칙
　　　薬を飲む くすりをのむ 약을 먹다　すぐに 부곧바로, 즉시
　　　効果 こうか 명효과

4
그는 우주에 간 최초さいしょ의 사람입니다.

해설　さいしょ는 1 最初로 표기한다. 最(さい, 제일)를 선택지 2와 3의 祭(さい, 제사)와 구별해서 알아두고, 初(しょ, 처음)를 선택지 3과 4의 始(し, 처음)와 구별해서 알아둔다.

어휘　最初 さいしょ 명최초　宇宙 うちゅう 명우주　行く いく 동가다

5
식사 전에는 반드시かならず, 손을 씻는다.

해설　かならず는 2 必ず로 표기한다. 1, 3, 4는 없는 단어이다.

어휘　必ず かならず 부반드시　確かだ たしかだ な형확실하다
　　　主だ おもだ な형주되다　定める さだめる 동정하다
　　　食事 しょくじ 명식사　前 まえ 명전　手 て 명손　洗う あらう 동씻다

6
전철의 고장으로 귀가きたく의 시간이 늦어졌다.

해설　きたく는 3 帰宅로 표기한다. 帰(き, 돌아가다)를 선택지 1과 2의 着(き, 입다)와 구별해서 알아두고, 宅(たく, 집)를 선택지 1과 4의 室(しつ, 집)와 구별해서 알아둔다.

어휘　帰宅 きたく 명귀가　電車 でんしゃ 명전철　故障 こしょう 명고장
　　　時間 じかん 명시간　遅い おそい い형늦다

7
이 앞에서 우회전うせつ하면 우체국이 있습니다.

해설　うせつ는 4 右折로 표기한다. 右(う, 오른쪽)를 선택지 1과 3의 左(さ, 왼쪽)와 구별해서 알아두고, 折(せつ, 꺾다)를 선택지 2와 3의 招(しょう, 부르다)와 구별해서 알아둔다.

어휘　右折 うせつ 명우회전　左折 させつ 명좌회전　先 さき 명앞
　　　郵便局 ゆうびんきょく 명우체국

8
이 드라마의 속편つづき이 기대됩니다.

해설　つづき는 1 続き로 표기한다. 2, 3, 4는 없는 단어이다.

어휘　続き つづき 명속편, 계속　絵 え 명그림　紙 かみ 명종이
　　　経つ たつ 동경과하다　ドラマ 명드라마
　　　楽しみだ たのしみだ な형기대되다

문제 3 문맥규정

실력 다지기　　　　　　　　　p.102

01 ①	**02** ②	**03** ②	**04** ②	**05** ①
06 ②	**07** ①	**08** ①	**09** ②	**10** ②
11 ①	**12** ②	**13** ①	**14** ①	**15** ①
16 ①	**17** ②	**18** ①	**19** ②	**20** ①

01
결혼한다고 하는 (　　　)
① 소문　　　　　　　　② 불평

어휘　結婚 けっこん 명결혼　うわさ 명소문　もんく 명불평

02
입장 인원수에 (　　) 이 있다.
① 정체　　　② 제한

어휘 入場 にゅうじょう 몡입장　人数 にんずう 몡인원수
渋滞 じゅうたい 몡정체　制限 せいげん 몡제한

03
그는 자신의 (　　) 만 한다.
① 내용　　　② 주장

어휘 自分 じぶん 몡자신　~ばかり 조~만　内容 ないよう 몡내용
主張 しゅちょう 몡주장

04
줄을 서서 (　　) 을 기다려 주세요.
① 회전　　　② 순번

어휘 並ぶ ならぶ 동줄을 서다　待つ まつ 동기다리다
回転 かいてん 몡회전　順番 じゅんばん 몡순번

05
폭우로 강의 물이 (　　).
① 넘쳤다　　② 빠졌다

어휘 大雨 おおあめ 몡폭우　川 かわ 몡강　水 みず 몡물
あふれる 동넘치다　おぼれる 동(물에) 빠지다

06
(　　) 발음 연습을 한다.
① 되돌아봐서　② 반복해서

어휘 発音 はつおん 몡발음　練習 れんしゅう 몡연습
見返す みかえす 동되돌아보다　繰り返す くりかえす 동반복하다

07
실수가 없는지 (　　).
① 확인했다　　② 떠맡았다

어휘 間違い まちがい 몡실수, 틀림　たしかめる 동확인하다
ひきうける 동떠맡다

08
(　　) 사람에게는 가까이 가지 마.
① 수상한　　② 얌전한

어휘 近づく ちかづく 동가까이 가다　あやしい い형수상하다
おとなしい い형얌전하다, 조용하다

09
볼펜으로 (　　) 부탁합니다.
① 매너　　　② 사인

어휘 ボールペン 몡볼펜　マナー 몡매너　サイン 몡사인

10
도로가 (　　) 되고 있다.
① 횡단　　　② 정체

어휘 道路 どうろ 몡도로　横断 おうだん 몡횡단
渋滞 じゅうたい 몡정체

11
바쁘니까, (　　) 빨리 와 주세요.
① 가능한 한　② 곧

어휘 忙しい いそがしい い형바쁘다　~から 조~니까　早く はやく 부빨리
来る くる 동오다　なるべく 부가능한 한, 되도록
まもなく 부곧, 머지않아

12
동물을 (　　) 하고, 일기를 썼다.
① 시험　　　② 관찰

어휘 動物 どうぶつ 몡동물　日記 にっき 몡일기　書く かく 동쓰다
試験 しけん 몡시험　観察 かんさつ 몡관찰

13
채소에는 (　　) 이 듬뿍 있다.
① 영양　　　② 재료

어휘 野菜 やさい 몡채소　たっぷり 부듬뿍　栄養 えいよう 몡영양
材料 ざいりょう 몡재료

14
문을 (　　) 하다.
① 노크　　　② 마이너스

어휘 ドア 몡문　ノック 몡노크　マイナス 몡마이너스

15
공부에 (　　) 할 수 없습니다.
① 혼잡　　　② 집중

어휘 勉強 べんきょう 몡공부　できる 동할 수 있다
混雑 こんざつ 몡혼잡　集中 しゅうちゅう 몡집중

16
우산을 (　　) 주세요.
① 접어　　　　② 놀아

어휘 傘をたたむ かさをたたむ 우산을 접다　あそぶ 图 놀다

17
어머니의 귀가를 (　　) 기다린다.
① 눈부시게　　　　② 얌전하게

어휘 母 はは 图 어머니　帰り かえり 图 귀가　待つ まつ 图 기다리다
まぶしい い형 눈부시다　おとなしい い형 얌전하다

18
그는 때때로 (　　) 된다.
① 감정적으로　　　　② 자동적으로

어휘 時々 ときどき 图 때때로　感情的だ かんじょうてきだ な형 감정적이다
自動的だ じどうてきだ な형 자동적이다

19
별이 (　　) 빛나고 있었다.
① 술술　　　　② 반짝반짝

어휘 星 ほし 图 별　光る ひかる 图 빛나다　ぺらぺら 및 술술, 막힘없이
ぴかぴか 및 반짝반짝

20
(　　) 자서, 감기가 나았습니다.
① 푹　　　　② 무심코

어휘 ぐっすり寝る ぐっすりねる 푹 자다　風邪 かぜ 图 감기
なおる 图 낫다　うっかり 및 무심코

실전 대비하기 1
p.104

| 1 2 | 2 4 | 3 3 | 4 2 | 5 4 |
| 6 4 | 7 3 | 8 2 | | |

문제3 (　　)에 넣을 것으로 가장 알맞은 것을, 1·2·3·4에서 하나 고르세요.

1
물로 걸레를 적셨다면, 꽉 (　　) 바닥을 닦아 주세요.
1 줄여서　　　　2 짜서
3 잡아서　　　　4 매서

해설 선택지가 모두 동사이다. 괄호 앞의 내용과 함께 쓸 때 水でぞうきんをぬらしたら、きつくしぼって(물로 걸레를 적셨다면, 꽉 짜서)라는 문맥이 가장 자연스러우므로 2 しぼって(짜서)가 정답이다. 1은 消費をへらして(소비를 줄여서), 3은 手をにぎって(손을 잡아서), 4는 ネクタイをしめて(넥타이를 매서)로 자주 쓰인다.

어휘 水 みず 图 물　ぞうきん 图 걸레　ぬらす 图 적시다
きつい い형 꽉 죄다　床 ゆか 图 바닥　拭く ふく 图 닦다
へらす 图 줄이다　しぼる 图 짜다　にぎる 图 쥐다
しめる 图 (졸라) 매다

2
틀린 티켓을 사 버렸습니다만, (　　) 것은 가능할까요?
1 납입하는　　　　2 인출하는
3 수취하는　　　　4 환불하는

해설 선택지가 모두 동사이다. 괄호 앞뒤의 내용과 함께 쓸 때 間違ったチケットを買ってしまったんですが、払い戻すことは可能でしょうか(틀린 티켓을 사버렸습니다만, 환불하는 것은 가능할까요)라는 문맥이 가장 자연스러우므로 4 払い戻す(환불하는)가 정답이다. 1은 授業料を振り込む(수업료를 납입하다), 2는 お金を引き出す(돈을 인출하다), 3은 商品を受け取る(상품을 수취하다)로 자주 쓰인다.

어휘 間違う まちがう 图 틀리다　チケット 图 티켓　買う かう 图 사다
~てしまう ~(해) 버리다　可能だ かのうだ な형 가능하다
振り込む ふりこむ 图 납입하다　引き出す ひきだす 图 인출하다
受け取る うけとる 图 수취하다　払い戻す はらいもどす 图 환불하다

3
자신의 마음을 말로 잘 (　　) 하는 것은 간단한 일이 아닙니다.
1 보고　　　　2 전시
3 표현　　　　4 전언

해설 선택지가 모두 명사이다. 괄호 앞의 내용과 함께 쓸 때 自分の気持ちを言葉でうまく表現(자신의 마음을 말로 잘 표현)이라는 문맥이 가장 자연스러우므로 3 表現(표현)이 정답이다. 1은 アンケート結果の報告(설문 조사 결과의 보고), 2는 芸術作品の展示(예술작품의 전시), 4는 部長からの伝言(부장님으로부터의 전언)으로 자주 쓰인다.

어휘 自分 じぶん 图 자신　気持ち きもち 图 마음　言葉 ことば 图 말
うまく 잘　簡単だ かんたんだ な형 간단하다　報告 ほうこく 图 보고
展示 てんじ 图 전시　表現 ひょうげん 图 표현
伝言 でんごん 图 전언

4
가장 가까운 역은 이용객이 많지 않기 때문에, 쾌속 열차가 정차하지 않고 (　　) 한다.
1 운영　　　　2 통과
3 진보　　　　4 우송

해설 선택지가 모두 명사이다. 괄호 앞의 내용과 함께 쓸 때 快速列車が停車せずに通過(쾌속 열차가 정차하지 않고 통과)라는 문맥이 가장 자연스러우므로 2 通過(통과)가 정답이다. 1은 休止せずに運営(쉬지 않고 운영), 3은 停滞せずに進歩(정체하지 않고 진보), 4는 包装せずに輸送(포장하지 않고 수송)와 같이 쓰인다.

어휘 最寄り駅 もよりえき 圏 가장 가까운 역　利用客 りようきゃく 圏 이용객
快速 かいそく 圏 쾌속　列車 れっしゃ 圏 열차　停車 ていしゃ 圏 정차
運営 うんえい 圏 운영　通過 つうか 圏 통과　進歩 しんぽ 圏 진보
輸送 ゆそう 圏 수송

5

제품의 자세한 정보는, 최신 (　　) 에서 확인해 주십시오.
1　메뉴　　　　　　　　2　교과서
3　복사　　　　　　　　**4　카탈로그**

해설 선택지가 모두 명사이다. 괄호 앞의 내용과 함께 쓸 때 製品の詳しい情報は、最新のカタログ(제품의 자세한 정보는, 최신 카탈로그)라는 문맥이 가장 자연스러우므로 4 カタログ(카탈로그)가 정답이다. 1은 レストランのメニュー(레스토랑 메뉴), 2는 数学のテキスト(수학 교과서), 3은 ファイルのコピー(파일의 복사)로 자주 쓰인다.

어휘 製品 せいひん 圏 제품　詳しい くわしい い형 자세하다
情報 じょうほう 圏 정보　最新 さいしん 圏 최신　〜から ~로
ご〜ください ~(해) 주십시오　確認 かくにん 圏 확인
メニュー 圏 메뉴　テキスト 圏 텍스트　コピー 圏 복사
カタログ 圏 카탈로그

6

언니는 해바라기의 성장을 (　　) 해서, 노트에 기록을 남기고 있다.
1　견학　　　　　　　　2　감상
3　중시　　　　　　　　**4　관찰**

해설 선택지가 모두 명사이다. 괄호 앞의 내용과 함께 쓸 때 姉はひまわりの成長を観察(언니는 해바라기의 성장을 관찰)라는 문맥이 가장 자연스러우므로 4 観察(관찰)가 정답이다. 1은 博物館を見学(박물관을 견학), 2는 映画を鑑賞(영화를 감상), 3은 過程を重視(과정을 중시)로 자주 쓰인다.

어휘 ひまわり 圏 해바라기　成長 せいちょう 圏 성장
見学 けんがく 圏 견학　鑑賞 かんしょう 圏 감상
重視 じゅうし 圏 중시　観察 かんさつ 圏 관찰

7

요전의 시합은 1점 차로 진다는 아주 (　　) 게임이었다.
1　가벼운　　　　　　　2　미운
3　아까운　　　　　　　4　가난한

해설 선택지가 모두 형용사이다. 괄호 앞의 내용과 함께 쓸 때 先日の試合は1点の差で負けるというとても惜しい(요전의 시합은 1점 차로 지는 아주 아까운)라는 문맥이 가장 자연스러우므로 3 惜しい(아까운)가 정답이다. 1은 軽いものから運ぶ(가벼운 것부터 옮기다), 2는 憎い相手に会う(미운 상대를 만나다), 4는 貧しい生活をする(가난한 생활을 하다)로 자주 쓰인다.

어휘 先日 せんじつ 圏 요전　試合 しあい 圏 시합　〜点 〜てん ~점
差 さ 圏 차　負ける まける 图 지다　〜という 〜(한)다는
とても 무 아주　ゲーム 圏 게임　軽い かるい い형 가볍다
憎い にくい い형 밉다　惜しい おしい い형 아깝다
貧しい まずしい い형 가난하다

8

여름 방학에 (　　) 한 작품이, 학생 그림 콩쿨에서 상을 받았다.
1　출판　　　　　　　　**2　응모**
3　입회　　　　　　　　4　투자

해설 선택지가 모두 명사이다. 괄호 앞뒤의 내용과 함께 쓸 때 夏休みに応募した作品が、学生絵画コンクールで賞を取った(여름 방학에 응모한 작품이, 학생 그림 콩쿨에서 상을 받았다)라는 문맥이 가장 자연스러우므로 2 応募(응모)가 정답이다. 1은 春に出版された小説(봄에 출판한 소설), 3은 昨日入会したサークル(어제 입회한 동아리), 4는 昔から投資してきた会社(옛날부터 투자해 온 회사)로 자주 쓰인다.

어휘 夏休み なつやすみ 圏 여름 방학　作品 さくひん 圏 작품
学生 がくせい 圏 학생　絵画 かいが 圏 그림　コンクール 圏 콩쿨
賞 しょう 圏 상　取る とる 图 받다　出版 しゅっぱん 圏 출판
応募 おうぼ 圏 응모　入会 にゅうかい 圏 입회　投資 とうし 圏 투자

실전 대비하기 2　　　　　　　　　　　　　　p.105

| **1** 1 | **2** 3 | **3** 4 | **4** 1 | **5** 2 |
| **6** 4 | **7** 3 | **8** 3 | | |

문제3 (　　)에 넣을 것으로 가장 알맞은 것을, 1·2·3·4에서 하나 고르세요.

1

카레를 만드는 데 필요한 고기나 야채 등의 (　　) 를 사러 갔다.
1　재료　　　　　　　　2　도구
3　종류　　　　　　　　4　내용

해설 선택지가 모두 명사이다. 괄호 앞의 내용과 함께 쓸 때 肉や野菜などの材料(고기나 야채 등의 재료)라는 문맥이 가장 자연스러우므로 1 材料(재료)가 정답이다. 2는 釣りの道具(낚시의 도구), 3은 楽器の種類(악기의 종류), 4는 本の内容(책의 내용)로 자주 쓰인다.

어휘 カレー 圏 카레　作る つくる 图 만들다　〜のに 图 ~하는 데에
必要だ ひつようだ な형 필요하다　肉 にく 圏 고기
野菜 やさい 圏 야채　〜など 图 ~등　買う かう 图 사다
行く いく 图 가다　材料 ざいりょう 圏 재료　道具 どうぐ 圏 도구

種類 しゅるい 명 종류   内容 ないよう 명 내용

2

내일 아침에는 출발하지 않으면 안 되는데, 여행 준비를 (   ) 하지 않고 있다.

1 겨우   2 일제히
3 전혀   4 적어도

해설 선택지가 모두 부사이다. 괄호 앞뒤의 내용과 함께 쓸 때 旅行の準備をまったくしていない(여행 준비를 전혀 하지 않고 있다)라는 문맥이 가장 자연스러우므로 3 まったく(전혀)가 정답이다. 1은 目的地にようやく着いた(목적지에 겨우 도착했다), 2는 選手たちは一斉に走り出した(선수들은 일제히 달리기 시작했다), 4는 完成するまで少なくとも10分はかかる(완성하기까지 적어도 10분은 걸린다)로 자주 쓰인다.

어휘 明日 あす 명 내일   朝 あさ 명 아침   出発 しゅっぱつ 명 출발
旅行 りょこう 명 여행   準備 じゅんび 명 준비   ようやく 부 겨우
一斉に いっせいに 일제히   まったく 부 전혀
少なくとも すくなくとも 부 적어도

3

의사와 의논해서, 가장 (   ) 인 치료 방법을 선택할 생각입니다.

1 구체적   2 최종적
3 정기적   4 효과적

해설 선택지가 모두 な형용사이다. 괄호 앞뒤의 내용과 함께 쓸 때 医師と話し合って、最も効果的な治療方法を選ぶつもりです(의사와 의논해서, 가장 효과적인 치료 방법을 선택할 생각입니다)라는 문맥이 가장 자연스러우므로 4 効果的(효과적)가 정답이다. 1은 具体的な説明(구체적인 설명), 2는 最終的な結論(최종적인 결론), 3은 定期的な会議(정기적인 회의)로 자주 쓰인다.

어휘 医師 いし 명 의사   話し合う はなしあう 동 의논하다
最も もっとも 부 가장   治療 ちりょう 명 치료   方法 ほうほう 명 방법
選ぶ えらぶ 동 선택하다   ~つもりだ ~(할) 생각이다
具体的だ ぐたいてきだ な형 구체적이다
最終的だ さいしゅうてきだ な형 최종적이다
定期的だ ていきてきだ な형 정기적이다
効果的だ こうかてきだ な형 효과적이다

4

육아의 고민을 (   ) 하고 싶어서, 전문가에게 상담하기로 했다.

1 해결   2 수정
3 납득   4 삭제

해설 선택지가 모두 명사이다. 괄호 앞 내용과 함께 쓸 때 子育ての悩みを解決(육아의 고민을 해결)라는 문맥이 가장 자연스러우므로 1 解決(해결)가 정답이다. 2는 誤字を修正する(오타를 수정하다), 3은 相手の意見に納得する(상대의 의견에 납득하다), 4는 要らないファイルを削除する(필요 없는 파일을 삭제하다)로 자주 쓰인다.

어휘 子育て こそだて 명 육아   悩み なやみ 명 고민
専門家 せんもんか 명 전문가   相談 そうだん 명 상담
~ことにする ~하기로 하다   解決 かいけつ 명 해결
修正 しゅうせい 명 수정   納得 なっとく 명 납득
削除 さくじょ 명 삭제

5

본점에서는 활기차고 밝은 스탭을 (   ) 하고 있습니다.

1 회수   2 모집
3 요구   4 노동

해설 선택지가 모두 명사이다. 괄호 앞의 내용과 함께 쓸 때 本店では元気で明るいスタッフを募集(본점에서는 활기차고 밝은 스탭을 모집)라는 문맥이 가장 자연스러우므로 2 募集(모집)가 정답이다. 1은 投資した資金を回収する(투자한 자금을 회수하다), 3은 下記の事項を要求する(하기의 사항을 요구하다), 4는 布の工場で労働する(천 공장에서 노동하다)로 자주 쓰인다.

어휘 本店 ほんてん 명 본점   元気だ げんきだ な형 활기차다
明るい あかるい い형 밝다   スタッフ 명 스탭
回収 かいしゅう 명 회수   募集 ぼしゅう 명 모집
要求 ようきゅう 명 요구   労働 ろうどう 명 노동

6

결혼식 사회를 (   ) 것은 이것으로 5번째이지만, 몇 번 해도 긴장한다.

1 일한   2 맡긴
3 관여한   4 맡은

해설 선택지가 모두 동사이다. 괄호 앞뒤의 내용과 함께 쓸 때 結婚式の司会を務めるのはこれで5回目だが、何回やっても緊張する(결혼식 사회를 맡은 것은 이것으로 5번째이지만, 몇 번 해도 긴장한다)라는 문맥이 가장 자연스러우므로 4 務める(맡은)가 정답이다. 1은 スーパーで働く(슈퍼에서 일하다), 2는 仕事を任せる(일을 맡기다), 3은 企画に関わる(기획에 관여하다)로 자주 쓰인다.

어휘 結婚式 けっこんしき 명 결혼식   司会 しかい 명 사회
~回目 ~かいめ ~번째   ~回 ~かい ~번, 회
緊張 きんちょう 명 긴장   働く はたらく 동 일하다
任せる まかせる 동 맡기다   関わる かかわる 동 관여하다
務める つとめる 동 맡다

7

열로 (   ) 해서, 이래서는 혼자서 병원에도 갈 수 없다.

1 조마조마   2 어슬렁어슬렁
3 비틀비틀   4 느릿느릿

해설 선택지가 모두 부사이다. 괄호 앞뒤의 내용과 함께 쓸 때 熱でふらふらして、これでは一人で病院にも行けない(열로 비틀비틀해서, 이래서는 혼자서 병원에 못 가겠다)라는 문맥이 가장 자연스러우므로 3 ふらふら(비틀비틀)가 정답이다. 1은 もうすぐ試験の結果が出るからはらはらしている(이제 곧 시험 결과가 나와서 조마조마

해하고 있다), 2는 公園の中をうろうろしている(공원 안을 어슬렁어슬렁거리고 있다), 4는 亀がのろのろ歩いている(거북이가 느릿느릿 걷고 있다)로 자주 쓰인다.

어휘 熱 ねつ 圏열　一人 ひとり 圏혼자　病院 びょういん 圏병원
行く いく 图가다　はらはら 图조마조마　うろうろ 图어슬렁어슬렁
ふらふら 图비틀비틀　のろのろ 图느릿느릿

8

운동할 때에는 머리카락이 방해가 되지 않도록, 하나로 (　　) 있습니다.

1 포개고 　　　　　　　2 잡고
3 묶고 　　　　　　　　4 말고

해설 선택지가 모두 동사이다. 괄호 앞의 내용과 함께 쓸 때 髪の毛が邪魔にならないように、一つに結んで(머리카락이 방해가 되지 않도록, 하나로 묶고)라는 문맥이 가장 자연스러우므로 3 結んで(묶고)가 정답이다. 1은 皿を重ねてしまう(접시를 포개어 넣다), 2는 手を握って歩く(손을 잡고 걷다), 4는 おにぎりにのりを巻いて食べる(주먹밥에 김을 말아서 먹다)로 자주 쓰인다.

어휘 運動 うんどう 圏운동　とき 圏때　髪の毛 かみのけ 圏머리카락
邪魔だ じゃまだ な형방해되다　~ないように ~(하)지 않도록
一つ ひとつ 圏하나　重ねる かさねる 图포개다
握る にぎる 图잡다　結ぶ むすぶ 图묶다　巻く まく 图말다

실전 대비하기 3
p.106

| 1 4 | 2 1 | 3 1 | 4 1 | 5 3 |
| 6 2 | 7 2 | 8 3 | | |

문제3 (　　)에 넣을 것으로 가장 알맞은 것을, 1·2·3·4에서 하나 고르세요.

1

그는 아까부터 혼자서 (　　) 불만을 말하고 있다.

1 번쩍번쩍 　　　　　　2 우연히
3 두근두근 　　　　　　4 투덜투덜

해설 선택지가 모두 부사이다. 괄호 뒤의 내용과 함께 쓸 때 ぶつぶつ文句を言っている(투덜투덜 불만을 말하고 있다)라는 문맥이 가장 자연스러우므로 4 ぶつぶつ(투덜투덜)가 정답이다. 1은 ぴかぴか光る(번쩍번쩍 빛나다), 2는 たまたま会う(우연히 만나다), 3은 胸がどきどきする(가슴이 두근두근하다)와 같이 쓰인다.

어휘 さっき 图아까, 조금 전　~から 图~부터　文句 もんく 圏불평, 불만
言う いう 图말하다　ぴかぴか 图번쩍번쩍　たまたま 图우연히
どきどき 图두근두근　ぶつぶつ 图투덜투덜

2

우리 회사는 사원의 능력보다 경험을 (　　)하고 있습니다.

1 중시 　　　　　　　　2 적용
3 발견 　　　　　　　　4 준비

해설 선택지가 모두 명사이다. 괄호 앞뒤의 내용과 함께 쓸 때 能力より経験を重視しています(능력보다 경험을 중시하고 있습니다)라는 문맥이 가장 자연스러우므로 1 重視(중시)가 정답이다. 2는 ルールを適用する(룰을 적용하다), 3은 事実を発見する(사실을 발견하다), 4는 お金を用意する(돈을 준비하다)와 같이 쓰인다.

어휘 うち 圏우리　会社 かいしゃ 圏회사　社員 しゃいん 圏사원
能力 のうりょく 圏능력　~より 图~보다　経験 けいけん 圏경험
重視 じゅうし 圏중시　適用 てきよう 圏적용
発見 はっけん 圏발견　用意 ようい 圏준비, 용의

3

다나카 씨는 동물을 좋아하니까, 고양이 (　　)의 손수건을 선물하자.

1 무늬 　　　　　　　　2 줄무늬
3 띠 　　　　　　　　　4 소매

해설 선택지가 모두 명사이다. 괄호 앞뒤의 내용과 함께 쓸 때 猫の柄のハンカチ(고양이 무늬의 손수건)라는 문맥이 가장 자연스러우므로 1 柄(무늬)가 정답이다. 2는 しまのある服(줄무늬가 있는 옷), 3은 着物の帯(기모노의 띠), 4는 服のそで(옷의 소매)와 같이 쓰인다. 참고로, 고양이의 줄무늬는 猫のしまもよう라고 한다.

어휘 動物 どうぶつ 圏동물　好きだ すきだ な형좋아하다
~から 图~니까　猫 ねこ 圏고양이　ハンカチ 圏손수건
プレゼント 圏선물　柄 がら 圏무늬　しま 圏줄무늬　帯 おび 圏띠
そで 圏소매

4

쭉 (　　) 했었던 회사에 들어갈 수 있어서 기쁩니다.

1 희망 　　　　　　　　2 요구
3 실행 　　　　　　　　4 집합

해설 선택지가 모두 명사이다. 괄호 뒤의 내용과 함께 쓸 때 希望していた会社に入ることができてうれしいです(희망했었던 회사에 들어갈 수 있어서 기쁩니다)라는 문맥이 가장 자연스러우므로 1 希望(희망)가 정답이다. 2는 お客様の要求に答える(손님의 요구에 응답한다), 3은 公約を実行する(공약을 실행하다), 4는 駅前に集合する(역 앞에 집합하다)와 같이 쓰인다.

어휘 ずっと 图쭉, 계속　会社 かいしゃ 圏회사　入る はいる 图들어가다
~ことができる ~(할) 수 있다　うれしい い형기쁘다
希望 きぼう 圏희망　要求 ようきゅう 圏요구　実行 じっこう 圏실행
集合 しゅうごう 圏집합

5

낭비하지 말고, (　　) 돈 사용법을 익히는 편이 좋다.
1 상세한　　　　　2 예리한
3 현명한　　　　　4 듬직한

해설　선택지가 모두 い형용사이다. 괄호 뒤의 내용과 함께 쓸 때 賢いお金の使い方を身につけたほうがいい(현명한 돈 사용법을 익히는 편이 좋다)라는 문맥이 가장 자연스러우므로 3 賢い(현명한)가 정답이다. 1은 詳しい内容(상세한 내용), 2는 鋭い感覚(예리한 감각), 4는 頼もしい性格(듬직한 성격)와 같이 쓴다.

어휘　無駄遣い むだづかい 圓낭비　お金 おかね 圓돈
　　　使い方 つかいかた 圓사용법　身につける みにつける (몸에) 익히다
　　　~ほうがいい ~(하)는 편이 좋다　詳しい くわしい い형상세하다
　　　鋭い するどい い형예리하다　賢い かしこい い형현명하다
　　　頼もしい たのもしい い형듬직하다

6

오늘은 배가 아파서, 평소에는 전부 먹는 급식을 (　　) 버렸다.
1 찢어　　　　　　**2 남겨**
3 깎아　　　　　　4 쏟아

해설　선택지가 모두 동사이다. 괄호 앞의 내용과 함께 쓸 때 今日はお腹が痛くて、いつもは全部食べる給食をのこして(오늘은 배가 아파서, 평소에는 전부 먹는 급식을 남겨)라는 문맥이 가장 자연스러우므로 2 のこして(남겨)가 정답이다. 1은 紙をやぶって(종이를 찢어), 3은 鉛筆をけずって(연필을 깎아), 4는 水をこぼして(물을 쏟아)와 같이 쓴다.

어휘　今日 きょう 圓오늘　お腹 おなか 圓배　痛い いたい い형아프다
　　　いつも 튀평소　全部 ぜんぶ 圓전부　食べる たべる 동먹다
　　　給食 きゅうしょく 圓급식　~てしまう ~(해) 버리다　やぶる 동찢다
　　　のこす 동남기다　けずる 동깎다　こぼす 동쏟다

7

계속해서 내린 눈의 영향으로, 열차가 (　　) 했다고 한다.
1 아웃　　　　　　**2 스톱**
3 스타트　　　　　4 세트

해설　선택지가 모두 명사이다. 괄호 앞의 내용과 함께 쓸 때 降り続いた雪の影響で、列車がストップ(계속 내린 눈의 영향으로, 열차가 스톱)라는 문맥이 가장 자연스러우므로 2 ストップ(스톱)가 정답이다. 1은 打者がアウトになる(타자가 아웃되다), 3은 新しいドラマがスタートする(새로운 드라마가 시작하다), 4는 目覚まし時計をセットする(알람 시계를 설정하다)와 같이 쓴다.

어휘　降り続く ふりつづく 동계속해서 내리다　雪 ゆき 圓눈
　　　影響 えいきょう 圓영향　列車 れっしゃ 圓열차
　　　~そうだ ~라고 한다　アウト 圓아웃　ストップ 圓스톱
　　　スタート 圓스타트　セット 圓세트, 설정

8

점원의 영어를 모르겠어서 곤란해하고 있으니, 알기 쉽게 (　　) 주었다.
1 받아들여　　　　2 교체해
3 고쳐 말해　　　4 알아들어

해설　선택지가 모두 동사이다. 괄호 앞의 내용과 함께 쓸 때 店員の英語がわからなくて困っていると、わかりやすく言い直して(점원의 영어를 모르겠어서 곤란해하고 있으니, 알기 쉽게 고쳐 말해)라는 문맥이 가장 자연스러우므로 3 言い直して(고쳐 말해)가 정답이다. 1은 反対の意見も受け入れる(반대 의견도 받아들이다), 2는 ファイルを置き換える(파일을 교체하다), 4는 日本語を聞き取る(일본어를 알아듣다)와 같이 쓴다.

어휘　店員 てんいん 圓점원　英語 えいご 圓영어　わかる 동알다
　　　困る こまる 동곤란하다　~やすい ~(하)기 쉽다
　　　受け入れる うけいれる 동받아들이다
　　　置き換える おきかえる 동옮겨 놓다
　　　言い直す いいなおす 동고쳐 말하다　聞き取る ききとる 동알아듣다

실전 대비하기 4　　　　　　　　　　　　p.107

| **1** 1 | **2** 3 | **3** 4 | **4** 2 | **5** 3 |
| **6** 1 | **7** 4 | **8** 3 | | |

문제3 (　　)에 넣을 것으로 가장 알맞은 것을, 1·2·3·4에서 하나 고르세요.

1

목욕탕에서 나오니 방이 더웠기 때문에, 냉방기의 설정 온도를 (　　).
1 낮췄다　　　　2 내렸다
3 뽑았다　　　　　4 식혔다

해설　선택지가 모두 동사이다. 괄호 앞의 내용과 함께 쓸 때 クーラーの設定温度を下げた(냉방기의 설정 온도를 낮췄다)라는 문맥이 가장 자연스러우므로 1 下げた(낮췄다)가 정답이다. 2는 乗客を降ろす(승객을 내리다), 3은 くぎを抜く(못을 뽑다), 4는 熱を冷ます(열을 식히다)와 같이 쓴다.

어휘　風呂 ふろ 圓목욕탕　上がる あがる 동나오다　部屋 へや 圓방
　　　暑い あつい い형덥다　~ので ~(하)기 때문에
　　　クーラー 圓냉방기, 쿨러　設定 せってい 圓설정
　　　温度 おんど 圓온도　下げる さげる 동낮추다
　　　降ろす おろす 동(높은 곳에서 낮은 곳으로) 내리다　抜く ぬく 동뽑다
　　　冷ます さます 동식히다

2

벗은 신발은 (　　　)게 두지 말고, 제대로 가지런히 해 주세요.
1　폭신폭신하
2　꺼칠꺼칠하
3　뿔뿔이 흩어지
4　너덜너덜하

해설 선택지가 모두 부사이다. 괄호 앞뒤의 내용과 함께 쓸 때 脱いだくつはばらばらに置かないで(벗은 신발은 뿔뿔이 흩어지게 두지 말고)라는 문맥이 가장 자연스러우므로 3 ばらばら(뿔뿔이 흩어지)가 정답이다. 1은 ふわふわしたケーキ(폭신폭신한 케이크), 2는 肌がかさかさする(피부가 꺼칠꺼칠하다), 4는 昔の服がぼろぼろになる(옛날 옷이 너덜너덜해지다)와 같이 쓰인다.

어휘 脱ぐ ぬぐ 图벗다　くつ 圓신발　置く おく 图두다
　～ないで ~(하)지 말고　きちんと 凰제대로
　揃える そろえる 图가지런히 하다　～てください ~(해) 주세요
　ふわふわだ な형폭신폭신하다　かさかさだ な형꺼칠꺼칠하다
　ばらばらだ な형뿔뿔이 흩어지다　ぼろぼろだ な형너덜너덜하다

3

리포트를 끝내기 위해서 밤샌 탓에, 오늘은 (　　　)이 그치지 않는다.
1　콧물
2　재채기
3　기침
4　하품

해설 선택지가 모두 명사이다. 괄호 앞의 내용과 함께 쓸 때 徹夜したせいで、今日はあくび(밤샌 탓에, 오늘은 하품)라는 문맥이 가장 자연스러우므로 4 あくび(하품)가 정답이다. 1은 アレルギーによる鼻水(알레르기에 의한 콧물), 2는 花粉症でくしゃみが止まらない(꽃가루 알레르기로 재채기가 멈추지 않는다), 3은 風邪で咳が出る(감기로 기침이 나다)와 같이 쓰인다.

어휘 レポート 圓리포트　終わらせる おわらせる 图끝내다
　～ために ~위해서　徹夜 てつや 圓밤샘, 철야　～せいで ~탓에
　今日 きょう 圓오늘　止まる とまる 图그치다, 멈추다
　鼻水 はなみず 圓콧물　くしゃみ 圓재채기　咳 せき 圓기침
　あくび 圓하품

4

머리카락은 드라이어를 사용하지 않고 (　　　)시키면, 손상되기 쉬워집니다.
1　연소
2　건조
3　세탁
4　끓임

해설 선택지가 모두 명사이다. 괄호 앞의 내용과 함께 쓸 때 髪の毛はドライヤーを使わずに乾燥(머리카락은 드라이어를 사용하지 않고 건조)라는 문맥이 가장 자연스러우므로 2 乾燥(건조)가 정답이다. 1은 消えずに燃焼(꺼지지 않고 연소), 3은 洗剤を使わずに洗濯(세제를 사용하지 않고 세탁), 4는 蓋をせずに沸騰(뚜껑을 덮지 않고 끓임)과 같이 쓰인다.

어휘 髪の毛 かみのけ 圓머리카락　ドライヤー 圓드라이어
　使う つかう 图사용하다　～ずに ~하지 않고
　傷む いたむ 图손상되다, 상하다　～やすい ~하기 쉽다
　燃焼 ねんしょう 圓연소　乾燥 かんそう 圓건조
　洗濯 せんたく 圓세탁　沸騰 ふっとう 圓끓음

5

이제 따뜻해지기 시작했으니, 겨울옷은 벽장에 (　　　).
1　맡깁시다
2　담읍시다
3　넣읍시다
4　줍시다

해설 선택지가 모두 동사이다. 괄호 앞의 내용과 함께 쓸 때 冬服は押入れにしまいましょう(겨울옷은 벽장에 넣읍시다)라는 문맥이 가장 자연스러우므로 3 しまいましょう(넣읍시다)가 정답이다. 1은 フロントにあずける(프런트에 맡기다), 2는 皿にもる(접시에 담다), 4는 参加者にあたえる(참가자에게 주다)와 같이 쓰인다.

어휘 もう 凰이제, 벌써　暖かい あたたかい い형따뜻하다
　冬服 ふゆふく 圓겨울옷　押入れ おしいれ 圓벽장
　あずける 图맡기다　もる 图담다, 쌓다　しまう 图넣다, 치우다
　あたえる 图주다, 제공하다

6

스시와 튀김은 전 세계에서 알려져 있는 (　　　)인 일본 음식입니다.
1　대표적
2　구체적
3　효과적
4　적극적

해설 선택지가 모두 な형용사이다. 괄호 앞의 내용과 함께 쓸 때 すしや天ぷらは世界中で知られている代表的(스시와 튀김은 전 세계에서 알려져 있는 대표적)라는 문맥이 가장 자연스러우므로 1 代表的(대표적)가 정답이다. 2는 今後予定している具体的な計画(앞으로 예정하고 있는 구체적인 계획), 3은 有名人が実践している効果的なダイエット方(유명인이 실천하고 있는 효과적인 다이어트법), 4는 問題に関する積極的な解決方法(문제에 관한 적극적인 해결 방법)와 같이 쓰인다.

어휘 すし 圓스시　天ぷら てんぷら 圓튀김
　世界中 せかいじゅう 圓전 세계　知られる しられる 图알려지다
　日本食 にほんしょく 圓일본 음식
　代表的だ だいひょうてきだ な형대표적이다
　具体的だ ぐたいてきだ な형구체적이다
　効果的だ こうかてきだ な형효과적이다
　積極的だ せっきょくてきだ な형적극적이다

7

이 앞에 급한 (　　　)가 있기 때문에, 가속해선 안 됩니다.
1　오버
2　접근
3　에러
4　커브

해설 선택지가 모두 명사이다. 괄호 앞의 내용과 함께 쓸 때 この先に急なカーブ(이 앞에 급한 커브)라는 문맥이 가장 자연스러우므로 4 カーブ(커브)가 정답이다. 1은 重量がオーバー(중량이 오버), 2는 便利なアクセス(편리한 접근), 3은 重大なエラー(중대한 에러)와 같이 쓰인다.

어휘 先 さき 圓앞   急だ きゅうだ 极형급하다   ～ので 조～이기 때문에
　　 加速 かそく 圓가속   ～てはいけない ~해서는 안 된다
　　 オーバー 圓오버, 초과   アクセス 圓접근   エラー 圓에러
　　 カーブ 圓커브, 곡선

8

당시에는 중국과의 (　　)이 왕성해서, 중국에서 실로 만든 제품 등을 구입하고 있었다.

1　수입　　　　　　　2　수출
3　무역　　　　　　　4　판매

해설 선택지가 모두 명사이다. 괄호 앞의 내용과 함께 쓸 때 当時は中国との貿易(당시에는 중국과의 무역)라는 문맥이 가장 자연스러우므로 3 貿易(무역)가 정답이다. 1은 中国から輸入(중국에서 수입), 2는 中国に輸出(중국에 수출), 4는 中国で販売(중국에서 판매)와 같이 쓰인다.

어휘 当時 とうじ 圓당시   中国 ちゅうごく 圓중국
　　 盛んだ さかんだ 极형번성하다, 활발하다   ～から 조~로부터
　　 糸 いと 圓실   作る つくる 동만들다   製品 せいひん 圓제품
　　 ～など ~등   購入 こうにゅう 圓구입   輸入 ゆにゅう 圓수입
　　 輸出 ゆしゅつ 圓수출   貿易 ぼうえき 圓무역
　　 販売 はんばい 圓판매

실전 대비하기 5
p.108

| **1** 4 | **2** 2 | **3** 1 | **4** 3 | **5** 3 |
| **6** 2 | **7** 1 | **8** 1 | | |

문제3 (　　)에 넣을 것으로 가장 알맞은 것을, 1·2·3·4에서 하나 고르세요.

1

부원 모두에게 추천받아, 동아리 부장을 (　　)게 되었습니다.

1　힘을 쏟　　　　　2　손에 들어오
3　수취하　　　　　4　맡

해설 선택지가 모두 동사이다. 괄호 앞의 내용과 함께 쓸 サークルの部長を引き受ける(동아리 부장을 맡)라는 문맥이 가장 자연스러우므로 4 引き受ける(맡)가 정답이다. 1은 勉強に力を入れる(공부에 힘을 쏟다), 2는 大金が手に入る(큰돈이 손에 들어오다), 3은 郵便を受け取る(우편을 수취하다)와 같이 쓰인다.

어휘 部員 ぶいん 圓부원   みんな 圓모두   すすめる 동추천하다
　　 サークル 圓동아리   部長 ぶちょう 圓부장, 동아리장
　　 ～ことになる ~하게 되다   力を入れる ちからをいれる 힘을 쏟다
　　 手に入る てにはいる 손에 들어오다, 얻다
　　 受け取る うけとる 동수취하다, 받다   引き受ける ひきうける 동맡다

2

스스로 요리하면, 항상 비슷한 메뉴가 되어 (　　).

1　싫어한다　　　　2　질린다
3　지친다　　　　　4　포기한다

해설 선택지가 모두 동사이다. 괄호 앞의 내용과 함께 쓸 때 いつも似たようなメニューになってあきる(항상 비슷한 메뉴가 되어 질린다)라는 문맥이 가장 자연스러우므로 2 あきる(질린다)가 정답이다. 1은 気持ちが悪くていやがる(기분이 좋지 않아 싫어하다), 3은 仕事をしすぎてくたびれる(일을 너무 많이 해서 지치다), 4는 難しくてあきらめる(어려워서 포기하다)와 같이 쓰인다.

어휘 自分で じぶんで 스스로   料理 りょうり 圓요리   いつも 圓항상
　　 似る にる 동비슷하다, 닮다   ～ような ~같은   メニュー 圓메뉴
　　 いやがる 동싫어하다   あきる 동질리다
　　 くたびれる 동지치다, 피곤하다   あきらめる 동포기하다

3

시험을 시작하겠으니, 한 자리씩 (　　)을 비우고 앉아 주세요.

1　간격　　　　　　2　구역
3　범위　　　　　　4　구멍

해설 선택지가 모두 명사이다. 괄호 앞뒤의 내용과 함께 쓸 때 一席分ずつ間隔を空けて座ってください(한 자리씩 간격을 비우고 앉아 주세요)라는 문맥이 가장 자연스러우므로 1 間隔(간격)가 정답이다. 2는 一か所ずつ区域を選定する(1군데씩 구역을 선정하다), 3은 少しずつ範囲を広げる(조금씩 범위를 넓히다), 4는 一つずつ穴を埋める(하나씩 구멍을 메우다)와 같이 쓰인다.

어휘 試験 しけん 圓시험   始める はじめる 동시작하다
　　 ～から 조~하니, 이므로   一席分 いっせきぶん 圓한 자리 (분량)
　　 ～ずつ 조~씩   空ける あける 동비우다   座る すわる 동앉다
　　 ～てください ~(해) 주세요   間隔 かんかく 圓간격
　　 区域 くいき 圓구역   範囲 はんい 圓범위   穴 あな 圓구멍

4

이 이야기에 (　　) 하는 인물들은 각각 고민을 떠안고 있다.

1　표현　　　　　　2　발상
3　등장　　　　　　4　출판

해설 선택지가 모두 명사이다. 괄호 앞뒤의 내용과 함께 쓸 때 この物語に登場する人物たちは(이 이야기에 등장하는 인물들은)라는 문맥이 가장 자연스러우므로 3 登場(등장)가 정답이다. 1은 適切な表現(적절한 표현), 2는 面白い発想(재미있는 발상), 4는 本の出版(책의 출판)과 같이 쓰인다.

어휘 物語 ものがたり 圓이야기   人物 じんぶつ 圓인물   ～たち ~들
　　 それぞれ 閏각각   悩み なやみ 圓고민   かかえる 동떠안다
　　 表現 ひょうげん 圓표현   発想 はっそう 圓발상
　　 登場 とうじょう 圓등장   出版 しゅっぱん 圓출판

5

돈이 없어서 (　　)의 차밖에 살 수 없었다.
1 빚　　　　　　　2 도중
3 중고　　　　　　4 물건

해설 선택지가 모두 명사이다. 괄호 뒤의 내용과 함께 쓸 때 中古の車しか買えなかった(중고의 차밖에 살 수 없었다)라는 문맥이 가장 자연스러우므로 3 中古(중고)가 정답이다. 1은 借金の話(빚 이야기), 2는 途中の仕事(도중의 일), 4는 品物の値段(물건의 가격)과 같이 쓰인다.

어휘 お金 おかね 圕 돈　車 くるま 圕 차　～しか 困 ~밖에
買う かう 固 사다　借金 しゃっきん 圕 빚　途中 とちゅう 圕 도중
中古 ちゅうこ 圕 중고　品物 しなもの 圕 물건, 물품

6

아이의 어릴 때의 사진을 보고 (　　) 기분이 되었습니다.
1 눈부신　　　　　2 그리운
3 아까운　　　　　4 믿음직한

해설 선택지가 모두 い형용사이다. 괄호 앞의 내용과 함께 쓸 때 子どもの小さい時の写真を見て懐かしい(아이의 어릴 때의 사진을 보고 그립다)라는 문맥이 가장 자연스러우므로 2 懐かしい(그립다)가 정답이다. 1은 まぶしい光(눈부신 빛), 3은 惜しい人(아까운 사람), 4는 頼もしい人(믿음직한 사람)와 같이 쓰인다.

어휘 子ども こども 圕 아이　小さい ちいさい い형 어리다, 작다
写真 しゃしん 圕 사진　見る みる 固 보다　気持ち きもち 圕 기분
まぶしい い형 눈부시다　懐かしい なつかしい い형 그립다
惜しい おしい い형 아깝다　頼もしい たのもしい い형 믿음직하다

7

이 문제가 어려워서 전혀 모르겠으니, 무언가 (　　)를 주세요.
1 힌트　　　　　　2 퀴즈
3 테마　　　　　　4 레시피

해설 선택지가 모두 명사이다. 괄호 앞의 내용과 함께 쓸 때 この問題が難しくて全然わからないので、何かヒント(이 문제가 어려워서 전혀 모르겠으니, 무언가 힌트)라는 문맥이 가장 자연스러우므로 1 ヒント(힌트)가 정답이다. 2는 一般常識に関するクイズ(일반 상식에 관한 퀴즈), 3은 討論のテーマ(토론의 테마), 4는 料理のレシピ(요리의 레시피)로 자주 쓰인다.

어휘 問題 もんだい 圕 문제　難しい むずかしい い형 어렵다
全然 ぜんぜん 囝 전혀　わかる 固 알다　～ので 困 ~으니
何か なにか 무언가　ヒント 圕 힌트　クイズ 圕 퀴즈
テーマ 圕 테마, 주제　レシピ 圕 레시피

8

그는 아무 것도 말하지 않고, 내 얼굴을 (　　) 보고 있었다.
1 지그시　　　　　2 말끔히

3 후유 하고　　　　4 몽땅

해설 선택지가 모두 부사이다. 괄호 뒤의 내용과 함께 쓸 때 じっと見ていた(지그시 보고 있었다)라는 문맥이 가장 자연스러우므로 1 じっと(지그시)가 정답이다. 2는 すっきり整理する(말끔히 정리하다), 3은 ほっとする(안심하다), 4는 そっくり残す(몽땅 남기다)와 같이 쓰인다.

어휘 言う いう 固 말하다　顔 かお 圕 얼굴　見る みる 固 보다
じっと 囝 지그시, 가만히　すっきり 囝 말끔히　ほっとする 안심하다
そっくり 囝 몽땅, 그대로

실전 대비하기 6　　　　　　　　　　　　　p.109

| 1 4 | 2 2 | 3 3 | 4 2 | 5 4 |
| 6 2 | 7 3 | 8 4 | | |

문제3 (　　)에 넣을 것으로 가장 알맞은 것을, 1·2·3·4에서 하나 고르세요.

1

앞 사람이 불렸으니까, 다음은 나의 (　　) 일 것이다.
1 폭　　　　　　　2 선
3 동안　　　　　　4 순서

해설 선택지가 모두 명사이다. 괄호 앞의 내용과 함께 쓸 때 前の人が呼ばれたから、次は私の番(앞 사람이 불렸으니까, 다음은 나의 순서)이라는 문맥이 가장 자연스러우므로 4 番(순서)이 정답이다. 1은 道路の幅(도로의 폭), 2는 グラフの線(그래프의 선), 3은 夏の間(여름 동안)과 같이 쓰인다.

어휘 前 まえ 圕 앞　人 ひと 圕 사람　呼ぶ よぶ 固 부르다
～から ~(하)니까　次 つぎ 圕 다음　私 わたし 圕 나
～だろう ~일 것이다　幅 はば 圕 폭　線 せん 圕 선
間 あいだ 圕 동안, 사이　番 ばん 圕 순서

2

선생님의 강의를 듣고, 세계 경제에 대한 이해가 (　　).
1 충분했다　　　　2 깊어졌다
3 뻗쳤다　　　　　4 넘었다

해설 선택지가 모두 동사이다. 괄호 앞의 내용과 함께 쓸 때 講義を聞いて、世界経済についての理解が深まった(강의를 듣고, 세계 경제에 대한 이해가 깊어졌다)라는 문맥이 가장 자연스러우므로 2 深まった(깊어졌다)가 정답이다. 1은 時間が足りる(시간이 충분하다), 3은 手が伸びる(손길이 뻗치다), 4는 山を越える(산을 넘다)와 같이 쓰인다.

어휘 先生 せんせい 圕 선생(님)　講義 こうぎ 圕 강의　聞く きく 固 듣다
世界 せかい 圕 세계　経済 けいざい 圕 경제　理解 りかい 圕 이해

足りる たりる 图 충분하다, 족하다   深まる ふかまる 图 깊어지다
伸びる のびる 图 뻗치다, 뻗다   越える こえる 图 (높은 곳을) 넘다

3

그렇게 큰 소리로 말하면 주변 사람에게 (　　)예요.
1 불만　　　　　　　2 비판
3 민폐　　　　　　　4 신세

해설 선택지가 모두 명사이다. 괄호 앞의 내용과 함께 쓸 때 周りの人に 迷惑(주변 사람에게 민폐)라는 문맥이 가장 자연스러우므로 3 迷惑(민폐)가 정답이다. 2는 世間の厳しい批判(세간의 엄격한 비판), 4는 親戚に世話になる(친척에게 신세를 지다)와 같이 쓰인다.

어휘 そんなに 图 그렇게   大きな おおきな 큰   声 こえ 図 (목)소리
話す はなす 图 말하다, 이야기하다   周り まわり 図 주변, 주위
不満 ふまん 図 불만   批判 ひはん 図 비판
迷惑 めいわく 図 민폐, 성가심   世話 せわ 図 신세, 보살핌

4

골대 앞에서 허둥대지 않고, 침착하게 슛을 성공시킬 수 있는 힘을 (　　)습니다.
1 신경 쓰고 싶　　　　2 익히고 싶
3 반복하고 싶　　　　4 받아들이고 싶

해설 선택지가 모두 동사이다. 괄호 앞의 내용과 함께 쓸 때 落ち着いてシュートを決められる力を身につけたい(침착하게 슛을 성공시킬 수 있는 힘을 익히고 싶)라는 문맥이 가장 자연스러우므로 2 身につけたい(익히고 싶)가 정답이다. 1은 相手の反応を気にする(상대의 반응을 신경 쓰다), 3은 練習を繰り返す(연습을 반복하다), 4는 違う文化を受け入れる(다른 문화를 받아들이다)로 자주 쓰인다.

어휘 ゴール 図 골대, 골   前 まえ 図 앞   あわてる 图 허둥대다, 서두르다
落ち着く おちつく 图 침착하다, 진정하다   シュート 図 슛
決める きめる 图 성공시키다   力 ちから 図 힘
気にする きにする 图 신경 쓰다   身につける みにつける 图 익히다
繰り返す くりかえす 图 반복하다   受け入れる うけいれる 图 받아들이다

5

올해부터 대학의 (　　)가 오른다고 합니다.
1 장학　　　　　　　2 요금
3 금전　　　　　　　4 학비

해설 선택지가 모두 명사이다. 괄호 앞의 내용과 함께 쓸 때 大学の学費(대학의 학비)라는 문맥이 가장 자연스러우므로 4 学費(학비)가 정답이다. 1은 国の奨学金(국가의 장학금), 2는 水道の料金(수도 요금), 3은 金銭の問題(금전 문제)와 같이 쓰인다.

어휘 今年 ことし 図 올해   ~から 图 ~부터   大学 だいがく 図 대학
上がる あがる 图 오르다   奨学 しょうがく 図 장학
料金 りょうきん 図 요금   金銭 きんせん 図 금전   学費 がくひ 図 학비

6

1만 엔의 식사비를 4명으로 (　　)면, 2500엔이 된다.
1 부수　　　　　　　2 나누
3 줄이　　　　　　　4 당기

해설 선택지가 모두 동사이다. 괄호 앞뒤의 내용과 함께 쓸 때 食事代を4人でわると(식사비를 4명으로 나누면)라는 문맥이 가장 자연스러우므로 2 わる(나누다)가 정답이다. 1은 建物をこわす(건물을 부수다), 3은 体重をへらす(체중을 줄이다), 4는 ひもをひく(끈을 당기다)와 같이 쓰인다.

어휘 食事代 しょくじだい 図 식사비   こわす 图 부수다   わる 图 나누다
へらす 图 줄이다   ひく 图 당기다, 끌다

7

30분 기다려도 버스가 오지 않기 때문에, (　　)해졌다.
1 어슬렁어슬렁　　　　2 슬슬
3 안달복달　　　　　　4 아슬아슬

해설 선택지가 모두 부사이다. 괄호 앞뒤의 내용과 함께 쓸 때 バスが来ないので、いらいらしてきた(버스가 오지 않기 때문에, 안달복달 해졌다)라는 문맥이 가장 자연스러우므로 3 いらいら(안달복달)가 정답이다. 1은 暇なのでうろうろする(한가해서 어슬렁어슬렁한다), 2는 そろそろ出発する(슬슬 출발한다), 4는 ぎりぎり間に合う(아슬아슬 시간에 맞추다)와 같이 쓰인다.

어휘 待つ まつ 图 기다리다   バス 図 버스   来る くる 图 오다
~ので 图 ~때문에   うろうろ 图 어슬렁어슬렁   そろそろ 图 슬슬
いらいら 图 안달복달   ぎりぎり 图 아슬아슬

8

이웃집의 개는 모르는 사람이 오면 큰소리로 (　　).
1 날린다　　　　　　2 깨뜨린다
3 채운다　　　　　　4 짖는다

해설 선택지가 모두 동사이다. 괄호 앞의 내용과 함께 쓸 때 大きい鳴き声でほえる(큰소리로 짖는다)라는 문맥이 가장 자연스러우므로 4 ほえる(짖는다)가 정답이다. 1은 ボールをとばす(공을 날리다), 2는 約束をやぶる(약속을 깨뜨리다), 3은 穴をうめる(구멍을 채우다)와 같이 쓰인다.

어휘 となり 図 이웃, 옆   家 いえ 図 집   犬 いぬ 図 개   知る しる 图 알다
来る くる 图 오다   大きな おおきな 큰
鳴き声 なきごえ 図 (동물의) 울음소리   とばす 图 날리다
やぶる 图 깨뜨리다, 부수다   うめる 图 채우다, 묻다   ほえる 图 짖다

실전 대비하기 7   p.110

| 1 2 | 2 1 | 3 1 | 4 3 | 5 4 |
| 6 3 | 7 3 | 8 2 | | |

문제3 ( )에 넣을 것으로 가장 알맞은 것을, 1·2·3·4에서 하나 고르세요.

1

샤워 후, ( )로 머리카락을 말렸습니다.
1 카탈로그　　　2 드라이어
3 브러시　　　　4 와이퍼

해설 선택지가 모두 명사이다. 괄호 뒤의 내용과 함께 쓸 때 ドライヤーで髪を乾かしました(드라이어로 머리카락을 말렸습니다)라는 문맥이 가장 자연스러우므로 2 ドライヤー(드라이어)가 정답이다. 1은 カタログで探す(카탈로그에서 찾다), 3은 ブラシでくつを磨く(브러시로 구두를 닦다), 4는 ワイパーで窓を掃除する(와이퍼로 창문을 청소하다)와 같이 쓰인다.

어휘 シャワー 명샤워　後 あと 명후, 뒤　髪 かみ 명머리카락
乾かす かわかす 동말리다　カタログ 명카탈로그
ドライヤー 명드라이어　ブラシ 명브러시　ワイパー 명와이퍼

2

제가 ( )를 하면 거기에서 나와주세요.
1 신호　　　　　2 광고
3 신호　　　　　4 수고

해설 선택지가 모두 명사이다. 괄호 뒤의 내용과 함께 쓸 때 合図をしたらそこから出てきてください(신호를 하면 거기에서 나와주세요)라는 문맥이 가장 자연스러우므로 1 合図(신호)가 정답이다. 2는 広告を出す(광고를 내다), 3은 赤信号を無視する(적신호를 무시하다), 4는 手間をかける(수고를 들이다)와 같이 쓰인다.

어휘 ～から 조~에서　出る でる 동나오다
合図 あいず 명신호(눈짓·몸짓 등의 방법), 손짓　広告 こうこく 명광고
信号 しんごう 명신호(일정한 부호, 소리로 정보를 전달함)
手間 てま 명수고

3

강아지는 어미 개에게 ( ) 달라붙어서, 곁을 떠나지 않는다.
1 딱　　　　　　2 몰래
3 듬뿍　　　　　4 분명히

해설 선택지가 모두 부사이다. 괄호 앞뒤의 내용과 함께 쓸 때 子犬は母犬にぴったりくっついて、そばを離れない(강아지는 어미 개에게 딱 달라붙어서, 곁을 떠나지 않는다)라는 문맥이 가장 자연스러우므로 1 ぴったり(딱)가 정답이다. 2는 こっそり話す(몰래 이야기하다), 3은 たっぷりのせる(듬뿍 얹다), 4는 はっきり言う(분명히 말하다)와 같이 쓰인다.

어휘 子犬 こいぬ 명강아지　母犬 ははいぬ 명어미 개
くっつく 동달라 붙다　そば 명곁　離れる はなれる 동떠나다
ぴったり 부딱　こっそり 부몰래　たっぷり 부듬뿍
はっきり 부분명히

4

요즘, 손발이 저리는 ( ) 이 있어서 병원에서 진찰받기로 했다.
1 감탄　　　　　2 감정
3 감각　　　　　4 감상

해설 선택지가 모두 명사이다. 괄호 앞의 내용과 함께 쓸 때 最近、手足にしびれる感覚(요즘, 손발이 저리는 감각)라는 문맥이 가장 자연스러우므로 3 感覚(감각)가 정답이다. 1은 少年の行動に感心した(소년의 행동에 감탄했다), 2는 こみ上げる感情(북받치는 감정), 4는 映画の感想(영화의 감상)로 자주 쓰인다.

어휘 最近 さいきん 명요즘　手足 てあし 명손발　しびれる 동저리다
病院 びょういん 명병원　診る みる 동진찰하다
感心 かんしん 명감탄　感情 かんじょう 명감정
感覚 かんかく 명감각　感想 かんそう 명감상

5

여러 번 해도 할 수 없었기 때문에 결국 ( ).
1 멎었다　　　　2 때웠다
3 되풀이했다　　4 포기했다

해설 선택지가 모두 동사이다. 문장의 내용을 볼 때 何回やってもできないので結局あきらめた(여러 번 해도 할 수 없었기 때문에 결국 포기했다)라는 문맥이 가장 자연스러우므로 4 あきらめた(포기했다)가 정답이다. 1은 雨がやむ(비가 멎다), 2는 食事をすます(식사를 때우다), 3은 練習をくりかえす(연습을 되풀이하다)와 같이 쓰인다.

어휘 何回 なんかい 명여러 번, 몇 번　できる 동할 수 있다
～ので 조~때문에　結局 けっきょく 부결국　やむ 동멎다, 그치다
すます 동때우다, 마치다　くりかえす 동되풀이하다, 반복하다
あきらめる 동포기하다

6

아침에 일어나서 창문을 열었더니, 밖은 눈이 쌓여 있어서 ( ) 이었습니다.
1 새빨간색　　　2 새파란색
3 새하얀색　　　4 새까만색

해설 선택지가 모두 명사이다. 괄호 앞의 내용과 함께 쓸 때 外は雪がつもっていて真っ白(밖은 눈이 쌓여 있어서 새하얀색)라는 문맥이 가장 자연스러우므로 3 真っ白(새하얀색)가 정답이다. 1은 妹は恥ずかしいのか顔が真っ赤だった(여동생은 부끄러운지 얼굴이 새빨간색이었다), 2는 緊張したのか顔が真っ青だった(긴장했는지 얼굴이 새파란색이었다), 4는 焦げた肉は真っ黒だった(탄 고기는 새까만색이었다)로 자주 쓰인다.

어휘 朝 あさ 명아침　起きる おきる 동일어나다　窓 まど 명창문
開ける あける 동열다　外 そと 명밖　雪 ゆき 명눈
つもる 동쌓이다　真っ赤 まっか 명새빨간색
真っ青 まっさお 명새파란색　真っ白 まっしろ 명새하얀색
真っ黒 まっくろ 명새까만색

7
요즘 빠져 있는 드라마의 결말을 (   ) 해 보았습니다.
1 점검　　　　2 관찰
3 상상　　　　4 발전

해설　선택지가 모두 명사이다. 괄호 앞의 내용과 함께 쓸 때 最近はまっているドラマの結末を想像(요즘 빠져 있는 드라마의 결말을 상상)라는 문맥이 가장 자연스러우므로 3 想像(상상)가 정답이다. 1은 車のエンジンを点検する(자동차의 엔진을 점검한다), 2는 野生動物を観察する(야생동물을 관찰한다), 4는 AI技術が発展する(AI 기술이 발전한다)로 자주 쓰인다.

어휘　最近 さいきん 명 요즘, 최근　はまる 동 빠지다　ドラマ 명 드라마
　　　結末 けつまつ 명 결말　点検 てんけん 명 점검
　　　観察 かんさつ 명 관찰　想像 そうぞう 명 상상
　　　発展 はってん 명 발전

8
일요일이라서, 백화점은 많은 사람으로 (   )해 있었다.
1 만족　　　　**2 혼잡**
3 집중　　　　4 정체

해설　선택지가 모두 명사이다. 괄호 앞의 내용과 함께 쓸 때 たくさんの人で混雑(많은 사람으로 혼잡)라는 문맥이 가장 자연스러우므로 2 混雑(혼잡)가 정답이다. 3은 人口の集中(인구의 집중), 4는 交通の渋滞(교통 정체)와 같이 쓰인다.

어휘　日曜日 にちようび 명 일요일　デパート 명 백화점　たくさん 부 많이
　　　満足 まんぞく 명 만족　混雑 こんざつ 명 혼잡
　　　集中 しゅうちゅう 명 집중　渋滞 じゅうたい 명 정체, 밀림

실전 대비하기 8　　　p.111

| 1 2 | 2 3 | 3 4 | 4 3 | 5 4 |
| 6 4 | 7 1 | 8 3 | | |

문제3 (   )에 넣을 것으로 가장 알맞은 것을, 1·2·3·4에서 하나 고르세요.

1
선생님은 학생을 A와 B 2개의 그룹으로 (   ).
1 뗐다　　　　**2 나눴다**
3 깼다　　　　4 잘랐다

해설　선택지가 모두 동사이다. 괄호 앞의 내용과 함께 쓸 때 2つのグループに分けた(2개의 그룹으로 나눴다)라는 문맥이 가장 자연스러우므로 2 分けた(나눴다)가 정답이다. 1은 目を離す(눈을 떼다), 3은 お皿を割る(접시를 깨다), 4는 かみを切る(머리카락을 자르다)와 같이 쓰인다.

어휘　先生 せんせい 명 선생(님)　学生 がくせい 명 학생
　　　グループ 명 그룹　離す はなす 동 떼다　分ける わける 동 나누다
　　　割る わる 동 깨다　切る きる 동 자르다

2
(   )이 나쁜 아이가 있으면 어른이 주의시켜주지 않으면 안 됩니다.
1 규칙　　　　2 책임
3 예절　　　　4 상식

해설　선택지가 모두 명사이다. 괄호 뒤의 내용과 함께 쓸 때 行儀の悪い子ども(예절이 나쁜 아이, 예의가 없는 아이)라는 문맥이 가장 자연스러우므로 3 行儀(예절)가 정답이다. 1은 規則が厳しい(규칙이 엄하다), 2는 責任が重い(책임이 막중하다), 4는 常識がない(상식이 없다)와 같이 쓰인다.

어휘　悪い わるい い형 나쁘다　子ども こども 명 아이　大人 おとな 명 어른
　　　注意 ちゅうい 명 주의　規則 きそく 명 규칙　責任 せきにん 명 책임
　　　行儀 ぎょうぎ 명 예절　常識 じょうしき 명 상식

3
갑자기 튀어나온 차에 (   ), 1주일 동안 입원했다.
1 쥐어서　　　　2 향해서
3 달려서　　　　**4 치여서**

해설　선택지가 모두 동사이다. 괄호 앞의 내용과 함께 쓸 때 車にひかれて(차에 치여서)라는 문맥이 가장 자연스러우므로 4 ひかれて(치여서)가 정답이다. 1은 手をにぎる(손을 쥐다), 2는 夢にむかう(꿈을 향하다), 3은 廊下を走る(복도를 달리다)와 같이 쓰인다.

어휘　突然 とつぜん 부 갑자기
　　　飛び出す とびだす 동 튀어나오다, 뛰쳐나오다　車 くるま 명 차
　　　入院 にゅういん 명 입원　にぎる 동 쥐다, 잡다　むかう 동 향하다
　　　はしる 동 달리다　ひかれる 동 치이다

4
이제부터는 석유를 대신할 (   )가 필요해질 것이다.
1 엔진　　　　2 칼로리
3 에너지　　　　4 난로

해설　선택지가 모두 명사이다. 괄호 앞의 내용과 함께 쓸 때 石油に代わるエネルギー(석유를 대신할 에너지)라는 문맥이 가장 자연스러우므로 3 エネルギー(에너지)가 정답이다. 1은 車のエンジン(차의 엔진), 2는 食べ物のカロリー(음식의 칼로리), 4는 家のストーブ(집의 난로)와 같이 쓰인다.

어휘　石油 せきゆ 명 석유　代わる かわる 동 대신하다
　　　必要 ひつよう 명 필요　エンジン 명 엔진　カロリー 명 칼로리
　　　エネルギー 명 에너지　ストーブ 명 난로, 스토브

5

세탁기 매상이 전년도와 (　　) 해서, 약 5천만 엔이나 증가했습니다.
1　병행　　　　2　변경
3　반대　　　　**4　비교**

해설 선택지가 모두 명사이다. 괄호 앞의 내용과 함께 쓸 때 売り上げが前年度と比較(매상이 전년도와 비교)라는 문맥이 가장 자연스러우므로 4 比較(비교)가 정답이다. 1은 仕事と学校を並行する(일과 학교를 병행한다), 2는 予約を変更する(예약을 변경한다), 3은 彼女の主張に反対する(그녀의 주장에 반대한다)와 같이 쓰인다.

어휘 洗濯機 せんたくき 명 세탁기　売り上げ うりあげ 명 매상
前年度 ぜんねんど 명 전년도　約~ やく~ 약~
~円 ~えん ~엔(일본의 화폐 단위)　増加 ぞうか 명 증가
並行 へいこう 명 병행　変更 へんこう 명 변경
反対 はんたい 명 반대　比較 ひかく 명 비교

6

저 식당은 요리가 그다지 맛있지 않아서, 점심에도 (　　)다.
1　여기저기 흩어져 있　　2　따로따로
3　배가 몹시 고프　　　　**4　텅텅 비어 있**

해설 선택지가 모두 な형용사이다. 괄호 앞뒤의 내용과 함께 쓸 때 おいしくないので、昼でもがらがらだ(맛있지 않아서, 점심에도 텅텅 비어 있다)라는 문맥이 가장 자연스러우므로 4 がらがら(텅텅 비어 있음)가 정답이다. 1은 ばらばらになる(여기저기 흩어지다), 2는 べつべつになっている(따로따로 되어 있다), 3은 お腹がぺこぺこだ(배가 몹시 고프다)와 같이 쓰인다.

어휘 食堂 しょくどう 명 식당　料理 りょうり 명 요리　あまり 부 그다지
おいしい い형 맛있다　~ので 조 ~(해)서, 때문에　昼 ひる 명 점심, 낮
ばらばらだ な형 여기저기 흩어져 있다　べつべつだ な형 따로따로다
ぺこぺこだ な형 배가 몹시 고프다　がらがらだ な형 텅텅 비어 있다

7

그녀는 사장의 (　　)이니까, 언제나 비싸 보이는 옷을 입고 있다.
1　부인　　　　2　주부
3　여배우　　　　4　쌍둥이

해설 선택지가 모두 명사이다. 문장의 내용을 볼 때 社長の夫人だから、いつも高そうな服を着ている(사장의 부인이니까, 언제나 비싸 보이는 옷을 입고 있다)라는 문맥이 가장 자연스러우므로 1 夫人(부인)이 정답이다. 3은 人気の女優(인기 여배우), 4는 そっくりな双子(꼭 닮은 쌍둥이)와 같이 쓰인다.

어휘 社長 しゃちょう 명 사장　~から 조 ~니까　いつも 부 언제나
高い たかい い형 비싸다　服 ふく 명 옷　着る きる 동 입다
夫人 ふじん 명 부인　主婦 しゅふ 명 주부　女優 じょゆう 명 여배우
双子 ふたご 명 쌍둥이

8

학생 때의 친구와 맛있는 요리를 (　　) 여러 가지 이야기했습니다.
1　짜고　　　　　2　대비하고
3　둘러싸고　　4　포함하고

해설 선택지가 모두 동사이다. 괄호 앞뒤의 내용과 함께 쓸 때 おいしい料理を囲んでいろいろ話しました(맛있는 요리를 둘러싸고 여러 가지 이야기했습니다)라는 문맥이 가장 자연스러우므로 3 囲んで(둘러싸고)가 정답이다. 1은 チームを組む(팀을 짜다), 2는 地震に備える(지진에 대비하다), 4는 税金を含む(세금을 포함하다)와 같이 쓰인다.

어휘 学生 がくせい 명 학생　友達 ともだち 명 친구　おいしい い형 맛있다
料理 りょうり 명 요리　いろいろ 부 여러 가지
話す はなす 동 이야기하다　組む くむ 동 짜다
備える そなえる 동 대비하다　囲む かこむ 동 둘러싸다
含む ふくむ 동 포함하다

실전 대비하기 9　　　　　　　　　　　　p.112

1 4　　**2** 2　　**3** 1　　**4** 3　　**5** 2
6 4　　**7** 3　　**8** 1

문제3 (　　)에 넣을 것으로 가장 알맞은 것을, 1·2·3·4에서 하나 고르세요.

1

이 병은, 한 번 걸리면 절대로 낫지 않는 (　　) 병이다.
1　날카로운　　　2　시끄러운
3　세찬　　　　　**4　무서운**

해설 선택지가 모두 い형용사이다. 괄호 뒤의 내용과 함께 쓸 때 おそろしい病気だ(무서운 병이다)라는 문맥이 가장 자연스러우므로 4 おそろしい(무서운)가 정답이다. 1은 するどい意見(날카로운 의견), 2는 うるさい人(시끄러운 사람), 3은 はげしい雨(세찬 비)와 같이 쓰인다.

어휘 病気 びょうき 명 병　かかる 동 걸리다　絶対に ぜったいに 절대로
治る なおる 동 낫다　するどい い형 날카롭다　うるさい い형 시끄럽다
はげしい い형 세차다　おそろしい い형 무섭다

2

바쁘기 때문에, 간단한 일은 후배에게 (　　).
1　맡겼다　　　　**2　맡겼다**
3　옮겼다　　　　4　내려놓았다

해설 선택지가 모두 동사이다. 괄호 앞의 내용과 함께 쓸 때 簡単な仕事は後輩に任せた(간단한 일은 후배에게 맡겼다)라는 문맥이 가장 자

연스러우므로 2 任せた(맡겼다)가 정답이다. 1은 荷物を預ける(짐을 맡기다), 3은 場所を移す(장소를 옮기다), 4는 荷物を降ろす(짐을 내려놓다)와 같이 쓰인다.

어휘 忙しい いそがしい [い형]바쁘다 ～ので [조]~때문에
簡単だ かんたんだ [な형]간단하다 仕事 しごと [명]일
後輩 こうはい [명]후배 預ける あずける [동](물건을) 맡기다
任せる まかせる [동](일을) 맡기다, 위임하다 移す うつす [동]옮기다
降ろす おろす [동]내려놓다

3

나는 지금까지 (　　　)으로 부모를 곤란하게 한 일이 없다.
1 제멋대로 굶   2 모습
3 불만   4 방해

해설 선택지가 모두 명사이다. 괄호 뒤의 내용과 함께 쓸 때 わがままで親を困らせたことがない(제멋대로 굶으로 부모를 곤란하게 한 일이 없다)라는 문맥이 가장 자연스러우므로 1 わがまま(제멋대로 굶)가 정답이다. 2는 様子を見守る(모습을 지켜보다), 3은 不満に思う(불만으로 생각하다), 4는 睡眠をじゃまする(수면을 방해하다)와 같이 쓰인다.

어휘 今 いま [명]지금 ～までに ~까지 親 おや [명]부모
困る こまる [동]곤란하다 わがまま [명]제멋대로 굶, 버릇없음
様子 ようす [명]모습 不満 ふまん [명]불만 じゃま [명]방해

4

이 전자 사전은 저렴한 것이지만, (　　　) 사용하기 편해서 좋다.
1 전혀   2 딱
3 제법   4 가만히

해설 선택지가 모두 부사이다. 괄호 뒤의 내용과 함께 쓸 때 けっこう使いやすくて(제법 사용하기 편해서)라는 문맥이 가장 자연스러우므로 3 けっこう(제법)가 정답이다. 1은 まったく違う(전혀 다르다), 2는 サイズがぴったりだ(사이즈가 딱이다), 4는 じっと見ている(가만히 보고 있다)와 같이 쓰인다.

어휘 電子辞書 でんしじしょ [명]전자 사전 安い やすい [い형]저렴하다, 싸다
使いやすい つかいやすい 사용하기 편하다 まったく [부]전혀
ぴったり [부]딱 けっこう [부]제법 じっと [부]가만히

5

그녀는 실패를 반복한 결과, 드디어 새로운 기계를 (　　　)했다.
1 경영   2 발명
3 성공   4 활용

해설 선택지가 모두 명사이다. 괄호 앞의 내용과 함께 쓸 때 ついに新しい機械を発明(드디어 새로운 기계를 발명)라는 문맥이 가장 자연스러우므로 2 発明(발명)가 정답이다. 1은 店を経営する(가게를 경영하다), 3은 手術が成功する(수술이 성공하다), 4는 データを活用する(데이터를 활용하다)와 같이 쓰인다.

어휘 失敗 しっぱい [명]실패 繰り返す くりかえす [동]반복하다
結果 けっか [명]결과 ついに [부]드디어
新しい あたらしい [い형]새롭다 機械 きかい [명]기계
経営 けいえい [명]경영 発明 はつめい [명]발명
成功 せいこう [명]성공 活用 かつよう [명]활용

6

어떤 (　　　)이 있어도, 리포트는 금요일까지 제출하지 않으면 안 된다.
1 비밀   2 의사
3 상태   4 사정

해설 선택지가 모두 명사이다. 괄호 뒤의 내용과 함께 쓸 때 事情があっても、レポートは金曜日までに出さなければ(사정이 있어도, 리포트는 금요일까지 제출하지 않으면)라는 문맥이 가장 자연스러우므로 4 事情(사정)가 정답이다. 1은 内緒がない(비밀이 없다), 2는 意思が固い(의사가 굳다), 3은 具合が悪い(상태가 안 좋다)와 같이 쓰인다.

어휘 レポート [명]리포트 金曜日 きんようび [명]금요일 ～までに ~까지
出す だす [동]제출하다, 내다 内緒 ないしょ [명]비밀
意思 いし [명]의사 具合 ぐあい [명]상태 事情 じじょう [명]사정

7

그는 나라를 대표하는 선수가 되는 것을 (　　　)로 하여 노력하고 있다.
1 연습   2 일정
3 목표   4 결과

해설 선택지가 모두 명사이다. 괄호 뒤의 내용과 함께 쓸 때 目標にして頑張っている(목표로 하여 노력하고 있다)라는 문맥이 가장 자연스러우므로 3 目標(목표)가 정답이다. 1은 サッカーを練習する(축구를 연습하다), 2는 日程を整理する(일정을 정리하다), 4는 結果を出す(결과를 내다)와 같이 쓰인다.

어휘 国 くに [명]나라 代表 だいひょう [명]대표 選手 せんしゅ [명]선수
頑張る がんばる [동]노력하다 練習 れんしゅう [명]연습
日程 にってい [명]일정 目標 もくひょう [명]목표 結果 けっか [명]결과

8

스즈키 씨는 여름휴가에 어디에 갈지 (　　　) 있습니다.
1 망설이고   2 더하고
3 세고   4 다루고

해설 선택지가 모두 동사이다. 괄호 앞의 내용과 함께 쓸 때 どこへ行くか迷って(어디에 갈지 망설이고)라는 문맥이 가장 자연스러우므로 1 迷って(망설이고)가 정답이다. 2는 10を加える(10을 더하다), 3은 人数を数える(인원수를 세다), 4는 お金を扱う(돈을 다루다)와 같이 쓰인다.

어휘 夏休み なつやすみ [명]여름휴가, 여름방학 行く いく [동]가다
迷う まよう [동]망설이다, 헤매다 加える くわえる [동]더하다
数える かぞえる [동]세다 扱う あつかう [동]다루다

실전 대비하기 10

| 1 2 | 2 4 | 3 1 | 4 3 | 5 4 |
| 6 2 | 7 1 | 8 2 | | |

문제3 ( )에 넣을 것으로 가장 알맞은 것을, 1·2·3·4에서 하나 고르세요.

1
최근, 음악이나 미술 등 ( )을 배우고 싶다고 생각하는 사람이 많은 것 같다.
1 무역　　　　　　　2 예술
3 화학　　　　　　　4 공업

해설 선택지가 모두 명사이다. 괄호 앞의 내용과 함께 쓸 때 音楽や美術など芸術(음악이나 미술 등 예술)라는 문맥이 가장 자연스러우므로 2 芸術(예술)가 정답이다. 1은 貿易会社(무역회사), 3은 化学の研究(화학연구), 4는 工業団地(공업단지)와 같이 쓰인다.

어휘 最近 さいきん 圐 최근　　音楽 おんがく 圐 음악
美術 びじゅつ 圐 미술　　～など 图~등　　学ぶ まなぶ 图 배우다
多い おおい い형 많다　　貿易 ぼうえき 圐 무역
芸術 げいじゅつ 圐 예술　　化学 かがく 圐 화학
工業 こうぎょう 圐 공업

2
저 아이는 항상 큰 소리로 ( ) 이야기하니까 기분이 좋다.
1 아슬아슬　　　　　2 중얼중얼
3 느릿느릿　　　　　4 시원시원하게

해설 선택지가 모두 부사이다. 괄호 앞뒤의 내용과 함께 쓸 때 あの子はいつも大きな声ではきはき話すから気持ちがいい(저 아이는 항상 큰 소리로 시원시원하게 이야기하니까 기분이 좋다)라는 문맥이 가장 자연스러우므로 4 はきはき(시원시원하게)가 정답이다. 1은 約束の時間にぎりぎり間に合う(약속 시간에 아슬아슬 도착한다), 2는 弟は何かぶつぶつ言っている(남동생이 무언가 중얼중얼 말하고 있다), 3은 なまけものはのろのろ動く(나무늘보는 느릿느릿 움직인다)로 자주 쓰인다.

어휘 子 こ 圐 아이　　いつも 囝 항상　　大きな おおきな 큰
声 こえ 圐 소리　　話す はなす 图 이야기하다　　～から 图 ~니까
気持ち きもち 圐 기분　　いい い형 좋다　　ぎりぎり 囝 아슬아슬
ぶつぶつ 囝 중얼중얼　　のろのろ 囝 느릿느릿
はきはき 囝 시원시원하게

3
이번 신상품은 ( )도 색도 좋아서 대단히 인기입니다.
1 디자인　　　　　　2 믹스
3 컷　　　　　　　　4 샷

해설 선택지가 모두 명사이다. 괄호 뒤의 내용과 함께 쓸 때 デザインも色も良くて(디자인도 색도 좋아서)라는 문맥이 가장 자연스러우므로 1 デザイン(디자인)이 정답이다. 2는 ミックステープ(믹스테이프), 3은 ヘアカット(헤어컷), 4는 ベストショット(베스트샷)와 같이 쓰인다.

어휘 今回 こんかい 圐 이번　　新商品 しんしょうひん 圐 신상품
色 いろ 圐 색　　良い よい い형 좋다　　とても 囝 대단히, 매우
人気 にんき 圐 인기　　デザイン 圐 디자인　　ミックス 圐 믹스, 혼합
カット 圐 컷, 절단　　ショット 圐 샷

4
그의 방은 매우 ( )해서, 내 방보다 깨끗하다.
1 신선　　　　　　　2 정직
3 청결　　　　　　　4 친절

해설 선택지가 모두 な형용사이다. 괄호 앞의 내용과 함께 쓸 때 部屋はとても清潔(방은 매우 청결)라는 문맥이 가장 자연스러우므로 3 清潔(청결)가 정답이다. 1은 新鮮な魚(신선한 물고기), 2는 正直な人(정직한 사람), 4는 丁寧な態度(친절한 태도)와 같이 쓰인다.

어휘 部屋 へや 圐 방　　とても 囝 매우, 대단히　　～ので 图 ~해서
きれいだ な형 깨끗하다　　新鮮だ しんせんだ な형 신선하다
正直だ しょうじきだ な형 정직하다　　清潔だ せいけつだ な형 청결하다
丁寧だ ていねいだ な형 친절하다

5
저는 ( )이 정해졌기 때문에, 대학을 졸업하면 바로 일하기 시작합니다.
1 진행　　　　　　　2 집중
3 관찰　　　　　　　4 취직

해설 선택지가 모두 명사이다. 괄호 뒤의 내용과 함께 쓸 때 就職が決まったので、大学を卒業したらすぐ働きはじめます(취직이 정해졌기 때문에, 대학을 졸업하면 바로 일하기 시작합니다)라는 문맥이 가장 자연스러우므로 4 就職(취직)가 정답이다. 1은 進行を早める(진행을 서두르다), 2는 集中をする(집중을 하다), 3은 花を観察する(꽃을 관찰하다)와 같이 쓰인다.

어휘 決まる きまる 图 정해지다　　～ので 图 ~때문에
大学 だいがく 圐 대학　　卒業 そつぎょう 圐 졸업　　すぐ 囝 바로
働きはじめる はたらきはじめる 일하기 시작하다
進行 しんこう 圐 진행　　集中 しゅうちゅう 圐 집중
観察 かんさつ 圐 관찰　　就職 しゅうしょく 圐 취직

6
아기가 자고 있어서, 깨우지 않도록 ( ) 방을 나왔다.
1 후유　　　　　　　2 슬쩍
3 지그시　　　　　　4 꿀꺽

해설 선택지가 모두 부사이다. 괄호 앞뒤의 내용과 함께 쓸 때 赤ちゃんが寝ているので、起こさないようにそっと部屋を出た(아기가 자

고 있어서, 깨우지 않도록 슬쩍 방을 나왔다)라는 문맥이 가장 자연스러우므로 2 そっと(슬쩍)가 정답이다. 1은 安心してほっと息をつく(안심해서 후유 숨을 쉬다), 3은 先生がこっちをじっと見つめる(선생님이 여기를 지그시 바라보다), 4는 薬をぐっと飲みこむ(약을 꿀꺽 삼키다)로 자주 쓰인다.

어휘 赤ちゃん あかちゃん 명 아기 寝る ねる 동 자다 〜ので 조 〜해서
起こす おこす 동 깨우다 〜ないように 〜하지 않도록
部屋 へや 명 방 出る でる 동 나오다 ほっと 부 후유
そっと 부 슬쩍 じっと 부 지그시 ぐっと 부 꿀꺽

7

장보는 것이 (　　　　) 니까, 주말에 하는 것으로 했다.
1 매우 귀찮으　　　2 달리 방법이 없으
3 칠칠치 못하　　　4 가난하

해설 선택지가 모두 い형용사이다. 괄호 앞의 내용과 함께 쓸 때 買い物するのがめんどうくさい(장보는 것이 매우 귀찮다)라는 문맥이 가장 자연스러우므로 1 めんどうくさい(매우 귀찮다)가 정답이다. 2는 言ってもしょうがない(말해도 달리 방법이 없다), 3은 性格がだらしない(성격이 칠칠치 못하다), 4는 家がまずしい(집이 가난하다)와 같이 쓰인다.

어휘 買い物 かいもの 명 장보기, 쇼핑 〜から 조 〜니까
週末 しゅうまつ 명 주말 めんどうくさい い형 매우 귀찮다, 성가시다
しょうがない 달리 방법이 없다, 어쩔 수 없다
だらしない い형 칠칠치 못하다 まずしい い형 가난하다

8

갑자기 용건이 생겨서, 레스토랑의 예약을 (　　　　).
1 말을 꺼냈다　　　2 취소했다
3 내던졌다　　　　4 지나갔다

해설 선택지가 모두 동사이다. 괄호 앞의 내용과 함께 쓸 때 レストランの予約を取り消した(레스토랑의 예약을 취소했다)라는 문맥이 가장 자연스러우므로 2 取り消した(취소했다)가 정답이다. 1은 とんでもないことを言い出す(터무니없는 말을 꺼내다), 3은 ゴミを投げ捨てる(쓰레기를 내던지다), 4는 店の前を通り過ぎる(가게 앞을 지나가다)와 같이 쓰인다.

어휘 急に きゅうに 부 갑자기 用事 ようじ 명 용건 できる 동 생기다
レストラン 명 레스토랑 予約 よやく 명 예약
言い出す いいだす 동 말을 꺼내다 取り消す とりけす 동 취소하다
投げ捨てる なげすてる 동 내던지다
通り過ぎる とおりすぎる 동 지나가다

유의표현

실력 다지기　　　　　　　　　　p.126

01 ② (어드바이스 – 조언)
02 ③ (기회 – 찬스)
03 ① (요즘 – 최근)
04 ② (의심하다 – 진짜가 아닌가 하고 생각하다)
05 ④ (지루하다 – 재미없다)
06 ② (매우 – 대단히)
07 ① (희귀하다 – 좀처럼 없다)
08 ① (마음에 들다 – 좋아하다)
09 ④ (연기되다 – 나중의 다른 날로 하게 되다)
10 ③ (손자 – 딸의 아들)
11 ④ (스케줄 – 예정)
12 ① (큰소리치다 – 큰소리로 화내다)
13 ④ (말하다 – 말하다)
14 ① (외우다 – 암기하다)
15 ③ (자세하다 – 구체적이다)
16 ② (특히 잘하다 – 능숙하게 할 수 있다)
17 ① (겨우 – 겨우)
18 ② (그대로 – 무엇도 바꾸지 않은 채로)
19 ④ (비밀로 하다 – 아무에게도 말하지 않다)
20 ① (통행금지가 되다 – 지나가면 안 되다)

실전 대비하기 1　　　　　　　　p.128

1 3　　2 1　　3 1　　4 2　　5 3
6 4

문제4 _____ 에 의미가 가장 가까운 것을, 1·2·3·4에서 하나 고르세요.

1

규칙을 지켜서 행동합시다.
1 전통　　　　　2 순번
3 규칙　　　　　4 예의

해설 決まり가 '규칙'이라는 의미이므로, 의미가 같은 3 規則(규칙)가 정답이다.

어휘 決まり きまり 명정해진 바　守る まもる 동지키다
　　 行動 こうどう 명행동　~ましょう ~합시다　伝統 でんとう 명전통
　　 順番 じゅんばん 명순번　規則 きそく 명규칙　礼儀 れいぎ 명예의

2

마지막에 한번 체크하고 제출하겠습니다.
1　확인하고　　　　　2　묻고
3　다시하고　　　　　4　고쳐 쓰고

해설 チェックして가 '체크하고'라는 의미이므로, 의미가 가장 비슷한 1 確かめて(확인하고)가 정답이다.

어휘 最後 さいご 명마지막　~回 ~かい ~번　チェック 명체크
　　 提出 ていしゅつ 명제출　確かめる たしかめる 동확인하다
　　 たずねる 동묻다　やり直す やりなおす 동다시 하다
　　 書き直す かきなおす 동고쳐 쓰다

3

대학에서 사회학을 지도하고 있다.
1　가르치고　　　　　2　배우고
3　연구하고　　　　　4　전공하고

해설 指導して가 '지도하고'라는 의미이므로, 의미가 가장 비슷한 1 教えて(가르치고)가 정답이다.

어휘 大学 だいがく 명대학　社会学 しゃかいがく 명사회학
　　 指導 しどう 명지도　教える おしえる 동가르치다
　　 習う ならう 동배우다　研究 けんきゅう 명연구
　　 専攻 せんこう 명전공

4

어제, 이상한 꿈을 꿨습니다.
1　행복한　　　　　　2　이상한
3　즐거운　　　　　　4　드문

해설 おかしいが '이상한'이라는 의미이므로, 이와 의미가 같은 2 変な(이상한)가 정답이다.

어휘 おかしい い형이상하다　昨日 きのう 명어제　夢 ゆめ 명꿈
　　 見る みる 동(꿈을) 꾸다　幸せだ しあわせだ な형행복하다
　　 変だ へんだ な형이상하다　楽しい たのしい い형즐겁다
　　 めずらしい い형드물다

5

우연히 들어간 가게의 커피가 맛있었다.
1　일단　　　　　　　2　결국
3　우연히　　　　　　4　이전

해설 たまたまが '우연히'라는 의미이므로, 이와 의미가 같은 3 偶然(우연히)이 정답이다.

어휘 たまたま 부우연히　入る はいる 동들어가다　店 みせ 명가게
　　 コーヒー 명커피　おいしい い형맛있다　一旦 いったん 부일단
　　 結局 けっきょく 부결국　偶然 ぐうぜん 부우연히
　　 以前 いぜん 명이전

6

유행은 반복된다고 말해지고 있다.
1　시대　　　　　　　2　역사
3　잘못　　　　　　　**4　유행**

해설 ブームが '유행'이라는 의미이므로, 이와 의미가 같은 4 はやり(유행)가 정답이다.

어휘 ブーム 명유행, 붐　繰り返す くりかえす 동반복하다
　　 言う いう 동말하다　時代 じだい 명시대　歴史 れきし 명역사
　　 あやまち 명잘못, 실수　はやり 명유행

실전 대비하기 2　　　　　　　　　　　p.129

1 2　　**2** 2　　**3** 3　　**4** 1　　**5** 4
6 4

문제4 ＿＿＿에 의미가 가장 가까운 것을, 1·2·3·4에서 하나 고르세요.

1

출석할지 말지는 각자의 판단에 맡기겠습니다.
1　대표자　　　　　　2　개개인
3　당신　　　　　　　4　보호자

해설 各自が '각자'라는 의미이므로, 의미가 가장 비슷한 2 一人一人(개개인)가 정답이다.

어휘 出席 しゅっせき 명출석　各自 かくじ 명각자
　　 判断 はんだん 명판단　任せる まかせる 동맡기다
　　 代表者 だいひょうしゃ 명대표자
　　 一人一人 ひとりひとり 명개개인, 한 사람 한 사람
　　 保護者 ほごしゃ 명보호자

2

문제가 있다면, 바로 보고해 주세요.
1　물어　　　　　　　**2　전달해**
3　검토해　　　　　　4　해결해

해설 報告して가 '보고해'라는 의미이므로, 이와 교체하여도 문장의 의미가 바뀌지 않는 2 伝えて(전달해)가 정답이다.

어휘 問題 もんだい 명문제　すぐに 부바로　報告 ほうこく 명보고
　　 聞く きく 동묻다, 듣다　伝える つたえる 동전달하다
　　 検討 けんとう 명검토　解決 かいけつ 명해결

3

그 뉴스에 대해서 흥미가 있습니다.
1 불만 2 의문
3 관심 4 의견

해설 興味가 '흥미'라는 의미이므로, 이와 의미가 가장 비슷한 3 関心(관심)이 정답이다.

어휘 ニュース 图뉴스 ～に対して ～にたいして ～에 대해서
興味 きょうみ 图흥미 不満 ふまん 图불만 疑問 ぎもん 图의문
関心 かんしん 图관심 意見 いけん 图의견

4

고바야시 씨는 중국어를 술술 잘한다.
1 능숙하게 말할 수 있다 2 능숙하게 말할 수 없다
3 잘 이해할 수 있다 4 잘 이해할 수 없다

해설 ぺらぺらだ가 '술술 잘한다'라는 의미이므로, 이와 교체하여도 문장의 의미가 바뀌지 않는 1 上手に話せる(능숙하게 말할 수 있다)가 정답이다.

어휘 中国語 ちゅうごくご 图중국어 ぺらぺらだ な형 술술 잘하다
上手だ じょうずだ な형 능숙하다 話す はなす 图말하다 よく 图잘
理解 りかい 图이해 できる 图할 수 있다

5

여기에 자세한 설명이 쓰여 있다.
1 올바른 2 쉬운
3 어려운 **4 자세한**

해설 詳しい가 '자세한'이라는 의미이므로, 이와 의미가 같은 4 細かい(자세한)가 정답이다.

어휘 詳しい くわしい い형 자세하다 説明 せつめい 图설명
書く かく 图쓰다 正しい ただしい い형 바르다
易しい やさしい い형 쉽다 難しい むずかしい い형 어렵다
細かい こまかい い형 자세하다, 세밀하다

6

조카딸에게 용돈을 주었다.
1 축하 2 과자
3 기념품 **4 돈**

해설 おこづかい가 '용돈'이라는 의미이므로, 이와 의미가 가장 비슷한 4 お金(돈)가 정답이다.

어휘 めい 图조카딸 おこづかい 图용돈 あげる 图주다
お祝い おいわい 图축하 お菓子 おかし 图과자
お土産 おみやげ 图기념품 お金 おかね 图돈

실전 대비하기 3 p.130

1 2 **2** 1 **3** 2 **4** 2 **5** 3
6 4

문제4 _____ 에 의미가 가장 가까운 것을, 1·2·3·4에서 하나 고르세요.

1

이 카페는 깨끗하지만, 접근이 다소 불편하다.
1 언제나 **2 조금**
3 매우 4 특히

해설 多少가 '다소'라는 의미이므로, 이와 의미가 가장 비슷한 2 ちょっと(조금)가 정답이다.

어휘 カフェ 图카페 きれいだ な형 깨끗하다, 예쁘다
アクセス 图접근, 액세스 多少 たしょう 图다소, 조금
不便だ ふべんだ な형 불편하다 いつも 图언제나
ちょっと 图조금, 좀 とても 图매우 とくに 图특히

2

오늘은 과자를 삼가려고 생각한다.
1 먹지 않도록 하려 2 준비해 두려
3 만들어 보려 4 가지고 가려

해설 控えよう가 '삼가려'라는 의미인데 앞에 お菓子を(과자를)가 있다. 따라서 控えよう와 교체하여도 문장의 의미가 바뀌지 않는 1 食べないようにしよう(먹지 않도록 하려)가 정답이다.

어휘 今日 きょう 图오늘 お菓子 おかし 图과자
控える ひかえる 图삼가다 食べる たべる 图먹다
準備 じゅんび 图준비 作る つくる 图만들다
持って行く もっていく 가지고 가다

3

비가 그칠 것이라고 생각합니다.
1 내릴 **2 멈출**
3 계속될 4 약해질

해설 あがる는 '올라가다'라는 의미로 주로 쓰이지만, 雨(비)와 함께 사용하는 경우 '(비가) 그치다'라는 의미이므로, 이와 의미가 가장 비슷한 2 止む(멈출)가 정답이다.

어휘 雨があがる あめがあがる 비가 그치다 思う おもう 图생각하다
降る ふる 图내리다 止む やむ 图멈추다 続く つづく 图계속되다
弱まる よわまる 图약해지다

4

마쓰키 씨는 진지한 얼굴로 이야기하기 시작했다.
1 태연한   2 진지한
3 복잡한   4 평온한

해설 真剣な가 '진지한'이라는 의미이므로, 이와 의미가 같은 2 まじめな (진지한)가 정답이다.

어휘 真剣だ しんけんだ [な형] 진지하다　顔 かお [명] 얼굴
話す はなす [동] 이야기하다　~始める ~はじめる ~(하)기 시작하다
平気だ へいきだ [な형] 태연하다　まじめだ [な형] 진지하다
複雑だ ふくざつだ [な형] 복잡하다
穏やかだ おだやかだ [な형] 평온하다

5

귀찮은 일을 부탁받았다.
1 누구라도 할 수 있는   2 누구도 할 수 없었던
3 하고 싶지 않은   4 하고 싶었던

해설 面倒な가 '귀찮은'이라는 의미이므로, 이와 교체하여도 문장의 의미가 바뀌지 않는 3 したくない (하고 싶지 않은)가 정답이다.

어휘 面倒だ めんどうだ [な형] 귀찮다　仕事 しごと [명] 일
頼む たのむ [동] 부탁하다　誰 だれ [명] 누구　～でも [조] ~라도
できる [동] 할 수 있다　～たい ~(하)고 싶다

6

그 통지를 읽고, 실망했다.
1 매우 놀랐다   2 매우 기뻤다
3 신기하다고 생각했다   4 유감이라고 생각했다

해설 がっかりした가 '실망했다'라는 의미이므로, 이와 교체하여도 문장의 의미가 바뀌지 않는 4 残念だと思った (유감이라고 생각했다)가 정답이다.

어휘 通知 つうち [명] 통지　読む よむ [동] 읽다　がっかり [부] 실망
とても [부] 매우　驚く おどろく [동] 놀라다　喜ぶ よろこぶ [동] 기뻐하다
不思議だ ふしぎだ [な형] 신기하다　思う おもう [동] 생각하다
残念だ ざんねんだ [な형] 유감이다

실전 대비하기 4
p.131

| 1 3 | 2 1 | 3 2 | 4 3 | 5 4 |
| 6 1 | | | | |

문제4 ＿＿＿에 의미가 가장 가까운 것을, 1·2·3·4에서 하나 고르세요.

1

헛된 업무를 가능한 한 줄이자.
1 힘든   2 위험한
3 쓸모 없는   4 시간이 걸리는

해설 むだな가 '헛된'이라는 의미이므로, 이와 교체하여도 문장의 의미가 바뀌지 않는 3 役に立たない (쓸모 없는)가 정답이다.

어휘 むだだ [な형] 헛되다　業務 ぎょうむ [명] 업무　できるだけ 가능한 한
減らす へらす [동] 줄이다　大変だ たいへんだ [な형] 힘들다
危険だ きけんだ [な형] 위험하다
役に立たない やくにたたない 쓸모 없다　時間 じかん [명] 시간
かかる [동] 걸리다

2

비슷한 사건이 종종 일어나고 있습니다.
1 몇 번이나   2 다시 한번
3 또 금방   4 즉시

해설 たびたび가 '종종'이라는 의미이므로, 이와 의미가 가장 비슷한 1 何度も (몇 번이나)가 정답이다.

어휘 似る にる [동] 비슷하다　事件 じけん [명] 사건　たびたび [부] 종종
起きる おきる [동] 일어나다　何度も なんども 몇 번이나
もう一度 もういちど 다시 한번　また [부] 또　すぐ [부] 금방
早速 さっそく [명] 즉시

3

제품의 사이즈를 확인했습니다.
1 무게   2 크기
3 가격   4 기능

해설 サイズ가 '사이즈'라는 의미이므로, 이와 의미가 같은 2 大きさ (크기)가 정답이다.

어휘 製品 せいひん [명] 제품　サイズ [명] 사이즈, 크기
確認 かくにん [명] 확인　重さ おもさ [명] 무게
大きさ おおきさ [명] 크기　値段 ねだん [명] 가격　機能 きのう [명] 기능

4

어떻게든 파티에 참가하고 싶다.
1 이번   2 확실히
3 꼭   4 또

해설 どうしても가 '어떻게든'이라는 의미이므로, 이와 교체하여도 문장의 의미가 바뀌지 않는 3 ぜひ (꼭)가 정답이다.

어휘 どうしても [부] 어떻게든　パーティー [명] 파티　参加 さんか [명] 참가
今度 こんど [명] 이번　たしかに [부] 확실히　ぜひ [부] 꼭　また [부] 또

5
다나카 씨는 제멋대로인 사람입니다.
1 지인이 많은 2 지인이 적은
3 타인을 생각하는 4 타인을 생각하지 않는

해설 わがままな가 '제멋대로인'이라는 의미이므로, 이와 교체하여도 문장의 의미가 바뀌지 않는 4 他人のことを考えない(타인을 생각하지 않는)가 정답이다.

어휘 わがままだ [な형] 제멋대로이다 人 ひと [명] 사람
知り合い しりあい [명] 지인 多い おおい [い형] 많다
少ない すくない [い형] 적다 他人 たにん [명] 타인
考える かんがえる [동] 생각하다

6
어쩔 수 없으니까 포기하려고 생각한다.
1 방법이 없 2 의미가 없
3 자신이 없 4 시간이 없

해설 仕方ない가 '어쩔 수 없'이라는 의미이므로, 이와 교체하여도 문장의 의미가 바뀌지 않는 1 方法がない(방법이 없)가 정답이다.

어휘 仕方ない しかたない [い형] 어쩔 수 없다 ~から ~(하)니까
諦める あきらめる [동] 포기하다
~ようと思う ~ようとおもう ~(하)려고 생각하다
方法 ほうほう [명] 방법 ない [い형] 없다 意味 いみ [명] 의미
自信 じしん [명] 자신 時間 じかん [명] 시간

실전 대비하기 5
p.132

| 1 2 | 2 3 | 3 1 | 4 1 | 5 3 |
| 6 2 | | | | |

문제4 ____에 의미가 가장 가까운 것을, 1·2·3·4에서 하나 고르세요.

1
그녀는 트레이닝에 집중하고 있다.
1 연구 2 연습
3 운전 4 작업

해설 トレーニング가 '트레이닝'이라는 의미이므로, 이와 의미가 가장 비슷한 2 練習(연습)가 정답이다.

어휘 彼女 かのじょ [명] 그녀 トレーニング [명] 트레이닝, 훈련
集中 しゅうちゅう [명] 집중 研究 けんきゅう [명] 연구
練習 れんしゅう [명] 연습 運転 うんてん [명] 운전
作業 さぎょう [명] 작업

2
이 스포츠의 룰은 단순하다.
1 잘 알려져 있다 2 그다지 알려져 있지 않다
3 이해하기 쉽다 4 이해하기 어렵다

해설 単純だ가 '단순하다'라는 의미이므로, 이와 교체하여도 문장의 의미가 바뀌지 않는 3 わかりやすい(이해하기 쉽다)가 정답이다.

어휘 スポーツ [명] 스포츠 ルール [명] 룰, 규칙
単純だ たんじゅんだ [な형] 단순하다 よく [부] 잘, 자주
知られる しられる [동] 알려지다 あまり [부] 그다지, 별로
わかる [동] 이해하다, 알다 ~やすい ~하기 쉽다
~にくい ~하기 어렵다

3
기무라 씨는 상당히 공부한 것 같네요.
1 상당히 2 이미
3 다소 4 미리

해설 相当가 '상당히'라는 의미이므로, 이와 의미가 같은 1 かなり(상당히)가 정답이다.

어휘 相当 そうとう [부] 상당히 勉強 べんきょう [명] 공부
~ようだ ~인 것 같다 かなり [부] 상당히, 꽤 すでに [부] 이미
多少 たしょう [부] 다소 早めに はやめに [부] 미리, 일찍

4
그는 그 의견에 격렬하게 반대했다.
1 강하게 2 어쩔 수 없이
3 연약하게 4 드물게

해설 激しく가 '격렬하게'라는 의미이므로, 이와 의미가 가장 비슷한 1 強く(강하게)가 정답이다.

어휘 彼 かれ [명] 그 意見 いけん [명] 의견 激しい はげしい [い형] 격렬하다
反対 はんたい [명] 반대 強い つよい [い형] 강하다
仕方ない しかたない [い형] 어쩔 수 없다
弱弱しい よわよわしい [い형] 연약하다
めずらしい [い형] 드물다, 희귀하다

5
그렇게 말해도 다시 할 시간은 없습니다.
1 실제로 할 2 지금부터 할
3 한 번 더 할 4 몇 번이고 할

해설 やり直す가 '다시 할'이라는 의미이므로, 이와 교체하여도 문장의 의미가 바뀌지 않는 3 もう一度やる(한 번 더 할)가 정답이다.

어휘 言われる いわれる [동] (상대가) 말하다, 듣게 되다
やり直す やりなおす [동] 다시 하다, 고치다 時間 じかん [명] 시간
実際に じっさいに [부] 실제로 やる [동] 하다 これから [부] 이제부터
もう一度 もういちど 한 번 더, 다시 한 번 何度も なんども 몇 번이고

6

눈부셔서 잘 수 없었다.
1 너무 시끄러워서　　**2 너무 밝아서**
3 기온이 너무 높아서　4 바람이 너무 강해서

해설　まぶしくて가 '눈부셔서'라는 의미이므로, 이와 교체하여도 문장의 의미가 바뀌지 않는 2 明るすぎて(너무 밝아서)가 정답이다.

어휘　まぶしい [い형] 눈부시다　寝る ねる [동] 자다　うるさい [い형] 시끄럽다
　　　~すぎる 너무 ~하다　明るい あかるい [い형] 밝다
　　　気温 きおん [명] 기온　高い たかい [い형] 높다, 비싸다　風 かぜ [명] 바람
　　　強い つよい [い형] 강하다

실전 대비하기 6　　　　　　　　　　　p.133

| **1** 4 | **2** 2 | **3** 3 | **4** 4 | **5** 2 |
| **6** 3 | | | | |

문제4 ＿＿＿에 의미가 가장 가까운 것을, 1·2·3·4에서 하나 고르세요.

1

아까 거래처에서 전화가 걸려 왔습니다.
1 며칠 전에　　　　　2 하루 전에
3 꽤 전에　　　　　　**4 조금 전에**

해설　さっき가 '아까'라는 의미이므로, 이와 교체하여도 문장의 의미가 바뀌지 않는 4 少し前に(조금 전에)가 정답이다.

어휘　さっき [부] 아까, 조금 전　取引先 とりひきさき [명] 거래처
　　　~から [조] ~로부터　電話 でんわ [명] 전화
　　　かかる [동] 걸리다, (전화가) 오다　数日 すうじつ [명] 며칠
　　　前 まえ [명] 전, 앞　一日 いちにち [명] 하루
　　　結構 けっこう [부] 꽤, 상당히　少し すこし [부] 조금

2

두 사람은 역방향으로 나아갔다.
1 하나　　　　　　　**2 반대**
3 특정　　　　　　　4 각각

해설　逆가 '역'이라는 의미이므로, 이와 의미가 가장 비슷한 2 反対(반대)가 정답이다.

어휘　二人 ふたり [명] 두 사람　逆 ぎゃく [명] 역, 반대　方向 ほうこう [명] 방향
　　　進む すすむ [동] 나아가다　一つ ひとつ [명] 하나
　　　反対 はんたい [명] 반대　特定 とくてい [명] 특정
　　　それぞれ [명] 각각, 각자

3

내가 좋아하는 아이돌은 그룹으로 활동하고 있습니다.
1 국내　　　　　　　2 해외
3 단체　　　　　　4 개인

해설　グループ가 '그룹'이라는 의미이므로, 이와 의미가 가장 비슷한 3 団体(단체)가 정답이다.

어휘　私 わたし [명] 나　好きだ すきだ [な형] 좋아하다　アイドル [명] 아이돌
　　　グループ [명] 그룹　活動 かつどう [명] 활동　国内 こくない [명] 국내
　　　海外 かいがい [명] 해외　団体 だんたい [명] 단체　個人 こじん [명] 개인

4

개가 이쪽으로 달려왔다.
1 모여들었다　　　　2 짖어 왔다
3 걸어왔다　　　　　**4 달려왔다**

해설　駆けてきた가 '달려왔다'라는 의미이므로, 이와 의미가 같은 4 走ってきた(달려왔다)가 정답이다.

어휘　犬 いぬ [명] 개　駆ける かける [동] 달리다, 뛰다
　　　集まる あつまる [동] 모이다　ほえる [동] 짖다　歩く あるく [동] 걷다
　　　走る はしる [동] 달리다

5

작품의 완성은 다음 달을 예정하고 있습니다.
1 판매　　　　　　　**2 완성**
3 제작　　　　　　　4 발표

해설　できあがり가 '완성'이라는 의미이므로, 이와 의미가 같은 2 完成(완성)가 정답이다.

어휘　作品 さくひん [명] 작품　できあがり [명] 완성, 완성품
　　　来月 らいげつ [명] 다음 달　予定 よてい [명] 예정
　　　販売 はんばい [명] 판매　完成 かんせい [명] 완성
　　　制作 せいさく [명] 제작　発表 はっぴょう [명] 발표

6

캠핑용으로 산 식재료가 남았다.
1 너무 많아서 비쌌다　　　2 너무 적어서 부족했다
3 너무 많아서 남았다　　4 너무 적어서 더 샀다

해설　余った가 '남았다'라는 의미이므로, 이와 교체하여도 문장의 의미가 바뀌지 않는 3 多すぎて残った(너무 많아서 남았다)가 정답이다.

어휘　キャンプ [명] 캠핑, 캠프　~用 ~よう ~용　買う かう [동] 사다
　　　食材 しょくざい [명] 식재료　余る あまる [동] 남다
　　　多い おおい [い형] 많다　~すぎる ~너무 ~하다
　　　高い たかい [い형] 비싸다　少ない すくない [い형] 적다
　　　足りない たりない 부족하다　残る のこる [동] 남다
　　　買い足す かいたす [동] 더 사다, 추가로 사다

실전 대비하기 7   p.134

| **1** 1 | **2** 2 | **3** 3 | **4** 3 | **5** 4 |
| **6** 2 | | | | |

문제4 _____ 에 의미가 가장 가까운 것을, 1·2·3·4에서 하나 고르세요.

1

오늘 아르바이트는 손님이 많아서 <u>지쳤다</u>.

1 피곤했다 2 열심히 했다
3 당황했다 4 곤란했다

해설 くたびれた가 '지쳤다'라는 의미이므로, 이와 의미가 가장 비슷한 1 疲れた(피곤했다)가 정답이다.

어휘 今日 きょう 몡오늘   バイト 몡아르바이트
お客さん おきゃくさん 몡손님   多い おおい い형많다
くたびれる 동지치다, 피곤하다   疲れる つかれる 동피곤하다
頑張る がんばる 동열심히 하다   慌てる あわてる 동당황하다
困る こまる 동곤란하다

2

그가 쓴 소설은 <u>모두</u> 읽었습니다.

1 일부 2 전부
3 처음으로 4 이미

해설 すべて가 '모두'라는 의미이므로, 이와 의미가 가장 비슷한 2 全部(전부)가 정답이다.

어휘 彼 かれ 몡그   書く かく 동쓰다   小説 しょうせつ 몡소설
すべて 뷔모두   読む よむ 동읽다   一部 いちぶ 몡일부
全部 ぜんぶ 몡전부   初めて はじめて 뷔처음으로
もう 뷔이미, 벌써

3

현기증이 난다면, <u>눕는</u> 편이 좋아요.

1 약을 먹는 2 눈을 감는
3 누워서 쉬는 4 웅크리고 가만히 있는

해설 横になった가 '눕'이라는 의미이므로, 이와 교체하여도 문장의 의미가 바뀌지 않는 3 寝て休んだ(누워서 쉬는)가 정답이다.

어휘 めまい 몡현기증, 어지럼증   ~なら ~라면   横になる よこになる 눕다
~ほうがいい ~하는 편이 좋다   薬 くすり 몡약
飲む のむ 동(약을) 먹다   目 め 몡눈   閉じる とじる 동감다, 닫다
寝る ねる 동눕다, 자다   休む やすむ 동쉬다   しゃがむ 동웅크리다
じっとする 가만히 있다

4

낮은 따뜻하지만, 저녁부터 <u>점차</u> 추워질 것입니다.

1 완전히 2 한번에
3 조금씩 4 꽤

해설 次第に가 '점차'라는 의미이므로, 이와 의미가 가장 비슷한 3 少しずつ(조금씩)가 정답이다.

어휘 昼間 ひるま 몡낮   暖かい あたたかい い형따뜻하다
夕方 ゆうがた 몡저녁   ~から 조~부터   次第に しだいに 뷔점차
冷える ひえる 동추워지다   すっかり 뷔완전히
一気に いっきに 뷔한번에   少し すこし 뷔조금   ~ずつ 조~씩
ずいぶん 뷔꽤, 상당히

5

책장을 <u>정리했더니</u>, 방이 깔끔해졌다.

1 닦았더니 2 두었더니
3 새로 샀더니 4 정리했더니

해설 整理したら가 '정리했더니'라는 의미이므로, 이와 의미가 같은 4 片付けたら(정리했더니)가 정답이다.

어휘 本棚 ほんだな 몡책장   整理 せいり 몡정리   部屋 へや 몡방
すっきり 뷔깔끔하게   拭く ふく 동닦다   置く おく 동두다, 놓다
買い替える かいかえる 동새로 사다, 사서 바꾸다
片付ける かたづける 동정리하다

6

이 일은 오랜 시간 서 있지 않으면 안 되기 때문에, <u>고통스럽다</u>.

1 아프다 2 괴롭다
3 무섭다 4 심하다

해설 つらい가 '고통스럽다'라는 의미이므로, 이와 의미가 가장 비슷한 2 くるしい(괴롭다)가 정답이다.

어휘 仕事 しごと 몡일   長い ながい い형(시간이) 오래다, 길다
時間 じかん 몡시간   立つ たつ 동서다   ~ので ~때문에
つらい い형고통스럽다   いたい い형아프다   くるしい い형괴롭다
おそろしい い형무섭다, 두렵다   ひどい い형(정도가) 심하다, 엄청나다

실전 대비하기 8   p.135

| **1** 4 | **2** 3 | **3** 4 | **4** 1 | **5** 3 |
| **6** 2 | | | | |

문제4 _____ 에 의미가 가장 가까운 것을, 1·2·3·4에서 하나 고르세요.

1

이 비즈니스는 절대로 성공한다고 생각하고 있었다.
1 어느 정도   2 아마
3 게다가   **4 반드시**

해설 絶対に가 '절대로'라는 의미이므로, 이와 의미가 가장 비슷한 4 必ず(반드시)가 정답이다.

어휘 ビジネス 圀비즈니스　絶対に ぜったいに 凰절대로
成功 せいこう 圀성공　～と思う ～とおもう ~라고 생각하다
ある 어느　程度 ていど 圀정도　たぶん 凰아마　さらに 凰게다가
必ず かならず 凰반드시

2

선생님께 사죄하지 않으면 안 될 일이 있습니다.
1 감사하지 않으면   2 사례를 하지 않으면
3 사과하지 않으면   4 조심하지 않으면

해설 おわびしなければ가 '사죄하지 않으면'이라는 의미이므로 이와 의미가 가장 비슷한 3 謝らなければ(사과하지 않으면)가 정답이다.

어휘 先生 せんせい 圀선생님　おわび 圀사죄(의 말)
感謝 かんしゃ 圀감사　お礼 おれい 圀사례(의 말)
謝る あやまる 동사과하다　気をつける きをつける 조심하다

3

오늘은 제가 한턱냅니다.
1 의견을 말합니다   2 가르칩니다
3 준비합니다   **4 돈을 지불합니다**

해설 おごります가 '한턱냅니다'라는 의미이므로, 이와 의미가 가장 비슷한 4 お金を払います(돈을 지불합니다)가 정답이다.

어휘 今日 きょう 圀오늘　おごる 동한턱내다　意見 いけん 圀의견
教える おしえる 동가르치다　準備 じゅんび 圀준비
お金 おかね 圀돈　払う はらう 동(돈, 값을) 지불하다

4

운동 부족이기 때문에 가능한 한 계단을 사용하도록 하고 있습니다.
1 가능한 한   2 항상
3 일부러   4 어쨌든

해설 なるべく가 '가능한 한'이라는 의미이므로, 의미가 같은 1 できるだけ(가능한 한)가 정답이다.

어휘 運動不足 うんどうぶそく 圀운동 부족　～ので 조~때문에
なるべく 凰가능한 한　階段 かいだん 圀계단
使う つかう 동사용하다　できるだけ 凰가능한 한
つねに 凰항상, 늘　わざと 凰일부러　とにかく 凰어쨌든, 하여간

5

그의 피아노 연주는 훌륭했습니다.
1 정중했습니다   2 열심이었습니다
3 훌륭했습니다   4 심했습니다

해설 見事でした가 '훌륭했습니다'라는 의미이므로, 이와 의미가 같은 3 すばらしかったです(훌륭했습니다)가 정답이다.

어휘 ピアノ 圀피아노　演奏 えんそう 圀연주
見事だ みごとだ な형훌륭하다, 멋지다
ていねいだ な형정중하다, 공손하다
いっしょうけんめいだ な형열심히 하다
すばらしい い형훌륭하다, 멋지다　ひどい い형(정도가) 심하다

6

여기는 출입금지입니다.
1 세워서는 안됩니다   **2 들어가서는 안됩니다**
3 건너서는 안됩니다   4 서둘러서는 안됩니다

해설 立入禁止です가 '출입금지입니다'라는 의미이므로, 이와 의미가 가장 비슷한 2 はってはいけません(들어가서는 안됩니다)이 정답이다.

어휘 立入禁止 たちいりきんし 圀출입금지　たてる 동세우다
はいる 동들어가다, 들어오다　わたる 동건너다　いそぐ 동서두르다

실전 대비하기 9 p.136

1 1　**2** 4　**3** 4　**4** 2　**5** 3
6 3

문제4 _____ 에 의미가 가장 가까운 것을, 1·2·3·4에서 하나 고르세요.

1

그녀는 계속 입을 다물고 있었다.
1 아무것도 말하지 않았다   2 아무것도 먹지 않았다
3 자지 않았다   4 오지 않았다

해설 黙っていた가 '입을 다물고 있었다'라는 의미이므로, 이와 교체하여도 문장의 의미가 바뀌지 않는 1 何も話さなかった(아무것도 말하지 않았다)가 정답이다.

어휘 彼女 かのじょ 圀그녀　ずっと 凰계속
黙る だまる 동입을 다물다, 침묵하다　話す はなす 동말하다
食べる たべる 동먹다　寝る ねる 동자다　来る くる 동오다

2

아직 쓸 수 있는데 아깝다.
1 부서져 버렸다   2 두고 왔다
3 잊어버렸다   **4 버리고 싶지 않다**

해설 もったいない가 '아깝다'라는 의미이므로, 이와 의미가 가장 비슷한 4 捨てたくない(버리고 싶지 않다)가 정답이다.

어휘 まだ 囝 아직　使う つかう 튕 쓰다, 사용하다　～のに 줌 ~는데
もったいない 대형 아깝다　壊れる こわれる 튕 부서지다
置く おく 튕 두다　忘れる わすれる 튕 잊다　捨てる すてる 튕 버리다

3

친구와 전화하고 있을 때에, 엄마가 갑자기 방에 들어왔다.

1 서둘러　　　　　2 우연히
3 서서히　　　　　**4 돌연**

해설 いきなり가 '갑자기'라는 의미이므로, 이와 의미가 가장 비슷한 4 突然(돌연)이 정답이다.

어휘 友だち ともだち 명 친구　電話 でんわ 명 전화
母 はは 명 엄마, 어머니　いきなり 튄 갑자기, 돌연　部屋 へや 명 방
入る はいる 튕 들어오다　急ぐ いそぐ 튕 서두르다
たまたま 튄 우연히　徐々に じょじょに 튄 서서히
突然 とつぜん 튄 돌연, 갑자기

4

장래에는 전 세계의 가난한 사람들을 돕고 싶다고 생각하고 있습니다.

1 몸이 불편한　　　　**2 돈이 없는**
3 상태가 나쁜　　　　4 공부하고 싶은

해설 まずしい가 '가난한'이라는 의미이므로, 이와 의미가 가장 비슷한 2 お金がない(돈이 없는)가 정답이다.

어휘 将来 しょうらい 명 장래　世界中 せかいじゅう 명 전 세계
まずしい い형 가난하다　助ける たすける 튕 돕다　体 からだ 명 몸
不自由だ ふじゆうだ 따형 불편하다, 자유롭지 못하다
お金 おかね 명 돈　具合 ぐあい 명 상태, 형편
悪い わるい い형 나쁘다　勉強 べんきょう 명 공부

5

나는 이 꽃의 향기를 좋아합니다.

1 모습　　　　　　2 밭
3 냄새　　　　　4 무늬

해설 かおり가 '향기'라는 의미이므로, 이와 의미가 가장 비슷한 3 におい(냄새)가 정답이다.

어휘 花 はな 명 꽃　かおり 명 향기　好きだ すきだ 따형 좋아하다
すがた 명 모습　はたけ 명 밭　におい 명 냄새　がら 명 무늬

6

모르는 사람이 말을 걸면, 조심하는 편이 좋다.

1 흥미를 가지는　　　　2 열심히 이야기를 듣는
3 조심하는　　　　　4 정중히 말하는

해설 用心した가 '조심하는'이라는 의미이므로, 이와 의미가 같은 3 気をつけた(조심하는)가 정답이다.

어휘 知る しる 튕 알다　話しかける はなしかける 튕 말을 걸다
用心 ようじん 명 조심　ほう 명 편, 쪽　興味 きょうみ 명 흥미
持つ もつ 튕 가지다　熱心に ねっしんに 열심히
話 はなし 명 이야기　聞く きく 튕 듣다
気をつける きをつける 조심하다　丁寧に ていねいに 정중히
話す はなす 튕 말하다, 이야기하다

실전 대비하기 10　　　　　　　　　　　　　　　p.137

1 1　　**2** 1　　**3** 3　　**4** 1　　**5** 1
6 4

문제4 _____ 에 의미가 가장 가까운 것을, 1·2·3·4에서 하나 고르세요.

1

이 책에서 소개되어 있는 요리는 어느 것이든 손이 많이 가지 않는 것이다.

1 성가시지 않은　　　2 맛이 진하지 않은
3 재료비가 비싸지 않은　4 평소 자주 먹는

해설 手間がかからない가 '손이 많이 가지 않는'이라는 의미이므로, 이와 교체하여도 문장의 의미가 바뀌지 않는 1 面倒じゃない(성가시지 않은)가 정답이다.

어휘 本 ほん 명 책　紹介 しょうかい 명 소개　料理 りょうり 명 요리
手間がかかる てまがかかる 손이 많이 가다
面倒だ めんどうだ 따형 성가시다　味 あじ 명 맛
濃い こい い형 진하다　材料費 ざいりょうひ 명 재료비
高い たかい い형 비싸다, 높다　普段 ふだん 명 평소　よく 튄 자주
食べる たべる 튕 먹다

2

지금, 남동생은 부엌에 있습니다.

1 주방　　　　　　　2 현관
3 거실　　　　　　　4 정원

해설 台所가 '부엌'이라는 의미이므로, 이와 의미가 가장 비슷한 1 キッチン(주방)이 정답이다.

어휘 今 いま 명 지금　弟 おとうと 명 남동생　台所 だいどころ 명 부엌
キッチン 명 주방, 키친　玄関 げんかん 명 현관　居間 いま 명 거실
庭 にわ 명 정원

3

스즈키 씨는 자신밖에 생각하지 않는다는 결점이 있다.

1 적극적인 부분　　　　2 하찮은 부분
3 좋지 않은 부분　　　4 활기찬 부분

해설 欠点이 '결점'이라는 의미이므로, 이와 교체하여도 문장의 의미가 바뀌지 않는 3 よくないところ(좋지 않은 부분)가 정답이다.

어휘 自分 じぶん 명 자신　～しか 조 ~밖에
　　　考える かんがえる 동 생각하다　欠点 けってん 명 결점
　　　積極的だ せっきょくてきだ な형 적극적이다
　　　つまらない い형 하찮다, 시시하다　にぎやかだ な형 활기차다

4

일을 끝내 주세요.
1 끝내　　　　　　2 쉬게 해
3 그만 해　　　　　4 맡겨

해설 済ませて가 '끝내'라는 의미이므로, 이와 의미가 같은 1 終わらせて(끝내)가 정답이다.

어휘 仕事 しごと 명 일　済ませる すませる 동 끝내다, 마치다
　　　終わる おわる 동 끝나다　休む やすむ 동 쉬다　やめる 동 그만두다
　　　任せる まかせる 동 맡기다

5

알맹이 없는 이야기를 듣게 되는 것은 싫다.
1 내용　　　　　　2 관계
3 흥미　　　　　　4 결론

해설 中身가 '알맹이'라는 의미이므로, 이와 의미가 가장 비슷한 1 内容(내용)가 정답이다.

어휘 中身 なかみ 명 알맹이, 내용물, 속　話 はなし 명 이야기
　　　聞かされる きかされる 동 듣게 되다, 들려지다　嫌だ いやだ な형 싫다
　　　内容 ないよう 명 내용　関係 かんけい 명 관계
　　　興味 きょうみ 명 흥미　結論 けつろん 명 결론

6

이 고기는 익지 않았습니다.
1 그대로 먹을 수 있습니다
2 차가워져 버렸습니다
3 그다지 따뜻하지 않습니다
4 아직 구워지지 않았습니다

해설 火が通っていません이 '익지 않았습니다'라는 의미이므로, 이와 의미가 가장 비슷한 4 まだ焼けていません(아직 구워지지 않았습니다)이 정답이다.

어휘 肉 にく 명 고기　火が通る ひがとおる (열을 가하여 음식이) 익다
　　　そのまま 그대로　食べる たべる 동 먹다
　　　冷たい つめたい い형 차갑다　あまり 부 그다지
　　　温かい あたたかい い형 따뜻하다　まだ 부 아직
　　　焼ける やける 동 구워지다

 용법

실력 다지기
p.152

| 01 ① | 02 ① | 03 ② | 04 ② | 05 ① |
| 06 ① | 07 ① | 08 ② | 09 ① | 10 ① |

01

미래
① 10년 후의 미래를 상상해 봤다.
② 미래에는 휴대전화도 컴퓨터도 없었다.

어휘 未来 みらい 명 미래　想像 そうぞう 명 상상
　　　携帯 けいたい 명 휴대전화　パソコン 명 컴퓨터

02

신청
① 대회에 참가하기 위해서는 신청이 필요합니다.
② 이 레스토랑은 인기가 있기 때문에, 신청하지 않으면 안 된다.

어휘 申し込み もうしこみ 명 신청　大会 たいかい 명 대회
　　　参加 さんか 명 참가　必要だ ひつようだ な형 필요하다
　　　レストラン 명 레스토랑　人気 にんき 명 인기　～ので 조 ~때문에

03

말을 걸다
① 이 문제의 대책을 모두와 말을 걸었습니다.
② 지금은 바쁘니까 말을 걸지 말아 주세요.

어휘 話しかける はなしかける 동 말을 걸다　問題 もんだい 명 문제
　　　対策 たいさく 명 대책　みんな 명 모두　今 いま 명 지금
　　　忙しい いそがしい い형 바쁘다

04

섞다
① 이 앞에서 오른쪽으로 섞으면 병원입니다.
② 계란과 우유를 잘 섞어 주세요.

어휘 混ぜる まぜる 동 섞다　前 まえ 명 앞　右 みぎ 명 오른쪽
　　　病院 びょういん 명 병원　卵 たまご 명 계란
　　　牛乳 ぎゅうにゅう 명 우유　よく 부 잘

05

아깝다
① 아직 쓸 수 있는데 버리는 것은 아깝다.
② 집이 아까워서, 대학원 진학을 포기했다.

어휘 もったいない [い형]아깝다 まだ [부]아직
使う つかう [동]쓰다, 사용하다 〜のに [조]〜는데
捨てる すてる [동]버리다 家 いえ [명]집
大学院 だいがくいん [명]대학원 進学 しんがく [명]진학
あきらめる [동]포기하다

06

일부러

① **일부러 여기까지 와 줘서 고마워.**
② 교실이 일부러 해서 매우 시끄럽다.

어휘 わざわざ [부]일부러 〜まで [조]〜까지 来る くる [동]오다
教室 きょうしつ [명]교실 とても [부]매우, 아주 うるさい [い형]시끄럽다

07

사정

① **그날은 사정이 좋지 않아 참가할 수 없습니다.**
② 그녀는 감기를 사정으로 결석했다.

어휘 都合 つごう [명]사정, 형편 日 ひ [명]날, 일
悪い わるい [い형]좋지 않다, 나쁘다 参加 さんか [명]참가
できる [동]할 수 있다 風邪 かぜ [명]감기 欠席 けっせき [명]결석

08

구별

① 실험의 결과를 구별해서 리포트를 썼습니다.
② **일과 사적인 것을 구별해 주세요.**

어휘 区別 くべつ [명]구별 実験 じっけん [명]실험 結果 けっか [명]결과
レポート [명]리포트 書く かく [동]쓰다, 적다 仕事 しごと [명]일
プライベートだ [な형]사적이다

09

기한

① **이것은 먹을 수 있는 기한이 지나 버렸다.**
② 기한을 헛되게 쓰지 말아 주세요.

어휘 期限 きげん [명]기한 食べる たべる [동]먹다
過ぎる すぎる [동]지나다 むだだ [な형]헛되다, 쓸데없다
使う つかう [동]쓰다, 사용하다

10

지시

① **자료를 준비하도록 지시했다.**
② 식품은 반드시 성분을 지시하지 않으면 안 된다.

어휘 指示 しじ [명]지시 資料 しりょう [명]자료 準備 じゅんび [명]준비
食品 しょくひん [명]식품 必ず かならず [부]반드시
成分 せいぶん [명]성분

실전 대비하기 1

p.154

1 3   **2** 1   **3** 2   **4** 1

문제 5 다음의 말의 사용 방법으로 가장 알맞은 것을, 1·2·3·4에서 하나 고르세요

1

풍부

1 주연 여배우는 보석이 달린 풍부한 드레스로 식전에 등장했다.
2 시험 중시인 일본의 영어 교육에는 아직도 과제가 풍부하다.
3 퇴직 후에는 자연이 풍부한 시골에서 느긋하게 보내고 싶다.
4 샴푸가 남지 않도록, 풍부히 씻어 내 주세요.

해설 豊か(풍부)는 주로 넉넉하고 많은 상태를 말하는 경우에 사용한다. 3의 退職後は自然が豊かな田舎でのんびり過ごしたい(퇴직 후에는 자연이 풍부한 시골에서 느긋하게 보내고 싶다)에서 올바르게 사용되었으므로 3이 정답이다. 참고로, 1은 豪華だ(こうかだ, 호화롭다), 2는 多い(おおい, 많다), 4는 十分だ(じゅうぶんだ, 충분하다)를 사용하는 것이 올바른 문장이다.

어휘 豊かだ ゆたかだ [な형]풍부하다 主演 しゅえん [명]주연
女優 じょゆう [명]여배우 宝石 ほうせき [명]보석 つく [동]달리다, 붙다
ドレス [명]드레스 式典 しきてん [명]식전 登場 とうじょう [명]등장
試験 しけん [명]시험 重視 じゅうし [명]중시 日本 にほん [명]일본
英語 えいご [명]영어 教育 きょういく [명]교육 まだまだ [부]아직도
課題 かだい [명]과제 退職 たいしょく [명]퇴직 〜後 〜ご 〜후
自然 しぜん [명]자연 田舎 いなか [명]시골 のんびり [부]느긋하게
過ごす すごす [동]보내다 シャンプー [명]샴푸 残る のこる [동]남다
洗い流す あらいながす [동]씻어 내다

2

구별

1 아이에게는 농담과 심술을 구별하는 것이 어려운 것 같다.
2 친척으로부터 받은 귤을 이웃 사람에게도 구별했습니다.
3 이 거래에 문제가 없는지 구별하는 것은 부장님의 일이다.
4 많은 놀이공원에서는 안전을 생각해, 손님의 입장을 구별하고 있다.

해설 区別(구별)는 주로 성질이나 종류에 따라 구분하는 경우에 사용한다. 1의 子供には冗談といじわるを区別するのが難しいようだ(아이에게는 농담과 심술을 구별하는 것이 어려운 것 같다)에서 올바르게 사용되었으므로 1이 정답이다. 참고로, 2는 分ける(わける, 나누다), 3은 判断(はんだん, 판단), 4는 制限(せいげん, 제한)을 사용하는 것이 올바른 문장이다.

어휘 区別 くべつ [명]구별 子供 こども [명]아이 冗談 じょうだん [명]농담
いじわる [명]심술 難しい むずかしい [い형]어렵다
親戚 しんせき [명]친척 もらう [동]받다 みかん [명]귤
近所 きんじょ [명]이웃, 근처 人 ひと [명]사람 取引 とりひき [명]거래

문제 5 용법 45

問題 もんだい 명문제　部長 ぶちょう 명부장(님)　仕事 しごと 명일
多く おおく 명많은　遊園地 ゆうえんち 명놀이공원
安全 あんぜん 명안전　考える かんがえる 동생각하다
客 きゃく 명손님　入場 にゅうじょう 명입장

周り まわり 명주변　関係 かんけい 명관계　~ように ~(하)도록
気を付ける きをつける 동조심하다　料理 りょうり 명요리
~中 ~ちゅう ~중　包丁 ほうちょう 명식칼　手 て 명손
~てしまう ~(해) 버리다　血 ち 명피　止まる とまる 동멈추다

3

경유

1 미국에서의 유학 생활에서는 처음 <u>경유</u>하는 것이 많이 있었습니다.
2 <u>홍콩을 경유해서 런던에 가면, 도착하기까지 20시간 정도 걸린다.</u>
3 오늘은 편의점에 <u>경유</u>해서, 디저트를 사고 나서 집에 돌아갈 생각이다.
4 회사를 그만두고 3년이 <u>경유</u>했는데, 동기와는 지금도 변함없이 사이가 좋습니다.

해설 経由(경유)는 주로 어떤 곳을 거쳐 지나가는 경우에 사용한다. 2의 香港を経由してロンドンに行くと(홍콩을 경유해서 런던에 가면)에서 올바르게 사용되었으므로 2가 정답이다. 참고로, 1은 経験(けいけん, 경험), 3은 寄る(よる, 들리다), 4는 経つ(たつ, 지나다)를 사용하는 것이 올바른 문장이다.

어휘 経由 けいゆ 명경유　アメリカ 명미국　留学 りゅうがく 명유학
生活 せいかつ 명생활　初めて はじめて 부처음　たくさん 부많이
香港 ほんこん 명홍콩　ロンドン 명런던　行く いく 동가다
到着 とうちゃく 명도착　~までに ~까지　時間 じかん 명시간
~くらい 조~정도　かかる 동걸리다　今日 きょう 명오늘
コンビニ 명편의점　デザート 명디저트　買う かう 동사다
~てから ~(하)고 나서　家 いえ 명집　帰る かえる 동돌아가다
~つもりだ ~(할) 생각이다　会社 かいしゃ 명회사
辞める やめる 동그만두다　~けれど ~는데　同期 どうき 명동기
今 いま 명지금　変わらず かわらず 부변함없이　仲 なか 명사이
いい い형좋다

4

어기다

1 <u>사람과의 약속을 간단히 어기는 사람은, 신용할 수 없습니다.</u>
2 내가 현관의 꽃병을 <u>어긴</u> 것을 알면, 어머니가 화낼 것이다.
3 주변과의 관계를 <u>어기지</u> 않도록, 조심하고 있습니다.
4 요리 중에 식칼로 손을 <u>어겨</u> 버려서, 피가 멈추지 않게 되었다.

해설 やぶる(어기다)는 주로 약속이나 규칙 따위를 지키지 않는 경우에 사용한다. 1의 人との約束を簡単にやぶる人(사람과의 약속을 간단히 어기는 사람)에서 올바르게 사용되었으므로 1이 정답이다. 참고로, 2는 割る(わる, 깨다), 3은 壊す(こわす, 망가뜨리다), 4는 切る(きる, 베다)를 사용하는 것이 올바른 문장이다.

어휘 やぶる 동어기다　人 ひと 명사람　約束 やくそく 명약속
簡単だ かんたんだ な형간단하다　信用 しんよう 명신용
~ことができる ~(할) 수 있다　玄関 げんかん 명현관
花瓶 かびん 명꽃병　知る しる 동알다　~たら ~(하)면
母 はは 명어머니　怒る おこる 동화내다　~だろう ~(일) 것이다

실전 대비하기 2

p.155

1 4　　**2** 3　　**3** 2　　**4** 1

문제5 다음의 말의 사용 방법으로 가장 알맞은 것을, 1·2·3·4에서 하나 고르세요

1

쌓이다

1 어제부터 계속 내린 눈은, 무릎 높이까지 <u>쌓였다</u>.
2 1시간이나 줄을 <u>쌓여</u> 먹은 라멘은 정말로 맛있었다.
3 고급 가게가 <u>쌓인</u> 이 거리는 걷고 있는 것만으로도 즐겁습니다.
4 <u>방 구석은 먼지가 쌓이기 쉬우니까 정성스럽게 청소하자.</u>

해설 たまる(쌓이다)는 주로 사물이나 해야할 일이 조금씩 모여 커지는 경우에 사용한다. 4의 部屋のすみはほこりがたまりやすいから丁寧に掃除しよう(방 구석은 먼지가 쌓이기 쉬우니까 정성스럽게 청소하자)에서 올바르게 사용되었으므로 4가 정답이다. 참고로, 1은 積もる(つもる, 쌓이다), 2는 並ぶ(ならぶ, (줄을) 서다), 3은 続く(つづく, 이어지다)를 사용하는 것이 올바른 문장이다. 1의 내리는 눈이 쌓인 경우에는 積もる를 사용한다.

어휘 たまる 동쌓이다　昨日 きのう 명어제　降る ふる 동내리다
~続ける ~つづける 계속 ~하다　雪 ゆき 명눈　ひざ 명무릎
高さ たかさ 명높이　~まで 조~까지　~時間 ~じかん ~시간
列 れつ 명줄　食べる たべる 동먹다　ラーメン 명라면
本当だ ほんとうだ な형정말이다　おいしい い형맛있다
高級店 こうきゅうてん 명고급점　通り とおり 명거리
歩く あるく 동걷다　~だけで ~만으로　楽しい たのしい い형즐겁다
部屋 へや 명방　すみ 명구석　ほこり 명먼지
~やすい ~하기 쉽다　丁寧だ ていねいだ な형정성스럽다
掃除 そうじ 명청소

2

상당히

1 열심히 공부한 모리 씨라면 희망한 대학에 <u>상당히</u> 들어갈 수 있다.
2 보고서는 <u>상당히</u> 형식에 맞춰서, 작성하도록 해 주세요.
3 <u>많은 사람 앞에서 피아노를 치는 것은 처음이라서, 상당히 긴장할 것 같다.</u>
4 당장이라도 비가 내릴 것 같으니까, <u>상당히</u> 집에 돌아가자.

해설 相当(상당히)는 주로 어지간히 많은, 적지 않은 것을 이야기하는 경

우에 사용한다. 3의 **大勢**の前でピアノを弾くのは初めてだから、**相当**緊張しそうだ(많은 사람 앞에서 피아노를 치는 것은 처음이라서, 상당히 긴장할 것 같다)에서 올바르게 사용되었으므로 3이 정답이다. 참고로, 1은 **絶対に**(ぜったいに, 반드시), 2는 **はきはき**(시원시원하게), 4는 **さっさと**(당장)를 사용하는 것이 올바른 문장이다.

어휘 相当 そうとう 囲 상당히　希望 きぼう 圓 희망
報告書 ほうこくしょ 圓 보고서　形式 けいしき 圓 형식
合わせる あわせる 園 맞추다　作成 さくせい 圓 작성
~ようにする ~하도록 하다　大勢 おおぜい 圓 많은 사람
前 まえ 圓 앞　ピアノ 圓 피아노　弾く ひく 園 치다
初めて はじめて 囲 처음　~だから ~이라서
緊張 きんちょう 圓 긴장　~そうだ ~일 것 같다
今にも いまにも 囲 당장이라도　雨 あめ 圓 비　降る ふる 園 내리다
家 いえ 圓 집　帰る かえる 園 돌아가다

3

선전
1 점내에 포스터를 붙여, 다음 달부터 영업 시간이 바뀌는 것을 선전했다.
2 텔레비전을 보고 있자, 신상품을 선전하는 광고가 흘러나왔다.
3 오늘, 입학 시험 합격자 수험 번호가 홈페이지에 선전된다.
4 손님으로부터 걸려 온 전화 내용을 담당 직원에게 선전했다.

해설 宣伝(선전)은 주로 상품의 효능을 널리 전달하는 경우에 사용한다. 2의 テレビを見ていると、新商品を宣伝する広告が流れてきた(텔레비전을 보고 있자, 신상품을 선전하는 광고가 흘러나왔다)에서 올바르게 사용되었으므로 2가 정답이다. 참고로, 1은 知らせる(しらせる, 알리다), 3은 発表(はっぴょう, 발표), 4는 伝える(つたえる, 전하다)를 사용하는 것이 올바른 문장이다.

어휘 宣伝 せんでん 圓 선전　店内 てんない 圓 점내　ポスター 圓 포스터
貼る はる 園 붙다　来月 らいげつ 圓 다음 달
営業 えいぎょう 圓 영업　時間 じかん 圓 시간
変わる かわる 園 바뀌다　テレビ 圓 텔레비전　見る みる 園 보다
新商品 しんしょうひん 圓 신상품　広告 こうこく 圓 광고
流れる ながれる 園 흘러나오다　~てくる ~(해) 오다
今日 きょう 圓 오늘　入学 にゅうがく 圓 입학　試験 しけん 圓 시험
合格者 ごうかくしゃ 圓 합격자　受験 じゅけん 圓 수험
番号 ばんごう 圓 번호　ホームページ 圓 홈페이지　客 きゃく 圓 손님
掛かる かかる 園 걸리다　電話 でんわ 圓 전화
内容 ないよう 圓 내용　担当 たんとう 圓 담당
職員 しょくいん 圓 직원

4

상태
1 혼다 선수는 몸 상태가 좋은지, 잇달아 득점했다.
2 현장에 도착한 경찰에게 사고가 일어났을 때의 상태를 설명했다.
3 우리 회사는 밝은 상태로, 선배들도 매우 친절하다.
4 이 컴퓨터는 현재, 전원이 들어오지 않는 상태입니다.

해설 調子(상태)는 주로 사람이나 자동차 같은 활동하는 것의 상태를 말하는 경우에 사용한다. 1의 本田選手は体の調子がいいのか、次々と点を決めた(혼다 선수는 몸 상태가 좋은지, 잇달아 득점했다)에서 올바르게 사용되었으므로 1이 정답이다. 참고로, 2는 状況(상황), 3은 雰囲気(분위기), 4는 状態(상태)를 사용하는 것이 올바른 문장이다. 4의 状態(상태)는 사물이나 현상의 모양을 말할 때 사용한다.

어휘 調子 ちょうし 圓 상태, 컨디션　選手 せんしゅ 圓 선수
体 からだ 圓 몸　いい い형 좋다　次々と つぎつぎと 囲 잇달아
点を決める てんをきめる 득점하다　現場 げんば 圓 현장
到着 とうちゃく 圓 도착　警察 けいさつ 圓 경찰　事故 じこ 圓 사고
起きる おきる 園 일어나다　説明 せつめい 圓 설명　うち 圓 우리
会社 かいしゃ 圓 회사　明るい あかるい い형 밝다
先輩 せんぱい 圓 선배　とても 囲 매우
親切だ しんせつだ な형 친절하다　コンピューター 圓 컴퓨터
現在 げんざい 圓 현재　電源 でんげん 圓 전원
入る はいる 園 들어오다

실전 대비하기 3　　　　　　　　　p.156

1 3　　**2** 2　　**3** 1　　**4** 4

문제5 다음의 말의 사용 방법으로 가장 알맞은 것을, 1·2·3·4에서 하나 고르세요

1

따라잡다
1 자신의 방은 스스로 따라잡는 것이 당연하다고 생각합니다.
2 그 문제를 해결할 좋은 생각이 따라잡았다.
3 그녀는 친구보다 나중에 출발했지만, 곧 따라잡았다.
4 산에서 동물에게 따라잡는 것은 매우 위험합니다.

해설 追いつく(따라잡다)는 앞선 것에 가까이 다가가는 경우에 사용한다. 3의 後で出発したが、すぐ追いついた(나중에 출발했지만, 곧 따라잡았다)에서 문맥상 올바르게 사용되었으므로 3이 정답이다. 참고로, 1은 片付ける(かたづける, 정리하다), 2는 思いつく(おもいつく, 생각이 떠오르다), 4는 近づく(ちかづく, 가까이 가다)를 사용하는 것이 올바른 문장이다.

어휘 追いつく おいつく 園 따라잡다, 따라붙다　自分 じぶん 圓 스스로, 자신
部屋 へや 圓 방　当然だ とうぜんだ な형 당연하다
問題 もんだい 圓 문제　解決 かいけつ 圓 해결
考え かんがえ 圓 생각　友達 ともだち 圓 친구　~より 国 ~보다
後 あと 圓 나중, 후　出発 しゅっぱつ 圓 출발　すぐ 囲 곧, 바로
山 やま 圓 산　動物 どうぶつ 圓 동물　とても 囲 매우
危険だ きけんだ な형 위험하다

2

건축

1 수도관의 건축이 시작되면, 당분간 물을 쓸 수 없다.
2 **시민 체육관의 건축에는 10개월 이상 걸린다고 한다.**
3 평화의 건축은 온 세계의 모두가 원하고 있는 것이다.
4 이 공장에서는 자동차의 건축을 진행하고 있습니다.

해설 建築(건축)는 구조물을 설계에 따라 세우거나 쌓는 경우에 사용한다. 2의 市民体育館の建築には10か月以上かかるそうだ(시민 체육관의 건축에는 10개월 이상 걸린다고 한다)에서 올바르게 사용되었으므로 2가 정답이다. 참고로, 1은 工事(こうじ, 공사), 3은 実現(じつげん, 실현), 4는 組み立て(くみたて, 조립)를 사용하는 것이 올바른 문장이다.

어휘 建築 けんちく 圏건축   水道管 すいどうかん 圏수도관
始まる はじまる 圏시작되다   ~たら 国~면   しばらく 튀당분간
水 みず 圏물   使う つかう 圏쓰다   市民 しみん 圏시민
体育館 たいいくかん 圏체육관   ~か月 ~かげつ ~개월
以上 いじょう 圏이상   かかる 圏걸리다   ~そうだ ~라고 하다
平和 へいわ 圏평화   世界 せかい 圏세계   ~中 ~じゅう 온~
みんな 圏모두   願う ねがう 圏원하다   こと 圏것   この 이
工場 こうじょう 圏공장   自動車 じどうしゃ 圏자동차
行う おこなう 圏진행하다

3

듬뿍

1 **이 수프는 고기와 야채가 듬뿍 들어 있어 배가 부르게 된다.**
2 하라구치 씨를 데이트에 초대했지만, 듬뿍 거절당해 버렸다.
3 아들은 자명종이 울리고 있는데도, 듬뿍 자고 있어서 일어나지 않는다.
4 수영 수업이 있는 날에 듬뿍 수영복을 잊고, 엄마에게 전달해 받았다.

해설 たっぷり(듬뿍)는 무언가가 넘칠 정도로 매우 많거나 수북한 경우에 사용한다. 1의 たっぷり入っていてお腹がいっぱいになる(듬뿍 들어 있어 배가 부르게 된다)에서 올바르게 사용되었으므로 1이 정답이다. 참고로, 2는 はっきり(확실히), 3은 ぐっすり(푹), 4는 うっかり(깜빡)를 사용하는 것이 올바른 문장이다.

어휘 たっぷり 튀듬뿍   この 이   スープ 圏수프   肉 にく 圏고기
野菜 やさい 圏야채   入る はいる 圏들다
お腹がいっぱい おなかがいっぱい 배가 부르다
~になる ~(하)게 되다   デート 圏데이트   誘う さそう 圏초대하다
~が ~지만   断られる ことわられる 거절당하다
~てしまう ~(해) 버리다   息子 むすこ 圏아들
目覚まし時計 めざましどけい 圏자명종   鳴る なる 圏울리다
~のに ~는데도   寝る ねる 圏자다   起きる おきる 圏일어나다
プール 圏풀   授業 じゅぎょう 圏수업   ある 圏있다   日 ひ 圏날
水着 みずぎ 圏수영복   忘れる わすれる 圏잊다   母 はは 圏엄마
届ける とどける 圏보내다   ~てもらう ~(해) 받다

4

어울리다

1 그와는 축구라는 공통 취미가 있기 때문에, 이야기가 어울린다.
2 나와 남편은 얼굴이 잘 어울리고 있어서, 가끔 형제로 오해받는다.
3 마지막 문제의 답이 어울렸더라면 만점이었는데 아쉽다.
4 **정장과 물방울 모양의 넥타이가 잘 어울리네요.**

해설 似合う(어울리다)는 잘 조화되어 자연스럽게 보이는 경우에 사용한다. 4의 スーツと水玉模様のネクタイがよく似合って(정장과 물방울 모양의 넥타이가 잘 어울리)에서 문맥상 올바르게 사용되었으므로 4가 정답이다. 참고로, 1은 合う(あう, 맞다), 2는 似る(にる, 닮다), 3은 当たる(あたる, 맞다)를 사용하는 것이 올바른 문장이다.

어휘 似合う にあう 圏어울리다   彼 かれ 圏그, 남자친구   サッカー 圏축구
共通 きょうつう 圏공통   趣味 しゅみ 圏취미   話 はなし 圏이야기
私 わたし 圏나   夫 おっと 圏남편   顔 かお 圏얼굴   たまに 튀가끔
兄弟 きょうだい 圏형제   間違われる まちがわれる 오해받다
最後 さいご 圏마지막   問題 もんだい 圏문제   答え こたえ 圏답
満点 まんてん 圏만점   ~のに ~는데
残念だ ざんねんだ 陵割아쉽다   スーツ 圏정장
水玉 みずたま 圏물방울   模様 もよう 圏모양   ネクタイ 圏넥타이

실전 대비하기 4   p.157

1 2   **2** 1   **3** 2   **4** 3

문제5 다음의 말의 사용 방법으로 가장 알맞은 것을, 1·2·3·4에서 하나 고르세요.

1

정돈하다

1 멋진 컵에 뜨거운 커피를 정돈했습니다.
2 **신발을 벗으면, 예쁘게 정돈해 주세요.**
3 산을 정돈한 곳에 작은 마을이 있습니다.
4 장래를 정돈해서, 돈을 모으려고 생각합니다.

해설 そろえる(정돈하다)는 주로 흐트러진 것을 가지런히 하는 경우에 사용한다. 2의 くつを脱いだら、きれいにそろえてください(신발을 벗으면, 예쁘게 정돈해 주세요)에서 올바르게 사용되었으므로 2가 정답이다. 참고로, 1은 注ぐ(そそぐ, 붓다), 3은 越える(こえる, 넘다), 4는 備える(そなえる, 대비하다)를 사용하는 것이 올바른 문장이다.

어휘 そろえる 圏정돈하다   すてきだ 陵割멋지다   カップ 圏컵
熱い あつい い형뜨겁다   コーヒー 圏커피   くつ 圏신발
脱ぐ ぬぐ 圏벗다   ~たら 国~하면   きれいだ 陵割예쁘다
山 やま 圏산   ところ 圏곳   小さな ちいさな 작은
町 まち 圏마을   将来 しょうらい 圏장래   お金 おかね 圏돈
ためる 圏모으다   ~ようと思う ~ようとおもう ~하려고 생각하다

2

짜다

1 할머니는 털실을 <u>짜서</u> 가방이나 모자를 만드는 것이 취미라고 합니다.
2 신발 끈은 잘 <u>짜지</u> 않으면, 풀려 버려서 위험하다.
3 붉은색과 푸른색의 물감을 <u>짜니</u>, 고운 보라색이 완성됐다.
4 담임 선생님이 교실 앞에서, 팔을 <u>짜고</u> 서 있습니다.

해설 제시어 編む(짜다)는 실이나 끈 등으로 천을 만드는 경우에 사용한다. 1의 祖母は毛糸を編んで(할머니는 털실을 짜서)에서 문맥상 올바르게 사용되었으므로 1이 정답이다. 참고로, 2는 結ぶ(むすぶ, 묶다), 3은 混ぜる(まぜる, 섞다), 4는 組む(くむ, 끼다)를 사용하는 것이 올바른 문장이다.

어휘 編む あむ 图 짜다 祖母 そぼ 圀 할머니 毛糸 けいと 圀 털실
かばん 圀 가방 帽子 ぼうし 圀 모자 作る つくる 图 만들다
趣味 しゅみ 圀 취미 ~そうだ ~(하)다고 하다 靴 くつ 圀 신발
ひも 圀 끈 しっかり 悍 잘 ほどける 图 풀리다
~てしまう ~(해) 버리다 危ない あぶない い형 위험하다
赤色 あかいろ 圀 붉은색 青色 あおいろ 圀 푸른색
絵の具 えのぐ 圀 물감 きれいだ な형 곱다
紫色 むらさきいろ 圀 보라색 出来上がる できあがる 图 완성되다
担任 たんにん 圀 담임 先生 せんせい 圀 선생님
教室 きょうしつ 圀 교실 前 まえ 圀 앞 腕 うで 圀 팔
立つ たつ 图 서다

3

활동

1 재해가 발생했을 때 취해야 할 <u>활동</u>을 알아 두는 편이 좋다.
2 자원봉사로 시내나 공원의 쓰레기를 줍는 <u>활동</u>을 하고 있습니다.
3 건강을 위해 주의 절반은 체육관에 가서 러닝 등의 <u>활동</u>을 한다.
4 컴퓨터의 <u>활동</u>이 느려져서, 수리를 맡기로 했다.

해설 제시어 活動(활동)는 몸을 움직여 행동하거나 어떤 것을 위해 힘쓰는 경우에 사용한다. 2의 ボランティアで街中や公園のごみを拾う活動をしています(자원봉사로 시내나 공원의 쓰레기를 줍는 활동을 하고 있습니다)에서 올바르게 사용되었으므로 2가 정답이다. 참고로, 1은 行動(こうどう, 행동), 3은 運動(うんどう, 운동), 4는 動作(どうさ, 동작)를 사용하는 것이 올바른 문장이다.

어휘 活動 かつどう 圀 활동 災害 さいがい 圀 재해
発生 はっせい 圀 발생 とき 圀 때 とる 图 취하다 ~べき ~해야 할
知る しる 图 알다 ~ておく ~해 두다 ~ほうがいい ~하는 편이 좋다
ボランティア 圀 자원봉사 街中 まちなか 圀 시내
公園 こうえん 圀 공원 ごみ 圀 쓰레기 拾う ひろう 图 줍다
健康 けんこう 圀 건강 ~ために ~위해 週 しゅう 圀 주, 일주일
半分 はんぶん 圀 절반 ジム 圀 체육관 行く いく 图 가다
ランニング 圀 러닝, 달리기 ~など 图 ~등 パソコン 圀 컴퓨터
遅い おそい い형 느리다 ~ので 图 ~해서
修理に出す しゅうりにだす 수리를 맡기다 ~ことにする ~하기로 하다

4

항상

1 평소에는 디저트를 먹지 않지만, <u>항상</u> 아무래도 먹고 싶어질 때가 있다.
2 이 시험에는 한 번 떨어졌기 때문에, 이번에야말로 <u>항상</u> 합격하고 싶다.
3 남편은 <u>항상</u> 긍정적이며, 무엇이든 도전하려고 하는 점을 존경할 수 있다.
4 학생 시절부터 사이가 좋은 친구의 결혼식이라서, <u>항상</u> 참석할 생각입니다.

해설 제시어 常に(항상)는 언제나 변함없는 경우에 사용한다. 3의 常に前向きで、何にでも挑戦しようとするところが尊敬できる(항상 긍정적이며, 무엇이든 도전하려고 하는 점을 존경할 수 있다)에서 올바르게 사용되었으므로 3이 정답이다. 참고로, 1은 たまに(가끔), 2는 絶対に(ぜったいに, 절대로), 4는 当然(とうぜん, 당연히)을 사용하는 것이 올바른 문장이다.

어휘 常に つねに 悍 항상 普段 ふだん 圀 평소 デザート 圀 디저트
食べる たべる 图 먹다 どうしても 悍 아무래도, 꼭 時 とき 圀 때
試験 しけん 圀 시험 一度 いちど 圀 한 번
落ちる おちる 图 떨어지다 ~から ~이기 때문에, ~부터
今回 こんかい 圀 이번 ~こそ 图 ~야말로 合格 ごうかく 圀 합격
夫 おっと 圀 남편 前向きだ まえむきだ な형 긍정적이다
挑戦 ちょうせん 圀 도전 ところ 圀 점, 곳 尊敬 そんけい 圀 존경
できる 图 할 수 있다 学生時代 がくせいじだい 圀 학생 시절
仲 なか 圀 사이 良い よい い형 좋다 友達 ともだち 圀 친구
結婚式 けっこんしき 圀 결혼식 出席 しゅっせき 圀 참석, 출석
~つもりだ ~할 생각이다

실전 대비하기 5   p.158

1 1   **2** 4   **3** 2   **4** 2

문제5 다음의 말의 사용 방법으로 가장 알맞은 것을, 1·2·3·4에서 하나 고르세요

1

엄중

1 중요한 서류는 열쇠가 달린 사물함에서 <u>엄중</u>히 관리되고 있다.
2 고등학교에서 소속되어 있던 배구부의 선생님은 매우 <u>엄중</u>했다.
3 친구와 반드시 꿈을 이루자며 <u>엄중</u>한 약속을 맺었다.
4 이 가방은 가벼운데도 <u>엄중</u>해서 잘 부서지지 않는 점이 장점입니다.

해설 제시어 厳重(엄중)는 엄격하고 정중한 경우에 사용한다. 1의 鍵のついたロッカーで厳重に管理(열쇠가 달린 사물함에서 엄중히 관리)에서 올바르게 사용되었으므로 1이 정답이다. 참고로, 2는 厳し

い(きびしい, 엄격하다), 3은 固い(かたい, 굳건하다), 4는 丈夫だ(じょうぶだ, 튼튼하다)를 사용하는 것이 올바른 문장이다.

어휘 厳重だ げんじゅうだ [な형] 엄중하다　大事だ だいじだ [な형] 중요하다
書類 しょるい [명] 서류　鍵 かぎ [명] 열쇠　つく [동] 달리다, 붙다
ロッカー [명] 사물함, 로커　管理 かんり [명] 관리
高校 こうこう [명] 고등학교　所属 しょぞく [명] 소속
バレー部 バレーぶ [명] 배구부　先生 せんせい [명] 선생님
とても [부] 매우　親友 しんゆう [명] 친구　必ず かならず [부] 반드시
夢 ゆめ [명] 꿈　叶える かなえる [동] 이루다　約束 やくそく [명] 약속
交わす かわす [동] 맺다, 주고받다, 교환하다　かばん [명] 가방
軽い かるい [い형] 가볍다　〜のに [조] ~인데도
壊れる こわれる [동] 부서지다　〜にくい 잘 ~하지 않다
ところ [명] 점, 부분　長所 ちょうしょ [명] 장점

2

뒤섞다
1 팀을 <u>뒤섞는</u> 것도 팀 리더의 역할이라고 생각한다.
2 컵 안의 얼음이 <u>뒤섞어</u>, 주스의 맛이 옅어졌다.
3 해외 생활이 긴 그녀는 영어와 일본어를 <u>뒤섞어</u> 이야기한다.
4 깬 달걀을 그릇에 넣고, 소금을 약간 넣어 잘 <u>뒤섞어</u> 주세요.

해설 제시어 かき混ぜる(뒤섞다)는 한데 그러모아 마구 섞는 경우에 사용한다. 4의 塩を少し入れてよくかき混ぜて(소금을 약간 넣어 잘 뒤섞어)에서 문맥상 올바르게 사용되었으므로 4가 정답이다. 참고로, 1은 まとめる(조율하다), 2는 溶ける(とける, 녹다), 3은 混ぜる(まぜる, 섞다)를 사용하는 것이 올바른 문장이다.

어휘 かき混ぜる かきまぜる [동] 뒤섞다, 휘젓다　チーム [명] 팀
リーダー [명] 리더　役割 やくわり [명] 역할　思う おもう [동] 생각하다
コップ [명] 컵　中 なか [명] 안, 내부　氷 こおり [명] 얼음
ジュース [명] 주스　味 あじ [명] 맛　薄い うすい [い형] 옅다, 싱겁다
海外 かいがい [명] 해외　生活 せいかつ [명] 생활
長い ながい [い형] 길다　彼女 かのじょ [명] 그녀　英語 えいご [명] 영어
日本語 にほんご [명] 일본어　話す はなす [동] 말하다
割る わる [동] 깨다, 나누다　卵 たまご [명] 달걀　器 うつわ [명] 그릇
入れる いれる [동] 넣다　塩 しお [명] 소금　少し すこし [부] 약간, 조금
よく [부] 잘　〜てください ~해 주세요

3

긴장
1 오늘 아침은 늦잠을 자 버려서, <u>긴장</u>하며 준비를 하고 집을 나섰다.
2 몇 번 보아도, 회사 면접은 역시 <u>긴장</u>됩니다.
3 일을 실수한 사실을 전하자, 부장님은 몹시 <u>긴장</u>했다.
4 신청서 작성 방법을 설명하겠으니, <u>긴장</u>해서 들어 주세요.

해설 제시어 緊張(긴장)는 마음을 조이며 정신을 바짝 차리고 있는 경우에 사용한다. 2의 会社の面接はやっぱり緊張します(회사 면접은 역시 긴장됩니다)에서 올바르게 사용되었으므로 2가 정답이다. 참고로, 1은 慌てる(あわてる, 당황하다), 3은 怒る(おこる, 화내다), 4는 集中(しゅうちゅう, 집중)를 사용하는 것이 올바른 문장이다.

어휘 緊張 きんちょう [명] 긴장　今朝 けさ [명] 오늘 아침

寝坊 ねぼう [명] 늦잠　〜てしまう ~해 버리다　支度 したく [명] 준비
家 いえ [명] 집　出る でる [동] 나서다　何度 なんど [명] 몇 번
受ける うける [동] (면접을) 보다, 받다　会社 かいしゃ [명] 회사
面接 めんせつ [명] 면접　やっぱり [부] 역시　仕事 しごと [명] 일, 업무
ミス [명] 실수　こと [명] 사실, 것　伝える つたえる [동] 전하다
部長 ぶちょう [명] 부장(님)　すごく [부] 몹시
申込書 もうしこみしょ [명] 신청서　書き方 かきかた [명] 작성 방법
説明 せつめい [명] 설명　〜から [조] ~하겠으니　聞く きく [동] 듣다
〜てください ~해 주세요

4

가라앉다
1 손에 들고 있던 거울이 지면에 <u>가라앉아</u>, 깨져 버렸다.
2 병원에서 받은 약을 먹었더니, 감기 증상이 <u>가라앉았다</u>.
3 그렇게 공부를 게을리 하고 있으면, 성적이 <u>가라앉아</u>.
4 비가 내리는 날에 계단에서 미끄러져 <u>가라앉아서</u>, 골절했다.

해설 제시어 落ち着く(가라앉다)는 아픔이나 괴로움이 수그러드는 경우에 사용한다. 2의 薬を飲んだら、風邪の症状が落ち着いた(약을 먹었더니, 감기 증상이 가라앉았다)에서 문맥상 올바르게 사용되었으므로 2가 정답이다. 참고로, 1은 落ちる(おちる, 떨어지다), 3은 下がる(さがる, 떨어지다), 4는 転ぶ(ころぶ, 넘어지다)를 사용하는 것이 올바른 문장이다.

어휘 落ち着く おちつく [동] 가라앉다, 안정되다　手 て [명] 손
持つ もつ [동] 들다, 가지다　鏡 かがみ [명] 거울
地面 じめん [명] 지면, 땅　割れる われる [동] 깨지다
〜てしまう ~해 버리다　病院 びょういん [명] 병원　もらう [동] 받다
薬 くすり [명] 약　飲む のむ [동] (약을) 먹다, 복용하다
風邪 かぜ [명] 감기　症状 しょうじょう [명] 증상
勉強 べんきょう [명] 공부　さぼる [동] 게을리 하다
成績 せいせき [명] 성적　雨 あめ [명] 비　降る ふる [동] 내리다
日 ひ [명] 날　階段 かいだん [명] 계단　すべる [동] 미끄러지다
骨折 こっせつ [명] 골절

실전 대비하기 6　　　　　　　　　　　　　　p.159

1 1　　**2** 4　　**3** 1　　**4** 3

문제 5 다음의 말의 사용 방법으로 가장 알맞은 것을, 1·2·3·4에서 하나 고르세요

1

원료
1 식물성 기름을 <u>원료</u>로 한 세제를 사용하도록 하고 있다.
2 커피에는 졸음을 깨우는 효과가 있는 <u>원료</u>가 들어가 있습니다.
3 이 큰 인기의 애니메이션은, 만화가 <u>원료</u>라고 합니다.
4 카레를 만들기 위한 <u>원료</u>를 슈퍼에 사러 갔다.

해설 제시어 原料(원료)는 주로 어떤 물건을 만드는 데 들어가는 재료인데, 만들었을 때 이 재료의 형태가 더 이상 보이지 않는 것을 말하는 경우에 사용한다. 1의 植物性の油を原料とした洗剤を使うようにしている(식물성 기름을 원료로 한 세제를 사용하도록 하고 있다)에서 올바르게 사용되었으므로 1이 정답이다. 참고로, 2는 成分(せいぶん, 성분), 3은 原作(げんさく, 원작), 4는 材料(ざいりょう, 재료)를 사용하는 것이 올바른 문장이다.

어휘 原料 げんりょう 몡원료　植物 しょくぶつ 몡식물　~性 ~せい ~성
油 あぶら 몡기름　洗剤 せんざい 몡세제　使う つかう 동사용하다
コーヒー 몡커피　眠気 ねむけ 몡졸음　覚ます さます 동깨다
効果 こうか 몡효과　入る はいる 동들어가다　大~ だい~ 큰~
人気 にんき 몡인기　アニメ 몡애니메이션　まんが 몡만화
カレー 몡카레　作る つくる 동만들다　スーパー 몡슈퍼
買う かう 동사다　行く いく 동가다

2

분하다
1 그는 자동차에 분하기 때문에, 나중에 물어봐 주세요.
2 나는 분한 드라마를 보면, 언제나 울어 버립니다.
3 나와 그녀는 초등학교 때부터 분한 친구입니다.
4 앞으로 조금 더 하면 이길 수 있었는데, 져 버려서 분합니다.

해설 제시어 くやしい(분하다)는 될 듯한 일이 되지 않아 섭섭하고 아까운 경우에 사용한다. 4의 負けてしまってくやしい(져 버려서 분합니다)에서 문맥상 올바르게 사용되었으므로 4가 정답이다. 참고로, 1은 詳しい(くわしい, 정통하다), 2는 悲しい(かなしい, 슬프다), 3은 親しい(したしい, 친하다)를 사용하는 것이 올바른 문장이다.

어휘 くやしい い형분하다　自動車 じどうしゃ 몡자동차
~ので 조~때문에　あと 몡나중, 다음　聞く きく 동묻다, 듣다
ドラマ 몡드라마　見る みる 동보다　いつも 튀언제나, 늘
泣く なく 동울다　小学校 しょうがっこう 몡초등학교
~から 조~부터　友だち ともだち 몡친구
もう少し もうすこし 튀조금 더　勝つ かつ 동이기다
~のに 조~는데　負ける まける 동지다

3

깨닫다
1 리포트를 제출하고 나서, 내용에 오류가 있는 것을 깨달았다.
2 외국인 남편은 일본 역사에 흥미가 있어, 나보다 잘 깨닫고 있다.
3 업무 중에 깨닫지 못하는 것이 있다면, 언제든지 질문해 주세요.
4 잊어버린 물건이 없는지 확실히 깨닫고 나서, 집을 나가도록 하고 있다.

해설 제시어 気づく(깨닫다)는 본질이나 이치 같은 것을 알게 되는 경우에 사용한다. 1의 内容に間違いがあったことに気づいた(내용에 오류가 있는 것을 깨달았다)에서 올바르게 사용되었으므로 1이 정답이다. 참고로, 2는 知る(しる, 알다), 3은 分かる(わかる, 알다), 4는 確認する(かくにんする, 확인하다)를 사용하는 것이 올바른 문장이다.

어휘 気づく きづく 동깨닫다　レポート 몡리포트
提出 ていしゅつ 몡제출　~てから ~(하)고 나서
内容 ないよう 몡내용　間違い まちがい 몡오류, 잘못됨
外国人 がいこくじん 몡외국인　夫 おっと 몡남편
日本 にほん 몡일본　歴史 れきし 몡역사　興味 きょうみ 몡흥미
~より 조~보다　よく 튀잘　業務 ぎょうむ 몡업무
~中 ~ちゅう ~중　いつでも 몡언제든지　質問 しつもん 몡질문
~てください ~(해) 주세요　忘れ物 わすれもの 몡잊어버린 물건
きちんと 튀제대로　~から 조~(하)고 나서　家 いえ 몡집
出る でる 동나오다　~ようにする ~(하)도록 하다

4

유머
1 어제 발표회는 매우 유머였습니다.
2 주말은 가족과 유머의 여행을 갑니다.
3 그는 유머가 있는 연설을 해서, 모두를 웃게 만들었다.
4 기운이 없을 때는, 유머하게 이야기합시다.

해설 제시어 ユーモア(유머)는 남을 웃기는 말이나 행동에 사용한다. 3의 彼はユーモアのあるスピーチをして(그는 유머가 있는 연설을 해서)에서 문맥상 올바르게 사용되었으므로 3이 정답이다. 참고로, ユーモアのある와 관련하여, '명사のある' 형태의 구가 뒤에 나오는 명사를 꾸며주는 경우, の는 주격조사 が와 같은 의미로 사용되어 '~가'로 해석됨을 알아둔다.

어휘 ユーモア 몡유머　昨日 きのう 몡어제
発表会 はっぴょうかい 몡발표회　とても 튀매우, 몹시
週末 しゅうまつ 몡주말　家族 かぞく 몡가족　旅行 りょこう 몡여행
行く いく 동가다　スピーチ 몡연설, 스피치　みんな 몡모두
笑わせる わらわせる 동웃게 만들다　元気 げんき 몡기운
話す はなす 동이야기하다

실전 대비하기 7　　　　　　　　　　　　　p.160

1 2　　**2** 1　　**3** 3　　**4** 3

문제 5 다음의 말의 사용 방법으로 가장 알맞은 것을, 1·2·3·4에서 하나 고르세요

1

뛰어들어가다
1 저녁때가 되면, 많은 새들이 하늘을 뛰어들어간다.
2 아이들은 가볍게 운동을 하고 나서, 수영장에 뛰어들어갔다.
3 비행기가 2시간 늦게 뛰어들었기 때문에, 도착했을 때는 밤이었습니다.
4 수업이 끝나자, 그는 교실을 뛰어들어가서, 화장실에 갔다.

해설 제시어 飛び込む(뛰어들어가다)는 재빨리 달려드는 경우에 사용한

다. 2의 プールに飛び込んだ(수영장에 뛰어들어갔다)에서 문맥상 올바르게 사용되었으므로 2가 정답이다. 참고로, 1은 飛ぶ(とぶ, 날다), 3은 飛び上がる(とびあがる, 날아오르다), 4는 飛び出す(とびだす, 뛰어나가다)를 사용하는 것이 올바른 문장이다.

어휘 飛び込む とびこむ 图 뛰어들어가다, 몸을 날려 안으로 들어가다
夕方 ゆうがた 图 저녁때   たくさん 囲 많이   鳥 とり 图 새
空 そら 图 하늘   子ども こども 图 아이   軽い かるい い형 가볍다
運動 うんどう 图 운동   プール 图 수영장   飛行機 ひこうき 图 비행기
時間 じかん 图 시간   遅れ おくれ 图 늦음, 지연   ~ので 图 ~때문에
着く つく 图 도착하다   夜 よる 图 밤   授業 じゅぎょう 图 수업
終わる おわる 图 끝나다   教室 きょうしつ 图 교실   トイレ 图 화장실
行く いく 图 가다

2

공통

1 그녀와는 공통의 취미인 독서를 계기로 알게 되었습니다.
2 만나기로 한 장소에 나타난 친구는 나와 완전히 공통의 옷을 입고 있었다.
3 오실 때에는, 공통 교통 기관을 이용해 주세요.
4 한 번밖에 사용하지 않은 신제품과 공통인 카메라를 남동생에게 빌려주었다.

해설 共通(공통)는 주로 둘 이상의 것 사이에서 같은 부분을 말하는 경우에 사용한다. 1의 彼女とは共通の趣味である読書がきっかけで知り合いました(그녀와는 공통의 취미를 계기로 알게 되었습니다)에서 올바르게 사용되었으므로 1이 정답이다. 참고로, 2는 一緒(いっしょ, 같다), 3은 公共(こうきょう, 공공), 4는 同様(どうよう, 마찬가지임)를 사용하는 것이 올바른 문장이다.

어휘 共通 きょうつう 图 공통   彼女 かのじょ 图 그녀   趣味 しゅみ 图 취미
読書 どくしょ 图 독서   きっかけ 图 계기
知り合う しりあう 图 알게 되다
待ち合わせ まちあわせ 图 만나기로 한 장소
現れる あらわれる 图 나타나다   友人 ゆうじん 图 친구
まったく 囲 완전히   服 ふく 图 옷   着る きる 图 입다
お越しになる おこしになる 오시다   ~際 ~さい ~때
交通 こうつう 图 교통   機関 きかん 图 기관   利用 りよう 图 이용
一度 いちど 图 한 번   ~しか 图 ~밖에   使う つかう 图 사용하다
新品 しんぴん 图 신제품   カメラ 图 카메라   弟 おとうと 图 남동생
貸す かす 图 빌려주다

3

발전

1 유학을 하고 있던 딸은 크게 발전해서 돌아왔다.
2 기타 교실을 다니고 있는데, 좀처럼 기타가 발전되지 않는다.
3 경제가 발전하지 않으면, 국민의 생활은 풍요로워지지 않습니다.
4 과장에서 부장으로 발전해서, 급료가 크게 늘었습니다.

해설 発展(발전)은 주로 일이 더 좋거나 높은 단계로 나아간 경우에 사용한다. 3의 経済が発展しないと、国民の暮らしは豊かになりません(경제가 발전하지 않으면, 국민의 생활은 풍요로워지지 않습니다)에서 올바르게 사용되었으므로 3이 정답이다. 참고로, 1은 成長(せいちょう, 성장), 2는 上達(じょうたつ, 숙달), 4는 昇進(しょうしん, 승진)을 사용하는 것이 올바른 문장이다.

어휘 発展 はってん 图 발전   留学 りゅうがく 图 유학   娘 むすめ 图 딸
大きい おおきい い형 크다   帰る かえる 图 돌아오다   ギター 图 기타
教室 きょうしつ 图 교실   通う かよう 图 다니다   なかなか 囲 좀처럼
経済 けいざい 图 경제   国民 こくみん 图 국민   暮らし くらし 图 생활
豊かだ ゆたかだ な형 풍요롭다, 풍부하다   課長 かちょう 图 과장
~から 图 ~에서   部長 ぶちょう 图 부장
給料 きゅうりょう 图 급료, 월급   増える ふえる 图 늘다

4

편도

1 차가 많이 지나가서, 편도를 걸었다.
2 좀 편도가 되지만, 편하게 가는 방법이 있다.
3 이 역에서 저 역까지는 편도 350엔이나 든다.
4 편도의 양말이 어디를 찾아도 발견되지 않는다.

해설 제시어 片道(편도)는 가고 오는 길 가운데 어느 한쪽만을 가리키는 경우에 사용한다. 3의 あの駅までは片道350円もかかる(저 역까지는 편도 350엔이나 든다)에서 문맥상 올바르게 사용되었으므로 3이 정답이다. 참고로, 1은 歩道(ほどう, 보도), 2는 遠回り(とおまわり, 우회), 4는 片方(かたほう, 한쪽)를 사용하는 것이 올바른 문장이다.

어휘 片道 かたみち 图 편도   車 くるま 图 차   たくさん 囲 많이
通る とおる 图 지나다   ~ので 图 ~(해)서   歩く あるく 图 걷다
ちょっと 囲 조금   ~けど 图 ~지만   楽だ らくだ な형 편하다
行き方 いきかた 图 가는 방법, 방식   駅 えき 图 역   ~から 图 ~에서
~まで 图 ~까지   かかる 图 (시간, 비용) 들다, 소요되다
靴下 くつした 图 양말   探す さがす 图 찾다
見つかる みつかる 图 발견되다, 찾게 되다

실전 대비하기 8

p.161

| 1 4 | 2 2 | 3 1 | 4 3 |

문제5 다음의 말의 사용 방법으로 가장 알맞은 것을, 1·2·3·4에서 하나 고르세요

1

무늬

1 그의 무늬가 걱정이기 때문에, 집까지 보러 갔습니다.
2 아이는 부모의 행동을 보고 무늬를 한다고 합니다.
3 저와 같은 무늬로 먹어 봐 주세요.
4 이 우산은 꽃 무늬가 매우 예쁘네요.

해설 模様(무늬)는 주로 형태나 그림을 나타내는 경우에 사용한다. 4의 こ

の傘は花の模様がとてもきれいですね(이 우산은 꽃 무늬가 매우 예쁘네요)에서 올바르게 사용되었으므로 4가 정답이다. 참고로, 1은 様子(ようす, 상태), 2는 模倣(もほう, 모방), 3은 方法(ほうほう, 방법)를 사용하는 것이 올바른 문장이다.

어휘 模様 もよう 圏무늬, 모양　彼 かれ 圏그　心配 しんぱい 圏걱정
　　　家 いえ 圏집　~まで 国~까지　見る みる 됨보다
　　　~に行く ~にいく ~하러 가다　子ども こども 圏아이
　　　親 おや 圏부모　行動 こうどう 圏행동　~そうだ ~라고 한다
　　　同じ おなじ 圏같음　食べる たべる 됨먹다　傘 かさ 圏우산
　　　花 はな 圏꽃　とても 튀매우　きれいだ な형예쁘다

2

언뜻 보다

1　오래간만에 산에 올라, 정상에서 거리를 <u>언뜻 봤다</u>.
2　어제, 역 앞의 백화점에서 아내 분과 쇼핑을 하고 있는 선생님을 <u>언뜻 봤다</u>.
3　내가 유학 가는 날에 많은 친구들이 공항에 <u>언뜻 보러</u> 와 줬다.
4　서류를 내기 전에, 틀린 게 없는지 어떤지 몇 번이나 <u>언뜻 봤다</u>.

해설 제시어 見かける(언뜻 보다)는 아주 잠깐 보는 경우에 사용한다. 2의 奥さんと買い物をしている先生を見かけた(아내 분과 쇼핑을 하고 있는 선생님을 언뜻 봤다)에서 문맥상 올바르게 사용되었으므로 2가 정답이다. 참고로, 1은 見下ろす(みおろす, 내려다보다), 3은 見送り(みおくり, 배웅), 4는 見直す(みなおす, 다시 보다)를 사용하는 것이 올바른 문장이다.

어휘 見かける みかける 됨언뜻 보다, 눈에 띄다
　　　久しぶり ひさしぶり 圏오래간만　山 やま 圏산
　　　登る のぼる 됨오르다　頂上 ちょうじょう 圏정상　~から 国~에서
　　　街 まち 圏거리　昨日 きのう 圏어제　駅前 えきまえ 圏역 앞
　　　デパート 圏백화점　奥さん おくさん 圏아내 분, 부인
　　　買い物 かいもの 圏쇼핑　先生 せんせい 圏선생님
　　　留学 りゅうがく 圏유학　行く いく 됨가다　日 ひ 圏날
　　　たくさん 많이　友だち ともだち 圏친구　空港 くうこう 圏공항
　　　来る くる 됨오다　書類 しょるい 圏서류　出す だす 됨내다
　　　前 まえ 圏전, 앞　間違い まちがい 圏틀림, 잘못
　　　何回 なんかい 圏몇 번, 여러 번

3

우연히

1　그가 돌아간 뒤에, <u>우연히</u> 테이블 밑을 봤더니 지갑이 떨어져 있었다.
2　어느 쪽도 같은 크기라고 말하지만, 왼쪽 상자 쪽이 <u>우연히</u> 크게 보인다.
3　약속의 날부터 일주일이나 지났는데도, <u>우연히</u> 책을 돌려받지 못했다.
4　학교 숙제는 <u>우연히</u> 끝났기 때문에, 내일은 친구랑 놀러 가려고 생각한다.

해설 제시어 ふと(우연히)는 뜻하지 않게 저절로 이루어지는 경우에 사용한다. 1의 ふとテーブルの下を見たら(우연히 테이블 밑을 봤더니)

에서 문맥상 올바르게 사용되었으므로 1이 정답이다. 참고로, 2는 ずっと(훨씬), 3은 未だに(いまだに, 아직까지도), 4는 すべて(전부)를 사용하는 것이 올바른 문장이다.

어휘 ふと 튀우연히, 문득　帰る かえる 됨돌아가다　あと 圏뒤
　　　テーブル 圏테이블　下した 圏밑　見る みる 됨보다
　　　財布 さいふ 圏지갑　落ちる おちる 됨떨어지다　同じ おなじ 같은
　　　大きさ おおきさ 圏크기　左 ひだり 圏왼쪽　箱 はこ 圏상자
　　　ほう 圏쪽　大きい おおきい い형크다　見える みえる 됨보이다
　　　約束 やくそく 圏약속　日 ひ 圏날, 일　~から 国~부터
　　　過ぎる すぎる 됨지나다　~のに 国~(는)데도, (는)데　本 ほん 圏책
　　　返す かえす 됨돌려주다, 되돌리다　学校 がっこう 圏학교
　　　宿題 しゅくだい 圏숙제　終わる おわる 됨끝나다
　　　~ので 国~때문에　明日 あした 圏내일　友だち ともだち 圏친구
　　　遊ぶ あそぶ 됨놀다　行く いく 됨가다

4

집합

1　봉사 활동에 참가해 줄 활기찬 학생을 <u>집합</u>하고 있습니다.
2　우리 지구에서는 타는 쓰레기는 화요일과 금요일에 <u>집합</u>한다.
3　내일은 사원 여행이라서 모리구치 역으로 8시에 <u>집합</u>하지 않으면 안 된다.
4　지금은 일에 <u>집합</u>하고 싶은 시기라서, 결혼은 생각할 수 없다.

해설 集合(집합)는 주로 사람들을 어느 한 장소에 모으는 경우에 사용한다. 3의 明日は社員旅行なので森口駅に8時に集合しなければならない(내일은 사원 여행이라서 모리구치 역으로 8시에 집합하지 않으면 안 된다)에서 올바르게 사용되었으므로 3이 정답이다. 참고로, 1은 募集(ぼしゅう, 모집), 2는 収集(しゅうしゅう, 수집), 4는 集中(しゅうちゅう, 집중)를 사용하는 것이 올바른 문장이다.

어휘 集合 しゅうごう 圏집합　ボランティア 圏봉사 활동
　　　参加 さんか 圏참가　元気だ げんきだ な형활기차다
　　　学生 がくせい 圏학생　うち 圏우리　地区 ちく 圏지구
　　　燃える もえる 됨타다　ごみ 圏쓰레기　火曜日 かようび 圏화요일
　　　金曜日 きんようび 圏금요일　明日 あした 圏내일
　　　社員 しゃいん 圏사원　旅行 りょこう 圏여행　~なので 国~이라서
　　　駅 えき 圏역　~時 ~じ ~시　今 いま 圏지금　仕事 しごと 圏일
　　　時期 じき 圏시기　~だから 国~라서　結婚 けっこん 圏결혼
　　　考える かんがえる 됨생각하다

실전 대비하기 9　　　　　　　　　　　p.162

| **1** 4 | **2** 4 | **3** 2 | **4** 1 |

문제5 다음의 말의 사용 방법으로 가장 알맞은 것을, 1·2·3·4에서 하나 고르세요

1

예방

1 예방이 부족하니까, 파티의 음료를 조금 줄이자.
2 잃어버리는 경우도 있으니까, 필통에 예방의 지우개를 넣고 있다.
3 우리 회사가 차후 어떻게 될지 전혀 예방을 할 수 없습니다.
4 하루에 한 개 사과를 먹으면, 감기의 예방이 된다고 합니다.

해설 予防(예방)는 주로 질병이나 재해가 일어나기 전에 미리 대비하는 경우에 사용한다. 4의 1日に1個りんごを食べると、風邪の予防になるそうです(하루에 한 개 사과를 먹으면, 감기의 예방이 된다고 합니다)에서 올바르게 사용되었으므로 4가 정답이다. 참고로, 1은 予算(よさん, 예산), 2는 予備(よび, 예비), 3은 予想(よそう, 예상)를 사용하는 것이 올바른 문장이다.

어휘 予防 よぼう 圏예방 足りない たりない 부족하다 ~ので 困~하니
パーティー 圏파티 飲み物 のみもの 圏음료, 마실 것
少し すこし 囲조금 減らす へらす 圏줄이다 なくす 잃어버리다
~から 函~니까 筆箱 ふでばこ 圏필통
消しゴム けしゴム 圏지우개 入れる いれる 圏넣다 うち 圏우리
会社 かいしゃ 圏회사 今後 こんご 圏차후 なる 圏되다
全く まったく 囲전혀 できる 圏할 수 있다 ~個 ~こ ~개
りんご 圏사과 食べる たべる 圏먹다 ~と ~하면
風邪 かぜ 圏감기

2

포기하다

1 내일 도서관이 열려 있을지 전화를 해서 포기했다.
2 나는 빵을 매우 좋아해서, 매일 먹어도 포기하지 않는다.
3 산 위에서 훌륭한 경치를 포기할 수 있다.
4 시험에 두 번이나 떨어졌기 때문에, 대학에 가는 것은 포기했다.

해설 제시어 あきらめる(포기하다)는 하려던 일을 도중에 그만두는 경우에 사용한다. 4의 大学に行くのはあきらめた(대학에 가는 것은 포기했다)에서 문맥상 올바르게 사용되었으므로 4가 정답이다. 참고로, 1은 調べる(しらべる, 알아보다), 2는 飽きる(あきる, 싫증나다), 3은 眺める(ながめる, 바라보다)를 사용하는 것이 올바른 문장이다.

어휘 あきらめる 圏포기하다 明日 あした 圏내일
図書館 としょかん 圏도서관 開く ひらく 圏열리다
電話 でんわ 圏전화 パン 圏빵
大好きだ だいすきだ [な圏]매우 좋아하다 ~ので 困~(해)서, 때문에
毎日 まいにち 圏매일 食べる たべる 圏먹다 山 やま 圏산
上 うえ 圏위 ~から 困~부터 すばらしい [い圏]훌륭하다
景色 けしき 圏경치 できる 圏할 수 있다 試験 しけん 圏시험
落ちる おちる 圏떨어지다 大学 だいがく 圏대학 行く いく 圏가다

3

다루다

1 백화점에서 산 셔츠가 작았기 때문에 다루어 받았다.
2 마을의 환경 문제에 대해서는 다음 주 회의에서 다룰 예정이다.
3 비가 그친 후 갠 하늘을 다뤘더니, 마음이 후련해졌다.
4 학교 선생님께 선물을 다뤘더니, 매우 기뻐해 주셨다.

해설 제시어 取り上げる(다루다)는 어떤 것을 소재나 대상으로 삼는 경우에 사용한다. 2의 環境問題については来週の会議で取り上げるつもり(환경 문제에 대해서는 다음 주 회의에서 다룰 예정이다)에서 문맥상 올바르게 사용되었으므로 2가 정답이다. 참고로, 1은 取り替える(とりかえる, 교환하다), 3은 見上げる(みあげる, 올려다보다), 4는 差し上げる(さしあげる, 드리다)를 사용하는 것이 올바른 문장이다.

어휘 取り上げる とりあげる 圏(화제를) 다루다, 집어 들다
デパート 圏백화점 買う かう 圏사다 シャツ 圏셔츠
小さい ちいさい [い圏]작다 ~ので 困~때문에, (해)서
町 まち 圏마을 環境 かんきょう 圏환경 問題 もんだい 圏문제
来週 らいしゅう 圏다음 주 会議 かいぎ 圏회의 つもり 圏예정
雨 あめ 圏비 やむ 그치다 あと 圏후
晴れる はれる 圏(하늘이) 개다 空 そら 圏하늘
気持ち きもち 圏마음, 기분 すっきりする 후련해지다
学校 がっこう 圏학교 先生 せんせい 圏선생님
お土産 おみやげ 圏(여행지에서 사온) 선물 とても 囲매우
よろこぶ 圏기뻐하다, 즐거워하다

4

중순

1 저 서점은 다음 달 중순에 오픈할 예정입니다.
2 내일부터 중순 테스트이므로, 공부하지 않으면 안 된다.
3 부모님으로부터 받은 테이블은 방의 중순에 있습니다.
4 집에 돌아가는 중순에 갑자기 비가 내려 옷이 젖어 버렸다.

해설 제시어 中旬(중순)은 한 달 가운데 11일에서 20일까지의 동안을 가리키는 경우에 사용한다. 1의 来月の中旬にオープンする予定(다음 달 중순에 오픈할 예정)에서 문맥상 올바르게 사용되었으므로 1이 정답이다. 참고로, 2는 中間(ちゅうかん, 중간), 3은 真ん中(まんなか, 한가운데), 4는 途中(とちゅう, 도중)를 사용하는 것이 올바른 문장이다.

어휘 中旬 ちゅうじゅん 圏중순 本屋 ほんや 圏서점
来月 らいげつ 圏다음 달 オープン 圏오픈 予定 よてい 圏예정
明日 あした 圏내일 ~から 困~부터 テスト 圏테스트
~ので 困~이므로, 때문에 勉強 べんきょう 圏공부
親 おや 圏부모님 もらう 圏받다 テーブル 圏테이블
部屋 へや 圏방 家 いえ 圏집 帰る かえる 圏돌아가다
急に きゅうに 囲갑자기 雨 あめ 圏비
降る ふる 圏(비, 눈이) 내리다 服 ふく 圏옷 ぬれる 圏젖다

실전 대비하기 10

p.163

1 4   **2** 2   **3** 2   **4** 4

문제 5 다음의 말의 사용 방법으로 가장 알맞은 것을, 1·2·3·4에서 하나 고르세요

1

참가

1 날씨가 좋기 때문에, 오래간만에 어머니와 공원을 참가했습니다.
2 전학은 슬프지만, 금방 새로운 친구를 참가할 수 있다고 생각합니다.
3 결혼하기 전에 혼자서, 후쿠오카에 참가하고 싶습니다.
4 유명한 가수인 다카하시 씨도 마라톤 대회에 참가할 것 같다.

해설 제시어 参加(참가)는 모임이나 단체에 들어가는 경우에 사용한다. 4의 マラソン大会に参加する(마라톤 대회에 참가한다)에서 문맥상 올바르게 사용되었으므로 4가 정답이다. 참고로, 1은 散歩(さんぽ, 산책), 3은 旅行(りょこう, 여행)를 사용하는 것이 올바른 문장이다.

어휘 参加 さんか 명 참가   天気 てんき 명 날씨   ~ので 조 ~때문에
久しぶり ひさしぶり 명 오래간만   母 はは 명 어머니, 엄마
公園 こうえん 명 공원   転校 てんこう 명 전학
悲しい かなしい い형 슬프다   すぐ 부 금방, 곧
新しい あたらしい い형 새롭다   友達 ともだち 명 친구
できる 동 할 수 있다   結婚 けっこん 명 결혼   前 まえ 명 전
福岡 ふくおか 명 후쿠오카(지명)   有名だ ゆうめいだ な형 유명하다
歌手 かしゅ 명 가수   マラソン 명 마라톤   大会 たいかい 명 대회

2

묻다

1 학생들이 학교 교정에, 예쁜 꽃을 묻었습니다.
2 안전을 위해, 전선을 지하에 묻는 공사를 하고 있다.
3 어제 옷을 너무 많이 샀기 때문에, 서랍에 묻었습니다.
4 태양이 묻어가는 경치가 아름다워서 감동했다.

해설 제시어 埋める(묻다)는 물건을 흙이나 다른 물건 속에 넣는 경우에 사용한다. 2의 安全のため、電線を地下に埋める(안전을 위해, 전선을 지하에 묻는)에서 문맥상 올바르게 사용되었으므로 2가 정답이다. 참고로, 1은 植える(うえる, 심다), 3은 入れる(いれる, 넣다), 4는 沈む(しずむ, 지다)를 사용하는 것이 올바른 문장이다.

어휘 埋める うめる 동 묻다   学生 がくせい 명 학생
学校 がっこう 명 학교   校庭 こうてい 명 교정   きれいだ な형 예쁘다
花 はな 명 꽃   安全 あんぜん 명 안전   ため 위함
電線 でんせん 명 전선   地下 ちか 명 지하   工事 こうじ 명 공사
昨日 きのう 명 어제   服 ふく 명 옷
買いすぎる かいすぎる 너무 많이 사다   ~ので 조 ~때문에
引き出し ひきだし 명 서랍   太陽 たいよう 명 태양

景色 けしき 명 경치   美しい うつくしい い형 아름답다
感動 かんどう 명 감동

3

건강

1 이 가게의 가구는 매우 건강해서, 항상 여기서 삽니다.
2 최근 건강을 위해서, 가능한 한 계단을 사용하도록 하고 있다.
3 건강했던 텔레비전이, 오늘 아침, 갑자기 고장 났다.
4 남동생은 대단히 밝은 성격으로, 항상 건강하게 인사합니다.

해설 제시어 健康(건강)는 정신적으로나 육체적으로 튼튼한 경우에 사용한다. 2의 最近健康のために(최근 건강을 위해서)에서 문맥상 올바르게 사용되었으므로 2가 정답이다. 참고로, 1은 丈夫(じょうぶ, 견고), 3은 正常(せいじょう, 정상), 4는 元気(げんき, 힘참)를 사용하는 것이 올바른 문장이다.

어휘 健康 けんこう 명 건강   店 みせ 명 가게   家具 かぐ 명 가구
とても 부 매우, 대단히   いつも 언제나   買う かう 동 사다
最近 さいきん 명 최근   できるだけ 부 가능한 한
階段 かいだん 명 계단   使う つかう 동 사용하다   テレビ 명 텔레비전
今日 きょう 명 오늘   朝 あさ 명 아침   いきなり 부 갑자기
壊れる こわれる 동 고장 나다, 부서지다   弟 おとうと 명 남동생
すごく 부 대단히   明るい あかるい い형 밝다   性格 せいかく 명 성격
あいさつ 명 인사

4

앞지르다

1 마감이 앞질러 버려서, 리포트를 제출할 수 없었다.
2 경찰은 음식점의 현금을 빼앗아 도망간 범인을 앞지르고 있다.
3 38도를 앞지르는 열이 났기 때문에, 회사를 쉬기로 했다.
4 결승점 바로 앞에서 다카하시 선수가 선두를 달리던 선수를 앞질렀다.

해설 제시어 追い抜く(앞지르다)는 남보다 빨리 가서 앞을 차지하는 경우에 사용한다. 4의 ゴール手前で高橋選手がトップを走っていた選手を追い抜いた(결승점 바로 앞에서 다카하시 선수가 선두를 달리던 선수를 앞질렀다)에서 올바르게 사용되었으므로 4가 정답이다. 참고로, 1은 過ぎる(すぎる, 지나가다), 2는 追う(おう, 쫓다), 3은 超える(こえる, 넘다)를 사용하는 것이 올바른 문장이다.

어휘 追い抜く おいぬく 앞지르다   締め切り しめきり 명 마감
~てしまう ~(해) 버리다   レポート 명 리포트
提出 ていしゅつ 명 제출   警察 けいさつ 명 경찰
飲食店 いんしょくてん 명 음식점   現金 げんきん 명 현금
取る とる 동 빼앗다   逃げる にげる 동 도망가다
犯人 はんにん 명 범인   ~度 ~ど ~도   熱 ねつ 명 열
出る でる 동 나다   ~ので ~기 때문에   会社 かいしゃ 명 회사
休む やすむ 동 쉬다   ~ことにする ~(하)기로 하다
ゴール 명 결승점, 골   手前 てまえ 명 바로 앞   選手 せんしゅ 명 선수
トップ 명 선두, 톱   走る はしる 동 달리다

언어지식 문법

문제 1 문법형식 판단

실력 다지기 p.228

01 ①	02 ②	03 ②	04 ①	05 ②
06 ①	07 ①	08 ②	09 ①	10 ②
11 ①	12 ②	13 ①	14 ①	15 ①
16 ①				

01
회사가 집에서 멀기 때문에, (　　)기로 했습니다.
① 이사하　　② 이사했

어휘 会社 かいしゃ 몡회사　家 いえ 몡집　〜から 조〜에서
遠い とおい い형멀다　〜ので 조〜때문에
〜ことにする 〜(하)기로 하다　引っ越す ひっこす 동이사하다

02
과제는 다음 주 월요일 (　　) 내지 않으면 안 됩니다.
① 까지 내내　　② 까지

어휘 課題 かだい 몡과제　来週 らいしゅう 몡다음 주
月曜日 げつようび 몡월요일　出す だす 동내다, 제출하다
〜ないといけない 〜(하)지 않으면 안 된다
〜まで 조〜까지 내내, 까지(지속)　〜までに 〜까지(기한)

03
이 라멘 가게는 이전에 먹었던 곳에 (　　) 맛있지 않다.
① 대해서　　② 비해서

어휘 ラーメン屋 ラーメンや 몡라멘 가게　以前 いぜん 몡이전, 그전
食べる たべる 동먹다　おいしい い형맛있다
〜に対して 〜にたいして 〜에 대해서
〜に比べて 〜にくらべて 〜에 비해서

04
이 케이크는 몸에 좋은 것 (　　) 만들었기 때문에 안심하고 먹을 수 있다.
① 만으로　　② 정도로

어휘 ケーキ 몡케이크　体 からだ 몡몸　作る つくる 동만들다
〜ので 조〜때문에　安心 あんしん 몡안심　食べる たべる 동먹다
〜だけ 조〜만, 뿐　〜ほど 조〜정도, 만큼

05
A "발표 준비, 벌써 끝났나요?"
B "마침 지금 (　　) 참이에요."
① 끝나는　　② 끝난

어휘 発表 はっぴょう 몡발표　準備 じゅんび 몡준비　もう 부벌써, 이미
終わる おわる 동끝나다　ちょうど 부마침　今 いま 몡지금
〜たばかりだ (막) 〜한 참이다

06
A "죄송합니다. 여권을 (　　) 괜찮을까요?"
B "네, 여기요."
① 봐도　　② 보셔도

어휘 パスポート 몡여권　よろしい い형괜찮다, 좋다
どうぞ 여기요, 하세요　拝見する はいけんする 동보다(見る의 겸양어)
ごらんになる 동보시다(見る의 존경어)

07
A "오늘 아침, 중요한 회의가 있는데, 늦잠 (　　)."
B "아침부터 큰일이었네요."
① 자 버렸습니다　　② 자 봐도 괜찮습니까

어휘 今朝 けさ 몡오늘 아침　重要だ じゅうようだ な형중요하다
会議 かいぎ 몡회의　〜のに 조〜는데, 한데
寝坊する ねぼうする 늦잠 자다　朝 あさ 몡아침　〜から 조〜부터
大変だ たいへんだ な형큰일이다　〜てしまう 〜(해) 버리다
〜てもいい 〜(해)도 괜찮다

08
저 선생님은 언제나 알기 쉽게 설명 (　　) 때문에, 인기가 많다.
① 해 받기　　② 해 주기

어휘 先生 せんせい 몡선생님　いつも 부언제나, 늘
わかりやすい 알기 쉽다　説明 せつめい 몡설명　〜ので 조〜때문에
人気が高い にんきがたかい 인기가 많다

09
( ) 일이 일찍 끝났으니까, 식사라도 어때요?
① 모처럼　　　　② 전혀

어휘 仕事 しごと 圕일, 업무　早く はやく 閉일찍, 빨리
　　 終わる おわる 動끝나다　～から 조~니까　ご飯 ごはん 圕식사, 밥
　　 せっかく 閉모처럼　まったく 閉전혀, 완전히

10
그와 회식에 가면 언제나 (　　) 니까, 함께 가고 싶지 않다.
① 마실 수 있으　　　② 억지로 마시게 되

어휘 飲み会 のみかい 圕회식　行く いく 動가다　いつも 閉언제나, 늘
　　 ～から 조~니까　いっしょに 함께, 같이　飲む のむ 動마시다

11
A "죄송합니다. 지금, 만석이므로 이쪽에서 (　　)."
B "네, 알겠습니다."
① 기다려 주세요　　② 기다립니다

어휘 ただいま 閉(바로) 지금　満席 まんせき 圕만석
　　 ～ので 조~므로, 때문에　わかる 動알다　待つ まつ 動기다리다

12
A "최근, 테니스를 배우고 있는데, 정말로 어렵습니다. 어떻게 하면 잘하게 될 수 있을까요?"
B "역시, 매일 (　　). 그러면, 반드시 잘하게 될 수 있어요."
① 연습한 적이 있습니다
② 연습하는 수밖에 없습니다

어휘 最近 さいきん 圕최근, 요즘　テニス 圕테니스
　　 習う ならう 動배우다　本当に ほんとうに 정말로, 진짜로
　　 難しい むずかしい い형어렵다　うまい い형잘하다, 솜씨가 뛰어나다
　　 やはり 閉역시　毎日 まいにち 圕매일　そうすれば 圙그러면
　　 きっと 閉반드시, 꼭　練習 れんしゅう 圕연습
　　 ～たことがある ~(한) 적이 있다　～しかない ~수밖에 없다

13
A "이 아파트에서는, 병과 캔은 수요일에 (　　)."
B "아, 죄송합니다. 몰랐습니다."
① 버리는 것으로 되어 있습니다
② 버리지 않을 것도 없습니다

어휘 アパート 圕아파트　ビン 圕병　缶 かん 圕캔
　　 水曜日 すいようび 圕수요일　捨てる すてる 動버리다
　　 知る しる 動알다　～ことになっている ~(하)기로 되어 있다
　　 ～ないこともない ~(하)지 않을 것도 없다

14
A "친구로부터 들었는데, 야마다 선생님, 다음 달 결혼 (　　)."
B "뭐, 정말? 몰랐어."
① 한다고 해　　　② 할 것 같아

어휘 友達 ともだち 圕친구　～から 조~로부터　聞く きく 動듣다
　　 ～けど 조~는데　先生 せんせい 圕선생님
　　 来月 らいげつ 圕다음 달　結婚 けっこん 圕결혼
　　 本当 ほんとう 圕정말, 진짜　知る しる 動알다
　　 ～そうだ ~라고 한다(전언)　～そうだ ~것 같다(추측)

15
A "이번 교류회, 참가하나요?"
B "죄송합니다, 이번은 사양 (　　)."
① 하겠습니다　　　② 하게 해 주십니다

어휘 今度 こんど 圕이번　交流会 こうりゅうかい 圕교류회
　　 参加 さんか 圕참가　今回 こんかい 圕이번　遠慮 えんりょ 圕사양
　　 させていただく 하다(する의 겸양어)　～てくださる ~하게 해 주시다

16
이번 실패는 (　　) 잊을 수 없다고 생각한다.
① 절대로　　　　② 겨우

어휘 今回 こんかい 圕이번　失敗 しっぱい 圕실패
　　 忘れる わすれる 動잊다　思う おもう 動생각하다
　　 けっして 閉절대로, 결코　ようやく 閉겨우, 간신히

실전 대비하기 1
p.230

1 2	2 4	3 3	4 4	5 1
6 2	7 4	8 4	9 3	10 1
11 4	12 1	13 3		

문제1 다음 문장의 (　　)에 넣을 것으로 가장 알맞은 것을, 1·2·3·4에서 하나 고르세요.

1
본관에서는, 9월부터 12월 (　　) 걸쳐, 국내의 근대 미술 작품을 전시합니다.
1 을　　　　　　　2 에
3 로　　　　　　　4 까지

해설 적절한 조사를 고르는 문제이다. 빈칸 뒤의 わたって(걸쳐)와 문맥상 어울리는 말은 '12월에 걸쳐'이다. 따라서 2 に(에)가 정답이다.

어휘 本館 ほんかん 圕본관　～月 ～がつ ~월　～から 조~부터

国内 こくない 명 국내   近代 きんだい 명 근대
美術 びじゅつ 명 미술   作品 さくひん 명 작품   展示 てんじ 명 전시
~にわたって ~에 걸쳐

2

연말연시에는 해외여행을 가려고 생각하고 있다. 목적지는, 아직 가본 적이 없는 태국이나 베트남 (　　) 동남 아시아 국가로 할 생각이다.

1　에게 있어서　　　　2　에 있어서
3　로서　　　　　　　4　과 같은

해설 적절한 문형을 고르는 문제이다. 빈칸 앞뒤를 보면 '태국이나 베트남과 같은 동남 아시아 국가'가 가장 자연스럽다. 따라서 4 といった(과 같은)가 정답이다.

어휘 年末年始 ねんまつねんし 명 연말연시   海外 かいがい 명 해외
旅行 りょこう 명 여행   行く いく 동 가다
~ようと思う ~ようとおもう ~(하)려고 생각하다
目的地 もくてきち 명 목적지   まだ 부 아직
~たことのない ~(한) 적이 없다   タイ 명 태국   ベトナム 명 베트남
東南アジア とうなんアジア 명 동남 아시아   国 くに 명 국가
~にする ~로 하다   ~つもりだ ~(할) 생각이다
~にとって ~에게 있어서   ~において ~에 있어서   ~として ~로서
~といった ~와 같은

3

다른 사람과 친해지는 데 시간이 걸리는 타입이라서, 정해진 친구 (　　) 놀지 않는다.

1　에게 밖에　　　　　2　에게만
3　하고 밖에　　　　　4　하고만

해설 적절한 조사를 고르는 문제이다. 빈칸 뒤의 遊ばない(놀지 않는다)와 문맥상 어울리는 말은 '정해진 친구하고 밖에'이다. 따라서 3 としか(하고 밖에)가 정답이다.

어휘 人 ひと 명 (다른) 사람   仲良い なかよい い형 친하다
時間 じかん 명 시간   かかる 동 걸리다   タイプ 명 타입
決まる きまる 동 정해지다   友達 ともだち 명 친구
遊ぶ あそぶ 동 놀다   ~に 조 ~에게   ~しか 조 ~밖에
~だけ 조 ~만   ~と 조 ~하고

4

몇 개월 전, 차로 사고를 (　　) 이후, 운전하는 것이 무서워져 버렸다.

1　일으키　　　　　　2　일으키는
3　일으켰다　　　　　4　일으킨

해설 적절한 문형을 고르는 문제이다. 빈칸 뒤 以来(이후)에 이어지는 문맥을 보면 '차로 사고를 일으킨 이후'가 가장 자연스럽다. 따라서 4 起こして(일으킨)가 정답이다. 동사 て형+以来는 '~(한) 이후'라는 의미인 문형임을 알아둔다.

어휘 数か月 すうかげつ 명 수개월   前 まえ 명 전   車 くるま 명 차

事故 じこ 명 사고   運転 うんてん 명 운전   ~の ~것
怖い こわい い형 무섭다   ~てしまう ~(해) 버리다
~て以来 ~ていらい ~(한) 이후   起こす おこす 동 일으키다

5

(회사에서)
하라니시 "부장님, 하나마루 무역에서 이메일 답장이 오지 않아서, 일을 진행할 수 없습니다."
부장　　"늦어도, (　　) 내일이나 모레에는 오겠죠. 먼저 다른 것을 해 주세요."

1　아마　　　　　　　2　잠시
3　마침내　　　　　　4　가능하면

해설 적절한 부사를 고르는 문제이다. 빈칸 뒤의 明日か明後日には来るでしょう(내일이나 모레에는 오겠죠)를 보면 '늦어도, 아마 내일이나 모레에는 오겠죠'라는 문맥이 가장 자연스럽다. 따라서 1 おそらく(아마)가 정답이다.

어휘 会社 かいしゃ 명 회사   部長 ぶちょう 명 부장(님)
貿易 ぼうえき 명 무역   ~から 조 ~에서   メール 명 메일
返事 へんじ 명 답장   来る くる 동 오다   仕事 しごと 명 일
進める すすめる 동 진행하다   ~ことができない ~(할) 수 없다
いつも 부 항상   すぐ 부 금방   ~から ~니까   明日 あした 명 내일
~か 조 ~(이)나   明後日 あさって 명 모레   ~には ~에는
~でしょう ~겠죠   先に さきに 부 먼저   他 ほか 명 다름   こと 명 것
~てください ~(해) 주세요   おそらく 부 아마   しばらく 부 잠시
とうとう 부 마침내   できれば 가능하면

6

껌이나 사탕 등의 음식을 입에 (　　), 수영장에 들어가서는 안 됩니다.

1　넣은 것에 비해서　　2　넣은 채
3　넣은 대신에　　　　4　넣은 외에

해설 적절한 문형을 고르는 문제이다. 빈칸 앞뒤를 보면 '음식을 입에 넣은 채, 수영장에 들어가서는 안 됩니다'가 가장 자연스럽다. 따라서 2 入れたまま(넣은 채)가 정답이다.

어휘 ガム 명 껌   ~や ~(이)나   あめ 명 사탕   ~など 조 ~등
~の 조 ~의   食べ物 たべもの 명 음식   口 くち 명 입   プール 명 풀
入る はいる 동 들어가다   ~てはいけない ~(해서는) 안 된다
入れる いれる 동   ~たわりに ~에 비해서   ~たまま ~(한) 채
~かわりに ~대신에   ~ほか ~외에

7

A "주말 등산, 7시에 만나는 것으로 괜찮아?"
B "괜찮은데, 그렇게 일찍?"
A "정오 전부터 기온이 오르니까, (　　) 내려오고 싶어."

1　더워지는 때에　　　2　더워지는 동안에
3　더워질 때마다　　　4　더워지기 전에

해설 적절한 문형을 고르는 문제이다. 빈칸 앞뒤를 보면 '정오 전부터 기온

이 오르니까, 더워지기 전에 내려오고 싶어'가 가장 자연스럽다. 따라서 4 暑くなる前に(더워지기 전에)가 정답이다.

어휘 週末 しゅうまつ 囘 주말　山登り やまのぼり 囘 등산
待ち合わせ まちあわせ 囘 만나는 것　いい い휑 좋다
早く はやく 囝 일찍　昼前 ひるまえ 囘 정오 전　気温 きおん 囘 기온
上がる あがる 屲 오르다　下りる おりる 屲 내려가다
暑い あつい い휑 덥다　~くなる ~해지다　~ときに ~(할) 때
~うちに ~(하)는 동안　~たびに ~(할) 때마다　~前に ~(하)기 전에

8

이번에, 출장에서 묵을 호텔은 역 앞에 있어서, 밤늦게 (　　　) 안심이다.

1　도착할 뻔해서　　　　　2　도착한지 얼마 되지 않아서
3　도착한 이상에는　　　　**4　도착한다고 해도**

해설 적절한 문형을 고르는 문제이다. 빈칸 앞뒤를 보면 '밤늦게 도착한다고 해도 안심이다'가 가장 자연스럽다. 따라서 4 着いたとしても(도착한다고 해도)가 정답이다.

어휘 今回 こんかい 囘 이번　出張 しゅっちょう 囘 출장
泊まる とまる 屲 묵다　ホテル 囘 호텔　駅 えき 囘 역　前 まえ 囘 앞
夜 よる 囘 밤　遅い おそい い휑 늦다
安心だ あんしんだ 뒿휑 안심이다　着く つく 屲 도착하다
~そうになる ~(할) 뻔하다　~ばかり ~한지 얼마 되지 않다
~からには ~(한) 이상에는　~としても ~라고 해도

9

(레스토랑 출입구에서)
A "이상한데. 들어갈 때, 여기에 우산을 두었을 텐데."
B "없어졌어? 누군가에게 (　　　) ?"

1　훔친 거 아니야　　　　　2　훔치게 한 거 아니야
3　도둑 맞은 거 아니야　　4　억지로 훔치게 된 거 아니야

해설 대화의 문말 표현을 고르는 문제이다. 레스토랑 입구에 두었던 우산이 없어졌다는 문맥이다. 따라서 3 盗まれたんじゃない(도둑 맞은 거 아니야)가 정답이다.

어휘 レストラン 囘 레스토랑　出入口 でいりぐち 囘 출입구
おかしい い휑 이상하다　入る はいる 屲 들어가다　とき 囘 때
ここ 囘 여기　傘 かさ 囘 우산　置く おく 屲 두다
~はずだ ~(일) 터이다　~のに 조 ~인데　なくなる 屲 없어지다
誰か だれか 누군가　盗む ぬすむ 屲 훔치다
~んじゃない ~(하)는 거 아니야

10

성공하고 싶다면 포기하지 않 (　　　). 계속하다 보면, 기회는 반드시 찾아옵니다.

1　아야 합니다　　　　　2　는 점입니다
3　는 한입니다　　　　　　4　는 경우입니다

해설 적절한 문형을 고르는 문제이다. 빈칸 앞을 보면 '성공하고 싶다면 포기하지 않아야 합니다'가 가장 자연스럽다. 따라서 1 ことです(아야 합니다)가 정답이다.

합니다)가 정답이다.

어휘 成功 せいこう 囘 성공　~たい ~(하)고 싶다　~なら ~(라)면
諦める あきらめる 屲 포기하다　続ける つづける 屲 계속하다
~ば ~(하)면　チャンス 囘 기회　必ず かならず 囝 반드시
やってくる 屲 찾아오다　~ことだ ~(해)야 한다
~ところだ ~인 점이다　~限りだ ~かぎりだ ~(하)는 한이다
~場合だ ~ばあいだ ~인 경우이다

11

오늘은 친구와 캠핑을 (　　　), 열이 나서 가지 못하게 되었습니다.

1　가기 위해서라면　　　　2　가기 위해서였는데
3　갈 것이었으면　　　　　**4　갈 것이었는데**

해설 적절한 문형을 고르는 문제이다. 빈칸 앞뒤를 보면 '오늘은 친구와 캠핑을 갈 것이었는데, 열이 나서 가지 못하게 되었습니다'가 가장 자연스럽다. 따라서 4 行くはずだったのに(갈 것이었는데)가 정답이다.

어휘 今日 きょう 囘 오늘　友達 ともだち 囘 친구　キャンプ 囘 캠핑
熱 ねつ 囘 열　出る でる 屲 나다　行く いく 屲 가다
~ばかり 막~하다　~たら ~(하)면　~のに ~는데
~はずだ ~일 것이다

12

다나카 "이번 회식은 고기 집인데, 곤도 씨는 고기를 잘 못 먹죠?"
곤도 　"확실히 별로 좋아하지 않지만, (　　　) 니까 신경쓰지 마세요."

1　먹지 못할 것도 없으　　2　먹지 못할 편이 좋으
3　먹지 못할 리가 없으　　　4　먹지 못할 리가 없으

해설 적절한 문형을 고르는 문제이다. 빈칸 앞뒤를 보면 '확실히 별로 좋아하지 않지만, 먹지 못할 것도 없으니까 신경쓰지 마세요'가 가장 자연스럽다. 따라서 1 食べられないこともないです(먹지 못할 것도 없으)가 정답이다.

어휘 今度 こんど 囘 이번　飲み会 のみかい 囘 회식
焼肉 やきにく 囘 고기　店 みせ 囘 가게, 집　お肉 おにく 囘 고기
苦手 にがて 囘 잘 못 먹는다, 거북하다　確かに たしかに 囝 확실히
あまり 囝 별로　好きだ すきだ 뒿휑 좋아하다　~が ~지만
~から ~니까　気にする きにする 신경쓰다　食べる たべる 屲 먹다
~ないこともない~(하)지 않을 것도 없다
~ほうがいい ~(하)는 편이 좋다　~はずがない ~일 리가 없다
~わけがない ~리가 없다

13

(회사에서)
A "과장님께 들었는데, 올해는 신입 사원이 5명이나 (　　　)."
B "그렇구나. 기대되네."

1　들어오기 쉬워　　　　　2　들어가도록 할게
3　들어온다고 해　　　　4　들어갈 생각이야

해설 대화의 문말 표현을 고르는 문제이다. 과장님에게 올해는 신입사원이 5명이라는 내용을 들어 다른 사람에게 전하는 문맥이다. 따라서 3 入

ってくるらしい(들어온다고 해)가 정답이다.

어휘 会社 かいしゃ 圀회사 課長 かちょう 圀과장 ~から 图~께
聞く きく 图듣다 ~だけど ~는데 今年 ことし 圀올해
新入社員 しんにゅうしゃいん 圀신입사원 ~人 图~명
~も 图~이나 楽しみだ たのしみだ ᄂ형기대되다
入る はいる 图들어오다 ~てくる ~(해) 오다
~がちだ ~(하)기 쉽다 ~ようにする ~(하)도록 하다
~らしい ~(하)다고 하다 ~つもりだ ~(할) 생각이다

실전 대비하기 2   p.232

1 2	**2** 2	**3** 4	**4** 1	**5** 1
6 3	**7** 2	**8** 2	**9** 3	**10** 4
11 1	**12** 1	**13** 3		

문제1 다음 문장의 (　　) 에 넣을 것으로 가장 알맞은 것을,
1·2·3·4에서 하나 고르세요.

1

5년 만에 만난 소꿉친구는 왠지 분위기가 부드러워진 느낌 (　　) 든다.

1 에   2 이
3 을   4 으로

해설 문맥에 맞는 조사를 고르는 문제이다. 문장 끝에 쓰인 する(든다)와 문맥상 어울리는 말은 '느낌이'이다. 따라서 2 が(이)가 정답이다.

어휘 ~ぶり 图~만에 会う あう 图만나다
幼馴染 おさななじみ 圀소꿉친구 なんだか 왠지
雰囲気 ふんいき 圀분위기 やわらかい い형부드럽다
~くなる ~(해)지다 気がする きがする 느낌이 들다 ~に 图~에
~を 图~을, 를 ~で 图~으로

2

이 일은 위험한(　　), 급료도 싸기 때문에 하고 싶지 않다.

1 대로   2 데다가
3 대신에   4 위해서

해설 문맥에 맞는 문형을 고르는 문제이다. 모든 선택지가 빈칸 앞의 형용사 危ない(위험하다)에 접속할 수 있다. 때문에 빈칸 뒤의 給料も安いのでやりたくない(급료도 싸기 때문에 하고 싶지 않다)로 이어지는 문맥을 보면 '위험한 데다가 급료도 싸기 때문에'가 가장 자연스럽다. 따라서 2 うえに(데다가)가 정답이다.

어휘 仕事 しごと 圀일, 업무 危ない あぶない い형위험하다
給料 きゅうりょう 圀급료 安い やすい い형(값이) 싸다
~ので 图~때문에 ~とおりに ~대로 ~うえに ~데다가
~かわりに ~대신에 ~ために ~위해서

3

노래하는 것을 그다지 좋아하지 않기 때문에, 노래방에는 (　　) 가지 않습니다.

1 꼭   2 드디어
3 비록   4 거의

해설 문맥에 맞는 부사를 고르는 문제이다. 문장의 끝에 쓰인 行きません(가지 않습니다)과 문맥상 어울리는 부사는 めったに(거의)이다. 따라서 4 めったにが 정답이다.

어휘 歌う うたう 图노래하다 あまり 🖥그다지
好きだ すきだ ᄂ형좋아하다 ~ので ~때문에 カラオケ 圀노래방
行く いく 图가다 きっと 🖥꼭, 반드시 ついに 🖥드디어, 결국
たとえ 🖥비록, 설령 めったに 🖥거의, 좀처럼

4

A "배, 괜찮아? 무언가 이상한 것 먹은 거 아니야?"
B "어젯밤의 회려나. 다른 원인을 (　　), 오늘 아침 먹은 날계란일지도 몰라."

1 생각할 수 있다고 한다면   2 생각할 수 있도록
3 생각하게 한다고 한다면   4 생각하게 하도록

해설 대화의 문맥에 맞는 문형을 고르는 문제이다. 빈칸 앞뒤 문맥을 보면 '어젯밤의 회려나. 다른 원인을 생각할 수 있다고 한다면, 오늘 아침 먹은 날계란일지도 몰라'가 가장 자연스럽다. 따라서 1 考えられるとしたら(생각할 수 있다고 한다면)가 정답이다.

어휘 お腹 おなか 圀배 大丈夫だ だいじょうぶだ ᄂ형괜찮다
変だ へんだ ᄂ형이상하다 食べる たべる 图먹다
昨夜 さくや 圀어젯밤 さしみ 圀회 他に ほかに 다른
原因 げんいん 圀원인 今朝 けさ 圀오늘 아침
生卵 なまたまご 圀날계란 ~かもしれない ~(일)지도 모른다
考える かんがえる 图생각하다 ~としたら ~(라)고 한다면
~ように ~(하)면

5

(회사에서)
사원A "내일 회의가 중지되었다고 하네요."
사원B "그렇습니까? 그럼 (　　) 동안에, 모두에게 연락해 둡시다."

1 잊지 않는   2 잊는
3 잊어버리는   4 잊을 수 있는

해설 문형에 접속하는 알맞은 동사 형태를 고르는 문제이다. 사원A가 회의가 중지되었다고 하자, 사원B는 うちに、みんなに連絡しておきましょう(동안에, 모두에게 연락해 둡시다)라고 대답한다. '잊지 않는 동안에, 즉 잊기 전에 모두에게 연락해 둡시다'가 문맥상 가장 자연스러우므로, 1 忘れない(잊지 않는)가 정답이다. 동사 ない형+ないうちには '~(하)기 전에'라는 의미인 문형임을 알아둔다.

어휘 会社 かいしゃ 圀회사 社員 しゃいん 圀사원 明日 あした 圀내일
会議 かいぎ 圀회의 中止 ちゅうし 圀중지
~そうだ ~라고 한다(전언) じゃあ 웹그럼

~ないうちに ~(하)지 않는 동안에(~(하)기 전에)　みんな 뎽 모두
連絡 れんらく 뎽 연락　忘れる わすれる 둉 잊다

6

내 취미는 독서로, 방에는 다섯 개의 책꽂이가 있다. 이전에는 아무 것도 신경 쓰지 않고 산 순서대로 책을 진열했었지만, 책을 (　) 작자별로 바꿔서 진열했다.

1　찾기 어렵다면
2　찾을지도 모른다면
3　찾기 어렵기 때문에
4　찾을지도 모르기 때문에

해설 문맥에 맞는 문형을 고르는 문제이다. 빈칸 앞뒤 문맥을 보면 '책을 찾기 어렵기 때문에 작자별로 바꿔서 진열했다'가 가장 자연스럽다. 따라서 3 探しにくいので(찾기 어렵기 때문에)가 정답이다.

어휘 趣味 しゅみ 뎽 취미　読書 どくしょ 뎽 독서　部屋 へや 뎽 방
五つ いつつ 뎽 다섯 개　本棚 ほんだな 뎽 책꽂이
以前 いぜん 뎽 이전　気にする きにする 신경 쓰다
~ず ~(하)지 않고　買う かう 둉 사다　順番 じゅんばん 뎽 순서, 순번
本 ほん 뎽 책　並べる ならべる 둉 진열하다　作者 さくしゃ 뎽 작자
~別 ~べつ ~별　並べ変える ならびかえる 둉 바꿔서 진열하다
探す さがす 둉 찾다　~にくい ~(하)기 어렵다　~なら 丕 ~라면
~かねない ~(할)지도 모른다　~ので 丕 ~때문에

7

이 지역에서는, 타지 않는 쓰레기는 화요일과 목요일에 (　).

1　낼 리가 없다
2　내는 것으로 되어 있다
3　내려던 참이다
4　내는 척 하고 있다

해설 문맥에 맞는 문말 표현을 고르는 문제이다. 빈칸 앞 燃えないゴミ は火曜日と木曜日に(타지 않는 쓰레기는 화요일과 목요일에)를 보면, '화요일과 목요일에 내는 것으로 되어 있다'가 문맥상 가장 자연스럽다. 따라서 2 出すことになっている(내는 것으로 되어 있다)가 정답이다.

어휘 地域 ちいき 뎽 지역　燃える もえる 둉 타다　ゴミ 뎽 쓰레기
火曜日 かようび 뎽 화요일　木曜日 もくようび 뎽 목요일
出す だす 둉 내다　~わけがない ~(일) 리가 없다
~ことになっている ~것으로 되어 있다　~ところだ ~(하)려던 참이다
~ふりをする ~척을 하다

8

(회사에서)
부하 "부장님께 (　) 출장 선물, 다 같이 먹었습니다. 맛있었어 요. 감사합니다."
부장 "그거 다행이네. 또 사올게."

1　하신
2　받은
3　드린
4　주신

해설 대화의 문맥에 맞는 경어를 고르는 문제이다. 행동의 주체인 부하가 윗사람인 부장님께 선물을 받은 상황이므로, '받다'라는 뜻을 가진, 자신을 낮추는 겸양 표현을 사용해야 한다. 따라서 2 いただいた(받은)가 정답이다.

어휘 会社 かいしゃ 뎽 회사　部下 ぶか 뎽 부하　部長 ぶちょう 뎽 부장(님)
出張 しゅっちょう 뎽 출장
お土産 おみやげ 뎽 (여행지에서 사오는) 선물　みんなで 다 같이
食べる たべる 둉 먹다　おいしい い형 맛있다　また 旦 또
買う かう 둉 사다　なさる 둉 하시다(する의 존경어)
いただく 둉 받다(もらう의 겸양어)
さしあげる 둉 드리다(あげる의 겸양어)
くださる 둉 주시다(くれる의 존경어)

9

사회인이 (　) 비로소, 돈을 버는 것의 힘듦을 알았습니다.

1　되었다
2　되고
3　되어서야
4　되다

해설 문형에 접속하는 알맞은 동사 형태를 고르는 문제이다. 빈칸 뒤의 は じめて、お金を稼ぐことの大変さがわかりました(비로소, 돈을 버는 것의 힘듦을 알았습니다)를 보면, '사회인이 되어서야 비로소'라고 하는 문맥이 가장 자연스럽다. 따라서 3 なって(되어서야)가 정답이다. 동사 て형+はじめて는 '~(해)서야 비로소'라는 의미인 문형임을 알아둔다.

어휘 社会人 しゃかいじん 뎽 사회인　お金 おかね 뎽 돈
稼ぐ かせぐ 둉 (돈을) 벌다　大変さ たいへんさ 뎽 힘듦
わかる 둉 알다　~てはじめて ~(해)서야 비로소

10

조금 부끄럽지만, 스페인어를 (　), 인사 정도입니다.

1　할 수 있기 때문에
2　할 수 있는 것 치고는
3　할 수 있도록
4　할 수 있다고 해도

해설 문맥에 맞는 문형을 고르는 문제이다. 빈칸 앞뒤 문맥을 보면, '스페 인어를 할 수 있다고 해도 인사 정도입니다'가 가장 자연스럽다. 따라서 4 できるといっても(할 수 있다고 해도)가 정답이다.

어휘 ちょっと 旦 조금, 좀　恥ずかしい はずかしい い형 부끄럽다, 창피하다
スペイン語 スペインご 뎽 스페인어　あいさつ 뎽 인사
~ぐらい ~정도　できる 둉 할 수 있다, 가능하다
~からこそ ~때문에　~にしては ~것 치고는　~ように ~(하)도록
~といっても ~라고 해도

11

아이 "엄마, 무슨 일이야? 그렇게 사와서."
엄마 "세일했었기 때문에, 그만 (　)."

1　너무 많이 사 버렸어
2　사기 쉬웠어
3　사지 않으면 안 돼서
4　사 두었어

해설 대화의 문맥에 맞는 문말 표현을 고르는 문제이다. 아이가 왜 그렇게 사오셨느냐는 의도로 물어보자, 엄마가 세일을 해서 무심코 사고 말 았다는 문맥이다. 따라서 1 買いすぎちゃって(너무 많이 사 버렸어) 가 정답이다.

어휘 子 こ 뎽 아이, 자식　お母さん おかあさん 뎽 엄마, 어머니

どうしたの 무슨 일이야　買う かう 图 사다　来る くる 图 오다
母 はは 图 엄마　セール 图 세일　~から 图 ~때문에
つい 图 그만, 무의식 중에　買いすぎる かいすぎる 너무 많이 사다
買いやすい かいやすい 사기 쉽다　~なきゃ ~(하)지 않으면 안 된다

12

아내 "어라? 거실의 텔레비전이 켜져 있어. 보고 있지 않으면 제대
　　　　로 (　　　)."
남편 "미안해, 끄는 것을 완전히 잊고 있었어."

1　꺼 놔야지　　　　　　2　꺼 봐야지
3　꺼져 있을 거예요　　　4　꺼 버릴 거예요

해설 대화의 문맥에 맞는 문말 표현을 고르는 문제이다. 텔레비전을 보지
　　 않는다면 꺼 놓으라는 문맥이다. 따라서 1 消しておかないと(꺼 놔
　　 야지)가 정답이다.

어휘 妻 つま 图 아내　居間 いま 图 거실　テレビ 图 텔레비전
　　 つく 图 켜다　~けど 图 ~인데　見る みる 图 보다　~なら ~(라)면
　　 ちゃんと 图 제대로　夫 おっと 图 남편　消す けす 图 끄다
　　 すっかり 图 완전히　忘れる わすれる 图 잊다　~ておく ~(해) 놓다
　　 ~ないと ~(해)야지　~てみる ~(해) 보다　~てある ~(해) 있다
　　 ~でしょう ~(일) 것이다　~てしまう ~(해) 버리다

13

야마다 "나카무라 씨, 오늘 마라톤 대회, 열심히 해주세요."
나카무라 "네. 힘들어도 결승점까지 (　　　)."

1　완주해 주길 바랍니다　　　2　완주하지 말아줬으면 합니다
3　완주하려고 생각합니다　　　4　완주하지 못하도록

해설 대화의 문맥에 맞는 문말 표현을 고르는 문제이다. 야마다가 열심히
　　 하라고 응원하자, 나카무라가 결승까지 완주하겠다고 화답하는 문맥
　　 이다. 따라서 3 走り切ろうと思います(완주하려고 생각합니다)가
　　 정답이다.

어휘 今日 きょう 图 오늘　マラソン 图 마라톤　大会 たいかい 图 대회
　　 がんばる 열심히 하다, 노력하다
　　 苦しい くるしい い형 힘들다, 고통스럽다　ゴール 图 결승점, 골
　　 ~まで 图 ~까지　走り切る はしりきる 완주하다, 끝까지 달리다
　　 ~てほしい ~(해)주길 바라다　~ように ~(하)도록

실전 대비하기 3
p.234

1 2	2 1	3 3	4 4	5 2
6 3	7 1	8 3	9 1	10 4
11 2	12 3	13 2		

문제1 다음 문장의 (　　) 에 넣을 것으로 가장 알맞은 것을,
　　　1·2·3·4에서 하나 고르세요.

1

딸은 모레부터 시험 기간에 들어간 (　　　), 전혀 공부할 기미가 없다.

1　로서　　　　　　　　　2　다고 하는데
3　다고 말하자면　　　　　4　다고 하면

해설 문맥에 맞는 문형을 고르는 문제이다. 빈칸 앞뒤 문맥을 보면 '모레부
　　 터 시험 기간에 들어간다고 하는데, 전혀 공부할 기미가 없다'가 가장
　　 자연스럽다. 따라서 2 というのに(다고 하는데)가 정답이다.

어휘 娘 むすめ 图 딸　明後日 あさって 图 모레　~から 图 ~부터
　　 テスト 图 시험　期間 きかん 图 기간　入る はいる 图 들어가다
　　 まったく 图 전혀　勉強 べんきょう 图 공부　気配 けはい 图 기미
　　 ~として ~로서　~というのに ~(라)고 하는데
　　 ~といえば ~(라)고 말하자면　~とすると ~(라)고 하면

2

A "크리스마스의 도쿄 (　　　) 어디나 활기차네요."
B "그렇네요. 게다가 모두 행복한 거 같아요."

1　란　　　　　　　　　　2　라든가
3　등　　　　　　　　　　4　야말로

해설 대화의 문맥에 맞는 조사를 고르는 문제이다. 빈칸 뒤의 どこもにぎ
　　 やかなんですね(어디나 활기차네요)와 문맥상 어울리는 말은 '도쿄
　　 란'이다. 따라서 1 って(란)가 정답이다.

어휘 クリスマス 图 크리스마스　東京 とうきょう 图 도쿄(지명)
　　 どこも 어디나　にぎやかだ な형 활기차다　それに 图 게다가
　　 みんな 图 모두　幸せだ しあわせだ な형 행복하다
　　 ~そうだ ~인 것 같다(추측)　~って 图 ~란　~とか 图 ~라든가
　　 ~など 图 ~등　~こそ 图 ~야말로

3

차의 배터리나 엔진은 사용하고 있는 사이에 성능이 저하됩니다.
(　　　), 평소부터 정기적으로 확인할 필요가 있다는 것입니다.

1　마침내　　　　　　　　2　결코
3　즉　　　　　　　　　　4　제발

해설 문맥에 맞는 부사를 고르는 문제이다. 빈칸 뒤의 普段から定期的に
　　 チェックする必要があるということです(평소부터 정기적으로 체
　　 크할 필요가 있다는 것입니다)와 어울리는 말은 つまり(즉)이다. 따
　　 라서 3 つまり(즉)가 정답이다.

어휘 車 くるま 图 차　バッテリー 图 배터리　エンジン 图 엔진
　　 使う つかう 图 사용하다　~うちに ~(하)는 사이에
　　 性能 せいのう 图 성능　低下 ていか 图 저하　普段 ふだん 图 평소
　　 ~から 图 ~에　定期的だ ていきてきだ な형 정기적이다
　　 チェック 图 체크　必要 ひつよう 图 필요
　　 ~ということだ ~(라)는 것이다　ようやく 图 마침내
　　 決して けっして 图 결코　つまり 图 즉　どうか 图 제발

4

(병원에서)
부모 "선생님, 우리 아이, 괜찮을까요?"
의사 "약을 먹으면 좋아질 것입니다. 그래도, 오늘은 목욕탕에 (　　) 주세요."

1　들어가지 않은 채로 해　　2　들어가려고 해
3　들어갈 수 있다고 생각해　**4　들어가지 못하게 해**

해설 대화의 문맥에 맞는 문형을 고르는 문제이다. 빈칸 앞뒤 문맥을 보면, '목욕탕에 들어가지 못하게 해 주세요'가 가장 자연스럽다. 따라서 4 入らせないようにして(들어가지 못하게 해)가 정답이다.

어휘 病院 びょういん 圏병원　親 おや 圏부모
先生 せんせい 圏선생(님)　うち 圏우리　子 こ 圏아이, 자식
大丈夫だ だいじょうぶだ な형괜찮다　医者 いしゃ 圏의사
薬 くすり 圏약　飲む のむ 图(약을) 먹다, 마시다　よくなる 좋아지다
でも 뎁그래도　今日 きょう 圏오늘
お風呂に入る おふろにはいる 목욕탕에 들어가다, 목욕을 하다
思う おもう 图생각하다

5

슈퍼에서 소고기가 반값 세일을 하고 있다고 들어서, 돌아갈 때 (　　)는데, 완전히 잊고 있었다.

1　들렀다 오고 싶었어　　**2　들렀다 올 생각이었**
3　들렀다 올 것 같았　　4　들렀다 올 것 같았

해설 문맥에 맞는 문형을 고르는 문제이다. 빈칸 앞뒤 문맥을 보면 '슈퍼에서 소고기가 반값 세일을 하고 있다고 들어서, 돌아갈 때 들렀다 올 생각이었는데'가 가장 자연스럽다. 따라서 2 寄ってくるつもりだった(들렀다 올 생각이었)가 정답이다.

어휘 スーパー 圏슈퍼　牛肉 ぎゅうにく 圏소고기　半額 はんがく 圏반값
セール 圏세일　聞く きく 图듣다　帰り かえり 圏돌아갈 때
~のに 죄~는데　すっかり 冟완전히　忘れる わすれる 图잊다
寄る よる 图들르다　~たがる ~(하)고 싶어하다
~つもりだ ~(할) 생각이다　~そうだ ~(인) 것 같다
~みたいだ ~(인) 것 같다

6

(회사에서)
야마다 "기노시타 씨, A사의 다나카 부장님이 (　　)."
기노시타 "그렇습니까? 지금 갑니다."

1　왔습니다　　2　보셨습니다
3　오셨습니다　　4　찾아 뵈었습니다

해설 대화의 문맥에 맞는 경어를 고르는 문제이다. 행동의 주체가 A사의 다나카 부장님, 즉 다른 회사 사람이므로 상대를 높이는 존경 표현을 사용해야 한다. 기노시타가 そうですか。今行きます(그렇습니까? 지금 갑니다)라고 답변하므로 존경 표현인 3 お見えになりました(오셨습니다)가 정답이다. 이는 'お+ます형+になる'를 사용한 존경 표현이다.

어휘 会社 かいしゃ 圏회사　社 しゃ 圏사(회사의 준말)
部長 ぶちょう 圏부장(님)　今 いま 圏지금　行く いく 图가다
まいる 图오다(来る의 겸양어)
ご覧になる ごらんになる 图보시다(見る의 존경어)
お見えになる おみえになる 오시다(来る의 존경 표현)
うかがう 图찾아 뵙다(訪ねる의 겸양어)

7

남편 "아아, 또 살쪄버렸어."
부인 "매일 자기 전에 단것을 먹고 있으니까, (　　)."

1　당연히 살이 찌는 거 아니야
2　살찐다고는 할 수 없어
3　살찌지 않아도 어쩔 수 없지
4　살찌지 않는 거 아니야

해설 대화의 문맥에 맞는 문말 표현을 고르는 문제이다. 남편이 살이 쪄버렸다고 하자, 아내가 단것을 먹고 있으니 찌는 게 당연하다는 문맥이다. 따라서 1 太るに決まってるじゃない(당연히 살이 찌는 거 아니야)가 정답이다.

어휘 夫 おっと 圏남편　また 凰또　太る ふとる 图살찌다
妻 つま 圏부인　毎日 まいにち 圏매일　寝る ねる 图자다
前 まえ 圏전　甘いもの あまいもの 단것　食べる たべる 图먹다
~から 죄~니까　~に決まっている ~にきまっている 당연히 ~하다
~とは限らない ~とはかぎらない ~(라)고는 할 수 없다
しょうがない 어쩔 수 없다　~んじゃない ~(하)는 거 아니야

8

모두 낭비라고 말하지만, 나 (　　) 집에서 아무것도 하지 않고 있는 시간은 소중하다.

1　에 대해서　　2　에 의하면
3　에게 있어서　　4　에 대해서

해설 문맥에 맞는 문형을 고르는 문제이다. 모든 선택지가 빈칸 앞의 명사 私(나)에 접속할 수 있다. 때문에 빈칸 뒤의 家で何もしないでいる時間は大切だ(집에서 아무것도 하지 않고 있는 시간은 소중하다)에 이어지는 문맥을 보면, '나에게 있어서 집에서 아무것도 하지 않고 있는 시간은 소중하다'가 자연스럽다. 따라서 3 にとって(에게 있어서)가 정답이다.

어휘 みんな 圏모두　無駄 むだ 圏낭비, 헛됨　言う いう 图말하다
~けれど 죄~지만　家 いえ 圏집　何も なにも 아무것도
時間 じかん 圏시간　大切だ たいせつだ な형소중하다
~に対して ~にたいして ~에 대해서　~によると ~에 의하면
~にとって ~에게는　~について ~에 대해서

9

피아노를 치고 있는 (　　) 큰 벌레가 날아왔습니다.

1　중에　　2　비해서
3　이니까　　4　대로

해설 문맥에 맞는 문형을 고르는 문제이다. 빈칸 뒤의 大きな虫が飛んできました(큰 벌레가 날아왔습니다)를 보면, '피아노를 치고 있는 도중에 큰 벌레가 날아왔습니다'라고 하는 문맥이 가장 자연스럽다. 따라서 1 最中に(중에)가 정답이다. 동사 て형+いる+最中には '한창 ~(하)고 있는 중에'라는 의미인 문형임을 알아둔다.

어휘 ピアノ 몡 피아노   弾く ひく 동 치다   大きな おおきな 큰
虫 むし 명 벌레   飛ぶ とぶ 동 날다   くる 동 오다
~最中に ~さいちゅうに 한창 ~(하)는 중에
~わりに ~에 비해서   ~からこそ ~이니까, 이기 때문에
~とおりに ~대로

10

어젯밤 많은 눈이 내린 영향으로 선로가 (   ) 전철 운행까지는 조금 더 걸린다고 한다.

1 얼어 버린 김에   2 얼어 버렸기 때문에
3 얼어 버렸는지 어떤지   4 얼어 버렸기 때문에

해설 문맥에 맞는 문형을 고르는 문제이다. 빈칸 앞뒤 문맥을 보면 '어젯밤 많은 눈이 내린 영향으로, 선로가 얼어 버렸기 때문에 전철 운행까지는 조금 더 걸린다고 한다'가 가장 자연스럽다. 따라서 4 こおってしまったために(얼어 버렸기 때문에)가 정답이다. 2의 '~からこそ'는 앞서 말한 이유나 원인을 특별히 강조하여 말할 때 사용하며 객관적인 원인을 나타낼 때는 사용하지 않는 문형이므로 오답이다.

어휘 昨夜 さくや 명 어젯밤   大雪 おおゆき 명 많은 눈
降る ふる 동 내리다   影響 えいきょう 명 영향   線路 せんろ 명 선로
電車 でんしゃ 명 전철   しばらく 문 잠시 동안
動く うごく 동 움직이다   ~ということだ ~(라)는 것이다
こおる 동 얼다   ~てしまう ~(해) 버리다   ~ついでに ~(하)는 김에
~からこそ ~때문에   ~かどうか ~(인)지 어떤지   ~ために ~때문에

11

그의 일로 화내고 싶어지는 마음은 알겠습니다만, 여기에서 욕을 (   ).

1 반드시 말하는 것은 아닙니다
2 말해서는 안 됩니다
3 말하지 않은 적도 있습니다
4 말할 리는 없습니다

해설 문맥에 맞는 문말 표현을 고르는 문제이다. 빈칸 앞의 ここで悪口を(여기서 욕을)를 보면, '욕을 말해서는 안 됩니다'라고 하는 문맥이 가장 자연스럽다. 따라서 2 言うものではありません(말해서는 안 됩니다)이 정답이다.

어휘 怒る おこる 동 화내다   気持ち きもち 명 마음, 기분   わかる 동 알다
~けど 조 ~는데   悪口 わるくち 명 욕   言う いう 동 말하다
~わけではない (반드시) ~(하)는 것은 아니다
~ものではない ~(해)서는 안 된다   ~はずはない ~(일) 리는 없다

12

아이 "엄마, 이거, 할 수 없어."
엄마 "포기하지 말고, 한 번 더 천천히 (   )."

1 하지 않으면   2 하는 걸
3 해 보렴   4 하면 좋았겠다

해설 대화의 문맥에 맞는 문말 표현을 고르는 문제이다. 아이가 할 수 없다고 하자, 엄마가 포기하지 말고 한 번 더 해 보라는 문맥이다. 따라서 3 やってごらん(해 보렴)이 정답이다.

어휘 子 こ 명 아이, 자식   お母さん おかあさん 명 엄마, 어머니
できる 동 할 수 있다, 가능하다   母 はは 명 엄마
あきらめる 동 포기하다   もう一度 もういちど 한 번 더
ゆっくり 문 천천히, 느긋하게   ~ないと ~(하)지 않으면
~んだもん ~(하)는 걸   ~てごらん ~(해) 보렴
~ばよかった ~면 좋았겠다

13

(백화점에서)
점원 "이 원피스는 올해 매우 인기가 있어요."
손님 "그런가요? 귀엽네요. 잠깐 딸에게 (   )?"

1 입어 봐도 괜찮을까요   2 입혀 봐도 괜찮을까요
3 입어 봐 주겠어요   4 입혀 주겠어요

해설 대화의 문맥에 맞는 문말 표현을 고르는 문제이다. 점원이 원피스가 인기 있다고 말하자 손님이 딸에게 입혀 보고 싶다고 하는 문맥이다. 따라서 2 着せてみてもいいですか(입혀 봐도 괜찮을까요)가 정답이다.

어휘 デパート 명 백화점   店員 てんいん 명 점원   ワンピース 명 원피스
今年 ことし 명 올해   とても 문 매우   人気 にんき 명 인기
客 きゃく 명 손님   かわいい い형 귀엽다   ちょっと 문 잠깐
娘 むすめ 명 딸   着る きる 동 입다   ~てみる ~(해) 보다
~てもいい ~(해)도 괜찮다

실전 대비하기 4
p.236

1 4	2 3	3 3	4 4	5 2
6 4	7 3	8 3	9 1	10 4
11 4	12 2	13 1		

문제1 다음 문장의 (   )에 넣을 것으로 가장 알맞은 것을, 1·2·3·4에서 하나 고르세요.

1

오랜만에 가족 모두와 즐거운 주말 (   ) 보냈습니다.

1 에   2 도
3 로   4 을

해설 문맥에 맞는 조사를 고르는 문제이다. 문장 끝에 쓰인 過ごしました (보냈습니다)와 문맥상 어울리는 말은 '즐거운 주말을'이다. 따라서 4 を(을)가 정답이다.

어휘 久しぶり ひさしぶり 명 오랜만, 오래간만　家族 かぞく 명 가족
みんな 명 모두　楽しい たのしい い형 즐겁다
週末 しゅうまつ 명 주말　過ごす すごす 동 보내다　~に 조 ~에
~も 조 ~도　~へ 조 ~로　~を 조 ~을

2

A "어제, 텔레비전으로 축구 시합 봤나요?"
B "아뇨, 지쳐있던 탓인가, (　　) 자 버려서 보지 않았습니다."

1 모처럼　　　　　2 슬슬
3 **어느 새인가**　　4 가끔

해설 대화의 문맥에 맞는 부사를 고르는 문제이다. A가 축구 시합을 봤는지 묻자, B는 지쳐있던 탓에 어느 새인가 자 버려서 보지 못했다는 문맥이다. 따라서 3 いつのまにか(어느 새인가)가 정답이다.

어휘 昨日 きのう 명 어제　テレビ 명 텔레비전　サッカー 명 축구
試合 しあい 명 시합　見る みる 동 보다　疲れる つかれる 동 지치다
せい 명 탓, 때문에　寝る ねる 동 자다　~てしまう ~(해) 버리다
せっかく 부 모처럼　そろそろ 부 슬슬　いつのまにか 어느 새인가
たまたま 부 가끔

3

기무라 "'별의 나라'라는 드라마, 본 적 있어?"
야마모토 "응, 5화 (　　) 본 적 있지만, 그 후는 아직 보지 않았어."

1 까지밖에　　　　2 씩이라면
3 **까지라면**　　　4 씩밖에

해설 대화의 문맥에 맞는 문형을 고르는 문제이다. 빈칸 앞뒤의 문맥을 보면 '5화까지는 본 적 있지만, 그 후는 아직 보지 않았어'가 가장 자연스럽다. 따라서 3 までなら(까지라면)가 정답이다.

어휘 星 ほし 명 별　国 くに 명 나라　ドラマ 명 드라마　見る みる 동 보다
~たことがある ~(한) 적이 있다　~けど 조 ~지만　後 あと 명 후, 뒤
まだ 부 아직　~までしか ~까지밖에　~ずつなら ~씩이라면
~までなら ~까지라면　~ずつしか ~씩밖에

4

A "어떻게 된 거예요? 과자, 안 먹어요?"
B "응, 의사에게 단것을 (　　)라고 들었어."

1 먹어라　　　　　2 먹지 않다
3 먹자　　　　　　4 **먹지 마**

해설 대화의 문맥에 맞는 동사 형태를 고르는 문제이다. A가 과자를 먹지 않냐고 묻자 B가 의사가 단것을 먹지 말라고 했다는 문맥이다. 따라서 食べる(먹다)의 부정 명령형인 4 食べるな(먹지 마)가 정답이다. 1은 명령형, 2는 ない형, 3은 청유형임을 알아둔다.

어휘 どうした 어떻게　お菓子 おかし 명 과자　食べる たべる 동 먹다
医者 いしゃ 명 의사　甘い物 あまいもの 단것

5

고바야시 씨가 다음 달 시행되는 지방 선거에 대해서 여러모로 설명해 주었다. 역시 정치학부를 (　　) 정치에 환하다.

1 나갈 참이니까　　2 **나온 만큼**
3 나갔다고 해서　　4 나간 후에

해설 문맥에 맞는 문형을 고르는 문제이다. 빈칸 앞뒤 문맥을 보면 '고바야시 씨가 다음 달 시행되는 지방 선거에 대해서 여러모로 설명해 주었다. 역시 정치학부를 나온 만큼 정치에 환하다'가 가장 자연스럽다. 따라서 2 出ているだけあって(나온 만큼)가 정답이다.

어휘 来月 らいげつ 명 다음 달　行う おこなう 동 시행하다
地方 ちほう 명 지방　選挙 せんきょ 명 선거　~について ~에 대해서
いろいろ 부 여러모로　説明 せつめい 명 설명　政治 せいじ 명 정치
学部 がくぶ 명 학부　詳しい くわしい い형 환하다, 상세하다
出る でる 동 나오다　~ところ ~(할) 참　~だけあって ~(인) 만큼
~からといって ~(라)고 해서　~たうえで ~(한) 후에

6

선생님은 졸업하고 나서 바로 취직을 하려고 생각하고 있던 나에게, "대학에 진학하는 편이 좋아"라고 (　　).

1 여쭈어 보았습니다　　2 오셨습니다
3 갔습니다　　　　　　　4 **말씀하셨습니다**

해설 문맥에 맞는 경어를 고르는 문제이다. 선생님이 아랫사람인 자신에게 조언을 했다는 내용이므로, 행동의 주체인 선생님을 높이는 존경 표현을 사용해야 한다. 따라서 4 おっしゃいました(말씀하셨습니다)가 정답이다.

어휘 先生 せんせい 명 선생님　卒業 そつぎょう 명 졸업
~てから ~(하)고 나서　すぐ 부 바로, 즉시　就職 しゅうしょく 명 취직
大学 だいがく 명 대학　進学 しんがく 명 진학
~たほうがいい ~(하)는 편이 좋다　うかがう 여쭙다(聞く의 겸양어)
いらっしゃる 동 오시다(来る의 존경어)　まいる 동 가다(行く의 겸양어)
おっしゃる 동 말씀하시다(言う의 존경어)

7

사무실 에어컨의 온도를 자유롭게 설정할 수 있도록 해 주었으면 한다는 그녀의 제안 (　　) 많은 사람이 찬성했다.

1 에 더해서　　　　2 을 둘러싸고
3 **에 대해서**　　　4 을 포함해서

해설 문맥에 맞는 문형을 고르는 문제이다. 빈칸 앞뒤 문맥을 보면 '그녀의 제안에 대해서 많은 사람이 찬성했다'가 가장 자연스럽다. 따라서 3 に対して(에 대해서)가 정답이다.

어휘 オフィス 명 사무실　エアコン 명 에어컨　温度 おんど 명 온도
自由だ じゆうだ な형 자유롭다　設定 せってい 명 설정
できる 동 할 수 있다　~ようにする ~(하)도록 하다
~てほしい ~(해) 주었으면 좋겠다　~という ~(라)는
彼女 かのじょ 명 그녀　提案 ていあん 명 제안　多く おおく 명 많음
人 ひと 명 사람　賛成 さんせい 명 찬성

~に加えて ~にくわえて ~에 더해서   ~をめぐって ~을 둘러싸고
~に対して ~にたいして ~에 대해서
~を含めて ~をふくめて ~을 포함해서

8

남편 "벌써 자는 거야? 평소보다 빠르네."
아내 "내일은 아침부터 중요한 회의가 있어서, 빨리 (   )."

1 자지 않아도 좋을 것이다   2 자지 않으면 좋다
3 자지 않으면 안 된다   4 자지 않아도 어쩔 수 없다

해설 대화의 문맥에 맞는 말할 표현을 고르는 문제이다. 남편이 평소보다 빨리 잔다고 말하자, 아내가 내일은 아침부터 중요한 회의가 있어서 빨리 자야 한다고 대답하는 문맥이다. 따라서 3 寝ないといけない(자지 않으면 안 된다)가 정답이다.

어휘 夫 おっと 圏남편   もう 囝벌써, 이미   寝る ねる 图자다
いつもより 평소보다   早い はやい い형 (시기적으로) 빠르다, 이르다
妻 つま 圏아내   明日 あした 圏내일   朝 あさ 圏아침
~から 丕~부터   重要だ じゅうようだ な형 중요하다
会議 かいぎ 圏회의   ~ので 丕~(해)서, 때문에
早めに はやめに 빨리, 일찌감치   ~そうだ ~일 것이다(추측)
~ないといけない ~(하)지 않으면 안 된다

9

이번 행사가 무사히 성공한 것은 전부, 다나카 군의 (   )

1 덕분입니다   2 할 터입니다
3 탓입니다   4 것 같습니다

해설 문맥에 맞는 말할 표현을 고르는 문제이다. 빈칸 앞의 今回の行事が無事に成功したのは全て、田中くんの(이번 행사가 무사히 성공한 것은 전부, 다나카 군의)를 보면, '성공한 것은 전부, 다나카 군의 덕분입니다'가 문맥상 자연스럽다. 따라서 1 おかげです(덕분입니다)가 정답이다.

어휘 今回 こんかい 圏이번   行事 ぎょうじ 圏행사   無事 ぶじ 圏무사
成功 せいこう 圏성공   全て すべて 囝전부   おかげ 圏덕분
はず 圏(할) 터   せい 圏탓

10

조금 좁지만, 저 가게에 가기 위해서는 이 길 (   ) 길은 없어.

1 의 김에   2 인데다가
3 처럼   **4 외에는**

해설 문맥에 맞는 문형을 고르는 문제이다. 모든 선택지가 빈칸 앞의 명사 この道(이 길)에 접속할 수 있다. 때문에 빈칸 뒤 道はない(길은 없어)에 이어지는 문맥을 보면, '이 길 외에는 길은 없어'가 가장 자연스럽다. 따라서 4 のほかに(외에는)가 정답이다.

어휘 すこし 囝조금   狭い せまい い형 좁다   ~けど 丕~지만
店 みせ 圏가게   行く いく 图가다   ~ために ~위해서
道 みち 圏길   ~ついでに 囝~(하는) 김에   ~うえに ~데다가
~ように ~처럼   ~ほかに ~외에는

11

A "서두르자. 곧 전철이 (   )."
B "괜찮아. 그렇게 서두르지 않아도 제시간에 맞춘다고 생각해."

1 오자   2 왔어
3 와 있어   **4 와 버릴 거야**

해설 대화의 문맥에 맞는 동사 형태를 고르는 문제이다. A가 B에게 서두르자며 すぐ電車が(곧 전철이)라고 말한다. '오고 말거야, 즉 전철이 와 버릴 거야'가 문맥상 가장 자연스러우므로 4 来ちゃう(와 버리다)가 정답이다. 동사 て형+ちゃう는 '~(해) 버리다'라는 의미인 문형임을 알아둔다.

어휘 急ぐ いそぐ 图서두르다   すぐ 囝곧   電車 でんしゃ 圏전철
大丈夫だ だいじょうぶだ な형 괜찮다   そんなに 囝그렇게
間に合う まにあう 图제시간에 맞추다
~ちゃう ~(하)고 말다, (해) 버리다

12

친구로 인해 보고 싶지도 않은 연애 영화를 억지로 (   ). 하지만, 봐 보니 의외로 재미있어서, 연애 영화도 괜찮은 것이구나 하고 생각했다.

1 같이 보게 했다   **2 같이 보게 되었다**
3 같이 보지 않도록 했다 4 같이 봐서 다행이었다

해설 문맥에 맞는 말할 표현을 고르는 문제이다. 빈칸 뒤의 でも、見てみると意外とおもしろくて、恋愛映画もいいものだなと思った(하지만, 봐 보니 의외로 재미있어서, 연애 영화도 괜찮은 것이구나 하고 생각했다)를 보면, '친구로 인해 보고 싶지도 않은 연애 영화를 억지로 같이 보게 되었다'라고 하는 문맥이 가장 자연스럽다. 따라서 2 付き合わせられた(같이 보게 되었다)가 정답이다.

어휘 友達 ともだち 圏친구   見る みる 图보다   恋愛 れんあい 圏연애
映画 えいが 圏영화   無理矢理 むりやり 囝억지로   でも 囵하지만
~てみる ~(해) 보다   意外と いがいと 의외로
おもしろい い형 재미있다   いい い형 괜찮다, 좋다
~と思う ~とおもう ~(라)고 생각하다
付き合う つきあう 图같이 보다, 같이 하다
~せられる (억지로) ~(하)게 되다
~ないようにする ~(하)지 않도록 하다   よかった 다행이다

13

오카다 "야마시타 군, 다나카 군을 보지 않았어? 그러면 파티에 (   ), 찾지 못해서…."
야마시타 "다나카 군이라면, 아까 복도에서 친구랑 이야기하고 있었어."

1 오지 않을 리가 없는데
2 오는 건 아니지만
3 오지 않는다고는 단정할 수 없는데
4 오려고는 생각하지 않지만

해설 대화의 문맥에 맞는 문형을 고르는 문제이다. 빈칸 앞뒤 문맥을 보면 '그러면 파티에 오지 않을 리가 없는데, 찾지 못해서'가 가장 자연스럽다. 따라서 1 来ないはずがないのに(오지 않을 리가 없는데)가 정답이다.

어휘 見る みる 동보다 彼 かれ 명그 ~なら ~(라)면
パーティー 명파티 見つける みつける 동찾다, 발견하다
さっき 명아까 廊下 ろうか 명복도 友達 ともだち 명친구
話す はなす 동이야기하다 ~はずがない ~(일) 리가 없다
~のに 조~인데 ~わけじゃない ~(인) 건 아니다 ~けど 조~지만
~とは限らない ~とはかぎらない ~(라)고는 단정할 수 없다
~ようと思う ~ようとおもう ~(하)려고 생각하다

실전 대비하기 5
p.238

1 2	2 4	3 4	4 1	5 2
6 3	7 2	8 3	9 1	10 2
11 1	12 3	13 1		

문제1 다음 문장의 (　) 에 넣을 것으로 가장 알맞은 것을, 1·2·3·4에서 하나 고르세요.

1

이름 (　) 모르는 사람을 좋아하게 되어서, 얼굴을 보기 위해 매일 카페에 가고 있다.

1 정도　　2 도
3 부터　　4 이

해설 문맥에 맞는 조사를 고르는 문제이다. 빈칸 뒤의 知らない人を好きになって(모르는 사람을 좋아하게 되어서)와 문맥상 어울리는 말은 '이름도'이다. 따라서 2 も(도)가 정답이다.

어휘 名前 なまえ 명이름 知る しる 동알다 好きだ すきだ な형좋아하다
顔 かお 명얼굴 見る みる 동보다 ~ために ~위해, 때문에
毎日 まいにち 명매일 カフェ 명카페 行く いく 동가다
~ほど 조~정도 ~も 조~도 ~から 조~부터 ~が 조~이, 가

2

경자동차는 어른 5명이 탈 수 있는 크기지만, 법으로 어른 4명 (　) 탈 수 없다고 정해져 있다.

1 정도 보다　　2 까지라도
3 정도만　　4 까지밖에

해설 문맥에 맞는 조사를 고르는 문제이다. 빈칸 뒤의 乗れないと決まっている(탈 수 없다고 정해져 있다)와 문맥상 어울리는 말은 '법으로 어른 4명까지밖에'이다. 따라서 4 までしか(까지밖에)가 정답이다.

어휘 軽自動車 けいじどうしゃ 명경자동차 大人 おとな 명어른
~人 ~にん ~명 乗る のる 동타다 大きさ おおきさ 명크기
法律 ほうりつ 명법, 법률

~と決まっている ~ときまっている ~(라)고 정해져 있다
~くらい 조~정도　~より 조~보다　~まで 조~까지
~でも 조~라도　~だけ 조~만　~しか 조~밖에

3

(　) 화가가 되고 싶기 때문에, 매일 그림 연습을 하고 있습니다.

1 어째서　　2 어떻게
3 부디　　4 어떻게든

해설 문맥에 맞는 문형을 고르는 문제이다. 빈칸 뒤의 毎日絵の練習をしています(매일 그림 연습을 하고 있습니다)를 보면, '어떻게든 화가가 되고 싶기 때문에'라고 하는 문맥이 가장 자연스럽다. 따라서 4 どうしても(어떻게든)가 정답이다.

어휘 画家 がか 명화가 ~ので 조~때문에 毎日 まいにち 명매일
絵 え 명그림 練習 れんしゅう 명연습 どうして 부어째서
どうやって 어떻게 どうか 부부디, 제발
どうしても 부어떻게든, 무슨 일이 있어도

4

마쓰야마 씨는 (　) 항상 불평만 말하고 있기 때문에, 좋아하지 않는다.

1 잔업이 많다든가 지친다든가
2 잔업이 많거나 지쳤거나
3 잔업이 많고 지치고
4 잔업이 많은가 지치는가

해설 문맥에 맞는 조사를 고르는 문제이다. 문맥상 '마쓰야마 씨는 잔업이 많다든가, 지친다든가 항상 불평만 한다'가 가장 자연스럽다. 따라서 조사 とか를 포함한 1 残業が多いとか疲れるとか(잔업이 많다든가 지친다든가)가 정답이다.

어휘 いつも 부항상 文句 もんく 명불평 ~ばかり 조~만
言う いう 동말하다 ~ので 조~때문에 好きだ すきだ な형좋아하다
残業 ざんぎょう 명잔업 多い おおい い형많다 ~とか ~라든가
疲れる つかれる 동지치다 ~たり 조~거나 ~し 조~고
~か 조~(인)가

5

(회사에서)
다나카 "다카하시 씨, 죄송하지만, 저 상자를 다카하시 씨의 자리 뒤에 (　)?"
다카하시 "괜찮아요. 몹시 큰 상자네요. 옮기는 거, 도와드릴까요?"

1 놓아주실 수 없나요　　2 놓게 해주실 수 없나요
3 놓아드리지 않나요　　4 놓게 해드리지 않나요

해설 대화의 문맥에 맞는 경어를 고르는 문제이다. 행동의 주체인 다나카가 다카하시 씨 자리 뒤에 상자를 두기 위해 허락을 구하는 상황이므로, '놓게 해주다'라는 뜻이면서 자신을 낮추는 겸양 표현을 사용해야 한다. 따라서 '동사 사역형+せていただく(하다)'를 사용한 겸양 표현인 2 置かせていただけませんか(놓게 해주실 수 없나요)가 정답이다.

어휘 箱 はこ 명상자 席 せき 명자리 後ろ うしろ 명뒤
ずいぶん 부몹시, 대단히 大きい おおきい い형크다
運ぶ はこぶ 동옮기다 手伝う てつだう 동남을 도와서 일하다
置く おく 동놓다, 두다 ~ていただく ~(해)주시다(겸양 표현)
~てさしあげる ~(해)드리다(겸양 표현)

6

빠르게도 8월도 1주일 남았다. 날이 점점 (   ), 올해도 벌써 정말 좋아하는 여름이 끝나 버리는 것인가 하고 생각하면 슬픈 기분이 든다.

1 짧아지면서도   2 짧아지는 경우
3 짧아짐에 따라   4 짧아지는 대신에

해설 문맥에 맞는 문형을 고르는 문제이다. 빈칸 앞뒤 문맥을 보면 '날이 점점 짧아짐에 따라, 올해도 벌써 정말 좋아하는 여름이 끝나 버리는 것인가 하고 생각하면 슬픈 기분이 든다'가 가장 자연스럽다. 따라서 3 短くなるにつれ(짧아짐에 따라)가 정답이다.

어휘 早いもので はやいもので 빠르게도 ~月 ~がつ ~월
残り のこり 명남음 ~週間 ~しゅうかん ~주일 日 ひ 명날
だんだん 부점점 今年 ことし 명올해 もう 부이제
大好きだ だいすきだ な형정말 좋아하다 夏 なつ 명여름
終わる おわる 동끝나다 ~てしまう ~(해) 버리다
~と思う ~とおもう ~(라)고 생각하다 悲しい かなしい い형슬프다
気持ち きもち 명기분 ~になる ~이 되다 短い みじかい い형짧다
~くなる ~(해)지다 ~つつ ~(하)면서도
~場合 ~ばあい ~(인) 경우 ~につれ ~(함)에 따라
~かわりに ~대신에

7

A "형에게서 맛있을 거 같은 과자를 (   )어. 같이 먹자."
B "먹어도 괜찮아? 고마워!"

1 줬   2 받았
3 줬   4 주셨

해설 대화의 문맥에 맞는 문말 표현을 고르는 문제이다. A가 B에게 형에게서 받은 과자를 같이 먹자고 하자, B가 고마움을 표현하는 문맥이 가장 자연스럽다. 따라서 2 もらった(받았)가 정답이다.

어휘 兄 あに 명형 ~から 조~에게서, 부터 おいしい い형맛있다
~そうだ ~일 것 같다(추측) お菓子 おかし 명과자
一緒に いっしょに 함께 食べる たべる 동먹다
くれる 동(나에게) 주다 もらう 동받다
あげる 동(다른 사람에게) 주다 くださる 동주시다(くれる의 존경어)

8

이 책에 열중하고 있었더니, 어느새 11시를 넘기고 있었다. 잠이 부족해지면 안 되니까 반 정도 (   ) 침대에 들어가려고 한다.

1 다 읽지 않고   2 다 읽지 못하고
3 다 읽은 시점에서   4 다 읽은 것으로 인해

해설 문맥에 맞는 문형을 고르는 문제이다. 빈칸 앞뒤 문맥을 보면 '잠이 부족해지면 안 되니까 반 정도 다 읽은 시점에서 침대에 들어가려고 한다'가 가장 자연스럽다. 따라서 3 読み終わったところで(다 읽은 시점에서)가 정답이다.

어휘 本 ほん 명책 夢中になる むちゅうになる 열중하다
~たら ~(했)더니 いつのまにか 부어느새 ~時 ~じ ~시
過ぎる すぎる 동넘어가다 寝不足 ねぶそく 명잠 부족
~になる ~이 되다 ~といけない ~(하)면 안 된다 ~から 조~니까
半分 はんぶん 명반, 절반 ~くらい 조~정도 ~たところ ~(한) 후
ベッド 명침대 入る はいる 동들어가다
~ようと思う ~ようとおもう ~(하)려고 하다 読む よむ 동읽다
~終わる ~おわる 다 ~(하)다 ~ずに ~(하)지 않고
~ことなく ~(하)지 못하고 ~たところで ~(한) 시점에서, ~(할) 때
~ことで ~(으)로 인해

9

이사하는 날, 친구의 얼굴을 보고 있으니 갑자기 슬퍼져서, 그만 (   ).

1 울어 버렸습니다   2 울어서는 안 됩니다
3 울곤 했습니다   4 방금 울었습니다

해설 문맥에 맞는 문말 표현을 고르는 문제이다. 빈칸 앞의 急に悲しくなって、つい(갑자기 슬퍼져서, 그만)를 보면, '울고 말았습니다, 즉 울어 버렸습니다'가 문맥상 가장 자연스럽다. 따라서 1 泣いてしまいました(울어 버렸습니다)가 정답이다.

어휘 引っ越し ひっこし 명이사 友達 ともだち 명친구 顔 かお 명얼굴
見る みる 동보다 急に きゅうに 부갑자기
悲しい かなしい い형슬프다 つい 부그만, 무심결에
泣く なく 동울다 ~てしまう ~(해) 버리다
~てはいけない ~(해)서는 안 된다 ~たものだ ~(하)곤 했다
~たばかりだ 막 ~(했)다

10

남편 "잠깐 외출하고 올게. 저녁밥은 벌써 (   )니까, 좋을 때 먹어."
아내 "고마워. 잘 다녀와."

1 만들고 있으   2 만들어 뒀으
3 만들어 보   4 만들고 가

해설 대화의 문맥에 맞는 문말 표현을 고르는 문제이다. 남편이 외출하기 전에 저녁밥을 만들어 뒀다고 하자, 아내가 고마움을 표현하는 문맥이다. 따라서 2 作ってある(만들어 뒀으)가 정답이다.

어휘 夫 おっと 명남편 ちょっと 부잠깐, 잠시
出かける でかける 동외출하다 夜ごはん よるごはん 명저녁밥
もう 부벌써, 이미 ~から 조~니까 好きだ すきだ な형좋아하다
食べる たべる 동먹다 妻 つま 명아내 作る つくる 동만들다

11

그녀는 그저 예쁠 (　　), 성격도 좋기 때문에 인기가 있다.

1　뿐만 아니라　　　　2　것으로
3　뿐으로　　　　　　4　리가 없고

해설　문맥에 맞는 문형을 고르는 문제이다. 모든 선택지가 빈칸 앞의 형용사 きれいな(예쁜)에 접속할 수 있다. 때문에 빈칸 뒤의 性格もよい이므로 人気がある(성격도 좋기 때문에 인기가 있다)에 이어지는 문맥을 보면, '예쁠 뿐만 아니라, 성격도 좋기 때문에'가 가장 자연스럽다. 따라서 1 だけでなく(뿐만 아니라)가 정답이다.

어휘　ただ 图 그저　きれいだ な형 예쁘다　性格 せいかく 图 성격
〜ので 丕 〜때문에　人気 にんき 图 인기　〜だけでなく 〜뿐만 아니라
〜わけだ 〜(인) 것이다　〜だけで 〜뿐으로　〜わけがない 〜리가 없다

12

A "비가 내릴 것 같네요. 하늘도 흐려지고…"
B "그렇네요. 비가 (　　) 빨리 돌아가죠."

1　내릴 리가 없으니까　　　2　내리지 않아도 괜찮으니까
3　내리기 전에　　　　　　4　내리지 않은 적도 있기 때문에

해설　대화의 문맥에 맞는 문형을 고르는 문제이다. A가 비가 내릴 것 같다고 하자 B가 비가 내리기 전에 돌아가자고 대답하는 문맥이다. 따라서 3 降らないうちに(내리기 전에)가 정답이다.

어휘　雨 あめ 图 비　降る ふる 图 내리다　〜そうだ 〜일 것 같다(추측)
空 そら 图 하늘　曇る くもる 图 흐려지다, 흐리다
はやく 图 빨리, 급히　帰る かえる 图 돌아가다
〜はずがない 〜일 리가 없다　〜から 丕 〜니까
〜ないうちに 〜(하)기 전에　〜こともある 〜(한) 적도 있다
〜ので 丕 〜때문에

13

할머니는 좀처럼 노래를 부르지 않지만 한 번, 할머니의 노래를 (　　).

1　들은 적이 있다　　　　2　들은 것으로 하다
2　들은 적이 없다　　　　4　들은 게 되다

해설　문맥에 맞는 문말 표현을 고르는 문제이다. 빈칸 앞의 なかなか歌わないが一回だけ、おばあさんの歌を(좀처럼 노래를 부르지 않지만 한 번, 할머니의 노래를)를 보면, '한 번, 할머니의 노래를 들은 적이 있다'라고 하는 문맥이 가장 자연스럽다. 따라서 1 聞いたことがある(들은 적이 있다)가 정답이다.

어휘　おばあさん 图 할머니　なかなか 图 좀처럼
歌う うたう 图 노래를 부르다　〜だけ 丕 〜만　歌 うた 图 노래
聞く きく 图 듣다　〜たことがある 〜(한) 적이 있다
〜ことにする 〜(하)기로 하다　〜ことがない 〜(한) 적이 없다
〜ことになる 〜(하)게 되다

실전 대비하기 6　　　　　　　　　p.240

1 1	**2** 1	**3** 3	**4** 2	**5** 4
6 4	**7** 1	**8** 2	**9** 2	**10** 4
11 3	**12** 3	**13** 4		

문제1 다음 문장의 (　　)에 넣을 것으로 가장 알맞은 것을, 1·2·3·4에서 하나 고르세요.

1

아무것도 모르는 (　　) 무책임한 말을 하지 말아 주세요.

1　주제에　　　　　　2　사이에
3　것처럼　　　　　　4　비해서

해설　문맥에 맞는 문형을 고르는 문제이다. 빈칸 뒤의 いいかげんなことを言わないでください(무책임한 말을 하지 말아 주세요)를 보면, '모르는 주제에 무책임한 말을 하지 말아 주세요'가 문맥상 가장 자연스럽다. 따라서 1 くせに(주제에)가 정답이다.

어휘　何も なにも 아무것도　知る しる 图 알다
いいかげんだ な형 무책임하다　言う いう 图 말하다　〜くせに 〜주제에
〜あいだに 〜(하)는 사이에　〜ように 〜(인) 것처럼　〜わりに 〜비해서

2

내일은 홋카이도부터 니가타 현 (　　), 눈이 오겠지요.

1　에 걸쳐　　　　　　2　을 통해
3　치고는　　　　　　4　을 토대로

해설　문맥에 맞는 문형을 고르는 문제이다. 모든 선택지가 빈칸 앞의 명사 新潟県(니가타 현)에 접속할 수 있다. 때문에 빈칸 뒤 雪が降るでしょう(눈이 오겠지요)에 이어지는 문맥을 보면, '홋카이도부터 니가타 현에 걸쳐, 눈이 오겠지요'가 가장 자연스럽다. 따라서 1 にかけて(에 걸쳐)가 정답이다.

어휘　明日 あした 图 내일　北海道 ほっかいどう 图 홋카이도(지명)
新潟県 にいがたけん 图 니가타현(지명)　雪 ゆき 图 눈
降る ふる 图 오다, 내리다　〜にかけて 〜에 걸쳐서
〜を通じて 〜をつうじて 〜을 통해서　〜にしては 〜치고는
〜をもとに 〜을 토대로

3

예습하지 않으면 수업 내용을 (　　) 이해할 수 없기 때문에, 예습은 반드시 하도록 하고 있다.

1　점점　　　　　　　2　결국
3　조금도　　　　　　4　만약에

해설　문맥에 맞는 부사를 고르는 문제이다. 빈칸 뒤의 理解できないので、予習は絶対にするようにしている(이해할 수 없기 때문에, 예습은 반드시 하도록 하고 있다)와 문맥상 어울리는 부사는 ちっとも

(조금도)이다. 따라서 3 ちっとも(조금도)가 정답이다.

어휘 予習 よしゅう 📗예습　授業 じゅぎょう 📗수업
内容 ないよう 📗내용　理解 りかい 📗이해　できる 📘할 수 있다
~ので 📘~때문에　絶対に ぜったいに 📙절대로
~ようにする ~(하)도록 하다　だんだん 📙점점　ついに 📙결국
ちっとも 📙조금도　もしも 📙만약에

4

(집에서)
아내 "당신, 훨씬 전부터 차를 닦으라고 부탁했는데, 아직이야? 벌써 한 달이 돼."
남편 "미안. 여러 가지 바빠서. 그렇지만, 오늘 (　　) 닦을게."

1 마저　　　　　　　2 이야말로
3 뿐　　　　　　　　4 정도

해설 대화의 문맥에 맞는 조사를 고르는 문제이다. 문장의 끝에 쓰인 洗うよ(닦을게)와 문맥상 어울리는 말은 '오늘이야말로'이다. 따라서 2 こそ(이야말로)가 정답이다.

어휘 妻 つま 📗아내　あなた 📗당신　ずっと 📙훨씬　前 まえ 📗전
~から 📘~부터　車 くるま 📗차　洗う あらう 📘닦다, 씻다
お願いする おねがいする 부탁하다　~のに 📘~(는)데
まだ 📙아직　もう 📙벌써　夫 おっと 📗남편　いろいろ 📙여러 가지
忙しい いそがしい 📘바쁘다　でも 📘그렇지만, 그래도
今日 きょう 📗오늘　~さえ ~마저　~こそ ~(이)야말로
~だけ 📘~뿐　~ほど 📘~정도

5

빈혈 증상인지 소파에서 (　　) 순간, 머리가 어질어질해서 바닥에 주저앉아 버렸다.

1 일어나서　　　　　2 일어날
3 일어나　　　　　　4 일어나는

해설 문형에 접속하는 알맞은 동사 형태를 고르는 문제이다. 빈칸 뒤의 とたん、頭がふらふらして床に座り込んでしまった(순간, 머리가 어질어질해서 바닥에 주저앉아 버렸다)를 보면, '소파에서 일어나는 순간, 머리가 어질어질해서 바닥에 주저앉아 버렸다'라고 하는 문맥이 가장 자연스럽다. 따라서 4 立ち上がった(일어나는)가 정답이다. 동사 た형+とたん은 '~(하)는 순간'이라는 의미인 문형임을 알아둔다.

어휘 貧血 ひんけつ 📗빈혈　症状 しょうじょう 📗증상　ソファー 📗소파
~から 📘~에서　~たとたん ~(하)는 순간　頭 あたま 📗머리
ふらふらする 어질어질하다　床 ゆか 📗바닥
座り込む すわりこむ 📘주저앉다　~てしまう ~(해) 버리다
立ち上がる たちあがる 📘일어나다

6

(전화로)
다나카 "○○ 상사의 다나카라고 합니다만, 나카무라 사장님은 지금 계십니까?"

요시무라 "죄송합니다. 나카무라는 지금 (　　)."

1 외출해 계십니다　　　2 외출합니다
3 외출하셔 있습니다　　4 외출해 있습니다

해설 대화의 문맥에 맞는 경어를 고르는 문제이다. 다른 회사 사람인 다나카에게 자기 회사의 나카무라 사장님이 '외출했다'고 대답해야 하는 상황이므로, 다른 회사의 사람에게 자기 회사 사람을 낮추는 겸양 표현을 사용해야 한다. 따라서 겸양 표현인 おる(있다)를 사용한 4 外出しております(외출해 있습니다)가 정답이다.

어휘 電話 でんわ 📗전화　商社 しょうしゃ 📗상사
申す もうす 📘말하다(言う의 겸양어)　社長 しゃちょう 📗사장(님)
今 いま 📗지금　いらっしゃる 📘계시다(いる의 존경어)
申し訳ない もうしわけない 📘죄송하다, 미안하다
ただいま 📗지금, 바로　外出 がいしゅつ 📗외출
させていただく 하다(する의 겸양 표현)
なさる 📘하시다(する의 존경어)　おる 📘있다(いる의 겸양어)

7

(회사에서)
야마시타 "어? 부장님이 안 계신데, 오늘, 휴가세요?"
스즈키 　　"그게, 부장님은 어제(　　)."

1 입원하셨다고 합니다　　2 입원하실 것 같아요
3 입원했다고 해요　　　　4 입원할 것 같아요

해설 대화의 문맥에 맞는 경어와 문말 표현을 고르는 문제이다. 행동의 주체는 부장님으로, 상사에게는 존경 표현을 사용해야 한다. 또한, 부장님이 어제 입원했다는 것을 전달하는 상황이므로 전언 표현을 사용해야 한다. 따라서, 존경 표현인 される(하시다)와 전언 표현인 そうだ(~라고 한다)를 사용한 1 入院されたそうです(입원하셨다고 합니다)가 정답이다. 2의 されそうだ(하실 것 같다)는 존경 표현인 される(하시다)와 추측의 そうだ(~(인) 것 같다)를 사용한 것이다. 3과 4는 모두 말하는 주체를 낮추는 겸양 표현인 いたす(하다)를 사용하였는데, 3은 전언의 そうだ(~라고 한다)를 사용하였고, 4는 추측의 そうだ(~(인) 것 같다)를 사용한 것임을 알아둔다.

어휘 会社 かいしゃ 📗회사　部長 ぶちょう 📗부장(님)
いらっしゃる 📘계시다(いる의 존경어)　今日 きょう 📗오늘
お休み おやすみ 📗휴가　昨日 きのう 📗어제
入院 にゅういん 📗입원

8

병이 난 어머니 (　　) 할머니가 우리들을 돌봐주는 것으로 되었습니다.

1 에 의해　　　　　　2 대신에
3 로서는　　　　　　　4 에 있어서

해설 문맥에 맞는 문형을 고르는 문제이다. 모든 선택지가 빈칸 앞의 명사 母(어머니)에 접속할 수 있다. 때문에 빈칸 뒤의 祖母が私たちの面倒を見てくれる(할머니가 우리들을 돌봐주는)에 이어지는 문맥을 보면, '병이 난 어머니 대신에 할머니가 우리들을 돌봐주는 것으로'가

가장 자연스럽다. 따라서 2 のかわりに(대신에)가 정답이다.

어휘 病気 びょうき 명 병　母 はは 명 어머니　祖母 そぼ 명 할머니
面倒をみる めんどうをみる 돌보아 주다　~によって ~에 의해
~のかわりに ~대신에　~としては ~로서는　~において ~에 있어서

9

친구가 6시까지 역에 (　　　) 라고 말했기 때문에, 5시에 집을 나왔습니다.

1　오자　　　　　　　　2　와 줘
3　오지마　　　　　　　4　와 달라고 해

해설 문맥에 맞는 동사 형태를 고르는 문제이다. 빈칸 뒤의 と言ったので, 5時に家を出ました(라고 말했기 때문에, 5시에 집을 나왔습니다)를 보면, '친구가 6시까지 역에 와 줘 라고 말했기 때문에, 5시에 집을 나왔습니다'라고 하는 문맥이 가장 자연스럽다. 따라서 2 来てくれ(와 줘)가 정답이다. 1은 来る(오다)의 의지형, 3은 来る(오다)의 부정 명령형, 4의 てもらえ는 '~(해) 달라고 해'라는 뜻임을 알아둔다.

어휘 友達 ともだち 명 친구　~までに ~까지(기한)　駅 えき 명 역
~ので 조 ~때문에　家 いえ 명 집　出る でる 동 나오다
来る くる 동 오다

10

다음 달부터 전기 요금 (　　　) 가스 요금도 오르니까, 절약하지 않으면 안 된다.

1　인 만큼　　　　　　2　인지 어떤지
3　에 반하여　　　　　4　뿐만 아니라

해설 문맥에 맞는 문형을 고르는 문제이다. 모든 선택지가 빈칸 앞의 명사 電気代(전기 요금)에 접속할 수 있다. 때문에 빈칸 뒤의 ガス代も上がるから, 節約しなければならない(가스 요금도 오르니까 절약하지 않으면 안 된다)를 보면 '전기 요금 뿐만 아니라 가스 요금도 오르니까'가 가장 자연스럽다. 따라서 4 ばかりか(뿐만 아니라)가 정답이다.

어휘 来月 らいげつ 명 다음 달　から 조 ~부터
電気代 でんきだい 명 전기 요금　ガス代 ガスだい 명 가스 요금
上がる あがる 동 오르다　~から 조 ~니까　節約 せつやく 명 절약
~なければならない ~(하)지 않으면 안 된다　~だけに ~(인) 만큼
~かどうか ~(인)지 어떤지　~に反して ~에 반하여　~にはんして ~에 반하여
~ばかりか ~뿐만 아니라

11

선생님 "내일 한자 시험을 칩니다. 범위는 15페이지부터 25페이지까지입니다."
학생　"앗, 그렇군나! 겨우 하루 만에 한자를 100개나 (　　　)."

1　외울 리가 없어요
2　외워서는 안 돼요
3　외울 수 있을 리가 없어요
4　외울 수 있다고 할 수는 없어요

해설 대화의 문맥에 맞는 문말 표현을 고르는 문제이다. 선생님이 내일 한자 시험을 친다며 범위를 말해주자, 학생이 하루 만에 한자 100개를 외울 수 없다고 하는 문맥이다. 따라서 3 覚えられるわけがないです(외울 수 있을 리가 없어요)가 정답이다.

어휘 先生 せんせい 명 선생(님)　明日 あした 명 내일
漢字 かんじ 명 한자　テスト 명 시험　範囲 はんい 명 범위
ページ 명 페이지　~から ~부터　~まで ~까지(한정)
そんなに 부 그렇게(까지)　たった 부 겨우
覚える おぼえる 동 외우다, 기억하다　~わけがない ~(일) 리가 없다
~ものではない ~해서는 안 된다　~わけにはいかない ~할 수는 없다
~とは限らない ~とはかぎらない ~라고는 단정지을 수 없다

12

사고로 전철이 멈춰버려서 지각 (　　　)지만, 시간에 맞춰서 다행이다.

1　할 것이었　　　　　2　할 것 같았
3　할 참이었　　　　　4　할 작정이었

해설 문맥에 맞는 문형을 고르는 문제이다. 빈칸 앞뒤의 문맥을 보면, '멈춰버려서 지각할 참이었지만'이 가장 자연스럽다. 따라서 3 するところだった(할 참이었)가 정답이다.

어휘 事故 じこ 명 사고　電車 でんしゃ 명 전철　止まる とまる 동 멈추다
~ちゃう ~(해) 버리다　遅刻 ちこく 명 지각　~けど 조 ~지만
間に合う まにあう 동 (시간에)맞추다　~はずだ ~(할) 것이다
~らしい ~(할) 것 같다　~ところだ ~(할) 참이다
~つもりだ ~(할) 작정이다

13

손자　"할아버지는, 어린 시절, 어떤 것을 하고 놀았어?"
할아버지 "그러게. 할아버지가 어린 시절은, 산에서 벌레를 잡거나, 하천에서 수영하거나 (　　　)."

1　하는 것이야　　　　2　시켰단다
3　당한 것이야　　　　4　하곤 했단다

해설 대화의 문말 표현을 고르는 문제이다. 손자가 할아버지의 어린 시절을 묻자, 할아버지가 벌레를 잡거나 수영을 했다는 이야기를 들려주는 문맥이다. 따라서 4 したもんだよ(하곤 했단다)가 정답이다.

어휘 孫 まご 명 손자　おじいちゃん 명 할아버지
子どものころ こどものころ 어린 시절　遊ぶ あそぶ 동 놀다
祖父 そふ 명 할아버지　山 やま 명 산　虫 むし 명 벌레
つかまえる 동 붙잡다　~たり 조 ~거나　川 かわ 명 하천, 강
泳ぐ およぐ 동 헤엄치다　~たもんだ(たものだ) ~(하)곤 했다

문제 2 문장만들기

실력 다지기
p.244

01 ①	02 ②	03 ③	04 ③	05 ③
06 ②	07 ③	08 ②	09 ③	10 ①
11 ②	12 ①	13 ①	14 ②	15 ③
16 ①	17 ③	18 ①		

01
최근 남동생이 매일 밤, 밤 늦게 ★까지 게임만 하고 있어서, 매우 걱정입니다.
① 까지 ② 게임만
③ 늦게

어휘 最近 さいきん 몡 최근   弟 おとうと 몡 남동생
毎晩 まいばん 몡 매일 밤   夜 よる 몡 밤   とても 閅 매우
心配だ しんぱいだ なⅢ 걱정이다   ~まで 젭 ~까지   ゲーム 몡 게임
~ばかり 젭 ~만   遅い おそい ⒤ 늦다

02
20년 전은 휴대전화를 가지고 있는 초등학생은 ★좀처럼 없었습니다.
① 초등학생은 ② 좀처럼
③ 가지고 있는

어휘 前 まえ 몡 전, 앞   携帯 けいたい 몡 휴대전화
小学生 しょうがくせい 몡 초등학생   めったに 閅 좀처럼
持つ もつ 围 가지다, 들다

03
어릴 때는, 항상 그와 놀고 ★있었을 정도로 사이가 좋았다.
① 놀고 ② 정도로
③ 있었을

어휘 子供のころ こどものころ 어릴 때   いつも 閅 항상
仲が良い なかがいい 사이가 좋다   遊ぶ あそぶ 围 놀다
~くらい 젭 ~정도

04
다나카 씨만큼 뜨거운 것을 빨리 ★먹을 수 있는 사람은 아마 없을 거라고 생각한다.
① 빨리 ② 사람은
③ 먹을 수 있는

어휘 ~ほど 젭 ~만큼, 정도   熱い あつい ⒤ 뜨겁다   たぶん 閅 아마
早く はやく 閅 빨리   食べる たべる 围 먹다

05
어머니 "아까, 왜 나카무라 군, 울고 있었니?"
아이 "저도 잘 모르지만, 가게에 먹고 싶었던 쿠키가 없었던 ★것 같아요."
① 쿠키가 없었던 ② 먹고 싶었던
③ 것 같아

어휘 母 はは 몡 어머니, 엄마   さっき 閅 아까   なんで 閅 왜
泣くなく 围 울다   子 こ 몡 아이   よく 閅 잘   わかる 围 알다, 이해하다
~けど 젭 ~지만   お店 おみせ 몡 가게   クッキー 몡 쿠키
食べる たべる 围 먹다   ~みたいだ ~것 같다

06
다음 주가 시합이기 때문에, 언제나 ★보다 혹독하게 연습받게 되어서 지쳤다.
① 연습 받게 되어서 ② 보다
③ 혹독하게

어휘 来週 らいしゅう 몡 다음 주   試合 しあい 몡 시합   ~ので 젭 ~때문에
いつも 閅 언제나, 보통 때   疲れる つかれる 围 지치다
練習 れんしゅう 몡 연습
~させられる (어쩔 수 없이) ~함을 당하다(する의 사역 수동형)
~より 젭 ~보다   厳しい きびしい ⒤ 혹독하다

07
점원 "지금 만석이므로, 여기에 앉으셔서 ★조금 기다려 주세요."
손님 "네."
① 기다려 ② 앉으셔서
③ 조금

어휘 店員 てんいん 몡 점원   ただいま 몡 (바로) 지금, 현재
満席 まんせき 몡 만석   ~ので 젭 ~이므로, 때문에   客 きゃく 몡 손님
待つ まつ 围 기다리다   おかけになる 앉으시다 (座る의 존경 표현)
少々 しょうしょう 閅 조금

08
오늘의 이 멋진 경험을 잊지 않는 ★동안에 어딘가에 적어 두고 싶다.
① 멋진 경험을 ② 동안에
③ 잊지 않는

어휘 今日 きょう 몡 오늘   書く かく 围 적다, 쓰다
素敵だ すてきだ なⅢ 멋지다   経験 けいけん 몡 경험
~ないうちに ~(하)지 않는 동안에 (~(하)기 전에)
忘れる わすれる 围 잊다

09
해외에서는 그 나라의 법률 ★에 따르지 않으면 안 된다고 생각합니다.
① 법률 ② 따르지 않으면
③ 에

어휘 海外 かいがい 명해외　国 くに 명나라　法律 ほうりつ 명법률
従う したがう 동따르다
~なければならない ~(하)지 않으면 안 된다

10

그 에게는 ★10시 까지 와 주세요 라고 전해두었습니다.
① 10시　　　　　　② 까지
③ 에게는

어휘 来る くる 동오다　伝える つたえる 동전하다　~までに ~까지(기한)

11

다나카 씨의 병이 ★더욱 중해져서 결국 입원하게 되었습니다.
① 결국　　　　　　② 더욱
③ 중해져서

어휘 病気 びょうき 명병　入院 にゅういん 명입원
~ことになる ~(하)게 되다　結局 けっきょく 부결국　さらに 부더욱
重い おもい い형중하다, 무겁다

12

선생님께 수학을 가르쳐 받았기 ★때문에 합격할 수 있었다고 생각합니다.
① 때문에　　　　　② 합격할 수 있었다
③ 받았기

어휘 先生 せんせい 명선생님　数学 すうがく 명수학
教える おしえる 동가르치다　~から 조~때문에
合格 ごうかく 명합격　できる 동할 수 있다

13

A "이번에 미나미 공원에서 축제가 있는데 ★같이 가지 않을래?"
B "응, 좋아. 언제였지?"
① 같이 가지 않을래　② 있는데
③ 축제가

어휘 今度 こんど 명이번　公園 こうえん 명공원　いつ 명언제
~っけ ~였지, 던가　一緒に いっしょに 같이, 함께
行く いく 동가다　~けど 조~는데　お祭り おまつり 명축제

14

그는 지금까지 계속 성적도 좋았고, 노력해왔기 때문에 분명 ★합격할 것입니다.
① 것입　　　　　　② 합격할
③ 분명

어휘 今まで いままで 부지금까지, 여태껏　ずっと 부계속
成績 せいせき 명성적　努力 どりょく 명노력　~から 조~때문에
~はずだ ~(일) 것이다　合格 ごうかく 명합격　きっと 부분명

15

인플루엔자 초기 증상이 ★나타나서 선생님에게 조퇴 당했기 때문에 집에서 쉬었습니다.
① 조퇴 당했기　　　② 선생님에게
③ 나타나서

어휘 インフルエンザ 명인플루엔자　初期 しょき 명초기
症状 しょうじょう 명증상　~ので 조~때문에　家 いえ 명집
休む やすむ 동쉬다　早退 そうたい 명조퇴
~させられる (억지로) ~함을 당하다(する의 사역 수동형)
先生 せんせい 명선생님　出る でる 동나타나다, 나오다

16

선생님께 받은 ★기념품은 정말 맛있었어요.
① 기념품은　　　　② 정말
③ 받은

어휘 先生 せんせい 명선생님　~から 조~께, 에게　おいしい い형맛있다
お土産 おみやげ 명기념품, 선물　とても 부정말, 매우
いただく 동받다(もらう의 겸양어)

17

최근, 수영을 시작했는데, 정말로 재미있어. 수영복 빌려 ★줄 테니까 해 보지 않을래?
① 빌려　　　　　　② 해
③ 줄 테니까

어휘 最近 さいきん 명최근　水泳 すいえい 명수영
始める はじめる 동시작하다　~けど 조~는데
本当に ほんとうに 정말로　面白い おもしろい い형재미있다
水着 みずぎ 명수영복　貸す かす 동빌려주다　~から 조~니까

18

출발 시간에 늦은 탓에 ★버스에 못 탔다.
① 버스에　　　　　② 탓에
③ 늦은

어휘 出発 しゅっぱつ 명출발　時間 じかん 명시간　乗る のる 동타다
バス 명버스　~せいで ~탓에　遅れる おくれる 동늦다

실전 대비하기 1　　　　p.246

| 1 4 | 2 3 | 3 3 | 4 2 | 5 1 |
| 6 4 | 7 4 | 8 4 | | |

문제2 다음 문장의 ___★___ 에 들어갈 가장 알맞은 것을, 1·2·3·4에서 하나 고르세요.

1

나무에 머물러 있던 새가 잠시 있다가 ★하늘로 날아가 버렸다.
1 잠시   2 날아가
3 있다가   4 하늘로

해설 빈칸 뒤의 しまった는 동사 て형과 접속하여 てしまう(~해 버리다)라는 문형이 되므로 먼저 2 飛び立って しまった(날아가 버렸다)로 연결할 수 있다. 나머지 선택지와 함께 의미적으로 배열하면 1 しばらく 3 すると 4 空へ 2 飛び立って(잠시 있다가 하늘로 날아가)가 되면서 전체 문맥과도 어울린다. 따라서 4 空へ(하늘로)가 정답이다.

어휘 木 き 몡나무 とまる 동머무르다 鳥 とり 몡새
~てしまう ~(해) 버리다 しばらく 뿐잠시
飛び立つ とびたつ 동날아가다 空 そら 몡하늘

2

실내에 있을 때에 지진이 발생한 경우에는 ★선반에서 물건이 떨어지거나 가구가 쓰러지거나 할 가능성이 있기 때문에, 책상 밑으로 들어가 몸을 보호하는 것이 중요합니다.
1 지진이 발생한
2 가구가 쓰러지거나 할
3 선반에서 물건이 떨어지거나
4 경우에는

해설 3의 たり와 2의 たりする는 연결하여 ~たり~たりする(~하거나 ~하거나 하다)라는 문형이 되므로 먼저 3 棚から 物が 落ちたり 2 家具が 倒れたりする(선반에서 물건이 떨어지거나 가구가 쓰러지거나 할)로 연결할 수 있다. 그리고, 場合는 동사 보통형에 접속할 수 있으므로 먼저 地震が 発生した 場合は(지진이 발생한 경우에는) 혹은 家具が 倒れたりする 場合は(가구가 쓰러지거나 할 경우에는)로 연결할 수 있다. 빈칸 앞의 '실내에 있을 때에'와 문맥상 어울리는 말은 1 地震が 発生した 4 場合は 3 棚から 物が 落ちたり 2 家具が 倒れたりする(지진이 발생한 경우에는 선반에서 물건이 떨어지거나 가구가 쓰러지거나 할)이므로, 3 棚から 物が 落ちたり(선반에서 물건이 떨어지거나)가 정답이다.

어휘 屋内 おくない 몡실내 いる 동있다 際 さい 몡때
可能性 かのうせい 몡가능성 ある 동있다 ~ため ~기 때문에
机 つくえ 몡책상 下 した 몡밑 入る はいる 동들어가다
身 み 몡몸 守る まもる 동보호하다 こと 몡것
大切だ たいせつだ な형중요하다 地震 じしん 몡지진
発生 はっせい 몡발생 家具 かぐ 몡가구
倒れる たおれる 동쓰러지다 棚 たな 몡선반 物 もの 몡물건
落ちる おちる 동떨어지다
~たり~たりする ~(하)거나~(하)거나 하다 場合 ばあい 몡경우

3

아이들이 성장함에 따라 가족의 시간이 ★줄어 가는 것이 쓸쓸하게 느껴진다.
1 것이   2 따라
3 줄어 가는   4 가족의 시간이

해설 빈칸 앞의 に는 2 したがって와 접속하여 にしたがって(에 따라)라는 문형이 되므로 먼저 に 2 したがって(에 따라)로 연결할 수 있다. 나머지 선택지와 함께 의미적으로 배열하면 2 したがって 4 家族の 時間が 3 減っていく 1 ことが(따라 가족의 시간이 줄어 가는 것이)가 되면서 전체 문맥과도 어울린다. 따라서 3 減っていく(줄어 가는)가 정답이다.

어휘 子供 こども 몡아이 ~たち ~들 成長 せいちょう 몡성장
寂しい さびしい い형쓸쓸하다 感じる かんじる 동느끼다
こと 몡것 ~にしたがって ~에 따라 減る へる 동줄다
~ていく ~(해) 가다 家族 かぞく 몡가족 時間 じかん 몡시간

4

이번 달 들어서 외식 만 하고 있었더니 ★용돈 이 벌써 없어져 버렸다.
1 하고 있었더니   2 용돈
3 이   4 만

해설 4 ばかり는 명사와 접속하므로 먼저 外食 4 ばかり(외식만) 혹은 2 お小遣い 4 ばかり(용돈만)으로 연결할 수 있다. 나머지 선택지와 함께 전체 선택지를 의미적으로 배열하면 4 ばかり 1 していたら 2 お小遣い 3 が(만 하고 있었더니 용돈이) 혹은 3 が 2 お小遣い 4 ばかり 1 していたら(이 용돈만 하고 있었더니)가 된다. '이번 달 들어서 외식만 하고 있었더니 용돈이 벌써 없어져 버렸다'가 전체 문맥과 어울리므로, 2 お小遣い(용돈)가 정답이다.

어휘 今月 こんげつ 몡이번 달 入る はいる 동들다
外食 がいしょく 몡외식 もう 뿐벌써 なくなる 동없어지다
~てしまう ~(해) 버리다 ~たら ~(했)더니
お小遣い おこづかい 몡용돈 ~ばかり 조~만

5

어머니는, 공항에서 유학을 떠나는 남동생을 배웅하면서, 금세라도 울기 시작할 것 같은 ★얼굴을 하고 있었다.
1 얼굴을   2 하고
3 금세라도   4 울기 시작할 것 같은

해설 4 泣き出しそうな는 명사를 수식하므로 먼저 4 泣き出しそうな 1 顔を(울기 시작할 것 같은 얼굴을)로 연결할 수 있다. 이것을 나머지 선택지와 함께 전체 선택지를 의미적으로 배열하면 3 いまにも 4 泣き出しそうな 1 顔を 2 して(금세라도 울기 시작할 것 같은 얼굴을 하고)가 되면서 전체 문맥과도 어울린다. 따라서 1 顔を(얼굴을)가 정답이다.

어휘 母 はは 몡어머니 空港 くうこう 몡공항 留学 りゅうがく 몡유학
向かう むかう 동떠나다 弟 おとうと 몡남동생
見送る みおくる 동배웅하다 ~ながら ~(하)면서
顔 かお 몡얼굴 泣き出す なきだす 동울기 시작하다
いまにも~そうだ 금세라도 ~(할) 것 같다

6

A "그 가게는 지금, 세일 중입니다. 하라다 씨 에 의하면 이번 주말까지 ★싸 다고 합니다."
B "그렇습니까? 가 봅시다."

1 에 의하면	2 이번 주말까지
3 다고 합니다	**4 싸**

해설 문형 1 によると는 명사에 접속하므로 먼저 原田さん 1 によると(하라다 씨에 의하면)로 연결할 수 있다. 이것을 나머지 선택지와 함께 전체 선택지를 의미적으로 배열하면 1 によると 2 今週末まで 4 安い 3 ということです(에 의하면 이번 주말까지 싸다고 합니다)가 되면서 전체 문맥과도 어울린다. 따라서 4 安い(싸)가 정답이다.

어휘 店 みせ 몡 가게 今 いま 몡 지금 セール 몡 세일
～中 ～ちゅう ～중 行く いく 통 가다 ～てみる ～(해) 보다
～によると ～에 의하면 今週末 こんしゅうまつ 몡 이번 주말
～まで 조 ～까지 ～ということだ ～라고 하다 安い やすい い형 싸다

7

아르바이트를 시작하고 벌써 3년 째가 되어, 점장님에게 들어서 아르바이트 리더를 맡 게 되었지만 ★제대로 맡을 수 있을지 불안하다.

1 맡을 수 있	2 맡
3 게 되었지만	**4 제대로**

해설 3 ことになったが는 동사 사전형에 접속할 수 있으므로 먼저 2 務める 3 ことになったが(맡게 되었지만) 혹은 1 務められる 3 ことになったが(맡을 수 있게 되었지만)로 연결할 수 있다. 나머지 선택지와 함께 의미적으로 배열하면 2 務める 3 ことになったが 4 ちゃんと 1 務められる(맡게 되었지만 제대로 맡을 수 있) 혹은 1 務められる 3 ことになったが 4 ちゃんと 2 務める(맡을 수 있게 되었지만 제대로 맡)가 된다. '점장님에게 들어서 아르바이트 리더를 맡 게 되었지만 제대로 맡을 수 있을지 불안하다'가 전체 문맥과 어울리므로, 4 ちゃんと(제대로)가 정답이다.

어휘 バイト 몡 아르바이트 始める はじめる 통 시작하다
もう 빈 벌써, 이미 ～年目 ～ねんめ ～년째 なる 통 되다
店長 てんちょう 몡 점장(님) 言われる いわれる 통 듣다
バイトリーダー 몡 아르바이트 리더 不安だ ふあんだ な형 불안하다
務める つとめる 통 맡다 ～ことになる ～(하)게 되다
ちゃんと 빈 제대로

8

지폐의 디자인이 새로워진 다고 해서 옛날 지폐를 ★쓸 수 없게 되는 것은 아닙니다.

1 것은	2 옛날 지폐를
3 다고 해서	**4 쓸 수 없게 되는**

해설 문형 からといって는 동사 보통형에 접속하므로 新しくなる 3 からといって(새로워진다고 해서)로 연결할 수 있다. 이것을 나머지 선택지와 함께 의미적으로 배열하면 3 からといって 2 昔のお札が 使えなくなる 1 ことは(다고 해서 옛날 지폐를 쓸 수 없게 되는 것은)가 되면서 전체 문맥과도 어울린다. 따라서 4 使えなくなる(쓸 수 없게 되는)가 정답이다.

어휘 お札 おさつ 몡 지폐 デザイン 몡 디자인
新しい あたらしい い형 새롭다 ～くなる ～해지다 昔 むかし 몡 옛날
～からといって ～라고 해서 使う つかう 통 쓰다, 사용하다

실전 대비하기 2
p.248

1 2	**2** 3	**3** 4	**4** 3	**5** 1
6 4	**7** 2	**8** 1		

문제2 다음 문장의 ★ 에 들어갈 가장 알맞은 것을, 1·2·3·4에서 하나 고르세요.

1

신용 카드는 지불 능력이 인정되지 않으면 ★만들 수 없게 되어 있기 때문에, 미성년자는 신청할 수 없습니다.

1 지불 능력이	**2 만들 수 없게**
3 인정되지 않으면	4 되어 있기 때문에

해설 2의 ことに와 4의 なっている는 연결하여 ～ことになっている(～하게 되어 있다)라는 문형이 되므로 먼저 2 作れないことに 4 なっているため(만들 수 없게 되어 있기 때문에)로 연결할 수 있다. 나머지 선택지와 함께 의미적으로 배열하면 1 支払い能力が 3 認められないと 2 作れないことに 4 なっているため(지불 능력이 인정되지 않으면 만들 수 없게 되어 있기 때문에)가 되면서 전체 문맥과도 어울린다. 따라서 2 作れないことに(만들 수 없게)가 정답이다.

어휘 クレジットカード 몡 신용 카드 未成年 みせいねん 몡 미성년
申し込む もうしこむ 통 신청하다 ～ことができる ～(할) 수 있다
支払い しはらい 몡 지불 能力 のうりょく 몡 능력
作る つくる 통 만들다 認める みとめる 통 인정하다
～ことになる ～(하)게 되다

2

A "어제 학원을 빼먹은 것을 부모님에게 들켜서, 심하게 혼났어."
B "전부 네 탓이잖아. 거짓말 같은 걸 하니까 ★그렇게 되는 거 야."

1 하니까	2 되는 거
3 그렇게	4 같은 걸

해설 3의 こと와 2의 になる는 연결하여 ～ことになる(～하게 되다)라는 문형이 되므로 먼저 3 そんなこと 2 になるの(그렇게 되는 거)로 연결할 수 있다. 나머지 선택지와 함께 의미적으로 배열하면 4 なんかを 1 つくから 3 そんなこと 2 になるの(같은 걸 하니까 그렇게 되는 거)가 되면서 전체 문맥과도 어울린다. 따라서 3 そんなこと(그렇게)가 정답이다.

어휘 昨日 きのう 몡 어제 塾 じゅく 몡 학원 さぼる 통 빼먹다
親 おや 몡 부모님 ばれる 통 들키다 ひどい い형 심하다
叱る しかる 통 혼내다 全部 ぜんぶ 몡 전부 自分 じぶん 몡 나, 자신
せい 몡 탓 嘘 うそ 몡 거짓말 つく 통 (거짓말을) 하다
～ことになる ～(하)게 되다 ～なんか 조 ～같은 것

3

교차로를 우회전하려던 ★참에 뒤를 달리고 있던 오토바이에 부딪쳐, 사고가 발생했다.

1 달리고 있던　　　　2 우회전하려던
3 뒤를　　　　　　　　4 참에

해설　문형 ところだ는 동사 た형에 접속하므로 1 走っていた 4 ところ (달리고 있던 참에) 혹은 2 右折しようとした 4 ところ(우회전하려던 참에)로 연결할 수 있다. 나머지 선택지와 함께 의미적으로 배열하면 1 走っていた 4 ところ 3 後ろを 2 右折しようとした(달리고 있던 참에 뒤를 우회전하려던) 혹은 2 右折しようとした 4 ところ 3 後ろを 1 走っていた(우회전하려던 참에 뒤를 달리고 있던)가 된다. '교차로를 우회전하려던 참에 뒤를 달리고 있던 오토바이에 부딪쳐'가 전체 문맥과 어울리므로, 4 ところ(참에)가 정답이다.

어휘　交差点 こうさてん 뎽교차로　バイク 뎽오토바이
ぶつける 됭부딪치다　事故 じこ 뎽사고　発生 はっせい 뎽발생
走る はしる 됭달리다　右折 うせつ 뎽우회전　後ろ うしろ 뎽뒤
～ようとする ~(하)려고 하다
～ところだ ~(하)는 참이다

4

A "다음달 중국어 스피치 대회에, 중국에서 2년 살았던 다나베 씨도 출전한대."
B "엇, 그러면 우리가 아무리 연습했다 ★고 해도 우승하는 것은 그녀로 정해져 있잖아."

1 연습했다　　　　2 우승하는
3 고 해도　　　　　4 아무리

해설　문형 としても는 동사 보통형에 접속하므로 1 練習した 3 としても (연습했다고 해도) 혹은 2 優勝する 4 としても(우승한다고 해도)로 연결할 수 있다. 나머지 선택지와 함께 의미적으로 배열하면 4 どんなに 1 練習した 3 としても 2 優勝する(아무리 연습했다고 해도 우승하는) 혹은 4 どんなに 2 優勝する 4 としても 1 練習した(아무리 우승한다고 해도 연습한)가 된다. '우리가 아무리 연습했다고 해도 우승하는 것은 그녀로 정해져 있잖아'가 전체 문맥과 어울리므로, 3 としても(고 해도)가 정답이다.

어휘　来月 らいげつ 뎽다음 달　中国語 ちゅうごくご 뎽중국어
スピーチ 뎽스피치　大会 たいかい 뎽대회　中国 ちゅうごく 뎽중국
住む すむ 됭살다　出場 しゅつじょう 뎽출전　～って ~래
私たち わたしたち 뎽우리들　彼女 かのじょ 뎽그녀
～に決まっている ~にきまっている ~로 정해져 있다
練習 れんしゅう 뎽연습　優勝 ゆうしょう 뎽우승
～としても ~라고 해도　どんなに 면아무리

5

그가 올림픽에서 보여준 4회전 점프는 세계에서도 한정된 선수밖에 ★할 수 없을 정도로 매우 어려운 기술입니다.

1 할 수 없을 정도로　　　2 한정된 선수밖에
3 매우 어려운　　　　　　4 세계에서도

해설　2의 しか와 1의 ない는 연결하여 ~しか~ない(~밖에 ~없다)라는 문형이 되므로 먼저 2 限られた選手にしか 1 できないほど(한정된 선수밖에 할 수 없을 정도로)로 연결할 수 있다. 나머지 선택지와 함께 의미적으로 배열하면 4 世界でも 2 限られた選手にしか 1 できないほど 3 とても難しい(세계에서도 한정된 선수밖에 할 수 없을 정도로 매우 어려운)가 되면서 전체 문맥과도 어울린다. 따라서 1 できないほど(할 수 없을 정도로)가 정답이다.

어휘　彼 かれ 뎽그　オリンピック 뎽올림픽　見せる みせる 됭보여주다
～回転 ～かいてん 뎽~회전　ジャンプ 뎽점프　技 わざ 뎽기술
～ほど 죄~정도로　限られる かぎられる 됭한정되다
選手 せんしゅ 뎽선수　～しか ~밖에　とても 면매우
難しい むずかしい い형어렵다　世界 せかい 뎽세계

6

콘서트에서 그녀의 노랫소리를 처음 들었을 때 ★너무나도 아름다워서 감동했던 것을 지금도 뚜렷하게 기억하고 있다.

1 처음 들었을　　　　2 아름다워서 감동했던
3 때　　　　　　　　4 너무나도

해설　문형 ときは 동사 보통형에 접속하므로 1 初めて聞いた 3 とき(처음 들었을 때) 혹은 2 美しくて感動した 3 とき(아름다워서 감동했을 때)로 연결할 수 있다. 나머지 선택지와 함께 의미적으로 배열하면 1 初めて聞いた 3 とき 4 あまりにも 2 美しくて感動した(처음 들었을 때 너무나도 아름다워서 감동했던) 혹은 2 美しくて感動した 3 とき 4 あまりにも 1 初めて聞いた(아름다워서 감동했을 때 너무나도 처음 들었던)가 된다. '그녀의 노랫소리를 처음 들었을 때 너무나도 아름다워서 감동했던 것을 지금도 뚜렷하게 기억하고 있다'가 전체 문맥과 어울리므로, 4 あまりにも(너무나도)가 정답이다.

어휘　コンサート 뎽콘서트　彼女 かのじょ 뎽그녀
歌声 うたごえ 뎽노랫소리　今 いま 뎽지금　はっきり 면분명히
覚える おぼえる 됭기억하다　初めて はじめて 면처음으로
聞く きく 됭듣다　美しい うつくしい い형아름답다
感動 かんどう 뎽감동　～とき ~(할) 때　あまりにも 면너무나도

7

근래, 기술이 엄청난 스피드로 진보하고 있기 때문에, 일반인이 하늘을 나는 자동차에 타는 날이 ★언제 와도 이상하지 않다.

1 이상하지 않다
2 언제 와도
3 하늘을 나는 자동차에 타는 날이
4 일반인이

해설　선택지들끼리 연결 가능한 문형이 없으므로 빈칸 앞뒤를 본다. 빈칸 앞뒤와도 연결 가능한 문형이 없으므로 전체 선택지를 의미적으로 배열하면 4 一般の人が 3 空飛ぶ車に乗る日が 2 いつ来ても 1 不思議ではない(일반인이 하늘을 나는 자동차에 타는 날이 언제 와도 이상하지 않다)가 된다. 전체 문맥과도 어울리므로 2 いつ来ても(언제 와도)가 정답이다.

어휘 近年 きんねん 명최근　技術 ぎじゅつ 명기술　すごい い형대단하다
スピード 명속도　進歩 しんぽ 명진보
不思議だ ふしぎだ な형이상하다　いつ 명언제　空 そら 명하늘
飛ぶ とぶ 동날다　車 くるま 명자동차　乗る のる 동타다
日 ひ 명날　一般の人 いっぱんのひと 일반인

8

손님 "실례합니다. 예약하지 않았는데, 들어갈 수 있을까요?"
점원 "지금 테라스석은 만석입니다. 테라스석이 아니어도 괜찮다면 ★바로 안내해 드릴 수 있는데, 어떻게 하시겠습니까?"

1 바로   2 테라스석이 아니어도
3 안내해 드릴 수 있는데 4 괜찮다면

해설 선택지들끼리 연결 가능한 문형이 없으므로 빈칸 앞뒤를 본다. 빈칸 앞뒤와도 연결 가능한 문형이 없으므로 전체 선택지를 의미적으로 배열하면 2 テラス席でなくても 4 よければ 1 すぐに 3 ご案内できますが(테라스 석이 아니어도 괜찮다면 바로 안내해 드릴 수 있는데)가 된다. 전체 문맥과도 어울리므로 1 すぐに(바로)가 정답이다.

어휘 客 きゃく 명손님　予約 よやく 명예약　入る はいる 동들어가다
店員 てんいん 명점원　ただいま 부지금
テラス席 テラスせき 명테라스석　満席 まんせき 명만석
いかが 부어떻게　すぐに 부바로　案内 あんない 명안내
よい い형좋다

실전 대비하기 3　　　　　p.250

| 1 2 | 2 1 | 3 1 | 4 2 | 5 2 |
| 6 3 | 7 4 | 8 4 | | |

문제2 다음 문장의 ＿★＿에 들어갈 가장 알맞은 것을, 1·2·3·4에서 하나 고르세요.

1

지망 학교가 정해지면, 나머지는 합격을 향해 필요한 과목 ★을 공부할 뿐 입니다.

1 합격을 향해   2 을 공부할
3 필요한 과목   4 뿐

해설 선택지들끼리 연결 가능한 문형이 없으므로 빈칸 앞뒤를 본다. 빈칸 앞뒤와도 연결 가능한 문형이 없으므로 전체 선택지를 의미적으로 배열하면 1 合格に向けて 3 必要な科目 2 を勉強する 4 だけ(합격을 향해 필요한 과목을 공부할 뿐)가 된다. 전체 문맥과도 어울리므로 2 を勉強する(을 공부할)가 정답이다.

어휘 志望校 しぼうこう 명지망 학교　決まる きまる 동정해지다
あと 명나머지　合格 ごうかく 명합격　向ける むける 동향하다
勉強 べんきょう 명공부　必要だ ひつようだ な형필요하다
科目 かもく 명과목　～だけ 조~만

2

A "스키용 옷이 없는데, 이걸로 괜찮을까?"
B "기온이 낮은 데다가 바람도 있는데, 그런 차림으로 견딜 수 있을 ★리가 없잖아. 옷은 스키장에서 빌리자.

1 리가 없   2 그런 차림으로
3 견딜 수 있을   4 잖아

해설 문형 わけがない는 동사 보통형에 접속하므로 3 耐えられる 1 わけがない(견딜 수 있을 리가 없다)로 연결할 수 있다. 이것을 나머지 선택지와 함께 의미적으로 배열하면 2 そんな格好で 3 耐えられる 1 わけがない 4 じゃない(그런 차림으로 견딜 수 있을 리가 없잖아)가 되면서 전체 문맥과도 어울린다. 따라서 1 わけがない(리가 없)가 정답이다.

어휘 スキー 명스키　～用 ～よう ~용　服 ふく 명옷
気温 きおん 명기온　低い ひくい い형낮다　～うえに 조~게다가
風 かぜ 명바람　スキー場 スキーじょう 명스키장
借りる かりる 동빌리다　～わけがない 조~할 리가 없다
格好 かっこう な형차림　耐える たえる 동견디다

3

주로 3월부터 4월에 걸쳐 꽃을 피우는 민들레는, 콘크리트의 틈에서도 성장할 수 ★다는 강한 생명력 을 가진 꽃입니다.

1 다는   2 강한 생명력
3 을 가진   4 성장할 수 있

해설 という는 명사와 동사 보통형에 접속할 수 있으므로 모든 선택지와 연결할 수 있다. 따라서, 전체 선택지를 의미적으로 배열하면 4 成長することができる 1 という 2 強い生命力 3 を持った(성장할 수 있다는 강한 생명력을 가진)가 된다. 전체 문맥과도 어울리므로 1 という(다는)가 정답이다.

어휘 主に おもに 부주로　～にかけて ~에 걸쳐　花 はな 명꽃
咲く さく 동피다　たんぽぽ 명민들레　コンクリート 명콘크리트
隙間 すきま 명틈　～という ~라는　強い つよい い형강하다
生命力 せいめいりょく 명생명력　持つ もつ 동가지다
成長 せいちょう 명성장　～ことができる ~(할) 수 있다

4

A "이후에 일이 끝나면, 저녁 식사라고 함께 어때?"
B "좋은데, 오늘, 빠져 있는 드라마의 최종회가 방송되는 날이니까, 아무리 늦어도 ★9시까지는 집에 돌아가지 않으면 안 돼."

1 늦어도   2 9시까지는
3 아무리   4 집에 돌아가지 않으면

해설 선택지들끼리 연결 가능한 문형이 없으므로 빈칸 앞뒤를 본다. 빈칸 앞뒤와도 연결 가능한 문형이 없으므로 전체 선택지를 의미적으로 배열하면 3 どんなに 1 遅くても 2 9時までには 4 家に帰らないと(아무리 늦어도 9시까지는 집에 돌아가지 않으면)가 된다. 전체 문맥과도 어울리므로 2 9時までには(9시까지는)가 정답이다.

어휘 このあと 부이후　仕事 しごと 명일　終わる おわる 동끝나다

晩ご飯 ばんごはん 몡저녁밥　一緒に いっしょに 囲함께
いい い형좋다　今日 きょう 몡오늘　はまる 동빠지다
ドラマ 몡드라마　最終回 さいしゅうかい 몡최종회
放送 ほうそう 몡방송　日 ひ 몡날　遅い おそい い형늦다
~まで 조~까지　どんなに 囲아무리　家 いえ 몡집
帰る かえる 동돌아가다　~ないといけない ~(하)지 않으면 안 된다

5

모처럼 하고 싶은 것과 목표가 있는데 시간이 없어서 <u>할 수 없</u> <u>다는</u> <u>것은</u> ★<u>그저 변명</u> <u>에 불과하다</u> 고 생각한다.

1 에 불과하다　　　　2 그저 변명
3 다는 것은　　　　　4 할 수 없

해설 문형 でしかない은 명사에 접속하므로 2 ただの言い訳 1 でしかない(그저 변명에 불과하다)로 연결할 수 있다. 이것을 나머지 선택지와 함께 의미적으로 배열하면 4 できない 3 というのは 2 ただの言い訳 1 でしかない(할 수 없다는 것은 그저 변명에 불과하다)가 되면서 전체 문맥과도 어울린다. 따라서 2 ただの言い訳(그저 변명)이 정답이다.

어휘 せっかく 囲모처럼　やる 동하다　~や 조~과, 랑
目標 もくひょう 몡목표　~のに 조~는데　時間 じかん 몡시간
~でしかない ~에 불과하다　ただ 囲그저, 단지
言い訳 いいわけ 몡변명　~というのは ~라는 것은
~と思う ~とおもう ~라고 생각하다

6

어린 시절에는 다른 사람 앞에 서는 <u>것을</u> <u>부끄러워했었는데</u> ★<u>사회 경험을 쌓는</u> <u>동안에</u> 아무렇지 않게 되기 시작했다.

1 부끄러워했었는데　　2 동안에
3 사회 경험을 쌓는　　4 것을

해설 문형 うちに은 동사 보통형에 접속하므로 3 社会経験を積む 2 うちに(사회 경험을 쌓는 동안에) 혹은 人前に立つ 2 うちに(다른 사람 앞에 서는 동안에)로 연결할 수 있다. 나머지 선택지와 함께 의미적으로 배열하면 4 のを 1 恥ずかしがっていたが 3 社会経験を積む 2 うちに(것을 부끄러워했었는데 사회 경험을 쌓는 동안에) 혹은 2 うちに 1 恥ずかしがっていたが 3 社会経験を積む 4 のを(동안에 부끄러워했었는데 사회 경험을 쌓는 것을)가 된다. '다른 사람 앞에 서는 것을 부끄러워했었는데 사회 경험을 쌓는 동안에 아무렇지 않게 되기 시작했다'가 전체 문맥과 어울리므로, 3 社会経験を積む(사회 경험을 쌓는)가 정답이다.

어휘 幼い おさない い형어리다　頃 ころ 몡시절
人前 ひとまえ 몡다른 사람들 앞　立つ たつ 동서다
何とも なんとも 囲아무렇지　恥ずかしい はずかしい い형부끄럽다
~がる ~(해)하다　~うちに ~(하)는 동안에　社会 しゃかい 몡사회
経験 けいけん 몡경험　積む つむ 동쌓다

7

사람은 실패를 통해서 ★<u>배움을 얻기 때문에</u> 실패하는 것이 나쁜 것이라고는 단정지을 수 없다. 오히려, 좋은 것이라고도 생각된다.

1 실패하는 것이　　　2 실패를 통해서
3 나쁜 것　　　　　　4 배움을 얻기 때문에

해설 선택지들끼리 연결 가능한 문형이 없으므로 빈칸 앞뒤를 본다. 빈칸 앞뒤와도 연결 가능한 문형이 없으므로 전체 선택지를 의미적으로 배열하면 2 失敗を通して 4 学びを得るため 1 失敗することが 3 悪いこと(실패를 통해서 배움을 얻기 때문에 실패하는 것이 나쁜 것)가 된다. 전체 문맥과도 어울리므로 4 学びを得るため(배움을 얻기 때문에)가 정답이다.

어휘 人 ひと 몡(다른) 사람
~とは限らない ~とはかぎらない ~라고는 단정할 수 없다
むしろ 囲오히려　いい い형좋다　考える かんがえる 동생각하다
失敗 しっぱい 몡실패　~を通して ~をとおして ~를 통해서
悪い わるい い형나쁘다　学び まなび 몡배움　得る える 동얻다

8

사장님에게 <u>부탁 받은</u> <u>일은</u> ★<u>싫어도</u> <u>하지 않을</u> 수는 없다.

1 부탁 받은　　　　　2 하지 않을
3 일은　　　　　　　 4 싫어도

해설 빈칸 뒤의 わけにはいかない는 동사 보통형 뒤에 접속하므로, 먼저 2 しない わけにはいかない(하지 않을 수는 없다)로 연결할 수 있다. 이것을 나머지 선택지와 함께 의미적으로 배열하면 1 頼まれた 3 仕事は 4 嫌でも 2 しない(부탁 받은 일은 싫어도 하지 않을)가 되면서, 전체 문맥과도 어울린다. 따라서 4 嫌でも(싫어도)가 정답이다.

어휘 社長 しゃちょう 몡사장(님)　~わけにはいかない ~(할) 수는 없다
頼む たのむ 동부탁하다　仕事 しごと 몡일, 업무
嫌だ いやだ な형싫다

실전 대비하기 4　　　　　　　　　　　　　　　p.252

| **1** 2 | **2** 4 | **3** 2 | **4** 4 | **5** 1 |
| **6** 1 | **7** 4 | **8** 3 | | |

문제2 다음 문장의 ___★___ 에 들어갈 가장 알맞은 것을, 1·2·3·4에서 하나 고르세요.

1

설령 매일 시험 공부로 <u>바쁘더라도</u> <u>전화하는</u> ★<u>정도는</u> <u>할 수 있</u>잖아.

1 할 수 있　　　　　2 정도는
3 바쁘더라도　　　　4 전화하는

해설 2의 くらい는 동사 보통형 뒤에 접속하므로 먼저 1 できる 2 くらい는(할 수 있는 정도는) 혹은 4 電話する 2 くらい는(전화하는 정도는)로 연결할 수 있다. 이것을 나머지 선택지와 함께 의미적으로 배열하면 3 忙しくても 4 電話する 2 くらい는 1 できる(바쁘더라도 전화하는 정도는 할 수 있)가 되면서, 전체 문맥과도 어울린다. 따라서 2 くらい는(정도는)가 정답이다.

어휘 たとえ 🖲설령, 비록   毎日 まいにち 🖲매일   試験 しけん 🖲시험
勉強 べんきょう 🖲공부   できる 🖲할 수 있다, 가능하다
〜くらい 🖲정도, 쯤   忙しい いそがしい 🖲바쁘다
電話 でんわ 🖲전화

2

(집에서)
남편 "지금부터 우체국에 갔다 올게."
아내 "아, 미안하지만, 우체국에 가는 ★김에 슈퍼에 들러서 우유를 사 와주지 않을래?"

1 슈퍼에   2 가는
3 들러서   4 김에

해설 4 ついでに는 동사 보통형 뒤에 접속하므로 먼저 2 行く 4 ついでに(가는 김에)로 연결할 수 있다. 이것을 나머지 선택지와 함께 의미적으로 배열하면 2 行く 4 ついでに 1 スーパーに 3 よって(가는 김에 슈퍼에 들러서)가 되면서, 전체 문맥과도 어울린다. 따라서 ★이 있는 두 번째 빈칸에 위치한 4 ついでに(김에)가 정답이다.

어휘 家 いえ 🖲집   夫 おっと 🖲남편   今 いま 🖲지금   〜から 🖲〜부터
郵便局 ゆうびんきょく 🖲우체국   行く いく 🖲가다   妻 つま 🖲아내
悪い わるい 🖲미안하다, 실례가 되다   〜けど 🖲〜지만
牛乳 ぎゅうにゅう 🖲우유   買う かう 🖲사다   スーパー 🖲슈퍼
よる 🖲들르다   〜ついでに 🖲〜하는 김에

3

이틀에 한 번은 진통제를 먹기 때문에, 두통에 대해서 조사해 보았다. 그 원인은 여러 가지 있지만 ★몸에 물이 부족할 때도 아픔을 일으키는 경우가 있다고 한다.

1 아픔을 일으키는   2 몸에 물이 부족할
3 때도   4 여러 가지 있지만

해설 연결되는 문형이 없으므로 전체 선택지를 의미적으로 배열하면 4 いろいろあるが 2 体に水分が足りない 3 ときも 1 痛みを引き起こす(여러 가지 있지만 몸에 물이 부족할 때도 아픔을 일으키는)가 된다. 전체 문맥과도 어울리므로 2 体に水分が足りない(몸에 물이 부족할)가 정답이다.

어휘 二日 ふつか 🖲이틀   一回 いっかい 🖲한 번
鎮痛剤 ちんつうざい 🖲진통제   飲む のむ 🖲(약을) 먹다
頭痛 ずつう 🖲두통   〜について 〜에 대해서
調べる しらべる 🖲조사하다   〜てみる 〜(해) 보다
原因 げんいん 🖲원인   〜らしい 〜(라)고 한다   痛み いたみ 🖲아픔
引き起こす ひきおこす 🖲일으키다   体 からだ 🖲몸
水分 すいぶん 🖲물, 수분   足りない たりない 부족하다   〜とき 〜때
いろいろ 🖲여러가지

4

야마모토 "과장님에게 무슨 일 있었나요? 과장님 눈이 빨갛네요."
스즈키 "네, 사실은 어제 기르던 개가 죽어버렸다고 해서, 과장님에게 있어서 ★소중한 가족이었 는데 정말 유감이에요."

1 는데   2 있어서
3 과장님에게   4 소중한 가족이었

해설 문형 にとっては 명사 뒤에 접속하므로 먼저 3 課長に 2 とって(과장님에게 있어서)로 연결할 수 있다. 이것을 나머지 선택지와 함께 의미적으로 배열하면 3 課長に 2 とって 4 大切な家族だった 1 のに(과장님에게 있어서 소중한 가족이었는데)가 되면서, 전체 문맥과도 어울린다. 따라서 4 大切な家族だった(소중한 가족이었)가 정답이다.

어휘 課長 かちょう 🖲과장(님)   何か なにか 무언가   目 め 🖲눈
赤い あかい 🖲빨갛다   実は じつは 사실은   昨日 きのう 🖲어제
飼う かう 🖲기르다   犬 いぬ 🖲개   死ぬ しぬ 🖲죽다
〜てしまう 〜(해) 버리다   〜そうだ 〜라고 한다(전언)   とても 🖲정말
残念だ ざんねんだ 🖲유감이다   〜のに 🖲〜는데
〜にとって 〜에게 있어서   大切だ たいせつだ 🖲소중하다
家族 かぞく 🖲가족

5

1년 정도 바이올린을 배우고 있지만, 아무리 연습해도 ★전혀 능숙해 지지 않습니다.

1 전혀   2 연습해도
3 아무리   4 능숙해

해설 연결되는 문형이 없으므로 전체 선택지를 의미적으로 배열하면 3 いくら 2 練習しても 1 全然 4 上手に(아무리 연습해도 전혀 능숙해)가 된다. 전체 문맥과도 어울리므로 1 全然(전혀)가 정답이다.

어휘 〜くらい 🖲〜정도   バイオリン 🖲바이올린   習う ならう 🖲배우다
全然 ぜんぜん 🖲전혀   練習 れんしゅう 🖲연습   いくら 🖲아무리
上手だ じょうずだ 🖲능숙하다

6

친구는 '바로 돌아올게'라고 말했는데, 도서관에 책을 ★돌려주러 간 채 좀처럼 돌아오지 않는다.

1 돌려주러   2 간 채
3 좀처럼   4 책을

해설 문형 に行く는 동사 ます형과 명사 뒤에 접속할 수 있으므로 먼저 빈칸 앞 図書館に 2 行ったまま(도서간에 간 채) 혹은 1 返しに 2 行ったまま(돌려주러 간 채)로 연결할 수 있다. 이것을 나머지 선택지와 함께 의미적으로 배열하면 4 本を 1 返しに 2 行ったまま 3 なかなか(책을 돌려주러 간 채 좀처럼)가 되면서, 전체 문맥과도 어울린다. 따라서 ★이 있는 두 번째 빈칸에 위치한 1 返しに(돌려주러)가 정답이다.

어휘 友だち ともだち 🖲친구   すぐ 🖲바로   戻る もどる 🖲돌아오다
〜のに 🖲〜는데   図書館 としょかん 🖲도서관

帰る かえる 图 돌아오다　返す かえす 图 돌려주다
~に行く ~にいく ~(하)러 가다　~まま 图 ~채　なかなか 图 좀처럼
本 ほん 图 책

7

저는 좋아하는 가수의 노래 ★밖 에 듣지 않습니다.

1 에　　　　　　　　　2 노래
3 가수의　　　　　　　 **4 밖**

해설 연결되는 문형이 없으므로 전체 선택지를 의미적으로 배열하면 3 歌手の 2 歌 4 だけ 1 しか (가수의 노래 밖에)가 된다. 전체 문맥과도 어울리므로 4 だけ(밖)가 정답이다. 참고로 だけ는 '~만', しか는 '~밖에'라는 뜻이지만, だけしかない는 '~밖에 없다'라는 의미인 문형임을 알아둔다.

어휘 好きだ すきだ 图형 좋아하다　聞く きく 图 듣다
~だけしかない ~밖에 없다　歌 うた 图 노래　歌手 かしゅ 图 가수

8

나카무라 "겨우 시험이 끝났네. 야마모토 군은 오늘 무엇을 할 예정이야?"
야마모토 "나는 시험이 끝나면 읽으려 고 생각하고 있던 ★책이 많이 있으니까, 그것을 읽 거야."

1 많이 있으　　　　　　2 읽으려
3 책이　　　　　　　　4 고 생각하고 있던

해설 4의 と思う는 동사 사전형과 동사 의지형 뒤에 접속할 수 있으므로 먼저 1 たくさんある 4 と思っていた(많이 있다고 생각하고 있던) 혹은 2 読もう 4 と思っていた(읽으려고 생각하고 있던)로 연결할 수 있다. 이것을 나머지 선택지와 의미적으로 배열하면 2 読もう 4 と思っていた 3 本が 1 たくさんある(읽으려고 생각하고 있던 책이 많이 있으)가 되면서, 전체 문맥과도 어울린다. 따라서 3 本が(책이)가 정답이다.

어휘 やっと 图 겨우, 가까스로　試験 しけん 图 시험
終わる おわる 图 끝나다　今日 きょう 图 오늘　何 なに 图 무엇
つもり 图 예정, 작정　~から 图 ~니까　読む よむ 图 읽다
たくさん 图 많이　本 ほん 图 책

실전 대비하기 5

p.254

| **1** 2 | **2** 1 | **3** 3 | **4** 1 | **5** 4 |
| **6** 4 | **7** 2 | **8** 4 | | |

문제2 다음 문장의 ＿★＿ 에 들어갈 가장 알맞은 것을, 1·2·3·4에서 하나 고르세요.

1

기노시타 "최근, 일 때문에 집에 돌아가는 것이 늦는데, 어두운 길을 혼자서 걷는 것이 무서워요. 이상한 사람이 있으면 어떡하지 하고 생각해서……"
가토 "전화를 하고 있는 ★척을 하면서 돌아가는 건 어때요? 제법 효과가 있는 것 같아요."

1 하면서　　　　　　　　**2 척을**
3 하고 있는　　　　　　 4 전화를

해설 연결되는 문형이 없으므로 전체 선택지를 의미적으로 배열하면 4 電話を 3 している 2 ふりを 1 しながら(전화를 하고 있는 척을 하면서)가 된다. 전체 문맥과도 어울리므로 2 ふりを(척을)가 정답이다.

어휘 最近 さいきん 图 최근　仕事 しごと 图 일　~せいで ~때문에, 탓으로
家 いえ 图 집　帰る かえる 图 돌아가다　遅い おそい 图형 늦다
暗い くらい 图형 어둡다　道 みち 图 길　歩く あるく 图 걷다
怖い こわい 图형 무섭다　変だ へんだ 图형 이상하다
けっこう 图 제법　効果 こうか 图 효과　~みたいだ ~(하)는 것 같다
~ながら 图 ~(하)면서　ふり 图 척, 체　電話 でんわ 图 전화

2

같은 회사에서 같은 일을 하고 있어도, 일에 대한 ★사고방식은 사람에 따라 다른 법이다.

1 사고방식은　　　　　 2 일에
3 대한　　　　　　　　　4 사람에 따라 다른

해설 문형 に対する는 명사 뒤에 접속하므로 먼저 2 仕事に 3 対する(일에 대한)로 연결할 수 있다. 이것을 나머지 선택지와 함께 의미적으로 배열하면 2 仕事に 3 対する 1 考え方は 4 人によって違う(일에 대한 사고방식은 사람에 따라 다른)가 되면서, 전체 문맥과도 어울린다. 따라서 1 考え方は(사고방식은)가 정답이다.

어휘 同じ おなじ 같은　会社 かいしゃ 图 회사　仕事 しごと 图 일
考え方 かんがえかた 图 사고방식
~に対する ~にたいする ~에 대한　~によって ~에 따라
違う ちがう 图 다르다

3

여름인데 집에 냉장고가 없는 탓에, 사 온 주스 가 ★맛있지 않아서 마시고 싶지 않다.

1 사 온 주스　　　　　　2 않아서
3 맛있지　　　　　　　 4 가

해설 4 が는 명사 뒤에 접속하므로 먼저 1 買ってきたジュース 4 が(사 온 주스가)로 연결할 수 있다. 이것을 나머지 선택지와 함께 의미적으로 배열하면 1 買ってきたジュース 4 が 3 おいしく 2 なくて(사 온 주스가 맛있지 않아서)가 되면서, 전체 문맥과도 어울린다. 따라서 3 おいしく(맛있지)가 정답이다.

어휘 夏 なつ 图 여름　~のに 图 ~인데, 는데　家 いえ 图 집
冷蔵庫 れいぞうこ 图 냉장고　~せいで ~탓에　飲む のむ 图 마시다
買う かう 图 사다　ジュース 图 주스　おいしい 图형 맛있다

4

부하 "야마다 씨는 <u>전철 사고</u> 로 ★<u>회의에 10분 정도</u> <u>늦는다고 합니다</u>. 야마다 씨가 올 때까지 기다릴까요?"
과장 "아니오. 회의는 예정대로 진행해 주세요."

1 会議に10分ほど   2 늦는다고 합니다
3 로   4 전철 사고

해설 연결되는 문형이 없으므로 전체 선택지를 의미적으로 배열하면 4 電車の事故 3 で 1 会議に10分ほど 2 遅れるそうです(전철 사고로 회의에 10분 정도 늦는다고 합니다)가 된다. 전체 문맥과도 어울리므로 1 会議に10分ほど(회의에 10분 정도)가 정답이다.

어휘 部下 ぶか 몡부하 来る くる 됭오다 ~まで 조~까지
     待つ まつ 됭기다리다 課長 かちょう 몡과장 会議 かいぎ 몡회의
     予定通り よていどおり 예정대로 進める すすめる 됭진행하다
     ~ほど 조~정도 遅れる おくれる 됭늦다 ~そうだ ~라고 한다(전언)
     電車 でんしゃ 몡전철 事故 じこ 몡사고

5

나는 건강을 위해서 매일 ★<u>공원을 달리</u> <u>기로 하고 있는</u>데, 요즘 바빠서 벌써 며칠이나 달리지 않고 있다.

1 위해서   2 기로 하고 있는
3 매일   4 공원을 달리

해설 2의 ことにする는 동사 사전형 뒤에 접속하므로 먼저 4 公園を走る 2 ことにしている(공원을 달리기로 하고 있는)로 연결할 수 있다. 이것을 나머지 선택지와 함께 의미적으로 배열하면 1 ために 3 毎日 4 公園を走る 2 ことにしている(위해서 매일 공원을 달리기로 하고 있는)가 되면서, 전체 문맥과도 어울린다. 따라서 4 公園を走る(공원을 달리)가 정답이다.

어휘 健康 けんこう 몡건강 最近 さいきん 몡요즘, 최근
     忙しい いそがしい い형바쁘다 もう 閉벌써 何日 なんにち 몡며칠
     走る はしる 됭달리다 ~ために ~위해서, 때문에
     ~ことにする ~(하)기로 하다 毎日 まいにち 몡매일
     公園 こうえん 몡공원

6

대학을 졸업하기 전에 유럽에 가보고 싶습니다만, <u>비용</u> 에 ★<u>대해서</u> 고민하고 있습니다.

1 고민하고   2 에
3 비용   4 대해서

해설 문형 のことでは 명사 뒤에 접속하므로 먼저 3 費用 2 の 4 ことで(비용에 대해서)로 연결할 수 있다. 이것을 나머지 선택지와 함께 의미적으로 배열하면 3 費用 2 の 4 ことで 1 悩んで(비용에 대해서 고민하고)가 되면서, 전체 문맥과도 어울린다. 따라서 4 ことで(대해서)가 정답이다.

어휘 大学 だいがく 몡대학 卒業 そつぎょう 몡졸업 前 まえ 몡전
     ヨーロッパ 몡유럽 行く いく 됭가다 悩む なやむ 됭고민하다
     費用 ひよう 몡비용 ~のことで ~에 대해서, 의 일로

7

작년의 <u>지진</u> ★<u>에 의한</u> <u>피해</u> <u>로</u> 많은 도로가 아직 부서져 있다.

1 피해   2 에 의한
3 로   4 지진

해설 연결되는 문형이 없으므로 전체 선택지를 의미적으로 배열하면 4 地震 2 による 1 被害 3 で(지진에 의한 피해로)가 된다. 전체 문맥과도 어울리므로 ★이 있는 두 번째 빈칸에 위치한 2 による(에 의한)가 정답이다.

어휘 去年 きょねん 몡작년 多く おおく 몡많음 道路 どうろ 몡도로
     まだ 閉아직 壊れる こわれる 됭부서지다, 파손되다
     被害 ひがい 몡피해 ~による ~에 의한 地震 じしん 몡지진

8

옛날부터 <u>우유를 마시면</u> <u>키가 큰다고</u> ★<u>생각하게 하는</u> <u>광고가 많이 있었지만</u>, 실제, 우유를 마셔도 키는 크지 않는다고 한다.

1 우유를 마시면   2 키가 큰다고
3 광고가 많이 있었지만   4 생각하게 하는

해설 연결되는 문형이 없으므로 전체 선택지를 의미적으로 배열하면 1 牛乳を飲めば 2 背が伸びると 4 思わせる 3 広告がたくさんあったが(우유를 마시면 키가 큰다고 생각하게 하는 광고가 많이 있었지만)가 된다. 전체 문맥과도 어울리므로 4 思わせる(생각하게 하는)가 정답이다.

어휘 昔 むかし 몡옛날 ~から 조~부터 実際 じっさい 몡실제
     牛乳 ぎゅうにゅう 몡우유 飲む のむ 됭마시다 背 せ 몡키
     伸びる のびる 됭자라다 ~そうだ ~라고 한다(전언)
     広告 こうこく 몡광고 たくさん 閉많이

실전 대비하기 6   p.256

| 1 2 | 2 3 | 3 1 | 4 1 | 5 4 |
| 6 3 | 7 1 | 8 3 | | |

문제2 다음 문장의 ___★___ 에 들어갈 가장 알맞은 것을, 1·2·3·4에서 하나 고르세요.

1

역 근처에 있는 빵집은 정말 맛있어서, <u>그 가게에 갈</u> ★<u>때마다</u> 항상 <u>너무 많이 사</u> 버립니다.

1 갈   2 때마다
3 항상 너무 많이 사   4 그 가게에

해설 2 たびには 동사 사전형 뒤에 접속하므로 먼저 1 行く 2 たびに(갈 때마다)로 연결할 수 있다. 이것을 나머지 선택지와 함께 의미적으로 배열하면 4 あの店に 1 行く 2 たびに 3 いつも買いすぎて(그 가

게에 갈 때마다 항상 너무 많이 사)가 되면서, 전체 문맥과도 어울린다. 따라서 2 たびに(때마다)가 정답이다.

어휘 駅 えき 圆역   近く ちかく 圆근처   パン屋 パンや 圆빵집
とても 團정말   おいしい い형맛있다   ～てしまう ~(해) 버리다
行く いく 居가다   ～たびに ~(할) 때마다   いつも 團항상, 언제나
買いすぎる かいすぎる 너무 많이 사다   店 みせ 圆가게

2

이번 주 주말은 아들이 ★가고 싶어했던 동물원에 가려고 생각하고 있습니다.

1 동물원에   2 주말은
3 가고 싶어했던   4 아들이

해설 연결되는 문형이 없으므로 전체 선택지를 의미적으로 배열하면 2 週末は 4 息子が 3 行きたがっていた 1 動物園に(주말은 아들이 가고 싶어했던 동물원에)가 된다. 전체 문맥과도 어울리므로 3 行きたがっていた(가고 싶어했던)가 정답이다.

어휘 今週 こんしゅう 圆이번 주   行く いく 居가다
動物園 どうぶつえん 圆동물원   週末 しゅうまつ 圆주말
～たがる ~(하)고 싶어하다   息子 むすこ 圆아들

3

스즈키 "야마시타 군, 중국어를 배우고 있다는 게 정말이야?"
야마시타 "응. 하지만 지난주부터 막 배우기 시작한 ★참 이니까, 아직 인사 정도 밖에 못해."

1 참   2 지난주부터
3 이니까   4 막 배우기 시작한

해설 1 ばかり는 동사 た형 뒤에 접속하므로 먼저 4 習い始めた 1 ばかり(막 배우기 시작한 참)로 연결할 수 있다. 이것을 나머지 선택지와 함께 의미적으로 배열하면 2 先週から 4 習い始めた 1 ばかり 3 だから(지난주부터 막 배우기 시작한 참이니까)가 되면서, 전체 문맥과도 어울린다. 따라서 1 ばかり(참)가 정답이다.

어휘 中国語 ちゅうごくご 圆중국어   習う ならう 居배우다
～って 国~(라)는 게   本当 ほんとう 圆정말   でも 国그렇지만
まだ 團아직   あいさつ 圆인사   ～ぐらい ~정도
～しか 国~밖에   できる 居할 수 있다   ～ばかり 막 ~한 참
先週 せんしゅう 圆지난주   ～から 国~부터   ～から 国~니까
習い始める ならいはじめる 배우기 시작하다

4

이 영화는 실제로 있었던 일을 토대로 하여 ★만들어졌다고 합니다.

1 만들어졌다   2 토대로 하여
3 일을   4 있었던

해설 연결되는 문형이 없으므로 전체 선택지를 의미적으로 배열하면 4 あった 3 ことを 2 もとにして 1 作られた(있었던 일을 토대로 하여 만들어졌다)가 된다. 전체 문맥과도 어울리므로 ★이 있는 네 번째 빈칸에 위치한 1 作られた(만들어졌다)가 정답이다.

어휘 映画 えいが 圆영화   実際に じっさいに 실제로
～そうだ ~(라)고 한다(전언)   作る つくる 居만들다
もとにする 토대로 하다

5

재료가 비싸졌기 때문에, 상품의 가격을 올림 ★과 동시에 양을 적게 하기로 했다.

1 올림   2 양을
3 가격을   4 과 동시에

해설 4 とともに는 동사 사전형 뒤에 접속하므로 먼저 1 上げる 4 とともに(올림과 동시에)로 연결할 수 있다. 이것을 나머지 선택지와 함께 의미적으로 배열하면 3 値段を 1 上げる 4 とともに 2 量を(가격을 올림과 동시에 양을)가 되면서, 전체 문맥과도 어울린다. 따라서 4 とともに(과 동시에)가 정답이다.

어휘 材料 ざいりょう 圆재료   高い たかい い형비싸다, 높다
～ので 国~때문에   商品 しょうひん 圆상품
少ない すくない い형적다   ～ことにする ~(하)기로 하다
上げる あげる 居올리다   量 りょう 圆양   値段 ねだん 圆가격
～とともに ~와 동시에, 와 함께

6

도쿄에 와서 반년이 지나고 지인은 생겼지만 무엇이든지 솔직하게 이야기할 수 있는 ★친구라고 부를 수 있는 친구는 아직 없다.

1 생겼지만
2 친구는
3 친구라고 부를 수 있는
4 무엇이든지 솔직하게 이야기할 수 있는

해설 연결되는 문형이 없으므로 전체 선택지를 의미적으로 배열하면 1 できたが 4 何でも素直に話せる 3 友達と呼べる 2 友達は(생겼지만 무엇이든지 솔직하게 이야기할 수 있는 친구라고 부를 수 있는 친구는)가 된다. 전체 문맥과도 어울리므로 3 友達と呼べる(친구라고 부를 수 있는)가 정답이다.

어휘 東京 とうきょう 圆도쿄   来る くる 居오다   半年 はんとし 圆반년
経つ たつ 居지나다   知り合い しりあい 圆지인   まだ 團아직
できる 居생기다   友達 ともだち 圆친구
呼べる よべる 居부를 수 있다   何でも なんでも 무엇이든지
素直だ すなおだ な형솔직하다   話せる はなせる 居이야기할 수 있다

7

나카무라 "다나카 씨, 이 다음에 저 가게에 갑시다. 매운 요리가 유명하대요."
다나카 "미안해요. 매운 것은 먹을 수 없는 것은 ★아니 지만 그다지 좋아하지 않아요."

1 아니   2 것은
3 지만   4 먹을 수 없는

해설 연결되는 문형이 없으므로 전체 선택지를 의미적으로 배열하면 4 食べられない 2 ことは 1 ない 3 んですが(먹을 수 없는 것은 아니지

만)가 된다. 전체 문맥과도 어울리므로 1 ない(아니)가 정답이다.

어휘 今度 こんど 圀 이 다음 店 みせ 圀 가게 行く いく 동 가다
辛い からい い형 맵다 料理 りょうり 圀 요리
有名だ ゆうめいだ な형 유명하다 ~そうだ ~라고 한다(전언)
あまり 그다지 好きだ すきだ な형 좋아하다
食べる たべる 동 먹다

8

A "매일 일만 해서 싫어져 버리네요. 가끔은 쉬고 싶네요."
B "네, 만약 1개월 정도 쉴 수 있다 고 가정하면 ★유럽에 여행을 가고 싶어요."

1 여행을   2 고 가정하면
3 유럽에   4 쉴 수 있다

해설 2 としたら는 동사 보통형 뒤에 접속할 수 있으므로 먼저 4 休める 2 としたら(쉴 수 있다고 가정하면)로 연결할 수 있다. 나머지 선택지와 함께 의미적으로 배열하면 4 休める 2 としたら 3 ヨーロッパに 1 旅行に(쉴 수 있다고 가정하면 유럽에 여행을 가)가 되면서, 전체 문맥과도 어울린다. 따라서 3 ヨーロッパに(유럽에)가 정답이다.

어휘 毎日 まいにち 圀 매일 仕事 しごと 圀 일 ~ばかり 丞 ~만
嫌になる いやになる 싫어지다 ~ちゃう ~(해) 버리다 たまに 가끔
休む やすむ 동 쉬다 もし 閉 만약 ~ぐらい 丞 ~정도
行く いく 동 가다 旅行 りょこう 圀 여행 ~とする ~(라)고 가정하다
ヨーロッパ 圀 유럽

문제 3 글의 문법

실력 다지기

p.262

01 ①   02 ①   03 ②   04 ②   05 ①
06 ②   07 ①

01

일본인은 자기 전에 목욕을 하는 경우가 많다. 깨끗한 것을 좋아하는 일본인은, 외출 중, 몸에 묻은 더러움을 깨끗하게 하고 나서 이불 속으로 들어가고 싶다고 생각하기 때문이 아닐까. 하지만, 서양에서는 아침에, 샤워를 하는 것이 일반적이다. 어떤 조사에 의하면 ⬜ 이유는, 서양에서는 사람을 만나기 전에 몸을 청결하게 하고 싶다고 생각하기 때문이라고 한다.

① 그   ② 어느

어휘 日本人 にほんじん 圀 일본인 寝る ねる 동 자다 前 まえ 圀 전
お風呂に入る おふろにはいる 목욕을 하다 多い おおい い형 많다
きれい好きだ きれいずきだ な형 깨끗한 것을 좋아하다
外出中 がいしゅつちゅう 圀 외출 중 体 からだ 圀 몸
つく 동 묻다, 붙다 汚れ よごれ 圀 더러움 きれいだ な형 깨끗하다
~てから ~(하)고 나서

布団に入る ふとんにはいる 이불 속으로 들어가다 ~から 丞 ~때문
しかし 젭 하지만, 그러나 西洋 せいよう 圀 서양 朝 あさ 圀 아침
シャワーを浴びる シャワーをあびる 샤워를 하다
一般的だ いっぱんてきだ な형 일반적이다 ある 어떤, 어느
調査 ちょうさ 圀 조사 ~によると ~에 의하면 理由 りゆう 圀 이유
会う あう 동 만나다 清潔だ せいけつだ な형 청결하다
~そうだ ~라고 한다(전언) その 그 どの 어느

02

일본에서는 지금도 기모노나 유카타 등의 전통 의상을 일상적으로 입고 있는 사람이 많다. 특히 여름 축제에서는, 대부분의 사람이 유카타를 입고 있는 모습을 보는 것이 가능하다. 우리나라에서는 전통 의상을 입는 일이 그다지 없기 때문에, 평상시 생활 속에서 전통을 지키고 있는 것이 매우 부럽다고 생각했다. 올해 여름 축제에는 나도 유카타를 ⬜.

① 입어 보고 싶다   ② 입어 주길 바란다

어휘 日本 にほん 圀 일본 今 いま 圀 지금 着物 きもの 圀 기모노
浴衣 ゆかた 圀 유카타 ~など 丞 ~등, 따위 伝統 でんとう 圀 전통
衣装 いしょう 圀 의상 日常的だ にちじょうてきだ な형 일상적이다
着る きる 동 입다 多い おおい い형 많다
特に とくに 閉 특히, 특별히 夏 なつ 圀 여름 祭り まつり 圀 축제
ほとんど 圀 대부분 様子 ようす 圀 모습 目にする めにする 보다
できる 동 가능하다 国 くに 圀 나라 あまり 閉 그다지
~ので 丞 ~때문에 普段 ふだん 圀 평상시, 평소
生活 せいかつ 圀 생활 中 なか 圀 속, 안
守る まもる 동 지키다, 소중히 하다 とても 閉 매우, 몹시
うらやましい い형 부럽다 今年 ことし 圀 올해
~てほしい ~(해) 주길 바라다

03

일본의 여름은 매우 덥습니다. 우리나라의 여름은 기온이 높아도 건조해서, 일본 ⬜ 덥게는 느끼지 않습니다.

① 밖에   ② 만큼

어휘 日本 にほん 圀 일본 夏 なつ 圀 여름 とても 閉 매우, 몹시
暑い あつい い형 덥다 国 くに 圀 나라 気温 きおん 圀 기온
高い たかい い형 높다 乾燥 かんそう 圀 건조
感じる かんじる 동 느끼다 ~しか 丞 ~밖에 ~ほど 丞 ~만큼

04

일본에는 '맑은 날씨를 몰고 다니는 여자', '비를 몰고 다니는 남자'와 같은 말이 있습니다. 다른 나라에서는 들어본 적 없는 말일지도 모릅니다. 일본에는 사계절이 있고, 일 년 내내 다양한 날씨를 즐기는 것이 가능합니다. 분명 일본은 날씨의 영향을 크게 받는 나라이기 때문에, 이런 말이 생기고, 일상생활 속에서 많이 ⬜.

① 사용되도록 했기 때문입니다
② 사용되도록 된 것이겠지요

어휘 日本 にほん 圏일본
晴れ女 はれおんな 圏맑은 날씨를 몰고 다니는 여자
雨男 あめおとこ 圏비를 몰고 다니는 남자　言葉 ことば 圏말
ほか 圏다름　国 くに 圏나라　聞く きく 통듣다
~たことがない ~(한) 적이 없다　~かもしれない ~일지도 모른다
四季 しき 圏사계절　一年中 いちねんじゅう 圏일 년 내내, 일 년 동안
様々だ さまざまだ な형다양하다　天気 てんき 圏날씨
楽しむ たのしむ 통즐기다　できる 통가능하다　きっと 児분명, 꼭
影響 えいきょう 圏영향　大きく おおきく 児크게
受ける うける 통받다　~ので ~때문에
生まれる うまれる 통(없던 것이 새로) 생기다
日常生活 にちじょうせいかつ 圏일상생활　中 なか 圏속, 가운데
たくさん 児많이　使う つかう 통사용하다
~ようにする ~(하)게 하다　~から 조~때문
~ようになる ~(하)게 되다

05

일본의 결혼식은 초대된 사람밖에 참가할 수 없습니다. [　], 초대장을 받으면 반드시 참가하는지 어떤지를 답장 하지 않으면 안 됩니다. 왜냐하면 참가하는 사람의 수밖에 좌석을 준비하지 않기 때문입니다.

① 게다가　　　② 그래도

어휘 日本 にほん 圏일본　結婚式 けっこんしき 圏결혼식
招待 しょうたい 圏초대　~しか 조~밖에　参加 さんか 圏참가
できる 통할 수 있다　招待状 しょうたいじょう 圏초대장
もらう 통받다　必ず かならず 児반드시, 꼭
~かどうか ~인지 어떤지　返信 へんしん 圏답장
~なければいけない ~(하)지 않으면 안 된다　なぜなら 집왜냐하면
数 かず 圏수　座席 ざせき 圏좌석　準備 じゅんび 圏준비
~から 조~때문　それに 집게다가, 더욱이　それでも 집그래도

06

처음 일본에서 노래방에 갔을 때는, 정말 부끄러웠습니다. 왜냐하면, 우리나라에서는 사람들 앞에서 [　] 때문입니다. 그러나, 친구와 몇 번인가 가는 동안에, 노래방의 매력에 빠져서, 일주일에 한 번은 친구들과 노래방에서 노래하게 되었습니다.

① 노래하게 되어있기　　　② 노래하는 일이 거의 없기

어휘 初めて はじめて 児처음　日本 にほん 圏일본
カラオケ 圏노래방, 가라오케　行く いく 통가다　とても 児정말, 매우
恥ずかしい はずかしい い형부끄럽다　なぜなら 집왜냐하면
国 くに 圏나라　前 まえ 圏앞　~から 조~때문　しかし 집그러나
友達 ともだち 圏친구　何度か なんどか 몇 번인가
~うちに ~동안에　魅力 みりょく 圏매력　はまる 통빠지다
週 しゅう 圏일주일, 주　歌う うたう 통노래하다
~ようになる ~(하)게 되다　~ことになっている ~(하) 되어있다
めったに 児거의, 좀처럼

07

일본에서는 교통수단으로서 자전거가 인기입니다. 그것은, 일본의 교통비가 비싼데다가, 특히 도시에서는 도로가 막히는 일이 많기 때문이 아닐까요? 어떤 신문 기사에 의하면, 앞으로 자전거를 이용하는 사람이 한층 더 [　].

① 늘어난다고 합니다　　　② 늘어나는 것 같습니다

어휘 日本 にほん 圏일본　交通手段 こうつうしゅだん 圏교통수단
~として ~로서　自転車 じてんしゃ 圏자전거　人気 にんき 圏인기
交通費 こうつうひ 圏교통비　高い たかい い형비싸다
~うえ ~데다가, 에 더하여　特に とくに 児특히　都会 とかい 圏도시
道路が混む どうろがこむ 도로가 막히다　多い おおい い형많다
~から 조~때문　ある 어떤, 어느　新聞 しんぶん 圏신문
記事 きじ 圏기사　~によると ~에 의하면　これから 앞으로
利用 りよう 圏이용　より一層 よりいっそう 児한층 더, 보다 더
増える ふえる 통늘다　~そうだ ~라고 한다(전언)
~ようだ ~인 것 같다

실전 대비하기 1
p.264

1 4　　**2** 1　　**3** 2　　**4** 3

문제3 다음 글을 읽고, 글 전체의 내용을 생각하여, [1]부터 [4]의 안에 들어갈 가장 알맞은 것을, 1·2·3·4 에서 하나 고르세요.

1-4

아래 글은, 유학생이 쓴 작문입니다.

> **온천 여행**
> 나오미 번즈
>
> 제가 일본에 와서 좋아하게 된 것 중 하나가 목욕입니다. 우리 나라에서는 뜨거운 물에 들어가는 습관이 없어서, 항상 샤워로 간단하게 끝냈습니다만, 일본에 오고 나서 매일 30분 이상 욕조에 들어가고 있습니다. 그런 목욕을 좋아하는 저를 호스트 패밀리가 온천 여관에 데려가 주었습니다. 고마웠지만, [1] [1]먼 곳까지 시간을 들여서 욕조에 들어가러 가는 이유를 몰랐습니다. 저는 집의 욕조라도 충분히 만족하고 있었기 때문입니다.
> 하지만, 여관에 도착해서 바로, 여관의 좋은 점을 알 수 있었습니다. 우선은 분위기입니다. 일본의 전통적인 낡은 건물과 훌륭한 서비스에 감동했습니다. 그리고, 온천도 욕조와는 전혀 다른 것이었습니다. [2] [2]에는 노천 온천이 있어서, 자연이 풍부한 경치를 보면서 뜨거운 물에 잠겼습니다. 마침 눈이 내리고 있어서, 매우 예뻤습니다. 바깥 공기는 차가운데, 온천은 따뜻해서 왠지 신기했습니다.

또, 요리도 맛있었습니다. 일식 코스로 되어 있어서, 차례 차례로 요리가 날라져 왔습니다. 그것들은 가이세키 요리라고 불린다고 합니다. [3]요리 하나 하나의 양이 적은 3 , 종류가 많아서 매우 배부르게 되었습니다.

여관은 제가 생각한 것 보다도 훨씬 멋진 곳이었습니다. [4]자연을 보면서 들어가는 온천에 더해 맛있는 밥까지 4 . 다음 달에는 고국의 가족이 일본에 놀러 오기 때문에, 꼭 데려가 주려고 생각하고 있습니다.

어휘 下した 명아래 文章 ぶんしょう 명글
留学生 りゅうがくせい 명유학생 書く かく 동쓰다
作文 さくぶん 명작문 温泉 おんせん 명온천 旅行 りょこう 명여행
日本 にほん 명일본 来る くる 동오다 好きだ すきだ な형좋아하다
~になる ~(하)게 되다 一つ ひとつ 명하나
お風呂 おふろ 명목욕, 목욕탕, 욕조 国 くに 명나라, 고국
お湯 おゆ 명뜨거운 물 入る はいる 동들어가다
習慣 しゅうかん 명습관, 관습 ~ので ~해서 いつも 부항상
シャワー 명샤워 簡単だ かんたんだ な형간단하다
済ませる すませる 동끝내다 ~から 조~부터
毎日 まいにち 명매일 ~分 ~ぶん ~분 以上 いじょう 명이상
~ている ~(하)고 있다 ~好き ~ずき ~를 좋아하는
ホストファミリー 명호스트 패밀리 連れて行く つれていく 데려가다
~てくれる ~(해) 주다 ありがたい い형고맙다
遠い とおい い형멀다 ところ 명곳 ~まで 조~까지
時間 じかん 명시간 かける 동들이다
~に行く ~にいく ~(하)러 가다 理由 りゆう 명이유
わかる 동알다, 알 수 있다 家 いえ 명집 ~でも 조~라도
十分だ じゅうぶんだ な형충분하다 満足 まんぞく 명만족
~ため 조~때문 でも 접하지만 旅館 りょかん 명여관
到着 とうちゃく 명도착 すぐに 부바로 良さ よさ 명좋은 점
まず 부우선 雰囲気 ふんいき 명분위기
伝統的だ でんとうてきだ な형전통적이다 古い ふるい い형오래다
建物 たてもの 명건물 素晴らしい すばらしい い형훌륭하다
サービス 명서비스 感動 かんどう 명감동 それから 접그리고
全然 ぜんぜん 부전혀 違う ちがう 동다르다
露天風呂 ろてんぶろ 명노천 온천 自然 しぜん 명자연
豊かだ ゆたかだ な형풍부하다 景色 けしき 명경치
見る みる 동보다 ~ながら 조~(하)면서
湯につかる ゆにつかる 목욕을 하다 ちょうど 부마침 雪 ゆき 명눈
降る ふる 동내리다 とても 부매우 きれいだ な형예쁘다
外 そと 명바깥 空気 くうき 명공기 冷たい つめたい い형차갑다
~のに 조~인데 温かい あたたかい い형따뜻하다
なんだか 부왠지 不思議だ ふしぎだ な형신기하다 また 부또
料理 りょうり 명요리 おいしい い형맛있다 和食 わしょく 명일식
コース 명코스 次々と つぎつぎと 차례차례로
運ぶ はこぶ 동나르다 懐石料理 かいせきりょうり 명가이세키 요리
呼ばれる よばれる 동불리다 ~そうだ ~라고 한다 量 りょう 명양
少ない すくない い형적다 種類 しゅるい 명종류
多い おおい い형많다
お腹いっぱいになる おなかいっぱいになる 배부르게 되다

考える かんがえる 동생각하다 ~より 조~보다 ずっと 부훨씬
すてきだ な형멋지다 ~に加えて ~にくわえて ~에 더해
ご飯 ごはん 명밥 来月 らいげつ 명다음 달 家族 かぞく 명가족
遊ぶ あそぶ 동놀다 ~に来る ~にくる ~(하)러 오다 ぜひ 부꼭
~てあげる ~(해) 주다
~ようと思う ~ようとおもう ~(하)려고 생각하다

1

| 1 마치 | 2 모처럼 |
| 3 일체 | **4 일부러** |

해설 적절한 부사를 고르는 문제이다. 빈칸 뒤의 遠いところまで時間をかけてお風呂に入りに行く理由がわかりませんでした(먼 곳까지 시간을 들여서 욕조에 들어가러 가는 이유를 몰랐습니다)와 문맥상 어울리는 말은, わざわざ(일부러)이다. 따라서 4 わざわざ(일부러)가 정답이다.

어휘 まるで 부마치 せっかく 부모처럼 いっさい 부일체
わざわざ 부일부러

2

| **1 그곳** | 2 어느 곳 |
| 3 저것 | 4 이것 |

해설 적절한 지시어를 고르는 문제이다. 문맥상 빈칸을 포함한 문장은 '그곳에는 노천 온천이 있어서'로 이어지는 것이 자연스럽다. 따라서 1 そこ(그곳)가 정답이다.

어휘 そこ 명그곳 どこ 명어느 곳 あれ 저것 これ 명이것

3

| 1 탓에 | **2 대신** |
| 3 데다가 | 4 외에 |

해설 적절한 문형 표현을 고르는 문제이다. 빈칸 앞에서 料理一つ一つの量が少ない(요리 하나 하나의 양이 적은)라고 언급하였고, 빈칸 뒤에서 種類が多くてとてもお腹いっぱいになりました(종류가 많아서 매우 배부르게 되었습니다)라고 언급하였으므로, '요리 하나 하나의 양이 적은 대신, 종류가 많아서 매우 배부르게 되었습니다'이 가장 자연스럽다. 따라서 2 かわりに(대신)가 정답이다.

어휘 ~せいで ~탓에 ~かわりに ~대신 ~うえに ~(인) 데다가
~ほか ~외에

4

| 1 즐기기로 했습니다 | 2 즐길 걸 그랬습니다 |
| **3 즐길 수 있었습니다** | 4 즐기기만 합니다 |

해설 적절한 문말 표현을 고르는 문제이다. 빈칸 앞에서 自然を見ながら入る温泉に加えておいしいご飯まで(자연을 보면서 들어가는 온천에 더해 맛있는 밥까지) 라고 언급하였으므로, '자연을 보면서 들어가는 온천에 더해 맛있는 밥까지 즐길 수 있었습니다'가 가장 자연스럽다. 따라서 3 楽しむことができました(즐길 수 있었습니다)가 정답이다.

어휘 楽しむ たのしむ 图즐기다 ～ことにする ～(하)기로 하다
～ばよかった ～(할) 걸 그랬다 ～ことができる ～(할) 수 있다
～てばかりいる ～(하)기만 하다

실전 대비하기 2

p.266

1 4   **2** 1   **3** 4   **4** 3

문제3 다음 글을 읽고, 글 전체의 내용을 생각하여, 1 부터 4 의 안에 들어갈 가장 알맞은 것을, 1·2·3·4 에서 하나 고르세요.

1-4

아래 글은, 유학생이 쓴 작문입니다.

드러그스토어와 약국

에밀리 토마스

지난번, 일본에 와서 처음에 감기에 걸렸습니다. [1]근처의 약국에 갔더니, 의사로부터 받은 처방전이라 불리는 종이가 없으면 약을 줄 수 없다고 들었습니다. 저는 약국 1 몰랐기 때문에, 곤란해져 버렸습니다. 그러자, [2]약국 사람이 "드러그스토어라면 병원에서 진찰을 받지 않아도 약을 살 수 있어요"라고 가르쳐 준 것입니다. 2 , [2]드러그스토어를 찾아서 가 보았습니다. 그곳에는 많은 약이 팔리고 있었습니다. 그리고, 약 이외에도 많은 것이 팔리고 있었습니다. [3]화장품, 노트랑 펜, 게다가 빵이나 우유 등도 놓여 있어서 슈퍼에 3 .

약국과 드러그스토어, 이름만으로는 어느 쪽도 똑같이 들립니다. 하지만 일본에서는, 병원에서 처방전을 받아 약을 사러 가는 것이 약국이고, 처방전이 없어도 살 수 있는 약이 놓여 있는 것이 드러그스토어입니다. 그것을 알고 복잡하다고 생각했습니다. 저와 같은 외국인은 처음에는 그 차이를 분명 모를 것이라고 생각합니다. 그러니까, [4]다음에 다른 외국인 친구에게도 4 .

어휘 ドラッグストア 图드러그스토어 薬局 やっきょく 图약국
このあいだ 지난번 風邪をひく かぜをひく 감기에 걸리다
近く ちかく 图근처 行く いく 图가다 医者 いしゃ 图의사
もらう 图받다 紙 かみ 图종이 処方箋 しょほうせん 图처방전
薬 くすり 图약 出す だす 图주다
言われる いわれる 图듣다, 말해지다 知る しる 图알다
困る こまる 图곤란하다 すると 图그러자 人 ひと 图사람
病院 びょういん 图병원 診察 しんさつ 图진찰
受ける うける 图받다 買う かう 图사다
教える おしえる 图가르치다 探す さがす 图찾다 たくさん 囝많이
売る うる 图팔다 そして 图그리고 以外 いがい 图이외
物 もの 图것, 물건 たとえば 囝예를 들면
化粧品 けしょうひん 图화장품 ノート 图노트 ペン 图펜

それに 图게다가 パン 图빵 牛乳 ぎゅうにゅう 图우유
～など 图등 置く おく 图놓다, 두다 スーパー 图슈퍼
名前 なまえ 图이름 ～だけ 图～만 同じ おなじ 같은
聞こえる きこえる 图들리다 でも 图하지만
複雑だ ふくざつだ 圉복잡하다 外国人 がいこくじん 图외국인
最初 さいしょ 图처음, 최초 違い ちがい 图차이 きっと 囝분명
わかる 图알다 だから 图그러니까 今度 こんど 图다음
ほか 图다른 (것) 友達 ともだち 图친구

1

1 만	2 라든가
3 조차	**4 밖에**

해설 문맥에 맞는 조사를 고르는 문제이다. 빈칸 앞 문장인 近くの薬局に行ったら、医者からもらった処方箋と呼ばれる紙がないと薬は出せないと言われました(근처의 약국에 갔더니, 의사로부터 받은 처방전이라 불리는 종이가 없으면 약을 줄 수 없다고 들었습니다)를 보면, 문맥상 '저는 약국밖에 몰랐기 때문에, 곤란해져 버렸습니다'가 가장 자연스럽다. 따라서 4 しか(~밖에)가 정답이다.

어휘 ～だけ 图～만 ～とか 图～(라)든가 ～さえ 图～조차
～しか 图～밖에

2

1 그래서	2 더욱더
3 게다가	4 그러자

해설 문맥에 맞는 접속사를 고르는 문제이다. 빈칸 뒤의 ドラッグストアを探して行ってみました(드러그스토어를 찾아서 가 보았습니다)는 빈칸 앞의 薬局の人が「ドラッグストアなら病院で診察を受けなくても薬が買えますよ」と教えてくれたのです(약국 사람이 "드러그스토어라면 병원에서 진찰을 받지 않아도 약을 살 수 있어요"라고 가르쳐 준 것입니다)의 결과이므로, 결과를 나타내는 접속사가 필요하다. 따라서 1 そこで(그래서)가 정답이다.

어휘 そこで 图그래서 さらに 囝더욱더 それに 图게다가
すると 图그러자

3

1 왔다고 합니다	2 오고 싶은 것 같았습니다
3 온 참입니다	**4 온 것 같았습니다**

해설 문맥에 맞는 문말 표현을 고르는 문제이다. 빈칸을 포함한 문장에서 化粧品、ノートやペン、それにパンや牛乳なども置かれていてスーパーに(화장품, 노트랑 펜, 게다가 빵이나 우유 등도 놓여 있어서 슈퍼에)를 보면, '화장품, 노트나 펜, 게다가 빵이나 우유 등도 놓여 있어서 슈퍼에 온 것 같았습니다'가 문맥상 가장 자연스럽다. 따라서 4 来たみたいでした(온 것 같았습니다)가 정답이다.

어휘 来る くる 图오다 ～らしい ～(라)고 한다 ～ようだ ～(인) 것 같다
～たところだ ～(한) 참이다 ～みたいだ ～(인) 것 같다

4

1	가르쳐 줍시다	2	가르쳐 줄 것임에 틀림없습니다
3	가르쳐 줄 생각입니다	4	가르쳐 주어선 안 됩니다

해설 문맥에 맞는 문말 표현을 고르는 문제이다. 빈칸을 포함한 문장에서 今度ほかの外国人の友達にも(다음에 다른 외국인 친구에게도)를 보면, '다음에 다른 외국인 친구에게도 가르쳐 줄 생각입니다'가 문맥상 가장 자연스럽다. 따라서 3 教えてあげるつもりです(가르쳐 줄 생각입니다)가 정답이다.

어휘 教える おしえる 图가르치다 ~てあげる (내가) ~(해)주다
~に違いない ~にちがいない ~(임)에 틀림없다
~つもりだ ~(할) 생각이다 ~てはいけない ~(해)서는 안 된다

실전 대비하기 3   p.268

1 3 **2** 3 **3** 2 **4** 4

문제3 다음 글을 읽고, 글 전체의 내용을 생각하여, 1 부터 4 의 안에 들어갈 가장 알맞은 것을, 1·2·3·4 에서 하나 고르세요.

1-4

아래 글은, 유학생이 쓴 작문입니다.

> 일본의 생활
>
> 아담 파커
>
> ¹일본에 와서 오늘 1 1년 지났습니다. 고국의 친구나 일본에서 처음 만난 사람에게 자주 "일본의 생활은 어때?"라고 듣습니다.
> ²일본에 오기 전에 고국에서 1년간 일본어를 공부했기 때문에, 일본어에는 조금 자신이 있었습니다. ²그러나, 일본에 2 , 그 자신감은 바로 없어져 버렸습니다. ³학교에서도 슈퍼에서도 일본인이 말하는 것을 알아들을 수 없고, 일본인도 제가 말하고 있는 것을 알지 못하는 듯 했습니다.
> ³ 3 , 점점 일본어를 말하는 것이 두려워져서, 그냥 학교와 집을 왔다갔다만 하는 생활이 되어버렸습니다.
> 하지만, 이대로는 안 된다고 생각해서, 유학생 선배에게 상담했더니, 선배가 일본인의 친구를 소개해 주었습니다. ⁴그는 우리나라의 말이나 문화에 흥미가 있어서, 저의 서투른 일본어의 설명도 열심히 들어주었습니다. 지금은 식사를 하거나, 놀러 가거나 4 . 지금은 선배나 친구 덕분에, 자신을 가지고 일본의 생활이 즐겁다고 말할 수 있습니다.

어휘 日本 にほん 图일본 来る くる 图오다 今日 きょう 图오늘
経つ たつ 图(시간이) 지나다 国 くに 图고국, 나라
友だち ともだち 图친구 ~や ~나 初めて はじめて 图처음
会う あう 图만나다 よく 图자주, 잘 生活 せいかつ 图생활
聞く きく 图듣다, 묻다 前 まえ 图전 日本語 にほんご 图일본어
勉強 べんきょう 图공부 ~ので 图~때문에 少し すこし 图조금
自信 じしん 图자신, 자신감 しかし 图그러나 すぐに 图바로
なくなる 图없어지다 学校 がっこう 图학교 スーパー 图슈퍼
日本人 にほんじん 图일본인 聞き取る ききとる 图알아듣다
わかる 图알다 ~ようだ ~(인)듯하다, (인)것 같다 だんだん 图점점
話す はなす 图말하다, 이야기하다 怖い こわい い형두렵다
ただ 图그냥 家 いえ 图집
行ったり来たりする いったりきたりする 왔다갔다 하다
~だけ 图~만 ~てしまう (해) 버리다 ~まま ~대로
~ではいけない ~로는 안 된다 先輩 せんぱい 图선배
相談 そうだん 图상담 ~たところ ~(했)더니
紹介 しょうかい 图소개 言葉 ことば 图말 文化 ぶんか 图문화
興味 きょうみ 图흥미 下手だ へただ な형서투르다
説明 せつめい 图설명 熱心だ ねっしんだ な형열심이다
今 いま 图지금 食事 しょくじ 图식사 遊ぶ あそぶ 图놀다
おかげ 图덕분, 덕택 持つ もつ 图가지다
楽しい たのしい い형즐겁다

1

1	에	2	의
3	로	4	부터

해설 문맥에 맞는 조사를 고르는 문제이다. 빈칸 뒤의 1年経ちました(1년 지났습니다)와 문맥상 어울리는 말은 '일본에 와서 오늘로'이다. 따라서 3 で(로)가 정답이다.

어휘 ~に 图~에 ~の 图~의 ~で 图~로 ~から 图~부터

2

1	살기 시작하지 않고는	2	살기 시작했을 뿐만 아니라
3	살기 시작한 순간	4	살기 시작했을 뿐만 아니라

해설 문맥에 맞는 문형을 고르는 문제이다. 빈칸 앞 문장인 日本に来る前に国で1年間日本語を勉強したので、日本語には少し自信がありました(일본에 오기 전에 고국에서 1년간 일본어를 공부했기 때문에, 일본어에는 조금 자신이 있었습니다)를 보면, '살기 시작한 순간, 그 자신감은 바로 없어져 버렸습니다'라고 하는 문맥이 가장 자연스럽다. 따라서 3 住み始めたとたん(살기 시작한 순간)이 정답이다.

어휘 住み始める すみはじめる 살기 시작하다
~てからでないと ~(하)지 않고서는 ~だけでなく ~뿐만 아니라
~たとたん ~(한) 순간 ~ばかりか ~(그)뿐만 아니라

3

1	왜냐하면	2	그래서
3	또는	4	요컨대

해설 문맥에 맞는 접속사 혹은 부사를 고르는 문제이다. 빈칸 뒤의 だんだん日本語を話すのが怖くなって、ただ学校と家を行ったり来たりするだけの生活になってしまいました(점점 일본어를 말하는 것이 두려워져서, 그냥 학교와 집을 왔다갔다만 하는 생활이 되어버

렸습니다)는 빈칸 앞의 학교에서도 슈퍼에서도 일본인의 말하는 것이 들리지 않고, 일본인도 제가 말하고 있는 것을 알지 못하는 듯 했습니다)의 결과이므로, 빈칸에는 결과를 나타내는 접속사가 필요하다. 따라서 2 それで(그래서)가 정답이다.

어휘 なぜなら 접 왜냐하면   それで 접 그래서   または 접 또는
つまり 부 요컨대

4

| 1 한 채입니다 | 2 하면 좋다고 생각합니다 |
| 3 한다고 하는 것입니다 | 4 하게 되었습니다 |

해설 문맥에 맞는 문말 표현을 고르는 문제이다. 빈칸 앞 문장인 彼は私の国の言葉や文化に興味があって、私の下手な日本語の説明も熱心に聞いてくれました(그는 우리나라의 말이나 문화에 흥미가 있어서, 저의 서투른 일본어의 설명도 열심히 들어주었습니다)를 보면, '지금은 식사를 하거나, 놀러 가거나 하게 되었습니다'라는 문맥이 가장 자연스럽다. 따라서 4 するようになりました(하게 되었습니다)가 정답이다.

어휘 ～たまま ~(한) 채   ～ということだ ~라고 (하)는 것이다
～ようになる ~(하)게 되다

실전 대비하기 4
p.270

| **1** 3 | **2** 3 | **3** 1 | **4** 4 | **5** 2 |

문제3 다음 글을 읽고, 글 전체의 내용을 생각하여, ☐1☐ 부터 ☐5☐ 의 안에 들어갈 가장 알맞은 것을, 1·2·3·4 에서 하나 고르세요.

1-5

아래 글은, 유학생이 쓴 작문입니다.

일본의 후쿠부쿠로

김수민

이번에 일본에서 설날을 보내고 있어서, 놀란 것이 있습니다. 그것은 ¹후쿠부쿠로라고 하는 속에 든 것이 보이지 않는 봉지에 든 상품이 팔리고 있고, ☐1☐, 그것이 매우 인기였던 것입니다. ²설날에 쇼핑을 갔을 때, 많은 사람이 줄 서 있는 가게가 있었는데, 그 줄의 끝에 후쿠부쿠로가 ☐2☐.

속에 든 것이 보이지 않는데 왜 인기인 것일까, ³이상하게 생각해 친구에게 물어 보니, "팔고 있는 금액 이상의 가격인 상품이 들어 있어서 이득인 거야"라고 가르쳐주었습니다. ³저는, 자신이 갖고 싶은 것만을 사는 것이 당연하다고 생각하고 있었기 때문에, ⁴ ☐3☐ 사고방식도 있구나 하고 생각했습니다. ⁴그래서, 저도 옷의 후쿠부쿠로를 ☐4☐. 평소

의 저라면 사지 않는 디자인의 옷도 들어 있었습니다만, 좋은 옷을 싸게 살 수 있어서 기뻤습니다.
⁵후쿠부쿠로는, 무엇이 나올지 모르기 때문에 두근두근 ☐5☐, 예상외로 좋은 것이 손에 들어왔을 때는 굉장히 기쁘기 때문에, 많은 일본인이 줄을 서서라도 사러 가는구나 하고 생각했습니다.

어휘 下した 명 아래   文章 ぶんしょう 명 글, 문장
留学生 りゅうがくせい 명 유학생   書く かく 동 쓰다
作文 さくぶん 명 작문   今回 こんかい 명 이번   日本 にほん 명 일본
お正月 おしょうがつ 명 설날   過ごす すごす 동 보내다
驚く おどろく 동 놀라다
福袋 ふくぶくろ 명 후쿠부쿠로 (여러 물건을 넣고 저렴하게 파는 봉지)
中身 なかみ 명 속(에 든 것)   見える みえる 동 보이다
袋 ふくろ 명 봉지, 주머니   入る はいる 동 들어가다
商品 しょうひん 명 상품   売る うる 동 팔다   とても 부 매우
人気 にんき 명 인기   買い物 かいもの 명 쇼핑   いく 동 가다
たくさん 부 많이   並ぶ ならぶ 동 줄 서다   店 みせ 명 가게
列 れつ 명 줄   先 さき 명 끝   ～のに ~인데   なぜ 부 왜, 어째서
不思議だ ふしぎだ な형 이상하다   友達 ともだち 명 친구
聞く きく 동 묻다   ～たところ ~(해) 보니   金額 きんがく 명 금액
以上 いじょう 명 이상   値段 ねだん 명 가격   得 とく 명 이득
教える おしえる 동 가르치다   自分 じぶん 명 자신, 나
ほしい い형 가지고 싶다   ～だけ 조 ~만   買う かう 동 사다
当たり前だ あたりまえだ な형 당연하다
考え方 かんがえかた 명 사고방식   そこで 접 그래서   服 ふく 명 옷
普段 ふだん 명 평소   デザイン 명 디자인
安い やすい い형 (값이) 싸다   嬉しい うれしい い형 기쁘다
出る でる 동 나오다   わかる 동 알다   ～からこそ 조 ~하기 때문에
わくわく 부 두근두근   予想外 よそうがい 예상외
手に入る てにはいる 손에 들어오다   すごく 부 굉장히
多い おおい い형 많다   日本人 にほんじん 명 일본인
～でも 조 ~라도

1

| 1 그러나 | 2 그 때문에 |
| 3 게다가 | 4 혹은 |

해설 문맥에 맞는 접속사를 고르는 문제이다. 빈칸 뒤의 それがとても人気だったことです(그것이 매우 인기였던 것입니다)는 빈칸 앞의 福袋という中身の見えない袋に入った商品が売られていて(후쿠부쿠로라고 하는 속에 든 것이 보이지 않는 봉지에 든 상품이 팔리고 있고)에 덧붙여지는 내용이므로, 빈칸에는 앞 내용보다 한층 더한 사실을 덧붙이는 접속사가 필요하다. 따라서 3 しかも(게다가)가 정답이다.

어휘 しかし 접 그러나   そのため 접 그 때문에   しかも 접 게다가
それとも 접 혹은

2

1 놓여져 버렸습니다 2 놓여져도 이상하지 않습니다
3 **놓여져 있었습니다** 4 놓여지기만 합니다

해설 문맥에 맞는 문말 표현을 고르는 문제이다. 빈칸 앞의 お正月に買い物にいったときに、たくさんの人が並んでいるお店があったのですが、その列の先に福袋が(설날에 쇼핑을 갔을 때, 많은 사람이 줄 서있는 가게가 있었는데, 그 줄의 끝에 후쿠부쿠로가)를 보면, '그 줄의 끝에 후쿠부쿠로가 놓여져 있었습니다'라고 하는 문맥이 가장 자연스럽다. 따라서 3 置かれてありました(놓여져 있었습니다)가 정답이다.

어휘 置く おく 동 놓다 ~てしまう ~(해) 버리다
~てもおかしくない ~(해)도 이상하지 않다
~てばかりだ ~(하)기만 하다

3

1 **그러한** 2 그쪽의
3 저런 4 어떤

해설 문맥에 맞는 지시어를 고르는 문제이다. 빈칸 앞 문장에서 不思議に思って友達に聞いてみたところ、「売っている金額以上の値段の商品が入っておトクなんだよ」と教えてくれました(이상하게 생각해 친구에게 물어 보니, "팔고 있는 금액 이상의 가격인 상품이 들어 있어서 이득인 거야"라고 가르쳐주었습니다)를 보면 빈칸을 포함한 문장에는 자신의 생각과는 다른, 친구의 생각을 나타내는 내용이 필요하다. 때문에 '그러한 사고방식도 있구나 하고 생각합니다'로 이어지는 게 가장 자연스럽다. 따라서 1 そういう(그러한)가 정답이다.

어휘 そういう 그러한 そちらの 그쪽의 あんな 저런 どういった 어떤

4

1 사러 가려는 참이었습니다
2 산다고는 단정지을 수 없었습니다
3 사 둘 것이었습니다
4 **사 보기로 했습니다**

해설 문맥에 맞는 문말 표현을 고르는 문제이다. 빈칸 앞 문장에서 そういう考え方もあるんだなと思いました(그러한 사고방식도 있구나 하고 생각했습니다)를 보면, '저도 옷의 후쿠부쿠로를 사 보기로 했습니다'라고 하는 문맥이 가장 자연스럽다. 따라서 4 買ってみることにしました(사 보기로 했습니다)가 정답이다.

어휘 ~ところだ ~(하)려는 참이다
~とは限らない ~とはかぎらない ~(라)고는 단정지을 수 없다
~はずだ ~(일) 것이다 ~てみる ~(해) 보다

5

1 하는데 2 **하고**
3 하다니 4 한다든가

해설 문맥에 맞는 조사를 고르는 문제이다. 빈칸을 포함한 문장인 福袋は、何が出るかわからないからこそわくわく 5 、予想外にいいものが手に入ったときにはすごく嬉しいから(후쿠부쿠로는, 무엇이 나올지 모르기 때문에 두근두근 5 , 예상외로 좋은 것이 손에 들어왔을 때는 굉장히 기쁘기 때문에)의 문말을 볼 때, 빈칸에는 앞뒤 말을 나란히 연결해주는 조사가 필요하다. 따라서 열거할 때 쓰이는 조사 し를 포함한 2 する し(하고)가 정답이다.

어휘 ~のに 조 ~(인)데 ~し 조 ~고 ~なんて 조 ~(라)니
~とか 조 ~(라)든가

실전 대비하기 5   p.272

1 1   **2** 4   **3** 2   **4** 3   **5** 3

문제3 다음 글을 읽고, 글 전체의 내용을 생각하여, 1 부터 5 의 안에 들어갈 가장 알맞은 것을, 1·2·3·4 에서 하나 고르세요.

1-5

아래 글은, 유학생이 쓴 작문입니다.

일본의 쓰레기 버리는 법

응우옌푸 아미

제가 일본에 오고 나서, 벌써 1년이 됩니다. 일본에 막 왔을 때는, 놀란 것이 많이 있었습니다. 그 중에서도, 제가 가장 놀란 것은, 쓰레기 버리는 법입니다.

일본의 거리는 길에 휴지통이 없는데도, 쓰레기가 거의 없습니다. 일본인 ¹친구의 이야기 1 의하면, 자기 쓰레기는 자기가 가지고 돌아간다고 합니다. ²일본인은 어릴 때부터, 부모에게 그렇게 2 고 듣고, 감탄했습니다.

일본은 쓰레기를 버리는 시스템이 굉장히 발달해 있다고 생각합니다. ³우선, 쓰레기를 버리는 것이 가능한 날이 정해져 있습니다. 3 , ³,⁴쓰레기의 종류에 따라서도 버리는 날이 다릅니다. ⁴그래서, 쓰레기를 버릴 수 있는 날이 올 때까지, 자택에 4 . 모두가 이렇게 쓰레기를 버리면, 쓰레기를 운반하는 비용도, 쓰레기를 처리하는 비용도 줄이는 것이 가능하다고 합니다. ⁵저는 일본의 거리가 깨끗한 것은, 모두가 쓰레기 버리는 룰을 지키고 있기 때문이라고 생각했습니다.

⁵우리나라에서는, 5 쓰레기라도 시간이나 요일에 관계없이 버릴 수 있습니다. 그것은 그것으로 편리하지만, 환경을 위해서는 쓰레기를 나눠서 버리는 것도 필요하지 않은가 하고 생각했습니다.

어휘 下 した 명 아래 文章 ぶんしょう 명 글, 문장
留学生 りゅうがくせい 명 유학생 書く かく 동 쓰다
作文 さくぶん 명 작문 日本 にほん 명 일본 ゴミ 명 쓰레기
捨て方 すてかた 버리는 법 来る くる 동 오다 ~てから ~(하)고 나서
もう 부 벌써, 이미 ~たばかり 막 ~하다 おどろく 동 놀라다
たくさん 부 많이 その中でも そのなかでも 그 중에서도, 특히

いちばん 图가장, 제일   街 まち 图거리   道 みち 图길, 도로
ゴミ箱 ゴミばこ 图휴지통   ~のに ~는데도
ほとんど 图거의, 대부분   日本人 にほんじん 图일본인
友だち ともだち 图친구   話 はなし 图이야기
~によると ~에 의하면   自分 じぶん 图자기, 자신
持つ もつ 图가지다, 들다   帰る かえる 图돌아가다
~そうだ ~라고 한다(전언)   小さいころ ちいさいころ 어릴 때
~から 图~부터   親 おや 图부모   聞く きく 图듣다
感心 かんしん 图감탄   捨てる すてる 图버리다   システム 图시스템
とても 图굉장히, 매우   発達 はったつ 图발달   まず 图우선
できる 图가능하다, 할 수 있다   日 ひ 图날
決まる きまる 图정해지다   種類 しゅるい 图종류
~によって ~에 따라서   違う ちがう 图다르다
ですから 图그래서, 그러니까   ~まで 图~까지   自宅 じたく 图자택
みんな 图모두   運ぶ はこぶ 图운반하다, 옮기다
費用 ひよう 图비용   処理 しょり 图처리   減らす へらす 图줄이다
きれいだ な图깨끗하다   ルール 图룰, 규칙   守る まもる 图지키다
~から 图~때문   国 くに 图나라, 국가   時間 じかん 图시간
曜日 ようび 图요일   関係 かんけい 图관계
便利だ べんりだ な图편리하다   環境 かんきょう 图환경
~ために ~위해서   分ける わける 图나누다
必要だ ひつようだ な图필요하다

1

1 에	2 와
3 에서	4 부터

해설 문맥에 맞는 조사를 고르는 문제이다. 빈칸 뒤의 よると、自分のゴミは自分で持って帰るそうです(의하면, 자기 쓰레기는 자기가 가지고 돌아간다고 합니다)와 문맥상 어울리는 말은 '친구의 이야기에 의하면'이다. 따라서 1 に(에)가 정답이다. 명사+によるとは '(명사)에 의하면'이라는 의미인 문형임을 알아둔다.

어휘 ~に 图~에   ~と 图~와   ~で 图~에서   ~から 图~부터

2

1 교육해 온다	2 교육시킨다
3 교육해 본다	4 교육받는다

해설 문맥에 맞는 동사 형태를 고르는 문제이다. 빈칸 앞의 日本人は小さいころから、親にそのように(일본인은 어릴 때부터, 부모에게 그렇게)를 보면, 문맥상 '일본인은 어릴 때부터, 부모에게 그렇게 교육 받는다'가 가장 자연스럽다. 따라서 教育する(교육하다)의 수동형인 4 教育される(교육받는다)가 정답이다.

어휘 教育 きょういく 图교육

3

1 그래서	2 더욱이
3 즉	4 그렇지 않으면

해설 문맥에 맞는 접속사 혹은 부사를 고르는 문제이다. 빈칸 뒤의 ゴミの種類によっても捨てる日が違います(쓰레기의 종류에 따라서도 버리는 날이 다릅니다)는 빈칸 앞의 먼저, ゴミを捨てることができる日が決まっています(우선, 쓰레기를 버리는 것이 가능한 날이 정해져 있습니다)에 덧붙여지는 내용이므로, 빈칸에는 앞선 내용에 새로운 것을 더하는 의미의 부사가 필요하다. 따라서 2 さらに(더욱이)가 정답이다.

어휘 そこで 图그래서   さらに 图더욱이   つまり 图즉
それとも 图그렇지 않으면

4

1 놓아둘 리가 없습니다	2 놓아두기를 바랍니다
3 놓아둬야만 합니다	4 놓아두곤 했습니다

해설 문맥에 맞는 문말 표현을 고르는 문제이다. 빈칸 앞 문장인 ゴミの種類によっても捨てる日が違います(쓰레기의 종류에 따라서도 버리는 날이 다릅니다)를 보면, '그래서, 쓰레기를 버릴 수 있는 날이 올 때까지, 자택에 놓아둬야만 합니다'라고 하는 문말이 가장 자연스럽다. 따라서 3 置いておかなければなりません(놓아둬야만 합니다)이 정답이다.

어휘 置く おく 图놓다   ~はずがない ~(일) 리가 없다
~てほしい ~(하)기를 바라다
~なければならない ~(하)지 않으면 안 된다, (해)야만 한다
~たものだ ~(하)곤 했다

5

1 그	2 이런
3 어떤	4 그들의

해설 문맥에 맞는 지시어를 고르는 문제이다. 빈칸 앞 문장에서 私は日本の街がきれいなのは、みんながゴミ捨てのルールを守っているからだと思いました(저는 일본의 거리가 깨끗한 것은, 모두가 쓰레기 버리는 룰을 지키고 있기 때문이라고 생각했습니다)를 보면, 빈칸을 포함한 문장에는 유학생의 나라에서는 쓰레기를 버리는 룰이 없음을 나타내는 내용이 필요하다. 그러므로 '우리나라에서는 어떤 쓰레기라도 시간이나 요일에 관계없이 버릴 수 있습니다'로 이어지는 게 가장 자연스럽다. 따라서 3 どんな(어떤)가 정답이다.

어휘 その 그   こんな 이런   どんな 어떤   あれらの 그들의

실전 대비하기 6

p.274

| **1** 2 | **2** 4 | **3** 4 | **4** 1 | **5** 3 |

문제3 다음 글을 읽고, 글 전체의 내용을 생각하여, ☐1☐ 부터 ☐5☐ 의 안에 들어갈 가장 알맞은 것을, 1·2·3·4 에서 하나 고르세요.

1-5

아래 글은, 유학생이 쓴 작문입니다.

> ### 자동판매기의 왕국
> 조안나 스미스
>
> 처음 일본에 와서 가장 놀란 것은 자동판매기가 많은 것이었습니다. ¹역의 플랫폼, 편의점 앞, 사람의 왕래가 적은 길까지, 1 에든 자동판매기가 있습니다. 언제든지 돈을 넣으면 사고 싶은 것을 손에 넣을 수 있는 것은, 매우 편리하다고 생각합니다.
>
> ²'국민 23명에 1대'라고 일컬어질 정도로, 그 수도 많지만, 팔고 있는 상품의 종류도 2 만큼 있다고 합니다. 우리 나라에서는 음료나 과자를 팔고 있는 것밖에 없습니다. 하지만, 일본은 ³음료 3 물론, ⁴과일에서 반지까지, 자동판매기에서 살 수 있을 것이라고 생각도 하지 않았던 것도 살 수 있어서 깜짝 놀랐습니다.
>
> ⁴ 4 , 일본에는 왜 이렇게 자동판매기가 많은 것일까요? ⁵그것은 어쩌면 일본의 날씨와 관계가 5 . 일본의 여름은 매우 덥기 때문에, 슈퍼나 편의점까지 가지 않아도, 어디서든 시원한 음료를 살 수 있도록 자동판매기가 많아진 것은 아닐까요?
>
> 모처럼 '자동판매기의 왕국'에서 생활하고 있으니까, 앞으로 더 다양한 자동판매기를 찾아보려고 생각합니다.

어휘 下した 圆아래　文章 ぶんしょう 圆글, 문장　留学生 りゅうがくせい 圆유학생　書く かく 툉쓰다　作文 さくぶん 圆작문　自動販売機 じどうはんばいき 圆자동판매기　王国 おうこく 圆왕국　初めて はじめて 囝처음　日本 にほん 圆일본　来る くる 툉오다　一番 いちばん 囝가장, 제일　驚く おどろく 툉놀라다　多い おおい い헝많다　駅 えき 圆역　ホーム 圆플랫폼　コンビニ 圆편의점　前 まえ 圆앞　人通り ひとどおり 圆사람의 왕래　少ない すくない い헝적다　道 みち 圆길　～まで 丕~까지　いつでも 언제든지　お金 おかね 圆돈　入れる いれる 툉넣다　買う かう 툉사다　手に入れる てにいれる 손에 넣다　できる 툉할 수 있다　とても 囝매우　便利だ べんりだ な헝편리하다　国民 こくみん 圆국민　～ほど 丕~정도　数 かず 圆수　～けど 丕~지만　売る うる 툉팔다　商品 しょうひん 圆상품　種類 しゅるい 圆종류　国 くに 圆나라　飲み物 のみもの 圆음료수　お菓子 おかし 圆과자　～しか ~밖에　でも 젭하지만　もちろん 囝물론　果物 くだもの 圆과일　～から ~부터　指輪 ゆびわ 圆반지　びっくりする 깜짝 놀라다　なぜ 囝왜, 어째서　もしかしたら 囝어쩌면　天気 てんき 圆날씨　関係 かんけい 圆관계　夏 なつ 圆여름　暑い あつい い헝덥다　～ので 丕~때문에　スーパー 圆슈퍼　行く いく 툉가다　つめたい い헝차갑다　せっかく 囝모처럼　生活 せいかつ 圆생활　これから 앞으로　もっと 囝더, 더욱　色々だ いろいろだ な헝다양하다　探す さがす 툉찾다

1

1 거기	**2 어디**
3 여기	4 저기

해설 문맥에 맞는 지시어를 고르는 문제이다. 빈칸을 포함한 문장은 문맥상, '역의 플랫폼, 편의점 앞, 사람의 왕래가 적은 길까지, 어디에든 자동판매기가 있습니다'가 가장 자연스럽다. 따라서 2 どこ(어디)가 정답이다.

어휘 そこ 圆거기　どこ 圆어디　ここ 圆여기　あそこ 圆저기

2

1 셀	2 센
3 셀 수 있을	**4 셀 수 없을**

해설 문맥에 맞는 동사 형태를 고르는 문제이다. 빈칸 앞의 「国民23人に1台」と言われるほど、その数も多いけど、売っている商品の種類も('국민 23명에 1대'라고 일컬어질 정도로, 그 수도 많지만, 팔고 있는 상품의 종류도)를 보면, '그 수도 많지만, 팔고 있는 상품의 종류도 셀 수 없을 만큼 있다고 합니다'가 문맥상 가장 자연스럽다. 따라서 数える(세다)의 가능형이자 ない형인 4 数えられない(셀 수 없을)가 정답이다. 1은 사전형, 2는 과거형, 3은 가능형임을 알아둔다.

어휘 数える かぞえる 툉세다

3

1 에	2 를
3 가	**4 는**

해설 문맥에 맞는 조사를 고르는 문제이다. 빈칸 뒤의 もちろん、果物から指輪まで、自動販売機で買えると思ってなかったもの(물론, 과일에서 반지까지, 자동판매기에서 살 수 있을 것이라고 생각도 하지 않았던 것)와 문맥상 어울리는 말은 '음료는 물론'이다. 따라서 4 は(는)가 정답이다. 명사+はもちろん은 '(명사)는 물론'이라는 뜻임을 알아둔다.

어휘 ～に 丕~에　～を ~을/를　～が 丕~이/가　～は 丕~은/는

4

1 그런데	2 그래서
3 단	4 게다가

해설 문맥에 맞는 접속사를 고르는 문제이다. 빈칸 뒤의 日本にはなぜこんなに自動販売機が多いのでしょうか(일본에는 왜 이렇게 자동판매기가 많은 것일까요?)는 빈칸 앞의 문장인 果物から指輪まで、自動販売機で買えると思ってなかったものも買えてびっくりしました(과일에서 반지까지, 자동판매기에서 살 수 있을 것이라고 생각도 하지 않았던 것도 살 수 있어서 깜짝 놀랐습니다)와 다른 방향으로 서술되고 있으므로, 화제 전환을 나타내는 접속사가 필요하다. 따라서 1 ところで(그런데)가 정답이다.

어휘 ところで 젭그런데　だから 젭그래서　ただし 젭단, 다만　そのうえ 젭게다가

5

1	있을 리가 없습니다	2	있을 것 같지도 않습니다
3	있을지도 모릅니다	4	있는 편이 좋습니다

해설 문맥에 맞는 문말 표현을 고르는 문제이다. 빈칸 앞의 それはもしか したら日本の天気と関係が(그것은 어쩌면 일본의 날씨와 관계가) 라는 내용을 보면 그 다음의 내용은 '있을지도 모릅니다'가 문맥상 가 장 자연스럽다. 따라서 3 あるかもしれません(있을지도 모릅니다) 이 정답이다.

어휘 ~はずがない ~(일)리가 없다   ~そうもない ~(할) 것 같지도 않다
~かもしれない ~(일)지도 모른다
~たほうがいい ~(하)는 편이 좋다

독해

문제 4 내용이해(단문)

실력 다지기 p.282

01 ②   02 ①   03 ①   04 ①   05 ②
06 ②

01

요즘, 옷을 손에 넣는 방법이 다양화되고 있습니다. 지금까지는 가게나 인터넷에서 사거나, 언니나 형의 옷을 받거나 했습니다만, 최근에는 옷의 렌탈 서비스를 하는 회사도 생겼습니다. 이 회사는, "특별한 날에 한 번 입은 것만으로, 그 후에 그다지 입지 못하게 되는 옷이 아깝다"라고 하는 생각에서부터 만들어졌다고 합니다. 아직 이용자는 적은 것 같습니다만, 계속 많아지겠지요.

이 글을 쓴 사람은, 옷을 빌려주는 회사에 대해서 어떻게 생각하고 있습니까?

① 예전부터 있었던 회사이지만, 계속 인기가 없어지고 있다.
② 특별한 날에 입는 옷을 사지 않아도 되니까 편리하다.

어휘 このごろ 圐 요즘, 최근   服 ふく 圐 옷
手に入れる てにいれる 손에 넣다   方法 ほうほう 圐 방법
多様化 たようか 圐 다양화   今 いま 圐 지금   ~まで 图 ~까지
お店 おみせ 圐 가게   インターネット 圐 인터넷   買う かう 圄 사다
姉 あね 圐 언니, 누나   兄 あに 圐 형, 오빠   もらう 圄 받다
最近 さいきん 圐 최근   レンタル 圐 렌탈, 대여   サービス 圐 서비스
行う おこなう 圄 하다, 행하다   会社 かいしゃ 圐 회사
出てくる でてくる 생기다   特別だ とくべつだ [な형] 특별하다
日 ひ 圐 날   一度 いちど 圐 한 번   着る きる 圄 입다   ~だけ 图 ~만
その後 そのあと 그 후   あまり 囝 그다지   もったいない [い형] 아깝다
思い おもい 圐 생각   ~から 图 ~에서(부터)   つくる 圄 만들다
~そうだ ~라고 한다(전언)   まだ 囝 아직
利用者 りようしゃ 圐 이용자   少ない すくない [い형] 적다
~ようだ ~인 것 같다   どんどん 囝 계속, 자꾸   増える ふえる 圄 늘다
貸す かす 圄 빌려주다   昔 むかし 圐 예전, 옛날
人気 にんき 圐 인기   なくなる 圄 없어지다
便利だ べんりだ [な형] 편리하다

02

미나미 초등학교 운동회 일정 변경의 알림

6월 25일(수)에 예정되어 있던 운동회는 당일 비 예보 때문에, 다른 날로 변경합니다. 운동회는 7일 후인 7월 2일(수)에 진행할 예정이며, 원래 예정했던 날은 평소대로 수업을 진행하기 때문에, 일정을 확인한 후, 착오가 없도록 부탁드립니다.

이 알림을 읽고, 학생은 6월 25일에 무엇을 하지 않으면 안 됩니까?

① 수업에서 사용할 교과서를 준비한다.
② 운동회에서 사용할 응원 도구를 준비한다.

어휘 小学校 しょうがっこう 圐 초등학교   運動会 うんどうかい 圐 운동회
日程 にってい 圐 일정   変更 へんこう 圐 변경
お知らせ おしらせ 圐 알림   予定 よてい 圐 예정
当日 とうじつ 圐 당일   雨 あめ 圐 비   予報 よほう 圐 예보
~ため ~때문에   他 ほか 圐 다른 (것)   日 ひ 圐 날
いたす 圄 하다(する의 겸양어)   行う おこなう 圄 진행하다
元々 もともと 囝 원래   いつもどおり 평소대로
授業 じゅぎょう 圐 수업   ~ので 图 ~때문에   確認 かくにん 圐 확인
~上 ~うえ ~한 후   間違い まちがい 圐 착오, 실수
読む よむ 圄 읽다   学生 がくせい 圐 학생
~なければならない ~(하)지 않으면 안 된다
使う つかう 圄 사용하다   テキスト 圐 교과서   準備 じゅんび 圐 준비
応援道具 おうえんどうぐ 圐 응원 도구

03

여러분은 정기적으로 운동을 하고 있나요? 핸드폰도 텔레비전도 없었던 옛날에는, 바깥에서 노는 것만으로 운동이 되었습니다만, 지금은 핸드폰이나 텔레비전을 보는 등 실내에서의 놀이가 많아져서, 운동 부족인 사람이 늘었습니다. 하지만, 건강을 위해서는, 어느 정도 운동을 하지 않으면 안 됩니다. 일주일에 3회 이상은 운동하는 건강한 습관을 몸에 지닙시다.

건강한 습관이라고 했는데, 어떤 것인가?

① 일주일에 3회 이상 운동한다.
② 핸드폰을 그다지 사용하지 않는다.

어휘 みなさん 圐 여러분   定期的だ ていきてきだ [な형] 정기적이다
運動 うんどう 圐 운동   携帯 けいたい 圐 핸드폰   テレビ 圐 텔레비전
昔 むかし 圐 옛날   外 そと 圐 바깥   遊ぶ あそぶ 圄 놀다
~だけで ~만으로   今 いま 圐 지금   見る みる 圄 보다
~など 图 ~등, 따위   室内 しつない 圐 실내   遊び あそび 圐 놀이
多い おおい [い형] 많다   運動不足 うんどうぶそく 圐 운동 부족

문제 4 내용이해(단문) 93

増える ふえる 동늘다, 늘어나다   しかし 접하지만, 그러나
~ために ~위해서   ある 어느, 어떤   程度 ていど 명정도
~なければならない ~(하)지 않으면 안 된다   週 しゅう 명1주일
以上 いじょう 명이상   健康的だ けんこうてきだ な형건강하다
習慣 しゅうかん 명습관   身につける みにつける 몸에 지니다
あまり 부그다지   使う つかう 동사용하다

劇的だ げきてきだ な형극적이다   勝利 しょうり 명승리
最後 さいご 명마지막, 최후   ~まで 조~까지
あきらめる 동포기하다   努力 どりょく 명노력
選手 せんしゅ 명선수   感動 かんどう 명감동   ~ように ~처럼
生きる いきる 동살다   ~そうだ ~(일) 것 같다(추측)
早く はやく 부빨리   他 ほか 명다름   準備 じゅんび 명준비

04

다나카 군

오늘 발표에서 사용할 자료의 인쇄를 부탁합니다. 저는 오전, 수업이 있어, 인쇄할 시간이 없습니다. 학교 도서관에 있는 프린터는 30장까지 무료이니까, 그곳을 이용해 주세요. 선생님의 몫까지 10부 부탁합니다. 발표에서 사용할 CD는 제가 사토 군에게서 빌려서 가겠습니다. 잘 부탁합니다.

나카무라

다나카 군이 발표를 위해 하지 않으면 안 되는 것은 무엇인가?

① 발표 자료를 인쇄해서 간다.
② 발표에서 사용할 CD를 빌려서 간다.

어휘 今日 きょう 명오늘   発表 はっぴょう 명발표
使う つかう 동사용하다   資料 しりょう 명자료
印刷 いんさつ 명인쇄   午前 ごぜん 명오전
授業 じゅぎょう 명수업   時間 じかん 명시간   学校 がっこう 명학교
図書館 としょかん 명도서관   プリンター 명프린터
~まで 조~까지   無料 むりょう 명무료   ~から 조~니까
利用 りよう 명이용   先生 せんせい 명선생님   分 ぶん 명몫, 분
~から 조~에게서   借りる かりる 동빌리다   行く いく 동가다
~ために ~위해서   ~なければならない ~(하)지 않으면 안 된다

06

나카타 선생님

잘 지내고 계신가요? 작년, 선생님의 수업을 들은 하야시라고 합니다. 올해도 선생님을 뵙는 것을 기대하고 있었습니다만, 올해 퇴직하시고 수업은 담당하지 않으신다고 들어, 매우 아쉽습니다. 선생님의 수업을 들을 수는 없지만, 이전부터 계속 여쭤보고 싶었던 질문이 몇 가지 있어서, 연락드립니다. 혹시 괜찮으시다면, 선생님 사정 괜찮으신 시간에 찾아 뵙고, 질문할 수 있다면 좋겠다고 생각하고 있습니다. 답변 받으면 기쁘겠습니다.

하야시

이 편지에서 알 수 있는 것은 무엇인가?

① 나카타 선생님과 하야시가 만날 약속을 한 것
② 나카타 선생님이 올해부터 수업을 하지 않는 것

어휘 先生 せんせい 명선생님   元気だ げんきだ な형잘 지내다, 건강하다
いらっしゃる 동계시다(いる의 존경어)   去年 きょねん 명작년
授業を受ける じゅぎょうをうける 수업을 듣다
申す もうす 동말하다(言う의 겸양어)   今年 ことし 명올해
お目にかかる おめにかかる 뵙다, 만나다(会う의 겸양어)
楽しみにする たのしみにする 기대하다
退職 たいしょく 명퇴직   される 동하시다(する의 존경어)
受け持ち うけもち 명담당, 담당자   聞く きく 동듣다
とても 부매우   残念だ ざんねんだ な형유감이다
できる 동할 수 있다   以前 いぜん 명이전   ずっと 부계속
伺う うかがう 동여쭙다(聞く의 겸양어)   質問 しつもん 명질문
いくつ 명몇 개   連絡 れんらく 명연락
いたす 동하다(する의 겸양어)   もし 부혹시, 만약
よろしければ 괜찮으시다면   都合 つごう 명사정, 형편
時間 じかん 명시간   伺う うかがう 동찾아 뵙다(訪れる의 겸양어)
させていただく 하다(する의 겸양 표현)   返事 へんじ 명답변, 답장
いただく 동받다(もらう의 겸양어)   うれしい い형기쁘다
手紙 てがみ 명편지   ~から 조~에서 부터   わかる 동알다
会う あう 동만나다   約束 やくそく 명약속

05

어제 친구와 함께 야구 경기를 보러 갔다. 우리가 응원하는 팀은 리그 최하위인 팀이고, 상대 팀은 리그 1위의 팀이었다. 모두가 질 것이라고 생각했던 경기였지만, 경기가 끝나기 직전, 역전 홈런으로 극적으로 승리했다. 마지막까지 포기하지 않고 노력하는 선수들을 보고 감동했다. 나도 그들처럼 살아가야겠다고 생각했다.

그들처럼이라고 했는데, 어떤 것인가?

① 질 것 같은 경기는 빨리 포기하고 다른 경기의 준비를 하는 것
② 어떤 경기든 포기하지 않고 노력하는 것

어휘 昨日 きのう 명어제   友達 ともだち 명친구
一緒に いっしょに 부함께   野球 やきゅう 명야구
試合 しあい 명경기, 시합   見る みる 동보다   行く いく 동가다
応援 おうえん 명응원   チーム 명팀   リーグ 명리그
最下位 さいかい 명최하위   相手 あいて 명상대
誰もが だれもが 모두가, 누구나 다   負ける まける 동지다
終わる おわる 동끝나다   直前 ちょくぜん 명직전
逆転 ぎゃくてん 명역전   ホームラン 명홈런

실전 대비하기 1   p.284

| **1** 4 | **2** 3 | **3** 1 | **4** 4 |

문제4 다음의 (1)부터 (4)의 글을 읽고, 질문에 답하세요. 답은, 1·2·3·4에서 가장 알맞은 것을 하나 고르세요.

1

이것은 공원 관리사무소로부터 미카미 씨에게 도착한 메일이다.

수신인 : mikami@abcmail.co.jp
건명 : 원내 테니스 코트 이용 건
송신 일시 : 2019년 4월 1일 10:00

미카미 님
　이시야마 공원 관리사무소의 다나카입니다. 질문하신 건입니다만, 공원의 테니스 코트는, 이용하고 싶은 날의 2개월 전부터 전화로 예약할 수 있습니다. 전화접수는 오전 9시부터 오후 5시까지입니다(토일은 제외입니다). 전화 예약한 뒤에, 신청서를 공원 사무소에 제출해주세요. 신청서를 이용하고 싶은 날의 1주일 전까지 제출하지 않은 경우에는, 예약이 취소되기 때문에, 주의해 주세요.

이 메일에서 알 수 있는 것은 무엇인가?

1　토요일과 일요일은 테니스 코트를 사용할 수 없다.
2　신청은 전화로 해도 괜찮고, 사무소에 가서 해도 괜찮다.
3　신청서를 사무소에서 받은 후, 전화를 해서 예약하지 않으면 안 된다.
4　신청서를 이용하고 싶은 날의 전날에 내면, 테니스 코트는 사용할 수 없다.

해설 이메일 형태의 실용문으로 메일에서 알 수 있는 것을 묻고 있다. 선택지에서 반복되는 事務所(사무소), 申込書(신청서), テニスコート(테니스 코트)를 지문에서 찾아 주변 내용과 각 선택지를 대조하며 정답을 고른다. 마지막 문장에서 申込書를 이용하고 싶은 날의 1週間前까지 내지 않은 경우는, 予約が取り消されますので、ご注意ください(신청서를 이용하고 싶은 날의 1주일 전까지 제출하지 않은 경우에는, 예약이 취소되기 때문에, 주의해 주세요)라고 언급하였으므로 4 申込書를 이용하고 싶은 날의 前日에 냈다면, テニスコートは使えない(신청서를 이용하고 싶은 날의 전날에 내면, 테니스 코트는 사용할 수 없다)가 정답이다.

어휘 公園 こうえん 명 공원　管理 かんり 명 관리
事務所 じむしょ 명 사무소　～から 조 ~로부터
届く とどく 동 도착하다　メール 명 메일　あて先 あてさき 명 수신인
件名 けんめい 명 건명　園内 えんない 명 원내
テニスコート 명 테니스 코트　利用 りよう 명 이용
件 けん 명 건, 사항　送信 そうしん 명 송신　日時 にちじ 명 일시
質問 しつもん 명 질문　日 ひ 명 날　前 まえ 명 전
電話 でんわ 명 전화　予約 よやく 명 예약
できる 동 할 수 있다, 가능하다　受付 うけつけ 명 접수
午前 ごぜん 명 오전　午後 ごご 명 오후　～まで 조 ~까지
土日 どにち 명 토일(토요일과 일요일)　除く のぞく 동 제외하다, 빼다
～たうえで ~(한) 뒤에, (한) 후에　申込書 もうしこみしょ 명 신청서

出す だす 동 제출하다, 내다　場合 ばあい 명 경우
取り消す とりけす 동 취소하다　～ので 조 ~때문에
注意 ちゅうい 명 주의　土曜日 どようび 명 토요일
日曜日 にちようび 명 일요일　使う つかう 동 사용하다
申し込み もうしこみ 명 신청　行く いく 동 가다　もらう 동 받다
～てから ~(한) 후　～なければいけない ~(하)지 않으면 안 된다
前日 ぜんじつ 명 전날

2

　내 친구의 대개는, 사회인이 되어 어느 정도 저금이 생기면, 차를 사고 싶다고 하고 있다. 주말에 드라이브를 하면 스트레스가 해소되고, 차가 있으면 쇼핑에 갈 때도 편리할 것이다.
　하지만, 차를 사면 돈이 많이 든다. 기름 값도 들고, 세금도 내지 않으면 안 된다. 게다가, 우리 집은 역 근처에 있고, 쇼핑은 인터넷으로도 할 수 있다. 그래서, 나는 지금 무리해서 사지 않아도 된다고 생각하고 있다. 언젠가 정말로 필요해졌을 때에 사면 된다.

차에 대해, '나'는 어떻게 생각하고 있는가?

1　돈이 들고, 흥미도 없기 때문에, 앞으로도 차를 가질 예정은 없다.
2　돈은 들지만, 편리하기 때문에, 가까운 시일 내에 사러 갈 예정이다.
3　차가 있으면 좋다고 생각하지만, 지금은 특별히 불편하지 않기 때문에, 필요 없다.
4　차에 관심은 없지만, 친구가 모두 가지고 있기 때문에, 사지 않으면 안 된다.

해설 에세이로 필자의 생각을 묻고 있다. 선택지에서 반복되는 車(차), お金がかかる(돈이 든다), 買う(사다)를 지문의 후반부에서 찾아 '차'에 대한 필자의 생각을 확인한다. 중반부에서 車があれば買い物に行くときも便利だろう(차가 있으면 쇼핑에 갈 때도 편리할 것이다)라고 서술하지만, 후반부에서 私は今無理をして買わなくてもいいと思っている。いつか本当に必要になった時に買えばいい(나는 지금 무리해서 사지 않아도 된다고 생각하고 있다. 언젠가 정말로 필요해졌을 때에 사면 된다)라고 서술하고 있으므로 3 車があったらいいと思うが、今は特に不便じゃないので、必要ない(차가 있으면 좋다고 생각하지만, 지금은 특별히 불편하지 않기 때문에, 필요 없다)가 정답이다.

어휘 友だち ともだち 명 친구　多く おおく 부 대개는, 대체로
社会人 しゃかいじん 명 사회인　ある 어느, 어떤
程度 ていど 명 정도　貯金 ちょきん 명 저금　できる 동 생기다
車 くるま 명 차　買う かう 동 사다　週末 しゅうまつ 명 주말
ドライブ 명 드라이브　ストレス 명 스트레스　解消 かいしょう 명 해소
買い物 かいもの 명 쇼핑　行く いく 동 가다
便利だ べんりだ な형 편리하다　でも 접 하지만　お金 おかね 명 돈
たくさん 부 많이　かかる 동 (시간, 비용) 들다, 소요되다
ガソリン代 ガソリンだい 명 기름 값　税金 ぜいきん 명 세금
払う はらう 동 (돈을) 내다, 지불하다
～なければならない ~(하)지 않으면 안 된다　それに 접 게다가
家 いえ 명 집　駅 えき 명 역　近く ちかく 명 가까운 곳, 근처
インターネット 명 인터넷　だから 접 그래서, 그러므로

今 いま 閲지금　無理 むり 퇴무리　いつか 퇴언젠가
本当に ほんとうに 정말로　必要だ ひつようだ な형필요하다
~について ~에 대해서　考える かんがえる 동생각하다
興味 きょうみ 명흥미　~ので 조~때문에　これから 앞으로
持つ もつ 동가지다, 소유하다　つもり 명예정, 작정
近いうちに ちかいうちに 가까운 시일 내에
特に とくに 퇴특별히, 특히　不便だ ふべんだ な형불편하다
関心 かんしん 명관심　みんな 명모두

~から 조~니까, 때문에　よく 퇴잘　売れる うれる 동팔리다
一般的だ いっぱんてきだ な형일반적이다　考え かんがえ 명생각
違う ちがう 동다르다　ほしい い형원하다, 탐나다
お客さん おきゃくさん 명손님　連絡 れんらく 명연락
来る くる 동오다　だんだん 퇴점점, 차차　参考 さんこう 명참고
新しい あたらしい い형새롭다

3

　볼펜으로 쓴 글자를 지울 수 없어서 곤란했던 경험을 한 적이 있는 사람은 많을 것이다. 그런 가운데, 최근 어떤 볼펜이 인기를 모으고 있다. 그것은, 지울 수 있는 볼펜이다. 이 볼펜은 전용 지우개를 사용하면, 쓴 글자를 지우는 것이 가능하다.
　이 볼펜을 발명한 회사의 사장은 이렇게 이야기하고 있다. '지금까지 모두 볼펜은 글자가 지워져서는 안 되는 것이라고 생각했습니다. 그래서, 반대로, 지울 수 있는 볼펜을 만들면, 모두가 신기하게 여길 테니까, 잘 팔릴 것이라고 생각했습니다.'

지울 수 있는 볼펜이 만들어지게 된 것은 어째서인가?

1　일반적인 생각과는 다른 것을 만들면, 모두가 원하게 될 것이라고 생각했기 때문에
2　볼펜으로 쓴 글자를 지울 수 없어서 곤란하다고 손님으로부터 회사에 연락이 왔기 때문에
3　볼펜으로 쓴 글자를 지우고 싶다는 사람이 점점 많아지기 때문에
4　모두의 생각을 참고해서 새로운 볼펜을 만들면, 팔릴 것이라고 생각했기 때문에

해설 밑줄 문제이므로 선택지에서 반복되는 ボールペン(볼펜), 消す(지우다), みんな(모두)를 밑줄 주변에서 찾는다. 밑줄 뒷부분에서 だから、反対に、消せるボールペンを作れば、みんながめずらしがるから、よく売れるだろうと思ったんです(そして、反対に、지울 수 있는 볼펜을 만들면, 모두가 신기하게 여길 테니까, 잘 팔릴 것이라고 생각했습니다)라고 서술하고 있으므로 1 一般的な考えとは違う物を作れば、みんながほしくなると思ったから(일반적인 생각과는 다른 것을 만들면, 모두가 원하게 될 것이라고 생각했기 때문에)가 정답이다.

어휘 ボールペン 명볼펜　書く かく 동쓰다　字 じ 명글자
消す けす 동지우다　困る こまる 동곤란하다
経験 けいけん 명경험　~たことがある ~(한) 적이 있다
多い おおい い형많다　そんな中 そんななか 그런 가운데
最近 さいきん 명최근　ある 어떤, 어느　人気 にんき 명인기
集める あつめる 동모으다, 집중시키다　専用 せんよう 명전용
消しゴム けしゴム 명지우개　使う つかう 동사용하다
できる 동가능하다, 할 수 있다　発明 はつめい 명발명
会社 かいしゃ 명회사　社長 しゃちょう 명사장(님)
話す はなす 동이야기하다　今まで いままで 지금까지, 여태껏
みんな 명모두　消える きえる 동지워지다, 사라지다
だから 접그래서　反対 はんたい 명반대　作る つくる 동만들다
めずらしい い형신기하다, 새롭다　~がる ~(하)게 여기다

4

어느 호텔 프런트에 크리스마스 이벤트 공지가 붙어 있다.

크리스마스 이벤트 안내
　12월 9일(금)부터 12월 25일(일)까지, 히가시야마 공원에서 크리스마스 이벤트가 진행됩니다. 입장은 무료입니다.
　행사장에는 다양한 이벤트 부스가 마련되어, 크리스마스 장식의 판매와 와인, 소시지를 먹을 수 있는 가게, 미니 크리스마스 트리를 만들 수 있는 체험 코너 등이 있습니다. 음식이나 체험 코너는 별도 요금이 듭니다. 매일 19시부터는 음악 연주회가 열려, 크리스마스 분위기를 더욱 즐길 수 있습니다.
　지금 저희 호텔에서는, 행사장에서 이용할 수 있는 할인 티켓을 나눠드리고 있습니다. 필요한 분은 프런트로 말씀해 주십시오.

이 공지에서 알 수 있는 것은 무엇인가?

1　호텔에 묵고 있는 손님이라도, 이벤트 행사장에 들어가려면 별도 요금이 든다.
2　프런트에 있는 할인 티켓을 사용하면, 음식과 체험 코너가 무료가 된다.
3　이벤트 동안에는 호텔 프런트 앞에서 매일 밤 음악 연주회가 열린다.
4　프런트 사람에게 말하면, 이벤트에서 사용할 수 있는 할인 티켓을 받을 수 있다.

해설 공지 형식의 실용문으로 공지에서 알 수 있는 것을 묻고 있다. 선택지에서 반복되는 フロント(프런트), 割引(할인)를 지문에서 찾는다. 지문의 후반부에 ただいま当ホテルでは、会場で利用できる割引チケットをお配りしております。必要な方はフロントまでお声がけください(지금 저희 호텔에서는, 행사장에서 이용할 수 있는 할인 티켓을 나눠드리고 있습니다. 필요한 분은 프런트로 말씀해 주십시오)라고 언급하고 있으므로 4 フロントの人に言えば、イベントで使える割引チケットがもらえる(프런트 사람에게 말하면, 이벤트에서 사용할 수 있는 할인 티켓을 받을 수 있다)가 정답이다.

어휘 ある 어느　ホテル 명호텔　フロント 명프런트
クリスマス 명크리스마스　イベント 명이벤트
お知らせ おしらせ 명공지　貼る はる 동붙다　~てある ~(해) 있다
案内 あんない 명안내　公園 こうえん 명공원
行う おこなう 동진행하다　入場 にゅうじょう 명입장
無料 むりょう 명무료　会場 かいじょう 명행사장
様々だ さまざまだ な형다양하다　ブース 명부스
用意 ようい 명마련하다　飾り かざり 명장식
販売 はんばい 명판매　ワイン 명와인　ソーセージ 명소시지

食べる たべる 동먹다　店 みせ 명가게　ミニ 명미니
クリスマスツリー 명크리스마스 트리　作る つくる 동만들다
体験 たいけん 명체험　コーナー 명코너　ある 동있다
飲食 いんしょく 명음식, 마시고 먹음
別料金 べつりょうきん 명별도 요금　かかる 동부과되다
毎日 まいにち 명매일　音楽 おんがく 명음악
演奏会 えんそうかい 명연주회　雰囲気 ふんいき 명분위기
さらに 부더욱　楽しむ たのしむ 동즐기다
~ことができる ~(할) 수 있다　ただいま 지금
当ホテル とうホテル 저희 호텔　利用 りよう 명이용
割引 わりびき 명할인　チケット 명티켓　配る くばる 동나누다
必要だ ひつようだ [な형]필요하다　方 かた 명분
声がけ こえがけ 명말을 거는 것　この 이　わかる 동알다
こと 명것　何 なに 명무엇　泊まる とまる 동묵다
客 きゃく 명손님　入る はいる 동들어가다　~には ~(하)려면
~ば ~(하)면　~になる ~가 되다　間 あいだ 명동안, 사이
前 まえ 명앞　毎晩 まいばん 명매일 밤　人 ひと 명사람
言う いう 동말하다　もらう 동받다

실전 대비하기 2
p.288

1 2　**2** 3　**3** 1　**4** 2

문제4 다음의 (1)부터 (4)의 글을 읽고, 질문에 답하세요. 답은, 1·2·3·4에서 가장 알맞은 것을 하나 고르세요.

1

야마오카 시 댄스 대회
8월 17일에 야마오카 시 문화 센터에서 야마오카 시 댄스 대회를 개최합니다. 신청은 마감이 8월 2일 18시까지이며, 시의 홈페이지에서만 받고 있습니다. 참가는 개인이어도 단체여도 상관없습니다. 참가자는 당일 15시까지 행사장에 집합합니다. 또한, 당일은 무대를 사용한 리허설도 가능합니다. 리허설을 진행하고 싶은 분은 신청할 때에 그 외 란에 '리허설 희망'이라고 기입해 주시고, 당일 12시까지 모여 주세요.

리허설에 참가하고 싶은 사람은 어떻게 해야 하는가?
1　8월 2일까지 대회만 신청하고, 8월 17일 12시까지 행사장에 간다.
2　8월 2일까지 대회와 리허설을 신청하고, 8월 17일 12시까지 행사장에 간다.
3　8월 2일까지 대회와 리허설을 신청하고, 8월 17일 15시까지 행사장에 간다.
4　8월 17일까지 대회와 리허설을 신청하고, 8월 17일 15시까지 행사장에 간다.

해설 공지 형식의 실용문으로 리허설에 참가하고 싶은 사람이 해야 하는

것을 묻고 있다. 선택지에서 반복되는 大会(대회), リハーサル(리허설), 会場(행사장)를 지문에서 찾는다. 지문의 초반부에 8月17日に山岡市文化センターで山岡市ダンス大会を開催します。申し込みは締め切りが8月2日18時まで(8월 17일에 야마오카 시 문화 센터에서 야마오카 시 댄스 대회를 개최합니다. 신청은 마감이 8월 2일 18시까지)라고 하고, 리허설을 행하고 싶은 방은 신청할 때에 그 외의 란에 「リハーサル希望」と記入していただき、当日12時までにお集まりください(리허설을 진행하고 싶은 분은 신청할 때에 그 외 란에 '리허설 희망'이라고 기입해 주시고, 당일 12시까지 모여 주세요)라고 언급하였으므로 2 8月2日までに大会とリハーサルに申し込んで、8月17日12時までに会場に行く(8월 2일까지 대회와 리허설을 신청하고, 8월 17일 12시까지 행사장에 간다)가 정답이다.

어휘 市 し 명시　ダンス 명댄스, 춤　大会 たいかい 명대회
文化 ぶんか 명문화　センター 명센터　開催 かいさい 명개최
申し込み もうしこみ 명신청　締め切り しめきり 명마감
~まで 조~까지　ホームページ 명홈페이지　~から 조~에서
~のみ 조~만　承る うけたまわる 동(삼가) 받다
参加 さんか 명참가　個人 こじん 명개인　団体 だんたい 명단체
かまわない 상관없다　参加者 さんかしゃ 명참가자
当日 とうじつ 명당일　会場 かいじょう 명행사장
集合 しゅうごう 명집합　なお 부또한　舞台 ぶたい 명무대
使う つかう 동사용하다　リハーサル 명리허설
可能だ かのうだ [な형]가능하다　行う おこなう 동진행하다
方 かた 명분　申し込む もうしこむ 동신청하다　~際 ~さい ~때
他 ほか 명외, 다름　欄 らん 명란　希望 きぼう 명희망
記入 きにゅう 명기입　~ていただく ~(해) 주시다
~までに 조~까지　集まる あつまる 동모이다　~だけ 조~만, 뿐
行く いく 동가다

2

　휴대전화를 지니기 시작하고 나서 어느샌가 편지는 먼 존재가 되었다. 휴대전화의 이메일 기능은 편지와는 다르게, 비용도 수고도 들지 않고, 언제든지 어디든지 상대와 대화할 수 있다.
　하지만, 가끔씩 재회하면 신선한 기분이 든다. 예쁜 꽃이나 새가 그려진 우표나 직접 쓴 글씨를 보면 상대의 얼굴이 떠올라, 무심코 미소가 새어 나온다. 이메일에서는 느낄 수 없는 그 따뜻한 배려에 기뻐진다. 귀찮기 때문에 귀중한 것인지도 모른다.

이 글을 쓴 사람은 편지에 대해 어떻게 생각하고 있는가?
1　편지에는 기분이 나타나니까, 귀찮게 느낄 때는 쓰지 않는 편이 좋다.
2　편지 쪽이 마음이 전해지니까, 중요한 것은 편지로 전해야 한다고 생각한다.
3　상대가 자신을 위해 시간을 들여 준 만큼, 편지에서는 따뜻함이 느껴진다.
4　요즘에는 편지를 쓰지 않게 되어서, 편지의 장점을 모르는 사람이 많다.

해설 에세이로 '편지'에 대한 필자의 생각을 묻고 있다. 후반부에서 きれい

な花や鳥が描かれた切手や手書きの字を見ると相手の顔が思い浮かんで、つい笑顔がこぼれる。メールには感じられないその温かい配慮にうれしくなる(예쁜 꽃이나 새가 그려진 우표나 직접 쓴 글씨를 보면 상대의 얼굴이 떠올라, 무심코 미소가 새어 나온다. 이메일에서는 느낄 수 없는 그 따뜻한 배려에 기뻐진다)라고 서술하였으므로 3 상대가 자신을 위해 수고를 해 준 만큼, 편지에서는 따뜻함이 느껴진다(상대가 자신을 위해 시간을 들여 준 만큼, 편지에서는 따뜻함이 느껴진다)가 정답이다.

어휘 携帯電話 けいたいでんわ 명 휴대 전화 持つ もつ 동 가지다
~はじめて ~(하)기 시작한지   ~てから ~(하)고 나서
いつの間にか いつのまにか 부 어느샌가   手紙 てがみ 명 편지
遠い とおい い형 멀다   存在 そんざい 명 존재   なる 동 되다
携帯 けいたい 명 휴대 전화   メール 명 메일   機能 きのう 명 기능
異なる ことなる 동 다르다   費用 ひよう 명 비용   手間 てま 명 수고
かかる 동 (비용, 수고가) 들다   ~ず ~(하)지 않고
いつでも 부 언제든지   どこでも 어디든지   相手 あいて 명 상대
やり取り やりとり 명 대화   でも 하지만   たまに 부 가끔씩
再会 さいかい 명 재회   新鮮だ しんせんだ な형 신선하다
気持ち きもち 명 기분   きれいだ な형 예쁘다   花 はな 명 꽃
鳥 とり 명 새   描く かく 동 그리다   切手 きって 명 우표
手書き てがき 명 직접 씀   字 じ 명 글자   見る みる 동 보다
顔 かお 명 얼굴   思い浮かぶ おもいうかぶ 동 떠오르다
つい 부 무심코   笑顔 えがお 명 미소, 웃는 얼굴
こぼれる 동 새어 나오다   感じる かんじる 동 느끼다
温かい あたたかい い형 따뜻하다   配慮 はいりょ 명 배려
うれしい い형 기쁘다   面倒だ めんどうだ な형 귀찮다
~からこそ ~이기 때문에   貴重だ きちょうだ な형 귀중하다
~かもしれない ~(일)지도 모른다   ~について ~에 대해서
考える かんがえる 동 생각하다   表れる あらわれる 동 나타나다
~とき ~때   ~ないほうがいい ~(하)지 않는 편이 좋다
ほう 명 쪽, 편   思い おもい 명 마음   伝わる つたわる 동 전해지다
大切だ たいせつだ な형 소중하다   ~べきだ ~(해)야 한다
~と思う ~とおもう ~라고 생각하다   自分 じぶん 명 자신
~ために 조 ~위해   ~分 ~ぶん ~만큼
温かさ あたたかさ 명 따뜻함   最近 さいきん 명 요즘, 최근
~ので 조 ~(해)서   よさ 명 장점   わかる 동 알다   人 ひと 명 사람
多い おおい い형 많다

3

주부 무리의 이야기를 들으면서 아깝다고 느끼는 경우가 많이 있다. 음식 안에 있는 영양에 대해서는 잘 알고 있어도, 잊기 쉬운 것이 조리 방법이다. 예를 들면, 몸에 좋다고 알려진 시금치. 야채 중에서 철분이 가장 많고, 철분의 흡수를 돕는 비타민 C도 풍부하기 때문에, 건강 식재료로써 의식해서 먹고 있는 사람도 많다. 다만, 비타민 C에는 물에 흘러나오기 쉬운 성질이 있어, 물에 담그거나, 삶거나 하는 시간이 길면 점점 밖으로 도망쳐 버린다. 이래서는 모처럼의 지식이 쓸모 없어진다. 기왕이라면, 어떻게 하면 영양을 효과적으로 섭취할 수 있을까라는 점까지 의식하고 싶은 법이다.

아깝다고 느끼는이라고 되어 있는데, 글을 쓴 사람은 왜 아깝다고

생각하고 있는가?

1 몸으로의 효과가 약해지는 방법으로 식재료를 요리하고 있기 때문에
2 음식에 포함된 영양이 몸에 어떤 효과를 주는지 모르기 때문에
3 영양에 대해서 지식을 익히기만 하고, 요리에 도움되고 있지 않기 때문에
4 영양의 흡수를 돕는 식재료의 조합을 신경 쓰지 않기 때문에

해설 지문의 主婦仲間の話を聞いていてもったいないと感じることが多々ある(주부 무리의 이야기를 들으면서 아깝다고 느끼는 경우가 많이 있다)에서 '아깝다'는 이유가 무엇인지 밑줄 주변에서 찾는다. 밑줄 뒷부분에서 食べ物の中にある栄養についてはよく知っていても、忘れがちなのが調理方法だ(음식 안에 있는 영양에 대해서는 잘 알고 있어도, 잊기 쉬운 것이 조리 방법이다), ビタミンCには水に流れ出やすい性質があり、水につけたり、ゆでたりする時間が長いとどんどん外に逃げていってしまう(비타민 C에는 물에 흘러나오기 쉬운 성질이 있어, 물에 담그거나, 삶거나 하는 시간이 길면 점점 밖으로 도망쳐 버린다)라고 서술하고 있으므로 1 体への効果が弱くなるやり方で食材を料理しているから(몸으로의 효과가 약해지는 방법으로 식재료를 요리하고 있기 때문에)가 정답이다.

어휘 主婦 しゅふ 명 주부   仲間 なかま 명 무리, 동료   話 はなし 명 이야기
聞く きく 동 듣다   もったいない い형 아깝다
感じる かんじる 동 느끼다   多々 たた 부 많이
食べ物 たべもの 명 음식   中 なか 명 안, 중   栄養 えいよう 명 영양
~について ~에 대해서   よく 부 잘   知る しる 동 알다
忘れる わすれる 동 잊다   ~がちだ ~(하)기 쉽다
調理 ちょうり 명 조리   方法 ほうほう 명 방법
例えば たとえば 부 예를 들면   体 からだ 명 몸   いい い형 좋다
知られる しられる 동 알려지다   ほうれん草 ほうれんそう 명 시금치
野菜 やさい 명 야채   鉄分 てつぶん 명 철분   最も もっとも 부 가장
多い おおい い형 많다   吸収 きゅうしゅう 명 흡수
助ける たすける 동 돕다   ビタミンC 비타민C
豊富だ ほうふだ な형 풍부하다   ~ため 조 ~때문에
健康 けんこう 명 건강   食材 しょくざい 명 식재료   ~として ~로써
意識 いしき 명 의식   食べる たべる 동 먹다   人 ひと 명 사람
ただ 부 다만   水 みず 명 물   流れ出る ながれでる 동 흘러나오다
~やすい ~(하)기 쉽다   性質 せいしつ 명 성질   つける 동 담그다
ゆでる 동 삶다   時間 じかん 명 시간   長い ながい い형 길다
どんどん 부 점점   外 そと 명 밖, 바깥   逃げる にげる 동 도망치다
~てしまう ~(해) 버리다   せっかく 부 모처럼   むだだ な형 쓸모 없다
~になる ~(해)지다   どうせなら 기왕이라면
効果的だ こうかてきだ な형 효과적이다   とる 동 섭취하다
点 てん 명 점   ~ものだ ~인 법이다   なぜ 부 어째서
思う おもう 동 생각하다   効果 こうか 명 효과
弱い よわい い형 약하다   やり方 やりかた 명 하는 방법
料理 りょうり 명 요리   含まれる ふくまれる 동 포함되다
与える あたえる 동 주다   ~ばかり 조 ~만   つける 동 익히다
役立つ やくだつ 동 도움이 되다   組み合わせ くみあわせ 명 조합
気にする きにする 신경 쓰다

4

휴게실의 책상 위에, 점장으로부터 탄 씨에게의 메모가 놓여 있었다.

> 탄 씨
> 수고하십니다.
> 오늘은 본사에서 회의가 있기 때문에, 오후부터 가게에 가겠습니다.
> 오전 중, 다나카 씨라고 하는 여성 손님이 어제 가게에서 잊어버렸던 지갑을 가지러 올 것입니다.
> 신분증을 가지고 오도록 말했으므로, 다나카 씨가 오면, 우선 본인인지 어떤지 확인해 주세요. 그 다음에, 다나카 씨와 함께 지갑의 안을 확인하고, 문제 없으면 그대로 다나카 씨에게 건네줘도 좋지만, 무엇인가 없어져 있으면, 저에게 전화해 주세요.
> 잘 부탁드립니다.
> 점장

이 메모를 읽고, 탄 씨가 하지 않으면 안 되는 것은 무엇인가?

1 손님에게 전화해서, 어제 가게에 지갑을 잊고 간 것을 전한다.
2 손님에게 신분증을 보여 받고 나서, 함께 지갑의 안을 확인한다.
3 손님에게 전화해서, 가게에 올 때에 신분증을 가지고 오도록 전한다.
4 신분증을 확인한 것을 전화로 점장에게 전하고 나서 손님에게 지갑을 건네준다.

해설 메모 형태의 실용문으로 탄 씨가 하지 않으면 안 되는 것을 묻고 있다. 선택지에서 반복되는 お客さん(손님), 財布(지갑), 身分証(신분증)를 지문에서 찾는다. 중반부에서 身分証을 가지고 오도록 言ってあるので、田中様が来たら、まず本人かどうか確認してください。それから、田中様といっしょに財布の中を確かめて、問題なければそのまま田中様に渡していいですが、何かなくなっていたら、私に電話してください(신분증을 가지고 오도록 말했으므로, 다나카 씨가 오면, 우선 본인인지 어떤지 확인해 주세요. 그 다음에, 다나카 씨와 함께 지갑의 안을 확인하고, 문제 없으면 그대로 다나카 씨에게 건네줘도 좋지만, 무엇인가 없어져 있으면, 저에게 전화해 주세요)라고 언급하고 있으므로 2 お客さんに身分証を見せてもらってから、一緒に財布の中を確認する(손님에게 신분증을 보여 받고 나서, 함께 지갑의 안을 확인한다)가 정답이다.

어휘 休憩室 きゅうけいしつ 명 휴게실 机 つくえ 명 책상 上 うえ 명 위
店長 てんちょう 명 점장 ~から 조 ~로부터 メモ 명 메모
置く おく 동 놓다, 두다 今日 きょう 명 오늘 本社 ほんしゃ 명 본사
会議 かいぎ 명 회의 ~ので 조 ~때문에 午後 ごご 명 오후
店 みせ 명 가게 行く いく 동 가다 午前中 ごぜんちゅう 명 오전중
女性 じょせい 명 여성 お客様 おきゃくさま 명 손님
昨日 きのう 명 어제 忘れる わすれる 동 잊다, 잊고 오다
財布 さいふ 명 지갑 取りに来る とりにくる 가지러 오다
身分証 みぶんしょう 명 신분증 持って来る もってくる 가지고 오다
~ように ~(하)도록 ~ので 조 ~므로 まず 부 우선
本人 ほんにん 명 본인 確認 かくにん 명 확인
それから 접 그 다음에 一緒に いっしょに 함께, 같이 中 なか 명 안

確かめる たしかめる 동 확인하다, 확실히 하다
問題 もんだい 명 문제 ~なければ ~없으면 そのまま 부 그대로
渡す わたす 동 건네주다 何か なにか 무엇인가, 뭔가
なくなる 동 없어지다 電話 でんわ 명 전화
~なければならない ~(하)지 않으면 안 된다, (해)야 한다
伝える つたえる 동 전하다 見せる みせる 동 보이다 もらう 동 받다
~てから ~(하)고 나서

실전 대비하기 3

p.292

1 3   **2** 4   **3** 2   **4** 2

문제4 다음의 (1)부터 (4)의 글을 읽고, 질문에 답하세요. 답은, 1・2・3・4에서 가장 알맞은 것을 하나 고르세요.

1

이것은 여행사로부터 손님에게 도착한 메일이다.

> 수신인 : ryokou@abc-kaisya.co.jp
> 건명 : 여행대금 지불 건
> 송신일시 : 2019년 4월1일 10:00
>
> 사가와 님
> 항상 이용해 주셔서, 감사합니다.
> 조금 전, 전화로 말씀 드린 건 말입니다만, 신청하신 여행 플랜의 대금 입금이 확인되지 않습니다. 청구서를 다시 한 번 보내드리오니, 금액을 확인하신 후에, 4월 4일까지 입금해 주시도록 부탁드립니다. 또한, 4월 4일까지 입금을 확인할 수 없는 경우, 예약이 취소되는 경우도 있사오니, 주의해 주십시오. 잘 부탁 드립니다.

이 메일을 읽고, 손님이 하지 않으면 안 되는 것은 무엇인가?

1 여행사에 전화해서, 여행대금이 얼마인지 문의한다.
2 신청한 여행 플랜의 대금을 입금했는지 어떤지 전화로 확인한다.
3 4월 4일까지 청구서에 적혀 있는 금액을 여행사에 입금한다.
4 4월 4일까지 신청한 여행 플랜을 취소할 수 있는지 확인한다.

해설 이메일 형태의 실용문으로 손님이 하지 않으면 안 되는 것을 묻고 있다. 선택지에서 반복되는 代金(대금), 入金(입금), 4月4日(4월 4일)를 지문에서 찾는다. 중반부에서 請求書をもう一度お送りしますので、金額をご確認のうえ、4月4日までにご入金いただきますようお願いいたします(청구서를 다시 한 번 보내드리오니, 금액을 확인하신 후에, 4월 4일까지 입금해 주시도록 부탁드립니다)라고 언급하고 있으므로 3 4月4日までに請求書に書いてある金額を旅行会社に入金する(4월 4일까지 청구서에 적혀 있는 금액을 여행사에 입금한다)가 정답이다.

어휘 旅行会社 りょこうがいしゃ 명 여행사 ~から 조 ~로부터
客 きゃく 명 손님 届く とどく 동 도착하다, 닿다 メール 명 메일

あて先 あてさき 명 수신인　件名 けんめい 명 건명
旅行 りょこう 명 여행　代金 だいきん 명 대금
支払い しはらい 명 지불　件 けん 명 건　送信 そうしん 명 송신
日時 にちじ 명 일시　いつも 부 항상, 언제나
利用 りよう 명 이용　いただく 받다 (もらう의 겸양어)
先ほど さきほど 명 조금 전, 아까　電話 でんわ 명 전화
話す はなす 동 말하다, 이야기하다　申し込み もうしこみ 명 신청
プラン 명 플랜, 계획　入金 にゅうきん 명 입금
確認 かくにん 명 확인　できる 동 되다, 할 수 있다
請求書 せいきゅうしょ 명 청구서　もう一度 もういちど 다시 한 번
送る おくる 동 보내다　〜ので 조 〜이므로, 때문에
金額 きんがく 명 금액　〜うえ 〜(한) 후, (한) 뒤　〜までに 〜까지
なお 접 또한, 더욱이　場合 ばあい 명 경우, 상황　予約 よやく 명 예약
取り消し とりけし 명 취소　ござる 동 있다 (ある의 겸양어)
注意 ちゅうい 명 주의　くださる 주시다 (くれる의 존경어)
〜なければならない 〜(하)지 않으면 안 된다　いくら 부 얼마
問い合わせる といあわせる 동 문의하다
取り消す とりけす 동 취소하다

어휘 携帯電話 けいたいでんわ 명 휴대전화　昔 むかし 명 옛날
〜に比べて 〜にくらべて 〜에 비해　便利だ べんりだ な형 편리하다
電話 でんわ 명 전화　〜だけではなく 〜뿐만 아니라
インターネット 명 인터넷　お金 おかね 명 돈
払う はらう 동 내다, 지불하다　できる 동 할 수 있다
だから 접 그래서, 그러니까　少し前 すこしまえ 얼마 전
〜まで 조 〜까지　地図 ちず 명 지도　財布 さいふ 명 지갑
もう 부 이제　要らない いらない 필요없다
ところが 접 그런데, 그러나　ある日 あるひ 어느 날
なくす 동 잃어버리다, 잃다　大変だ たいへんだ な형 큰일이다
思いをする おもいをする 겪다　考え かんがえ 명 생각
変わる かわる 동 바뀌다, 변화하다　生活 せいかつ 명 생활
〜なくてはならない 〜없어서는 안 되다　しかし 접 하지만, 그러나
もしもの時 もしものとき 만일의 경우　考える かんがえる 동 생각하다
代わり かわり 명 대체, 대신　手段 しゅだん 명 수단
用意 ようい 명 준비, 대비　〜たほうがいい 〜(하)는 편이 좋다
〜について 〜에 대해, 에 관해　〜ので 조 〜므로　荷物 にもつ 명 짐
軽い かるい い형 가볍다　不便だ ふべんだ な형 불편하다
点 てん 명 점　必ずしも かならずしも 부 반드시, 꼭 (부정)
必要 ひつよう 명 필요　〜さえ 〜만, 조차
困る こまる 동 곤란하다, 난처하다　〜ようにする 〜(하)도록 하다
〜べきだ 〜(해)야 한다

2

　휴대전화는 옛날에 비해 편리해졌다. 전화뿐만 아니라, 인터넷을 하거나, 돈을 내거나 할 수도 있다.
　그래서, 얼마 전까지 나는 휴대전화 하나 있으면 지도나 지갑은 이제 필요 없다고 생각하고 있었다. 그런데, 어느 날 휴대전화를 잃어버려서 큰일을 겪은 일로, 나의 생각은 바뀌었다.
휴대전화는 우리들의 생활에 없어서는 안 되는 것이다. 하지만, 만일의 경우를 생각해서, 대체 수단을 준비해 두는 편이 좋은 것은 아닐까 생각한다.

휴대전화에 대해, '나'는 **어떻게 생각하고 있는가?**

1　**휴대전화** 하나로 무엇이든지 할 수 있으므로, 짐이 가벼워져서 다행이라고 생각한다.
2　**휴대전화**는 불편한 점도 있으므로, 꼭 **생활**하는 데 필요하지는 않다고 생각한다.
3　**휴대전화**는 편리해졌으므로, **휴대전화**만 있으면 **생활**에는 곤란하지 않다고 생각한다.
4　**휴대전화**는 편리하다고 생각하지만, 없어도 **생활**할 수 있도록 해 둬야 한다고 생각한다.

해설 에세이로 필자의 생각을 묻고 있다. 선택지에서 반복되는 携帯電話(휴대전화), 生活(생활)를 지문의 후반부에서 찾아 '휴대전화'에 대한 필자의 생각을 파악한다. 후반부에서 携帯電話は私たちの生活になくてはならないものだ。しかし、もしもの時を考えて、代わりの手段を用意しておいたほうがいいのではないかと思う(휴대전화는 우리들의 생활에 없어서는 안 되는 것이다. 하지만, 만일의 경우를 생각해서, 대체 수단을 준비해 두는 편이 좋은 것은 아닐까 생각한다)라고 서술하고 있으므로 4 携帯電話は便利だと思うが、なくても生活できるようにしておくべきだと思う(휴대전화는 편리하다고 생각하지만, 없어도 생활할 수 있도록 해 둬야 한다고 생각한다)가 정답이다.

3

　무언가 생각을 할 때, 무의식에 위쪽을 봐 버리는 일은 없습니까? 이것은, 눈으로 들어오는 정보의 양과 관련되어 있습니다. 우리들은, 사람의 얼굴이나 풍경 등, 항상 여러 물체를 보는 것으로, 주변의 상황을 이해하고 있습니다.
　하지만, **무언가에 대해 집중해서 생각하고 싶을 때는, 그것들의 정보가 방해가 돼 버립니다. 그래서, 하늘 등의 아무것도 없는 곳을 보려고 하는 것입니다.** 생각하면서 눈을 감거나, 아래를 보거나 하는 것도 이것과 같은 이유입니다.

인간이 무언가 생각을 할 때, **무의식에 위쪽을 봐 버리는 것은, 어째서인가?**

1　**눈**으로 얻는 **정보**가 많으면, 주변의 상황을 잘 이해한 후에 **생각**할 수 있으니까
2　**눈**으로 얻는 **정보**가 적으면, 더 집중해서 **생각**할 수 있으니까
3　**위**쪽을 보면, 평소 보이지 않는 것이 보여서, 잘 생각할 수 있으니까
4　아래를 보기 보다, **위**를 보는 편이 생각할 때 방해되는 것이 적으니까

해설 설명문으로 지문의 주제를 묻고 있다. 선택지에서 반복되는 目(눈), 情報(정보), 考え(생각), 上(위)를 지문의 후반부에서 찾아 '무의식에 위쪽을 봐 버리는 이유'를 파악한다. 후반부에서 何かについて集中して考えたいときは、それらの情報が邪魔になってしまいます。それで、空などの何もないところを見ようとするのです(무언가에 대해 집중해서 생각하고 싶을 때는, 그것들의 정보가 방해가 돼 버립니다. 그래서, 하늘 등의 아무것도 없는 곳을 보려고 하는 것

입니다)라고 서술하고 있으므로 2 目から得る情報が少なければ、もっと集中して考えることができるから(눈으로 얻는 정보가 적으면, 더 집중해서 생각할 수 있으니까)가 정답이다.

어휘 考えごと かんがえごと 圏 생각, 궁리, 걱정거리
　　無意識 むいしき 圏 무의식　上の方 うえのほう 위쪽
　　見る みる 图 보다　～てしまう ~(해) 버리다　目 め 圏 눈
　　～から 图 ~으로(부터), 에서　入る はいる 图 들어오다
　　情報 じょうほう 圏 정보　量 りょう 圏 양　関係 かんけい 圏 관련, 관계
　　顔 かお 圏 얼굴　風景 ふうけい 圏 풍경, 경치　など 图 등, 따위
　　いつも 囝 항상, 언제나　いろいろだ 호텔 여러 가지다
　　周り まわり 圏 주변, 주위　状況 じょうきょう 圏 상황
　　理解 りかい 圏 이해　しかし 國 하지만, 그러나　～について ~에 대해
　　集中 しゅうちゅう 圏 집중　よく 잘, 충분히
　　考える かんがえる 图 생각하다　邪魔 じゃま 圏 방해
　　それで 國 그래서, 그런 까닭에　空 そら 圏 하늘
　　～ようとする ~(하)려고 한다　～ながら 图 ~(하)면서
　　目を閉じる めをとじる 눈을 감다　～た上で ~た うえで ~(한) 후에
　　理由 りゆう 圏 이유　多い おおい 이휑 많다
　　得る える 图 얻다, 획득하다　少ない すくない 이휑 적다
　　もっと 囝 더, 더욱　～ことができる ~(할) 수 있다　～から 图 ~니까
　　普段 ふだん 囝 평소, 평상시　見える みえる 图 보이다
　　～ので 图 ~(해)서, 때문에　よく 囝 잘　～より 图 ~보다

4

아래의 편지는 시마다 씨가 화이트 씨에게 보낸 편지이다.

　　화이트 씨
　　　수고하십니다.
　　　다음 주 회사를 그만두는 야마카와 씨를 위해서, 모두 함께
　　무언가 선물을 줄 생각입니다. 무엇으로 할지는 아직 정하지
　　않았지만, 1명당 500엔씩 내서, 5,000엔 정도의 것으로 하면
　　어떨까 하고 생각하고 있습니다.
　　　**내일 오전 중에 화이트 씨가 있는 곳에 가겠으므로, 선물
　　비를 받았으면 하고 생각합니다.** 내일, 회사가 끝나면, 제가
　　대표해서 선물을 사러 갑니다.
　　　잘 부탁 드립니다.
　　　　　　　　　　　　　　　　　　　　　　　7월 10일
　　　　　　　　　　　　　　　　　　　　　　　　시마다

이 편지를 읽고, **화이트 씨가 하지 않으면 안 되는 것**은 무엇인가?

1　**내일 오전**, 모두에게서 500엔씩 **돈**을 모아서, 시마다 씨가 오면
　그것을 건넨다.
2　**내일 오전**, 시마다 씨가 오면, **선물**을 사기 위한 **돈**을 건넨다.
3　**내일**, 회사가 끝날 때까지, 야마카와 씨에게 무엇을 **선물**할 지
　정한다.
4　**내일** 밤, 시마다 씨에게서 5,000엔을 받아서, **선물**을 사러 간다.

해설　편지 형태의 실용문으로 화이트 씨가 하지 않으면 안 되는 것을 묻고 있다. 선택지에서 반복되는 **明日**(내일), **午前**(오전), **プレゼント**(선물), **お金**(돈)를 지문에서 찾는다. 후반부에서 **明日の午前中にホワ**

イトさんのところに行きますので、プレゼント代をいただければと思います(내일 오전 중에 화이트 씨가 있는 곳에 가겠으므로, 선물비를 받았으면 하고 생각합니다)라고 언급하고 있으므로 2 明日の午前、島田さんが来たら、プレゼントを買うためのお金を渡す(내일 오전, 시마다 씨가 오면, 선물을 사기 위한 돈을 건넨다)가 정답이다.

어휘　手紙 てがみ 圏 편지　送る おくる 图 보내다
　　来週 らいしゅう 圏 다음 주　会社 かいしゃ 圏 회사
　　辞める やめる 图 그만두다　～ために ~위해서
　　みんなで 모두 함께, 다 함께　プレゼント 圏 선물　あげる 图 주다
　　つもり 圏 생각, 예정　まだ 囝 아직　決める きめる 图 정하다, 결정하다
　　出す だす 图 내다　～ぐらい 图 ~정도　明日 あした 圏 내일
　　午前中 ごぜんちゅう 圏 오전 중　～までに ~까지　行く いく 图 가다
　　～ので 图 ~으므로, 때문에　プレゼント代 プレゼントだい 圏 선물비
　　いただく 图 받다 (もらう의 겸양어)　終わる おわる 图 끝나다
　　代表 だいひょう 圏 대표　買う かう 图 사다
　　～なければならない ~(하)지 않으면 안 된다　午前 ごぜん 圏 오전
　　みんな 圏 모두　～から 图 ~에게서　お金 おかね 圏 돈
　　集める あつめる 图 모으다　来る くる 图 오다
　　渡す わたす 图 건네주다, 전하다　夜 よる 圏 밤
　　受け取る うけとる 图 받다, 수취하다, 떠맡다

내용이해(중문)

실력 다지기　　　　　　　　　　　　　　　　　　p.300

01 ②　02 ①　03 ②　04 ①　05 ①
06 ①

01

　다음 달, 드디어 이사를 하게 되었습니다. 원래 사용하고 있던 가구는, 가능한 한 새 집에 가져가지만, 책장은 새로 살 예정입니다. **마음에 드는 책장이지만, 해를 거듭함에 따라서 새로운 책이 늘어서, 이제 이 이상, 빈 공간이 없기 때문에 새로운 것을 사기로 했습니다.** 새로 이사하는 집에는, 더 큰 책장을 두고, 내가 좋아하는 책으로 가득 채우고 싶다고 생각하고 있습니다.

새로운 책장을 사려고 하는 것은 왜인가?

① 그다지 마음에 들지 않는 책장이기 때문에
② 책이 많아져서, 빈 공간이 없기 때문에

어휘　来月 らいげつ 圏 다음 달　やっと 囝 드디어, 겨우
　　引越し ひっこし 圏 이사　～ことになる ~(하)게 되다
　　元々 もともと 囝 원래, 본디부터　使う つかう 图 사용하다
　　家具 かぐ 圏 가구　なるべく 囝 가능한 한, 되도록
　　新しい あたらしい 이휑 새롭다　家 いえ 圏 집
　　持って行く もっていく 가지고 가다　本棚 ほんだな 圏 책장, 책꽂이

買う かう 图 사다   つもり 图 예정, 작정
お気に入り おきにいり 图 마음에 듦
年を重ねる としをかさねる 해를 거듭하다   ~につれ ~함에 따라
本 ほん 图 책   増える ふえる 图 늘다, 늘어나다   もう 閉 이제, 이미
以上 いじょう 图 이상   空きスペース あきスペース 图 빈 공간
~ので 조 ~때문에   ~ことにする ~(하)기로 하다
引っ越す ひっこす 图 이사하다   もっと 閉 더, 좀 더
大きな おおきな 큰   置く おく 图 두다, 놓다
好きだ すきだ 図형 좋아하다   いっぱい 閉 가득   あまり 閉 그다지
気に入る きにいる 마음에 들다   ~から 조 ~니까
多い おおい い형 많다

02

　지난주 토요일은, 외출하지 않고 하루 종일 느긋하게 영화를 봤습니다. 영화를 고르고 있자니, 문득, **고등학교 시절 가장 좋아했던 영화가 생각났습니다**. 수험 공부로 지쳤을 때, 그 영화를 보면서 잠깐 웃으면, 고민을 잊고, 다시 열심히 할 수 있을 것 같은 기분이 들었습니다. 오래간만에 그 영화를 보니, 조금은 낯간지러운 부분도 있었지만, 옛날 일도 떠올리고, 여전히 좋은 영화라고 생각했습니다.

그 영화라고 했는데, 어떤 것인가?

① 학창 시절에 좋아하던 영화
② 수험에 대한 영화

어휘 先週 せんしゅう 图 지난주   土曜日 どようび 图 토요일
外出 がいしゅつ 图 외출   一日中 いちにちじゅう 图 하루 종일
のんびり 閉 느긋하게, 한가로이   映画 えいが 图 영화
見る みる 图 보다   選ぶ えらぶ 图 고르다, 선택하다   ふと 閉 문득
高校 こうこう 图 고등학교   時代 じだい 图 시대
一番 いちばん 閉 가장, 제일   好きだ すきだ 図형 좋아하다
思い出す おもいだす 图 생각나다, 떠올리다   受験 じゅけん 图 수험
勉強 べんきょう 图 공부   疲れる つかれる 图 지치다
~ながら 조 ~하면서   しばらく 閉 잠깐   笑う わらう 图 웃다
悩み なやみ 图 고민, 걱정   忘れる わすれる 图 잊다
また 閉 다시, 또   がんばる (참고 계속) 열심히 하다, 노력하다
気がする きがする 기분이 들다, 생각이 들다
久しぶり ひさしぶり 图 오래간만   少し すこし 閉 조금, 약간
くすぐったい い형 낯간지럽다   部分 ぶぶん 图 부분
昔 むかし 图 옛날   相変わらず あいかわらず 여전히, 변함없이
学生 がくせい 图 학생   ~について ~에 대하여

03

　최근 고령자에 의한 교통사고가 늘고 있습니다. 고령이 됨에 따라서 신체능력이나 판단력이 저하되기 때문에, 사고를 일으키기 쉽게 되는 것입니다. 그래서, 일본에서는 70세 이상의 고령자에 대해서, 운전 면허의 반납을 권하고 있습니다. 대중교통 기관이 적은 지방 도시는 차가 없으면 생활이 불편해지기 때문에, **셔틀 버스 등 차를 대신할 이동수단을 확보해 둘 필요가 있습니다**.

이 글에서 가장 말하고 싶은 것은 무엇인가?

① 고령자는 신체능력이 저하되지 않도록 운전 연습이 필요하다.
② 고령자가 차 대신에 이용할 수 있는 교통수단이 필요하다.

어휘 最近 さいきん 图 최근   高齢者 こうれいしゃ 图 고령자
~による ~에 의한   交通事故 こうつうじこ 图 교통사고
増える ふえる 图 늘다, 늘어나다   高齢 こうれい 图 고령
~につれて ~함에 따라서   身体 しんたい 图 신체
能力 のうりょく 图 능력   判断力 はんだんりょく 图 판단력
低下 ていか 图 저하   ~ので 조 ~때문에   事故 じこ 图 사고
起こしやすい おこしやすい 일으키기 쉽다   そこで 図 그래서
日本 にほん 图 일본   以上 いじょう 图 이상
~に対して ~にたいして ~에 대해서
運転免許 うんてんめんきょ 图 운전 면허
返納 へんのう 图 반납   呼びかける よびかける 图 권하다, 호소하다
公共交通機関 こうきょうこうつうきかん 图 대중교통 기관
少ない すくない い형 적다   地方 ちほう 图 지방   都市 とし 图 도시
車 くるま 图 차   生活 せいかつ 图 생활
不便だ ふべんだ 図형 불편하다   シャトルバス 图 셔틀 버스
~など 조 ~등, 따위   代わる かわる 图 대신하다
移動 いどう 图 이동   手段 しゅだん 图 수단   確保 かくほ 图 확보
必要 ひつよう 图 필요   ~ないように ~(되)지 않도록
練習 れんしゅう 图 연습   代わりに かわりに 閉 대신에
利用 りよう 图 이용   できる 图 할 수 있다

04

　'업사이클'이라는 말을 들어본 적이 있습니까? 리사이클이 물건을 그대로의 상태로 활용하는 것이라면, **업사이클은 디자인 혹은 활용도를 높여, 원래의 제품에서 새로운 제품을 만들어내는 것을 말합니다**. 예를 들면, 버려진 우산의 천을 사용해 지갑을 만들거나, 버려진 천을 활용하여 가방을 만들거나 합니다. 최근에는, 이러한 업사이클 제품이 많은 관심을 모아서, 버려진 자원 활용에 큰 도움이 되고 있습니다.

'업사이클'이라고 했는데, 무엇인가?

① '업사이클'은 버려진 자원을 활용하여 새로운 물건을 만드는 것이다.
② '업사이클'은 버려진 자원을 그대로의 상태로 활용하는 것이다.

어휘 アップサイクル 图 업사이클   言葉 ことば 图 말, 단어
聞く きく 图 듣다   リサイクル 图 리사이클, 재활용   そのまま 그대로
状態 じょうたい 图 상태   活用 かつよう 图 활용
~ことなら ~것이라면   デザイン 图 디자인   または 図 혹은, 또는
活用度 かつようど 图 활용도   高める たかめる 图 높이다
元 もと 图 원래, 본래   製品 せいひん 图 제품   ~から 조 ~에서
新しい あたらしい い형 새롭다   つくりだす 图 만들어내다
言う いう 图 말하다   例えば たとえば 閉 예를 들면, 예컨대
捨てる すてる 图 버리다   傘 かさ 图 우산   布 ぬの 图 천
使う つかう 图 사용하다   財布 さいふ 图 지갑
作る つくる 图 만들다   かばん 图 가방   最近 さいきん 图 최근
多く おおく 图 많음

関心を集める かんしんをあつめる 관심을 모으다
資源 しげん 🔳자원　大きい おおきい 🔳크다
役立つ やくだつ 🔳도움이 되다

05

　　일본의 어느 대학의 국제 교류 클럽에서는, 매년 외국인 유학생 회원을 모집하고 있으며, 많은 외국인 유학생이 이 클럽에 가입하고 있다. 다른 클럽에 비해서, 회원이 많은 것은, 이 클럽에서 진행하는 다양한 이벤트 덕분이다. 모두 함께 여행을 가는 것은 물론, 일본어로 자기 자신에 대해 이야기하는 스피치 콘테스트, 일본인의 생활을 실제로 체험할 수 있는 홈스테이 등, 여러 가지 행사를 즐길 수 있다. 유학생 혼자서는 경험할 수 없는 많은 활동을 경험하는 것이 가능한 데다가, 일본인 친구도 사귈 수 있기 때문에, 일본어 능력을 향상시키고 싶은 외국인 유학생들에게는 좋은 기회가 될 것이라고 생각한다.

국제 교류 클럽에 대한 설명으로, 맞는 것은 어느 것인가?

① 유학생 혼자서는 할 수 없는 다양한 경험이 가능하다.
② 이벤트에 참가한 유학생밖에 가입할 수 없다.

어휘 日本 にほん 🔳일본　とある 어느, 어떤　大学 だいがく 🔳대학
国際 こくさい 🔳국제　交流 こうりゅう 🔳교류　クラブ 🔳클럽
毎年 まいとし 🔳매년　外国人 がいこくじん 🔳외국인
留学生 りゅうがくせい 🔳유학생　会員 かいいん 🔳회원
募集 ぼしゅう 🔳모집　多く おおく 🔳많음　加入 かにゅう 🔳가입
ほか 🔳다른 것　～に比べ ～にくらべ ～에 비해
多い おおい 🔳많다　行う おこなう 🔳진행하다, 행하다
様々だ さまざまだ 🔳다양하다　イベント 🔳이벤트
おかげ 🔳덕분, 덕택　みんな 🔳모두　一緒に いっしょに 함께, 같이
旅行 りょこう 🔳여행　行く いく 🔳가다　もちろん 🔳물론
日本語 にほんご 🔳일본어　自分自身 じぶんじしん 🔳자기 자신
～について ~에 대해서　語る かたる 🔳이야기하다, 말하다
スピーチ 🔳스피치　コンテスト 🔳콘테스트
日本人 にほんじん 🔳일본인　生活 せいかつ 🔳생활
実際 じっさい 🔳실제　体験 たいけん 🔳체험　できる 🔳할 수 있다
ホームステイ 🔳홈스테이　～など 🔳~등, 따위
いろいろだ 🔳여러 가지이다　行事 ぎょうじ 🔳행사
楽しむ たのしむ 🔳즐기다　できる 🔳가능하다
一人で ひとりで 혼자서　経験 けいけん 🔳경험　たくさん 🔳많음
活動 かつどう 🔳활동　～うえ ~데다가, 에 더하여
友達 ともだち 🔳친구　作る つくる 🔳만들다
能力を高める のうりょくをたかめる 능력을 향상시키다
機会 きかい 🔳기회　説明 せつめい 🔳설명　参加 さんか 🔳참가
～しか 🔳~밖에

06

　　여러분은 자고 있는 사이에, 코를 골고 있지 않나요? 코를 고는 것은 푹 자고 있기 때문이라고 생각하는 사람도 많은 것 같습니다. 그러나, 사실은 코골이는 호흡이 괴로울 때 발생하기 때문에, 잘 못 자고 있다는 것입니다. 코골이가 심해지면 수면 중에 여러 번 호흡이 멈추는 경우도 있습니다. 그 때문에 잠이 얕아지고, 장시간 자도 수면 부족 상태가 계속됩니다. 코골이는 몸의 적신호이기 때문에, 빨리 치료하는 것이 중요합니다.

이 글에서 가장 말하고 싶은 것은 무엇인가?

① 코골이는 빨리 치료하는 것이 좋다.
② 코골이는 수면에 좋기 때문에 걱정하지 않아도 된다.

어휘 皆さん みなさん 🔳여러분　寝る ねる 🔳자다　間 あいだ 🔳사이
いびきをかく 코를 골다　ぐっすり眠る ぐっすりねむる 푹 자다
～から 🔳~때문　多い おおい 🔳많다　しかし 🔳그러나
実は じつは 사실은　息 いき 🔳호흡, 숨
苦しい くるしい 🔳괴롭다　起こる おこる 🔳발생하다, 일어나다
～ので 🔳~때문에　よく 🔳잘, 충분히　ひどい 🔳(정도가) 심하다
睡眠中 すいみんちゅう 🔳수면 중　たびたび 🔳여러 번
呼吸 こきゅう 🔳호흡　止まる とまる 🔳멈추다　そのため 그 때문에
眠り ねむり 🔳잠, 수면　浅い あさい 🔳얕다
長時間 ちょうじかん 🔳장시간
睡眠不足 すいみんぶそく 🔳수면 부족　状態 じょうたい 🔳상태
続く つづく 🔳계속되다　体 からだ 🔳몸
赤信号 あかしんごう 🔳적신호　早めに はやめに 🔳빨리, 일찍
治す なおす 🔳치료하다　重要だ じゅうようだ 🔳중요하다
早く はやく 🔳빨리　治療 ちりょう 🔳치료　心配 しんぱい 🔳걱정

실전 대비하기 1

p.302

1 2　　**2** 4　　**3** 1　　**4** 3　　**5** 4
6 2

문제 5 다음의 (1)과 (2)의 글을 읽고, 질문에 답하세요. 답은, 1·2·3·4에서 가장 알맞은 것을 하나 고르세요.

1-3

　　대학생이 되어서, 자취를 시작했다. 자취는 매일 자유롭고 즐거운 일만 있을 거라고 생각했었는데, 실제로 해보니 ①후회하는 일도 있다.
　　공부나 아르바이트로 ¹지쳐서 집에 돌아와도, 집 안은 아주 캄캄하다. 그리고, '다녀왔습니다'라고 말해도, 아무도 '어서 와'라고 말해주지 않는다. 가족과 살았을 때는, '귀찮아'라고 생각했었는데, 지금은 활기차서 좋았다고 생각한다.
　　그렇지만, 후회만은 아니고, 좋은 것도 있다. 자취를 한 덕분에, ²가족의 소중함에 대해서 처음으로 생각할 수 있었다. 나를 생각해서 여러 가지 해주었던 부모님에게 '시끄러워'라고 해버렸던 ② 자신이 부끄럽다.

³시간이 지나면, 이 외로움에도 익숙해질 것이다. 하지만, 지금 이 기분은 잊지 않도록 하고 싶다. 다음에 가족이 사는 집에 돌아갈 때에는, 모두가 좋아하는 케이크라도 사서 돌아가야지.

어휘 大学生 だいがくせい 명 대학생
一人暮らし ひとりぐらし 명 자취, 독신 생활
始める はじめる 동 시작하다　毎日 まいにち 명 매일
自由 じゆう 명 자유　楽しい たのしい い형 즐겁다　〜ばかり 조 〜만
実際 じっさい 명 실제　後悔 こうかい 명 후회
勉強 べんきょう 명 공부　アルバイト 명 아르바이트
疲れる つかれる 동 지치다, 피로해지다　家 いえ 명 집
帰る かえる 동 돌아오다, 돌아가다　中 なか 명 안, 속
真っ暗だ まっくらだ な형 아주 캄캄하다, 암흑이다　そして 접 그리고
誰も だれも 아무도　家族 かぞく 명 가족　暮らす くらす 동 살다
面倒だ めんどうだ な형 귀찮다, 번잡하고 성가시다　〜のに 조 〜는데
今 いま 명 지금　にぎやかだ な형 활기차다
しかし 접 그렇지만, 그러나　〜だけではなく 〜만은 아니고
おかげ 명 덕택, 덕분　大切さ たいせつさ 명 소중함
〜について 〜에 대해서　初めて はじめて 부 처음으로
考える かんがえる 동 생각하다　できる 할 수 있다
いろいろ 명 여러 가지　両親 りょうしん 명 부모
うるさい い형 시끄럽다　〜てしまう 〜(해) 버리다
自分 じぶん 명 자기, 자신　恥ずかしい はずかしい い형 부끄럽다
時間 じかん 명 시간　過ぎる すぎる 동 지나다
寂しさ さびしさ 명 외로움　慣れる なれる 동 익숙해지다
でも 접 하지만　気持ち きもち 명 마음, 기분
忘れる わすれる 동 잊다　〜ようにする 〜(하)도록 하다
次に つぎに 부 다음에　住む すむ 동 살다　みんな 명 모두
好きだ すきだ な형 좋아하다　ケーキ 명 케이크　買う かう 동 사다

1

①후회하는 일이라고 했는데, 어떤 것인가?

1 밤에, 집에 돌아오는 일이 많기 때문에, 집 안이 어두워서 아무 것도 보이지 않는 것
2 언제나 집에 아무도 없고, 이야기하고 싶어도 이야기 상대가 없기 때문에, 외로운 것
3 집에 돌아갈 때마다, 전등을 켜거나, 인사를 하는 것이 귀찮은 것
4 공부나 아르바이트가 바쁘기 때문에, 집에서는 지쳐버려서 아무 것도 할 수 없는 것

해설 지문의 後悔することもある(후회하는 일도 있다)에서 '후회하는 일'이 무엇인지 밑줄 주변에서 찾는다. 뒷부분에서 疲れて家に帰って来ても、家の中は真っ暗だ。そして、「ただいま」と言っても、誰も「おかえり」と言ってくれない(지쳐서 집에 돌아와도, 집 안은 아주 캄캄하다. 그리고, '다녀왔습니다'라고 말해도, 아무도 '어서 와'라고 말해주지 않는다)라고 서술하고 있으므로 2 いつも家に誰もいないし、話したくても話し相手がいないので、寂しいこと(언제나 집에 아무도 없고, 이야기하고 싶어도 이야기 상대가 없기 때문에, 외로운 것)가 정답이다.

어휘 夜 よる 명 밤　多い おおい い형 많다　〜ので 조 〜때문에

暗い くらい い형 어둡다　見える みえる 동 보이다　いつも 부 언제나
話す はなす 동 이야기하다　話し相手 はなしあいて 명 이야기 상대
寂しい さびしい い형 외롭다　〜たびに 〜때마다
電気をつける でんきをつける 전등을 켜다　あいさつ 명 인사
忙しい いそがしい い형 바쁘다

2

②자신이 부끄럽다고 했는데, 그것은 왜인가?

1 자취를 시작할 때 가족에게 도움을 받았는데, 전혀 감사해하지 않았기 때문에
2 자취를 시작하고 나서, 가족에게 실례인 말을 하게 되어 버렸기 때문에
3 가족의 소중함에 대해서 충분히 이해하고 있었는데, 가족에게 실례인 말을 해버렸기 때문에
4 가족의 소중함을 깨닫지 못하고 있었던 탓에, 가족에게 감사하지 못했었기 때문에

해설 지문의 自分が恥ずかしい(자신이 부끄럽다)에서 '부끄러운 이유'가 무엇인지 밑줄 주변에서 찾는다. 앞부분에서 家族の大切さについて初めて考えることができた。私のことを思っていろいろしてくれた両親に「うるさい」と言ってしまった自分が恥ずかしい(가족의 소중함에 대해서 처음으로 생각할 수 있었다. 나를 생각해서 여러 가지 해주었던 부모님에게 '시끄러워'라고 해버렸던 자신이 부끄럽다)라고 서술하고 있으므로 4 家族の大切さに気づいていなかったせいで、家族に感謝できなかったから(가족의 소중함을 깨닫지 못하고 있었던 탓에, 가족에게 감사하지 못했었기 때문에)가 정답이다.

어휘 手伝う てつだう 동 돕다　全然 ぜんぜん 부 전혀
感謝 かんしゃ 명 감사　〜から 조 〜때문에　〜てから 〜(하)고 나서
失礼だ しつれいだ な형 실례다, 예의가 없다　言う いう 동 말하다
〜ようになる 〜하게 되다　十分だ じゅうぶんだ な형 충분하다
理解 りかい 명 이해　気づく きづく 동 깨닫다, 알아차리다
〜せいで 〜탓에

3

자취를 하는 것에 대해서, '나'는 어떻게 생각하고 있는가?

1 점점 외롭지 않아지겠지만, 가족의 소중함은 잊어서는 안 된다고 생각한다.
2 점점 외롭지 않아질 테니, 혼자 하는 생활이 즐거워질 것이라고 생각한다.
3 가끔 외로워지니까, 그럴 때는 가족이 사는 집에 돌아가면 된다고 생각한다.
4 외로워지면, 부끄러워도 가족에게 와달라고 하는 편이 좋다고 생각한다.

해설 필자의 생각을 묻고 있으므로 질문의 一人暮らしをすること(자취를 하는 것)를 지문의 후반부나 지문 전체에서 찾아 '자취하는 것'에 대한 필자의 생각을 파악한다. 마지막 단락에서 時間が過ぎれば、この寂しさにも慣れてくるだろう。でも、今のこの気持ちは忘れないようにしたい(시간이 지나면, 이 외로움에도 익숙해질 것이다. 하지만, 지금 이 기분은 잊지 않도록 하고 싶다)라고 서술하고 있으므로

1 だんだん寂しくなくなるだろうが、家族の大切さは忘れては いけないと思う(점점 외롭지 않아지겠지만, 가족의 소중함은 잊어 서는 안 된다고 생각한다)가 정답이다.

어휘 だんだん 图 점점　~てはいけない ~(해)서는 안 된다
一人 ひとり 图 혼자　生活 せいかつ 图 생활
ときどき 图 가끔, 때때로　~たほうがいい ~(하)는 편이 좋다

4-6

⁴의식하면 막을 수 있는 실수와 달리, 식후의 졸음만은 어찌할 도리가 없다. 졸음과 싸우면서 일을 해서, 실수를 한 적이 있는 사 람도 많을 것이다. 일본 회사의 점심시간은 1시간밖에 없는 곳이 많 기 때문에, 점심을 먹으면 시간이 지나기 전에 일이 시작된다. 그렇 지만, 식후 사람은 자연스럽게 졸려진다.

①이런 식으로는 좋지 않다고 생각하고 있어도, 아무 대책도 취하 지 않는 회사가 대부분일 것이다. 그런 가운데, 오사카의 어느 회사 가 ②재미있는 시도를 시작했다. ⁵어느 유럽 나라를 흉내내서 낮에 길게 쉬는 제도를 도입한 것이다. 이 회사의 점심시간은 오후 1시 부터 오후 4시까지이다. 하루에 일하는 시간은 다른 회사와 다르지 않다. 빨리 돌아가고 싶으면, 제도를 이용하지 않아도 된다. ⁵이 제 도를 이용해서 점심시간에 회사에서 낮잠을 자는 사원이 많지만, 중에는 회사 근처에서 운동하거나, 영화를 보러 가는 사원도 있다 고 한다.

③그 효과에 이 회사의 사장도 만족하고 있다. 사장은, "⁶업무의 질이 오르고 야근도 줄었다. 사원끼리의 커뮤니케이션이 늘어서, 사원으로부터 새로운 아이디어가 많이 나오게 된 것도 좋았다. 예 산을 쓰지 않고 시작할 수 있기 때문에 다른 회사에도 추천하고 싶 다'고 말하고 있다.

어휘 意識 いしき 图 의식　防ぐ ふせぐ 图 막다　ミス 图 실수
違う ちがう 图 다르다　食後 しょくご 图 식후　眠気 ねむけ 图 졸음
~だけ 图 ~만　どうにもならない 어찌할 도리가 없다
戦う たたかう 图 싸우다　~ながら ~(하)면서　仕事 しごと 图 일
~たことがある ~(한) 적이 있다　人 ひと 图 사람
多い おおい い 많다　~はずだ ~(일) 것이다　日本 にほん 图 일본
会社 かいしゃ 图 회사　昼休み ひるやすみ 图 점심시간
時間 じかん 图 시간　~しか 图 ~밖에　ところ 图 곳
~ので 图 ~때문에　昼食 ちゅうしょく 图 점심
食べる たべる 图 먹다　経つ たつ 图 지나다
~ないうちに ~(하)지 않은 사이에　始まる はじまる 图 시작되다
ところが 图 그렇지만　自然だ しぜんだ な 자연스럽다
眠い ねむい い 졸리다　よい い 좋다
~と思う ~とおもう ~라고 생각하다　対策 たいさく 图 대책
取る とる 图 취하다　ほとんど 图 대부분　~だろう ~(일) 것이다
~中 ~なか ~중　大阪 おおさか 图 오사카　ある 어느, 한
おもしろい い 재밌다　取り組み とりくみ 图 시도
始める はじめる 图 시작하다　ヨーロッパ 图 유럽　国 くに 图 나라
まね 图 흉내　昼 ひる 图 점심　長い ながい い 길다
休む やすむ 图 쉬다　制度 せいど 图 제도
取り入れる とりいれる 图 도입하다　午後 ごご 图 오후
~時 ~じ ~시　~から 图 ~부터　~まで 图 ~까지

働く はたらく 图 일하다　他 ほか 图 다름　変わる かわる 图 다르다
早く はやく 图 빨리　帰る かえる 图 돌아가다　~ば 图 ~(하)면
利用 りよう 图 이용　~てもいい ~(해)도 된다　昼寝 ひるね 图 낮잠
社員 しゃいん 图 사원　近く ちかく 图 근처　運動 うんどう 图 운동
映画 えいが 图 영화　見る みる 图 보다
~に行く ~にいく ~(하)러 가다　~そうだ ~라고 한다
効果 こうか 图 효과　社長 しゃちょう 图 사장(님)
満足 まんぞく 图 만족　質 しつ 图 질　上がる あがる 图 오르다
残業 ざんぎょう 图 야근, 잔업　減る へる 图 줄다
同士 どうし 图 끼리　コミュニケーション 图 커뮤니케이션
増える ふえる 图 늘다　新しい あたらしい い 새롭다
アイデア 图 아이디어　たくさん 图 많이　出る でる 图 나오다
~ようになる ~(하)게 되다　予算 よさん 图 예산
かける 图 (비용이) 들다　~ずに ~(하)지 않고　すすめる 图 추천하다
述べる のべる 图 말하다

4

①이런 식이라고 하는데, 무엇인가?

1 의식하면 막을 수 있을 것 같은 실수를 반복하는 사원이 많은 것
2 점심시간이 짧아서, 사원이 편히 점심을 먹을 수 없는 것
3 점심시간 후에, 사원이 졸려져서 일의 효율이 내려가 버리는 것
4 식후에 자고 있는 사원이 있어도, 회사가 대부분 대책해 주지 않 는 것

해설 지문의 これではよくないと(이런 식으로는 좋지 않다고)에서 '이런 식'이 무엇인지 밑줄 주변에서 찾는다. 앞부분에서 意識すれば防げ るミスと違って、食後の眠気だけはどうにもならない。眠気と 戦いながら仕事をして、ミスをしたことがある人も多いはずだ (의식하면 막을 수 있는 실수와 달리, 식후의 졸음만은 어찌할 도리가 없다. 졸음과 싸우면서 일을 해서, 실수를 한 적이 있는 사람도 많을 것이다)라고 서술하고 있으므로 3 昼休みの後に、社員が眠くなっ て仕事の効率が下がってしまうこと(점심시간 후에, 사원이 졸려 져서 일의 효율이 내려가 버리는 것)가 정답이다.

어휘 ~ような ~것 같은　くり返す くりかえす 图 반복하다
ゆっくり 图 편히　~後に ~あとに ~후에　効率 こうりつ 图 효율
下がる さがる 图 내려가다　~てしまう ~(해) 버리다
寝る ねる 图 자다

5

②재미있는 시도를 시작했다라고 하는데, 어떤 시도를 시작한 것 인가?

1 점심시간이라는 사고 방식을 없애고, 하루 동안 사원이 좋아하 는 시간에 쉴 수 있도록 하는 시도
2 점심을 먹는 시간과는 별개로, 사원이 편히 낮잠을 잘 수 있도록 하는 시도
3 회사에 있는 시간은 바꾸지 않고, 점심시간만 시간을 연장해서 사원이 일하는 시간을 줄이는 시도
4 점심시간을 길게 하여, 사원의 근무 방식에 맞춰 자유롭게 보 낼 수 있도록 하는 시도

해설 지문의 大阪のある会社がおもしろい取り組みを始めた(오사카의 어느 회사가 재미있는 시도를 시작했다)에서 '재미있는 시도'가 무엇인지 밑줄 주변에서 찾는다. 뒷부분에서 あるヨーロッパの国をまねして昼に長く休む制度を取り入れたのだ。この会社の昼休みは午後1時から午後4時までだ(어느 유럽 나라를 흉내내서 낮에 길게 쉬는 제도를 도입한 것이다. 이 회사의 점심시간은 오후 1시부터 오후 4시까지이다)라고 서술했고, この制度を利用して昼休みに会社で昼寝をする社員が多いが、中には会社の近くで運動したり、映画を見に行く社員もいるそうだ(이 제도를 이용해서 점심시간에 회사에서 낮잠을 자는 사원이 많지만, 중에는 회사 근처에서 운동하거나, 영화를 보러 가는 사원도 있다고 한다)라고 서술하고 있으므로 4 昼休みを長くして、社員の働き方に合わせて自由に過ごせるようにする取り組み(점심시간을 길게 하여, 사원의 근무 방식에 맞춰 자유롭게 보낼 수 있도록 하는 시도)가 정답이다.

어휘 考え方 かんがえかた 몡사고 방식   なくす 없애다
~のうち ~동안   好きだ すきだ 나형좋아하다
~ようにする ~(하)도록 하다   別に べつに 튀별개로
変える かえる 통바꾸다   ~ず ~(하)지 않고
延ばす のばす 통연장하다   減らす へらす 통줄이다
働き方 はたらきかた 몡근무 방식   合わせる あわせる 통맞추다
自由だ じゆうだ 나형자유롭다

6

③그 효과라고 하는데, 어떤 효과가 있다고 말하고 있는가?
1 회사에서 지내는 시간이 길어져, 사원끼리의 사이가 좋아진 것
2 이전과 비교해서 사원의 실수가 줄고, 아이디어도 내기 쉬운 분위기가 된 것
3 사원이 일뿐만 아니라 운동이나 영화 감상 등의 취미를 가지게 된 것
4 사원이 적극적으로 일하게 되어, 다른 회사보다 매상이 오른 것

해설 지문의 その効果にこの会社の社長も満足している(그 효과에 이 회사의 사장도 만족하고 있다)에서 '그 효과'가 무엇인지 밑줄 주변에서 찾는다. 뒷부분에서 仕事の質が上がって残業が減った。社員同士のコミュニケーションが増え、社員から新しいアイデアがたくさん出るようになったのもよかった(업무의 질이 오르고 야근도 줄었다. 사원끼리의 커뮤니케이션이 늘어서, 사원으로부터 새로운 아이디어가 많이 나오게 된 것도 좋았다)라고 서술하고 있으므로 2 以前に比べて社員のミスが減り、アイデアも出しやすい雰囲気になったこと(이전과 비교해서 사원의 실수가 줄고, 아이디어도 내기 쉬운 분위기가 된 것)가 정답이다.

어휘 過ごす すごす 통지내다   仲 なか 몡사이   良い よい 이형좋다
以前 いぜん 몡이전   ~に比べて ~にくらべて ~에 비해서
減る へる 통줄다   出す だす 통내다   ~やすい ~(하)기 쉽다
雰囲気 ふんいき 몡분위기   なる 통되다
~だけでなく ~뿐만 아니라   鑑賞 かんしょう 몡감상
~など 조~등   趣味 しゅみ 몡취미   持つ もつ 통가지다
~ようになる ~(하)게 되다
積極的だ せっきょくてきだ 나형적극적이다   ~より 조~보다
売上 うりあげ 몡매상

실전 대비하기 2   p.306

1 1   **2** 3   **3** 2   **4** 3   **5** 4
6 3

문제5 다음의 (1)과 (2)의 글을 읽고, 질문에 답하세요. 답은, 1·2·3·4에서 가장 알맞은 것을 하나 고르세요.

1-3

[1]나는 자동차 운전에 맞지 않는 것 같아서, 지금까지 사고를 일으킬 뻔한 적이 몇 번인가 있다. 출근하기 위해서 하는 수 없이 운전하지만, 나에게 있어서 운전은 스트레스에 불과하다. 자동차 운전이 즐거워서 어쩔 수 없다는 사람은 분명 용기가 있는 사람이다.
①그런 나에게 기쁜 소식이다. [2]무려 자동 운전 자동차가 생겼다고 한다. 부딪칠 것 같이 되면 스스로 멈추고, 아무것도 하지 않고 목적지까지 갈 수 있거나, 자동차를 내리면 차가 스스로 주차해 주기도 하는 것 같다. ②이런 일은 조금 전까지는 영화 속 이야기였다.
그러나, 자동 운전 자동차는 기계이므로, 고장 나는 경우가 없다고는 할 수 없을 것이다. 만일, [3]그것이 원인이 되어 사고가 일어나면 어떻게 되어버리는 것인가? 자신의 자동차를 운전하고 있는 경우라도 누가 책임을 질지 어려운데, 그것이 택시나 트럭 운전 기사 등, 회사의 차를 운전하거나 관리하는 사람이 다르거나 하는 경우에는 보다 복잡해질 것 같다. 그렇게 생각하면, 모두가 자동 운전 자동차를 타게 되는 날은 ③아직 멀지 않을까 싶다.

어휘 車 くるま 몡자동차, 차   運転 うんてん 몡운전
向く むく 통맞다, 어울리다   今まで いままで 튀지금까지
事故 じこ 몡사고   起こす おこす 통일으키다
~そうだ ~것 같다(추측)   出勤 しゅっきん 몡출근
~ために ~위해서, 때문에
仕方ない しかたない 이형하는 수 없다, 어쩔 수 없다
~にとって ~에 있어서   ストレス 몡스트레스
~でしかない ~에 불과하다   楽しい たのしい 이형즐겁다
しょうがない 어쩔 수 없다   人 ひと 몡사람   きっと 튀분명
勇気 ゆうき 몡용기   うれしい 이형기쁘다, 즐겁다
知らせ しらせ 몡소식, 통지   なんと 무려, 놀랍게도
自動 じどう 몡자동   できる 통생기다
~そうだ ~라고 한다, (일) 것 같다   ぶつかる 통부딪치다
~たら 조~(하)면   自分 じぶん 몡스스로   止まる とまる 통멈추다
~し 조~고   何も なにも 아무것도   目的地 もくてきち 몡목적지
~まで 조~까지   行く いく 통가다
降りる おりる 통내리다, 떨어지다   自分で じぶんで 스스로
駐車 ちゅうしゃ 몡주차   少し前 すこしまえ 얼마 전, 조금 전
映画 えいが 몡영화   中 なか 몡속, 안   話 はなし 몡이야기
しかし 접그러나   機械 きかい 몡기계   ~から 조~(이)므로, 니까
故障する こしょうする 고장 나다   ~はずだ ~(일) 것이다
もしも 튀만일   原因 げんいん 몡원인   起きる おきる 통일어나다
なる 통되다   ~場合 ~ばあい ~(한) 경우   誰 だれ 몡누구

責任 せきにん 명책임　持つ もつ 동가지다
難しい むずかしい い형어렵다　~のに 조~인데　タクシー 명택시
トラック 명트럭　運転手 うんてんしゅ 명운전 기사
~など 조~등, 따위　会社 かいしゃ 명회사　~たり 조~(하)거나
管理 かんり 명관리　別だ べつだ な형다르다　~より 조~보다
複雑だ ふくざつだ な형복잡하다　考える かんがえる 동생각하다
みんな 명모두　乗る のる 동타다　~ようになる ~(하)게 되다
日 ひ 명날, 일　まだ 부아직　遠い とおい い형멀다
~かと思う ~かとおもう ~(인)가 싶다

1

①그런 나라고 하는데, 무엇인가?
1 자동차 운전이 서툰 나
2 자동차 사고를 당한 나
3 일 스트레스가 많은 나
4 자동차 운전이 즐겁다고 생각하는 나

해설 지문의 そんな私にうれしい知らせだ(그런 나에게 기쁜 소식이다)가 어떤 '나'인지 밑줄 주변에서 찾는다. 앞부분에서 私は車の運転に向いていないようで、今まで事故を起こしそうになったことが何回かある(나는 자동차 운전에 맞지 않는 것 같아서, 지금까지 사고를 일으킬 뻔한 적이 몇 번인가 있다)라고 서술하고 있으므로 1 車の運転が苦手な私(자동차 운전이 서툰 나)가 정답이다.

어휘　苦手だ にがてだ な형서투르다
事故にあう じこにあう 사고를 당하다　多い おおい い형많다

2

②이런 일이라고 하는데, 무엇인가?
1 연습하지 않아도 운전이 능숙해지는 것
2 운전 중에 절대로 고장 나는 일이 없는 것
3 자동차가 스스로 생각하여 움직여 주는 것
4 자동차가 비어 있는 주차장을 가르쳐 주는 것

해설 지문의 こんなことは少し前までは映画の中の話だった(이런 일은 조금 전까지는 영화 속 이야기였다)가 어떤 '일'인지 밑줄 주변에서 찾는다. 앞부분에서 なんと自動運転の車ができたそうだ。ぶつかりそうになったら自分で止まるし、何もしないで目的地まで行けたり、車を降りたら車が自分で駐車してくれたりもするようだ(무려 자동 운전 자동차가 생겼다고 한다. 부딪칠 것 같이 되면 스스로 멈추고, 아무것도 하지 않고 목적지까지 갈 수 있거나, 자동차를 내리면 차가 스스로 주차해 주기도 하는 것 같다)라고 서술하고 있으므로 3 車が自分で考えて動いてくれること(자동차가 스스로 생각하여 움직여 주는 것)가 정답이다.

어휘　練習 れんしゅう 명연습　上手だ じょうずだ な형능숙하다, 잘하다
運転中 うんてんちゅう 명운전중　絶対に ぜったいに 절대로
動く うごく 동움직이다　空く あく 동비다
駐車場 ちゅうしゃじょう 명주차장　教える おしえる 동가르치다

3

③아직 멀지 않을까 싶다는 것은 어째서인가?
1 자동 운전 기능의 고장으로 인해 사고가 일어나도, 자동차 회사는 책임을 지지 않기 때문에
2 자동 운전 중에 사고를 일으킨 경우, 어디에 책임이 있는지 확실하지 않기 때문에
3 자동 운전 중에 사고를 일으켜도, 멋대로 움직이는 자동차를 멈추는 것은 할 수 없기 때문에
4 자동 운전 기능을 가진 자동차를 택시나 트럭의 운전 기사가 이용해서는 안 되기 때문에

해설 지문의 みんなが自動運転の車に乗るようになる日はまだ遠いのではないかと思う(모두가 자동 운전 자동차에 타게 되는 날은 아직 멀지 않을까 싶다)에서 '아직 멀지 않을까 싶은' 이유가 무엇인지 밑줄 주변에서 찾는다. 앞부분에서 それが原因で事故が起きたらどうなっているのか(그것이 원인이 되어 사고가 일어나면 어떻게 되어버리는 것인가)라고 서술하고 있으므로 2 自動運転中に事故を起こした場合、どこに責任があるかはっきりしていないから(자동 운전 중에 사고를 일으킨 경우, 어디에 책임이 있는지 확실하지 않기 때문에)가 정답이다.

어휘　機能 きのう 명기능　~によって ~으로 인해
責任を取る せきにんをとる 책임을 지다　~から 조~때문에
起こす おこす 동일으키다　はっきり 부확실히
勝手だ かってだ な형멋대로이다　動く うごく 동움직이다
~ことができる ~할 수 있다　利用 りよう 명이용
~てはいけない ~해서는 안 된다

4-6

　梅雨の時期を迎え、持ち歩くのに便利な軽い折りたたみ式の傘を買った。[4]折りたたみ式の傘だから一般の傘より小さいため、さしていても腕や持っているかばんに雨をうけてしまう。値段の割に強風が吹いてもしっかりしていて驚いたが、それだけが①少し不満であった。
　ある日、傘をうっかり家に忘れてきて、②友達の折りたたみ式の傘を借りた。たたんだ状態で知らなかったが、それは変わった形をしていた。傘は、大概、上から見ると丸い形をしているが、[5]それは横に長く、丸が潰れたような形をしているのだ。それに、取っ手から伸びた棒が真ん中にあるのではなく少し横にずれている。友達はこの形なら濡れないからいいと言った。普通、取っ手を握る手と反対の手や足は濡れてしまいやすい。[5]これなら取っ手の反対側の空間が広くなっているため、余裕があって濡れなくても済むのだ。
　折りたたみ式の傘は軽くて便利だが濡れてしまうのが嫌だったので、一般の傘に替えようか考えていた。しかし、[6]この傘にすれば悩みを解決できそうだ。早く買って雨の降る日も快適に過ごせるようになりたい。

(주) 取っ手: 여기서는, 우산을 들기 위해 달려 있는 부분

어휘　梅雨 つゆ 명장마　時期 じき 명시기　迎える むかえる 동맞다
持ち歩く もちあるく 동들고 다니다　~のに ~(하는) 데에

便利だ べんりだ [な형] 편리하다　軽い かるい [い형] 가볍다
折り畳み傘 おりたたみがさ [명] 접이식 우산　買う かう [동] 사다
普通 ふつう [명] 일반　傘 かさ [명] 우산　小さい ちいさい [い형] 작다
差す さす [동] (우산을) 쓰다　腕 うで [명] 팔　持つ もつ [동] 들다
かばん [명] 가방　かかる [동] 맞다　～てしまう ~(하)고 말다
値段 ねだん [명] 가격　～のわりに ~에 비해　強風 きょうふう [명] 강풍
吹く ふく [동] 불다　しっかりする 탄탄하다　驚く おどろく [동] 놀라다
それ [명] 그것　～だけ [조] ~만　少し すこし [부] 조금
不満 ふまん [명] 불만　ある 어느　日 ひ [명] 날　うっかり [부] 무심코
家 いえ [명] 집　忘れる わすれる [동] 잊고 오다　友人 ゆうじん [명] 친구
貸す かす [동] 빌리다　～てもらう ~(해) 받다
閉じる とじる [동] (우산이) 접히다, 닫히다　状態 じょうたい [명] 상태
わかる [동] 알다　不思議だ ふしぎだ [な형] 이상하다　形 かたち [명] 모양
大体 だいたい [부] 대개　上 うえ [명] 위　見る みる [동] 보다
～と [조] ~(하)면　丸い まるい [い형] 둥글다　横 よこ [명] 옆
長い ながい [い형] 길다　丸 まる [명] 동그라미　つぶれる 찌그러지다
～ような ~듯한　それに [접] 게다가　持ち手 もちて [명] 손잡이
伸びる のびる [동] 뻗다　棒 ぼう [명] 막대　真ん中 まんなか [명] 가운데
ある [동] 있다　ずれる [동] 어긋나다　言う いう [동] 말하다　手 て [명] 손
反対側 はんたいがわ [명] 반대편　足 あし [명] 발
～がちだ ~(하)기 쉽다　ただ [접] 다만　空間 くうかん [명] 공간
広い ひろい [い형] 넓다　余裕 よゆう [명] 여유
～ずに済む ~지않아도 되다　～わけだ ~인 것이다
ところ [명] 것　嫌いやだ [な형] 싫다　変える かえる [동] 바꾸다
でも [접] 하지만　～にする ~로 하다　～ば ~면　悩み なやみ [명] 고민
解決 かいけつ [명] 해결　～そうだ ~것 같다　早く はやく [부] 빨리
雨 あめ [명] 비　快適だ かいてきだ [な형] 쾌적하다
過ごす すごす [동] 보내다　～ようになる ~(하)게 되다
～たい ~(하)고 싶다　ここ [명] 여기　つく [동] 달다
部分 ぶぶん [명] 부분

4

①조금 불만이었다고 하는데, 그것은 왜인가?

1 접이식 우산인데, 생각했던 것보다도 가볍지 않기 때문에
2 펼쳤을 때 다른 접이식 우산보다 작기 때문에
3 우산을 쓰고 있어도, 몸이나 짐이 젖기 때문에
4 가격이 비쌌는데, 강한 바람에 약하기 때문에

해설 지문의 それだけが少し不満だった(그것만이 조금 불만이었다)가 어떤 것이 '불만이 있었던 것'인지 밑줄 주변에서 찾는다. 앞부분에서 折り畳み傘ということで普通の傘より小さいため、差していても腕や持っているかばんに雨がかかってしまう(접이식 우산이라 일반 우산보다 작기 때문에, 쓰고 있어도 팔이나 들고 있는 가방에 비를 맞고 만다)라고 서술하고 있으므로 3 傘を差していても、体や荷物が濡れるため(우산을 쓰고 있어도, 몸이나 짐이 젖기 때문에)가 정답이다.

어휘 なぜ [부] 왜　～のに ~인데　思う おもう [동] 생각하다
～よりも [조] ~보다도　開く ひらく [동] (우산을) 펼치다　～とき ~때
他 ほか [명] 다름　体 からだ [명] 몸　荷物 にもつ [명] 짐
濡れる ぬれる [동] 젖다　高い たかい [い형] 비싸다

強い つよい [い형] 강하다　風 かぜ [명] 바람　弱い よわい [い형] 약하다

5

②친구의 접이식 우산이라고 하는데, 그 설명으로 맞는 것은 어느 것인가?

1 펼친 상태에서 위에서 보면, 둥근 모양을 하고 있다.
2 펼친 상태에서 위에서 보면, 손잡이가 가운데에 있다.
3 펼친 상태에서 위에서 보면, 손잡이가 있는 쪽의 공간이 넓게 되어 있다.
4 펼친 상태에서 위에서 보면, 손잡이가 없는 쪽의 공간이 넓게 되어 있다.

해설 지문의 友人の折り畳み傘を貸してもらった(친구의 접이식 우산을 빌려 받았다)의 '친구의 접이식 우산'에 대한 설명이 무엇인지 밑줄 주변에서 찾는다. 뒷부분에서 それは横に長く、丸がつぶれたような形をしているのだ。それに、持ち手から伸びる棒が真ん中にあるのではなく少し横にずれている(그것은 옆으로 길게, 동그라미가 찌그러진 듯한 모양을 하고 있는 것이다. 게다가, 손잡이에서 뻗은 막대가 가운데에 있는 것이 아니라 조금 옆으로 어긋나 있다), これだと持ち手の反対側の空間が広くなっているので(이것이면 손잡이 반대편 공간이 넓게 되어 있기 때문에)라고 서술하고 있으므로 4 開いた状態で上から見ると、持ち手がないほうの空間が広くなっている(펼친 상태에서 위에서 보면, 손잡이가 없는 쪽의 공간이 넓게 되어 있다)가 정답이다.

어휘 説明 せつめい [명] 설명　合う あう [동] 맞다　もの [명] 것
どれ [명] 어느 것　上 うえ [명] 위　丸い まるい [い형] 둥글다
形 かたち [명] 형태　ほう [명] 쪽　空間 くうかん [명] 공간

6

'나'는 지금, 우산에 대해 어떻게 생각하고 있는가?

1 일반 우산은 들고 다니기 불편하기 때문에, 앞으로도 지금 가지고 있는 우산을 계속 사용하고 싶다.
2 접이식 우산은 가볍고 편리하기 때문에, 앞으로도 지금 가지고 있는 우산을 계속 사용하고 싶다.
3 손잡이가 어긋나 있는 우산은 젖지 않아 좋기 때문에, 친구와 같은 우산으로 사서 바꾸고 싶다.
4 큰 우산은 공간이 넓어 젖기 어렵기 때문에, 친구와 같은 우산으로 사서 바꾸고 싶다.

해설 우산에 대한 필자의 생각을 묻고 있다. 지문의 후반부에서 この傘にすれば悩みが解決できそうだ。早く買って雨の日も快適に過ごせるようになりたい(이 우산으로 하면 고민을 해결할 수 있을 것 같다. 빨리 사서 비오는 날도 쾌적하게 보낼 수 있게 되고 싶다)라고 서술하고 있으므로 3 持ち手がずれている傘は濡れなくていいので、友人と同じ傘に買い替えたい(손잡이가 어긋나 있는 우산은 젖지 않아 좋기 때문에, 친구와 같은 우산으로 사서 바꾸고 싶다)가 정답이다.

어휘 今 いま [명] 지금　～について ~에 대해　どう [부] 어떻게
考える かんがえる [동] 생각하다　不便だ ふべんだ [な형] 불편하다
これからも 앞으로도　使う つかう [동] 사용하다

~続ける ~つづける 계속 ~하다　同じだ おなじだ [な형]같다
買い替える かいかえる [동]바꾸어 사다　大きい おおきい [い형]크다
~にくい ~(하)기 어렵다

실전 대비하기 3
p.310

| 1 3 | 2 3 | 3 1 | 4 1 | 5 3 |
| 6 2 | | | | |

문제 5 다음의 (1)과 (2)의 글을 읽고, 질문에 답하세요. 답은, 1·2·3·4에서 가장 알맞은 것을 하나 고르세요.

1-3

친구에게서 선물을 받았다. 물론 기뻤지만, 선물을 싸고 있는 예쁜 종이를 보면서 생각했다. 이것을 만들기 위해 ①많은 수고와 시간이 들었음에 틀림없다. ¹종이의 재료인 나무는 외국에서 운반되어 와서, 일본의 공장에서 종이가 된다. 숲을 출발하고 나서, 종이가 되기까지 적어도 2개월 정도는 걸릴 것이다. 그런데도, 선물을 포장해서, 집에서 여는 순간에 쓰레기가 되어 태워진다. ³필요하면 얼마든지 종이를 사용해도 된다고 생각한다. 예를 들어 신문이라든가, 책이라든가. 하지만, 종이로 상자를 포장하는 것에 대체 무슨 의미가 있는 것일까?

이렇게 생각하고 있었더니, ②중요한 것을 알아차렸다. 우리들은, 실은 쓰레기를 의식적으로 만들고 있는 경우가 많다. 즉, ²고생해서 만든 것이 바로 쓰레기가 된다고 알고 있는데도, 상자나 물건을 종이로 포장하는 것이다. 이것은 '나온' 쓰레기가 아니라 '만든' 쓰레기인 것이다.

어휘 友だち ともだち [명]친구　~から [조]~에게서, 부터
プレゼント [명]선물　もらう [동]받다　もちろん [부]물론
うれしい [い형]기쁘다　包む つつむ [동]싸다, 포장하다
きれいだ [な형]예쁜, 깨끗하다　紙 かみ [명]종이　見る みる [동]보다
~ながら [조]~(하)면서　考える かんがえる [동]생각하다
作る つくる [동]만들다　~ために ~위해서　たくさん [명]많음
労力 ろうりょく [명]수고, 노력　時間 じかん [명]시간
かかる [동]들다, 걸리다
~に違いない ~にちがいない ~임에 틀림없다
材料 ざいりょう [명]재료　木 き [명]나무　外国 がいこく [명]외국
運ぶ はこぶ [동]운반하다, 옮기다　日本 にほん [명]일본
工場 こうじょう [명]공장　森 もり [명]숲　出発 しゅっぱつ [명]출발
~てから ~(하)고 나서　~まで [조]~까지(지속)
少なくとも すくなくとも 적어도　~ぐらい [조]~정도
~だろう ~일 것이다　それなのに [접]그런데도, 그럼에도 불구하고
家 いえ [명]집　開ける あける [동]열다　~たとたん ~(한) 순간
ごみ [명]쓰레기　焼く やく [동]태우다, 굽다
必要だ ひつようだ [な형]필요하다　いくらでも 얼마든지
使う つかう [동]사용하다　例えば たとえば [부]가령

新聞 しんぶん [명]신문　~とか [조]~라든지　本 ほん [명]책
しかし [접]하지만, 그러나　一体 いったい [부]대체, 도대체
意味 いみ [명]의미　重要だ じゅうようだ [な형]중요하다
気づく きづく [동]알아차리다, 눈치채다　実は じつは [부]실은, 사실은
意識的だ いしきてきだ [な형]의식적이다　多い おおい [い형]많다
つまり [부]즉, 결국　苦労 くろう [명]고생, 노고　すぐ [부]바로, 곧
わかる [동]알다, 이해하다　~のに [조]~인데, 는데　出る でる [동]나오다

1

<u>①많은 수고와 시간</u>이라고 했는데, 무엇인가?

1 친구가 선물을 만드는 데 들인 수고와 시간
2 외국에서 포장지를 만드는 데 걸린 수고와 시간
3 목재로부터 종이가 만들어지기까지 걸린 수고와 시간
4 종이의 원료를 찾아내는 데 걸린 수고와 시간

해설 지문의 これを作るためにたくさんの労力と時間(이것을 만들기 위해 많은 수고와 시간)이 어떤 '이것'을 위한 것인지 밑줄 주변에서 찾는다. 뒷문장에서 紙の材料である木は外国から運ばれてきて、日本の工場で紙になる。森を出発してから、紙になるまで少なくとも二か月ぐらいはかかるだろう(종이의 재료인 나무는 외국에서 운반되어 와서, 일본의 공장에서 종이가 된다. 숲을 출발하고 나서, 종이가 되기까지 적어도 2개월 정도는 걸릴 것이다)라고 서술하고 있으므로 3 木材から紙が作られるまでにかかった労力と時間(목재로부터 종이가 만들어지기까지 걸린 수고와 시간)이 정답이다.

어휘 贈り物 おくりもの [명]선물　包み紙 つつみがみ [명]포장지
木材 もくざい [명]목재　~までに ~까지(기한)
原料 げんりょう [명]원료　見つけ出す みつけだす [동]찾아내다

2

<u>②중요한 것</u>이라고 했는데, 무엇인가?

1 무언가 특별한 이유가 있으면, 많은 종이를 사용해도 문제 없다는 것
2 선물을 종이로 포장하는 것에는, 실은 특별한 이유가 있었다는 것
3 금방 버려진다는 것을 알고 있는데도, 일부러 쓰레기를 만든다는 것
4 인간은 물건을 만드는 것이 힘들다고 알고 있기 때문에, 쓰레기를 내지 않는다는 것

해설 지문의 重要なことに気づいた(중요한 것을 알아차렸다)가 어떤 것을 '알아차린 것인지' 밑줄 주변에서 찾는다. 뒷부분에서 苦労して作ったものがすぐごみになるとわかっているのに、箱や物を紙で包むのである(고생해서 만든 것이 바로 쓰레기가 된다고 알고 있는데도, 상자나 물건을 종이로 포장하는 것이다)라고 서술하고 있으므로 3 すぐ捨てられるとわかっているのに、わざわざごみを作るということ(금방 버려진다는 것을 알고 있는데도, 일부러 쓰레기를 만든다는 것)가 정답이다.

어휘 特別だ とくべつだ [な형]특별하다　理由 りゆう [명]이유
問題 もんだい [명]문제　捨てる すてる [동]버리다　知る しる [동]알다
わざわざ [부]일부러　人間 にんげん [명]인간
大変だ たいへんだ [な형]힘들다, 큰일이다　~から [조]~때문에

3

선물을 종이로 포장하는 것에 대해서, 이 글을 쓴 사람은 어떻게 생각하고 있는가?

1 생활에 필요한 것도 아니고 아깝기 때문에, 쓸데없다.
2 예쁜 것을 보면 인간은 기분이 좋아지기 때문에, 필요하다.
3 포장하는 데 시간도 수고도 그다지 들지 않기 때문에, 하는 편이 좋다.
4 외국에서 나무를 가져오지 않으면 안 되기 때문에, 그만두는 편이 좋다.

해설 필자의 생각을 묻고 있으므로 질문의 プレゼントを紙で包むこと(선물을 종이로 포장하는 것)를 지문의 후반부나 지문 전체에서 찾아 '선물을 종이로 포장하는 것'에 대한 필자의 생각을 파악한다. 두 번째 단락에서 必要ならいくらでも紙を使ってもいいと思う。例えば新聞とか、本とか。しかし、紙で箱を包むことに一体何の意味があるだろうか(필요하면 얼마든지 종이를 사용해도 된다고 생각한다. 예를 들어 신문이라든가, 책이라든가. 하지만, 종이로 상자를 포장하는 것에 대체 무슨 의미가 있는 것일까?)라고 서술하고 있으므로 1 생활에 필요한 것도 아니고 아깝기 때문에, 쓸데없다, 無駄だ(생활에 필요한 것도 아니고 아깝기 때문에, 쓸데없다)가 정답이다.

어휘 生活 せいかつ 명 생활   もったいない い형 아깝다
～ので 조 ~때문에   無駄だ むだだ な형 쓸데없다   見る みる 동 보다
気分 きぶん 명 기분   よくなる 기분이 좋아지다   あまり 부 그다지
～たほうがいい ~(하)는 편이 좋다   持つ もつ 동 가지다
～なければならない ~(하)지 않으면 안 된다
やめる 동 그만두다, 중지하다

4-6

⁴사람은 스트레스를 받으면 몸 안에서 호르몬이 나온다. 그리고, 머리카락은 이 호르몬을 모으면서 자란다고 한다. 이 성질에 주목한 어느 대학의 연구 그룹이, 머리카락 속 호르몬의 양을 조사함으로써 간단하게 스트레스 체크를 할 수 있는 기술을 개발했다.

머리카락은 일반적으로 한 달에 1cm정도 자라기 때문에, 머리카락을 1cm씩 잘라서 조사하면 언제쯤 강한 스트레스를 받았는지를 알 수 있다. ⁵지금까지의 기술로는 스트레스 체크에 수십 가닥의 머리카락을 제공하지 않으면 안 되었지만, 이 기술을 사용하면 3가닥이나 4가닥이면 된다.

연구 그룹은, ⁶최근 업무 스트레스로 병이 드는 사람이 늘고 있는데, 이 기술을 사용하면, 스트레스가 눈에 보이게 되기 때문에 기업이 사원의 건강을 관리하기 쉬워질 것이라고 이야기하고 있다. (   ) 은 꼭 연락해 주길 바란다고 말하고 있다.

(주1)호르몬: 인간의 몸을 조정하기 위해, 체내에서 나오는 물질
(주2)성질: 물체가 가지고 있는 성격이나 특징

어휘 ストレス 명 스트레스   受ける うける 동 받다
体の中 からだのなか 명 몸 속   ホルモン 명 호르몬
出る でる 동 나오다   髪の毛 かみのけ 명 머리카락
ためる 동 모으다, 저축하다   ～ながら 조 ~(하)면서
伸びる のびる 동 자라다, 늘어나다, 성장하다

～そうだ ~라고 한다(전언)   性質 せいしつ 명 성질
注目 ちゅうもく 명 주목   ある 어느   大学 だいがく 명 대학
研究 けんきゅう 명 연구   グループ 명 그룹   中 なか 명 속, 안
量 りょう 명 양   調べる しらべる 동 조사하다, 찾아보다
簡単だ かんたんだ な형 간단하다   チェック 명 체크
できる 동 할 수 있다   技術 ぎじゅつ 명 기술   開発 かいはつ 명 개발
一般的だ いっぱんてきだ な형 일반적이다   ～ぐらい 조 ~정도, 쯤
ため 명 때문   切る きる 동 자르다, 끊다   いつごろ 언제쯤
強い つよい い형 강하다, 세다   わかる 동 알다, 이해하다
これまで 지금까지, 이제까지   数十 すうじゅう 수십
～本 ～ぽん ~가닥   提供 ていきょう 명 제공
～なければならない ~(하)지 않으면 안 된다
使う つかう 동 사용하다   ～ば ~(하)면   済む すむ 동 되다
最近 さいきん 명 최근   仕事 しごと 명 업무, 일
病気になる びょうきになる 병이 들다
増える ふえる 동 늘다, 증가하다   使う つかう 동 사용하다
目 め 명 눈   見える みえる 동 보이다   ～ようになる ~(하)게 되다
～ので 조 ~때문에   企業 きぎょう 명 기업   社員 しゃいん 명 사원
健康 けんこう 명 건강   管理しやすい かんりしやすい 관리하기 쉽다
～はずだ ~일 것이다   話す はなす 동 말하다, 이야기하다
ぜひ 부 꼭, 반드시   連絡 れんらく 명 연락
～てほしい ~(해) 주길 바라다

4

이 성질이라고 하는데, 무엇인가?

1 머리카락에 스트레스와 관계가 있는 호르몬이 남는다는 성질
2 스트레스에 의해 나온 호르몬이 머리카락을 길게 한다는 성질
3 스트레스를 받으면 머리카락이 한 달에 1cm 길게 된다는 성질
4 호르몬이 쌓인 머리카락을 자르면 스트레스가 없어진다는 성질

해설 질문의 この性質(이 성질)가 어떤 '성질'인지 밑줄 주변에서 찾는다. 앞 문장에서 人はストレスを受けると体の中でホルモンが出る。そして、髪の毛はこのホルモンをためながら伸びるそうだ(사람은 스트레스를 받으면 몸 안에서 호르몬이 나온다. 그리고, 머리카락은 이 호르몬을 모으면서 자란다고 한다)라고 서술하고 있으므로 1 髪の毛にストレスと関係があるホルモンが残るという性質(머리카락에 스트레스와 관계가 있는 호르몬이 남는다는 성질)가 정답이다.

어휘 関係 かんけい 명 관계   残る のこる 동 남다
～によって ~에 의해, 에 따라   長い ながい い형 길다
なくなる 동 없어지다

5

간단하게 스트레스 체크를 할 수 있는 기술에 대한 설명으로, 맞는 것은 어느 것인가?

1 스트레스를 받고 있는지를 재려면, 머리카락을 1cm 자르는 것만으로 된다.
2 1개월에 몇 가닥의 머리카락을 체크하는 것만으로, 스트레스에 강한지 알 수 있다.

3 스트레스를 받은 시기를 조사하려면, 몇 가닥의 머리카락만 있으면 된다.
4 머리카락을 매일 1cm씩 자르는 것만으로, 언제 강한 스트레스를 받았는지 알 수 있다.

해설 질문의 簡単にストレスチェックができる技術(간단하게 스트레스 체크를 할 수 있는 기술)와 관련된 내용을 지문에서 찾는다. 두 번째 단락에서 これまでの技術ではストレスチェックに数十本の髪の毛を提供しなければならなかったが、この技術を使えば3本か4本で済む(지금까지의 기술로는 스트레스 체크에 수십 가닥의 머리카락을 제공하지 않으면 안 되었지만, 이 기술을 사용하면 3가닥이나 4가닥이면 된다)라고 서술하고 있으므로 3 ストレスを受けた時期を調べるには、数本の髪の毛さえあればいい(스트레스를 받은 시기를 조사하려면, 몇 가닥의 머리카락만 있으면 된다)가 정답이다.

어휘 簡単だ かんたんだ [な형] 간단하다　~について ~에 대해서
説明 せつめい [명] 설명　合う あう [동] 맞다　はかる [동] 재다
~だけで ~만으로　数本 すうほん 몇 가닥　時期 じき [명] 시기
~さえ [조] ~만　毎日 まいにち [명] 매일　~ずつ [조] ~씩　いつ [명] 언제

6
(　　) 에 넣기에 가장 적합한 것은 어느 것인가?
1 사원이 부족해서 곤란해하고 있는 기업
2 일하기 좋은 환경을 만들고 싶은 기업
3 경영에 대한 조언을 바라는 기업
4 스트레스에 대해 연구하고 있는 기업

해설 괄호 안에 들어갈 말을 묻고 있다. 괄호가 포함된 문장 앞부분에서 最近仕事のストレスで病気になる人が増えているが、この技術を使えば、ストレスが目に見えるようになるので企業が社員の健康を管理しやすくなるはず(최근 업무 스트레스로 병이 드는 사람이 늘고 있는데, 이 기술을 사용하면, 스트레스가 눈에 보이게 되기 때문에 기업이 사원의 건강을 관리하기 쉬워질 것)라고 사원의 업무 스트레스를 관리할 수 있는 기술임을 서술하고 있으므로 2 働きやすい環境を作りたい企業(일하기 좋은 환경을 만들고 싶은 기업)가 정답이다.

어휘 足りない たりない 부족하다　困る こまる [동] 곤란해하다
働きやすい はたらきやすい 일하기 좋다　環境 かんきょう [명] 환경
作る つくる [동] 만들다　経営 けいえい [명] 경영　アドバイス [명] 조언

실력 다지기　　p.318

01 ②　02 ①　03 ②　04 ①　05 ②

01
　현재, 일본에서 농업을 하는 사람의 60% 이상이 65세 이상의 고령자. 이 문제를 해결하기 위해서 다양한 방법을 생각할 필요가 있다. 우선, 국가에서 농업 교육을 시행하는 것은 어떨까? 농업을 시작하고 싶은 사람을 모집해서, 경험자가 참가자에게 농업에 대해서 하나부터 열까지 자세하게 알려주어서, 초심자라도 바로 배울 수 있도록 하는 것이다. 다음으로, 농업을 계기로 지방에서 살게 된 사람을 위해, 지역 주민의 모임이나 병원, 슈퍼 등을 만들어서, 생활에 불편함이 없도록, 또 외롭지 않도록 환경을 만드는 것도 좋은 방법이 아닐까.

다양한 방법이라고 했는데, 예를 들어 어떤 방법이 있는가?

① 각 지역에서 농업 인구의 증가를 위한 교육을 한다.
② 농업이 계기로 지방으로 이사한 사람들을 위해서 여러 가지 시설을 만든다.

어휘 現在 げんざい [명] 현재　日本 にほん [명] 일본
農業 のうぎょう [명] 농업　以上 いじょう [명] 이상
高齢者 こうれいしゃ [명] 고령자　問題 もんだい [명] 문제
解決 かいけつ [명] 해결　~ために ~위해서
様々だ さまざまだ [な형] 다양하다　方法 ほうほう [명] 방법
考える かんがえる [동] 생각하다　必要 ひつよう [명] 필요
まず初めに まずはじめに 우선　国家 こっか [명] 국가
教育 きょういく [명] 교육　行う おこなう [동] 실시하다, 행하다
始める はじめる [동] 시작하다　募集 ぼしゅう [명] 모집
経験者 けいけんしゃ [명] 경험자　参加者 さんかしゃ [명] 참가자
~について ~에 대해서
一から十まで いちからじゅうまで 하나에서 열까지, 일일이
細かい こまかい [い형] 자세하다, 세세하다
教える おしえる [동] 알려주다　初心者 しょしんしゃ [명] 초심자, 초보자
すぐ [부] 바로, 즉시　学ぶ まなぶ [동] 배우다
~ようにする ~(하)도록 하다　次に つぎに [접] 다음으로, 다음에
きっかけ [명] 계기　地方 ちほう [명] 지방　住む すむ [동] 살다
~ことになる ~(하)게 되다　地域 ちいき [명] 지역
住民 じゅうみん [명] 주민　集まり あつまり [명] 모임
病院 びょういん [명] 병원　スーパー [명] 슈퍼　~など [조] ~등, 따위
作る つくる [동] 만들다　生活 せいかつ [명] 생활
不便だ ふべんだ [な형] 불편하다　また [접] 또, 또한
さびしい [い형] 외롭다　環境 かんきょう [명] 환경
例えば たとえば [부] 예를 들어　各 かく 각　人口 じんこう [명] 인구
増加 ぞうか [명] 증가　引っ越す ひっこす [동] 이사하다
施設 しせつ [명] 시설

02
　가게의 종이컵, 빨대 등, 우리 주변에는 모르는 사이에 사용되고 있는 일회용품이 넘쳐난다. 그래서, 일회용품의 사용을 줄이자, 라는 것이 최근 큰 화제가 되고 있다. 일회용품을 줄이는 방법의 하나로서, 개인 전용 컵을 가지고 다니는 것이 있다. 카페가 늘어남과 함께 증가한 종이컵의 사용량도 개인용 컵을 사용하는 것으로

줄이는 것이 가능하다. 다음으로, 빨대의 사용을 자제하거나, 유리로 된 빨대를 사용하는 것 등도 그 방법의 하나다. 플라스틱은 잘 썩지 않지만, 유리는 재이용이 가능하다. 환경과 우리의 건강을 위해서, 일회용품의 사용을 조금씩 줄여가는 것이 중요하다고 생각한다.

일회용품 사용을 줄이기 위한 방법으로는, 예를 들어 **어떤 것**이 있다고 말하고 있는가?

① 개인용 컵을 가지고 다닌다.
② 카페에 가는 것을 자제한다.

어휘 店 みせ 몡가게 紙コップ かみコップ 몡종이컵 ストロー 몡빨대
～など 国～등, 따위 周り まわり 몡주변
知らぬ間に しらぬまに 어느 새에 使う つかう 통사용하다
あふれる 통넘치다 そこで 접그래서 最近 さいきん 몡최근
使い捨て つかいすて 일회용품 使用 しよう 몡사용
減らす へらす 통줄이다 大きな おおきな 큰
話題になる わだいになる 화제가 되다 方法 ほうほう 몡방법
～として ~로서 個人 こじん 몡개인 専用 せんよう 몡전용
コップ 몡컵 持ち歩く もちあるく 통가지고 다니다 カフェ 몡카페
増える ふえる 통늘다, 증가하다 ～とともに ~와 함께
使用量 しようりょう 몡사용량 個人用 こじんよう 몡개인용
できる 통가능하다 次 つぎ 몡다음 おさえる 통자제하다, 억제하다
ガラス 몡유리 できる 통되다, 이루어지다
プラスチック 몡플라스틱
腐りづらい くさりづらい 잘 썩지 않는다, 썩기 어렵다
再利用 さいりよう 몡재이용 環境 かんきょう 몡환경
健康 けんこう 몡건강 ～ために ~위해서
少しずつ すこしずつ 조금씩 大切だ たいせつだ 다형중요하다
行く いく 통가다 例えば たとえば 부예를 들어

03

최근, 전 세계의 자동차 회사가 개발을 목표로 힘을 쏟고 있는 것의 하나가 '하늘을 나는 자동차'이다. 통근 시간, 정체하는 도로를 상상하면, 하늘을 나는 자동차를 왜 바라는지를 금방 이해할 수 있다. 그러나, 하늘을 나는 자동차를 사용할 수 있게 되는 것이 반드시 우리에게 좋다고는 할 수 없다. 만약, 공중에서 사고가 일어난다면 어떨까? 차에 조금이라도 문제가 발생하면, 그대로 떨어질 위험성이 높다. 그러므로 **하늘을 나는 자동차를 개발하는 것은 좋지만, 개발 이전에 어떻게 하면 안전하게 운전할 수 있을지를 생각해야 한다.**

'하늘을 나는 자동차'에 대해, 이 글을 쓴 사람은 **어떻게 생각하고 있는가?**

① 장점이 많이 있으므로, 빨리 개발되어야 한다.
② 장점이 많이 있으나, 개발 전에 해결해야 하는 문제가 있다.

어휘 最近 さいきん 몡최근 世界中 せかいじゅう 몡전 세계
自動車会社 じどうしゃがいしゃ 몡자동차 회사
開発 かいはつ 몡개발 ～に向けて ～にむけて ~을 목표로

力を注ぐ ちからをそそぐ 힘을 쏟다 空 そら 몡하늘
飛ぶ とぶ 통날다 車 くるま 몡자동차 通勤 つうきん 몡통근
時間 じかん 몡시간 渋滞 じゅうたい 몡정체, 밀림
道路 どうろ 몡도로 想像 そうぞう 몡상상 なぜ 부왜, 어째서
好む このむ 통바라다, 좋아하다 すぐに 부금방, 즉시
理解 りかい 몡이해 できる 통할 수 있다 しかし 접그러나
使う つかう 통사용하다 ～ようになる ~(하)게 되다
必ずしも かならずしも 부반드시
～とは限らない ～とはかぎらない ~라고는 할 수 없다
もし 부만약, 혹시 空中 くうちゅう 몡공중
事故が起きる じこがおきる 사고가 일어나다, 사고가 나다
少し すこし 부조금, 약간 問題 もんだい 몡문제
発生 はっせい 몡발생 そのまま 그대로, 즉시
落ちる おちる 통떨어지다 危険性 きけんせい 몡위험성
高い たかい い형높다 なので 그러므로, 따라서
以前 いぜん 몡이전 どうすれば 어떻게 하면
安全だ あんぜんだ 다형안전하다 運転 うんてん 몡운전
考える かんがえる 통생각하다 ～べきだ (당연히) ~(해)야 한다
たくさん 부많이 早く はやく 부빨리 解決 かいけつ 몡해결

04

무더운 여름에 양산을 쓰는 것에 대해서 어떻게 생각하세요? 양산이 없으면 안돼, 라는 분부터 불편하고 필요 없다고 하는 분까지 다양한 의견이 있다고 생각합니다. 하지만 앞으로는, 무더운 여름에 되도록 양산을 쓰는 것을 추천합니다. **양산을 쓴다면, 태양광을 막을 수 있어, 체온이 전체적으로 내려갑니다. 또한 양산의 UV컷 기능이 피부를 지키는 역할을 합니다.** 불편하다고 생각하지 말고, 한 번 양산을 써보는 것은 어떨까요?

양산을 쓴다라고 했는데, 이 글을 쓴 사람은, **왜 그것이 좋다고** 말하고 있는가?

① 태양광으로부터 지켜주니까
② 체온이 내려가지 않도록 해주니까

어휘 蒸し暑い むしあつい い형무덥다 夏 なつ 몡여름
～について ~에 대해서 どう 어떻게 思う おもう 통생각하다
日傘 ひがさ 몡양산 だめだ 다형안 된다, 좋지 않다 方 かた 몡분
～から 国~부터 不便だ ふべんだ 다형불편하다
必要 ひつよう 몡필요 ～まで 国~까지
様々だ さまざまだ 다형다양하다 意見 いけん 몡의견
しかし 접하지만 これから 앞으로 なるべく 부되도록, 가능한 한
おすすめ 몡추천 日傘をさす ひがさをさす 양산을 쓰다
太陽光 たいようこう 몡태양광 防ぐ ふせぐ 통막다
体温 たいおん 몡체온 全体的だ ぜんたいてきだ 다형전체적이다
下がる さがる 통내려가다 また 부또한, 다시
UVカット UV컷, 자외선 차단 機能 きのう 몡기능
皮ふ ひふ 몡피부 守る まもる 통지키다 役割 やくわり 몡역할
一度 いちど 몡한 번 いかがですか 어떻습니까

05

　최근, 사람들의 여행 목적이 크게 변화하고 있다. 지금까지의 여행에 대한 이미지는, 가능한 한 다양한 장소를 관광하는 것이었다. 그러나, 요즘 여행객에게 여행의 목적을 물으면, 물론, 쇼핑, 계절별 관광이 목적인 사람도 있지만, 의외로 '쉬는 것'이 목적이라는 사람도 많다. 관광과 쇼핑은 최소한으로 하고, 느긋하게 쉬고 오는 것이다. 이러한 현상은, 평소와 같은 일상에서부터 멀어지고 싶은 기분과, 열심히 둘러보는 것보다는 쉬고 싶다는 기분이 합쳐져서 일어나고 있는 것으로 보인다.

이 글 전체의 주제는 무엇인가?

① 변화하는 여행의 계절
② 변화하는 여행의 목적

어휘 最近 さいきん 명 최근　　人々 ひとびと 명 사람들
旅行 りょこう 명 여행　　目的 もくてき 명 목적
大きい おおきい い형 크다　　変化 へんか 명 변화
これまで 명 지금까지　　~に対する ~にたいする ~에 대한
イメージ 명 이미지　　できるだけ 가능한 한, 되도록
いろんな 다양한　　場所 ばしょ 명 장소　　観光 かんこう 명 관광
しかし 접 그러나　　今時 いまどき 명 요즘, 요새
旅行客 りょこうきゃく 명 여행객　　たずねる 동 묻다　　もちろん 부 물론
ショッピング 명 쇼핑　　季節 きせつ 명 계절　　~ごと ~별, 마다
意外と いがいと 부 의외로, 예상외로　　休む やすむ 동 쉬다
多い おおい い형 많다　　最小限 さいしょうげん 명 최소한
のんびり 부 느긋하게, 한가로이　　現象 げんしょう 명 현상
いつも 부 평소, 언제나　　同じ おなじ 같은　　日常 にちじょう 명 일상
離れる はなれる 동 멀어지다, 떨어지다　　気持ち きもち 명 기분, 마음
一生懸命だ いっしょうけんめいだ な형 열심히 하다
見て回る みてまわる 둘러보다　　~より 조 ~보다
合わさる あわさる 합쳐지다　　起きる おきる 동 일어나다
文章 ぶんしょう 명 문장　　全体 ぜんたい 명 전체　　テーマ 명 주제

실전 대비하기 1
p.320

| **1** 3 | **2** 4 | **3** 3 | **4** 2 |

문제6 다음의 글을 읽고, 질문에 답하세요. 답은, 1·2·3·4에서 가장 알맞은 것을 하나 고르세요.

1-4

　한 교육 관계 회사가 내년에 초등학교에 입학 예정인 아이를 가진 어머니에 대해 ①조사를 진행했다. 그 결과, [1]절반 이상의 아이들이, 히라가나는 물론 가타카나도 전부 읽고 쓸 수 있는 상태로 초등학교에 입학하는 것을 알았다. 히라가나에 한정하면, 그 숫자는 약 90%에나 오른다고 한다.

　일본의 옛날 아이들은 초등학교에 들어가고 나서 히라가나를 외웠다. 물론 지금도, 초등학교 1학년생의 공부는 '아이우에오'부터 시작된다. 그러나, 지금 아이들의 대부분이 그 학습을 끝내고 초등학교에 입학한다고 한다. [2]초등학교 선생님들은 자신의 이름을 히라가나로 읽을 수 있는 정도면 문제없다고 부모들에게 말해도 귀를 기울이지 않는 것은, 지금은 ②그런 시대가 아니기 때문일 것이다.

　'초등학교에 입학하고 나서 난처하지 않도록'이라며 0~5세 아이에게 글자나 외국어, 음악 등을 배우게 하는 부모가 늘고 있다. 하지만, 이러한 조기 교육으로, 정말로 아이의 능력을 키울 수 있는 것일까? 3살부터 영어와 수영과 피아노를 배우기 시작한 S군은, 초등학교에 입학하고 잠깐 지나니 장기간 ③학교에 갈 수 없게 되고 말았다. 입학 전부터 히라가나나 가타카나뿐만 아니라 한자 공부도 하고 있었다. 그래서, 초등학교 입학 후에는 '천재'라고 모두에게 칭찬받았지만, [3]학원과 학교의 공부 어느 쪽에도 열심이었던 S군은 수면에 시간을 할애하지 못해, 매일같이 두통에 시달리게 되었다.

　확실히, 다른 아이보다 여러 가지를 할 수 있는 아이는, 자신감을 가질 수 있기 때문에, 그 점에서는 좋을지도 모른다. 하지만, [4]공부를 잘 할 수 있어도 마음이나 몸이 안정되어 있지 않으면, 행복하다고는 말할 수 없는 것이 아닐까? 조기 교육 프로그램에 신청하기 전에, ④부모는 다시 한 번 잘 생각해볼 필요가 있다.

어휘 ある 한, 어느　　教育 きょういく 명 교육　　関係 かんけい 명 관계
会社 かいしゃ 명 회사　　来年 らいねん 명 내년
小学校 しょうがっこう 명 초등학교　　入学 にゅうがく 명 입학
予定 よてい 명 예정　　子ども こども 명 아이　　持つ もつ 동 가지다
母親 はははおや 명 어머니　　~に対して ~にたいして ~를 대상으로
調査 ちょうさ 명 조사　　行う おこなう 동 진행하다
結果 けっか 명 결과　　半数 はんすう 명 절반　　以上 いじょう 명 이상
~たち ~들　　ひらがな 명 히라가나　　もちろん 물론
カタカナ 명 가타카나　　全て すべて 부 전부
読み書き よみかき 명 읽고 쓰기　　状態 じょうたい 명 상태
わかる 동 알다　　限る かぎる 동 한정하다　　数字 すうじ 명 숫자
約~ やく~ 약~　　上がる あがる 동 오르다　　~そうだ ~라고 한다
日本 にほん 명 일본　　昔 むかし 명 옛날　　入る はいる 동 들어가다
~てから ~(하)고 나서　　覚える おぼえる 동 외우다　　今 いま 명 지금
~年生 ~ねんせい ~학년　　勉強 べんきょう 명 공부
始まる はじまる 동 시작되다　　しかし 접 그러나　　多く おおく 명 많음
学習 がくしゅう 명 학습　　終える おえる 동 끝내다
先生 せんせい 명 선생(님)　　自分 じぶん 명 자신
名前 なまえ 명 이름　　読む よむ 동 읽다　　問題 もんだい 명 문제
親 おや 명 부모　　言う いう 동 말하다
耳を貸す みみをかす 귀기울이다　　時代 じだい 명 시대
~だろう ~일 것이다　　困る こまる 동 난처하다
~ないように ~(하)지 않도록　　~歳 ~さい ~살, 세　　字 じ 명 글자
外国語 がいこくご 명 외국어　　音楽 おんがく 명 음악　　~など 조 ~등
習う ならう 동 배우다　　増える ふえる 동 늘다　　早期 そうき 명 조기
本当だ ほんとうだ な형 정말이다　　能力 のうりょく 명 능력
伸ばす のばす 동 키우다　　~ことができる ~할 수 있다
英語 えいご 명 영어　　水泳 すいえい 명 수영　　ピアノ 명 피아노
~始める ~はじめる ~(하)기 시작하다　　しばらく 부 잠깐

経つ たつ 图지나다　結局 けっきょく 图결국
長期間 ちょうきかん 图장기간　行く いく 图가다
〜てしまう ~(하)고 말다　前 まえ 图전　〜だけでなく ~뿐만 아니라
漢字 かんじ 图한자　だから 图그래서　後 ご 图후
天才 てんさい 图천재　みんな 图모두　ほめる 图칭찬하다
習い事 ならいごと 图학원
一生懸命 いっしょうけんめい 图열심히 함　睡眠 すいみん 图수면
時間 じかん 图시간　取る とる 图취하다　毎日 まいにち 图매일
〜のように ~와 같이　頭痛 ずつう 图두통　悩む なやむ 图시달리다
〜ようになる ~(하)게 되다　確かだ たしかだ 图확실하다
他 ほか 图다른 (것)　子 こ 图아이　いろいろだ 图여러가지이다
自信 じしん 图자신감　点 てん 图점　いい 图좋다
〜かもしれない ~(일)지도 모른다　よく 图잘　心 こころ 图마음
体 からだ 图몸　安定 あんてい 图안정　〜なければ ~(하)지 않으면
幸せ しあわせ 图행복　プログラム 图프로그램
申し込む もうしこむ 图신청하다　〜前に 〜まえに ~전에
もう一度 もういちど 图다시 한 번　考える かんがえる 图생각하다
必要 ひつよう 图필요

1

①조사를 진행했다고 하는데, 조사에서 어떤 것을 알았는가?

1 대부분의 아이가 히라가나를 부모로부터 배우는 것
2 히라가나보다도 가타카나를 읽을 수 있는 아이가 많은 것
3 **초등학교에 들어가기 전부터, 대부분의 아이가 히라가나를 읽을 수 있는 것**
4 초등학교에 들어가기 전에는, 가타카나를 공부하는 아이가 적은 것

해설 지문의 調査を行った(조사를 진행했다)에서 조사에서 어떤 것을 알았는지 밑줄 주변에서 찾는다. 뒷부분에서 半数以上の子どもたちが、ひらがなはもちろんカタカナも全て読み書きできる状態で小学校に入学することがわかった。ひらがなに限れば、その数字は約90％にも上がるそうだ(절반 이상의 아이들이, 히라가나는 물론 가타카나도 전부 읽고 쓸 수 있는 상태로 초등학교에 입학하는 것을 알았다. 히라가나에 한정하면, 그 숫자는 약 90％에나 오른다고 한다)라고 서술하고 있으므로 3 小学校に入る前から、ほとんどの子どもがひらがなが読めること(초등학교에 들어가기 전부터, 대부분의 아이가 히라가나를 읽을 수 있는 것)가 정답이다.

어휘 ほとんど 图대부분　教わる おそわる 图배우다　〜よりも 图~보다도
多い おおい 图많다　少ない すくない 图적다

2

②그런 시대라고 하는데, 무엇인가?

1 초등학교 가장 첫 수업에서 히라가나의 읽고 쓰기를 배우는 시대
2 초등학교 입학까지 글자뿐만 아니라 외국어와 음악을 배우게 하는 시대
3 초등학교 가장 첫 수업에서 히라가나의 읽고 쓰기를 배우지 않게 된 시대
4 **초등학교 입학까지 자신의 이름에 사용되는 히라가나만 외우면 되는 시대**

해설 지문의 今はそんな時代ではないからだろう(지금은 그런 시대가 아니기 때문일 것이다)에서 어떤 '시대'인지 밑줄 주변에서 찾는다. 앞부분에서 小学校の先生たちが自分の名前がひらがなで読める程度で問題ないと親たちに言っても耳を貸さないのは(초등학교 선생님들은 자신의 이름을 히라가나로 읽을 수 있는 정도면 문제없다고 부모들에게 말해도 귀를 기울이지 않는 것은)라고 서술하고 있으므로 4 小学校入学までに自分の名前に使われるひらがなだけ覚えればいい時代(초등학교 입학까지 자신의 이름에 사용되는 히라가나만 외우면 되는 시대)가 정답이다.

어휘 最初 さいしょ 图처음　授業 じゅぎょう 图수업　〜までに 图~까지
使う つかう 图사용하다

3

③학교에 갈 수 없게 되고 말았다고 하는데, 어째서인가?

1 학원에서 배운 것을 또 학교에서 배워야 했기 때문에
2 성적이 좋은 탓에 '천재'라고 모두에게 불리는 것이 싫었기 때문에
3 **자는 시간이 짧아져서, 건강에 나쁜 영향이 나오고 말았기 때문에**
4 학교 공부보다도 수영이나 피아노 연습을 열심히 하고 있었기 때문에

해설 지문의 長期間学校に行けなくなってしまった(장기간 학교에 갈 수 없게 되고 말았다)에서 왜 학교에 갈 수 없게 되었는지 밑줄 주변에서 찾는다. 뒷부분에서 習い事と学校の勉強のどちらにも一生懸命だったSくんは睡眠に時間が取れず、毎日のように頭痛に悩まされるようになった(학원과 학교의 공부 어느 쪽에도 열심이었던 S군은 수면에 시간을 할애하지 못해, 매일같이 두통에 시달리게 되었다)라고 서술하고 있으므로 3 寝る時間が短くなって、健康に悪い影響が出てしまったから(자는 시간이 짧아져서, 건강에 나쁜 영향이 나오고 말았기 때문에)가 정답이다.

어휘 どうして 图어째서　また 图또　〜なければならない ~(해)야 한다
成績 せいせき 图성적　良い よい 图좋다　〜せいで ~탓에
言う いう 图말하다　嫌だ いやだ 图싫다　寝る ねる 图자다
短い みじかい 图짧다　健康 けんこう 图건강
悪い わるい 图나쁘다　影響 えいきょう 图영향
出る でる 图나오다　練習 れんしゅう 图연습　やる 图하다

4

④부모는 다시 한 번 잘 생각해 볼 필요가 있다고 하는데, 이 글을 쓴 사람은 왜 그렇게 말하고 있는 것인가?

1 조기 교육을 받지 않으면, 아이는 자신감을 가질 수 없기 때문에
2 **공부를 할 수 있는 것보다, 아이의 마음과 몸의 안정 쪽이 중요하기 때문에**
3 어느 조기 교육을 신청할지, 부모는 아이와 잘 상담하지 않으면 안 되기 때문에
4 자신의 아이의 마음과 몸이 안정되어 있는지, 확인할 필요가 있기 때문에

해설 지문의 親はもう一度よく考えてみる必要がある(부모는 다시 한 번 잘 생각해 볼 필요가 있다)에서 왜 그래야하는지 밑줄 주변에서 찾

는다. 뒷부분에서 勉強がよくできても心や体が安定していなければ、幸せだとは言えないのではないだろうか(공부를 잘 할 수 있어도 마음이나 몸이 안정되어 있지 않으면, 행복하다고는 말할 수 없는 것이 아닐까)라고 서술하고 있으므로 2 勉強ができることより、子どもの心や体の安定のほうが大切だから(공부를 할 수 있는 것보다, 아이의 마음과 몸의 안정 쪽이 중요하기 때문에)가 정답이다.

어휘 なぜ 튐 왜   受ける うける 튐 받다   ~より 튐 ~보다   ほう 튐 쪽
大切だ たいせつだ な형 중요하다   相談 そうだん 튐 상담
自分 じぶん 튐 자신   確認 かくにん 튐 확인

실전 대비하기 2   p.322

1 4   **2** 2   **3** 2   **4** 4

문제6 다음의 글을 읽고, 질문에 답하세요. 답은, 1·2·3·4에서 가장 알맞은 것을 하나 고르세요.

1-4

해외뿐만 아니라 일본에서도 주목이 모이고 있는 것이 워킹·미팅이다. 그 이름대로 회의실이 아니라 회사 주변 등을 걸으면서 회의를 하는 방법이다. 아이디어를 만들어 낸다고 해도 그 사고는 2종류로 나뉜다. 하나는 특정 문제에 대해서, 해결 방법을 생각해 내는 것이고, ¹또 하나는 정답이 없는 일에 대해서, 자유롭게 아이디어를 내 가는 것이다. 이번에 소개하는 회의 방법과 맞는 것은 두 번째이다.

워킹·미팅은 비용이 들지 않기 때문에, 도입하기 쉽다. ²이것을 도입함으로써 기분이 리프레시되어, 많은 아이디어가 나오게 되었다고 다양한 기업으로부터 보고되고 있다. ①이것이 원래의 목적이다. ²평소와는 다른 환경에서 이야기를 하기 때문에, 새로운 시점에서 일을 생각할 수 있다고 한다. 그리고 상사와 부하의 벽이 없어졌다는 의견도 있었는데, 이것은 해외에서 볼 수 없는 것이었다.

②사원의 건강면에서 봐도 플러스이다. ³데스크 업무가 중심인 사원은 근무 이외에 거의 걷지 않는다. 일하면서 운동 부족의 해소도 된다. 또, 장시간 계속 앉아 있는 것은 병이 되기 쉽다. ³계속 같은 자세로 있었던 탓에 안 좋아진 혈액 순환을 원활하게 하는 효과도 있다. 게다가 햇빛을 쐼으로써 스트레스를 받기 어려워진다.

다만, 좋은 것뿐인 것 같이 보이는 워킹·미팅이지만, 안 좋은 점도 있다. 컴퓨터나 자료를 사용하지 않으면 안 되는 경우에는 회의실에 돌아갈 필요가 있고, 날씨가 안 좋은 날에는 옥외에서의 회의가 반대로 스트레스가 되는 경우도 있다. 그 때문에, ⁴회의 내용이나 목적에 맞춰서 진행하는 것이 중요하다고 여겨지고 있다.

어휘 海外 かいがい 튐 해외   ~だけでなく ~뿐만 아니라
日本 にほん 튐 일본   注目 ちゅうもく 튐 주목
集まる あつまる 튐 모이다
ウォーキング・ミーティング 튐 워킹·미팅(걸으면서 회의하는 것)

名前 なまえ 튐 이름   ~の通り ~のとおり ~대로
会議室 かいぎしつ 튐 회의실   会社 かいしゃ 튐 회사
周り まわり 튐 주변   ~など 튐 ~등   歩く あるく 튐 걷다
~ながら 튐 ~(하)면서   会議 かいぎ 튐 회의
行う おこなう 튐 진행하다   方法 ほうほう 튐 방법
アイデア 튐 아이디어   生み出す うみだす 튐 만들어 내다
言う いう 튐 말하다   思考 しこう 튐 사고   種類 しゅるい 튐 종류
分かれる わかれる 튐 나뉘다   一つ ひとつ 튐 하나, 한 개
特定 とくてい 튐 특정   問題 もんだい 튐 문제
~に対して ~にたいして ~에 대해서   解決 かいけつ 튐 해결
考え出す かんがえだす 튐 생각해 내다   もう 튐 또
正解 せいかい 튐 정답   物事 ものごと 튐 일
自由だ じゆうだ な형 자유롭다   出す だす 튐 내다
今回 こんかい 튐 이번   紹介 しょうかい 튐 소개   合う あう 튐 맞다
二つ目 ふたつめ 튐 두 번째   費用 ひよう 튐 비용
かかる 튐 (비용이) 들다   ~ため 튐 ~때문에
取り入れる とりいれる 튐 도입하다   ~やすい ~(하)기 쉽다
~ことで ~(함)으로써   気持ち きもち 튐 기분
リフレッシュ 튐 리프레쉬   たくさん 튐 많이   出る でる 튐 나오다
~ようになる ~(하)게 되다   様々だ さまざまだ な형 다양하다
企業 きぎょう 튐 기업   報告 ほうこく 튐 보고   もともと 튐 원래
目的 もくてき 튐 목적   いつも 튐 평소   違う ちがう 튐 다르다
環境 かんきょう 튐 환경   話 はなし 튐 이야기
新しい あたらしい い형 새롭다   視点 してん 튐 시점
~らしい ~라고 한다   それから 튐 그리고   上司 じょうし 튐 상사
部下 ぶか 튐 부하   壁 かべ 튐 벽   なくなる 튐 없어지다
意見 いけん 튐 의견   見る みる 튐 보다   社員 しゃいん 튐 사원
健康 けんこう 튐 건강   ~面 ~めん ~면   プラス 튐 플러스
デスクワーク 튐 데스크 업무   中心 ちゅうしん 튐 중심
通勤 つうきん 튐 출근, 통근   以外 いがい 튐 이외
ほとんど 튐 대부분   働く はたらく 튐 일하다   ~間 ~あいだ ~사이
運動不足 うんどうぶそく 튐 운동 부족   解消 かいしょう 튐 해소
なる 튐 되다   また 튐 또   長時間 ちょうじかん 튐 장시간
座る すわる 튐 앉다   ~続ける ~つづける 계속 ~(하)다
病気 びょうき 튐 병   ずっと 튐 계속   同じ おなじ 같은
姿勢 しせい 튐 자세   ~せいで ~탓에   悪い わるい い형 안 좋다
血液 けつえき 튐 혈액   流れ ながれ 튐 순환
スムーズだ な형 원활하다   効果 こうか 튐 효과   それに 튐 게다가
太陽 たいよう 튐 해, 태양   光 ひかり 튐 빛   浴びる あびる 튐 쐬다
ストレス 튐 스트레스   受ける うける 튐 받다
~にくい ~(하)기 어렵다   ただ 튐 다만   いい い형 좋다
~ばかり 튐 ~만   ~のように ~와 같이   見える みえる 튐 보이다
点 てん 튐 점   パソコン 튐 컴퓨터   資料 しりょう 튐 자료
使用 しよう 튐 사용   ~なければならない ~(하)지 않으면 안 되다
~場合 ~ばあい ~(한) 경우   戻る もどる 튐 돌아가다
必要 ひつよう 튐 필요   ~し ~(하)고   天気 てんき 튐 날씨
日 ひ 튐 날   屋外 おくがい 튐 옥외   反対だ はんたいだ な형 반대다
内容 ないよう 튐 내용   合わせる あわせる 튐 맞추다
重要だ じゅうようだ な형 중요하다

1

워킹·미팅의 설명으로 올바른 것은 어느 것인가?
1. 해외 기업에서는 잘 진행되고 있지만, 일본 기업에서는 아직 시작되고 있지 않다.
2. 회의실에서 회의를 하고 있어도, 아이디어가 좀처럼 나오지 않을 때에 진행된다.
3. 어떻게 해서라도 해결하지 않으면 안 되는 것을 서로 이야기할 때 추천되는 것이다.
4. **어느 테마에 대해서, 많은 아이디어를 내 주길 바랄 때 추천되는 것이다.**

해설 질문의 워킹·미팅을 지문에서 찾아 그 주변을 주의 깊게 읽는다. 첫 번째 단락에서 もう一つは正解のない物事に対して、自由にアイデアを出していくものだ。今回紹介する会議方法と合うのは二つ目である(또 하나는 정답이 없는 일에 대해서, 자유롭게 아이디어를 내가는 것이다. 이번에 소개하는 회의 방법과 맞는 것은 두 번째이다)라고 서술하고 있으므로 4 어느 테마에 대해서, 많은 아이디어를 내 주길 바랄 때 추천되는 것이다(어느 테마에 대해서, 많은 아이디어를 내 주길 바랄 때 추천되는 것이다)가 정답이다.

어휘 説明 せつめい 図 설명　正しい ただしい い형 올바르다
まだ 및 아직　始める はじめる 등 시작하다　なかなか 및 좀처럼
~とき ~때　どうしても 어떻게 해서라도
話し合う はなしあう 등 서로 이야기하다　すすめる 등 추천하다
テーマ 図 테마　~てほしい ~(해) 주기를 바라다

2

①이것이 원래의 목적이다라고 하는데, 워킹·미팅을 진행하는 목적은 무엇인가?
1. 비용을 들이지 않고, 효과적인 아이디어를 내는 것
2. **릴랙스한 환경에서, 아이디어를 내기 쉽도록 하는 것**
3. 새로운 시점을 가지고, 지금까지 없던 아이디어를 내게 하는 것
4. 상사와 부하의 관계를 없애고, 누구든지 아이디어를 낼 수 있도록 하는 것

해설 지문의 これがもともとの目的だ(이것이 원래의 목적이다)에서 '목적'이 무엇인지 밑줄 주변에서 찾는다. 앞부분에서 これを取り入れたことで気持ちがリフレッシュして(이것을 도입함으로써 기분이 리프레시되어)라고 하고, 뒷부분에서 いつもとは違う環境で話をするため、新しい視点で物事が考えられるらしい(평소와는 다른 환경에서 이야기를 하기 때문에, 새로운 시점에서 일을 생각할 수 있다고 한다)라고 서술하고 있으므로 2 릴랙스한 환경에서, 아이디어를 내기 쉽도록 하는 것(릴랙스한 환경에서, 아이디어를 내기 쉽도록 하는 것)이 정답이다.

어휘 効果的だ こうかてきだ な형 효과적이다　リラックス 図 릴랙스
今 いま 図 지금　関係 かんけい 図 관계　誰 だれ 図 누구
~ようにする ~(하)도록 하다

3

②사원의 건강면에서 봐도 플러스이다라고 하는데, 어떤 효과가 있는 것인가?
1. 전혀 운동할 시간이 없는 사원도 병에 걸리기 어려워진다.
2. **데스크 업무만 진행하는 사원도 병에 걸리기 어려워진다.**
3. 계속 앉은 채로 자세가 안 좋아져 있던 사원의 자세가 좋아진다.
4. 스트레스로 시달리고 있던 사원도 스트레스가 줄어 건강해진다.

해설 지문의 社員の健康面から見てもプラスである(사원의 건강면에서 봐도 플러스이다)에서 어떤 부분이 '플러스'인지 밑줄 주변에서 찾는다. 뒷부분에서 デスクワークが中心の社員は通勤以外にほとんど歩かない(데스크 업무가 중심인 사원은 근무 이외에 거의 걷지 않는다), ずっと同じ姿勢でいたせいで悪くなった血液の流れをスムーズにする効果もある(계속 같은 자세로 있었던 탓에 안 좋아진 혈액 순환을 원활하게 하는 효과도 있다)라고 서술하고 있으므로 2 데스크워크ばかり行う社員も病気になりにくくなる(데스크 업무만 진행하는 사원도 병에 걸리기 어려워진다)가 정답이다.

어휘 全く まったく 및 전혀　運動 うんどう 図 운동　時間 じかん 図 시간
~っぱなし ~(한) 채　減る へる 등 줄다
元気だ げんきだ な형 건강하다

4

이 글 전체의 내용과 맞는 것은 어느 것인가?
1. 워킹·미팅의 문제점을 깨닫지 못한 기업이 많다.
2. 워킹·미팅 덕분에 사원의 건강을 생각하는 기업이 늘었다.
3. 회의 방법을 워킹·미팅을 통해서 다시 생각할 필요성이 있다.
4. **회의실에서의 회의와 워킹·미팅을 나누어 사용할 필요성이 있다.**

해설 지문의 주제를 묻고 있으므로 지문의 후반부나 지문 전체를 읽으며 정답의 단서를 찾는다. 마지막 단락에서 会議の内容や目的に合わせて行うことが重要だとされている(회의 내용이나 목적에 맞춰서 진행하는 것이 중요하다고 여겨지고 있다)라고 서술하고, 지문 전체적으로 워킹·미팅이 사용되는 회의 주제를 서술하고 단서 앞부분에서는 사용하기 어려운 회의도 있다고 서술하고 있으므로 4 会議室での会議とウォーキング・ミーティングを使い分ける必要性がある(회의실에서의 회의와 워킹·미팅을 나누어 사용할 필요성이 있다)가 정답이다.

어휘 全体 ぜんたい 図 전체　問題点 もんだいてん 図 문제점
気付く きづく 등 깨닫다　多い おおい い형 많다
~おかげで ~덕분에　増える ふえる 등 늘다
やり方 やりかた 図 (하는) 방법　~を通して ~をとおして ~을 통해서
考え直す かんがえなおす 등 다시 생각하다
必要性 ひつようせい 図 필요성
使い分ける つかいわける 등 나눠 사용하다

실전 대비하기 3　　　　　　　　　　p.324

1 2　　**2** 4　　**3** 3　　**4** 2

문제6 다음의 글을 읽고, 질문에 답하세요. 답은, 1·2·3·4에서 가장 알맞은 것을 하나 고르세요.

1-4

　인터넷 등 통신의 발달에 의해, 우리들은 누구나 간단하게 자신의 의견이나 생각을 여러 사람에게 전달할 수 있게 되었다. 이것은, 표현의 자유라는 면에서는 좋은 것일 것이다.
　하지만 한편으로, 간단하기 때문에, 사람들은 정보를 전달하는 것의 책임이나 어려움을 잊어버린 것처럼 생각한다. 예를 들면, 메일이나 SNS에서의 주고 받음이 원인으로 인간관계가 나빠져버린 적이 있는 사람은 적지 않지 않은가?
　'적는' 것과, '말하는' 것은 다르다. [1]회화 할 때는, 언어 정보뿐만 아니라, 표정이나 몸의 움직임, 말하는 스피드 등의 여러 요소를 이용하여 감정을 전달할 수 있다. 한편, 문자는 그것들을 할 수 없기 때문에, 자신의 생각을 정확하게 전달하는 말이나 상대에게 오해 받지 않을 표현이 요구된다. 우리들은 ①그것을 제대로 이해한 후에 자신의 생각을 적지 않으면 안 된다.
　옛날부터 있는 문자 커뮤니케이션의 수단이 편지이다. 옛날 사람은 ②'밤에 쓴 편지는 그대로 보내지 말고, 아침에 다시 보고 나서 보내라'고 말했다. [2]밤에는 필요 이상으로 마음을 담아 글을 쓰기 쉬우니까, [3]마음이 차분해져 있는 아침, 무엇을 적었는지 한 번 더 읽어보는 편이 좋다는 의미지만, 편지만이 아니라, 자신의 생각을 적는다는 것은, 그만큼 신중해질 필요가 있다는 것이다.
　메일이나 SNS에서는, ③그런 시간은 가질 수 없을 것이다. 그래도, [4]문자 커뮤니케이션의 특징을 잊지 말고, 그것을 받은 상대의 기분을 상상하는 것은 소중히 해 줬으면 한다.

어휘 インターネット 명인터넷　～など 조~등　通信 つうしん 명통신
発達 はったつ 명발달　～により ~에 의해, 에 따라
誰でも だれでも 누구나, 누구든지　簡単だ かんたんだ な형간단하다
自分 じぶん 명자신, 자기, 나　意見 いけん 명의견
考え かんがえ 명생각　いろいろだ な형여러 가지다
伝える つたえる 동전달하다, 건네다　～ことができる ~(할) 수 있다
～ようになる ~(하)게 되다　表現 ひょうげん 명표현
自由 じゆう 명자유　面 めん 명면　～だろう ~일 것이다
しかし 접하지만, 그러나　一方で いっぽうで 한편으로
～せいで ~때문에, 탓으로　人々 ひとびと 명사람들
情報 じょうほう 명정보　責任 せきにん 명책임
難しさ むずかしさ 명어려움　忘れる わすれる 동잊다
～てしまう ~(해) 버리다　～ように ~처럼, (하)도록
例えば たとえば 부예를 들면, 예컨대　メール 명메일
やりとり 명주고 받음, 왕래　原因 げんいん 명원인
人間関係 にんげんかんけい 명인간관계　悪い わるい い형나쁘다
～たことがある ~(한) 적이 있다　少ない すくない い형적다
書く かく 동적다, 쓰다　話す はなす 동말하다, 이야기하다
違う ちがう 동다르다　会話 かいわ 명회화　言語 げんご 명언어
～だけでなく ~뿐만 아니라　表情 ひょうじょう 명표정
体 からだ 명몸　動き うごき 명움직임　スピード 명스피드, 속도
さまざまだ な형여러가지다, 다양하다

要素 ようそ 명요소　利用 りよう 명이용　感情 かんじょう 명감정
一方 いっぽう 접한편　文字 もじ 명문자　できる 동할 수 있다
～ので 조~때문에　正しい ただしい い형정확하다, 바르다
言葉 ことば 명말　相手 あいて 명상대　誤解 ごかい 명오해
求める もとめる 동요구하다, 바라다　きちんと 부제대로, 정확히
理解 りかい 명이해　～たうえで ~(한) 후에
～なければならない ~(하)지 않으면 안 된다　昔 むかし 명옛날
～から 조~부터　文字 もじ 명문자
コミュニケーション 명커뮤니케이션, 의사소통　手段 しゅだん 명수단
手紙 てがみ 명편지　夜 よる 명밤　そのまま 부그대로
出す だす 동보내다, 제출하다　朝 あさ 명아침
見直す みなおす 동다시 보다, 재검토하다　～てから ~(하)고 나서
送る おくる 동보내다　必要 ひつよう 명필요　以上 いじょう 명이상
気持ちを込める きもちをこめる 마음을 담다
文章 ぶんしょう 명글, 문장　～がちだ ~(하)기 쉽다, (하)기 십상이다
～から 조~니까　落ち着く おちつく 동차분해지다, 안정되다
もう一度 もういちど 한 번 더　読む よむ 동읽다
～たほうがいい ~(하)는 편이 좋다　意味 いみ 명의미
～に限らず ～にかぎらず ~만이 아니라, 을 막론하고
思い おもい 명생각　それほど 부그만큼, 그 정도
慎重 しんちょう 명신중　時間 じかん 명시간
持つ もつ 동가지다, 들다　でも 접그래도　特徴 とくちょう 명특징
受け取る うけとる 동받다, 이해하다, 떠맡다
気持ち きもち 명기분, 마음　想像 そうぞう 명상상
大切だ たいせつだ な형소중하다, 중요하다
～てほしい ~(해) 주었으면 하다

1

①그것이라고 하는데, 무엇인가?

1　자신의 생각은, 적기보다 말해서 전달하는 편이 좋다는 것
2　적을 때는, 문자만으로 전부를 전달하지 않으면 안 된다는 것
3　말할 때와 같게 적으면, 자신의 감정을 전달할 수 있다는 것
4　옛날 사람은 편지를 써서 자신의 생각을 상대에게 전달했다는 것

해설 지문의 それをきちんと理解したうえで自分の考えを書かなければならない(그것을 제대로 이해한 후에 자신의 생각을 적지 않으면 안 된다)에서 어떤 것을 '이해'해야 한다고 말하는지 앞부분에서 찾는다. 앞부분에서 会話のときは、言語情報だけではなく、表情や体の動き、話すスピードなどのさまざまな要素を利用して感情を伝えることができる。一方、文字はそれらができないので、自分の考えを正しく伝える言葉や相手に誤解されない表現が求められる(회화 할 때는, 언어 정보뿐만 아니라, 표정이나 몸의 움직임, 말하는 스피드 등의 여러 요소를 이용하여 감정을 전달할 수 있다. 한편, 문자는 그것들을 할 수 없기 때문에, 자신의 생각을 정확하게 전달하는 말이나 상대에게 오해 받지 않을 표현이 요구된다)라고 서술하고 있으므로 2 書くときは、文字だけですべてを伝えなければならないということ(적을 때는, 문자만으로 전부를 전달하지 않으면 안 된다는 것)가 정답이다.

어휘 ～より 조~보다　～たほうがいい ~(하)는 편이 좋다
すべて 부전부, 모두

2

②'밤에 쓴 편지는 그대로 보내지 말고, 아침에 다시 보고 나서 보내라'고 하는데, 그것은 어째서라고 말하고 있는가?

1 밤에 편지를 쓰면, 글자가 잘 보이지 않아서 틀린 글자가 많아져 버리니까
2 밤에 편지를 쓰면, 너무 신중해져서, 생각을 잘 표현할 수 없는 경우가 많으니까
3 밤에 편지를 쓰면, 우체국이 닫혀있기 때문에, 바로 보낼 수 없으니까
4 밤에 편지를 쓰면, 글에 감정을 너무 많이 넣는 일이 있으니까

해설 지문의「夜書いた手紙はそのまま出さないで、朝見直してから送れ」('밤에 쓴 편지는 그대로 보내지 말고, 아침에 다시 보고 나서 보내라') 주변을 주의 깊게 읽는다. 뒷부분에서 夜は必要以上に気持ちを込めて文章を書きがちだから(밤에는 필요 이상으로 마음을 담아 글을 쓰기 쉬우니까)라고 서술하고 있으므로 4 夜手紙を書くと、文章に感情をいれすぎることがあるから(밤에 편지를 쓰면, 글에 감정을 너무 많이 넣는 일이 있으니까)가 정답이다.

어휘 字じ 圄글자　よく 圄잘　見える みえる 圄보이다
間違い まちがい 圄틀림, 실수, 잘못　多い おおい い형많다
~てしまう ~(해) 버리다, (하)고 말다
慎重になりすぎる しんちょうになりすぎる 너무 신중해지다
うまく 圄잘, 능숙하게　郵便局 ゆうびんきょく 圄우체국
閉まる しまる 圄닫히다　すぐ 圄바로, 곧　入れる いれる 圄넣다

3

③그런 시간이라고 하는데, 무엇인가?

1 적는 것과 말하는 것의 차이를 생각하는 시간
2 자신의 생각을 편지에 쓰는 시간
3 자신이 적은 내용을 확인하는 시간
4 받은 편지를 몇 번이나 읽는 시간

해설 지문의 そんな時間は持てないだろう(그런 시간은 가질 수 없을 것이다)에서 '그런 시간'이 무엇인지 앞부분에서 찾는다. 앞부분에서 気持ちが落ち着いている朝、何を書いたかもう一度読んでみたほうがいいという意味(마음이 차분해져 있는 아침, 무엇을 적었는지 한 번 더 읽어보는 편이 좋다는 의미)라고 서술하고 있으므로 3 自分が書いた内容を確認する時間(자신이 적은 내용을 확인하는 시간)이 정답이다.

어휘 違い ちがい 圄차이　内容 ないよう 圄내용　確認 かくにん 圄확인
もらう 圄받다　何回も なんかいも 몇 번이나

4

이 글 전체의 테마는, 무엇인가?

1 문자로 자신의 생각을 표현하는 자유
2 문자로 자신의 생각을 표현하는 것의 어려움
3 문자로 자신의 생각을 표현하는 것의 즐거움
4 문자로 자신의 생각을 표현하는 것의 중요함

해설 지문의 주제를 묻고 있으므로 지문의 후반부나 지문 전체를 읽으며 정답의 단서를 찾는다. 마지막 단락에서 文字コミュニケーションの特徴を忘れずに、それを受け取った相手の気持ちを想像することは大切にしてほしい(문자 커뮤니케이션의 특징을 잊지 말고, 그것을 받은 상대의 기분을 상상하는 것은 소중히 해 줬으면 한다)라고 서술하였고, 지문 전체적으로 자신의 생각을 적을 때 신중히 하라는 말을 하고 있으므로 2 文字で自分の考えを表現することの難しさ(문자로 자신의 생각을 표현하는 것의 어려움)가 정답이다.

어휘 テーマ 圄테마, 주제　楽しさ たのしさ 圄즐거움
大切さ たいせつさ 圄중요함, 소중함

 정보검색

실력 다지기   p.330

01 ②　　**02** ①

01

스즈키 씨는 15세인 아들과 함께 하이킹을 가고 싶다고 생각하고 있다. 오늘은 10월 13일이다. 하이킹을 신청하기 위해서, 스즈키 씨가 하지 않으면 안 되는 것은 어느 것인가?

① 인터넷에서 신청한다.
② ABC여행센터에서 신청한다.

초보자라도 즐길 수 있는 가을 하이킹

전문적인 도구가 없어도 괜찮습니다! 초보자라도 즐길 수 있는 3시간 정도의 코스입니다.
천천히 걸으면서, 가을 단풍을 즐기고 싶은 분은, 꼭 참가해 주세요.

일　시 : 2020년 10월 18일 (일)
참가비 : 일반　　 5,000엔
　　　　 초, 중학생 3,000엔

신청 방법
1) 인터넷
　· www.aki-hiking.co.jp/2020/01에서 접수해 주세요.
　· 접수는 출발일 10일 전까지입니다.
2) 창구 · 방문
　· 가까운 ABC여행 센터에서 신청해 주세요.
　· 접수는 출발일 전날까지입니다.

어휘 息子 むすこ 圄아들　一緒に いっしょに 함께, 같이
ハイキング 圄하이킹　行く いく 圄가다　今日 きょう 圄오늘
申し込む もうしこむ 圄신청하다　~ために ~위해서
~なければならない ~(하)지 않으면 안 된다

インターネット 圏	인터넷
旅行 りょこう 圏	여행
センター 圏	센터
初心者 しょしんしゃ 圏	초보자, 초심자
楽しむ たのしむ 동	즐기다
秋 あき 圏	가을
専門的だ せんもんてきだ な형	전문적이다
道具 どうぐ 圏	도구
大丈夫だ だいじょうぶだ な형	괜찮다, 걱정 없다
程度 ていど 圏	정도
コース 圏	코스
ゆっくり 부	천천히, 느긋하게
歩く あるく 동	걷다
~ながら 조	~(하)면서
紅葉 こうよう 圏	단풍
方 かた 圏	분
ぜひ 부	꼭, 아무쪼록
参加 さんか 圏	참가
日時 にちじ 圏	일시
土 ど 圏	토(요일)
参加費 さんかひ 圏	참가비
一般 いっぱん 圏	일반
小中学生 しょうちゅうがくせい 圏	초, 중학생
申し込み もうしこみ 圏	신청
方法 ほうほう 圏	방법
受付 うけつけ 圏	접수
出発日 しゅっぱつび 圏	출발일
前 まえ 圏	전
~まで 조	~까지
窓口 まどぐち 圏	창구
来店 らいてん 圏	방문, 가게에 옴(내점)
最寄り もより 圏	가장 가까움, 근처
前日 ぜんじつ 圏	전날
除く のぞく 동	제외하다
平日 へいじつ 圏	평일
午後 ごご 圏	오후
経験 けいけん 圏	경험
希望 きぼう 圏	희망
合う あう 동	맞다
ため 圏	위함
プログラム 圏	프로그램
曜日 ようび 圏	요일
時間 じかん 圏	시간
その他 そのた 圏	그 외
水泳 すいえい 圏	수영
月 げつ 圏	월(요일)
金 きん 圏	금(요일)
ヨガ 圏	요가
初級 しょきゅう 圏	초급
水 すい 圏	수(요일)
上級 じょうきゅう 圏	상급
火 か 圏	화(요일)
修了後 しゅうりょうご 圏	수료 후
受講 じゅこう 圏	수강
可能 かのう 圏	가능
卓球 たっきゅう 圏	탁구
木 もく 圏	목(요일)
土 ど 圏	토(요일)
登録 とうろく 圏	등록
毎月 まいつき 圏	매월
最終日 さいしゅうび 圏	마지막 날
窓口 まどぐち 圏	창구
受け付ける うけつける 동	접수하다
初めて はじめて 부	처음
される 동	하시다(する의 존경어)
方 かた 圏	분
身分証明書 みぶんしょうめいしょ 圏	신분증
必ず かならず 부	꼭, 반드시
持参 じさん 圏	지참
受講料 じゅこうりょう 圏	수강료
各 かく 圏	각
~あたり	~당

02

회사원인 나카무라 씨는 건강을 위해 운동을 하려고 생각하고 있다. 주 2회 이상, 일이 끝나고 나서부터 다니고 싶다. 늦게까지 회의가 있는 수요일을 제외한 평일은 오후 6시에 일이 끝난다. 운동 경험이 없는 나카무라 씨의 희망에 맞는 것은 어느 것인가?

① A, D
② A, C, D

회사원을 위한 운동 프로그램

	프로그램	요일	시간	그 외
A	수영	주 2일 월, 금	19:00-20:00	
B	요가 초급	주 2일 월, 수	19:00-20:30	
C	요가 상급	주 2일 화, 금	20:00-21:30	초급 수료 후, 수강 가능
D	탁구	주 3일 화, 목, 토	화, 목: 19:00-20:00 토: 11:00-12:00	

- 등록은 매월 마지막 날까지 창구에서 접수하고 있습니다.
- 처음 등록하시는 분은 신분증을 꼭 지참해 주세요.
- 수강료는 각 프로그램당 15,000엔입니다.

어휘 会社員 かいしゃいん 圏 회사원 健康 けんこう 圏 건강
~ために ~위해서 運動 うんどう 圏 운동 以上 いじょう 圏 이상
仕事 しごと 圏 일 終わる おわる 동 끝나다 ~てから ~(하)고 나서
通う かよう 동 다니다 遅い おそい い형 늦다 ~まで 조 ~까지
会議 かいぎ 圏 회의 水曜日 すいようび 圏 수요일

실전 대비하기 1

p.332

1 3   **2** 1

문제7 오른쪽 페이지는, '일본 축제'의 포스터이다. 이것을 읽고, 아래의 질문에 답하세요. 답은, 1·2·3·4에서 가장 알맞은 것을 하나 고르세요.

1

오늘은 6월 6일이다. 제시카 씨는 13시 반에 '일본 축제'에 와서, 이 포스터를 봤다. 주간부 프로그램에서, 지금부터 참가할 수 있는 것은 어느 것인가?

1 C뿐
2 A와 B와 C
3 A와 C
4 A와 D

해설 제시카가 참가 가능한 프로그램을 파악한다. 제시된 조건 (1) 6月6日(6월 6일), (2) 13時半に「日本まつり」に来て(13시 반에 '일본 축제'에 와서), (3) 昼の部のプログラムで、今から参加できるもの(주간부 프로그램에서, 지금부터 참가할 수 있는 것)에 따라,
(1) 6월 6일 : A, B, C, D 모두 6일 날 참가 가능하다.
(2) 13시 반에 일본 축제에 옴 : 12시부터 14시 반까지 하는 B는 도중에 참가가 불가능하고, D는 10시부터 11시로 이미 끝났으므로 A와 C만 참가할 수 있다.
(3) 주간부 프로그램에서 지금부터 참가할 수 있는 것 : 주간부에는 A와 C만 참가할 수 있다.
따라서 3 A와C(A와 C)가 정답이다.

어휘 日本 にほん 圏 일본 まつり 圏 축제 ポスター 圏 포스터
今日 きょう 圏 오늘 来る くる 동 오다 見る みる 동 보다
昼の部 ひるのぶ 圏 주간부 プログラム 圏 프로그램 今 いま 圏 지금
~から 조 ~부터 参加 さんか 圏 참가 できる 동 할 수 있다

2

중국 출신 오우 씨는 6월 7일 낮에 '일본 축제'에 와서, 처음으로 이 포스터를 봤다. 그 날 야간부에도 참가하고 싶다고 생각하고 있다. 야간부에 참가하기 위해서, 오우 씨가 반드시 하지 않으면 안 되는 것은 어느 것인가?

1 일본어로 자기소개를 써서 제출한다.
2 아이와 중국 춤을 연습한다.
3 집에 돌아가서, 중국 요리를 만들어서 가지고 온다.
4 '일본 축제'의 담당자에게 연락한다.

해설 제시된 상황 그 날의 야간부에도 참가하고 싶다고 생각하고 있다(그 날 야간부에도 참가하고 싶다고 생각하고 있다)에 따라 오우가 해야 할 행동을 파악한다. 夜の部(야간부) 밑의 注意事項(주의사항)에서 参加する方は全員日本語で簡単な自己紹介を書いて、受付に出してください(참가하는 분은 전원 일본어로 간단한 자기소개를 써서, 접수처에 내주세요)라고 하므로 1 日本語で自己紹介を書いて提出する(일본어로 자기소개를 써서 제출한다)가 정답이다.

어휘 中国 ちゅうごく 몡중국   出身 しゅっしん 몡출신   昼 ひる 몡낮
初めて はじめて 囝처음으로   夜の部 よるのぶ 몡야간부
必ず かならず 囝반드시, 꼭
~なければならない ~(하)지 않으면 안 된다
日本語 にほんご 몡일본어   自己紹介 じこしょうかい 몡자기소개
書く かく 图쓰다   提出 ていしゅつ 몡제출   子ども こども 몡아이
ダンス 몡춤, 댄스   練習 れんしゅう 몡연습   家 いえ 몡집
帰る かえる 图돌아가다   料理 りょうり 몡요리
作る つくる 图만들다   持って来る もってくる 가지고 오다
担当者 たんとうしゃ 몡담당자   連絡 れんらく 몡연락

1-2 '일본 축제'의 포스터

일본 축제에 와 주세요!
주간부
6월 1일부터 7일까지의 1주일간, 여러 가지 일본 문화를 체험할 수 있습니다.

A 일본의 춤	B 요리를 만들자
다 같이 일본의 여름 축제에서 추는 '봉오도리'를 춥니다. 필요한 시간은 약 1시간입니다. 1일~5일 14시~15시 ¹6일과 7일 11시~12시, ¹14시~15시	외국 분에게 인기가 있는 '다코야키'와 '야키소바'를 만들어서, 먹습니다. 매일 12시~14시 반 (도중부터는 참가할 수 없습니다)
C 일본의 놀이	D 일본어를 쓰자
전문 선생님으로부터 놀이 방법이나 역사를 들으면서, 일본의 전통적인 놀이를 체험합니다. 필요한 시간은 약 45분입니다. ¹매일 2회 ①10시~, ¹②16시~	당신이 좋아하는 단어의쓰는 법을 배워서, 예쁘게 써봅시다. 2일 15시~16시 4일 14시~15시 6일 10시~11시

야간부
맛있는 요리를 먹으면서, 다 같이 수다 떱시다.
일시   6월 5일, 6일, 7일
        각각 18시 반~21시(18시부터 접수 개시)
참가비 일본 분은 1,000엔, 외국 분은 500엔
        초등학생 이하의 아이와, 자신의 나라의 요리를 만들어서 가지고 온 분은 무료입니다.
주의 사항
· ²참가하는 분은 전원 일본어로 간단한 자기소개를 써서, 접수처에 내주세요.
· 자신의 나라의 노래나 춤을 발표하고 싶은 분은, 4일까지 담당자에게 연락해 주세요.

어휘 ~から 国~부터   ~まで 国~까지(지속)
いろいろだ 나형여러 가지이다   文化 ぶんか 몡문화
体験 たいけん 몡체험   踊り おどり 몡춤   みんなで 다 같이
夏 なつ 몡여름   踊る おどる 图춤추다
盆踊り ぼんおどり 몡봉오도리(일본의 전통 춤)
必要 ひつよう 몡필요   時間 じかん 몡시간   約 やく 囝약, 대략
外国 がいこく 몡외국   方 かた 몡분
人気がある にんきがある 인기가 있다   たこやき 몡다코야키(음식)
やきそば 몡야키소바(음식)   食べる たべる 图먹다
毎日 まいにち 몡매일   途中 とちゅう 몡도중   遊び あそび 몡놀이
専門 せんもん 몡전문   先生 せんせい 몡선생(님)
遊び方 あそびかた 몡놀이 방법   歴史 れきし 몡역사
聞く きく 图듣다   ~ながら 国~(하)면서
伝統的だ でんとうてきだ 나형전통적이다   あなた 몡당신
好きだ すきだ 나형좋아하다   単語 たんご 몡단어
書き方 かきかた 몡쓰는 법   習う ならう 图배우다, 익히다
きれいだ 나형예쁘다, 깨끗하다   おいしい 이형맛있다
おしゃべり 몡수다, 잡담   日時 にちじ 몡일시
各日 かくじつ 몡각일, 각각의 날짜   受付 うけつけ 몡접수, 접수처
開始 かいし 몡개시, 시작   参加費 さんかひ 몡참가비
小学生 しょうがくせい 몡초등학생   以下 いか 몡이하
自分 じぶん 몡자기   国 くに 몡나라, 국가   無料 むりょう 몡무료
注意 ちゅうい 몡주의   事項 じこう 몡사항
全員 ぜんいん 몡전원   簡単だ かんたんだ 나형간단하다
出す だす 图내다, 제출하다   歌 うた 몡노래
発表 はっぴょう 몡발표   ~までに ~까지(기한)

실전 대비하기 2   p.334

1 2   **2** 2

문제7 오른쪽 페이지는, 기타시로 시 문화 센터의 안내이다. 이것을 읽고, 아래의 질문에 답하세요. 답은, 1·2·3·4에서 가장 알맞은 것을 하나 고르세요.

1

마리아 씨는 **기타시로 시에 살고 있다**. 이번에 열리는 '꽃구경 교류회'에 참가하려고 생각하고 있다. 평소에는 외식이 많기 때문에 **요리에 필요한 도구는 아무것도 가지고 있지 않다**. 마리아 씨는 얼마 지불해야 하는가?

1 3,000엔
2 **3,000엔과 50엔**
3 4,000엔
4 4,000엔과 50엔

해설 마리아 씨가 지불해야 할 가격을 묻는 문제이다. 질문에서 제시된 조건 (1) 北城市に住んでいる(기타시로 시에 살고 있다), (2) 料理に必要な道具は何も持っていない(요리에 필요한 도구는 아무것도 가지고 있지 않다)에 따라 지문을 보면,

(1) 기타시로 시에 살고 있다 : 기타시로 시민은 참가비 3,000엔
(2) 요리 도구를 가지고 있지 않다 : 앞치마를 빌리면 세탁비 50엔 발생

따라서 참가비와 요리 도구인 앞치마의 세탁비를 지불해야 하므로, 2 3,000円と50円(3,000엔과 50엔)이 정답이다.

어휘 市 し 명 시   住む すむ 동 살다   今度 こんど 명 이번
開く ひらく 동 열다   お花見 おはなみ 명 꽃구경
交流会 こうりゅうかい 명 교류회   参加 さんか 명 참가
~ようと思う ~ようとおもう ~(하)려고 생각하다
普段 ふだん 명 평소   外食 がいしょく 명 외식
多い おおい い형 많다   ~ので ~때문에   料理 りょうり 명 요리
必要だ ひつようだ な형 필요하다   道具 どうぐ 명 도구
持つ もつ 동 가지다   いくら 얼마   払う はらう 동 지불하다
~なければならない ~(해)야 한다   ~円 ~えん ~엔

2

케이트 씨는 '꽃구경 교류회'에 남편과 아이를 권유했다. '꽃구경 교류회'에 참가하기 위해서, 케이트 씨는 어떻게 해야 하는가?

1 4월 1일까지 참가자 전원의 이름과 연락처를 쓴 이메일을 보낸다.
2 **4월 1일까지 자신의 이름과 연락처, 참가 인원수를 쓴 이메일을 보낸다.**
3 4월 3일까지 참가자 전원의 이름과 연락처를 쓴 이메일을 보낸다.
4 4월 3일까지 자신의 이름과 연락처, 참가 인원수를 쓴 이메일을 보낸다.

해설 제시된 상황 ケイトさんは「お花見交流会」に夫と子供を誘った(케이트 씨는 '꽃구경 교류회'에 남편과 아이를 권유했다)에 따라 케이트 씨가 해야 하는 것을 파악한다. 지문의 申し込み方法(신청 방법)에서 4月1日（土）までにEメールでお申し込みください(4월 1일 (토) 까지 이메일로 신청해 주세요)라고 하고, Eメールにはお名前、電話番号をご記入ください。なお、2名以上で申請する場合は代表者の情報のみでかまいません。それから参加人数も忘れずにお願いします(이메일에는 이름, 전화번호를 기입해 주세요. 또한, 2명 이상으로 신청하는 경우에는 대표자의 정보만으로 상관없습니다. 그리고 참가 인원수도 잊지 말고 부탁드립니다)라고 하므로 2 4月1日までに自分の名前と連絡先、参加人数を書いたメールを送る(4월 1일까지 자신의 이름과 연락처, 참가 인원 수를 쓴 이메일을 보낸다)가 정답이다.

어휘 夫 おっと 명 남편   子供 こども 명 아이   誘う さそう 동 권유하다
~ために ~위해서   ~までに 조 ~까지
参加者 さんかしゃ 명 참가자   全員 ぜんいん 명 전원
名前 なまえ 명 이름   連絡先 れんらくさき 명 연락처
書く かく 동 쓰다   メール 명 이메일   送る おくる 동 보내다
自分 じぶん 명 자신   人数 にんずう 명 인원 수

1-2
기타시로 시 문화 센터의 안내

꽃구경 교류회의 안내

이제 곧 벚꽃이 절정을 맞이하네요. 기타시로 시 문화 센터에서는 꽃구경 교류회를 진행합니다. 멋진 도시락을 손수 만들어서, 기타시로 공원에서 꽃구경을 즐깁시다. 일본 분도 외국 분도 가볍게 참가해 주세요.

이런 분에게 추천합니다!
· 본격적인 일본 요리에 도전하고 싶지만 언어가 불안
· 다양한 나라의 사람과 수다 떨고 싶다

일시 : 4월 3일 (월) 13：00~18：00
 13：00~15：00 기타시로 시 문화 센터 내의 조리실에서 도시락 만들기 (일본어·영어로 설명합니다)
 15：00~15：30 뒷정리·공원으로 이동 (도보로 이동입니다)
 15：40~18：00 공원에서 교류회

참가비 : [1]**기타시로 시민 3,000엔** (기타시로 시민 이외 4,000엔)
참가비에는 도시락의 재료비, 음료비, 일본어·영어 레시피가 포함되어 있습니다.
※당일 현금으로 지불해 주세요.

인원수 : 20명 까지 (정원이 가득 차는 대로, 모집 종료가 됩니다.)

소지품 : 앞치마

신청 방법 :
[2]**4월 1일 (토) 까지 이메일로 신청해 주세요.**
(hanami@kitashiro.co.jp)
[2]**이메일에는 이름, 전화번호를 기입해 주세요. 또한, 2명 이상으로 신청하는 경우에는 대표자의 정보만으로 상관없습니다. 그리고 참가 인원수도 잊지 말고 부탁드립니다.**

주의사항 :
· 교류회 도중에 귀가하는 것은 삼가해 주세요.
· 알레르기나 싫어하는 것이 있는 분은 사전에 필요 정보와 함께 알려 주세요.
· [1]**앞치마가 없는 분은, 신청할 때에 알려주세요. 센터의 앞치마를 빌려드립니다. (세탁비 50엔은 별도로 필요합니다)**
· 날이 저물면 몹시 추워지는 것이 예상되기 때문에, 따뜻한 복장으로 와 주세요.
· 날씨가 안 좋은 경우에는, 센터의 휴게 공간에서의 식사가 됩니다.

어휘 案内 あんない 몡 안내　もうすぐ 튀 이제 곧　桜 さくら 몡 벚꽃
見頃 みごろ 몡 절경　迎える むかえる 동 맞이하다
文化 ぶんか 몡 문화　センター 몡 센터　行う おこなう 동 진행하다
すてきだ な형 멋지다　弁当 べんとう 몡 도시락
手作り てづくり 몡 직접 만듦　公園 こうえん 몡 공원
楽しむ たのしむ 동 즐기다　日本 にほん 몡 일본　方 かた 몡 분
外国 がいこく 몡 외국　気軽だ きがるだ な형 가볍다
おすすめ 몡 추천　本格的だ ほんかくてきだ な형 본격적이다
チャレンジ 몡 도전　~けど 죠 ~지만　言葉 ことば 몡 언어, 말
不安 ふあん 몡 불안　様々だ さまざまだ な형 다양하다
国 くに 몡 나라　人 ひと 몡 사람　おしゃべり 몡 수다
日時 にちじ 몡 일시　~内 ~ない ~내
調理室 ちょうりしつ 몡 조리실　日本語 にほんご 몡 일본어
英語 えいご 몡 영어　説明 せつめい 몡 설명
後片付け あとかたづけ 몡 뒷정리　移動 いどう 몡 이동
徒歩 とほ 몡 도보　参加費 さんかひ 몡 참가비　市民 しみん 몡 시민
以外 いがい 몡 이외　材料費 ざいりょうひ 몡 재료비
飲み物 のみもの 몡 음료　~代 ~だい ~비　レシピ 몡 레시피
含まれる ふくまれる 동 포함되다　当日 とうじつ 몡 당일
現金 げんきん 몡 현금　支払う しはらう 동 지불하다
人数 にんずう 몡 인원 수　~人 ~にん ~명　~まで 죠 ~까지
定員 ていいん 몡 정원　埋まる うまる 동 가득 차다
~次第 ~しだい ~(하)는 대로　募集 ぼしゅう 몡 모집
終了 しゅうりょう 몡 종료　持ち物 もちもの 몡 소지품
エプロン 몡 앞치마　申し込み もうしこみ 몡 신청
方法 ほうほう 몡 방법　Eメール 몡 E메일
申し込む もうしこむ 동 신청하다　お名前 おなまえ 몡 이름
電話番号 でんわばんごう 몡 전화번호　記入 きにゅう 몡 기입
なお 튀 또한　~名 ~めい ~명　以上 いじょう 몡 이상
申請 しんせい 몡 신청　~場合 ~ばあい ~(하)는 경우
代表者 だいひょうしゃ 몡 대표자　情報 じょうほう 몡 정보
~のみ 죠 ~만　かまわない 상관없다　それから 접 그리고
忘れる わすれる 동 잊다　~ずに ~(하)지 않고
お願い おねがい 몡 부탁　注意 ちゅうい 몡 주의
事項 じこう 몡 사항　最中 さいちゅう 몡 도중　帰宅 きたく 몡 귀가
控える ひかえる 동 삼가다　アレルギー 몡 알레르기
苦手だ にがてだ な형 싫어하다　事前 じぜん 몡 사전
必要 ひつよう 몡 필요　~とともに ~와 함께
知らせる しらせる 동 알리다　~際 ~さい ~때
貸す かす 동 빌려주다　洗濯 せんたく 몡 세탁
別に べつに 튀 별도로　日 ひ 몡 날　沈む しずむ 동 저물다
冷え込む ひえこむ 동 몹시 춥다　予想 よそう 몡 예상
~ので 죠 ~때문에　暖かい あたたかい い형 따뜻하다
服装 ふくそう 몡 복장　お越しいただく おこしいただく 오시다
天候 てんこう 몡 날씨　悪い わるい い형 안 좋다
休憩 きゅうけい 몡 휴게　スペース 몡 공간, 스페이스
食事 しょくじ 몡 식사

실전 대비하기 3

p.336

1 3　　**2** 1

문제7 오른쪽 페이지는, 댄스 교실의 안내이다. 이것을 읽고, 아래의 질문에 답하세요. 답은, 1·2·3·4에서 가장 알맞은 것을 하나 고르세요.

1

기무라 군은 **중학교 2학년**이고, 스타 댄스 스쿨에 입회하고 싶다고 생각하고 있다. **댄스는 한 적은 없지만**, 운동은 잘하는 편이다. **화요일과 목요일은 다른 학원이 있다**. 기무라 군이 다닐 수 있는 코스는 어느 것인가?

1　A코스
2　B코스
3　**C코스**
4　D코스

해설 기무라 군이 다닐 수 있는 코스를 묻는 문제이다. 질문에서 제시된 조건 (1) 中学2年生(중학교 2학년), (2) ダンスはやったことはないが(댄스는 한 적은 없지만), (3) 火曜日と木曜日は他の習い事がある(화요일과 목요일은 다른 학원이 있다)에 따라 지문을 보면,
(1) 중학교 2학년이다 : 20시 이후에 끝나는 레슨은 참가할 수 없으므로 C, D코스
(2) 댄스를 한 적이 없다 : 대상자가 초보자인 A, C코스
(3) 화요일과 목요일은 다른 학원이 있다 : 모든 코스 가능
따라서 초보자 대상이면서 20시 이전으로 끝나는 3 Cコース(C코스)가 정답이다.

어휘 ~君 ~くん ~군　中学 ちゅうがく 몡 중학교
~年生 ~ねんせい ~학년　スター 몡 스타　ダンス 몡 댄스
スクール 몡 스쿨　入会 にゅうかい 몡 입회
~と思う ~とおもう ~라고 생각하다　やる 동 하다
~たことはない ~(한) 적은 없다　運動 うんどう 몡 운동
得意だ とくいだ な형 잘하다　ほう 몡 편　火曜日 かようび 몡 화요일
木曜日 もくようび 몡 목요일　他 ほか 몡 다름
習い事 ならいごと 몡 학원　通う かよう 동 다니다　コース 몡 코스

2

박 씨는 스타 댄스 스쿨에 입회한지 1년이 된다. **3월에 귀국하기 때문에 그만둬야 되는데, 2월 말까지는 댄스 스쿨에 다닐 생각이다**. 박 씨는 어떻게 해야 하는가?

1　**2월에 들어가기 전에 프런트에 스쿨을 그만두는 것을 전한다.**
2　2월에 들어가기 전에 프런트에 스쿨을 그만두는 것을 전하고, 300엔을 지불한다.
3　3월에 들어가기 전에 프런트에 스쿨을 그만두는 것을 전한다.
4　3월에 들어가기 전에 프런트에 스쿨을 그만두는 것을 전하고, 300엔을 지불한다.

해설 제시된 상황 3월에 귀국하므로 그만둬야 하지만, 2월의 末まではダンススクールに通うつもりだ(3월에 귀국하기 때문에 그만둬야 되는데, 2월 말까지는 댄스 스쿨에 다닐 생각이다)에 따라 박 씨가 해야 하는 것을 파악한다. 지문의 その他(그 외)의 표의 **退会する場合**(탈회하는 경우)에서 **最終受講する月の前の月の末まで**(최종 수강하는 달의 전달 말까지)라고 하므로, 12월에 들어가기 전에 프런트에 스쿨을 그만두는 것을 전한다(2월에 들어가기 전에 프런트에 스쿨을 그만두는 것을 전한다)가 정답이다.

어휘 ~年 ~ねん 圀~년   帰国 きこく 圀귀국   ~ので 웝~때문에
やめる 圄그만두다   ~なければならない ~(해)야 한다
末 まつ 圀말   ~まで 区~까지   ~つもりだ ~(할) 생각이다
入る はいる 圄들어가다   ~前に ~まえに ~(하)기 전에
フロント 圀프런트   伝える つたえる 圄전하다   ~円 ~えん ~엔
払う はらう 圄지불하다

1-2   댄스 교실 안내

스타 댄스 스쿨 입회 안내
초등학생부터 고등학생을 위한 코스입니다!

[코스·클래스에 대해]
이하 네 개의 코스 중에서, 희망하시는 요일, 시간의 클래스를 고르실 수 있습니다. 레슨은 주에 1회 진행합니다. 레슨 상황은 하기의 홈페이지에서 보실 수 있습니다.
각 코스의 클래스 정원 : 10명
레슨 시간 : 60분
코스 :

코스	요일	시간	대상자
A코스	월·화	19:30~20:30	초보자
B코스	화·금	20:30~21:30	중급 이상
C코스	목·¹토	¹17:00~18:00	¹초보자
D코스	월·토	18:00~19:00	중급 이상

*¹중학생 이하의 학생은 20시 이후에 끝나는 레슨에는 참가할 수 없습니다.
레슨비 : 8,000엔 (월 4회)
*입회할 때에 입회비와 연회비, 그리고 1개월 분의 레슨비를 현금으로 지불해 주세요. 2개월 째부터는 계좌로 자동 이체가 가능합니다.

[할인 제도]
가족 할인 : 가족이 본 스쿨에 다니고 있는 분은 첫 회 수강료가 30% 할인된 가격이 됩니다.
*현재 수강하고 계시지 않는 경우는 대상이 되지 않습니다.
커플 할인 : 친구나 가족과 함께 입회하시는 분은 각자 연회비가 무료가 됩니다.

[그 외]
이하의 수속을 진행할 경우는 프런트에서 부탁드립니다. 기한을 지켜 주세요. 변경·휴회에는 수수료로써 300엔을 받습니다.

코스를 변경하는 경우	변경하고 싶은 달의 2주일 전까지
같은 코스 내에서 요일·시간을 변경하는 경우	변경하고 싶은 달의 1주일 전까지
휴회하는 경우	휴회하는 달의 2주일 전까지
²탈회하는 경우	최종 수강하는 달의 전달 말까지

전화 : 0386-39-0727
주소 : 〒980-0020 히가시모토시 아사히쵸 2-5
홈페이지 : http://www.dancedancestars.jp

어휘 案内 あんない 圀안내   小学生 しょうがくせい 圀초등학생
高校生 こうこうせい 圀고등학생   向け むけ 圀향함
クラス 圀클래스, 반   ~について ~에 대해서   以下 いか 圀이하
四つ よっつ 圀네 개   ~中 ~なか 圀중   ~から 区~에서, 부터
希望 きぼう 圀희망   曜日 ようび 圀요일   時間 じかん 圀시간
選ぶ えらぶ 圄고르다   レッスン 圀레슨   週 しゅう 圀주
~回 ~かい ~회   行う おこなう 圄진행하다   様子 ようす 圀상황
下記 かき 圀아래, 하기   ホームページ 圀홈페이지
ご覧になる ごらんになる 보시다   各~ かく~ 각~
定員 ていいん 圀정원   ~名 ~めい ~명   ~分 ~ぷん ~분
対象者 たいしょうしゃ 圀대상자   初心者 しょしんしゃ 圀초보자
中級 ちゅうきゅう 圀중급   以上 いじょう 圀이상
学生 がくせい 圀학생   ~時 ~じ ~시   以降 いこう 圀이후
終わる おわる 圄끝나다   参加 さんか 圀참가   ~料 ~りょう ~료
~際 ~さい ~때   入会費 にゅうかいひ 圀입회비
年会費 ねんかいひ 圀연회비   それから 웝그리고
~か月 ~かげつ ~개월   現金 げんきん 圀현금
支払う しはらう 圄지불하다   ~目 ~め ~째   口座 こうざ 圀계좌
引き落とし ひきおとし 圀자동이체   可能だ かのうだ 갠가능하다
割引 わりびき 圀할인   制度 せいど 圀제도   家族 かぞく 圀가족
本~ ほん~ 본~   通う かよう 圄다니다   方 かた 圀분
初回 しょかい 圀첫 회   受講料 じゅこうりょう 圀수강료
~引き ~びき ~할인   価格 かかく 圀가격   現在 げんざい 圀현재
受講 じゅこう 圀수강   ~場合 ~ばあい ~(인) 경우
対象 たいしょう 圀대상   カップル 圀커플   友達 ともだち 圀친구
共に ともに 閂함께, 같이   各自 かくじ 圀각자   無料 むりょう 圀무료
他 ほか 圀외, 다른 (것)   手続き てつづき 圀수속
お願い おねがい 圀부탁   期限 きげん 圀기한
守る まもる 圄지키다   変更 へんこう 圀변경
休会 きゅうかい 圀휴회   手数料 てすうりょう 圀수수료
~として ~로써   いただく 圄받다   ~週間 ~しゅうかん ~주일
前 まえ 圀전   ~まで 区~까지   同じ おなじ 圀같음
~内 ~ない ~내   退会 たいかい 圀탈회   最終 さいしゅう 圀최종
電話 でんわ 圀전화   住所 じゅうしょ 圀주소

청해

문제 1 과제이해

음성 바로듣기

실력 다지기
p.344

01 ②   02 ②   03 ②   04 ①   05 ①
06 ②   07 ①   08 ②   09 ②   10 ②

01

[음성]
教室で女の学生と男の学生が話しています。男の学生は何をしますか。

女: あのう、ちょっと寒くない?
男: 窓が開いているからかな。窓閉めてあげるよ。
女: いや、窓は閉めなくても大丈夫だよ。窓の代わりに教室のドアを閉めてくれない?
男: うん。わかった。

男の学生は何をしますか。

[문제지]
① まどをしめる
② 教室のドアをしめる

해석 교실에서 여학생과 남학생이 이야기하고 있습니다. 남학생은 무엇을 합니까?
여: 저기, 조금 춥지 않아?
남: 창문이 열려 있어서 그런가. 창문 닫아 줄게.
여: 아냐, 창문은 닫지 않아도 괜찮아. 창문 대신에 교실 문을 닫아주지 않을래?
남: 응. 알겠어.

남학생은 무엇을 합니까?
① 창문을 닫는다
② 교실 문을 닫는다

어휘 教室 きょうしつ 몡교실 学生 がくせい 몡학생 ちょっと 閈조금
寒い さむい い형춥다 窓 まど 몡창문 開く あく 동열리다
~から 조~니까 閉める しめる 동닫다
大丈夫だ だいじょうぶだ な형괜찮다 代わりに かわりに 閈대신에
ドア 몡문 わかる 동알다

02

[음성]
男の人と母親が話しています。男の人は何をしますか。

男: お母さん、来週がお父さんのお誕生日だから、家族みんなで外食行かない?
女: そう、それいいね。駅前のレストランに行くのはどう?
男: いいよ。それじゃ、予約しておくね。
女: いや。それは私がするから、電話番号をちょっと調べてくれる?
男: うん。そうするよ。

男の人は何をしますか。

[문제지]
① レストランを よやくする
② レストランの電話番号をしらべる

해석 남자와 어머니가 이야기하고 있습니다. 남자는 무엇을 합니까?
남: 엄마, 다음 주가 아빠 생신이니까, 가족 다같이 외식 가지 않을래?
여: 그래, 그게 좋겠구나. 역 앞의 레스토랑에 가는 건 어떨까?
남: 좋아. 그럼, 예약해 둘게.
여: 아냐. 그건 내가 할 테니, 전화번호를 좀 알아봐 줄래?
남: 응. 그럴게.

남자는 무엇을 합니까?
① 레스토랑을 예약한다
② 레스토랑의 전화번호를 알아본다

어휘 母親 ははおや 몡어머니 お母さん おかあさん 몡엄마, 어머니
来週 らいしゅう 몡다음 주 お父さん おとうさん 몡아빠, 아버지
お誕生日 おたんじょうび 몡생일 ～から 조~니까
家族 かぞく 몡가족 みんな 몡모두 外食 がいしょく 몡외식
行く いく 동가다 駅前 えきまえ 몡역 앞 レストラン 몡레스토랑
それじゃ 접그럼 予約 よやく 몡예약
電話番号 でんわばんごう 몡전화번호 ちょっと 閈좀, 조금
調べる しらべる 동알아보다

03

[음성]
会社で男の人と女の人が話しています。女の人はこの後まず何をしますか。

男: 困ったな…。

女：何か問題でもありますか。

男：今日の会議で発表することになっていた田中さんが来られなくなりました。

女：あ、大変ですね。うん…。田中さんと一緒にしてきた仕事についての発表だから、私が代わりにやりますよ。

男：ありがとうございます。たすかりました。資料は田中さんの机の上にありますので、発表の前に一度見てください。よろしくお願いします。

女の人はこの後まず何をしますか。

[문제지]

① 発表をする

② 資料をみる

해석 회사에서 남자와 여자가 이야기하고 있습니다. 여자는 이후에 우선 무엇을 합니까?

남: 곤란하네….

여: 뭔가 문제가 있나요?

남: 오늘 회의에서 발표하기로 되어있던 다나카 씨가 못 오게 되었어요.

여: 아, 큰일이네요. 음…. 다나카 씨와 함께 해 온 업무에 대한 발표니까, 제가 대신 할게요.

남: 감사합니다. 도움이 됩니다. 자료는 다나카 씨 책상 위에 있으니까, 발표 전에 한 번 봐 주세요. 잘 부탁드립니다.

여자는 이후에 우선 무엇을 합니까?

① 발표를 한다

② 자료를 본다

어휘 会社 かいしゃ 명 회사　困る こまる 동 곤란하다
問題 もんだい 명 문제　今日 きょう 명 오늘　会議 かいぎ 명 회의
発表 はっぴょう 명 발표　来る くる 동 오다
大変だ たいへんだ な형 큰일이다, 힘들다　一緒に いっしょに 함께
仕事 しごと 명 일　～から 조 ~니까　代わりに かわりに 부 대신
たすかる 동 도움이 되다, 살아나다　資料 しりょう 명 자료
机 つくえ 명 책상　上 うえ 명 위　～ので 조 ~니까　前 まえ 명 전, 앞
一度 いちど 명 한 번　見る みる 동 보다

04

[음성]

お店で女の人と店員が話しています。女の人はいくら払いますか。

女：すみません。お会計お願いします。

男：はい、3つで合計、2,500円でございます。

女：え？ 1,500円じゃないですか。3つ買うと50パーセント割引だと書いていたんですが…。

男：申し訳ございませんが、3つ買うと1つを50パーセント割引しております。1,000円のものを3つで合計、2,500円になります。

女：あ、そうですか。わかりました。こちらのカードで会計お願いします。

女の人はいくら払いますか。

[문제지]

① 2,500円

② 1,500円

해석 가게에서 여자와 점원이 이야기하고 있습니다. 여자는 얼마 지불합니까?

여: 저기요. 계산 부탁합니다.

남: 네, 3개해서 합계, 2,500엔입니다.

여: 어? 1,500엔 아닌가요? 3개 사면 50퍼센트 할인이라고 적혀 있었는데….

남: 죄송합니다만, 3개 사면 1개를 50퍼센트 할인하고 있습니다. 1,000엔짜리를 3개로 합계, 2,500엔입니다.

여: 아, 그런가요? 알겠습니다. 이 카드로 계산 부탁합니다.

여자는 얼마를 지불합니까?

① 2,500엔

② 1,500엔

어휘 店 みせ 명 가게　店員 てんいん 명 점원　いくら 명 얼마
払う はらう 동 지불하다　会計 かいけい 명 계산
合計 ごうけい 명 합계　買う かう 동 사다　パーセント 명 퍼센트
割引 わりびき 명 할인　書く かく 동 쓰다
申し訳ない もうしわけない い형 죄송하다, 미안하다　わかる 동 알다
カード 명 카드

05

[음성]

男の人と女の人がサークルの飲み会場所について話しています。飲み会はどこでしますか。

男：今月のサークルの飲み会はどこでした方がいいかな。

女：学校前の居酒屋はどう？ 去年一度そこでやったけど、みんなおいしいと言ってたよ。

男：今度は新入部員もいるから、去年より人数多いと思うけど、大丈夫かな。

女：それなら、居酒屋のとなりの焼肉屋はどう？ あそこ広いからみんな入れるよ。

男：でも、そこは料理があまりおいしくなかったから…。居酒屋にしよう。予約したら、みんなが座れるようにしてくれると思うよ。

飲み会はどこでしますか。

[문제지]
① いざかや
② やきにくや

해석 남자와 여자가 동아리 회식 장소에 대해 이야기하고 있습니다. 회식은 어디에서 합니까?
남: 이번 달 동아리 회식은 어디서 하는 게 좋을까?
여: 학교 앞의 술집은 어때? 작년에 한 번 거기서 했었는데, 다들 맛있다고 했었어.
남: 이번에는 신입 부원들도 있어서, 작년보다 인원수가 많을 것 같은데, 괜찮을까?
여: 그렇다면, 술집 옆 고깃집은 어때? 거기 넓으니까 모두가 들어갈 수 있어.
남: 그렇지만, 거기는 음식이 그다지 맛있지 않았으니까…. 술집으로 하자. 예약하면, 모두가 앉을 수 있게 해 줄거야.

회식은 어디에서 합니까?
① 술집
② 고깃집

어휘 サークル 图 동아리 飲み会 のみかい 图 회식 場所 ばしょ 图 장소
今月 こんげつ 图 이번 달 学校 がっこう 图 학교 前 まえ 图 앞
居酒屋 いざかや 图 술집 去年 きょねん 图 작년
一度 いちど 图 한 번 ~けど 图 ~는데 みんな 图 모두
おいしい い형 맛있다 今度 こんど 图 이번
新入部員 しんにゅうぶいん 图 신입 부원 ~から 图 ~니까
~より 图 ~보다 人数 にんずう 图 인원수 多い おおい い형 많다
大丈夫だ だいじょうぶだ な형 괜찮다 それなら 접 그렇다면
となり 图 옆 焼肉屋 やきにくや 图 고깃집 広い ひろい い형 넓다
入る はいる 图 들어가다 でも 접 그렇지만
料理 りょうり 图 음식, 요리 あまり 图 그다지 予約 よやく 图 예약
座る すわる 图 앉다

06

[음성]
学校の職員がセミナーの日程について話しています。セミナーはいつしますか。

男: 中村先生のセミナーの日程変更についてお知らせします。9月15日の火曜日15時の予定でしたが、中村先生が1週間入院することになり、元の日程より3日後に行う予定です。時間は同じく15時に始まります。変更になった日程を必ず確認してご参加ください。

セミナーはいつしますか。

[문제지]
① 9月22日
② 9月18日

해석 학교 직원이 세미나 일정에 대해 이야기하고 있습니다. 세미나는 언제 합니까?
남: 나카무라 선생님의 세미나 일정 변경에 대해 알려 드립니다. 9월 15일 화요일 15시 예정이었습니다만, 나카무라 선생님께서 1주일간 입원하게 되어, 원래 일정보다 3일 후에 시행할 예정입니다. 시간은 똑같이 15시에 시작됩니다. 변경된 일정을 반드시 확인하고 참가해 주세요.

세미나는 언제 합니까?
① 9월 22일
② 9월 18일

어휘 学校 がっこう 图 학교 職員 しょくいん 图 직원 セミナー 图 세미나
日程 にってい 图 일정 先生 せんせい 图 선생(님)
変更 へんこう 图 변경 知らせる しらせる 图 알리다
火曜日 かようび 图 화요일 予定 よてい 图 예정
入院 にゅういん 图 입원 元 もと 图 원래 ~より 图 ~보다
行う おこなう 图 시행하다 時間 じかん 图 시간
同じく おなじく 똑같이 始まる はじまる 图 시작되다
必ず かならず 图 반드시 確認 かくにん 图 확인
参加 さんか 图 참가

07

[음성]
病院で女の人と男の人が話しています。男の人はこの後まず何をしますか。

女: 今日はどうなさいましたか。
男: 熱があります。
女: でしたら、まずこの書類を書いてください。
男: はい、わかりました。
女: 書いたあとは、診察の前まであそこのテーブルで血圧をはかってください。

男の人はこの後まず何をしますか。

[문제지]
① 書類をかく
② 血圧をはかる

해석 병원에서 여자와 남자가 이야기하고 있습니다. 남자는 이후에 우선 무엇을 합니까?
여: 오늘은 무슨 일로 오셨나요?
남: 열이 있어요.
여: 그럼, 우선 이 서류를 먼저 작성해 주세요.
남: 네, 알겠습니다.
여: 적으신 후에는, 진찰 전까지 저쪽 테이블에서 혈압을 재 주세요.

남자는 이후에 우선 무엇을 합니까?
① 서류를 작성한다
② 혈압을 잰다

어휘 病院 びょういん 图 병원 今日 きょう 图 오늘 熱 ねつ 图 열
まず 图 우선 書類 しょるい 图 서류 書く かく 图 작성하다, 쓰다

わかる 图알다　あと 图후, 다음　診察 しんさつ 图진찰
前 まえ 图전　～まで 图~까지　テーブル 图테이블
血圧 けつあつ 图혈압　はかる 图재다

08

[음성]

会社で女の人と男の人が話しています。女の人は何をしますか。

女: 部長、このプリンター壊れたらしいです。
男: そうですか。担当の佐藤さんに話しましたか。
女: まだです。彼、今会議中なので。
男: じゃ、まず修理の人を呼んでくれますか。電話番号はプリンターの上に書いてあるはずですよ。佐藤さんには私が言っておきます。
女: はい。わかりました。

女の人は何をしますか。

[문제지]

① さとうさんに話す
② 修理の人をよぶ

해석 회사에서 여자와 남자가 이야기하고 있습니다. 여자는 무엇을 합니까?

여: 부장님, 이 프린터 고장난 것 같아요.
남: 그래요? 담당인 사토 씨한테 이야기 했나요?
여: 아직이에요. 그가, 지금 회의 중이라서요.
남: 그러면, 우선 수리하는 사람을 불러 줄래요? 전화번호는 프린터 위에 적혀 있을 거예요. 사토 씨한테는 내가 말해 둘게요.
여: 네. 알겠습니다.

여자는 무엇을 합니까?

① 사토 씨에게 이야기한다
② 수리하는 사람을 부른다

어휘 会社 かいしゃ 图회사　部長 ぶちょう 图부장(님)
プリンター 图프린터　壊れる こわれる 图고장 나다
担当 たんとう 图담당　話す はなす 图이야기하다　まだ 图아직
今 いま 图지금　会議中 かいぎちゅう 图회의 중
～ので 图~라서, 때문에　じゃ 图그러면　まず 图우선
修理 しゅうり 图수리　呼ぶ よぶ 图부르다
電話番号 でんわばんごう 图전화번호　上 うえ 图위
書く かく 图쓰다　言う いう 图말하다　わかる 图알다

09

[음성]

留守番電話のメッセージを聞いています。このメッセージを聞いたあと、まず何をしますか。

女: もしもし。あなた、今日迎えに来てくれない？ 傘持ってきてないのに、午後から雨が降るそうなのよ。車で駅前まで来てください。帰り道に家の前にあるレストランで食事もしよう。あ、家を出る前にレストランの予約もお願いね。

このメッセージを聞いたあと、まず何をしますか。

[문제지]

① つまを迎えにいく
② レストランを よやくする

해석 부재중 전화 메시지를 듣고 있습니다. 이 메시지를 들은 후에, 우선 무엇을 합니까?

여: 여보세요. 여보, 오늘 마중 와 주지 않을래? 우산을 안 들고 왔는데, 오후부터 비가 온다고 하네. 차로 역 앞까지 와 줘요. 귀갓길에 집 앞에 있는 레스토랑에서 식사도 하자. 아, 집을 나오기 전에 레스토랑 예약도 부탁해.

이 메시지를 들은 후, 우선 무엇을 합니까?

① 아내를 마중 간다
② 레스토랑을 예약한다

어휘 留守番電話 るすばんでんわ 图부재중 전화　メッセージ 图메시지
聞く きく 图듣다　あなた 图여보, 당신　今日 きょう 图오늘
迎える むかえる 图마중하다　来る くる 图오다　傘 かさ 图우산
持つ もつ 图가지다　～のに 图~는데　午後 ごご 图오후
～から 图~부터　雨 あめ 图비　降る ふる 图내리다
車 くるま 图차　駅前 えきまえ 图역 앞　～まで 图~까지
帰り道 かえりみち 图귀갓길　家 いえ 图집　前 まえ 图앞, 전
レストラン 图레스토랑　食事 しょくじ 图식사　出る でる 图나오다
予約 よやく 图예약　お願い おねがい 图부탁　つま 图아내

10

[음성]

男の学生と女の学生が話しています。男の学生は勉強する前に何をしますか。

男: 来週試験だけど、勉強はどう？
女: うん、一生懸命してるよ。
男: ぼくは最近、本当に疲れて勉強が進まないよ。眠くて集中できない。
女: コーヒーを飲みながら勉強するのはどう？ あ、コーヒー飲めないんだって言ってたよね。じゃ、勉強する前に30分ぐらい寝て、疲れを取ってから始めるのはどう？
男: それ、よさそうだね。今日一度やってみるよ。ありがとう。

男の学生は勉強する前に何をしますか。

[문제지]

① コーヒーをのむ
② 30分ねる

해석 남학생과 여학생이 이야기하고 있습니다. **남학생은 공부하기 전에 무엇을 합니까?**
남: 다음 주 시험인데, 공부는 어때?
여: 응, 열심히 하고 있어.
남: 나는 요새, 정말로 피곤해서 공부가 진전이 안돼. 졸려서 집중할 수 없어.
여: 커피를 마시면서 공부하는 건 어때? 아, 커피 못 마신다고 했었지. 그럼, 공부하기 전에 30분 정도 자서, 피로를 풀고서 시작하는 것은 어때?
남: 그거, 좋을 것 같아. 오늘 한 번 해볼게. 고마워.
남학생은 공부하기 전 무엇을 합니까?
① 커피를 마신다
② 30분 잔다

어휘 学生 がくせい 図학생　勉強 べんきょう 図공부　前 まえ 図전, 앞
来週 らいしゅう 図다음 주　試験 しけん 図시험　〜けど 조〜인데
一生懸命 いっしょうけんめい 열심히　最近 さいきん 図최근
本当に ほんとうに 정말로　疲れる つかれる 图피곤하다, 피로해지다
進む すすむ 图진전되다　眠い ねむい い형졸리다
集中 しゅうちゅう 図집중　できる 图할 수 있다, 가능하다
コーヒー 図커피　飲む のむ 图마시다　〜ながら 조〜면서
〜って 조〜라고　言う いう 图말하다　じゃ 줩그럼　前 まえ 图전
〜ぐらい 조〜정도, 만큼　寝る ねる 图자다
疲れを取る つかれをとる 피로를 풀다　始める はじめる 图시작하다
今日 きょう 図오늘　一度 いちど 図한번

실전 대비하기　　　　　　　　　　p.346

1 2　　**2** 2　　**3** 4　　**4** 4　　**5** 3
6 4

문제 1에서는, 먼저 질문을 들어주세요. 그리고 이야기를 듣고, 문제 용지의 1부터 4 중에서, 가장 알맞은 것을 하나 골라주세요.

1

[음성]
会社で女の人と男の人が話しています。**男の人は何をしますか。**
女: 明後日の会議の資料、できてる?
男: はい。さっきメールで送ったので、確認お願いします。
女: わかった。直すところがあったら、また連絡するわ。あ、そうそう会議室はどうなってるの?
男: えーと、まだ予約してないみたいです。

女: なら、中村さんに電話して予約しておいて。15人参加する予定だから、大きい会議室ね。
男: はい。わかりました。あ、大きい会議室のマイク、たしか壊れてたと思うんですけど。
女: この前直したって聞いたわよ。マイクは使わないかもしれないけど、一度見ておいたほうがいいかしら。
男: じゃ、ぼくが行ってきます。あ、資料のコピーはどうしましょうか。
女: みんなパソコンを持ってくるじゃない。紙の資料はいいわ。

男の人は何をしますか。

[문제지]

1 ア イ
2 イ ウ
3 ウ エ
4 イ エ

해석 회사에서 여자와 남자가 이야기하고 있습니다. **남자는 무엇을 합니까?**
여: 모레 회의 자료, 다 됐어?
남: 네. 조금 전 메일로 보냈으니, 확인 부탁드립니다.
여: 알았어. 고칠 곳이 있으면, 다시 연락할게. 아, 참 회의실은 어떻게 되어있어?
남: 그게, 아직 예약하지 않은 것 같습니다.
여: 그러면, 나카무라 씨에게 전화해서 예약해둬. 15명 참가할 예정이니까, 큰 회의실로.
남: 네. 알겠습니다. 아, 큰 회의실 마이크, 분명 고장 났다고 생각하는데요.
여: 요전에 고쳤다고 들었어. 마이크는 사용하지 않을지도 모르지만, 한 번 봐두는 쪽이 좋으려나?
남: 그럼, 제가 갔다 오겠습니다. 아, 자료 복사는 어떻게 할까요?
여: 모두 컴퓨터를 가지고 오지 않아? 종이 자료는 괜찮아.

남자는 무엇을 합니까?

해설 남자가 해야 할 일을 고르는 문제이다. 즉, 컴퓨터, 전화, 마이크, 복사기 중 어느 것으로 남자가 일을 해야 하는지를 파악하면 된다. 여자가 남자에게 中村さんに電話して予約しておいて。15人参加する予定だから、大きい会議室ね(나카무라 씨에게 전화해서 예약해둬. 15명 참가할 예정이니까, 큰 회의실로)라고 하고, マイクは使わないかもしれないけど、一度見ておいたほうがいいかしら(마

이크는 사용하지 않을지도 모르지만, 한 번 봐두는 쪽이 좋으려나?) 라고 말했으므로 전화와 마이크가 있는 그림 イ와 ウ로 구성된 선택지 2가 정답이다. 그림 ア는 이미 한 일이고, 그림 エ는 자료 복사는 괜찮다고 했으므로 오답이다.

어휘 会社 かいしゃ 몡회사　明後日 あさって 몡모레
会議 かいぎ 몡회의　資料 しりょう 몡자료
できる 됭되다, 이루어지다　さっき 뷔조금 전, 아까
メール 몡메일　送る おくる 됭보내다　～ので 조~으니, 므로
確認 かくにん 몡확인　わかる 됭알다　直す なおす 됭고치다
また 뷔다시　連絡 れんらく 몡연락　会議室 かいぎしつ 몡회의실
まだ 뷔아직　予約 よやく 몡예약　なら 조그렇다면
電話 でんわ 몡전화　参加 さんか 몡참가　予定 よてい 몡예정
～から 조~니까　大きい おおきい い형크다　マイク 몡마이크
たしか 뷔분명, 아마　壊れる こわれる 됭고장 나다, 부서지다
～けど 조~는데, 지만　この前 このまえ 요전, 전번
～って 조~(라)고　聞く きく 됭듣다　使う つかう 됭사용하다, 쓰다
一度 いちど 뷔한 번　見る みる 됭보다　行く いく 됭가다
コピー 몡복사　みんな 몡모두　パソコン 몡컴퓨터
持つ もつ 됭가지다, 들다　紙 かみ 몡종이

2

[음성]
カフェで女の人と男の人が話しています。女の人は何で美術館に行きますか。

女：友人に誘われて隣の市にある現代美術館に行くことになったんだけど、どうやって行くのがいいかな。
男：調べてあげるよ。……いろいろな行き方があるな。あっ、南野さんのマンションの近くのバス停から直通バスが出てるよ。でも遠回りな分、時間がかなりかかるなあ。
女：どのぐらい？
男：1時間半。そのバスを大森駅前で降りて大森駅から快速電車に乗り換えると30分早く着くって。駅の目の前がバス停だから乗り換えも楽だね。
女：30分も時間を節約できるのか。お出かけ前はおしゃれしたいから忙しいのよ。
男：あ、古橋駅から地下鉄に乗るとさらに早く着くよ。でも、2回乗り換えなきゃいけないなあ。北松駅で山ノ葉線に乗り換えて、舞川駅で中央線に乗り換えるんだって。
女：北松駅ってあの大きい駅だよね。満員電車で有名な。しかも乗り換えが複雑でいつも乗り換えに苦労するんだよね。迷ったらどうしよう。
男：それなら乗り換えが楽なほうがいいんじゃない？
女：うん、そうだね。

女の人は何で美術館に行きますか。

[문제지]

1　バス
2　バスとでんしゃ
3　ちかてつ
4　バスとちかてつ

해석 카페에서 여자와 남자가 이야기하고 있습니다. 여자는 무엇으로 미술관에 갑니까?

여: 친구에게 초대받아서 옆 시에 있는 현대 미술관에 가게 되었는데, 어떻게 가는 게 좋을까?
남: 알아봐 줄게. …… 여러 가지 가는 방법이 있네. 아, 미나미노 씨의 맨션 근처 버스 정류장에서 직통 버스가 가네. 그런데 돌아가는 만큼, 시간이 꽤 걸리네.
여: 얼마나?
남: 1시간 반. 그 버스를 오모리 역 앞에서 내려서 오모리 역에서 쾌속 전철로 갈아타면 30분 빨리 도착한대. 역 코앞이 버스 정류장이니까 갈아타기도 편해.
여: 30분이나 시간을 절약할 수 있는 거야? 외출 전에는 멋 내고 싶으니까 바쁘거든.
남: 아, 후루하시 역에서 지하철을 타면 더 빨리 도착해. 그런데, 두 번 갈아타야 하네. 기타마츠 역에서 야마노하선으로 갈아타고, 마이카와 역에서 추오선으로 갈아탄대.
여: 기타마츠 역은 그 큰 역이지? 만원 전철로 유명한. 게다가 환승이 복잡해서 항상 환승에 고생한단 말이지. 길을 잃으면 어쩌지.
남: 그러면 갈아타기 편한 쪽이 좋지 않겠어?
여: 응, 그러네.

여자는 무엇으로 미술관에 갑니까?

1　버스
2　**버스와 전철**
3　지하철
4　버스와 지하철

해설 여자가 어떻게 미술관에 가는지를 고르는 문제이다. 남자가 버스를 大森駅前で降りて大森駅から快速電車に乗り換えると30分早く着くって。駅の目の前がバス停だから乗り換えも楽だね(버스를 오모리 역 앞에서 내려서 오모리 역에서 쾌속 전철로 갈아타면 30분 빨리 도착한대. 역 코앞이 버스 정류장이니까 갈아타기도 편해)라고 하며, 또 다른 가는 방법에 대해 설명한 후 乗り換えが楽なほうがいいんじゃない(갈아타기 편한 쪽이 좋지 않겠어?)라고 하자, 여자가 うん、そうだね(응, 그러네)라고 답하므로 갈아타기 편한 2 バスとでんしゃ(버스와 전철)가 정답이다. 1 '버스'는 버스로만 가면 시간이 꽤 걸린다고 했고, 3 '지하철'은 두 번 갈아타야 해서 환승이 복잡하다고 했고, 4 '버스와 지하철'은 언급되지 않았으므로 오답이다.

어휘 カフェ 몡카페　美術館 びじゅつかん 몡미술관　行く いく 됭가다
友人 ゆうじん 몡친구　誘う さそう 됭초대하다, 권유하다
隣 となり 몡옆　市 し 몡시　現代 げんだい 몡현대
～ことになる ~하게 되다　～けど 조~는데, ~지만
調べる しらべる 됭알아보다　いろいろだ な형여러 가지이다
行き方 いきかた 몡가는 방법　マンション 몡맨션, 아파트
近く ちかく 몡근처　バス停 バスてい 몡버스 정류장

直通 ちょくつう 圏직통　バス 圏버스
出る でる 图가다, 나오다, 출발하다
遠回りだ とおまわりだ な형돌아가다　~分 ~ぶん ~만큼, 정도
時間 じかん 圏시간　かなり 囲꽤　かかる 图걸리다　半 はん 圏반
駅 えき 圏역　前 まえ 圏앞　降りる おりる 图내리다
快速 かいそく 圏쾌속　電車 でんしゃ 圏전철
乗り換える のりかえる 图갈아타다, 환승하다　早く はやく 囲빨리
着く つく 图도착하다　目の前 めのまえ 圏코앞, 눈앞
乗り換え のりかえ 圏환승　楽だ らくだ な형편하다
節約 せつやく 圏절약　お出かけ おでかけ 圏외출
おしゃれする 멋 내다　忙しい いそがしい い형바쁘다
地下鉄 ちかてつ 圏지하철　乗る のる 图타다　さらに 囲더, 게다가
~なきゃいけない ~해야 한다　~線 ~せん ~선　~って ~(하)대
大きい おおきい い형크다　満員 まんいん 圏만원
有名だ ゆうめいだ な형유명하다　しかも 囲게다가
複雑だ ふくざつだ な형복잡하다　いつも 囲항상
苦労 くろう 圏고생　迷う まよう 图길을 잃다, 헤매다

3

[음성]
うちで女の人と男の人が話しています。二人はいつ食事に行きますか。

女: ねえ、今度の日曜日に私の会社の同期とご主人とランチすることになったでしょう。
男: うん、12時に4人でもう予約しておいたよ。
女: 予約してもらって申し訳ないんだけど、来週にしてもらえないかな。同期のご主人が急に出張が入っちゃって、ちょうどその日の夜に帰って来ることになったの。
男: それは仕方ないね。来週の同じ時間なら僕はかまわないけど、あの店、第二日曜日は確か定休日だったはずだよ。
女: えー、知らなかった。じゃあ場所を変えるしかないか。ちょっと残念だけど…。
男: ずっと行きたがってたところなんだから行こうよ。日曜日が休みなら、土曜日に変えたらいいんじゃない?
女: 忘れたの? 私、その時間帯は毎週ボランティアで公園の清掃じゃない。リーダーだし、ボランティアは欠席できないよ。
男: ああ、そうだったね。
女: 私、別の良さそうな店を探してみる。
男: うん、わかった。予約のほう取り消しておくね。

二人はいつ食事に行きますか。

[문제지]
1 今週の土よう日
2 来週の土よう日
3 今週の日よう日
4 来週の日よう日

해석 집에서 여자와 남자가 이야기하고 있습니다. 두 사람은 언제 식사하러 갑니까?
여: 저기, 이번 일요일에 내 회사 동기랑 남편분이랑 점심 먹게 됐잖아?
남: 응, 12시에 네 명으로 벌써 예약해 두었어.
여: 예약해 줘서 미안한데, 다음 주로 해 줄 수 없을까? 동기의 남편분이 갑자기 출장이 들어와서, 마침 그날 밤에 돌아오게 됐어.
남: 그건 어쩔 수 없지. 다음 주 같은 시간이라면 나는 상관없는데, 그 가게, 둘째 주 일요일은 아마도 정기 휴일이었을 거야.
여: 아, 몰랐어. 그럼 장소를 바꾸는 수밖에 없나. 좀 아쉽지만….
남: 계속 가고 싶어 했던 곳이니까 가자. 일요일이 휴일이라면, 토요일로 바꾸면 되지 않아?
여: 잊었어? 나, 그 시간대는 매주 자원봉사로 공원 청소잖아. 리더라서, 자원봉사는 결석할 수 없어.
남: 아, 그랬지.
여: 나, 다른 좋아 보이는 가게를 찾아볼게.
남: 응, 알겠어. 예약 쪽은 취소해 둘게.

두 사람은 언제 식사하러 갑니까?

1 이번 주 토요일
2 다음 주 토요일
3 이번 주 일요일
4 다음 주 일요일

해설 두 사람이 식사를 하는 일정을 고르는 문제이다. 여자의 今度の日曜日に私の会社の同期とご主人とランチすることになったでしょう(이번 일요일에 내 회사 동기랑 남편분이랑 점심 먹게 됐잖아)라는 말에 남자가 가게를 예약해 두었다고 하자, 여자가 来週にしてもらえないかな。同期のご主人が急に出張が入っちゃって、ちょうどその日の夜に帰って来ることになったの(다음 주로 해 줄 수 없을까? 동기의 남편분이 갑자기 출장이 들어와서, 마침 그날 밤에 돌아오게 됐어)라고 하고, 남자가 それは仕方ないね(그건 어쩔 수 없지)라고 말했으므로 정답은 4 来週の日よう日(다음 주 일요일)이다. 1 '이번주 토요일'은 언급되지 않았고, 2 '다음 주 토요일'은 아내가 봉사활동을 해야 해서 불가능하며, 3 '이번 주 일요일'은 회사 동료의 남편이 출장에서 밤에 돌아오므로 오답이다.

어휘 うち 圏집　二人 ふたり 圏두 사람　食事 しょくじ 圏식사
行く いく 图가다　今度 こんど 圏이번, 다음
日曜日 にちようび 圏일요일　私 わたし 圏나, 저
会社 かいしゃ 圏회사　同期 どうき 圏동기
ご主人 ごしゅじん 圏남편(분)　ランチ 圏점심
~ことになる ~하게 되다　もう 囲벌써, 이미　予約 よやく 圏예약
申し訳ない もうしわけない い형미안하다
来週 らいしゅう 圏다음 주　急に きゅうに 囲갑자기
出張 しゅっちょう 圏출장　入る はいる 图들어오다　ちょうど 囲마침
日 ひ 圏날　夜 よる 圏밤　帰る かえる 图돌아가다
仕方ない しかたない い형어쩔 수 없다　同じ おなじ 같은
時間 じかん 圏시간　僕 ぼく 圏나 (남성의 일인칭)
かまわない 상관없다　~けど 쩝~는데, 지만　店 みせ 圏가게

第二 だいに 圏둘째, 두 번째　確か たしか 图아마도
定休日 ていきゅうび 圏정기 휴일　~はずだ ~일 것이다
場所 ばしょ 圏장소　変える かえる 图바꾸다
~しかない ~밖에 없다　ちょっと 图좀
残念だ ざんねんだ な형아쉽다　ずっと 图계속　ところ 圏곳
休み やすみ 圏휴일　土曜日 どようび 圏토요일
忘れる わすれる 图잊다　時間帯 じかんたい 圏시간대
毎週 まいしゅう 圏매주　ボランティア 圏자원봉사
公園 こうえん 圏공원　清掃 せいそう 圏청소　リーダー 圏리더
欠席 けっせき 圏결석　別 べつ 圏다른 (것)　探す さがす 图찾다
取り消す とりけす 图취소하다　今週 こんしゅう 圏이번 주

4

[음성]
男の学生と女の学生が話しています。男の学生はこのあと まず何をしますか。

男: うわー、この教室、ずっと掃除してなかったから、汚いね。
女: そうね。何から片づけたらいいかしら。
男: まず、床に掃除機をかけたら?
女: うーん、そうねえ。でも、まずゴミを集めて捨てましょう。床を掃除するのは、その後で。
男: ここにある本は捨てるの? もう読まない本みたいだけど。
女: あっ、それはまた後で読むかもしれないから、本棚に戻しておいて。
男: うん。わっ、この本棚、ほこりがいっぱいだよ。戻す前に掃除機で吸わなきゃ。
女: 掃除機を使うんだったら、隣の教室にあるわよ。

男の学生はこのあとまず何をしますか。

[문제지]
1 床にそうじきをかける
2 いらない本をすてる
3 本だなに本をもどす
4 そうじきを持ってくる

해석 남학생과 여학생이 이야기하고 있습니다. 남학생은 이후에 우선 무엇을 합니까?

남: 우와, 이 교실, 쭉 청소하지 않았기 때문에, 더럽네.
여: 그렇네. 무엇부터 정리해야 좋을까?
남: 우선, 바닥에 청소기를 돌리는 게 어때?
여: 음, 그렇네. 하지만, 우선 쓰레기를 모아서 버리자. 바닥을 청소하는 것은, 그 후에.
남: 여기 있는 책은 버리는 거야? 이제 읽지 않는 책 같은데.
여: 앗, 그것은 나중에 또 읽을지도 모르니까, 책장에 되돌려 놔 줘.
남: 응. 앗, 이 책장, 먼지가 가득해. 돌려놓기 전에 청소기로 빨아들이지 않으면 안 돼.
여: 청소기를 사용한다면, 옆 교실에 있어.

남학생은 이후에 우선 무엇을 합니까?

1 바닥에 청소기를 돌린다
2 필요 없는 책을 버린다
3 책장에 책을 돌려놓는다
4 청소기를 가지고 온다

해설 남학생이 우선 해야 할 일을 고르는 문제이다. 남학생이 戻す前に掃除機で吸わなきゃ(돌려놓기 전에 청소기로 빨아들이지 않으면 안 돼)라고 하자, 여학생이 掃除機を使うんだったら、隣の教室にあるわよ(청소기를 사용한다면, 옆 교실에 있어)라고 대답하므로 4 そうじきを持ってくる(청소기를 가지고 온다)가 정답이다. 1은 쓰레기를 모아서 버린 후에 할 일이고, 2는 읽지 않는 책은 책장에 돌려놓기로 했으며, 3은 청소기를 돌린 후에 할 일이므로 오답이다.

어휘 学生 がくせい 圏학생　教室 きょうしつ 圏교실　ずっと 图쭉
掃除 そうじ 圏청소　~から 图~때문에　汚い きたない い형더럽다
~から 图~부터　片づける かたづける 图정리하다, 치우다
まず 图우선　床 ゆか 圏바닥, 마루
掃除機をかける そうじきをかける 청소기를 돌리다　でも 图하지만
ゴミ 圏쓰레기　集める あつめる 图모으다　捨てる すてる 图버리다
後 あと 圏후, 다음　本 ほん 圏책　もう 图이제　読む よむ 图읽다
~けど 图~은데　また 图또　本棚 ほんだな 圏책장, 책꽂이
戻す もどす 图(본디 자리로) 되돌리다　ほこり 圏먼지
いっぱい 图가득　前 まえ 圏전　吸う すう 图빨아들이다
~なきゃ ~(하)지 않으면 안 된다　使う つかう 图사용하다
隣 となり 圏옆　いらない 필요없다　持つ もつ 图가지다, 들다

5

[음성]
旅行ガイドが話しています。旅行に参加している人はこのあとまず何をしますか。

男: みなさま、今日の午後の予定をご説明します。午後は博物館と歴史公園に行きます。今からバスに乗って博物館に向かいますが、1時間ぐらいかかります。今日の昼食はサンドイッチです。乗る前にお渡ししますので、バスの中で召し上がってください。博物館に着いたら、ガイドの説明を聞きながら、1時間半ぐらい見学する予定です。そのあと、すぐとなりの歴史公園に歩いて行って、そこで自由時間をとります。5時に公園の入り口に集まって、それから夕食を食べるレストランに向かいます。

旅行に参加している人はこのあとまず何をしますか。

[문제지]
1 バスに乗る
2 昼ごはんを食べる
3 サンドイッチを もらう
4 はくぶつかんを みる

해석 여행 가이드가 이야기하고 있습니다. **여행에 참가하고 있는 사람**은 이후에 **우선 무엇**을 합니까?

남: 여러분, 오늘 오후 예정을 설명하겠습니다. 오후는 박물관과 역사 공원에 갑니다. 지금부터 버스를 타고 박물관으로 향합니다만, 한 시간 정도 걸립니다. 오늘 점심은 샌드위치입니다. 타기 전에 건네드릴 테니, 버스 안에서 드셔주세요. 박물관에 도착하면, 가이드의 설명을 들으면서, 한 시간 반 정도 견학할 예정입니다. 그 후에, 바로 옆 역사 공원으로 걸어 가서, 거기서 자유 시간을 갖겠습니다. 5시에 공원 입구에서 모여서, 그 다음에 저녁을 먹을 레스토랑으로 향합니다.

여행에 참가하고 있는 사람은 이후에 **우선 무엇**을 합니까?

1 버스에 탄다
2 점심을 먹는다
3 샌드위치를 받는다
4 박물관을 본다

해설 여행에 참가하고 있는 사람들이 우선 해야 할 일을 고르는 문제이다. 여행 가이드가 今からバスに乗って博物館に向かいます(지금부터 버스를 타고 박물관으로 향합니다)라고 말한 후, 今日の昼食はサンドイッチです。乗る前にお渡ししますので、バスの中で召し上がってください(오늘 점심은 샌드위치입니다. 타기 전에 건네드릴 테니, 버스 안에서 드셔주세요)라고 말했으므로 3 サンドイッチをもらう(샌드위치를 받는다)가 정답이다. 1은 샌드위치를 받은 후에 할 일이고, 2는 버스를 탄 후에 할 일이며, 4는 버스로 이동 후에 할 일이므로 오답이다.

어휘 旅行 りょこう 뎽 여행   ガイド 뎽 가이드   参加 さんか 뎽 참가
みなさま 뎽 여러분   今日 きょう 뎽 오늘   午後 ごご 뎽 오후
予定 よてい 뎽 예정   説明 せつめい 뎽 설명
博物館 はくぶつかん 뎽 박물관   歴史 れきし 뎽 역사
公園 こうえん 뎽 공원   行く いく 图 가다   今 いま 뎽 지금
~から 国 ~부터   バス 뎽 버스   乗る のる 图 타다
向かう むかう 图 향하다   時間 じかん 뎽 시간
~ぐらい 国 ~정도, 쯤   かかる 图 걸리다, (시간이) 소요되다
昼食 ちゅうしょく 뎽 점심(식사)   サンドイッチ 뎽 샌드위치
前 まえ 뎽 전   渡す わたす 图 건네주다   ~ので 国 ~테니, 니까
中 なか 뎽 안, 속   召し上がる めしあがる 图 드시다 (食べる의 존경어)
着く つく 图 도착하다   聞く きく 图 듣다   ~ながら 国 ~면서
見学 けんがく 뎽 견학   あと 图 후, 이후   すぐ 图 바로
となり 뎽 옆   歩く あるく 图 걷다   自由 じゆう 뎽 자유
とる 图 가지다, 취하다   入り口 いりぐち 뎽 입구
集まる あつまる 图 모이다   それから 그 다음에
夕食 ゆうしょく 뎽 저녁(식사)   食べる たべる 图 먹다
レストラン 뎽 레스토랑   昼ごはん ひるごはん 뎽 점심
もらう 图 받다   みる 图 보다

6

[음성]
コンビニの店長と女の店員が話しています。店長は何をしますか。

男: 佐藤さん、来月もっと仕事できない? 人が足りないんだよね。
女: 店長、すみません。来月は学校の試験があって…。勉強しないと。
男: そうなんだ。じゃ、友だちで誰かできる人いない?
女: うーん、みんな、私と同じだと思いますよ。あっ、この間、アルバイトしたい人を紹介してくれる会社の人が来たじゃないですか。そこに頼んだらどうですか。
男: それもいいけど、会社に頼むとお金がかかるんだよね。だから、知ってる人に頼みたいんだ。
女: そうですか。
男: でも、それも難しそうだから、**まず店の入り口に貼ってみるよ。うちの店、学生さんとか主婦みたいな人がたくさん来るからね。**

店長は何をしますか。

[문제지]
1 さとうさんの 友だちに アルバイトを おねがいする
2 会社に アルバイトできる 人を しょうかいして もらう
3 店長の 友だちに アルバイトを おねがいする
4 店に アルバイトを 探している お知らせを はる

해설 편의점 점장과 여자 점원이 이야기하고 있습니다. **점장**은 **무엇**을 합니까?

남: 사토 씨, 다음 달 좀 더 일할 수 있어? 사람이 부족해서.
여: 점장님, 죄송합니다. 다음 달은 학교 시험이 있어서…. 공부하지 않으면 안 돼요.
남: 그렇구나. 그럼, 친구 중에 누군가 할 수 있는 사람 없어?
여: 음, 모두, 저와 같다고 생각해요. 앗, 요전에, 아르바이트 하고 싶은 사람을 소개해주는 회사의 사람이 오지 않았나요? 그곳에 부탁하면 어때요?
남: 그것도 좋지만, 회사에 부탁하면 돈이 들어. 그래서, 아는 사람에게 부탁하고 싶어.
여: 그렇군요.
남: 하지만, 그것도 어려울 것 같으니, 우선 가게 입구에 붙여 볼게. 우리 가게, 학생이라든가, 주부 같은 사람이 많이 오니까.

점장은 **무엇**을 합니까?

1 사토 씨의 친구에게 아르바이트를 부탁한다
2 회사에 아르바이트 할 수 있는 사람을 소개받는다
3 점장의 친구에게 아르바이트를 부탁한다
4 가게에 아르바이트를 찾는 알림을 붙인다

해설 점장이 해야 할 일을 고르는 문제이다. 점장이 まず店の入り口に貼ってみるよ。うちの店、学生さんとか主婦みたいな人がたくさん来るからね(우선 가게 입구에 붙여 볼게. 우리 가게, 학생이라든가, 주부 같은 사람이 많이 오니까)라고 했으므로 4 店にアルバイトを探しているお知らせをはる(가게에 아르바이트를 찾는 알림을 붙인다)가 정답이다. 1은 이미 한 일이고, 2는 거절하였다. 3은 언급되

지 않았으므로 오답이다.

어휘 コンビニ 图편의점　店長 てんちょう 图점장　店員 てんいん 图점원
来月 らいげつ 图다음 달　もっと 早좀 더, 더　仕事 しごと 图일, 업무
できる 图할 수 있다　足りない たりない 부족하다, 모자라다
学校 がっこう 图학교　試験 しけん 图시험　勉強 べんきょう 图공부
じゃ 图그럼　友だち ともだち 图친구　誰か だれか 누군가
みんな 图모두　同じだ おなじだ な형같다
この間 このあいだ 图요전, 일전　アルバイト 图아르바이트
紹介 しょうかい 图소개　会社 かいしゃ 图회사　来る くる 图오다
頼む たのむ 图부탁하다　〜けど 函〜지만
お金がかかる おかねがかかる 돈이 들다　だから 函그래서, 그러니까
知る しる 图알다　でも 函하지만　難しい むずかしい い형어렵다
〜から 函〜니까　まず 早우선　店 みせ 图가게
入り口 いりぐち 图입구　貼る はる 图붙이다　うち 图우리
店 みせ 图가게　学生 がくせい 图학생　〜とか 函〜라든가, 든지
主婦 しゅふ 图주부　たくさん 早많이　探す さがす 图찾다
知らせ しらせ 图알림, 통지

문제 2 포인트이해

실력 다지기　　　　　　　　　　　　　　p.352

| 01 ① | 02 ② | 03 ① | 04 ① | 05 ② |
| 06 ① | 07 ② | 08 ① | 09 ② | 10 ② |

01

[음성]
会社で女の人と男の人が話しています。男の人はどうしてレストランがよかったと言っていますか。

女: 週末に何しましたか。
男: 家の近くに新しくできたフランスレストランに行ってきました。
女: えー、うらやましい。料理はどうでしたか。
男: フランス人のシェフが直接やっているところなんですが、昔フランス旅行で食べた料理の味がしてとてもよかったです。もちろんおいしかったんですよ。でも、駐車場がないのはちょっと…。
女: フランス人が作るフランス料理っておいしそうですね。一度食べてみたいな。

男の人はどうしてレストランがよかったと言っていますか。

[문제지]
① フランスで食べた料理の味がするから
② アクセスもよく駐車場がおおきいから

해석 회사에서 여자와 남자가 이야기하고 있습니다. 남자는 어째서 레스토랑이 좋았다고 말하고 있습니까?

여: 주말에 뭐 했어요?
남: 집 근처에 새로 생긴 프랑스 레스토랑에 갔다 왔어요.
여: 오, 부럽네요. 요리는 어땠어요?
남: 프랑스인 셰프가 직접 하는 곳인데, 예전에 프랑스 여행 갔을 때 먹었던 요리 맛이 나서 매우 좋았어요. 물론 맛있었어요. 하지만, 주차장이 없는 건 조금….
여: 프랑스인이 만드는 프랑스 요리라니 맛있을 것 같아요. 한 번 먹어보고 싶네요.

남자는 어째서 레스토랑이 좋았다고 말하고 있습니까?

① 프랑스에서 먹었던 요리의 맛이 나서
② 접근성도 좋고 주차장이 커서

어휘 会社 かいしゃ 图회사　レストラン 图레스토랑
週末 しゅうまつ 图주말　家 いえ 图집　近く ちかく 图근처
新しい あたらしい い형새롭다　できる 图생기다　フランス 图프랑스
行く いく 图가다　うらやましい い형부럽다　料理 りょうり 图요리
フランス人 フランスじん 图프랑스인　シェフ 图셰프
直接 ちょくせつ 图직접　ところ 图곳, 장소　昔 むかし 图예전
旅行 りょこう 图여행　食べる たべる 图먹다
味がする あじがする 맛이 나다　とても 早매우, 몹시
もちろん 早물론　おいしい い형맛있다　でも 函하지만
駐車場 ちゅうしゃじょう 图주차장　ちょっと 早좀, 조금
作る つくる 图만들다　一度 いちど 图한 번　〜から 函〜라서
アクセス 图접근성　おおきい い형크다

02

[음성]
会社で男の人と女の人が話しています。来週の飲み会で何を食べることにしましたか。

男: 来週の飲み会どこにしますか。
女: 会社の近くにいろいろなお店があるから、まずメニューを決めたらどうですか。
男: それいいですね。うーん、やっぱりお肉を食べた方がいいですかね。
女: 先月にもお肉を食べたから、おすしや鍋料理が食べられるところに行ったらどうですか。
男: うん、さかなは食べられない人がいるかもしれないし、冬だから温かいものを食べた方がいいと思います。
女: それがいいですね。

来週の飲み会で何を食べることにしましたか。

[문제지]
① すし
② なべ料理

해석 회사에서 남자와 여자가 이야기하고 있습니다. 다음 주 회식에서 무

엇을 먹기로 했습니까?
남: 다음 주 회식 어디서 하죠?
여: 회사 근처에 다양한 가게가 있으니까, 우선 메뉴를 정하는 게 어때요?
남: 그게 좋겠네요. 음, 역시 고기를 먹는 게 좋을까요?
여: 지난달에도 고기를 먹었으니까, 스시나 전골 요리를 먹을 수 있는 곳에 가는 건 어때요?
남: 음, 생선은 못 먹는 사람이 있을지도 모르고, 겨울이니까 따뜻한 걸 먹는 게 좋다고 생각해요.
여: 그게 좋겠네요.

다음 주 회식에서 무엇을 먹기로 했습니까?

① 스시
② 전골 요리

어휘 会社 かいしゃ 몡 회사　来週 らいしゅう 몡 다음 주
飲み会 のみかい 몡 회식　食べる たべる 동 먹다
近く ちかく 몡 근처　いろいろだ 나형 다양하다, 여러 가지이다
お店 おみせ 몡 가게　~から 조 ~니까　まず 뷔 우선
メニュー 몡 메뉴　決める きめる 동 정하다　やっぱり 뷔 역시
お肉 おにく 몡 고기　先月 せんげつ 몡 지난달　すし 몡 스시, 초밥
鍋料理 なべりょうり 몡 전골 요리　ところ 몡 곳, 장소
行く いく 동 가다　さかな 몡 생선　冬 ふゆ 몡 겨울
温かい あたたかい 이형 따뜻하다

여: 어머, 왜? 무슨 일 있니?
남: 사실, 올해 겨울에는 유럽에 여행을 가고 싶어서. 한 달 동안 충분히 여행하고 싶은데, 스스로 번 돈으로 갔다 오면 더 의미가 있는 여행이 될 것 같다고 생각해서….
여: 그렇구나. 정말 훌륭하구나. 엄마도 응원할게. 정말 네가 아르바이트 해서 여행을 갈 수 있을 정도로 돈을 모을 수 있다면, 갖고 싶다고 말했던 게임을 사 주마.
남: 정말? 고마워!

아들은 무엇 때문에 아르바이트를 시작했습니까?

① 여행에 가기 위해
② 게임CD를 사기 위해

어휘 息子 むすこ 몡 아들　母親 ははおや 몡 어머니
アルバイト 몡 아르바이트　始める はじめる 동 시작하다
お母さん おかあさん 몡 엄마, 어머니　先週 せんしゅう 몡 지난주
~から 조 ~부터　実は じつは 사실은　今年 ことし 몡 올해
冬 ふゆ 몡 겨울　ヨーロッパ 몡 유럽　旅行 りょこう 몡 여행
行く いく 동 가다　ゆっくり 뷔 충분히, 느긋하게　~けど 조 ~(는)데
自分で じぶんで 스스로　稼ぐ かせぐ 동 벌다　お金 おかね 몡 돈
もっと 뷔 더　意味 いみ 몡 의미　本当に ほんとうに 정말로
すばらしい 이형 훌륭하다　応援 おうえん 몡 응원　~ぐらい 조 ~정도
貯める ためる 동 모으다　欲しい ほしい 이형 갖고 싶다, 원하다
ゲーム 몡 게임　買う かう 동 사다　ため 몡 위함

03

[음성]
息子と母親が話しています。息子は何のためにアルバイトを始めましたか。

男: お母さん、ぼく先週からアルバイトを始めたんだ。
女: あら、何で? どうしたの?
男: 実は、今年の冬にヨーロッパに旅行に行きたいんだ。1か月間ゆっくり旅行したいんだけど、自分で稼いだお金で行ってきたらもっと意味がある旅行になると思って…。
女: そうなんだ。本当にすばらしいわ。お母さんも応援するね。本当にあなたがアルバイトして旅行に行けるぐらいお金を貯められるなら、欲しいと言ってたゲームを買ってあげるよ。
男: 本当? ありがとう!

息子は何のためにアルバイトを始めましたか。

[문제지]
① 旅行に行くため
② ゲームCDを買うため

해석 아들과 어머니가 이야기하고 있습니다. 아들은 무엇 때문에 아르바이트를 시작했습니까?

남: 엄마, 나 지난주부터 아르바이트를 시작했어.

04

[음성]
テレビで男の人が自分の人生について話しています。男の人は何が悲しいと言っていますか。

男: 子供の頃、うちはまずしかったです。そして、私は勉強も運動もよくできない学生でした。でも、自分への自信はいつも持っていました。私もきっと何か才能があるはずだと信じていたんです。その結果、このように料理で成功できたと思います。しかし、最近勉強ができないという理由だけで自分は何もできないと思ってしまう人が増えています。私はそれが悲しいです。みなさん、もっと自分自身を信じてください。

男の人は何が悲しいと言っていますか。

[문제지]
① 自分自身への信頼がない人がおおいこと
② まずしくてきつく生きていく人がおおいこと

해석 텔레비전에서 남자가 자신의 인생에 대해 이야기하고 있습니다. 남자는 무엇이 슬프다고 말하고 있습니까?

남: 어릴 때, 우리 집은 가난했습니다. 그리고, 저는 공부도 운동도 잘하지 못하는 학생이었습니다. 하지만, 제 자신에 대한 자신을 항상 가지고 있었습니다. 나도 분명 무언가 재능이 있을 것이라고 믿고 있었습니다. 그 결과, 이렇게 요리로 성공할 수 있었다고 생

각합니다. 하지만, 최근 공부를 못한다는 이유만으로 나는 아무 것도 할 수 없다고 생각해 버리는 사람이 늘고 있습니다. 저는 그것이 슬픕니다. 여러분, 좀 더 자기 자신을 믿어 주세요.

남자는 무엇이 슬프다고 말하고 있습니까?

① 자기 자신에 대한 신뢰가 없는 사람이 많은 것
② 가난해서 힘들게 살아가는 사람이 많은 것

어휘 テレビ 몡텔레비전　自分 じぶん 몡자신, 나　人生 じんせい 몡인생
悲しい かなしい い형슬프다　子供の頃 こどものころ 어릴 때
うち 몡우리 집　まずしい い형가난하다　そして 젭그리고
勉強 べんきょう 몡공부　運動 うんどう 몡운동　よく 뷔잘
できる 잘 하다, 할 수 있다　学生 がくせい 몡학생　でも 젭하지만
自信 じしん 몡자신　いつも 뷔언제나　持つ もつ 동가지다
きっと 뷔분명　才能 さいのう 몡재능　信じる しんじる 동믿다
結果 けっか 몡결과　料理 りょうり 몡요리　成功 せいこう 몡성공
しかし 젭하지만, 그러나　最近 さいきん 몡최근
理由 りゆう 몡이유　〜だけ 〜만　増える ふえる 동늘다
みなさん 몡여러분　もっと 뷔좀 더, 더욱
自分自身 じぶんじしん 몡자기 자신　信頼 しんらい 몡신뢰
おおい い형많다　きつい い형힘들다, 심하다　生きる いきる 동살다

05

[음성]
学校で男の学生と女の学生が話しています。二人はレポートを書くためにどうしますか。

男: レポートのテーマは何にしようか。
女: 切手について書くのはどう? 切手の値段や形などがどう変わってきたか調べるのよ。
男: いいよ、それ本当に面白そう。でも、どこで調べればいいかな。図書館?
女: うーん。郵便局に行って直接聞いてみるのはどう?
男: あ、いいアイデアを思いついたよ。みなみ駅の近くにある郵便博物館に行ったらどうかな。
女: そんなところがあったよね。いいよ。そうしよう。

二人はレポートを書くためにどうしますか。

[문제지]
① 図書館にいく
② 博物館にいく

해석 학교에서 남학생과 여학생이 이야기하고 있습니다. **두 사람은 리포트를 쓰기 위해 어떻게 합니까?**

남: 리포트 주제는 무엇으로 할까?
여: 우표에 관해서 쓰는 건 어때? 우표의 가격이나 모양 등이 어떻게 바뀌어 왔는지 조사하는거야.
남: 좋아, 그거 정말로 재미있어 보인다. 그런데, 어디서 조사를 하면 좋을까? 도서관?
여: 음, 우체국에 가서 직접 물어보는 건 어때?

남: 아, 좋은 아이디어가 떠올랐어. 미나미역 근처에 있는 우편 박물관에 가면 어떨까?
여: 그런 곳이 있었지. 좋아. 그렇게 하자.

두 사람은 리포트를 쓰기 위해 어떻게 합니까?

① 도서관에 간다
② 박물관에 간다

어휘 学校 がっこう 몡학교　学生 がくせい 몡학생　レポート 몡리포트
書く かく 동쓰다　テーマ 몡주제　切手 きって 몡우표
値段 ねだん 몡가격　形 かたち 몡모양　〜など 〜등, 따위
変わる かわる 동바뀌다　調べる しらべる 동조사하다
本当に ほんとうに 정말로　面白い おもしろい い형재미있다
でも 젭그런데　図書館 としょかん 몡도서관
郵便局 ゆうびんきょく 몡우체국　行く いく 동가다
直接 ちょくせつ 뷔직접　聞く きく 동묻다　アイデア 몡아이디어
思いつく おもいつく (생각이) 떠오르다　駅 えき 몡역
近く ちかく 몡근처　郵便 ゆうびん 몡우편
博物館 はくぶつかん 몡박물관

06

[음성]
学校で女の学生と職員が話しています。女の学生はいつまでに書類を出さなければなりませんか。

女: 交換留学でアメリカに行きたいんですが、書類などはどうすればいいですか。
男: アメリカへの交換留学は他の国よりちょっと書類が複雑です。でも、作成のガイドがあるから一緒に渡します。
女: このガイドを見て書類を準備すればいいんですか。
男: はい、そうですよ。そして、書類は面接の1週間前までには提出しなければなりません。面接が…、7月24日ですね。締め切りの日までに出してください。

女の学生はいつまでに書類を出さなければなりませんか。

[문제지]
① 7月17日
② 7月31日

해석 학교에서 여학생과 직원이 이야기하고 있습니다. **여학생은 언제까지 서류를 제출하지 않으면 안 됩니까?**

여: 교환 유학으로 미국에 가고 싶습니다만, 서류 등은 어떻게 하면 좋을까요?
남: 미국으로의 교환 유학은 다른 나라보다 조금 서류가 복잡해요. 그래도, 작성 가이드가 있으니까 함께 줄게요.
여: 이 가이드를 보고 서류를 준비하면 되는 건가요?
남: 네, 맞아요. 그리고, 서류는 면접 1주일 전까지는 제출하지 않으면 안 됩니다. 면접이…, 7월 24일이네요. 마감일까지 제출해 주세요.

여학생은 언제까지 서류를 제출하지 않으면 안 됩니까?
① 7월 17일
② 7월 31일

어휘 学校 がっこう 명학교　学生 がくせい 명학생
職員 しょくいん 명직원　いつまでに 언제까지
書類 しょるい 명서류　出す だす 동내다
交換留学 こうかんりゅうがく 명교환 유학　アメリカ 명미국
行く いく 동가다　～など 조~등, 따위　他 ほか 명다름
国 くに 명나라　～より 조~보다　ちょっと 부조금
複雑だ ふくざつだ な형복잡하다　でも 접그래도
作成 さくせい 명작성　ガイド 가이드　～から 조~니까
一緒に いっしょに 함께　渡す わたす 동주다, 건네다
見る みる 동보다　準備 じゅんび 명준비　そして 접그리고
面接 めんせつ 명면접　前 まえ 명전　～まで 조~까지
提出 ていしゅつ 명제출　締め切り しめきり 명마감　日 ひ 명일, 날

여: 좋아. 거기 가보고 싶었어.
두 사람은 저녁으로 무엇을 먹습니까?
① 중화 요리
② 한국 요리

어휘 晩ご飯 ばんごはん 명저녁 (식사)　食べる たべる 동먹다
あなた 명여보, 당신　今日 きょう 명오늘
久しぶりに ひさしぶりに 오랜만에　外 そと 명밖　～けど 조~인데
新宿 しんじゅく 명신주쿠(지명)　駅 えき 명역　近く ちかく 명근처
うどんや 명우동 가게　いつも 부항상, 늘　行く いく 동가다
ところ 명곳　来週 らいしゅう 명다음 주　～まで 조~까지
工事 こうじ 명공사　～って ~대, 라고　ちょっと 부조금, 좀
遠い とおい い형멀다　最近 さいきん 명최근　できる 동생기다
中華 ちゅうか 명중화　料理店 りょうりてん 명요리집, 요리점
来月 らいげつ 명다음 달　～から 조~부터　開店 かいてん 명개점
開く ひらく 동열다　いっしょに 같이　近い ちかい い형가깝다
～なら 조~라면　病院 びょういん 명병원　となり 명옆
韓国 かんこく 명한국　料理 りょうり 명요리　お店 おみせ 명가게
おいしい い형맛있다

07

[음성]
妻と夫が話しています。二人は晩ご飯に何を食べますか。

女: あなた、今日何か食べたいものある？久しぶりに外で
　　食べようかと思ってるんだけど。
男: いいね。うーん、何がおいしいだろう。新宿駅の近く
　　にあるうどんやはどう？
女: いつも行くところでしょう？そこ来週まで工事するん
　　だって。新宿ってちょっと遠いし、最近近くにできた中
　　華料理店はどう？
男: そこは来月から開店だよ。開いたらいっしょに行ってみ
　　よう。うん、近いところなら、はる病院のとなりの韓国
　　料理のお店はどう？山田さんがおいしいって言ってた
　　よ。
女: いいよ。そこ行きたかったわ。

二人は晩ご飯に何を食べますか。

[문제지]
① ちゅうか料理
② かんこく料理

해석 아내와 남편이 이야기하고 있습니다. 두 사람은 저녁으로 무엇을 먹습니까?
　　여: 여보, 오늘 뭐 먹고 싶은 거 있어? 오랜만에 밖에서 먹을까 생각
　　　　하고 있는데.
　　남: 좋네. 음, 뭐가 맛있을까. 신주쿠역 근처에 있는 우동 가게는 어때?
　　여: 항상 가는 곳 말이지? 거기 다음 주까지 공사한대. 신주쿠는 조금
　　　　멀기도 하고, 최근에 근처에 생긴 중화 요리집은 어때?
　　남: 거기는 다음 달부터 개점이야. 열면 같이 가보자. 음, 가까운 곳이
　　　　라면, 하루 병원 옆의 한국 요리 가게는 어때? 야마다 씨가 맛있
　　　　다고 말했어.

08

[음성]
男の学生と先生が話しています。男の学生はなぜさくら大
学に行きますか。

男: 先生、夏休みにキャンパスツアーに行くつもりなんで
　　すが、みなみ大学とさくら大学の中で悩んでいます。
　　どこに行ったほうがいいですか。
女: 田中君はいつも美術を専攻したいと言ってたよね。な
　　ら、芸術で有名なさくら大学に行った方がいいとおもう
　　けど。
男: でも、先生、みなみ大学は一人で参加できるツアープ
　　ログラムがありますが、さくら大学はないんですよ。
女: うーん、確かにツアープログラムを通じて色んな説明
　　を聞けるといいよね。
男: だから悩んでいます。
女: でも、田中君、やっぱり専攻したい分野が有名な大学
　　に行ったほうがいいと思うよ。もっと勉強したくなるかも
　　しれないし。
男: はい、先生。なら、さくら大学に行ってきます。ありが
　　とうございます。

男の学生はなぜさくら大学に行きますか。

[문제지]
① 芸術でゆうめいな大学だから
② ひとりで参加できるプログラムがあるから

해석 남학생과 선생님이 이야기하고 있습니다. 남학생은 왜 사쿠라 대학
　　에 갑니까?

남: 선생님, 여름 방학에 캠퍼스 투어를 갈 예정인데, 미나미 대학과 사쿠라 대학 중에 고민하고 있어요. 어디를 가는 게 좋을까요?
여: 다나카 군은 항상 미술을 전공하고 싶다고 말했지. 그러면, 예술로 유명한 사쿠라 대학을 가는 편이 좋다고 생각하는데.
남: 하지만, 선생님, 미나미 대학은 혼자 참가할 수 있는 투어 프로그램이 있는데, 사쿠라 대학은 없어요.
여: 음, 확실히 투어 프로그램을 통해 다양한 설명을 들을 수 있으면 좋지….
남: 그래서 고민이에요.
여: 그래도, 다나카 군, 역시 전공하고 싶은 분야가 유명한 대학에 가는 편이 좋다고 생각해. 더욱 공부하고 싶어질지도 모르고.
남: 네, 선생님. 그럼, 사쿠라 대학에 다녀올게요. 감사합니다.

남학생은 왜 사쿠라 대학에 갑니까?

① 예술로 유명한 대학이라서
② 혼자서 참가할 수 있는 프로그램이 있어서

어휘 学生 がくせい 몡학생　先生 せんせい 몡선생(님)
大学 だいがく 몡대학　夏休み なつやすみ 몡여름 방학
キャンパス 몡캠퍼스　ツアー 몡투어　行く いく 동가다
つもり 몡예정　中 なか 몡중　悩む なやむ 동고민하다
いつも 囝항상, 늘　美術 びじゅつ 몡미술　専攻 せんこう 몡전공
なら 쩝그러면　芸術 げいじゅつ 몡예술
有名だ ゆうめいだ 너형유명하다　〜けど 巫〜는데　でも 쩝하지만
参加 さんか 몡참가　できる 할 수 있다, 가능하다
プログラム 몡프로그램　確かに たしかに 확실히
通じる つうじる 동통하다　色んな いろんな 다양한
説明 せつめい 몡설명　聞く きく 동듣다　やっぱり 囝역시
分野 ぶんや 몡분야　もっと 囝더욱, 좀 더　勉強 べんきょう 몡공부
〜から 巫〜라서

09

[음성]
女の人と男の人が話しています。男の人はどうしてひまわりチームを応援しますか。
女: 今週の日曜日に一緒に野球見に行かない？ひまわりチームとあおいチームの試合のチケットが2枚あるよ。
男: おお、本当？いいよ。いくよ。
女: 好きなチームある？
男: 私はひまわりチームが好きなんだ。優勝はあまりしていないけど、選手のみんながいつも頑張っているし、ファンのこともよく考えてくれるよ。

男の人はどうしてひまわりチームを応援しますか。

[문제지]
① いつも試合でかつから
② いつもがんばって試合するから

해석 여자와 남자가 이야기하고 있습니다. 남자는 어째서 히마와리팀을 응원합니까?

여: 이번 주 일요일에 같이 야구 보러 가지 않을래? 히마와리팀과 아오이팀의 시합 티켓이 두 장 있어.
남: 오, 진짜? 좋아. 갈게.
여: 좋아하는 팀 있어?
남: 나는 히마와리팀을 좋아해. 우승은 별로 못하지만, 선수들 모두가 항상 열심히 하고, 팬들을 잘 생각해 주거든.

남자는 어째서 히마와리팀을 응원합니까?

① 언제나 시합에서 이기니까
② 언제나 열심히 시합하니까

어휘 チーム 몡팀　応援 おうえん 몡응원　今週 こんしゅう 몡이번 주
日曜日 にちようび 몡일요일　一緒に いっしょに 같이
野球 やきゅう 몡야구　見る みる 동보다　行く いく 동가다
試合 しあい 몡시합　チケット 몡티켓　本当 ほんとう 진짜, 정말
好きだ すきだ 너형좋아하다　優勝 ゆうしょう 몡우승
あまり 囝별로, 그다지　〜けど 巫〜지만　選手 せんしゅ 몡선수
みんな 몡모두　いつも 囝항상
頑張る がんばる 동열심히 하다, 노력하다　ファン 몡팬　よく 囝잘
考える かんがえる 동생각하다　かつ 동이기다　〜から 巫〜니까

10

[음성]
ラジオで男の人が話しています。男の人は旅行で何が一番良かったと言っていますか。
男: 私は1月にヨーロッパに行ってきました。主に景色がきれいで、自然が豊かなところに行きました。日本とはまた違う感じのきれいな景色を見てとても感動しました。しかし、何よりもいつも忙しく生きていた都市を出て、ゆっくり生活できたことが一番良かったと思います。

男の人は旅行で何が一番良かったと言っていますか。

[문제지]
① とてもきれいな景色をみたこと
② ゆっくり生活できたこと

해석 라디오에서 남자가 이야기하고 있습니다. 남자는 여행에서 무엇이 가장 좋았다고 말하고 있습니까?

남: 저는 1월에 유럽에 다녀왔습니다. 주로 경치가 예쁘고, 자연이 풍부한 곳을 갔어요. 일본과는 또 다른 느낌의 예쁜 경치를 보며 정말 감동했습니다. 그러나, 무엇보다도 항상 바쁘게 살았던 도시를 떠나, 느긋하게 생활할 수 있었던 것이 가장 좋았다고 생각합니다.

남자는 여행에서 무엇이 가장 좋았다고 말합니까?

① 정말 예쁜 경치를 봤던 것
② 느긋하게 생활할 수 있었던 것

어휘 ラジオ 몡라디오　旅行 りょこう 몡여행　一番 いちばん 囝가장
ヨーロッパ 몡유럽　行く いく 동가다　主に おもに 囝주로

景色 けしき 몡경치	きれいだ 다형예쁘다	自然 しぜん 몡자연
豊かだ ゆたかだ 다형풍부하다	ところ 몡곳	日本 にほん 몡일본
また 튀또	違う ちがう 통다르다	感じ かんじ 몡느낌
見る みる 통보다	とても 튀매우	感動 かんどう 몡감동
しかし 젭그러나	〜より 죄〜보다	いつも 튀항상, 언제나
忙しい いそがしい い형바쁘다	生きる いきる 통살다
都市 とし 몡도시	出る でる 통떠나다, 나오다	ゆっくり 튀느긋하게
生活 せいかつ 몡생활	できる 통할 수 있다

실전 대비하기

p.354

1 2 **2** 4 **3** 3 **4** 1 **5** 4
6 2

문제 2에서는, 먼저 질문을 들어주세요. 그 후, 문제 용지를 봐주세요. 읽는 시간이 있습니다. 그리고 이야기를 듣고, 문제 용지의 1부터 4 중에서, 가장 알맞은 것을 하나 골라주세요.

1

[음성]

夫と妻が携帯電話で話しています。妻は何のために夫に電話しましたか。

男: もしもし。
女: あ、あなた？今、どこ？
男: うちにいるよ。
女: あのね、今、郵便局に来てるんだけど、山田さんの住所を書いた紙を忘れちゃったの。台所のテーブルの上にあるはずなんだけど、ない？
男: ちょっと待って…。ああ、これか。写真を撮って送ればいい？
女: うん、お願い。
男: あ、悪いけど、帰るとき、ついでに駅前のパン屋でパンを買ってきてくれない？
女: わかった。いつものでいいんでしょう？夕食は帰ったらすぐ作るから。じゃあね。

妻は何のために夫に電話しましたか。

[문제지]
1 手紙を送ってもらうため
2 メモの内容をみてもらうため
3 どんなパンが食べたいか聞くため
4 晩ごはんを作ってもらうため

해석 남편과 아내가 휴대전화로 이야기하고 있습니다. 아내는 무엇을 위

해 남편에게 전화를 했습니까?
남: 여보세요?
여: 아, 여보? 지금, 어디야?
남: 집에 있어.
여: 저기, 지금, 우체국에 와 있는데, 야마다 씨의 주소를 적은 종이를 잊어버렸어. 부엌 테이블 위에 있을 건데, 없어?
남: 잠깐 기다려봐…. 아, 이건가? 사진을 찍어서 보내면 돼?
여: 응, 부탁해.
남: 아, 미안한데, 돌아올 때, 오는 김에 역 앞의 빵집에서 빵을 사다 주지 않을래?
여: 알겠어. 언제나 먹는 것으로 괜찮지? 저녁은 돌아가면 바로 만들 테니까. 그럼.

아내는 무엇을 위해 남편에게 전화를 했습니까?
1 편지를 보내달라고 하기 위해
2 메모 내용을 봐달라고 하기 위해
3 어떤 빵을 먹고 싶은지 묻기 위해
4 저녁 밥을 만들어 달라고 하기 위해

해설 아내가 남편에게 전화를 한 이유를 묻는 문제이다. 대화 중, 아내가 山田さんの住所を書いた紙を忘れちゃったの。台所のテーブルの上にあるはずなんだけど、ない？(야마다 씨의 주소를 적은 종이를 잊어버렸어. 부엌 테이블 위에 있을 건데, 없어?)라고 언급했으므로, 2 메모의 내용을 봐달라고 하기 위해(메모 내용을 봐달라고 하기 위해)가 정답이다. 오답 선택지 1은 아내가 지금 우체국에 있다고 했고, 3은 남편이 아내에게 오는 길에 빵을 사달라고 부탁했으므로 오답이다. 4는 아내가 집에 돌아가면 만들겠다고 했으므로 오답이다.

어휘 夫 おっと 몡남편 妻 つま 몡아내
携帯電話 けいたいでんわ 몡휴대전화 電話 でんわ 몡전화
あなた 몡여보 今 いま 몡지금 うち 몡집, 집안
郵便局 ゆうびんきょく 몡우체국 来る くる 통오다
〜けど 죄〜는데, 인데 住所 じゅうしょ 몡주소 書く かく 통쓰다
紙 かみ 몡종이 忘れる わすれる 통잊다 台所 だいどころ 몡부엌
テーブル 몡테이블 上 うえ 몡위 ちょっと 튀잠깐
待つ まつ 통기다리다 写真 しゃしん 몡사진
撮る とる 통(사진을) 찍다 送る おくる 통보내다
お願い おねがい 몡부탁 悪い わるい い형미안하다, 실례가 되다
帰る かえる 통돌아오다 ついでに 튀하는 김에
駅前 えきまえ 몡역 앞 パン屋 パンや 몡빵집 パン 몡빵
買う かう 통사다 わかる 통알다 いつも 튀여느 때
夕食 ゆうしょく 몡저녁 (식사) すぐ 튀바로 作る つくる 통만들다
〜から 죄〜니까 手紙 てがみ 몡편지 〜ため 〜위해 メモ 몡메모
内容 ないよう 몡내용 みる 통보다 食べる たべる 통먹다
聞く きく 통묻다 晩ごはん ばんごはん 몡저녁 밥, 저녁 식사

2

[음성]

女の人と男の人が話しています。男の人が犬を飼わないのはどうしてですか。

女: 田中君は、ペット、飼ってないの？

男: うん。
女: 犬とか猫とか、動物は好きじゃないの?
男: 嫌いなわけじゃないよ。大きい犬なんかは少し怖いけど、小さいのはかわいいと思うし。
女: ふーん、飼ってみたいと思ったことないの?
男: ないことはないけど、うちはアパートだからね。大家さんがだめだって。
女: そうなんだ。
男: いつか自分の家を買ったら、飼おうかな。

男の人が犬を飼わないのはどうしてですか。

[問題紙]
1 動物がすきじゃないから
2 犬や猫は大きくてこわいから
3 自分の家が買いたいから
4 アパートの規則があるから

해석 여자와 남자가 이야기 하고 있습니다. 남자가 개를 기르지 않는 것은 어째서입니까?
여: 다나카 군은, 애완 동물, 기르고 있지 않아?
남: 응.
여: 개라든가 고양이라든가, 동물은 좋아하지 않아?
남: 싫은 것은 아니야. 큰 개 같은 건 좀 무섭지만, 작은 것은 귀엽다고 생각하고.
여: 흠, 길러보고 싶다고 생각한 적 없어?
남: 없는 건 아니지만, 우리 집은 아파트라서. 집주인이 안 된대.
여: 그렇구나.
남: 언젠가 내 집을 사면, 길러볼까.

남자가 개를 기르지 않는 것은 어째서입니까?

1 동물을 좋아하지 않기 때문에
2 개나 고양이는 커서 무섭기 때문에
3 자기 집을 사고 싶기 때문에
4 아파트의 규칙이 있기 때문에

해설 남자가 개를 기르지 않는 이유를 묻는 문제이다. 대화 중, 飼ってみたいと思ったことないの?(길러보고 싶다고 생각한 적 없어?)라는 여자의 말에 남자가 うちはアパートだからね。大家さんがだめだって(우리 집은 아파트라서. 집주인이 안 된대)라고 답했으므로, 4 アパートの規則があるから(아파트의 규칙이 있기 때문에)가 정답이다. 오답 선택지 1은 개나 고양이를 싫어하는 것은 아니라고 언급했고, 2는 큰 개는 조금 무섭지만 작은 것은 귀엽다고 생각한다고 언급했기 때문에 오답이다. 3은 자기 집을 사고 싶다는 것이 아니라, 언젠가 자기 집을 사면 길러볼까라고 한 것이므로 오답이다.

어휘 犬 いぬ 명 개　飼う かう 동 기르다　ペット 명 애완동물, 반려동물
~とか 조 ~라든가, 든지　猫 ねこ 명 고양이　動物 どうぶつ 명 동물
好きだ すきだ な형 좋아하다　嫌いだ きらいだ な형 싫어하다
大きい おおきい い형 크다　~なんか 조 ~같은 것, 등
少し すこし 부 좀, 약간　怖い こわい い형 무섭다　~けど 조 ~지만
小さい ちいさい い형 작다　かわいい い형 귀엽다　うち 명 우리 집

アパート 명 아파트, 공동주택　~から 조 ~라서, 때문에
大家 おおや 명 집주인　だめだ な형 안 된다, 불가능하다
~って 조 ~대, 라고　いつか 부 언젠가　自分 じぶん 명 나, 자신
家 いえ 명 집　買う かう 동 사다　規則 きそく 명 규칙

3

[음성]
男の人と女の人が話しています。女の人は土曜日に何をしますか。
男: 今週の土曜日のお花見、行くよね?
女: あっ、それが行けなくなっちゃったんです。すみません。
男: えっ、どうして?仕事なの?
女: いえ、そうじゃなくて、ちょっと用事ができて…。
男: 必ず土曜日にしなきゃいけない用事なの?
女: はい。実は外国に住んでいる弟家族が帰ってくるんです。それで、空港まで迎えに行かなきゃならなくて。
男: そうなんだ。…あっ、じゃあ、弟さんたちと一緒に来たら?
女: ありがとうございます。でも、その日は家族や親戚が集まって食事することになっているので。
男: そうか。残念だけど、仕方ないね。

女の人は土曜日に何をしますか。

[問題紙]
1 おとうと家族といっしょにお花見にいく
2 会社に行ってしごとをする
3 家族や しんせきとごはんを食べる
4 おとうと家族を空港につれていく

해석 남자와 여자가 이야기하고 있습니다. 여자는 토요일에 무엇을 합니까?
남: 이번 주 토요일 꽃놀이, 가는 거지?
여: 앗, 그게 갈 수 없게 되어 버렸어요. 미안해요.
남: 어, 어째서? 일이야?
여: 아뇨, 그게 아니라, 좀 볼일이 생겨서….
남: 꼭 토요일에 하지 않으면 안 되는 볼일이야?
여: 네. 사실은 외국에 살고 있는 남동생 가족이 돌아와요. 그래서, 공항까지 마중하러 가지 않으면 안 돼서.
남: 그렇구나. 아, 그럼, 남동생이랑 같이 오면?
여: 감사합니다. 하지만, 그날은 가족이나 친척이 모여서 식사하기로 되어 있어서.
남: 그렇군. 유감이지만, 어쩔 수 없네.

여자는 토요일에 무엇을 합니까?

1 남동생 가족과 함께 꽃놀이를 간다
2 회사에 가서 일을 한다
3 가족이나 친척과 밥을 먹는다
4 남동생 가족을 공항에 데리고 간다

해설 여자가 토요일에 할 일을 묻는 문제이다. 대화 중, 여자가 토요일에 예정되어 있던 꽃놀이에 갈 수 없다고 말하고 その日は家族や親戚が集まって食事することになっているので(그날은 가족이나 친척이 모여서 식사하기로 되어 있어서)라고 언급했으므로, 3 家族やしんせきとごはんを食べる(가족이나 친척과 밥을 먹는다)가 정답이다. 오답 선택지 1은 대화 상대인 남자와 꽃놀이를 갈 예정이었고, 2는 일 때문이냐는 남자의 질문에 여자가 아니라고 대답했으므로 오답이다. 4는 공항에 데리고 가는 것이 아니라, 공항까지 마중하러 가야 한다고 했으므로 오답이다.

어휘 土曜日 どようび 圆토요일　今週 こんしゅう 圆이번 주, 금주
　　　花見 はなみ 꽃놀이, 꽃구경　行く いく 圄가다
　　　~ちゃう ~(해) 버리다　どうして 團어째서, 왜
　　　仕事 しごと 圆일, 업무　ちょっと 좀, 조금　用事 ようじ 圆볼일
　　　できる 圄(일, 무엇이) 생기다　必ず かならず 團꼭, 반드시
　　　~なきゃいけない ~(하)지 않으면 안 된다　実は じつは 사실은
　　　外国 がいこく 圆외국　住む すむ 圄살다　弟 おとうと 圆남동생
　　　家族 かぞく 圆가족　帰る かえる 圄돌아오다　それで 圙그래서
　　　空港 くうこう 圆공항　~まで 图~까지
　　　迎える むかえる 圄마중하다, 맞이하다　じゃあ 圙그럼, 그러면
　　　一緒に いっしょに 같이　来る くる 圄오다　でも 圙하지만
　　　日 ひ 圆날　親戚 しんせき 圆친척　集まる あつまる 圄모이다
　　　食事 しょくじ 圆식사　~ので 图~해서, 때문에
　　　残念だ ざんねんだ 圈유감스럽다　~けど 图~지만
　　　仕方ない しかたない 어쩔 수 없다, 할 수 없다
　　　会社 かいしゃ 圆회사　ごはん 圆밥, 식사　食べる たべる 圄먹다
　　　つれていく 데리고 가다

4

[음성]
男の学生と女の学生が話しています。女の学生が本を読むようになったきっかけは何ですか。

男: あれ、木村さんって読書好きだったっけ？そんなイメージ全然なかったけど。
女: ああ、以前は全然読まなかったんだけど、友達が面白いって言っててね。読んでみたら思った以上に面白くて、シリーズものなんだけどもう3冊目。夏休みの読書感想文もいつもなら書くのに苦労するんだけど、この小説の感想はすらすら書けちゃった。
男: 実は僕もそのシリーズ好きで、その本で感想文を書いたんだ。伝えたいことがたくさんあって、二千字以内に収めるのが大変だったよ。
女: 本当に好きなんだね。
男: うん。あ、そういえばドラマにもなるらしいよ。
女: へえ、それは知らなかった。ドラマを見て小説を知る人もいると思うからますます人気になりそうだね。
男: そうだね。しかも、あの有名な竹沢監督が担当するらしいから、本当に楽しみ。

女の学生が本を読むようになったきっかけは何ですか。

[문제지]
1　友だちがすすめていたから
2　読書かんそうぶんを書かないといけなかったから
3　人気のドラマのもとになったから
4　有名なかんとくが本を出したから

해석 남학생과 여학생이 이야기하고 있습니다. 여학생이 책을 읽게 된 계기는 무엇입니까?

남: 어라, 기무라 씨 독서 애호가였었나? 그런 이미지 전혀 없었는데.
여: 아, 이전에는 전혀 안 읽었는데, 친구가 재밌다고 말해서. 읽어 보니 생각한 것 이상으로 재밌어서, 시리즈물인데 벌써 세 권째. 여름 방학 독서 감상문도 평소라면 쓰는 데 고생하는데, 이 소설 감상은 술술 쓸 수 있었어.
남: 실은 나도 그 시리즈 좋아해서, 그 책으로 감상문을 썼어. 전하고 싶은 것이 많이 있어서, 2000자 이내에 담는 게 힘들었어.
여: 진짜 좋아하는구나.
남: 응. 아, 그러고 보니 드라마로도 된다고 해.
여: 우와, 그건 몰랐어. 드라마를 보고 소설을 알 사람도 있다고 생각하니 점점 인기가 될 것 같아.
남: 그렇겠지. 게다가, 그 유명한 다케자와 감독이 담당한다고 하니, 정말로 기대돼.

여학생이 책을 읽게 된 계기는 무엇입니까?

1　친구가 추천하고 있었기 때문에
2　독서 감상문을 써야 했기 때문에
3　인기 드라마의 원작이 되었기 때문에
4　유명한 감독이 책을 냈기 때문에

해설 여학생이 책을 읽게 된 계기가 무엇인지 묻는 문제이다. 대화 중, 여학생이 以前は全然読まなかったんだけど、友達が面白いって言っててね(이전에는 전혀 안 읽었는데, 친구가 재밌다고 말해서)라고 언급했으므로, 1 友だちがすすめていたから(친구가 추천하고 있었기 때문에)가 정답이다. 오답 선택지 2는 읽게 된 계기가 아니고, 3은 읽은 다음에 알게 된 사실이며, 4는 유명한 감독이 드라마를 찍는다고 했으므로 오답이다.

어휘 学生 がくせい 圆학생　本 ほん 圆책　読む よむ 圄읽다
　　　きっかけ 圆계기
　　　読書好き どくしょずき 圆독서 애호가, 독서를 좋아하는 사람
　　　イメージ 圆이미지　全然 ぜんぜん 團전혀　以前 いぜん 圆이전
　　　友達 ともだち 圆친구　面白い おもしろい 圈재미있다
　　　以上 いじょう 圆이상　シリーズ 圆시리즈　もう 團벌써
　　　~冊目 ~さつめ ~권째　夏休み なつやすみ 圆여름 방학
　　　読書 どくしょ 圆독서　感想文 かんそうぶん 圆감상문
　　　苦労 くろう 圆고생　小説 しょうせつ 圆소설　感想 かんそう 圆감상
　　　すらすら 團술술　実は じつは 團실은　好きだ すきだ 圈좋아하다
　　　伝える つたえる 圄전하다, 알리다　~字 ~じ ~자
　　　以内 いない 圆이내　収める おさめる 圄담다, 넣다
　　　大変だ たいへんだ 圈힘들다　本当に ほんとうに 團진짜
　　　そういえば 그러고 보니　ドラマ 圆드라마　知る しる 圄알다

ますます 囲점점   人気 にんき 圀인기   しかも 젭게다가
作品 さくひん 圀작품   有名だ ゆうめいだ な형유명하다
監督 かんとく 圀감독   担当 たんとう 圀담당
楽しみ たのしみ 圀기대   すすめる 동추천하다   もと 圀원작, 바탕
出す だす 동내다

당 방법에 대한 책을 언급하기는 했지만, 그렇게 쉽게 외국어를 할 수 있게 될 리가 없다고 했으므로 오답이다.

어휘 テレビ 圀텔레비전   外国語 がいこくご 圀외국어
勉強 べんきょう 圀공부   しかた 圀방법, 방식
４か国語 よんかこくご 4개 국어   話す はなす 동말하다, 이야기하다
本屋 ほんや 圀서점   行く いく 동가다   読む よむ 동읽다
～だけ 조~만   ～とか 조~라든가, 든지   毎日 まいにち 圀매일
歌 うた 圀노래   聞く きく 동듣다
上手だ じょうずだ な형능숙하다, 잘하다   ～なんて 조~라는
本 ほん 圀책   よく 囲잘   売る うる 동팔다
楽だ らくだ な형쉽다, 편안하다   できる 동할 수 있다
努力 どりょく 圀노력   必要だ ひつようだ な형필요하다
単語 たんご 圀단어   ノート 圀노트   書く かく 동적다, 쓰다
暇 ひま 圀짬, 틈   見る みる 동보다
覚える おぼえる 동외우다, 익히다   ～から 조~부터
始める はじめる 동시작하다   いちばん 囲제일   でも 접하지만
最近 さいきん 圀최근, 요즘   方法 ほうほう 圀방법
つまらない 재미가 없다   多い おおい い형많다
人気 にんき 圀인기   かう 동사다   たくさん 囲많이
作る つくる 동만들다

5

[음성]
テレビで男の人が外国語の勉強のしかたについて話しています。外国語はどうやって勉強したらいいと言っていますか。

男: 私は４か国語が話せます。本屋に行くと「これを読むだけで２か月で外国語が話せるようになる」とか「毎日歌を聞けば外国語が上手になる」なんていう本がよく売られていますが、そんな楽に外国語ができるようになるわけはありません。外国語の勉強には努力が必要です。単語を１つ１つノートに書いて暇がある時に見て覚えることから始めるのがいちばんです。でも、最近はそんな方法はつまらないと言う人も多いようです。

外国語はどうやって勉強したらいいと言っていますか。

[문제지]
1 本屋で人気のある本をかう
2 ２か月間、外国語の本をよむ
3 外国語の歌をたくさん聞く
4 単語ノートを作っておぼえる

해석 텔레비전에서 남자가 외국어 공부 방법에 대해서 이야기하고 있습니다. 외국어는 어떻게 공부하면 좋다고 말하고 있습니까?

남: 저는 4개 국어를 말할 수 있습니다. 서점에 가면 '이것을 읽는 것만으로 2개월에 외국어를 말할 수 있게 된다'라든가 '매일 노래를 들으면 외국어가 능숙해진다'라고 하는 책이 잘 팔리고 있지만, 그렇게 쉽게 외국어를 할 수 있게 될 리가 없습니다. 외국어 공부에는 노력이 필요합니다. 단어를 하나하나 노트에 적어서 짬이 있을 때 보고 외우는 것부터 시작하는 것이 제일입니다. 하지만, 최근에는 그런 방법은 재미가 없다고 하는 사람도 많은 것 같습니다.

외국어는 어떻게 공부하면 좋다고 말하고 있습니까?

1 서점에서 인기 있는 책을 산다
2 2개월 동안, 외국어 책을 읽는다
3 외국어 노래를 많이 듣는다
4 단어 노트를 만들어서 외운다

해설 외국어를 공부하는 좋은 방법으로 언급된 것을 묻는 문제이다. 남자가 単語を１つ１つノートに書いて暇がある時に見て覚えることから始めるのがいちばんです(단어를 하나하나 노트에 적어서 짬이 있을 때 보고 외우는 것부터 시작하는 것이 제일입니다)라고 언급했으므로, 4 単語ノートを作っておぼえる(단어 노트를 만들어서 외운다)가 정답이다. 오답 선택지 1은 언급되지 않았고, 2와 3은 해

6

[음성]
学校で学生の母親と男の先生が話しています。男の先生は学生について何が問題だと言っていますか。

女: 先生、うちの子、学校ではどうでしょうか？
男: よくやっていますよ。授業の時はとても積極的で、一生懸命勉強しています。友だちとは、この間けんかをしたみたいで、何日か話していなかったので、心配していたんですが、今は仲良くしていますよ。
女: そうですか。そんなことがあったんですか。
男: ええ。あっ、そういえば、最近忘れ物が多いようです。となりのクラスの子が言っていたんですが、教科書とか、授業で使うものを貸してほしいってよく頼みに来るそうです。私も注意したり、メモをさせたりはしているんですが、ご家庭でも気をつけてくださいね。
女: それは申し訳ありません。毎日寝る前に次の日の持ち物を確認させるようにします。

男の先生は学生について何が問題だと言っていますか。

[문제지]
1 あまり勉強しないこと
2 授業に必要なものをもってこないこと
3 友だちとの関係がよくないこと
4 先生の言ったことをメモしないこと

해석 학교에서 학생의 어머니와 남자 선생님이 이야기하고 있습니다. 남

자 선생님은 학생에 대해서 무엇이 문제라고 말하고 있습니까?
여: 선생님, 우리 아이, 학교에서는 어떤가요?
남: 잘 하고 있습니다. 수업 때는 매우 적극적이고, 열심히 공부하고 있습니다. 친구들과는, 얼마 전에 다툰 듯 해서, 며칠인가 이야기 하지 않아서, 걱정했었지만, 지금은 사이좋게 지내고 있습니다.
여: 그렇군요. 그런 일이 있었습니까?
남: 네. 아, 그러고 보니, 요즘 물건을 두고 오는 일이 많은 것 같습니다. 옆 반의 아이가 말했는데, 교과서라든가, 수업에서 사용할 것을 빌려주길 바란다고 자주 부탁하러 온다고 합니다. 저도 주의를 주거나, 메모를 하도록 시키고 있지만, 가정에서도 주의해 주세요.
여: 그건 정말 죄송합니다. 매일 자기 전에 다음 날 소지품을 확인시 키도록 하겠습니다.

남자 선생님은 학생에 대해서 무엇이 문제라고 말하고 있습니까?
1 그다지 공부를 하지 않는 것
2 **수업에 필요한 것을 가지고 오지 않는 것**
3 친구와의 관계가 좋지 않은 것
4 선생님이 말한 것을 메모하지 않는 것

해설 남자 선생님이 말한 학생의 문제가 무엇인지 묻는 문제이다. 대화 중, 남자 선생님이 最近忘れ物が多いようです(요즘 물건을 두고 오는 일이 많은 것 같습니다)라고 언급했으므로, 2 授業に必要なものを もってこないこと(수업에 필요한 것을 가지고 오지 않는 것)가 정답이다. 오답 선택지 1은 학생이 열심히 공부하고 있다고 언급되었고, 3은 얼마 전 친구와 다퉜지만, 지금은 사이좋게 지내고 있다고 언급되었으므로 오답이다. 4는 선생님이 메모를 하도록 시키고 있다는 내용만 언급되었으므로 오답이다.

어휘 学校 がっこう 圏학교   学生 がくせい 圏학생
母親 ははおや 圏어머니   先生 せんせい 圏선생(님)
問題 もんだい 圏문제   うち 圏우리   子 こ 圏아이, 자식
よく 團잘, 자주   授業 じゅぎょう 圏수업   とても 團매우, 몹시
積極的だ せっきょくてきだ 녀형적극적이다
一生懸命 いっしょうけんめい 열심히   勉強 べんきょう 圏공부
友だち ともだち 圏친구   この間 このあいだ 圏얼마 전
けんかをする 다투다, 싸우다   何日 なんにち 며칠
話す はなす 등이야기하다   ~ので 죄~(해)서, 때문에
心配 しんぱい 圏걱정   今 いま 圏지금   仲良く なかよく 사이좋게
そういえば 그러고 보니   最近 さいきん 圏요즘, 최근
忘れ物 わすれもの 圏물건을 두고 옴   多い おおい い형많다
となり 圏옆   クラス 圏반, 학급   言う いう 등말하다
教科書 きょうかしょ 圏교과서   ~とか 죄~라든가, 든지
使う つかう 등쓰다   貸す かす 등빌려주다   ~って 죄~라고
頼む たのむ 등부탁하다   来る くる 등오다   注意 ちゅうい 圏주의
メモをする 메모를 하다   家庭 かてい 圏가정
気をつける きをつける 주의하다
申し訳ない もうしわけない い형죄송하다, 미안하다
毎日 まいにち 圏매일   寝る ねる 등자다   前 まえ 圏(이)전
次 つぎ 圏다음   日 ひ 圏날   持ち物 もちもの 圏소지품
確認 かくにん 圏확인   あまり 團그다지
必要だ ひつようだ 녀형필요하다   もつ 등가지다, 들다
関係 かんけい 圏관계

 문제 3 개요이해

실력 다지기 p.360

| 01 ① | 02 ② | 03 ② | 04 ② | 05 ① |
| 06 ② | 07 ② | 08 ① | 09 ② | 10 ① |

01

[음성]
男の人と女の人が話しています。
男: 一人暮らしすることになって、ペットを飼おうと思うんですけど、木村さんってペットに詳しいですよね。
女: そんなに詳しくはないですが、ペットは好きです。
男: 子犬を飼いたいんですが、一人で飼っても大丈夫ですか。
女: 子犬っていいですね。でも、山田さんが会社にいる間、子犬が寂しがると思いますよ。
男: あ、そうですか。じゃ、どんなペットがいいですかね。
女: 鳥はどうですか? かわいいし、飼うのも難しくないって聞きました。
男: あ、そうなんですね。調べてみます。ありがとうございます。

二人は何について話していますか。
① 一人で飼いやすいペット
② ペットのいいところ

해석 남자와 여자가 이야기하고 있습니다.
남: 혼자 살게 되어서, 애완동물을 키우려고 생각하는데, 기무라 씨는 동물을 잘 아시죠?
여: 그렇게 잘 알진 못하지만, 애완동물은 좋아해요.
남: 강아지를 키우고 싶은데, 혼자서 키워도 괜찮을까요?
여: 강아지란 좋죠. 그런데, 야마다 씨가 회사에 있는 동안, 강아지가 외로워할 거라고 생각해요.
남: 아, 그런가요? 그러면, 어떤 애완동물이 좋을까요?
여: 새는 어때요? 귀엽기도 하고, 키우는 것도 어렵지 않다고 들었어요.
남: 오, 그렇군요. 알아봐야겠어요. 감사합니다.

두 사람은 무엇에 대해 이야기하고 있습니까?
① 혼자서 키우기 쉬운 애완동물
② 애완동물의 좋은 점

어휘 一人暮らし ひとりぐらし 圏혼자 삶   ペット 圏애완동물, 반려동물
飼う かう 등키우다, 기르다   ~けど 죄~는데   ~って ~는, 란
詳しい くわしい い형잘 알다, 자세히 알고 있다   そんなに 團그렇게
好きだ すきだ 녀형좋아하다   子犬 こいぬ 圏강아지
一人で ひとりで 혼자서   大丈夫だ だいじょうぶだ 녀형괜찮다
でも 죄그런데   会社 かいしゃ 圏회사   間 あいだ 圏동안

寂しい さびしい [い형] 외롭다　　鳥 とり [명] 새　　かわいい [い형] 귀엽다
難しい むずかしい [い형] 어렵다　　聞く きく [동] 듣다
調べる しらべる [동] 알아보다　　飼いやすい かいやすい 키우기 쉽다

02

[음성]

留守番電話のメッセージを聞いています。

男: もしもし。村上です。今週、週末に行く予定だった展示会なんだけど、その日、いきなりミーティングができて、行けないと思うんだ。それで、山本さんが大丈夫なら、来週の週末に延ばしてもいいかな。展示会の費用とその日の晩ご飯全部僕が払うよ。本当に申し訳ない。このメッセージ聞いたら、できる限り早く連絡してください。

村上さんが一番言いたいことは何ですか。

① ミーティングに行けなくなったこと
② 約束を延ばすこと

해석　부재중 전화 메시지를 듣고 있습니다.

남: 여보세요. 무라카미입니다. 이번 주, 주말에 갈 예정이었던 전시회 말인데, 그날, 갑자기 미팅이 생겨서, 못 갈 것 같아. 그래서, 야마모토 씨가 괜찮다면, 다음 주 주말로 미뤄도 괜찮을까? 전시회 비용이랑 그날 저녁 식사 전부 내가 낼게. 정말로 미안해. 이 메시지 들으면, 되도록 빨리 연락해 주세요.

무라카미 씨가 가장 말하고 싶은 것은 무엇입니까?

① 미팅에 갈 수 없게 된 것
② 약속을 미루는 것

어휘　留守番電話 るすばんでんわ [명] 부재중 전화　　メッセージ [명] 메시지
今週 こんしゅう [명] 이번 주　　週末 しゅうまつ [명] 주말
行く いく [동] 가다　　予定 よてい [명] 예정
展示会 てんじかい [명] 전시회　　～けど [조] ~인데　　日 ひ [명] 날, 일
いきなり [부] 갑자기　　ミーティング [명] 미팅　　できる [동] 생기다
それで [접] 그래서　　大丈夫だ だいじょうぶだ [な형] 괜찮다
来週 らいしゅう [명] 다음 주　　延ばす のばす [동] 미루다, 연기하다
費用 ひよう [명] 비용　　晩ご飯 ばんごはん [명] 저녁 식사
全部 ぜんぶ [명] 전부　　払う はらう [동] 내다, 지불하다
本当に ほんとうに 정말로　　申し訳ない もうしわけない [い형] 미안하다
聞く きく [동] 듣다　　できる限り できるかぎり 되도록, 최대한
早く はやく [부] 빨리　　連絡 れんらく [명] 연락
一番 いちばん [부] 가장, 제일　　約束 やくそく [명] 약속

03

[음성]

女の人と男の人が話しています。

女: 田中さん、週末に何をしましたか。
男: うーん、一人で家の近くの山に登ってきました。

女: わあ、最近天気もいいし、花も咲いて、山登りするのにいい季節じゃないですか。
男: はい、そうです。しかし、一人でまったり行ってきたかったんだけど、人が多くて楽しめませんでした。
女: それは残念ですね。でも、山に登ってきたのでリフレッシュできたと思いますが。
男: それはそうですね。楽しい週末でした。

男の人は週末にしたことについてどう思っていますか。

① 山に多くの人と一緒に行ってきて楽しかった
② 山に行ってきてリフレッシュできた

해석　여자와 남자가 이야기하고 있습니다.

여: 다나카 씨, 주말에 뭐하셨어요?
남: 음, 혼자서 집 근처의 산에 올라갔다 왔어요.
여: 와~, 요즘 날씨도 좋고, 꽃도 펴서, 등산하기에 좋은 계절이잖아요.
남: 네, 맞아요. 그렇지만, 혼자서 여유롭게 다녀오고 싶었는데, 사람이 많아서 즐길 수가 없었어요.
여: 그건 아쉽네요. 그래도, 등산 다녀왔으니까 기분 전환 되셨을 것 같은데요.
남: 그건 그렇네요. 즐거운 주말이었어요.

남자는 주말에 한 일에 대해 어떻게 생각하고 있습니까?

① 산에 많은 사람들과 함께 다녀와서 즐거웠다
② 산에 다녀와서 기분 전환이 되었다

어휘　週末 しゅうまつ [명] 주말　　一人 ひとり [명] 혼자　　家 いえ [명] 집
近く ちかく [명] 근처　　山 やま [명] 산　　登る のぼる [동] 오르다
最近 さいきん [명] 요즘, 최근　　天気 てんき [명] 날씨　　花 はな [명] 꽃
咲く さく [동] 피다　　山登り やまのぼり [명] 등산　　季節 きせつ [명] 계절
しかし [접] 그렇지만, 그러나　　まったり [부] 여유롭게　　行く いく [동] 가다
～けど [조] ~는데　　多い おおい [い형] 많다　　楽しむ たのしむ [동] 즐기다
残念だ ざんねんだ [な형] 아쉽다　　でも [접] 그래도
～ので [조] ~니까, 때문에　　リフレッシュ [명] 기분 전환, 리프레쉬
できる [동] 할 수 있다　　思う おもう [동] 생각하다
楽しい たのしい [い형] 즐겁다　　多く おおく [명] 많음
一緒に いっしょに 함께

04

[음성]

男の人と女の人が話しています。

男: あのさ、来週にする予定の社会の発表なんだけど。
女: うん。もうテーマも決めて、資料調査も終えたじゃない。
男: うん。でも、考えてみると、私たちが決めたテーマがちょっと易しすぎるんじゃないかという気がして。
女: そうなの? テーマを変えたほうがいいかな。
男: それがさ、いまさらテーマを変えるのは時間が足りなさそうだし、内容をもっと加えるのはどう?

女: いいよ。学校でアンケート調査をして、その結果を具体的に出してから私たちの考えも加えてみよう。

男の人と女の人は何について話していますか。
① 発表のテーマを変えた理由
② 授業で行う発表

해석 남자와 여자가 이야기하고 있습니다.
남: 있잖아, 다음 주에 할 예정인 사회 발표 말인데.
여: 응. 이미 주제도 정하고, 자료 조사도 끝냈잖아.
남: 응. 그런데, 생각해 보니까, 우리가 정한 주제가 좀 너무 쉬운 것이 아닐까라는 생각이 들어서.
여: 그래? 주제를 바꾸는 편이 좋을까?
남: 그게 말이야, 이제 와서 주제를 바꾸는 것은 시간이 부족할 것 같고, 내용을 좀 더 보충하는 것은 어떨까?
여: 좋아. 학교에서 앙케이트 조사를 하고, 그 결과를 구체적으로 낸 후에 우리의 생각도 추가해 보자.

남자와 여자는 무엇에 대해 이야기하고 있습니까?
① 발표 주제를 바꾼 이유
② 수업에서 할 발표

어휘 来週 らいしゅう 몡다음 주　予定 よてい 몡예정
社会 しゃかい 몡사회　発表 はっぴょう 몡발표
~けど 図 ~인데, 는데　もう 튀이미, 벌써　テーマ 몡주제, 테마
決める きめる 동정하다　資料 しりょう 몡자료
調査 ちょうさ 몡조사　終える おえる 동끝내다
でも 접 그런데, 그렇지만　考える かんがえる 동생각하다
ちょっと 튀좀, 조금　易すぎる やさしすぎる 너무 쉽다
気がする きがする 생각이 들다　変える かえる 동바꾸다
いまさら 튀이제 와서　時間 じかん 몡시간
足りない たりない 부족하다　内容 ないよう 몡내용
もっと 튀좀 더　加える くわえる 동보충하다, 추가하다
学校 がっこう 몡학교　アンケート 몡앙케이트　結果 けっか 몡결과
具体的だ ぐたいてきだ な형구체적이다　出す だす 동내다
考え かんがえ 몡생각　理由 りゆう 몡이유　行う おこなう 동하다

05

[음성]
テレビで女の人が話しています。
女: 手術で歌手としての活動を少し休んでいる今、今まで15年以上歌手をやってきたけれど、ついに引退するときがきたのかという考えもしました。しかし、舞台で楽しく歌って、おどっているほかの歌手を見て、まだ引退するには早いと思いました。まだ完全に治ってはいませんが、治療を受けて今まで心配して、応援してくださった方々のためにもまた歌いたいです。

女の人が一番言いたいことは何ですか。
① 歌手としてまた活動すること
② 引退して歌手をやめること

해석 텔레비전에서 여자가 이야기하고 있습니다.
여: 수술로 가수로서의 활동을 조금 쉬고 있는 지금, 지금까지 15년 이상 가수를 해 왔지만, 결국 은퇴할 때가 온 것인가 하는 생각도 했습니다. 그러나, 무대에서 즐겁게 노래하고, 춤추고 있는 다른 가수들을 보고, 아직 은퇴하기엔 이르다고 생각했습니다. 아직 완전히 낫지는 않았지만, 치료를 받아서 지금까지 걱정하고, 응원해주신 분들을 위해서도 다시 노래하고 싶습니다.

여자가 가장 말하고 싶은 것은 무엇입니까?
① 가수로서 다시 활동하는 것
② 은퇴하고 가수를 그만두는 것

어휘 テレビ 몡텔레비전　手術 しゅじゅつ 몡수술　歌手 かしゅ 몡가수
活動 かつどう 몡활동　少し すこし 튀조금　休む やすむ 동쉬다
今 いま 몡지금　今まで いままで 지금까지　以上 いじょう 몡이상
~けれど 図 ~지만　ついに 튀결국　引退 いんたい 몡은퇴
くる 동오다　考え かんがえ 몡생각　しかし 그러나
舞台 ぶたい 몡무대　楽しい たのしい い형즐겁다
歌う うたう 동노래하다　おどる 동춤추다　ほか 몡다름
見る みる 동보다　まだ 튀아직　早い はやい い형이르다
完全 かんぜん 몡완전　治る なおる 동낫다　治療 ちりょう 몡치료
受ける うける 동받다　心配 しんぱい 몡걱정　応援 おうえん 몡응원
方々 かたがた 몡분들　また 튀다시　一番 いちばん 튀가장, 제일
言う いう 동말하다　やめる 동그만두다

06

[음성]
ラジオで女の人が話しています。
女: こんにちは。三浦はるかと申します。今回、東京にある会社に就職することになって長崎から東京に引っ越しました。今住んでいるところは長崎とは違って人も多いし、にぎやかで慣れませんでした。そして、友達や家族と離れて過ごすことがとても寂しかったです。でも、近所の方々が親切にしてくれてどんどんここの生活に慣れていっています。近所の方々のおかげでもっと楽しく生活できる気がして本当にありがたく思っています。

女の人は何について話していますか。
① 長崎から東京に引っ越したことの不便さ
② 優しくしてくれた近所に対する感謝

해석 라디오에서 여자가 이야기하고 있습니다.
여: 안녕하세요. 미우라 하루카라고 합니다. 이번에, 도쿄에 있는 회사에 취직하게 되어 나가사키에서 도쿄로 이사했습니다. 지금 살고 있는 곳은 나가사키와는 다르게 사람도 많고, 붐벼서 적응이

되지 않았습니다. 그리고, 친구들이나 가족들과 떨어져 지내는 것이 정말 외로웠습니다. 그래도, 이웃분들이 친절하게 대해주셔서 점점 이곳 생활에 익숙해져 가고 있습니다. 이웃분들 덕분에 더 즐겁게 생활할 수 있을 것 같아서 정말로 감사하게 생각합니다.

여자는 무엇에 대해서 이야기하고 있습니까?

① 나가사키에서 도쿄로 이사한 것의 불편함
② 친절하게 대해준 이웃에 대한 감사

어휘 ラジオ 명 라디오   申す もうす 동 말하다(言う의 겸양어)
今回 こんかい 명 이번   東京 とうきょう 명 도쿄(지명)
会社 かいしゃ 명 회사   就職 しゅうしょく 명 취직
長崎 ながさき 명 나가사키(지명)   ~から 조 ~에서
引っ越す ひっこす 동 이사하다   今 いま 명 지금
住む すむ 동 살다   違う ちがう 동 다르다   多い おおい い형 많다
にぎやかだ な형 붐비다   慣れる なれる 동 적응하다
そして 접 그리고   友達 ともだち 명 친구들   家族 かぞく 명 가족
離れる はなれる 동 떨어지다   過ごす すごす 동 지내다
とても 부 정말, 매우   寂しい さびしい い형 외롭다   でも 접 그래도
近所 きんじょ 명 이웃   方々 かたがた 명 분들
親切だ しんせつだ な형 친절하다   どんどん 부 점점
生活 せいかつ 명 생활   おかげで 덕분에   もっと 부 더, 더욱
楽しい たのしい い형 즐겁다   できる 동 할 수 있다
気がする きがする 생각이 들다   本当に ほんとうに 정말로
ありがたい い형 감사하다   不便さ ふべんさ 불편함
優しい やさしい い형 친절하다   感謝 かんしゃ 명 감사

07

[음성]
男の人と女の人が話しています。
男: 山田さん、ちょっと時間いいですか。
女: はい、どうしたんですか。
男: 山田さん、ケーキを作るのが趣味だって言いましたよね。
女: はい。そうです。
男: 実は、今週末が母の誕生日なので、直接ケーキを作ってみたいんですけど、作り方が分からなくて…。
女: あ、それならレシピをメールで送ります。お母さんの誕生日ケーキを直接作るなんて本当にすばらしいですね。
男: いえいえ。
女: 初めてなら少し難しいかもしれないですが、レシピ通りにやってみるとうまくできると思います。
男: ありがとうございます。

女の人は直接ケーキを作ることについてどう思っていますか。
① 難しいからほかの人に手伝ってもらうのがいい
② 難しいかもしれないが、レシピ通りに作るとうまくできると思う

해석 남자와 여자가 이야기하고 있습니다.
남: 야마다 씨, 잠깐 시간 괜찮아요?
여: 네, 무슨 일이죠?
남: 야마다 씨, 케이크를 만드는 게 취미라고 했었죠?
여: 네, 맞아요.
남: 사실은, 이번 주말이 어머니 생신이라서, 직접 케이크를 만들어 보고 싶은데, 만드는 법을 몰라서….
여: 아, 그렇다면 레시피를 메일로 보내줄게요. 어머니 생신 케이크를 직접 만들다니 정말로 멋지네요.
남: 아니에요.
여: 처음이라면 조금 어려울지도 모르지만, 레시피대로 해 보면 잘 할 수 있을 거예요.
남: 고마워요.

여자는 직접 케이크를 만드는 것에 대해 어떻게 생각하고 있습니까?

① 어려우니까 다른 사람에게 도움을 받는 것이 좋다
② 어려울지도 모르지만, 레시피대로 만들면 잘 할 수 있을 것이다

어휘 ちょっと 부 잠깐, 조금   時間 じかん 명 시간   ケーキ 명 케이크
作る つくる 동 만들다   趣味 しゅみ 명 취미   ~って 조 ~라고
実は じつは 사실은   今週末 こんしゅうまつ 명 이번 주말
母 はは 명 어머니   誕生日 たんじょうび 명 생신, 생일
~ので 조 ~라서, 때문에   直接 ちょくせつ 명 직접   ~けど 조 ~은데
作り方 つくりかた 명 만드는 법   分かる わかる 동 알다
それなら 그렇다면   レシピ 명 레시피   メール 명 메일
送る おくる 동 보내다   お母さん おかあさん 명 어머니, 엄마
~なんて 조 ~라니   本当に ほんとうに 정말로
すばらしい い형 멋지다, 훌륭하다   初めて はじめて 부 처음
少し すこし 부 조금   難しい むずかしい い형 어렵다
レシピ通り レシピどおり 레시피대로   うまく 부 잘
できる 동 할 수 있다   ほか 명 다름   手伝う てつだう 동 돕다

08

[음성]
テレビで男の人が話しています。
男: 夜眠れなくなるからコーヒーや紅茶を飲まない人は多いと思います。しかし、それ以外にもカフェインが入っている食べ物がたくさんあるということは知っていますか。最近人気のあるダークチョコレートや抹茶のアイスクリームなどにもカフェインが意外と入っているそうです。夜寝られないことが気になる方はこういうスイーツにも気をつけたほうがいいと思います。

男の人は何について話していますか。
① 夜よく寝られないことの原因になる食べ物
② ダークチョコレートが人気の高い理由

해석 텔레비전에서 남자가 이야기하고 있습니다.
남: 밤에 잘 수 없게 되니까 커피나 홍차를 마시지 않는 사람은 많다고 생각합니다. 그러나, 그 이외에도 카페인이 들어가 있는 음식이 많이 있다는 것은 알고 있나요? 요즘 인기가 있는 다크 초콜릿이나 말차 아이스크림 등에도 카페인이 의외로 들어 있다고

합니다. 밤에 잘 수 없는 것이 신경 쓰이는 분은 이런 디저트에도 주의하는 편이 좋다고 생각합니다.

남자는 무엇에 대해서 이야기하고 있습니까?

① 밤에 잘 자지 못하는 것의 원인이 되는 음식
② 다크 초콜릿이 인기가 많은 이유

어휘 テレビ 명 텔레비전　夜 よる 명 밤　眠る ねむる 동 자다
~から 조 ~니까　コーヒー 명 커피　紅茶 こうちゃ 명 홍차
飲む のむ 동 마시다　多い おおい い형 많다　しかし 접 그러나
以外 いがい 명 이외　カフェイン 명 카페인　入る はいる 동 들어가다
食べ物 たべもの 명 음식, 먹을 것　たくさん 부 많이
知る しる 동 알다　最近 さいきん 명 최근　人気 にんき 명 인기
ダークチョコレート 명 다크 초콜릿　抹茶 まっちゃ 명 말차
アイスクリーム 명 아이스크림　~など ~등, 따위
意外と いがいと 부 의외로　寝る ねる 동 자다
気になる きになる 신경 쓰이다　方 かた 명 분　スイーツ 명 디저트
気をつける きをつける 주의하다　よく 부 잘　原因 げんいん 명 원인
人気が高い にんきがたかい 인기가 많다　理由 りゆう 명 이유

09

[음성]
男の人と女の人が話しています。
男：最近、家族旅行のために学校を欠席する学生が多いらしいね。
女：そう。授業を休ませて家族旅行に行くなんて…。
男：でも、授業でできない経験ができるからよくない?
女：学期中には授業に行かせるべきでしょう。欠席するとその分授業についていけないこともあるし。
男：あ、それはそうだね。
女：旅行は休みにも行けるから、学期中にはしっかり学校に行って勉強するのがいいと思う。

女の人は家族旅行で欠席することについてどう思っていますか。
① 家族旅行なら学校を休んでもいい
② 学期中には出席するべきだ

해석 남자와 여자가 이야기하고 있습니다.
남: 최근, 가족 여행을 위해서 학교를 결석하는 학생이 많다는 것 같네.
여: 맞아. 수업을 쉬게 하고 가족 여행을 가다니….
남: 그렇지만, 수업에서 할 수 없는 경험을 할 수 있으니까 괜찮지 않아?
여: 학기 중에는 수업에 가게 해야지. 결석하면 그만큼 수업을 따라가지 못하는 것도 있고.
남: 아, 그건 그렇네.
여: 여행은 방학에도 갈 수 있으니까, 학기 중에는 제대로 학교에 가서 공부하는 게 좋다고 생각해.

여자는 가족 여행으로 결석하는 것에 대해 어떻게 생각하고 있습니까?
① 가족 여행이라면 학교를 쉬어도 좋다
② 학기 중에는 출석을 해야만 한다

어휘 最近 さいきん 명 최근　家族 かぞく 명 가족　旅行 りょこう 명 여행
学校 がっこう 명 학교　欠席 けっせき 명 결석
学生 がくせい 명 학생　多い おおい い형 많다
授業 じゅぎょう 명 수업　休む やすむ 동 쉬다　行く いく 동 가다
~なんて 조 ~라니　でも 접 그렇지만　できる 동 할 수 있다
経験 けいけん 명 경험　~から 조 ~니까
学期中 がっきちゅう 명 학기 중　その分 そのぶん 명 그만큼
ついていく 따라가다　休み やすみ 명 방학, 휴가
しっかり 부 제대로, 견실하게　勉強 べんきょう 명 공부
出席 しゅっせき 명 출석

10

[음성]
ラジオで男の人が話しています。
男：仕事でいらいらしたり、疲れが取れないって感じたことはありませんか。それはストレスがたまっているせいかもしれません。ストレスは多くの病気の原因になります。病気になる前にストレスを適切に解消するのが重要です。職場でも簡単にできる解消法の一つが深呼吸をすることです。鼻から息を深く吸い込んで、口からゆっくり吐くことでリラックスできます。

男の人は何について話していますか。
① 簡単なストレス解消法
② 病気の原因を見つける方法

해석 라디오에서 남자가 이야기하고 있습니다.
남: 일로 짜증이 나거나, 피로가 풀리지 않는다고 느낀 적은 없습니까? 그것은 스트레스가 쌓여 있는 탓일지도 모릅니다. 스트레스는 많은 병의 원인이 됩니다. 병이 나기 전에 스트레스를 적절하게 해소하는 것이 중요합니다. 직장에서도 간단히 할 수 있는 해소법의 한 가지는 심호흡을 하는 것입니다. 코로 숨을 깊게 들이마시고, 입으로 천천히 내뱉는 것으로 릴랙스 할 수 있습니다.

남자는 무엇에 대해 이야기하고 있습니까?
① 간단한 스트레스 해소법
② 병의 원인을 찾아내는 방법

어휘 ラジオ 명 라디오　仕事 しごと 명 일　いらいらする 짜증나다, 초조하다
疲れが取れる つかれがとれる 피로가 풀리다　~って 조 ~라고
感じる かんじる 동 느끼다　ストレス 명 스트레스　たまる 동 쌓이다
せい 명 탓　多く おおく 명 많음　病気 びょうき 명 병
原因 げんいん 명 원인　病気になる びょうきになる 병이 나다
前 まえ 명 전　適切だ てきせつだ な형 적절하다
解消 かいしょう 명 해소　重要だ じゅうようだ な형 중요하다
職場 しょくば 명 직장　簡単だ かんたんだ な형 간단하다
できる 동 할 수 있다　解消法 かいしょうほう 명 해소법
深呼吸 しんこきゅう 명 심호흡　鼻 はな 명 코　~から 조 ~으로
息 いき 명 숨　深い ふかい い형 깊다

吸い込む すいこむ 图 들이마시다　口 くち 图 입　ゆっくり 图 천천히
吐く はく 图 내뱉다　リラックス 图 릴랙스
見つける みつける 图 찾아내다　方法 ほうほう 图 방법

실전 대비하기

p.361

| **1** 4 | **2** 4 | **3** 3 | **4** 2 | **5** 3 |
| **6** 4 | **7** 4 | **8** 3 | **9** 4 | |

문제 3에서는, 문제 용지에 아무것도 인쇄되어 있지 않습니다. 이 문제는, 전체로서 어떤 내용인가를 묻는 문제입니다. 이야기의 앞에 질문은 없습니다. 먼저 이야기를 들어주세요. 그리고, 질문과 선택지를 듣고, 1부터 4 중에서, 가장 알맞은 것을 하나 골라주세요.

1

[음성]
女の人と男の人が話しています。
女: 最近、帰るのがはやいですね。何か始めたんですか。
男: ああ、うちの近くに家具作りの教室があってね。そこで机を作ってるんだ。
女: えっ、机？机を買うんじゃなくて、作るんですか。
男: そうだよ。来年子どもが小学校に入学するから、何か記念になるものを作ってあげたくてね。習い始めたら、どんどんおもしろくなっちゃって、今じゃできれば椅子とか本棚も作りたいと思ってるくらいだよ。
女: そうなんですか。すごいですね。でも、難しくないですか。
男: はじめから全部丁寧に教えてくれるから大丈夫だよ。興味があるなら、一度見に来たら？

二人は何について話していますか。
1 すてきな家具を買ったこと
2 子どもの小学校のこと
3 新しい家具の店に行くこと
4 男の人の習い事のこと

해석 여자와 남자가 이야기하고 있습니다.
여: 최근, 돌아가는 게 이르네요. 무언가 시작했나요?
남: 아, 집 근처에 가구 만들기 교실이 있어서. 거기서 책상을 만들고 있어.
여: 엇, 책상? 책상을 사는 게 아니라, 만들어요?
남: 그래. 내년에 아이가 초등학교에 입학하니까, 뭔가 기념이 될 것을 만들어 주고 싶어서. 배우기 시작했더니, 점점 재미있어져 버려서, 지금은 가능하면 의자라든가 책장도 만들고 싶다고 생각할 정도야.
여: 그래요? 대단하네요. 하지만, 어렵지 않나요?

남: 처음부터 전부 친절하게 가르쳐 주니까 괜찮아. 흥미가 있으면, 한번 보러 오면 어때?
두 사람은 무엇에 대해서 이야기하고 있습니까?
1 근사한 가구를 산 것
2 아이의 초등학교에 대한 것
3 새로운 가구 가게에 가는 것
4 남자가 배우는 일에 대한 것

해설 여자와 남자가 무엇에 대해서 이야기하고 있는지 전체적인 흐름을 파악하며 주의 깊게 듣는다. 남자가 うちの近くに家具作りの教室があってね。そこで机を作ってるんだ(집 근처에 가구 만들기 교실이 있어서. 거기서 책상을 만들고 있어)라고 말한 다음, 배우는 것이 점점 재미있어지고 있다며 여자에게도 보러 오라고 권하는 내용의 대화이다. 질문에서 두 사람의 대화 소재가 무엇인지 물었으므로, 4 男の人の習い事のこと(남자가 배우는 일에 대한 것)가 정답이다.

어휘 最近 さいきん 图 최근　帰る かえる 图 돌아가다
はやい い형 (시간적으로) 이르다　始める はじめる 图 시작하다
うち 图 (우리) 집　近く ちかく 图 근처, 가까운 곳
家具作り かぐづくり 가구 만들기　教室 きょうしつ 图 교실
机 つくえ 图 책상　作る つくる 图 만들다　買う かう 图 사다
来年 らいねん 图 내년　子ども こども 图 아이
小学校 しょうがっこう 图 초등학교　入学 にゅうがく 图 입학
~から 图 ~니까　記念 きねん 图 기념
習い始める ならいはじめる 배우기 시작하다　どんどん 图 점점, 계속
おもしろい い형 재미있다　~ちゃう ~(해) 버리다　今 いま 图 지금
できれば 가능하면　椅子 いす 图 의자　~とか ~라든가, 든지
本棚 ほんだな 图 책장, 책꽂이　~くらい 图 ~정도
すごい い형 대단하다　でも 图 하지만　難しい むずかしい い형 어렵다
はじめから 처음부터　全部 ぜんぶ 图 전부
丁寧だ ていねいだ な형 친절하다　教える おしえる 图 가르치다
大丈夫だ だいじょうぶだ な형 괜찮다　興味 きょうみ 图 흥미
一度 いちど 图 한번　見る みる 图 보다　来る くる 图 오다
すてきだ な형 근사하다, 아주 멋지다　新しい あたらしい い형 새롭다
家具 かぐ 图 가구　店 みせ 图 가게　行く いく 图 가다
習い事 ならいごと 图 배우는 일

2

[음성]
テレビで女の人が話しています。
女: 私は子供たちに習字を教えています。パソコンやスマートフォンの普及により、手で文字を書く機会はめっきり減ってしまいました。そのため、字がきれいに書けなくてもいいと考える人が増えているようです。ですが、就職活動時の履歴書や契約時のサインなど、大事な場面では今でも手書きの字が求められます。そんなとき、字がきれいだといい印象を与えることができるでしょう。この時代でも習字を習うことの意味はあると思います。

女の人は何について話していますか。
1 習字を教えるときに気を付けていること
2 字を上手に書くためのポイント
3 いい印象を与える字の特徴
4 習字を習ったほうがいいと考える理由

해석 텔레비전에서 여자가 이야기하고 있습니다.
여: 저는 아이들에게 습자를 가르치고 있습니다. 컴퓨터나 스마트폰의 보급에 의해서, 손으로 글자를 쓸 기회는 눈에 띄게 줄어 버렸습니다. 그렇기 때문에, 글씨를 예쁘게 쓰지 못해도 된다고 생각하는 사람이 늘고 있는 것 같습니다. 하지만, 취직 활동 시의 이력서나 계약 시의 사인 등, 중요한 경우에서는 지금도 손으로 쓴 글씨가 요구됩니다. 그럴 때, 글씨가 예쁘면 좋은 인상을 줄 수 있겠죠. 이 시대에도 습자를 배우는 것의 의미는 있다고 생각합니다.

여자는 무엇에 대해 이야기하고 있습니까?
1 습자를 가르칠 때 조심해야 할 것
2 글씨를 잘 쓰기 위한 포인트
3 좋은 인상을 주는 글씨의 특징
4 습자를 배우는 편이 좋다고 생각하는 이유

해설 여자가 텔레비전에서 어떤 이야기를 하는지 전체적인 흐름을 파악하며 주의 깊게 듣는다. 여자가 大事な場面では今でも手書きの字が求められます(중요한 경우에서는 지금도 손으로 쓴 글씨가 요구됩니다)라고 말한 다음, この時代でも習字を習うことの意味はあると思います(이 시대에도 습자를 배우는 것의 의미는 있다고 생각합니다)라고 언급했다. 질문에서 여자가 하는 말의 주제를 물었으므로, 4 習字を習ったほうがいいと考える理由(습자를 배우는 편이 좋다고 생각하는 이유)가 정답이다.

어휘 テレビ 圏 텔레비전　子供 こども 圏 아이　~たち ~들
習字 しゅうじ 圏 습자, 글씨 쓰기, 서예　教える おしえる 圏 가르치다
パソコン 圏 컴퓨터　スマートフォン 圏 스마트폰
普及 ふきゅう 圏 보급　~により ~에 의해서　手 て 圏 손
文字 もじ 圏 글자　書く かく 圏 쓰다　機会 きかい 圏 기회
めっきり 囝 눈에 띄게　減る へる 圏 줄다　~てしまう ~(해) 버리다
そのため 圏 그렇기 때문에　字 じ 圏 글씨　きれいだ な형 예쁘다
考える かんがえる 圏 생각하다　人 ひと 圏 사람
増える ふえる 圏 늘다　~ようだ ~인 것 같다　ですが 圏 하지만
就職活動 しゅうしょくかつどう 圏 취직 활동　~時 ~じ ~시
履歴書 りれきしょ 圏 이력서　契約 けいやく 圏 계약　サイン 圏 사인
~など ~등　大事だ だいじだ な형 중요하다　場面 ばめん 圏 경우
今でも いまでも 지금도　手書き てがき 圏 손으로 씀
求める もとめる 圏 요구하다　そんな 그런　とき 圏 때
いい い형 좋다　印象 いんしょう 圏 인상　与える あたえる 圏 주다
~ことができる ~(할) 수 있다　この 圏 이　時代 じだい 圏 시대
~でも 困 ~라도　習う ならう 圏 배우다　こと 圏 것
意味 いみ 圏 의미　思う おもう 圏 생각하다
気を付ける きをつける 圏 조심하다　上手だ じょうずだ な형 잘하다
~ための ~(하)기 위한　ポイント 圏 포인트　特徴 とくちょう 圏 특징
~ほうがいい ~(하)는 편이 좋다　理由 りゆう 圏 이유

3

[음성]
女の人が男の人に新しく買った携帯電話の感想を聞いています。
女：ねえ、この間新しく買ったって言ってた携帯電話、どう？
男：うん、悪くないよ。買う前にインターネットで調べたときは、大きすぎて不便だって言ってる人もいたから、心配だったんだけど、僕にはちょうどいい大きさだったよ。
女：へえ、そうなんだ。新しい機能は使ってみた？
男：ああ、実はまだなんだ。僕はあんまり新しいものに興味がないからね。機能がたくさんあっても使いきれないよ。
女：ふふ、それもそうね。私も電話とインターネットができれば十分だわ。
男：あ、でも、見て、この色、よくない？今までになかった色だからすごく気に入ってるんだ。
女：あら、本当。めずらしい色ね。

男の人は新しく買った携帯電話についてどう思っていますか。
1 サイズが大きすぎて不満だ
2 機能が多いので満足している
3 大きさと色に満足している
4 機能が少なすぎて不満だ

해석 여자가 남자에게 새로 산 휴대전화의 감상을 묻고 있습니다.
여: 저기, 일전에 새로 샀다고 했던 휴대전화, 어때?
남: 응, 나쁘지 않아. 사기 전에 인터넷으로 조사했을 때는, 너무 커서 불편하다고 하는 사람도 있어서, 걱정했었는데, 나한테는 딱 좋은 크기였어.
여: 음, 그렇구나. 새로운 기능은 써 봤어?
남: 아, 사실은 아직이야. 나는 그다지 새로운 것에 흥미가 없어서 말이야. 기능이 많이 있어도 다 쓰지도 못해.
여: 하하, 그건 그래. 나도 전화와 인터넷이 되면 충분해.
남: 아, 하지만, 봐봐, 이 색, 좋지 않아? 지금까지 없었던 색이라서 굉장히 마음에 들어.
여: 어머, 진짜네. 드문 색이다.

남자는 새로 산 휴대전화에 대해서 어떻게 생각하고 있습니까?
1 사이즈가 너무 커서 불만이다
2 기능이 많아서 만족하고 있다
3 크기와 색에 만족하고 있다
4 기능이 너무 적어서 불만이다

해설 여자와 남자가 새로 산 휴대전화에 대해 어떤 이야기를 하는지 전체적인 흐름을 파악하며 주의 깊게 듣는다. 대화에서, 남자가 僕にはちょうどいい大きさだったよ(나한테는 딱 좋은 크기였어)라고 말한 다음, 今までになかった色だからすごく気に入ってるんだ(지금까지 없었던 색이라서 굉장히 마음에 들어)라고 했다. 질문에서 새로 산 휴대전화에 대한 남자의 생각을 물었으므로, 3 大きさと色に満

족하고 있다(크기와 색에 만족하고 있다)가 정답이다.

어휘 新しい あたらしい [い형] 새롭다　買う かう [동] 사다
携帯電話 けいたいでんわ 휴대전화　感想 かんそう [명] 감상
聞く きく [동] 묻다, 듣다　この間 このあいだ 일전, 요전
~って [조] ~라고　悪い わるい [い형] 나쁘다　前 まえ [명] (이)전
インターネット [명] 인터넷　調べる しらべる [동] 조사하다, 찾다
大きすぎる おおきすぎる 너무 크다　不便だ ふべんだ [な형] 불편하다
~から [조] ~해서　心配 しんぱい [명] 걱정　~けど [조] ~는데
ちょうど [부] 딱, 알맞게　大きさ おおきさ [명] 크기
機能 きのう [명] 기능　使う つかう [동] 쓰다　実は じつは 사실은
まだ [부] 아직　あんまり [부] 그다지, 별로　興味 きょうみ [명] 흥미
たくさん [부] 많이　使いきれない つかいきれない 다 쓰지 못하다
電話 でんわ [명] 전화　できる [동] 되다, 할 수 있다
十分だ じゅうぶんだ [な형] 충분하다　でも [접] 하지만
見る みる [동] 보다　色 いろ [명] 색
今まで いままで [부] 지금까지　すごく [부] 굉장히, 몹시
気に入る きにいる 마음에 들다　本当 ほんとう 진짜
めずらしい [い형] 드물다, 신기하다　思う おもう [동] 생각하다
サイズ [명] 사이즈　不満 ふまん [명] 불만　多い おおい [い형] 많다
~ので [조] ~해서　満足 まんぞく [명] 만족
少なすぎる すくなすぎる 너무 적다

4

[음성]
テレビでスポーツ選手が話しています。

男: 今は本当に信じられないという気持ちですね。みなさんもご存知だと思いますが、今年は何回も怪我をして、練習できない日が続きました。特に右足を怪我したときは、もうだめだと思いましたね。お医者さんからも、前のようには動けないかもと言われたんです。それでも、あきらめないで練習は続けていたんですが、やっぱり試合では負けてばかりで…。そんな僕が今年最後の試合でこうやって勝てたなんて夢みたいです。

スポーツ選手が一番言いたいことは何ですか。
1　試合に負けてしまってくやしい
2　試合に勝つことができてうれしい
3　右足をけがしてしまってくやしい
4　今年も練習を続けられてうれしい

해석 텔레비전에서 스포츠 선수가 이야기하고 있습니다.
남: 지금은 정말로 믿을 수 없다는 기분입니다. 여러분도 알고 계실 것이라 생각하지만, 올해는 몇 번이나 부상을 입고, 연습할 수 없는 날이 이어졌습니다. 특히 오른쪽 다리를 부상당했을 때는, 이젠 다 틀렸다고 생각했지요. 의사로부터도, 전과 같이는 움직일 수 없을지도 라고 들었습니다. 그래도, 포기하지 않고 연습은 계속했습니다만, 역시 시합에서는 질 뿐이고…. 그런 제가 올해 마지막 시합에서 이렇게 이길 수 있었다니 꿈같습니다.

스포츠 선수가 가장 말하고 싶은 것은 무엇입니까?
1　시합에 져 버려서 분하다
2　시합에서 이길 수 있어서 기쁘다
3　오른쪽 다리를 부상당해 버려서 분하다
4　올해도 연습을 계속할 수 있어서 기쁘다

해설 스포츠 선수가 텔레비전에서 어떤 이야기를 하는지 전체적인 흐름을 파악하며 주의 깊게 듣는다. 스포츠 선수가 そんな僕が今年最後の試合でこうやって勝てたなんて夢みたいです(그런 제가 올해 마지막 시합에서 이렇게 이길 수 있었다니 꿈같습니다)라고 언급했다. 질문에서 스포츠 선수가 하는 말의 중심 내용을 물었으므로, 2 試合に勝つことができてうれしい(시합에서 이길 수 있어서 기쁘다)가 정답이다.

어휘 テレビ [명] 텔레비전　スポーツ [명] 스포츠　選手 せんしゅ [명] 선수
今 いま [명] 지금　本当に ほんとうに 정말로　信じる しんじる [동] 믿다
気持ち きもち [명] 기분　みなさん [명] 여러분
ご存知だ ごぞんじだ 알고 계시다(知っている의 존경어)
今年 ことし [명] 올해　怪我をする けがをする 부상을 입다, 다치다
練習 れんしゅう [명] 연습　できる [동] 할 수 있다　日 ひ [명] 날
続く つづく [동] 이어지다, 계속되다　特に とくに [부] 특히
右足 みぎあし [명] 오른쪽 다리　もうだめだ 이제는 다 틀렸다
医者 いしゃ [명] 의사　~から [조] ~(로)부터　前 まえ [명] 전
動く うごく [동] 움직이다　それでも [접] 그래도　あきらめる [동] 포기하다
続ける つづける [동] 계속하다　やっぱり [부] 역시　試合 しあい [명] 시합
負ける まける [동] 지다　~ばかり [조] ~할 뿐
最後 さいご [명] 마지막, 최후　勝つ かつ [동] 이기다
~なんて [조] ~라니　夢 ゆめ [명] 꿈　一番 いちばん [부] 가장
くやしい [い형] 분하다　うれしい [い형] 기쁘다

5

[음성]
テレビで教育の専門家が話しています。

女: 自分の子どもを毎日必ずほめているという親は日本でどのぐらいいるんでしょうか。子どもはほめられると自信がつきます。毎日ほめられればその自信はより膨らんで、自分自身を信じて歩んでいける子に育ちます。また、ほめられた喜びを再度得ようとさらに努力するでしょう。「いたずらばかりするから」だとか「他人と比べて特に優れてる部分がないから」という親もいますが、どんな子どもでも優れているところはあって探し出せていないだけです。「きちんと片付けができた」など些細なことでいいんです。まずは子どもの様子を観察してみてください。

専門家は主に何について話していますか。
1　子どもをほめない親の少なさ
2　子どもの上手なほめ方
3　自信を持った子どもに育てる方法

4 努力ができる子どもの特徴

해석 텔레비전에서 교육 전문가가 이야기하고 있습니다.
여: 자신의 아이를 매일 반드시 칭찬하고 있다는 부모는 일본에서 얼마나 있을까요? 아이는 칭찬받으면 자신감이 붙습니다. 매일 칭찬받으면 그 자신감은 보다 부풀어 올라, 자기 자신을 믿고 걸어 나갈 수 있는 아이로 자랍니다. 또, 칭찬받은 기쁨을 다시 얻으려고 더욱 노력할 것입니다. "장난만 치기 때문에"라든가 "다른 사람과 비교해 특히 뛰어난 부분이 없기 때문에"라는 부모도 있지만, 어떤 아이라도 뛰어난 점은 있으며 찾아내지 못했을 뿐입니다. "말끔히 정리를 할 수 있었다" 등 사소한 일이라도 괜찮습니다. 우선은 아이의 모습을 관찰해 보세요.

전문가는 주로 무엇에 대해 이야기하고 있습니까?

1 아이를 칭찬하지 않는 부모의 적음
2 아이의 능숙한 칭찬 방법
3 **자신감을 가진 아이로 키우는 방법**
4 노력을 할 수 있는 아이의 특징

해설 전문가가 텔레비전에서 어떤 이야기를 하는지 전체적인 흐름을 파악하며 주의 깊게 듣는다. 전문가가 子どもはほめられると自信がつきます。毎日ほめられればその自信はより膨らんで、自分自身を信じて歩んでいける子に育ちます(아이는 칭찬받으면 자신감이 붙습니다. 매일 칭찬받으면 그 자신감은 보다 부풀어 올라, 자기 자신을 믿고 걸어 나갈 수 있는 아이로 자랍니다)라고 말한 다음, どんな子どもでも優れているところはあって探し出せていないだけです(어떤 아이라도 뛰어난 점은 있으며 찾아내지 못했을 뿐입니다)라고 언급했다. 질문에서 전문가가 하는 말의 주제를 물었으므로, 3 自信を持った子どもに育てる方法(자신감을 가진 아이로 키우는 방법)가 정답이다.

어휘 テレビ 圏 텔레비전　教育 きょういく 圏 교육
専門家 せんもんか 圏 전문가　自分 じぶん 圏 자신
子ども こども 圏 아이　毎日 まいにち 圏 매일
必ず かならず 囲 반드시　ほめる 圏 칭찬하다　親 おや 圏 부모
日本 にほん 圏 일본　自信 じしん 圏 자신감　つく 圏 붙다, 생기다
より 囲 보다, 더욱　膨らむ ふくらむ 圏 부풀어 오르다
自身 じしん 圏 자신　信じる しんじる 圏 믿다　歩む あゆむ 圏 걷다
育つ そだつ 圏 자라다　また 囲 또　喜び よろこび 圏 기쁨
再度 さいど 囲 다시　得る える 圏 얻다　さらに 囲 더욱
努力 どりょく 圏 노력　いたずら 圏 장난
他人 たにん 圏 다른 사람, 타인　比べる くらべる 圏 비교하다
特に とくに 囲 특히　優れる すぐれる 圏 뛰어나다
部分 ぶぶん 圏 부분　探し出す さがしだす 圏 찾아내다
きちんと 囲 말끔히　片付け かたづけ 圏 정리
些細だ ささいだ ㋾ 사소하다　まず 囲 우선
様子 ようす 圏 모습, 상태　観察 かんさつ 圏 관찰
少なさ すくなさ 圏 적음　上手だ じょうずだ ㋾ 능숙하다
ほめ方 ほめかた 圏 칭찬 방법　育てる そだてる 圏 키우다
方法 ほうほう 圏 방법　特徴 とくちょう 圏 특징

6

[음성]
ラジオで女の人が話しています。
女: 節約がうまくいかない方は習慣を見直してください。私は昨年まで節約のつもりで割引価格で買ったほうが得だと、一度に大量のセール品を買っていました。冷凍庫はセール品の食材、押し入れはセール品の日用品がぱんぱんに詰まっていました。結局中身が分からない状態なので、また同じものを買ってしまう。繰り返すうちに節約ではなく無駄遣いだと気付いて、その時に必要なものだけを買うことにしました。すると、セールの時よりも商品の価格は高いはずなのに以前よりも貯金に回せる額が増えたんです。

女の人は主に何について話していますか。

1 セール品を使ったレシピ
2 ものがうまく整理できない原因
3 値段よりも質の重要性
4 **お金があまりたまらなかった理由**

해석 라디오에서 여자가 이야기하고 있습니다.
여: 절약이 잘 되지 않는 분은 습관을 재검토해 보세요. 저는 작년까지 절약할 생각으로 할인 가격으로 사는 편이 이득이라며, 한 번에 대량의 세일 상품을 사고 있었습니다. 냉동고는 세일 상품인 식재료, 벽장은 세일 상품인 일용품이 빵빵하게 꽉 차 있었습니다. 결국 내용물을 모르는 상태라서, 또 같은 물건을 사고 만다. 반복하는 사이에 절약이 아니라 낭비라고 깨닫고, 그때에 필요한 것만을 사기로 했습니다. 그러자, 세일 때보다도 상품의 가격은 높을 터인데 이전보다도 저금에 돌릴 수 있는 금액이 늘어난 겁니다.

여자는 주로 무엇에 대해 이야기하고 있습니까?

1 세일 상품을 사용한 레시피
2 물건을 잘 정리할 수 없는 원인
3 가격보다도 질의 중요성
4 **돈이 그다지 모이지 않았던 이유**

해설 여자가 라디오에서 어떤 이야기를 하는지 전체적인 흐름을 파악하며 주의 깊게 듣는다. 여자가 割引価格で買ったほうが得だと、一度に大量のセール品を買っていました(할인 가격으로 사는 편이 이득이라며, 한 번에 대량의 세일 상품을 사고 있었습니다)라고 말한 다음, 無駄遣いだと気付いて、その時に必要なものだけを買うことにしました。すると、セールの時よりも商品の価格は高いはずなのに以前よりも貯金に回せる額が増えたんです(낭비라고 깨닫고, 그때에 필요한 것만을 사기로 했습니다. 그러자, 세일 때보다도 상품의 가격은 높을 터인데 이전보다도 저금에 돌릴 수 있는 금액이 늘어난 겁니다)라고 언급했다. 질문에서 여자가 하는 말의 주제를 물었으므로, 4 お金があまりたまらなかった理由(돈이 그다지 모이지 않았던 이유)가 정답이다.

어휘 ラジオ 圏 라디오　節約 せつやく 圏 절약　うまくいく 잘 되다

方 かた 圏분　習慣 しゅうかん 圏습관
見直す みなおす 圏재검토하다　昨年 さくねん 圏작년
割引 わりびき 圏할인　価格 かかく 圏가격　買う かう 圏사다
得だ とくだ な형이득이다　一度 いちど 圏한 번
大量 たいりょう 圏대량　セール品 セールひん 圏세일 상품
冷凍庫 れいとうこ 圏냉동고　食材 しょくざい 圏식재료
押し入れ おしいれ 圏벽장
日用品 にちようひん 圏일용품, 생활 필수품
ぱんぱんだ な형빵빵하다　詰まる つまる 圏꽉 차다
結局 けっきょく 圏결국　中身 なかみ 圏내용물
状態 じょうたい 圏상태　また 圏또　同じ おなじ 같은
繰り返す くりかえす 圏반복하다　~うちに ~(하)는 사이에
無駄遣い むだづかい 圏낭비　気付く きづく 圏깨닫다
必要だ ひつようだ な형필요하다　すると 圏그러자　セール 圏세일
商品 しょうひん 圏상품　高い たかい い형비싸다
~はずだ ~(할) 터이다　以前 いぜん 圏이전　貯金 ちょきん 圏저금
回す まわす 圏돌리다　額 がく 圏금액　増える ふえる 圏늘어나다
レシピ 圏레시피　整理 せいり 圏정리　原因 げんいん 圏원인
値段 ねだん 圏가격　質 しつ 圏질　重要性 じゅうようせい 圏중요성
お金 おかね 圏돈　あまり 圏그다지　たまる 圏모이다
理由 りゆう 圏이유

7

[음성]
テレビでアナウンサーと教授が話しています。
女: 本日はアオウミガメの研究を行っている東西大学の安藤教授にお話を伺います。安藤教授、よろしくお願いします。
男: よろしくお願いします。
女: ウミガメはその名の通り海で暮らすカメですが、その種類は7種類と少ないそうです。教授はそのうちの一つであるアオウミガメを研究されているんですよね。
男: はい。アオウミガメは貴重な動物です。保護が進んでいますが、その数は減少しています。その理由に環境問題があります。年々、気温も海水温度も全体的に上がっていますよね。
女: はい、アオウミガメは暑さに弱い生き物なのでしょうか。
男: そういうわけではありません。どのウミガメも海岸に穴を掘ってそこに卵を産むんですが、性別は卵の時の温度によって決まるんです。
女: つまり気温や海水温度によって、どちらか一方だけが少なくなるということですね。
男: そうなんです。この状態が続くと現在も数が少ないアオウミガメですから、何十年後かには地球上から消えてしまいます。

女: そんなところにまで被害が出ているなんて。この問題について私たちはより深く受け止める必要がありますね。

教授は主に何について話していますか。
1　アオウミガメの研究を始めたきっかけ
2　アオウミガメと他のウミガメの違い
3　アオウミガメが好む海水の温度
4　アオウミガメへの地球温暖化の影響

해석 텔레비전에서 아나운서와 교수가 이야기하고 있습니다.
여: 오늘은 푸른바다거북의 연구를 하고 있는 동서대학의 안도 교수님에게 이야기를 여쭙겠습니다. 안도 교수님, 잘 부탁드립니다.
남: 잘 부탁드립니다.
여: 바다거북은 이름 그대로 바다에서 생활하는 거북인데요, 그 종류는 7가지로 적다고 합니다. 교수님은 그 중 하나인 푸른바다거북을 연구하고 계시죠?
남: 네. 푸른바다거북은 귀중한 동물입니다. 보호가 진행되고 있지만, 그 수는 감소하고 있습니다. 그 이유로 환경 문제가 있습니다. 해마다, 기온도 해수 온도도 전체적으로 오르고 있지요.
여: 네, 푸른바다거북은 더위에 약한 생물인 것인가요?
남: 그런 것은 아닙니다. 어느 바다거북도 해안에 구멍을 파서 그곳에 알을 낳는데, 성별은 알일 때의 온도에 따라 정해집니다.
여: 즉 기온이나 해수 온도에 따라, 어느 한 쪽만이 적어진다는 것이군요.
남: 그렇습니다. 이 상태가 계속되면 현재도 수가 적은 푸른바다거북이니, 몇십 년 후인가에는 지구상에서 사라져 버립니다.
여: 그런 부분에까지 피해가 나오고 있다니. 이 문제에 대해 우리는 보다 깊이 대응할 필요가 있군요.

교수는 주로 무엇에 대해 이야기하고 있습니까?
1　푸른바다거북의 연구를 시작한 계기
2　푸른바다거북과 다른 바다거북의 차이
3　푸른바다거북이 선호하는 해수 온도
4　푸른바다거북에 대한 지구 온난화의 영향

해설 아나운서와 교수가 텔레비전에서 무엇에 대해서 이야기하고 있는지 전체적인 흐름을 파악하며 주의 깊게 듣는다. 교수가 アオウミガメは貴重な動物です。保護が進んでいますが、その数は減少しています。その理由に環境問題があります。年々、気温も海水温度も全体的に上がっていますよね(푸른바다거북은 귀중한 동물입니다. 보호가 진행되고 있지만, 그 수는 감소하고 있습니다. 그 이유로 환경 문제가 있습니다. 해마다, 기온도 해수 온도도 전체적으로 오르고 있지요)라고 말한 다음, 性別は卵の時の温度によって決まるんです(성별은 알일 때의 온도에 따라 정해집니다), この状態が続くと現在も数が少ないアオウミガメですから、何十年後かには地球上から消えてしまいます(이 상태가 계속되면 현재도 수가 적은 푸른바다거북이니, 몇십 년 후인가에는 지구상에서 사라져 버립니다)라고 언급했다. 질문에서 교수가 하는 말의 주제를 물었으므로, 4 アオウミガメへの地球温暖化の影響(푸른바다거북에 대한 지구 온난화의 영향)가 정답이다.

어휘 テレビ 몡텔레비전　アナウンサー 몡아나운서
教授 きょうじゅ 몡교수　本日 ほんじつ 몡오늘
アオウミガメ 몡푸른바다거북　研究 けんきゅう 몡연구
行う おこなう 동하다　大学 だいがく 몡대학　話 はなし 몡이야기
伺う うかがう 동여쭙다 (聞く의 겸양어)　ウミガメ 몡바다거북
名 な 몡이름　通り とおり 몡그대로　海 うみ 몡바다
暮らす くらす 동생활하다　カメ 몡거북　種類 しゅるい 몡종류
少ない すくない い형적다　貴重だ きちょうだ な형귀중하다
動物 どうぶつ 몡동물　保護 ほご 몡보호　進む すすむ 동진행되다
数 かず 몡수　減少 げんしょう 몡감소　理由 りゆう 몡이유
環境 かんきょう 몡환경　問題 もんだい 몡문제
年々 ねんねん 위해마다　気温 きおん 몡기온
海水 かいすい 몡해수　温度 おんど 몡온도
全体的だ ぜんたいてきだ な형전체적이다　上がる あがる 동오르다
暑さ あつさ 몡더위　弱い よわい い형약하다
生き物 いきもの 몡생물　海岸 かいがん 몡해안　穴 あな 몡구멍
掘る ほる 동파다　卵 たまご 몡알　産む うむ 동낳다
性別 せいべつ 몡성별　決まる きまる 동정해지다　つまり 위즉
一方 いっぽう 몡한 쪽　状態 じょうたい 몡상태
続く つづく 동계속되다　現在 げんざい 몡현재
地球上 ちきゅうじょう 지구상　消える きえる 동사라지다
被害 ひがい 몡피해　出る でる 동나오다, 발생하다　より 위보다, 더
深い ふかい い형깊다　受け止める うけとめる 동대응하다, 받아내다
必要 ひつよう 몡필요　始める はじめる 동시작하다
きっかけ 몡계기　違い ちがい 몡차이　好む このむ 동선호하다
地球 ちきゅう 몡지구　温暖化 おんだんか 몡온난화
影響 えいきょう 몡영향

8

[음성]
テレビで医者が話しています。
女：会社員の方は、よく「運動をする時間がない」と言います。たぶん、こういう方の運動のイメージは、外を30分以上歩くことなのではないかと思います。でも、実は、1日1回30分歩くのと、1日3回10分ずつ歩くのは、同じぐらい健康にいい効果があるのです。30分ずっと運動することは難しいかもしれませんが、10分ならできるかもしれないという気持ちになりますね。昼休みに散歩に行ったり、家に帰る時に1つ前のバス停で降りて家まで歩いて帰ったりして、普段の生活の中で無理をしないで10分という時間を作ってみましょう。

医者は主に何について話していますか。
1　会社員が運動できない理由
2　会社員の昼休みの過ごし方
3　少しずつ運動することのよさ
4　長い時間運動することのよさ

해석 텔레비전에서 의사가 이야기하고 있습니다.
여: 회사원 분은, 흔히 '운동을 할 시간이 없다'라고 말합니다. 아마, 이러한 분의 운동의 이미지는, 밖을 30분 이상 걷는 것이 아닐까 하고 생각합니다. 하지만, 실은, 1일 1회 30분 걷는 것과, 1일 3회 10분씩 걷는 것은, 비등하게 건강에 좋은 효과가 있는 것입니다. 30분 내리 운동하는 것은 어려울 지도 모르지만, 10분이라면 할 수 있을지도 모른다는 기분이 되지요. 점심시간에 산책하러 가거나, 집에 돌아갈 때에 1개 앞의 버스정류장에서 내려 집까지 걸어서 돌아가거나 해서, 평소의 생활 속에서 무리를 하지 않고 10분이라는 시간을 만들어 봅시다.

의사는 주로 무엇에 대해 이야기하고 있습니까?
1　회사원이 운동할 수 없는 이유
2　회사원의 점심시간 보내는 방법
3　조금씩 운동하는 것의 좋은 점
4　오랜 시간 운동하는 것의 좋은 점

해설 의사가 텔레비전에서 어떤 이야기를 하는지 전체적인 흐름을 파악하며 주의 깊게 듣는다. 의사가 1일 1회 30분 걷는 것과, 1일 3회 10분씩 걷는 것은, 동일한 정도로 건강에 좋은 효과가 있는 것입니다(1日 1回 30分 걷는 것과, 1일 3회 10분씩 걷는 것은, 비등하게 건강에 좋은 효과가 있는 것입니다)라고 언급했다. 질문에서 의사가 하는 말의 주제를 물었으므로, 3　少しずつ運動することのよさ(조금씩 운동하는 것의 좋은 점)가 정답이다.

어휘 テレビ 몡텔레비전　医者 いしゃ 몡의사
会社員 かいしゃいん 몡회사원　方 かた 몡분　よく 위흔히, 잘
運動 うんどう 몡운동　時間 じかん 몡시간　たぶん 위아마
イメージ 몡이미지　外 そと 몡밖　以上 いじょう 몡이상
歩く あるく 동걷다　でも 접하지만, 그렇더라도
実は じつは 실은, 사실은
同じぐらい おなじぐらい 비등하게, 비슷한 정도로
健康 けんこう 몡건강　効果 こうか 몡효과　ずっと 위내리, 쭉
難しい むずかしい い형어렵다　できる 동할 수 있다
気持ち きもち 몡기분, 마음　昼休み ひるやすみ 몡점심시간
散歩 さんぽ 몡산책　行く いく 동가다　家 いえ 몡집
帰る かえる 동돌아가다, 돌아오다　前 まえ 몡앞, 전
バス停 バスてい 몡버스정류장　降りる おりる 동내리다
~まで 조~까지　普段 ふだん 몡평소, 평상시
生活 せいかつ 몡생활　中 なか 몡속, 가운데　無理 むり 몡무리
作る つくる 동만들다　主に おもに 위주로　理由 りゆう 몡이유
過ごし方 すごしかた 보내는 방법　少しずつ すこしずつ 조금씩
よさ 몡좋은 점　長い ながい い형오래다, 길다

9

[음성]
会社で男の人と女の人が話しています。
男：ああ、暑い。エアコンの温度、もっと下げられないの？
女：今月からうちの会社はエネルギー節約のために、エアコンの温度をいつも28度にすることになったじゃない。
男：ああ、そうだったね。

女: それだけじゃなくて、昼休みに外に出るときは、エアコンやパソコンを切ってから出ましょうって、おとといた田中さんからメールが来てたわよ。
男: ああ、それは読んだ。エネルギーの節約になるだけじゃなくて、電気代の節約にもなるって、書いてあったね。
女: うん。小さいことでも、みんなですれば、結構大きな金額になるわよ。
男: そっか…。会社の言うこともわからなくはないんだけど、この暑さじゃ仕事にならないよ。

男の人は会社のエアコンの温度を28度にすることについてどう思っていますか。
1 地球の環境を守るために賛成だ
2 会社の電気代が減るので賛成だ
3 自分の給料が減るので反対だ
4 仕事に集中できないので反対だ

해석 회사에서 남자와 여자가 이야기하고 있습니다.
남: 아, 덥다. 에어컨의 온도, 더 내릴 수 없어?
여: 이번 달부터 우리 회사는 에너지 절약을 위해서, 에어컨의 온도를 항상 28도로 하기로 되었잖아.
남: 아, 그랬지.
여: 그것뿐만 아니라, 점심시간에 밖에 나갈 때는, 에어컨이랑 컴퓨터를 끄고 나서 나갑시다라고, 그저께 다나카 씨로부터 메일이 와 있었어.
남: 아, 그건 읽었어. 에너지의 절약이 될 뿐만 아니라, 전기 요금의 절약도 된다고, 적혀 있었지.
여: 응. 작은 것이라도, 다 함께 한다면, 꽤 큰 금액이 돼.
남: 그런가… 회사가 말하는 것도 모르겠는 건 아니지만, 이 더위로는 일을 할 수 없어.

남자는 회사의 에어컨의 온도를 28도로 하는 것에 대해 어떻게 생각하고 있습니까?

1 지구의 환경을 지키기 위해서 찬성이다
2 회사의 전기 요금이 줄기 때문에 찬성이다
3 자신의 급료가 줄기 때문에 반대다
4 일에 집중할 수 없기 때문에 반대다

해설 여자와 남자가 무엇에 대해서 이야기하고 있는지 전체적인 흐름을 파악하며 주의 깊게 듣는다. 대화에서, 남자가 会社の言うこともわからなくはないんだけど、この暑さじゃ仕事にならないよ(회사가 말하는 것도 모르겠는 건 아니지만, 이 더위로는 일을 할 수 없어)라고 했다. 질문에서 에어컨의 온도를 28도로 하는 것에 대한 남자의 생각을 물었으므로, 4 仕事に集中できないので反対だ(일에 집중할 수 없기 때문에 반대다)가 정답이다.

어휘 会社 かいしゃ 몡회사　暑い あつい い형덥다　エアコン 몡에어컨　温度 おんど 몡온도　もっと 用더, 더욱　下げる さげる 동내리다　今月 こんげつ 몡이번 달　~から 조~부터　うち 몡우리　エネルギー 몡에너지　節約 せつやく 몡절약　~ために 조~위해서　いつも 用항상, 언제나　昼休み ひるやすみ 몡점심시간

外 そと 몡밖　出る でる 동나가다　パソコン 몡컴퓨터　切る きる 동끄다, 자르다　おととい 몡그저께　メール 몡메일　来る くる 동오다　読む よむ 동읽다　電気代 でんきだい 몡전기 요금, 전기세　~って 조~라고　書く かく 동적다, 쓰다　小さい ちいさい い형작다　~でも 조~라도　みんなで 다 함께, 모두 함께　結構 けっこう 用꽤, 제법　大きな おおきな 큰　金額 きんがく 몡금액　言う いう 동말하다　わかる 동알다　暑さ あつさ 몡더위　仕事 しごと 몡일, 업무, 직업　地球 ちきゅう 몡지구　環境 かんきょう 몡환경　守る まもる 동지키다　賛成 さんせい 몡찬성　減る へる 동줄다, 감소하다　~ので 조~때문에　自分 じぶん 몡자신　給料 きゅうりょう 몡급료　反対 はんたい 몡반대　集中 しゅうちゅう 몡집중　できる 동할 수 있다

문제 4 발화표현

실력 다지기

p.366

01 ①　02 ②　03 ①　04 ①　05 ②
06 ①　07 ②　08 ①

01

[문제지]

[음성]
駐車場に車が止められるかどうか知りたいです。係の人に、何と言いますか。
女: ① 駐車場に空いているところありますか。
　　② 駐車場に車が止められません。

해석 주차장에 차를 세울 수 있는지 어떤지 알고 싶습니다. 담당자에게, 뭐라고 말합니까?
여: ① 주차장에 비어 있는 곳 있나요?
　　② 주차장에 차를 세울 수 없어요.

어휘 駐車場 ちゅうしゃじょう 몡주차장　車 くるま 몡차　止める とめる 동세우다　知る しる 동알다　係の人 かかりのひと 담당자　空く あく 동비다

02

[문제지]

[음성]
友達が新しいゲームを買いました。借りてやってみたいです。何と言いますか。

男: ① 今これやってみてもいいよ。
　　② あの、これやってみたいんだけど。

해석 친구가 새로운 게임을 샀습니다. 빌려서 해보고 싶습니다. 뭐라고 말합니까?
남: ① 지금 이거 해봐도 괜찮아.
　　② 저기, 이거 해보고 싶은데.

어휘 友達 ともだち 몡친구　新しい あたらしい い형새롭다
　　 ゲーム 몡게임　買う かう 동사다　借りる かりる 동빌리다
　　 今 いま 몡지금　～けど 조~은데

03

[문제지]

[음성]
会社に客が来ました。客に何と言いますか。

男: ① こちらの部屋でおかけになってお待ちください。
　　② こちらに座っております。

해석 회사에 손님이 왔습니다. 손님에게 뭐라고 말합니까?
남: ① 이쪽 방에서 앉아서 기다려 주세요.
　　② 여기 앉아 있습니다.

어휘 会社 かいしゃ 몡회사　客 きゃく 몡손님　来る くる 동오다
　　 部屋 へや 몡방　おかけになる 앉으시다(座る의 존경 표현)
　　 待つ まつ 동기다리다　座る すわる 동앉다

04

[문제지]

[음성]
先生に作文を見てもらいました。先生に何と言いますか。

女: ① 先生、ありがとうございます。
　　② 先生、おめでとうございます。

해석 선생님께서 작문을 봐 주었습니다. 선생님께 뭐라고 말합니까?
여: ① 선생님, 감사합니다.
　　② 선생님, 축하드립니다.

어휘 先生 せんせい 몡선생님　作文 さくぶん 몡작문　見る みる 동보다

05

[문제지]

[음성]
図書館のパソコンはゲーム禁止です。図書館のパソコンでゲームをしている学生がいます。何と言いますか。

男: ① 図書館のパソコンでゲームをしてもかまいません。
　　② 図書館のパソコンではゲームをしてはいけません。

해석 도서관 컴퓨터는 게임 금지입니다. 도서관 컴퓨터로 게임을 하는 학생이 있습니다. 뭐라고 말합니까?
남: ① 도서관 컴퓨터로 게임을 해도 상관없습니다.
　　② 도서관 컴퓨터로는 게임을 해서는 안됩니다.

어휘 図書館 としょかん 몡도서관　パソコン 몡컴퓨터, PC
　　 ゲーム 몡게임　禁止 きんし 몡금지　学生 がくせい 몡학생
　　 かまわない 상관없다

06

[문제지]

[음성]
コピー機の使い方がわかりません。先輩に何と言いますか。

女: ① これどう使うのか知ってますか。
② 私が教えてあげますよ。

해석 복사기의 사용법을 모릅니다. 선배에게 뭐라고 말합니까?
여: ① 이거 어떻게 사용하는지 알고 있나요?
② 제가 가르쳐줄게요.

어휘 コピー機 コピーき 몡복사기 使い方 つかいかた 몡사용법
わかる 툉알다 先輩 せんぱい 몡선배 使う つかう 툉사용하다
知る しる 툉알다 教える おしえる 툉가르치다

07

[문제지]

[음성]
課題をするために先生の資料が必要です。何と言いますか。

男: ① この資料貸してあげますか。
② この資料貸していただけますか。

해석 과제를 하기 위해서 선생님의 자료가 필요합니다. 뭐라고 말합니까?
남: ① 이 자료 빌려줄까요?
② 이 자료 빌려 받을 수 있나요?

어휘 課題 かだい 몡과제 先生 せんせい 몡선생님
~ために ~위해서, 때문에 資料 しりょう 몡자료
必要だ ひつようだ な형필요하다 貸す かす 툉빌려주다

08

[문제지]

[음성]
約束の時間に少し遅れてしまいました。友達に何と言いますか。

女: ① 待たせて本当にごめん。
② 間に合ってよかったね。

해석 약속 시간에 조금 늦어버렸습니다. 친구에게 뭐라고 말합니까?
여: ① 기다리게 해서 정말로 미안해.
② 시간에 맞춰서 다행이네.

어휘 約束 やくそく 몡약속 時間 じかん 몡시간 少し すこし 🖳조금
遅れる おくれる 툉늦다 友達 ともだち 몡친구
待つ まつ 툉기다리다 本当に ほんとうに 정말로
間に合う まにあう 툉시간에 맞추다

실전 대비하기   p.368

1 2   **2** 2   **3** 2   **4** 3

문제 4에서는, 그림을 보면서 질문을 들어주세요. 화살표(➡)의 사람은 뭐라고 말합니까? 1부터 3 중에서, 가장 알맞은 것을 하나 골라주세요.

1

[문제지]

[음성]
雨が降っています。友達の傘を借りたいです。友達に何と言いますか。

男: 1 二つあっても、一つしか使わないよ。
　　2 二つあるなら、一つ貸してくれない？
　　3 二つあるから、一つ貸してあげようか。

해석 비가 내리고 있습니다. 친구의 우산을 빌리고 싶습니다. 친구에게 뭐라고 말합니까?
　　남: 1 두 개 있어도, 한 개밖에 쓰지 않아.
　　　 2 두 개가 있다면, 한 개 빌려주지 않을래?
　　　 3 두 개가 있으니까, 한 개 빌려줄까?

해설 우산을 빌리고 싶을 때, 할 수 있는 말을 고르는 문제이다.
1 (X) 一つしか使わないよ는 '한 개밖에 쓰지 않아'라는 말이므로 오답이다.
2 (O) 一つ貸してくれない？가 '한 개 빌려주지 않을래?'라는 말이므로 정답이다.
3 (X) 一つ貸してあげようか는 '한 개 빌려줄까?'라는 말이므로 오답이다.

어휘 雨 あめ 명 비　降る ふる 동 내리다　友達 ともだち 명 친구
　　傘 かさ 명 우산　借りる かりる 동 빌리다　～しか 조 ~밖에
　　使う つかう 동 쓰다, 사용하다　～なら ~라면　貸す かす 동 빌려주다

2

[문제지]

[음성]
駅がどこにあるかわかりません。何と言いますか。

女: 1 あの、すみません。駅ってどんな所ですか。
　　2 あの、すみません。駅に行きたいんですが…。
　　3 あの、すみません。駅で迷ってしまったんです。

해석 역이 어디에 있는지 모르겠습니다. 뭐라고 말합니까?
　　여: 1 저, 실례합니다. 역이란 어떤 곳입니까?
　　　 2 저, 실례합니다. 역에 가고 싶습니다만….
　　　 3 저, 실례합니다. 역에서 길을 잃어버렸습니다.

해설 역이 어디에 있는지 모를 때, 할 수 있는 말을 고르는 문제이다.
1 (X) 駅ってどんな所는 '역이란 어떤 곳'이라는 말이므로 오답이다.
2 (O) 駅に行きたい가 '역에 가고 싶다'라는 말이므로 정답이다.
3 (X) 駅で迷ってしまった는 '역에서 길을 잃어버렸다'라는 말이므로 오답이다.

어휘 駅 えき 명 역　わかる 동 알다　～って 조 ~(이)란, 은
　　行く いく 동 가다　迷う まよう 동 (길을) 잃다, 헤매다

3

[문제지]

[음성]
お客さんがたばこを吸ってはいけない所でたばこを吸っています。お客さんに何と言いますか。

女: 1 すみませんが、たばこは吸わないほうがいいです。
　　2 申し訳ありませんが、たばこはご遠慮ください。
　　3 ここでたばこは吸わなくちゃいけないんです。

해석 손님이 담배를 피우면 안 되는 곳에서 담배를 피우고 있습니다. 손님에게 뭐라고 말합니까?
　　여: 1 죄송하지만, 담배는 피우지 않는 편이 좋습니다.
　　　 2 죄송합니다만, 담배는 삼가 주세요.
　　　 3 여기서 담배는 피우지 않으면 안 됩니다.

해설 담배를 피우면 안 되는 곳에서 담배를 피우고 있는 사람에게 할 수 있는 말을 고르는 문제이다.
1 (X) 吸わないほうがいい는 '피우지 않는 편이 좋다'라는 말이므로 오답이다.
2 (O) ご遠慮ください가 '삼가 주세요'라는 말이므로 정답이다.
3 (X) 吸わなくちゃいけない는 '피우지 않으면 안 된다'라는 말이므로 오답이다.

어휘 お客さん おきゃくさん 명 손님　たばこ 명 담배　吸う すう 동 피우다
　　申し訳ない もうしわけない い형 죄송하다, 미안하다
　　遠慮 えんりょ 명 삼가함, ~(하)지 않음
　　～なくちゃいけない ~(하)지 않으면 안 된다

4

[문제지]

[음성]
デパートでスカートを履いてみましたが、少し大きいです。お店の人に何と言いますか。

女: 1　もう少し小さくしてもらえませんか。
　　 2　もう少し小さくなったらいいんですが。
　　 3　もう少し小さいのはありませんか。

해석 백화점에서 치마를 입어보았는데, 조금 큽니다. 점원에게 뭐라고 말합니까?
여: 1　조금 더 작게 해줄 수 없습니까?
　　 2　조금 더 작아지면 좋겠는데요.
　　 3　조금 더 작은 것은 없습니까?

해설 백화점에서 입어본 치마의 사이즈가 조금 클 때, 할 수 있는 말을 고르는 문제이다.
1 (X) 小さくしてもらえませんか는 '작게 해줄 수 없습니까?'라는 말이므로 오답이다.
2 (X) 小さくなったらいいんですが는 '작아지면 좋겠는데요'라는 말이므로 오답이다.
3 (O) 小さいのはありませんか가 '작은 것은 없습니까?'라는 말이므로 정답이다.

어휘 デパート 명 백화점　スカート 명 치마, 스커트
　　 履く はく 동 (하의를) 입다　少し すこし 부 조금, 약간
　　 大きい おおきい い형 크다　お店の人 おみせのひと 점원
　　 もう少し もうすこし 부 조금 더　小さい ちいさい い형 작다

문제 5 즉시응답

실력 다지기
p.372

| 01 ② | 02 ② | 03 ① | 04 ② | 05 ① |
| 06 ② | 07 ① | 08 ① | 09 ① | 10 ② |

01
[음성]
男: パーティーがすぐ始まるから料理をテーブルに並べようか。
女: ① 昨日作った料理はとてもおいしかった。
　　 ② 少し早いんじゃない？

해석 남: 파티가 곧 시작되니까 요리를 테이블에 차려놓을까?
여: ① 어제 만든 요리는 참 맛있었어.
　　 ② 조금 이르지 않아?

어휘 パーティー 명 파티　すぐ 부 곧　始まる はじまる 동 시작되다
　　 ~から 조 ~니까　料理 りょうり 명 요리　テーブル 명 테이블
　　 並べる ならべる 동 차려놓다, 늘어놓다　昨日 きのう 명 어제
　　 作る つくる 동 만들다　とても 부 참, 매우　おいしい い형 맛있다
　　 少し すこし 부 조금　早い はやい い형 이르다

02
[음성]
女: 木村君、この資料20部コピーしてくれますか。
男: ① はい、もらえたらいいですね。
　　 ② はい、しておきます。

해석 여: 기무라 군, 이 자료 20부 복사해 줄래요?
남: ① 네, 받을 수 있으면 좋겠네요.
　　 ② 네, 해 두겠습니다.

어휘 資料 しりょう 명 자료　コピー 명 복사　もらう 동 받다

03
[음성]
男: 岡田さん、出張の準備を手伝いましょうか。
女: ① ありがとうございます。でも、大丈夫です。
　　 ② ありがとうございます。おかげさまで早く終わりました。

해석 남: 오카다 씨, 출장 준비를 도울까요?
여: ① 고마워요. 그런데, 괜찮아요.
　　 ② 고마워요. 덕분에 빨리 끝났어요.

어휘 出張 しゅっちょう 명 출장　準備 じゅんび 명 준비
　　 手伝う てつだう 동 돕다　でも 접 그런데
　　 大丈夫だ だいじょうぶだ な형 괜찮다　おかげさまで 덕분에
　　 早く はやく 부 빨리　終わる おわる 동 끝나다

04
[음성]
女: 明日の歓迎会は7時に始まるの。遅れないようにね。
男: ① はい、気がつきます。
　　 ② はい、気をつけます。

해석 여: 내일 환영회는 7시에 시작돼. 늦지 않도록 해.
남: ① 네, 깨닫겠습니다.
　　 ② 네, 주의하겠습니다.

어휘 明日 あした 명 내일　歓迎会 かんげいかい 명 환영회
　　 始まる はじまる 동 시작되다　遅れる おくれる 동 늦다
　　 気がつく きがつく 깨닫다　気をつける きをつける 주의하다

05
[음성]
男: 松本先輩、もしかして田中さんの連絡先ご存じですか。
女: ① メールアドレスでもいい？
　　 ② 連絡先、教えてくれてありがとう。

해석 남: 마츠모토 선배님, 혹시 다나카 씨의 연락처 알고 계시나요?
　　여: ① 메일 주소라도 괜찮아?
　　　　② 연락처, 알려줘서 고마워.

어휘 先輩 せんぱい 図선배(님)　もしかして 風혹시
　　　連絡先 れんらくさき 図연락처
　　　ご存じだ ごぞんじだ 알고 계시다(知っている의 존경어)
　　　メールアドレス 図메일 주소　教える おしえる 图알려주다

06

[음성]
女: 山本さんが遅いですね。電話してみたほうがいいんじゃないですか。
男: ① 遅くなったほうがいい。
　　② うん、そうしようか。

해석 여: 야마모토 씨가 늦네요. 전화해보는 편이 좋지 않을까요?
　　남: ① 늦어지는 편이 좋아.
　　　　② 응, 그렇게 할까?

어휘 遅い おそい い형늦다　電話 でんわ 図전화

07

[음성]
男: 袋にお入れしましょうか。
女: ① いいえ、大丈夫です。
　　② 入ると思います。

해석 남: 봉투에 넣어 드릴까요?
　　여: ① 아니요, 괜찮습니다.
　　　　② 들어간다고 생각합니다.

어휘 袋 ふくろ 図봉투　入れる いれる 图넣다
　　　大丈夫だ だいじょうぶだ な형괜찮다　入る はいる 图들어가다

08

[음성]
女: 今日は雪が降って、道が混んでるみたいだよ。
男: ① ちょっと早めに出発するのがいいかもね。
　　② 雪が降ったらいいね。

해석 여: 오늘은 눈이 내려서, 길이 붐비는 것 같아.
　　남: ① 조금 일찍 출발하는 것이 좋을지도 모르겠네.
　　　　② 눈이 오면 좋겠네.

어휘 今日 きょう 図오늘　雪 ゆき 図눈　降る ふる 图내리다
　　　道 みち 図길　混む こむ 图붐비다　ちょっと 풔조금
　　　早めに はやめに 풔일찍　出発 しゅっぱつ 図출발
　　　～かも ~(일)지도 모른다

09

[음성]
男: 今朝の授業にはなぜ来なかったの?
女: ① 朝寝坊しちゃったの。
　　② 今から行くつもりだよ。

해석 남: 오늘 아침 수업에는 왜 안 왔어?
　　여: ① 늦잠을 자 버렸어.
　　　　② 지금부터 갈 예정이야.

어휘 今朝 けさ 図오늘 아침　授業 じゅぎょう 図수업　なぜ 풔왜
　　　来る くる 图오다　朝寝坊 あさねぼう 図늦잠을 잠
　　　～ちゃう ~(해) 버리다　今 いま 図지금　～から 图~부터
　　　行く いく 图가다　つもり 図예정

10

[음성]
女: お入りください。すぐお茶を入れますね。
男: ① どういたしまして。
　　② おかまいなく。

해석 여: 들어오세요. 금방 차를 내올게요.
　　남: ① 천만에요.
　　　　② 신경 쓰지 않으셔도 됩니다.

어휘 入る はいる 图들어오다　すぐ 풔금방
　　　お茶を入れる おちゃをいれる 차를 내오다
　　　かまう 图신경쓰다, 상관하다

실전 대비하기

p.373

1 1	2 3	3 2	4 2	5 1
6 3	7 3	8 1	9 2	10 3
11 2	12 3	13 2	14 1	15 1
16 3	17 3	18 2	19 1	20 2
21 3	22 1	23 3	24 3	25 2
26 1	27 2			

문제 5에서는, 문제 용지에 아무것도 인쇄되어 있지 않습니다. 먼저 문장을 들어주세요. 그리고, 그 대답을 듣고, 1부터 3 중에서, 가장 알맞은 것을 하나 골라주세요.

1

[음성]
男: 今出発しても、9時の電車には間に合いそうもないな。

女: 1 じゃあ、その次の電車にしようよ。
　　2 じゃあ、もうすぐ電車が来るかもね。
　　3 じゃあ、早く乗らなきゃね。

해석 남: 지금 출발해도, 9시 전철에는 시간에 맞출 수 있을 것 같지도 않네.
　　여: 1 그럼, 그 다음 전철로 하자.
　　　　2 그럼, 이제 곧 전철이 올지도 몰라.
　　　　3 그럼, 빨리 타지 않으면 안 되네.

해설 남자가 전철의 시간을 맞추기 어려울 것 같다고 문제 언급을 하는 상황이다.
　　1 (O) '그럼, 그 다음 전철로 하자'라며 방안을 제시했으므로 적절한 응답이다.
　　2 (X) 9시 전철에는 시간을 못 맞출 것 같다고 한 상황에 맞지 않다.
　　3 (X) '지금 출발해도 늦는다'라는 내용을 전달한 남자의 말에 早く(빨리)를 사용하여 혼동을 준 오답이다.

어휘 今 いま 명지금　出発 しゅっぱつ 명출발　電車 でんしゃ 명전철
　　　間に合う まにあう 동시간에 맞추다, 시간에 맞게 가다　じゃあ 집그럼
　　　次 つぎ 명다음　もうすぐ 이제 곧　来る くる 동오다
　　　~かも ~(일)지도 모른다　早く はやく 부빨리　乗る のる 동타다
　　　~なきゃ ~(하)지 않으면 안 된다

2

[음성]
女: 日程のことを考えると、企画を進めておいたほうがいいと思うけどなあ。
男: 1 うまく進んでいるみたいだね。
　　2 締め切りには間に合ったはずだけど。
　　3 それは部長のチェックを受けてからでないと。

해석 여: 일정을 생각하면, 기획을 진행해 두는 편이 좋다고 생각하는데.
　　남: 1 잘 진행되고 있는 것 같네.
　　　　2 마감에는 맞췄을 텐데.
　　　　3 그건 부장님의 확인을 받고 나서가 아니면.

해설 여자가 기획을 진행해 두는 것이 좋겠다며 의견을 제시하는 상황이다.
　　1 (X) 기획을 진행해 두는 편이 좋다, 즉 아직 진행하지 않은 상황에 맞지 않다.
　　2 (X) 日程(일정)와 관련된 締め切り(마감)를 사용하여 혼동을 준 오답이다.
　　3 (O) '부장님의 확인을 받고 나서가 아니면'이라며 반대 의견을 제시하고 있으므로 적절한 응답이다.

어휘 日程 にってい 명일정　考える かんがえる 동생각하다
　　　企画 きかく 명기획　進める すすめる 동진행하다
　　　~ほうがいい ~하는 편이 좋다　思う おもう 동생각하다　うまく 잘
　　　進む すすむ 동진행되다　~みたいだ ~인 것 같다
　　　締め切り しめきり 명마감　間に合う まにあう 동(시간에) 맞추다
　　　~はずだ ~일 것이다　部長 ぶちょう 명부장(님)
　　　チェック 명확인, 체크　受ける うける 동받다　~てから ~하고 나서

3

[음성]
男: 頼まれていたデータを整理し終わったので、お先に失礼します。
女: 1 全然失礼ではないよ。
　　2 手伝ってくれてありがとう。
　　3 おじゃまして悪かったね。

해석 남: 부탁받았던 데이터를 다 정리했으니, 먼저 가 보겠습니다.
　　여: 1 전혀 실례가 아니야.
　　　　2 도와줘서 고마워.
　　　　3 방해해서 미안해.

해설 남자가 맡은 일을 끝마쳐서 먼저 퇴근하겠다고 인사하는 상황이다.
　　1 (X) 질문에서 '가 봄(헤어질 때 쓰는 가벼운 인사말)'이라는 뜻으로 쓰인 失礼를 '실례(예의가 결여된 것)'라는 뜻으로 사용하여 혼동을 준 오답이다.
　　2 (O) 남자가 도와준 것에 대해 감사 인사를 하고 있으므로 적절한 응답이다.
　　3 (X) 남자의 도움을 받은 상황에 悪かったね(미안해)를 사용하여 혼동을 준 오답이다.

어휘 頼む たのむ 동부탁하다　データ 명데이터　整理 せいり 명정리
　　　~終わる ~おわる 다 ~하다　先に さきに 부먼저
　　　失礼 しつれい 명가 봄, 실례　全然 ぜんぜん 부전혀
　　　手伝う てつだう 동돕다, 도와주다　じゃま 명방해
　　　悪い わるい い형미안하다

4

[음성]
男: 小林さんって勉強してないって言うわりに成績がいいよね。
女: 1 頑張って良かったね。
　　2 隠れて努力してるに決まってるでしょ。
　　3 勉強してないんだから当たり前だよ。

해석 남: 고바야시 씨는 공부하지 않았다고 말하는 것치고 성적이 좋지?
　　여: 1 열심히 해서 잘됐네.
　　　　2 숨어서 노력하고 있음에 틀림없어.
　　　　3 공부하지 않았으니까 당연해.

해설 남자가 공부하지 않았다고 한 고바야시가 성적이 좋은 것에 대해 의아해하는 상황이다.
　　1 (X) 공부하지 않은 상황에 맞지 않다.
　　2 (O) 고바야시의 성적이 좋은 것에 대해 이유를 추측하고 있으므로 적절한 응답이다.
　　3 (X) 성적이 좋다고 한 남자의 말과 맞지 않다.

어휘 ~って ~는　勉強 べんきょう 명공부　言う いう 동말하다
　　　~わりに ~것치고　成績 せいせき 명성적
　　　頑張る がんばる 동열심히 하다　隠れる かくれる 동숨다
　　　努力 どりょく 명노력

~に決まってる ~にきまってる ~임에 틀림없다
当たり前だ あたりまえだ [な형] 당연하다

5

[음성]
女: あれ？ おかしいな。ボタンを押しても動かない…。
男: 1 本当だね。壊れちゃったのかな。
　　2 でも、動いちゃだめだよ。
　　3 だから、無理しない方がいいよ。

해석 여: 어라? 이상하네. 버튼을 눌러도 움직이지 않아….
남: 1 정말이네. 고장 나버린 걸까?
　　2 하지만, 움직이면 안 돼.
　　3 그러니까, 무리하지 않는 편이 좋아.

해설 여자가 버튼을 눌러도 움직이지 않는다고 문제 언급을 하는 상황이다.
1 (O) '정말이네. 고장 나버린 걸까?'는 여자가 언급한 문제적 상황에 동의하는 말이므로 적절한 응답이다.
2 (X) 動く(うごく)를 반복 사용하여 혼동을 준 오답이다.
3 (X) 버튼이 움직이지 않는다고 한 상황에 맞지 않다.

어휘 おかしい [い형] 이상하다　ボタン [명] 버튼　押す おす [동] 누르다
動く うごく [동] 움직이다, 작동하다　本当 ほんとう [명] 정말, 진짜
壊れる こわれる [동] 고장 나다　~ちゃう ~(해) 버리다　でも [접] 하지만
~ちゃ ~(해)서는　だめだ [な형] 안 되다, 좋지 않다　だから [접] 그러니까
無理 むり [명] 무리

6

[음성]
男: すみません、パスポートを確認させてもらいたいのですが…。
女: 1 見てみましたが、大丈夫です。
　　2 ええ、確認するつもりでした。
　　3 わかりました。どうぞ。

해석 남: 실례합니다, 여권을 확인하고 싶습니다만….
여: 1 봐 봤는데, 괜찮습니다.
　　2 네, 확인할 예정이었습니다.
　　3 알겠습니다. 여기요.

해설 남자가 여자에게 여권을 확인하고 싶으니 보여달라고 요청하는 상황이다.
1 (X) 남자가 여권을 확인하고 싶다고 말한 상황과 맞지 않다.
2 (X) 確認(かくにん)을 반복 사용하여 혼동을 준 오답이다.
3 (O) '알겠습니다. 여기요'는 물건을 상대에게 줄 때 하는 말이므로 남자의 말에 대한 적절한 응답이다.

어휘 パスポート [명] 여권　確認 かくにん [명] 확인　見る みる [동] 보다
大丈夫だ だいじょうぶだ [な형] 괜찮다　つもり [명] 예정
わかる [동] 알다

7

[음성]
男: 課長が会議の資料を準備するようにと言っていましたよ。
女: 1 うまくいくといいですね。
　　2 課長は忙しいみたいですね。
　　3 じゃあ、今からやりましょう。

해석 남: 과장님이 회의 자료를 준비하도록 이라고 말했어요.
여: 1 잘 되면 좋겠네요.
　　2 과장님은 바쁜 것 같네요.
　　3 그럼, 지금부터 합시다.

해설 남자가 회의 자료를 준비하라는 과장님의 요청을 여자에게 전달하는 상황이다.
1 (X) 회의 자료를 준비하라고 한 상황에 맞지 않다.
2 (X) 課長(かちょう)를 반복 사용하여 혼동을 준 오답이다.
3 (O) '그럼, 지금부터 합시다'는 회의 자료 준비를 지금부터 하자는 내용이므로 남자의 말에 대한 적절한 응답이다.

어휘 課長 かちょう [명] 과장(님)　会議 かいぎ [명] 회의
資料 しりょう [명] 자료　準備 じゅんび [명] 준비　うまくいく 잘 되다
忙しい いそがしい [い형] 바쁘다　じゃあ [접] 그럼　今 いま [명] 지금
~から [조] ~부터

8

[음성]
女: マイクさん、今回日本には旅行でいらっしゃったんですか。
男: 1 いえ、旅行じゃなくて仕事で来たんです。
　　2 いえ、3回行ったことがあります。
　　3 いえ、観光地に外国人がたくさんいました。

해석 여: 마이크 씨, 이번에 일본에는 여행으로 오신 건가요?
남: 1 아니요, 여행이 아니라 일로 왔어요.
　　2 아니요, 3번 간 적이 있습니다.
　　3 아니요, 관광지에 외국인이 많이 있었습니다.

해설 여자가 마이크 씨, 즉 남자에게 일본에 온 이유가 여행인지를 확인하는 상황이다.
1 (O) '아니요, 여행이 아니라 일로 왔어요'는 일본에 온 이유를 묻는 여자의 말에 대한 적절한 응답이다.
2 (X) 일본에 온 이유가 아니라 횟수를 언급하였으므로 상황에 맞지 않다.
3 (X) 旅行(여행)와 관련된 観光地(관광지)라는 표현을 사용한 오답이다.

어휘 今回 こんかい [명] 이번　日本 にほん [명] 일본　旅行 りょこう [명] 여행
いらっしゃる [동] 오시다(来る의 존경어)　仕事 しごと [명] 일
来る くる [동] 오다　行く いく [동] 가다　観光地 かんこうち [명] 관광지
外国人 がいこくじん [명] 외국인　たくさん [부] 많이

9

[음성]

女: eスポーツという言葉をつい最近知りましたが、加藤さんはやったことがありますか。
男: 1　最近はあまり運動しません。
　　2　いえ、初めて聞きました。
　　3　ついやってしまうんですよね。

해석 여: e 스포츠라는 말을 바로 최근에 알았는데, 가토 씨는 한 적이 있나요?
남: 1　최근에는 그다지 운동하지 않습니다.
　　2　아뇨, 처음 들었습니다.
　　3　무심코 해 버리는 거죠.

해설 여자가 남자에게 e스포츠를 한 적이 있는지 묻는 상황이다.
1 (X) スポーツ(스포츠)와 관련된 運動(운동)을 사용하여 혼동을 준 오답이다.
2 (O) 처음 들었습니다, 즉 하기는커녕 들어 본 적도 없다는 뜻이므로 적절한 응답이다.
3 (X) つい를 반복 사용하고, やった와 발음이 비슷한 やって를 사용하여 혼동을 준 오답이다.

어휘 eスポーツ 명 e스포츠　言葉 ことば 명 말　つい 분 무심코, 바로
最近 さいきん 명 최근　知る しる 동 알다　やる 동 하다
~たことがある ~한 적이 있다　あまり 분 그다지
運動 うんどう 명 운동　初めて はじめて 분 처음　聞く きく 동 듣다
~てしまう ~해 버리다

10

[음성]

男: あれ? 電車止まってるみたいだよ。
女: 1　もう。止めないでくださいよ。
　　2　ええ? じゃあさっき乗れたね。
　　3　本当だ。どうしよう。

해석 남: 어? 전철 멈춰있는 것 같아.
여: 1　정말. 멈추지 말아 주세요.
　　2　뭐? 그러면 아까 탈 수 있었네.
　　3　정말이다. 어떻게 하지.

해설 남자가 전철이 멈춰있는 것 같다고 문제점을 언급하는 상황이다.
1 (X) 止まって(とまって)를 止めない(とめない)로 반복 사용하여 혼동을 준 오답이다.
2 (X) 電車(전철)와 관련된 乗れたね(탈 수 있었네)를 사용하여 혼동을 준 오답이다.
3 (O) '정말이다. 어떻게 하지'는 전철이 멈춰있는 상황을 공감하는 적절한 응답이다.

어휘 電車 でんしゃ 명 전철　止まる とまる 동 멈추다, 멎다
止める とめる 동 멈추다, 세우다　じゃあ 접 그러면　さっき 분 아까
乗る のる 동 타다　本当 ほんとう 명 정말

11

[음성]

男: この店、先月できたばかりなんだよ。
女: 1　そう? できそうだと思ってたけど。
　　2　そうなの? 知らなかったわ。
　　3　それで他に店がないのね。

해석 남: 이 가게, 막 지난달에 생겼어.
여: 1　그래? 할 수 있을 것 같다고 생각했었는데.
　　2　그래? 몰랐어.
　　3　그래서 다른 가게가 없구나.

해설 가게가 지난 달에 막 생겼다는 사실을 전달하는 상황이다.
1 (X) できる(생기다)를 반복 사용하여 혼동을 준 오답이다.
2 (O) '그래? 몰랐어'는 가게가 지난 달에 생긴 사실을 몰랐다는 내용이므로 적절한 응답이다.
3 (X) 店(みせ)를 반복 사용하여 혼동을 준 오답이다.

어휘 店 みせ 명 가게　先月 せんげつ 명 지난달
できる 동 생기다, 할 수 있다　~ばかり 조 막 ~하다　~けど ~는데
知る しる 동 알다　それで 접 그래서　他 ほか 명 다른 것

12

[음성]

女: 会議室の予約が2時間になってたけど、今日話し合う内容なら1時間もあれば終わるはずだよ。
男: 1　予定より1時間も早く終わりました。
　　2　2時間の会議なんて大変そうですね。
　　3　課長に2時間にするように言われたんです。

해석 여: 회의실 예약이 2시간으로 되어 있었는데, 오늘 논의할 내용이라면 1시간 정도면 끝날 거야.
남: 1　예정보다 1시간이나 빨리 끝났습니다.
　　2　2시간 회의라니 힘들 것 같네요.
　　3　과장님에게 2시간으로 하라고 들었어요.

해설 여자가 남자에게 회의 예약 시간을 1시간으로 줄여도 될 것 같다고 제안하는 상황이다.
1 (X) 아직 회의를 진행하지 않았으므로 시점이 맞지 않다.
2 (X) 1시간 정도면 끝날 거라고 예상하고 있는 여자의 말과 맞지 않다.
3 (O) 회의실 예약을 2시간으로 한 이유를 설명하는 적절한 응답이다.

어휘 会議室 かいぎしつ 명 회의실　予約 よやく 명 예약
時間 じかん 명 시간　今日 きょう 명 오늘
話し合う はなしあう 동 논의하다　内容 ないよう 명 내용
~なら ~라면　~もあれば ~정도면　終わる おわる 동 끝나다
~はずだ ~일 것이다　予定 よてい 명 예정　~より 조 ~보다
早く はやく 분 빨리　会議 かいぎ 명 회의
~なんて 조 ~라니, ~같은 것　大変だ たいへんだ な형 힘들다
~そうだ ~것 같다　課長 かちょう 명 과장(님)
言われる いわれる 동 듣다, 말해지다

13

[음성]
女: お客様、何かお探しですか。
男: 1　いえ、助けなくてもいいですよ。
　　 2　いえ、ちょっと見てるだけです。
　　 3　いえ、かばんは別にほしくないんです。

해석 여: 손님, 무엇인가 찾으세요?
남: 1 아니요, 구조하지 않아도 괜찮아요.
　　2 아니요, 좀 보고 있을 뿐입니다.
　　3 아니요, 가방은 별로 원하지 않아요.
해설 여자가 남자 손님에게 찾는 것이 무엇인지를 물어보는 상황이다.
　　1 (X) 손님에게 무언가를 찾고 있냐고 물어보는 질문의 상황에 맞지 않다.
　　2 (O) '아니요, 좀 보고 있을 뿐입니다'는 손님이 말할 수 있는 적절한 응답이다.
　　3 (X) 가방을 찾고 있냐고 묻고 있지 않으므로 질문의 상황에 맞지 않다.
어휘 客 きゃく 圀 손님　探す さがす 围 찾다
　　 助ける たすける 围 구조하다, 살리다　ちょっと 胃 좀, 약간
　　 見る みる 围 보다　～だけ 죄 ~뿐　かばん 圀 가방
　　 別に べつに 胃 별로　ほしい 🗌형 원하다, 바라다

14

[음성]
男: この間の試験、合格したんだって?
女: 1　うん、おかげさまで。
　　 2　うん、おかまいなく。
　　 3　すごいね。おめでとう。

해석 남: 요전의 시험, 합격했다면서?
여: 1 응, 덕분에.
　　2 응, 마음 쓰지 마세요.
　　3 대단하네. 축하해.
해설 남자가 여자에게 시험에 합격한 것에 대해 이야기하는 상황이다.
　　1 (O) '응, 덕분에'는 시험에 합격했다는 말이므로 적절한 응답이다.
　　2 (X) 시험에 합격한 것에 대해 이야기하는 상황에 맞지 않다.
　　3 (X) 合格(합격)와 관련된 おめでとう(축하해)를 사용하여 혼동을 준 오답이다.
어휘 この間 このあいだ 圀 요전, 일전　試験 しけん 圀 시험
　　 合格 ごうかく 圀 합격　～って 죄 ~면서　おかげ 圀 덕분
　　 かまう 围 마음을 쓰다, 염려하다　すごい 🗌형 대단하다

15

[음성]
女: 先輩が席を外している間に、杉友貿易の高橋さんとおっしゃる方からお電話がありました。

男: 1　ああ、私のほうからかけ直すから。
　　 2　高橋さんがおっしゃっていたの?
　　 3　今はいないと伝えておいたよ。

해석 여: 선배가 자리를 비우고 있는 사이에, 스기토모 무역의 다카하시라고 말씀하시는 분으로부터 전화가 있었습니다.
남: 1 아, 내 쪽에서 다시 걸 테니까.
　　2 다카하시 씨가 말씀하셨어?
　　3 지금은 없다고 전해 두었어.
해설 여자가 남자에게 부재중에 다카하시로부터 전화가 왔음을 알리는 상황이다.
　　1 (O) 부재중 전화에 대해 대처하는 적절한 응답이다.
　　2 (X) 高橋さん(たかはしさん)과 おっしゃる를 반복 사용하여 혼동을 준 오답이다.
　　3 (X) 부재중 전화가 있었다고 알리는 상황에 부재임을 전한다는 말로 혼동을 준 오답이다.
어휘 先輩 せんぱい 圀 선배　席 せき 圀 자리
　　 外す はずす 围 (자리를) 비우다　間 あいだ 圀 사이, 동안
　　 貿易 ぼうえき 圀 무역　おっしゃる 말씀하시다 (言う의 존경어)
　　 方 かた 圀 분　～から 죄 ~로부터, ~에서, ~니까
　　 電話 でんわ 圀 전화　私 わたし 圀 나　ほう 圀 쪽
　　 かけ直す かけなおす 围 다시 걸다　今 いま 圀 지금
　　 伝える つたえる 围 전하다　～ておく ~해 두다

16

[음성]
女: もう9月の中旬だというのにまだまだ暑いですね。
男: 1　9月に入れば、過ごしやすくなるんじゃない?
　　 2　やっと暑さも落ち着いてきたね。
　　 3　早く涼しくなってほしいよ。

해석 여: 벌써 9월 중순이라고 하는데 아직도 덥네요.
남: 1 9월에 들어가면, 지내기 편해지지 않을까?
　　2 드디어 더위도 가라앉기 시작했네.
　　3 빨리 시원해졌으면 좋겠어.
해설 여자가 9월 중순인데도 더운 날씨에 놀라움과 불만을 표하는 상황이다.
　　1 (X) 이미 9월 중순이므로 시점이 맞지 않다.
　　2 (X) 아직도 덥다고 한 여자의 말과 맞지 않다.
　　3 (O) 여자의 말에 공감하며 시원한 날씨에 대한 기대감을 표현하는 적절한 응답이다.
어휘 もう 胃 벌써　～月 ～がつ ~월　中旬 ちゅうじゅん 圀 중순
　　 ～というのに ~라고 하는데　まだまだ 胃 아직도
　　 暑い あつい 🗌형 덥다　入る はいる 围 들어가다
　　 過ごす すごす 围 지내다　やっと 胃 드디어　暑さ あつさ 圀 더위
　　 落ち着く おちつく 围 가라앉다, 진정하다　早く はやく 胃 빨리
　　 涼しい すずしい 🗌형 시원하다　～てほしい ~하면 좋겠다

17

[음성]

男: 二日間会社を休んだせいで、午前中は大量のメールの処理で終わったよ。
女: 1　やっぱり休まなければよかった。
　　 2　メールがたくさん来てたよ。
　　 3　今日はきっと残業だね。

해석　남: 이틀간 회사를 쉰 탓에, 오전 중은 대량의 이메일 처리로 끝나어.
　　 여: 1　역시 쉬지 않았으면 좋았겠어.
　　　　 2　이메일이 많이 와 있었어.
　　　　 3　오늘은 분명 잔업이겠네.

해설　남자가 회사를 쉬는 동안 쌓인 이메일을 처리하느라 오전을 모두 보낸 피로감을 표하는 상황이다.
1 (X) 쉰 탓에 바빴다고 말하는 상황에 休まなければよかった(쉬지 않았으면 좋았겠어)를 사용하여 혼동을 준 오답이다
2 (X) 이미 대량의 이메일을 처리한 상황에 맞지 않다.
3 (O) 이메일 처리로 오전을 보냈다는 남자의 말을 듣고, 남은 업무 때문에 시간이 추가로 필요할 것이라고 예측하는 적절한 응답이다.

어휘　~間 ~かん ~간, ~동안　会社 かいしゃ 圏회사
　　 休む やすむ 통쉬다　~せいで ~탓에
　　 午前中 ごぜんちゅう 오전 중　大量 たいりょう 圏대량
　　 メール 圏이메일　処理 しょり 圏처리　終わる おわる 통끝나다
　　 やっぱり 틧역시　たくさん 틧많이　来る くる 통오다
　　 今日 きょう 圏오늘　きっと 틧분명　残業 ざんぎょう 圏잔업, 야근

18

[음성]

女: ジムに通い始めて半年が経つけど、疲れにくくなった気がするよ。
男: 1　一緒に通うのはどう?
　　 2　体力がついたんだね。
　　 3　疲れたなら休んでもいいのに。

해석　여: 체육관에 다니기 시작하고 반년이 지나는데, 잘 피곤하지 않게 된 느낌이 들어.
　　 남: 1　함께 다니는 건 어때?
　　　　 2　체력이 붙은 거구나.
　　　　 3　피곤하다면 쉬어도 되는데.

해설　여자가 체육관에 다니고 피곤함이 덜해졌다는 긍정적인 변화를 이야기하는 상황이다.
1 (X) 通い(かよい)를 通う(かよう)로 반복 사용하여 혼동을 준 오답이다.
2 (O) 운동의 효과를 인정하며 공감하는 적절한 응답이다.
3 (X) 疲れ(つかれ)를 반복 사용하여 혼동을 준 오답이다.

어휘　ジム 圏체육관　通う かよう 통다니다　半年 はんとし 圏반년
　　 経つ たつ 통지나다　~けど 区~는데, ~지만
　　 疲れる つかれる 통피곤하다, 지치다　~にくい 잘 ~하지 않다

気がする きがする 느낌이 들다　一緒に いっしょに 틧함께, 같이
体力 たいりょく 圏체력　つく 통붙다　~なら ~라면
休む やすむ 통쉬다　~てもいい ~해도 된다　~のに 区~는데

19

[음성]

男: このお菓子、あと少ししかないから、二人で食べ切っちゃおうよ。
女: 1　そうね。それがよさそうね。
　　 2　そうね。たくさん買いましょう。
　　 3　そうね。少なすぎるわね。

해석　남: 이 과자, 앞으로 조금밖에 없으니까, 둘이서 다 먹어버리자.
　　 여: 1　그러네. 그게 좋을 것 같네.
　　　　 2　그러네. 많이 삽시다.
　　　　 3　그러네. 너무 적네.

해설　남자가 여자에게 남은 과자를 다 먹자고 제안하는 상황이다.
1 (O) '그러네. 그게 좋을 것 같네'는 남자의 제안을 받아들이는 적절한 응답이다.
2 (X) 과자를 다 먹자고 한 상황에 맞지 않다.
3 (X) 少し(すこし)를 少なすぎる(すくなすぎる)로 반복 사용하여 혼동을 준 오답이다.

어휘　お菓子 おかし 圏과자　あと 틧앞으로
　　 少し すこし 틧조금, 약간, 잠시　~しか 区~밖에　~から 区~니까
　　 食べ切る たべきる 다 먹다　~ちゃう ~(해) 버리다　たくさん 틧많이
　　 買う かう 통사다　少なすぎる すくなすぎる 너무 적다

20

[음성]

男: 魚料理ですか…。魚は好きじゃないことはないんですけど…。
女: 1　そうですか。じゃあ、魚にしましょう。
　　 2　そうですか。じゃあ、他のにしましょう。
　　 3　そうですか。料理が上手なんですね。

해석　남: 생선요리입니까…. 생선은 좋아하지 않는 것은 아닙니다만….
　　 여: 1　그래요? 그럼, 생선으로 합시다.
　　　　 2　그래요? 그럼, 다른 것으로 합시다.
　　　　 3　그래요? 요리를 잘 하시네요.

해설　남자가 여자에게 생선이 내키지 않는다고 이야기하는 상황이다.
1 (X) 생선이 내키지 않는다고 한 상황에 맞지 않다.
2 (O) '그래요? 그럼, 다른 것으로 합시다'는 생선이 내키지 않는다고 한 남자의 말에 대한 적절한 응답이다.
3 (X) 料理(りょうり)를 반복 사용하여 혼동을 준 오답이다.

어휘　魚 さかな 圏생선　料理 りょうり 圏요리
　　 好きだ すきだ な割좋아하다　~けど 区~지만　じゃあ 區그럼
　　 他 ほか 圏다른 것　上手だ じょうずだ な割잘하다, 능숙하다

21

[음성]

女: 明日までにレポートを出さなきゃならないから、今日は寝ないで書かないと。

男: 1 レポートの締め切りはいつ？
　　2 それなら、今日は早く寝なきゃね。
　　3 大変だね。がんばってね。

해석 여: 내일까지 리포트를 내지 않으면 안 되니까, 오늘은 안 자고 써야 해.
　　남: 1 리포트 마감은 언제야?
　　　　2 그럼, 오늘은 일찍 자야겠네.
　　　　3 큰일이네. 힘내.

해설 여자가 남자에게 잠을 안자고 리포트를 써야 한다고 이야기하는 상황이다.
　　1 (X) 내일까지 리포트를 내야한다고 말하는 상황에 맞지 않다.
　　2 (X) 寝ない(네나이)를 寝なきゃ(네나캬)로 반복 사용하여 혼동을 준 오답이다.
　　3 (O) '큰일이네. 힘내'는 잠도 안 자면서 리포트를 쓰겠다는 여자의 말에 대한 적절한 응답이다.

어휘 明日 あした 명 내일　～までに ~까지(기한)
　　レポート 명 리포트, 보고서　出す だす 동 내다, 제출하다
　　～なきゃ ~(하)지 않으면 안 된다　～から 조 ~니까
　　今日 きょう 명 오늘　寝る ねる 동 자다　書く かく 동 쓰다, 적다
　　締め切り しめきり 명 마감　それなら 접 그럼　早く はやく 부 일찍
　　大変だ たいへんだ な형 큰일이다, 힘들다　がんばる 동 힘내다

22

[음성]

女: ようこそ。どうぞおあがりください。

男: 1 はい、おじゃまします。
　　2 はい、お待ちどおさまです。
　　3 はい、おかまいなく。

해석 여: 환영합니다. 어서 들어오십시오.
　　남: 1 네, 실례합니다.
　　　　2 네, 오래 기다리셨습니다.
　　　　3 네, 마음 쓰지 마세요.

해설 여자가 남자에게 들어오라고 인사하는 상황이다.
　　1 (O) '네, 실례합니다.'는 들어오라고 한 여자의 말에 대한 적절한 응답이다.
　　2 (X) 들어오라고 한 상황에 맞지 않다.
　　3 (X) 들어오라고 한 상황에 맞지 않다.

어휘 どうぞ 부 어서　あがる 동 들어오다, 들어가다　おじゃまする 실례하다
　　待つ まつ 동 기다리다　かまう 동 마음을 쓰다, 염려하다

23

[음성]

男: あのさ、明日の試験、何時からだっけ？

女: 1 早く始めたほうがいいよ。
　　2 2時間半だよ。長いよね。
　　3 もう、忘れたの？9時からよ。

해석 남: 저기 있잖아, 내일 시험, 몇 시부터였지?
　　여: 1 빨리 시작하는 편이 좋아.
　　　　2 2시간 반이야. 길지?
　　　　3 뭐야, 잊은 거야? 9시부터야.

해설 남자가 여자에게 내일 시험이 몇 시부터인지 물어보는 상황이다.
　　1 (X) 시험이 몇 시부터인지 물어보는 질문의 상황에 맞지 않다.
　　2 (X) 何時(몇 시)를 사용하여 시점을 묻는 질문에 2時間半(2시간 반)이라는 기간으로 답하였으므로 오답이다.
　　3 (O) '9시부터야'는 시험이 몇 시인지를 묻는 질문에 대한 적절한 응답이다.

어휘 明日 あした 명 내일　試験 しけん 명 시험　～から 조 부터
　　～っけ 조 ~였지, 였던가　早く はやく 부 빨리, 일찍
　　始める はじめる 동 시작하다　半 はん 명 반　長い ながい い형 길다
　　忘れる わすれる 동 잊다

24

[음성]

女: 先生、このパソコン、まだお使いになりますか。

男: 1 ううん。これは私のじゃないよ。
　　2 はい、どうぞ。使っていいよ。
　　3 ううん。悪いけど、切っといて。

해석 여: 선생님, 이 컴퓨터, 아직 사용하세요?
　　남: 1 아니. 이건 내 것이 아니야.
　　　　2 네. 여기. 사용해도 돼.
　　　　3 아니. 미안하지만, 꺼 둬.

해설 여자가 남자선생님에게 컴퓨터를 아직 쓰는지를 물어보는 상황이다.
　　1 (X) 컴퓨터를 사용하는지 물어보는 질문의 상황에 맞지 않다.
　　2 (X) 使(つか)를 반복 사용하여 혼동을 준 오답이다.
　　3 (O) '아니. 미안하지만, 꺼 둬'는 컴퓨터를 쓰지 않는다는 말이므로 적절한 응답이다.

어휘 先生 せんせい 명 선생님　パソコン 명 컴퓨터　まだ 부 아직
　　使う つかう 동 사용하다　悪い わるい い형 미안하다, 실례가 되다
　　～けど 조 ~지만　切る きる 동 끄다

25

[음성]

女: この雑誌のテーブル、色もデザインもいいわね。これにしましょうよ。

男: 1 うん、その雑誌を買ってくればいいんだね。

```
2  えー、実際に見てからにしようよ。
3  じゃあ、そのテーブルの上に置いとこう。
```

해석 여: 이 잡지의 테이블, 색깔도 디자인도 좋네. 이것으로 합시다.
　　남: 1 응, 그 잡지를 사오면 되는 거지?
　　　　2 음, 실제로 보고 나서로 하자.
　　　　3 그럼, 그 테이블의 위에 놓아 두자.
해설 여자가 남자에게 잡지 속의 테이블을 사자고 제안하는 상황이다.
　　1 (X) 雑誌(ざっし)를 반복 사용하여 혼동을 준 오답이다.
　　2 (O) '음, 실제로 보고 나서로 하자'는 실제로 보고 난 후 살지 말지를 결정하자는 내용이므로 적절한 응답이다.
　　3 (X) テーブル를 반복 사용하여 혼동을 준 오답이다.
어휘 雑誌 ざっし 몡잡지　テーブル 몡테이블　色 いろ 몡색깔, 색
　　デザイン 몡디자인　買う かう 동사다　実際 じっさい 몡실제
　　見る みる 동보다　じゃあ 접그럼　上 うえ 몡위　置く おく 동놓다

26

[음성]
男: それでは、明日の午後2時に冷蔵庫の修理に伺います。
女: 1 はい、お待ちしています。
　　2 はい、遅れないようにします。
　　3 そうですか、困りましたね。

해석 남: 그럼, 내일 오후 2시에 냉장고를 수리하러 가겠습니다.
　　여: 1 네, 기다리고 있겠습니다.
　　　　2 네, 늦지 않도록 하겠습니다.
　　　　3 그래요? 곤란했네요.
해설 남자가 여자에게 내일 오후 2시에 냉장고를 수리하러 가겠다고 시간 약속을 하는 상황이다.
　　1 (O) '네, 기다리고 있겠습니다'는 약속 시간에 기다리고 있겠다는 내용이므로 적절한 응답이다.
　　2 (X) 수리하러 가는 사람은 남자이므로, 주체가 맞지 않다.
　　3 (X) 냉장고를 수리하러 가겠다고 한 상황에 맞지 않다.
어휘 それでは 접그럼, 그렇다면　明日 あした 몡내일
　　午後 ごご 몡오후　冷蔵庫 れいぞうこ 몡냉장고
　　修理 しゅうり 몡수리
　　伺う うかがう 동가다, 듣다, 묻다 (行く, 聞く의 겸양어)
　　待つ まつ 동기다리다　遅れる おくれる 동늦다
　　困る こまる 동곤란하다, 난처하다

27

[음성]
男: ねえ、掃除するなら、ついでに僕の部屋もしてよ。
女: 1 ありがとう。じゃあ、お願いするわ。
　　2 ええ? 忙しいから、自分でやって。
　　3 あなたの部屋、広いからよかった。

해석 남: 저기, 청소할거면, 하는 김에 내 방도 해 줘.
　　여: 1 고마워. 그럼, 부탁할게.
　　　　2 뭐? 바쁘니까, 스스로 해.
　　　　3 당신 방, 넓어서 다행이야.
해설 남자가 여자에게 자신의 방까지 청소해 달라고 요청하는 상황이다.
　　1 (X) 부탁하는 사람은 남자이므로 주체가 맞지 않다.
　　2 (O) '뭐? 바쁘니까, 스스로 해'는 남자의 요청을 거절하는 적절한 응답이다.
　　3 (X) 部屋(へや)를 반복 사용하여 혼동을 준 오답이다.
어휘 掃除 そうじ 몡청소　～ついでに ~(하)는 김에　部屋 へや 몡방
　　じゃあ 접그럼　お願い おねがい 몡부탁
　　忙しい いそがしい い형바쁘다　～から 조~니까, (해)서
　　自分で じぶんで 스스로　広い ひろい い형넓다

실전모의고사 1

언어지식 문자·어휘

문제 1	**1** 1	**2** 3	**3** 4	**4** 2	**5** 3	**6** 2	**7** 3	**8** 1
문제 2	**9** 4	**10** 4	**11** 3	**12** 3	**13** 2	**14** 4		
문제 3	**15** 4	**16** 3	**17** 3	**18** 3	**19** 1	**20** 1	**21** 4	**22** 3
	23 2	**24** 2	**25** 4					
문제 4	**26** 2	**27** 3	**28** 4	**29** 3	**30** 1			
문제 5	**31** 3	**32** 1	**33** 4	**34** 4	**35** 2			

언어지식 문법·독해

문제 1	**1** 3	**2** 2	**3** 1	**4** 3	**5** 2	**6** 1	**7** 3	**8** 4
	9 1	**10** 3	**11** 2	**12** 4	**13** 2			
문제 2	**14** 2	**15** 1	**16** 4	**17** 3	**18** 3			
문제 3	**19** 2	**20** 4	**21** 2	**22** 1				
문제 4	**23** 2	**24** 4	**25** 2	**26** 3				
문제 5	**27** 2	**28** 2	**29** 3	**30** 2	**31** 3	**32** 1		
문제 6	**33** 4	**34** 4	**35** 3	**36** 1				
문제 7	**37** 3	**38** 3						

청해

문제 1	**1** 2	**2** 2	**3** 3	**4** 4	**5** 2	**6** 3		
문제 2	**1** 2	**2** 3	**3** 4	**4** 1	**5** 3	**6** 2		
문제 3	**1** 3	**2** 1	**3** 3					
문제 4	**1** 2	**2** 2	**3** 3	**4** 3				
문제 5	**1** 3	**2** 2	**3** 3	**4** 2	**5** 1	**6** 3	**7** 3	**8** 2
	9 3							

언어지식 문자·어휘
p.384

1

차가 오지 않는 것을 확인하고, 길을 횡단 横断했다.

해설 横断는 1 おうだん으로 발음한다. 横断의 横은 음독 おう, 훈독 き 중 음독 おう로, 断은 음독 だん, 훈독 たつ 중 음독 だん으로 발음하는 것에 주의한다.

어휘 横断 おうだん 명 횡단   車 くるま 명 차   確認 かくにん 명 확인
道 みち 명 길

2

왜 숨어 隠れて 있는 거예요?

해설 隠れては 3 かくれて로 발음한다.

어휘 隠れる かくれる 동 숨다   どうして 왜, 어째서   つかれる 동 힘들다
はなれる 동 떨어지다   こわれる 동 망가지다

3

매우 깨끗한 호텔이었기 때문에, 쾌적 快適하게 지낼 수 있었다.

해설 快適는 4 かいてき로 발음한다. かい가 탁음이 아닌 것에 주의한다.

어휘 快適だ かいてきだ な형 쾌적하다   とても 부 매우, 대단히
きれいだ な형 깨끗하다   ホテル 명 호텔   ~ので 조 ~때문에
過ごす すごす 동 지내다, 보내다

4

소금과 설탕을 넣는 용기 容器가 없습니다.

해설 容器는 2 ようき로 발음한다. 器가 탁음이 아닌 것에 주의한다.

어휘 容器 ようき 명 용기   塩 しお 명 소금   砂糖 さとう 명 설탕
入れる いれる 동 넣다

5

어떤 일이 있어도, 나는 그녀를 지지하고 싶다 支えたい고 생각하고 있다.

해설 支えたいは 3 ささえたい로 발음한다.

어휘 支える ささえる 동 지지하다, 떠받치다   こえる 동 넘다, 초월하다
うったえる 동 고소하다, 소송하다   むかえる 동 맞이하다

6

내일까지 대학 수업료 授業料를 내지 않으면 안 된다.

해설 授業料는 2 じゅぎょうりょう로 발음한다. じゅ가 장음이 아닌 것과 りょう가 장음인 것에 주의한다.

어휘 授業料 じゅぎょうりょう 명 수업료   明日 あした 명 내일

~までに ~까지   大学 だいがく 명 대학
払う はらう 동 (돈을) 내다, 지불하다

7

월말 月末에는 콘서트 일정을 알 수 있겠지.

해설 月末는 3 げつまつ로 발음한다. 月는 げつ와 がつ로 발음할 수 있는데, 月末의 경우에는 げつ로 발음되는 것에 주의한다.

어휘 月末 げつまつ 명 월말   コンサート 명 콘서트
日程 にってい 명 일정   わかる 동 알 수 있다   ~だろう ~하겠지

8

매일 피아노를 연습하고 있는데, 좀처럼 실력이 향상되지 上達 않는다.

해설 上達는 1 じょうたつ로 발음한다. じょう가 장음인 것에 주의한다.

어휘 上達 じょうたつ 명 실력이 향상됨   毎日 まいにち 명 매일
ピアノ 명 피아노   練習 れんしゅう 명 연습   ~のに 조 ~는데
なかなか 부 좀처럼, 그리 간단히는

9

대학에서는 교육학을 전공 せんこう하고 있었습니다.

해설 せんこう는 4 専攻로 표기한다. 専(せん, 하나에 집중하다)을 선택지 1과 2의 選(せん, 고르다)과 구별해서 알아두고, 攻(こう, 치다)를 선택지 1과 3의 功(こう, 공적)와 구별해서 알아둔다.

어휘 専攻 せんこう 명 전공   大学 だいがく 명 대학
教育学 きょういくがく 명 교육학

10

아르바이트를 하기 위해서, 이력서 りれきしょ를 썼습니다.

해설 りれきしょ는 4 履歴書로 표기한다. 履(り, 실행하다)를 선택지 1과 3의 属(ぞく, 같은 부류)과 구별해서 알아두고, 書(しょ, 글)를 선택지 1과 2의 証(しょう, 증거)와 구별해서 알아둔다.

어휘 履歴書 りれきしょ 명 이력서   アルバイト 명 아르바이트
~ために ~위해서   書く かく 동 쓰다

11

도쿄에서는 게스트 하우스에서 머물 とまる 예정이다.

해설 とまる는 3 泊まる로 표기한다.

어휘 泊まる とまる 동 머물다, 묵다   縮まる ちぢまる 동 줄어들다
東京 とうきょう 명 도쿄   ゲストハウス 명 게스트 하우스
予定 よてい 명 예정

12

좋지 않은 일이 있었던 것인지, 그녀의 표정 ひょうじょう은 어두웠다.

해설 ひょうじょう는 3 表情로 표기한다. 表(ひょう, 겉)를 선택지 1과 2의 顔(がん, 얼굴)과 구별해서 알아두고, 情(じょう, 감정)를 선택지

2와 4의 状(じょう, 모양)와 구별해서 알아둔다.

어휘 表情 ひょうじょう 몡 표정 ～のか ~인지 暗い くらい い형 어둡다

13

도심<u>としん</u>에서 조금 떨어진 곳에 집을 빌렸습니다.

해설 としん은 2 都心으로 표기한다. 都(と, 도시)를 선택지 3과 4의 道(どう, 길)와 구별해서 알아두고, 心(しん, 중심)을 선택지 1과 3의 新(しん, 새로움)과 구별해서 알아둔다.

어휘 都心 としん 몡 도심 ～から 조 ~에서, 부터
少し すこし 믠 조금, 약간 離れる はなれる 동 떨어지다
家 いえ 몡 집 借りる かりる 동 빌리다

14

전체 문제를 <u>とく</u>는 데 10분도 걸리지 않았다.

해설 とく는 4 解く로 표기한다.

어휘 解く とく 동 풀다 導く みちびく 동 이끌다
全部 ぜんぶ 몡 전체, 전부 問題 もんだい 몡 문제
～分 ～ぶん ~분 かかる 동 걸리다

15

되받아 친 공이 창문에 (　　), 유리가 깨져 버렸다.
1 두드려 2 줘서
3 울려서 **4 맞아서**

해설 선택지가 모두 동사이다. 괄호 앞뒤의 내용과 함께 쓸 때 打ち返したボールが窓にあたって、ガラスが割れてしまった(되받아 친 공이 창문에 맞아서, 유리가 깨져버렸다)라는 문맥이 가장 자연스러우므로 4 あたって(맞아서)가 정답이다. 1은 太鼓をたたいている(북을 두드리고 있다), 2는 影響をあたえている(영향을 주고 있다), 3은 声がひびいている(목소리가 울리고 있다)로 자주 쓰인다.

어휘 打ち返す うちかえす 동 되받아치다 ボール 몡 공 窓 まど 몡 창문
ガラス 몡 유리 割れる われる 동 깨지다 ～てしまう ~해 버리다
たたく 동 두드리다 あたえる 동 주다 ひびく 동 울리다
あたる 동 맞다

16

다음 주부터 백화점에서 (　　)이 시작된다고 합니다.
1 보너스 2 드라이어
3 바겐세일 4 영수증

해설 선택지가 모두 명사이다. 괄호 앞뒤의 내용과 함께 쓸 때 デパートでバーゲンが始まる(백화점에서 바겐세일이 시작된다)라는 문맥이 가장 자연스러우므로 3 バーゲン(바겐세일)이 정답이다. 1은 ボーナスをもらう(보너스를 받다), 2는 ドライヤーを使う(드라이어를 사용하다), 4는 レシートをもらう(영수증을 받다)와 같이 쓰인다.

어휘 来週 らいしゅう 몡 다음 주 ～から 조 ~부터 デパート 몡 백화점
始まる はじまる 동 시작되다 ボーナス 몡 보너스, 상여금
ドライヤー 몡 드라이어, 건조기 バーゲン 몡 바겐세일
レシート 몡 영수증

17

이 집은 역에서 가깝고, 새 건물이기 때문에, (　　)가 비쌉니다.
1 급료 2 빚
3 집세 4 요금

해설 선택지가 모두 명사이다. 문장의 내용을 볼 때 この家は駅から近くて、新しい建物なので、家賃が高いです(이 집은 역에서 가깝고, 새 건물이기 때문에, 집세가 비쌉니다)라는 문맥이 가장 자연스러우므로 3 家賃(집세)이 정답이다. 1은 給料をもらう(급료를 받다), 2는 借金を返す(빚을 갚다), 4는 料金を払う(요금을 지불하다)와 같이 쓰인다.

어휘 家 いえ 몡 집 駅 えき 몡 역 ～から 조 ~에서
近い ちかい い형 가깝다 新しい あたらしい い형 새롭다
建物 たてもの 몡 건물 ～ので ~때문에 高い たかい い형 비싸다
給料 きゅうりょう 몡 급료, 봉급 借金 しゃっきん 몡 빚, 꾼 돈
家賃 やちん 몡 집세 料金 りょうきん 몡 요금

18

3개월에 걸쳐서 (　　) 작품이 완성되었습니다.
1 슬슬 2 꼭
3 드디어 4 무심코

해설 선택지가 모두 부사이다. 괄호 뒤의 내용과 함께 쓸 때 ついに作品が完成しました(드디어 작품이 완성되었습니다)라는 문맥이 가장 자연스러우므로 3 ついに(드디어)가 정답이다. 1은 そろそろ家を出る(슬슬 집을 나서다), 2는 ぜひとも行ってみたい(꼭 가보고 싶다), 4는 うっかり忘れる(무심코 잊다)와 같이 쓰인다.

어휘 かける 동 걸치다 作品 さくひん 몡 작품 完成 かんせい 몡 완성
そろそろ 믠 슬슬 ぜひとも 믠 꼭, 무슨 일이 있어도
ついに 믠 드디어, 마침내 うっかり 믠 무심코, 깜박

19

미국 대학에 유학하겠다는 아들의 (　　)는 매우 굳건했다.
1 의지 2 의견
3 의미 4 의식

해설 선택지가 모두 명사이다. 괄호 앞의 내용과 함께 쓸 때 アメリカの大学に留学するという息子の意志(미국 대학에 유학하겠다는 아들의 의지)라는 문맥이 가장 자연스러우므로 1 意志(의지)가 정답이다. 2는 反対の意見(반대의 의견), 3은 単語の意味(단어의 의미), 4는 国民の意識(국민의 의식)로 자주 쓰인다.

어휘 アメリカ 몡 미국 大学 だいがく 몡 대학 留学 りゅうがく 몡 유학
息子 むすこ 몡 아들 とても 믠 매우 固い かたい い형 굳건하다
意志 いし 몡 의지 意見 いけん 몡 의견 意味 いみ 몡 의미
意識 いしき 몡 의식

20

크게 발전하는 이 나라의 경제는, 일본의 경제를 (   ) 버릴 것 같은 기세이다.

1 추월해   2 집어넣어
3 뛰쳐나가   4 진정되어

해설 선택지가 모두 동사이다. 괄호 앞뒤의 내용과 함께 쓸 때 大きく発展するこの国の経済は、日本の経済を追い越してしまいそうな勢いだ(크게 발전하는 이 나라의 경제는, 일본의 경제를 추월해 버릴 것 같은 기세이다)라는 문맥이 가장 자연스러우므로 1 追い越して(추월해)가 정답이다. 2는 タンスに押し込む(옷장에 집어넣다), 3은 家から飛び出す(집에서 뛰쳐나가다), 4는 心が落ち着く(마음이 진정되다)로 자주 쓰인다.

어휘 大きい おおきい [い형] 크다   発展 はってん [명] 발전   国 くに [명] 나라
経済 けいざい [명] 경제   日本 にほん [명] 일본
勢い いきおい [명] 기세   追い越す おいこす [동] 추월하다, 앞지르다
押し込む おしこむ [동] 집어넣다   飛び出す とびだす [동] 뛰쳐나가다
落ち着く おちつく [동] 진정되다

21

난로를 만져, 화상을 입어 버린 곳이 아직 (   ) 아프다.

1 쿵쾅쿵쾅   2 따끔따끔
3 콸콸   4 욱신욱신

해설 선택지가 모두 부사이다. 괄호 앞뒤의 내용과 함께 쓸 때 やけどしてしまったところがまだずきずき痛む(화상을 입어 버린 곳이 아직 욱신욱신 아프다)라는 문맥이 가장 자연스러우므로 4 ずきずき(욱신욱신)가 정답이다. 1은 どすどす足音が響く(쿵쾅쿵쾅 발소리가 울린다), 3은 目がちかちかする(눈이 따끔따끔하다), 4는 ざあざああと流れる水(콸콸 내리는 물)로 자주 쓰인다.

어휘 ストーブ [명] 난로   触れる ふれる [동] 만지다   やけどする 화상을 입다
~てしまう ~해 버리다   ところ [명] 곳, 데   まだ [부] 아직
痛む いたむ [동] 아프다   どすどす [부] 쿵쾅쿵쾅   ちかちか [부] 따끔따끔
ざあざあ [부] 콸콸   ずきずき [부] 욱신욱신

22

이 일은 (   )이 걸리기 때문에, 아무도 하고 싶어하지 않는다.

1 예의범절   2 작업
3 시간   4 요술

해설 선택지가 모두 명사이다. 괄호 앞뒤의 내용과 함께 쓸 때 この仕事は手間がかかる(이 일은 시간이 걸린다)라는 문맥이 가장 자연스러우므로 3 手間(시간)가 정답이다. 1은 作法を守る(예의범절을 지키다), 2는 作業を進める(작업을 진행하다), 4는 手品を見せる(요술을 보이다)와 같이 쓰인다.

어휘 仕事 しごと [명] 일   かかる [동] 걸리다   ~ので [조] ~때문에
誰も だれも 아무도   作法 さほう [명] 예의범절   作業 さぎょう [명] 작업
手間 てま [명] 시간, 수고   手品 てじな [명] 요술, 속임수

23

친구가 축구 시합에 나가기 때문에, (   )하러 갔습니다.

1 원조   2 응원
3 구조   4 연기

해설 선택지가 모두 명사이다. 괄호 앞뒤의 내용과 함께 쓸 때 試合に出るので、応援しに行きました(시합에 나가기 때문에, 응원하러 갔습니다)라는 문맥이 가장 자연스러우므로 2 応援(응원)이 정답이다. 1은 お金を援助する(돈을 원조하다), 3은 人を救助する(사람을 구조하다), 4는 母親役を演技する(엄마 역을 연기하다)와 같이 쓰인다.

어휘 友達 ともだち [명] 친구   サッカー [명] 축구   試合 しあい [명] 시합
出る でる [동] 나가다   ~ので [조] ~때문에   行く いく [동] 가다
援助 えんじょ [명] 원조   応援 おうえん [명] 응원
救助 きゅうじょ [명] 구조   演技 えんぎ [명] 연기

24

이 가방은 아직 쓸 수 있어서, 버리는 것은 (   )고 생각한다.

1 그립다   2 아깝다
3 가난하다   4 분하다

해설 선택지가 모두 형용사이다. 괄호 앞의 내용과 함께 쓸 때 このかばんはまだ使えるので、捨てるのはもったいない(이 가방은 아직 쓸 수 있어서, 버리는 것은 아깝다)라는 문맥이 가장 자연스러우므로 2 もったいない(아깝다)가 정답이다. 1은 ふるさとがなつかしい(고향이 그립다), 3은 心がまずしい(마음이 가난하다), 4는 結果がくやしい(결과가 분하다)로 자주 쓰인다.

어휘 かばん [명] 가방   まだ [부] 아직   使う つかう [동] 쓰다, 사용하다
~ので [조] ~해서   捨てる すてる [동] 버리다   思う おもう [동] 생각하다
なつかしい [い형] 그립다   もったいない [い형] 아깝다
まずしい [い형] 가난하다   くやしい [い형] 분하다

25

점장은 아르바이트를 3명 (   ) 예정이라고 말했습니다.

1 바랄   2 놓을
3 초대할   4 고용할

해설 선택지가 모두 동사이다. 괄호 앞의 내용과 함께 쓸 때 アルバイトを3人雇う(아르바이트를 3명 고용하다)라는 문맥이 가장 자연스러우므로 4 雇う(고용하다)가 정답이다. 1은 進学を望む(진학을 바라다), 2는 手を放す(손을 놓다), 3은 客を招く(손님을 초대하다)와 같이 쓰인다.

어휘 店長 てんちょう [명] 점장   アルバイト [명] 아르바이트   つもり [명] 예정
望む のぞむ [동] 바라다, 소망하다   放す はなす [동] 놓다, 풀어주다
招く まねく [동] 초대하다, 손짓하여 부르다   雇う やとう [동] 고용하다

26

가게 안에서 <u>잠시</u> 기다리고 있었지만, 아무도 나오지 않았다.
1 많이 　　　　　　　　2 **조금**
3 조용히 　　　　　　　4 느긋하게

해설 しばらく가 '잠시'라는 의미이므로, 이와 의미가 가장 비슷한 2 少し (조금)가 정답이다.

어휘 店 みせ 図가게　中 なか 図안, 속　しばらく 凰잠시
　　 待つ まつ 園기다리다　誰も だれも 아무도
　　 出て来る でてくる 나오다　たくさん 凰많이
　　 少し すこし 凰조금, 약간　静かだ しずかだ 短園조용하다
　　 ゆっくり 凰느긋하게

27

이 아이는 정말 <u>영리한</u> 아이다.
1 어린 　　　　　　　　2 귀여운
3 **머리가 좋은** 　　　　　4 예의 바른

해설 かしこい가 '영리한'이라는 의미이므로, 이와 의미가 가장 비슷한 3 頭がいい (머리가 좋은)가 정답이다.

어휘 子 こ 図아이　本当に ほんとうに 정말, 참으로
　　 かしこい 이園영리하다　おさない 이園어리다, 미숙하다
　　 かわいい 이園귀엽다　頭がいい あたまがいい 머리가 좋다
　　 礼儀正しい れいぎただしい 예의 바르다

28

아빠가 내 <u>부탁</u>을 들어 주었습니다.
1 고민 　　　　　　　　2 명령
3 상담 　　　　　　　　4 **부탁**

해설 頼み가 '부탁'이라는 의미이므로, 이와 의미가 같은 4 お願い (부탁)가 정답이다.

어휘 父 ちち 図아빠, 아버지　頼み たのみ 図부탁　聞く きく 園듣다
　　 悩み なやみ 図고민　命令 めいれい 図명령　相談 そうだん 図상담
　　 お願い おねがい 図부탁

29

요즘, 아침밥을 <u>거르는</u> 사람이 늘고 있다고 합니다.
1 만들어서 먹는 　　　　2 사서 먹는
3 **전혀 먹지 않는** 　　　4 조금밖에 먹지 않는

해설 抜く가 '거르다'라는 의미이므로, 이와 교체하여도 문장의 의미가 바뀌지 않는 3 全然食べない (전혀 먹지 않는)가 정답이다.

어휘 最近 さいきん 図요즘, 최근
　　 朝ごはん あさごはん 図아침밥, 아침 식사　抜く ぬく 園거르다, 빼다
　　 増える ふえる 園늘다　作る つくる 園만들다　食べる たべる 園먹다
　　 買う かう 園사다　全然 ぜんぜん 凰전혀　少し すこし 凰조금
　　 ~しか 国~밖에

30

길이 <u>굽어</u> 있기 때문에, 주의해서 운전했다.
1 **굽어져** 　　　　　　　2 젖어
3 정체해 　　　　　　　4 공사하고

해설 カーブして가 '굽어'라는 의미이므로, 이와 의미가 같은 1 曲がって (굽어져)가 정답이다.

어휘 道 みち 図길　カーブ 굽음　~ので 国~때문에
　　 注意 ちゅうい 図주의　運転 うんてん 図운전
　　 曲がる まがる 園굽어지다　濡れる ぬれる 園젖다
　　 渋滞 じゅうたい 図정체　工事 こうじ 図공사

31

지급
1 어머니의 생일에 꽃다발을 <u>지급</u>했더니, 매우 기뻐해 주었습니다.
2 친척에게 야채를 받아서, 이웃 사람에게도 <u>지급</u>하려고 한다.
3 **연 2회였던 보너스가, 올해는 1회만 <u>지급</u>되게 되었다.**
4 항상 웃는 얼굴로 있는 것을 의식하면, 상대에게 좋은 인상을 <u>지급</u>할 수 있다.

해설 제시어 支給(지급)는 주로 물품을 정해진 몫만큼 나눠 주는 경우에 사용한다. 3의 年2回だったボーナスが、今年は1回だけ支給されることになった(연 2회였던 보너스가, 올해는 1회만 지급되게 되었다)에서 올바르게 사용되었으므로 3이 정답이다. 참고로, 1은 プレゼント(선물), 2는 分ける(나누어주다), 4는 与える(주다)를 사용하는 것이 올바른 문장이다.

어휘 支給 しきゅう 図지급　母 はは 図어머니
　　 誕生日 たんじょうび 図생일　花束 はなたば 図꽃다발
　　 とても 凰매우　喜ぶ よろこぶ 園기뻐하다　親戚 しんせき 図친척
　　 野菜 やさい 図야채　もらう 園받다　~から 国~해서
　　 近所 きんじょ 図이웃　人 ひと 図사람　年 ねん 図연
　　 ~回 ~かい ~회　ボーナス 図보너스　今年 ことし 図올해
　　 ~だけ 国~만　常に つねに 凰항상　笑顔 えがお 図웃는 얼굴
　　 意識 いしき 図의식　相手 あいて 図상대　いい 이園좋다
　　 印象 いんしょう 図인상　できる 園할 수 있다

32

심다
1 **자연환경을 지키기 위해, 산에 나무를 <u>심는</u> 활동을 하고 있습니다.**
2 졸업식 날에 추억이 가득 찬 타임캡슐을 교정에 <u>심었다</u>.
3 그녀는 본가 근처의 토지를 사서, 집을 <u>심는다고</u> 합니다.
4 공사하고 있는 장소에 출입 금지 주의 사항을 적은 글이 <u>심어져</u> 있었다.

해설 제시어 植える(심다)는 주로 나무나 꽃을 흙 속에 묻는 경우에 사용한다. 1의 自然環境を守るために、山に木を植える活動を行っています(자연환경을 지키기 위해, 산에 나무를 심는 활동을 하고 있습니다)에서 올바르게 사용되었으므로 1이 정답이다. 참고로, 2는 埋

める(묻다), 3은 建てる(짓다), 4는 貼る(붙이다)를 사용하는 것이 올바른 문장이다.

어휘 植える うえる 图심다　自然 しぜん 图자연　環境 かんきょう 图환경
守る まもる 图지키다　山 やま 图산　木 き 图나무
活動 かつどう 图활동　行う おこなう 图하다
卒業式 そつぎょうしき 图졸업식　日 ひ 图날
思い出 おもいで 图추억　詰まる つまる 图가득 차다
タイムカプセル 图타임캡슐　校庭 こうてい 图교정
彼女 かのじょ 图그녀　実家 じっか 图본가, 친정　近く ちかく 图근처
土地 とち 图토지　買う かう 图사다　家 いえ 图집
工事 こうじ 图공사　場所 ばしょ 图장소
立入禁止 たちいりきんし 图출입 금지
注意書き ちゅういがき 图주의 사항을 적은 글

33

실물
1　짧은 출장 시간 속에서, 자신의 실물을 완전히 발휘하는 것은 어려웠다.
2　옆 집에 사는 나카가와 군과는, 실물 형제와 같은 관계입니다.
3　이 기사 내용에는 실물과 다른 점이 몇 가지인가 있습니다.
4　그림이 특기인 여동생이 그린 반려견은 실물과 매우 꼭 닮았다.

해설　제시어 実物(실물)는 주로 실제 존재하는 물건이나 사람을 나타내는 경우에 사용한다. 4의 絵が得意な妹が描いた愛犬は実物ととてもそっくりだった(그림이 특기인 여동생이 그린 반려견은 실물과 매우 꼭 닮았다)에서 올바르게 사용되었으므로 4가 정답이다. 참고로, 1은 実力(실력), 2는 本当(진짜), 3은 事実(사실)를 사용하는 것이 올바른 문장이다.

어휘　実物 じつぶつ 图실물　短い みじかい い형짧다
出場 しゅつじょう 图출장　時間 じかん 图시간　中 なか 图속
自分 じぶん 图자신　出し切る だしきる 图완전히 발휘하다
難しい むずかしい い형어렵다　となり 图옆　家 いえ 图집
住む すむ 图살다　兄弟 きょうだい 图형제　~のような ~와 같은
関係 かんけい 图관계　記事 きじ 图기사　内容 ないよう 图내용
違う ちがう 图다르다　ところ 图점　いくつか 몇 가지인가
絵 え 图그림　得意だ とくいだ な형특기이다, 잘하다
妹 いもうと 图여동생　描く かく 图그리다　愛犬 あいけん 图반려견
とても 图매우　そっくりだ な형꼭 닮다

34

진찰
1　이번 화재의 원인은 낡은 에어컨일 가능성이 높다고 진찰되었다.
2　학생이 하루에 어느 정도 인터넷을 이용하고 있는지 진찰한다.
3　잠시동안 개미를 진찰하니, 각각에게 역할이 있다는 것을 알았다.
4　일주일 정도 기침이 계속되고 있어서, 병원에서 진찰받았습니다.

해설　제시어 診察(진찰)는 주로 의사에게 병을 진단받는 경우에 사용한다. 4의 一週間ほど咳が続いているので、病院で診察してもらいました(일주일 정도 기침이 계속되고 있어서, 병원에서 진찰받았습니다)에서 올바르게 사용되었으므로 4가 정답이다. 참고로, 1은 判断(판단), 2는 調査(조사), 3은 観察(관찰)를 사용하는 것이 올바른 문장이다.

어휘　診察 しんさつ 图진찰　今回 こんかい 图이번　火事 かじ 图화재
原因 げんいん 图원인　古い ふるい い형낡다　エアコン 图에어컨
可能性 かのうせい 图가능성　高い たかい い형높다
学生 がくせい 图학생　一日 いちにち 图하루
どのぐらい 어느 정도　インターネット 图인터넷　利用 りよう 图이용
しばらく 图잠시동안　アリ 图개미　～と 图~하니　それぞれ 图각각
役割 やくわり 图역할　わかる 图알다
一週間 いっしゅうかん 图일주일　～ほど 图~정도　咳 せき 图기침
続く つづく 图계속되다　～ので 图~해서　病院 びょういん 图병원

35

어질러지다
1　새롭게 오픈하는 가게의 광고를 지금부터 어질러지고 오겠습니다.
2　방이 어질러져 있기 때문에, 친구를 부를 수 없습니다.
3　벚꽃은 예쁘지만, 어질러지는 것이 빠른 것이 아쉽습니다.
4　아이들은 그룹으로 어질러져서, 안을 견학했습니다.

해설　제시어 散らかる(어질러지다)는 정돈되어 있던 일이나 물건이 어지럽게 흩어진 경우에 사용한다. 2의 部屋が散らかって(방이 어질러져)에서 문맥상 올바르게 사용되었으므로 2가 정답이다. 참고로, 1은 配る(くばる, 나누어 주다), 3은 散る(ちる, 꽃잎이 지다), 4는 分かれる(わかれる, 갈라지다)를 사용하는 것이 올바른 문장이다.

어휘　散らかる ちらかる 图어질러지다　新しい あたらしい い형새롭다
オープン 图오픈　店 みせ 图가게　広告 こうこく 图광고
今 いま 图지금　～から 图~부터　部屋 へや 图방
～ので 图~때문에　友だち ともだち 图친구　呼ぶ よぶ 图부르다
できる 图할 수 있다　桜 さくら 图벚꽃　花 はな 图꽃
きれいだ な형예쁘다　はやい い형빠르다, 시간이 짧다
残念だ ざんねんだ な형아쉽다, 유감이다　子ども こども 图아이
グループ 图그룹　中 なか 图안, 속　見学 けんがく 图견학

언어지식 문법·독해　p.390

1

이 수족관에서는 계절 (　　) 열리는 이벤트가 큰 인기라서, 매번 많은 아이들이 방문한다.

1　만으로　　　　　　　2　씩
3　마다　　　　　　　4　에 의해

해설　문맥에 맞는 문형을 고르는 문제이다. 모든 선택지가 빈칸 앞의 季節(계절)에 접속할 수 있다. 빈칸 뒤의 開かれるイベントが大人気で(열리는 이벤트가 큰 인기라서)에 이어지는 문맥을 보면, '계절마다 열리는 이벤트가 큰 인기라서'라고 하는 문맥이 가장 자연스럽다. 따라서 3 ごとに(마다)가 정답이다.

어휘　水族館 すいぞくかん 图수족관　季節 きせつ 图계절

開く ひらく 图열리다 イベント 图이벤트 子ども こども 图아이
~たち ~들 大~ だい~ 큰 人気 にんき 图인기
毎回 まいかい 图매번 たくさん 囝많이
訪れる おとずれる 图방문하다 ~だけで ~만으로 ~ずつ ~씩
~ごとに ~마다 ~により ~에 의해

어휘 電話 でんわ 图전화 妻 つま 图아내 あなた 图여보, 당신
今 いま 图지금 夫 おっと 图남편 会社 かいしゃ 图회사
仕事 しごと 图일 終わる おわる 图끝나다, 마치다
これから 이제부터, 앞으로 帰る かえる 图돌아가다, 돌아오다
~てばかりいる ~(하)기만 하고 있다 ~たばかりだ 방금 ~(했)다
~ところだ ~(하)려는 참이다 ~ているところだ ~(하)고 있는 참이다

2

시무라 "야마시타 씨, 스피치 대회에서 우승했다고 들었어요. 굉장하네요."
야마시타 "아니, 대단한 일 아니에요. 대회(   ), 참가자는 5명밖에 없었기 때문에."

1 에 반하여   2 라고 해도
3 를 둘러싸고   4 하는 김에

해설 대화의 문맥에 맞는 문형을 고르는 문제이다. 시무라가 야마시타의 우승 소식에 대단하다고 하자, 야마시타는 대회라고 해도 참가자가 다섯 명밖에 없었다고 대답하는 문맥이다. 따라서 2 といっても(라고 해도)가 정답이다.

어휘 スピーチ 图스피치, 연설 大会 たいかい 图대회
優勝 ゆうしょう 图우승 ~って ~라고 聞く きく 图듣다
すごい い형대단하다 大したこと たいしたこと 대단한 일
参加者 さんかしゃ 图참가자 ~しか 国~밖에 ~ので 国~때문에
~に反して ~にはんして ~에 반하여 ~といっても ~라고 해도
~をめぐって ~를 둘러싸고 ~のついでに ~하는 김에

3

기온이 내려가고 있기 때문에, (   ) 내일 눈이 내릴지도 모른다.

1 어쩌면   2 조금도
3 반드시   4 마치

해설 문맥에 맞는 부사를 고르는 문제이다. 빈칸 뒤의 明日雪が降るかもしれない(내일 눈이 내릴지도 모른다)를 보면, '어쩌면 내일 눈이 내릴지도 모른다'가 문맥상 가장 자연스럽다. 따라서 1 もしかすると(어쩌면)가 정답이다

어휘 気温 きおん 图기온 下がる さがる 图(기온이) 내려가다
~ので 国~때문에 明日 あした 图내일 雪 ゆき 图눈
降る ふる 图(눈, 비가) 내리다, 오다 ~かもしれない ~지도 모른다
もしかすると 어쩌면 少しも すこしも 囝조금도, 전혀
かならずしも 반드시 まるで 囝마치, 꼭

4

(전화로)
아내 "여보세요, 여보? 지금 어디야?"
남편 "지금 회사야. 일이 끝나서, 이제부터 (   )."

1 돌아가기만 하고 있어   2 방금 돌아갔어
3 돌아가려는 참이야   4 돌아가고 있는 참이야

해설 대화의 문맥에 맞는 문말 표현을 고르는 문제이다. 아내가 남편의 위치를 물어보자, 남편이 일이 끝나고 이제부터 돌아가려고 한다고 대답하는 문맥이다. 따라서 3 帰るところだ(돌아가려는 참이야)가 정답이다.

5

결혼하는 사람이 점점 적어지고 있기 때문에, 아이의 수는 (   ) 만 한다.

1 줄었기   2 줄기
3 줄지 않기   4 줄어서

해설 문형에 접속하는 알맞은 동사 형태를 고르는 문제이다. 빈칸 앞의 結婚する人がだんだん少なくなっているので、子どもの数は(결혼하는 사람이 점점 적어지고 있기 때문에, 아이의 수는)를 보면, '아이의 수는 줄기만 한다'가 문맥상 가장 자연스럽다. 따라서 2 減る(줄기)가 정답이다. 동사 사전형+一方だ는 '~(하)기만 하다'라는 의미인 문형임을 알아둔다.

어휘 結婚 けっこん 图결혼 だんだん 囝점점 少ない すくない い형적다
~ので 国~때문에 子ども こども 图아이 数 かず 图수
~一方だ ~いっぽうだ ~(하)기만 하다 減る へる 图줄다, 적어지다

6

(집에서)
어머니 "공부 안 해? 대학에 떨어지고 나서 더 열심히 (   ) 후회해도 늦어."
아들 "이제부터 하려고 생각하고 있었어."

1 공부하면 좋았겠다고   2 공부해서 다행이었다고
3 공부하는 편이 좋다든가   4 공부했으니까 괜찮다든가

해설 문맥에 맞는 문형을 고르는 문제이다. 빈칸 앞뒤 문맥을 보면 '대학에 떨어지고 나서 더 열심히 공부하면 좋았겠다고 후회해도 늦어'가 가장 자연스럽다. 따라서 1 勉強すればよかったって(공부하면 좋았겠다고)가 정답이다.

어휘 家 いえ 图집 母 はは 图어머니 勉強 べんきょう 图공부
大学 だいがく 图대학 落ちる おちる 图떨어지다
~てから ~하고 나서 もっと 囝더, 더욱
一生懸命 いっしょうけんめい 图열심히 ~って ~(라)고
後悔 こうかい 图후회 遅い おそい い형늦다 息子 むすこ 图아들
これから 이제부터 やる 图하다
~と思う ~とおもう ~(하)려고 하다 ~ばよかった ~(하)면 좋았겠다
よかった 다행이다 ~たほうがいい ~(하)는 편이 좋다
~とか 国~라든가 ~から 国~니까 いい い형괜찮다, 좋다

7

선생님이 학급의 모두에게 여행 때 찍은 사진을 (   ).

1 보여 받았습니다   2 보여드렸습니다
3 보여주셨습니다   4 보여드립니다

해설 문맥에 맞는 경어를 고르는 문제이다. 행동의 주체인 선생님이 아랫사람인 학급 모두에게 사진을 '보여줬다'는 내용이므로, 상대를 높이는 존경 표현을 사용해야 한다. 따라서 くださる(주시다)를 사용한 존경 표현인 3 見せてくださいました(보여주셨습니다)가 정답이다. 4의 お+ます형+する는 겸양 표현임을 알아둔다.

어휘 先生 せんせい 명 선생님 クラス 명 학급, 클래스 みんな 명 모두
旅行 りょこう 명 여행 撮る とる 동 (사진을) 찍다
写真 しゃしん 명 사진 見せる みせる 동 보이다
~ていただく ~(해) 받다(겸양 표현)
~てさしあげる ~(해) 드리다(겸양 표현)
~てくださる ~(해) 주시다(존경 표현)

8

그녀는 일(　　　) 육아까지 하고 있기 때문에, 언제나 바쁜 것 같다.

1 에 따라서　　　　2 에 비해서
3 에 걸쳐서　　　　**4 과 함께**

해설 문맥에 맞는 문형을 고르는 문제이다. 모든 선택지가 빈칸 앞의 명사 仕事(일)에 접속할 수 있다. 때문에 빈칸 뒤의 子育てもしているので(육아까지 하고 있기 때문에)에 이어지는 문맥을 보면, '그녀는 일과 함께 육아까지 하고 있기 때문에'가 가장 자연스럽다. 따라서 4 にくわえて(과 함께)가 정답이다.

어휘 仕事 しごと 명 일 子育て こそだて 명 육아 ~ので 조 ~때문에
いつも 부 언제나, 늘 忙しい いそがしい い형 바쁘다
~そうだ ~인 것 같다(추측)　～につれて ~에 따라서
~にくらべて ~에 비해서　～にわたって ~에 걸쳐서
~にくわえて ~와 함께, 에 더하여

9

언젠가 성공해서, 부모님을 (　　　) 싶다고 생각하고 있습니다.

1 기쁘게 하고　　2 기쁘고
3 기쁨받고　　　　4 기뻐해서

해설 문형에 접속하는 알맞은 동사 형태를 고르는 문제이다. 빈칸 뒤의 たい(~(하)고 싶다)는 동사 ます형에 접속하는 문형이므로 1, 2, 3이 가능하다. 문맥상 '부모님을 기쁘게 하고 싶다고'가 가장 자연스러우므로 喜ぶ(기쁘다)의 사역형인 1 喜ばせ(기쁘게 하고)가 정답이다.

어휘 いつか 부 언젠가　成功 せいこう 명 성공
両親 りょうしん 명 부모(님) 喜ぶ よろこぶ 동 기뻐하다

10

우리 남편(　　　) 친절하고 상냥한 사람은 없다고 생각합니다.

1 만　　　　　　　2 이야말로
3 만큼　　　　　4 조차

해설 문맥에 맞는 조사를 고르는 문제이다. 빈칸 뒤의 親切でやさしい人はいない(친절하고 상냥한 사람은 없다)와 문맥상 어울리는 말은 '남편만큼'이다. 따라서 3 ほど(만큼)가 정답이다.

어휘 うち 명 우리 夫 おっと 명 남편 親切だ しんせつだ な형 친절하다

やさしい い형 상냥하다　～だけ 조 ~만　～こそ ~이야말로
～ほど 조 ~만큼　～さえ 조 ~조차, 마저

11

요시다 "무슨 일이야? 왜 울고 있어?"
다카하시 "사실은 일에서 큰 실수를 해 버려서…."
요시다 "한 번 실수한 것만으로, 그렇게 (　　　). 또 노력하면 되잖아."

1 울려고 하지 마　　　**2 울 건 없어**
3 운 것임에 틀림없어　　4 울지 말아야 해

해설 대화의 문맥에 맞는 문말 표현을 고르는 문제이다. 다카하시가 일에서 큰 실수를 해 버려서 울고 있자, 요시다가 또 노력하면 되니 그렇게 울 건 없다고 격려하는 문맥이다. 따라서 2 泣くことはない(울 건 없어)가 정답이다.

어휘 どうした 무슨, 어떻게 何で なんで 부 왜, 어째서 泣く なく 동 울다
実は じつは 사실은 仕事 しごと 명 일 大きな おおきな 큰
失敗 しっぱい 명 실수, 실패　～ちゃう ~(해) 버리다
一度 いちど 명 한 번　～だけ ~만, 뿐 そんなに 부 그렇게
また 부 또, 다시 頑張る がんばる 동 노력하다
～ことはない ~(할) 것은 없다
～に違いない ~にちがいない ~임에 틀림없다
～べきだ (당연히) ~(해)야 한다

12

다나카 "저기, 이 과자 먹어봐. 맛있어."
가토 "미안. 요즘 살 빼려고 과자를 (　　　)."

1 먹지 않게 되어 있어
2 많이 먹지 않게 되어 있어
3 많이 먹도록 하고 있어
4 먹지 않도록 하고 있어

해설 대화의 문맥에 맞는 문말 표현을 고르는 문제이다. 다나카가 과자를 권유하자, 가토는 살을 빼려고 먹지 않으려고 한다는 문맥이다. 따라서 4 食べないようにしている(먹지 않도록 하고 있어)가 정답이다.

어휘 お菓子 おかし 명 과자 食べる たべる 동 먹다
おいしい い형 맛있다 最近 さいきん 명 최근, 요즘
やせる 동 살이 빠지다　～ために ~(하)려고, 때문에
～ことになっている ~(하)게 되어있다
食べ過ぎる たべすぎる 동 많이 먹다, 과식하다
～ようにしている ~(하)도록 하고 있다

13

오노 "스즈키 씨는 남동생 분이랑 사이가 좋은 것 같네요."
스즈키 "네. 그래도 어릴 때는 매일 남동생과 싸워서, 자주 남동생을 (　　　)."

1 울 것 같았습니다　　　**2 울렸습니다**
3 울림 당했습니다　　　4 울려고 했습니다

해설 대화의 문맥에 맞는 문말 표현을 고르는 문제이다. 오노가 스즈키 씨에게 남동생과 사이가 좋은 것 같다고 말하자, 스즈키는 지금은 그렇지만 어릴 때는 매일 싸워서 자주 울렸다는 문맥이다. 따라서 2 泣かせました(울렸습니다)가 정답이다.

어휘 弟 おとうと 몡 남동생 仲がいい なかがいい 사이가 좋다
~そうだ ~인 것 같다(추측) でも 쩝 그래도
子供のころ こどものころ 어릴 때 毎日 まいにち 몡 매일
けんかする 싸우다 よく 부 자주 泣く なく 동 울다
~ようとする ~(하)려고 하다

14

어릴 때, 숙제를 전부 하고 ★나서 가 아니면, 놀러 갈 수 없었다.

1 전부 2 나서
3 하고 4 가 아니

해설 문형 からでないと는 동사 て형 뒤에 접속하므로, 먼저 3 やって 2 から 4 でない と(하고 나서가 아니면)로 연결할 수 있다. 이것을 나머지 선택지와 함께 의미적으로 배열하면 1 全部 3 やって 2 から 4 でない と(전부 하고 나서가 아니면)가 되면서 전체 문맥과도 어울린다. 따라서 2 から(나서)가 정답이다.

어휘 子どものころ こどものころ 어릴 때 宿題 しゅくだい 몡 숙제
遊ぶ あそぶ 동 놀다 行く いく 동 가다 全部 ぜんぶ 부 전부
~てからでないと ~하고 나서가 아니면

15

회사에 가기 전에, 매일 아침 10킬로미터 ★나 달리고 있 다니, 대단하네요.

1 나 2 다니
3 달리고 있 4 10킬로미터

해설 2 なんて는 동사 보통형 뒤에 접속하므로 먼저 3 走っている 2 なんて(달리고 있다니)로 연결할 수 있다. 이것을 나머지 선택지와 함께 의미적으로 배열하면 4 10キロ 1 も 3 走っている 2 なんて(10킬로미터나 달리고 있다니)가 되면서 전체 문맥과도 어울린다. 따라서 ★이 있는 두 번째 빈칸에 위치한 1 も(나)가 정답이다.

어휘 会社 かいしゃ 몡 회사 行く いく 동 가다 前に まえに 전에, 이전에
毎朝 まいあさ 몡 매일 아침 すごい い형 대단하다
~なんて 조 ~라니 走る はしる 동 달리다 キロ 몡 킬로미터

16

스즈키 "야마모토 씨, 복사기가 고장 난 것 같은데, 봐 주실 수 없나요?"
야마모토 "아, 그 복사기는 카드를 넣지 않으면 쓸 수 없 ★도록 되어 있어요."

1 쓸 수 없 2 되어 있어
3 넣지 않으면 4 도록

해설 문형 ようになっている는 동사 보통형 뒤에 접속하므로 먼저 1 使えない 4 ように 2 なっている(쓸 수 없도록 되어 있어)로 연결할 수 있다. 이것을 나머지 선택지와 함께 의미적으로 배열하면 3 入れないと 1 使えない 4 ように 2 なっている(넣지 않으면 쓸 수 없도록 되어 있어)가 되면서 전체 문맥과도 어울린다. 따라서 4 ように(도록)가 정답이다.

어휘 コピー機 コピーき 몡 복사기 壊れる こわれる 동 고장 나다
~ようだ ~듯 하다 見る みる 동 보다 カード 몡 카드
使う つかう 동 쓰다 ~ようになっている ~(하)도록 되어있다
入れる いれる 동 넣다

17

다나카 "요즘 열심히 공부하네."
오카다 "응. 매일 놀고 만 ★있었던 탓에 성적이 떨어져서."

1 놀고 2 탓에
3 있었던 4 만

해설 문형 ばかりいる는 동사 て형 뒤에 접속하므로 먼저 1 遊んで 4 ばかり 3 いた(놀고만 있었던)로 연결할 수 있다. 이것을 나머지 선택지와 함께 의미적으로 배열하면 1 遊んで 4 ばかり 3 いた 2 せいで(놀고만 있었던 탓에)가 되면서 전체 문맥과도 어울린다. 따라서 3 いた(있었던)가 정답이다.

어휘 最近 さいきん 몡 요즘, 최근
一生懸命だ いっしょうけんめいだ な형 열심히 하다
勉強 べんきょう 몡 공부 毎日 まいにち 몡 매일
成績 せいせき 몡 성적 落ちる おちる 동 떨어지다
~ちゃう ~(해) 버리다 遊ぶ あそぶ 동 놀다 ~せいで ~탓에
~てばかりいる ~(하)고만 있다

18

설날은 본가에서 보내는 것이 당연해서, 해외에서 보내는 ★설날은 태어나서 처음 이라 두근거린다.

1 해외에서 2 태어나서 처음
3 설날은 4 보내는

해설 연결되는 문형이 없으므로 전체 선택지를 의미적으로 배열하면 1 海外で 4 過ごす 3 正月は 2 生まれて初めて(해외에서 보내는 설날은 태어나서 처음)가 된다. 전체 문맥과도 어울리므로 3 正月は(설날은)가 정답이다.

어휘 正月 しょうがつ 몡 설날 実家 じっか 몡 본가, 친정
過ごす すごす 동 보내다 当たり前だ あたりまえだ な형 당연하다
~だから ~(라)서 わくわくする 두근거리다 海外 かいがい 몡 해외
生まれる うまれる 동 태어나다 初めて はじめて 부 처음

19-22

아래 글은, 일본에 살고 있는 외국인이 쓴 작문입니다.

일본인과 도시락

응우옌 타잉 또안

저는 올해 대학을 졸업해서, 지금은 일본 회사에서 일하고 있습니다. 입사하고 놀란 것이 있습니다. 그것은 점심시간에

밖으로 밥을 먹으러 가지 않고, 집에서 가져 온 도시락을 먹고 있는 사람이 많다는 것입니다. [19]처음에는 일부러 시간을 들여 도시락을 준비해서, 식은 밥을 먹는 일본인을 이해할 수 없었습니다. ☐19☐ [19]우리나라에서는 요리는 따뜻하지 않으면 맛있지 않다는 생각이 일반적이기 때문입니다.

　　　[20]일본인 동료에게 도시락을 가지고 오는 이유를 ☐20☐, 가장 많았던 것은 '돈 절약이 되니까'라는 답변이었습니다. 그 다음은 '점심시간을 유효하게 사용하고 싶으니까'라는 답변이었습니다. 일본은 물가도 비싸고, 점심시간도 짧습니다. 그렇기 때문에, 도시락이 최적이라는 것입니다.

　　　또, [21]도시락은 차가운 채로 먹는 것이라 ☐21☐. 따뜻한 상태를 유지한 채 가지고 올 수 있는 도시락 통도 팔고 있고, [22]우리 회사에는 도시락을 데우기 ☐22☐ 전자레인지도 놓여 있습니다. 저도 다음에 도시락을 만들어 보려고 합니다.

어휘 住む すむ 图살다　外国人 がいこくじん 圀외국인　書く かく 圄쓰다
作文 さくぶん 圀작문　お弁当 おべんとう 圀도시락
今年 ことし 圀올해　大学 だいがく 圀대학
卒業 そつぎょう 圀졸업　今 いま 圀지금　会社 かいしゃ 圀회사
働く はたらく 圄일하다　入社 にゅうしゃ 圀입사
驚く おどろく 圄놀라다　昼休み ひるやすみ 圀점심시간
外 そと 圀밖, 바깥　ご飯 ごはん 圀밥　食べる たべる 圄먹다
行く いく 圄가다　家 いえ 圀집　持つ もつ 圄가지다
人 ひと 圀사람　多い おおい い형많다　最初 さいしょ 圀처음, 최초
わざわざ 囝일부러　手間をかける てまをかける 시간을 들이다
準備 じゅんび 圀준비　冷める さめる 圄식다
口にする くちにする 먹다　日本人 にほんじん 圀일본인
理解 りかい 圀이해　できる 圄할 수 있다　国 くに 圀나라
料理 りょうり 圀요리　温かい あたたかい い형따뜻하다
おいしい い형맛있다　考え かんがえ 圀생각
一般的だ いっぱんてきだ な형일반적이다　同僚 どうりょう 圀동료
来る くる 圄오다　理由 りゆう 圀이유　最も もっとも 囝가장
お金 おかね 圀돈　節約 せつやく 圀절약　なる 圄되다
回答 かいとう 圀답변　次 つぎ 圀다음　時間 じかん 圀시간
有効だ ゆうこうだ な형유효하다　使う つかう 圄사용하다
物価 ぶっか 圀물가　高い たかい い형비싸다
短い みじかい い형짧다　最適だ さいてきだ な형최적이다
また 囝또　冷たい つめたい い형차갑다　～まま ~한 채
状態 じょうたい 圀상태　持つ もつ 圄가지다
弁当箱 べんとうばこ 圀도시락 통　売る うる 圄팔다
温める あたためる 圄데우다, 따뜻하게 하다　レンジ 圀전자레인지
置く おく 圄놓다　今度 こんど 圀다음　作る つくる 圄만들다

19

1 따라서	2 왜냐하면
3 그런데도	4 한편

해설 문맥에 맞는 접속사를 고르는 문제이다. 빈칸 뒤의 私の国では料理は温かくなければおいしくないという考えが一般的だからです(우리나라에서는 요리는 따뜻하지 않으면 맛있지 않다는 생각이 일

반적이기 때문입니다)는 빈칸 앞의 **最初はわざわざ手間をかけてお弁当を準備して、冷めたご飯を口にする日本人が理解できませんでした**(처음에는 일부러 시간을 들여 도시락을 준비해서, 식은 밥을 먹는 일본인을 이해할 수 없었습니다)의 이유이므로, 빈칸에는 앞선 내용에 대한 이유를 나타내는 접속사가 필요하다. 따라서 2 というのは(왜냐하면)가 정답이다.

어휘 したがって 쩝따라서　というのは 왜냐하면　それなのに 쩝그런데도
一方 いっぽう 쩝한편

20

1 물었으니까	2 묻는다고 해서
3 물어봐도	**4 물어본 결과**

해설 문맥에 맞는 문형을 고르는 문제이다. 빈칸 뒤의 **最も多かったのは「お金の節約になるから」という回答でした**(가장 많았던 것은 '돈 절약이 되니까'라는 답변이었습니다)는 빈칸 앞의 **日本人の同僚にお弁当を持って来る理由を**(일본인 동료에게 도시락을 가지고 오는 이유를)의 결과를 이야기하는 내용이므로, 결과를 나타내는 문형이 필요하다. 따라서 4 聞いてみたところ(물어본 결과)가 정답이다.

어휘 ～ものだから ~이니까　～からといって ~(라)고 해서
～てみる ~(해) 보다　～たところ ~(한) 결과

21

1 고는 생각하지 않습니까
2 고는 단정 지을 수 없는 것 같습니다
3 고 되어 있습니다
4 고 말할 수밖에 없는 것 같습니다

해설 문맥에 맞는 문말 표현을 고르는 문제이다. 빈칸을 포함한 문장에서 **お弁当は冷たいまま食べるものだ**(도시락은 차가운 채로 먹는 것이라)를 보면, '도시락은 차가운 채로 먹는 것이라고는 단정 지을 수 없는 것 같습니다'가 문맥상 가장 자연스럽다. 따라서 2 とは限らないようです(고는 단정 지을 수 없는 것 같습니다)가 정답이다.

어휘 ～とは限らない ～とはかぎらない ~(라)고는 단정할 수 없다
～ようだ ~(인) 것 같다　言う いう 圄말하다
～しかない ~(할) 수밖에 없다　～そうだ ~(인) 것 같다

22

1 위해서	2 위한 것이어서
3 위해서는	4 위한 것은

해설 문맥에 맞는 조사를 고르는 문제이다. 빈칸 앞 문장인 **私の会社にはお弁当を温める**(우리 회사에는 도시락을 데우기), 빈칸 뒤의 **レンジも置いてあります**(전자레인지도 놓여 있습니다)를 보면, 문맥상 '우리 회사에는 도시락을 데우기 위해서 전자레인지도 놓여 있습니다'가 가장 자연스럽다. 따라서 1 ために(위해서)가 정답이다.

어휘 ～ために ~위해서　～で 国~이어서　～は 国~은, 는

23

이것은 시민 센터로부터 밀러 씨에게 도착한 메일이다.

수신인 ： miller_h@nihonmail.co.jp
건명 ： 5월 일본어 교실의 건
송신일시 ： 2019년 4월 1일 10:00

밀러 님

　문의 받은 5월 일본어 교실의 건입니다만, 클래스는 레벨 테스트에 따라서 정하기 때문에, 4월 중에 반드시 레벨 테스트를 받지 않으면 안 됩니다. **레벨 테스트는 센터가 열려있을 때라면 언제든지 받을 수 있지만, 전화로 예약을 하고 나서 받으러 와 주세요.** 교과서는 이쪽에서 준비합니다. 첫 수업 때 3,000엔의 수업료가 필요하지만, 70%이상 출석하신 분에게는 마지막 수업 날 돌려드립니다.

이 메일을 읽고, 밀러 씨가 우선 해야 하는 것은 무엇인가?

1 시민 센터에서 레벨 테스트를 받고, 수업을 들을 클래스를 정한다.
2 시민 센터에 전화를 해서, 레벨 테스트를 언제 받을지 정한다.
3 시민 센터에 전화를 해서, 교과서를 확인하고 나서 서점에 사러 간다.
4 시민 센터에 일본어 수업을 들으러 가서, 수업료 3,000엔을 지불한다.

해설 이메일 형식의 실용문으로 밀러 씨가 우선 해야 하는 것을 묻고 있다. 선택지에서 반복되는 市民センター(시민 센터), レベルテスト(레벨 테스트), 授業(수업)를 지문에서 찾는다. 중반부에서 レベルテストはセンターが開いている時でしたらいつでも受けられますが、電話で予約してから受けに来てください(레벨 테스트는 센터가 열려있을 때라면 언제든지 받을 수 있지만, 전화로 예약을 하고 나서 받으러 와 주세요)라고 언급하고 있으므로 2 市民センターに電話をして、レベルテストをいつ受けるか決める(시민 센터에 전화를 해서, 레벨 테스트를 언제 받을지 정한다)가 정답이다.

어휘 市民センター しみんセンター 图 시민 센터　~から 图 ~로부터
届く とどく 图 (보낸 것이) 도착하다, 도달하다　メール 图 메일
あて先 あてさき 图 수신인　件名 けんめい 图 건명
日本語 にほんご 图 일본어　教室 きょうしつ 图 교실
件 けん 图 건, 사항　送信 そうしん 图 송신　日時 にちじ 图 일시
様 さま 图 님　お問い合わせ おといあわせ 图 문의
いただく 图 받다 (もらう의 겸양어)　クラス 图 클래스, 학급
レベルテスト 图 레벨 테스트　~によって ~에 따라서, 에 의해
決める きめる 图 정하다, 결정하다　~ので 图 ~때문에
必ず かならず 图 반드시, 꼭　受ける うける 图 받다
~なければならない ~(하)지 않으면 안 된다　センター 图 센터
開く あく 图 열리다　いつでも 언제라도　電話 でんわ 图 전화
予約 よやく 图 예약　~てから ~(하)고 나서　来る くる 图 오다
教科書 きょうかしょ 图 교과서　用意 ようい 图 준비
最初 さいしょ 图 첫, 최초　授業 じゅぎょう 图 수업
授業料 じゅぎょうりょう 图 수업료　必要だ ひつようだ [な형] 필요하다
以上 いじょう 图 이상　出席 しゅっせき 图 출석　方 かた 图 분

最後 さいご 图 마지막, 최후　日 ひ 图 날　返す かえす 图 돌려주다
読む よむ 图 읽다　まず 图 우선　いつ 图 언제
確認 かくにん 图 확인　本屋 ほんや 图 서점　買う かう 图 사다
行く いく 图 가다　払う はらう 图 (돈을) 내다, 지불하다

24

여름의 매우 더운 날에, 냉방이 잘 된 방에 들어가면 처음에는 시원하고 기분이 좋다. 하지만, 그곳에 계속 있으면, 방 밖과 안의 온도차가 너무 커서 몸 상태가 나빠지는 경우가 있다.
냉방 온도는, 밖의 기온보다 5도 정도 낮은 온도로 하는 것이 가장 좋다고 한다. 도쿄의 8월 평균 기온이 32도라고 한다면, 27도로 하는 것이 좋다는 것이다. 27도에서는 **덥다고 느끼는 사람도 있을 지도 모르지만, 건강을 위해서는 어쩔 수 없을 것이다.**

냉방에 대해, '나'는 어떻게 생각하고 있는가?

1 더운 방에 장시간 있으면 건강에 좋지 않기 때문에, 여름은 냉방을 사용하는 편이 좋다고 생각한다.
2 건강을 위해서, 아침 저녁으로 밖의 기온이 낮을 때는 냉방을 사용하지 않는 편이 좋다고 생각한다.
3 여름은 냉방을 사용해서 실내와 실외의 온도차를 크게 하는 편이 몸에 좋다고 생각한다.
4 건강을 위해서, 방이 조금 덥더라도 냉방 온도는 너무 낮추지 않는 편이 좋다고 생각한다.

해설 에세이로 필자의 생각을 묻고 있다. 선택지에서 반복되는 健康(건강), 夏(여름), 温度(온도)를 지문의 후반부에서 찾아 '냉방'에 대한 필자의 생각을 파악한다. 중반부에서 冷房の温度は、外の気温より5度ぐらい低い温度にするのがいちばんいいそうだ(냉방 온도는, 밖의 기온보다 5도 정도 낮은 온도로 하는 것이 가장 좋다고 한다)라고 서술하고, 마지막 문장에서 暑いと感じる人もいるかもしれないが、健康のためにはしょうがないだろう(덥다고 느끼는 사람도 있을지도 모르지만, 건강을 위해서는 어쩔 수 없을 것이다)라고 서술하였으므로 4 健康のために、部屋が少し暑くても冷房の温度は下げすぎないほうがいいと思う(건강을 위해서, 방이 조금 덥더라도 냉방 온도는 너무 낮추지 않는 편이 좋다고 생각한다)가 정답이다.

어휘 夏 なつ 图 여름　とても 图 매우　暑い あつい [い형] 덥다　日 ひ 图 날
冷房 れいぼう 图 냉방　よく 图 잘　効く きく 图 효과가 있다, 듣다
部屋 へや 图 방　入る はいる 图 들어가다
最初 さいしょ 图 처음, 최초　涼しい すずしい [い형] 시원하다
気持ちがいい きもちがいい 기분이 좋다　しかし 图 하지만, 그러나
ずっと 图 계속　外 そと 图 밖, 바깥　中 なか 图 안, 속
温度 おんど 图 온도　差 さ 图 차, 차이
大きすぎる おおきすぎる 너무 크다　体 からだ 图 몸
調子 ちょうし 图 상태　悪い わるい [い형] 나쁘다　気温 きおん 图 기온
~より 图 ~보다　~ぐらい 图 ~정도　低い ひくい [い형] 낮다
いちばん 图 가장　~そうだ ~라고 한다 (전언)
東京 とうきょう 图 도쿄 (지명)　平均 へいきん 图 평균
~ということだ ~라는 것이다　感じる かんじる 图 느끼다
~かもしれない ~(일)지도 모른다　健康 けんこう 图 건강

~ために ~위해서　しょうがない 어쩔 수 없다
~について ~에 대해서　どのように 어떻게
考える かんがえる 图생각하다　長時間 ちょうじかん 图장시간
~ので ~때문에　使う つかう 图사용하다
~たほうがいい ~(하)는 편이 좋다　朝晩 あさばん 图아침 저녁
室内 しつない 图실내　室外 しつがい 图실외
大きい おおきい い형크다　少し すこし 图조금
下げすぎる さげすぎる 너무 낮추다

姿 すがた 图모습　確認 かくにん 图확인　頭 あたま 图머리
部分 ぶぶん 图부분　外 そと 图밖　出す だす 图내밀다
海面 かいめん 图해수면　高さ たかさ 图높이　あご 图턱
開く ひらく 图벌리다　口 くち 图입　入る はいる 图들어오다
~てくる ~(해) 오다　じっと 图가만히　待つ まつ 图기다리다
~てから ~(하)거나서　これまで 그동안　この 이
種類 しゅるい 图종류　とき 图때　開ける あける 图벌리다
~たまま ~(한) 채　魚 さかな 图물고기　集まる あつまる 图모이다
ところ 图곳　突っ込む つっこむ 图돌입하다
一気に いっきに 단숨에　飲み込む のみこむ 图삼키다
考える かんがえる 图여기다　必ずしも かならずしも 图꼭
そういう 그런　~わけだ ~인 것이다　~ようだ ~인 것 같다
新しい あたらしい い형새롭다　発見 はっけん 图발견
私たち わたしたち 图우리　知る しる 图알다　秘密 ひみつ 图비밀
もっと 图더　たくさん 图많이　~だろう ~일 것이다
人間 にんげん 图인간　飼う かう 图키우다　海 うみ 图바다
表面 ひょうめん 图표면　どのような 어떤
広げる ひろげる 图벌리다　集団 しゅうだん 图집단　歯 は 图이빨
かむ 图씹다　~ずに ~(하)지 않고

25

　야생 동물에게 카메라를 달고 그들의 행동을 관찰하는 연구자가 있다. 그의 연구로 인해서, 한 고래가 서서 수영하면서 작은 물고기를 먹고 있는 모습이 확인됐다. 머리 부분을 밖으로 내밀어 해수면 높이까지 턱을 벌리고, 작은 물고기가 입으로 들어오는 것을 가만히 기다리고 나서 먹는다고 한다. 그동안 이 종류의 고래가 작은 물고기를 먹을 때, 입을 벌린 채 물고기가 모여 있는 곳에 돌입하여 단숨에 삼키는 것이라고 여겨졌지만, 꼭 그런 것은 아닌 것 같다. 이것은 새로운 발견이었다. 동물에게는 우리가 모르는 비밀이 더 많이 있을 것이다.

(주1) 야생 동물: 인간에게 길러지지 않은 동물
(주2) 해수면: 바다의 표면

새로운 발견이었다고 되어 있는데, 고래에 대해서 어떤 것을 알았는가?

1　작은 물고기를 입에 넣은 채 서서 수영할 수 있다는 것
2　서서 수영하면서 입을 벌리고, 입에 들어간 작은 물고기를 먹는다는 것
3　입을 벌리고 작은 물고기의 집단에 돌입하여, 입에 들어간 작은 물고기를 먹는다는 것
4　작은 물고기가 입에 들어가면, 이빨로 씹지 않고 단숨에 삼킨다는 것

해설　밑줄 문제이므로 선택지에서 반복되는 선택지에서 반복되는 小魚(작은 물고기), 泳ぐ(수영하다), 口に入る(입에 들어가다)를 밑줄 주변에서 찾는다. 밑줄 앞부분에서 あるクジラが立って泳ぎながら小魚を食べている姿が確認された。頭の部分を外に出して海面の高さまであごを開き、小魚が口に入ってくるのをじっと待ってから食べるという(한 고래가 서서 수영하면서 작은 물고기를 먹고 있는 모습이 확인됐다. 머리 부분을 밖으로 내밀어 해수면 높이까지 턱을 벌리고, 작은 물고기가 입으로 들어오는 것을 가만히 기다리고 나서 먹는다고 한다)라고 서술하고 있으므로 2 立って泳ぎながら口を広げ、口に入った小魚を食べるということ(서서 수영하면서 입을 벌리고, 입에 들어간 작은 물고기를 먹는다는 것)가 정답이다.

어휘　野生 やせい 图야생　動物 どうぶつ 图동물　カメラ 图카메라
つける 图달다　彼ら かれら 图그들　行動 こうどう 图행동
観察 かんさつ 图관찰　研究者 けんきゅうしゃ 图연구자
いる 图있다　彼 かれ 图그　研究 けんきゅう 图연구
~により ~에 인해서　ある 图한　クジラ 图고래　立つ たつ 图서다
泳ぐ およぐ 图수영하다　~ながら ~면서
小魚 こざかな 图잔 물고기　食べる たべる 图먹다

26

박 씨의 책상 위에, 선생님으로부터의 메모가 놓여 있었다.

> 박 씨
> 　　다음 주 수요일에 X반과 Y반은 함께 수업을 합니다. 수업 전날까지, Y반의 다치바나 선생님에게 Y교실의 의자를 X교실로 이동시킬 허가를 받아 주세요. 허가를 받으면, Y교실의 의자에 작은 빨간 종이를 붙여 주세요.
> 　　수업 날은 수업이 시작되기 20분 전에 와서, Y교실의 의자를 X교실로 옮겨주었으면 합니다만, 혼자서는 힘들테니까, 호세 씨에게도 돕도록 말해둘게요. 잘 부탁합니다.
> 　　　　　　　　　　　　　　　　　　　　다카하시

다음 주 수요일에, 박 씨가 하지 않으면 안 되는 것은 무엇인가?

1　다치바나 선생님에게 Y교실의 의자를 이동시켜도 되는지 묻는다.
2　Y교실의 의자에 종이를 붙여서, 의자가 섞이지 않도록 한다.
3　조금 빨리 가서, X교실에 Y교실의 의자를 이동시킨다.
4　호세 씨에게 의자를 함께 옮겨 달라고 부탁한다.

해설　메모 형식의 실용문으로 다음 주 수요일에 박 씨가 해야 하는 것을 묻고 있다. 선택지에서 반복되는 教室(교실), いす(의자), 移動(이동)를 지문에서 찾는다. 초반부에서 来週の水曜日にXクラスとYクラスは一緒に授業をします(다음 주 수요일에 X반과 Y반은 함께 수업을 합니다)라고 언급하고, 중반부에서 授業の日は授業が始まる20分前に来て、Y教室のいすをX教室に運んでほしいのですが(수업 날은 수업이 시작되기 20분 전에 와서, Y교실의 의자를 X교실로 옮겨주었으면 합니다만)라고 언급하였으므로 3 少し早めに行って、X教室にY教室のいすを移動させる(조금 빨리 가서, X교실에 Y교실의 의자를 이동시킨다)가 정답이다.

어휘　机 つくえ 图책상　上 うえ 图위　先生 せんせい 图선생님

~から 조 ~로부터   メモ 명 메모   置く おく 동 놓다
来週 らいしゅう 명 다음 주   水曜日 すいようび 명 수요일
クラス 명 반, 학급   一緒に いっしょに 함께   授業 じゅぎょう 명 수업
前 まえ 명 전   日 ひ 명 날, 일   ~までに ~까지
教室 きょうしつ 명 교실   いす 명 의자   移動 いどう 명 이동
許可 きょか 명 허가   もらう 동 받다   小さな ちいさな 작은
赤い あかい い형 빨갛다   紙 かみ 명 종이   貼る はる 동 붙이다
始まる はじまる 동 시작되다   前に まえに 전에   来る くる 동 오다
運ぶ はこぶ 동 옮기다   ~てほしい ~(해) 주길 바라다
大変だ たいへんだ な형 힘들다   ~から 조 ~니까
手伝う てつだう 동 돕다   ~ように ~(하)도록   言う いう 동 말하다
~なければならない ~(하)지 않으면 안 된다   聞く きく 동 묻다
まざる 동 섞이다   ~ようにする ~(하)도록 하다   少し すこし 부 조금
早めに はやめに 부 빨리, 일찌감치   行く いく 동 가다

似る にる 동 비슷하다   批判 ひはん 명 비판   声 こえ 명 소리
集まる あつまる 동 모이다   とても 부 매우
悲しい かなしい い형 슬프다   インタビュー 명 인터뷰
傷つく きずつく 동 상처받다   表情 ひょうじょう 명 표정
応援 おうえん 명 응원   方々 かたがた 명 분들
申し訳ない もうしわけない い형 죄송하다   答える こたえる 동 답하다
一番 いちばん 명 가장   落ち込む おちこむ 동 침울해지다
本人 ほんにん 명 본인   ~のはずだ ~(일) 것이다   ~のに ~인데
ひどい い형 심하다   言葉をかける ことばをかける 말을 걸다
~なんて 조 ~(하)다니   信じる しんじる 동 믿다
成長 せいちょう 명 성장   願う ねがう 동 바라다   愛 あい 명 사랑
言う いう 동 말하다   人 ひと 명 사람
傷つける きずつける 동 상처입히다   言葉 ことば 명 말   ファン 명 팬
一生懸命 いっしょうけんめい 열심히   感謝 かんしゃ 명 감사
気持ち きもち 명 마음   伝える つたえる 동 전하다   ~だけ 조 ~뿐
悔しい くやしい い형 분하다   形 かたち 명 형태
向ける むける 동 향하다   間違う まちがう 동 틀리다

27-29

지난 30년간 올림픽에서 좋은 성적을 남기지 못했던 배구 경기에서 ①메달이 기대되고 있었다. ²⁷다른 나라에 비해서 평균 신장이 낮은 일본은 원래 수비를 중시한 팀이었지만, 그 신장을 커버할 점프력과 기술을 가진 선수들이 모여, 공격력이 올라간 것이다.

일본에서 진행된 강화 시합에서는 우승 후보로 불리는 상대국과 좋은 시합을 했지만, ²⁸올림픽 결과는 아깝게도 예선에서 지고 말았다. 이 예상도 하지 않았던 결과에 험담과도 비슷한 비판의 소리가 모였다. ②나는 매우 슬퍼졌다. 인터뷰에서 선수들은 상처받은 표정으로 '응원해 주신 분들에게 죄송합니다.'라고 답했다. 가장 침울해져 있는 것은 본인들일텐데, 그런 심한 말을 던지다니 믿을 수 없었다.

그것을 팀의 성장을 바란 사랑이 있는 비판이라고 말하는 사람도 있지만, 사람을 상처 입히는 말에 사랑은 없다. ²⁹우리 팬이 선수들에게 할 수 있는 것은 열심히 응원하고, 감사의 마음을 전하는 것뿐이지 않을까. 분한 마음을 비판이라는 형태로 선수에게 향하는 것은 틀렸다.

어휘 この 지난   ~年間 ~ねんかん ~년간   オリンピック 명 올림픽
いい い형 좋다   成績 せいせき 명 성적   残す のこす 동 남기다
バレーボール 명 배구   競技 きょうぎ 명 경기   メダル 명 메달
期待 きたい 명 기대   他 ほか 명 다름   国 くに 명 나라
~に比べて ~にくらべて ~에 비해서   平均 へいきん 명 평균
身長 しんちょう 명 신장, 키   低い ひくい い형 낮다
日本 にほん 명 일본   もともと 원래   守り まもり 명 수비
重視 じゅうし 명 중시   チーム 명 팀   カバー 명 커버
ジャンプ力 ジャンプりょく 명 점프력   技術 ぎじゅつ 명 기술
持つ もつ 동 가지다   選手 せんしゅ 명 선수   そろう 동 모이다
攻撃力 こうげきりょく 명 공격력   上がる あがる 동 올라가다
行う おこなう 동 진행하다   強化 きょうか 명 강화
試合 しあい 명 시합   優勝 ゆうしょう 명 우승   候補 こうほ 명 후보
呼ばれる よばれる 동 불리다   相手国 あいてこく 명 상대국
結果 けっか 명 결과   惜しい おしい い형 아깝다
予選 よせん 명 예선   負ける まける 동 지다
~てしまう ~(하)고 말다   予想 よそう 명 예상   悪口 わるくち 명 험담

27

①메달이 기대되고 있었다고 되어 있는데, 어째서인가?

1 신장의 차를 생각해서, 수비에 힘을 쏟은 팀이 되었기 때문에
2 수비뿐만이 아니라, 공격을 특기로 하는 선수가 모였기 때문에
3 이번 올림픽이 일본에서 열리게 되었기 때문에
4 우승이 예상되는 나라와 시합을 해서, 이길 수 있었기 때문에

해설 지문의 バレーボール競技でメダルが期待されていた(배구 경기에서 메달이 기대되고 있었다)에 관한 이유가 무엇인지 밑줄 주변에서 찾는다. 뒷부분에서 他の国に比べて平均身長が低い日本はもともと守りを重視したチームだったが、その身長をカバーするジャンプ力と技術を持った選手たちがそろい、攻撃力が上がったのだ(다른 나라에 비해서 평균 신장이 낮은 일본은 원래 수비를 중시한 팀이었지만, 그 신장을 커버할 점프력과 기술을 가진 선수들이 모여, 공격력이 올라간 것이다)라고 서술하고 있으므로 2 守りだけではなく、攻撃を得意とする選手が集まったから(수비뿐만이 아니라, 공격을 특기로 하는 선수가 모였기 때문에)가 정답이다.

어휘 なぜ 부 어째서   差 さ 명 차   考える かんがえる 동 생각하다
力 ちから 명 힘   入れる いれる 동 넣다
~だけではなく ~뿐만이 아니라   攻撃 こうげき 명 공격
得意だ とくいだ な형 잘하다   今回 こんかい 명 이번
開く ひらく 동 열리다   ~ことになる ~(하)게 되다
勝つ かつ 동 이기다   ~ことができる ~할 수 있다

28

②나는 매우 슬퍼졌다고 되어 있는데, 어째서 슬퍼진 것인가?

1 배구 팀이 올림픽에서 한 번도 이기지 못했기 때문에
2 시합에서 진 배구 선수에 대해서 심한 말을 하는 사람이 있었기 때문에
3 인터뷰에서 배구 선수가 시합에 진 것을 사과했기 때문에
4 험담과 같은 비판을 듣고, 배구 선수가 침울해져 있었기 때문에

해설 지문의 私はとても悲しくなった(나는 매우 슬퍼졌다)에 관한 이유가 무엇인지 밑줄 주변에서 찾는다. 앞부분에서 オリンピックの結果はというと惜しくも予選で負けてしまった。この予想もしなかった結果に悪口にも似た批判の声が集まった(올림픽 결과는 아깝게도 예선에서 지고 말았다. 이 예상도 하지 않았던 결과에 험담과도 비슷한 비판의 소리가 모였다)라고 서술하고 있으므로 2 試合に負けたバレーボールの選手に対してひどいことを言う人がいたから(시합에서 진 배구 선수에 대해서 심한 말을 하는 사람이 있었기 때문에)가 정답이다.

어휘 どうして 🖺 어째서 一度 いちど 🖺 한 번
~に対して ~にたいして ~에 대해서 謝る あやまる 🖺 사과하다
~のような ~와 같은 聞く きく 🖺 듣다

29

이 글을 쓴 사람이 **가장 말하고 싶은 것**은 무엇인가?

1 팀의 성장을 바라는 진정한 팬만이, 선수에게 사랑이 있는 비판을 할 수 있다.
2 팀의 성장을 위해서 비판하고 싶다면, 선수를 상처입히는 말은 사용하면 안 된다.
3 팀의 팬이라면 어떤 결과라고 해도, 비판하지 않고 선수에게 따뜻한 성원을 보내야 한다.
4 팀이 져서 분한 마음을 선수에게 비판이라는 형태로 표현해도, 아무것도 바뀌지 않는다.

해설 지문의 주제를 묻고 있으므로 지문의 후반부나 지문 전체를 읽으며 정답의 단서를 찾는다. 지문의 후반부에서 私たちファンが選手たちにできることは一生懸命に応援し、感謝の気持ちを伝えることだけじゃないだろうか(우리 팬이 선수들에게 할 수 있는 것은 열심히 응원하고, 감사의 마음을 전하는 것뿐이지 않을까)라고 서술하고, 지문 전체적으로 험담과 같은 비판이 아닌 응원과 감사의 말을 전해야 한다고 하고 있으므로 3 チームのファンならばどんな結果であっても、批判せず選手に温かい声をかけるべきだ(팀의 팬이라면 어떤 결과라고 해도, 비판하지 않고 선수에게 따뜻한 성원을 보내야 한다)가 정답이다.

어휘 書く かく 🖺 쓰다 一番 いちばん 🖺 가장 本当 ほんとう 🖺 진정
~ために 🖺 ~위해서 使う つかう 🖺 사용하다
~てはならない ~(해)서는 안 된다 ~ならば 🖺 ~이라면
~ず ~(하)지 않고 温かい あたたかい 🖺 따뜻하다
声をかける こえをかける 성원을 보내다 ~べきだ ~(해)야 한다
表現 ひょうげん 🖺 표현 変わる かわる 🖺 바뀌다

30-32

　어린 시절에는 야채가 싫었다. 숙주나물이나 양파 등은 냄새가 있어도 먹을 수 있었지만, ³⁰당근과 같이 색이 진한 야채는 크레파스로 보여서, 어째서 그런 것을 먹게 하냐고 어머니에게 말했다고 한다. 색이 뚜렷해도 호박은 달기 때문에 먹을 수 있었다. 아마 쓴 맛도 관계되어 있었는지 모른다.
　세상의 부모들은 아이에게 영양이 풍부한 야채를 먹여주길 바라며 잘게 잘라서 스프에 넣거나, 야채에 대한 그림책을 읽어 주거나

다양한 궁리를 한다. ³¹나도 한 번 주스가 된 당근을 본 적이 있다. 부모에 따라서는 밭을 빌려서 야채를 함께 기르는 사람까지 있다고 한다.
　성장해 가는 동안에 어느샌가 야채를 먹을 수 있게 되어 있었다. ³²부모님이 무리하게 먹게 하도록 하지 않았던 덕분이라고 생각하는 것은, 그것이 기억에 남아 있어서 아직까지 야채를 싫어하는 동료가 있기 때문이다. 부모로서 편식하지 않고 먹을 수 있도록 훈육하는 것은 물론 중요하지만, 어디까지 계속 말해야 하는지 어려운 부분이다. 부모님에게는 매우 감사하고 있다.

어휘 幼い おさない い형 어리다 ~頃 ~ころ ~시절 野菜 やさい 🖺 야채
　　苦手だ にがてだ な형 싫다 もやし 🖺 숙주나물
　　玉ねぎ たまねぎ 🖺 양파 ~など 🖺 등 におい 🖺 냄새
　　食べる たべる 🖺 먹다 にんじん 🖺 당근 ~のように ~와 같이
　　色 いろ 🖺 색 濃い こい い형 진하다 クレヨン 🖺 크레파스
　　見える みえる 🖺 보이다 どうして 🖺 어째서
　　母親 ははおや 🖺 어머니 言う いう 🖺 말하다 ~らしい ~라고 한다
　　はっきりする 뚜렷하다 かぼちゃ 🖺 호박 甘い あまい い형 달다
　　~ので 🖺 ~때문에 たぶん 🖺 아마 苦さ にがさ 🖺 쓴 맛
　　関係 かんけい 🖺 관계 ~かもしれない ~(일)지도 모른다
　　世の中 よのなか 🖺 세상 親 おや 🖺 부모(님)
　　子ども こども 🖺 아이 栄養 えいよう 🖺 영양
　　豊富だ ほうふだ な형 풍부하다 ~てほしい ~(하)길 바라다
　　細かい こまかい い형 잘다 切る きる 🖺 자르다 スープ 🖺 스프
　　入れる いれる 🖺 넣다 ~について ~에 대해서
　　絵本 えほん 🖺 그림책 読む よむ 🖺 읽다 ~たり 🖺 ~(하)거나
　　様々だ さまざまだ な형 다양하다 工夫 くふう 🖺 궁리
　　一度 いちど 🖺 한 번 ジュース 🖺 주스 なる 🖺 되다
　　見る みる 🖺 보다 ~たことがある ~(한) 적이 있다
　　~によって ~에 따라서 畑 はたけ 🖺 밭 借りる かりる 🖺 빌리다
　　一緒に いっしょに 함께 育てる そだてる 🖺 기르다 人 ひと 🖺 사람
　　~まで 🖺 ~까지 成長 せいちょう 🖺 성장 ~うちに ~동안에
　　いつの間にか いつのまにか 어느샌가 ~ようになる ~(하)게 되다
　　無理だ むりだ な형 무리이다 ~ようとする ~(하)려고 하다
　　~おかげだ ~덕분이다 ~と思う ~とおもう ~라고 생각하다
　　記憶 きおく 🖺 기억 残る のこる 🖺 남다
　　未だに いまだに 🖺 아직까지 ~嫌い ~ぎらい ~싫어함
　　同僚 どうりょう 🖺 동료 ~から 🖺 ~때문 ~として ~로서
　　好き嫌い すききらい 🖺 편식 ~ずに ~(하)지 않고
　　~ように ~(하)도록 しつけ 🖺 훈육 もちろん 🖺 물론
　　大事だ だいじだ な형 중요하다 ~続ける ~つづける 계속 ~하다
　　難しい むずかしい い형 어렵다 ところ 🖺 부분 とても 🖺 매우
　　感謝 かんしゃ 🖺 감사

30

야채가 싫었다고 되어 있는데, '나'는 어떤 야채가 싫었는가?

1 냄새가 강하고, 쓴 맛이 있는 야채
2 색이 뚜렷하고, 쓴 맛이 있는 야채
3 색이 뚜렷하고, 단 맛이 있는 야채

4 냄새가 강하고, 단 맛이 있는 야채

해설 지문의 幼い頃は野菜が苦手だった(어린 시절에는 야채가 싫었다)에서 '야채를 싫어했던 이유'가 무엇인지 밑줄 주변에서 찾는다. 밑줄의 뒷부분에서 にんじんのように色の濃い野菜はクレヨンに見えて、どうしてそんなものを食べさせるのかと母親に言っていたらしい。色がはっきりしていてもかぼちゃは甘いので食べられた。たぶん苦さも関係していたのかもしれない(당근과 같이 색이 진한 야채는 크레파스로 보여서, 어째서 그런 것을 먹게 하냐고 어머니에게 말했다고 한다. 색 뚜렷해도 호박은 달기 때문에 먹을 수 있었다. 아마 쓴 맛도 관계되어 있었는지 모른다)라고 서술하고 있으므로 2 色がはっきりしていて、苦みがある野菜(색이 뚜렷하고, 쓴 맛이 있는 야채)가 정답이다.

어휘 強い つよい [い형]강하다 苦み にがみ [명]쓴 맛 甘み あまみ [명]단 맛

31

부모님은 '나'에게 야채를 먹이기 위해서, 어떤 궁리를 했는가?
1 자른 야채를 요리에 넣어서, 야채라는 것을 모르게 했다.
2 야채에 관계된 그림책을 읽어서, 야채를 좋아하게 되도록 했다.
3 야채를 음료로 해서, 야채라는 것을 모르게 했다.
4 스스로 야채를 기르게 해서, 야채를 좋아하게 되도록 했다.

해설 질문의 「私」に野菜を食べてもらうために('나'에게 야채를 먹이기 위해서)와 관련된 내용을 지문에서 찾는다. 두 번째 단락에서 私も一度ジュースになったにんじんを見たことがある(나도 한 번 주스가 된 당근을 본 적이 있다)라고 서술하고 있으므로 3 野菜を飲み物にして、野菜だということをわからなくした(야채를 음료로 해서, 야채라는 것을 모르게 했다)가 정답이다.

어휘 料理 りょうり [명]요리 ～ということ ~라는 것 わかる [동]알다
関係 かんけい [명]관계 好きだ すきだ [な형]좋아하다
～ようにする ~(하)도록 하다 飲み物 のみもの [명]음료
自分で じぶんで 스스로

32

'나'는 어째서 부모님에게 감사하고 있는가?
1 야채를 먹을 수 있도록 강하게 권유받은 적이 없기 때문에
2 내가 야채를 먹을 수 있도록, 많은 궁리를 해 주었기 때문에
3 내가 편식하지 않는 아이로 자라도록, 엄격하게 훈육해 주었기 때문에
4 편식이 있는 것이 좋지 않은 것이라고 생각하지 않았기 때문에

해설 질문의 親に感謝している(부모님에게 감사하고 있다)와 관련된 내용을 지문에서 찾는다. 마지막 단락에서 親が無理に食べさせようとしなかったおかげだと思うのは(부모님이 무리하게 먹게 하도록 하지 않았던 덕분이라고 생각하는 것은)라고 서술하고 있으므로 1 野菜を食べるようにと強くすすめられることがなかったから(야채를 먹을 수 있도록 강하게 권유받은 적이 없기 때문에)가 정답이다.

어휘 すすめる [동]권유하다 たくさん [부]많이 子 こ [명]아이
育つ そだつ [동]자라나다 厳しい きびしい [い형]엄격하다
良い よい [い형]좋다 考える かんがえる [동]생각하다

33-36

시골에 사는 사람에게 있어서 차가 없는 생활은 매우 불편하다. 버스 정류장이나 역이 자택에서 먼 데다가, 버스나 전철의 편도 적다. 택시는 편리하지만, 운임이 비싸다.

그러나, 한 마을에 사는 고령자들은 ①차가 없어도 생활에 어려움을 겪고 있지 않다고 말한다. ³³그 마을에는 '합승 택시'라는 서비스가 있다. 집이 모여 있는 곳이나 슈퍼마켓, 병원 등 고령자가 자주 가는 곳에 정류장이 있어, 많으면 하루에 5회 운행한다. 이용하려면 사전에 전화로 예약이 필요하다. ³⁴운임은 거리에 관계없이 300엔으로 저렴하다. 버스처럼 여러 명이 동시에 차를 타고, 택시처럼 예약이 있을 때만 운행하기 때문에, 이 가격이 가능해졌다.

서비스를 시작했을 때는 예약 없이도 탈 수 있는 편이 좋다, 인터넷으로도 예약할 수 있는 편이 편리하다는 등의 의견도 나왔지만, 택시 회사는 채용하지 않았다. ②고령자에게의 조사에서 그것들이 필요 없다는 것을 알고 있었기 때문이다. ³⁵조사에 따르면, 고령자의 상당수가 마트에 가는 날, 병원에 가는 날 등 언제 무엇을 할지 계획을 세우고 있어, 일정이 갑자기 바뀌는 일은 별로 없다고 한다. 게다가, 휴대 전화를 사용하는 것이 능숙하지 않기 때문에 사이트상에서의 예약은 어렵다고 생각하는 사람이 많다고 한다. 즉, 이용하는 사람이 원하지 않는 불필요한 서비스는 만들지 않고 심플함을 추구한 결과, 인기를 얻은 것이다.

³⁶"새로운 것을 시작할 때는 다양한 의견을 받는데, 그것이 정말로 참고해야 할 내용인지 판단하는 것이 중요합니다. 실제로 이용하지 않는 사람의 의견은 들을 필요가 없는 경우도 많아서요."라고 택시 회사의 사장은 알려줬다.

(주) 정류장: 승객이 타거나 내리거나 하는 장소

어휘 高齢者 こうれいしゃ [명]고령자 運転 うんてん [명]운전
反対 はんたい [명]반대 声 こえ [명]목소리 田舎 いなか [명]시골
住む すむ [동]살다 人 ひと [명]사람 ～にとって ~에게 있어서
車 くるま [명]차 ない [い형]없다 生活 せいかつ [명]생활
とても [부]매우 不便だ ふべんだ [な형]불편하다
バス停 バスてい [명]버스 정류장 駅 えき [명]역
少ない すくない [い형]적다 自宅 じたく [명]자택
遠い とおい [い형]멀다 ～うえに ~데다가 バス [명]버스
電車 でんしゃ [명]전철 便 びん [명]편 タクシー [명]택시
使う つかう [동]이용하다 ～ば ~면 便利だ べんりだ [な형]편리하다
運賃 うんちん [명]운임 高い たかい [い형](값이) 비싸다
問題 もんだい [명]문제 しかし [접]그러나 ある [동]어느
町 まち [명]마을 ～たち ~들 困る こまる [동]어려움을 겪다
その 그 乗り合い のりあい [명]합승 サービス [명]서비스
ある [동]있다 家 いえ [명]집 集まる あつまる [동]모이다
ところ [명]곳 よく [부]자주 行く いく [동]가다 場所 ばしょ [명]장소
停留所 ていりゅうじょ [명]정류장 多くて おおくて 많으면
一日 いちにち [명]하루 ～回 ～かい ~회 運行 うんこう [명]운행
利用 りよう [명]이용 ～には ~(하)려면 事前 じぜん [명]사전
電話 でんわ [명]전화 予約 よやく [명]예약
必要だ ひつようだ [な형]필요하다 距離 きょり [명]거리
関係 かんけい [명]상관 ～円 ～えん ~엔 安い やすい [い형]싸다

~のように ~처럼　数人 すうにん 圏 여러 명　同時 どうじ 圏 동시
乗る のる 圏 타다　とき 때　~だけ 图 ~만　値段 ねだん 圏 가격
可能だ かのうだ な圏 가능하다　始める はじめる 圏 시작하다
なし 圏 없음　~ほうがいい ~(하)는 편이 좋다
インターネット 圏 인터넷　意見 いけん 圏 의견　出る でる 圏 나오다
タクシー会社 タクシーがいしゃ 택시회사　採用 さいよう 圏 채용
調査 ちょうさ 圏 조사　それら 그것들
必要ない ひつようない 필요없다　わかる 圏 알다
~によると ~에 따르면　多く 圏 상당수　日 ひ 圏 날
病院 びょういん 圏 병원　いつ 언제　何 なに 圏 무엇
~か 图 ~할지　予定 よてい 圏 계획　立てる たてる 圏 세우다
日程 にってい 圏 일정　急に きゅうに 갑자기
変わる かわる 圏 바뀌다　あまり 里 별로　それに 图 게다가
携帯電話 けいたいでんわ 휴대 전화
得意だ とくいだ な圏 능숙하다　サイト 圏 사이트　~上 ~じょう ~상
難しい むずかしい い圏 어렵다　考える かんがえる 圏 생각하다
多い おおい い圏 많다　~そうだ ~라고 한다(전언)　つまり 图 즉
望む のぞむ 圏 원하다　不要だ ふようだ な圏 불필요하다
作る つくる 圏 만들다　~ずに ~(하)지 않고　シンプルさ 圏 심플함
求める もとめる 圏 추구하다　人気 にんき 圏 인기
得る える 圏 얻다　新しい あたらしい い圏 새롭다
様々だ さまざまだ な圏 다양하다　もらう 圏 받다　それ 圏 그것
本当に ほんとうに 정말로　参考 さんこう 圏 참고
~べきだ ~(해)야 한다　内容 ないよう 圏 내용
判断 はんだん 圏 판단　大事だ だいじだ な圏 중요하다
聞く きく 圏 듣다　必要 ひつよう 圏 필요　社長 しゃちょう 圏 사장
教える おしえる 圏 알리다　~てくれる ~(해) 주다
乗客 じょうきゃく 圏 승객　降りる おりる 圏 내리다
~たり~たりする ~(하)거나 (하)거나 하다

33

①차가 없어도 생활에 어려움을 겪고 있지 않다고 되어 있는데, 어째서인가?

1 버스 정류장이나 역 근처에 사는 고령자가 많기 때문에
2 버스나 전철이, 그다지 기다리지 않아도 자주 오기 때문에
3 택시 운임이 다른 지역에 비해 싸기 때문에
4 '합승 택시'라는 서비스가 있기 때문에

해설 지문의 車がなくても生活に困っていない(차가 없어도 생활에 어려움을 겪고 있지 않다)에 관한 이유가 무엇인지 밑줄 주변에서 찾는다. 뒷부분에서 その町には「乗り合いタクシー」というサービスがある(그 마을에는 '합승 택시'라는 서비스가 있다)라고 서술하고 있으므로 4「乗り合いタクシー」というサービスがあるから('합승 택시'라는 서비스가 있기 때문에)가 정답이다.

어휘 どうして 图 어째서　近く ちかく 圏 근처　あまり~ない 그다지~않다
待つ まつ 圏 기다리다　よく 图 자주　来る くる 圏 오다
他 ほか 圏 다름　地域 ちいき 圏 지역
~に比べて ~にくらべて ~에 비해

34

'합승 택시'의 운임이 싼 이유에 대해, 이 글을 쓴 사람은 무엇이라고 말하고 있는가?

1 주택지나 병원 등, 고령자가 자주 가는 곳에밖에 정류장이 없기 때문에
2 버스와 똑같이 예약할 필요 없이, 많은 사람이 한꺼번에 탈 수 있기 때문에
3 운행하는 길이 정해져 있고, 거리가 길지 않기 때문에
4 몇 명이 한꺼번에 타고, 예약이 없을 때는 운행하지 않기 때문에

해설 질문의 합승 택시의 운임을 지문에서 찾아 그 주변을 주의 깊게 읽는다. 지문의 중반부에서 運賃は距離に関係なく300円と安い。バスのように数人が同時に車に乗り、タクシーのように予約があったときだけ運行するため、この値段が可能になった(운임은 거리에 관계없이 300엔으로 저렴하다. 버스처럼 여러 명이 동시에 차를 타고, 택시처럼 예약이 있을 때만 운행하기 때문에, 이 가격이 가능해졌다)라고 서술하고 있으므로 4 数人が一度に乗って、予約がないときは運行しないから(몇 명이 한꺼번에 타고, 예약이 없을 때는 운행하지 않기 때문에)가 정답이다.

어휘 理由 りゆう 圏 이유　~について ~에 대해　この 이
文章 ぶんしょう 圏 글　書く かく 圏 쓰다　人 ひと 圏 사람
何 なに 圏 뭐　言う いう 圏 말하다　同様だ どうようだ な圏 똑같다
たくさん 图 많은　一度に いちどに 图 한꺼번에　道 みち 圏 길
決まる きまる 圏 정해지다　長い ながい い圏 길다

35

②고령자에게의 조사라고 되어 있는데, 그 결과, 예를 들면 어떤 것을 알 수 있었는가?

1 집이 적은 지역에는 버스 정류장이 적어서 불편하다는 것
2 요금이 싼 대중교통을 이용하는 사람들이 많다는 것
3 일정을 정하고, 그에 맞춰 행동하는 사람들이 많다는 것
4 휴대전화 사용이 서툴러, 전화로의 예약은 어렵다는 것

해설 지문의 高齢者への調査(고령자에게의 조사)에서 결과의 내용이 무엇인지 밑줄 주변에서 찾는다. 뒷부분에서 調査によると、高齢者の多くがスーパーに行く日、病院に行く日などいつ何をするか予定を立てていて、日程が急に変わることはあまりない(조사에 따르면, 고령자의 상당수가 마트에 가는 날, 병원에 가는 날 등 언제 무엇을 할지 계획을 세우고 있어, 일정이 갑자기 바뀌는 일은 별로 없다)라고 서술하고 있으므로 3 予定を決めて、それに合わせて行動する人が多いということ(일정을 정하고, 그에 맞춰 행동하는 사람이 많다는 것)가 정답이다.

어휘 結果 けっか 圏 결과　例えば たとえば 图 예를 들면　どのような 어떤
公共交通機関 こうきょうこうつうきかん 圏 대중교통
合わせる あわせる 圏 맞추다　行動 こうどう 圏 행동
苦手だ にがてだ な圏 서툴다　難しい むずかしい い圏 어렵다

36

이 글을 쓴 사람이 **말하고 싶은 것은 무엇**인가?

1 무언가를 시작할 때는 여러 가지 의견을 듣지만, 필요 없는 의견은 듣지 않아도 된다.
2 무언가를 시작할 때는 여러 가지 의견을 듣지만, 그것들은 전혀 신경 쓸 필요가 없다.
3 실제로는 서비스를 이용하지 않는 사람에게, 부정적인 의견을 듣는 경우가 많다.
4 실제로는 서비스를 이용하지 않는 사람에게, 긍정적인 의견을 들어도 의미가 없다.

해설 필자가 말하고자 하는 바를 묻고 있다. 지문의 후반부에서 「新しいことを始めるときは様々な意見をもらいますが、それが本当に参考にすべき内容なのか判断することが大事です。実際に利用しない人の意見は聞く必要がないことも多いんです。」("새로운 것을 시작할 때는 다양한 의견을 받는데, 그것이 정말로 참고해야 할 내용인지 판단하는 것이 중요합니다. 실제로 이용하지 않는 사람의 의견은 들을 필요가 없는 경우도 많아요.")라고 서술하고 있으므로 1 何かを始めるときは色んな意見を言われるが、必要のない意見は聞かなくていい(무언가를 시작할 때는 여러 가지 의견을 듣지만, 필요 없는 의견은 듣지 않아도 된다)가 정답이다.

어휘 ~たい ~(하)고 싶다   何 なに 명 무엇   色んな いろんな 여러 가지
全く まったく 튀 전혀   気にする きにする 신경 쓰다
否定的だ ひていてきだ な형 부정적이다
肯定的だ こうていてきだ な형 긍정적이다   意味 いみ 명 의미

37

캐시 씨는, 클래스의 모두와 파티를 하게 되었다. 파티에 **참가하는 학생은 25명**이다. 클래스의 모두는 '**요리를 많이 먹고 싶다**', '**디저트를 먹으면서 수다 떨고 싶다**'라고 하고 있다. **예산은 1인 2,000엔**이다. 캐시 씨는, 어떻게 주문하면 좋은가?

1 A코스를 주문하고, 음료는 추가하지 않는다.
2 B코스를 주문하고, 음료를 추가한다.
3 C코스를 주문하고, 음료는 추가하지 않는다.
4 C코스를 주문하고, 음료를 추가한다.

해설 캐시 씨가 주문할 수 있는 것을 파악한다. 질문에서 제시된 조건 (1) **参加する学生は25人**(참가하는 학생은 25명), (2) **料理をたくさん食べたい**(요리를 많이 먹고 싶다), (3) **デザートを食べながらおしゃべりがしたい**(디저트를 먹으면서 수다 떨고 싶다), (4) **予算は一人2,000円**(예산은 1인 2,000엔)에 따라,
 (1) 참가하는 학생 25명 : A는 20명 이상, B는 20명 이상, C는 10명 이상이므로 A, B, C 모두 주문 가능하다.
 (2) 요리를 많이 먹고 싶다 : A코스는 4종류, B와 C 코스는 요리 6종류이므로 B, C가 주문 대상이다.
 (3) 디저트를 먹고 싶다 : B코스는 요리만 6종류, C코스는 요리 6종류와 케이크, 과일이므로 C코스를 주문한다
 (4) 예산 1인 2,000엔 : 예산은 1인 2,000엔인데 C코스가 1인 2,000엔이고 음료는 300엔 추가이므로 음료는 주문하지 않는다.

따라서 3 C코스를 주문하고, 음료는 추가하지 않는다(C코스를 주문하고, 음료는 추가하지 않는다)가 정답이다.

어휘 パーティー 명 파티   料理 りょうり 명 요리   配達 はいたつ 명 배달
会社 かいしゃ 명 회사   広告 こうこく 명 광고   クラス 명 클래스, 반
みんな 명 모두   参加 さんか 명 참가   学生 がくせい 명 학생
たくさん 튀 많이   食べる たべる 동 먹다   デザート 명 디저트
おしゃべり 명 수다, 잡담   予算 よさん 명 예산
注文 ちゅうもん 명 주문   コース 명 코스   飲み物 のみもの 명 음료
付ける つける 동 추가하다

38

이 씨는 고교의 친구들 20명과 동창회를 하기로 했다. **12월 15일에 B코스를 먹기 위해서는 언제까지 요리를 주문**하지 않으면 안 되는가?

1 11월 3일   2 11월 13일
3 12월 8일   4 12월 10일

해설 제시된 상황 **12月15日にBコースを食べる**(12월 15일에 B코스를 먹는다)에 따라, 이 씨가 주문해야 하는 날짜를 파악해야 한다. 지문의 표 아래에서 **ご注文は、パーティーの日の1か月前から1週間前までにお願いいたします**(주문은, 파티 날의 1개월 전부터 1주일 전까지 부탁드립니다)라고 하므로 11월 15일부터 12월 8일까지 주문해야 한다. 따라서 3 12月8日(12월 8일)가 정답이다.

어휘 高校 こうこう 명 고교   友だち ともだち 명 친구
同窓会 どうそうかい 명 동창회   ~ことにする ~(하)기로 하다
~ために ~위해서   いつまで 튀 언제까지
~なければいけない ~(하)지 않으면 안 된다

37-38

파티 요리 배달 회사의 광고

★ 파티 요리 사쿠라 ★

즐거운 파티에는, 맛있는 요리!

파티 요리 사쿠라가, 여러분의 배를 만족시키는 요리를 보내 드리겠습니다.

	내용	요금
A코스	이 가격으로 이 내용! 학생분에게 인기인 코스입니다! 요리는 4종류(피자, 스파게티, 샌드위치, 샐러드)	한 분 1,000엔 ※주문은 20명 이상으로 부탁드립니다.
B코스	배가 불러집니다! 모두 대만족인 코스입니다! [37]요리는 6종류(피자, 스파게티, 샌드위치, 샐러드, 스테이크, 스시)	한 분 1,500엔 ※주문은 20명 이상으로 부탁드립니다.

C코스	여성이 기뻐하는 ³⁷디저트 더함! 파티 요리 사쿠라에서 가장 인기코스입니다. ³⁷요리는 B코스 내용에, 케이크나 과일이 더해집니다.	³⁷한 분 2,000엔 ※³⁷주문은 10명 이상으로 부탁드립니다.

※ ³⁷음료도 추가할 경우는, 위의 요금에 한 분 300엔이 추가됩니다. 음료는 콜라나 오렌지 주스를 고르실 수 있습니다.

※ ³⁸주문은, 파티 날의 1개월 전부터 1주일 전까지 부탁드립니다.

※ 주문을 변경할 경우는, 2일 전까지 연락 주세요.

※ 주문취소는 3일 전까지 부탁드립니다. 2일 전부터는 취소료가 들기 때문에 주의해 주세요.

주문을 기다리고 있겠습니다. 상담이나 문의도 전화 주세요.

전화 : 080-5472-1215
영업시간 : 평일10:00~20:00, 토일10:00~18:00 (연중무휴)

어휘 楽しい たのしい [い형] 즐겁다   おいしい [い형] 맛있다
みなさま [명] 여러분   お腹 おなか [명] 배   満足 まんぞく [명] 만족
届ける とどける [동] 보내다   内容 ないよう [명] 내용
料金 りょうきん [명] 요금   値段 ねだん [명] 가격   人気 にんき [명] 인기
種類 しゅるい [명] 종류   ピザ 피자   スパゲッティ 스파게티
サンドイッチ 샌드위치   サラダ 샐러드
お一人様 おひとりさま [명] 한 분   以上 いじょう [명] 이상
お腹いっぱいになる おなかいっぱいになる 배가 불러지다
大満足 だいまんぞく [명] 대만족   ステーキ 스테이크
すし [명] 스시, 초밥   女性 じょせい [명] 여성   喜ぶ よろこぶ [동] 기뻐하다
付き つき [명] 더함, 붙음   いちばん [부] 가장   ケーキ 케이크
果物 くだもの [명] 과일   付く つく [동] 더해지다, 붙다
場合 ばあい [명] 경우   上 うえ [명] 위   プラス 추가, 플러스
コーラ [명] 콜라   オレンジジュース 오렌지 주스
選ぶ えらぶ [동] 고르다   前 まえ [명] 전, 앞   ~から [조] ~부터
~までに ~까지   変更 へんこう [명] 변경   連絡 れんらく [명] 연락
キャンセル [명] 취소, 캔슬   キャンセル料 キャンセルりょう 취소료
かかる [동] (요금이) 들다   ~ので [조] ~때문에   注意 ちゅうい [명] 주의
待つ まつ [동] 기다리다   相談 そうだん [명] 상담
問い合わせ といあわせ [명] 문의   電話 でんわ [명] 전화
営業 えいぎょう [명] 영업   時間 じかん [명] 시간
平日 へいじつ [명] 평일   土日 どにち [명] 토일(토요일과 일요일)
年中無休 ねんじゅうむきゅう [명] 연중무휴

청해 p.410

☞ 문제 1의 디렉션과 예제를 들려줄 때 1번부터 6번까지의 선택지를 미리 읽고 내용을 재빨리 파악해둡니다. 음성에서 では、始めます(그러면, 시작합니다)가 들리면, 곧바로 문제 풀 준비를 합니다.

음성 디렉션과 예제

問題1では、まず質問を聞いてください。それから話を聞いて、問題用紙の1から4の中から、最もよいものを一つえらんでください。

駅前で男の人が女の人に電話しています。男の人はどこへ行きますか。

男: あ、もしもし。今駅前でバスを降りたところなんだけど、道が分からなくて。
女: あ、そうなの? 今いるところは、北口? それとも南口?
男: 北口だよ。
女: じゃ、道路の反対側にコンビニがあるんだけど、分かる?
男: コンビニ? 郵便局だったら、見えるけど。
女: 郵便局のとなりなんだけど。
男: あ、あったあった。
女: コンビニの横の通りを、まっすぐ歩いてくると、レストランがあるはずよ。そこに来てくれない?
男: 分かった。すぐ行くよ。

男の人はどこへ行きますか。

最もよいものは3番です。回答用紙の問題1の例のところを見てください。最もよいものは3番ですから、答えはこのように書きます。では、始めます。

[문제지]
1 コンビニ
2 駅の北口
3 レストラン
4 ゆうびんきょく

해석 문제 1에서는 먼저 질문을 들어주세요. 그리고 이야기를 듣고, 문제 용지의 1부터 4 중에서, 가장 알맞은 것을 하나 골라주세요.

역 앞에서 남자가 여자에게 전화하고 있습니다. 남자는 어디에 갑니까?
남: 아, 여보세요. 지금 역 앞에서 버스를 막 내린 참인데, 길을 몰라서.
여: 아, 그래? 지금 있는 곳은, 북쪽 출구? 아니면 남쪽 출구?
남: 북쪽 출구야.

여: 그럼, 도로 반대쪽에 편의점이 있는데, 알겠어?
남: 편의점? 우체국이라면, 보이는데.
여: 우체국 옆인데.
남: 아, 있다 있다.
여: 편의점 옆 길을, 쭉 걸어오면, 레스토랑이 있을 거야. 거기로 와 주지 않을래?
남: 알겠어. 바로 갈게.

남자는 어디에 갑니까?

가장 알맞은 것은 3번입니다. 정답 용지의 문제 1의 예시 부분을 봐 주세요. 가장 알맞은 것이 3번이기 때문에, 정답은 이와 같이 표시합니다. 그러면 시작합니다.

1 편의점
2 역 북쪽 출구
3 레스토랑
4 우체국

1

[음성]
家で妻と夫が話しています。夫はこれから何をしますか。

女: あなた、ごろごろしてないで、ちょっと手伝ってよ。
男: わかったよ。何をすればいいの?
女: うちの車、ずっと洗っていないじゃない。今日こそ洗わなきゃ。
男: そうだけど、明日雨だよ。洗ってもしょうがないじゃないか。
女: ああ、それもそうね。じゃあ、今洗濯してるんだけど、終わったら洗濯物を干してくれない?
男: えー、嫌だよ。君がやってよ。
女: もう。私だって忙しいのよ。じゃあ、私の代わりにあなたがスーパーに行く? どっちにするか選んで。
男: えー、外に行くのはもっと面倒だよ。
女: それなら、決まりね。家にいるなら、ついでに部屋の掃除もやっといてね。
男: はいはい。

夫はこれから何をしますか。

[문제지]

1 ア ウ
2 イ エ

3 ウ エ
4 ア イ

해석 집에서 아내와 남편이 이야기하고 있습니다. 남편은 앞으로 무엇을 합니까?

여: 여보, 빈둥거리지 말고, 좀 도와줘.
남: 알았어. 무엇을 하면 돼?
여: 우리 차, 계속 닦지 않았잖아. 오늘이야말로 닦아야지.
남: 그렇긴 하지만, 내일 비야. 닦아도 어쩔 수 없지 않아?
여: 아, 그건 그렇네. 그럼, 지금 세탁하고 있는데, 끝나면 세탁물을 말려줄래?
남: 아~, 싫어. 네가 해.
여: 정말. 나도 바쁘다고. 그럼, 나 대신 당신이 슈퍼에 갈래? 어느 쪽으로 할지 골라.
남: 아~, 밖에 나가는 것은 더 귀찮아.
여: 그렇다면, 결정이네. 집에 있을 거면, 하는 김에 방 청소도 해둬.
남: 네네.

남편은 앞으로 무엇을 합니까?

해설 선택지 그림을 보고 남편이 앞으로 해야 할 일을 고르는 문제이다. 대화 중, 아내가 今洗濯してるんだけど、終わったら洗濯物を干してくれない?(지금 세탁하고 있는데, 끝나면 세탁물을 말려줄래?)라고 말한 후 家にいるなら、ついでに部屋の掃除もやっといてね(집에 있을 거면, 하는 김에 방 청소도 해둬)라고 말했으므로, 세탁물을 말리는 그림 イ와 방을 청소하는 그림 エ로 구성된 2가 정답이다. 그림 ア는 오늘 하지 않기로 한 일이며, 그림 ウ는 아내가 해야 할 일이므로 오답이다.

어휘 家 いえ 명 집　妻 つま 명 아내　夫 おっと 명 남편　これから 앞으로
あなた 명 여보, 당신　ごろごろ 부 빈둥빈둥　ちょっと 부 좀, 조금
手伝う てつだう 동 돕다, 같이 거들다　わかる 동 알다, 이해하다
うち 명 우리　車 くるま 명 차　ずっと 부 계속
洗う あらう 동 닦다　今日 きょう 명 오늘　~こそ 조 ~이야말로
~なきゃ ~(하)지 않으면 안 된다　明日 あした 명 내일　雨 あめ 명 비
しょうがない 어쩔 수 없다　今 いま 명 지금
洗濯 せんたく 명 세탁, 빨래　~けど 조 ~는데
終わる おわる 동 끝나다　洗濯物 せんたくもの 명 세탁물, 빨랫감
干す ほす 동 말리다　嫌だ いやだ な형 싫다　君 きみ 명 너, 자네
もう 정말　~だって ~도, 또한　忙しい いそがしい い형 바쁘다
じゃあ 접 그럼　代わりに かわりに 부 대신에　スーパー 명 슈퍼
行く いく 동 가다　選ぶ えらぶ 동 고르다, 택하다　外 そと 명 밖, 바깥
もっと 부 더, 좀더　面倒だ めんどうだ な형 귀찮다, 성가시다
それなら 접 그러면, 그렇다면　決まり きまり 명 결정, 결말
ついでに 부 하는 김에　部屋 へや 명 방　掃除 そうじ 명 청소

2

[음성]
デパートで女の人と男の人が話しています。女の人はどの傘を買いますか。

女: ねえ、妹の誕生日プレゼントに傘を買おうと思って

るんだけど、ちょっと見ていい？
男：うん。いいよ。どんな傘にするの？
女：そうねえ。今使ってる傘は小さくて不便だっていうから、大きめのがいいと思うんだけど。
男：じゃあ、この傘はどう？花の模様がすごくきれいだよ。
女：悪くないけど、もう少し大きくないと。あ、この猫の絵が描いてあるのは？サイズもよさそう。
男：大きさはいいと思うけど、ちょっと子供っぽいよ。妹さん、高校生でしょ？
女：そうだけど、このデザインなら高校生でも大丈夫じゃないかな。
男：あっ、このチェックのとか、白いのとかはどう？軽くて使いやすそう。
女：すてきだけど、大きさが問題なのよねえ。やっぱりさっきの大きいのにするわ。

女の人はどの傘を買いますか。

[問題지]

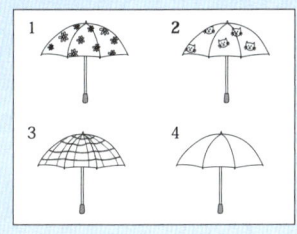

해석 백화점에서 여자와 남자가 이야기하고 있습니다. 여자는 어떤 우산을 삽니까?
여: 저기, 여동생 생일 선물로 우산을 사려고 하는데, 좀 봐도 괜찮을까?
남: 응. 괜찮아. 어떤 우산으로 할거야?
여: 그러게. 지금 쓰고 있는 우산은 작아서 불편하다고 했으니까, 조금 큰 게 좋을 것 같은데.
남: 그럼, 이 우산은 어때? 꽃 무늬가 굉장히 예뻐.
여: 나쁘지 않지만, 조금 더 크지 않으면 안 돼. 아, 이 고양이 그림이 그려진 것은? 사이즈도 좋을 것 같아.
남: 크기는 좋은데, 좀 아이같아. 여동생, 고등학생이지?
여: 그렇지만, 이 디자인이라면 고등학생도 괜찮지 않을까?
남: 앗, 이 체크라든가, 하얀 것은 어때? 가볍고 쓰기 편할 것 같아.
여: 멋지지만, 크기가 문제네. 역시 아까의 큰 것으로 할래.

여자는 어떤 우산을 삽니까?

해설 선택지 그림을 보고 여자가 살 우산에 대해 고르는 문제이다. 여자가 この猫の絵が描いてあるのは？サイズもよさそう(이 고양이 그림이 그려진 것은? 사이즈도 좋을 것 같아)라고 한 후 다른 디자인의 우산도 언급되었지만, やっぱりさっきの大きいのにするわ(역시 아까의 큰 것으로 할래)라고 하므로 2 고양이가 그려진 우산이 정답이다. 1, 3, 4 모두 '좀 더 크기의 우산이어야 한다'고 언급되었으므로 오답이다.

어휘 デパート 圏 백화점　傘 かさ 圏 우산　買う かう 圏 사다
妹 いもうと 圏 여동생　誕生日 たんじょうび 圏 생일
プレゼント 圏 선물　～けど 조 ～는데　ちょっと 閉 좀, 약간
見る みる 圏 보다　～にする ～로 하다　今 いま 閉 지금
使う つかう 圏 쓰다, 사용하다　小さい ちいさい い형 작다
不便だ ふべんだ な형 불편하다　～って 조 ～라고　～から 조 ～니까
大きめ おおきめ 圏 조금 큼　じゃあ 접 그럼　どう 어때
花 はな 圏 꽃　模様 もよう 圏 무늬　すごく 閉 굉장히
きれいだ な형 예쁘다　悪い わるい い형 나쁘다
もう少し もうすこし 조금 더　大きい おおきい い형 크다
～ないと ～(하)지 않으면 안 된다　猫 ねこ 圏 고양이　絵 え 圏 그림
描く かく 圏 (그림을) 그리다　サイズ 圏 사이즈
大きさ おおきさ 圏 크기　子供 こども 圏 아이
～っぽい ～같다, ~스럽다　高校生 こうこうせい 圏 고등학생
デザイン 圏 디자인　大丈夫だ だいじょうぶだ な형 괜찮다
チェック 圏 체크　～とか ～라든가　白い しろい い형 하얗다
軽い かるい い형 가볍다　使いやすい つかいやすい 쓰기 편하다
すてきだ な형 멋지다, 근사하다　問題 もんだい 圏 문제
やっぱり 閉 역시　さっき 閉 아까, 조금 전

3

[음성]
会議室で女の人と男の人が話しています。男の人はこれからまず何をしますか。

女：高橋君、重かったでしょ？
男：いえいえ、このくらい大したことないです。プロジェクターに資料まで近藤さん一人じゃ持ち切れないじゃないですか。
女：本当に助かったよ。今日の会議の人数は課長を含めて10人だったよね。
男：いえ、部長も急遽参加することになったので11人です。そうなると…いすが一つ足りないですね。隣の会議室から借りてきます。
女：そっちも会議が入ってるんじゃない？
男：さっき予約状況を確認しましたが、この時間帯は空いています。
女：じゃあ、部屋自体を変更したほうがいいかもしれないね。10人でも結構狭いから一席増えただけでもぎゅうぎゅうになっちゃう。
男：そうですね。じゃあ、僕がこの会議室をキャンセルして、隣を予約しておきます。
女：どっちにしろ参加者にこのことをメールで伝えないといけないからそれは私がやるよ。高橋君はここにあるものを全部持って行ってくれる？あと資料も足りないから、終わったら足りない分のコピーもよろしく。
男：はい、わかりました。

男の人はこれからまず何をしますか。

[문제지]
1 会議室にいすをはこぶ
2 べつの会議室をよやくする
3 プロジェクターをべつの会議室におく
4 会議室のへんこうを知らせる

해석 회의실에서 여자가 남자와 이야기하고 있습니다. 남자는 이제부터 우선 무엇을 합니까?

여: 다카하시 군, 무거웠지?
남: 아뇨 아뇨, 이 정도는 별 것 아닙니다. 프로젝터에 자료까지 곤도 씨 혼자서는 다 못 들지 않습니까.
여: 정말 도움이 됐어. 오늘 회의 인원수는 과장님을 포함해서 10명이었지?
남: 아니요, 부장님도 급히 참석하게 되었기 때문에 11명입니다. 그렇게 되면… 의자가 한 개 부족하네요. 옆 회의실에서 빌려오겠습니다.
여: 저쪽도 회의가 들어 있는 거 아니야?
남: 아까 예약 상황을 확인했는데, 이 시간대는 비어 있습니다.
여: 그럼, 방 자체를 변경하는 편이 좋을지도 모르겠네. 10명이어도 꽤 좁으니까 한 자리 느는 것만으로도 꽉꽉 차 버리겠어.
남: 그러네요. 그럼, 제가 이 회의실을 취소하고, 옆 회의실을 예약해 두겠습니다.
여: 어느 쪽이든 참가자에게 이 내용을 이메일로 알려야 하니까 그건 내가 할게. 다카하시 군은 여기에 있는 것을 전부 가지고 가 줄래? 그리고 자료도 부족하니까, 끝나면 부족한 분량의 복사도 부탁할게.
남: 네, 알겠습니다.

남자는 이제부터 우선 무엇을 합니까?

1 회의실에 의자를 옮긴다
2 다른 회의실을 예약한다
3 프로젝터를 다른 회의실에 놓는다
4 회의실 변경을 알린다

해설 남자가 우선 해야 할 일을 고르는 문제이다. 도와준 것에 대해 여자가 감사 인사를 하자 남자가 プロジェクターに資料まで近藤さん一人じゃ持ち切れないじゃないですか(프로젝터에 자료까지 곤도 씨 혼자서는 다 못 들지 않습니까)라고 한 후, 여자에게 회의 인원 수가 추가됐다는 것을 알리자 여자가 다른 회의실을 예약해야겠다고 한 뒤 高橋君はここにあるものを全部持って行ってくれる(다카하시 군은 여기에 있는 것을 전부 가지고 가 줄래)라고 했으므로 3 プロジェクターをべつの会議室におく(프로젝터를 다른 회의실에 놓는다)가 정답이다. 1은 회의실을 변경할 것이므로 할 필요가 없고, 2, 4는 여자가 할 일이므로 오답이다.

어휘 会議室 かいぎしつ 圏 회의실   重い おもい い형 무겁다
大した たいした 별, 대단한   プロジェクター 圏 프로젝터
資料 しりょう 圏 자료   一人 ひとり 圏 혼자
持ち切る もちきる 图 다 들다   助かる たすかる 图 도움이 되다
今日 きょう 圏 오늘   会議 かいぎ 圏 회의   人数 にんずう 圏 인원 수

課長 かちょう 圏 과장(님)   含める ふくめる 图 포함하다
部長 ぶちょう 圏 부장(님)   急遽 きゅうきょ 囝 급히, 갑자기
参加 さんか 圏 참석, 참가   いす 圏 의자   足りない たりない 부족하다
隣 となり 圏 옆   借りる かりる 图 빌리다   入る はいる 图 들어가다
さっき 囝 아까   予約 よやく 圏 예약   状況 じょうきょう 圏 상황
確認 かくにん 圏 확인   時間帯 じかんたい 圏 시간대
空く あく 图 비다   部屋 へや 圏 방   自体 じたい 圏 자체
変更 へんこう 圏 변경   結構 けっこう 囝 꽤   狭い せまい い형 좁다
増える ふえる 图 늘다   ぎゅうぎゅうだ な형 꽉꽉 차다
キャンセル 圏 취소   どっちにしろ 어느 쪽이든
参加者 さんかしゃ 圏 참가자   メール 圏 이메일
伝える つたえる 图 알리다, 전달하다   全部 ぜんぶ 圏 전부
終わる おわる 图 끝나다   分 ぶん 圏 분량, 몫   コピー 圏 복사
知らせる しらせる 图 알리다

4

[음성]
男の人と女の人が話しています。女の人は明日何をしますか。

男: 箱に入れるものはこれで最後？ あそこにある化粧水とかクリームは捨てちゃうの？
女: ああ、あれは今晩使ったら引っ越し先でもすぐ使えるようにスーツケースに入れようと思って。
男: それがよさそうだね。明日の引っ越しに間に合って僕も安心だよ。
女: 引っ越し会社に荷造りまで頼むと高いから、自分でやることにしたんだけどこんなに大変だとは思わなかった。水野くんがいなかったら徹夜での作業になっていたよ。ありがとうね。
男: 困ったときはお互い様だろ。荷造りは終わったし、あとは…電気とかガスの管理会社には連絡した？
女: それはもう大丈夫。インターネットで簡単に手続きできちゃった。
男: 便利な時代になったね。ところで、明日引っ越しのトラックは何時に来るの？
女: 午後1時くらいかな。今朝確認したら一応出発する前に電話をくれるって。トラックに運び入れる作業は全部やってくれるみたい。
男: それはよかったね。引っ越しって出る時だけじゃなくて、入居してからもやること多いから。僕、前に引っ越したときに住民票を移さなきゃいけないのを忘れててお金を支払うことになったから小田さんも気をつけて。
女: 確か2週間以内だったよね。片付けにしばらくかかりそうだから、運び終わって一息ついたら市役所に行ってみるよ。

女の人は明日何をしますか。

[문제지]
1 けしょうひんをスーツケースにしまう
2 電気とガスをとめる
3 ひっこしのトラックに箱をのせる
4 住所をかえる手続きをする

해석 남자와 여자가 이야기하고 있습니다. 여자는 내일 무엇을 합니까?

남: 상자에 넣을 물건은 이것으로 마지막? 저기에 있는 화장수나 크림은 버려 버리는 거야?
여: 아, 저건 오늘 밤에 쓰면 이사갈 곳에서도 바로 쓸 수 있게 여행 가방에 넣으려고 생각해서.
남: 그게 좋겠네. 내일 이사에 시간을 맞춰서 나도 안심이야.
여: 이사 회사에 포장까지 맡기면 비싸니까, 직접 하기로 한 건데 이렇게 힘들 거라고는 생각하지 않았어. 미즈노 군이 없었으면 밤샘 작업이 되었을 거야. 고마워.
남: 곤란할 때는 피차일반이잖아. 포장은 끝났고, 나머지는… 전기라든가 가스 관리 회사에는 연락했어?
여: 그건 이제 괜찮아. 인터넷으로 간단하게 수속할 수 있었어.
남: 편리한 시대가 됐네. 그런데, 내일 이삿짐 트럭은 몇 시에 와?
여: 오후 1시 정도이려나. 오늘 아침에 확인하니 일단 출발하기 전에 전화를 준대. 트럭에 옮겨 넣는 작업은 전부 해 준다더라.
남: 그건 다행이네. 이사는 떠날 때뿐 아니라, 입주하고 나서도 할 일이 많으니까. 나, 전에 이사했을 때 주민표를 옮겨야 하는 걸 깜빡해서 돈을 내게 되었으니까 오다 씨도 조심해.
여: 아마 2주일 이내였지? 정리에 좀 걸릴 것 같으니, 다 옮기고 한숨 돌리면 시청에 가볼게.

여자는 내일 무엇을 합니까?

1 화장품을 여행 가방에 넣는다
2 전기와 가스를 끊는다
3 이삿짐 트럭에 상자를 싣는다
4 주소를 바꾸는 수속을 한다

해설 여자가 내일 해야 할 일을 고르는 문제이다. 남자가 引っ越しって出る時だけじゃなくて、入居してからもやること多いから。僕、前に引っ越したときに住民票を移さなきゃいけないのを忘れててお金を支払うことになったから小田さんも気をつけて(이사는 떠날 때뿐 아니라, 입주하고 나서도 할 일이 많으니까. 나, 전에 이사했을 때 주민표를 옮겨야 하는 걸 깜빡해서 돈을 내게 되었으니까 오다 씨도 조심해)라고 하자, 여자가 片付けにしばらくかかりそうだから、運び終わって一息ついたら市役所に行ってみるよ(정리에 좀 걸릴 것 같으니, 다 옮기고 한숨 돌리면 시청에 가볼게)라고 했으므로 4 住所をかえる手続きをする(주소를 바꾸는 수속을 한다)가 정답이다. 1은 오늘 밤에 할 일이고, 2는 이미 했으며, 3은 이사 회사에서 해 준다고 했으므로 오답이다.

어휘 明日 あした 뗑 내일　箱 はこ 뗑 상자　入れる いれる 통 넣다
最後 さいご 뗑 마지막　化粧水 けしょうすい 뗑 화장수
~とか ~라든지　クリーム 뗑 크림　捨てる すてる 통 버리다
今晩 こんばん 뗑 오늘 밤　使う つかう 통 쓰다
引っ越し ひっこし 뗑 이사　~先 ~さき ~할 곳　すぐ 閉 바로
スーツケース 뗑 여행 가방　間に合う まにあう 통 시간에 맞추다
安心だ あんしんだ な형 안심이다
引っ越し会社 ひっこしがいしゃ 뗑 이사 회사
荷造り にづくり 뗑 포장　頼む たのむ 통 맡기다
自分で じぶんで 직접　大変だ たいへんだ な형 힘들다
徹夜 てつや 뗑 밤샘　作業 さぎょう 뗑 작업　困る こまる 통 곤란하다
お互い様だ おたがいさまだ な형 피차일반이다
終わる おわる 통 끝나다　電気 でんき 뗑 전기　ガス 뗑 가스
管理 かんり 뗑 관리　連絡 れんらく 뗑 연락
大丈夫だ だいじょうぶだ な형 괜찮다　インターネット 뗑 인터넷
簡単だ かんたんだ な형 간단하다　手続き てつづき 뗑 수속
便利だ べんりだ な형 편리하다　時代 じだい 뗑 시대
ところで 젭 그런데　トラック 뗑 트럭　午後 ごご 뗑 오후
今朝 けさ 뗑 오늘 아침　確認 かくにん 뗑 확인
一応 いちおう 閉 일단　出発 しゅっぱつ 뗑 출발
電話 でんわ 뗑 전화　運び入れる はこびいれる 통 옮겨 넣다
全部 ぜんぶ 뗑 전부　~だけじゃなくて ~뿐 아니라
入居 にゅうきょ 뗑 입주　住民票 じゅうみんひょう 뗑 주민표
移す うつす 통 옮기다　忘れる わすれる 통 깜빡하다, 잊다
お金 おかね 뗑 돈　支払う しはらう 통 내다
気をつける きをつける 조심하다　確か たしか 閉 아마도
~週間 ~しゅうかん ~주일　以内 いない 뗑 이내
片付け かたづけ 뗑 정리　しばらく 閉 좀　かかる 통 걸리다
運び終わる はこびおわる 통 다 옮기다
一息つく ひといきつく 한숨 돌리다　市役所 しゃくしょ 뗑 시청
しまう 통 넣다, 치우다　とめる 통 끊다, 멈추다　のせる 통 싣다, 올리다
住所 じゅうしょ 뗑 주소　かえる 통 바꾸다

5

[음성]
劇場で学校の先生が話しています。学生たちはこのあとまず何をしますか。

男: みなさん、トイレはもう済ませましたね。ミュージカルの開始時間は2時です。これから場内に入りますが、今みなさんに渡したプリントに書いてある番号と同じ番号の座席に着くようにしてください。それから、開始10分前に放送でも案内がありますが、携帯電話の使用は禁止されています。写真や動画の撮影もいけません。また、飲食も禁止です。喉が渇いたときのためにお茶やジュースなどは持っていけますが、飲む際には必ず場外に出てください。ミュージカルは二部構成です。一部の後に途中で10分の休憩があります。休憩の間は席を立って自由に過ごしてもらってかまいません。

学生たちはこのあとまず何をしますか。

[문제지]
1 トイレに行く
2 自分の席をかくにんする
3 けいたいでんわのでんげんを切る
4 飲み物を飲む

해석 극장에서 학교 선생님이 이야기하고 있습니다. **학생들은** 이후에 **우선 무엇을** 합니까?

남: 여러분, 화장실 용무는 이미 끝냈지요? 뮤지컬 시작 시간은 2시입니다. 이제부터 관내로 들어가는데, 지금 여러분에게 건넨 프린트에 쓰여 있는 번호와 같은 번호의 좌석에 앉도록 해 주세요. 그리고, 시작 10분 전에 방송으로도 안내가 있는데, 휴대 전화 사용은 금지되어 있습니다. 사진이나 동영상 촬영도 안 됩니다. 또, 음식물 섭취도 금지입니다. 목이 마를 때를 위해 차나 주스 등은 가지고 갈 수 있지만, 마실 때는 반드시 극장 밖으로 나가 주세요. 뮤지컬은 2부 구성입니다. 1부 후에 도중에 10분의 휴식이 있습니다. 휴식 동안에는 자리를 떠서 자유롭게 보내도 상관없습니다.

학생들은 이후에 **우선 무엇을** 합니까?

1 화장실에 간다
2 자신의 자리를 확인한다
3 휴대 전화의 전원을 끈다
4 음료수를 마신다

해설 학생들이 우선 해야 할 일을 고르는 문제이다. 선생님이 これから場内に入りますが、今みなさんに渡したプリントに書いてある番号と同じ番号の座席に着くようにしてください(이제부터 관내로 들어가는데, 지금 여러분에게 건넨 프린트에 쓰여 있는 번호와 같은 번호의 좌석에 앉도록 해 주세요)라고 했으므로 2 自分の席をかくにんする(자신의 자리를 확인한다)가 정답이다. 1은 이미 했고, 3은 자리에 앉은 후 할 일이며, 4는 극장 밖으로 나가서 마셔야 한다고 했으므로 오답이다.

어휘 劇場 げきじょう 圕 극장　学校 がっこう 圕 학교
先生 せんせい 圕 선생님　学生 がくせい 圕 학생
みなさん 圕 여러분　トイレ 圕 화장실 (용무)　もう 囝 이미
済ませる すませる 圄 끝내다　ミュージカル 圕 뮤지컬
開始 かいし 圕 시작　時間 じかん 圕 시간
場内 じょうない 圕 관내, 장내　入る はいる 圄 들어가다
渡す わたす 圄 건네다　プリント 圕 프린트　番号 ばんごう 圕 번호
同じだ おなじだ [な형] 같다　座席 ざせき 圕 좌석　着く つく 圄 앉다
それから 圙 그리고　放送 ほうそう 圕 방송　案内 あんない 圕 안내
携帯電話 けいたいでんわ 圕 휴대 전화　使用 しよう 圕 사용
禁止 きんし 圕 금지　写真 しゃしん 圕 사진　動画 どうが 圕 동영상
撮影 さつえい 圕 촬영　また 젭 또　飲食 いんしょく 圕 음식물 섭취
喉 のど 圕 목　渇く かわく 圄 마르다　お茶 おちゃ 圕 차
ジュース 圕 주스　際 さい 圕 때　必ず かならず 囝 반드시
場外 じょうがい 圕 극장 밖　~部 ~ぶ 圕 부　構成 こうせい 圕 구성
途中 とちゅう 圕 도중　休憩 きゅうけい 圕 휴식
席を立つ せきをたつ 자리를 뜨다　自由だ じゆうだ [な형] 자유롭다
過ごす すごす 圄 보내다　かまわない 상관없다　席 せき 圕 자리

かくにん 圕 확인　電源 でんげん 圕 전원　切る きる 圄 끄다
飲み物 のみもの 圕 음료수

6

[음성]
学生センターで女の学生と男の人が話しています。**女の学生**はこのあとまず**何を**しますか。

女: すみません。柳沢教授の夏休み特別講義に参加したいんですけど、まだ応募できますか。
男: ええ、定員に達していないので申し込み可能ですよ。申込書は持ってきましたか。
女: はい、これです。
男: えっと…、必要なところは全部埋めてありますね。それでは受講料のお支払いをお願いします。講義は全4回で受講料は5,000円です。
女: えっ、今支払いですか。カードじゃいけませんよね? 今、現金が手元になくて…。
男: カードはちょっと…。1階の売店にATMがあるので、そこで引き出してはどうでしょうか。
女: 手数料がかかっちゃうのは嫌だけど、今から銀行に向かうのも時間がかかるから仕方ないかあ。うーん、じゃあ、そうします。申込書に抜けているところはないですよね。
男: ありませんよ。すぐ戻られるようでしたら申込書はこちらでお預かりしましょうか。
女: はい、お願いします。

女の学生はこのあとまず**何を**しますか。

[문제지]
1 もうしこみしょを書く
2 こうぎのお金をはらう
3 売店に行ってお金をおろす
4 銀行に行ってお金をおろす

해석 학생 센터에서 여학생과 남자가 이야기하고 있습니다. **여학생**은 이후에 **우선 무엇을** 합니까?

여: 저기요. 야나기사와 교수님의 여름 방학 특별 강의에 참가하고 싶은데, 아직 신청할 수 있나요?
남: 네, 정원에 도달하지 않아서 신청 가능합니다. 신청서는 가지고 오셨나요?
여: 네, 여기 있습니다.
남: 음…, 필요한 부분은 전부 채워져 있네요. 그럼 수강료의 지불을 부탁드립니다. 강의는 총 4회이고 수강료는 5,000엔입니다.
여: 앗, 지금 지불인가요? 카드로는 안 되지요? 지금, 현금이 수중에 없어서….
남: 카드는 좀…. 1층 매점에 ATM이 있으니, 거기서 인출하면 어떨

까요?

여: 수수료가 들어 버리는 건 싫지만, 지금부터 은행으로 향하는 것도 시간이 걸리니까 어쩔 수 없다. 음, 그럼, 그렇게 할게요. 신청서에 빠져 있는 부분은 없죠?

남: 없습니다. 바로 돌아오실 것 같으면 신청서는 이쪽에서 맡아드릴까요?

여: 네, 부탁드립니다.

여학생은 이후에 우선 무엇을 합니까?

1 신청서를 작성한다
2 강의료를 지불한다
3 **매점에 가서 돈을 찾는다**
4 은행에 가서 돈을 찾는다

해설 여학생이 우선 해야 할 일을 고르는 문제이다. 수강료를 지불할 현금이 없다는 말에 남자가 1階の売店にATMがあるので、そこで引き出してはどうでしょうか(1층 매점에 ATM이 있으니, 거기서 인출하면 어떨까요?)라고 하자, 여자가 うーん、じゃあ、そうします(음, 그럼, 그렇게 할게요)라고 했으므로 3 売店に行ってお金をおろす(매점에 가서 돈을 찾는다)가 정답이다. 1은 이미 했고, 2는 ATM에서 돈을 인출한 다음에 할 일이며, 4는 하지 않기로 했으므로 오답이다.

어휘 学生 がくせい 명학생　センター 명센터　教授 きょうじゅ 명교수(님)
夏休み なつやすみ 명여름 방학　特別 とくべつ 명특별
講義 こうぎ 명강의　参加 さんか 명참가　まだ 부아직
応募 おうぼ 명신청, 응모　定員 ていいん 명정원
達する たっする 동도달하다　申し込み もうしこみ 명신청
可能だ かのうだ な형가능하다　申込書 もうしこみしょ 명신청서
必要だ ひつようだ な형필요하다　全部 ぜんぶ 명전부
埋める うめる 동채우다　受講料 じゅこうりょう 명수강료
お支払い おしはらい 명지불　全~ ぜん~ 총~, 전~
支払い しはらい 명지불　カード 명카드　現金 げんきん 명현금
手元 てもと 명수중　売店 ばいてん 명매점
引き出す ひきだす 동인출하다　手数料 てすうりょう 명수수료
かかる 동들다　嫌だ いやだ な형싫다　銀行 ぎんこう 명은행
向かう むかう 동향하다　時間 じかん 명시간
仕方ない しかたない い형어쩔 수 없다　抜ける ぬける 동빠지다
すぐ 부바로　戻る もどる 동돌아오다　預かる あずかる 동맡다
お金 おかね 명돈　おろす 동(돈을) 찾다, 인출하다

☞ 문제 2의 디렉션과 예제를 들려줄 때 1번부터 6번까지의 선택지를 미리 읽고 내용을 재빨리 파악해둡니다. 음성에서 では、始めます(그러면, 시작합니다)가 들리면, 곧바로 문제 풀 준비를 합니다.

음성 디렉션과 예제

問題2では、まず質問を聞いてください。そのあと、問題用紙を見てください。読む時間があります。それから話を聞いて、問題用紙の1から4の中から、最もよいものを一つえらんでください。

妻と夫が話しています。夫が、祭りに行くことにしたのは、どうしてですか。

女: あなた。今夜、家の近くの神社で祭りがあるらしいのよ。一緒に行かない?
男: 祭り? 人が多いから行かない。
女: ねえねえ、行きましょうよ。去年は、雨で中止だったし、その前は、あなたが出張で行けなかったから、今年こそはと楽しみにしていたのよ。それに、今年はいろんな屋台が出て、楽しいらしいわよ。
男: うーん。でも、あまり気が進まないな。
女: そっか。せっかく、イベント会場で焼き肉が食べ放題だって言うのに。
男: え? 本当? じゃ、行く。なんで、それを先に言わないの?
女: じゃ、準備して行こうか。

夫が、祭りに行くことにしたのは、どうしてですか。

最もよいものは4番です。回答用紙の問題2の例のところを見てください。最もよいものは4番ですから、答えはこのように書きます。では、始めます。

[문제지]
1 祭りに人がたくさん来ないから
2 祭りを楽しみにしていたから
3 いろいろなやたいが出ているから
4 **やきにくが食べほうだいだから**

해석 문제 2에서는 먼저 질문을 들어 주세요. 그 후, 문제 용지를 봐 주세요. 읽는 시간이 있습니다. 그리고 이야기를 듣고, 문제 용지의 1부터 4 중에서, 가장 알맞은 것을 하나 골라 주세요.

아내와 남편이 이야기하고 있습니다. 남편이, 축제에 가기로 한 것은, 어째서입니까?

여: 여보. 오늘 밤, 집 근처의 신사에서 축제가 있다는 것 같아. 같이 가지 않을래?
남: 축제? 사람이 많으니까 안 갈래.
여: 그러지 말고 같이 가자. 작년은, 비 때문에 중지되었었고, 그전에는, 당신이 출장이라서 못 갔으니까, 올해야말로 하고 기대하고 있었단 말이야. 게다가, 올해는 여러 가지 포장마차가 나와서, 재미있을 것 같아.
남: 음, 그래도, 그다지 마음이 내키지 않네.
여: 그런가. 모처럼, 이벤트 회장에서 불고기가 무제한으로 먹을 수 있다고 하는데.
남: 뭐? 진짜? 그럼, 갈래. 왜, 그걸 먼저 이야기하지 않은 거야?
여: 그럼, 준비하고 갈까.

남편이, 축제에 가기로 한 것은, 어째서입니까?

가장 알맞은 것은 4번입니다. 정답 용지의 문제 2의 예시 부분을 봐

주세요. 가장 알맞은 것이 4번이기 때문에, 정답은 이와 같이 표시합니다. 그러면 시작합니다.

1 축제에 사람이 많이 오지 않아서
2 축제를 기대했어서
3 여러 가지 포장마차가 나와서
4 불고기가 무제한이라서

1

[음성]
教室で先生と女の留学生が話しています。女の留学生は先生といつスピーチを練習しますか。

男: メアリーさん、スピーチの練習は順調ですか。
女: 一生懸命に練習はしていますが、発音がおかしい部分がないか不安です。先生に一度聞いてほしいんですけど、お時間いただけますか。
男: もちろんです。授業がすべて終わってからなので5時を過ぎてからになりますが、いいですか。
女: はい、ありがとうございます。
男: スピーチの発表の日は11月8日の日本語Ⅱの授業でしたね。私が指導したところも練習できたほうがいいと思うので、3日前はどうですか。
女: 5日ですか。その日は6時からグループ課題の集まりがあります。その次の日はお忙しいですか。
男: メアリーさんのように練習したいという学生がいるので、6時からなら大丈夫です。
女: じゃあ、お願いします。発音も発音なんですが、ちょっと自信が持てなくて。一度先生に聞いてもらえれば自信を持って発表できると思います。

女の留学生は先生といつスピーチを練習しますか。

[문제지]
1 はっぴょうする日の前日
2 はっぴょうする日の2日前
3 はっぴょうする日の3日前
4 はっぴょうする日の5日前

해석 교실에서 선생님과 여자 유학생이 이야기하고 있습니다. 여자 유학생은 선생님과 언제 스피치를 연습합니까?

남: 메리 씨, 스피치 연습은 순조롭나요?
여: 열심히 연습은 하고 있지만, 발음이 이상한 부분이 없는지 불안합니다. 선생님이 한 번 들어 주셨으면 하는데, 시간 받을 수 있을까요?
남: 물론이죠. 수업이 모두 끝난 후라서 5시가 지나서가 되는데, 괜찮나요?
여: 네, 감사합니다.
남: 스피치 발표일은 11월 8일 일본어Ⅱ 수업이었죠? 제가 지도한 부분도 연습할 수 있으면 좋으니, 3일 전은 어떤가요?
여: 5일인가요? 그날은 6시부터 그룹 과제 모임이 있습니다. 그다음 날은 바쁘신가요?
남: 메리 씨처럼 연습하고 싶어 하는 학생이 있어서, 6시부터라면 괜찮습니다.
여: 그럼, 부탁드립니다. 발음도 발음이지만, 좀 자신을 가질 수 없어서요. 한 번 선생님이 들어 주실 수 있으면 자신을 가지고 발표할 수 있다고 생각합니다.

여자 유학생은 선생님과 언제 스피치를 연습합니까?

1 발표하는 날의 전날
2 발표하는 날의 2일 전
3 발표하는 날의 3일 전
4 발표하는 날의 5일 전

해설 여학생이 선생님과 언제 스피치를 연습하는지 묻는 문제이다. 대화 중, 3日前はどうですか(3일 전은 어떤가요?)라는 선생님의 말에 여학생이 その次の日はお忙しいですか(그다음 날은 바쁘신가요?)라고 하고, 선생님이 6時からなら大丈夫です(6시부터라면 괜찮습니다)라고 했으므로 2 はっぴょうする日の2日前(발표하는 날의 2일 전)가 정답이다. 오답 선택지 1, 4는 언급되지 않았고, 3은 여학생이 그룹 과제 모임이 있다고 했으므로 오답이다.

어휘 教室 きょうしつ 圏교실   先生 せんせい 圏선생님
留学生 りゅうがくせい 圏유학생   スピーチ 圏스피치, 연설
練習 れんしゅう 圏연습   順調だ じゅんちょうだ 歴형 순조롭다
一生懸命だ いっしょうけんめいだ 歴형 열심이다
発音 はつおん 圏발음   おかしい い형 이상하다
部分 ぶぶん 圏부분   不安だ ふあんだ 歴형 불안하다
一度 いちど 圏한 번   時間 じかん 圏시간
いただく 圏받다 (もらう의 겸양어)   もちろん 圏물론
授業 じゅぎょう 圏수업   すべて 圏모두   終わる おわる 圏끝나다
過ぎる すぎる 圏지나다   発表 はっぴょう 圏발표
日本語 にほんご 圏일본어   指導 しどう 圏지도   グループ 圏그룹
課題 かだい 圏과제   集まり あつまり 圏모임   次 つぎ 圏다음
忙しい いそがしい い형 바쁘다   大丈夫だ だいじょうぶだ 歴형 괜찮다
ちょっと 閉좀   自信 じしん 圏자신(감)   持つ もつ 圏가지다
前日 ぜんじつ 圏전날

2

[음성]
女の人と男の人が話しています。男の人はどうして昔の歌を聞いていますか。

女: 新川君、何を聞いているの?
男: ああ、「青いチューリップ」っていう曲。80年代の歌なんだけどね。
女: 80年代ってちょうど私たちの親世代が聞いてた歌だよね。お母さんがカラオケで歌ってるのを聞いたことがある。お父さんも昔、その歌手の大ファンだって言ってたよ。

男: そうなんだ。僕はまったく知らなかったんだけど、好きなアイドルの子がテレビで歌ってるのを聞いていい歌だなって。それから昔の歌をよく聞くようになったんだ。
女: そういえば、テレビでも昔の歌を歌う番組が人気があるって言ってた。
男: 最近の曲もメロディーがきれいで好きなんだけど、昔のほうが歌詞が心に響くんだよね。今の曲って変に英語が入ってたりして、何を言いたいのか意味が分からないものも多いし。
女: それに歌よりもダンスに目が行く歌手もいるよね。私も聞いてみたくなっちゃった。ねえ、おすすめ教えてよ。

男の人はどうして昔の歌を聞いていますか。

[문제지]
1 親がカラオケでよく歌っているから
2 メロディがきれいだから
3 歌詞がりかいしやすいから
4 最近の歌手にあきてしまったから

해석 여자와 남자가 이야기하고 있습니다. 남자는 어째서 옛날 노래를 듣고 있습니까?
여: 신카와 군, 뭐 듣고 있어?
남: 아, '파란 튤립'이라는 곡. 80년대 노래인데.
여: 80년대라면 딱 우리 부모님 세대가 듣던 노래네. 엄마가 노래방에서 부르고 있는 걸 들은 적이 있어. 아빠도 예전에, 그 가수의 대단한 팬이었다고 말했었어.
남: 그렇구나. 난 전혀 몰랐는데, 좋아하는 아이돌 아이가 TV에서 부르고 있는 걸 듣고 좋은 노래라고 생각했어. 그때부터 옛날 노래를 자주 듣게 됐어.
여: 그러고 보니, TV에서도 옛날 노래를 부르는 프로그램이 인기 있다고 했었어.
남: 최근 곡도 멜로디가 아름다워서 좋아하지만, 옛날 쪽이 가사가 마음에 울려. 지금 곡은 이상하게 영어가 들어가거나 해서, 뭘 말하고 싶은 건지 의미를 알 수 없는 것도 많고.
여: 거기다 노래보다도 춤에 시선이 가는 가수도 있지. 나도 들어보고 싶어졌어. 있잖아, 추천 가르쳐 줘.

남자는 어째서 옛날 노래를 듣고 있습니까?
1 부모님이 노래방에서 자주 부르고 있기 때문에
2 멜로디가 아름답기 때문에
3 가사가 이해하기 쉽기 때문에
4 요즘 가수에게 질려 버렸기 때문에

해설 남자가 옛날 노래를 듣고 있는 이유를 묻는 문제이다. 대화 중, 남자가 昔のほうが歌詞が心に響くんだよね。今の曲って変に英語が入ってたりして、何を言いたいのか意味が分からないものも多いし(옛날 쪽이 가사가 마음에 울려. 지금 곡은 이상하게 영어가 들어가거나 해서, 뭘 말하고 싶은 건지 의미를 알 수 없는 것도 많고)라고 했으므로 3 歌詞がりかいしやすいから(가사가 이해하기 쉽기 때문에)가 정답이다. 오답 선택지 1은 여자의 부모님 이야기이고, 2는 최근 곡도 멜로디가 아름답다고 했으며, 4는 언급되지 않았으므로 오답이다.

어휘 昔 むかし 몡옛날　歌 うた 몡노래　青い あおい い형파랗다
チューリップ 튤립　曲 きょく 몡곡　~年代 ~ねんだい ~년대
ちょうど 튀딱　親 おや 몡부모(님)　世代 せだい 몡세대
お母さん おかあさん 몡엄마, 어머니　カラオケ 몡노래방
歌う うたう 동부르다　お父さん おとうさん 몡아빠, 아버지
歌手 かしゅ 몡가수　大ファン だいファン 몡대단한 팬
まったく 튀전혀　知る しる 동알다　好きだ すきだ な형좋아하다
アイドル 아이돌　テレビ 몡TV, 텔레비전　それから 그때부터
そういえば 그러고 보니　番組 ばんぐみ 몡프로그램
人気 にんき 몡인기　最近 さいきん 몡최근, 요즘
メロディー 몡멜로디　きれいだ な형아름답다, 예쁘다
歌詞 かし 몡가사　心 こころ 몡마음　響く ひびく 동울리다
変だ へんだ な형이상하다　英語 えいご 몡영어
入る はいる 동들어가다　意味 いみ 몡의미
分からない わからない 동모르다　多い おおい い형많다
ダンス 몡춤　目が行く めがいく 시선이 가다　おすすめ 몡추천
教える おしえる 동가르치다　メロディー 몡멜로디　りかい 몡이해
あきる 동질리다

3

[음성]
スポーツ選手がインタビューに答えています。スポーツ選手は何がいちばん辛かったと言っていますか。
男: 辛かったことですか。それはいろいろありますよ。毎日の練習は本当に厳しくて大変でした。それに、練習ばかりしていたので、どこかに遊びに行ったりしてストレスを解消する時間さえありませんでした。でも、何より辛かったのは、けがをした時ですね。僕が休んでいる間に他の選手が練習してどんどん上手になっていくのではないかと思って、心配でたまりませんでした。それは、練習の辛さとか、遊びに行けない辛さ、他の選手に負けるときの辛さとかとは比べものにならないほどの辛さでしたよ。

スポーツ選手は何がいちばん辛かったと言っていますか。

[문제지]
1 毎日練習したこと
2 遊びに行けなかったこと
3 他の選手に負けたこと
4 けがで練習ができなかったこと

해석 스포츠 선수가 인터뷰에 답하고 있습니다. 스포츠 선수는 무엇이 가

장 괴로웠다고 말하고 있습니까?

남: 괴로웠던 것이요? 그건 여러 가지 있습니다. 매일 하는 연습은 정말로 혹독하고 힘들었습니다. 게다가, 연습만 하고 있어서, 어딘가 놀러 가거나 스트레스를 해소할 시간조차 없었습니다. 하지만, 무엇보다 괴로웠던 것은, 다쳤을 때입니다. 내가 쉬고 있는 동안에 다른 선수가 연습해서 점점 능숙해져 가는 것은 아닐까 생각해서, 걱정으로 견딜 수 없었습니다. 그것은, 연습의 괴로움이나, 놀러 갈 수 없는 괴로움, 다른 선수에게 질 때의 괴로움이라든가와는 비교가 되지 않을 정도의 괴로움이었습니다.

스포츠 선수는 무엇이 가장 괴로웠다고 말하고 있습니까?

1 매일 연습한 것
2 놀러 갈 수 없었던 것
3 다른 선수에게 진 것
4 부상으로 연습을 할 수 없었던 것

해설 스포츠 선수가 가장 괴로웠던 일을 묻는 문제이다. 스포츠 선수가 何より辛かったのは、けがをした時です(무엇보다 괴로웠던 것은, 다쳤을 때입니다)라고 언급했으므로, 4 けがで練習ができなかったこと(부상으로 연습을 할 수 없었던 것)가 정답이다. 오답 선택지 1, 2, 3 모두 언급되었지만, '연습의 괴로움이나, 놀러 갈 수 없는 괴로움, 다른 선수에게 질 때의 괴로움이라든가와는 비교가 되지 않을 정도'라고 말하며 정답인 4를 강조한 것이므로 오답이다.

어휘 スポーツ選手 スポーツせんしゅ 圏 스포츠 선수
インタビュー 圏 인터뷰   答える こたえる 图 답하다
いちばん 凰 가장, 제일   辛い つらい い형 괴롭다, 고통스럽다
いろいろ 凰 여러 가지   毎日 まいにち 圏 매일
練習 れんしゅう 圏 연습   本当に ほんとうに 정말로
厳しい きびしい い형 혹독하다, 심하다
大変だ たいへんだ な형 힘들다   それに 젭 게다가
~ので 丕 ~때문에   遊ぶ あそぶ 图 놀다   行く いく 图 가다
ストレス 圏 스트레스   解消 かいしょう 圏 해소   時間 じかん 圏 시간
~さえ 丕 ~조차, 마저   でも 젭 하지만   何より なにより 무엇보다
けがをする 다치다   休む やすむ 图 쉬다   間 あいだ 圏 동안
他 ほか 圏 다른 것   選手 せんしゅ 圏 선수   どんどん 凰 점점
上手だ じょうずだ な형 능숙하다, 솜씨가 좋다   心配 しんぱい 圏 걱정
たまらない 견딜 수 없다   辛さ つらさ 圏 괴로움, 고통
~とか 丕 ~라든가, 든지   負ける まける 图 지다, 패하다
比べものにならない くらべものにならない 비교가 안 되다
~ほど 丕 ~정도   けが 圏 부상   できる 图 할 수 있다

4

[음성]

会社で男の人と女の人が話しています。女の人はどうして昨日病院に行きませんでしたか。

男: 具合はどう? 昨日ちゃんと病院には行ったの?
女: ああ、昨日はちょっと…。
男: え? 行かなかったの? 昨日は残業しないで、早く帰ったじゃない。
女: うん、そうなんだけどね。
男: わかった。病院が嫌いなんでしょう。
女: そんな。私、子どもじゃないわ。薬局で薬を買って飲んだら少しよくなったの。だから、行かなくてもいいかなと思ってね。
男: えー、だめだよ。最近ずっと調子が悪かったんだから、一度ちゃんと見てもらわなきゃ。
女: 大丈夫よ。

女の人はどうして昨日病院に行きませんでしたか。

[문제지]
1 具合がよくなったから
2 仕事がたくさんあったから
3 病院がすきじゃないから
4 子どもの世話をしたから

해석 회사에서 남자와 여자가 이야기하고 있습니다. 여자는 어째서 어제 병원에 가지 않았습니까?

남: 상태는 어때? 어제 제대로 병원에 갔어?
여: 아, 어제는 좀….
남: 어? 안 갔어? 어제는 잔업 하지 않고, 빨리 돌아갔잖아.
여: 응, 그건 그런데.
남: 알겠다. 병원이 싫어지지?
여: 그런 거 아냐. 내가 아이도 아니고. 약국에서 약을 사서 먹었더니 조금 나아졌어. 그래서, 안 가도 될까 하고 생각해서.
남: 어? 그럼 안돼. 최근에 계속 상태가 안 좋았으니까, 한번 제대로 진찰 받지 않으면 안 돼.
여: 괜찮아.

여자는 어째서 어제 병원에 가지 않았습니까?

1 상태가 좋아졌기 때문에
2 일이 많이 있었기 때문에
3 병원을 싫어하기 때문에
4 아이를 돌봤기 때문에

해설 여자가 어제 병원에 가지 않은 이유를 묻는 문제이다. 대화 중, 여자가 薬局で薬を買って飲んだら少しよくなったの(약국에서 약을 사서 먹었더니 조금 나아졌어)라고 언급했으므로, 1 具合がよくなったから(상태가 좋아졌기 때문에)가 정답이다. 오답 선택지 2는 남자가 여자에게 '어제는 잔업 하지 않고, 빨리 돌아갔잖아'라고 말했고, 3은 '병원이 싫어져서?'라는 남자의 말을 여자가 부정했으므로 오답이다. 4는 언급되지 않았다.

어휘 会社 かいしゃ 圏 회사   昨日 きのう 圏 어제   病院 びょういん 圏 병원
行く いく 图 가다   具合 ぐあい 圏 상태   ちゃんと 凰 제대로, 확실히
ちょっと 凰 조금, 좀   残業 ざんぎょう 圏 잔업   早く はやく 凰 빨리
帰る かえる 图 돌아가다   ~けど 丕 ~는데   わかる 图 알다
嫌いだ きらいだ な형 싫어하다   子ども こども 圏 아이
薬局 やっきょく 圏 약국   薬 くすり 圏 약   買う かう 图 사다
飲む のむ 图 (약을) 먹다, 마시다   少し すこし 凰 조금, 약간
よくなる 좋아지다   だから 젭 그래서   だめだ な형 안 된다, 좋지 않다

最近 さいきん 몡 최근   ずっと 児 계속
調子が悪い ちょうしがわるい (몸) 상태가 좋지 않다
〜から 函 〜니까, 때문에   一度 いちど 명 한 번
見てもらう みてもらう 진찰 받다   〜なきゃ 〜(하)지 않으면 안 된다
大丈夫だ だいじょうぶだ な형 괜찮다   仕事 しごと 명 일
たくさん 児 많이   すきだ な형 좋아하다
世話をする せわをする 돌보다

5

[음성]
ラジオで女の人が話しています。女の人はどんな勉強のしかたがいいと言っていますか。

女: 外国語を勉強するとき、いろいろなテキストを買って勉強する人がいますよね。でも、私はこれはあまりよくないと思うんです。なぜなら、机の上にテキストがたくさんあるだけで、勉強している気持ちになってしまうからです。それに、情報がありすぎると何を覚えたらいいのかわからなくなってしまいます。意外かもしれませんが、自分に合ったテキストを一冊決めて、それを繰り返し読むのが最もいい方法なんです。

女の人はどんな勉強のしかたがいいと言っていますか。

[문제지]
1 テキストをたくさん買うこと
2 情報がおおいテキストを買うこと
3 一冊のテキストを何回も読むこと
4 たくさんのテキストを何回も読むこと

해석 라디오에서 여자가 이야기하고 있습니다. 여자는 어떤 공부 방법이 좋다고 말하고 있습니까?

여: 외국어를 공부할 때, 여러 가지 교재를 사서 공부하는 사람이 있습니다. 하지만, 저는 이것은 그다지 좋지 않다고 생각합니다. 왜냐하면, 책상 위에 교재가 많이 있는 것만으로, 공부하고 있는 기분이 되어버리기 때문입니다. 게다가, 정보가 너무 많으면 무엇을 외워야 좋을지 알 수 없게 되어 버립니다. 의외일지도 모르지만, 자기에게 맞는 교재를 한 권 정해서, 그것을 반복해서 읽는 것이 가장 좋은 방법인 것입니다.

여자는 어떤 공부 방법이 좋다고 말하고 있습니까?

1 교재를 많이 사는 것
2 정보가 많은 교재를 사는 것
3 한 권의 교재를 몇 번이고 읽는 것
4 많은 교재를 몇 번이고 읽는 것

해설 여자가 말하는 좋은 공부 방법을 묻는 문제이다. 여자가 자기에 맞은 テキストを一冊決めて、それを繰り返し読むのが最もいい方法なんです(자기에게 맞는 교재를 한 권 정해서, 그것을 반복해서 읽는 것이 가장 좋은 방법인 것입니다)라고 언급했으므로, 3 一冊のテキストを何回も読むこと(한 권의 교재를 몇 번이고 읽는 것)가

정답이다. 오답 선택지 1은 외국어를 공부할 때 여러 가지 교재를 사서 공부하는 사람은 좋지 않다고 언급되었고, 2는 여자가 정보가 너무 많으면 무엇을 외워야 좋을지 알 수 없게 되어 버린다고 언급했으므로 오답이다. 4는 언급되지 않았다.

어휘 ラジオ 명 라디오   勉強 べんきょう 명 공부   しかた 명 하는 방법
外国語 がいこくご 명 외국어   いろいろだ な형 여러 가지다
テキスト 명 교재, 텍스트   買う かう 동 사다   でも 젭 하지만
あまり 児 그다지   よくない 좋지 않다   なぜなら 젭 왜냐하면
机 つくえ 명 책상   上 うえ 명 위   たくさん 児 많이   〜だけ 조 〜만
気持ち きもち 명 기분   〜から 조 〜때문   それに 젭 게다가
情報 じょうほう 명 정보   ありすぎる 너무 많다
覚える おぼえる 동 외우다, 배우다   わかる 동 알다, 이해할 수 있다
意外 いがい 명 의외   自分 じぶん 명 자기, 자신   合う あう 동 맞다
決める きめる 동 정하다, 결정하다
繰り返す くりかえす 동 반복하다, 되풀이하다   読む よむ 동 읽다
最も もっとも 児 가장   方法 ほうほう 명 방법   おおい い형 많다
何回も なんかいも 몇 번이고

6

[음성]
テレビで男の人が話しています。男の人は相手と意見が合わないとき、どのように話せばいいと言っていますか。

男: この間同僚と市長選挙の話をしていた時です。同僚が僕の意見に賛成できなかったようで、突然「それは違う」と否定してきたんです。正直、いい気はしませんでした。人によって考え方は様々ですから、意見が異なるのは当然です。でも、自分の主張ばかり述べていたら、相手だって耳をふさぎたくなります。相手の主張と反対の立場でも、まず最初に相手の主張を聞いて理解したことをきちんと伝えるべきです。それから「あなたの意見もよくわかります。でも…」と続ければいいのです。

男の人は相手と意見が合わないとき、どのように話せばいいと言っていますか。

[문제지]
1 自分の考えを言わずに相手の話にりかいを示す
2 相手にりかいを示したあとで自分の考えを言う
3 最初から正直に相手のいけんに反対だと伝える
4 相手がわかってくれるまで自分のいけんを言う

해석 텔레비전에서 남자가 이야기하고 있습니다. 남자는 상대방과 의견이 맞지 않을 때, 어떻게 이야기하면 좋다고 말하고 있습니까?

남: 얼마 전에 동료와 시장 선거 이야기를 하고 있었을 때입니다. 동료가 제 의견에 찬성하지 못했던 것 같아서, 갑자기 "그건 틀려"라며 부정해 왔습니다. 솔직히, 좋은 기분은 들지 않았습니다. 사람에 따라 생각하는 방식은 다양하니까, 의견이 다른 건 당연합

니다. 하지만, 자기 주장만 말하고 있으면, 상대방도 귀를 막고 싶어집니다. 상대방의 주장과 반대 입장이더라도, 우선 처음에 상대방의 주장을 듣고 이해한 것을 제대로 전달해야 합니다. 그리고 나서 "당신의 의견도 잘 이해합니다. 하지만…"이라고 이어가면 되는 것입니다.

남자는 상대방과 의견이 맞지 않을 때, 어떻게 이야기하면 좋다고 말하고 있습니까?

1 자신의 생각을 말하지 않고 상대방의 이야기에 이해를 표한다
2 **상대방에게 이해를 표한 뒤에 자신의 생각을 말한다**
3 처음부터 솔직하게 상대방 의견에 반대라고 전한다
4 상대방이 이해해 줄 때까지 자신의 의견을 말한다

해설 남자가 상대방과 의견이 맞지 않을 때 어떻게 이야기하면 좋다고 말하는지 묻는 문제이다. 남자가 相手の主張と反対の立場でも、まず最初に相手の主張を聞いて理解したことをきちんと伝えるべきです。それから「あなたの意見もよくわかります。でも…」と続ければいいのです(상대방의 주장과 반대 입장이더라도, 우선 처음에 상대방의 주장을 듣고 이해한 것을 제대로 전달해야 합니다. 그리고 나서 "당신의 의견도 잘 이해합니다. 하지만..."이라고 이어가면 되는 것입니다)라고 했으므로 2 相手にりかいを示したあとで自分の考えを言う(상대방에게 이해를 표한 뒤에 자신의 생각을 말한다)가 정답이다. 오답 선택지 1은 자신의 생각도 이어가라고 했고, 3은 먼저 상대방의 주장을 듣고 이해하라고 했으며, 4는 자기 주장만 말하고 있으면 귀를 막고 싶어진다고 했으므로 오답이다.

어휘 テレビ 圏 텔레비전　相手 あいて 圏 상대(방)　意見 いけん 圏 의견
合う あう 圏 맞다　同僚 どうりょう 圏 동료　市長 しちょう 圏 시장
選挙 せんきょ 圏 선거　話 はなし 圏 이야기　賛成 さんせい 圏 찬성
突然 とつぜん 囲 갑자기　違う ちがう 圏 틀리다
否定 ひてい 圏 부정　正直 しょうじき 囲 솔직히
いい気 いいき 圏 좋은 기분　考え方 かんがえかた 圏 생각하는 방식
様々だ さまざまだ な 다양하다　異なる ことなる 圏 다르다
当然だ とうぜんだ な 당연하다　自分 じぶん 圏 자기, 자신
主張 しゅちょう 圏 주장　述べる のべる 圏 말하다　～だって ~(라)도
耳 みみ 圏 귀　ふさぐ 圏 막다　反対 はんたい 圏 반대
立場 たちば 圏 입장　まず 囲 우선　最初 さいしょ 圏 처음
理解 りかい 圏 이해　きちんと 囲 제대로
伝える つたえる 圏 전달하다　〜べきだ ~해야 한다
それから 圄 그리고 나서　続ける つづける 圏 이어가다, 계속하다
考え かんがえ 圏 생각　言う いう 圏 말하다　示す しめす 圏 표하다

☞ 문제 3은 문제지에 아무것도 인쇄되어 있지 않습니다. 따라서, 예제를 들려줄 때, 그 내용을 들으면서 개요 이해의 문제 풀이 전략을 떠올려 봅니다. 음성에서 では、始めます(그러면, 시작합니다)가 들리면, 곧바로 문제 풀 준비를 합니다.

음성 디렉션과 예제

問題3では、問題用紙に何もいんさつされていません。この問題は、ぜんたいとしてどんなないようかを聞く問題です。話の前に質問はありません。まず話を聞いてください。それから、質問とせんたくしを聞いて、1から4の中から、最もよいものを一つえらんでください。

女の人と男の人が電話で話しています。

女: もしもし。田中くん? 今忙しい?
男: いや、大丈夫だよ。どうしたの?
女: 実は、北海道の友達からじゃがいもが送られてきたんだけど、一人では食べきれなくて。田中くん、食べないかなと思って。
男: 北海道のじゃがいも? くれるの?
女: うん、今から持っていくけど大丈夫?
男: いやいや、重いから僕が取りに行くよ。
女: そんなに重くないから、大丈夫だよ。それにコンビニにも行く用事があるから。
男: じゃ、家で待ってるよ。
女: 分かった。すぐに行くね。

女の人は男の人に何を話すために電話しましたか。

1 じゃがいもを分けてあげるということ
2 北海道の友だちを紹介するということ
3 お願いしたいことがあるということ
4 コンビニに一緒に行くということ

最もよいものは1番です。回答用紙の問題3の例のところを見てください。最もよいものは1番ですから、答えはこのように書きます。では、始めます。

해석 문제 3에서는 문제 용지에 아무것도 인쇄되어 있지 않습니다. 이 문제는, 전체로서 어떤 내용인가를 묻는 문제입니다. 이야기의 앞에 질문은 없습니다. 먼저 이야기를 들어주세요. 그리고, 질문과 선택지를 듣고, 1부터 4 중에서, 가장 알맞은 것을 하나 골라주세요.

여자와 남자가 전화로 이야기하고 있습니다.

여: 여보세요. 다나카 군? 지금 바빠?
남: 아니, 괜찮아. 무슨 일이야?
여: 실은, 홋카이도의 친구가 감자를 보내왔는데, 혼자서는 다 먹을 수 없어서. 다나카 군, 먹지 않을까 하고 생각해서.
남: 홋카이도 감자? 주는 거야?
여: 응, 지금부터 가지고 갈 건데 괜찮아?
남: 아니 아니, 무거우니까 내가 가지러 갈게.
여: 그렇게 무겁지 않으니까, 괜찮아. 게다가 편의점에 갈 볼일이 있으니까.
남: 그럼, 집에서 기다릴게.
여: 알았어. 바로 갈게.

여자는 남자에게 무엇을 말하기 위해서 전화했습니까?

1 감자를 나눠준다는 것
2 홋카이도의 친구를 소개한다는 것

3 부탁하고 싶은 것이 있다는 것
4 편의점에 같이 간다는 것

가장 알맞은 것은 1번입니다. 정답 용지의 문제 3의 예시 부분을 봐 주세요. 가장 알맞은 것이 1번이기 때문에, 정답은 그와 같이 표시합니다. 그러면 시작합니다.

1

[음성]
男の人が隣の家の女の人と話しています。

男: ごめんください。
女: はい。あっ、田中さん。こんにちは。どうなさいました?
男: あの、ちょっと言いにくいことなんですが、お宅のピアノの音のことでちょっと…。
女: あら、うるさかったですか。
男: ええ、ちょっと…。あ、昼間はいくら弾いても構わないんですよ。でも、夜は8時ぐらいにはやめていただけるとありがたいです。
女: わかりました。申し訳ありませんでした。娘の発表会がもうすぐなので、つい…。今後気をつけます。
男: お願いします。

男の人は女の人に何を言いに来ましたか。
1 ピアノの音が大きいので、小さくしてほしい
2 ピアノの発表会を昼間にやってほしい
3 夜遅くまでピアノを弾かないでほしい
4 家でピアノを弾くのをやめてほしい

해석 남자가 옆 집 여자와 이야기하고 있습니다.
남: 계세요?
여: 네. 앗, 다나카 씨. 안녕하세요. 무슨 일이세요?
남: 저기, 좀 말하기 힘든 것인데요, 댁의 피아노 소리로 좀….
여: 어머, 시끄러웠나요?
남: 네, 조금…. 아, 낮은 아무리 쳐도 상관없습니다. 하지만, 밤은 8시 정도에는 그만해 주시면 감사하겠습니다.
여: 알겠습니다. 정말 죄송합니다. 딸의 발표회가 머지않아서, 그만…. 앞으로 조심할게요.
남: 부탁합니다.

남자는 여자에게 무엇을 말하러 왔습니까?
1 피아노 소리가 크므로, 작게 해주었으면 한다
2 피아노 발표회를 낮에 했으면 한다
3 밤늦게까지 피아노를 치지 않았으면 한다
4 집에서 피아노를 치는 것을 그만뒀으면 한다

해설 남자와 옆 집 여자가 무엇에 대해서 이야기하고 있는지 전체적인 흐름을 파악하며 주의 깊게 듣는다. 대화에서, 남자가 昼間はいくら弾いても構わないんですよ。でも、夜は8時ぐらいにはやめていただけるとありがたいです(낮은 아무리 쳐도 상관없습니다. 하지만, 밤은 8시 정도에는 그만해 주시면 감사하겠습니다)라고 했다. 질문에서 대화의 소재가 무엇인지 물었으므로, 3 夜遅くまでピアノを弾かないでほしい(밤늦게까지 피아노를 치지 않았으면 한다)가 정답이다.

어휘 隣となり 몡 옆, 이웃　家いえ 몡 집
ごめんください 계세요?, 실례합니다
どうなさいました 무슨 일이세요?　ちょっと 튀 좀, 조금
言いにくい いいにくい 말하기 힘들다
お宅おたく 몡 댁(상대방 집의 높임말)　ピアノ 몡 피아노
音おと 몡 소리　うるさい い형 시끄럽다　昼間ひるま 몡 낮, 주간
いくら 튀 아무리　弾くひく 통 (악기를) 치다, 연주하다
構わない かまわない 상관없다　でも 쩝 하지만　夜よる 몡 밤
〜ぐらい 조 〜정도, 쯤　やめる 통 그만두다, 중지하다
ありがたい い형 감사하다, 고맙다　わかる 통 알다
申し訳ない もうしわけない い형 죄송하다, 미안하다　娘むすめ 몡 딸
発表会 はっぴょうかい 몡 발표회　もうすぐ 머지않아, 이제 곧
〜ので 조 〜때문에, 므로　つい 튀 그만, 무심결에
今後こんご 몡 앞으로, 차후
気をつける きをつける 조심하다, 주의하다
大きい おおきい い형 크다　小さい ちいさい い형 작다
遅い おそい い형 늦다　〜まで 조 〜까지

2

[음성]
テレビで専門家が話しています。

女: 客のニーズよりも自分の満足感を重視していては経営はうまくいきません。例えば携帯電話。発売当初はショルダーバッグほどのサイズでどの企業もどれだけ軽く小型にできるのかを競っていましたが、その勝負は300グラムを切っても続きました。しかし、勝負に勝ったのはコンピューター機能を追加しスマートフォンを生み出した企業でした。客にとって10グラムの差なんてどうでもよく、そこで一番になろうとしていた企業たちは努力の方向が間違っていたと言えます。これにいち早く気付けるかがビジネスでは重要になってきます。

専門家は主に何について話していますか。
1 客のニーズを考える大切さ
2 経営がうまくいかなかった原因
3 携帯電話が小さくなった理由
4 新しい携帯電話を作った企業

해석 텔레비전에서 전문가가 이야기하고 있습니다.
여: 고객의 니즈보다도 자신의 만족감을 중시하고 있어서는 경영은 잘되지 않습니다. 예를 들면 휴대 전화. 발매 초기에는 숄더백 정도의 사이즈로 어느 기업도 얼마만큼 가볍고 소형으로 할 수 있는지를 경쟁하고 있었습니다만, 그 경쟁은 300그램을 넘지 않아도 계속됐습니다. 하지만, 승부에서 이긴 것은 컴퓨터 기능을 추

가하여 스마트폰을 만들어 낸 기업이었습니다. 고객에게 있어서 10그램의 차이따위 어찌 돼도 좋고, 거기서 1등이 되려고 했었던 기업들은 노력의 방향이 잘못되어 있었다고 말할 수 있습니다. 이것을 재빨리 깨달을 수 있는지가 비즈니스에서는 중요해집니다.

전문가는 주로 무엇에 대해 이야기하고 있습니까?

1 고객의 니즈를 생각하는 중요성
2 경영이 잘되지 않았던 원인
3 휴대 전화가 작아진 이유
4 새로운 휴대 전화를 만든 기업

해설 전문가가 텔레비전에서 어떤 이야기를 하는지 전체적인 흐름을 파악하며 주의 깊게 듣는다. 전문가가 客のニーズよりも自分の満足感を重視していては経営はうまくいきません。例えば携帯電話(고객의 니즈보다도 자신의 만족감을 중시하고 있어서는 경영이 잘되지 않습니다. 예를 들면 휴대 전화)라고 말한 다음, 勝負に勝ったのはコンピューター機能を追加しスマートフォンを生み出した企業でした。客にとって10グラムの差なんてどうでもよく、そこで一番になろうとしていた企業たちは努力の方向が間違っていたと言えます(승부에서 이긴 것은 컴퓨터 기능을 추가하여 스마트폰을 만들어 낸 기업이었습니다. 고객에게 있어서 10그램의 차이따위 어찌 돼도 좋고, 거기서 1등이 되려고 했었던 기업들은 노력의 방향이 잘못되어 있었다고 말할 수 있습니다)라고 언급했다. 질문에서 전문가가 하는 말의 주제를 물었으므로, 1 客のニーズを考える大切さ(고객의 니즈를 생각하는 중요성)가 정답이다.

어휘 テレビ 명 텔레비전　専門家 せんもんか 명 전문가
客 きゃく 명 고객, 손님　ニーズ 명 니즈, 요구　自分 じぶん 명 자신
満足感 まんぞくかん 명 만족감　重視 じゅうし 명 중시
経営 けいえい 명 경영　うまくいく 잘되다
例えば たとえば 부 예를 들면　携帯 けいたい 명 휴대
電話 でんわ 명 전화　発売 はつばい 명 발매
当初 とうしょ 명 초기, 당초　ショルダーバッグ 명 숄더백
サイズ 명 사이즈　企業 きぎょう 명 기업　軽い かるい い형 가볍다
小型 こがた 명 소형　競う きそう 동 경쟁하다　勝負 しょうぶ 명 승부
グラム 명 그램　切る きる 동 넘지 않다　続く つづく 동 계속되다
しかし 접 하지만　勝つ かつ 동 이기다　コンピューター 명 컴퓨터
機能 きのう 명 기능　追加 ついか 명 추가
スマートフォン 명 스마트폰　生み出す うみだす 동 만들어 내다
~にとって ~에게 있어서　差 さ 명 차이
どうでもいい 어찌 돼도 좋다, 상관없다　一番 いちばん 명 1등
努力 どりょく 명 노력　方向 ほうこう 명 방향
間違う まちがう 동 잘못되다　いち早く いちはやく 부 재빠르다
気付く きづく 동 깨닫다　ビジネス 명 비즈니스
重要だ じゅうようだ な형 중요하다　考える かんがえる 동 생각하다
大切さ たいせつさ 명 중요성　原因 げんいん 명 원인
小さい ちいさい い형 작다　理由 りゆう 명 이유
新しい あたらしい い형 새롭다　作る つくる 동 만들다

3

[음성]
ラジオで男の人が話しています。
男: 最近は子どもを叱らない親が増えていますね。昨日僕が電車に乗っていた時、5歳ぐらいの子どもがうるさくしていたんですが、お母さんは何も言わずに見ていました。それで、僕がその子に注意したら、お母さんが「うちは叱らない子育てをしているので、叱らないでください。」と言うんです。家によって考え方がいろいろあるのは理解できないこともないですが、子どもは叱られてはじめて理解できることもあると思うのです。それに、他人に迷惑をかけてはいけないのではないでしょうか。

男の人は子どもを叱ることについてどう思っていますか。
1 子どもの親以外の人が叱ればいい
2 家によって叱るかどうか決めればいい
3 叱る必要がある時は叱るべきだ
4 外では迷惑なので叱るべきではない

해석 라디오에서 남자가 이야기하고 있습니다.
남: 최근에는 아이를 야단치지 않는 부모가 늘고 있네요. 어제 제가 전철에 타고 있을 때, 5살 정도의 아이가 시끄럽게 하고 있었는데, 어머니는 아무것도 말하지 않고 보고 있었습니다. 그래서, 제가 그 아이에게 주의줬더니, 어머니가 "우리는 야단치지 않는 아이 키우기를 하고 있으므로, 야단치지 말아 주세요."라고 말하는 것입니다. 가정에 따라서 사고방식이 여러 가지 있는 것은 이해할 수 없는 것은 아니지만, 아이는 혼나고 나서야 비로소 이해할 수 있는 것도 있다고 생각합니다. 게다가, 타인에게 폐를 끼쳐서는 안 되는 것이 아닐까요?

남자는 아이를 야단치는 것에 대해서 어떻게 생각하고 있는가?

1 아이의 부모 이외의 사람이 야단치면 된다
2 가정에 따라서 야단칠지 어떨지를 정하면 된다
3 야단칠 필요가 있을 때는 야단쳐야 한다
4 밖에서는 민폐기기 때문에 야단쳐서는 안 된다

해설 남자가 라디오에서 어떤 이야기를 하는지 전체적인 흐름을 파악하며 주의 깊게 듣는다. 남자가 子どもは叱られてはじめて理解できることもあると思うのです(아이는 혼나고 나서야 비로소 이해할 수 있는 것도 있다고 생각합니다)라고 언급했다. 질문에서 아이를 야단치는 것에 대한 남자의 생각, 즉 중심 내용을 물었으므로 3 叱る必要がある時は叱るべきだ(야단칠 필요가 있을 때는 야단쳐야 한다)가 정답이다.

어휘 ラジオ 명 라디오　最近 さいきん 명 최근　子ども こども 명 아이
叱る しかる 동 야단치다, 꾸짖다　親 おや 명 부모(님)
増える ふえる 동 늘다　昨日 きのう 명 어제　電車 でんしゃ 명 전철
乗る のる 동 타다　~ぐらい 조 ~정도, 쯤　うるさい い형 시끄럽다
お母さん おかあさん 명 어머니　何も なにも 아무것도

言う いう 통 말하다　見る みる 통 보다　それで 접 그래서
子 こ 명 아이　注意 ちゅうい 명 주의　うち 명 우리
子育て こそだて 명 아이 키우기, 육아　～ので 조 ~므로
家 いえ 명 가정, 집　～によって ~에 따라서
考え方 かんがえかた 명 사고방식　いろいろ 명 여러 가지
理解 りかい 명 이해　できる 통 할 수 있다
はじめて 부 비로소, 처음으로　それに 접 게다가, 더욱이
他人 たにん 명 타인
迷惑をかける めいわくをかける 폐를 끼치다, 불편을 끼치다
以外 いがい 명 이외　決める きめる 통 정하다
必要 ひつよう 명 필요　外 そと 명 밖　迷惑 めいわく 명 민폐

☞ 문제 4는 예제를 들려줄 때 1번부터 4번까지의 그림을 보고 상황을 미리 떠올려봅니다. 음성에서 では、始めます(그러면, 시작합니다)가 들리면, 곧바로 문제 풀 준비를 합니다.

음성 디렉션과 예제

[문제지]

[음성]
問題4では、えを見ながら質問を聞いてください。やじるし(➡)の人は何と言いますか。1から3の中から、最もよいものを一つえらんでください。

友達の家に遊びに行きました。部屋に友達のお父さんが来ました。何と言いますか。

男：1　失礼ですね。
　　2　お疲れ様です。
　　3　お邪魔しています。

最もよいものは3番です。回答用紙の問題4の例のところを見てください。最もよいものは3番ですから、答えはこのように書きます。では、始めます。

해석 문제 4에서는, 그림을 보면서 질문을 들어 주세요. 화살표(➡)의 사람은 뭐라고 말합니까? 1부터 3 중에서, 가장 알맞은 것을 하나 골라 주세요.

친구 집에 놀러 갔습니다. 방에 친구의 아버지가 오셨습니다. 뭐라고 말합니까?

남：1　실례네요.
　　2　수고하셨습니다.
　　3　실례하고 있습니다.

가장 알맞은 것은 3번입니다. 정답 용지의 문제 4의 예시 부분을 봐주세요. 가장 알맞은 것이 3번이기 때문에, 정답은 이와 같이 표시합니다. 그러면 시작합니다.

1

[문제지]

[음성]
先生に旅行のお土産を渡します。先生に何と言いますか。

女：1　これ、つまらないものですが、いただきますね。
　　2　旅行のお土産を買ってくださるなんて。
　　3　これ、旅行のお土産です。どうぞ召し上がってください。

해석 선생님께 여행 선물을 건넵니다. 선생님께 뭐라고 말합니까?
여: 1　이거, 하찮은 것입니다만, 받을게요.
　　2　여행 선물을 사 주시다니.
　　3　이거, 여행 선물입니다. 부디 드셔 주세요.

해설 선생님께 여행 선물을 건넬 때, 할 수 있는 말을 고르는 문제이다.
1 (X) いただきます는 '받을게요'라는 말이므로 오답이다.
2 (X) あげますす는 '줄게요'라는 말이므로 오답이다.
3 (O) 召し上がってください가 '드셔 주세요'라는 말이므로 정답이다.

어휘 先生 せんせい 명 선생님　旅行 りょこう 명 여행
お土産 おみやげ 명 (여행지에서 사온) 선물　渡す わたす 통 건네주다
つまらない い형 하찮다, 시시하다　いただく 통 받다(もらう의 겸양어)
買う かう 통 사다　～てくださる ~해 주시다　～なんて 조 ~하다니
どうぞ 부 부디　召し上がる めしあがる 통 드시다(食べる의 존경어)

2

[문제지]

[음성]
弟がずっとコートで練習しています。変わってほしいです。何と言いますか。

女:1 私と同じコートでしようよ。
　 2 そろそろ私の番じゃない？
　 3 練習するんじゃなかったの？

해석 남동생이 계속 코트에서 연습하고 있습니다. 교대해 주었으면 합니다. 뭐라고 말합니까?
여: 1 나랑 같은 코트에서 하자.
　 2 슬슬 내 차례 아니야?
　 3 연습하는 거 아니었어?

해설 남동생이 코트를 교대해 주었으면 할 때, 할 수 있는 말을 고르는 문제이다.
　 1 (X) 同じコートでしようよ는 '같은 코트에서 하자'라는 말이므로 오답이다.
　 2 (O) そろそろ私の番じゃない？가 '슬슬 내 차례 아니야?'라는 말이므로 정답이다.
　 3 (X) 練習するんじゃなかったの？는 '연습하는 거 아니었어?'라는 말이므로 오답이다.

어휘 弟 おとうと 명 남동생　ずっと 부 계속　コート 명 코트, 운동장
　　 練習 れんしゅう 명 연습　変わる かわる 동 교대하다, 바뀌다
　　 ~てほしい ~해 주었으면 하다　私 わたし 명 나, 저
　　 同じ おなじ 같은　そろそろ 부 슬슬, 이제　番 ばん 명 차례

3

[문제지]

[음성]
デパートでスカートを試着しましたが、色が気に入りません。店員に何と言いますか。
女:1 この色、気になっていたんです。
　 2 これは何色って言うんですか。
　 3 色ってこれだけなんですか。

해석 백화점에서 치마를 입어 보았지만, 색이 마음에 들지 않습니다. 점원에게 뭐라고 말합니까?
여: 1 이 색, 궁금했었어요.
　 2 이건 무슨 색이라고 하나요?
　 3 색은 이것뿐인가요?

해설 백화점에서 입어본 치마의 색이 마음에 들지 않을 때, 할 수 있는 말을 고르는 문제이다.
　 1 (X) この色、気になっていたんです는 '이 색, 궁금했었어요'라는 말이므로 오답이다.
　 2 (X) 何色って言うんですか는 '무슨 색이라고 하나요?'라는 말이므로 오답이다.
　 3 (O) 色ってこれだけなんですか가 '색은 이것뿐인가요?'라는 말이므로 정답이다.

어휘 デパート 명 백화점　スカート 명 치마　試着 しちゃく 명 입어 봄, 시착
　　 色 いろ 명 색　気に入る きにいる 마음에 들다
　　 店員 てんいん 명 점원　気になる きになる 궁금하다, 신경 쓰이다
　　 何色 なにいろ 명 무슨 색　～って ~은　～だけ 조 ~뿐, ~만

4

[문제지]

[음성]
ピザのデリバリーを頼みましたが、頼んだものと違うものが来ました。ピザ屋の人に何と言いますか。
男:1 あの、間違って別のメニューを届けてしまったみたいです。
　 2 あの、別のメニューを追加してきてもいいですか。
　 3 あの、注文したのと別のメニューが届いたようなんですが。

해석 피자 배달을 주문했지만, 주문한 것과 다른 것이 왔습니다. 피자 가게 사람에게 뭐라고 합니까?
남: 1 저, 실수로 다른 메뉴를 배달해 버린 것 같아요.
　 2 저, 다른 메뉴를 추가하고 와도 될까요?
　 3 저, 주문한 것과 다른 메뉴가 도착한 것 같은데요.

해설 주문한 것과 다른 피자가 왔을 때, 할 수 있는 말을 고르는 문제이다.
　 1 (X) 間違って別のメニューを届けてしまったみたいです는 '실수로 다른 메뉴를 배달해 버린 것 같아요'라는 말이므로 오답이다.
　 2 (X) 別のメニューを追加してきてもいいですか는 '다른 메뉴를 추가하고 와도 될까요?'라는 말이므로 오답이다.
　 3 (O) 注文したのと別のメニューが届いたようなんですが가 '주문한 것과 다른 메뉴가 도착한 것 같은데요'라는 말이므로 정답이다.

어휘 ピザ 명 피자　デリバリー 명 배달　頼む たのむ 동 주문하다, 부탁하다
　　 違う ちがう 동 다르다　来る くる 동 오다
　　 ピザ屋 ピザや 명 피자 가게　間違う まちがう 동 실수하다, 틀리다
　　 別 べつ 명 다른 것　メニュー 명 메뉴
　　 届ける とどける 동 배달하다, 전하다　～てしまう ~해버리다
　　 ～みたいだ ~인 것 같다　追加 ついか 명 추가
　　 ～てもいい ~해도 된다　注文 ちゅうもん 명 주문
　　 届く とどく 동 도착하다

☞ 문제 5는 문제지에 아무것도 인쇄되어 있지 않습니다. 따라서, 예제를 들려줄 때, 그 내용을 들으면서 즉시 응답의 문제 풀이 전략을 떠올려 봅니다. 음성에서 では、始めます(그러면, 시작합니다)가 들리면, 실제 문제 풀 준비를 합니다.

음성 디렉션과 예제

問題5では、問題用紙に何もいんさつされていません。まず文を聞いてください。それから、そのへんじを聞いて、1から3の中から、最もよいものを一つえらんでください。

男: 重そうですね。手伝いましょうか。
女: 1　ええ、失礼しました。
　　 2　ええ、軽そうですね。
　　 3　どうも。助かります。

最もよいものは3番です。回答用紙の問題5の例のところを見てください。最もよいものは3番ですから、答えはこのように書きます。では、始めます。

해석 문제 5에서는, 문제 용지에 아무것도 인쇄되어 있지 않습니다. 먼저 문장을 들어 주세요. 그리고, 그 대답을 듣고, 1부터 3 중에서, 가장 알맞은 것을 하나 골라 주세요.

　　남: 무거울 것 같네요. 도와드릴까요?
　　여: 1　네, 실례했습니다.
　　　　 2　네, 가벼울 것 같네요.
　　　　 3　감사합니다. 도움이 됩니다.

가장 알맞은 것은 3번입니다. 정답 용지의 문제 5의 예시 부분을 봐 주세요. 가장 알맞은 것이 3번이기 때문에, 정답은 이와 같이 표시합니다. 그러면 시작합니다.

1

[음성]
女: 松田先生、あのう、来月のゼミ、**私も参加させてください**。
男: 1　そうですか。必ず参加します。
　　 2　それはよかったですね。
　　 3　はい、かまいませんよ。

해석 여: 마쓰다 선생님, 저기, 다음 달의 세미나, **저도 참가하게 해주세요.**
　　남: 1　그렇습니까? 반드시 참가할게요.
　　　　 2　그건 다행이네요.
　　　　 3　네, 상관없습니다.

해설 여자가 남자선생님에게 세미나에 참가하게 해달라고 허락을 구하는 상황이다.
　　 1 (X) 参加(さんか)를 반복 사용하여 혼동을 준 오답이다.
　　 2 (X) 세미나에 참가하게 해달라고 한 상황에 맞지 않다.
　　 3 (O) '네, 괜찮습니다'는 허락할 때 하는 말이므로 여자의 말에 대한 적절한 응답이다.

어휘 先生 せんせい 명 선생님　来月 らいげつ 명 다음 달　ゼミ 명 세미나
　　 参加 さんか 명 참가　必ず かならず 부 반드시
　　 かまわない 상관없다, 괜찮다

2

[음성]
男: コンサートのチケット、**売り切れだって。**
女: 1　ええ？じゃあ、早く買いに行かなきゃ。
　　 2　ええ？そうなの？楽しみにしてたのに。
　　 3　よかった。私、あの歌手大好きなの。

해석 남: 콘서트 티켓, **매진이래.**
　　 여: 1　뭐? 그럼, 빨리 사러 가지 않으면 안 되겠다.
　　　　 2　뭐? 그래? 기대하고 있었는데.
　　　　 3　다행이다. 나, 그 가수 정말 좋아해.

해설 남자가 여자에게 콘서트 티켓이 매진이라는 사실을 전하는 상황이다.
　　 1 (X) 티켓이 매진되었다고 한 상황에 맞지 않다.
　　 2 (O) '뭐? 그래? 기대하고 있었는데'는 콘서트 티켓이 매진이라고 한 남자의 말에 대한 적절한 응답이다.
　　 3 (X) コンサート(콘서트)와 관련된 歌手(가수)를 사용하여 혼동을 준 오답이다.

어휘 コンサート 명 콘서트　チケット 명 티켓　売り切れ うりきれ 명 매진
　　 ～って 조 ~래, 라더라　じゃあ 접 그럼　早く はやく 부 빨리
　　 買う かう 동 사다　行く いく 동 가다　～なきゃ ~(하)지 않으면 안 된다
　　 楽しみにする たのしみにする 기대하다, 학수고대하다
　　 ～のに 조 ~는데　よい い형 다행이다　歌手 かしゅ 명 가수
　　 大好きだ だいすきだ な형 매우 좋아하다

3

[음성]
男: ただいま。サッカーの試合、**もう始まっちゃった？**
女: 1　うん、そろそろ始めてごらんよ。
　　 2　ううん、終わらなかったらいいのになあ。
　　 3　ううん、ちょうど今始まるところだよ。

해석 남: 다녀왔습니다. 축구 시합, **벌써 시작돼 버렸어?**
　　 여: 1　응, 슬슬 시작해보렴.
　　　　 2　아니, 끝나지 않았으면 좋겠는데.
　　　　 3　아니, 마침 지금 시작된 참이야.

해설 남자가 여자에게 축구 시합이 시작됐는지 물어보는 상황이다.
　　 1 (X) 始まっちゃった(はじまっちゃった)를 始めて(はじめて)로 반복 사용하여 혼동을 준 오답이다.
　　 2 (X) 始まる(시작되다)과 관련이 있는 終わる(끝나다)를 사용하여 혼동을 준 오답이다.
　　 3 (O) '아니, 마침 지금 시작된 참이야'는 축구 시합이 시작됐는지 묻는 남자의 말에 대한 적절한 응답이다.

어휘 サッカー 명 축구　試合 しあい 명 시합　もう 부 벌써, 이미
　　 始まる はじまる 동 시작되다　～ちゃう ~(해) 버리다
　　 そろそろ 부 슬슬　始める はじめる 동 시작하다

～てごらん ~(해) 보렴　終わる おわる 图 끝나다　～のに 조 ~는데
ちょうど 图 마침, 알맞게　今 いま 图 지금
ところ 图 막 ~하려는 참, 마침 그때

店 みせ 图 가게　夜 よる 图 밤　結構 けっこう 图 꽤
にぎやかだ な형 활기차다　開く あく 图 열다　行く いく 图 가다

4

[음성]
男: 実は、先日母が突然入院してしまって…。
女: 1 ああ、ご無沙汰しています。
　　2 まあ、それはお気の毒に。
　　3 まあ、それはご苦労様でした。

해석 남: 실은, 얼마 전 어머니가 갑자기 입원해 버려서….
　　여: 1 아아, 오랫동안 연락 못 드렸습니다.
　　　　2 어머, 참으로 안됐군요.
　　　　3 어머, 정말로 고생이 많으셨습니다.

해설 남자가 여자에게 어머니가 입원했다고 말하는 상황이다.
　　1 (X) 남자가 어머니에 대한 이야기를 하고 있으므로 오답이다.
　　2 (O) '어머, 참으로 안됐군요'는 어머니가 입원했다고 한 남자의 말에 공감을 해주는 적절한 응답이다.
　　3 (X) 어머니가 갑자기 입원했다고 한 상황에 맞지 않다.

어휘 実は じつは 실은, 사실은　先日 せんじつ 图 얼마 전, 요전 날
　　母 はは 图 어머니　突然 とつぜん 图 갑자기, 돌연
　　入院 にゅういん 图 입원　～てしまう ~(해) 버리다
　　ご無沙汰しています ごぶさたしています 오랫동안 연락 못 드렸습니다
　　それは 참으로, 정말로　お気の毒に おきのどくに 안됐군요
　　ご苦労様 ごくろうさま 고생이 많으십니다

6

[음성]
男: ああ、会議の間、ずっと眠くてたまらなかったよ。
女: 1 よく眠ったわりには、まだ眠そうですね。
　　2 そうなんです。昨日よく眠れなくて…。
　　3 私もです。昼ごはんの後でしたからね。

해석 남: 아아, 회의 동안, 계속 졸려서 참을 수 없었어.
　　여: 1 잘 잔 것 치고는, 아직 졸린 것 같네요.
　　　　2 그런 것이에요. 어제 잘 못 자서….
　　　　3 저도요. 점심 식사 후였으니까요.

해설 남자가 여자에게 졸려서 참을 수 없었다고 말하는 상황이다.
　　1 (X) 회의 중 졸려서 참을 수 없었다고 한 상황에 맞지 않다.
　　2 (X) 남자가 졸려서 참을 수 없었다고 했으므로 주체가 맞지 않다.
　　3 (O) '저도요. 점심 식사 후였으니까요'는 남자의 말에 공감하는 적절한 응답이다.

어휘 会議 かいぎ 图 회의　間 あいだ 图 동안　ずっと 图 계속, 쭉
　　眠い ねむい い형 졸리다　たまらない 참을 수 없다　よく 图 잘, 충분히
　　眠る ねむる 图 자다　～わりに ~치고는　まだ 图 아직
　　昨日 きのう 图 어제　昼ごはん ひるごはん 图 점심 식사
　　後 あと 图 후, 이후　～から 조 ~니까

5

[음성]
女: 駅前ほどではないけど、この辺りも遅くまでやってる店が多いんだね。
男: 1 うん、夜でも結構にぎやかだね。
　　2 うん、駅前よりも店が開いているね。
　　3 そう？じゃあ、あの辺りに行ってみよう。

해석 여: 역 앞정도는 아니지만, 이 근처도 늦게까지 하고 있는 가게가 많네.
　　남: 1 응, 밤이어도 꽤 활기차네.
　　　　2 응, 역 앞보다도 가게가 열고 있네.
　　　　3 그래? 그럼, 저 근처에 가 보자.

해설 여자가 이 근처에 늦게까지 운영하는 가게가 많은 것을 발견하고 이를 남자에게 공유하는 상황이다.
　　1 (O) 가게가 많다는 여자의 말에 공감하는 적절한 응답이다.
　　2 (X) 역 앞정도는 아니지만, 즉 역 앞보다는 가게가 열고 있지 않다고 한 여자의 말과 맞지 않다.
　　3 (X) 이 근처에 가게가 많은 상황에 맞지 않다.

어휘 駅前 えきまえ 图 역 앞　～ほど 조 ~정도　～けど 조 ~지만
　　辺り あたり 图 근처, 주변　遅く おそく 늦게　やる 图 하다

7

[음성]
女: こんなに家賃が安いなら、駅から遠くても仕方ないよ。
男: 1 じゃあ、地図を見ておくね。
　　2 近いように感じるだけだよ。
　　3 確かにそうだね。仕方ないか。

해석 여: 이렇게 집세가 싸다면, 역에서 멀어도 어쩔 수 없어.
　　남: 1 그러면, 지도를 봐 둘게.
　　　　2 가까운 것처럼 느끼는 것뿐이야.
　　　　3 확실히 그렇네. 어쩔 수 없나.

해설 여자가 남자에게 집세가 싸다면 역에서 멀어도 어쩔 수 없다고 말하는 상황이다.
　　1 (X) 駅から遠く(역에서 멀어)와 관련이 있는 地図を見て(지도를 봐)를 사용하여 혼동을 준 오답이다.
　　2 (X) 遠い(멀다)와 관련된 近い(가깝다)를 사용하여 혼동을 준 오답이다.
　　3 (O) '확실히 그렇네. 어쩔 수 없나'는 집세가 싸다면 역에서 멀어도 어쩔 수 없다고 한 여자의 말에 대한 적절한 응답이다.

어휘 こんなに 이렇게, 이토록　家賃 やちん 图 집세
　　安い やすい い형 싸다　駅 えき 图 역　～から 조 ~에서
　　遠い とおい い형 멀다
　　仕方ない しかたない い형 어쩔 수 없다, 할 수 없다　じゃあ 접 그러면

地図 ちず 명 지도　見る みる 동 보다　近い ちかい い형 가깝다
感じる かんじる 동 느끼다　~だけ 조 ~뿐, 따름
確かに たしかに 확실히, 분명히

持ち運び もちはこび 명 들고 다님, 휴대　~用 ~よう ~용
~なら ~라면　おすすめ 명 추천

8

[음성]
女: 課長、すみませんが、明日休ませていただけませんか。
男: 1　そう。うまくいくといいね。
　　 2　明日？急にそう言われても困るよ。
　　 3　ああ。休むに決まってるじゃないか。

해석 여: 과장님, 죄송하지만, 내일 쉬게 해주실 수 없을까요?
　　 남: 1　그래. 잘 되면 좋겠네.
　　　　 2　내일? 갑자기 그렇게 말을 들으면 곤란해.
　　　　 3　아아. 쉬는 게 당연하잖아.

해설 여자가 남자 과장님에게 내일 쉬게 해달라고 부탁하는 상황이다.
　　 1 (X) 쉬게 해달라고 부탁하는 상황에 맞지 않다.
　　 2 (O) '내일? 갑자기 그렇게 말을 들으면 곤란해'는 여자의 부탁을 들어줄 수 없다는 내용이므로 적절한 응답이다.
　　 3 (X) 休ませて(やすませて)를 休む(やすむ)로 반복 사용하여 혼동을 준 오답이다.

어휘 課長 かちょう 명 과장(님)　明日 あした 명 내일
　　 休む やすむ 동 쉬다　うまくいく 잘 되다　急に きゅうに 부 갑자기
　　 言う いう 동 말하다　困る こまる 동 곤란하다
　　 ~に決まっている ~にきまっている ~하는 것이 당연하다, 하기 마련이다

9

[음성]
男: 私の目にはどれも似たような製品でどのパソコンにすればいいのか全然分かりません。
女: 1　似ていますが、パソコンのほうがいいですよ。
　　 2　人気の製品かどうかは分かりません。
　　 3　持ち運び用なら、こちらがおすすめです。

해석 남: 제 눈에는 어느 것이나 비슷한 제품이어서 어느 컴퓨터로 하면 좋을지 전혀 모르겠어요.
　　 여: 1　비슷하지만, 컴퓨터 쪽이 좋아요.
　　　　 2　인기 제품인지 어떤지는 모르겠어요.
　　　　 3　들고 다니는 용이라면, 이쪽이 추천입니다.

해설 남자가 컴퓨터가 모두 비슷해 보여서 선택하는 데 도움을 요청하는 상황이다.
　　 1 (X) 어느 컴퓨터로 할지 고민하는 상황에 맞지 않다.
　　 2 (X) 製品(せいひん)을 반복 사용하여 혼동을 준 오답이다.
　　 3 (O) 남자에게 적합한 제품을 추천해 주려는 적절한 응답이다.

어휘 私 わたし 명 저, 나　目 め 명 눈　どれ 명 어느 것
　　 似る にる 동 비슷하다, 닮다　製品 せいひん 명 제품　どの 어느
　　 パソコン 명 컴퓨터　全然 ぜんぜん 부 전혀　分かる わかる 동 알다
　　 人気 にんき 명 인기　~かどうか ~인지 어떤지

실전모의고사 2

언어지식 문자·어휘

문제 1	**1** 3	**2** 4	**3** 1	**4** 2	**5** 2	**6** 1	**7** 2	**8** 1
문제 2	**9** 3	**10** 2	**11** 4	**12** 1	**13** 2	**14** 4		
문제 3	**15** 4	**16** 3	**17** 1	**18** 2	**19** 3	**20** 4	**21** 3	**22** 4
	23 1	**24** 2	**25** 3					
문제 4	**26** 3	**27** 1	**28** 3	**29** 2	**30** 3			
문제 5	**31** 4	**32** 1	**33** 1	**34** 3	**35** 2			

언어지식 문법·독해

문제 1	**1** 2	**2** 4	**3** 4	**4** 1	**5** 4	**6** 1	**7** 2	**8** 1
	9 3	**10** 2	**11** 3	**12** 4	**13** 3			
문제 2	**14** 2	**15** 4	**16** 1	**17** 3	**18** 1			
문제 3	**19** 4	**20** 1	**21** 3	**22** 1				
문제 4	**23** 4	**24** 2	**25** 3	**26** 4				
문제 5	**27** 2	**28** 3	**29** 4	**30** 3	**31** 1	**32** 4		
문제 6	**33** 2	**34** 4	**35** 3	**36** 4				
문제 7	**37** 3	**38** 2						

청해

문제 1	**1** 3	**2** 2	**3** 3	**4** 4	**5** 3	**6** 3		
문제 2	**1** 3	**2** 2	**3** 3	**4** 3	**5** 4	**6** 3		
문제 3	**1** 1	**2** 1	**3** 2					
문제 4	**1** 2	**2** 1	**3** 3	**4** 1				
문제 5	**1** 1	**2** 2	**3** 1	**4** 3	**5** 3	**6** 1	**7** 1	**8** 2
	9 1							

언어지식 문자·어휘

p.430

1
딸이 대학에 합격<u>合格</u>했다고 듣고, 몹시 기뻤다.

해설 合格는 3 ごうかく로 발음한다. ごう가 탁음이면서 장음인 것에 주의한다.

어휘 合格 ごうかく 명합격　むすめ 명딸　大学 だいがく 명대학
聞く きく 동듣다　すごく 부몹시, 굉장히　うれしい い형기쁘다

2
게임 대회에서 우승했기 때문에, 상품<u>賞品</u>으로 키보드를 받았다.

해설 賞品은 4 しょうひん으로 발음한다. しょう가 탁음이 아니면서 장음인 것에 주의한다.

어휘 賞品 しょうひん 명상품　ゲーム 명게임　大会 たいかい 명대회
優勝 ゆうしょう 명우승　〜ので 조〜때문에　キーボード 명키보드
もらう 동받다

3
여행용으로는 소형<u>小型</u> 카메라가 편리합니다.

해설 小型는 1 こがた로 발음한다. 小가 장음이 아닌 것과 型가 탁음인 것에 주의한다.

어휘 小型 こがた 명소형　旅行 りょこう 명여행　〜用 〜よう 〜용
カメラ 명카메라　便利だ べんりだ な형편리하다

4
조간<u>朝刊</u>을 읽으면서 밥을 먹었다.

해설 朝刊은 2 ちょうかん으로 발음한다. 朝는 음독으로 ちょう, 훈독으로 あさ로 발음할 수 있지만, 朝刊의 경우에는 음독인 ちょう로 발음하는 것에 주의한다.

어휘 朝刊 ちょうかん 명조간　読む よむ 동읽다　〜ながら 조〜하면서
ごはん 명밥　食べる たべる 동먹다

5
기무라 씨의 차는 매우 더러웠다<u>汚かった</u>.

해설 汚かった는 2 きたなかった로 발음한다.

어휘 汚い きたない い형더럽다　車 くるま 명차　とても 부매우
くさい い형냄새나다　あぶない い형위험하다　せまい い형좁다

6
이시다 씨는 통금<u>門限</u>이 정해져 있나요?

해설 門限은 1 もんげん으로 발음한다. 限이 탁음인 것에 주의한다.

어휘 門限 もんげん 명통금　決まる きまる 동정해지다

7
해외 출장<u>出張</u> 준비로 매우 바쁘다.

해설 出張는 2 しゅっちょう로 발음한다. しゅっ이 촉음인 것과 ちょう가 장음인 것에 주의한다.

어휘 出張 しゅっちょう 명출장　海外 かいがい 명해외
準備 じゅんび 명준비　非常に ひじょうに 부매우, 상당히
忙しい いそがしい い형바쁘다

8
식물은 어떻게 물을 흡수하고<u>吸って</u> 있습니까?

해설 吸って는 1 すって로 발음한다.

어휘 吸う すう 동흡수하다, 빨아들이다　植物 しょくぶつ 명식물
どうやって 어떻게　水 みず 명물　とる 동취하다　つくる 동만들다
あつかう 동다루다

9
요즘 아이의 신장<u>しんちょう</u>은 매우 크다.

해설 しんちょう는 3 身長로 표기한다. 身(しん, 몸)을 선택지 1과 4의 信(しん, 믿다)과 구별해서 알아두고, 長(ちょう, 길다)를 선택지 1과 2의 重(ちょう, 진중하다)와 구별해서 알아둔다.

어휘 身長 しんちょう 명신장　最近 さいきん 명요즘, 최근
子供 こども 명아이　とても 부매우, 몹시
高い たかい い형(키가) 크다

10
다음 주까지 회비<u>かいひ</u>를 모으지 않으면 안 된다.

해설 かいひ는 2 会費로 표기한다. 会(かい, 모이다)를 선택지 3과 4의 回(かい, 돌다)와 구별해서 알아 두고, 費(ひ, 쓰다)를 선택지 1과 3의 賃(ちん, 품삯)과 구별해서 알아 둔다.

어휘 会費 かいひ 명회비　来週 らいしゅう 명다음 주
〜までに 조〜까지　集める あつめる 동모으다
〜なければならない 〜하지 않으면 안 된다

11
상사 부부가 저녁 식사에 초대해<u>まねいて</u> 주었다.

해설 まねいて는 4 招いて로 표기한다.

어휘 招く まねく 동초대하다　抱く だく 동안다　上司 じょうし 명상사
夫妻 ふさい 명부부　夕食 ゆうしょく 명저녁 식사

12
이사를 했기 때문에, 회사까지의 통근<u>つうきん</u> 시간이 30분이나 짧아졌다.

해설 つうきん은 1 通勤으로 표기한다. 通(つう, 통하다)를 선택지 2와 4의 道(どう, 길)와 구별해서 알아두고, 勤(きん, 부지런하다)을 선

택지 3과 4의 動(どう, 움직이다)와 구별해서 알아둔다.

어휘 通勤 つうきん 圀 통근　引っ越し ひっこし 圀 이사
　　 〜ので 區 〜때문에　会社 かいしゃ 圀 회사　〜まで 區 〜까지
　　 時間 じかん 圀 시간　短い みじかい い형 짧다

13

> 합계 금액きんがくは 2,300엔입니다.

해설 きんがく는 2 金額로 표기한다. 金(きん, 금)을 선택지 1의 銀(ぎん, 은), 선택지 3의 鋼(こう, 강철), 선택지 4의 銅(どう, 동)와 구별해서 알아둔다.

어휘 金額 きんがく 圀 금액　合計 ごうけい 圀 합계

14

> 차를 운전하는 고령자こうれいしゃ가 늘어났다.

해설 こうれいしゃ는 4 高齢者로 표기한다. 齢(れい, 나이)를 선택지 1의 冷(れい, 차갑다), 선택지 2의 令(れい, 명령), 선택지 3의 鈴(れい, 방울)와 구별해서 알아둔다.

어휘 高齢者 こうれいしゃ 圀 고령자　車 くるま 圀 차
　　 運転 うんてん 圀 운전　増える ふえる 통 늘어나다, 늘다

15

> 소설가가 되고 싶기 때문에, 대학은 (　　)에 가고 싶습니다.
> 1　경영학부　　　　　　2　이공학부
> 3　의학부　　　　　　　**4　문학부**

해설 선택지가 모두 명사이다. 괄호 앞의 내용과 함께 쓸 때 小説家になりたいので、大学は文学部(소설가가 되고 싶기 때문에, 대학은 문학부)라는 문맥이 가장 자연스러우므로 4 文学部(문학부)가 정답이다.

어휘 小説家 しょうせつか 圀 소설가　〜ので 區 〜때문에, 이므로
　　 大学 だいがく 圀 대학　行く いく 통 가다
　　 経営学部 けいえいがくぶ 圀 경영학부
　　 理工学部 りこうがくぶ 圀 이공학부　医学部 いがくぶ 圀 의학부
　　 文学部 ぶんがくぶ 圀 문학부

16

> 몸 상태가 안 좋았지만, 동료들에게 걱정을 끼치지 않도록 (　　) 척을 했다.
> 1　태평한　　　　　　　2　안전한
> **3　괜찮은**　　　　　　　4　이상한

해설 선택지가 모두 형용사이다. 괄호 앞뒤의 내용과 함께 쓸 때 体調が悪かったが、同僚たちに心配をかけないように平気なふりをした(몸 상태가 안 좋았지만, 동료들에게 걱정을 끼치지 않도록 괜찮은 척을 했다)라는 문맥이 가장 자연스러우므로 3 平気な(괜찮은)가 정답이다. 1은 のんきな話をしている(태평한 이야기를 하고 있다), 2는 安全な場所に移動する(안전한 장소로 이동하다), 4는 最近異常な気象が見られる(요즘 이상한 기상이 보인다)로 자주 쓰인다.

어휘 体調 たいちょう 圀 몸 상태　悪い わるい い형 안 좋다, 나쁘다
　　 同僚 どうりょう 圀 동료
　　 心配をかける しんぱいをかける 걱정을 끼치다
　　 〜ないように 〜하지 않도록　ふり 圀 척　のんきだ な형 태평하다
　　 安全だ あんぜんだ な형 안전하다　平気だ へいきだ な형 괜찮다
　　 異常だ いじょうだ な형 이상하다

17

> 도쿄로 나온 지 벌써 10년이 되지만, 역시 녹음이 넘치는 고향이 (　　).
> **1　그립다**　　　　　　 2　친하다
> 3　완만하다　　　　　　4　온화하다

해설 선택지가 모두 형용사이다. 괄호 앞의 내용과 함께 쓸 때 東京に出てきてもう10年になるが、やっぱり緑が溢れるふるさとが恋しい(도쿄로 나온 지 벌써 10년이 되지만, 역시 녹음이 넘치는 고향이 그립다)라는 문맥이 가장 자연스러우므로 1 恋しい(그립다)가 정답이다. 2는 近所の人と親しい(이웃 사람과 친하다), 3은 あの丘はなだらかだ(저 언덕은 완만하다), 4는 彼は穏やかだ(그는 온화하다)로 자주 쓰인다.

어휘 東京 とうきょう 圀 도쿄　出る でる 통 나오다　もう 閉 벌써
　　 なる 통 되다　やっぱり 閉 역시　緑 みどり 圀 녹음, 초록색
　　 溢れる あふれる 통 넘치다　ふるさと 圀 고향
　　 恋しい こいしい い형 그립다　親しい したしい い형 친하다
　　 なだらかだ な형 완만하다　穏やかだ おだやかだ な형 온화하다

18

> 테이블을 닦을 테니, 부엌에서 (　　)를 가지고 와.
> 1　젓가락　　　　　　　**2　행주**
> 3　접시　　　　　　　　4　병

해설 선택지가 모두 명사이다. 문장의 내용을 볼 때 テーブルをふくから、台所からふきんを持ってきて(테이블을 닦을 테니, 부엌에서 행주를 가지고 와)라는 문맥이 가장 자연스러우므로 2 ふきん(행주)이 정답이다.

어휘 テーブル 圀 테이블　ふく 통 닦다, 훔치다　〜から 區 〜(할) 테니
　　 台所 だいどころ 圀 부엌　〜から 區 〜에서(부터)
　　 持つ もつ 통 가지다, 들다　はし 圀 젓가락　ふきん 圀 행주
　　 さら 圀 접시　びん 圀 병

19

> 어제, 거리에서 (　　) 고등학교 때 친구를 만나서 깜짝 놀랐다.
> 1　드디어　　　　　　　2　즉시
> **3　우연히**　　　　　　　4　완전히

해설 선택지가 모두 부사이다. 괄호 앞뒤의 내용과 함께 쓸 때 街でたまたま高校の時の友達に会ってびっくりした(거리에서 우연히 고등학교 때 친구를 만나서 깜짝 놀랐다)라는 문맥이 가장 자연스러우므로 3 たまたま(우연히)가 정답이다. 1은 とうとう終わる(드디어 끝나다), 2는 さっそく始める(즉시 시작하다), 4는 まったく分から

ない(전혀 모르다)와 같이 쓰인다.

어휘 昨日 きのう 圏어제   街 まち 圏(번화한) 거리
   高校 こうこう 圏고등학교   友達 ともだち 圏친구
   会う あう 圏만나다   びっくりする 깜짝 놀라다
   とうとう 囝드디어, 마침내   さっそく 囝즉시
   たまたま 囝우연히, 때마침   まったく 囝완전히, 전혀

20

모처럼 남자친구에게서 받은 꽃이 (   ) 버렸다.

1 흔들려   2 피어
3 꽂혀   **4 시들어**

해설 선택지가 모두 동사이다. 괄호 앞뒤의 내용과 함께 쓸 때 花がかれ
   てしまった(꽃이 시들어 버렸다)라는 문맥이 가장 자연스러우므로
   4 かれて(시들어)가 정답이다. 1은 地面がゆれる(지면이 흔들리
   다), 2는 花がさく(꽃이 피다)와 같이 쓰인다.

어휘 せっかく 囝모처럼   彼氏 かれし 圏남자친구   ~から 图~에게서
   もらう 圏받다   花 はな 圏꽃   ~てしまう ~(해) 버리다
   ゆれる 圏흔들리다   さく 圏(꽃이) 피다   ささる 圏꽂히다, 찔리다
   かれる 圏시들다, 마르다

21

(   )로 학교를 쉬는 사람이 늘었기 때문에, 내일부터 2, 3일 휴교합니다.

1 돌진   2 에너지
3 인플루엔자   4 다이어트

해설 선택지가 모두 명사이다. 괄호 뒤의 내용과 함께 쓸 때 インフルエン
   ザで学校を休む人(인플루엔자로 학교를 쉬는 사람)라는 문맥이 가
   장 자연스러우므로 3 インフルエンザ(인플루엔자)가 정답이다. 1은
   ラッシュアワー(러시 아워)와 같이 쓰인다.

어휘 学校 がっこう 圏학교   休む やすむ 圏쉬다
   増える ふえる 圏늘다, 늘어나다   ~ので 图~때문에, 이므로
   明日 あした 圏내일   ~から 图~부터   休校 きゅうこう 圏휴교
   ラッシュ 圏돌진, 쇄도   エネルギー 圏에너지
   インフルエンザ 圏인플루엔자, 유행성 감기   ダイエット 圏다이어트

22

거리에서 경찰이 자전거를 탈 때는 헬멧을 쓰도록 (   ) 있다.

1 말하기 시작하고   2 응수하고
3 받아들이고   **4 당부하고**

해설 선택지가 모두 동사이다. 괄호 앞의 내용과 함께 쓸 때 街で警察が
   自転車に乗る際はヘルメットをかぶるように呼び掛けて(거리에
   서 경찰이 자전거를 탈 때에는 헬멧을 쓰도록 당부하고)라는 문맥이
   가장 자연스러우므로 4 呼び掛けて(당부하고)가 정답이다. 1은 思
   い出を話し出す(추억을 말하기 시작하다), 2는 批判に言い返す
   (비판에 응수하다), 3은 意見を取り上げる(의견을 받아들이다)로
   자주 쓰인다.

어휘 街 まち 圏거리   警察 けいさつ 圏경찰   自転車 じてんしゃ 圏자전거
   乗る のる 圏타다   ~際 ~さい ~때   ヘルメット 圏헬멧
   かぶる 圏쓰다   話し出す はなしだす 圏말하기 시작하다
   言い返す いいかえす 圏응수하다, 말대꾸하다
   取り上げる とりあげる 圏받아들이다
   呼び掛ける よびかける 圏당부하다, 호소하다

23

예전에 사귀었던 사람의 메일 주소를 (   )했습니다.

1 삭제   2 제작
3 완료   4 주문

해설 선택지가 모두 명사이다. 괄호 앞의 내용과 함께 쓸 때 メールアドレ
   スを削除(메일 주소를 삭제)라는 문맥이 가장 자연스러우므로 1 削
   除(삭제)가 정답이다. 2는 アルバムを製作する(앨범을 제작하다),
   3은 作業を完了する(작업을 완료하다), 4는 メニューを注文する
   (메뉴를 주문하다)와 같이 쓰인다.

어휘 昔 むかし 圏예전, 옛날   付き合う つきあう 圏사귀다, 교제하다
   メールアドレス 圏메일 주소   削除 さくじょ 圏삭제
   製作 せいさく 圏제작   完了 かんりょう 圏완료
   注文 ちゅうもん 圏주문

24

오토모 선수는 훌륭히 2위인 선수에게 큰 (   )를 벌리며 골인했다.

1 째   **2 차이**
3 단   4 폭

해설 선택지가 모두 명사이다. 괄호 앞뒤의 내용과 함께 쓸 때 2位の選
   手に大きな差をつけてゴールインした(2위인 선수에게 큰 차이
   를 벌리며 골인했다)라는 문맥이 가장 자연스러우므로 2 差(차이)가 정
   답이다. 1은 私の順番は前から4番目だ(내 순서는 앞에서 4번째
   다), 3은 押入れの上の段に冬服がある(벽장 위의 단에 겨울 옷이
   있다), 4는 幅の広い道は運転しやすい(폭이 넓은 길은 운전하기
   쉽다)로 자주 쓰인다.

어휘 選手 せんしゅ 圏선수   見事 みごと 囝훌륭히   ~位 ~い ~위
   大きな おおきな 큰   差をつける さをつける 차이를 벌리다
   ゴールイン 圏골인   目 め 圏째   段 だん 圏단   幅 はば 圏폭

25

공장의 기계가 고장나지 않도록 정기적으로 (   )를 하고 있다.

1 진찰   2 견학
3 점검   4 예측

해설 선택지가 모두 명사이다. 괄호 앞의 내용과 함께 쓸 때 工場の機械
   が故障しないように定期的に点検(공장의 기계가 고장나지 않도
   록 정기적으로 점검)이라는 문맥이 가장 자연스러우므로 3 点検(점
   검)이 정답이다. 1은 診察は午後1時から再開する(진찰은 오후 1
   시부터 재개한다), 2는 A大学の見学は明日だ(A대학 견학은 내일

이다), 4는 予測より人口が減った(예측보다 인구가 줄었다)로 자주 쓰인다.

어휘 工場 こうじょう 圏 공장 機械 きかい 圏 기계 故障 こしょう 圏 고장
~ないように ~(하)지 않도록 定期的だ ていきてきだ [な형] 정기적이다
行う おこなう 图 하다 診察 しんさつ 圏 진찰 見学 けんがく 圏 견학
点検 てんけん 圏 점검 予測 よそく 圏 예측

26

고등학교에서는, 아이돌의 노래가 유행하고 있다고 합니다.
1 들려지고   2 흐르고
3 유행하고   4 즐겨지고

해설 はやって가 '유행하고'라는 의미이므로, 이와 의미가 같은 3 流行して(유행하고)가 정답이다.

어휘 高校 こうこう 圏 고등학교 アイドル 圏 아이돌 歌 うた 圏 노래
はやる 图 유행하다, 인기가 있다 聞く きく 图 듣다
流れる ながれる 图 흐르다 流行 りゅうこう 圏 유행
楽しむ たのしむ 图 즐기다

27

오늘 회의 내용을 정리해 둬 주지 않을래?
1 정리해   2 방치해
3 관리해   4 위치해

해설 まとめて가 '정리해'라는 의미이므로, 이와 의미가 같은 1 整理して(정리해)가 정답이다.

어휘 今日 きょう 圏 오늘 会議 かいぎ 圏 회의 内容 ないよう 圏 내용
まとめる 图 정리하다 整理 せいり 圏 정리 放置 ほうち 圏 방치
管理 かんり 圏 관리 位置 いち 圏 위치

28

일전, 오래간만에 본가에 돌아갔더니, 정원에 희귀한 꽃이 피어 있었다.
1 어디에도 없는   2 자주 있는
3 좀처럼 없는   4 어디에나 있는

해설 めずらしい가 '희귀하다'라는 의미이므로, 이와 의미가 가장 비슷한 3 めったにない(좀처럼 없다)가 정답이다.

어휘 この間 このあいだ 圏 일전, 요전 久しぶり ひさしぶり 圏 오래간만
実家 じっか 圏 본가, 생가 帰る かえる 图 돌아가다, 돌아오다
庭 にわ 圏 정원 めずらしい [い형] 희귀하다, 드물다 花 はな 圏 꽃
さく 图 (꽃이) 피다 どこにも 어디에도 よく 囝 자주
めったに 囝 좀처럼, 그다지

29

검사 스케줄을 확인하는 편이 좋아.
1 방법   **2 일정**
3 비용   4 결과

해설 スケ줄가 '스케줄'이라는 의미이므로, 이와 의미가 같은 2 日程(일정)가 정답이다.

어휘 検査 けんさ 圏 검사 スケジュール 圏 스케줄
確認 かくにん 圏 확인 ~たほうがいい ~(하)는 편이 좋다
方法 ほうほう 圏 방법 日程 にってい 圏 일정 費用 ひよう 圏 비용
結果 けっか 圏 결과

30

세일 상품인 계란은 매진되어 있었다.
1 많이 남아   2 아슬아슬 남아
3 전부 다 팔려   4 매우 잘 팔려

해설 売り切れて가 '매진되어'라는 의미이므로, 이와 교체하여도 문장의 의미가 바뀌지 않는 3 全部売れて(전부 다 팔려)가 정답이다.

어휘 セール品 セールひん 圏 세일 상품 たまご 圏 계란
売り切れる うりきれる 图 매진되다 たくさん 囝 많이
残る のこる 图 남다 ぎりぎり 囝 아슬아슬 全部 ぜんぶ 圏 전부
売れる うれる 图 팔리다 とても 囝 매우 よく 囝 잘

31

친하다
1 매일 바쁘기 때문에 자유로운 시간은 제로에 친합니다.
2 그는 친한 의견을 말해서 모두를 놀래켰습니다.
3 어릴 때, 집이 친해서 옷을 살 수 없었습니다.
4 빨리 반의 모두와 친하게 되고 싶습니다.

해설 제시어 親しい(친하다)는 주로 다른 사람과의 관계가 가까운 경우에 사용한다. 4의 はやくクラスのみんなと親しくなりたいです(빨리 반의 모두와 친하게 되고 싶습니다)에서 올바르게 사용되었으므로 4가 정답이다. 참고로, 1은 等しい(같다), 2는 意外だ(의외다), 3은 まずしい(가난하다)를 사용하는 것이 올바른 문장이다.

어휘 親しい したしい [い형] 친하다 毎日 まいにち 圏 매일
忙しい いそがしい [い형] 바쁘다 ~ので 丞 ~때문에
自由だ じゆうだ [な형] 자유롭다 時間 じかん 圏 시간 ゼロ 圏 제로
彼 かれ 圏 그 意見 いけん 圏 의견 言う いう 图 말하다
みんな 圏 모두 驚く おどろく 图 놀라다
子どものころ こどものころ 어릴 때 家 いえ 圏 집 服 ふく 圏 옷
買う かう 图 사다 はやく 囝 빨리 クラス 圏 반 なる 图 되다

32

행선지
1 가고 싶은 곳이 너무 많아서, 여행의 행선지가 전혀 정해지지 않는다.
2 수면을 취하는 것의 가장 큰 행선지는 몸을 쉬게 하는 것입니다.
3 뒤를 뛰어온 주자가 행선지 바로 앞에서 앞질러 버렸다.
4 지도를 보고 있었는데, 목적지와는 반대 행선지로 나아가고 있었다.

해설 제시어 行き先(행선지)는 주로 가고자 하는 목적지를 말하는 경우에

사용한다. 1의 行きたいところが多すぎて、旅の行き先が全然決まらない(가고 싶은 곳이 너무 많아서, 여행의 행선지가 전혀 정해지지 않는다)에서 올바르게 사용되었으므로 1이 정답이다. 참고로, 2는 目的(목적), 3은 ゴール(골), 4는 方向(방향)을 사용하는 것이 올바른 문장이다.

어휘 行き先 いきさき 圀행선지 行く いく 图가다 ところ 圀곳
多い おおい 回많다 旅 たび 圀여행 全然 ぜんぜん 图전혀
決まる きまる 图정해지다 睡眠 すいみん 圀수면 とる 图취하다
一番 いちばん 圀가장 큼, 첫 번째 体 からだ 圀몸
休める やすめる 图쉬게 하다 後ろ うしろ 圀뒤
走る はしる 图달리다 ランナー 圀주자, 러너 手前 てまえ 圀바로 앞
抜く ぬく 图앞지르다 地図 ちず 圀지도 見る みる 图보다
目的地 もくてきち 圀목적지 逆 ぎゃく 圀반대
進む すすむ 图나아가다

33

울리다
1 정오가 되자, 교회에 기도 시간을 알리는 종소리가 울렸다.
2 귀가해서 소파에 앉으려고 했더니, 마침 전화가 울렸다.
3 공원에서 졸업식을 끝낸 고등학생들이 교복 차림으로 울리고 있습니다.
4 산에서 길을 헤매 버려서, 큰 소리로 울려서 도움을 구했다.

해설 제시어 ひびく(울리다)는 주로 음이나 소리가 넓게 퍼지는 경우에 사용한다. 1의 正午になると、教会にお祈りの時間を知らせるベルの音がひびいた(정오가 되자, 교회에 기도 시간을 알리는 종소리가 울렸다)에서 올바르게 사용되었으므로 1이 정답이다. 참고로, 2는 鳴る((벨이) 울리다), 3은 さわぐ(떠들다), 4는 叫ぶ(소리치다)를 사용하는 것이 올바른 문장이다.

어휘 ひびく 图울리다 正午 しょうご 圀정오 なる 图되다
教会 きょうかい 圀교회 祈り いのり 圀기도 時間 じかん 圀시간
知らせる しらせる 图알리다 ベル 圀종, 벨 音 おと 圀소리
帰宅 きたく 圀귀가 ソファ 圀소파 座る すわる 图앉다
~としたら ~하려고 했더니 ちょうど 图마침 電話 でんわ 圀전화
公園 こうえん 圀공원 卒業式 そつぎょうしき 圀졸업식
終える おえる 图끝내다 高校生 こうこうせい 圀고등학생
制服 せいふく 圀교복 姿 すがた 圀차림 山 やま 圀산
道 みち 圀길 迷う まよう 图헤매다 ~てしまう ~해 버리다
大きな おおきな 큰 声 こえ 圀소리 助け たすけ 圀도움
求める もとめる 图구하다

34

안다
1 오늘은 비 예보니까, 우산을 안고 가는 편이 좋아.
2 운전을 할 때는 핸들을 양손으로 확실히 안아 주세요.
3 딸이 마음에 드는 인형을 가슴에 안고 잠들어 있었다.
4 사과를 파이로 안아서, 맛있는 디저트를 만들었습니다.

해설 제시어 だく(안다)는 주로 가슴 쪽으로 당겨 품 안에 있게 하는 경우에 사용한다. 3의 娘がお気に入りのぬいぐるみを胸にだいて眠っていた(딸이 마음에 드는 인형을 가슴에 안고 잠들어 있었다)에서 올바르게 사용되었으므로 3이 정답이다. 참고로, 1은 持つ(가지다), 2는 握る(쥐다), 4는 包む(감싸다)를 사용하는 것이 올바른 문장이다.

어휘 だく 图안다 今日 きょう 圀오늘 雨 あめ 圀비
予報 よほう 圀예보 ~から 조~니까 傘 かさ 圀우산
行く いく 图가다 ~たほうがいい ~(하)는 편이 좋다
運転 うんてん 圀운전 ~とき ~때 ハンドル 圀핸들
両手 りょうて 圀양손 しっかり 图확실히 娘 むすめ 圀딸
お気に入り おきにいり 圀마음에 듦 ぬいぐるみ 圀인형
胸 むね 圀가슴 眠る ねむる 图잠들다 りんご 圀사과
パイ 圀파이 おいしい 回맛있다 デザート 圀디저트
作る つくる 图만들다

35

분류
1 케이크를 받아서, 반으로 잘라 어머니와 분류해서 먹었다.
2 찍은 사진은 이벤트별로 분류해서, 컴퓨터에 보존하고 있습니다.
3 농구부에 분류되어 있는 형의 시합을 응원하러 갔다 왔다.
4 일과 사생활을 분류하지 않으면, 어느 쪽도 잘 되지 않아.

해설 分類(분류)는 주로 종류에 따라서 나누는 경우에 사용한다. 2의 撮った写真はイベント別に分類して、パソコンに保存しています(찍은 사진은 이벤트 별로 분류해서, 컴퓨터에 보존하고 있습니다)에서 올바르게 사용되었으므로 2가 정답이다. 참고로, 1은 分ける(나누다), 3은 所属(소속), 4는 区別(구별)를 사용하는 것이 올바른 문장이다.

어휘 分類 ぶんるい 圀분류 ケーキ 圀케이크 もらう 图받다
~から 조~해서 半分 はんぶん 圀반, 절반 切る きる 图자르다
母 はは 圀어머니 食べる たべる 图먹다 撮る とる 图(사진을) 찍다
写真 しゃしん 圀사진 イベント 圀이벤트 ~別 ~べつ ~별
パソコン 圀컴퓨터 保存 ほぞん 圀보존 バスケ 圀농구
~部 ~ぶ ~부 兄 あに 圀형, 오빠 試合 しあい 圀시합
応援 おうえん 圀응원 行く いく 图가다 仕事 しごと 圀일
プライベート 圀사생활 どちら 圀어느 쪽 うまくいく 잘 되다

언어지식 문법·독해
p.436

1

선생님 "마츠모토 군 언제나 지각만 하고 있네. 내일부터는, 지각 (   ) 조심해 주세요."
학생 "선생님, 죄송합니다. 조심할게요."

1 하도록
2 하지 않도록
3 하도록
4 시키지 않도록

해설 대화의 문맥에 맞는 문형을 고르는 문제이다. 빈칸 앞뒤 문맥을 보면 '언제나 지각만 하고 있네. 내일부터는, 지각하지 않도록 조심해 주세요'가 가장 자연스럽다. 따라서 2 しないように(하지 않도록)가 정답이다.

어휘 先生 せんせい 圀 선생(님)　いつも 凰 언제나, 늘
遅刻 ちこく 圀 지각　~ばかり 丞 ~만　明日 あした 圀 내일
~から 丞 ~부터　気をつける きをつける 조심하다
学生 がくせい 圀 학생　~ように ~(하)도록　させる 图 시키다
~ないように ~(하)지 않도록

2

좋아하는 사람에게 "너( ) 있으면 아무것도 필요 없어"라고 들었다.

1 밖에　　　　　　　　　2 쯤
3 일지도　　　　　　　　4 만

해설 문맥에 맞는 조사를 고르는 문제이다. 빈칸 뒤의 いれば何もいらない(있으면 아무것도 필요 없어)와 문맥상 어울리는 말이 '너만'이다. 따라서 4 さえ(만)가 정답이다.

어휘 好きだ すきだ 左형 좋아하다　君 きみ 圀 너, 그대
何も なにも 아무것도　いらない 필요 없다　~しか 丞 ~밖에
~ばかり 丞 ~쯤, 정도　~かも ~일지도　~さえ 丞 ~만

3

학생 "어제 설명회에 출석하지 못했습니다만, 자료를 ( )?"
직원 "네, 자유롭게 하세요."

1 복사해 받을 수 있습니까　2 복사하셨습니까
3 복사하시려고 합니까　　　4 복사할 수 있습니까

해설 대화의 문맥에 맞는 경어를 고르는 문제이다. 행동의 주체인 학생이 직원에게 자신이 자료를 '복사하고 싶다'며 허락을 구하는 상황이므로 자신을 낮추는 겸양 표현을 사용해야 한다. 따라서 겸양 표현인 させていただく(하다)를 사용한 4 コピーさせていただけますか(복사할 수 있습니까)가 정답이다. 1의 ていただく(~(해) 받다)는 겸양 표현이지만 상대에게 행동을 요청하는 것임을 알아둔다.

어휘 学生 がくせい 圀 학생　昨日 きのう 圀 어제
説明会 せつめいかい 圀 설명회　出席 しゅっせき 圀 출석
できる 图 할 수 있다　資料 しりょう 圀 자료　自由 じゆう 圀 자유
どうぞ 하세요, 어서요　コピー 圀 복사　~ていただく ~(해) 받다
なさる 图 하시다(する의 존경어)　させていただく 하다(する의 겸양 표현)

4

거래처 사람과의 회식 장소를 정하기 전에, 반드시 음식 알레르기가 ( ) 물어보도록 하고 있다.

1 있는지 어떤지　　　　2 있는 것 같아도
3 있을 것이라면　　　　4 있을 뿐만 아니라

해설 문맥에 맞는 문형을 고르는 문제이다. 빈칸 앞뒤 문맥을 보면 '반드시 음식 알레르기가 있는지 어떤지 물어보도록 하고 있다'가 가장 자연스럽다. 따라서 1 あるかどうか(있는지 어떤지)가 정답이다.

어휘 取引先 とりひきさき 圀 거래처　人 ひと 圀 사람
会食先 かいしょくさき 圀 회식 장소　決める きめる 图 정하다
~前に ~まえに ~(하)기 전에　かならず 凰 반드시

食べ物 たべもの 圀 음식　アレルギー 圀 알레르기　聞く きく 图 묻다
~ようにする ~(하)도록 하다　~かどうか ~(인)지 어떤지
~ようだ ~(인) 것 같다　~はずだ ~(일) 것이다　~なら ~(라)면
~ばかりか ~뿐만 아니라

5

(병원에서)
의사 "야마모토 씨의 치료법에 대해서는 지금 설명한 대로입니다. 가족과 함께 ( ) 후에 어떻게 치료해 갈지 정해 주세요."
야마모토 "네, 가족과 함께 서로 이야기해서 정하겠습니다."

1 상담할　　　　　　　2 상담하고
3 상담 안 한　　　　　4 상담한

해설 문형에 접속하는 알맞은 동사 형태를 고르는 문제이다. 빈칸 뒤의 うえでどのように治療していくか決めてください(후에 어떻게 치료해 갈지 정해주세요)를 보면, '가족과 함께 상담한 후에 어떻게 치료해 갈지 정해주세요'라고 하는 문맥이 가장 자연스럽다. 따라서, 4 相談した(상담한)가 정답이다. 동사 た형+うえでは '~한 후에'라는 의미인 문형임을 알아둔다.

어휘 病院 びょういん 圀 병원　医者 いしゃ 圀 의사
治療法 ちりょうほう 圀 치료법　~について ~에 대해서
今 いま 圀 지금　説明 せつめい 圀 설명　~とおり ~대로
家族 かぞく 圀 가족　~たうえで ~(한) 후에　どのように 어떻게
治療 ちりょう 圀 치료　決める きめる 图 정하다
話し合う はなしあう 图 서로 이야기하다　相談 そうだん 圀 상담

6

우리 딸이 수영을 배우고 싶다고 말했기 때문에, 다음 달부터 ( )고 생각하고 있습니다.

1 배우게 하려　　　　　2 배울 수 없다
3 배우고 싶어진다　　　4 배움 당한다

해설 문맥에 맞는 동사 형태를 고르는 문제이다. 빈칸 앞뒤의 문맥을 보면 '수영을 배우고 싶다고 말했기 때문에, 다음 달부터 배우게 하려고 생각하고 있습니다'가 가장 자연스럽다. 따라서 習う(배우다)의 사역형을 사용한 1 習わせよう(배우게 하려)가 정답이다. 2는 ない형, 3은 たい형, 4는 사역 수동형이다.

어휘 うち 圀 우리　娘 むすめ 圀 딸　水泳 すいえい 圀 수영
習う ならう 图 배우다　~ので ~때문에　来月 らいげつ 圀 다음 달
~から 丞 ~부터

7

A 「오늘 다카기 씨, 결석이니까 회의 사회 부탁해. 오늘 ( ), 다음 주 사회는 다카기 씨에게 하도록 말해 둘 테니까.」
B 「네, 알겠습니다.」

1 해 주는 덕분에　　　2 해 주는 대신에
3 해 오는 덕분에　　　4 해 오는 대신에

해설 문맥에 맞는 문형을 고르는 문제이다. 빈칸 앞뒤를 문맥을 보면 '오늘 다카기 씨, 결석이니까 회의 사회 부탁해. 오늘 해 주는 대신에, 다음 주 사회는 다카기 씨에게 하도록 말해 둘 테니까'가 가장 자연스럽다. 따라서 2 やってくれるかわりに(해 주는 대신에)가 정답이다.

어휘 今日 きょう 명 오늘 欠席 けっせき 명 결석 君 きみ 명 자네
会議 かいぎ 명 회의 司会 しかい 명 사회 お願い おねがい 부탁해
来週 らいしゅう 명 다음 주 ~ように ~(하)도록 言う いう 동 말하다
~ておく ~(해) 두다 ~てくれる (남이) ~(해) 주다
~おかげで ~덕분에 ~かわりに ~대신에 ~てくる ~(해) 오다

8

A "내년, 유럽으로 여행을 가려고 생각해서, 그 (   ) 아르바이트를 하고 있어."
B "그렇구나. 유럽이라니. 좋네."

1 **때문에** 2 탓에
3 하도록 4 인데다가

해설 대화의 문맥에 맞는 문형을 고르는 문제이다. 빈칸 뒤의 アルバイトをしているんだ(아르바이트를 하고 있어)를 보면, '유럽으로 여행을 가려고 생각해서, 그 때문에 아르바이트를 하고 있어'가 가장 자연스럽다. 따라서 1 ために(때문에)가 정답이다. 참고로, 2 せいで(탓에)는 '나쁜 결과로 이어진 원인'을 나타낸다.

어휘 来年 らいねん 명 내년 ヨーロッパ 명 유럽 旅行 りょこう 명 여행
行く いく 동 가다 アルバイト 명 아르바이트 そのために 그 때문에
~せいで ~탓에 ~ように ~(하)도록 ~うえに ~인데다가

9

그녀는 작가(   ) 유명하지만, 원래는 가수였다고 합니다.

1 에 대해서 2 에 관해서
3 **로서** 4 와 비교해서

해설 문맥에 맞는 문형을 고르는 문제이다. 모든 선택지가 빈칸 앞의 명사 作家(작가)에 접속할 수 있다. 때문에 빈칸 뒤의 有名ですが、もともとは歌手だったそうです(유명하지만, 원래는 가수였다고 합니다)에 이어지는 문맥을 보면, '작가로서 유명하지만, 원래는 가수였다고'가 가장 자연스럽다. 따라서 3 として(로서)가 정답이다.

어휘 作家 さっか 명 작가 有名だ ゆうめいだ な형 유명하다
もともと 부 원래 歌手 かしゅ 명 가수 ~そうだ ~라고 한다(전언)
~に対して ~にたいして ~에 대해서 ~について ~에 관해서, 대해서
~として ~로서 ~と比べて とくらべて ~와 비교해서

10

내일 영화를 보러 갈 예정이었다. 그런데, 갑자기 병이 나서 (   ).

1 가지 않으면 안 된다 2 **갈 수 없게 되었다**
3 가려고 생각한다 4 가는 것이 좋다

해설 문맥에 맞는 문말 표현을 고르는 문제이다. 빈칸 앞의 映画を見に行く予定だった。ところが、急に病気になって(영화를 보러 갈 예정이었다. 그런데, 갑자기 병이 나서)를 보면, '갑자기 병이 나서 갈 수 없게 되었다'가 가장 자연스럽다. 따라서 2 行けなくなった(갈 수 없게 되었다)가 정답이다.

어휘 明日 あした 명 내일 映画 えいが 명 영화 見る みる 동 보다
行く いく 동 가다 予定 よてい 명 예정 ところが 접 그런데, 그러나
急に きゅうに 부 갑자기 病気になる びょうきになる 병이 나다
~なければならない ~(하)지 않으면 안 된다
~ようと思う ~ようとおもう ~(하)려고 생각하다
~ことがいい ~(하)는 것이 좋다

11

뉴스에 의하면, 올해 겨울은 작년보다도 꽤 (   ) 따뜻한 다운 자켓을 사자.

1 춥게 한다고 하니까 2 추워하고 있다고 하니까
3 **추워진다고 하니까** 4 너무 추웠다고 하니까

해설 문맥에 맞는 문말 표현을 고르는 문제이다. 빈칸 앞의 今年の冬は去年よりもかなり(올해 겨울은 작년보다도 꽤)를 보면, '올해 겨울은 작년보다도 꽤 추워진다고 하니까'라고 하는 문맥이 가장 자연스럽다. 따라서 3 寒くなるそうだから(추워진다고 하니까)가 정답이다.

어휘 ニュース 명 뉴스 ~によると ~에 의하면 今年 ことし 명 올해
冬 ふゆ 명 겨울 去年 きょねん 명 작년 ~より 조 ~보다
かなり 부 꽤 暖かい あたたかい い형 따뜻하다
ダウンジャケット 명 다운 자켓 買う かう 동 사다
寒い さむい い형 춥다 ~そうだ ~(라)고 한다 ~から 조 ~니까
~がる ~(하)다 ~くなる ~(해)지다 ~すぎる 너무 ~(하)다

12

쿠키와 비스킷의 차이가 궁금해서 (   ), 쿠키가 비스킷의 한 종류라는 것을 알았다.

1 조사해 본 것만으로는 2 조사해 본 것은 좋지만
3 조사해 봤을 텐데 4 **조사해 본 결과**

해설 문맥에 맞는 문형을 고르는 문제이다. 빈칸 앞의 クッキーとビスケットの違いが気になって(쿠키와 비스킷의 차이가 궁금해서)를 보면, '쿠키랑 비스킷의 차이가 궁금해서 조사해 본 결과'라고 하는 문맥이 가장 자연스럽다. 따라서 4 調べてみたところ(조사해 본 결과)가 정답이다.

어휘 クッキー 명 쿠키 ビスケット 명 비스킷 違い ちがい 명 차이
気になる きになる 궁금하다 一種 いっしゅ 명 한 종류, 일종
わかる 동 알다 調べる しらべる 동 조사하다 ~てみる ~(해) 보다
~だけで ~만으로 ~はいい ~는 좋다 ~だろうに ~(일) 텐데
~たところ ~(한) 결과

13

아무리 주변에서 용서해 주라고 들어도, 그런 심한 짓을 한 사람을 (   ).

1 용서하지 않을 리가 없다 2 용서하지 않는 것은 아니다
3 **용서할 수는 없다** 4 용서하기로 하고 있다

해설 문맥에 맞는 문말 표현을 고르는 문제이다. 빈칸 앞의 あんなひどい ことをした人을(그런 심한 짓을 한 사람을)를 보면, '그런 심한 짓을 한 사람을 용서할 수는 없다'라고 하는 문맥이 가장 자연스럽다. 따라서 3 許すわけにはいかない(용서할 수는 없다)가 정답이다.

어휘 いくら 튀 아무리   周り まわり 몡 주변   ~から 조 ~에서
許す ゆるす 동 용서하다   ~ように ~(하)도록
言われる いわれる 동 듣다, 말해지다   ひどい い형 심하다
人 ひと 몡 사람   ~わけがない ~(일) 리가 없다
~わけではない ~(한) 것은 아니다
~わけにはいかない ~(할) 수는 없다   ~ことにする ~(하)기로 하다

14

저 호텔은 방 이 ★더러울 뿐만 아니라, 가격도 비쌌고, 서비스도 좋지 않았다.

1 뿐만   2 더러울
3 이   4 방

해설 연결되는 문형이 없으므로 전체 선택지를 의미적으로 배열하면 4 部屋 3 が 2 きたない 1 ばかり(방이 더러울 뿐만)가 된다. 전체 문맥과도 잘 어울리므로 2 きたない(더러울)가 정답이다.

어휘 ホテル 몡 호텔   値段 ねだん 몡 가격
高い たかい い형 (값이) 비싸다   サービス 몡 서비스
~ばかりか ~뿐만 아니라   きたない い형 더럽다   部屋 へや 몡 방

15

다나카 군의 노력을 빼고는 이번 프로젝트의 ★성공은 있을 수 없었을 것이다.

1 이번 프로젝트의   2 있을 수 없었을
3 빼고는   4 성공은

해설 문형 を抜きにして는 명사 뒤에 접속하므로 먼저 빈칸 앞의 명사에 努力를 3 抜きにしては(노력을 빼고는)로 연결할 수 있다. 이것을 나머지 선택지와 함께 의미적으로 배열하면 3 抜きにしては 1 今回のプロジェクトの 4 成功は 2 ありえなかった(빼고는 이번 프로젝트의 성공은 있을 수 없었을)가 되면서 전체 문맥과도 어울린다. 따라서 4 成功は(성공은)가 정답이다.

어휘 努力 どりょく 몡 노력   今回 こんかい 몡 이번
プロジェクト 몡 프로젝트   ありえない 있을 수 없다
~を抜きにして ~をぬきにして ~을 빼고   成功 せいこう 몡 성공

16

아내 "지금 저녁 식사 준비를 하고 있으니까, 테이블 위 정리를 ★해 주었으면 좋겠는데, 해 줄래?"
남편 "물론이지. 이외에는 도울 것 없어?"

1 해   2 테이블 위
3 주었으면 좋겠   4 정리를

해설 연결되는 문형이 없으므로 전체 선택지를 의미적으로 배열하면, 2 テーブルの上の 4 片づけを 1 して 3 もらいたいんだ(테이블 위의 정리를 해 주었으면 좋겠)가 된다. 전체 문맥과도 어울리므로 1 して(해)가 정답이다.

어휘 妻 つま 몡 아내   今 いま 몡 지금   晩ご飯 ばんごはん 몡 저녁 식사
準備 じゅんび 몡 준비   ~から ~니까   ~けど 조 ~는데
夫 おっと 몡 남편   もちろん 튀 물론   他には ほかには 이외에는
手伝う てつだう 동 돕다   テーブル 몡 테이블   上 うえ 몡 위
片付け かたづけ 몡 정리, 치움

17

실험이 실패하는 것보다도 나에게 기대해 주고 있는 ★선생님을 실망시키는 쪽이 힘들다.

1 실망시키는   2 나에게
3 선생님을   4 기대해 주고 있는

해설 연결되는 문형이 없으므로 전체 선택지를 의미적으로 배열하면 2 私に 4 期待してくれている 3 先生を 1 がっかりさせる(나에게 기대해 주고 있는 선생님을 실망시키는)가 된다. 전체 문맥과도 어울리므로 3 先生を(선생님을)가 정답이다.

어휘 実験 じっけん 몡 실험   失敗 しっぱい 몡 실패   ~よりも 조 ~보다도
~ほう ~쪽   つらい い형 힘들다   がっかりする 실망하다
先生 せんせい 몡 선생(님)   期待 きたい 몡 기대

18

일전, 친구에게 새로운 자전거를 산 것을 아내에게 말하지 말아 줘 ★라고 들었기 때문에 비밀을 지키고 있다.

1 라고   2 말하지 말아
3 줘   4 들었기

해설 연결되는 문형이 없으므로 전체 선택지를 의미적으로 배열하면 2 言わないで 3 くれ 1 と 4 言われた(말하지 말아 줘 라고 들었기)가 된다. 전체 문맥과도 어울리므로 1 と(라고)가 정답이다.

어휘 この間 このあいだ 몡 일전, 요전   友だち ともだち 몡 친구
新しい あたらしい い형 새롭다   自転車 じてんしゃ 몡 자전거
買う かう 동 사다   妻 つま 몡 아내   ~から ~때문에
秘密 ひみつ 몡 비밀   守る まもる 동 지키다

19-22

아래 글은, 유학생이 쓴 작문입니다.

첫 후지산

김 민수

여름 방학에 일본인 친구와 후지산을 올랐습니다. [19]후지산은 정상까지 올라가고 내려가는 데 대략 10시간 정도 걸리기 때문에, 하루 만에 [19]. 하지만, 저희는 정상에서 일출을 보고 싶었기 때문에, 도중에 있는 산장에 묵기로 했습니다.
　오후 1시부터 오르기 시작해, 4시에 예약해 둔 산장에 도착했습니다. 산장은 사람이 가득이었습니다. [20]잘 때는 오른쪽에도 왼쪽에도 사람이 있어서, [20]. 충분히는 쉬지 못했지만, 지금 생각해 보면 이것도 좋은 추억입니다.

다음 날은 아침 일찍 출발해서, 오전 5시쯤에 정상에 도착했습니다. 21 ²¹은 운이 좋게 날씨가 맑아, 일출을 볼 수 있었습니다. ²²지금까지 봤던 중에서 가장 아름다운 아침 해였습니다. 22 ²²아쉬운 것도 있었습니다. 정상에 등산객이 버린 쓰레기가 많이 있었던 것입니다. 일출을 기다리는 사이에, 친구와 조금 주웠습니다만, 역시 자신의 쓰레기는 자신이 가지고 돌아가지 않으면 안 된다고 생각했습니다.

어휘 初めて はじめて ⌐부⌐ 첫　富士山 ふじさん ⌐명⌐ 후지산
夏休み なつやすみ ⌐명⌐ 여름 방학　日本人 にほんじん ⌐명⌐ 일본인
友だち ともだち ⌐명⌐ 친구　登る のぼる ⌐동⌐ 오르다
頂上 ちょうじょう ⌐명⌐ 정상　~まで ⌐조⌐ ~까지　下る くだる ⌐동⌐ 내려가다
大体 だいたい ⌐부⌐ 대략　時間 じかん ⌐명⌐ 시간　~ぐらい ⌐조⌐ ~정도
かかる ⌐동⌐ 걸리다　1日 いちにち ⌐명⌐ 하루　でも ⌐접⌐ 하지만
~から ⌐조⌐ ~에서　日の出 ひので ⌐명⌐ 일출　見る みる ⌐동⌐ 보다
途中 とちゅう ⌐명⌐ 도중　山小屋 やまごや ⌐명⌐ 산장
泊まる とまる ⌐동⌐ 묵다　午後 ごご ⌐명⌐ 오후　~時 ~じ ~시
予約 よやく ⌐명⌐ 예약　着く つく ⌐동⌐ 도착하다　人 ひと ⌐명⌐ 사람
いっぱい ⌐부⌐ 가득　寝る ねる ⌐동⌐ 자다　右 みぎ ⌐명⌐ 오른쪽
左 ひだり ⌐명⌐ 왼쪽　ゆっくり ⌐부⌐ 충분히　休む やすむ ⌐동⌐ 쉬다
今 いま ⌐명⌐ 지금　考える かんがえる ⌐동⌐ 생각하다　いい ⌐い형⌐ 좋다
思い出 おもいで ⌐명⌐ 추억　次 つぎ ⌐명⌐ 다음　日 ひ ⌐명⌐ 날
朝 あさ ⌐명⌐ 아침　早く はやく ⌐부⌐ 일찍　出発 しゅっぱつ ⌐명⌐ 출발
午前 ごぜん ⌐명⌐ 오전　ごろ ⌐명⌐ 즈음　到着 とうちゃく ⌐명⌐ 도착
運 うん ⌐명⌐ 운　良い よい ⌐い형⌐ 좋다　天気 てんき ⌐명⌐ 날씨
晴れる はれる ⌐동⌐ 맑다　いちばん ⌐부⌐ 가장
美しい うつくしい ⌐い형⌐ 아름답다　朝日 あさひ ⌐명⌐ 아침 해
残念だ ざんねんだ ⌐な형⌐ 아쉽다　登山客 とざんきゃく ⌐명⌐ 등산객
捨てる すてる ⌐동⌐ 버리다　ごみ ⌐명⌐ 쓰레기　たくさん ⌐부⌐ 많이
待つ まつ ⌐동⌐ 기다리다　間 あいだ ⌐명⌐ 사이　少し すこし ⌐부⌐
拾う ひろう ⌐동⌐ 줍다　やはり ⌐부⌐ 역시　自分 じぶん ⌐명⌐ 자신
持つ もつ ⌐동⌐ 가지다, 지니다　帰る かえる ⌐동⌐ 돌아가다

19
1 오를 수 있을 리가 없습니다
2 오른다고는 단정할 수 없습니다
3 오를 수 있을 리가 없습니다
4 오를 수 없는 것도 아닙니다

해설 문맥에 맞는 문말 표현을 고르는 문제이다. 빈칸 앞의 富士山は頂上まで登って下るのに大体10時間ぐらいかかるので、1日で(후지산은 정상까지 올라가고 내려가는 데 대략 10시간 정도 걸리기 때문에, 하루 만에)를 보면, '후지산은 정상까지 올라가고 내려가는 데 대략 10시간 정도 걸리기 때문에, 하루 만에 오를 수 없는 것도 아닙니다'라고 하는 문맥이 가장 자연스럽다. 따라서 4 登れないこともないです(오를 수 없는 것도 아닙니다)가 정답이다.

어휘 登る のぼる ⌐동⌐ 오르다　~はずがない ~(일) 리가 없다
~とは限らない ~とはかぎらない ~(라)고는 단정할 수 없다
~わけがない ~(일) 리가 없다　~こともない ~(한) 것도 아니다

20
1 움직일 수 없을 정도였습니다
2 움직이려고 하지 않았습니다
3 움직일 수 없도록 했습니다
4 움직일 수밖에 없었습니다

해설 문맥에 맞는 문말 표현을 고르는 문제이다. 빈칸 앞의 寝るときは右にも左にも人がいて(잘 때는 오른쪽에도 왼쪽에도 사람이 있어서)를 보면, '잘 때는 오른쪽에도 왼쪽에도 사람이 있어서, 움직일 수 없을 정도였습니다'라고 하는 문맥이 가장 자연스럽다. 따라서 1 動けないほどでした(움직일 수 없을 정도였습니다)가 정답이다.

어휘 動く うごく ⌐동⌐ 움직이다　~ほど ⌐조⌐ ~정도
~ようとする ~(하)려고 하다　~ようにする ~(하)도록 하다
~しかない ~(할) 수밖에 없다

21
1 이런 날　　　　2 어느 날
3 그 날　　　　　4 저런 날

해설 문맥에 맞는 지시어를 고르는 문제이다. 빈칸을 포함한 문장은 문맥상, '그 날은 운이 좋게 날씨가 맑아, 일출을 볼 수 있었습니다'가 가장 자연스럽다. 따라서 3 その日(그 날)가 정답이다.

어휘 こういう 이런　日 ひ ⌐명⌐ 날　どの 어느　その 그　あんな 저런

22
1 다만　　　　　　2 더해서
3 그 때문에　　　　4 거기에는

해설 문맥에 맞는 부사를 고르는 문제이다. 빈칸 뒤의 残念なこともありました(아쉬운 것도 있었습니다)는 빈칸 앞의 今まで見た中でいちばん美しい朝日でした(지금까지 봤던 중에서 가장 아름다운 아침 해였습니다)와 상반되는 내용이므로, 빈칸에는 상반되는 의미의 부사가 필요하다. 따라서 1 ただ(다만)가 정답이다.

어휘 ただ ⌐부⌐ 다만, 단지　くわえる ⌐동⌐ 더하다　そのため 그 때문에

23
온천 마을을 내려간 곳에 아침 시장은 있다. 아침 시장에서는, 인기가 있는 상품은 바로 매진된다. 그래도, 인기 상품만을 두거나 하지는 않는다. 지금보다도 돈을 벌 수 있을지 모르지만, 애당초 목적은 그것이 아니기 때문이다.
　아침 시장에서는 다양한 사람에게 자신의 가게를 소개할 수 있다. 이 아침 시장에 참가하는 것은 실제로 길거리에 가게를 차린 사람이 대부분이다. 우선은 어떤 가게인지 알게 한다. 이것을 반복함으로써 언젠가 가게의 매상을 늘리는 것으로 이어지는 것이다.

이 글을 쓴 사람은, 아침 시장에 대해서 어떻게 생각하고 있는가?
1 아침 시장에서는 팔리는 상품이 정해져 있으니까, 손님에게 인기가 있는 상품만 팔아야 한다.
2 아침 시장에서는 손님에게 인기가 있는 상품뿐만 아니라, 그다지 팔리지 않는 상품도 진열해야 한다.

3 아침 시장에 참가하는 것은, 자신의 가게를 가진 사람과의 연결점을 만들기 위함이다.
4 아침 시장에 참가하는 것은, 자신의 가게에서 쇼핑을 해 줄 손님을 늘리기 위함이다.

해설 에세이로 필자의 생각을 묻고 있다. 선택지에서 반복되는 客(손님), 店(가게)를 지문의 후반부에서 찾아 '아침 시장'에 대한 필자의 생각을 파악한다. 후반부에서 まずはどんな店か知ってもらう。これを繰り返すことでいずれ店の売り上げを伸ばすことにつながるのだ(우선은 어떤 가게인지 알게 한다. 이것을 반복함으로써 언젠가 가게의 매상을 늘리는 것으로 이어지는 것이다)라고 서술하였으므로 4 朝市に参加するのは、自分の店で買い物をしてくれる客を増やすためである(아침 시장에 참가하는 것은, 자신의 가게에서 쇼핑을 해 줄 손님을 늘리기 위함이다)가 정답이다.

어휘 温泉街 おんせんがい 圏온천 마을 下る くだる 통내려가다
ところ 圏곳 朝市 あさいち 圏아침 시장 人気 にんき 圏인기
商品 しょうひん 圏상품 すぐ 囝바로
売り切れる うりきれる 통매진되다 それでも 젭그래도
~だけ 조~만 置く おく 통두다 ~たり ~하거나
今 いま 圏지금 ~よりも 조~보다도 稼ぐ かせぐ 통벌다
~かもしれない ~(할)지도 모른다 そもそも 囝애초에
目的 もくてき 圏목적 ~から 조~때문
様々だ さまざまだ な형다양하다 人 ひと 圏사람
自分 じぶん 圏자신 店 みせ 圏가게 紹介 しょうかい 圏소개
参加 さんか 圏참가 実際に じっさいに 囝실제로
路面 ろめん 圏길거리 かまえる 통차리다
大半 たいはん 圏대부분 まず 囝우선 知る しる 통알다
繰り返す くりかえす 통반복하다 ~ことで ~(함)으로써
いずれ 囝언젠가 売り上げ うりあげ 圏매상
伸ばす のばす 통늘다 つながる 통이어지다
~について ~에 대해서 考える かんがえる 통생각하다
売れる うれる 통팔리다 決まる きまる 통정하다 売る うる 통팔다
~べきだ ~(해)야 한다 ~だけでなく ~뿐만 아니라
あまり 囝그다지 並べる ならべる 통진열하다 持つ もつ 통가지다
つながり 圏연결 作る つくる 통만들다 ~ため 조~위해
買い物 かいもの 圏쇼핑 客 きゃく 圏손님
増やす ふやす 통늘리다

24

이것은, 대학이 학생에게 호소한 게시판이다.

학생 여러분에게
　최근, 교실이나 화장실을 깨끗하게 사용하지 않는 사람이 늘고 있습니다. 교실이나 화장실은, 자신만이 사용하는 장소가 아닙니다. 이 학교에서 공부하고 있는 사람, 모두의 것입니다. 그렇기 때문에, '학교를 깨끗하게 사용하자 운동'을 시작하고 싶다고 생각합니다. 다음 항목은, 반드시 지키도록 합시다.
1. 자신의 쓰레기는, 반드시 휴지통에 버리자.
2. 교실을 나갈 때 쓰레기가 있으면, 주워서 버리자.
3. 담배는 정해진 곳에서 피우도록 하자.
4. 화장실을 사용한 후에는 물을 내리자.
5. 타는 쓰레기와 타지 않는 쓰레기, 그리고 재활용 쓰레기는 반드시 나눠서 버리자.
이상
히가시대학 학장

이 글에서 알 수 있는 것은 무엇인가?
1 이 글의 대상은, 대학에서 일을 하고 있는 선생님이다.
2 학장은, 학교는 모두의 장소이기 때문에, 깨끗하게 사용하길 바라고 있다.
3 학교에서 담배를 피우면 안 된다.
4 쓰레기는 나누지 않고, 지정된 장소에 버린다.

해설 공지글 형식의 실용문으로 글에서 알 수 있는 것을 묻고 있다. 선택지에서 반복되는 学校(학교)를 지문에서 찾아, 주변의 내용과 각 선택지를 대조하여 정답을 고른다. 초반부에서 教室やトイレは、自分だけが使う場所ではありません。この学校で勉強している人、みんなのものです。そのため、「学校をきれいに使おう運動」を始めたいと思います(교실이나 화장실은, 자신만이 사용하는 장소가 아닙니다. 이 학교에서 공부하고 있는 사람, 모두의 것입니다. 그렇기 때문에, '학교를 깨끗하게 사용하자 운동'을 시작하고 싶다고 생각합니다)라고 언급하였으므로 2 学長は、学校はみんなの場所なので、きれいに使うことを願っている(학장은, 학교는 모두의 장소이기 때문에, 깨끗하게 사용하길 바라고 있다)가 정답이다.

어휘 大学 だいがく 圏대학 学生 がくせい 圏학생
呼びかける よびかける 통호소하다, 권하다
掲示板 けいじばん 圏게시판 皆さん みなさん 圏여러분
最近 さいきん 圏최근 教室 きょうしつ 圏교실 トイレ 圏화장실
きれいだ な형깨끗하다 使う つかう 통사용하다, 쓰다
増える ふえる 통늘다, 늘어나다 自分 じぶん 圏자신, 자기
~だけ 조~만 場所 ばしょ 圏장소 学校 がっこう 圏학교
勉強 べんきょう 圏공부 みんな 圏모두, 전부
そのため 그렇기 때문에 運動 うんどう 圏운동
始める はじめる 통시작하다 次 つぎ 圏다음 項目 こうもく 圏항목
必ず かならず 囝반드시, 꼭 守る まもる 통지키다 ゴミ 圏쓰레기
ゴミ箱 ゴミばこ 圏휴지통 捨てる すてる 통버리다
出る でる 통나가다 拾う ひろう 통줍다 タバコ 圏담배
決まる きまる 통정해지다 吸う すう (담배를) 피우다
あと 圏후, 이후 水を流す みずをながす 물을 내리다
燃える もえる 통타다 そして 젭그리고 リサイクル 圏재활용
分ける わける 통나누다 以上 いじょう 圏이상
学長 がくちょう 圏학장 対象 たいしょう 圏대상 仕事 しごと 圏일
先生 せんせい 圏선생(님) ~ので ~때문에
願う ねがう 통바라다 ~てはいけない ~(해)서는 안 된다
分別 ぶんべつ 圏나눔, 분별 指定 してい 圏지정

25

작년, 50인치 텔레비전을 구입했습니다. 고가의 쇼핑이었지만 할인도 된 데다가, 고장나도 무료로 수리받을 수 있는 서비스가 있어서 구입을 결정했습니다.

오늘 아침, 텔레비전이 갑자기 비추지 않게 되었습니다. 보증서에 있는 보증 기간은 1년이었습니다. 아직 구입한 지 반년도 지나지 않아서, **수리 서비스에 가져 갔습니다. 그러나, 보증서에는 구입일도 구입 장소도 기입되어 있지 않았습니다. 이 경우에는, 보증은 할 수 없습니다.** 어쩔 수 없이, 수리비를 지불하고 수리해 받았습니다.

수리비를 지불하고 수리해 받았습니다고 되어 있는데, 어째서인가?

1 **수리 서비스**를 받지 않는 대신에, 가격을 할인해 받았기 때문에
2 **보증서**에 써 있는 **수리 서비스**를 받을 수 있는 기간을 지났기 때문에
3 **보증서**에 수리 서비스를 받는 데 필요한 정보가 없었기 때문에
4 **수리 서비스**를 받는 데 필요한 **보증서**를 잃어버렸기 때문에

해설 밑줄 문제이므로 선택지에서 반복되는 修理サービス(수리 서비스), 保証書(보증서)를 밑줄 주변에서 찾는다. 밑줄 앞부분에서 修理サービスに持って行きました。しかし、保証書には購入日も購入場所も記入されていませんでした。この場合には、保証はできません(수리 서비스에 가져 갔습니다. 그러나, 보증서에는 구입일도 구입 장소도 기입되어 있지 않았습니다. 이 경우에는, 보증은 할 수 없습니다)이라고 서술하였으므로 3 保証書に修理サービスを受けるのに必要な情報がなかったから(보증서에 수리 서비스를 받는 데 필요한 정보가 없었기 때문에)가 정답이다.

어휘 昨年 さくねん 図작년 インチ 인치 テレビ 図텔레비전
購入 こうにゅう 図구입 高価だ こうかだ [な형]고가이다
買い物 かいもの 図쇼핑 割引 わりびき 図할인
きく 图되다, 가능하다 ~うえに ~인 데다가 故障 こしょう 図고장
無料 むりょう 図무료 修理 しゅうり 図수리 サービス 図서비스
~ので 图~(해)서 決める きめる 图결정하다
今朝 けさ 図오늘 아침 突然 とつぜん 图갑자기
映る うつる 图비치다 なる 图되다 保証書 ほしょうしょ 図보증서
保証 ほしょう 図보증 期間 きかん 図기간 ~年 ~ねん ~년
まだ 图아직 半年 はんとし 図반년 経つ たつ 图지나다
持つ もつ 图가지다 行く いく 图가다 しかし 图그러나
購入日 こうにゅうび 図구입일 場所 ばしょ 図장소
記入 きにゅう 図기입 場合 ばあい 図경우
仕方ない しかたない 어쩔 수 없다 修理代 しゅうりだい 図수리비
支払う しはらう 图지불하다 どうして 图어째서
受ける うける 图받다 ~代わりに ~かわりに ~대신에
値段 ねだん 図가격 書く かく 图쓰다 過ぎる すぎる 图지나다
~のに 图~인데 必要だ ひつようだ [な형]필요하다
情報 じょうほう 図정보 なくす 图잃다 ~てしまう ~(해) 버리다

26

이것은, 야마모토 씨가 다나카 씨에게 보낸 이메일이다.

수신인 : tanaka1212@group.co.jp
건명 : 부탁이 있습니다.(야마모토)
송신 일시 : 2019년 8월 10일 12:15

다나카 씨, 야마모토 리에입니다.
　요전의 동창회에서, 십수 년 만에 만날 수 있어서 매우 기뻤습니다.
　이번에, 교류의 기회를 늘릴 수 있도록 동창회의 홈페이지를 만들자는 이야기가 나왔습니다. 모두, 회사에서 일하거나 육아에 쫓기거나 하고 있어서, 모이는 것이 어렵습니다. 하지만, 홈페이지가 있으면, 동창회 사진이나 동영상 등을 언제든지 볼 수 있고, 동창회의 감상도 쓸 수 있습니다. 게다가, 다음 동창회를 할 때에는 간단히 연락을 취할 수도 있습니다.
　동창회 홈페이지 작성은 제가 담당할 예정입니다. 다나카 씨도 놀러 와서 한마디 남겨 주면 기쁘겠습니다.

야마모토 리에

다나카 씨가 이 이메일로 **부탁받고 있는 것**은 무엇인가?

1 **동창회**를 열기 위해, **홈페이지**를 함께 만들어 주면 좋겠다.
2 **동창회 홈페이지**를 만든 것을 친구에게 알려 줬으면 좋겠다.
3 **동창회 홈페이지**에 실을 사진이나 동영상을 보내 줬으면 좋겠다.
4 **동창회 홈페이지**에 메시지를 써 주면 좋겠다.

해설 이메일 형식의 실용문으로 다나카 씨가 부탁받은 것을 묻고 있다. 선택지에서 반복되는 同窓会(동창회), ホームページ(홈페이지)를 지문에서 찾는다. 후반부에서 同窓会のホームページの作成は私が担当する予定です。田中さんも遊びに来て一言残してくれるとうれしいです(동창회 홈페이지 작성은 제가 담당할 예정입니다. 다나카 씨도 놀러 와서 한마디 남겨 주면 기쁘겠습니다)라고 언급하였으므로 4 同窓会のホームページにメッセージを書いてほしい(동창회 홈페이지에 메시지를 써 주면 좋겠다)가 정답이다.

어휘 送る おくる 图보내다 メール 図메일 あて先 あてさき 図수신인
件名 けんめい 図건명 お願い おねがい 図부탁
送信 そうしん 図송신 日時 にちじ 図일시
先日 せんじつ 図요전(날) 同窓会 どうそうかい 図동창회
数年 すうねん 図수년 ~ぶりに ~만에 会う あう 图만나다
できる 图할 수 있다, 가능하다 とても 图매우, 몹시
うれしい [い형]기쁘다 今回 こんかい 図이번
交流 こうりゅう 図교류 機会 きかい 図기회
増やす ふやす 图늘리다 ~ように ~(하)도록
ホームページ 図홈페이지 作る つくる 图만들다
話 はなし 図이야기, 말 出る でる 图나오다 みんな 図모두
会社 かいしゃ 図회사 働く はたらく 图일을 하다
~たり 图~거나, 든지 育児 いくじ 図육아
追われる おわれる 图쫓기다 集まる あつまる 图모이다
難しい むずかしい [い형]어렵다 でも 图하지만
写真 しゃしん 図사진 動画 どうが 図동영상 ~など 图~등, 따위

いつでも 副 언제라도, 어느 때라도	見る みる 동 보다
感想 かんそう 명 감상	書き込む かきこむ 동 써 넣다
それに 접 게다가	次回 じかい 명 다음 번
簡単だ かんたんだ な형 간단하다
連絡を取る れんらくをとる 연락을 취하다	作成 さくせい 명 작성
担当 たんとう 명 담당	予定 よてい 명 예정	遊ぶ あそぶ 동 놀다
来る くる 동 오다	一言 ひとこと 명 한마디	残す のこす 동 남기다
～てくれる ~(해) 주다	開く ひらく 동 열다
一緒に いっしょに 부 함께	～てほしい ~(해) 주면 좋겠다
友人 ゆうじん 명 친구	メッセージ 명 메시지

27-29

　도시에서 시골에 이주해 살면서, ①농업을 시도하는 청년이 늘고 있습니다. ²⁷농업에 관심이 있었다기 보다는 무언가 새로운 것으로 성공하고 싶다는 희망을 바탕으로 도전하는 것이겠지요. 그 중 많은 사람은 도시에서의 회사원 생활에 지쳐서, 자연이 풍부한 시골에서의 새로운 생활을 바라며 농업을 시작하는 사람들입니다.
　농업을 시작하는 데 있어서 초기 비용의 비쌈이 농업을 해 보고 싶다는 사람의 최초의 벽이었지만, ②정부로부터 지원을 받을 수 있게 되었습니다. ²⁸기간은 5년으로 최초 3년까지는 150만 엔씩, 4년 째부터는 120만 엔씩 주어집니다. 합쳐서 약 700만 엔의 경제적인 지원인데, 장래적으로는 그 금액을 1000만 엔까지 늘리려고 하고 있습니다.
　이전보다 농업을 시작하기 쉬운 환경이 되었지만, 다시 도시로 돌아가는 청년도 적지 않다고 합니다. 그 원인은 생활입니다. ²⁹시골에서의 생활은 도시에 비해서 불편한 것이 많고, 그 사회에 녹아드는 것도 간단하지 않습니다. 새로운 것을 할 때에, 그 기대로 성공예시에만 눈이 가기 쉽습니다. 그러나, ²⁹실패 예시에도 눈을 향해 자신의 라이프 스타일이나 가치관에 맞는지 어떤지 한번 멈춰 서 보는 것도 중요합니다.

어휘 都会 とかい 명 도시　田舎 いなか 명 시골
移り住む うつりすむ 동 이주해 살다　農業 のうぎょう 명 농업
取り組む とりくむ 동 시도하다　若者 わかもの 명 청년, 젊은이
増える ふえる 동 늘다　関心 かんしん 명 관심　～より ~보다
新しい あたらしい い형 새롭다　成功 せいこう 명 성공
希望 きぼう 명 희망　～をもとに ~을 바탕으로　チャレンジ 명 도전
～でしょう ~것 입니다　多く おおく 명 많음
会社員 かいしゃいん 명 회사원　生活 せいかつ 명 생활
疲れる つかれる 동 지치다　自然 しぜん 명 자연
豊かだ ゆたかだ な형 풍부하다　求める もとめる 동 바라다
始める はじめる 동 시작하다　人たち ひとたち 명 사람들
～うえで ~(하)는데 있어서　初期 しょき 명 초기　費用 ひよう 명 비용
高さ たかさ 명 비쌈　やる 동 하다　最初 さいしょ 명 최초
壁 かべ 명 벽　政府 せいふ 명 정부　～から 조 ~로부터
支援 しえん 명 지원　受ける うける 동 받다
～ようになる ~(하)게 되다　期間 きかん 명 기간　～年 ～ねん ~년
～まで ~까지　～万円 ～まんえん ~만엔　～ずつ 조 ~씩
与える あたえる 동 주다　合わせる あわせる 동 합치다

約～ やく～ 약~	経済的だ けいざいてきだ な형 경제적이다
将来的だ しょうらいてきだ な형 장래적이다	金額 きんがく 명 금액
増やす ふやす 동 늘리다	以前 いぜん 명 이전
～やすい ~(하)기 쉽다　環境 かんきょう 명 환경　なる 동 되다
再び ふたたび 부 다시　戻る もどる 동 돌아가다
少ない すくない い형 적다　言う いう 동 말하다
原因 げんいん 명 원인　暮らし くらし 명 생활
～に比べて ～にくらべて ~에 비해서
不便だ ふべんだ な형 불편하다　多い おおい い형 많다
社会 しゃかい 명 사회　溶け込む とけこむ 동 녹아들다
簡単だ かんたんだ な형 간단하다　～とき ~때　期待 きたい 명 기대
成功例 せいこうれい 명 성공 예시　目 め 명 눈　行く いく 동 가다
～がちだ ~(하)기 쉽다　しかし 접 그러나
失敗例 しっぱいれい 명 실패 예시　向ける むける 동 향하다
自分 じぶん 명 자신　ライフスタイル 명 라이프 스타일
価値観 かちかん 명 가치관　合う あう 동 맞다
～かどうか ~(인)지 어떤지　一度 いちど 명 한번
立ち止まる たちどまる 동 멈춰서다
重要だ じゅうようだ な형 중요하다

27

①농업을 시도하는 청년이 늘고 있습니다고 되어 있는데, 청년이 농업을 시작하는 이유로써 많은 것은 무엇인가?

1　원래 농업에 관심이 있어서, 농업으로 성공하고 싶다는 생각이 있었기 때문에
2　도시에 지쳐서, 지금까지 한 적 없는 일에 도전하고 싶기 때문에
3　회사에서 많은 사람과 일하는 것보다도, 자연 속에서 혼자서 일하는 편이 마음이 편하기 때문에
4　정부가 새롭게 농업을 시작하는 사람을 위해서, 비용을 내 주기 때문에

해설 지문의 農業に取り組む若者が増えています(농업을 시도하는 청년이 늘고 있습니다)에서 '청년이 농업을 시작하는 이유'가 무엇인지 밑줄 주변에서 찾는다. 뒷부분에서 農業に関心があったというよりは何か新しいことで成功したいという希望をもとにチャレンジするのでしょう。その多くは都会での会社員生活に疲れて、自然豊かな田舎での新しい生活を求めて農業を始める人たちです(농업에 관심이 있었다기 보다는 무언가 새로운 것으로 성공하고 싶다는 희망을 바탕으로 도전하는 것이겠지요. 그 중 많은 사람은 도시에서의 회사원 생활에 지쳐서, 자연이 풍부한 시골에서의 새로운 생활을 바라며 농업을 시작하는 사람들입니다)라고 서술하고 있으므로 2 都会に疲れて、今までしたことのないことにチャレンジしたいから(도시에 지쳐서, 지금까지 한 적 없는 일에 도전하고 싶기 때문에)가 정답이다.

어휘 理由 りゆう 명 이유　もともと 부 원래　思い おもい 명 생각
今 いま 명 지금　働く はたらく 동 일하다　～よりも 조 ~보다도
～中 ～なか ~속　一人 ひとり 명 혼자　ほう 명 편
気が楽だ きがらくだ 마음이 편하다　出す だす 동 내다

28

②정부로부터 지원을 받을 수라고 되어 있는데, 어떤 지원을 하고 있는가?

1 농업을 시작하고 싶지만, 돈이 없는 사람에게 초기 비용을 전부 지불하고 있다.
2 농업을 시작한 지 3년 째의 사람에게 150만엔의 지원금을 지불하고 있다.
3 농업을 시작하는 사람에게 5년에 걸쳐서, 매년 100만엔 이상의 지원금을 지불하고 있다.
4 농업을 시작하는 사람에게 5년에 걸쳐서, 합쳐서 1000만엔의 지원금을 지불하고 있다.

해설 지문의 政府から支援が受けられる(정부로부터 지원을 받을 수)에서 '어떤 지원'인지 밑줄 주변에서 찾는다. 뒷부분에서 期間は5年で最初の3年までは150万円ずつ、4年目からは120万円ずつ与えられます。合わせて約700万円の経済的な支援ですが(기간은 5년으로 최초 3년까지는 150만 엔씩, 4년 째부터는 120만 엔씩 주어집니다. 합쳐서 약 700만 엔의 경제적인 지원인데)라고 서술하고 있으므로 3 農業を始める人に5年にわたって、毎年100万円以上の支援金を払っている(농업을 시작하는 사람에게 5년에 걸쳐서, 매년 100만 엔 이상의 지원금을 지불하고 있다)가 정답이다.

어휘 お金 おかね 몡돈 すべて 몡전부 払う はらう 동지불하다
~てから ~(하)고 나서 支援金 しえんきん 몡지원금
~にわたって ~에 걸쳐 毎年 まいとし 몡매년
以上 いじょう 몡이상

29

농업을 시작하는 것에 대해서, 글을 쓴 사람은 어떻게 생각하고 있는가?

1 이전보다 환경이 좋아졌기 때문에, 계속 도전하는 편이 좋다.
2 실패 예시에도 눈을 향해, 농업으로 성공할 수 있다고 기대하지 않는 편이 좋다.
3 도시 사람이 시골에서 생활하는 것은 어려우니까 다시 생각하는 편이 좋다.
4 시골 생활의 좋은 점과 나쁜 점을 잘 보고나서 정하는 편이 좋다.

해설 필자의 생각을 묻고 있으므로 질문의 農業(농업)를 지문의 후반부나 지문 전체에서 찾아 '농업을 시작하는 것'에 대한 필자의 생각을 파악한다. 마지막 단락에서 田舎での暮らしは都会に比べて不便なことが多く、その社会に溶け込むのも簡単ではありません(시골에서의 생활은 도시에 비해서 불편한 것이 많고, 그 사회에 녹아드는 것도 간단하지 않습니다)이라고 하고, 失敗例にも目を向けて自分のライフスタイルや価値観に合うかどうか一度立ち止まってみることも重要です(실패 예시에도 눈을 향해 자신의 라이프 스타일이나 가치관에 맞는지 어떤지 한번 멈춰 서 보는 것도 중요합니다)라고 서술하고 있으므로 4 田舎暮らしのいい点と悪い点をよく見てから決めたほうがいい(시골 생활의 좋은 점과 나쁜 점을 잘 보고 나서 정하는 편이 좋다)가 정답이다.

어휘 ~について ~에 대해서 考える かんがえる 동생각하다

以前 いぜん 몡이전 良い よい い형좋다 どんどん 뛰계속
~たほうがいい ~(하)는 편이 좋다
~ないほうがいい ~(하)지 않는 편이 좋다
難しい むずかしい い형어렵다
考え直す かんがえなおす 동다시 생각하다 点 てん 몡점
悪い わるい い형나쁘다 見る みる 동보다
決める きめる 동정하다

30-32

어느 날, 도쿄에 갔을 때의 일이다. 친구와 역 앞의 광장을 걷고 있었더니, ³⁰외국인 남성 두 명이 말을 걸어 왔다. ①나는 깜짝 놀라서, 아무 말도 나오지 않았다. 하지만, 친구는 영어로 술술 설명하고 있었다. 그들은 가이드북에 있는 가게를 찾고 있었다고 한다.

내가 '저 사람들, 무사히 도착할 수 있을까?'라고 친구에게 묻자 '일단 설명은 했는데, ³¹모르는 나라이고, 가게까지 데려다 주었으면 좋았겠네'라고 말했다. 둘이서 조금 전의 ②남자들을 찾기로 했다. 그들 쪽을 보니, 설명했던 길과는 반대 방향으로 가려고 하고 있었다. 뒤에서 말을 걸자, 남자들은 깜짝 놀란 얼굴을 하고 있었다. 친구가 그 장소까지 안내하겠다고 전하자, '땡큐'라고 기쁜 듯한 얼굴로 말했다. 곤란할 때에는, 일본인도 외국인도 관계없다.

이전, 한국에서 ③경찰관이 도와줬던 것이 생각났다. 공항까지 마중 와 줄 터인 친구가 갑자기 오지 못하게 된 나는, 묵을 호텔까지 혼자서 향하게 되었다. ³²호텔이 있는 역까지는 갈 수 있었지만, 길을 몰라서 같은 장소를 왔다 갔다 하고 있었던 것이다. 그 때의 안도감과 감사의 마음은 지금도 잊을 수 없다.

어휘 ある 어느 東京 とうきょう 몡도쿄 行く いく 동가다 ~とき ~때
友だち ともだち 몡친구 駅 えき 몡역 前 まえ 몡앞
広場 ひろば 몡광장 歩く あるく 동걷다 ~たら ~(했)더니
外国人 がいこくじん 몡외국인 男性 だんせい 몡남성
二人 ふたり 몡두 명 声をかける こえをかける 말을 걸다
びっくりする 깜짝 놀라다 言葉 ことば 몡말 出る でる 동나오다
しかし 접그러나 英語 えいご 몡영어 すらすら 뛰술술
説明 せつめい 몡설명 彼ら かれら 몡그들
ガイドブック 몡가이드북 店 みせ 몡가게 探す さがす 동찾다
~そうだ ~(인) 것 같다 人たち ひとたち 몡사람들
無事だ ぶじだ な형무사하다 到着 とうちゃく 몡도착
聞く きく 동묻다 一応 いちおう 뛰일단 ~けど 조~는데
知る しる 동알다 国 くに 몡나라 ~まで 조~까지
連れる つれる 동데리고(가다) よい い형좋다 言う いう 동말하다
さっき 몡아까 ~ことにする ~(하)기로 하다 方 ほう 몡쪽
見る みる 동보다 ~と 조~(하)니 道 みち 몡길 逆 ぎゃく 몡반대
方向 ほうこう 몡방향 ~ようとする ~(하)려고 하다
後ろ うしろ 몡뒤 ~から 조~에서 顔 かお 몡얼굴
場所 ばしょ 몡장소 案内 あんない 몡안내
伝える つたえる 동전하다 うれしい い형기쁘다
困る こまる 동곤란하다 日本人 にほんじん 몡일본인
関係 かんけい 몡관계 以前 いぜん 몡이전 韓国 かんこく 몡한국
警察官 けいさつかん 몡경찰관 助ける たすける 동돕다
思い出す おもいだす 동생각나다 空港 くうこう 몡공항

迎える むかえる 툅마중하다　～に来る ～にくる ~(하)러 오다
～はずだ ~(일) 것이다　急に きゅうに 갑자기　泊まる とまる 툅묵다
ホテル 圄호텔　一人 ひとり 圄혼자　向かう むかう 툅향하다
～ことになる ~(하)게 되다　わかる 튐알다　同じ おなじ 같음
場所 ばしょ 圄장소　安心感 あんしんかん 圄안도감
感謝 かんしゃ 圄감사　気持ち きもち 圄마음　今 いま 圄지금
忘れる わすれる 툅잊다

30

①나는 깜짝 놀라서라고 되어 있는데, 어째서 나는 깜짝 놀랐는가?
1 친구와 광장에서 만났기 때문에
2 친구의 영어가 능숙했기 때문에
3 갑자기 영어로 질문을 받았기 때문에
4 가이드북에 있는 가게를 알고 있었기 때문에

해설 지문의 私はびっくりして(나는 깜짝 놀라서)에 관한 이유가 무엇인지 밑줄 주변에서 찾는다. 앞 문장에서 外国人の男性二人に英語で質問された(외국인 남성 두 명에게 영어로 질문 받았다)라고 서술하고 있으므로 3 いきなり英語で質問されたから(갑자기 영어로 질문을 받았기 때문에)가 정답이다.

어휘 どうして 囝어째서, 왜　～から 国~때문에
　　　いきなり 囝갑자기, 느닷없이

31

②남자들을 찾기로 했다고 되어 있는데, 그 이유는 무엇인가?
1 남자들이 길을 잃었을지도 모른다고 생각했기 때문에
2 남자들이 일본에 대해 잘 알고 있기 때문에
3 우리가 설명한 길로 남자들이 갔기 때문에
4 남자들의 뒤에서 말을 걸어서 놀라게 하고 싶기 때문에

해설 지문의 男の人たちを探すことにした(남자들을 찾기로 했다)에 관한 이유가 무엇인지 밑줄 주변에서 찾는다. 앞 문장에서 知らない国だし、もしかしたら道に迷っているかもしれないね(모르는 나라이고, 어쩌면 길을 잃을지도 모르겠네)라고 서술하고 있으므로 1 男の人たちが道に迷っているかもしれないと思ったから(남자들이 길을 잃었을지도 모른다고 생각했기 때문에)가 정답이다.

어휘 理由 りゆう 圄이유　よく 囝잘

32

③경찰관이 도와주었던이라고 되어 있는데, 나는 왜 경찰관에게 도움받은 것인가?
1 공항에서 호텔까지의 가는 법을 몰랐기 때문에
2 역를 찾고 있는 사이에, 길을 잃어버렸기 때문에
3 친구가 마중 나올 수 없었기 때문에
4 호텔을 찾을 수 없었기 때문에

해설 지문의 警察官が助けてくれた(경찰관이 도와주었던)에 관한 이유가 무엇인지 밑줄 주변에서 찾는다. 뒷부분에서 ホテルのある駅までは行けたが、道がわからなくて同じ場所を行ったり来たりしていたのだ(호텔이 있는 역까지는 갈 수 있었지만, 길을 몰라서 같은 장소를 왔다 갔다 하고 있었던 것이다)라고 서술하고 있으므로 4 ホテルを見つけることができなかったから(호텔을 찾을 수 없었기 때문에)가 정답이다.

어휘 なぜ 囝왜　行き方 いきかた 圄가는 방법　～うちに ~사이에
　　　迷う まよう 툅(길을) 잃다　～てしまう ~(해) 버리다
　　　～ことができる ~할 수 있다　見つける みつける 툅찾다, 발견하다

33-36

　대학생의 용돈에 관한 조사 결과에 의하면, 본가에서 생활하고 있는 대학생의 용돈은, 연간 약 101만엔이라고 한다. 1개월 평균 8만엔 정도가 된다. 그리고, 아르바이트 등을 합치면 1개월에 15만엔 정도가 된다. 여기서 ①의문이라고 생각하는 것이, ³³우리들이 학생 때는, 이렇게 많이 받았던 것인가? 라는 것이다. 조사 결과에 의하면, 이 본가로부터 받고 있는 8만 엔에는, 대학 수업료의 일부가 포함되어있는 경우가 많다고 한다. ³⁶대학생의 대부분은, 부모님으로부터 받은 돈뿐만 아니라, 스스로 아르바이트를 해서 번 돈으로 수업료를 내고 있다. 그 때문에, 8만 엔이라는 높은 금액이 되었다고 한다.
　그럼, 수업료를 제외한 실제 대학생의 용돈은, 얼마일까? 대학생의 평균적인 용돈은, 2.5만 엔이었다. 실제로 사용할 수 있는 돈은 그렇게 많지 않은 것을 알 수 있었다.
　그런데, 조사에서는 이러한 ②재미있는 결과도 나왔다. ³⁴그 결과에 의하면, 여자 대학생의 60%가 용돈을 받고 있지 않았다. 그러면, 여자 대학생은 어떻게 용돈을 벌고 있는 것일까? 조사 결과, 그녀들의 대부분이 아르바이트를 해서 용돈을 벌고 있는 경우가 많았다.
　대학 생활은, 여러 가지로 돈이 든다. 그렇지만, 지금은 부모님에게 용돈을 받는 것이 어려운 시대다. ³⁵아르바이트로 용돈을 버는 것은 좋다고 생각하지만, ③그것에만 집중해서 공부할 시간이 없어져 버려서는 안 된다.

어휘 大学生 だいがくせい 圄대학생　おこづかい 圄용돈
　　～に関する ～にかんする ~에 관한　調査 ちょうさ 圄조사
　　結果 けっか 圄결과　～によると ~에 의하면　実家 じっか 圄본가
　　暮らす くらす 툅살다　年間 ねんかん 圄연간　約 やく 囝약, 대략
　　～そうだ ~라고 한다(전언)　平均 へいきん 圄평균
　　～ぐらい ~정도, 쯤　そして 圙그리고　アルバイト 圄아르바이트
　　～など ~등, 따위　合わせる あわせる 툅합치다, 모으다
　　～ほど 国~정도, 쯤　疑問に思う ぎもんにおもう 의문이라고 생각하다
　　自分 じぶん 圄자신　学生 がくせい 圄학생
　　こんなに 囝이렇게, 이토록　たくさん 囝많이　もらう 툅받다
　　～から 国~로부터　大学 だいがく 圄대학
　　授業料 じゅぎょうりょう 圄수업료　一部 いちぶ 圄일부
　　含まれる ふくまれる 툅포함되다　多い おおい い휑많다
　　多く おおく 圄대부분　親 おや 圄부모　お金 おかね 圄돈
　　～だけでなく ~뿐만 아니라　自分で じぶんで 스스로
　　かせぐ 툅(돈을) 벌다　払う はらう 툅(돈을) 내다, 지불하다
　　そのため 그 때문에, 그 덕분에　高い たかい い휑높다, (값이) 비싸다
　　金額 きんがく 圄금액　それでは 圙그럼, 그러면
　　除く のぞく 툅제외하다, 빼다　実際 じっさい 圄실제　いくら 얼마
　　平均的だ へいきんてきだ な휑평균적이다, 일반적이다

使う つかう 图 사용하다, 쓰다　それほど 图 그렇게, 그다지
ところで 图 그런데　面白い おもしろい い형 재미있다
出る でる 图 나오다　女子 じょし 图 여자　どうやって 어떻게
生活 せいかつ 图 생활　色々 いろいろ 여러 가지
お金がかかる おかねがかかる 돈이 들다　だが 图 그렇지만, 그러나
今 いま 图 지금　両親 りょうしん 图 부모(님), 양친
難しい むずかしい い형 어렵다　時代 じだい 图 시대
~ばかり 丕 ~만　集中 しゅうちゅう 图 집중　勉強 べんきょう 图 공부
時間 じかん 图 시간　なくなる 图 없어지다
~てはいけない ~(해)서는 안 된다

33

①의문이라고 했는데, 무엇인가?
1 대학생이 본가에서 생활하고 있는 것
2 대학생의 용돈이 많은 것
3 대학생이 아르바이트를 하지 않는 것
4 대학생의 용돈이 줄고 있는 것

해설 지문의 ここで疑問に思うのが(여기서 의문이라고 생각하는 것이)에서 어떤 '의문'을 가지게 됐는지 밑줄 주변에서 찾는다. 뒷부분에서 自分たちが学生のときには、こんなにたくさんもらっていたのかということだ(우리들이 학생 때는, 이렇게 많이 받았던 것인가? 라는 것이다)라고 서술하고 있으므로 2 大学生のおこづかいが多いこと(대학생의 용돈이 많은 것)가 정답이다.

어휘 減る へる 图 줄다, 적어지다

34

②재미있는 결과라고 했는데, 그것은 무엇인가?
1 대학생의 평균 수업료가 비싸다는 것
2 아르바이트로 많은 돈을 벌고 있는 것
3 대학생의 용돈의 평균이, 2.5만 엔이었다는 것
4 여자 대학생의 대부분이 용돈을 받지 않고 있는 것

해설 지문의 調査ではこんな面白い結果も出ていた(조사에서는 이러한 재미있는 결과도 나왔다)에서 어떤 '결과'를 말하는지 밑줄 주변에서 찾는다. 뒷부분에서 その結果によると、女子大学生の60%がおこづかいをもらっていなかった(그 결과에 의하면, 여자 대학생의 60%가 용돈을 받고 있지 않았다)라고 서술하고 있으므로 4 女子大学生の多くがおこづかいをもらっていないこと(여자 대학생의 대부분이 용돈을 받지 않고 있는 것)가 정답이다.

35

③그것이라고 했는데, 무엇인가?
1 용돈을 받는 것
2 대학 수업료를 내는 것
3 아르바이트로 돈을 버는 것
4 집중해서 공부하는 것

해설 지문의 そればかりに集中して(그것에만 집중해서)에서 '그것'이 어떤 것인지 앞부분에서 찾는다. 앞부분에서 アルバイトでおこづかい をかせぐのは良いことだと思うが(아르바이트로 용돈을 버는 것은 좋다고 생각하지만)라고 서술하고 있으므로, 3 アルバイトでお金をかせぐこと(아르바이트로 돈을 버는 것)가 정답이다.

36

이 글의 내용과 맞는 것은 어느 것인가?
1 대학생이 실제로 사용할 수 있는 용돈은 매우 많다.
2 여자 대학생의 5명에 1명이 용돈을 받고 있지 않다.
3 본가에서 생활하고 있는 대학생의 용돈은, 연간 약 8만 엔이다.
4 대학생은 스스로 번 돈만으로 수업료를 내고 있지 않다.

해설 지문과 일치하는 내용을 묻고 있으므로, 지문 전체와 각 선택지를 대조하며 정답의 단서를 찾는다. 첫 번째 단락에서 大学生の多くが、親からもらったお金だけでなく、自分でアルバイトをしてかせいだお金で授業料を払っている(대학생의 대부분이, 부모님으로부터 받은 돈뿐만 아니라, 스스로 아르바이트를 해서 번 돈으로 수업료를 내고 있다)라고 서술하고 있으므로, 4 大学生は自分でかせいだお金だけで授業料を払っていない(대학생은 스스로 번 돈만으로 수업료를 내고 있지 않다)가 정답이다.

어휘 とても 图 매우

37

우에다 씨는 교실에 다니고 싶다고 생각하고 있지만, 일이 바빠지는 9월은 참가할 수 없다. 그리고, 스스로 준비할 물건이 없는 프로그램이 좋다. 우에다 씨가 고를 수 있는 것은 어느 것인가?
1 A
2 B
3 C
4 D

해설 우에다 씨가 고를 수 있는 여름 문화 교실 프로그램을 묻는 문제이다. 질문에서 제시된 조건 (1) 9月は参加できない(9월은 참가할 수 없다) (2) 自分で準備する物がないプログラムがいい(스스로 준비할 것이 없는 프로그램)에 따라,
(1) 9월은 참가할 수 없다 : 8월까지만 진행하는 프로그램은 A와 C이다.
(2) 스스로 준비할 것이 없는 프로그램 : A와 C의 준비물인 교재는 교실이 시작하는 날에 받게 되어 있고, 또 A는 색연필을 준비해야 한다.
8월까지만 진행하면서 스스로 준비해야 할 소지품이 없으므로 3 C가 정답이다.

어휘 教室 きょうしつ 图 교실　通う かよう 图 다니다
~たい ~(하)고 싶다　思う おもう 图 생각하다　仕事 しごと 图 일
忙しい いそがしい い형 바쁘다　参加 さんか 图 참가
できない 할 수 없다　それから 图 그리고　自分 じぶん 图 스스로
準備 じゅんび 图 준비　物 もの 图 물건　プログラム 프로그램
いい い형 좋다　選ぶ えらぶ 图 고르다

38

마쓰노 씨는 내일인 <u>7월 2일에 기타 교실을 신청할 예정이다. 이전 봄의 문화 교실에 참가한 적이 있어서, 기타는 가지고 있다.</u> 마쓰노 씨는 내일 어떻게 하는가?

1 문화 센터에서 교실의 요금과 입회금을 지불한 후, 팸플릿과 일정표를 받는다.
2 문화 센터에서 교실의 요금을 지불한 후, 팸플릿과 일정표를 받는다.
3 교실 요금과 입회금을 은행 계좌에 납입한 후, 문화 센터에 팸플릿과 일정표를 가지러 간다.
4 교실 요금을 은행 계좌에 납입한 후, 문화 센터에 팸플릿과 일정표를 가지러 간다.

해설 제시된 상황 7월 2일에 기타 교실을 신청함에 따라 마쓰노 씨가 어떻게 해야 하는지 파악한다. 지문의 교실 소개의 D ギター教室(D 기타 교실)에서 교실이 7月8日(土)(7월 8일(토))에 시작하고, 申請方法(신청 방법)에서 窓口にお越しいただくか、お電話でお願いします。なお、お電話でのお申し込みは初回の授業の10日前まで可能です。(창구에 와 주시거나, 전화로 부탁드립니다. 또한, 전화로의 신청은 첫회 수업의 10일 전까지 가능합니다)라고 하고, 初めて文化教室のプログラムを利用される方には入会費として300円いただいております(처음 문화 교실 프로그램을 이용하시는 분에게는 입회비로써 300엔 받고 있습니다)라고 하였으므로, 7월 2일에 신청하는 우에다 씨는 전화로 신청이 불가능하므로 창구에서 신청해야 하며, 처음 신청하는 것이 아니기 때문에 입회비를 내지 않아도 된다. 또한, 창구에 직접 가서 신청하는 경우, 料金の支払い(요금 지불)에서 窓口にお越しいただき、その場で教室の料金、入会費をお支払いください。手続きが終わりましたら、教室の説明が書かれたパンフレットと日程表をお渡しします(창구에 와 주셔서, 그 자리에서 교실의 요금, 입회비를 지불해 주세요. 수속이 끝나면, 교실 설명이 적힌 팸플릿과 일정표를 드리겠습니다)라고 하였으므로 **2 문화 센터에서 교실의 요금을 지불한 후, 팸플릿과 일정표를 받는다(문화 센터에서 교실의 요금을 지불한 후, 팸플릿과 일정표를 받는다)**가 정답이다.

어휘 ギター 図 기타   申し込む もうしこむ 图 신청하다
以前 いぜん 図 이전   春 はる 図 봄   文化 ぶんか 図 문화
持つ もつ 图 가지다   料金 りょうきん 図 요금
入会金 にゅうかいきん 図 입회금   払う はらう 图 지불하다
~たあと ~(한) 후   パンフレット 図 팸플릿
日程表 にっていひょう 図 일정표   もらう 图 받다
銀行 ぎんこう 図 은행   口座 こうざ 図 계좌
振り込む ふりこむ 图 납입하다   取る とる 图 가져오다
~に行く ~にいく ~(하)러 가다

37-38 문화 교실 안내

여름 문화 교실 프로그램
처음인 사람도 꼭! 가볍게 참가해 주세요!!

―교실 소개―

A 그림 교실	B 꽃 교실
월요일 18:30-19:30	일요일 10:00-10:50
총 5회	총10회
7월10일(월)~8월14일(월)	7월 2일(일)~9월24일(일)
요금 : 4,300엔 *교재비 포함	요금 : 13,500엔 *교재비 포함
C 하이쿠 교실	D 기타 교실
수요일 19:00-20:30	토요일 13:30-14:30
총 8회	총 8회
³⁷7월12일(수)~8월30일(수)	³⁸7월8일(토)~9월11일(토)
요금 : 10,000엔 *교재비 포함	요금 : 11,800엔 *교재비 포함

―소지품―

A : 색연필, 교재   B : 교재
³⁷C : 교재   D : 기타, 교재

*³⁷교재는 첫회 수업에서 드리겠습니다. 그 이외의 물건은 스스로 준비해 주세요.

● 신청 방법
신청은 첫회 수업의 5일 전까지 받고 있습니다. ³⁸창구에 와 주시거나, 전화로 부탁드립니다. 또한, 전화로의 신청은 첫회 수업의 10일 전까지 가능합니다. 전화인 경우에는 신청하시고 나서 2일 이내에 요금을 지불해 주세요.

*³⁸처음 문화 교실 프로그램을 이용하시는 분에게는 입회비로써 300엔 받고 있습니다.

● 요금 지불
[방법① 창구]
³⁸창구에 와 주셔서, 그 자리에서 교실의 요금, 입회비를 지불해 주세요. 수속이 끝나면, 교실 설명이 적힌 팸플릿과 일정표를 드리겠습니다.

[방법② 계좌 납입]
전화로 은행 계좌를 전달드리겠으니, 그쪽으로 교실의 요금, 입회비를 납입해 주세요. 확인되면, 후일 교실 설명이 적힌 팸플릿과 일정표를 우송해 드리겠습니다.

후루무라 시민 문화 센터 ☎ : 0123-XXX-000

어휘 夏 なつ 図 여름   初めて はじめて 图 처음   人 ひと 図 사람
ぜひ 图 꼭   気軽だ きがるだ 🈀형 가볍다   ~ください ~주세요
絵画 かいが 図 그림, 회화   月曜日 げつようび 図 월요일
全~ ぜん~ 총~   ~回 ~かい ~회
~円 ~えん ~엔(일본의 화폐단위)   テキスト 図 교재
~代 ~だい ~비   込み こみ 図 포함   お花 おはな 図 꽃
日曜日 にちようび 図 일요일
俳句 はいく 図 하이쿠(일본 고유의 짧은 시)
水曜日 すいようび 図 수요일   土曜日 どようび 図 토요일
持ち物 もちもの 図 소지품   色鉛筆 いろえんぴつ 図 색연필
初回 しょかい 図 첫회   授業 じゅぎょう 図 수업

渡す わたす 图 주다, 건네다　いたす 图 하다의 겸양어
以外 いがい 图 이외　自身 じしん 图 스스로　申請 しんせい 图 신청
方法 ほうほう 图 방법　お申込み おもうしこみ 图 신청
前 まえ 图 전　承る うけたまわる 图 (삼가) 받다
窓口 まどぐち 图 창구　お越しいただく おこしいただく 와 주시다
電話 でんわ 图 전화　願う ねがう 图 부탁하다　なお 閉 또한
前 まえ 图 전　可能だ かのうだ 图 가능하다　場合 ばあい 图 경우
~てから ~(하)고 나서　以内 いない 图 이내
支払う しはらう 图 지불하다　利用 りよう 图 이용　方 かた 图 분
入会費 にゅうかいひ 图 입회비　ーとして ~로서　いただく 图 받다
支払い しはらい 图 지불　場 ば 图 자리　手続き てつづき 图 수속
終わる おわる 图 끝나다　~たら ~(하)면　説明 せつめい 图 설명
書く かく 图 적다　パンフレット 图 팸플릿
日程表 にっていひょう 图 일정표　振込 ふりこみ 图 납입
伝える つたえる 图 전하다　確認 かくにん 图 확인
後日 ごじつ 图 후일　郵送 ゆうそう 图 우송　市民 しみん 图 시민
センター 图 센터

청해　p.456

☞ 문제 1의 디렉션과 예제를 들려줄 때 1번부터 6번까지의 선택지를 미리 읽고 내용을 재빨리 파악해둡니다. 음성에서 では、始めます(그러면, 시작합니다)가 들리면, 곧바로 문제 풀 준비를 합니다. 음성 디렉션과 예제는 실전모의고사 1의 해설(p.183)에서 확인할 수 있습니다.

1

[음성]
女の学生と男の学生が話しています。女の学生は何を持っていきますか。

女: あした持っていくものは、まずタオルね。
男: さっき天気予報を見たら、明日は昼過ぎから雨が降るらしいよ。
女: え、そうなの? でも、外で作業するから、かさは不便だよね。
男: そうだね。なら、レインコートはどう?
女: あ、そうね。鈴木君レインコート持ってる? 私は家に2枚あるはずなんだけどさ。もしないなら貸してあげるよ。
男: ぼく、レインコート持ってないな。貸してもらってもいい?
女: うん、いいよ。それから、帽子も持っていかなきゃね。

女の学生は何を持っていきますか。

[문제지]

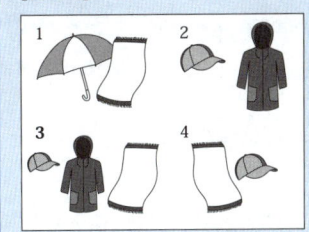

해석 여학생과 남학생이 이야기하고 있습니다. 여학생은 무엇을 가지고 갑니까?
여: 내일 가져갈 것은, 우선 수건이지.
남: 아까 일기예보를 보니까, 내일은 점심 지나서부터 비가 내리는 것 같아.
여: 어, 그래? 하지만, 밖에서 작업하니까, 우산은 불편하잖아.
남: 그렇지. 그러면, 레인코트는 어때?
여: 아, 그렇네. 스즈키 군 레인코트 가지고 있어? 나는 집에 2장 있을 건데. 혹시 없다면 빌려줄게.
남: 나, 레인코트 가지고 있지 않아. 빌려 받아도 괜찮니?
여: 응, 좋아. 그리고, 모자도 가져가지 않으면 안 돼.

여학생은 무엇을 가지고 갑니까?

해설 여학생이 가지고 갈 물건을 고르는 문제이다. 여학생이 아시다 持っていくものは、まずタオルね(내일 가져갈 것은, 우선 수건이지)와 レインコート持ってる? 私は家に2枚あるはずなんだけどさ。もしないなら貸してあげるよ(레인코트 가지고 있어? 나는 집에 2장 있을 건데. 혹시 없다면 빌려줄게), 帽子も持っていかなきゃね(모자도 가져가지 않으면 안 돼)라고 말했으므로 모자, 레인코트, 수건이 함께 그려져 있는 3이 정답이다. 1은 여학생이 '우산은 불편하잖아'라고 하자 남자가 동의했는데 우산이 있어 오답이다. 2는 수건이 그려져 있지 않고, 4는 레인코트가 그려져 있지 않으므로 오답이다.

어휘 学生 がくせい 图 학생　持つ もつ 图 가지다, 들다　あした 图 내일
まず 閉 우선　タオル 图 수건　さっき 閉 아까, 조금 전
天気予報 てんきよほう 图 일기예보　見る みる 图 보다
昼過ぎ ひるすぎ 점심 지나　~から 图 ~부터　雨 あめ 图 비
降る ふる 图 (비, 눈이) 내리다　でも 图 하지만　外 そと 图 밖, 바깥
作業 さぎょう 图 작업　かさ 图 우산　不便だ ふべんだ 图 불편하다
なら 图 그러면　レインコート 图 레인코트, 우비　家 いえ 图 집
もし 閉 혹시, 만약　貸す かす 图 빌려주다　それから 图 그리고
帽子 ぼうし 图 모자　~なきゃ ~(하)지 않으면 안 된다

2

[음성]
学生部で学生と職員が話しています。学生はこのあとまず何をしますか。

男: あの、質問があって。来週就職試験があって講義に出席できないんですけど、その場合も欠席になりますか。

女：その場合、就職活動証明書を申請してもらうことになります。ただ、こちらを申請しても出席扱いになるかは先生の判断次第です。
男：そうなんですね。
女：担当の先生にこのことはもう伝えましたか。
男：いえ、まだです。
女：でしたら、事前に担当の先生に就職活動で講義を欠席することを伝え、許可をもらってください。その際に証明書が必要かどうかを確認して、必要な場合はこちらで申請をお願いします。必要な書類については本校のホームページから確認できますので、そちらを見て準備してください。
男：はい。わかりました。

学生はこのあとまず何をしますか。

[문제지]
1 先生にしょうめいしょを出す
2 先生にこうぎを休むことを話す
3 学生部でしょうめいしょを申し込む
4 必要なしょるいを集める

해석 학생부에서 학생과 직원이 이야기하고 있습니다. **학생**은 이후에 **우선 무엇을 합니까?**
남: 저, 질문이 있어서요. 다음 주에 취직 시험이 있어서 강의에 출석할 수 없는데, 그 경우도 결석이 되나요?
여: 그 경우, 취직 활동 증명서를 신청해 주시게 됩니다. 다만, 이쪽을 신청해도 출석 취급이 될지는 선생님의 판단에 따릅니다.
남: 그렇군요.
여: 담당 선생님께 이 일은 이미 알렸나요?
남: 아니요, 아직이에요.
여: 그렇다면, 사전에 담당 선생님께 취직 활동으로 강의를 결석한다는 것을 전하고, 허가를 받아 주세요. 그때 증명서가 필요할지 어떨지를 확인하고, 필요한 경우는 이쪽에서 신청을 부탁드립니다. 필요한 서류에 대해서는 본교 홈페이지에서 확인할 수 있으니, 그쪽을 보고 준비해 주세요.
남: 네, 알겠습니다.

학생은 이후에 **우선 무엇을 합니까?**

1 선생님께 증명서를 낸다
2 선생님께 강의를 쉬는 것을 이야기한다
3 학생부에서 증명서를 신청한다
4 필요한 서류를 모은다

해설 학생이 우선 해야 할 일을 고르는 문제이다. 직원이 사전에 담당의 **先生に就職活動で講義を欠席することを伝え、許可をもらってください**(사전에 담당 선생님께 취직 활동으로 강의를 결석한다는 것을 전하고, 허가를 받아 주세요)라고 하자, 학생이 **はい。わかりました**(네, 알겠습니다)라고 했으므로 2 **先生にこうぎを休むことを話す**(선생님께 강의를 쉬는 것을 이야기한다)가 정답이다. 1은 선생님

이 아니라 학생부에 제출하는 것이고, 3은 필요한 서류를 준비한 다음에 할 일이며, 4는 선생님께 허가를 받은 후에 할 일이므로 오답이다.

어휘 学生部 がくせいぶ 몡학생부　学生 がくせい 몡학생
職員 しょくいん 몡직원　質問 しつもん 몡질문
来週 らいしゅう 몡다음 주　就職 しゅうしょく 몡취직
試験 しけん 몡시험　講義 こうぎ 몡강의　出席 しゅっせき 몡출석
場合 ばあい 몡경우　欠席 けっせき 몡결석　活動 かつどう 몡활동
証明書 しょうめいしょ 몡증명서　申請 しんせい 몡신청
ただ 囝다만　扱い あつかい 몡취급　先生 せんせい 몡선생님
判断 はんだん 몡판단　～次第 ～しだい ~에 따름
担当 たんとう 몡담당　もう 囝이미
伝える つたえる 통알리다, 전달하다　事前 じぜん 몡사전
許可 きょか 몡허가　際 さい 몡때, 경우
必要だ ひつようだ [な형]필요하다　確認 かくにん 몡확인
書類 しょるい 몡서류　本校 ほんこう 몡본교
ホームページ 몡홈페이지　準備 じゅんび 몡준비
集める あつめる 통모으다

3

[음성]
会社で男の人と女の人が話しています。女の人はこれから何をしますか。

男：忙しそうだね。
女：この間の企画会議で新人の子たちが新商品についてのアイデアを出してくれたじゃない？
男：うん、面白いものがいっぱい挙がったよね。僕が感心したのはペンの先にカッターのような機能を付けようっていうアイデアかな。
女：そのアイデアのせいで大変なんだ。課長がそれを気に入っちゃって実際に商品化できるか金曜日までに検討してほしいって言われたの。やることが山積みだよ。
男：なるほどね。僕にも何かできることがあったら言ってよ。
女：とりあえずさっき他社から似たような商品が販売されてないか確認したところ。今日中にそのペンの太さ、色、値段とか特徴を整理したファイルを完成できたらなと思ってる。商品に対するコメントまでは手が回らないから、できたらそっちをお願いしてもいいかな？
男：そんなに時間が回せそうにないから、僕が他社のデータを作るよ。調べた他社の商品名を送ってもらえる？
女：うん、じゃあ私がコメントのほうやるね。商品はもうリストにしてあるからさっそく送るね。
男：わかった。でも、もし期限が厳しそうなら課長に相談したら？期限を延ばしてくれるかもしれないよ。
女：うーん、来週には部長に報告したいらしくて、どうしても今週中に検討してほしいんだって。

女の人はこれから何をしますか。

[문제지]
1 にている商品があるか探す
2 他社の商品のとくちょうをまとめる
3 他社の商品のひょうかを集める
4 かちょうに日程をそうだんする

해석 회사에서 남자와 여자가 이야기하고 있습니다. 여자는 이제부터 무엇을 합니까?

남: 바빠 보이네.
여: 요전의 기획 회의에서 신입 애들이 신상품에 대한 아이디어를 내 주었잖아?
남: 응, 재미있는 게 많이 제시됐지? 내가 감탄한 건 펜의 끝에 칼 같은 기능을 붙이자는 아이디어려나.
여: 그 아이디어 탓에 힘들어. 과장님이 그게 마음에 들어 버려서 실제로 상품화 가능한지 금요일까지 검토해 주었으면 한다고 하셨어. 할 일이 산더미야.
남: 그렇구나. 나에게도 뭔가 가능한 게 있으면 말해 줘.
여: 우선 아까 다른 회사에서 비슷한 상품이 판매되고 있지 않은지 확인한 참. 오늘 중으로 그 펜의 굵기, 색, 가격이라든가 특징을 정리한 파일을 완성할 수 있으면 좋겠다고 생각하고 있어. 상품에 대한 코멘트까지는 손이 모자라서, 가능하면 그쪽을 부탁해도 될까?
남: 그렇게 시간을 돌릴 수 없을 것 같으니까, 내가 다른 회사의 데이터를 만들게. 조사한 타사 상품명을 보내 줄 수 있어?
여: 응, 그럼 내가 코멘트 쪽을 할게. 상품은 이미 리스트로 해 뒀으니까 바로 보낼게.
남: 알았어. 하지만, 만약 기한이 힘들 것 같으면 과장님께 상담해 보면 어때? 기한을 늘려 줄지도 몰라.
여: 음, 다음 주에는 부장님께 보고하고 싶으신 것 같아서, 무슨 일이 있어도 이번 주에 검토해 주었으면 한대.

여자는 이제부터 무엇을 합니까?

1 비슷한 제품이 있는지 찾는다
2 타사 상품의 특징을 정리한다
3 타사 상품의 평가를 모은다
4 과장님께 일정을 상담한다

해설 여자가 해야 할 일을 고르는 문제이다. 여자의 상품에 대한 코멘트까지는 손이 모자라니까, 할 수 있다면 그쪽을 부탁해도 될까나(상품에 대한 코멘트까지는 손이 모자라서, 가능하면 그쪽을 부탁해도 될까)라는 말에 남자가 그렇게 시간이 회세지 않을 것 같으니까(그렇게 시간을 돌릴 수 없을 것 같으니까)라며 거절하자 여자가 응, 그럼 내가 코멘트 쪽 할게(응, 그럼 내가 코멘트 쪽을 할게)라고 했으므로 3 他社の商品のひょうかを集める(타사 상품의 평가를 모은다)가 정답이다. 1은 여자가 이미 했고, 2는 남자가 하기로 한 일이며, 4는 무슨 일이 있어도 이번 주 중으로 검토해야 한다고 했으므로 오답이다.

어휘 会社 かいしゃ 명회사 忙しい いそがしい い형바쁘다
企画 きかく 명기획 会議 かいぎ 명회의 新人 しんじん 명신입
新商品 しんしょうひん 명신상품 アイデア 명아이디어
面白い おもしろい い형재미있다 いっぱい 부많이
挙がる あがる 동제시되다 感心 かんしん 명감탄 ペン 명펜
先 さき 명끝 カッター 명칼, 커터 機能 きのう 명기능
付ける つける 동붙이다 大変だ たいへんだ な형힘들다
課長 かちょう 명과장(님) 気に入る きにいる 마음에 들다
実際 じっさい 명실제 商品化 しょうひんか 명상품화
金曜日 きんようび 명금요일 検討 けんとう 명검토
山積み やまづみ 명산더미 とりあえず 부우선, 일단 さっき 부아까
他社 たしゃ 명다른 회사, 타사 似る にる 동비슷하다, 닮다
商品 しょうひん 명상품 販売 はんばい 명판매
確認 かくにん 명확인 太さ ふとさ 명굵기 色 いろ 명색
値段 ねだん 명가격 特徴 とくちょう 명특징 整理 せいり 명정리
ファイル 명파일 完成 かんせい 명완성
~に対する ~にたいする ~에 대한 コメント 명코멘트, 의견
手が回らない てがまわらない 손이 모자라다 時間 じかん 명시간
回す まわす 동돌리다 ~そうにない ~없을 것 같다
データ 명데이터 作る つくる 동만들다
調べる しらべる 동조사하다 商品名 しょうひんめい 명상품명
送る おくる 동보내다 もう 부이미 リスト 명리스트, 목록
さっそく 부곧바로 もし 부만약 期限 きげん 명기한
厳しい きびしい い형힘들다, 엄격하다 相談 そうだん 명상담
延ばす のばす 동늘리다 来週 らいしゅう 명다음 주
部長 ぶちょう 명부장(님) 報告 ほうこく 명보고
どうしても 부무슨 일이 있어도 今週 こんしゅう 명이번 주
探す さがす 동찾다 まとめる 동정리하다 ひょうか 명평가
集める あつめる 동모으다 日程 にってい 명일정

4

[음성]
病院の受付で受付の人と男の人が話しています。男の人はこのあとまず何をしますか。

女: 当院は初めてですか。
男: はい。
女: そうですか。それでは、この紙にお名前とご住所などを書いてください。それからどのような症状でいらっしゃったのかもお願いします。
男: わかりました。えっと、実は肌がかゆくて来院したんですが、どこがどうかゆいのか書いたらいいですかね。
女: かゆみですか。もしかして、丸いぶつぶつしたものが出ていたりしませんか。
男: はい。その部分がかゆくて、かいたわけじゃないんですがなぜか赤みも出てて…。
女: うちは内科なのでその場合は肌を専門に診るところがいいですよ。詳しい検査を通してより正確な診断をしてもらえますから。
男: そうですか。じゃあ、早速他の病院を探してみます。

女 : この時間はどこも混んでますから、すぐ診てもらえるか問い合わせてからのほうがいいですよ。
男 : 分かりました。

男の人はこのあとまず何をしますか。

[문제지]
1 紙に必要なじょうほうを書く
2 紙にしょうじょうを書く
3 ほかのないかに電話する
4 ひふかに電話する

해석 병원 접수처에서 접수처 사람과 남자가 이야기하고 있습니다. 남자는 이후에 우선 무엇을 합니까?
여: 이 병원은 처음이가요?
남: 네.
여: 그런가요? 그러면, 이 종이에 성함과 주소 등을 써 주세요. 그리고 어떤 증상으로 오셨는지도 부탁드립니다.
남: 알겠습니다. 음, 실은 피부가 가려워서 내원했는데, 어디가 어떻게 가려운지를 쓰면 될까요?
여: 가려움증인가요? 혹시, 동그란 오돌토돌한 게 나와 있거나 하지 않나요?
남: 네. 그 부분이 가렵고, 굵은 건 아닌데 왠지 붉은 기도 생겨서....
여: 저희는 내과라서 그 경우는 피부를 전문으로 진찰하는 곳이 좋아요. 자세한 검사를 통해 보다 정확한 진단을 해 줄 수 있으니까요.
남: 그런가요? 그럼, 바로 다른 병원을 찾아 보겠습니다.
여: 이 시간은 어디나 붐비니, 바로 진료받을 수 있는지 문의해 보고 나서인 편이 좋아요.
남: 알겠습니다.

남자는 이후에 우선 무엇을 합니까?

1 종이에 필요한 정보를 쓴다
2 종이에 증상을 쓴다
3 다른 내과에 전화한다
4 피부과에 전화한다

해설 남자가 우선 해야 할 일을 고르는 문제이다. 여자의 肌を専門に診るところがいいですよ。詳しい検査を通してより正確な診断をしてもらえますから(피부를 전문으로 진찰하는 곳이 좋아요. 자세한 검사를 통해 보다 정확한 진단을 해 줄 수 있으니까요)라는 말에 남자가 바로 다른 병원을 찾아 보겠다고 하자, 여자가 この時間はどこも混んでますから、すぐ診てもらえるか問い合わせてからのほうがいいですよ(이 시간은 어디나 붐비니, 바로 진료받을 수 있는지 문의해 보고 나서인 편이 좋아요)라고 하고, 남자가 分かりました(알겠습니다)라고 답했으므로 4 ひふかにでんわする(피부과에 전화한다)가 정답이다. 1, 2는 다른 병원에 갈 것이므로 할 필요가 없고, 3은 내과가 아니라 피부를 전문으로 진찰하는 곳으로 가는 것이 좋다고 했으므로 오답이다.

어휘 病院 びょういん 명 병원 受付 うけつけ 명 접수(처)
当院 とういん 명 이 병원, 저희 병원 初めて はじめて 부 처음

紙 かみ 명 종이 お名前 おなまえ 명 성함
ご住所 ごじゅうしょ 명 주소 それから 접 그리고
症状 しょうじょう 명 증상 いらっしゃる 동 오시다 (来る의 존경어)
実は じつは 부 실은 肌 はだ 명 피부 かゆい い형 가렵다
来院 らいいん 명 내원 かゆみ 명 가려움(증) もしかして 부 혹시
丸い まるい い형 동그랗다 ぶつぶつ 명 오돌토돌
部分 ぶぶん 명 부분 かく 동 긁다 赤み あかみ 명 붉은 기
内科 ないか 명 내과 専門 せんもん 명 전문 診る みる 동 진찰하다
詳しい くわしい い형 자세하다 検査 けんさ 명 검사
〜を通して 〜をとおして 〜을 통해 正確だ せいかくだ な형 정확하다
診断 しんだん 명 진단 早速 さっそく 부 곧바로
探す さがす 동 찾다 時間 じかん 명 시간 混む こむ 동 붐비다
すぐ 부 바로 問い合わせる といあわせる 동 문의하다
じょうほう 명 정보 でんわ 명 전화 ひふか 명 피부과

5

[음성]
ヨガの教室で先生が話しています。生徒はこのあとまず何をしますか。

男 : みなさん、今日もお疲れさまでした。普段使わない筋肉を使っていますから今やったように、家でヨガを行うときも必ずストレッチをしなければいけませんよ。少し痛みを感じるくらいがちょうどいいです。ストレッチをするときもヨガのポーズを取るときと同様に深く息を吸って、深く息を吐くようにしてください。それでは心を落ち着かせる時間です。マットの上に寝て、目をつぶってください。息を整えられた人から帰ってもらって結構です。たくさん汗をかきましたから、水分を取ることも忘れないでくださいね。

生徒はこのあとまず何をしますか。

[문제지]
1 ストレッチをする
2 深くこきゅうをする
3 目をとじて横になる
4 たくさん水を飲む

해석 요가 교실에서 선생님이 이야기하고 있습니다. 학생은 이후에 우선 무엇을 합니까?
남: 여러분, 오늘도 수고하셨습니다. 평소 사용하지 않는 근육을 사용하고 있기 때문에 오늘 한 것처럼, 집에서 요가를 할 때도 반드시 스트레칭을 해야 합니다. 조금 통증을 느끼는 정도가 딱 좋습니다. 스트레칭을 할 때도 요가 자세를 취할 때와 동일하게 깊게 숨을 들이마시고, 깊게 숨을 내쉬도록 해 주세요. 그럼 마음을 안정시키는 시간입니다. 매트 위에 누워서, 눈을 감아 주세요. 숨이 가다듬어진 사람부터 돌아가 주셔도 괜찮습니다. 많이 땀을 흘렸으니, 수분을 섭취하는 것도 잊지 마세요.

학생은 이후에 우선 무엇을 합니까?

1 스트레칭을 한다
2 깊게 호흡을 한다
3 **눈을 감고 눕는다**
4 많이 물을 마신다

해설 학생이 우선 해야 할 일을 고르는 문제이다. 선생님이 それでは心を落ち着かせる時間です。マットの上に寝て、目をつぶってください(그럼 마음을 안정시키는 시간입니다. 매트 위에 누워서, 눈을 감아 주세요)라고 했으므로 3 目をとじて横になる(눈을 감고 눕는다)가 정답이다. 1은 집에서 요가를 할 때 해야 할 일이고, 2는 스트레칭을 할 때 할 일이며, 4는 마음을 안정시킨 후에 할 일이므로 오답이다.

어휘 ヨガ 圕 요가　教室 きょうしつ 圕 교실　先生 せんせい 圕 선생님
生徒 せいと 圕 학생　みなさん 圕 여러분　今日 きょう 圕 오늘
お疲れさまです おつかれさまです 수고하셨습니다
普段 ふだん 圕 평소　使う つかう 图 사용하다
筋肉 きんにく 圕 근육　行う おこなう 图 하다
必ず かならず 图 반드시　ストレッチ 圕 스트레칭
少し すこし 图 조금　痛み いたみ 圕 통증
感じる かんじる 图 느끼다　ちょうど 图 딱　ポーズ 圕 자세
取る とる 图 취하다　同様だ どうようだ [な형] 동일하다
深い ふかい [い형] 깊다　息 いき 圕 숨　吸う すう 图 들이쉬다
吐く はく 图 내쉬다　心 こころ 圕 마음
落ち着かせる おちつかせる 图 안정시키다　時間 じかん 圕 시간
マット 圕 매트　寝る ねる 图 눕다, 자다　目 め 圕 눈
つぶる 图 감다　整える ととのえる 图 가다듬다, 정리하다
帰る かえる 图 돌아가다　結構だ けっこうだ [な형] 괜찮다
たくさん 图 많이　汗 あせ 圕 땀　かく 图 흘리다
水分 すいぶん 圕 수분　忘れる わすれる 图 잊다　こきゅう 圕 호흡
横になる よこになる 눕다

6

[음성]

大学で男の学生と女の学生が話しています。女の学生はこれからまず何をしますか。

男: 木戸さん、送ってくれた冬休みのサークルの合宿の費用なんだけど、一人5万円は高すぎるよ。
女: 行き先が北海道ですし、それにスキーをしたい、温泉旅館に泊まりたいってみんなの希望もあったので仕方ないですよ。
男: まあ、北海道までは飛行機じゃないと移動できないし、そこを削るのは難しいけどもう少し安くスキー板やスキーウエアを貸してくれるスキー場はないかな。
女: うーん、一生懸命調べましたがここが最も安かったところです。スキー場の宿泊施設を利用するなら、レンタル料も宿泊費も今よりは節約できそうですが、そうなると温泉旅館を諦めるしかないですね。
男: そうだね。値段のせいで参加人数が減ってしまうと一人の負担が余計に増えることになるし。スキー場の宿泊施設に泊まる場合と温泉旅館に泊まる場合の金額の差を出してくれる?
女: 人数によって価格が変わってくるようなので、施設のほうに電話してみます。
男: ありがとう。僕はみんなにこのことを伝えてスキーをしたい人が多いのか、温泉旅館に泊まりたい人が多いのか多数決をとってみるよ。
女: はい。お願いします。

女の学生はこれからまず何をしますか。

[문제지]
1 安くスキーができるスキー場を探す
2 安く泊まれるおんせんりょかんを探す
3 **スキー場のやどにねだんを聞く**
4 サークルの人たちにいけんを聞く

해석 대학에서 남학생과 여학생이 이야기하고 있습니다. 여학생은 이제부터 우선 무엇을 합니까?

남: 기도 씨, 보내 준 겨울 방학의 동아리 합숙 비용 말인데, 한 사람당 5만 엔은 너무 비싸.
여: 행선지가 홋카이도이고, 게다가 스키를 타고 싶다, 온천 여관에 묵고 싶다는 모두의 희망도 있어서 어쩔 수 없어요.
남: 뭐, 홋카이도까지는 비행기가 아니면 이동할 수 없으니까, 그곳을 줄이는 건 어렵겠지만 조금 더 싸게 스키 판과 스키복을 빌려주는 스키장은 없을까?
여: 음, 열심히 찾아봤지만 여기가 가장 싼 곳이에요. 스키장의 숙박 시설을 이용하면, 대여비도 숙박비도 지금보다는 절약할 수 있을 것 같지만, 그렇게 되면 온천 여관은 포기할 수밖에 없네요.
남: 그렇네. 가격 탓에 참가 인원 수가 줄어 버리면 한 사람당 부담이 불필요하게 늘어나게 되니까. 스키장 숙박 시설에 묵을 경우와 온천 여관에 묵을 경우의 금액 차이를 내 줄래?
여: 인원수에 따라 가격이 바뀌는 것 같으니, 시설 쪽에 전화해 볼게요.
남: 고마워. 나는 모두에게 이 내용을 알려서 스키를 타고 싶은 사람이 많은지, 온천 여관에 묵고 싶은 사람이 많은지 다수결을 해 볼게.
여: 네. 부탁드려요.

여학생은 이제부터 우선 무엇을 합니까?

1 싸게 스키를 탈 수 있는 스키장을 찾는다
2 싸게 묵을 수 있는 온천 여관을 찾는다
3 **스키장의 숙소에 가격을 물어본다**
4 동아리 사람들에게 의견을 물어본다

해설 여학생이 우선 해야 할 일을 고르는 문제이다. 남학생이 スキー場の宿泊施設に泊まる場合と温泉旅館に泊まる場合の金額の差を出してくれる?(스키장 숙박 시설에 묵을 경우와 온천 여관에 묵을 경우의 금액 차이를 내 줄래?)라고 하자, 여학생이 人数によって価

격이 변わってくるようなので、施設のほうに電話してみます(인원수에 따라 가격이 바뀌는 것 같으니, 시설 쪽에 전화해 볼게요)라고 했으므로 3 スキー場のやどにねだんを聞く(스키장의 숙소에 가격을 물어본다)가 정답이다. 1은 이미 했고, 2는 언급되지 않았으며, 4는 남학생이 할 일이므로 오답이다.

어휘 大学 だいがく 몡 대학   学生 がくせい 몡 학생
送る おくる 동 보내다   冬休み ふゆやすみ 몡 겨울 방학
サークル 몡 동아리   合宿 がっしゅく 몡 합숙   費用 ひよう 몡 비용
~万円 ~まんえん ~만 엔   高い たかい い형 비싸다
行き先 ゆきさき 몡 행선지   北海道 ほっかいどう 홋카이도
それに 접 게다가   スキー 몡 스키   温泉 おんせん 몡 온천
旅館 りょかん 몡 여관   泊まる とまる 동 묵다   みんな 몡 모두
希望 きぼう 몡 희망   仕方ない しかたない い형 어쩔 수 없다
飛行機 ひこうき 몡 비행기   移動 いどう 몡 이동
削る けずる 동 줄이다   難しい むずかしい い형 어렵다
もう少し もうすこし 부 조금 더   安い やすい い형 싸다, 저렴하다
スキー板 スキーいた 몡 스키 판   スキーウエア 몡 스키복
貸す かす 동 빌려주다   スキー場 スキーじょう 몡 스키장
一生懸命 いっしょうけんめい 부 열심히
調べる しらべる 동 찾아보다   最も もっとも 부 가장
宿泊 しゅくはく 몡 숙박   施設 しせつ 몡 시설   利用 りよう 몡 이용
レンタル料 レンタルりょう 몡 대여비   宿泊費 しゅくはくひ 몡 숙박비
節約 せつやく 몡 절약   諦める あきらめる 동 포기하다
値段 ねだん 몡 가격   参加 さんか 몡 참가   人数 にんずう 몡 인원
減る へる 동 줄다   負担 ふたん 몡 부담
余計だ よけいだ な형 불필요하다, 쓸데없다   増える ふえる 동 늘어나다
場合 ばあい 몡 경우   金額 きんがく 몡 금액   差 さ 몡 차이
価格 かかく 몡 가격   変わる かわる 동 바뀌다   電話 でんわ 몡 전화
伝える つたえる 동 알리다   多い おおい い형 많다
多数決 たすうけつ 몡 다수결   お願い おねがい 몡 부탁   やど 몡 숙소
いけん 몡 의견

☞ 문제 2의 디렉션과 예제를 들려줄 때 1번부터 6번까지의 선택지를 미리 읽고 내용을 재빨리 파악해둡니다. 음성에서 では、始めます(그러면, 시작합니다)가 들리면, 곧바로 문제 풀 준비를 합니다. 음성 디렉션과 예제는 실전모의고사 1의 해설(p.189)에서 확인할 수 있습니다.

1

[음성]
女の人と男の人が話しています。二人はどうして会えませんでしたか。

女: ねぇねぇ。金曜日の夜はどうして来なかったの？
男: 金曜日の夜？何かあったっけ？
女: やっぱり忘れているじゃない。夕方の7時にホテルのロビーで会おうって約束したじゃない。高校の同窓会。
男: え？それって今週の土曜日の夜じゃなかった？
女: 違うわよ。それはサークルの話し合いなんだよ。これを見て。ここに、金曜日夜7時、バイトないから大丈夫だよって、あなたからのメッセージに書いてあるんだよ。
男: あ、本当だ。ごめん。すっかり忘れてた。
女: 電話もかけたけど、でなかったし。
男: 本当にごめん。

二人はどうして会えませんでしたか。

[문제지]
1 男の人の大学の同窓会があったから
2 男の人のでんわがこわれたから
3 男の人がやくそくの日時を間違っていたから
4 男の人のバイトがあったから

해석 여자와 남자가 이야기하고 있습니다. 두 사람은 어째서 만날 수 없었습니까?

여: 있잖아, 금요일 밤은 왜 안 왔어?
남: 금요일 밤? 뭐 있었던가?
여: 역시 잊고 있었잖아. 저녁 7시에 호텔 로비에서 만나자고 약속했었잖아. 고등학교 동창회.
남: 어? 그거 이번 주 토요일 밤 아니었어?
여: 틀렸어. 그건 서클 의논이야. 이걸 봐. 여기에, 금요일 밤 7시, 아르바이트 없으니까 괜찮아 라고, 너로부터의 메시지에 써있잖아.
남: 어, 진짜네. 미안. 완전히 잊었어.
여: 전화도 걸었는데, 안 받았고.
남: 정말로 미안.

두 사람은 어째서 만날 수 없었습니까?

1 남자의 대학 동창회가 있었기 때문에
2 남자의 전화가 고장 났기 때문에
3 남자가 약속 일시를 잘못 알고 있었기 때문에
4 남자의 아르바이트가 있었기 때문에

해설 두 사람이 만날 수 없었던 이유를 묻는 문제이다. 대화 중, 금요일 밤에 왜 오지 않았냐는 여자의 질문에, 남자가 それって今週の土曜日の夜じゃなかった？(그거 이번 주 토요일 밤 아니었어?)라고 언급했으므로, 3 男の人がやくそくの日時を間違っていたから(남자가 약속 일시를 잘못 알고 있었기 때문에)가 정답이다. 오답 선택지 1은 두 사람이 만나려던 약속이 고등학교 동창회였던 것이고, 2는 남자의 전화가 고장 난 것이 아니라, 여자가 전화를 걸었지만 남자가 안 받은 것이므로 오답이다. 4는 금요일 밤 약속을 한 배경이 남자의 아르바이트가 없어서라고 언급되었으므로 오답이다.

어휘 会う あう 동 만나다   金曜日 きんようび 몡 금요일   夜 よる 몡 밤
来る くる 동 오다   ~っけ 조 ~던가?   やっぱり 부 역시, 예상 같이
忘れる わすれる 동 잊다   夕方 ゆうがた 몡 저녁   ホテル 몡 호텔
ロビー 몡 로비   約束 やくそく 몡 약속   高校 こうこう 몡 고등학교
同窓会 どうそうかい 몡 동창회   今週 こんしゅう 몡 이번 주
土曜日 どようび 몡 토요일   違う ちがう 동 틀리다, 잘못되다
サークル 몡 서클   話し合い はなしあい 몡 의논   見る みる 동 보다

バイト 몝 아르바이트　大丈夫だ だいじょうぶだ な형 괜찮다
あなた 몝 너, 당신　～から 조 ~에서, 부터　メッセージ 몝 메시지
書く かく 동 쓰다　本当 ほんとう 몝 진짜, 정말
すっかり 目 완전히, 아주　電話 でんわ 몝 전화
かける 동 (전화) 걸다　～けど 조 ~는데　でる 동 (전화를) 받다
本当に ほんとうに 정말로　～から 조 ~때문에
大学 だいがく 몝 대학　こわれる 동 고장 나다　日時 にちじ 몝 일시
間違う まちがう 동 잘못 알다

2

[음성]
女の人と男の人が話しています。男の人は何を買いましたか。

女: 先週の週末、何したの?
男: 久しぶりに買い物したんだ。
女: わぁ、何買ったの?
男: 買うかどうかずっと悩んでいたんだけど、やっぱり仕事をする時に必要かなと思って…。
女: 何? タブレットPC?
男: それはスマートフォンと同じように画面が小さくて不便でさ。
女: それなら、デスクトップパソコン?
男: それだと画面が広くて便利そうだけど、出張に行く時は使えないから、ノートパソコンにしたの。
女: そうか。まぁ、松山さんは出張が多いからね。よかったね。

男の人は何を買いましたか。

[문제지]
1 デスクトップパソコン
2 ノートパソコン
3 タブレットPC
4 スマートフォン

1 데스크톱 컴퓨터
2 노트북
3 태블릿 PC
4 스마트폰

해석 여자와 남자가 이야기하고 있습니다. 남자는 무엇을 샀습니까?

여: 지난주 주말에, 뭐 했어?
남: 오래간만에 쇼핑했어.
여: 와, 어떤 거 샀어?
남: 살지 어떨지 계속 고민했는데, 역시 일할 때 필요할 것 같다고 생각해서….
여: 어떤 거? 태블릿 PC?
남: 그건 스마트폰과 마찬가지로 화면이 작아서 불편해서 말이야.
여: 그러면, 데스크톱 컴퓨터?
남: 그거라면 화면이 넓어서 편리하겠지만, 출장 갈 때는 사용할 수 없어서, 노트북을 샀어.
여: 그렇구나. 하긴, 마쓰야마 씨는 출장이 많으니까. 잘됐네!

남자는 무엇을 샀습니까?

해설 남자가 산 물건을 묻는 문제이다. 대화 중, 남자가 出張に行く時は使えないから、ノートパソコンにしたの(출장 갈 때는 사용할 수 없어서, 노트북을 샀어)라고 언급했으므로, 2 ノートパソコン(노트북)이 정답이다. 오답 선택지 1은 출장 갈 때 사용할 수 없다고 언급되었고, 3과 4는 태블릿 PC를 샀냐는 여자의 말에 남자가 '스마트폰과 마찬가지로 화면이 작아서 불편해서 말이야'라고 언급했으므로 오답이다.

어휘 買う かう 동 사다　先週 せんしゅう 몝 지난주
週末 しゅうまつ 몝 주말　久しぶりに ひさしぶりに 오래간만에
買い物 かいもの 몝 쇼핑　ずっと 目 계속　悩む なやむ 동 고민하다
やっぱり 目 역시　仕事 しごと 몝 일　必要 ひつよう 몝 필요
タブレットPC 몝 태블릿 PC　スマートフォン 몝 스마트폰
同じだ おなじだ な형 같다　画面 がめん 몝 화면
小さい ちいさい い형 작다　不便だ ふべんだ な형 불편하다
それなら 졉 그러면　デスクトップパソコン 몝 데스크톱 컴퓨터
広い ひろい い형 넓다　便利だ べんりだ な형 편리하다
出張 しゅっちょう 몝 출장　行く いく 동 가다
使う つかう 동 사용하다　～から 조 ~라서, 니까
ノートパソコン 몝 노트북　多い おおい い형 많다

3

[음성]
テレビで女の人がレストランについて話しています。このレストランが話題になっているのは、どうしてだと言っていますか。

女: SNSで大変話題だという「黄金」さんにお邪魔しています。店内はとてもにぎわっていますね。窓からきれいな庭園が眺められる和風の店内がすてきです。「黄金」さんは鍋料理の専門店で様々な種類の鍋が楽しめるそうです。他店では見られない鍋もあるそうですよ。このお店が注目を集める訳ですが、こちらをご覧ください。二人前のメニューなんですが、四人でも食べきれなさそうですよね。これは皆さんカメラに収めたいわけです。実はこちらのオーナーさん、数年前まで現役で活躍されていた元すもう選手なんです。それならこの理由も納得できますよね。

このレストランが話題になっているのは、どうしてだと言っていますか。

[문제지]
1 店内がおしゃれだから
2 めずらしいなべが食べられるから

3 料理の量が多いから
4 すもう選手と会えるから

해석 텔레비전에서 여자가 레스토랑에 대해 이야기하고 있습니다. 이 레스토랑이 화제가 되고 있는 것은, 어째서라고 말하고 있습니까?
여: SNS에서 대단히 화제라는 '황금'에 찾아왔습니다. 가게 내부는 매우 북적거리고 있네요. 창문으로 예쁜 정원을 바라볼 수 있는 일본식 가게 내부가 멋집니다. '황금'은 냄비 요리 전문점으로 다양한 종류의 냄비 요리를 즐길 수 있다고 합니다. 다른 가게에서는 볼 수 없는 냄비 요리도 있다고 합니다. 이 가게가 주목을 모으는 이유입니다만, 이쪽을 봐 주세요. 2인분 메뉴인데, 4명이라도 다 먹지 못할 것 같죠? 이것은 모두 카메라에 담고 싶은 것입니다. 실은 이쪽의 주인분, 몇 년 전까지 현역으로 활동하셨었던 전 스모 선수입니다. 그거라면 이 이유도 납득할 수 있죠.

이 레스토랑이 화제가 되고 있는 것은, 어째서라고 말하고 있습니까?

1 가게 내부가 세련되어서
2 진귀한 냄비 요리를 먹을 수 있어서
3 요리의 양이 많아서
4 스모 선수와 만날 수 있어서

해설 이 레스토랑이 화제가 되고 있는 이유를 묻는 문제이다. 여자가 このお店が注目を集める訳ですが、こちらをご覧ください。二人前のメニューなんですが、四人でも食べきれなさそうですよね(이 가게가 주목을 모으는 이유입니다만, 이쪽을 봐 주세요. 2인분 메뉴인데, 4명이라도 다 먹지 못할 것 같죠?)라고 했으므로 3 料理の量が多いから(요리의 양이 많아서)가 정답이다. 오답 선택지 1, 2는 화제를 모으고 있는 이유가 아니고, 4는 스모 선수가 주인이라고는 했지만 만날 수 있다고는 언급되지 않았으므로 오답이다.

어휘 テレビ 圏 텔레비전　レストラン 레스토랑　話題 わだい 圏 화제
大変 たいへん 圏 대단히　黄金 おうごん 圏 황금
お邪魔する おじゃまする 찾아오다, 방문하다
店内 てんない 圏 가게 내부　にぎわう 圏 북적거리다
窓 まど 圏 창문　きれいだ な형 예쁘다　庭園 ていえん 圏 정원
眺める ながめる 圏 바라보다　和風 わふう 圏 일본식
すてきだ な형 멋지다　鍋料理 なべりょうり 냄비 요리, 전골 요리
専門店 せんもんてん 圏 전문점　様々だ さまざまだ な형 다양하다
種類 しゅるい 圏 종류　鍋 なべ 圏 냄비 (요리), 전골 (요리)
楽しむ たのしむ 圏 즐기다　他店 たてん 圏 다른 가게
注目 ちゅうもく 圏 주목　集める あつめる 圏 모으다
訳 わけ 圏 이유　ご覧 ごらん 圏 보심 (見る의 존경어)
～前 ～まえ ~분　メニュー 圏 메뉴　～きれる 다 ~할 수 있다
皆さん みなさん 圏 모두　カメラ 圏 카메라
収める おさめる 圏 담다　実は じつは 見 실은　オーナー 圏 주인
数年前 すうねんまえ 몇 년 전　現役 げんえき 圏 현역
活躍 かつやく 圏 활약　元～ もと～ 전, 이전　すもう 圏 스모
選手 せんしゅ 圏 선수　理由 りゆう 圏 이유　納得 なっとく 圏 납득
おしゃれだ な형 세련되다　めずらしい い형 진귀하다, 드물다
料理 りょうり 圏 요리　量 りょう 圏 양　多い おおい い형 많다
会う あう 圏 만나다

4

[음성]
女の人と男の人が話しています。男の人はどうして今通っているジムをやめますか。
女: 久しぶりだね。あんなに熱心に通ってたのに最近見ないけど、仕事でも忙しいの?
男: 先月転職したんだ。それで新しい環境や業務に慣れてなくて残業することが多くてね。このジムも今月までで退会することにしたよ。
女: 仕事って慣れてくるものだし、通う時間がないこともないでしょう?
男: そうなんだけど、実は転職先の人に会社のサッカーチームに誘われてさ。最初は断ってたんだけど、練習だけでも見に来いってしつこいから見学に行ってみたの。そしたら、雰囲気がよくてみんな楽しそうで。
女: なるほどね。ジムの運動って体重を5キロ減らしたいとか筋肉量をアップさせたいというような具体的な目標を持つ人には効果的でいいよね。でも、そこに楽しさがあるかって聞かれたら返答に困るけど。
男: そうなんだよね。
女: ジムをやめても運動を継続することに変わりないね。でも、けがには注意してね。私も部活でバスケしてたから分かるけど、体と体が触れる競技って大けがに繋がりやすいから。
男: うん、分かったよ。

男の人はどうして今通っているジムをやめますか。

[문제지]
1 はたらく場所が変わったから
2 通う時間がないから
3 サッカーチームに入るから
4 けがをしたから

해석 여자와 남자가 이야기하고 있습니다. 남자는 왜 지금 다니고 있는 체육관을 그만둡니까?
여: 오랜만이네. 그렇게 열심히 다녔었는데 요즘 안 보이던데, 일이라도 바쁜 거야?
남: 지난달에 이직했거든. 그래서 새로운 환경과 업무에 익숙해지지 않아서 잔업하는 경우가 많아서. 이 체육관도 이번 달까지로 그만두기로 했어.
여: 일이라는 건 익숙해지는 법이고, 다닐 시간이 없는 것도 아닐 텐데?
남: 그렇긴 한데, 실은 이직한 회사 사람에게 회사 축구팀에 권유받아서. 처음엔 거절했었는데, 연습만이라도 보러 오라며 집요해서 견학하러 가 봤거든. 그랬더니, 분위기가 좋아서 다들 즐거워 보이더라고.
여: 그렇구나. 체육관의 운동이란 체중을 5킬로 줄이고 싶다든지 근

육량을 업시키고 싶다든지 하는 구체적인 목표를 가진 사람에게는 효과적이고 좋지. 하지만, 거기에 즐거움이 있냐고 물어보면 대답이 어렵지만.
남: 그렇지.
여: 체육관을 그만둬도 운동을 계속하는 것에 변함없네. 하지만, 부상에는 주의해. 나도 부활동에서 농구를 했었으니까 아는데, 몸과 몸이 닿는 경기는 큰 부상으로 이어지기 쉬우니까.
남: 응, 알겠어.

남자는 왜 지금 다니고 있는 체육관을 그만둡니까?

1 일하는 장소가 바뀌었기 때문에
2 다닐 시간이 없기 때문에
3 축구팀에 들어가기 때문에
4 부상을 당했기 때문에

해설 남자가 체육관을 그만두는 이유를 묻는 문제이다. 대화 중, 남자가 実は転職先の人に会社のサッカーチームに誘われてさ(실은 이직한 회사 사람에게 회사 축구팀에 권유받아서)라고 했으므로 3 サッカーチームに入るから(축구팀에 들어가기 때문에)가 정답이다. 오답 선택지 1은 요즘 운동하러 못 나온 이유이고, 2는 다닐 시간이 없는 건 아니라고 했으며, 4는 부상을 당하지 않게 주의하라고 한 것이므로 오답이다.

어휘 通う かよう 图 다니다　ジム 图 체육관, 헬스 클럽　やめる 图 그만두다
久しぶりだ ひさしぶりだ な형 오랜만이다
熱心だ ねっしんだ な형 열심이다　最近 さいきん 图 요즘
仕事 しごと 图 일　忙しい いそがしい い형 바쁘다
先月 せんげつ 图 지난달　転職 てんしょく 图 이직
新しい あたらしい い형 새롭다　環境 かんきょう 图 환경
業務 ぎょうむ 图 업무　慣れる なれる 图 익숙해지다
残業 ざんぎょう 图 잔업, 야근　多い おおい い형 많다
今月 こんげつ 图 이번 달　退会 たいかい 图 그만둠, 탈퇴
時間 じかん 图 시간　実は じつは 图 실은
転職先 てんしょくさき 图 이직한 회사, 이직한 곳
会社 かいしゃ 图 회사　サッカー 图 축구　チーム 图 팀
誘う さそう 图 권유하다　最初 さいしょ 图 처음
断る ことわる 图 거절하다　練習 れんしゅう 图 연습
しつこい い형 집요하다　見学 けんがく 图 견학
雰囲気 ふんいき 图 분위기　楽しい たのしい い형 즐겁다
運動 うんどう 图 운동　体重 たいじゅう 图 체중　キロ 图 킬로(그램)
減らす へらす 图 줄이다　筋肉量 きんにくりょう 图 근육량
アップ 图 업, 증가　具体的だ ぐたいてきだ な형 구체적이다
目標 もくひょう 图 목표　持つ もつ 图 가지다
効果的だ こうかてきだ な형 효과적이다　楽しさ たのしさ 图 즐거움
返答 へんとう 图 대답　困る こまる 图 어렵다, 곤란하다
継続 けいぞく 图 계속　変わり かわり 图 변함, 변화　けが 图 부상
注意 ちゅうい 图 주의　部活 ぶかつ 图 부활동, 동아리 활동
バスケ 图 농구　体 からだ 图 몸　触れる ふれる 图 닿다
競技 きょうぎ 图 경기　大けが おおけが 图 큰 부상
繋がる つながる 图 이어지다　はたらく 图 일하다
場所 ばしょ 图 장소　変わる かわる 图 변하다
入る はいる 图 들어가다

5

[음성]
男の人と女の人が話しています。女の人の子供のころの一番の思い出は何ですか。
男: 山田さんの子供のころの思い出って何ですか。
女: 子供のころの思い出ですか。そうですね。色々あります。あ、近所に住んでいたお姉さんによく遊んでもらいましたね。
男: へえ、僕も隣のお兄さんと、よくテレビゲームをしていました。そのせいで、いつも母に勉強しなさいと注意されていましたけどね。
女: ははは。でも、一番記憶に残っている思い出はやはり家族との旅行ですね。その中でも家族みんなで沖縄に行ったときがとても楽しかったです。
男: いいですね。沖縄は行ったことないけど、ぼくも一度は行きたいです。

女の人の子供のころの一番の思い出は何ですか。

[문제지]
1 近所のお姉さんと遊んでいたこと
2 となりのお兄さんとテレビゲームをしていたこと
3 母と一緒に勉強していたこと
4 家族と一緒に沖縄に行ったこと

해석 남자와 여자가 이야기하고 있습니다. 여자의 어린 시절 최고의 추억은 무엇입니까?
남: 야마다 씨의 어린 시절 추억은 무엇입니까?
여: 어린 시절 추억 말인가요? 그렇네요. 여러 가지 있습니다. 아, 근처에 살고 있던 언니가 자주 놀아줬어요.
남: 아, 저도 이웃 형과, 자주 비디오 게임을 했습니다. 그 때문에, 늘 엄마에게 공부하라고 주의 받았지만요.
여: 하하하. 하지만, 가장 기억에 남아 있는 추억은 역시 가족과의 여행이네요. 그 중에서도 가족 모두가 오키나와에 갔을 때가 매우 즐거웠어요.
남: 좋네요. 오키나와는 간 적이 없지만, 저도 한 번은 가고 싶어요.

여자의 어린 시절 최고의 추억은 무엇입니까?

1 이웃 언니와 놀았던 것
2 이웃 오빠와 비디오 게임을 했던 것
3 엄마와 함께 공부를 했던 것
4 가족과 함께 오키나와에 갔던 것

해설 여자의 어린 시절 최고의 추억을 묻는 문제이다. 여자가 一番記憶に残っている思い出はやはり家族との旅行ですね(가장 기억에 남아 있는 추억은 역시 가족과의 여행이네요)라고 말한 다음, その中でも家族みんなで沖縄に行ったときがとても楽しかったです(그 중에서도 가족 모두가 오키나와에 갔을 때가 매우 즐거웠어요)라고 말했으므로, 4 家族と一緒に沖縄に行ったこと(가족과 함께 오

키나와에 갔던 것)가 정답이다. 오답 선택지 1은 여자가 언급한 추억은 맞지만, 가장 기억에 남는 추억에 해당되는 것은 아니다. 2는 남자의 어린 시절 추억이다. 3은 남자가 어린 시절 추억을 말하면서 '늘 엄마에게 공부하라고 주의 받았지만요'라고 언급했으나, 여자의 어린 시절 최고의 추억과는 무관하므로 오답이다.

어휘 子供のころ こどものころ 어린 시절　一番 いちばん 囝 최고, 제일
思い出 おもいで 囝 추억　色々 いろいろ 囝 여러 가지
近所 きんじょ 囝 근처　住む すむ 图 살다
お姉さん おねえさん 囝 언니, 누나　よく 囝 자주
遊ぶ あそぶ 图 놀다　隣 となり 囝 이웃, 이웃집
お兄さん おにいさん 囝 형, 오빠　テレビゲーム 囝 비디오 게임
そのせいで 그 때문에　いつも 囝 늘, 언제나　母 はは 囝 엄마, 어머니
勉強 べんきょう 囝 공부　注意 ちゅうい 囝 주의　~けど 困 ~지만
でも 困 하지만　記憶 きおく 囝 기억　残る のこる 图 남다
やはり 囝 역시　家族 かぞく 囝 가족　旅行 りょこう 囝 여행
その中でも そのなかでも 그 중에서도　みんな 囝 모두
沖縄 おきなわ 오키나와(지명)　行く いく 图 가다
とても 囝 매우, 몹시　楽しい たのしい い형 즐겁다
一度 いちど 囝 한 번　一緒に いっしょに 함께, 같이

6

[음성]

大学で男の学生と女の学生が話しています。二人はいつ会いますか。

男: さっきの授業の内容、すごく難しくてさっぱり分からなかったよ。安田さんは理解できた?

女: うん。私はゼミでも似たようなこと勉強しているからね。

男: ああ、そうだったね。すごいな。もし時間があったら後で教えてくれない? 僕このままだとテストが心配だよ。

女: もちろん。私で良ければ。

男: ありがとう。僕はこれからもう一つ講義があるから、それが終わってすぐ3時からでもいい?

女: あー、今日は4時からアルバイトで3時から始めたとしても15分後には出なきゃいけないんだけど、それじゃ時間が足りないよね。明日はどう?

男: 明日も同じ時間まで講義があって、3時以降ならいつでも大丈夫。

女: じゃあ、講義が終わったらすぐ始めよう。1階のカフェで集合ね。

男: うん。

二人はいつ会いますか。

[문제지]

1　今日の午後3時から
2　今日の午後4時から
3　明日の午後3時から
4　明日の午後4時から

해석 대학에서 남학생과 여학생이 이야기하고 있습니다. 두 사람은 언제 만납니까?

남: 아까 수업 내용, 굉장히 어려워서 전혀 이해할 수 없었어. 야스다 씨는 이해할 수 있었어?

여: 응. 나는 세미나에서도 비슷한 것 공부하고 있으니까.

남: 아, 그랬지. 대단하다. 혹시 시간이 있으면 나중에 가르쳐 주지 않을래? 나 이대로라면 시험이 걱정돼.

여: 물론이지. 나로 괜찮다면.

남: 고마워. 나는 이제부터 하나 더 강의가 있으니까, 그것이 끝나고 바로 3시부터라도 괜찮아?

여: 아, 오늘은 4시부터 아르바이트라서 3시부터 시작한다고 해도 15분 후에는 나가야 하는데, 그래서는 시간이 부족하겠지. 내일은 어때?

남: 내일도 같은 시간까지 강의가 있어서, 3시 이후라면 언제든지 괜찮아.

여: 그럼, 강의가 끝나면 바로 시작하자. 1층 카페에서 집합이야.

남: 응.

두 사람은 언제 만납니까?

1　오늘 오후 3시부터
2　오늘 오후 4시부터
3　내일 오후 3시부터
4　내일 오후 4시부터

해설 두 사람이 만나는 날과 시간을 묻는 문제이다. 대화 중, 여학생이 明日はどう？(내일은 어때?)라고 하자, 남학생이 3時以降ならいつでも大丈夫(3시 이후라면 언제든지 괜찮아)라고 했으므로 3 明日の午後3時から(내일 오후 3시부터)가 정답이다. 오답 선택지 1은 여학생이 아르바이트가 있어 시간이 부족하고, 2는 여학생의 아르바이트 시간이며, 4는 언급되지 않았으므로 오답이다.

어휘 大学 だいがく 囝 대학　二人 ふたり 囝 두 사람　いつ 囝 언제
会う あう 图 만나다　さっき 아까　授業 じゅぎょう 囝 수업
内容 ないよう 囝 내용　すごく 囝 굉장히
難しい むずかしい い형 어렵다　さっぱり 囝 전혀
分かる わかる 图 이해하다, 알다　理解 りかい 囝 이해
ゼミ 囝 세미나　似る にる 图 비슷하다　こと 囝 것
勉強 べんきょう 囝 공부　~から 困 ~니까　すごい い형 대단하다
もし 囝 혹시　時間 じかん 囝 시간　ある 图 있다　~たら ~면
後で あとで 나중에　教える おしえる 图 가르치다　このまま 이대로
~と ~면　テスト 囝 시험　心配だ しんぱいだ な형 걱정되다
もちろん 囝 물론　これから 이제부터　もう 囝 더
一つ ひとつ 囝 하나　講義 こうぎ 囝 강의　それ 囝 그것
終わる おわる 图 끝나다　すぐ 囝 바로　~時 ~じ ~시
~でも 困 ~라도　いい い형 좋다　今日 きょう 囝 오늘
~から 困 ~부터　アルバイト 囝 아르바이트
始める はじめる 图 시작하다　足りない たりない 부족하다
明日 あした 囝 내일　同じ おなじ 같음　以降 いこう 囝 이후

~なら ~면　いつでも 언제든지
大丈夫だ だいじょうぶだ [な형] 괜찮다　じゃあ [접] 그럼
~階 ~かい ~층　カフェ [명] 카페　集合 しゅうごう [명] 집합
午後 ごご [명] 오후

> ☞ 문제 3은 문제지에 아무것도 인쇄되어 있지 않습니다. 따라서, 예제를 들려줄 때, 그 내용을 들으면서 개요 이해의 문제 풀이 전략을 떠올려 봅니다. 음성에서 では、始めます(그러면, 시작합니다)가 들리면, 곧바로 문제 풀 준비를 합니다.
> 음성 디렉션과 예제는 실전모의고사 1의 해설(p.194)에서 확인할 수 있습니다.

1

[음성]
テレビ番組でレストランのメニューを食べたあと、司会の女の人が男の人に感想を聞いています。

女: 青山シェフ、お味はいかがでしたか。
男: ええ、ソースは中国の一般的な黒酢を使用しているようですね。酸味と甘みのバランスがちょうどいいです。そこに醤油が加わって奥深い味わいになっています。肉が少し硬めなので、一回り小さくしたり加熱前に筋を切ったりするなどして、柔らかさを出す工夫をするともっと食べやすくなると思います。

男の人はどのように思っていますか。
1 味付けはいいが、肉が硬くて食べにくい
2 味付けはまあまあだが、肉が大きくて食べにくい
3 味付けが良くて、肉も柔らかくて食べやすい
4 味付けが甘めで、肉が小さくて食べやすい

해석　텔레비전 프로그램에서 레스토랑의 메뉴를 먹은 후, 사회자인 여자가 남자에게 감상을 묻고 있습니다.
여: 아오야마 셰프님, 맛은 어떠셨나요?
남: 네, 소스는 중국의 일반적인 흑초를 사용하고 있는 것 같네요. 산미와 단맛의 균형이 딱 좋아요. 거기에 간장이 더해져 깊이 있는 풍미가 되고 있어요. 고기가 조금 딱딱한 편이라서, 한 단계 작게 하거나 가열 전에 근육을 자르거나 해서, 부드러움을 낼 궁리를 하면 더욱 먹기 쉬워질 거라고 생각합니다.

남자는 어떻게 생각하고 있습니까?
1 양념은 좋지만, 고기가 딱딱해서 먹기 나쁘다
2 양념은 그저 그렇지만, 고기가 커서 먹기 나쁘다
3 양념이 좋고, 고기도 부드러워서 먹기 좋다
4 양념이 단 편이고, 고기가 작아서 먹기 좋다

해설　사회자와 남자가 텔레비전에서 어떤 이야기를 하는지 전체적인 흐름을 파악하며 주의 깊게 듣는다. 남자가 酸味と甘みのバランスがちょうどいいです(산미와 단맛의 균형이 딱 좋아요)라고 말한 다음, 肉が少し硬めなので、一回り小さくしたり加熱前に筋を切ったりするなどして、柔らかさを出す工夫をするともっと食べやすくなると思います(고기가 조금 딱딱한 편이라서, 한 단계 작게 하거나 가열 전에 근육을 자르거나 해서, 부드러움을 낼 궁리를 하면 더욱 먹기 쉬워질 거라고 생각합니다)라고 언급했다. 질문에서 남자의 생각, 즉 중심 내용을 물었으므로, 1 味付けはいいが、肉が硬くて食べにくい(양념은 좋지만, 고기가 딱딱해서 먹기 나쁘다)가 정답이다.

어휘　テレビ [명] 텔레비전　番組 ばんぐみ [명] 프로그램
レストラン [명] 레스토랑　メニュー [명] 메뉴　食べる たべる [동] 먹다
司会 しかい [명] 사회(자)　感想 かんそう [명] 감상　シェフ [명] 셰프(님)
味 あじ [명] 맛　ソース [명] 소스　中国 ちゅうごく [명] 중국
一般的だ いっぱんてきだ [な형] 일반적이다　黒酢 くろず [명] 흑초
使用 しよう [명] 사용　酸味 さんみ [명] 산미　甘み あまみ [명] 단맛
バランス [명] 균형　ちょうど [부] 딱　醤油 しょうゆ [명] 간장
加わる くわわる [동] 더해지다　奥深い おくぶかい [い형] 깊이 있다
味わい あじわい [명] 풍미　肉 にく [명] 고기　少し すこし [부] 조금
硬めだ かためだ [な형] 딱딱한 편이다　一回り ひとまわり [명] 한 단계
小さい ちいさい [い형] 작다　加熱 かねつ [명] 가열　筋 すじ [명] 근육
切る きる [동] 자르다　柔らかさ やわらかさ [명] 부드러움
出す だす [동] 내다　工夫 くふう [명] 궁리　もっと [부] 더욱
味付け あじつけ [명] 양념　硬い かたい [い형] 딱딱하다
まあまあだ [な형] 그저 그렇다　大きい おおきい [い형] 크다
甘めだ あまめだ [な형] 단 편이다

2

[음성]
アナウンサーが男の人に映画を見た感想についてインタビューしています。

女: この映画はどうでしたか。
男: この映画の感想ですよね。悪くなかったと思いますよ。有名な俳優もたくさん出ていましたし、俳優の演技もよかったです。ぼくのまわりでこの映画を見た人の多くが面白かったと言ってました。でも、この映画は小説をもとにしているでしょ。その小説の作家が好きで、新しい作品が出るとすぐに読むぐらいなんですが、ぼくはやはり映画よりは小説のほうがもっとよかったかなと思います。小説を読みながら色々想像していたんですが、思ったより映画は魅力的ではなかったので少し惜しかったです。

男の人が一番言いたいことは何ですか。
1 映画もよかったが、小説のほうがもっとよかった
2 小説より映画のほうがもっとよかった
3 俳優の演技があまりよくなかった
4 想像した通りだったのでよかった

해석　아나운서가 남자에게 영화를 본 감상에 대해 인터뷰하고 있습니다.
여: 이 영화는 어땠습니까?
남: 이 영화의 감상 말이죠. 나쁘지 않았다고 생각해요. 유명한 배우

도 많이 나오고 있었고, 배우의 연기도 좋았어요. 제 주변에서 이 영화를 본 사람의 대부분이 재미있었다고 했어요. 하지만, 이 영화는 소설을 토대로 하고 있잖아요. 그 소설의 작가를 좋아해서, 새로운 작품이 나오면 바로 읽을 정도인데요, **저는 역시 영화보다는 소설 쪽이 더 좋았다고 생각해요.** 소설을 읽으면서 여러 가지 상상했었는데, 생각보다 영화는 매력적이지 않아서 조금 아쉬웠어요.

남자가 가장 말하고 싶은 것은 무엇입니까?

1 영화도 좋았지만, 소설 쪽이 더 좋았다
2 소설보다 영화 쪽이 더 좋았다
3 배우의 연기가 별로 좋지 않았다
4 상상했던 대로여서 좋았다

해설 아나운서와 남자가 인터뷰에서 어떤 이야기를 하는지 전체적인 흐름을 파악하며 주의 깊게 듣는다. 남자가 영화의 감상에 대해 悪くなかったと思いますよ(나쁘지 않았다고 생각해요)라고 말했지만, 그 다음 ぼくはやはり映画よりは小説のほうがもっとよかったかなと思います(저는 역시 영화보다는 소설 쪽이 더 좋았다고 생각해요)라고 했다. 질문에서 남자가 하는 말의 중심 내용이 무엇인지 물었으므로, 1 映画もよかったが、小説のほうがもっとよかった(영화도 좋았지만, 소설 쪽이 더 좋았다)가 정답이다.

어휘 アナウンサー 圀아나운서   映画 えいが 圀영화
見る みる 圄보다   感想 かんそう 圀감상   ~について ~에 대해
インタビュー 圀인터뷰   悪い わるい い형나쁘다
有名だ ゆうめいだ な형유명하다   俳優 はいゆう 圀배우
たくさん 凮많이   出る でる 圄나오다   演技 えんぎ 圀연기
まわり 圀주변, 주위   多く おおく 圀대부분
面白い おもしろい い형재미있다   でも 웜하지만
小説 しょうせつ 圀소설   もと 圀토대   作家 さっか 圀작가
好きだ すきだ な형좋아하다   新しい あたらしい い형새롭다
作品 さくひん 圀작품   すぐに 凮바로, 즉시   読む よむ 圄읽다
~ぐらい 丕~정도, 만큼   やはり 凮역시   ~より 丕~보다
もっと 凮더, 좀 더   色々 いろいろ 圀여러 가지
想像 そうぞう 圀상상   魅力的だ みりょくてきだ な형매력이다
~ので 丕~라서   少し すこし 凮조금, 약간
惜しい おしい い형아쉽다   一番 いちばん 凮가장, 제일
あまり 凮그다지   ~通り ~とおり ~대로, 같이

3

[음성]
留守番電話のメッセージを聞いています。

男: こんにちは、佐藤です。今日、6時半に新橋駅前の居酒屋で中山さんとジョンさんと4人で会う約束でしたがいつ電車が動くか分かりません。地下鉄で事故があって、地下鉄が運行を停止しています。運行を再開するまでしばらくかかるそうです。道路は渋滞してるので、運行再開を待ちます。さっき中山さんとジョンさんから連絡があって、中山さんは仕事を定時に上がれるので

6時10分頃には到着するらしいです。ジョンさんは急に業務を任せられたそうで、片付き次第、再度連絡をくれると言ってました。寒いので、先に中山さんと店内で待っていてください。できる限り急いで向かいます。

男の人は何について話していますか。
1 来る途中に事故に遭ったこと
2 待ち合わせに間に合わないこと
3 まだ仕事が終わらないこと
4 店に先に入って待っていること

해설 부재중 전화의 메시지를 듣고 있습니다.

남: 안녕하세요, 사토입니다. 오늘, 6시 반에 신바시 역 앞의 선술집에서 나카야마 씨와 존 씨와 4명이서 만날 약속이었는데 언제 전철이 움직일지 모르겠습니다. 지하철에서 사고가 있어서, 지하철이 운행을 정지하고 있습니다. 운행을 재개하기까지 좀 걸릴 것 같습니다. 도로는 정체하고 있어서, 운행 재개를 기다리겠습니다. 아까 나카야마 씨와 존 씨로부터 연락이 있었는데, 나카야마 씨는 업무를 정시에 마칠 수 있기 때문에 6시 10분경에는 도착한다고 합니다. 존 씨는 갑자기 업무를 맡겨졌다고 해서, 정리되는 대로, 다시 연락을 주겠다고 했습니다. 추우니, 먼저 나카야마 씨와 가게 안에서 기다리고 있어 주세요. **가능한 한 서둘러서 향하겠습니다.**

남자는 무엇에 대해 이야기하고 있습니까?
1 오는 도중에 사고를 당한 것
2 약속에 제시간에 맞출 수 없는 것
3 아직 일이 끝나지 않은 것
4 가게에 먼저 들어가서 기다리고 있는 것

해설 부재중 전화 메시지에서 어떤 이야기를 하는지 전체적인 흐름을 파악하며 주의 깊게 듣는다. 남자가 今日、6時半に新橋駅前の居酒屋で中山さんとジョンさんと4人で会う約束でしたがいつ電車が動くか分かりません。地下鉄で事故があって、地下鉄が運行を停止しています(오늘, 6시 반에 신바시 역 앞의 선술집에서 나카야마 씨와 존 씨와 4명이서 만날 약속이었는데 언제 전철이 움직일지 모르겠습니다. 지하철에서 사고가 있어서, 지하철이 운행을 정지하고 있습니다)라고 말한 다음, できる限り急いで向かいます(가능한 한 서둘러서 향하겠습니다)라고 언급했다. 질문에서 남자가 하는 말의 주제를 물었으므로, 2 待ち合わせに間に合わないこと(약속에 제시간에 맞출 수 없는 것)가 정답이다.

어휘 留守番 るすばん 圀부재중   電話 でんわ 圀전화
メッセージ 圀메시지   今日 きょう 圀오늘   ~時半 ~じはん ~시 반
駅前 えきまえ 圀역 앞   居酒屋 いざかや 圀선술집
会う あう 圄만나다   約束 やくそく 圀약속   電車 でんしゃ 圀전철
動く うごく 圄움직이다   地下鉄 ちかてつ 圀지하철
事故 じこ 圀사고   運行 うんこう 圀운행   停止 ていし 圀정지
再開 さいかい 圀재개   しばらく 凮좀, 잠시   かかる 圄걸리다
道路 どうろ 圀도로   渋滞 じゅうたい 圀정체   待つ まつ 圄기다리다

さっき 🔹 아까   連絡 れんらく 🔹 연락   仕事 しごと 🔹 업무
定時 ていじ 🔹 정시   上がる あがる 🔹 마치다, 끝나다
~頃 ~ごろ ~경   到着 とうちゃく 🔹 도착   急に きゅうに 🔹 갑자기
業務 ぎょうむ 🔹 업무   任せる まかせる 🔹 맡기다
片付く かたづく 🔹 정리되다   ~次第 ~しだい ~하는 대로
再度 さいど 🔹 다시   寒い さむい 🔹 춥다   先に さきに 🔹 먼저
店内 てんない 🔹 가게 안   できる限り できるかぎり 가능한 한
急ぐ いそぐ 🔹 서두르다   向かう むかう 🔹 향하다
途中 とちゅう 🔹 도중   遭う あう 🔹 당하다, 겪다
待ち合わせ まちあわせ 🔹 약속
間に合う まにあう 🔹 제시간에 맞추다   まだ 🔹 아직
終わる おわる 🔹 끝나다   店 みせ 🔹 가게   入る はいる 🔹 들어가다

☞ 문제 4는 예제를 들려줄 때 1번부터 4번까지의 그림을 보고 상황을 미리 떠올려봅니다. 음성에서 では、始めます(그러면, 시작합니다)가 들리면, 곧바로 문제 풀 준비를 합니다.
음성 디렉션과 예제는 실전모의고사 1의 해설(p.197)에서 확인할 수 있습니다.

1

[문제지]

[음성]
前の人が落としたさいふを拾いました。何と言いますか。

男: 1　さいふ、もらっていいですか。
　　 2　さいふ、落としましたよ。
　　 3　さいふ、拾ってあげましょうか。

해석 앞 사람이 떨어뜨린 지갑을 주웠습니다. 뭐라고 말합니까?
　남: 1　지갑, 받아도 되나요?
　　　2　지갑, 떨어뜨렸어요.
　　　3　지갑, 주워줄까요?

해설 앞 사람이 떨어뜨린 지갑을 주웠을 때, 할 수 있는 말을 고르는 문제이다.
　1 (X) もらっていいですか는 '받아도 되나요?'라는 말이므로 오답이다.
　2 (O) 落としましたよ가 '떨어뜨렸어요'라는 말이므로 정답이다.
　3 (X) 拾ってあげましょうか는 '주워줄까요?'라는 말이므로 오답이다.

어휘 前 まえ 🔹 앞   落とす おとす 🔹 떨어뜨리다   さいふ 🔹 지갑
　　拾う ひろう 🔹 줍다   もらう 🔹 받다

2

[문제지]

[음성]
遊園地の職員に自分たちの写真を撮ってもらいたいです。何と言いますか。

女: 1　写真お願いしてもいいですか。
　　 2　写真撮りましょうよ。
　　 3　写真を撮らせてもらってもいいですか。

해석 유원지의 직원이 자신들의 사진을 찍어 주었으면 합니다. 뭐라고 말합니까?
　여: 1　사진 부탁해도 됩니까?
　　　2　사진 찍읍시다.
　　　3　사진을 찍어도 괜찮을까요?

해설 사진을 찍어달라고 할 때, 할 수 있는 말을 고르는 문제이다.
　1 (O) お願いしてもいいですか가 '부탁해도 됩니까?'라는 말이므로 정답이다.
　2 (X) 撮りましょうは는 '찍읍시다'라는 말이므로 오답이다.
　3 (X) 撮らせてもらってもいいですか는 '찍어도 괜찮을까요?'라는 말이므로 오답이다.

어휘 遊園地 ゆうえんち 🔹 유원지   職員 しょくいん 🔹 직원
　　自分 じぶん 🔹 자신, 자기   写真 しゃしん 🔹 사진
　　撮る とる 🔹 (사진을) 찍다   お願い おねがい 🔹 부탁

3

[문제지]

[음성]
コピー機が壊れています。先輩に何と言いますか。

男: 1　コピー機を動かしたほうがいいです。
　　 2　コピー機を動かしてもいいですか。
　　 3　コピー機が動かないのですが。

해석 복사기가 고장 났습니다. 선배에게 뭐라고 말합니까?
남: 1 복사기를 작동시키는 편이 좋습니다.
2 복사기를 작동시켜도 되나요?
3 복사기가 작동하지 않는데요.

해설 복사기가 고장 났을 때, 할 수 있는 말을 고르는 문제이다.
1 (X) 動かしたほうがいい는 '작동시키는 편이 좋다'라는 말이므로 오답이다.
2 (X) 動かしてもいいですか는 '작동시켜도 되나요?'라는 말이므로 오답이다.
3 (O) 動かないのですが가 '작동하지 않는데요'라는 말이므로 정답이다.

어휘 コピー機 コピーき 몡 복사기   壊れる こわれる 동 고장 나다
先輩 せんぱい 몡 선배   動かす うごかす 동 작동시키다, 움직이게 하다
動く うごく 동 작동하다, 움직이다

4

[문제지]

[음성]
図書館で大きい声で話している人がいます。何と言いますか。
女: 1 すみませんが、少し静かにしていただけないでしょうか。
2 すみませんが、もっと大きな声で話してもらえないでしょうか。
3 すみませんが、もっと話してくださいませんか。

해석 도서관에서 큰 소리로 이야기하고 있는 사람이 있습니다. 뭐라고 말합니까?
여: 1 죄송하지만, 조금 조용히 해주실 수 없을까요?
2 죄송하지만, 좀 더 큰 소리로 이야기 해주실 수 없을까요?
3 죄송하지만, 좀 더 이야기 해주시지 않으시겠습니까?

해설 도서관에서 큰소리로 이야기하고 있는 사람이 있을 때, 할 수 있는 말을 고르는 문제이다.
1 (O) 静かにしていただけないでしょうか가 '조용히 해주실 수 없을까요?'라는 말이므로 정답이다.
2 (X) 大きな声で話してもらえないでしょうか는 '큰 소리로 이야기 해주실 수 없을까요?'라는 말이므로 오답이다.
3 (X) 話してくださいませんか는 '이야기 해주시지 않으시겠습니까?'라는 말이므로 오답이다.

어휘 図書館 としょかん 몡 도서관   大きい おおきい い형 크다
声 こえ 몡 (목)소리   話す はなす 동 이야기하다   少し すこし 뷔 조금
静かだ しずかだ な형 조용하다   もっと 뷔 좀 더, 더

大きな おおきな 큰

☞ 문제 5는 문제지에 아무것도 인쇄되어 있지 않습니다. 따라서, 예제를 들려줄 때, 그 내용을 들으면서 즉시 응답의 문제 풀이 전략을 떠올려 봅니다. 음성에서 では、始めます(그러면, 시작합니다)가 들리면, 실제 문제 풀 준비를 합니다.
음성 디렉션과 예제는 실전모의고사 1의 해설(p.199)에서 확인할 수 있습니다.

1

[음성]
女: このチーズ、スイス産だけあっておいしそうですね。でも、この量でこの値段はひどいですよ。
男: 1 この値段は高すぎますよ。
2 どのくらいの量を買いますか。
3 スイス産のものしかありませんか。

해석 여: 이 치즈, 스위스산인 만큼 맛있을 것 같네요. 하지만, 이 양에 이 가격은 심해요.
남: 1 이 가격은 너무 비싸요.
2 어느 정도의 양을 삽니까?
3 스위스산인 것밖에 없나요?

해설 여자가 치즈가 양에 비해 가격이 너무 비싸다고 불만을 표하는 상황이다.
1 (O) 가격이 너무 비싸다며 여자의 말에 공감하는 적절한 응답이다.
2 (X) 量(りょう)를 반복 사용하고, 値段(가격)과 관련된 買う(사다)를 사용하여 혼동을 준 오답이다.
3 (X) スイス産(スイスさん)을 반복 사용하여 혼동을 준 오답이다.

어휘 チーズ 몡 치즈   スイス 몡 스위스   ~産 ~さん ~산
~だけあって ~인 만큼   おいしい い형 맛있다   ~そうだ ~것 같다
でも 접 하지만   量 りょう 몡 양   値段 ねだん 몡 가격
ひどい い형 심하다   高い たかい い형 비싸다   ~すぎる ~너무 ~하다
買う かう 동 사다   ~しか 조 ~밖에

2

[음성]
男: 同僚にゴルフに誘われたんだけど、なんか気が進まなくてさ。
女: 1 へえ、それは楽しみだね。
2 それなら、断ればいいでしょ?
3 え、どこまで進んでいるの?

해석 남: 동료에게 골프에 초대받았는데, 뭔가 마음이 내키지 않아서 말이야.
여: 1 와, 그건 기대되겠네.
2 그렇다면, 거절하면 되잖아?
3 아, 어디까지 진행되었어?

해설 남자가 동료에게 골프에 초대받았지만 마음이 내키지 않아 조언을 구하는 상황이다.
1 (X) 마음이 내키지 않는다는 남자의 말과 맞지 않다.
2 (O) 남자에게 간단한 해결책을 제시하는 적절한 응답이다.
3 (X) 질문에서 '내키지 않다'라는 뜻으로 쓰인 進む를 '진행되다'라는 뜻으로 사용하여 혼동을 준 오답이다.

어휘 同僚 どうりょう 명 동료   ゴルフ 명 골프
誘う さそう 동 초대하다, 권유하다   ~けど 조 ~는데   なんか 뭔가
気が進まない きがすすまない 마음이 내키지 않다
楽しみ たのしみ 명 기대   それなら 접 그렇다면
断る ことわる 동 거절하다   ~まで 조 ~까지
進む すすむ 동 진행되다

3

[음성]
女: この家具は、若い人に人気があるんですよ。
男: 1 そうなんですか。では、これをください。
　　2 そうなんですか。ここに来ないでください。
　　3 そうなんですか。家具はどうなさいますか。

해석 여: 이 가구는, 젊은 사람에게 인기가 있어요.
남: 1 그렇습니까? 그럼, 이것을 주세요.
　　2 그렇습니까? 여기에 오지 말아주세요.
　　3 그렇습니까? 가구는 어떻게 하시겠습니까?

해설 여자가 남자에게 가구가 젊은 사람에게 인기가 있다고 추천하는 상황이다.
1 (O) '그럼, 이것을 주세요'는 여자의 추천을 받아들이는 적절한 응답이다.
2 (X) 가구가 젊은 사람에게 인기가 있다고 한 상황에 맞지 않다.
3 (X) 家具(かぐ)를 반복 사용하여 혼동을 준 오답이다.

어휘 家具 かぐ 명 가구   若い わかい い형 젊다   人気 にんき 명 인기
来る くる 동 오다   なさる 동 하시다(する의 존경어)

4

[음성]
男: あのう、すみません。お水いただけますか。
女: 1 お水飲んでもいいですか。
　　2 お水ください。
　　3 少々お待ちください。

해석 남: 저, 죄송합니다. 물을 받을 수 있을까요?
여: 1 물 마셔도 괜찮나요?
　　2 물 주세요.
　　3 잠시 기다려 주세요.

해설 남자가 여자에게 물을 달라고 요청하는 상황이다.
1 (X) 물을 달라고 요청하는 상황에 맞지 않다.
2 (X) 남자가 물을 달라고 요청한 상황이므로 주체가 맞지 않다.
3 (O) '잠시 기다려주세요'는 물을 달라는 요청을 들어주는 말이므로 적절한 응답이다.

어휘 水 みず 명 물   いただく 동 받다(もらう의 겸양어)
飲む のむ 동 마시다   少々 しょうしょう 부 잠시, 조금
待つ まつ 동 기다리다

5

[음성]
男: あ、もうこんな時間。おそくまでおじゃましちゃってすみません。
女: 1 はい、いただきました。
　　2 いいえ、どうぞ召し上がってください。
　　3 いえいえ、気にしないでください。

해석 남: 아, 벌써 이런 시간. 늦게까지 실례해 버려서 죄송합니다.
여: 1 네, 받았습니다.
　　2 아니오, 부디 드셔 주세요.
　　3 아니에요, 신경 쓰지 마세요.

해설 남자가 여자에게 늦게까지 머무른 것에 대해 사과하는 상황이다.
1 (X) 늦게까지 머무른 것을 사과하는 상황에 맞지 않다.
2 (X) 늦게까지 머무른 것을 사과하는 상황에 맞지 않다.
3 (O) '아니에요, 신경 쓰지 마세요'는 사과하지 않아도 된다는 말이므로 적절한 응답이다.

어휘 もう 부 벌써   時間 じかん 명 시간   おそい い형 늦다
~まで 조 ~까지   おじゃまする 실례하다, 방문하다
いただく 동 받다(もらう의 겸양어)   どうぞ 부 부디, 아무쪼록
召し上がる めしあがる 동 드시다(食べる의 존경어)
気にする きにする 신경 쓰다, 마음에 두다

6

[음성]
女: 子供服売り場って何階だったっけ?
男: 1 3階じゃなかった?
　　2 うん、そうだよ。
　　3 子供服って何?

해석 여: 아동복 매장은 몇 층이었던가?
남: 1 3층 아니었어?
　　2 응, 그렇지.
　　3 아동복이 뭐야?

해설 여자가 남자에게 아동복 매장이 몇 층인지 물어보는 상황이다.
1 (O) '3층 아니었어?'는 아동복 매장이 3층에 있다는 말이므로 적절한 응답이다.
2 (X) 아동복 매장이 몇 층인지 물어보는 질문의 상황에 맞지 않다.
3 (X) 子供服(こどもふく)를 반복 사용하여 혼동을 준 오답이다.

어휘 子供服 こどもふく 명 아동복   売り場 うりば 명 매장
~って 조 ~은, 란   ~っけ 조 ~던가

7

[음성]
女: 昨日急に道で車が動かなくなってさ。後ろからぶつけられてもおかしくなかったよ。
男: 1　事故が起きなくて良かったね。
　　2　けがはしなかった？
　　3　道で止まったら危ないでしょ。

해석 여: 어제 갑자기 길에서 차가 움직이지 않게 돼서 말이야. 뒤에서 충돌당했어도 이상하지 않았어.
　　남: 1　사고가 나지 않아서 다행이네.
　　　　2　부상은 입지 않았어?
　　　　3　길에서 멈추면 위험하잖아.

해설 여자가 길에서 차가 멈춰서 사고가 날 뻔한 상황을 전하는 상황이다.
　　1 (O) 사고가 나지 않아 안도하는 적절한 응답이다.
　　2 (X) 사고가 나지 않은 상황에 맞지 않다.
　　3 (X) 여자가 일부러 차를 멈춘 것이 아니므로 상황에 맞지 않다.

어휘 昨日 きのう 圐 어제　急に きゅうに 囝 갑자기
　　道 みち 圐 길　車 くるま 圐 차, 자동차　動く うごく 圄 움직이다
　　後ろ うしろ 圐 뒤　~から 国 ~에서　ぶつける 圄 충돌하다
　　おかしい 囜 이상하다　事故 じこ 圐 사고
　　起きる おきる 圄 나다, 일어나다　けが 圐 부상, 상처
　　止まる とまる 圄 멈추다　危ない あぶない 囜 위험하다

8

[음성]
女: ちょっと、誰かコーヒーを買ってきてくれないかな。
男: 1　本当に残念だね。
　　2　あ、僕が行きます。
　　3　あなたに任せます。

해석 여: 잠깐, 누군가 커피를 사다 주지 않을래?
　　남: 1　정말 유감이네.
　　　　2　아, 제가 가겠습니다.
　　　　3　당신에게 맡기겠습니다.

해설 여자가 누군가에게 커피를 사다 달라고 부탁하는 상황이다.
　　1 (X) 커피를 사다 달라고 부탁하는 상황에 맞지 않다.
　　2 (O) '아, 제가 가겠습니다'는 여자의 부탁을 들어주는 말이므로 적절한 응답이다.
　　3 (X) 여자가 커피를 사다 달라고 부탁하고 있으므로 주체가 맞지 않다.

어휘 ちょっと 잠깐　誰か だれか 누군가　コーヒー 圐 커피
　　買う かう 圄 사다　本当に ほんとうに 정말, 참으로
　　残念だ ざんねんだ 囜 유감스럽다　行く いく 圄 가다
　　あなた 圐 당신　任せる まかせる 圄 맡기다

9

[음성]
男: お腹の痛みが長く続くようなら、病院に行くべきです。
女: 1　明日にでも診てもらおうと思います。
　　2　お腹はもう大丈夫なんですか。
　　3　それは行ったほうがいいですよ。

해석 남: 배의 통증이 길게 계속되는 것 같으면, 병원에 가야 해요.
　　여: 1　내일이라도 진찰받으려고 해요.
　　　　2　배는 이제 괜찮아요?
　　　　3　그건 가는 편이 좋아요.

해설 남자가 여자의 통증을 염려하며 병원에 가도록 권유하는 상황이다.
　　1 (O) 남자의 권유를 받아들이는 적절한 응답이다.
　　2 (X) 여자가 배가 아픈 상황에 남자가 해야 할 말이므로 오답이다.
　　3 (X) 行くべきだ(가야 한다)와 관련된 行ったほうがいい(가는 편이 좋다)를 사용하여 혼동을 준 오답이다.

어휘 お腹 おなか 圐 배　痛み いたみ 圐 통증, 아픔
　　長い ながい 囜 길다　続く つづく 圄 계속되다
　　~ようだ ~인 것 같다　~なら ~라면　病院 びょういん 圐 병원
　　行く いく 圄 가다　明日 あした 圐 내일　診る みる 圄 진찰하다
　　もう 囝 이제　大丈夫だ だいじょうぶだ 囜 괜찮다

무료 온라인 실전모의고사·학습자료 제공
해커스일본어 japan.Hackers.com

실전모의고사 3

언어지식 문자·어휘

문제 1	**1** 3	**2** 4	**3** 1	**4** 4	**5** 3	**6** 2	**7** 2	**8** 1
문제 2	**9** 3	**10** 2	**11** 3	**12** 1	**13** 2	**14** 4		
문제 3	**15** 4	**16** 1	**17** 2	**18** 3	**19** 3	**20** 1	**21** 2	**22** 1
	23 3	**24** 3	**25** 2					
문제 4	**26** 2	**27** 4	**28** 4	**29** 1	**30** 3			
문제 5	**31** 3	**32** 4	**33** 2	**34** 2	**35** 1			

언어지식 문법·독해

문제 1	**1** 4	**2** 1	**3** 4	**4** 3	**5** 1	**6** 2	**7** 4	**8** 3
	9 2	**10** 4	**11** 2	**12** 2	**13** 1			
문제 2	**14** 1	**15** 4	**16** 1	**17** 3	**18** 1			
문제 3	**19** 3	**20** 3	**21** 1	**22** 2	**23** 4			
문제 4	**24** 4	**25** 2	**26** 1	**27** 4				
문제 5	**28** 4	**29** 3	**30** 1	**31** 2	**32** 2	**33** 4		
문제 6	**34** 4	**35** 2	**36** 3	**37** 1				
문제 7	**38** 2	**39** 3						

청해

문제 1	**1** 2	**2** 3	**3** 4	**4** 4	**5** 3	**6** 3		
문제 2	**1** 4	**2** 4	**3** 1	**4** 4	**5** 4	**6** 3		
문제 3	**1** 3	**2** 2	**3** 4					
문제 4	**1** 3	**2** 1	**3** 3	**4** 2				
문제 5	**1** 2	**2** 1	**3** 1	**4** 1	**5** 2	**6** 1	**7** 2	**8** 3
	9 3							

언어지식 문자·어휘

p.476

1

정치에 대해 기본基本부터 배우고 싶다.

해설 基本은 3 きほん으로 발음한다. 基本의 本은 음독 ほん, 훈독 もと 중 음독 ほん으로 발음하는 것에 주의한다.

어휘 基本 きほん 몡기본 　～から 조~부터 　政治 せいじ 몡정치
　学ぶ まなぶ 동배우다 　資本 しほん 몡자본

2

내가 무엇을 말해도, 그는 말을 하지 않고 黙って 있었습니다.

해설 黙っては 4 だまって로 발음한다.

어휘 黙る だまる 동말을 하지 않다 　ことわる 동거절하다
　たよる 동의지하다 　ゆずる 동양보하다

3

이 토지에는 주택住宅을 지을 수 없습니다.

해설 住宅는 1 じゅうたく로 발음한다. じゅう가 장음인 것에 주의한다.

어휘 住宅 じゅうたく 몡주택 　土地 とち 몡토지 　建てる たてる 동짓다
　できる 동할 수 있다

4

계산이 맞는지 재차再度, 확인했다.

해설 再度는 4 さいど로 발음한다. 度가 장음이 아닌 것에 주의한다.

어휘 再度 さいど 몡재차 　計算 けいさん 몡계산 　合う あう 동맞다
　確認 かくにん 몡확인

5

사용한 물건은 원래 장소로 되돌려返して 주세요.

해설 返しては 3 かえして로 발음한다.

어휘 返す かえす 동되돌리다 　なおす 동고치다 　おろす 동내리다
　もどす 동되돌리다 　使う つかう 동사용하다 　物 もの 몡물건
　もと 몡원래 　場所 ばしょ 몡장소

6

결승점까지 1km 남았残り습니다.

해설 残りは 2 のこり로 발음한다.

어휘 残り のこり 몡남은 것 　はしる 동달리다 　かぎり 몡한
　あまり 튀그다지 　ゴール 몡결승점 　～まで 조~까지
　～キロ ~km(킬로미터) 　なる 동되다

7

화장품 상자에 성분이 표시表示되어 있다.

해설 表示는 2 ひょうじ로 발음한다. 表는 탁음이 아닌 것과 示는 탁음인 것에 주의한다.

어휘 表示 ひょうじ 몡표시 　化粧品 けしょうひん 몡화장품
　箱 はこ 몡상자 　成分 せいぶん 몡성분

8

지금 바로 먹지 않는 고기는 냉동冷凍해 둡시다.

해설 冷凍는 1 れいとう로 발음한다. とう가 탁음이 아닌 것에 주의한다.

어휘 冷凍 れいとう 몡냉동 　今 いま 몡지금 　すぐ 튀바로
　食べる たべる 동먹다 　肉 にく 몡고기

9

이 그림かいが은 500년이나 전에 그려진 것이다.

해설 かいが는 3 絵画로 표기한다. 絵(かい, 그림)를 선택지 1과 4의 改(かい, 고치다)와 구별해서 알아 두고, 画(が, 그림)를 선택지 1과 2의 図(ず, 그림)와 구별해서 알아 둔다.

어휘 絵画 かいが 몡그림, 회화 　～年 ～ねん ~년 　前 まえ 몡전
　描く かく 동그리다 　もの 몡것

10

새로 생긴 레스토랑은 분위기ふんいき가 좋다.

해설 ふんいき는 2 雰囲気로 표기한다. 雰(ふん, 에워싸다)을 선택지 3과 4의 震(しん, 흔들리다)과 구별해서 알아두고, 囲(い, 둘러싸다)를 선택지 1과 3의 困(こん, 곤란하다)과 구별해서 알아둔다.

어휘 雰囲気 ふんいき 몡분위기 　新しい あたらしい い형새롭다
　できる 동생기다 　レストラン 몡레스토랑

11

나이를 먹어도, 튼튼한 뼈ほね를 유지하고 싶습니다.

해설 ほね는 3 骨로 표기한다.

어휘 骨 ほね 몡뼈 　身 み 몡몸 　歯 は 몡이, 이빨 　肌 はだ 몡피부
　年を重ねる としをかさねる 나이를 먹다
　丈夫だ じょうぶだ な형튼튼하다 　維持 いじ 몡유지

12

예보よほう에서는, 내일 날씨는 비라고 해요.

해설 よほう는 1 予報로 표기한다. 予(よ, 미리)를 선택지 3과 4의 預(よ, 맡겨 두다)와 구별해서 알아두고, 報(ほう, 알리다)를 선택지 2와 4의 訪(ほう, 방문하다)와 구별해서 알아둔다.

어휘 予報 よほう 몡예보 　明日 あした 몡내일 　天気 てんき 몡날씨
　雨 あめ 몡비

13
오늘의 대회에서, 훌륭한 기록<u>きろく</u>이 나왔다.

해설 きろく는 2 記録로 표기한다. 記(き, 기록하다)를 선택지 1과 3의 紀(き, 세월)와 구별해서 알아두고, 錄(ろく, 기록하다)를 선택지 3과 4의 綠(ろく, 초록색)와 구별해서 알아둔다.

어휘 記録 きろく 圓기록   今日 きょう 圓오늘   大会 たいかい 圓대회
すばらしい 의형훌륭하다   出る でる 图나오다

14
어렸을 때, 매우 <u>가난한</u>まずしい 생활을 했었다.

해설 まずしい는 4 貧しい로 표기한다. 1, 2, 3은 없는 단어이다.

어휘 貧しい まずしい 의형가난하다   質 しつ 圓질
含む ふくむ 图포함하다   盆 ぼん 圓쟁반
子どものころ こどものころ 어렸을 때   とても 凰매우
生活 せいかつ 圓생활

15
약속을 (   ) 사람과는 친구가 될 수 없습니다.
1 나누는   2 부수는
3 비난하는   4 깨는

해설 선택지가 모두 동사이다. 괄호 앞의 내용과 함께 쓸 때 約束をやぶる(약속을 깨다)라는 문맥이 가장 자연스러우므로 4 やぶる(깨다)가 정답이다. 1은 10を2でわる(10을 2로 나누다), 2는 物をこわす(물건을 부수다), 3은 人をせめる(사람을 비난하다)와 같이 쓰인다.

어휘 約束 やくそく 圓약속   友だち ともだち 圓친구   わる 图나누다
こわす 图부수다   せめる 图비난하다   やぶる 图(약속을) 깨다, 찢다

16
요리할 때에 옷이 더러워지지 않도록 (   )를 입었다.
1 앞치마   2 머플러
3 안전 벨트   4 라이터

해설 선택지가 모두 명사이다. 문장의 내용을 볼 때 料理するときに服が汚れないようにエプロンをつけた(요리할 때에 옷이 더러워지지 않도록 앞치마를 입었다)라는 문맥이 가장 자연스러우므로 1 エプロン(앞치마)이 정답이다. 2는 マフラーをまく(머플러를 감다), 3은 シートベルトをしめる(안전 벨트를 매다)와 같이 쓰인다.

어휘 料理 りょうり 圓요리   服 ふく 圓옷   汚れる よごれる 图더러워지다
つける 图입다, 걸치다   エプロン 圓앞치마   マフラー 圓머플러
シートベルト 圓안전 벨트   ライター 圓라이터

17
저 가게는 점원의 (   )가 그다지 좋지 않다.
1 심리   2 태도
3 수고   4 성질

해설 선택지가 모두 명사이다. 괄호 앞뒤의 내용과 함께 쓸 때 店員の態度があまりよくない(점원의 태도가 그다지 좋지 않다)라는 문맥이 가장 자연스러우므로 2 態度(태도)가 정답이다. 1은 心理がわかる(심리를 알다), 3은 手間がかかる(수고가 들다), 4는 性質が変わる(성질이 변하다)와 같이 쓰인다.

어휘 店 みせ 圓가게   店員 てんいん 圓점원   あまり 凰그다지
心理 しんり 圓심리   態度 たいど 圓태도   手間 てま 圓수고
性質 せいしつ 圓성질

18
다카하시 씨의 책상은 (   ) 정리되어 있어서, 매우 깨끗하다.
1 푹   2 모처럼
3 제대로   4 되도록

해설 선택지가 모두 부사이다. 괄호 앞뒤의 내용과 함께 쓸 때 高橋さんのデスクはきちんと整理されていて、とてもきれいだ(다카하시 씨의 책상은 제대로 정리되어 있어서, 매우 깨끗하다)라는 문맥이 가장 자연스러우므로 3 きちんと(제대로)가 정답이다. 1은 昨日はぐっすり寝た(어제는 푹 잤다), 2는 せっかく集まったから遊ぼう(모처럼 모였으니 놀자), 4는 なるべく早く帰ります(되도록 빨리 돌아갈게요)로 자주 쓰인다.

어휘 デスク 圓책상   整理 せいり 圓정리   とても 凰매우
きれいだ 성형깨끗하다   ぐっすり 凰푹   せっかく 凰모처럼
きちんと 凰제대로   なるべく 凰되도록

19
장래 하고 싶은 것이 없다면, 우선은 자신의 (   )이 무엇인지 생각해 보자.
1 무게   2 넓이
3 강점   4 높이

해설 선택지가 모두 명사이다. 괄호 앞의 내용과 함께 쓸 때 将来やりたいことがないなら、まずは自分の強み(장래 하고 싶은 것이 없다면, 우선은 자신의 강점)라는 문맥이 가장 자연스러우므로 3 強み(강점)가 정답이다. 1은 彼女の言葉には重みがある(그녀의 말에는 무게가 있다), 2는 部屋の広さはこのぐらいがいい(방 넓이는 이 정도가 좋다), 4는 高さ20mを超える作品(높이 20m를 넘는 작품)로 자주 쓰인다.

어휘 将来 しょうらい 圓장래   やる 图하다   ~なら 조~라면
まず 凰우선   自分 じぶん 圓자신   考える かんがえる 图생각하다
重み おもみ 圓무게   広さ ひろさ 圓넓이   強み つよみ 圓강점
高さ たかさ 圓높이

20
가방에 먹을 것을 많이 (   ) 외출했습니다.
1 담아서   2 포함해서
3 태워서   4 넘어서

해설 선택지가 모두 동사이다. 괄호 앞의 내용과 함께 쓸 때 かばんに食

べ物をたくさんつめて(가방에 먹을 것을 많이 담아서)라는 문맥이 가장 자연스러우므로 1 つめて(담아서)가 정답이다. 2는 税金を含む(세금을 포함하다), 3은 車にのせる(차에 태우다), 4는 山を越す(산을 넘다)와 같이 쓰인다.

어휘 かばん 명 가방　食べ物 たべもの 명 먹을 것, 음식
たくさん 분 많이, 충분히　出かける でかける 동 외출하다
つめる 동 담다, 채우다　含む ふくむ 동 포함하다　のせる 동 태우다
越す こす 동 넘다

21

우리 딸은 하여간 (　　), 게임보다도 몸을 움직여서 노는 것을 좋아한다.

1 열심이어서　　　　2 활발해서
3 태평해서　　　　　4 화려해서

해설 선택지가 모두 형용사이다. 괄호 앞뒤의 내용과 함께 쓸 때 うちの娘はとにかく活発で、ゲームよりも体を動かして遊ぶことが好きだ(우리 딸은 하여간 활발해서, 게임보다도 몸을 움직여서 노는 것을 좋아한다)라는 문맥이 가장 자연스러우므로 2 活発で(활발해서)가 정답이다. 1은 父は仕事熱心で周りに評価されている(아버지는 일에 열심이어서 주변에게 평가받고 있다), 3은 彼は気楽で締め切りが迫っていても急がない(그는 태평해서 마감이 다가와도 서두르지 않는다), 4는 柄が派手で私には似合わない(무늬가 화려해서 나에게는 어울리지 않는다)로 자주 쓰인다.

어휘 うち 명 우리　娘 むすめ 명 딸　とにかく 부 하여간　ゲーム 명 게임
~より 조 ~보다　体 からだ 명 몸　動かす うごかす 동 움직이다
遊ぶ あそぶ 동 놀다　好きだ すきだ な형 좋아하다
熱心だ ねっしんだ な형 열심이다　活発だ かっぱつだ な형 활발하다
気楽だ きらくだ な형 태평하다　派手だ はでだ な형 화려하다

22

1개월에 1권도 책을 읽지 않는 사람의 (　　)이 해마다 증가하고 있습니다.

1 비율　　　　　　　2 비교
3 분수　　　　　　　4 확률

해설 선택지가 모두 명사이다. 괄호 앞뒤의 내용과 함께 쓸 때 人の割合は年々増えています(사람의 비율이 해마다 증가하고 있습니다)라는 문맥이 가장 자연스러우므로 1 割合(비율)가 정답이다. 2는 男女の比較(남녀의 비교), 3은 分数の計算(분수의 계산), 4는 偶然の確率(우연의 확률)와 같이 쓰인다.

어휘 本 ほん 명 책　読む よむ 동 읽다　年々 ねんねん 부 해마다, 매년
増える ふえる 동 증가하다, 늘다　割合 わりあい 명 비율
比較 ひかく 명 비교　分数 ぶんすう 명 분수　確率 かくりつ 명 확률

23

이 개는 잘 (　　) 되어 있어서, 눈이 불편한 사람의 생활을 지원합니다.

1 육아　　　　　　　2 돌봄

3 훈련　　　　　　　4 학습

해설 선택지가 모두 명사이다. 괄호 앞뒤의 내용과 함께 쓸 때 この犬はよく訓練されていて(이 개는 잘 훈련되어 있어서)라는 문맥이 가장 자연스러우므로 3 訓練(훈련)이 정답이다. 1은 育児休暇をもらう(육아휴가를 받다), 2는 子供の世話をしている(아이를 돌보고 있다), 4는 日本語を学習している(일본어를 학습하고 있다)로 자주 쓰인다.

어휘 犬 いぬ 명 개　よく 부 잘　目 め 명 눈
不自由だ ふじゆうだ な형 불편하다　人 ひと 명 사람
生活 せいかつ 명 생활　サポート 명 지원　育児 いくじ 명 육아
世話 せわ 명 돌봄　訓練 くんれん 명 훈련　学習 がくしゅう 명 학습

24

저기에 있는 빨래를 (　　) 놓아 주세요.

1 짜　　　　　　　　2 꺾어
3 개어　　　　　　　4 바쳐

해설 선택지가 모두 동사이다. 괄호 앞뒤의 내용과 함께 쓸 때 洗濯物をたたんでおいてください(빨래를 개어 놓아 주세요)라는 문맥이 가장 자연스러우므로 3 たたんで(개어)가 정답이다. 1은 チームを組む(팀을 짜다), 2는 木の枝を折る(나뭇가지를 꺾다), 4는 税金をおさめる(세금을 내다)와 같이 쓰인다.

어휘 洗濯物 せんたくもの 명 빨래, 세탁물　組む くむ 동 짜다, 끼다
折る おる 동 꺾다　たたむ 동 개다　おさめる 동 바치다, 내다

25

이 기계는 (　　)이 어렵기 때문에, 연습이 필요하다.

1 수단　　　　　　　2 조작
3 수술　　　　　　　4 예의

해설 선택지가 모두 명사이다. 괄호 앞뒤의 내용과 함께 쓸 때 この機械は操作が難しい(이 기계는 조작이 어렵다)라는 문맥이 가장 자연스러우므로 2 操作(조작)가 정답이다. 1은 手段を選ばない(수단을 가리지 않다), 3은 手術が成功する(수술이 성공하다), 4는 作法を守る(예의를 지키다)와 같이 쓰인다.

어휘 機械 きかい 명 기계　難しい むずかしい い형 어렵다
~ので 조 ~때문에　練習 れんしゅう 명 연습
必要だ ひつようだ な형 필요하다　手段 しゅだん 명 수단
操作 そうさ 명 조작　手術 しゅじゅつ 명 수술
作法 さほう 명 예의, 관례

26

옛날부터 남자 조카와는, 매우 사이가 좋다.

1 언니의 딸　　　　　2 언니의 아들
3 어머니의 남동생　　4 어머니의 여동생

해설 おい가 '남자 조카'라는 의미이므로, 이와 의미가 가장 비슷한 2 姉の息子(언니의 아들)가 정답이다.

어휘 昔 むかし 명옛날　～から 조~부터　おい 명남자 조카
とても 부매우　仲 なか 명사이　いい い형좋다
姉 あね 명언니, 누나　娘 むすめ 명딸　息子 むすこ 명아들
母 はは 명어머니　弟 おとうと 명남동생　妹 いもうと 명여동생

27

여러분의 자연스러운 얼굴을 찍고 싶습니다.
1　멋진　　　　　　　2　성실한
3　희귀한　　　　　　**4　평소의**

해설 自然な가 '자연스러운'이라는 의미이므로, 이와 의미가 가장 비슷한 4 ふだんの(평소의)가 정답이다.

어휘 みなさん 명여러분　自然だ しぜんだ な형자연스럽다
顔 かお 명얼굴　撮る とる 동찍다　見事だ みごとだ な형멋지다
まじめだ な형성실하다　めずらしい い형희귀하다　ふだん 명평소

28

연말에 가족 다 같이 집 청소를 했습니다.
1　한밤중　　　　　　2　이전
3　휴일　　　　　　　**4　연말**

해설 暮れ가 '연말'이라는 의미이므로, 이와 의미가 같은 4 年末(연말)가 정답이다.

어휘 暮れ くれ 명연말　家族 かぞく 명가족　みんなで 다 같이
家 いえ 명집　掃除 そうじ 명청소　夜中 よなか 명한밤중
以前 いぜん 명이전　休み やすみ 명휴일, 휴가
年末 ねんまつ 명연말

29

다나카 씨와 역 앞에서 만나기로 했다.
1　만날 약속을 했다　　2　오랜만에 만났다
3　같이 기다리고 있었다　4　계속 기다림을 당했다

해설 待ち合わせた가 '만나기로 했다'라는 의미이므로, 이와 교체하여도 문장의 의미가 바뀌지 않는 1 会う約束をした(만날 약속을 했다)가 정답이다.

어휘 駅 えき 명역　前 まえ 명앞
待ち合わせる まちあわせる 동만나기로 하다　会う あう 동만나다
約束 やくそく 명약속　ひさしぶり 명오래간만
一緒に いっしょに 함께　待つ まつ 동기다리다　ずっと 부계속

30

이 일은 체력이 있는 사람에게 적합하다고 생각한다.
1　인기가 있다　　　　2　시켜야 한다
3　맞다　　　　　　4　알려져 있다

해설 向いている가 '적합하다'라는 의미이므로, 이와 의미가 가장 비슷한 3 合っている(맞다)가 정답이다.

어휘 仕事 しごと 명일　体力 たいりょく 명체력　向く むく 동적합하다

人気 にんき 명인기　合う あう 동맞다, 어울리다　知る しる 동알다

31

정리
1　친구가 놀러 오니까, 평소보다 정성스럽게 화장실을 정리했다.
2　세계의 동전을 정리하는 것이 취미여서, 방에 장식되어 있다.
3　옷이 많아서, 찾기 쉽도록 색별로 정리하고 있습니다.
4　보내 주신 이력서는, 이쪽에서 정리해 두겠습니다.

해설 제시어 整理(정리)는 주로 체계적으로 분류하는 경우에 사용한다. 3의 洋服が多いので、探しやすいように色ごとに整理しています(옷이 많아서, 찾기 쉽도록 색별로 정리하고 있습니다)에서 올바르게 사용되었으므로 3이 정답이다. 참고로, 1은 掃除(청소), 2는 収集(수집), 4는 処分(처분)를 사용하는 것이 올바른 문장이다.

어휘 整理 せいり 명정리　友人 ゆうじん 명친구　遊ぶ あそぶ 동놀다
～に ~하러　～から 조~니까　いつも 명평소　～より 조~보다
丁寧だ ていねいだ な형정성스럽다　トイレ 명화장실
世界 せかい 명세계　コイン 명동전　趣味 しゅみ 명취미
部屋 へや 명방　飾る かざる 동장식하다　洋服 ようふく 명옷
多い おおい い형많다　～ので 조~해서　探す さがす 동찾다
～やすい ~(하)기 쉽다　～ように ~(하)도록　色 いろ 명색
～ごとに ~별로　送る おくる 동보내다　いただく 동받다
履歴書 りれきしょ 명이력서　こちら 명이쪽

32

이상
1　점장님이 점내를 촬영하는 것을 이상하게 허가해 주었습니다.
2　식물원에는 평소 볼 수 없는 이상한 꽃도 있습니다.
3　유명인인 척을 한 이상한 이메일을 조심해 주세요.
4　이 지역은 여름에도 지내기 쉬운데, 올해는 이상하게 덥네.

해설 제시어 異常(이상)는 주로 지금까지와는 다르거나 정상적인 상황과 다른 경우에 사용한다. 4의 この地域は夏でも過ごしやすいけど、今年は異常に暑いね(이 지역은 여름에도 지내기 쉬운데, 올해는 이상하게 덥네)에서 올바르게 사용되었으므로 4가 정답이다. 참고로, 1은 特別だ(특별하다), 2는 珍しい(희귀하다), 3은 不審だ(의심스럽다)를 사용하는 것이 올바른 문장이다.

어휘 異常だ いじょうだ な형이상하다　店長 てんちょう 명점장(님)
店内 てんない 명점내　撮影 さつえい 명촬영　許可 きょか 명허가
植物園 しょくぶつえん 명식물원　普段 ふだん 명평소
目にできない めにできない 볼 수 없다　花 はな 명꽃
有名人 ゆうめいじん 명유명인　ふり 명척　メール 명이메일
気をつける きをつける 조심하다　地域 ちいき 명지역
夏 なつ 명여름　過ごす すごす 동지내다　～やすい ~(하)기 쉽다
～けど 조~인데　今年 ことし 명올해　暑い あつい い형덥다

33

입장
1　거기는 입장이 아니므로, 내려 주세요.

2 지금의 내 입장에서는 무엇도 말할 수 없습니다.
3 저 영화는 이별의 입장이 감동적입니다.
4 주에 1회는 입장에 가서, 야채 등을 삽니다.

해설 제시어 立場(입장)는 자신이 처한 상황이나 처지를 표현하는 경우에 사용한다. 2의 今の私の立場では(지금의 내 입장에서는)에서 문맥상 올바르게 사용되었으므로 2가 정답이다. 참고로, 1은 舞台(ぶたい, 무대), 3은 場面(ばめん, 장면), 4는 市場(いちば, 시장)를 사용하는 것이 올바른 문장이다.

어휘 立場 たちば 圏입장 ～ので 图～므로 降りる おりる 图내리다
今 いま 圏지금 言う いう 图말하다 映画 えいが 圏영화
別れ わかれ 圏이별, 헤어짐
感動的だ かんどうてきだ 圏감동적이다 週 しゅう 圏주, 일주일
行く いく 图가다 野菜 やさい 圏야채 ～など 图～등, 따위
買う かう 图사다

34

주다
1 맨션의 방을 주고, 들어오는 집세로 생활하고 있다.
2 상대에게 좋은 인상을 주기 위해, 항상 웃는 얼굴을 의식합시다.
3 많이 고민했지만, 상사에게 퇴직 희망을 주기로 했다.
4 항상 주어 받고 있어서, 오늘은 제가 대접하겠습니다.

해설 제시어 与える(주다)는 주로 상대방에게 어떤 느낌을 가지게 하는 경우에 사용한다. 2의 相手にいい印象を与えるために、常に笑顔を意識しましょう(상대에게 좋은 인상을 주기 위해, 항상 웃는 얼굴을 의식합시다)에서 올바르게 사용되었으므로 2가 정답이다. 참고로, 1은 貸す(빌려주다), 3은 伝える(전하다), 4는 おごる(한턱 내다)를 사용하는 것이 올바른 문장이다.

어휘 与える あたえる 图주다, 부여하다 マンション 圏맨션
部屋 へや 圏방 入る はいる 图들어가다 家賃 やちん 圏집세
生活 せいかつ 圏생활 相手 あいて 圏상대 いい い圏좋다
印象 いんしょう 圏인상 ～ために 图～위해 常に つねに 囝항상
笑顔 えがお 圏웃는 얼굴 意識 いしき 圏의식 たくさん 囝많이
悩む なやむ 图고민하다 上司 じょうし 圏상사
退職 たいしょく 圏퇴직 希望 きぼう 圏희망
～ことにする ～(하)기로 하다 いつも 囝항상 ～ので 图～해서
今日 きょう 圏오늘 ごちそう 圏대접

35

틀림없이 믿다
1 시험일을 오늘이라고 틀림없이 믿고 있었는데, 내일이었다.
2 여러 가지 틀림없이 믿었던 결과, 미국에 유학가기로 했다.
3 전철에 타고 있을 때, 좋은 아이디어가 틀림없이 믿었다.
4 모두의 의견이 틀림없이 믿어서, 마지막까지 무엇도 정해지지 않았다.

해설 제시어 思い込む(틀림없이 믿다)는 어떤 것에 대해 의심의 여지가 없이 확신하는 경우에 사용한다. 1의 試験の日を今日だと思い込んで(시험일을 오늘이라고 틀림없이 믿고)에서 문맥상 올바르게 사

용되었으므로 1이 정답이다. 참고로, 2는 思い悩む(おもいなやむ, 이리저리 고민하다), 3은 思い浮かぶ(おもいうかぶ, 생각나다), 4는 食い違う(くいちがう, 엇갈리다)를 사용하는 것이 올바른 문장이다.

어휘 思い込む おもいこむ 图틀림없이 믿다, 꼭 믿다 試験 しけん 圏시험
日 ひ 圏일, 날 今日 きょう 圏오늘 明日 あした 圏내일
いろいろ 圏여러 가지 結果 けっか 圏결과 アメリカ 圏미국
留学 りゅうがく 圏유학 電車 でんしゃ 圏전철 乗る のる 图타다
アイデア 圏아이디어 みんな 圏모두 意見 いけん 圏의견
最後 さいご 圏마지막, 최후 ～まで 图～까지
決まる きまる 图정해지다

언어지식 문법·독해

p.482

1

최근 자전거가 건강에 좋다고 주목되는 (   ), 자전거 사고가 늘어서 문제가 되고 있다.

1 때문에   2 김에
3 대로   **4 한편으로**

해설 문맥에 맞는 문형을 고르는 문제이다. 빈칸 뒤의 自転車事故が増えて問題になっている(자전거 사고가 늘어서 문제가 되고 있다)를 보면, '건강에 좋다고 주목되는 한편으로, 자전거 사고가 늘어서 문제가 되고 있다'가 문맥상 가장 자연스럽다. 따라서 4 一方で(한편으로)가 정답이다. 동사 사전형+一方는 '～(하)는 한편'라는 의미인 문형임을 알아둔다.

어휘 最近 さいきん 圏최근 自転車 じてんしゃ 圏자전거
健康 けんこう 圏건강 注目 ちゅうもく 圏주목 事故 じこ 圏사고
増える ふえる 图늘다, 증가하다 問題 もんだい 圏문제
～からこそ ～때문에 ～ついでに ～(하)는 김에 ～とおりに ～대로
一方で いっぽうで 한편으로

2

이 주변은 버스도 택시도 오지 않기 때문에, 걸어서 (   ).

1 가는 수 밖에 없습니다
2 간다고는 단정 지을 수 없습니다
3 갈 수도 없습니다
4 가기만 합니다

해설 문맥에 맞는 문말 표현을 고르는 문제이다. 빈칸 앞의 バスもタクシーも来ないので、歩いて(버스도 택시도 오지 않기 때문에, 걸어서)를 보면, '버스도 택시도 오지 않기 때문에, 걸어서 가는 수 밖에 없습니다'가 문맥상 가장 자연스럽다. 따라서 1 行くほかありません(가는 수 밖에 없습니다)이 정답이다.

어휘 辺 あたり 圏주변 バス 圏버스 タクシー 圏택시
来る くる 图오다 ～ので 图～때문에 歩く あるく 图걷다
行く いく 图가다 ～ほかない ～(하)는 수밖에 없다
～とは限らない ～とはかぎらない ～(라)고는 단정 지을 수 없다
～わけにもいかない ～(할) 수도 없다 ～てばかりいる ～(하)기만 하다

3

이 음악을 듣고 있으면, (　　) 숲 속에 있는 듯한 기분이 됩니다.
1　조금도　　　　　　　2　만약
3　설령　　　　　　　　**4　마치**

해설 문맥에 맞는 부사를 고르는 문제이다. 빈칸 뒤의 森の中にいるような気分になります(숲 속에 있는 듯한 기분이 됩니다)와 문맥상 어울리는 부사는 まるで(마치)이다. 따라서 4 まるで가 정답이다.

어휘 音楽 おんがく 명 음악　聞く きく 동 듣다　森 もり 명 숲
中 なか 명 속, 가운데　~ようだ ~(인) 듯하다　気分 きぶん 명 기분
少しも すこしも 부 조금도　もしも 부 만약　たとえ 부 설령, 가령
まるで 부 마치

4

(집에서)
남편 "이번 주 주말도 일하러 가게 되었어."
아내 "당신, 그렇게 주말도 일하고 있으면 병이 (　　). 주에 1일은 쉬는 편이 좋지 않아?"
1　나지 않을지도 몰라　　2　나려고 하지 않아
3　날지도 몰라　　　　4　날 리가 없어

해설 문맥에 맞는 문말 표현을 고르는 문제이다. 남편이 이번 주말에도 일하러 간다고 하자, 아내가 그렇게 주말에도 일하고 있으면 병이 날지도 모른다고 걱정하는 문맥이다. 따라서 3 なりかねない(날지도 몰라)가 정답이다.

어휘 家 いえ 명 집　夫 おっと 명 남편　今週 こんしゅう 명 이번 주
週末 しゅうまつ 명 주말　仕事 しごと 명 일　行く いく 동 가다
~ことになる ~(하)게 되다　妻 つま 명 아내　あなた 명 당신
病気 びょうき 명 병　週 しゅう 명 주　休む やすむ 동 쉬다
~たほうがいい ~(하)는 편이 좋다　~かもしれない ~(일)지도 모른다
~ようとする ~(하)려 하다　~かねない ~(할)지도 모른다
~はずがない ~(일)리가 없다

5

요리를 하고 있는 (　　) 전화가 걸려 왔다.
1　도중에　　　　　　2　위에서
3　뒤에　　　　　　　　4　주제에

해설 문맥에 맞는 문형을 고르는 문제이다. 모든 선택지가 料理をしている(요리를 하고 있는)에 접속할 수 있다. 때문에 빈칸 뒤의 電話がかかってきた(전화가 걸려 왔다)에 어울리는 문맥을 보면, '요리를 하고 있는 도중에 전화가 걸려 왔다'가 가장 자연스럽다. 따라서 1 最中に(도중에)가 정답이다. 동사 て형+いる+最中には '~(하)고 있는 도중에'라는 의미인 문형임을 알아둔다.

어휘 料理 りょうり 명 요리　電話 でんわ 명 전화　かかる 동 걸다
最中 さいちゅう 명 중, 한창 때　上 うえ 명 위　あと 명 뒤
~くせに ~주제에

6

(학교에서)
학생 "저, 우에다 선생님은 계십니까? 선생님의 수업 시간인데, 선생님이 오지 않습니다."
사무하는 사람 "우에다 선생님은 병원에 (　　)고 해서, 5분 정도 늦는다고 연락이 있었습니다."
1　들려서 온다　　　　　**2　들르신다**
3　들른다　　　　　　　4　들렀다

해설 대화의 문맥에 맞는 경어를 고르는 문제이다. 행동의 주체가 우에다 선생님, 즉 사무하는 사람보다 직책이 높은 사람이므로 상대를 높이는 존경 표현을 사용해야 한다. 우에다 선생님이 병원에 들르는 상황이므로 존경 표현인 2 お寄りになる(들르신다)가 정답이다. 이는 'お+ます형+になる'를 사용한 존경 표현이다. 3은 'お+ます형+する'의 겸양 표현임을 알아둔다.

어휘 学校 がっこう 명 학교　学生 がくせい 명 학생
先生 せんせい 명 선생(님)　いらっしゃる 동 계시다(いる의 존경어)
授業 じゅぎょう 명 수업　時間 じかん 명 시간　来る くる 동 오다
事務 じむ 명 사무　人 ひと 명 사람　病院 びょういん 명 병원
~そうだ ~(라)고 한다　~分 ~ふん ~분　~ほど ~정도
遅れる おくれる 동 늦다　連絡 れんらく 명 연락　寄る よる 동 들르다
まいる 동 오다(来る의 겸양어)　~ておる ~(하)고 있다 (겸양 표현)
お寄りする およりする 들르다　お寄りになる およりになる 들르시다

7

국내뿐만 아니라 해외 (　　) 손님도 즐길 수 있도록, 영어 팸플릿도 준비했다.
1　만　　　　　　　　　2　만의
3　로부터　　　　　　　**4　로부터의**

해설 문맥에 맞는 조사를 고르는 문제이다. 빈칸 뒤의 お客さんにも楽しんでもらえるように(손님도 즐길 수 있도록)와 문맥상 어울리는 말은 '해외로부터의'이다. 따라서 4 からの(로부터의)가 정답이다.

어휘 国内 こくない 명 국내　~だけでなく ~뿐만 아니라
海外 かいがい 명 해외　お客さん おきゃくさん 명 손님
楽しむ たのしむ 동 즐기다　~ように ~(하)도록　英語 えいご 명 영어
パンフレット 명 팸플릿　用意 ようい 명 준비　~ばかり 조 ~만
~の 조 ~의　~から 조 ~로부터

8

이 나라는 1년 (　　) 따뜻하기 때문에, 눈이 내리지 않습니다.
1　에 대해서　　　　　　2　에 비해서
3　내내　　　　　　　4　을 중심으로

해설 문맥에 맞는 문형을 고르는 문제이다. 모든 선택지가 빈칸 앞의 명사 一年(1년)에 접속할 수 있다. 때문에 빈칸 뒤의 暖かいので、雪が降りません(따뜻하기 때문에, 눈이 내리지 않습니다)에 이어지는 문맥을 보면, '1년 내내 따뜻하기 때문에, 눈이 내리지 않습니다'가 가장 자연스럽다. 따라서 3 を通じて(내내)가 정답이다.

어휘 国 くに 명나라   暖かい あたたかい い형따뜻하다
~ので 조~때문에   雪 ゆき 명눈   降る ふる 동내리다
~について ~에 대해서   ~に比べて ~にくらべて ~에 비해서
~を通じて ~をつうじて ~내내, 동안 계속
~を中心に ~をちゅうしんに ~을 중심으로

9

고등학교 3학년 때, 아침 7시까지 학교에 ( ), 정말 힘들었습니다.

1 오고 싶어서   **2 오게 함을 당해서**
3 옴을 당해서   4 오기 쉬워서

해설 문맥에 맞는 문형을 고르는 문제이다. 빈칸 앞뒤의 문맥을 보면 '아침 7시까지 학교에 오게 함을 당해서 정말 힘들었습니다'가 가장 자연스럽다. 따라서 来る(오다)의 사역 수동형인 2 来させられて(오게 함을 당해서)가 정답이다.

어휘 高校 こうこう 명고등학교, 고교   年生 ねんせい 명학년
朝 あさ 명아침   ~までに ~까지   学校 がっこう 명학교
とても 부정말, 매우   大変だ たいへんだ な형힘들다
来る くる 동오다   ~たがる ~(하)고 싶어하다
来やすい きやすい 오기 쉽다

10

부모님이나 친구들과 만날 ( ), "언제 결혼하는 거야?"라고 묻는 것이 싫다.

1 치고는   2 라고 한다면
3 탓에   **4 때마다**

해설 문맥에 맞는 문형을 고르는 문제이다. 빈칸 뒤의 「いつ結婚するのか」と聞かれるのがいやだ("언제 결혼하는 거야?"라고 묻는 것이 싫다)를 보면, '만날 때마다, "언제 결혼하는 거야?"라고'가 가장 자연스럽다. 따라서 4 たびに(때마다)가 정답이다.

어휘 親 おや 명부모님   友だち ともだち 명친구   会う あう 동만나다
いつ 부언제   結婚 けっこん 명결혼   聞く きく 동묻다
いやだ な형싫다   ~にしては ~치고는   ~といえば ~라고 한다면
~せいで ~(인) 탓에   ~たびに ~때마다

11

A "다음 주, 여행 가."
B "어, 또 가? 늘 돈이 없다고 말하는 것 ( ) 자주 여행을 가네."

1 뿐만 아니라   **2 에 비해**
3 하자마자   4 대로

해설 대화의 문맥에 맞는 문형을 고르는 문제이다. A가 여행을 간다고 하자, B는 돈이 없다고 말하는 것에 비해 여행을 자주 간다고 말하는 문맥이다. 따라서 2 わりに(에 비해)가 정답이다.

어휘 来週 らいしゅう 명다음 주   旅行 りょこう 명여행   行く いく 동가다
また 부또   いつも 부늘, 언제나   お金 おかね 명돈
~って 조~(라)고   言う いう 동말하다   よく 부자주

~ばかりか ~뿐만 아니라   ~わりに ~에 비해
~とたんに ~(하)자마자   ~ままに ~대로

12

엄마 "백화점에 갔다 왔어? 일요일이었으니까, 정말 복잡했겠구나."
아이 "아니, ( ) 비어 있었어."

1 생각한 정도는   **2 생각했던 것보다도**
3 생각했다고 말하는 것보다   4 생각했다고 한다면

해설 대화의 문맥에 맞는 문형을 고르는 문제이다. 엄마가 일요일이었으니까 백화점이 복잡했겠다고 하자, 아이가 생각보다 비어 있었다고 말하는 문맥이다. 따라서 2 思っていたよりも(생각했던 것보다도)가 정답이다.

어휘 母 はは 명엄마   デパート 명백화점   行く いく 동가다
日曜日 にちようび 명일요일   ~から 조~니까   すごく 부정말, 몹시
混む こむ 동복잡하다, 붐비다   子 こ 명아이   空く すく 동비다
思う おもう 동생각하다   ~ほど 조~정도   ~より 조~보다
~というより ~(라)는 것보다   ~としたら ~라고 하면

13

미타   "있지, 일요일, 어딘가에 놀러 가지 않을래?"
나카가와 "미안하지만, 월요일에 중요한 시험이 있기 때문에, ( )."

1 놀러 갈 때가 아니야   2 놀러 갈 곳이 없어
3 놀러 갈 필요는 없어   4 놀러 가기로 돼

해설 대화의 문맥에 맞는 문말 표현을 고르는 문제이다. 미타가 나카가와에게 일요일에 어딘가에 놀러가자고 하자, 나카가와가 월요일에 중요한 시험이 있기 때문에 놀러 갈 때가 아니라고 거절하는 문맥이다. 따라서 1 遊びに行くどころじゃない(놀러 갈 때가 아니야)가 정답이다.

어휘 日曜日 にちようび 명일요일   遊ぶ あそぶ 동놀다
行く いく 동가다   悪い わるい い형미안하다   ~けど 조~지만
月曜日 げつようび 명월요일   大事だ だいじだ な형중요하다
試験 しけん 명시험   ~から 조~때문에, 니까
~どころじゃない ~(할) 때가 아니다   ~ことはない ~(할) 필요가 없다
~ことになる ~(하)게 되다

14

이 작품을 만들기 위해 서 ★든 비용의 합계는 15만 엔이다.

1 든   2 위해
3 비용   4 서

해설 연결되는 문형이 없으므로 전체 선택지를 의미적으로 배열하면 2 ため 4 に 1 かかった 3 費用(위해서 든 비용)가 된다. 전체 문맥과도 어울리므로 1 かかった(든)가 정답이다.

어휘 作品 さくひん 명작품   作る つくる 동만들다
合計 ごうけい 명합계   かかる (비용이) 들다, 소요되다
~ために ~위해서   費用 ひよう 명비용

15

학생 때는 자주 도서관에 갔지만, 회사원이 되고 ★나서는 좀처럼 가지 않는다.

1 되고   2 좀처럼
3 회사원이 4 나서는

해설 4 からは 동사 て형 뒤에 접속하므로 먼저 1 なって 4 からは(되고 나서는)로 연결할 수 있다. 이것을 나머지 선택지와 함께 의미적으로 배열하면 3 会社員に 1 なって 4 からは 2 めったに(회사원이 되고 나서는 좀처럼)가 되면서 전체 문맥과도 어울린다. 따라서 4 からは(나서는)가 정답이다.

어휘 学生 がくせい 圆학생 よく 围자주 図書館 としょかん 圆도서관
行く いく 圄가다 めったに 围좀처럼
会社員 かいしゃいん 圆회사원 ~てから ~(하)고 나서

16

많은 사람들 앞에서 이야기하는 것은 옛날부터 잘하는 편이다. 그래서, 이번 프레젠테이션도 부장님으로부터의 기대가 조금 부담이기는 ★했지만 긴장하지 않고 발표할 수 있었다.

1 했지만   2 부장님으로부터의 기대가
3 긴장하지 않고   4 조금 부담이기는

해설 연결되는 문형이 없으므로 전체 선택지를 의미적으로 배열하면 2 部長からの期待が 4 少し負担では 1 あったが 3 緊張しないで(부장님으로부터의 기대가 조금 부담이기는 했지만 긴장하지 않고)가 된다. 전체 문맥과도 어울리므로 1 あったが(했지만)가 정답이다.

어휘 大勢 おおぜい 圆많은 사람 前 まえ 圆앞
話す はなす 圄이야기하다 昔 むかし 圆옛날
~から 国~부터, ~(으)로부터 得意だ とくいだ 图잘하다
~ほう ~편 だから 쥅그래서 今回 こんかい 圆이번
プレゼン 圆프레젠테이션 発表 はっぴょう 圆발표
できる 圄할 수 있다 部長 ぶちょう 圆부장(님)
期待 きたい 圆기대 緊張 きんちょう 圆긴장
~ないで ~(하)지 않고 少し すこし 围조금 負担 ふたん 圆부담

17

나카무라 "이 절은 지금부터 800년 정도 전에 지어졌다고 해."
야마모토 "이야, 과연 나카무라 씨는 대학의 선생님 인 ★만큼 여러 가지 것을 알고 있네요."

1 대학의 선생님   2 여러 가지 것
3 만큼   4 인

해설 문형 だけあって는 명사 뒤에 접속하므로 먼저 1 大学の先生 4 だけ 3 あって(대학의 선생님인 만큼) 혹은 2 いろいろなこと 4 だけ 3 あって(여러 가지 것인 만큼)로 연결할 수 있다. 이것을 나머지 선택지와 함께 의미적으로 배열하면 1 大学の先生 4 だけ 3 あって 2 いろいろなこと(대학의 선생님인 만큼 여러 가지 것)가 되면서 전체 문맥과도 어울린다. 따라서 3 あって(만큼)가 정답이다. 참고로 だけ는 '~만', あって는 '있어'라는 뜻이지만, だけあって는 '~(인)

만큼'이라는 의미인 문형임을 알아둔다.

어휘 お寺 おてら 圆절 今 いま 圆지금 ~から 国~부터
~ぐらい 国~정도 前 まえ 圆전, 앞 建てる たてる 圄짓다, 세우다
~そうだ ~라고 한다(전언) さすが 围과연 知る しる 圄알다
大学 だいがく 圆대학 先生 せんせい 圆선생(님)
いろいろだ 图형여러 가지다 ~だけあって ~인 만큼

18

아이 "엄마, 이거, 어떻게 하면 좋아?"
엄마 "여기에 쓰여 ★있는 대로 해 봐 보렴."

1 있는   2 해 봐
3 쓰여   4 대로

해설 빈칸 뒤의 ごらん은 동사 て형 뒤에 접속하므로 먼저 2 やってみて ごらん(해 봐 보렴) 혹은 3 書いて ごらん(적어 보렴)으로 연결할 수 있다. 나머지 선택지와 함께 의미적으로 배열하면 3 書いて 1 ある 4 とおりに 2 やってみて(쓰여 있는 대로 해 봐)가 전체 문맥과도 어울린다. 따라서 ★이 있는 두 번째 빈칸에 위치한 1 ある(있는)가 정답이다.

어휘 子 こ 圆아이 お母さん おかあさん 圆엄마, 어머니
母 はは 圆엄마, 어머니 ~てごらん ~(해) 보렴
~てある ~되어 있다 書く かく 圄쓰다 ~とおりに ~대로

19-23

아래 글은, 유학생이 쓴 작문입니다.

젓가락 연습

보비 화이트

일본에 와서 제가 고생한 것은 말보다도 식사였습니다. 젓가락을 사용하는 것이 서툴렀기 때문입니다. [19]일본 음식이 싫은 것은 아닙니다. [19] [19]젓가락 탓에 일본 음식을 먹는 데 시간이 걸렸습니다. 특히 라멘은 잡아도 주르륵 미끄러져 입에 넣기 전에 떨어지고 맙니다.

[20]어느 날, 일본인 친구 [20] 권유받아서 근처 식당에서 밥을 먹고 있었습니다. 젓가락이 서툰 저를 보고 친구는 "연습이 필요하네"라고 말했습니다. 식사 후에 젓가락 전문점에 데리고 가 주었습니다. 그곳에는 길이나 두께가 다른 다양한 젓가락이 있었습니다. [21]친구는 "보비에게 맞는 것을 찾아야지"라고 말하더니 점원에게 말을 걸어, [21] 젓가락을 고르기 시작했습니다. 그리고, [22]제게 딱 맞는 젓가락을 선물해 주었던 것입니다.

[22] 멋진 선물을 받았으니까, 친구를 실망시킬 수는 없다고 생각해, 그러고 나서 집에서 식사를 할 때도 젓가락을 사용하도록 하며, 힘내서 연습을 했습니다. 연습을 계속하는 사이에 잘하게 되어, 지금은 그렇게 고생했던 라멘도 간단히 잡습니다. 친구에게는 매우 감사하고 있습니다. [23]그때의 선물이 없었다면, 저는 지금도 젓가락을 사용하는 것이 [23] .

어휘 留学生 りゅうがくせい 명유학생　箸 はし 명젓가락
　　 練習 れんしゅう 명연습　苦労 くろう 명고생　言葉 ことば 명말
　　 食事 しょくじ 명식사　使う つかう 동사용하다
　　 下手だ へただ な형서투르다　日本食 にほんしょく 명일본 음식
　　 苦手だ にがてだ な형싫다　食べる たべる 동먹다
　　 時間 じかん 명시간　かかる 동걸리다　特に とくに 부특히
　　 ラーメン 명라면　つかむ 동잡다　つるつる 부주르륵
　　 すべる 동미끄러지다　口 くち 명입　入れる いれる 동넣다
　　 落ちる おちる 동떨어지다　ある 어느　日 ひ 명날
　　 日本人 にほんじん 명일본인　友達 ともだち 명친구
　　 誘う さそう 동권유하다　近所 きんじょ 명근처
　　 食堂 しょくどう 명식당　ごはん 명밥　見る みる 동보다
　　 必要だ ひつようだ な형필요하다　言う いう 동말하다
　　 専門店 せんもんてん 명전문점　連れる つれる 동데리고 (가다)
　　 長さ ながさ 명길이　太さ ふとさ 명두께　違う ちがう 동다르다
　　 様々だ さまざまだ な형다양하다　合う あう 동맞다
　　 見つける みつける 동찾다, 발견하다　店員 てんいん 명점원
　　 声をかける こえをかける 말을 걸다　選ぶ えらぶ 동고르다
　　 そして 접그리고　ぴったりだ な형딱 맞다　プレゼント 명선물
　　 すてきだ な형멋지다　もらう 동받다　がっかりする 실망하다
　　 それから 접그리고 나서　家 いえ 명집　とき 명때
　　 頑張る がんばる 동힘내다　続ける つづける 동계속하다
　　 上手だ じょうずだ な형잘하다　なる 동되다　今 いま 명지금
　　 あんなに 그렇게　簡単だ かんたんだ な형간단하다　とても 부매우
　　 感謝 かんしゃ 명감사

19

1 혹은	2 게다가
3 그렇지만	4 그래도

해설 문맥에 맞는 접속사를 고르는 문제이다. 빈칸 뒤의 箸のせいで日本食を食べるのに時間がかかりました(젓가락 탓에 일본 음식을 먹는데 시간이 걸렸습니다)는 빈칸 앞의 日本食が苦手なわけではありません(일본 음식이 싫은 것은 아닙니다)의 상반되는 내용이므로, 반대를 나타내는 접속사가 필요하다. 따라서 3 けれども(그렇지만) 가 정답이다.

어휘 あるいは 접혹은　しかも 접게다가　けれども 접그렇지만
　　 それでも 접그래도

20

1 가	2 는
3 에게	4 를

해설 문맥에 맞는 조사를 고르는 문제이다. 빈칸 앞 문장인 ある日、日本人の友達(어느 날, 일본인 친구), 빈칸 뒤의 誘われて近所の食堂でごはんを食べていました(권유받아서 근처 식당에서 밥을 먹고 있었습니다)를 보면, 문맥상 '어느 날, 일본인 친구에게 권유받아서 식당에서 밥을 먹고 있었습니다'가 가장 자연스럽다. 따라서 3 に(에게)가 정답이다.

어휘 ～が 조~가, 이　～は 조~는, 은　～に 조~에게　～を 조~를, 을

21

1 상담하면서	2 상담하지 않고
3 상담해서는	4 상담하지 않아도

해설 문맥에 맞는 조사를 고르는 문제이다. 빈칸 앞 문장인 友達は「ボビーに合うものを見つけないと」と言うと店員に声をかけ(친구는 "보비에게 맞는 것을 찾아야지"라고 말하더니 점원에게 말을 걸어)와 빈칸 뒷 문장인 箸を選びはじめました(젓가락을 고르기 시작했습니다)를 보면, 문맥상 '친구는 "보비에게 맞는 것을 찾아야지"라고 말하더니 점원에게 말을 걸어, 상담하면서 젓가락을 고르기 시작했습니다'가 가장 자연스럽다. 따라서 1 相談しながら(상담하면서)가 정답이다.

어휘 相談 そうだん 명상담　～ながら 조~(하)면서　～ずに ~(하)지 않고

22

1 그러한	2 이런
3 저	4 그

해설 문맥에 맞는 지시어를 고르는 문제이다. 빈칸 앞 문장인 私にぴったりな箸をプレゼントしてくれたのです(제게 딱 맞는 젓가락을 선물해 주었던 것입니다)를 보면, 빈칸을 포함한 문장에는 앞서 친구가 준 젓가락 선물을 짚어주는 내용이 필요하다. 그러므로 '이런 멋진 선물을 받았으니까'로 이어지는 게 가장 자연스럽다. 따라서 2 こんな(이런)가 정답이다.

어휘 そういう 그러한　こんな 이런　あの 저　その 그

23

1 서투르다고 생각하고 있었습니다
2 서투르다고 느꼈습니다
3 서투르지 않으십니까
4 서툴렀을 것입니다

해설 문맥에 맞는 문말 표현을 고르는 문제이다. 빈칸을 포함한 문장에서 あのときのプレゼントがなければ、私は今も箸を使うのが(그 때의 선물이 없었다면, 저는 지금도 젓가락을 사용하는 것이)를 보면, '그 때의 선물이 없었다면, 저는 지금도 젓가락을 사용하는 것이 서툴렀을 것입니다'가 문맥상 가장 자연스럽다. 따라서 4 下手だったでしょう(서툴렀을 것입니다)가 정답이다.

어휘 下手だ へただ な형서투르다　～と思う ～とおもう ~(라)고 생각하다
　　 感じる かんじる 동느끼다　～でしょう ~(일) 것입니다

24

이것은 세탁기 회사의 서비스 센터로부터 손님에게 도착한 메일이다.

수신인 주소 ： yoshida@abcmail.co.jp
건명 ： 당사 제품의 상태 불량에 대해서
송신 일시 ： 2019년 4월 1일　10：00

요시다 님
당사의 제품을 항상 이용해주셔서, 감사합니다.

> 당사의 세탁기가 세탁 도중에 멈춰버릴 때가 있다는 것으로, 폐를 끼쳐드려 죄송합니다.
> 메일이나 전화로는 어느 곳에 상태 불량이 있는지 판단하기 어려우므로, 손님의 댁에 방문하여, 세탁기의 상태를 조사하고자 생각합니다.
> **담당자를 보내겠으니, 손님의 사정이 괜찮은 날을 연락받을 수 있을까요?** 잘 부탁 드립니다.

이 메일로부터 알 수 있는 것은 무엇인가?

1 요시다 씨는 집의 세탁기가 전혀 움직이지 않게 되어버렸기 때문에 센터에 연락했다.
2 담당자가 요시다 씨에게 전화를 해서 어디가 고장 나 있는가 조사하기로 했다.
3 담당자가 요시다 씨의 집을 조사한 결과, 세탁기가 고장 나 있는 것을 알았다.
4 담당자가 오는 날을 정하기 위해서, 요시다 씨는 센터에 연락하지 않으면 안 된다.

해설 이메일 형식의 실용문으로 이메일로부터 알 수 있는 내용을 묻고 있다. 선택지에서 반복되는 洗濯機(세탁기), 故障(고장), 連絡(연락), 担当者(담당자)를 지문에서 찾아, 주변의 내용과 각 선택지의 내용을 대조하여 정답을 고른다. 마지막 부분에서 担当者を行かせますので、お客様のご都合のよい日をご連絡いただけますか(담당자를 보내겠으니, 손님의 사정이 괜찮은 날을 연락받을 수 있을까요)라고 언급하였으므로 4 担当者が来る日を決めるために、吉田さんはセンターに連絡しなければいけない(담당자가 오는 날을 정하기 위해서, 요시다 씨는 센터에 연락하지 않으면 안 된다)가 정답이다.

어휘 洗濯機 せんたくき 圆세탁기 会社 かいしゃ 圆회사
サービス 圆서비스 センター 圆센터 ~から 国~로부터
客 きゃく 圆손님 届く とどく 国도착하다 メール 圆메일
あて先 あてさき 圆수신인 주소 件名 けんめい 圆건명
当社 とうしゃ 圆당사 製品 せいひん 圆제품
不具合 ふぐあい 圆상태 불량, 상태가 좋지 않음
~につきまして ~에 대해서 送信 そうしん 圆송신
日時 にちじ 圆일시 様 さま 圆님 いつも 国항상, 언제나
利用 りよう 圆이용 洗濯 せんたく 圆세탁 途中 とちゅう 圆도중
止まる とまる 国멈추다 ~てしまう ~(해) 버리다
~ことがある ~(할) 때가 있다
迷惑をかける めいわくをかける 폐를 끼치다
申し訳ない もうしわけない い형죄송하다 電話 でんわ 圆전화
判断 はんだん 圆판단 ~かねる ~(하) 어렵다, (하)기 곤란하다
~ので 国~므로 お客様 おきゃくさま 圆손님 お宅 おたく 圆댁
伺う うかがう 国방문하다(訪ねる의 겸양어) 状態 じょうたい 圆상태
調べる しらべる 国조사하다 担当者 たんとうしゃ 圆담당자
行く いく 国가다 都合 つごう 圆사정, 형편 日 ひ 圆날
連絡 れんらく 圆연락 いただく 国받다(もらう의 겸양어)
家 いえ 圆집 全然 ぜんぜん 国전혀 動く うごく 国움직이다
故障 こしょう 圆고장 結果 けっか 圆결과 わかる 国알다

25

> 저는 무역 회사에서 영업일을 하고 있습니다. 사람과 만나는 것을 좋아하기 때문에 일은 즐겁지만, 많은 사람과 만나는 일이기 때문에 상대의 얼굴을 봐도 이름이 나오지 않을 때가 종종 있습니다. 그 점에서는 상사는 고생이 필요없습니다. 모르는 사람에게도 적극적으로 말을 거는 밝은 상사이지만, **처음 만난 사람이라도 몇 번인가 말을 주고받고 있으면, 어느새 상대의 이름을 기억하고 있다고 합니다**. 저는 그렇게는 안 되기 때문에 뭔가 궁리할 수 있는 것은 없는지 방법을 찾고 있습니다.

이 글을 쓴 사람은 상사에 대해, 어떻게 생각하고 있는가?

1 사람과 만나는 것을 좋아하고, 어떤 상대라도 말을 걸 수 있는 점이 부럽다.
2 이야기하는 동안에, 자연스럽게 상대의 이름을 기억할 수 있는 점이 부럽다.
3 처음 만난 사람에게도 대체로 이름이 알려져 있다는 점이 부럽다.
4 처음 만난 사람에게도 바로 얼굴과 이름이 기억되어 있다는 점이 부럽다.

해설 에세이로 필자의 생각을 묻고 있다. 선택지에서 반복되는 相手(상대방), 名前(이름), 初めて会った人(처음 만난 사람)를 지문의 후반부에서 찾아 '상사'에 대한 필자의 생각을 파악한다. 후반부에서 初めて会った人でも何度か言葉を交わしていると、いつの間にか相手の名前を覚えているそうです(처음 만난 사람이라도 몇 번인가 말을 주고받고 있으면, 어느새 상대의 이름을 기억하고 있다고 합니다)라고 서술하였으므로 2 話しているうちに、自然と相手の名前を覚えられるところがうらやましい(이야기하는 동안에, 자연스럽게 상대의 이름을 기억할 수 있는 점이 부럽다)가 정답이다.

어휘 私 わたし 圆저,나 貿易 ぼうえき 圆영업 会社 かいしゃ 圆회사
営業 えいぎょう 圆영업 仕事 しごと 圆일 人 ひと 圆사람
会う あう 国만나다 こと 圆것 好きだ すきだ な형좋아하다
楽しい たのしい い형즐겁다 多く おおく 圆많음
相手 あいて 圆상대방 顔 かお 圆얼굴 見る みる 国보다
名前 なまえ 圆이름 出る でる 国나다 ~てくる ~(해) 오다
よく 国종종 ある 国있다 その 그 点 てん 圆점
上司 じょうし 圆상사 苦労 くろう 圆고생 いる 国필요하다
知る しる 国알다 積極的だ せっきょくてきだ な형적극적이다
話しかける はなしかける 国말을 걸다 明るい あかるい い형밝다
初めて はじめて 国처음 何度か なんどか 몇 번인가
言葉 ことば 圆말 交わす かわす 国주고받다
いつの間にか いつのまにか 어느새인가 覚える おぼえる 国외우다
~そうだ ~(한)다고 하다 そうはいかない 그렇게는 안 된다
何か なにか 뭔가 工夫 くふう 圆궁리 ~か 国~할지
方法 ほうほう 圆방법 探す さがす 国찾다 どんな 어떤
ところ 圆것 うらやましい い형부럽다 すぐに 国바로
自然と しぜんと 자연스럽게 大体 だいたい 国대체로

26

　요리를 할 수 있는 사람은 머리가 좋은 사람이 많다고 한다. 요리라고 하는 것은 의외로 어려운 것이다.
　우선, 재료를 헛되게 하지 않기 위해서, 냉장고 안을 보고 지금 있는 재료로 무엇을 만들 수 있을지 생각하지 않으면 안 된다. 그리고 순서도 중요하다. 저녁밥이라면, 요리를 1개만 만드는 경우는 그다지 없으므로, 몇 개인가의 요리를 동시에 만든다. 따뜻한 요리나 차가운 요리를 가장 맛있는 상태로 테이블에 늘어놓기 위해서는 어떻게 하면 좋을까 잘 생각하지 않으면 안 되는 것이다.

순서라고 했는데, 어떤 의미인가?

1 요리를 할 때에, 무엇을 어떤 순서로 만들까 생각해두는 것
2 집에 어떤 재료가 있는지 알 수 있도록 냉장고의 안을 정리해두는 것
3 따뜻한 요리뿐만 아니라, 차가운 요리도 만들 수 있도록 연습하는 것
4 가족에게 맛있다고 칭찬받을 수 있도록 요리에 대해서 공부하는 것

해설 밑줄 문제이므로 선택지에서 반복되는 料理(요리)를 밑줄 주변에서 찾는다. 밑줄 뒷부분에서 温かい料理や冷たい料理をいちばんおいしい状態でテーブルに並べるためにはどうしたらいいのかよく考えなければならないのだ(따뜻한 요리나 차가운 요리를 가장 맛있는 상태로 테이블에 늘어놓기 위해서는 어떻게 하면 좋을까 잘 생각하지 않으면 안 되는 것이다)라고 서술하였으므로 1 料理をするときに、何をどのような順番で作るか考えておくこと(요리를 할 때에, 무엇을 어떤 순서로 만들까 생각해두는 것)가 정답이다.

어휘 料理 りょうり 명 요리　できる 동 할 수 있다　頭 あたま 명 머리
多い おおい い형 많다　意外に いがいに 의외로
難しい むずかしい い형 어렵다　まず 부 우선
材料 ざいりょう 명 재료　無駄にする むだにする 헛되게 하다
~ために ~위해서　冷蔵庫 れいぞうこ 명 냉장고　中 なか 명 안
見る みる 동 보다　今 いま 명 지금　作る つくる 동 만들다
考える かんがえる 동 생각하다
~なければならない ~(하)지 않으면 안 된다
それから 접 그리고, 그 다음에　段取り だんどり 명 순서
重要だ じゅうようだ な형 중요하다　晩ごはん ばんごはん 명 저녁밥
~だけ 조 ~만　あまり 부 그다지　~ので 조 ~이므로
いくつ 몇 개　同時 どうじ 명 동시
温かい あたたかい い형 따뜻하다　冷たい つめたい い형 차갑다
いちばん 부 가장, 제일　おいしい い형 맛있다
状態 じょうたい 명 상태　テーブル 명 테이블
並べる ならべる 동 늘어놓다, 진열하다　よく 부 잘
意味 いみ 명 의미　順番 じゅんばん 명 순서, 차례　家 いえ 명 집
わかる 동 알다　~ように ~(하)도록　整理 せいり 명 정리
~だけではなく ~뿐만 아니라　練習 れんしゅう 명 연습
家族 かぞく 명 가족　ほめる 동 칭찬하다　~について ~에 대해서
勉強 べんきょう 명 공부

27

다카하시 씨의 책상 위에, 부하인 기노시타 씨로부터의 메모가 놓여 있었다.

> 다카하시 씨
> 　수고 많으십니다.
> 　부탁받았던 영어 자료의 번역이 끝났습니다. 책상 위에 올려 두겠습니다.
> 　그리고 다음 주 회의에서 사용할 자료는, 이미 완성되어 있으므로, 마감은 연장해 주시지 않아도 괜찮습니다. 야마다 과장님에게 한 번 확인 받고 나서 복사하겠습니다.
> 　그런데, 내일 30분 정도 시간을 주실 수 없겠습니까? 다음 달 출장 일정 일로 확인하고 싶은 것이 있습니다. 시간은 언제든지 상관없으니 잘 부탁드립니다.
> 　　　　　　　　　　　　　3월 3일 15:30
> 　　　　　　　　　　　　　　　　기노시타

이 메모를 읽고, 다카하시 씨가 하지 않으면 안 되는 것은 무엇인가?

1 영어 자료가 제대로 번역되어 있는지 확인한다.
2 야마다 과장님으로부터 다음 주 회의에서 사용할 자료를 받는다.
3 다음 달로 예정되어 있는 출장 일정을 바꾼다.
4 내일 비어 있는 시간대를 기노시타 씨에게 전한다.

해설 메모 형식의 실용문으로 다카하시 씨가 해야 하는 것을 묻고 있다. 후반부에서 明日30分ほどお時間をいただけませんか(내일 30분 정도 시간을 주실 수 없겠습니까?)라고 언급하였으므로 4 明日の空いている時間帯を木下さんに伝える(내일 비어 있는 시간대를 기노시타 씨에게 전한다)가 정답이다.

어휘 机 つくえ 명 책상　上 うえ 명 위　部下 ぶか 명 부하
~から 조 ~부터　メモ 명 메모　置く おく 동 놓다
頼む たのむ 동 부탁하다　英語 えいご 명 영어　資料 しりょう 명 자료
翻訳 ほんやく 명 번역　終わる おわる 동 끝나다　それから 접 그리고
来週 らいしゅう 명 다음 주　会議 かいぎ 명 회의
使う つかう 동 사용하다　すでに 부 이미　完成 かんせい 명 완성
~ので 조 ~므로, 때문에　締め切り しめきり 명 마감
延ばす のばす 동 연장시키다　大丈夫だ だいじょうぶだ な형 괜찮다
課長 かちょう 명 과장(님)　一度 いちど 명 한 번
確認 かくにん 명 확인　~てから ~(하)고 나서　コピー 명 복사
ところで 접 그런데　明日 あした 명 내일　~ほど ~정도
時間 じかん 명 시간　いただく 동 받다(もらう의 겸양어)
来月 らいげつ 명 다음 달　出張 しゅっちょう 명 출장
日程 にってい 명 일정　~ことで ~일로　いつでも 부 언제든지
かまわない 상관없다　よろしく 부 잘　お願い おねがい 명 부탁
きちんと 부 제대로　使用 しよう 명 사용
受け取る うけとる 동 받다, 수취하다　予定 よてい 명 예정
変える かえる 동 바꾸다　空く あく 동 비다
時間帯 じかんたい 명 시간대　伝える つたえる 동 전하다

28-30

　아이들의 '혼밥'이 증가하여 문제가 되고 있다. '혼밥'이라고 하는 것은, 가족이 있는데 혼자서 식사를 하는 것이다. [28]사람들의 생활은 계속 편리해지고 있지만, ①그것과 함께 바빠지고 있다. 부모 모두 일하고 있는 가정은 많고, 학교가 끝난 뒤에 학원에 가는 아이들도 많다. 그래서, 모두의 식사 시간이 맞지 않게 되어, 아이들도 혼자서 밥을 먹게 되는 것이다.

　②'혼밥'이 아이들에게 미치는 영향은 크다. 식사하는 동안, 누구에게도 주의받지 않으니까, 좋아하는 것만 먹게 되기 십상이기 때문에, 식사 대신에 과자를 먹거나 한다. 또한, [29]어른들로부터 식사에 관한 예의를 배우거나 할 수도 없다.

　대학 교수의 이야기로는, 아주 먼 옛날부터 인간은 누군가와 함께 식사를 하는 동물이라고 한다. [30]매번은 어렵더라도, 하루에 한 번은 반드시 식탁에 둘러앉아, 아이들에게 함께 먹는 것의 좋은 점을 전하도록 하고 싶은 것이다.

어휘　子ども こども 몡아이들　孤食 こしょく 몡혼밥 (혼자서 밥을 먹음)
　　　増える ふえる 툉증가하다, 늘다　問題 もんだい 몡문제
　　　家族 かぞく 몡가족　~のに 丞~는데　一人で ひとりで 혼자서
　　　食事 しょくじ 몡식사　人々 ひとびと 몡사람들
　　　生活 せいかつ 몡생활　どんどん 뷔계속, 점점
　　　便利だ べんりだ 나형편리하다　~とともに ~와 함께, 와 동시에
　　　忙しい いそがしい 이형바쁘다　両親 りょうしん 몡부모
　　　ともに 뷔모두, 함께　働く はたらく 툉일하다　家庭 かてい 몡가정
　　　多い おおい 이형많다　学校 がっこう 몡학교
　　　終わる おわる 툉끝나다　後 あと 몡뒤, 후
　　　習い事 ならいごと 몡학원, 배우는 일　行く いく 툉가다
　　　それで 젭그래서　みんな 몡모두　時間 じかん 몡시간
　　　合う あう 툉맞다　ご飯 ごはん 몡밥, 식사　食べる たべる 툉먹다
　　　~ようになる ~(하)게 되다　及ぼす およぼす 툉미치다, 미치게 하다
　　　影響 えいきょう 몡영향　大きい おおきい 이형크다
　　　~間 ~あいだ 몡~동안　誰 だれ 몡누구　注意 ちゅうい 몡주의
　　　~から 丞~니까　好きだ すきだ 나형좋아하다　物 もの 몡것
　　　~だけ 丞~만　~がちだ ~하기 십상이다, 자주 ~하다
　　　~ので ~때문에　代わりに かわりに 대신에
　　　お菓子 おかし 몡과자　また 뷔또한　大人 おとな 몡어른
　　　~から 丞~(로)부터　~に関する ~にかんする ~에 관한
　　　礼儀 れいぎ 몡예의　学ぶ まなぶ 툉배우다　できる 툉할 수 있다
　　　大学 だいがく 몡대학　教授 きょうじゅ 몡교수　話 はなし 몡이야기
　　　大昔 おおむかし 아주 먼 옛날　人間 にんげん 몡인간
　　　一緒に いっしょに 함께　動物 どうぶつ 몡동물
　　　~そうだ ~라고 한다(전언)　毎回 まいかい 몡매번
　　　難しい むずかしい 이형어렵다　一日 いちにち 몡하루
　　　必ず かならず 뷔반드시　食卓 しょくたく 몡식탁
　　　囲む かこむ 툉둘러앉다, 둘러싸다　よさ 몡좋은 점
　　　伝える つたえる 툉전하다　~ようにする ~(하)도록 하다

28

①그것이라고 했는데, 무엇인가?
1　혼자서 식사하는 아이들이 많은 것
2　아이들이 집에 돌아오는 것이 늦는 것
3　부모가 식사 준비를 하지 못하는 것
4　사람들의 생활이 편리해진 것

해설　지문의 それとともに忙しくなっている(그것과 함께 바빠지고 있다)에서 어떤 '그것'과 바빠지고 있는지 앞부분에서 찾는다. 앞 문장에서 人々の生活はどんどん便利になっているが(사람들의 생활은 계속 편리해지고 있지만)라고 서술하고 있으므로 4 人々の生活が便利になったこと(사람들의 생활이 편리해진 것)가 정답이다.

어휘　家 いえ 몡집　帰る かえる 툉돌아오다　遅い おそい 이형늦다
　　　準備 じゅんび 몡준비

29

②'혼밥'이 아이들에게 미치는 영향에 대한 설명에서, 맞는 것은 어느 것인가?
1　자신이 좋아하는 것이나 싫어하는 것이 무엇인지 알지 못하게 된다.
2　식사만으로는 부족하기 때문에 과자를 먹게 된다.
3　식사 중에 해서는 안될 것을 배우는 것이 불가능하다.
4　어른이 되어도 요리를 어떻게 만드는지 모른다.

해설　지문의 「孤食」が子どもに及ぼす影響('혼밥'이 아이들에게 미치는 영향) 주변을 주의 깊게 읽는다. 밑줄 뒷부분에서 大人たちから食事に関する礼儀を学んだりすることもできない(어른들로부터 식사에 관한 예의를 배우거나 할 수도 없다)라고 서술하므로 3 食事中にしてはいけないことを教わることができない(식사 중에 해서는 안될 것을 배우는 것이 불가능하다)가 정답이다.

어휘　自分 じぶん 몡자신　嫌いだ きらいだ 나형싫어하다
　　　わかる 툉알다　足りない たりない 부족하다
　　　~てはいけない ~(해)서는 안 된다　教わる おそわる 툉배우다
　　　料理 りょうり 몡요리　どうやって 어떻게　作る つくる 툉만들다

30

이 글을 쓴 사람이 가장 말하고 싶은 것은 무엇인가?
1　아이들이 어른과 함께 식사하는 기회를 가능한 한 만드는 편이 좋다.
2　옛날과 마찬가지로, 사람은 언제나 가족 모두 함께 식사를 하지 않으면 안 된다.
3　외식만 하면 아이들의 교육에 좋지 않기 때문에, 집에서 먹는 편이 좋다.
4　부모는 아이들에게 학원을 그만두게 하고, 아이들을 집에 있게 해야 한다.

해설　지문의 주제를 묻고 있으므로 지문의 후반부나 지문 전체를 읽으며 정답의 단서를 찾는다. 마지막 문장에서 毎回は難しくても、一日に一回は必ず食卓を囲んで、子どもに一緒に食べることのよさを

伝えるようにしたいものだ(매번은 어렵더라도, 하루에 한 번은 반드시 식탁에 둘러앉아, 아이들에게 함께 먹는 것의 좋은 점을 전하도록 하고 싶은 것이다)라고 서술하고, 지문 전체적으로 혼밥의 문제점에 대해 서술하고 있으므로 1 子どもが大人と一緒に食事する機会をできるだけ作ったほうがいい(아이들이 어른과 함께 식사하는 기회를 가능한 한 만드는 편이 좋다)가 정답이다.

어휘 機会 きかい 몡 기회　できるだけ 가능한 한
〜たほうがいい 〜(하)는 편이 좋다　昔 むかし 몡 옛날
同じように おなじように 마찬가지로　いつも 틘 언제나, 항상
〜なければならない 〜(하)지 않으면 안 된다　外食 がいしょく 몡 외식
〜ばかり 丕 〜만　教育 きょういく 몡 교육　親 おや 몡 부모
やめる 통 그만두다　〜べきだ 〜(해)야 한다

31-33

　약속 시간에 늦어서 다른 사람에게 폐를 끼치는 것은 나쁜 것이라고 모두가 생각하고 있을 것이다. 그런데도 어째서 우리들은 시간을 지키지 않는 것일까? 이유는 여러 가지 생각할 수 있지만, 우리들의 대부분이 조금 정도 시간을 헛되게 해도 괜찮다고 생각하고 있는 것이 가장 큰 이유라고 생각한다.
　예를 들어, 세 명에서 만나는 약속을 해서, 그 중 한 명이 10분 늦게 온다면, 다른 두 명의 10분, 즉 전부 20분의 ³¹시간을 헛되게 한 것이 되지만, 늦은 사람은 그만큼 큰일을 저질렀다고 생각하지 않는다.
　만일, ①이것이 돈이라면 어떨까? 신경 쓰지 않을 수는 없을 것이다. ³²시간은 돈만큼 소중하게 생각되고 있지 않다. 하지만, 앞으로는 ②그렇게는 안 된다. 사람들의 생활은 점점 바빠지고 있어서, 자신의 시간이 점점 소중해진다. 그러니까, ³³앞으로는 좀 더 다른 사람의 시간을 소중히 하지 않으면 안 되는 것이다.

어휘 約束 やくそく 몡 약속　時間 じかん 몡 시간
遅れる おくれる 통 늦다　他人 たにん 몡 다른 사람, 타인
迷惑をかける めいわくをかける 폐를 끼치다
悪い わるい い형 나쁘다　みんな 몡 모두　思う おもう 통 생각하다
〜はずだ 〜(일) 것이다　それなのに 젭 그런데도
守る まもる 통 지키다　理由 りゆう 몡 이유　いろいろ 틘 여러 가지
考える かんがえる 통 생각하다　多く おおく 몡 대부분
少し すこし 틘 조금　〜くらい 丕 〜정도, 만큼
無駄にする むだにする 헛되게 하다　いちばん 틘 가장, 제일
大きな おおきな 큰　例えば たとえば 틘 예를 들면
会う あう 통 만나다　そのうち 그 중　来る くる 통 오다
他 ほか 몡 다름　つまり 틘 즉, 요컨대　全部 ぜんぶ 몡 전부
それほど 틘 그만큼　大変だ たいへんだ な형 큰일이다　もし 틘 만일
お金 おかね 몡 돈　気にする きにする 신경 쓰다, 걱정하다
〜わけにはいかない 〜(할) 수는 없다　〜ほど 丕 〜만큼
大切だ たいせつだ な형 소중하다　しかし 젭 하지만
これから 앞으로　人々 ひとびと 몡 사람들　生活 せいかつ 몡 생활
どんどん 틘 점점, 계속　忙しい いそがしい い형 바쁘다
自分 じぶん 몡 자신　ますます 틘 점점, 더욱더　だから 젭 그러니까
もっと 틘 좀 더, 더욱　〜なければならない 〜(하)지 않으면 안 된다

31

①これ라고 했는데, 무엇인가?
1　세 명에서 만나는 것　**2　헛되게 하는 것**
3　큰일이 아닌 것　4　소중하다고 생각하는 것

해설 지문의 もし、これがお金だったらどうだろうか(만일, 이것이 돈이라면 어떨까?)에서 어떤 '이것'을 언급하고 있는지 앞부분에서 찾는다. 앞 문장에서 時間を無駄にしたことになるが、遅れた人はそれほど大変なことをしたと思わない(시간을 헛되게 한 것이 되지만, 늦은 사람은 그만큼 큰일을 저질렀다고 생각하지 않는다)라고 서술하므로 2 無駄にするもの(헛되게 하는 것)가 정답이다.

32

②そう라고 했는데, 무엇인가?
1　지각하는 것이 나쁜 것이라고 계속 생각하는 것
2　이대로 시간을 헛되게 해도 괜찮다고 생각하는 것
3　이대로 돈을 자신이 좋을대로 사용하는 것
4　사람의 생활에 있어서 돈이 가장 소중하다고 생각하는 것

해설 지문의 これからはそうはいかない(앞으로는 그렇게는 안 된다)에서 '그렇게'가 어떤 행동인지 앞부분에서 찾는다. 앞 문장에서 時間はお金ほど大切に思われていない(시간은 돈만큼 소중하게 생각되고 있지 않다)라고 서술하고 있으므로 2 このまま時間を無駄にしてもいいと思うこと(이대로 시간을 헛되게 해도 괜찮다고 생각하는 것)가 정답이다.

어휘 遅刻 ちこく 몡 지각　思い続ける おもいつづける 통 계속 생각하다
このまま 틘 이대로　好きなように すきなように 좋을대로
使う つかう 통 사용하다　〜において 〜에 있어서
最も もっとも 틘 가장

33

시간에 대해 이 글을 쓴 사람은 어떻게 생각하고 있는가?
1　10분 정도의 짧은 시간이라면 헛되게 써도 별것 아닌 것이기 때문에 문제 없다.
2　바쁠 때는 함께 노는 시간보다도 혼자서 보내는 시간의 쪽이 중요하다.
3　약속 시간에 늦어서 다른 사람에게 민폐를 끼친 사람은, 모두에게 돈을 지불해야 한다.
4　앞으로는 조금의 시간이라도 헛되게 해서는 안 된다고 사고방식을 바꿔야 한다.

해설 필자의 생각을 묻는 문제이므로 時間(시간)을 지문의 후반부나 지문 전체에서 찾아 시간에 대한 필자의 생각을 파악한다. 지문의 마지막 문장에서 これからはもっと他人の時間を大切にしなければならないのだ(앞으로는 좀 더 다른 사람의 시간을 소중히 하지 않으면 안 되는 것이다)라고 서술하고 있으므로 4 これからは少しの時間でも無駄にしてはいけないと考え方を変えるべきだ(앞으로는 조금의 시간이라도 헛되게 해서는 안 된다고 사고방식을 바꿔야 한다)가 정답이다.

어휘 短い みじかい [い형]짧다　たいした 별것 아닌, 대단한
問題 もんだい [명]문제　~ので ~때문에　遊ぶ あそぶ [동]놀다
~よりも ~보다도　過ごす すごす [동]보내다
重要だ じゅうようだ [な형]중요하다　払う はらう [동]지불하다
~べきだ ~(해)야 한다　~てはいけない ~(해)서는 안 된다
考え方 かんがえかた [명]사고방식　変える かえる [동]바꾸다

34-37

　나는 중학생까지 농구를 하고 있었다. 내 팀은 현 대회에도 나갈 수 없는 약한 팀으로, 동료와 승리를 함께 기뻐한 경험보다 져서 맛본 분함 쪽이 많았다. 그러나, 단지 코치에게 듣는대로 연습하고 있었다. [34]수험 공부에 힘을 쏟기 위해서 어쩔 수 없이 농구와는 멀어졌지만, 회사원이 된 지금 생각해 보면 약했던 것에는 이유가 있었다.
　약한 팀의 경향으로써 [35]시합에서 진 원인을 개인의 책임으로 하고, 팀 전체의 문제로 연결시켜 생각하는 경우가 적다. 누가 몇 번 슛을 놓쳤다던지 타인을 나무라는 사고 방식이 퍼지면, 자신의 행동에 눈을 향하는 기회를 잃어버리는 것이다. 이러한 분위기 속에서는 이기고 지는 것보다도 실수를 하지 않는지 어떤지에 집중해 버려, ①팀으로써의 결속이 없어진다.
　다만, 팀의 결속과 사이가 좋은 것은 별개여서, ②커뮤니케이션을 취하는 법에도 차이가 나온다. 의견을 서로 말하며, 서로 조언함으로써 좋은 팀은 성장해 간다. 한편, 약한 팀이라는 것은 그 반대로, 의견을 말하는 것은 코치뿐이고 주변은 입다물고 듣는다는 상태이다. [36]불만이 있어도 대립을 피하려고 말로 하지 않는 팀에는 충돌이 생겨나기 쉬워진다.
　강한 팀을 만들기 위한 포인트를 든다고 한다면, [37]팀 전체가 팀의 목표를 공유하는 것이다. 그렇게 함으로써 기준이 생겨나, 그것에 따라 전원이 행동하면 된다. 단지, 목표가 애매해서는 안 된다. 왜냐하면 이긴 시합에서 무엇이 좋았는지, 진 시합에서 무엇이 부족했는지가 뚜렷하지 않기 때문이다. 즉, 팀의 성장으로 이어지지 않는 것이다.

㈜ 충돌：부딪치는 것

어휘 中学生 ちゅうがくせい [명]중학생　バスケットボール [명]농구
やる [동]하다　チーム [명]팀　県大会 けんたいかい [명]현 대회
出る でる [동]나가다　弱い よわい [い형]약하다　仲間 なかま [명]동료
勝利 しょうり [명]승리　喜び合う よろこびあう [동]함께 기뻐하다
経験 けいけん [명]경험　~より [조]~보다　負ける まける [동]지다
味わう あじわう [동]맛 보다　悔しさ くやしさ [명]분함　ほう [명]쪽
多い おおい [い형]많다　しかし [접]그러나　ただ [부]단지, 다만
コーチ [명]코치　言う いう [동]말하다　~まま ~대로
練習 れんしゅう [명]연습　受験 じゅけん [명]수험
勉強 べんきょう [명]공부　力を入れる ちからをいれる 힘을 쏟다
~ために ~위해서　仕方なく しかたなく 어쩔 수 없이
バスケ [명]농구　離れる はなれる [동]멀어지다
会社員 かいしゃいん [명]회사원　なる [동]되다　今 いま [명]지금
考える かんがえる [동]생각하다　理由 りゆう [명]이유
傾向 けいこう [명]경향　~として ~로써　試合 しあい [명]시합
原因 げんいん [명]원인　個人 こじん [명]개인　責任 せきにん [명]책임
全体 ぜんたい [명]전체　問題 もんだい [명]문제

結びつく むすびつく [동]연결시키다　少ない すくない [い형]적다
誰 だれ [명]누구　~本 ~ぼん ~번　シュート [명]슛
外す はずす [동]놓치다　~とか [조]~라던지　他人 たにん [명]타인
責める せめる [동]나무라다　考え方 かんがえかた [명]사고 방식
広がる ひろがる [동]퍼지다　自分 じぶん [명]자신
行動 こうどう [명]행동　目 め [명]눈　向ける むける [동]향하다
機会 きかい [명]기회　失う うしなう [동]잃다　~てしまう ~(해) 버리다
雰囲気 ふんいき [명]분위기　中 なか [명]속
勝ち負け かちまけ [명]이기고 지는 것　~よりも [조]~보다도
ミス [명]실수　~かどうか ~(한)지 어떤지　集中 しゅうちゅう [명]집중
まとまり [명]결속　なくなる 없어지다　仲 なか [명]사이
良さ よさ [명]좋음　別だ べつだ [な형]별개이다
コミュニケーション [명]커뮤니케이션　取り方 とりかた [명]취하는 법
違い ちがい [명]차이, 다름　言い合う いいあう [동]서로 말하다
アドバイス [명]조언　合う あう [동]맞다　いい [い형]좋다
成長 せいちょう [명]성장　一方 いっぽう [명]한편
反対 はんたい [명]반대　周り まわり [명]주변　だまる 입다물다
聞く きく [동]듣다　状態 じょうたい [명]상태　不満 ふまん [명]불만
対立 たいりつ [명]대립　避ける さける [동]피하다　言葉 ことば [명]말
衝突 しょうとつ [명]충돌　生まれる うまれる [동]생겨나다
~やすい ~(하)기 쉽다　強い つよい [い형]강하다
作る つくる [동]만들다　~ための ~위한　ポイント [명]포인트
挙げる あげる [동]들다　~としたら ~라고 한다면
目標 もくひょう [명]목표　共有 きょうゆう [명]공유
基準 きじゅん [명]기준　あいまいだ [な형]애매하다
~てはいけない ~(해)서는 안 된다　なぜなら [접]왜냐하면
勝つ かつ [동]이기다　良い よい [い형]좋다
足りない たりない 부족하다　はっきりする 뚜렷하다
つまり [부]즉　つながる [동]이어지다　ぶつかる [동]부딪치다

34

'나'는 어째서 농구를 그만둬 버렸는가?

1 들어가 있던 팀이 약해서, 현 대회에 나갈 수 없었기 때문에
2 농구를 계속해도, 시합에서 이길 수 없다고 생각했기 때문에
3 들어가 있던 팀의 코치가 엄격해서, 자주 혼났기 때문에
4 농구를 계속하고 싶었지만, 공부에 집중하고 싶었기 때문에

해설 질문의 '나'가 농구를 그만둔 이유를 지문에서 찾아 그 주변을 주의 깊게 읽는다. 첫 번째 단락에서 受験勉強に力を入れるために仕方なくバスケとは離れたが(수험 공부에 힘을 쏟기 위해서 어쩔 수 없이 농구와는 멀어졌지만)라고 서술하고 있으므로 4 バスケットボールを続けたかったが、勉強に集中したかったから(농구를 계속하고 싶었지만, 공부에 집중하고 싶었기 때문에)가 정답이다.

어휘 やめる [동]그만두다　入る はいる [동]들어가다
続ける つづける [동]계속하다　~ことができる ~(할) 수 있다
思う おもう [동]생각하다　厳しい きびしい [い형]엄격하다
しかる [동]혼내다

35

①팀으로써의 결속이 없어진다고 되어 있는데, 그것은 어째서인가?

1 시합에서 졌을 때, 팀 전체가 아닌, 진 원인을 개인 개인으로 생각하기 때문에
2 **시합에서 졌을 때, 팀 전체가 아닌, 개인의 실수에만 눈을 향해 버리기 때문에**
3 시합에서 진 이유를 서로의 탓으로 해서, 동료와의 사이가 나빠져 버리기 때문에
4 시합에서 진 이유를 팀 전체의 탓으로 해서, 개인의 실수는 신경 쓰지 않기 때문에

해설 지문의 チームとしてのまとまりがなくなる(팀으로써의 결속이 없어진다)에 관한 이유가 무엇인지 밑줄 주변에서 찾는다. 앞부분에서 試合に負けた原因を個人の責任にして、チーム全体での問題に結びつけて考えることが少ない。誰が何本シュートを外したとか他人を責める考え方が広がると、自分の行動に目を向ける機会を失ってしまうのだ(시합에서 진 원인을 개인의 책임으로 하고, 팀 전체의 문제로 연결시켜 생각하는 경우가 적다. 누가 몇 번 슛을 놓쳤다든지 타인을 나무라는 사고 방식이 퍼지면, 자신의 행동에 눈을 향하는 기회를 잃어버리는 것이다)라고 서술하고 있으므로 2 試合に負けたとき、チーム全体ではなく、個人のミスばかりに目を向けてしまうから(시합에서 졌을 때, 팀 전체가 아닌, 개인의 실수에만 눈을 향해 버리기 때문에)가 정답이다.

어휘 理由 りゆう 몡이유 お互い おたがい 몡서로 ~せい ~탓
悪い わるい い형나쁘다 気にする きにする 신경 쓰다

36

②커뮤니케이션을 취하는 법이라고 되어 있는데, 약한 팀은 어떻게 커뮤니케이션을 취하고 있는가?

1 동료에게 있어 필요하다고 생각하는 것은, 어떤 것이라도 솔직하게 의견을 이야기하고 있다.
2 자신은 할 수 없는 것이라도, 동료에게는 신경 쓰지 않고 조언을 하고 있다.
3 **동료와의 사이를 안 좋게 하고 싶지 않으니까, 자신의 의견을 말하지 않도록 하고 있다.**
4 시합에 나갈 수 없어지는 것은 싫으니까, 코치와는 충돌하지 않도록 하고 있다.

해설 지문의 コミュニケーションの取り方にも違いが出てくる(커뮤니케이션을 취하는 법에도 차이가 나온다)에서 '약한 팀'의 커뮤니케이션 취하는 방법이 무엇인지 밑줄 주변에서 찾는다. 뒷부분에서 不満があっても対立を避けようと言葉にしないチームには衝突が生まれやすくなる(불만이 있어도 대립을 피하려고 말로 하지 않는 팀에는 충돌이 생겨나기 쉬워진다)라고 서술하고 있으므로 3 仲間との仲を悪くしたくないから、自分の意見を言わないようにしている(동료와의 사이를 안 좋게 하고 싶지 않으니까, 자신의 의견을 말하지 않도록 하고 있다)가 정답이다.

어휘 ~にとって ~에게 있어 必要だ ひつようだ な형필요하다
正直だ しょうじきだ な형솔직하다 話す はなす 동이야기하다
~ようにする ~(하)도록 하다 嫌だ いやだ な형싫다

37

'나'는 강한 팀을 만드려면 어떻게 해야 한다고 생각하고 있는가?

1 **팀이 명확한 목표를 가지고, 한 사람 한 사람 제대로 이해시키지 않으면 안 된다.**
2 팀 전원이 지킬 수 있는 목표를 만들어, 전원에게 지키게 하지 않으면 안 된다.
3 팀의 기준이 되는 목표를 만들어, 시합 후에 제대로 반성을 시키지 않으면 안 된다.
4 팀에게 무엇이 부족한지를 이해시켜, 한 사람 한 사람 성장시키지 않으면 안 된다.

해설 질문의 강한 팀을 만들기 위한 핵심을 지문에서 찾는다. 마지막 단락에서 チーム全体でチームの目標を共有することだ。そうすることで基準が生まれ、それにしたがって全員が行動すればいい。ただ、目標があいまいではいけない(팀 전체가 팀의 목표를 공유하는 것이다. 그렇게 함으로써 기준이 생겨나, 그것에 따라 전원이 행동하면 된다. 단지, 목표가 애매해서는 안 된다)라고 서술하고 있으므로 1 チームで明確な目標を持って、一人一人にきちんと理解させなければならない(팀이 명확한 목표를 가지고, 한 사람 한 사람 제대로 이해시키지 않으면 안 된다)가 정답이다.

어휘 作る つくる 동만들다 ~べきだ ~(해)야 한다
明確だ めいかくだ な형명확하다 持つ もつ 동가지다
一人 ひとり 한 사람 きちんと 위제대로
~なければならない ~(하)지 않으면 안 된다 全員 ぜんいん 몡전원
守る まもる 동지키다 反省 はんせい 몡반성

38

사이토 씨는 '영어로 스피치' 수업을 듣고 싶다고 생각한다. '영어로 스피치' 수업을 듣기 위해서 사이토 씨는 무엇을 해야 하는가?

1 11월 15일에 전화로 신청한다.
2 **11월 15일에 레벨테스트를 받는다.**
3 11월 25일에 전화로 신청한다.
4 11월 25일에 레벨테스트를 받는다.

해설 제시된 상황 「英語でスピーチ」クラスを受けたい('영어로 스피치' 수업을 듣고 싶다)에 따라 사이토 씨가 해야 하는 행동을 파악해야 한다. 지문의 첫 번째 표 아래에서 「英語でスピーチ」クラスを希望する方は、11月15日までにレベルテストを受けなければなりません('영어로 스피치' 클래스를 희망하는 분은, 11월 15일까지 레벨테스트를 받아야 합니다)라고 하므로 2 11月15日にレベルテストを受ける(11월 15일에 레벨테스트를 받는다)가 정답이다.

어휘 文化 ぶんか 몡문화 センター 몡센터
英会話 えいかいわ 몡영어 회화 教室 きょうしつ 몡교실
案内 あんない 몡안내 英語 えいご 몡영어 スピーチ 몡스피치
クラス 몡수업, 클래스 受ける うける 동(수업을) 듣다, (테스트를) 받다
~ために ~위해서 ~なければならない ~(해)야 한다
電話 でんわ 몡전화 申し込む もうしこむ 동신청하다
レベル 몡레벨 テスト 몡테스트

39

고바야시 씨는 **야마다 선생님의 '처음 영어 회화' 수업을 신청했다.** 고바야시 씨가 **해야 하는 것은** 무엇인가?

1 12월 1일 월요일에 15,000엔을 가지고 간다.
2 12월 2일 화요일에 15,000엔을 가지고 간다.
3 12월 1일 월요일에 15,500엔을 가지고 간다.
4 12월 2일 화요일에 15,500엔을 가지고 간다.

해설 제시된 상황 山田先生の「はじめての英会話」クラスを申し込みした(야마다 선생님의 '처음 영어 회화' 수업을 신청했다)에 따라 고바야시 씨가 해야 할 행동을 고른다. 지문의 시간표 아래에서 授業料は1か月15,000円です。授業の最初の日に先生に授業料をお支払いください。授業は12月1日(月)に始まります(수업료는 1개월 15,000엔입니다. 수업의 첫 날에 선생님께 수업료를 지불해 주세요. 수업은 12월 1일(月)에 시작됩니다)라고 한다. 그리고 그 아래에서 山田先生の授業はテキスト代(500円)が必要です。授業料と一緒にお支払いください(야마다 선생님의 수업은 교재비(500엔)가 필요합니다. 수업료와 함께 지불해 주세요)라고 한다. 지불해야 할 금액은 15,000엔(1개월 수업료)+500엔(교재비)=15,500엔이고 수업 시간표를 살펴보면 山田先生(야마다 선생님)의 첫 수업은 월요일이다. 따라서 3 12月1日月曜日に15,500円を持って行く(12월 1일 월요일에 15,500엔을 가지고 간다)가 정답이다.

어휘 先生 せんせい 圏선생(님)　はじめて 囝처음
月曜日 げつようび 圏월요일　持つ もつ 圄가지다, 들다
行く いく 圄가다　火曜日 かようび 圏화요일

38-39 오야마시 문화센터의 영어 회화 교실 안내

12월 영어 회화 교실의 안내

처음 영어 회화를 배우시는 분부터, 더 능숙하게 영어를 말하고 싶으신 분까지, 당신에게 맞는 클래스에서 영어 회화를 배워보지 않겠습니까?

클래스 명	내용
처음 영어 회화 (주 2회)	영어 회화를 처음 배우는 사람을 위한 클래스입니다.
초급 영어 회화 (주 2회)	자기 소개나 가까운 미래의 예정 등, 일상 생활에서 사용하는 간단한 회화를 할 수 있도록 합니다.
중급 영어 회화 (주 2회)	일상 생활에서 자주 사용하는 표현을 배우고, 자연스러운 회화를 할 수 있도록 합니다.
영어로 스피치 (주 2회)*	다양한 테마로 스피치를 해봅니다. 초급이 끝난 정도의 분이 대상입니다.

* ³⁸'영어로 스피치' 클래스를 희망하는 분은, 11월 15일까지 레벨 테스트를 받아야 합니다.

시간＼요일	월	화	목	금
13:00 ~ 13:50	³⁹처음 (야마다 선생님)	중급 (스미스 선생님)	처음 (야마다 선생님)	중급 (스미스 선생님)
14:00 ~ 14:50	스피치 (미라 선생님)	초급 (다카하시 선생님)	스피치 (미라 선생님)	초급 (다카하시 선생님)
19:00 ~ 19:50	처음 (마에카와 선생님)	스피치 (브라운 선생님)	처음 (마에카와 선생님)	스피치 (브라운 선생님)
20:00 ~ 20:50	중급 (화이트 선생님)	초급 (사카이 선생님)	중급 (화이트 선생님)	초급 (사카이 선생님)

○ ³⁹수업료는 1개월 15,000엔입니다. 수업의 첫 날에 선생님께 수업료를 지불해 주세요. 수업은 12월 1일(月)에 시작됩니다.
○ ³⁹야마다 선생님의 수업은 교재비(500엔)가 필요합니다. 수업료와 함께 지불해 주세요.
○ 11월 25일까지 엽서나 FAX로 신청해주세요.
　제 2희망까지의 클래스명과 그 요일, 시간, 이름, 전화번호를 기입해주세요.
○ 문의는 전화로. 03-5014-1103 (9:00 - 18:00 토일 제외)

어휘 学ぶ まなぶ 圄배우다　方 かた 圏분　～から 国~부터
もっと 囝더　上手だ じょうずだ 나형능숙하다
話す はなす 圄말하다　～まで 国~까지　あなた 圏당신
合う あう 圄맞다　クラス名 クラスめい 클래스 명
内容 ないよう 圏내용　週 しゅう 圏주, 일주일
～向け ～むけ ~을 위한, 용　初級 しょきゅう 圏초급
自己紹介 じこしょうかい 圏자기 소개　近い ちかい い형가깝다
将来 しょうらい 圏미래, 장래　予定 よてい 圏예정　～など 国~등
日常 にちじょう 圏일상　生活 せいかつ 圏생활
使う つかう 圄사용하다　簡単だ かんたんだ 나형간단하다
会話 かいわ 圏회화　できる 圄할 수 있다
～ようにする ~(하)도록 하다　中級 ちゅうきゅう 圏중급
よく 囝자주　表現 ひょうげん 圏표현
自然だ しぜんだ 나형자연스럽다　いろいろだ 나형다양하다
テーマ 圏테마　終わる おわる 圄끝나다　程度 ていど 圏정도
対象 たいしょう 圏대상　希望 きぼう 圏희망　～までに ~까지(기한)
時間 じかん 圏시간　曜日 ようび 圏요일
授業料 じゅぎょうりょう 圏수업료　授業 じゅぎょう 圏수업
最初 さいしょ 圏첫, 최초　日 ひ 圏날　支払う しはらう 圄지불하다
始まる はじまる 圄시작되다　テキスト代 テキストだい 교재비
必要だ ひつようだ 나형필요하다　一緒に いっしょに 함께
はがき 圏엽서　名前 なまえ 圏이름
電話番号 でんわばんごう 圏전화번호　記入 きにゅう 圏기입
問い合わせ といあわせ 圏문의
土日 どにち 圏토일(토요일과 일요일)　除く のぞく 圄제외하다

청해 p.502

☞ 문제 1의 디렉션과 예제를 들려줄 때 1번부터 6번까지의 선택지를 미리 읽고 내용을 재빨리 파악해둡니다. 음성에서 では、始めます(그러면, 시작합니다)가 들리면, 곧바로 문제 풀 준비를 합니다. 음성 디렉션과 예제는 실전모의고사 1의 해설(p.183)에서 확인할 수 있습니다.

1

[음성]
コンビニで店長とアルバイトの男の人が話しています。アルバイトの男の人は何をしますか。

女: 三宅君、ちょっといい?
男: あ、今お弁当を棚に並べようと思っていたんですけど。
女: それは上田さんに代わりにやってもらって。
男: はい。
女: 昨日ちょっと雨が降ったからか、ガラスの汚れがひどいのよ。暗くなる前に、きれいにしておいてくれないかしら。
男: はい、わかりました。
女: それから、ついでに、お店の前のゴミも拾っておいてね。最近ゴミを捨てる人が多くて困るのよね。
男: そうですね。あ、店長、昨日本社から送られてきたこのポスターも入口のところに貼っておきましょうか?
女: ああ、それはいいわ。来週から貼るように言われてるのよ。

アルバイトの男の人は何をしますか。

[문제지]

1 ア イ
2 イ ウ
3 ウ エ
4 イ エ

해석 편의점에서 점장과 남자 아르바이트생이 이야기하고 있습니다. 남자 아르바이트생은 무엇을 합니까?
여: 미야케 군, 잠깐 괜찮아?
남: 아, 지금 도시락을 선반에 진열하려고 생각하고 있었습니다만.
여: 그건 우에다 씨에게 대신 해 달라고 해.
남: 네.
여: 어제 조금 비가 내렸기 때문인지, 유리의 더러움이 심해. 어두워지기 전에, 깨끗하게 해 둬 줄 수 없을까?
남: 네, 알겠습니다.
여: 그리고, 하는 김에, 가게 앞의 쓰레기도 주워 둬. 최근 쓰레기를 버리는 사람이 많아서 곤란하네.
남: 그러게요. 아, 점장님, 어제 본사에서 보내 온 이 포스터도 입구 쪽에 붙여 둘까요?
여: 아, 그건 괜찮아. 다음 주부터 붙이라고 들었어.

남자 아르바이트생은 무엇을 합니까?

해설 선택지 그림을 보고 남자 아르바이트생이 해야 할 일을 고르는 문제이다. 점장이 昨日ちょっと雨が降ったからか、ガラスの汚れがひどいのよ。暗くなる前に、きれいにしておいてくれないかしら(어제 조금 비가 내렸기 때문인지, 유리의 더러움이 심해. 어두워지기 전에, 깨끗하게 해 둬 줄 수 없을까?)라고 말한 후, ついでに、お店の前のゴミも拾っておいてね(하는 김에, 가게 앞의 쓰레기도 주워 둬)라고 말했으므로 유리를 닦는 그림인 イ와 쓰레기를 줍는 그림인 ウ로 구성된 2가 정답이다. 그림 ア는 우에다 씨에게 부탁할 일이고, 그림 エ는 다음 주에 할 일이므로 오답이다.

어휘 コンビニ 뗑 편의점   店長 てんちょう 몡 점장(님)
アルバイト 몡 아르바이트   ちょっと 囝 잠깐, 조금   今 いま 몡 지금
弁当 べんとう 몡 도시락   棚 たな 몡 선반
並べる ならべる 图 진열하다, 늘어놓다   ~けど 图 ~지만
代わりに かわりに 囝 대신   昨日 きのう 몡 어제   雨 あめ 몡 비
降る ふる 图 내리다   ~から 图 ~때문에   ガラス 몡 유리
汚れ よごれ 몡 더러움   ひどい い형 심하다   暗い くらい い형 어둡다
前 まえ 몡 전, 앞   きれいだ な형 깨끗하다   わかる 图 알다, 이해하다
それから 웹 그리고   ついでに 囝 하는 김에   店 みせ 몡 가게
ゴミ 몡 쓰레기   拾う ひろう 图 줍다   最近 さいきん 몡 최근
捨てる すてる 图 버리다   多い おおい い형 많다
困る こまる 图 곤란하다   本社 ほんしゃ 몡 본사   ~から 图 ~(로)부터
送る おくる 图 보내다   ポスター 몡 포스터   入口 いりぐち 몡 입구
貼る はる 图 붙이다   来週 らいしゅう 몡 다음 주   言う いう 图 말하다

2

[음성]
会社で女の人と男の人が話しています。男の人はよく眠るためにどうしていますか。

女: 田中さん、おはようございます。今日も暑いですね。
男: はい。ここ2、3日は夜になっても気温が下がらないから嫌になってしまいますよね。
女: はい。先月までは窓を開けて寝れば涼しいくらいだったのに、一気に暑くなりましたよね。この暑さでは全然眠れなくて少し寝不足だったので、冷房を入れてます。

男: え、エアコンをつけたまま寝てるんですか。
女: そうしたいんですが、電気代のことを考えて2時間で切れるようにタイマーを設定しています。田中さんは?
男: 僕も冷房を入れて寝てみましたが、僕のどが弱いみたいで。扇風機に変えました。足元のほうに向けて寝るとのども乾燥しなくて快適です。
女: なるほど。タイマーにはしないんですか。
男: 来月の電気代が心配ですが睡眠より重要なものはないので、ぐっすり寝るためにはしょうがないですね。これよりも暑さがひどくなったら、氷の枕にしてみようか考え中です。

男の人はよく眠るためにどうしていますか。

[문제지]
1 まどを開けている
2 エアコンをつけている
3 せんぷうきをつけている
4 氷のまくらを使っている

해석 회사에서 여자와 남자가 이야기하고 있습니다. 남자는 잘 자기 위해 어떻게 하고 있습니까?
여: 다나카 씨, 안녕하세요. 오늘도 덥네요.
남: 네. 요 2, 3일은 밤이 되어도 기온이 내려가지 않아서 싫어져 버리네요.
여: 맞아요. 지난달까지는 창문을 열고 자면 선선한 정도였는데, 단숨에 더워졌네요. 이 더위에는 전혀 잘 수 없어서 조금 수면 부족이었어서, 냉방을 틀고 있어요.
남: 앗, 에어컨을 켠 채 자고 있는 거예요?
여: 그러고 싶은데, 전기 요금을 생각해서 2시간으로 꺼지도록 타이머를 설정하고 있어요. 다나카 씨는요?
남: 저도 냉방을 틀고 자 봤는데, 저 목이 약한 것 같아서. 선풍기로 바꿨어요. 발 쪽으로 향하게 하고 자면 목도 건조하지 않고 쾌적해요.
여: 그렇군요. 타이머로는 하지 않아요?
남: 다음 달 전기 요금이 걱정이지만 수면보다 중요한 건 없으니까, 푹 자기 위해서는 어쩔 수 없네요. 지금보다도 더위가 심해지면, 얼음 베개로 해 볼까 고민 중이에요.

남자는 잘 자기 위해 어떻게 하고 있습니까?
1 창문을 열고 있다
2 에어컨을 켜고 있다
3 선풍기를 켜고 있다
4 얼음 베개를 사용하고 있다

해설 남자가 잘 자기 위해 어떻게 하고 있는지 고르는 문제이다. 僕も冷房を入れて寝てみましたが、僕のどが弱いみたいで。扇風機に変えました。足元のほうに向けて寝るとのども乾燥しなくて快適です(저도 냉방을 틀고 자 봤는데, 제 목이 약한 것 같아서. 선풍기로 바꿨어요. 발 쪽으로 향하게 하고 자면 목도 건조하지 않고 쾌적해

요)라고 했으므로 3 せんぷうきをつけている(선풍기를 켜고 있다)가 정답이다. 1은 지난달에 여자가 한 일이고, 2는 지금 여자가 하고 있는 일이며, 4는 남자가 지금보다 더위가 심해지면 할 일이므로 오답이다.

어휘 会社 かいしゃ 圏 회사   よく 囝 잘   眠る ねむる 图 자다, 잠들다
今日 きょう 圏 오늘   暑い あつい い형 덥다   夜 よる 圏 밤
気温 きおん 圏 기온   下がる さがる 图 내려가다
嫌だ いやだ な형 싫다   先月 せんげつ 圏 지난달   窓 まど 圏 창문
開ける あける 图 열다   寝る ねる 图 자다
涼しい すずしい い형 선선하다   一気に いっきに 囝 단숨에
暑さ あつさ 圏 더위   全然 ぜんぜん 囝 전혀   少し すこし 囝 조금
寝不足 ねぶそく 圏 수면 부족   冷房 れいぼう 圏 냉방
入れる いれる 图 틀다, 넣다   エアコン 圏 에어컨   つける 图 켜다
電気代 でんきだい 圏 전기 요금   考える かんがえる 图 생각하다
時間 じかん 圏 시간   切れる きれる 图 꺼지다   タイマー 圏 타이머
設定 せってい 圏 설정   のど 圏 목   弱い よわい い형 약하다
扇風機 せんぷうき 圏 선풍기   変える かえる 图 바꾸다
足元 あしもと 圏 발, 발 밑   向ける むける 图 향하게 하다
乾燥 かんそう 圏 건조   快適だ かいてきだ な형 쾌적하다
来月 らいげつ 圏 다음 달   心配 しんぱい 圏 걱정
睡眠 すいみん 圏 수면   重要だ じゅうようだ な형 중요하다
ぐっすり 囝 푹 (자다)   しょうがない 어쩔 수 없다   ひどい い형 심하다
氷 こおり 圏 얼음   枕 まくら 圏 베개
考え中 かんがえちゅう 圏 생각 중   使う つかう 图 사용하다

3

[음성]
学校で女の学生と男の学生が話しています。女の学生はこのあとまず何をしますか。
女: 岡田先輩、この間試験を受けた第一希望の会社からいい返事をもらえました。
男: よかったね。おめでとう。
女: 次は面接です。このために新しいスーツも買いました。あと出題されそうな質問を予想して、それに合わせて回答を考えてみたんですけど、ちょっと見てもらえますか。
男: えっと…全体的に質問に対する答えが丁寧なのはいいんだけど、長すぎる気がするな。これ、集団面接でしょ?
女: そうです。
男: うーん、他人に気を遣えない人って思われるかも。他の学生の回答時間を配慮してもう少し簡潔にするべきだよ。
女: はい、そうします。
男: 面接はいつ?
女: 日程調節のメールが来てて、日時を選択できるみたいなんですけど、日を空けたほうがいいのか空けないほうがいいのか悩んでます。

男: えっ、それはまずいよ。だらしない印象を持たれるといけないから、すぐに面接をする日を伝えて。
女: あっ、はい。

女の学生はこのあとまず何をしますか。

[문제지]
1 スーツを新しく買う
2 めんせつの練習をする
3 質問のこたえを直す
4 会社のメールにへんしんする

해석 학교에서 여학생과 남학생이 이야기하고 있습니다. 여학생은 이후에 우선 무엇을 합니까?

여: 오카다 선배, 얼마 전 시험을 본 제1지망 회사에서 좋은 답변을 받을 수 있었어요.
남: 잘됐네. 축하해.
여: 다음은 면접이에요. 이를 위해 새 정장도 샀어요. 그리고 출제될 것 같은 질문을 예상해서, 거기에 맞춰 대답을 생각해 봤는데요, 좀 봐 주실 수 있나요?
남: 음… 전체적으로 질문에 대한 대답이 정중한 건 좋지만, 너무 긴 느낌이 들어. 이거, 집단 면접이지?
여: 맞아요.
남: 음, 다른 사람을 배려하지 못하는 사람이라고 생각될지도. 다른 학생의 답변 시간을 배려해서 좀 더 간결하게 해야 해.
여: 네, 그렇게 할게요.
남: 면접은 언제야?
여: 일정 조정 이메일이 왔어서, 일시를 선택할 수 있는 것 같은데요, 날짜를 띄우는 게 좋은지 띄우지 않는 게 좋은지 고민하고 있어요.
남: 어, 그건 좋지 않아. 야무지지 못한 인상을 가지게 하면 안 되니까, 바로 면접을 볼 날을 전달해.
여: 아, 네.

여학생은 이후에 우선 무엇을 합니까?

1 정장을 새로 산다
2 면접 연습을 한다
3 질문의 대답을 고친다
4 회사 이메일에 회신한다

해설 여학생이 우선 해야 할 일을 고르는 문제이다. 남학생의 面接はいつ？(면접은 언제야?)라는 말에 여자가 아직 고민 중이라고 하자, 남자가 だらしない印象を持たれるといけないから、すぐに面接をする日を伝えて(야무지지 못한 인상을 가지게 하면 안 되니까, 바로 면접을 볼 날을 전달해)라고 하고, 여자가 あっ、はい(아, 네)라고 했으므로 4 会社のメールにへんしんする(회사 이메일에 회신한다)가 정답이다. 1은 이미 했고, 2는 언급되지 않았으며, 3은 면접 볼 날을 전달한 다음에 할 일이므로 오답이다.

어휘 学校 がっこう 몡학교   学生 がくせい 몡학생
先輩 せんぱい 몡선배   試験 しけん 몡시험
受ける うける 동보다, 응시하다   第一 だいいち 몡제1, 첫 번째

希望 きぼう 몡지망, 희망   会社 かいしゃ 몡회사
返事 へんじ 몡답변   次 つぎ 몡다음   面接 めんせつ 몡면접
新しい あたらしい い형새롭다   スーツ 몡정장   買う かう 동사다
あと 튄그리고   出題 しゅつだい 몡출제   質問 しつもん 몡질문
予想 よそう 몡예상   合わせる あわせる 동맞추다
回答 かいとう 몡대답   考える かんがえる 동생각하다
ちょっと 튄좀, 조금   見る みる 동보다
全体的だ ぜんたいてきだ な형전체적이다
~に対する ~にたいする ~에 대한   答え こたえ 몡대답, 답
丁寧だ ていねいだ な형정중하다   気がする きがする 느낌이 들다
集団 しゅうだん 몡집단, 그룹   他人 たにん 몡다른 사람, 타인
気を遣う きをつかう 배려하다   時間 じかん 몡시간
配慮 はいりょ 몡배려   もう少し もうすこし 튄좀 더
簡潔だ かんけつだ な형간결하다   ~べきだ ~해야 한다
日程 にってい 몡일정   調整 ちょうせい 몡조정   メール 몡이메일
来る くる 동오다   日時 にちじ 몡일시   選択 せんたく 몡선택
日を空ける ひをあける 시간을 띄우다, 비우다   悩む なやむ 동고민하다
まずい い형좋지 않다   だらしない い형야무지지 못하다
印象 いんしょう 몡인상   持つ もつ 동가지다   すぐに 튄바로
伝える つたえる 동전달하다   練習 れんしゅう 몡연습
直す なおす 동고치다   返信 へんしん 몡회신

4

[음성]
男の学生と女の学生が話しています。二人はいつ走ることにしましたか。

男: もうすぐマラソン大会だね。
女: そうだね。そろそろ練習を始めないと。ねえ、一緒に練習しない？
男: いいよ。じゃ、朝ちょっと早く学校に来て、授業の前に走るのはどう？
女: 私、朝は苦手なんだよね。岡田君もそうじゃなかった？
男: うん。実はそうなんだよね。じゃ、夜走ろうよ。
女: え、でも、私、夜はバイトが…。
男: 9時半ぐらいからならバイトも終わって、時間あるでしょ？
女: うん。夜は一人じゃ怖いなって思ってたけど、岡田君が一緒に走ってくれるなら、その時間でもいいよ。

二人はいつ走ることにしましたか。

[문제지]
1 学校に行く前
2 学校に行ってから
3 バイトがはじまる前
4 バイトがおわった後

해석 남학생과 여학생이 이야기하고 있습니다. 두 사람은 언제 달리기로 했습니까?
남: 이제 곧 마라톤 대회네.
여: 그러게. 슬슬 연습을 시작하지 않으면 안 돼. 저기, 같이 연습하지 않을래?
남: 좋아. 그럼, 아침 조금 일찍 학교에 와서, 수업 전에 달리는 건 어때?
여: 나, 아침은 힘들어. 오카다 군도 그렇지 않았어?
남: 응. 실은 그래. 그럼, 밤에 달리자.
여: 아, 그런데, 나, 밤은 아르바이트가….
남: 9시 반 정도부터라면 아르바이트도 끝나서 시간 있지?
여: 응. 밤은 혼자라면 무섭다고 생각했지만, 오카다 군이 같이 달려 준다면, 그 시간이라도 좋아.

두 사람은 언제 달리기로 했습니까?

1 학교에 가기 전
2 학교에 가고 나서
3 아르바이트가 시작하기 전
4 **아르바이트가 끝난 후**

해설 두 사람이 달리기로 한 때가 언제인지를 고르는 문제이다. 남자가 9時半ぐらいからならバイトも終わって時間あるでしょ?(9시 반 정도부터라면 아르바이트도 끝나서 시간 있지?)라고 묻자, 여자가 대화의 후반부에서 その時間でもいいよ(그 시간이라도 좋아)라고 대답하므로 4 バイトがおわった後(아르바이트가 끝난 후)가 정답이다. 1, 2는 두 사람 모두 아침은 힘들다고 했으며, 3은 언급되지 않았으므로 오답이다.

어휘 走る はしる 图달리다　もうすぐ 囝이제 곧　マラソン 图마라톤
大会 たいかい 图대회　そろそろ 囝슬슬　練習 れんしゅう 图연습
始める はじめる 图시작하다　一緒に いっしょに 囝같이, 함께
じゃ 쩝그럼　朝 あさ 图아침　ちょっと 囝조금　早く はやく 囝일찍
学校 がっこう 图학교　来る くる 图오다　授業 じゅぎょう 图수업
前 まえ 图전　苦手だ にがてだ 뇌형힘들다, 서툴다　実は じつは 囝실은
夜 よる 图밤　でも 쩝그런데　バイト 图아르바이트
~ぐらい 国~정도　~から 国~부터　終わる おわる 图끝나다
時間 じかん 图시간　一人 ひとり 图혼자　怖い こわい 이형무섭다
~って 国~라고　思う おもう 图생각하다　~けど 国~지만
行く いく 图가다　はじまる 图시작되다　後 あと 图후

5

[음성]
料理教室で先生が話しています。生徒はこれから何をしますか。
女: 今日はトマトスパゲッティを作ります。スパゲッティの麺はゆでるだけなので、メインはソースです。材料のトマトを調理する前に皮をむきます。テーブルの上にあるトマトはすでにきれいに洗ったものです。そのまま包丁でむくのは難しいので、別のやり方を紹介します。まず、水を入れた鍋を火にかけます。お湯が沸いたら、薄く切り込みを入れたトマトをお湯に入れます。10秒ほど経つと少し皮がはがれてくるので、冷たい水につけてそこを引っ張ってください。ではやってみましょう。

生徒はこれから何をしますか。

[문제지]
1 スパゲッティのめんをゆでる
2 トマトを半分に切る
3 **トマトのかわをとる**
4 トマトを水であらう

해석 요리 교실에서 선생님이 이야기하고 있습니다. 학생은 이제부터 무엇을 합니까?
여: 오늘은 토마토 스파게티를 만들겠습니다. 스파게티 면은 삶을 뿐이기 때문에, 메인은 소스입니다. 재료인 토마토를 조리하기 전에 껍질을 벗깁니다. 테이블 위에 있는 토마토는 이미 깨끗이 씻은 것입니다. 그대로 식칼로 벗기는 것은 어렵기 때문에, 다른 방법을 소개합니다. 먼저, 물을 넣은 냄비를 불에 올립니다. 물이 끓으면, 얇게 칼집을 넣은 토마토를 뜨거운 물에 넣습니다. 10초 정도 지나면 조금 껍질이 벗겨지기 시작하므로, 찬물에 담가서 거기를 잡아당겨 주세요. 그럼 해 봅시다.

학생은 이제부터 무엇을 합니까?

1 스파게티 면을 삶는다
2 토마토를 반으로 자른다
3 **토마토 껍질을 제거한다**
4 토마토를 물로 씻는다

해설 학생이 해야 할 일을 고르는 문제이다. 선생님이 材料のトマトを調理する前に皮をぬきます(재료인 토마토를 조리하기 전에 껍질을 벗깁니다)라고 했으므로 3 トマトのかわをとる(토마토 껍질을 제거한다)가 정답이다. 1은 소스를 만든 후에 할 일이고, 2는 자르는 것이 아니라 칼집을 넣는다고 했으며, 4는 이미 씻은 것이라 할 필요가 없으므로 오답이다.

어휘 料理 りょうり 图요리　教室 きょうしつ 图교실
先生 せんせい 图선생님　生徒 せいと 图학생　今日 きょう 图오늘
トマト 图토마토　スパゲッティ 图스파게티　作る つくる 图만들다
麺 めん 图면　ゆでる 图삶다　メイン 图메인　ソース 图소스
材料 ざいりょう 图재료　調理 ちょうり 图조리　皮 かわ 图껍질
むく 图벗기다　テーブル 图테이블　すでに 囝이미
洗う あらう 图씻다　包丁 ほうちょう 图식칼
難しい むずかしい 이형어렵다　別 べつ 图다른 것
やり方 やりかた 图방법　紹介 しょうかい 图소개　まず 囝먼저
水 みず 图물　入れる いれる 图넣다　鍋 なべ 图냄비
火にかける ひにかける 불에 올리다　お湯 おゆ 图(뜨거운) 물
沸く わく 图끓다　薄い うすい 이형얇다　切り込み きりこみ 图칼집
経つ たつ 图지나다　少し すこし 囝조금　はがれる 图벗겨지다
冷たい つめたい 이형차갑다　つける 图담그다
引っ張る ひっぱる 图잡아당기다　半分 はんぶん 图반, 절반
とる 图제거하다

6

[음성]

会社で男の人と女の人が話しています。女の人はこれから何をしますか。

男: 村上さん、お疲れさまです。今お帰りですか?
女: はい、ここのところずっと忙しかったんですが、今日は早く終わりました。
男: そうなんですか。あっ、すごい雨が降っていますね。村上さん、傘、あります?
女: いえ、持ってきませんでした。天気予報では降らないって言ってたのに…。
男: じゃあ、僕の傘に入って駅まで一緒に行きますか?
女: いいえ、それは申し訳ないです。主人に電話して迎えに来てもらいます。
男: そうですか。
女: あっ、そうだ!机の引き出しに折りたたみ傘があったんだ!すみません、あの、大丈夫ですので、どうぞお先に…。
男: そうですか。じゃあ、お先に失礼しますね。
女: お疲れさまでした。

女の人はこれから何をしますか。

[문제지]

1 男の人といっしょに帰る
2 おっとに電話をかける
3 かさを取りに戻る
4 戻って仕事をする

해석 회사에서 남자와 여자가 이야기하고 있습니다. 여자는 이제부터 무엇을 합니까?

남: 무라카미 씨, 수고하셨어요. 지금 돌아가세요?
여: 네, 요즘 계속 바빴습니다만, 오늘은 빨리 끝났습니다.
남: 그렇습니까? 아, 굉장한 비가 내리고 있어요. 무라카미 씨, 우산, 있어요?
여: 아뇨, 가져오지 않았어요. 일기예보에서는 내리지 않을 거라고 말했는데…
남: 그럼, 제 우산에 들어와서 역까지 같이 갈래요?
여: 아니요, 그건 죄송해요. 남편에게 전화해서 마중 오라고 할게요.
남: 그래요?
여: 아, 맞다! 책상 서랍에 접이식 우산이 있었지! 죄송합니다, 저기, 괜찮으니까, 어서 먼저 가세요….
남: 그래요? 그럼, 먼저 실례할게요.
여: 수고하셨습니다.

여자는 이제부터 무엇을 합니까?

1 남자와 같이 돌아간다
2 남편에게 전화를 건다
3 우산을 가지러 돌아간다
4 돌아가서 일을 한다

해설 여자가 이제부터 해야 할 일을 고르는 문제이다. 여자가 そうだ! 机の引き出しに折りたたみ傘があったんだ! すみません、あの、大丈夫ですので、どうぞお先に (맞다! 책상 서랍에 접이식 우산이 있었지! 죄송합니다, 저기, 괜찮으니까, 어서 먼저 가세요)라고 했으므로 3 かさを取りに戻る (우산을 가지러 돌아간다)가 정답이다. 1은 여자가 거절한 제안이고, 2는 우산이 있으므로 하지 않아도 되는 일이며, 4는 언급되지 않았으므로 오답이다.

어휘 会社 かいしゃ 명 회사   今 いま 명 지금   帰る かえる 동 돌아가다
ここのところ 요즘   ずっと 부 계속   忙しい いそがしい い형 바쁘다
今日 きょう 명 오늘   早く はやく 부 빨리   終わる おわる 동 끝나다
すごい い형 굉장하다   雨 あめ 명 비   降る ふる 동 (비,눈이) 내리다
傘 かさ 명 우산   持つ もつ 동 가지다, 들다
天気予報 てんきよほう 명 일기예보   ~って 조 ~라고
~のに 조 ~는데   じゃあ 접 그럼   入る はいる 동 들어오다
駅 えき 명 역   ~まで 조 ~까지   一緒に いっしょに 부 같이, 함께
行く いく 동 가다   申し訳ない もうしわけない い형 죄송하다, 미안하다
主人 しゅじん 명 남편   電話 でんわ 명 전화
迎える むかえる 동 마중하다   来る くる 동 오다   机 つくえ 명 책상
引き出し ひきだし 명 서랍
折りたたみ傘 おりたたみがさ 접이식 우산
大丈夫だ だいじょうぶだ な형 괜찮다   ~ので 조 ~니까
どうぞ 부 어서   先に さきに 부 먼저   失礼 しつれい 명 실례
おっと 명 남편   電話をかける でんわをかける 전화를 걸다
取る とる 동 가지다   戻る もどる 동 돌아가다   仕事 しごと 명 일

☞ 문제 2의 디렉션과 예제를 들려줄 때 1번부터 6번까지의 선택지를 미리 읽고 내용을 재빨리 파악해둡니다. 음성에서 では、始めます (그러면, 시작합니다)가 들리면, 곧바로 문제 풀 준비를 합니다. 음성 디렉션과 예제는 실전모의고사 1의 해설(p.189)에서 확인할 수 있습니다.

1

[음성]

先生の部屋で女の学生と男の学生が話しています。二人はこのあとまず何をしますか。

女: 先生に頼まれてた本、これで全部?
男: うん、手伝ってくれてありがとう。一人じゃ運べなかったから助かったよ。
女: このくらい、なんてことないよ。あ、そうだ。佐々木君、このあと約束ある? なかったらご飯でも一緒にどう?
男: あ、ごめん。約束はないんだけど今日は6時から映画を見ようと思ってて。最近、話題の韓国映画。
女: それってもしかして「君へ」っていう映画?
男: そうそう。

女: この間テレビで特集されてて私も見たかったの。一緒に行ってもいい?

男: いいよ。映画までまだ結構時間あるから図書館で課題を終わらせて行かない?

女: ちょうど良かった。実は分からない問題があって教えてほしかったの。

男: うん。じゃあ、行こうか。

二人はこのあとまず何をしますか。

[문제지]
1 先生の本をはこぶ
2 食事をする
3 かんこく映画を見る
4 図書館で勉強する

해석 선생님 방에서 여학생과 남학생이 이야기하고 있습니다. 두 사람은 이후에 우선 무엇을 합니까?

여: 선생님에게 부탁받았던 책, 이걸로 전부야?
남: 응, 도와줘서 고마워. 혼자서는 옮길 수 없어서 도움이 됐어.
여: 이 정도는, 별 거 아니야. 아, 그렇지. 사사키 군, 이후에 약속 있어? 없으면 밥이라도 같이 어때?
남: 아, 미안. 약속은 없는데 오늘은 6시부터 영화를 보려고 했어서. 최근, 화제인 한국 영화.
여: 그거 혹시 '그대에게'라는 영화?
남: 맞아 맞아.
여: 요전에 TV에서 특집되어서 나도 보고 싶었어. 함께 가도 돼?
남: 좋아. 영화까지 아직 꽤 시간 있으니까 도서관에서 과제를 끝내고 가지 않을래?
여: 마침 다행이다. 실은 모르는 문제가 있어서 가르쳐 줬으면 했어.
남: 응. 그럼, 갈까.

두 사람은 이후에 우선 무엇을 합니까?

1 선생님의 책을 옮긴다
2 식사를 한다
3 한국 영화를 본다
4 도서관에서 공부한다

해설 두 사람이 우선 해야 할 일을 묻는 문제이다. 남학생이 映画まで まだ結構時間あるから図書館で課題を終わらせて行かない?(영화까지 아직 꽤 시간 있으니까 도서관에서 과제를 끝내고 가지 않을래?)라고 하자, 여학생이 ちょうど良かった。実は分からない問題があって教えてほしかったの(마침 다행이다. 실은 모르는 문제가 있어서 가르쳐 줬으면 했어)라고 언급했으므로, 4 図書館で勉強する(도서관에서 공부한다)가 정답이다. 오답 선택지 1은 이미 했고, 2는 영화를 볼 것이라 남학생이 거절했으며, 3은 도서관에서 과제를 끝낸 다음에 할 일이므로 오답이다.

어휘 先生 せんせい 圀선생(님)　部屋 へや 圀방　二人 ふたり 圀두 사람
頼む たのむ 围부탁하다　本 ほん 圀책　全部 ぜんぶ 圀전부
手伝う てつだう 围돕다　~てくれる ~(해) 주다　一人 ひとり 圀혼자
運ぶ はこぶ 围옮기다　~たら ~라면
助かる たすかる 围도움이 되다　なんてこと 별 거, 특별한 일
約束 やくそく 圀약속　ご飯 ごはん 圀밥　一緒に いっしょに 閏같이
今日 きょう 圀오늘　~時 ~じ ~시　映画 えいが 圀영화
見る みる 围보다　~ようと思う ~ようとおもう ~(하)려고 하다
最近 さいきん 圀최근　話題 わだい 圀화제　韓国 かんこく 圀한국
もしかして 閏혹시　君 きみ 圀그대　この間 このあいだ 요전
テレビ 圀TV　特集 とくしゅう 圀특집　行く いく 围가다
~てもいい ~(해)도 괜찮다　まだ 아직　結構 けっこう 閏꽤
時間 じかん 圀시간　図書館 としょかん 圀도서관
課題 かだい 圀과제　終わらせる おわらせる 围끝내다
~てから ~(하)고 나서　ちょうど 閏마침
良かった よかった 다행이다　実は じつは 閏실은
分かる わかる 围알다　問題 もんだい 圀문제
教える おしえる 围가르치다　~てほしい ~(해) 줬으면 좋겠다
食事 しょくじ 圀식사　勉強 べんきょう 圀공부

2

[음성]

カフェで店長と店員が話しています。このカフェでは客を増やすためにどうすることにしましたか。

男: 近くにさくらコーヒーが出来てからお客さんがどんどん減ってるんだ。どうにかしないとな。

女: ええ、さくらコーヒーは特に安いですから。

男: うちは個人経営の店だから、チェーン店に合わせて値段を下げることは難しいよ。

女: そうですよね。では、テラス席をもう少しおしゃれにするのはどうでしょう。椅子やテーブルをヨーロッパ風にしたり夕方からは照明をつけたりしたら、それ目当てで来るお客さんもいるかもしれません。

男: なるほど。いいアイデアだけど費用がかかるな。

女: あ、最近ペットと一緒に楽しめるカフェが増えているようですよ。SNSでも犬を連れているお客さんの写真をよく見ます。反対に動物が苦手なお客さんが来なくなる心配もありますが。

男: テラス席限定ならいいんじゃないかな。苦手な人は店内に座ってもらえばいいわけだし。

女: そうですね。さっそくやってみましょうよ。

このカフェでは客を増やすためにどうすることにしましたか。

[문제지]
1 コーヒーの値段を下げる
2 テラス席のインテリアを海外風にする
3 SNSに店の写真をあげる
4 テラス席にペットが入れるようにする

해석 카페에서 점장과 점원이 이야기하고 있습니다. 이 카페에서는 **손님을 늘리기 위해 어떻게 하기로 했습니까?**

남: 근처에 사쿠라 커피가 생기고 나서 손님이 점점 줄고 있어. 어떻게든 하지 않으면.
여: 네, 사쿠라 커피는 특히 싸니까요.
남: 우리는 개인 운영 가게니까, 체인점에 맞춰 가격을 낮추는 건 어려워.
여: 그렇죠. 그럼, 테라스석을 좀 더 세련되게 하는 건 어떨까요? 의자와 테이블을 유럽풍으로 하거나 저녁부터는 조명을 켜거나 한다면, 그것을 목적으로 오는 손님도 있을지도 몰라요.
남: 과연 그렇군. 좋은 아이디어인데 비용이 들겠네.
여: 아, 요즘 반려동물과 함께 즐길 수 있는 카페가 늘고 있는 것 같아요. SNS에서도 개를 동반하고 있는 손님의 사진을 자주 봐요. 반대로 동물이 거북한 손님이 오지 않게 될 걱정도 있지만요.
남: 테라스석 한정이라면 괜찮지 않을까? 거북한 사람은 가게 안에 앉아 주면 되는 거니까.
여: 그렇네요. 곧바로 해 봐요.

이 카페에서는 **손님을 늘리기 위해 어떻게 하기로 했습니까?**

1 커피의 가격을 낮춘다
2 테라스석의 인테리어를 해외풍으로 한다
3 SNS에 가게 사진을 올린다
4 테라스석에 반려동물이 들어갈 수 있게 한다

해설 카페에서 손님을 늘리기 위해 어떻게 하기로 했는지를 묻는 문제이다. 점원이 最近ペットと一緒に楽しめるカフェが増えているようですよ。SNSでも犬を連れているお客さんの写真をよく見ます。反対に動物が苦手なお客さんが来なくなる心配もありますが(요즘 반려동물과 함께 즐길 수 있는 카페가 늘고 있는 것 같아요. SNS에서도 개를 동반하고 있는 손님의 사진을 자주 봐요. 반대로 동물이 거북한 손님이 오지 않게 될 걱정도 있지만요)라고 하자, 점장이 テラス席限定ならいいんじゃないかな(테라스석 한정이라면 괜찮지 않을까)라고 언급했으므로, 4 テラス席にペットが入れるようにする(테라스석에 반려동물이 들어갈 수 있게 한다)가 정답이다. 오답 선택지 1은 개인 운영이라 어렵다고 했고, 2는 비용이 들어서 하지 않기로 했고, 3은 언급되지 않았으므로 오답이다.

어휘 カフェ 圐 카페   店長 てんちょう 圐 점장   店員 てんいん 圐 점원
客 きゃく 圐 손님   増やす ふやす 图 늘리다   近く ちかく 圐 근처
さくら 圐 사쿠라, 벚꽃   コーヒー 圐 커피
出来る できる 图 생기다, 할 수 있다   どんどん 囲 점점
減る へる 图 줄다   どうにか 囲 어떻게든   特 とくに 囲 특히
安い やすい い형 싸다   個人 こじん 圐 개인
経営 けいえい 圐 운영, 경영   店 みせ 圐 가게
チェーン店 チェーンてん 圐 체인점   合わせる あわせる 图 맞추다
値段 ねだん 圐 가격   下げる さげる 图 내리다
難しい むずかしい い형 어렵다   では 졥 그럼
テラス席 テラスせき 圐 테라스석   もう少し もうすこし 囲 좀 더
おしゃれだ な형 세련되다   椅子 いす 圐 의자   テーブル 圐 테이블
ヨーロッパ風 ヨーロッパふう 圐 유럽풍   夕方 ゆうがた 圐 저녁
照明 しょうめい 圐 조명   つける 图 켜다   目当て めあて 圐 목적
アイデア 圐 아이디어   費用 ひよう 圐 비용   かかる 图 (비용이) 들다
最近 さいきん 圐 요즘   ペット 圐 반려동물, 애완동물
一緒に いっしょに 囲 함께   楽しむ たのしむ 图 즐기다
増える ふえる 图 늘다   犬 いぬ 圐 개   連れる つれる 图 동반하다
写真 しゃしん 圐 사진   反対 はんたい 圐 반대
動物 どうぶつ 圐 동물   苦手だ にがてだ な형 거북하다
心配 しんぱい 圐 걱정   限定 げんてい 圐 한정
店内 てんない 圐 가게 안   座る すわる 图 앉다   さっそく 囲 곧바로
インテリア 圐 인테리어   海外風 かいがいふう 圐 해외풍
あげる 图 올리다   入る はいる 图 들어가다

3

[음성]
男の学生と女の学生が話しています。女の学生はインターンシップをして一番良かったことは何だと言っていますか。

男: 2週間のインターンシップどうだった？行きたかったデザイン会社だったんでしょ？
女: うん、2週間っていう期間は仕事の技術を教わるにはあまりに短いけど、会社でどんな仕事をするのかを知ることができたよ。デザイン以外にも色んな仕事をしているんだって分かったことが、2週間のうちで最も大きな学びだったと思う。
男: 確かに就職した先輩たちの中にも実際に入ったらイメージと違ってショックを受けたって人もいたよね。
女: そうそう。それから、大学に通っていると出会うことのない社会人の方と関わったり会社の雰囲気を直接感じたりできたのも良かった。
男: 短い時間だったけど、たくさんのことを感じられたみたいだね。
女: うん、今後の就職活動に生かせるいい経験になったと思う。

女の学生はインターンシップをして一番良かったことは何だと言っていますか。

[문제지]
1 仕事の内容が知れたこと
2 デザインのぎじゅつが学べたこと
3 色んな人と関われたこと
4 会社のふんいきを感じられたこと

해석 남학생과 여학생이 이야기하고 있습니다. **여학생은 인턴십을 하고 가장 좋았던 것은 무엇이라고 말하고 있습니까?**

남: 2주간의 인턴십 어땠어? 가고 싶었던 디자인 회사였지?
여: 응, 2주라는 기간은 일의 기술을 배우기에는 너무나 짧지만, 회사에서 어떤 일을 하는 건지 알 수 있었어. 디자인 이외에도 다양한 일을 하고 있다는 걸 알게 된 게, 2주 동안에 가장 큰 배움이었다고 생각해.

남: 확실히 취직한 선배들 중에도 실제로 들어가니 이미지와 달라서 충격을 받았다는 사람도 있었지.
여: 맞아. 그리고, 대학에 다니고 있으면 만날 일 없는 사회인 분과 교류하거나 회사 분위기를 직접 느끼거나 할 수 있었던 것도 좋았어.
남: 짧은 시간이었지만, 많은 걸 느낄 수 있었던 것 같네.
여: 응, 앞으로의 취업 활동에 살릴 수 있는 좋은 경험이 되었다고 생각해.

여학생은 인턴십을 하고 **가장 좋았던 것**은 무엇이라고 말하고 있습니까?

1 일의 내용을 알 수 있었던 것
2 디자인 기술을 배울 수 있었던 것
3 다양한 사람과 교류할 수 있었던 것
4 회사의 분위기를 느낄 수 있었던 것

해설 여학생이 인턴십에서 가장 좋았던 것을 묻는 문제이다. 여학생이 会社でどんな仕事をするのかを知ることができたよ。デザイン以外にも色んな仕事をしているんだって分かったことが、2週間のうちで最も大きな学びだったと思う(회사에서 어떤 일을 하는 건지 알 수 있었어. 디자인 이외에도 다양한 일을 하고 있다는 걸 알게 된 게, 2주 동안에 가장 큰 배움이었다고 생각해)라고 언급했으므로, 1 仕事の内容が知れたこと(일의 내용을 알 수 있었던 것)가 정답이다. 오답 선택지 2는 기술을 배우기에는 짧았다고 했고, 3, 4는 가장 좋았다고 언급된 점이 아니므로 오답이다.

어휘 学生 がくせい 図학생   インターンシップ 図인턴십
一番 いちばん 図가장   ~週間 ~しゅうかん ~주간
デザイン会社 デザインがいしゃ 図디자인 회사   期間 きかん 図기간
仕事 しごと 図일   技術 ぎじゅつ 図기술
教わる おそわる 图배우다   あまりに 图너무나
短い みじかい い형짧다   会社 かいしゃ 図회사   知る しる 图알다
デザイン 図디자인   以外 いがい 図이외
色んな いろんな 다양한   分かる わかる 图알게 되다, 알다
最も もっとも 图가장   大きな おおきな 큰   学び まなび 図배움
確かに たしかに 图확실히   就職 しゅうしょく 図취직, 취업
先輩 せんぱい 図선배   実際に じっさいに 图실제로
入る はいる 图들어가다   イメージ 図이미지   違う ちがう 图다르다
ショック 図충격   受ける うける 图받다   それから 図그리고
大学 だいがく 図대학   通う かよう 图다니다
出会う であう 图만나다   社会人 しゃかいじん 図사회인
関わる かかわる 图교류하다   雰囲気 ふんいき 図분위기
直接 ちょくせつ 图직접   感じる かんじる 图느끼다
時間 じかん 図시간   たくさん 图많이   今後 こんご 図앞으로
活動 かつどう 図활동   生かす いかす 图살리다
経験 けいけん 図경험   内容 ないよう 図내용
学ぶ まなぶ 图배우다

4

[음성]
スーパーで妻と夫が話しています。夫がパンを買わないのはどうしてですか。

女: あら、あなた。あれ、見て。タイムセールで、パンが8つで500円だって。すごく安いわ。買いましょうよ。しかもとてもおいしそう!
男: えー。おいしそうだけど、買わなくてもいいんじゃない?
女: どうして? だって、普通に買ったら、1個100円だから、800円。300円も安いのよ。
男: 君はそうやって安いからって、いつもたくさん買うけど、結局食べきれないじゃないか。
女: 確かにそうだけど…。
男: 僕と君の2人で食べ切れる量を買わなきゃ。いくら安くても、捨てることになったら意味ないじゃない。

夫がパンを買わないのはどうしてですか。

[문제지]
1 あした他の店で買うつもりだから
2 他の店で買ったほうが安いから
3 パンがおいしくなさそうだから
4 買いすぎはよくないと思うから

해석 슈퍼에서 아내와 남편이 이야기하고 있습니다. **남편이 빵을 사지 않는 것은 어째서입니까?**

여: 어? 여보. 저거, 봐. 타임 세일로, 빵이 8개에 500엔이래. 엄청 싸다. 사자. 게다가 정말 맛있어 보여!
남: 음. 맛있어 보이지만, 사지 않아도 괜찮지 않아?
여: 어째서? 그래도, 보통 사면, 1개 100엔이니까, 800엔. 300엔이나 싼 거야.
남: 너는 그렇게 싸니까 라고, 언제나 많이 사지만, 결국 다 먹지 못하잖아.
여: 확실히 그렇지만….
남: 나랑 너 둘이서 다 먹을 수 있는 양을 사지 않으면 안 돼. 아무리 싸도, 버리게 되면 의미가 없잖아.

남편이 빵을 사지 않는 것은 어째서입니까?

1 내일 다른 가게에서 살 예정이니까
2 다른 가게에서 사는 편이 싸니까
3 빵이 맛있어 보이지 않으니까
4 과소비는 좋지 않다고 생각하니까

해설 남편이 빵을 사지 않는 이유를 묻는 문제이다. 대화 마지막에 남편이 いくら安くても、捨てることになったら意味ないじゃない(아무리 싸도, 버리게 되면 의미가 없잖아)라고 언급했으므로, 4 買いすぎはよくないと思うから(과소비는 좋지 않다고 생각하니까)가 정답이다. 1은 언급되지 않았다. 2는 슈퍼에서 타임세일로 사는 것이 보통보다 싸다고 언급되었고, 3은 남자가 '맛있어 보이지만'이라고 말했으므로 오답이다.

어휘 スーパー 図슈퍼   妻 つま 図아내   夫 おっと 図남편   パン 図빵
買う かう 图사다   あなた 図여보, 당신   見る みる 图보다
タイムセール 図타임 세일   すごく 图엄청, 대단히
安い やすい い형싸다   しかも 図게다가   おいしい い형맛있다

~けど 图~지만　だって 쩝 그래도　普通 ふつう 图 보통, 대개
~から 图~니까　君 きみ 图 너　~って 图~라고
いつも 图 언제나, 늘　たくさん 图 많이　結局 けっきょく 图 결국
食べ切る たべきる 다 먹다　確かに たしかに 확실히
量 りょう 图 양　~なきゃ ~(하)지 않으면 안 된다　いくら 图 아무리
捨てる すてる 图 버리다　意味 いみ 图 의미　あした 图 내일
他 ほか 图 다름　店 みせ 图 가게　つもり 图 예정
買いすぎ かいすぎ 과소비

5

[음성]
学校で女の学生と男の学生が話しています。女の学生はどうして試験を受けることができなかったと言っていますか。

女: おはよう。
男: おはよう。春田さん、おととい英語の試験じゃなかった？どう？よくできた？
女: 実は試験、受けられなかったんだ。
男: え、入室の時間に遅れないようにって駅から会場までどのくらいかかるか計算してたよね。道がわからなくなったとか？
女: ううん、一番近くの駅で降りたし、会場までは地図を確認しながら行ったから無事に到着できたんだけど、そこに私の受験番号が書いてなかったの。
男: どういうこと？そもそも試験がおとといじゃなかったってこと？
女: ううん、試験を申請する時に会場を選ぶんだけど、勘違いして別の場所を選んじゃってたみたい。今から向かっても間に合わないってわかったから帰ってきちゃった。
男: 遅れてでも受ければよかったのに。
女: 試験が始まって30分経ったら入室できない決まりだからそれはできないよ。

女の学生はどうして試験を受けることができなかったと言っていますか。

[문제지]
1 日にちをまちがえたから
2 開始時間をまちがえたから
3 降りる駅をまちがえたから
4 会場をまちがえたから

해석 학교에서 여학생과 남학생이 이야기하고 있습니다. 여학생은 왜 시험을 볼 수 없었다고 말하고 있습니까?

여: 안녕.
남: 안녕. 하루타 씨, 그제 영어 시험 아니었어? 어때? 잘 봤어?
여: 실은 시험, 볼 수 없었어.
남: 뭐? 입실 시간에 늦지 않도록 역에서 시험장까지 어느 정도 걸릴지 계산했었지? 길을 알 수 없게 됐다든가?
여: 아니, 가장 가까운 역에서 내렸고, 시험장까지는 지도를 확인하면서 갔으니까 무사히 도착할 수 있었는데, 거기에 내 수험 번호가 쓰여 있지 않았어.
남: 무슨 말이야? 애당초 시험이 그제가 아니었다는 거야?
여: 아니, 시험을 신청할 때에 시험장을 고르는데, 착각해서 다른 장소를 골라 버렸던 것 같아. 지금부터 향해도 시간에 맞출 수 없다는 걸 알아서 돌아와 버렸어.
남: 늦어서라도 보면 좋았을 텐데.
여: 시험이 시작되고 30분 지나면 입실할 수 없는 규정이라서 그건 불가능해.

여학생은 왜 시험을 볼 수 없었다고 말하고 있습니까?

1 날짜를 잘못 알아서
2 시작 시간을 잘못 알아서
3 내릴 역을 잘못 알아서
4 시험장을 잘못 알아서

해설 여학생이 시험을 볼 수 없었던 이유를 묻는 문제이다. 대화 중, 여학생이 試験を申請する時に会場を選ぶんだけど、勘違いして別の場所を選んじゃってたみたい(시험을 신청할 때에 시험장을 고르는데, 착각해서 다른 장소를 골라 버렸던 것 같아)라고 언급했으므로, 4 会場をまちがえたから(시험장을 잘못 알아서)가 정답이다. 오답 선택지 1, 2, 3은 모두 제대로 알고 있었으므로 오답이다.

어휘 学校 がっこう 图학교　学生 がくせい 图학생　試験 しけん 图시험
受ける うける 图보다, 응시하다　おととい 그제, 그저께
英語 えいご 图영어　実は じつは 图실은　入室 にゅうしつ 图입실
時間 じかん 图시간　遅れる おくれる 图늦다　駅 えき 图역
会場 かいじょう 图시험장, 회장　かかる 图(시간이) 걸리다
計算 けいさん 图계산　道 みち 图길　一番 いちばん 图가장
近く ちかく 图가까운 곳　降りる おりる 图내리다　地図 ちず 图지도
確認 かくにん 图확인　無事だ ぶじだ 图형무사하다
到着 とうちゃく 图도착　受験 じゅけん 图수험
番号 ばんごう 图번호　そもそも 图애당초　申請 しんせい 图신청
選ぶ えらぶ 图고르다　勘違い かんちがい 图착각
別 べつ 图다른 것　場所 ばしょ 图장소　向かう むかう 图향하다
間に合う まにあう 图시간에 맞추다　帰る かえる 图돌아가다
始まる はじまる 图시작되다　経つ たつ 图지나다
決まり きまり 图규정, 규칙　日にち ひにち 图날짜
まちがえる 图잘못 알다　開始 かいし 图시작, 개시

6

[음성]
講義で先生が話しています。大学の先生は何が心配だと言っていますか。

女: 日本では子どもの数がどんどん減少しています。反対に、高齢者は増加する一方です。労働力人口と呼ばれる若い世代が減るので、人手不足が心配されています。しかし、世界的に見ると実は人口は増え続けてい

るのです。もし、このまま人口がどんどん増えて、地球に存在する全ての人間が豊かな生活を送るようになれば食糧はもちろん石油などの資源もいずれ底をつくそうです。そうなれば、生活は不可能です。私はこちらのほうが心配すべき問題だと思っています。

大学の先生は何が心配だと言っていますか。

[問題지]
1 日本の子どもの数がへっていること
2 日本ではたらく人が足りていないこと
3 世界の人口がぞうかしていること
4 人間がしげんをむだにしていること

해석 강의에서 선생님이 이야기하고 있습니다. 대학의 선생님은 무엇이 걱정이라고 말하고 있습니까?

여: 일본에서는 어린이 수가 점점 감소하고 있습니다. 반대로, 고령자는 증가하기만 합니다. 노동력 인구라 불리는 젊은 세대가 줄기 때문에, 인력 부족이 걱정되고 있습니다. 그러나, 세계적으로 보면 실은 인구는 계속 증가하고 있는 것입니다. 만약, 이대로 인구가 계속해서 늘고, 지구에 존재하는 모든 인간이 풍요로운 생활을 보내게 된다면 식량은 물론 석유 등의 자원도 언젠가 바닥난다고 합니다. 그렇게 된다면, 생활은 불가능합니다. 저는 이쪽이 걱정해야 할 문제라고 생각하고 있습니다.

대학의 선생님은 무엇이 걱정이라고 말하고 있습니까?

1 일본의 어린이 수가 줄고 있는 것
2 일본에서 일할 사람이 충분하지 않은 것
3 세계의 인구가 증가하고 있는 것
4 인간이 자원을 낭비하고 있는 것

해설 선생님이 걱정하고 있는 것을 묻는 문제이다. 선생님이 このまま人口がどんどん増えて、地球に存在する全ての人間が豊かな生活を送るようになれば食糧はもちろん石油などの資源もいずれ底をつくそうです(이대로 인구가 계속해서 늘고, 지구에 존재하는 모든 인간이 풍요로운 생활을 보내게 된다면 식량은 물론 석유 등의 자원도 언젠가 바닥난다고 합니다)라고 언급했으므로, 3 世界の人口がぞうかしていること(세계의 인구가 증가하고 있는 것)가 정답이다. 오답 선택지 1, 2는 다른 사람들이 걱정하고 있는 것이고, 4는 언급되지 않았으므로 오답이다.

어휘 講義 こうぎ 図 강의 先生 せんせい 図 선생님
大学 だいがく 図 대학 心配 しんぱい 図 걱정 日本 にほん 図 일본
子ども こども 図 어린이, 아이 数 かず 図 수 どんどん 図 점점
減少 げんしょう 図 감소 反対 はんたい 図 반대
高齢者 こうれいしゃ 図 고령자 増加 ぞうか 図 증가
~一方だ ~いっぽうだ ~(하)기만 하다
労働力 ろうどうりょく 図 노동력 人口 じんこう 図 인구
呼ぶ よぶ 图 부르다 若い わかい い형 젊다 世代 せだい 図 세대
減る へる 图 줄다 人手 ひとで 図 인력 不足 ふそく 図 부족
しかし 집 그러나 世界的だ せかいてきだ な형 세계적이다
実 じつは 图 실은 増え続ける ふえつづける 图 계속 증가하다

もし 图 만약 増える ふえる 图 늘다 地球 ちきゅう 図 지구
存在 そんざい 図 존재 全て すべて 図 모든 (것)
人間 にんげん 図 인간 豊かだ ゆたかだ な형 풍요롭다
生活 せいかつ 図 생활 送る おくる 图 보내다
食糧 しょくりょう 図 식량 もちろん 图 물론 石油 せきゆ 図 석유
資源 しげん 図 자원 いずれ 图 언젠가
底をつく そこをつく 바닥나다 不可能だ ふかのうだ な형 불가능하다
問題 もんだい 図 문제 はたらく 图 일하다
足りる たりる 图 충분하다 世界 せかい 図 세계 むだだ な형 낭비다

☞ 문제 3은 문제지에 아무것도 인쇄되어 있지 않습니다. 따라서, 예제를 들려줄 때, 그 내용을 들으면서 개요 이해의 문제 풀이 전략을 떠올려 봅니다. 음성에서 では、始めます(그러면, 시작합니다)가 들리면, 곧바로 문제 풀 준비를 합니다.
음성 디렉션과 예제는 실전모의고사 1의 해설(p.194)에서 확인할 수 있습니다.

1

[음성]
ラジオで男の人が話しています。
男：最近は家で仕事をする在宅勤務を行う会社が増え、オンライン会議が大半になってきました。前後に予定が詰まっていたり取引先へ足を運ぶ余裕がないときなどその場で参加できるため、とても便利で時間の有効活用につながっています。ただ、参加者同士のコミュニケーションが取りづらいという短所もあります。会議の一番の目的はある主題について話し合い結論を出すことですが、各自が自分の意見を主張することに集中し、話し合いとは言いにくい状況になることもあります。

男の人は主に何について話していますか。
1 オンライン会議の人気
2 オンライン会議のやり方
3 オンライン会議のいい点と悪い点
4 オンライン会議を行わない会社

해석 라디오에서 남자가 이야기하고 있습니다.
남: 최근에는 집에서 일을 하는 재택 근무를 시행하는 회사가 늘어, 온라인 회의가 대부분이 되어 왔습니다. 전후에 예정이 꽉 차 있거나 거래처에 들를 여유가 없을 때 등 그 자리에서 참석할 수 있기 때문에, 매우 편리하여 시간을 유효하게 활용하는 것으로 이어지고 있습니다. 다만, 참가자끼리의 의사소통을 하기 어렵다는 단점도 있습니다. 회의의 가장 큰 목적은 어느 주제에 대해 논의하여 결론을 내는 것인데, 각자가 자신의 의견을 주장하는 것에 집중하여, 논의라고는 말하기 어려운 상황이 되는 경우도 있습니다.

남자는 주로 무엇에 대해 이야기하고 있습니까?

1 온라인 회의의 인기
2 온라인 회의의 방식
3 **온라인 회의의 좋은 점과 나쁜 점**
4 온라인 회의를 시행하지 않는 회사

해설 남자가 라디오에서 어떤 이야기를 하는지 전체적인 흐름을 파악하며 주의 깊게 듣는다. 남자가 在宅勤務を行う会社が増え、オンライン会議が大半になってきました(재택 근무를 시행하는 회사가 늘어, 온라인 회의가 대부분이 되어 왔습니다)라고 말한 다음, とても便利で時間の有効活用につながっています。ただ、参加者同士のコミュニケーションが取りずらいという短所もあります(매우 편리하여 시간을 유효하게 활용하는 것으로 이어지고 있습니다. 다만, 참가자끼리의 의사소통을 하기 어렵다는 단점도 있습니다)라고 언급했다. 질문에서 남자가 하는 말의 주제를 물었으므로, 3 オンライン会議のいい点と悪い点(온라인 회의의 좋은 점과 나쁜 점)이 정답이다.

어휘 ラジオ 몡 라디오　最近 さいきん 몡 최근　家 いえ 몡 집
仕事 しごと 몡 일　在宅 ざいたく 몡 재택　勤務 きんむ 몡 근무
行う おこなう 동 시행하다　会社 かいしゃ 몡 회사
増える ふえる 동 늘다　オンライン 몡 온라인　会議 かいぎ 몡 회의
大半 たいはん 몡 대부분　前後 ぜんご 몡 전후
予定 よてい 몡 예정, 일정　詰まる つまる 동 꽉 차다
取引先 とりひきさき 몡 거래처
足を運ぶ あしをはこぶ 들르다, 발걸음을 옮기다　余裕 よゆう 몡 여유
場 ば 몡 자리, 장소　参加 さんか 몡 참석, 참가　とても 부 매우
便利だ べんりだ な형 편리하다　時間 じかん 몡 시간
有効活用 ゆうこうかつよう 몡 유효하게 활용함　つながる 동 이어지다
ただ 부 다만　参加者 さんかしゃ 몡 참가자　~同士 ~どうし ~끼리
コミュニケーション 몡 의사소통　取る とる 동 (취)하다
~づらい ~(하)기 어렵다　短所 たんしょ 몡 단점
一番 いちばん 몡 가장 큼　目的 もくてき 몡 목적
主題 しゅだい 몡 주제　話し合う はなしあう 동 논의하다
結論 けつろん 몡 결론　出す だす 동 내다　各自 かくじ 몡 각자
自分 じぶん 몡 자신　意見 いけん 몡 의견　主張 しゅちょう 몡 주장
集中 しゅうちゅう 몡 집중　状況 じょうきょう 몡 상황
人気 にんき 몡 인기　やり方 やりかた 몡 방식　点 てん 몡 점

2

[음성]
テレビで医者が話しています。
女: 人間誰しも感情を持っています。では、感情とはどこから湧いてくるものなのでしょうか。多くの人が脳から生まれるものだと考えているでしょう。しかし、同じ出来事でも睡眠不足の日は特にいらだったりしませんか。普段我慢できることでも、体調が優れないと許せなかったりするものです。また、その逆もあります。最近イライラしやすいなと思ったら、感情を脳だけで落ち着かせようとするのではなく、まずは睡眠をしっかりとり、体を休めてみてください。

医者は何について話していますか。
1 脳と感情の関係性
2 **感情に影響を与える要素**
3 睡眠不足による体調不良
4 睡眠が不足している脳の状態

해석 텔레비전에서 의사가 이야기하고 있습니다.
여: 인간 누구나 감정을 가지고 있습니다. 그러면, 감정이라는 것은 어디에서 우러나오는 것일까요? 많은 사람이 뇌에서 생기는 것이라고 생각하고 있겠죠. 그러나, 같은 사건이라도 수면 부족의 날은 특히 짜증이 나거나 하지 않습니까? 평소 참을 수 있는 것이라도, 몸 상태가 좋지 않으면 용서할 수 없거나 하는 법입니다. 또, 그 반대도 있습니다. 최근 짜증 나기 쉽다고 생각하면, 감정을 뇌만으로 진정시키려고 하는 게 아니라, 우선은 수면을 확실히 취하고, 몸을 쉬게 해 보세요.

의사는 무엇에 대해 이야기하고 있습니까?
1 뇌와 감정의 관계성
2 **감정에 영향을 주는 요소**
3 수면 부족으로 인한 컨디션 불량
4 수면이 부족한 뇌의 상태

해설 의사가 텔레비전에서 어떤 이야기를 하는지 전체적인 흐름을 파악하며 주의 깊게 듣는다. 의사가 同じ出来事でも睡眠不足の日は特にいらだったりしませんか(같은 사건이라도 수면 부족의 날은 특히 짜증이 나거나 하지 않습니까)라고 말한 다음, 最近イライラしやすいなと思ったら、感情を脳だけで落ち着かせようとするのではなく、まずは睡眠をしっかりとり、体を休めてみてください(최근 짜증 나기 쉽다고 생각하면, 감정을 뇌만으로 진정시키려고 하는 게 아니라, 우선은 수면을 확실히 취하고, 몸을 쉬게 해 보세요)라고 언급했다. 질문에서 의사가 하는 말의 주제를 물었으므로, 2 感情に影響を与える要素(감정에 영향을 주는 요소)가 정답이다.

어휘 誰しも だれしも 누구나　感情 かんじょう 몡 감정
湧く わく 동 우러나다　脳 のう 몡 뇌　出来事 できごと 몡 사건
睡眠不足 すいみんぶそく 몡 수면 부족　いらだつ 짜증이 나다
普段 ふだん 몡 평소　我慢 がまん 몡 참음
体調 たいちょう 몡 몸 상태, 컨디션　優れない すぐれない 좋지 않다
許す ゆるす 동 용서하다　逆 ぎゃく 몡 반대　イライラ 몡 짜증
落ち着く おちつく 동 진정하다　まず 부 우선　睡眠 すいみん 몡 수면
しっかり 부 확실히　体 からだ 몡 몸　休める やすめる 동 쉬게 하다
関係性 かんけいせい 몡 관계성　影響 えいきょう 몡 영향
与える あたえる 동 주다　要素 ようそ 몡 요소
体調不良 たいちょうふりょう 몡 컨디션 불량　不足 ふそく 몡 부족
状態 じょうたい 몡 상태

3

[음성]
ラジオで女の人が話しています。
女: 最近、片付けや掃除に関する本がよく売れていて、必要なものしか持たない生活をしようとする人が多くなっているそうです。もう着なくなった服や読まない本はもちろん、中にはテレビなども捨ててしまう人がいるようです。確かに家の中の要らないものを全部捨てると、掃除が楽になって、ストレスもなくなるでしょう。でも、まだ使えるものまで捨ててしまうのはもったいないと思いませんか。私は要らないものを捨てることよりも、要らないものを買わない努力をして、買ったものを最後まで大事に使うほうがいいと思うのです。

女の人は「要らないものを捨てること」についてどう思っていますか。
1 片付けの本を読んで勉強してから捨てるべきだ
2 テレビは生活に必要なので捨てないほうがいい
3 掃除が楽になるから、どんどん捨てたほうがいい
4 まだ使うことができるものは捨てるべきではない

해석 라디오에서 여자가 이야기하고 있습니다.
여: 최근, 정리나 청소에 관한 책이 잘 팔리고 있고, 필요한 것밖에 가지지 않는 생활을 하자고 하는 사람이 많아지고 있다고 합니다. 이제 입지 않게 된 옷이나 읽지 않는 책은 물론, 그 중에는 텔레비전 등도 버려버리는 사람이 있는 것 같습니다. 확실히, 집 안의 필요 없는 물건을 전부 버리면, 청소가 편해지고, 스트레스도 없어지겠지요. 하지만, 아직 쓸 수 있는 것까지 버려버리는 것은 아깝다고 생각하지 않나요? 저는 필요 없는 것을 버리는 것보다도, 필요 없는 것을 사지 않는 노력을 해서, 산 물건을 끝까지 소중하게 쓰는 편이 좋다고 생각합니다.

여자는 '필요 없는 물건을 버리는 것'에 대해 어떻게 생각하고 있습니까?
1 정리에 대한 책을 읽고 공부한 다음에 버려야 한다
2 텔레비전은 생활에 필요하니까 버리지 않는 것이 좋다
3 청소가 편해지니까, 계속 버리는 것이 좋다
4 아직 사용할 수 있는 물건은 버려서는 안 된다

해설 상황설명에서 언급된 화자가 여자 한 명이므로, 중심 내용이나 주제를 묻는 문제가 나올 것임을 예상한다. 여자가 まだ使えるものまで捨ててしまうのはもったいないと思いませんか(아직 쓸 수 있는 것까지 버려버리는 것은 아깝다고 생각하지 않나요)라고 했다. 질문에서 필요 없는 물건을 버리는 것에 대한 여자의 생각, 즉 중심 내용을 물었으므로 4 まだ使うことができるものは捨てるべきではない(아직 사용할 수 있는 물건은 버려서는 안 된다)가 정답이다.

어휘 ラジオ 몡라디오 最近 さいきん 몡최근 片付け かたづけ 몡정리
掃除 そうじ 몡청소 ~に関する ~にかんする ~에 관한
本 ほん 몡책 よく 뷔잘 売れる うれる 동팔리다

必要だ ひつようだ 나형필요하다 ~しか 조~밖에
持つ もつ 동가지다 生活 せいかつ 몡생활 多い おおい い형많다
もう 뷔이제 着る きる 동입다 服 ふく 몡옷 読む よむ 동읽다
もちろん 뷔물론 中には なかには (그)중에는 テレビ 몡텔레비전
~など 조~등, 따위 捨てる すてる 동버리다
確かに たしかに 확실히 家 いえ 몡집 中 なか 몡안
要る いる 동필요하다 全部 ぜんぶ 몡전부 楽だ らくだ 나형편하다
ストレス 몡스트레스 なくなる 동없어지다 でも 접하지만
まだ 뷔아직 使う つかう 동쓰다 もったいない い형아깝다
思う おもう 동생각하다 ~より 조~보다 買う かう 동사다
努力 どりょく 몡노력 最後 さいご 몡끝, 마지막 ~まで 조~까지
大事だ だいじだ 나형소중하다 勉強 べんきょう 몡공부
~ので 조~니까 ~から 조~니까 どんどん 뷔계속, 자꾸
できる 동할 수 있다, 가능하다

☞ 문제 4는 예제를 들려줄 때 1번부터 4번까지의 그림을 보고 상황을 미리 떠올려봅니다. 음성에서 では、始めます(그러면, 시작합니다)가 들리면, 곧바로 문제 풀 준비를 합니다.
음성 디렉션과 예제는 실전모의고사 1의 해설(p.197)에서 확인할 수 있습니다.

1

[문제지]

[음성]
友だちが荷物をたくさん持っています。友だちに何と言いますか。

女: 1 ちょっと持ってくれたらいいのにね。
2 少しでいいから持ってくれない?
3 半分、持ってあげようか?

해석 친구가 짐을 많이 들고 있습니다. 친구에게 뭐라고 말합니까?
여: 1 조금 들어 주면 좋을 텐데.
2 조금이라도 좋으니까 들어 주지 않을래?
3 반, 들어 줄까?

해설 친구가 짐을 많이 들고 있을 때, 할 수 있는 말을 고르는 문제이다.
1 (X) 持ってくれたらいいのには '들어 주면 좋을 텐데'라는 말이므로 오답이다.
2 (X) 持ってくれない?는 '들어 주지 않을래?'라는 말이므로 오답이다.
3 (O) 持ってあげようか가 '들어 줄까?'라는 말이므로 정답이다.

어휘 友だち ともだち 몡친구 荷物 にもつ 몡짐 たくさん 뷔많이

持つ もつ 图들다   ちょっと 图조금   ~のに 图~텐데
少し すこし 图조금   ~から 图~니까   半分 はんぶん 图반

2

[문제지]

[음성]

飛行機に乗ったら、自分の席に知らない人が座っていました。何と言いますか。

男: 1　チケットを確認していただけますか。
　　 2　この席は私が座ればよかったです。
　　 3　この席は私が座るはずでした。

해석 비행기에 탔더니, 자신의 자리에 모르는 사람이 앉아 있었습니다. 뭐라고 말합니까?
　　 남: 1　티켓을 확인해 주실 수 있으신가요?
　　　　 2　이 자리는 제가 앉으면 좋았습니다.
　　　　 3　이 자리는 제가 앉을 것이었습니다.

해설 비행기에서 자신의 자리에 모르는 사람이 앉아있을 때, 할 수 있는 말을 고르는 문제이다.
　　 1 (O) チケットを確認していただけますか가 '티켓을 확인해 주실 수 있으신가요?'라는 말이므로 정답이다.
　　 2 (X) 座ればよかった는 '앉으면 좋았다'라는 말이므로 오답이다.
　　 3 (X) 座るはずでした는 '앉을 것이었습니다'라는 말이므로 오답이다.

어휘 飛行機 ひこうき 図비행기   乗る のる 图타다   自分 じぶん 图자신
　　 席 せき 图자리   知る しる 图알다   座る すわる 图앉다
　　 チケット 図티켓   確認 かくにん 図확인

3

[문제지]

[음성]

友だちが食べたいと言った料理があまり好きではありません。友だちに何と言いますか。

女: 1　ごめん。その料理、頼まなくちゃ。
　　 2　ごめん。その料理、好きじゃないことはないよ。
　　 3　ごめん。その料理、苦手なんだ。

해석 친구가 먹고 싶다고 말한 요리를 그다지 좋아하지 않습니다. 친구에게 뭐라고 말합니까?
　　 여: 1　미안. 그 요리, 부탁하지 않으면 안 돼.
　　　　 2　미안. 그 요리, 좋아하지 않는 건 아니야.
　　　　 3　미안. 그 요리, 잘 못 먹어.

해설 친구가 먹고 싶다고 한 요리를 그다지 좋아하지 않을 때, 할 수 있는 말을 고르는 문제이다.
　　 1 (X) 頼まなくちゃ는 '부탁하지 않으면 안 돼'라는 말이므로 오답이다.
　　 2 (X) 好きじゃないことはない는 '좋아하지 않는 건 아니야'라는 말이므로 오답이다.
　　 3 (O) 苦手なんだ가 '잘 못 먹어'라는 말이므로 정답이다.

어휘 友だち ともだち 图친구   食べる たべる 图먹다
　　 料理 りょうり 图요리   あまり 图그다지   好きだ すきだ 图좋아하다
　　 頼む たのむ 图부탁하다   ~なくちゃ ~(하)지 않으면 안 된다
　　 苦手だ にがてだ 图잘 못 먹다, 서투르다

4

[문제지]

[음성]

デパートで気に入ったくつを履いてみたいです。店員に何と言いますか。

男: 1　このくつ履きました。
　　 2　このくつ履いてみてもいいですか。
　　 3　このくつ履いて欲しいですか。

해석 백화점에서 마음에 드는 신발을 신어보고 싶습니다. 점원에게 뭐라고 말합니까?
　　 남: 1　이 신발 신었습니다.
　　　　 2　이 신발 신어봐도 되나요?
　　　　 3　이 신발 신기를 바라세요?

해설 마음에 드는 신발을 신어보고 싶을 때, 할 수 있는 말을 고르는 문제이다.
　　 1 (X) 履きました는 '신었습니다'라는 말이므로 오답이다.
　　 2 (O) 履いてみてもいいですか가 '신어봐도 되나요?'라는 말이므로 정답이다.

3 (X) 履いて欲しいですか는 '신기를 바라세요?'라는 말이므로 오답이다.

어휘 デパート 몡백화점　気に入る きにいる 마음에 들다　くつ 몡신발　履く はく 됭신다　店員 てんいん 몡점원

☞ 문제 5는 문제지에 아무것도 인쇄되어 있지 않습니다. 따라서, 예제를 들려줄 때, 그 내용을 들으면서 즉시 응답의 문제 풀이 전략을 떠올려 봅니다. 음성에서 では、始まります(그러면, 시작합니다)가 들리면, 실제 문제 풀 준비를 합니다.

음성 디렉션과 예제는 실전모의고사 1의 해설(p.199)에서 확인하실 수 있습니다.

1

[음성]
男: のどが痛くて、熱もあるみたいなんだ…。
女: 1　ええ？それは無理だわ。
　　2　ええ？無理しちゃだめよ。
　　3　ええ？無理を言わないでよ。

해석 남: 목이 아프고, 열도 있는 것 같아….
　여: 1　어? 그건 무리야.
　　　2　어? 무리하면 안 돼.
　　　3　어? 무리한 이야기는 하지 마.

해설 남자가 여자에게 몸이 아프다고 말하는 상황이다.
1 (X) 남자가 몸이 아프다고 한 상황에 맞지 않다.
2 (O) '어? 무리하면 안 돼'는 몸이 아프다는 남자의 말에 대한 적절한 응답이다.
3 (X) 남자가 몸이 아프다고 한 상황에 맞지 않다.

어휘 のど 몡목　痛い いたい い형아프다　熱 ねつ 몡열　無理だ むりだ な형무리다　だめだ な형안 된다　言う いう 됭말하다

2

[음성]
男: 料理がお上手なんですね。これならお店が開けますよ。
女: 1　いえいえ、それほどではありませんよ。
　　2　わー、そのお店、行ってみたいです。
　　3　その通りです。よくわかりましたね。

해석 남: 요리를 잘하시네요. 이만하면 가게도 열 수 있겠어요.
　여: 1　아니에요, 그 정도는 아니에요.
　　　2　와, 그 가게, 가보고 싶네요.
　　　3　그대로입니다. 잘 아셨네요.

해설 남자가 여자에게 요리를 잘한다고 칭찬하는 상황이다.
1 (O) '그 정도는 아니에요'는 남자의 칭찬을 겸손하게 받아들이는 적절한 응답이다.
2 (X) お店(おみせ)를 반복 사용하여 혼동을 준 오답이다.
3 (X) 요리를 잘한다고 칭찬한 상황에 맞지 않다.

어휘 料理 りょうり 몡요리　上手だ じょうずだ な형잘하다　お店 おみせ 몡가게　開く ひらく 됭열다　それほど 몯그 정도　行く いく 됭가다　よく 몯잘　わかる 됭알다, 이해하다

3

[음성]
女: こんなにたくさんの仕事、今日中にできるわけないわ。
男: 1　大変そうだね。手伝おうか？
　　2　大丈夫だよ。できるとは限らないよ。
　　3　大変なんだから、手伝ってよ。

해석 여: 이렇게 많은 일, 오늘 중으로 할 수 있을 리가 없어.
　남: 1　힘들겠네. 도와줄까?
　　　2　괜찮아. 가능하다고는 할 수 없어.
　　　3　힘드니까, 도와줘.

해설 여자가 남자에게 일을 오늘 중으로 끝낼 수 없다고 하소연하는 상황이다.
1 (O) '힘들겠네. 도와줄까?'는 여자의 하소연을 들어주는 말이므로 적절한 응답이다.
2 (X) '가능하다고는 할 수 없어'는 오늘 중으로 일을 끝낼 수 없다는 하소연에 맞지 않는 응답이다.
3 (X) 일이 많아 하소연하는 사람은 여자이므로 주체가 맞지 않다.

어휘 たくさん 몯많이　仕事 しごと 몡일　今日中 きょうじゅう 오늘 중　できる 됭할 수 있다, 가능하다　大変だ たいへんだ な형힘들다　手伝う てつだう 됭돕다　大丈夫だ だいじょうぶだ な형괜찮다　〜から 조〜니까

4

[음성]
女: 取引先に予算のことで尋ねたいことがあってメールを差し上げたんですけど、返事がまだなんです。
男: 1　明日には来るかもしれないよ。
　　2　予算のことで取引先を訪ねたの？
　　3　すぐに返事をしとくね。

해석 여: 거래처에 예산 일로 묻고 싶은 것이 있어 이메일을 드렸습니다만, 회신이 아직입니다.
　남: 1　내일에는 올지도 몰라.
　　　2　예산 일로 거래처를 방문했어?
　　　3　바로 회신을 해 둘게.

해설 여자가 거래처에서 예산에 관한 답장이 오지 않았음을 설명하고 있는 상황이다.
1 (O) 답장이 곧 올 수 있으니 조금 더 기다려 보자고 여자를 안심시키는 적절한 응답이다.
2 (X) 尋ねる(たずねる)와 동음이의어인 訪ねる(たずねる)를 사용하여 혼동을 준 오답이다.
3 (X) 거래처의 회신을 기다리고 있는 상황에 맞지 않다.

어휘 取引先 とりひきさき 몡거래처　予算 よさん 몡예산　尋ねる たずねる 됭묻다, 질문하다　メール 몡이메일

差し上げる さしあげる 동 드리다 (あげる의 겸양어) 　～けど 조 ~지만
返事 へんじ 명 회신, 답장　まだ 부 아직　明日 あした 명 내일
来る くる 동 오다　～かもしれない ~(일)지도 모른다
訪ねる たずねる 동 방문하다　すぐに 부 바로　～とく ~해 두다

어휘 先生 せんせい 명 선생(님)　資料 しりょう 명 자료
貸す かす 동 빌려주다　来週 らいしゅう 명 다음 주
返す かえす 동 돌려주다　借りる かりる 동 빌리다　すぐに 부 바로
書く かく 동 적다, 쓰다

5

[음성]
男: 今日の授業の発表、うまくいったの？
女: 1　みんな、本当に上手かもしれない。
　　2　うん。思ったよりはよくできたかな。
　　3　うん。でも、しかたないよね。

해석 남: 오늘 수업의 발표, 잘 됐어?
　여: 1　모두, 정말로 능숙할지도 몰라.
　　　2　응. 생각했던 것보다는 잘 된 것 같아.
　　　3　응. 그렇지만, 어쩔 수 없지.

해설 남자가 여자에게 수업의 발표를 잘했는지 물어보는 상황이다.
　1 (X) うまくいった(잘 됐어)와 관련된 上手かも(능숙할지도)를 사용하여 혼동을 준 오답이다.
　2 (O) '응. 생각했던 것보다는 잘 된 것 같아'는 발표를 잘 했다는 말이므로 적절한 응답이다.
　3 (X) うん(응)은 발표가 잘됐다는 말인데, 발표가 잘 안됐다는 의미인 でも、しかたないよね(그렇지만, 어쩔 수 없지)를 언급했으므로 오답이다.

어휘 今日 きょう 명 오늘　授業 じゅぎょう 명 수업
発表 はっぴょう 명 발표　うまくいく 잘 되다　みんな 명 모두
本当に ほんとうに 정말로　上手だ じょうずだ な형 능숙하다, 잘하다
思う おもう 동 생각하다　～より ~보다　よく 부 잘
でも 접 그렇지만　しかたない い형 어쩔 수 없다

7

[음성]
女: 日本の会社も1年に1回ぐらいは長く休めたらいいのに。
男: 1　うん。1か月ぐらい休むんだよ。
　　2　そうだね。1か月ぐらい休めたらなあ。
　　3　そうかな。休めないかもしれないよ。

해석 여: 일본의 회사도 1년에 1회 정도는 길게 쉴 수 있으면 좋을 텐데.
　남: 1　응, 1개월 정도 쉬었어.
　　　2　그러게. 1개월 정도 쉴 수 있었으면.
　　　3　그러려나. 쉬지 못할지도 몰라.

해설 여자가 남자에게 길게 쉴 수 있으면 좋겠다고 의견을 말하는 상황이다.
　1 (X) 길게 쉬고 싶다고 말하는 상황에 맞지 않다.
　2 (O) '그러게. 1개월 정도 쉴 수 있었으면'은 여자의 의견에 동의하는 적절한 응답이다.
　3 (X) 길게 쉬고 싶다고 말하는 상황에 맞지 않다.

어휘 日本 にほん 명 일본　会社 かいしゃ 명 회사　～ぐらい 조 ~정도
長い ながい い형 길다　休む やすむ 동 쉬다　～のに 조 ~텐데

8

[음성]
男: お客様、お食事はお済みでしょうか。
女: 1　ええ、お腹が空いています。
　　2　ええ、今から食べるつもりです。
　　3　ええ、どうぞお皿を下げてください。

해석 남: 손님, 식사는 다 끝나셨습니까?
　여: 1　네, 배가 고프네요.
　　　2　네, 지금부터 먹을 예정입니다.
　　　3　네, 부디 접시를 치워 주세요.

해설 남자가 여자에게 식사가 끝났는지 물어보는 상황이다.
　1 (X) 식사가 끝났는지 물어보는 상황에 맞지 않다.
　2 (X) ええ(네)는 식사가 끝났다는 말인데, '지금부터 먹을 예정입니다'라고 언급하였으므로 오답이다.
　3 (O) '네, 부디 접시를 치워 주세요'는 식사가 끝났는지 물어보는 남자의 말에 대한 적절한 응답이다.

어휘 お客様 おきゃくさま 명 손님　食事 しょくじ 명 식사
済む すむ 동 끝나다　お腹が空く おなかがすく 배가 고프다
今 いま 명 지금　～から 조 ~부터　食べる たべる 동 먹다
つもり 명 예정　どうぞ 부디　皿 さら 명 접시
下げる さげる 동 치우다

6

[음성]
女: 先生、この資料、貸していただけませんか。
男: 1　どうぞ。来週、返してくださいね。
　　2　え？借りるわけにはいきませんよ。
　　3　いいですよ。すぐに書きますね。

해석 여: 선생님, 이 자료, 빌려주실 수 없을까요?
　남: 1　그래요. 다음 주에, 돌려주세요.
　　　2　네? 빌릴 수는 없어요.
　　　3　좋아요. 바로 적을게요.

해설 여자가 남자에게 자료를 빌려달라고 요청하는 상황이다.
　1 (O) '그래요. 다음 주에, 돌려주세요'는 자료를 빌려주겠다는 말이므로 여자의 요청을 들어주는 적절한 응답이다.
　2 (X) 貸して(빌려)와 관련된 借りる(빌리다)를 사용하여 혼동을 준 오답이다.
　3 (X) 資料(しりょう, 자료)와 관련이 있고, 貸して(かして)와 발음이 비슷한 書き(かき)를 사용하여 혼동을 준 오답이다.

9

[음성]
男: あのくらいのミスであそこまでしかることはなかったんじゃない？ 町田さん、落ち込んでたよ。
女: 1 町田さんがかわいそうだったね。
　　2 ミスをしたことなんてないよ。
　　3 何回注意しても聞かないのよ。

해석 남: 그 정도의 실수로 그렇게까지 꾸짖을 필요는 없었던 거 아냐? 마치다 씨, 의기소침해 있었어.
여: 1 마치다 씨가 불쌍했네.
　　2 실수한 적 따위 없어.
　　3 몇 번 주의해도 안 듣는 걸.

해설 남자가 마치다를 필요 이상으로 꾸짖은 것 같은 여자의 대처에 대해 의아함과 아쉬움을 표현하는 상황이다.
1 (X) 마치다를 꾸짖은 것은 여자인 상황에 맞지 않다.
2 (X) ミス를 반복 사용하여 혼동을 준 오답이다.
3 (O) 남자에게 마치다를 꾸짖을 수 밖에 없었던 이유를 설명하는 적절한 응답이다.

어휘 ~くらい 조 ~정도　ミス 명 실수　~まで 조 ~까지　しかる 동 꾸짖다
　　~ことはない ~(할) 필요는 없다
　　落ち込む おちこむ 동 의기소침하다, 낙담하다
　　かわいそうだ な형 불쌍하다　~なんて 조 ~따위
　　何回 なんかい 명 몇 번　注意 ちゅうい 명 주의　聞く きく 동 듣다

해커스일본어 japan.Hackers.com

본 교재 인강(할인쿠폰 수록) · 교재 MP3 · 온라인 실전모의고사 1회분 ·
N3 최신 기출 어휘·문형 자료 · 시험 D-20 빈출 단어·문형 암기장 ·
어휘 암기 퀴즈 · 청해 받아쓰기

일본어 교육 **1위** 해커스일본어

한경비즈니스 선정 2020 한국브랜드선호도 교육(온·오프라인 일본어) 부문 1위

JLPT
ALL PASS 합격반

1년에 2번 뿐인 기회, 한 번에 끝내자!

JLPT 전문 선생님의 합격 전략으로
누구나 한 번에 합격!

JLPT N2/N3 전문 최연지 선생님
JLPT N4 전문 김하은 선생님
JLPT N1 전문 박혜성 선생님

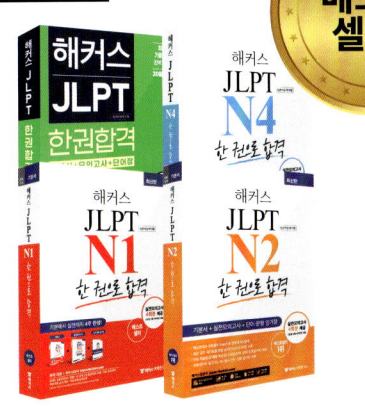

베스트 셀러!

* [해커스 일본어 JLPT 기본서 전 시리즈 베스트셀러] YES24 국내도서 국어외국어사전 일본어 능력시험 분야(2024.05.16. YES24 종합 베스트 기준)

해커스 JLPT
교재 제공

JLPT 신규 인강
무료 업데이트

해커스 JLPT 신규 강의

신청 즉시 수강기간
90일 무료 연장

90일 +90일

일본어 교육 1위 해커스일본어
japan.Hackers.com

JLPT ALL PASS 합격반 ▶

해커스일본어를 선택한 선배들의
일본어 실력 수직상승 비결!

해커스일본어와 함께라면
일본어 실력상승의 주인공은 바로 여러분입니다.

답답한 마음을 마치 사이다같이 뚫어주는 꿀팁!

해커스일본어 수강생 이*희

해커스일본어를 통해 공부하기 시작하니 그동안 잃었던 방향을 찾고 꽉 막힌 미로 속에서 지도를 찾은 기분이었고, 덕분에 혼자 공부를 하면서도 아주 만족하면서 공부를 할 수 있었던 것 같습니다. 특히나 혼자 책으로 공부했다면 절대 몰랐을 여러 선생님들의 설명들이 답답한 마음을 마치 사이다같이 뚫어주셔서 꿀팁들이 나올 때마다 마음속으로 정말 환호를 질렀습니다.

해커스일본어 수강생 오*혜

일본어 왕초보도 N3 자격증을 취득할 수 있었습니다.

한자의 뜻과 외우는 방법과 그 한자의 발음 등을 하나하나 자세하게 설명해 주셨고 그림과 함께 이해하기 쉽도록 강의를 진행해 주셨어요. 덕분에 한자가 들어간 단어를 보면 어느 정도 왜 이 단어가 만들어졌는지, 정확하겐 모르지만 대충 어떠한 단어겠거니 하는 유추가 가능해졌고 그게 JLPT의 시험에 많은 도움이 되었습니다.

한자를 보면 바로 나올 정도로 기억이 오래가요!

해커스일본어 수강생 감*환

해커스일본어 강의 덕에 한자들을 단순 암기로 접근하는 것이 아닌 그림으로 연상시켜 외우게 되었습니다. 그 결과, 한자에 대한 부담과 스트레스는 줄어들었고 한 번 외운 한자가 단순 암기로 했을 때보다 기억에 훨씬 더 오래 남게 되었습니다.

해커스일본어 수강생 황*희

일본어 한자 걱정 따위는 하지 않게 되었습니다!

강사님이 꼭 알아두면 좋은 한자나 닮아서 헷갈릴 수 있는 한자 등 중요한 부분만 딱딱 짚어서, 가끔 재밌는 예시도 들어주시면서 쉽게 설명해 주셔서 외우기 어려운 한자들도 쏙쏙 잘 이해되더라구요! 강사님 덕분에 한자를 외우는데 점점 재미도 들리기 시작했고, 한자 때문에 막막하기만 하던 독해 실력도 늘어나서 일석이조 같다는 생각이 들었습니다.

해커스일본어
japan.Hackers.com

더 많은 합격수기가 궁금하다면?

시험 D-20!
빈출 단어 · 문형 암기장

목차

N3 빈출 단어
- 한자읽기 빈출 단어　　2
- 표기 빈출 단어　　11
- 문맥규정 빈출 단어　　17
- 유의표현 빈출 단어　　22
- 용법 빈출 단어　　28
- 독해 빈출 단어　　30
- 청해 빈출 단어　　36

N3 빈출 문형
- 언어지식(문법) 빈출 문형　　42

PDF 다운로드 ▶
바로 가기

저작권자 2020, 해커스 어학연구소　이 책의 모든 내용, 이미지, 디자인, 편집 형태는 저작권법에 의해 보호받고 있습니다.
서면에 의한 저자와 출판사의 허락 없이 내용의 일부 혹은 전부를 인용, 발췌하거나 복제, 배포할 수 없습니다.

1日 | 한자읽기 빈출 단어 ①

음성 바로듣기

☑ 잘 외워지지 않는 단어는 박스에 체크하여 복습하세요.

탁음·반탁음에 주의해야 하는 단어

- ☐ かいさつ ★ 改札 — 명 개찰
- ☐ かかく 価格 — 명 가격
- ☐ かくえき ★ 各駅 — 명 각 역
- ☐ かんきゃく 観客 — 명 관객
- ☐ かんせい 完成 — 명 완성
- ☐ けつえきがた ★ 血液型 — 명 혈액형
- ☐ ほうがく ★ 方角 — 명 방향
- ☐ ろくが 録画 — 명 녹화
- ☐ えんき 延期 — 명 연기
- ☐ きおん 気温 — 명 기온
- ☐ きかい ★ 機械 — 명 기계
- ☐ ぎかい ★ 議会 — 명 의회
- ☐ ぎもん 疑問 — 명 의문
- ☐ ぎょうじ 行事 — 명 행사
- ☐ くんれん ★ 訓練 — 명 훈련
- ☐ よやく ★ 予約 — 명 예약
- ☐ かぐ ★ 家具 — 명 가구
- ☐ ぐうぜん ★ 偶然 — 명 우연
- ☐ かいけい ★ 会計 — 명 (대금)계산
- ☐ けいえい ★ 経営 — 명 경영
- ☐ げか 外科 — 명 외과
- ☐ げつまつ ★ 月末 — 명 월말
- ☐ げんしょう 現象 — 명 현상
- ☐ じょうげ 上下 — 명 상하

- ☐ こうぎ 講義 — 명 강의
- ☐ こうじ 工事 — 명 공사
- ☐ けいご 敬語 — 명 경어
- ☐ しゅうごう ★ 集合 — 명 집합
- ☐ たんご 単語 — 명 단어
- ☐ だんご 団子 — 명 경단
- ☐ さくじょ 削除 — 명 삭제
- ☐ せいさく 制作 — 명 제작
- ☐ ざんぎょう 残業 — 명 잔업
- ☐ そんざい 存在 — 명 존재
- ☐ しじ 指示 — 명 지시
- ☐ しどう ★ 指導 — 명 지도
- ☐ しゅと 首都 — 명 수도
- ☐ いじ 維持 — 명 유지
- ☐ こじん ★ 個人 — 명 개인
- ☐ もじ ★ 文字 — 명 문자
- ☐ すいみん 睡眠 — 명 수면
- ☐ すうじ 数字 — 명 숫자
- ☐ あいず ★ 合図 — 명 신호
- ☐ ず ★ 図 — 명 그림
- ☐ ずつう ★ 頭痛 — 명 두통
- ☐ ちず 地図 — 명 지도
- ☐ せいせき ★ 成績 — 명 성적
- ☐ せつやく 節約 — 명 절약
- ☐ せんもんか 専門家 — 명 전문가

☐	以前(いぜん)	명 이전		☐	配達(はいたつ)★	명 배달
☐	完全(かんぜん)	명 완전		☐	発売(はつばい)	명 발매
☐	税金(ぜいきん)★	명 세금		☐	範囲(はんい)	명 범위
☐	想像(そうぞう)★	명 상상		☐	看板(かんばん)	명 간판
☐	相談(そうだん)★	명 상담		☐	順番(じゅんばん)★	명 순번, 차례
☐	製造(せいぞう)	명 제조		☐	売買(ばいばい)	명 매매
☐	増加(ぞうか)	명 증가		☐	失敗(しっぱい)	명 실패, 실수
☐	保存(ほぞん)	명 보존		☐	心配(しんぱい)★	명 걱정
☐	連続(れんぞく)	명 연속		☐	消費(しょうひ)★	명 소비
☐	洗濯(せんたく)	명 세탁				
☐	横断(おうだん)	명 횡단				

촉음에 주의해야 하는 단어

☐	温暖だ(おんだんだ)	な형 온난하다		☐	一般(いっぱん)	명 일반
☐	手段(しゅだん)★	명 수단		☐	一方(いっぽう)	명 한쪽, 한편
☐	相手(あいて)★	명 상대		☐	学科(がっか)	명 학과
☐	指定(してい)★	명 지정		☐	活気(かっき)	명 활기
☐	停電(ていでん)	명 정전		☐	楽器(がっき)★	명 악기
☐	電源(でんげん)	명 전원		☐	各国(かっこく)	명 각국
☐	伝言(でんごん)	명 전언		☐	結果(けっか)	명 결과
☐	伝達(でんたつ)	명 전달		☐	決心(けっしん)	명 결심
☐	土地(とち)★	명 토지		☐	国会(こっかい)	명 국회
☐	冷凍(れいとう)	명 냉동		☐	作曲(さっきょく)	명 작곡
☐	同意(どうい)★	명 동의		☐	実家(じっか)	명 본가, 친정
☐	独身(どくしん)	명 독신		☐	実験(じっけん)	명 실험
☐	独立(どくりつ)★	명 독립		☐	借金(しゃっきん)	명 차금, 빚
☐	努力(どりょく)★	명 노력		☐	出身(しゅっしん)	명 출신

1日 | 한자읽기 빈출 단어 ①

- ☐ しゅっちょう★ 出張 　명 출장
- ☐ しょっき★ 食器 　명 식기
- ☐ せっきん★ 接近 　명 접근
- ☐ とっきゅう 特急 　명 특급
- ☐ にっか 日課 　명 일과
- ☐ にってい 日程 　명 일정
- ☐ ねっしん★ 熱心 　명 열심
- ☐ はっかん 発刊 　명 발간
- ☐ はっけん 発見 　명 발견
- ☐ はっそう 発想 　명 발상
- ☐ はったつ 発達 　명 발달
- ☐ りっぱ 立派だ 　な형 훌륭하다

장음에 주의해야 하는 단어

- ☐ いこう 以降 　명 이후
- ☐ おうよう★ 応用 　명 응용
- ☐ きょうつう 共通 　명 공통
- ☐ きょうみ 興味 　명 흥미
- ☐ くろう 苦労 　명 고생
- ☐ こうか 効果 　명 효과
- ☐ こうぎ 講義 　명 강의
- ☐ こうこく★ 広告 　명 광고
- ☐ こうたい 交代 　명 교대
- ☐ こうちゃ 紅茶 　명 홍차
- ☐ こうつう★ 交通 　명 교통

- ☐ ごうりゅう★ 合流 　명 합류
- ☐ さぎょう 作業 　명 작업
- ☐ じこくひょう 時刻表 　명 (운행)시간표
- ☐ じじょう★ 事情 　명 사정
- ☐ しつぎょう 失業 　명 실업
- ☐ じゅぎょうりょう 授業料 　명 수업료
- ☐ しゅよう★ 主要だ 　な형 주요하다
- ☐ しよう 使用 　명 사용
- ☐ しょうぎょう★ 商業 　명 상업
- ☐ しょうじき 正直 　명 정직
- ☐ じょうしき 常識 　명 상식
- ☐ じょうたつ 上達 　명 기능이 향상됨
- ☐ しょうひん★ 商品 　명 상품
- ☐ じょうほう 情報 　명 정보
- ☐ そうしん★ 送信 　명 송신
- ☐ そうたい★ 早退 　명 조퇴
- ☐ たいりょう 大量 　명 대량
- ☐ ちょうかん★ 朝刊 　명 조간
- ☐ ちょうさ★ 調査 　명 조사
- ☐ とうちゃく★ 到着 　명 도착
- ☐ どうろ 道路 　명 도로
- ☐ ひょうめん 表面 　명 표면
- ☐ ほうこう★ 方向 　명 방향
- ☐ りゅうこう★ 流行 　명 유행
- ☐ りょうし 漁師 　명 어부

2日 | 한자읽기 빈출 단어 ②

음성 바로듣기

☑ 잘 외워지지 않는 단어는 박스에 체크하여 복습하세요.

- ☐ 完成(かんせい) 명 완성
- ☐ 経営(けいえい)★ 명 경영
- ☐ 経営学(けいえいがく)★ 명 경영학
- ☐ 計算(けいさん)★ 명 계산
- ☐ 成長(せいちょう) 명 성장
- ☐ 提供(ていきょう) 명 제공
- ☐ 停止(ていし) 명 정지
- ☐ 反省(はんせい) 명 반성
- ☐ 平均(へいきん)★ 명 평균
- ☐ 命令(めいれい) 명 명령
- ☐ 通知(つうち) 명 통지
- ☐ 入荷(にゅうか) 명 입하
- ☐ 夫婦(ふうふ)★ 명 부부
- ☐ 普通(ふつう)★ 명 보통
- ☐ 郵送(ゆうそう)★ 명 우송
- ☐ 有名(ゆうめい) 명 유명

발음이 두 개인 한자를 포함하는 단어

- ☐ 休日(きゅうじつ)★ 명 휴일
- ☐ 平日(へいじつ) 명 평일
- ☐ 日時(にちじ) 명 일시
- ☐ 日課(にっか) 명 일과
- ☐ 下記(かき) 명 하기
- ☐ 下線(かせん)★ 명 밑줄
- ☐ 地下(ちか) 명 지하

- ☐ 下車(げしゃ) 명 하차
- ☐ 下宿(げしゅく) 명 하숙
- ☐ 上下(じょうげ) 명 상하
- ☐ 間接(かんせつ) 명 간접
- ☐ 期間(きかん) 명 기간
- ☐ 居間(いま) 명 거실
- ☐ 仲間(なかま) 명 동료
- ☐ 行為(こうい) 명 행위
- ☐ 発行(はっこう) 명 발행
- ☐ 流行(りゅうこう)★ 명 유행
- ☐ 行事(ぎょうじ) 명 행사
- ☐ 王様(おうさま) 명 왕, 임금님
- ☐ 様々だ(さまざまだ)★ な형 여러 가지이다
- ☐ 模様(もよう) 명 모양, 무늬
- ☐ 様子(ようす)★ 명 상태, 상황
- ☐ 個人(こじん)★ 명 개인
- ☐ 知人(ちじん) 명 지인
- ☐ 他人(たにん) 명 타인
- ☐ 人形(にんぎょう) 명 인형
- ☐ 意外(いがい)★ 명 의외
- ☐ 外貨(がいか) 명 외화
- ☐ 外食(がいしょく) 명 외식
- ☐ 外科(げか) 명 외과
- ☐ 活気(かっき) 명 활기
- ☐ 空気(くうき) 명 공기

2日 | 한자읽기 빈출 단어 ②

✓ 잘 외워지지 않는 단어는 박스에 체크하여 복습하세요.

☐	景気(けいき)	명 경기		☐	参加(さんか)★	명 참가
☐	雰囲気(ふんいき)	명 분위기		☐	増加(ぞうか)	명 증가
☐	気配(けはい)	명 낌새, 느낌		☐	追加(ついか)	명 추가
☐	湿気(しっけ)	명 습기		☐	超過(ちょうか)	명 초과
☐	大会(たいかい)★	명 대회		☐	通過(つうか)	명 통과
☐	大量(たいりょう)	명 대량		☐	支給(しきゅう)★	명 지급
☐	拡大(かくだい)	명 확대		☐	時給(じきゅう)	명 시급
☐	大部分(だいぶぶん)	명 대부분		☐	産業(さんぎょう)★	명 산업
☐	生地(きじ)	명 옷감, 반죽		☐	残業(ざんぎょう)	명 잔업
☐	地震(じしん)	명 지진		☐	商業(しょうぎょう)	명 상업
☐	地面(じめん)	명 지면, 땅		☐	卒業(そつぎょう)	명 졸업
☐	地球(ちきゅう)	명 지구		☐	現金(げんきん)	명 현금
☐	地図(ちず)	명 지도		☐	税金(ぜいきん)★	명 세금
☐	地方(ちほう)	명 지방		☐	貯金(ちょきん)	명 저금
☐	工夫(くふう)	명 궁리함		☐	料金(りょうきん)★	명 요금
☐	大工(だいく)	명 목수		☐	血圧(けつあつ)★	명 혈압
☐	工業(こうぎょう)★	명 공업		☐	血液(けつえき)	명 혈액
☐	工事(こうじ)	명 공사		☐	敬語(けいご)	명 경어
☐	後日(ごじつ)	명 후일		☐	言語(げんご)	명 언어
☐	直後(ちょくご)	명 직후		☐	語学(ごがく)	명 어학
☐	後期(こうき)	명 후기		☐	単語(たんご)	명 단어
☐	後輩(こうはい)	명 후배		☐	少食(しょうしょく)★	명 소식
				☐	昼食(ちゅうしょく)★	명 점심식사

같은 한자를 포함하는 단어

				☐	朝食(ちょうしょく)★	명 아침식사
☐	加熱(かねつ)★	명 가열		☐	夕食(ゆうしょく)	명 저녁식사

☐	せんしゅ 選手	몡 선수	☐	めんどう 面倒だ	な형 번잡하고 성가시다
☐	せんたく 選択 ★	몡 선택	☐	ゆしゅつ 輸出 ★	몡 수출
☐	はいたつ 配達	몡 배달	☐	ゆにゅう 輸入	몡 수입
☐	はったつ 発達	몡 발달	☐	きょうりょく 協力	몡 협력
☐	じょうだん 冗談 ★	몡 농담	☐	じつりょく 実力 ★	몡 실력
☐	そうだん 相談 ★	몡 상담	☐	たいりょく 体力	몡 체력
☐	かくち 各地	몡 각지	☐	どりょく 努力 ★	몡 노력
☐	きち 基地	몡 기지			

한자읽기에 자주 나오는 동사

☐	ちいき 地域	몡 지역	☐	うたが 疑う ★	동 의심하다
☐	ちく 地区	몡 지구	☐	きら 嫌う ★	동 싫어하다
☐	きょうつう 共通 ★	몡 공통	☐	す 吸う	동 들이마시다
☐	こうつう 交通 ★	몡 교통	☐	はら 払う ★	동 지불하다
☐	せんでん 宣伝 ★	몡 선전	☐	ひろ 拾う	동 줍다
☐	でんごん 伝言 ★	몡 전언	☐	わら 笑う	동 웃다
☐	でんせん 伝染	몡 전염	☐	あず 預かる	동 보관하다
☐	でんとう 伝統	몡 전통	☐	う 受かる	동 합격하다
☐	しょうばい 商売 ★	몡 장사	☐	か 掛かる	동 걸리다
☐	ばいてん 売店	몡 매점	☐	たす 助かる	동 살아나다
☐	はつばい 発売	몡 발매	☐	あ 上がる	동 오르다
☐	はんばい 販売	몡 판매	☐	こわ 怖がる ★	동 무서워하다
☐	ほうがく 方角 ★	몡 방향	☐	あらわ 表す	동 표현하다
☐	ほうこう 方向	몡 방향	☐	かえ 返す	동 돌려주다
☐	しょうめん 正面	몡 정면	☐	かく 隠す	동 숨기다
☐	ひょうめん 表面	몡 표면	☐	しめ 示す	동 나타내다
☐	めんせつ 面接	몡 면접			

3日 | 한자읽기 빈출 단어 ③

음성 바로듣기

☑ 잘 외워지지 않는 단어는 박스에 체크하여 복습하세요.

☐ 回す* (まわす)	동 돌리다
☐ 汚す* (よごす)	동 더럽히다
☐ 勝つ* (かつ)	동 이기다
☐ 経つ (たつ)	동 경과하다
☐ 遊ぶ* (あそぶ)	동 놀다
☐ 転ぶ (ころぶ)	동 넘어지다
☐ 運ぶ* (はこぶ)	동 옮기다
☐ 結ぶ (むすぶ)	동 묶다
☐ 決まる (きまる)	동 정해지다
☐ 泊まる* (とまる)	동 묵다
☐ 編む* (あむ)	동 엮다, 짜다
☐ 組む* (くむ)	동 짜다, 끼다
☐ 包む* (つつむ)	동 포장하다
☐ 悩む (なやむ)	동 괴로워하다
☐ 配る* (くばる)	동 나누어 주다
☐ 困る (こまる)	동 곤란하다
☐ 叱る* (しかる)	동 야단치다
☐ 黙る* (だまる)	동 말을 하지 않다
☐ 握る (にぎる)	동 잡다, 쥐다
☐ 割る* (わる)	동 깨다
☐ 終える (おえる)	동 끝마치다
☐ 覚える* (おぼえる)	동 기억하다
☐ 替える (かえる)	동 교체하다
☐ 換える* (かえる)	동 교환하다
☐ 加える* (くわえる)	동 더하다

☐ 並べる (ならべる)	동 늘어놓다
☐ 述べる (のべる)	동 진술하다
☐ 冷める* (さめる)	동 식다
☐ 閉める (しめる)	동 닫다
☐ 勧める (すすめる)	동 권하다
☐ 進める (すすめる)	동 나아가게 하다
☐ 求める (もとめる)	동 바라다
☐ 辞める (やめる)	동 그만두다
☐ 現れる (あらわれる)	동 나타나다
☐ 遅れる (おくれる)	동 늦다, 더디다
☐ 折れる* (おれる)	동 부러지다
☐ 隠れる (かくれる)	동 숨다
☐ 壊れる (こわれる)	동 부서지다
☐ 倒れる* (たおれる)	동 쓰러지다
☐ 汚れる (よごれる)	동 더러워지다
☐ 割れる (われる)	동 갈라지다

한자읽기에 자주 나오는 い・な형용사

☐ 怪しい (あやしい)	い형 수상하다
☐ 美しい* (うつくしい)	い형 아름답다
☐ 羨ましい* (うらやましい)	い형 부럽다
☐ 嬉しい (うれしい)	い형 기쁘다
☐ 惜しい (おしい)	い형 아깝다
☐ 恐ろしい (おそろしい)	い형 두렵다
☐ 悲しい* (かなしい)	い형 슬프다

☐ 悔しい★ (くや)	い형 분하다		☐ 新ただ (あら)	な형 새롭다
☐ 苦しい (くる)	い형 괴롭다		☐ 快適だ (かいてき)	な형 쾌적하다
☐ 険しい (けわ)	い형 험하다		☐ 下品だ (げひん)	な형 품위가 없다
☐ 恋しい★ (こい)	い형 그립다		☐ 重要だ (じゅうよう)	な형 중요하다
☐ 寂しい (さび)	い형 쓸쓸하다		☐ 上品だ★ (じょうひん)	な형 고상하다
☐ 騒がしい (さわ)	い형 시끄럽다		☐ 素直だ (すなお)	な형 솔직하다
☐ 親しい★ (した)	い형 친하다		☐ 適当だ★ (てきとう)	な형 적당하다
☐ 図々しい (ずうずう)	い형 뻔뻔스럽다		☐ 得意だ (とくい)	な형 잘하다
☐ 涼しい (すず)	い형 시원하다		☐ 苦手だ (にがて)	な형 서툴다
☐ 正しい (ただ)	い형 옳다		☐ 不安だ★ (ふあん)	な형 불안하다
☐ 楽しい (たの)	い형 즐겁다		☐ 一般的だ★ (いっぱんてき)	な형 일반적이다
☐ 懐かしい★ (なつ)	い형 그립다		☐ 感情的だ★ (かんじょうてき)	な형 감정적이다
☐ 激しい (はげ)	い형 격심하다		☐ 効果的だ (こうかてき)	な형 효과적이다
☐ 貧しい (まず)	い형 가난하다		☐ 自動的だ (じどうてき)	な형 자동적이다
☐ 眩しい★ (まぶ)	い형 눈부시다		☐ 消極的だ★ (しょうきょくてき)	な형 소극적이다
☐ 軽い (かる)	い형 가볍다			
☐ 汚い★ (きたな)	い형 더럽다		**한자읽기에 자주 나오는 훈독 명사**	
☐ 怖い (こわ)	い형 무섭다		☐ 裏★ (うら)	명 뒤
☐ 強い (つよ)	い형 강하다		☐ 角★ (かど)	명 모서리, 모퉁이
☐ 遠い★ (とお)	い형 멀다		☐ 小型★ (こがた)	명 소형
☐ 深い (ふか)	い형 깊다		☐ 石油★ (せきゆ)	명 석유
☐ 細い★ (ほそ)	い형 가늘다		☐ 荷物★ (にもつ)	명 짐, 화물
☐ 丸い★ (まる)	い형 둥글다		☐ 値段★ (ねだん)	명 가격, 값
☐ 短い (みじか)	い형 짧다		☐ 残り★ (のこ)	명 나머지
☐ 若い★ (わか)	い형 젊다		☐ 広場★ (ひろば)	명 광장

3日 | 한자읽기 빈출 단어 ③

- ☐ 包丁(ほうちょう)★ 명 식칼
- ☐ 申し込み(もうしこみ)★ 명 신청
- ☐ 横(よこ)★ 명 옆, 가로
- ☐ 両替(りょうがえ) 명 환전
- ☐ 泡(あわ) 명 거품
- ☐ 池(いけ)★ 명 연못
- ☐ 庭(にわ)★ 명 정원, 마당
- ☐ 根(ね) 명 뿌리
- ☐ 星(ほし) 명 별
- ☐ 湖(みずうみ)★ 명 호수
- ☐ 港(みなと)★ 명 항구
- ☐ 紅葉(もみじ) 명 단풍
- ☐ 森(もり) 명 수풀, 삼림
- ☐ 夕日(ゆうひ)★ 명 석양
- ☐ 妹(いもうと) 명 여동생
- ☐ 夫(おっと) 명 남편
- ☐ 弟(おとうと) 명 남동생
- ☐ 妻(つま) 명 아내
- ☐ 父母(ふぼ)★ 명 부모
- ☐ 孫(まご) 명 손자
- ☐ 息子(むすこ) 명 아들
- ☐ 娘(むすめ)★ 명 딸
- ☐ 青(あお) 명 파랑
- ☐ 赤(あか) 명 빨강
- ☐ 黄色(きいろ) 명 노랑

- ☐ 黒(くろ) 명 검정
- ☐ 白(しろ) 명 하양
- ☐ 緑(みどり) 명 초록
- ☐ 油(あぶら)★ 명 기름
- ☐ 芋(いも)★ 명 감자, 고구마
- ☐ 貝(かい)★ 명 조개
- ☐ 粉(こな) 명 가루, 분말
- ☐ 米(こめ)★ 명 쌀
- ☐ 塩(しお)★ 명 소금
- ☐ 卵(たまご) 명 달걀
- ☐ 豆(まめ)★ 명 콩
- ☐ 足(あし) 명 발
- ☐ 汗(あせ) 명 땀
- ☐ 息(いき) 명 숨
- ☐ 笑顔(えがお) 명 웃는 얼굴
- ☐ 顔(かお) 명 얼굴
- ☐ 肩(かた)★ 명 어깨
- ☐ 皮(かわ) 명 껍질, 가죽
- ☐ 首(くび)★ 명 목
- ☐ 腰(こし)★ 명 허리
- ☐ 背中(せなか) 명 등
- ☐ 涙(なみだ) 명 눈물
- ☐ 歯(は) 명 이, 이빨
- ☐ 胸(むね)★ 명 가슴
- ☐ 指(ゆび) 명 손가락

4日 | 표기 빈출 단어 ①

음성 바로듣기

☑ 잘 외워지지 않는 단어는 박스에 체크하여 복습하세요.

발음이 같거나 비슷한 한자를 포함하는 단어

- ☐ 退院(たいいん)★ 명 퇴원
- ☐ 入院(にゅういん)★ 명 입원
- ☐ 職員(しょくいん) 명 직원
- ☐ 定員(ていいん) 명 정원
- ☐ 影響(えいきょう) 명 영향
- ☐ 撮影(さつえい) 명 촬영
- ☐ 映画(えいが) 명 영화
- ☐ 反映(はんえい) 명 반영
- ☐ 仮定(かてい)★ 명 가정
- ☐ 仮名(かめい) 명 가명
- ☐ 過去(かこ) 명 과거
- ☐ 通過(つうか) 명 통과
- ☐ 高価(こうか)★ 명 고가
- ☐ 評価(ひょうか) 명 평가
- ☐ 解決(かいけつ) 명 해결
- ☐ 正解(せいかい)★ 명 정답
- ☐ 改札(かいさつ)★ 명 개찰
- ☐ 改造(かいぞう) 명 개조
- ☐ 意志(いし) 명 의지
- ☐ 志望(しぼう) 명 지망
- ☐ 雑誌(ざっし)★ 명 잡지
- ☐ 週刊誌(しゅうかんし)★ 명 주간지
- ☐ 表紙(ひょうし) 명 표지
- ☐ 用紙(ようし) 명 용지

- ☐ 各自(かくじ) 명 각자
- ☐ 自信(じしん)★ 명 자신
- ☐ 維持(いじ) 명 유지
- ☐ 持参(じさん) 명 지참
- ☐ 文書(ぶんしょ) 명 문서
- ☐ 履歴書(りれきしょ) 명 이력서
- ☐ 商業(しょうぎょう) 명 상업
- ☐ 商店(しょうてん) 명 상점
- ☐ 常識(じょうしき) 명 상식
- ☐ 正常(せいじょう)★ 명 정상
- ☐ 表情(ひょうじょう) 명 표정
- ☐ 友情(ゆうじょう) 명 우정
- ☐ 乗客(じょうきゃく) 명 승객
- ☐ 乗車(じょうしゃ)★ 명 승차
- ☐ 心配(しんぱい)★ 명 걱정
- ☐ 熱心(ねっしん)★ 명 열심
- ☐ 進学(しんがく) 명 진학
- ☐ 進歩(しんぽ) 명 진보
- ☐ 改正(かいせい) 명 개정
- ☐ 修正(しゅうせい) 명 수정
- ☐ 成功(せいこう) 명 성공
- ☐ 成長(せいちょう) 명 성장
- ☐ 専攻(せんこう) 명 전공
- ☐ 専門家(せんもんか) 명 전문가
- ☐ 線路(せんろ) 명 선로

4日 | 표기 빈출 단어 ①

☑ 잘 외워지지 않는 단어는 박스에 체크하여 복습하세요.

☐	ちょくせん 直線	명 직선		☐	じょうほう 情報	명 정보
☐	そうだん 相談 ★	명 상담		☐	よほう 予報	명 예보
☐	しゅしょう 首相	명 수상, 총리		☐	ようい 容易だ	な형 용이하다
☐	かんそう 感想 ★	명 감상		☐	ようき 容器	명 용기, 그릇
☐	よそう 予想 ★	명 예상		☐	おうよう 応用 ★	명 응용
☐	きょうそう 競争 ★	명 경쟁		☐	かつよう 活用	명 활용
☐	せん 戦	명 전쟁		☐	きりつ 規律	명 규율
☐	せつぞく 接続	명 접속		☐	ほうりつ 法律	명 법률
☐	れんぞく 連続	명 연속		☐	こうりつ 公立	명 공립
☐	ふそく 不足	명 부족		☐	こくりつ 国立	명 국립
☐	まんぞく 満足 ★	명 만족		☐	きゅうりょう 給料	명 급료
☐	けってん 欠点 ★	명 결점		☐	ざいりょう 材料	명 재료
☐	てんすう 点数	명 점수		☐	たいりょう 大量	명 대량
☐	でんせつ 伝説	명 전설		☐	ぶんりょう 分量	명 분량
☐	でんとう 伝統	명 전통		☐	こうれいしゃ 高齢者	명 고령자
☐	とし 都市	명 도시		☐	ねんれい 年齢	명 연령
☐	としん 都心	명 도심		☐	れいぞうこ 冷蔵庫	명 냉장고
☐	てつどう 鉄道	명 철도		☐	れいとう 冷凍	명 냉동
☐	どうろ 道路	명 도로				
☐	いはん 違反	명 위반		**모양이 비슷한 한자를 포함하는 단어**		
☐	はんたい 反対 ★	명 반대		☐	いた 痛い	い형 아프다
☐	はんざい 犯罪	명 범죄		☐	くつう 苦痛	명 고통
☐	ぼうはん 防犯	명 방범		☐	つか 疲れ ★	명 피로
☐	たいほ 逮捕	명 체포		☐	つか 疲れる ★	동 지치다
☐	ほかく 捕獲	명 포획		☐	あんない 案内 ★	명 안내

☐ 提案(ていあん)	명 제안		☐ 存在(そんざい)	명 존재
☐ 家具(かぐ)★	명 가구		☐ 保存(ほぞん)	명 보존
☐ 家内(かない)	명 아내		☐ 現在(げんざい)	명 현재
☐ 健康(けんこう)★	명 건강		☐ 滞在(たいざい)★	명 체재, 체류
☐ 保健(ほけん)	명 보건		☐ 複雑(ふくざつ)★	명 복잡
☐ 建設(けんせつ)	명 건설		☐ 複数(ふくすう)★	명 복수
☐ 建てる(たてる)	동 세우다		☐ 往復(おうふく)	명 왕복
☐ 温める(あたためる)	동 데우다		☐ 回復(かいふく)	명 회복
☐ 気温(きおん)	명 기온		☐ 制服(せいふく)	명 제복
☐ 混む(こむ)	동 붐비다		☐ 服装(ふくそう)	명 복장
☐ 混雑(こんざつ)	명 혼잡		☐ 情報(じょうほう)★	명 정보
☐ 組合(くみあい)	명 조합		☐ 報告(ほうこく)★	명 보고
☐ 組む(くむ)★	동 짜다, 끼다		☐ 業績(ぎょうせき)	명 업적
☐ 結論(けつろん)	명 결론		☐ 成績(せいせき)★	명 성적
☐ 結ぶ(むすぶ)★	동 묶다		☐ 積極的だ(せっきょくてき)★	な형 적극적이다
☐ 経由(けいゆ)★	명 경유		☐ 積もる(つもる)	동 쌓이다
☐ 経つ(たつ)	동 경과하다		☐ 原因(げんいん)★	명 원인
☐ 続き(つづき)★	명 다음		☐ 原料(げんりょう)★	명 원료
☐ 手続き(てつづき)	명 수속, 절차		☐ 資源(しげん)★	명 자원
☐ 検査(けんさ)★	명 검사		☐ 電源(でんげん)	명 전원
☐ 検討(けんとう)★	명 검토		☐ 比べる(くらべる)	동 비교하다
☐ 危険(きけん)★	명 위험		☐ 比較(ひかく)★	명 비교
☐ 険しい(けわしい)	い형 험하다		☐ 批判(ひはん)	명 비판
☐ 左右(さゆう)★	명 좌우		☐ 批評(ひひょう)	명 비평
☐ 左側(ひだりがわ)	명 좌측		☐ 注ぐ(そそぐ)	동 쏟다

4日 | 표기 빈출 단어① **13**

5日 | 표기 빈출 단어 ②

음성 바로듣기

☑ 잘 외워지지 않는 단어는 박스에 체크하여 복습하세요.

- ☐ 注射(ちゅうしゃ)★ 명 주사
- ☐ 泣き声(なきごえ) 명 울음소리
- ☐ 泣く(なく)★ 동 울다
- ☐ 身長(しんちょう) 명 신장
- ☐ 変身(へんしん) 명 변신
- ☐ 発射(はっしゃ) 명 발사
- ☐ 反射(はんしゃ) 명 반사
- ☐ 倍(ばい) ~배, 배수
- ☐ 倍率(ばいりつ) 명 배율
- ☐ 内部(ないぶ) 명 내부
- ☐ 部(ぶ) 명 부
- ☐ 追う(おう) 동 좇다, 따르다
- ☐ 共通(きょうつう)★ 명 공통
- ☐ 通勤(つうきん) 명 통근
- ☐ 血液(けつえき) 명 혈액
- ☐ 血(ち) 명 피
- ☐ 皿(さら) 명 접시
- ☐ 灰皿(はいざら) 명 재떨이
- ☐ 投資(とうし) 명 투자
- ☐ 投げる(なげる)★ 동 던지다
- ☐ 役立つ(やくだつ) 동 도움이 되다
- ☐ 役割(やくわり) 명 역할
- ☐ 依頼(いらい) 명 의뢰
- ☐ 頼む(たのむ) 동 부탁하다
- ☐ 預ける(あずける)★ 동 맡기다

- ☐ 預金(よきん) 명 예금
- ☐ 順位(じゅんい) 명 순위
- ☐ 順番(じゅんばん)★ 명 순번, 차례
- ☐ 範囲(はんい) 명 범위
- ☐ 雰囲気(ふんいき) 명 분위기
- ☐ 困る(こまる)★ 동 곤란하다
- ☐ 困難(こんなん) 명 곤란
- ☐ 貧困(ひんこん) 명 빈곤
- ☐ 貧しい(まずしい) い형 가난하다
- ☐ 性質(せいしつ) 명 성질
- ☐ 物質(ぶっしつ) 명 물질
- ☐ 睡眠(すいみん) 명 수면
- ☐ 眠る(ねむる)★ 동 자다
- ☐ 眼科(がんか) 명 안과
- ☐ 眼鏡(めがね) 명 안경
- ☐ 寺院(じいん) 명 사원, 사찰
- ☐ 寺(てら)★ 명 절
- ☐ 期待(きたい) 명 기대
- ☐ 待ち合わせ(まちあわせ) 명 만나기로 함

의미가 같거나 비슷한 한자를 포함하는 단어

- ☐ 拡大(かくだい) 명 확대
- ☐ 大量(たいりょう) 명 대량
- ☐ 多様だ(たようだ) な형 다양하다
- ☐ 多量(たりょう) 명 다량

☐	こうそく 高速	명 고속	☐	はんえい 反映	명 반영
☐	はや 速い ★	い형 빠르다	☐	うつ 写る	명 찍히다
☐	さっそく 早速 ★	부 즉시	☐	しゃしん 写真	명 사진
☐	はや 早い	い형 이르다	☐	どくしん 独身	명 독신
☐	いそ 急ぐ ★	동 서두르다	☐	どくとく 独特	명 독특
☐	きゅうげき 急激だ	な형 급격하다	☐	たんご 単語 ★	명 단어
☐	しんがく 進学	명 진학	☐	たんしん 単身	명 단신
☐	すす 進む	동 나아가다	☐	か 借りる ★	동 빌리다
☐	いどう 移動	명 이동	☐	しゃっきん 借金	명 빚
☐	うつ 移る ★	동 이동하다	☐	かしだ 貸出し	명 대출
☐	しゅっきん 出勤 ★	명 출근	☐	か 貸す	동 빌려 주다
☐	つと 勤める ★	동 근무하다	☐	うせつ 右折 ★	명 우회전
☐	じむしつ 事務室	명 사무실	☐	お 折る	동 접다
☐	つと 務める	동 임무를 맡다	☐	きょくせん 曲線	명 곡선
☐	ともばたら 共働き	명 맞벌이	☐	ま 曲げる ★	동 굽히다
☐	はたら 働く	동 일하다	☐	がくしゅう 学習	명 학습
☐	かいすうけん 回数券	명 회수권	☐	ふくしゅう 復習	명 복습
☐	とっきゅうけん 特急券	명 특급권	☐	けんがく 見学	명 견학
☐	とうひょう 投票	명 투표	☐	ふくがく 復学	명 복학
☐	とくひょう 得票	명 득표	☐	ゆうかん 夕刊	명 석간
☐	しょうさい 詳細	명 상세	☐	ゆうはん 夕飯	명 저녁밥
☐	ほそ 細い ★	い형 가늘다	☐	しんや 深夜	명 심야
☐	あさ 浅い ★	い형 얕다	☐	てつや 徹夜	명 철야
☐	せんかい 浅海	명 얕은 바다	☐	よくしゅう 翌週 ★	명 다음주, 익주
☐	うつ 映る	동 비치다	☐	よくねん 翌年	명 이듬해, 내년

5日 | 표기 빈출 단어 ②

- ☐ こうかい **後悔** 　명 후회
- ☐ さいご **最後**★ 　명 최후
- ☐ さいしゅう **最終**★ 　명 최종
- ☐ しゅうりょう **終了** 　명 종료
- ☐ かてい **家庭** 　명 가정
- ☐ にわ **庭**★ 　명 정원
- ☐ ゆうえんち **遊園地** 　명 유원지
- ☐ ようちえん **幼稚園** 　명 유치원
- ☐ おくじょう **屋上** 　명 옥상
- ☐ へや **部屋** 　명 방
- ☐ きょうしつ **教室** 　명 교실
- ☐ しつない **室内**★ 　명 실내
- ☐ ひやけ **日焼け** 　명 볕에 탐
- ☐ や **焼く**★ 　동 굽다
- ☐ ねんりょう **燃料** 　명 연료
- ☐ なみ **波**★ 　명 파도
- ☐ いずみ **泉** 　명 샘
- ☐ おんせん **温泉**★ 　명 온천
- ☐ かくほ **確保** 　명 확보
- ☐ ほぞん **保存** 　명 보존
- ☐ まも **守る**★ 　동 지키다
- ☐ るす **留守** 　명 부재중
- ☐ かくじゅう **拡充** 　명 확충
- ☐ かくちょう **拡張** 　명 확장
- ☐ しゅちょう **主張**★ 　명 주장
- ☐ しゅっちょう **出張**★ 　명 출장
- ☐ お **降りる** 　동 (탈것에서) 내리다
- ☐ ふ **降る** 　동 (눈, 비 등이) 내리다
- ☐ お **落ちる** 　동 떨어지다
- ☐ らっか **落下** 　명 낙하
- ☐ あ **当たる**★ 　동 맞다
- ☐ とうせん **当選** 　명 당선
- ☐ うあ **打ち合わせ** 　명 협의
- ☐ う **打つ** 　동 치다
- ☐ きんがく **金額** 　명 금액
- ☐ げんきん **現金** 　명 현금
- ☐ ぎんいろ **銀色** 　명 은색
- ☐ ぎんこう **銀行** 　명 은행
- ☐ かなら **必ず**★ 　부 반드시
- ☐ ひつよう **必要** 　명 필요
- ☐ かくじつ **確実だ** 　な형 확실하다
- ☐ かくにん **確認**★ 　명 확인
- ☐ しん **信じる**★ 　동 믿다
- ☐ しんよう **信用** 　명 신용
- ☐ たの **頼み** 　명 부탁
- ☐ たよ **頼る**★ 　동 의지하다
- ☐ そだ **育てる** 　동 키우다
- ☐ たいいく **体育** 　명 체육
- ☐ おし **教える**★ 　동 가르치다
- ☐ きょういく **教育** 　명 교육

6日 | 문맥규정 빈출 단어 ①

음성 바로듣기

☑ 잘 외워지지 않는 단어는 박스에 체크하여 복습하세요.

문맥규정에 자주 나오는 명사

- ☐ 合図(あいず)★ 명 신호, 손짓
- ☐ 愛用者(あいようしゃ)★ 명 애용자
- ☐ あくび★ 명 하품
- ☐ 汗(あせ) 명 땀
- ☐ 印象(いんしょう)★ 명 인상
- ☐ うわさ 명 소문
- ☐ 運休(うんきゅう) 명 운휴
- ☐ 栄養(えいよう)★ 명 영양
- ☐ 演奏(えんそう) 명 연주
- ☐ お祝(いわ)い 명 축하
- ☐ 香(かお)り 명 향기
- ☐ 片方(かたほう) 명 한쪽
- ☐ 可能(かのう)★ 명 가능
- ☐ 我慢(がまん)★ 명 참음, 견딤
- ☐ 間隔(かんかく)★ 명 간격
- ☐ 観察(かんさつ)★ 명 관찰
- ☐ 乾燥(かんそう)★ 명 건조
- ☐ 傷(きず) 명 상처
- ☐ 期待(きたい)★ 명 기대
- ☐ 禁止(きんし)★ 명 금지
- ☐ くしゃみ★ 명 재채기
- ☐ 癖(くせ) 명 버릇
- ☐ 経営(けいえい)★ 명 경영
- ☐ 芸術(げいじゅつ) 명 예술
- ☐ 原料(げんりょう)★ 명 원료
- ☐ このあいだ★ 명 요전, 지난번
- ☐ 混雑(こんざつ) 명 혼잡
- ☐ 差(さ)★ 명 차이, 차
- ☐ 資源(しげん)★ 명 자원
- ☐ 事情(じじょう)★ 명 사정
- ☐ 姿勢(しせい) 명 자세
- ☐ 自慢(じまん) 명 자랑
- ☐ しみ★ 명 얼룩
- ☐ 就職(しゅうしょく)★ 명 취직
- ☐ 渋滞(じゅうたい) 명 정체
- ☐ 集中(しゅうちゅう) 명 집중
- ☐ 主張(しゅちょう) 명 주장
- ☐ 順番(じゅんばん) 명 차례, 순번
- ☐ 冗談(じょうだん) 명 농담
- ☐ 親戚(しんせき)★ 명 친척
- ☐ 制限(せいげん)★ 명 제한
- ☐ 咳(せき)★ 명 기침
- ☐ 席(せき) 명 자리, 좌석
- ☐ 線(せん)★ 명 선
- ☐ 前後(ぜんご) 명 전후
- ☐ 想像(そうぞう)★ 명 상상
- ☐ 底(そこ)★ 명 바닥, 속
- ☐ 中古(ちゅうこ)★ 명 중고
- ☐ 調子(ちょうし) 명 상태

6日 | 문맥규정 빈출 단어 ①

☑ 잘 외워지지 않는 단어는 박스에 체크하여 복습하세요.

□ 通^{つう}知^ち★	명 통지
□ 動^{どう}作^さ★	명 동작
□ 当^{とう}日^{じつ}	명 당일
□ 登^{とう}場^{じょう}★	명 등장
□ 特^{とく}長^{ちょう}	명 특별한 장점
□ 泥^{どろ}★	명 진흙
□ 仲^{なか}★	명 사이
□ 流^{なが}れ	명 흐름
□ 農^{のう}業^{ぎょう}★	명 농업
□ 発^{はっ}展^{てん}★	명 발전
□ 番^{ばん}★	명 차례, 순서
□ 半^{はん}日^{にち}	명 반나절
□ 物^{ぶっ}価^か★	명 물가
□ 平^{へい}気^き★	명 태연함
□ 貿^{ぼう}易^{えき}	명 무역
□ 申^{もうし}込^{こみ}書^{しょ}★	명 신청서
□ 目^{もく}標^{ひょう}★	명 목표
□ 文^{もん}句^く★	명 불평, 불만
□ 家^や賃^{ちん}★	명 집세
□ 翌^{よく}日^{じつ}★	명 다음날, 익일
□ 料^{りょう}金^{きん}★	명 요금
□ わがまま	명 제멋대로 굶
□ 割^{わり}合^{あい}★	명 비율

문맥규정에 자주 나오는 가타카나어

□ アクセス★	명 접근성, 액세스
□ アドバイス	명 충고
□ イメージ	명 이미지, 인상
□ インタビュー	명 인터뷰
□ インフルエンザ	명 인플루엔자, 유행성 감기
□ エネルギー★	명 에너지
□ エプロン	명 앞치마
□ エンジン★	명 엔진
□ カーブ	명 커브
□ カタログ	명 카탈로그
□ カット★	명 자름, 커트
□ カバー	명 커버
□ キャンセル	명 취소, 캔슬
□ キャンパス	명 캠퍼스
□ コミュニケーション★	명 커뮤니케이션
□ サービス★	명 서비스
□ サイン★	명 사인
□ スタート★	명 시작
□ ストップ	명 멈춤
□ スピーチ	명 스피치
□ セット	명 세팅, 세트
□ タイトル	명 제목, 타이틀
□ チャレンジ	명 도전, 챌린지
□ テーマ	명 테마, 주제

☐ デザイン★	명 디자인		☐ 枯れる★	동 시들다
☐ ドライヤー	명 드라이어		☐ 繰り返す	동 반복하다, 되풀이하다
☐ ノック★	명 노크		☐ 加える★	동 추가하다, 더하다
☐ バーゲン	명 바겐세일		☐ 畳む★	동 접다, 개다
☐ バケツ★	명 양동이		☐ 経つ	동 (시간이) 지나다
☐ パンフレット	명 팸플릿, 소책자		☐ 貯める	동 모으다
☐ ヒント★	명 힌트		☐ 頼る	동 의지하다
☐ マイク★	명 마이크		☐ 付き合う★	동 사귀다
☐ メッセージ	명 메시지		☐ つめる	동 채우다, 담다
☐ リサイクル	명 재활용, 리사이클		☐ 積もる	동 쌓이다
☐ レシピ★	명 레시피		☐ 連れる	동 데리고 가(오)다, 동반하다
☐ ロッカー★	명 보관함, 로커		☐ 溶ける★	동 녹다
			☐ とばす	동 날리다
문맥규정에 자주 나오는 동사			☐ 取り消す★	동 취소하다
☐ あきらめる	동 포기하다		☐ 取り出す★	동 꺼내다
☐ 飽きる	동 질리다, 싫증나다		☐ 流れる	동 흐르다, 흘러가다
☐ 扱う	동 취급하다		☐ なめる★	동 핥다
☐ あふれる★	동 넘치다		☐ にぎる★	동 쥐다
☐ 編む★	동 뜨다, 엮다		☐ 延ばす	동 연기하다, 연장시키다
☐ 合わせる	동 합치다		☐ 伸びる	동 뻗다, 펴지다
☐ 起きる	동 일어나다		☐ 話し合う★	동 서로 이야기하다
☐ 溺れる★	동 (물에) 빠지다		☐ ひかれる	동 치이다
☐ 隠す	동 숨기다, 감추다		☐ 引き受ける★	동 떠맡다
☐ 囲む	동 둘러싸다		☐ 引き落とす★	동 자동이체하다
☐ 重ねる★	동 포개다		☐ 広まる	동 널리 퍼지다, 넓어지다

7日 | 문맥규정 빈출 단어 ②

음성 바로듣기

✓ 잘 외워지지 않는 단어는 박스에 체크하여 복습하세요.

☐ 深まる	동	깊어지다
☐ ぶつける★	동	부딪치다
☐ 振る	동	흔들다
☐ 吠える★	동	짖다
☐ 干す★	동	말리다
☐ 褒める	동	칭찬하다
☐ 任せる	동	맡기다
☐ 交じる★	동	섞이다
☐ 待ち合わせる★	동	만나기로 하다
☐ まとめる	동	정리하다, 통합하다
☐ 守る★	동	지키다
☐ 迷う★	동	망설이다, 헤매다
☐ 見返す	동	다시 보다, 되돌아보다
☐ 向かう	동	향하다
☐ 剥く	동	(껍질을) 벗기다, 까다
☐ 燃える	동	타다
☐ 雇う	동	고용하다
☐ やぶる	동	(약속을) 깨다, 찢다
☐ 破れる★	동	찢어지다, 깨지다
☐ 許す★	동	용서하다, 허가하다
☐ 呼びかける★	동	호소하다
☐ わかる	동	이해하다
☐ 分ける★	동	나누다
☐ 渡す	동	건네주다
☐ わる	동	나누다, 깨트리다, 깨다

문맥규정에 자주 나오는 い・な 형용사

☐ あやしい	い형	수상하다
☐ おかしい★	い형	이상하다
☐ おそろしい	い형	무섭다, 두렵다
☐ おとなしい★	い형	얌전하다, 조용하다
☐ きつい★	い형	꼭 끼다, 심하다
☐ 悔しい	い형	분하다
☐ 親しい★	い형	친하다
☐ しつこい	い형	끈질기다
☐ 頼もしい	い형	믿음직스럽다
☐ 懐かしい★	い형	그립다
☐ ぬるい★	い형	미지근하다
☐ まぶしい	い형	눈부시다
☐ めずらしい★	い형	희귀하다, 드물다
☐ めんどうくさい★	い형	귀찮다
☐ もったいない	い형	아깝다
☐ ゆるい★	い형	느슨하다, 완만하다
☐ 意外だ	な형	의외다
☐ 穏やかだ	な형	온화하다
☐ 確実だ	な형	확실하다
☐ からからだ	な형	바싹 마르다
☐ がらがらだ	な형	텅 비다
☐ 感情的だ★	な형	감정적이다
☐ 急だ★	な형	갑작스럽다, 위급하다
☐ 効果的だ★	な형	효과적이다

□ 盛<ruby>さか</ruby>んだ★	な형 활발하다, 왕성하다		□ さっそく★	부 즉시, 곧
□ 静<ruby>しず</ruby>かだ★	な형 조용하다		□ しっかり★	부 단단히, 확실히
□ 自動的<ruby>じどうてき</ruby>だ	な형 자동적이다		□ しばらく	부 잠시
□ 重大<ruby>じゅうだい</ruby>だ★	な형 중대하다		□ ずいぶん★	부 대단히, 몹시
□ 清潔<ruby>せいけつ</ruby>だ	な형 청결하다		□ ずきずき★	부 욱신욱신
□ 積極的<ruby>せっきょくてき</ruby>だ	な형 적극적이다		□ 絶対<ruby>ぜったい</ruby>に★	부 절대로
□ そっくりだ★	な형 꼭 닮다		□ そっと	부 살짝
□ 代表的<ruby>だいひょうてき</ruby>だ	な형 대표적이다		□ たまたま	부 우연히, 때마침
□ 派手<ruby>はで</ruby>だ★	な형 화려하다		□ ついに	부 드디어
□ 複雑<ruby>ふくざつ</ruby>だ	な형 복잡하다		□ どきどき★	부 두근두근
□ 無駄<ruby>むだ</ruby>だ★	な형 헛되다, 쓸데없다		□ 突然<ruby>とつぜん</ruby>★	부 돌연, 갑자기
□ 豊<ruby>ゆた</ruby>かだ	な형 풍부하다		□ とんとん★	부 순조로이, 척척
			□ なるべく★	부 가능한 한, 되도록

문맥규정에 자주 나오는 부사

□ いちおう★	부 일단		□ はきはき	부 시원시원
□ 一度<ruby>いちど</ruby>に★	부 한 번에		□ はっきり★	부 똑똑히, 명확히
□ うっかり★	부 깜빡, 무심코		□ 早<ruby>はや</ruby>めに	부 빨리, 일찌감치
□ うろうろ	부 우왕좌왕		□ ばらばら	부 뿔뿔이
□ おたがいに★	부 서로		□ ぴかぴか	부 반짝반짝
□ 主<ruby>おも</ruby>に	부 주로		□ ぶつぶつ	부 투덜투덜
□ がっかり	부 실망한 모양		□ ふらふら	부 휘청휘청
□ きちんと★	부 정확히, 깔끔히		□ ぶらぶら	부 어슬렁어슬렁
□ 偶然<ruby>ぐうぜん</ruby>★	부 우연히		□ 別々<ruby>べつべつ</ruby>★	부 따로따로
□ ぐっすり★	부 푹 (깊이 잠든 모양)		□ ぺらぺら★	부 술술
□ ぐらぐら★	부 흔들흔들		□ まったく	부 전혀
			□ 無理<ruby>むり</ruby>に★	부 무리하게

7日 | 문맥규정 빈출 단어 ②

8日 | 유의표현 빈출 단어 ①

음성 바로듣기

✓ 잘 외워지지 않는 단어는 박스에 체크하여 복습하세요.

자주 나오는 명사와 유의표현

□ アドバイス★ — 명 충고
　助言(じょげん) — 명 조언

□ 案(あん) — 명 안
　アイデア / アイディア★ — 명 아이디어

□ 位置(いち) — 명 위치
　場所(ばしょ) — 명 장소

□ 売り切れ(うきれ) — 명 품절
　全て売る(すべてうる) — 전부 팔다

□ おい★ — 명 (남자) 조카
　姉の息子(あねのむすこ)★ — 누나의 아들

□ 横断禁止(おうだんきんし) — 명 횡단 금지
　渡ってはいけない(わたってはいけない)★ — 건너서는 안 된다

□ おこづかい — 명 용돈
　お金(かね)★ — 명 돈

□ おしまい★ — 명 끝
　終わり(おわり)★ — 명 끝

□ かおり — 명 향기
　におい — 명 냄새

□ 機会(きかい) — 명 기회
　チャンス — 명 찬스, 기회

□ 企業(きぎょう)★ — 명 기업
　会社(かいしゃ)★ — 명 회사

□ 規則(きそく)★ — 명 규칙
　決まり(きまり)★ — 명 규칙

□ キッチン★ — 명 주방
　台所(だいどころ) — 명 부엌

□ 逆(ぎゃく)★ — 명 반대, 거꾸로
　反対(はんたい)★ — 명 반대

□ 共通点(きょうつうてん) — 명 공통점
　同じところ(おなじところ) — 같은 점

□ 苦情(くじょう) — 명 불평
　不満(ふまん) — 명 불만

□ グラウンド★ — 명 그라운드, 운동장
　運動場(うんどうじょう)★ — 명 운동장

□ グループ★ — 명 그룹
　団体(だんたい)★ — 명 단체

□ 欠点(けってん)★ — 명 결점
　よくないところ★ — 좋지 않은 점

□ この頃(ごろ) — 요즘
　最近(さいきん) — 명 최근

□ サイズ★ — 명 사이즈
　大きさ(おおきさ)★ — 명 크기

□ さっき — 명 아까, 조금 전
　少し前に(すこしまえに) — 조금 전에

□ 指定(してい)★ — 명 지정
　決める(きめる)★ — 동 정하다

□ 手段(しゅだん)★ — 명 수단
　やり方(かた)★ — 명 하는 방식

무료 온라인 실전모의고사·학습자료 제공 japan.Hackers.com

☐	スケジュール★	명 스케줄	☐	疑う★	동 의심하다
	予定★	명 예정		本当ではないかと思う★	진짜가 아닌가 하고 생각하다
☐	中身★	명 내용, 속	☐	奪う	동 빼앗다
	内容	명 내용		取る	동 빼앗다
☐	ブーム	명 붐, 유행	☐	覚える	동 외우다
	はやる	동 유행하다		暗記する	동 암기하다
☐	孫	명 손자	☐	カーブする	동 구부러지다
	娘の息子	명 딸의 아들		曲がる	동 구부러지다
☐	めい	명 조카딸	☐	回収する	동 회수하다
	兄弟の娘	형제의 딸		集める	동 모으다
☐	翌年	명 익년, 다음 해	☐	輝く★	동 빛나다
	次の年	명 다음 해		光る★	동 빛나다
☐	わけ	명 이유	☐	協力する★	동 협력하다
	理由★	명 이유		手伝う★	동 돕다

자주 나오는 동사와 유의표현

☐	諦める	동 포기하다	☐	くたびれる	동 지치다
	辞める	동 그만두다		疲れる	동 피로하다
☐	あたえる★	동 주다, 수여하다	☐	検討する★	동 검토하다
	あげる★	동 주다		よく考える★	잘 생각하다
☐	余る	동 남다	☐	混雑する	동 혼잡하다
	多すぎて残る	너무 많아서 남다		人がたくさんいる	사람이 많이 있다
☐	慌てる	동 황급히 굴다	☐	指導する	동 지도하다
	急ぐ	동 서두르다		教える★	동 가르치다
			☐	しゃべる★	동 말하다
				話す★	동 말하다

8日 | 유의표현 빈출 단어 ①

☐	済ませる★	동 끝내다		☐	減る	동 줄다
	終わらせる	동 끝내다			少なくなる	적어지다
☐	整理する★	동 정리하다		☐	触れる★	동 닿다, 접촉하다
	片付ける★	동 정리하다			触る	동 닿다, 손을 대다
☐	確かめる★	동 확인하다		☐	報告する★	보고하다
	チェックする	동 확인하다			知らせる★	동 알리다
☐	経つ	동 (시간이) 지나다		☐	待ち合わせる★	동 만나기로 하다
	過ぎる	동 지나다			会う約束をする	만날 약속을 하다
☐	黙る★	동 말을 하지 않다		☐	まとめる	동 정리하다
	何も話さない	아무 말도 하지 않다			整理する	동 정리하다
☐	注文する	동 주문하다		☐	やり直す	동 다시 하다
	頼む	동 의뢰하다			もう一度やる	다시 한 번 하다
☐	通勤する	동 통근하다		☐	用心する	동 조심하다
	仕事に行く	일하러 가다			気をつける	조심하다
☐	怒鳴る★	동 큰소리치다				
	大声で怒る★	큰소리로 화내다				

자주 나오는 い·な형용사와 유의표현

☐	配達する★	동 배달하다
	届ける★	동 보내어 주다, 배달하다
☐	バックする	동 물러가다
	後に下がる★	뒤로 물러나다
☐	はやる	동 유행하다
	流行する★	동 유행하다
☐	避難する★	피난하다
	逃げる★	동 도망치다

☐	しかたない	い형 어쩔 수 없다
	方法がない	방법이 없다
☐	すばらしい★	い형 훌륭하다
	一流の★	일류의
☐	つらい	い형 괴롭다
	くるしい	い형 괴롭다
☐	激しい	い형 격하다
	強い	い형 강하다

9日 | 유의표현 빈출 단어 ②

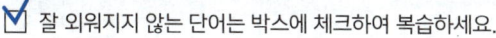

☑ 잘 외워지지 않는 단어는 박스에 체크하여 복습하세요.

☐	まずしい お金がない	い형	가난하다 돈이 없다	☐	退屈だ* つまらない*	な형 い형	지루하다 재미없다
☐	眩しい* 明るすぎる*	い형	눈부시다 너무 밝다	☐	短気だ* すぐ怒る*	な형	성미가 급하다 바로 화내다
☐	めずらしい めったにない	い형	희귀하다, 드물다 좀처럼 없다	☐	単純だ 分かりやすい	な형	단순하다 알기 쉽다
☐	もったいない* 捨てたくない	い형	아깝다 버리고 싶지 않다	☐	得意だ* とても上手だ*	な형	특히 잘하다 매우 능숙하다
☐	ゆるい* 大きい*	い형 い형	느슨하다, 헐렁하다 크다	☐	不安だ 心配だ	な형 な형	불안하다 걱정스럽다
☐	あいまいだ はっきりしない	な형	애매하다 분명치 않다	☐	ベストだ* 最もよい*	な형	베스트다, 가장 좋다 가장 좋다
☐	からからだ かわく	な형 동	바싹 마르다 마르다	☐	ぺらぺらだ* 上手に話せる*	な형	술술 말하다 능숙하게 말할 수 있다
☐	がらがらだ* すく	な형 동	텅 비다 비다	☐	むだだ 役にたたない	な형	쓸데없다 도움이 되지 않다
☐	簡単だ 容易だ	な형 な형	간단하다 용이하다	☐	楽だ 簡単だ	な형 な형	편하다, 쉽다 간단하다
☐	さまざまだ* いろいろだ*	な형 な형	다양하다 여러가지이다	☐	立派だ すぐれる	な형 동	훌륭하다 뛰어나다
☐	真剣だ まじめだ	な형 な형	진지하다 진지하다, 성실하다	☐	冷静だ 落ち着く*	な형 동	냉정하다 침착하다
☐	そっくりだ* 似ている	な형	꼭 닮다 닮았다	☐	わがままだ 他人のことを考えない	な형	제멋대로다 타인을 생각하지 않다

9日 | 유의표현 빈출 단어 ②

☑ 잘 외워지지 않는 단어는 박스에 체크하여 복습하세요.

자주 나오는 부사와 유의표현

☐	相変(あいか)わらず★	🔘 변함없이
	前(まえ)と同(おな)じで★	전과 같이
☐	案外(あんがい)	🔘 의외로
	思(おも)ったより	생각보다
☐	いきなり	🔘 갑자기
	突然(とつぜん)★	🔘 돌연, 갑자기
☐	およそ	🔘 약, 대략
	大体(だいたい)	🔘 대강, 대략
☐	こっそり	🔘 살짝, 몰래
	周(まわ)りに気(き)づかれないように	주변에서 눈치채지 못하게
☐	次第(しだい)に★	🔘 점점, 차츰
	少(すこ)しずつ★	조금씩
☐	じっと	🔘 가만히, 꼼짝 않고
	うごかないで	움직이지 않고
☐	しばらく	🔘 잠깐
	少(すこ)し	🔘 조금, 약간
☐	正直(しょうじき)	🔘 정직하게, 솔직히
	うそをつかないで	거짓말을 하지 않고
☐	絶対(ぜったい)★	🔘 절대
	必(かなら)ず★	🔘 반드시
☐	相当(そうとう)	🔘 상당히
	かなり	🔘 꽤
☐	たまたま	🔘 우연히
	偶然(ぐうぜん)★	🔘 우연히
☐	たまに	🔘 이따금
	ときどき	🔘 가끔, 때때로
☐	ちっとも	🔘 조금도
	全然(ぜんぜん)	🔘 전혀
☐	次々(つぎつぎ)と	🔘 차례로
	続(つづ)いて	계속해서
☐	どうしても	🔘 어떻게 해서라도
	ぜひ	🔘 꼭
☐	当然(とうぜん)★	🔘 당연
	もちろん★	🔘 물론
☐	なるべく	🔘 가능한 한
	できるだけ	가능한 한
☐	年中(ねんじゅう)	🔘 항상, 늘
	いつも	🔘 항상, 늘
☐	のろのろ	🔘 느릿느릿
	ゆっくり	🔘 천천히
☐	非常(ひじょう)に★	🔘 매우
	とても	🔘 대단히
☐	普段(ふだん)★	🔘 평소
	いつも	🔘 언제나
☐	前(まえ)もって	🔘 사전에
	事前(じぜん)に	사전에

ますます	〔부〕 점점		がっかりする★	실망하다, 낙담하다
だんだん	〔부〕 점점		残念だと思う★	유감이라고 생각하다
まったく★	〔부〕 전혀		学校をサボる★	학교를 빼먹다
全然★	〔부〕 전혀		あそびたくて学校を休む	놀고 싶어서 학교를 쉬다
もっとも	〔부〕 가장, 제일		気に入る	마음에 들다
一番	〔부〕 가장		好きだ	〔な형〕 좋아하다
約★	〔부〕 약		気にしない	신경쓰지 않다
大体★	〔부〕 대략, 대개		かまわない	상관하지 않다
ようやく★	〔부〕 겨우, 간신히		首になる	해고되다
やっと★	〔부〕 겨우, 가까스로		やめさせられる	그만두게 되다
わずか	〔부〕 불과, 겨우		仕事が溜まる	일이 쌓이다
たった	〔부〕 겨우		仕事が残る	일이 남다

자주 나오는 구와 유의표현

英語がぺらぺらだ	영어가 유창하다		信じている★	믿고 있다
英語で自由に話せる	영어로 자유롭게 말할 수 있다		本当だと思う★	진짜라고 생각하다
延期になる★	연기되다		通行止めとなる	통행 금지가 되다
後の別の日にすることになる★	나중의 다른 날로 하게 되다		通ってはいけない	지나가면 안 된다
お腹がぺこぺこだ★	배가 몹시 고프다		手に入る	손에 들어오다
お腹がすいている	배가 고프다		買う	〔동〕 사다
おわびする	사과하다		手間がかかる	손이 많이 가다
謝る	〔동〕 사과하다		面倒だ	〔な형〕 성가시다
駆けてくる★	뛰어오다		とてもよくわかる★	매우 잘 알다
走ってくる★	뛰어오다		納得する★	납득하다
			内緒にする	비밀로 하다
			誰にも話さない	아무에게도 말하지 않다

10日 | 용법 빈출 단어

☑ 잘 외워지지 않는 단어는 박스에 체크하여 복습하세요.

용법에 자주 나오는 명사

☐ 行き先	명	행선지, 목적지
☐ 異常★	명	이상(정상의 반대)
☐ 応援	명	응원
☐ オーバー★	명	오버, 초과
☐ 活動★	명	활동
☐ 期限	명	기한
☐ 希望	명	희망
☐ 距離★	명	거리
☐ 緊張★	명	긴장
☐ 区別★	명	구별
☐ 交流	명	교류
☐ 参加★	명	참가
☐ 実物★	명	실물
☐ 締め切り★	명	마감
☐ 修理	명	수리
☐ 渋滞	명	정체
☐ 診察★	명	진찰
☐ 性格	명	성격
☐ 制限★	명	제한
☐ 知識★	명	지식
☐ 中旬★	명	중순
☐ 都合★	명	사정, 형편
☐ 訪問	명	방문
☐ 翻訳	명	번역
☐ 満員★	명	만원
☐ 見本★	명	견본
☐ 未来★	명	미래
☐ 申し込み★	명	신청
☐ ユーモア	명	유머

용법에 자주 나오는 동사

☐ 植える	동	심다
☐ 受け入れる	동	받아들이다
☐ 埋める★	동	묻다, 메우다
☐ 追いつく★	동	따라잡다
☐ 追い抜く★	동	앞지르다
☐ 落ち着く★	동	침착하다, 안정되다
☐ かきまぜる★	동	뒤섞다
☐ 重なる★	동	겹치다
☐ 区切る	동	구분하다, 단락 짓다
☐ 気付く★	동	깨닫다
☐ 断る★	동	거절하다
☐ こぼす	동	흘리다
☐ 縮小する	동	축소하다
☐ 知り合う★	동	알게 되다, 아는 사이가 되다
☐ だく★	동	안다
☐ たまる	동	쌓이다, 늘다
☐ 伝わる	동	전해지다, 알려지다
☐ 詰める★	동	채우다

☐ 通(とお)り過(す)ぎる★	동 지나가다		☐ 正確(せいかく)だ	な형 정확하다
☐ 怒鳴(どな)る★	동 고함치다, 호통치다		☐ 清潔(せいけつ)だ★	な형 청결하다
☐ 慰(なぐさ)める★	동 위로하다, 달래다		☐ 得意(とくい)だ★	な형 잘하다, 자신 있다
☐ 計(はか)る	동 (무게, 길이, 넓이 등을) 재다		☐ なだらかだ	な형 완만하다, 온화하다
☐ 発生(はっせい)する	동 발생하다		☐ 豊(ゆた)かだ	な형 풍부하다
☐ 話(はな)しかける	동 말을 걸다		☐ 楽(らく)だ	な형 편하다
☐ 離(はな)す	동 (잡은 것을) 놓다, (간격을) 벌리다			
☐ 引(ひ)き出(だ)す★	동 인출하다, 꺼내다		## 용법에 자주 나오는 부사	
☐ ひびく★	동 울리다		☐ いよいよ	부 드디어, 마침내
☐ 沸騰(ふっとう)する	동 (액체가) 끓어오르다		☐ お互(たが)いに★	부 서로
☐ 混(ま)ぜる★	동 섞다		☐ 思(おも)わず	부 엉겁결에, 무심코
☐ 見送(みおく)る	동 배웅하다		☐ がっかり★	부 실망(하는 모양)
☐ 身(み)につける	동 배워 익히다, 몸에 지니다		☐ きっと	부 꼭, 반드시
			☐ 急(きゅう)に★	부 갑자기, 돌연
## 용법에 자주 나오는 い・な형용사			☐ ぎりぎり	부 빠듯한, 아슬아슬
☐ かゆい	い형 가렵다		☐ ぐっすり★	부 푹 (깊이 잠든 모양)
☐ 悔(くや)しい★	い형 분하다		☐ すっきり	부 깔끔하게
☐ 険(けわ)しい	い형 험하다		☐ そろそろ	부 슬슬, 이제
☐ だるい	い형 나른하다, 지루하다		☐ たっぷり	부 충분히, 듬뿍
☐ 貧(まず)しい	い형 가난하다		☐ 常(つね)に	부 항상
☐ 緩(ゆる)い★	い형 헐렁하다, 엄하지 않다, 완만하다		☐ とうとう	부 결국
☐ 厳重(げんじゅう)だ	な형 엄중하다		☐ とっくに	부 벌써, 훨씬 전에
☐ 盛(さか)んだ★	な형 성하다, 번성하다		☐ にこにこ★	부 싱글벙글
☐ 重大(じゅうだい)だ	な형 중대하다		☐ のんびり	부 한가로이, 태평스럽게
☐ 新鮮(しんせん)だ★	な형 신선하다		☐ ふと	부 우연히

11日 | 독해 빈출 단어 ①

음성 바로듣기

☑ 잘 외워지지 않는 단어는 박스에 체크하여 복습하세요.

서비스·제품

- □ 新(あたら)しい　[い형] 새롭다
- □ 受(う)け取(と)る　[동] 받다
- □ 受(う)け持(も)ち　[명] 담당, 담당자
- □ 売(う)れる　[동] 팔리다
- □ エレベーター　[명] 엘리베이터
- □ お菓子(かし)　[명] 과자
- □ 送(おく)る　[동] 보내다
- □ ガソリン代(だい)　[명] 기름 값
- □ 管理(かんり)　[명] 관리
- □ 機能(きのう)　[명] 기능
- □ 着(き)る　[동] 입다
- □ 携帯電話(けいたいでんわ)　[명] 휴대전화
- □ 消(け)しゴム　[명] 지우개
- □ 質問(しつもん)　[명] 질문
- □ 事務所(じむしょ)　[명] 사무소
- □ 請求書(せいきゅうしょ)　[명] 청구서
- □ 洗濯機(せんたくき)　[명] 세탁기
- □ 出(だ)す　[동] 내다, 제출하다
- □ タバコ　[명] 담배
- □ 多様化(たようか)　[명] 다양화
- □ 担当者(たんとうしゃ)　[명] 담당자
- □ 注意(ちゅうい)　[명] 주의
- □ 定期的(ていきてき)だ　[な형] 정기적이다
- □ 程度(ていど)　[명] 정도
- □ 問(と)い合(あ)わせる　[동] 문의하다
- □ 入金(にゅうきん)　[명] 입금
- □ 人気(にんき)　[명] 인기
- □ 乗(の)る　[동] 타다
- □ 販売(はんばい)　[명] 판매
- □ 服(ふく)　[명] 옷
- □ 不具合(ふぐあい)　[명] 상태가 좋지 않음
- □ 便利(べんり)だ　[な형] 편리하다

일정·정보

- □ 朝晩(あさばん)　[명] 아침 저녁
- □ あて先(さき)　[명] 수신인
- □ 雨(あめ)　[명] 비
- □ 以前(いぜん)　[명] 이전
- □ 受付(うけつけ)　[명] 접수
- □ 駅(えき)　[명] 역
- □ お知(し)らせ　[명] 알림
- □ 終(お)わる　[동] 끝나다
- □ かかる　[동] (비용·시간 등이) 들다
- □ 確認(かくにん)　[명] 확인
- □ 期間(きかん)　[명] 기간
- □ 件名(けんめい)　[명] 건명
- □ 午前中(ごぜんちゅう)　[명] 오전중
- □ 最近(さいきん)　[명] 요즘, 최근
- □ 締(し)め切(き)り　[명] 마감

☐ 先日 (せんじつ)	명 일전		☐ 思い (おもい)	명 생각
☐ 前日 (ぜんじつ)	명 전날		☐ 思い浮かぶ (おもいうかぶ)	동 (마음에) 떠오르다, 생각하다
☐ 送信 (そうしん)	명 송신		☐ 解消 (かいしょう)	명 해소
☐ 確かめる (たしかめる)	동 확인하다		☐ 考える (かんがえる)	동 생각하다
☐ 団体 (だんたい)	명 단체		☐ 関心 (かんしん)	명 관심
☐ 近く (ちかく)	명 가까운 곳, 근처		☐ 気にする (きにする)	신경쓰다, 걱정하다
☐ 長時間 (ちょうじかん)	명 장시간		☐ 決める (きめる)	동 결정하다
☐ 都合 (つごう)	명 형편, 사정		☐ 気持ち (きもち)	명 기분
☐ 手紙 (てがみ)	명 편지		☐ 掲示板 (けいじばん)	명 게시판
☐ 電話 (でんわ)	명 전화		☐ 劇的だ (げきてきだ)	な형 극적이다
☐ 当日 (とうじつ)	명 당일		☐ 元気だ (げんきだ)	な형 잘 지내다, 건강하다
☐ 同窓会 (どうそうかい)	명 동창회		☐ 言葉 (ことば)	명 말
☐ 届く (とどく)	동 닿다, 도착하다		☐ 困る (こまる)	동 곤란하다
☐ 取り消す (とりけす)	동 취소하다		☐ 最後 (さいご)	명 마지막, 최후
☐ 日程 (にってい)	명 일정		☐ 参考 (さんこう)	명 참고
☐ ピクニック	명 피크닉		☐ 自分 (じぶん)	명 나, 자신
☐ プラン	명 플랜, 계획		☐ 社会人 (しゃかいじん)	명 사회인
☐ 予定 (よてい)	명 예정		☐ 習慣 (しゅうかん)	명 습관
☐ 予報 (よほう)	명 예보		☐ 状況 (じょうきょう)	명 상황
			☐ 勝利 (しょうり)	명 승리
생각·인생			☐ 大切だ (たいせつだ)	な형 소중하다
☐ あきらめる	동 포기하다		☐ だめだ	な형 안 된다
☐ 意識 (いしき)	명 의식		☐ 段取り (だんどり)	명 일의 순서
☐ 一般的だ (いっぱんてきだ)	な형 일반적이다		☐ 伝わる (つたわる)	동 전달되다
☐ 得る (える)	동 얻다		☐ 特別だ (とくべつだ)	な형 특별하다

11日 | 독해 빈출 단어 ①

11日 | 독해 빈출 단어 ①

- ☐ 努力(どりょく) 명 노력
- ☐ 場合(ばあい) 명 경우, 상황
- ☐ 判断(はんだん) 명 판단
- ☐ 普通(ふつう)だ な형 보통이다
- ☐ 昔(むかし) 명 옛날
- ☐ 目的(もくてき) 명 목적
- ☐ やりとり 명 교환, 주고 받음

감정·기분

- ☐ 相変(あいか)わらず 부 변함없이, 여전히
- ☐ アイデア 명 아이디어
- ☐ 安心感(あんしんかん) 명 안도감
- ☐ いきなり 부 갑자기, 느닷없이
- ☐ 意識(いしき) 명 의식
- ☐ 語(かた)る 동 이야기하다, 말하다
- ☐ 感謝(かんしゃ) 명 감사
- ☐ 関心(かんしん)を集(あつ)める 관심을 모으다
- ☐ がんばる 동 열심히 하다, 노력하다
- ☐ 気(き)がする 기분이 들다, 생각이 들다
- ☐ 気(き)づく 동 깨닫다, 알아차리다
- ☐ 気(き)になる 신경쓰이다
- ☐ 気分(きぶん) 명 기분
- ☐ 嫌(きら)い い형 싫다
- ☐ 苦(くる)しい い형 괴롭다
- ☐ 後悔(こうかい) 명 후회

- ☐ コンテスト 명 콘테스트
- ☐ 失礼(しつれい)だ な형 실례다, 예의가 없다
- ☐ 自分自身(じぶんじしん) 명 자기 자신
- ☐ 好(す)きだ な형 좋아하다
- ☐ すすめる 동 추천하다, 권하다
- ☐ ストレス 명 스트레스
- ☐ スピーチ 명 스피치
- ☐ そのまま 부 그대로
- ☐ 大変(たいへん)だ な형 힘들다, 큰일이다
- ☐ 楽(たの)しい い형 즐겁다
- ☐ 悩(なや)み 명 고민, 걱정
- ☐ 慣(な)れる 동 익숙해지다
- ☐ にぎやかだ な형 활기차다
- ☐ 恥(は)ずかしい い형 부끄럽다

사회·환경

- ☐ 赤信号(あかしんごう) 명 적신호
- ☐ 空(あ)きスペース 명 빈 공간
- ☐ アップサイクル 명 업사이클
- ☐ 運転免許(うんてんめんきょ) 명 운전 면허
- ☐ 及(およ)ぼす 동 미치다, 미치게 하다
- ☐ 開発(かいはつ) 명 개발
- ☐ 活用度(かつようど) 명 활용도
- ☐ 加入(かにゅう) 명 가입
- ☐ 環境(かんきょう) 명 환경

12日 | 독해 빈출 단어 ②

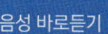

☑ 잘 외워지지 않는 단어는 박스에 체크하여 복습하세요.

□ 公共交通機関 (こうきょうこうつうきかん)	명	대중교통 기관
□ 工場 (こうじょう)	명	공장
□ 交通事故 (こうつうじこ)	명	교통사고
□ 効率 (こうりつ)	명	효율
□ 交流 (こうりゅう)	명	교류
□ 高齢者 (こうれいしゃ)	명	고령자
□ 国際 (こくさい)	명	국제
□ ごみ	명	쓰레기
□ 資源 (しげん)	명	자원
□ 事故にあう (じこにあう)		사고를 당하다
□ シャトルバス	명	셔틀 버스
□ 状態 (じょうたい)	명	상태
□ 身体 (しんたい)	명	신체
□ 睡眠不足 (すいみんぶそく)	명	수면 부족
□ 制度 (せいど)	명	제도
□ 製品 (せいひん)	명	제품
□ 駐車 (ちゅうしゃ)	명	주차
□ 注目 (ちゅうもく)	명	주목
□ つくりだす	동	만들어내다
□ 低下 (ていか)	명	저하
□ 電気をつける (でんきをつける)		전등을 켜다
□ 治す (なおす)	동	치료하다
□ 判断力 (はんだんりょく)	명	판단력
□ 引っ越す (ひっこす)	동	이사하다

기술·시사

□ 安全だ (あんぜんだ)	な형	안전하다
□ インターネット	명	인터넷
□ 運転 (うんてん)	명	운전
□ 影響 (えいきょう)	명	영향
□ 解決 (かいけつ)	명	해결
□ 開発 (かいはつ)	명	개발
□ 企業 (きぎょう)	명	기업
□ 危険性 (きけんせい)	명	위험성
□ 機能 (きのう)	명	기능
□ 空中 (くうちゅう)	명	공중
□ 経験者 (けいけんしゃ)	명	경험자
□ 結果 (けっか)	명	결과
□ 原因 (げんいん)	명	원인
□ 国家 (こっか)	명	국가
□ 最小限 (さいしょうげん)	명	최소한
□ 参加者 (さんかしゃ)	명	참가자
□ 施設 (しせつ)	명	시설
□ 自動化 (じどうか)	명	자동화
□ 自動車会社 (じどうしゃがいしゃ)	명	자동차 회사
□ 種類 (しゅるい)	명	종류
□ 情報 (じょうほう)	명	정보
□ 使用量 (しようりょう)	명	사용량
□ 人口 (じんこう)	명	인구
□ スピード	명	스피드, 속도

12日 | 독해 빈출 단어 ②

☑ 잘 외워지지 않는 단어는 박스에 체크하여 복습하세요.

☐ 責任(せきにん)	명 책임	☐ 字(じ)	명 글자, 글씨
☐ 専用(せんよう)	명 전용	☐ 住民(じゅうみん)	명 주민
☐ 増加(ぞうか)	명 증가	☐ 重要だ(じゅうようだ)	な형 중요하다
☐ 相談(そうだん)	명 상담	☐ 授業(じゅぎょう)	명 수업
☐ 太陽光(たいようこう)	명 태양광	☐ 授業料(じゅぎょうりょう)	명 수업료
☐ 地方(ちほう)	명 지방	☐ 小学校(しょうがっこう)	명 초등학교
☐ 調査(ちょうさ)	명 조사	☐ 初心者(しょしんしゃ)	명 초심자, 초보자
☐ 通信(つうしん)	명 통신	☐ 成績(せいせき)	명 성적
☐ 使い捨て用品(つかすてようひん)	명 일회용품	☐ 先生(せんせい)	명 선생님
☐ 農業(のうぎょう)	명 농업	☐ 早期(そうき)	명 조기
		☐ 大学生(だいがくせい)	명 대학생
		☐ 力を注ぐ(ちからそそぐ)	힘을 쏟다

교육

☐ 意見(いけん)	명 의견	☐ 中心(ちゅうしん)	명 중심
☐ 一生懸命だ(いっしょうけんめいだ)	な형 열심히 하다	☐ 天才(てんさい)	명 천재
☐ 英語(えいご)	명 영어	☐ 習う(ならう)	동 배우다
☐ おこづかい	명 용돈	☐ 習い事(ならいごと)	명 학원(예체능)
☐ 教わる(おそわる)	동 배우다	☐ 入学(にゅうがく)	명 입학
☐ 覚える(おぼえる)	동 외우다	☐ 能力(のうりょく)	명 능력
☐ 音楽(おんがく)	명 음악	☐ 伸ばす(のばす)	동 기르다, 키우다
☐ 外国語(がいこくご)	명 외국어		
☐ 学習(がくしゅう)	명 학습		

행사·홍보

☐ 漢字(かんじ)	명 한자	☐ 案内(あんない)	명 안내
☐ 考える(かんがえる)	동 생각하다	☐ インターネット	명 인터넷
☐ きっかけ	명 계기	☐ エプロン	명 앞치마
☐ 教育(きょういく)	명 교육	☐ 受付(うけつけ)	명 접수

☐ 歌 (うた)	명 노래		**시간표·요금표**		
☐ 運動 (うんどう)	명 운동		☐ 以下 (いか)	명 이하	
☐ 踊り (おどり)	명 춤		☐ 一般 (いっぱん)	명 일반	
☐ お花見 (おはなみ)	명 꽃놀이		☐ 開始 (かいし)	명 개시, 시작	
☐ 会社員 (かいしゃいん)	명 회사원		☐ 下記 (かき)	명 하기	
☐ 交流会 (こうりゅうかい)	명 교류회		☐ 各日 (かくじつ)	명 각각의 날짜	
☐ 紅葉 (こうよう)	명 단풍		☐ 可能 (かのう)	명 가능	
☐ 参加 (さんか)	명 참가		☐ 記入 (きにゅう)	명 기입	
☐ 事項 (じこう)	명 사항		☐ 希望 (きぼう)	명 희망	
☐ 自己紹介 (じこしょうかい)	명 자기소개		☐ クラス	명 클래스, 반	
☐ 持参 (じさん)	명 지참		☐ 経験 (けいけん)	명 경험	
☐ 実施 (じっし)	명 실시		☐ 現金 (げんきん)	명 현금	
☐ スクール	명 스쿨		☐ 口座 (こうざ)	명 계좌	
☐ スペース	명 스페이스, 공간		☐ コース	명 코스	
☐ 説明 (せつめい)	명 설명		☐ 子ども (こども)	명 아이	
☐ ぜひ	부 꼭, 아무쪼록		☐ 最終日 (さいしゅうび)	명 마지막 날	
☐ 前日 (ぜんじつ)	명 전날		☐ 材料費 (ざいりょうひ)	명 재료비	
☐ センター	명 센터		☐ 参加費 (さんかひ)	명 참가비	
☐ 専門 (せんもん)	명 전문		☐ 事前 (じぜん)	명 사전	
☐ 体験 (たいけん)	명 체험		☐ 支払う (しはらう)	동 지불하다	
☐ 卓球 (たっきゅう)	명 탁구		☐ 受講 (じゅこう)	명 수강	
☐ 担当者 (たんとうしゃ)	명 담당자		☐ 出発日 (しゅっぱつび)	명 출발일	
☐ ダンス	명 춤		☐ 小学生 (しょうがくせい)	명 초등학생	
☐ 伝統的だ (でんとうてきだ)	な형 전통적이다		☐ 上級 (じょうきゅう)	명 상급	
☐ 電話番号 (でんわばんごう)	명 전화번호		☐ 小中学生 (しょうちゅうがくせい)	명 초, 중학생	

13日 | 청해 빈출 단어 ①

음성 바로듣기

☑ 잘 외워지지 않는 단어는 박스에 체크하여 복습하세요.

장소

- ☐ 行き方 (いきかた) 명 가는 방법, 탈것의 이용 방법
- ☐ 駅前 (えきまえ) 명 역 앞
- ☐ 見学 (けんがく) 명 견학
- ☐ 公園 (こうえん) 명 공원
- ☐ コンビニ 명 편의점
- ☐ 座る (すわる) 동 앉다
- ☐ 近く (ちかく) 명 근처
- ☐ 地下鉄 (ちかてつ) 명 지하철
- ☐ 着く (つく) 동 도착하다
- ☐ デパート 명 백화점
- ☐ 電車 (でんしゃ) 명 전철
- ☐ 乗り換える (のりかえる) 동 갈아타다, 바꿔타다
- ☐ 博物館 (はくぶつかん) 명 박물관
- ☐ 場所 (ばしょ) 명 장소
- ☐ バス停 (バスてい) 명 버스정류장
- ☐ 病院 (びょういん) 명 병원
- ☐ 広い (ひろい) い형 넓다
- ☐ マンション 명 맨션
- ☐ 最寄り (もより) 명 가장 가까움, 근처

가정·생활

- ☐ 帰り道 (かえりみち) 명 귀갓길
- ☐ 片づける (かたづける) 동 정리하다, 치우다
- ☐ 汚い (きたない) い형 더럽다
- ☐ 切れる (きれる) 동 떨어지다, 다 되다
- ☐ 捨てる (すてる) 동 버리다
- ☐ 洗濯物 (せんたくもの) 명 세탁물, 빨랫감
- ☐ 掃除 (そうじ) 명 청소
- ☐ 掃除機をかける (そうじきをかける) 청소기를 돌리다
- ☐ 頼む (たのむ) 동 부탁하다
- ☐ 疲れる (つかれる) 동 지치다
- ☐ 電気 (でんき) 명 전등, 전기, 불
- ☐ ドア 명 문
- ☐ 引き出し (ひきだし) 명 서랍
- ☐ ほこり 명 먼지
- ☐ 本棚 (ほんだな) 명 책장, 책꽂이
- ☐ 窓 (まど) 명 창문
- ☐ 召し上がる (めしあがる) 동 드시다
- ☐ 床 (ゆか) 명 바닥, 마루

업무·학습

- ☐ 会議室 (かいぎしつ) 명 회의실
- ☐ 学校 (がっこう) 명 학교
- ☐ 確認 (かくにん) 명 확인
- ☐ コピー 명 복사
- ☐ 仕事 (しごと) 명 일
- ☐ 資料 (しりょう) 명 자료
- ☐ 書類 (しょるい) 명 서류
- ☐ セミナー 명 세미나

☐	進む	동 진전되다	☐	ボランティア	명 봉사활동
☐	机	명 책상	☐	本	명 책
☐	発表	명 발표	☐	マラソン	명 마라톤
☐	部長	명 부장(님)	☐	ヨガ	명 요가
☐	プリンター	명 프린터	☐	読む	동 읽다
☐	メッセージ	명 메시지	☐	旅行	명 여행
☐	問題	명 문제			
☐	留守番電話	명 부재중 전화	**여가·일과**		
☐	歴史	명 역사	☐	空港	명 공항
☐	連絡	명 연락	☐	試合	명 시합
			☐	シェフ	명 셰프
취미			☐	住所	명 주소
☐	いつも	명 항상, 평소	☐	すし	명 스시, 초밥
☐	おいしい	い형 맛있다	☐	貯める	동 모으다
☐	お茶	명 차	☐	中華	명 중화
☐	ガイド	명 가이드	☐	ツアー	명 투어
☐	カフェ	명 카페	☐	通じる	동 통하다
☐	コーヒー	명 커피	☐	読書	명 독서
☐	サークル	명 동아리	☐	撮る	동 (사진을) 찍다
☐	誘う	동 권유하다	☐	鍋料理	명 전골 요리
☐	集中	명 집중	☐	美術	명 미술
☐	新入部員	명 신입 부원	☐	暇	명 짬, 틈
☐	夏休み	명 여름방학	☐	ファン	명 팬
☐	飲み会	명 회식	☐	ホテル	명 호텔
☐	放送	명 방송	☐	野球	명 야구

13日 | 청해 빈출 단어 ①

- ゆう びん
  郵便　　　 명 우편
- ヨーロッパ　 명 유럽

심리·질병

- い
  生きる　　 동 살다
- きつい　　　 い형 힘들다, 심하다
- きら
  嫌いだ　　 な형 싫어하다
- く ろう
  苦労　　　 명 고생
- けが　　　 명 부상
- けがをする　 다치다, 부상을 입다
- ざんねん
  残念だ　　 な형 유감스럽다
- じつ
  実は　　　 실은
- しんらい
  信頼　　　 명 신뢰
- せ わ
  世話をする　 보살피다
- ちが
  違う　　　 동 다르다
- ちょう し　わる
  調子が悪い　 몸 상태가 좋지 않다
- ちょくせつ
  直接　　　 명 직접
- なや
  悩む　　　 동 고민하다
- びょういん
  病院　　　 명 병원
- ぶん や
  分野　　　 명 분야
- やっきょく
  薬局　　　 명 약국
- ますます　 부 점점
- らく
  楽だ　　　 な형 편하다

학교·회사

- おも
  思いつく　 동 (생각이) 떠오르다
- かせ
  稼ぐ　　　 동 벌다
- かんそうぶん
  感想文　　 명 감상문
- き
  決める　　 동 정하다
- キャンパス　 명 캠퍼스
- きょう か しょ
  教科書　　 명 교과서
- クラス　　 명 학급
- こうかんりゅうがく
  交換留学　 명 교환 유학
- さくせい
  作成　　　 명 작성
- し き
  締め切り　 명 마감
- しゅっちょう
  出張　　　 명 출장
- しょるい
  書類　　　 명 서류
- せつめい
  説明　　　 명 설명
- せんこう
  専攻　　　 명 전공
- たん ご
  単語　　　 명 단어
- ていしゅつ
  提出　　　 명 제출
- ど りょく
  努力　　　 명 노력
- にゅうしつ
  入室　　　 명 입실
- じゅけんばんごう
  受験番号　 명 수험번호

관심사

- うた
  歌う　　　 동 노래하다
- おどる　　 동 춤추다
- か
  飼う　　　 동 키우다, 기르다
- さくひん
  作品　　　 명 작품

14日 | 청해 빈출 단어 ②

음성 바로듣기

☑ 잘 외워지지 않는 단어는 박스에 체크하여 복습하세요.

- ☐ 趣味 (しゅみ) — 명 취미
- ☐ 楽しむ (たの) — 동 즐기다
- ☐ テレビ — 명 텔레비전
- ☐ 天気 (てんき) — 명 날씨
- ☐ 習い事 (ならいごと) — 명 배우는 일
- ☐ 習う (なら) — 동 배우다
- ☐ 登る (のぼ) — 동 오르다
- ☐ 費用 (ひよう) — 명 비용
- ☐ ペット — 명 반려 동물
- ☐ 魅力的だ (みりょくてき) — な형 매력적이다
- ☐ 山 (やま) — 명 산
- ☐ 山登り (やまのぼ) — 명 등산
- ☐ ラジオ — 명 라디오
- ☐ リフレッシュ — 명 리프레쉬, 기분 전환

건강·양육

- ☐ 受ける (う) — 동 받다
- ☐ 解消 (かいしょう) — 명 해소
- ☐ 家族 (かぞく) — 명 가족
- ☐ カフェイン — 명 카페인
- ☐ 興味 (きょうみ) — 명 흥미
- ☐ 子育て (こそだ) — 명 아이 키우기, 육아
- ☐ 叱る (しか) — 동 야단치다, 꾸짖다
- ☐ 深呼吸 (しんこきゅう) — 명 심호흡
- ☐ 吸い込む (すこ) — 동 들이마시다

- ☐ ストレス — 명 스트레스
- ☐ 大丈夫だ (だいじょうぶ) — な형 괜찮다
- ☐ 治療 (ちりょう) — 명 치료
- ☐ 疲れが取れる (つかと) — 피로가 풀리다
- ☐ 吐く (は) — 동 내뱉다
- ☐ 鼻 (はな) — 명 코
- ☐ 見つける (み) — 동 찾다, 발견하다
- ☐ 迷惑をかける (めいわく) — 폐를 끼치다, 불편을 끼치다
- ☐ 約束 (やくそく) — 명 약속
- ☐ リラックス — 명 릴랙스

의사소통

- ☐ 一緒に (いっしょ) — 함께
- ☐ 遠慮 (えんりょ) — 명 사양
- ☐ おかけになる — 앉으시다
- ☐ 教える (おし) — 동 가르치다
- ☐ 係りの人 (かかひと) — 담당자
- ☐ 貸す (か) — 동 빌려주다
- ☐ かまわない — 상관없다
- ☐ 借りる (か) — 동 빌리다
- ☐ 聞く (き) — 동 듣다
- ☐ 気に入る (きい) — 마음에 들다
- ☐ 禁止 (きんし) — 명 금지
- ☐ 知る (し) — 동 알다
- ☐ 誰も (だれ) — 누구도

14日 | 청해 빈출 단어 ②

☑ 잘 외워지지 않는 단어는 박스에 체크하여 복습하세요.

- ☐ どうぞ 〔부〕 부디, 아무쪼록
- ☐ 申(もう)し訳(わけ)ない 〔い형〕 미안하다, 변명할 여지가 없다
- ☐ やり取(と)り 〔명〕 교환, 주고받음
- ☐ わかる 〔동〕 알다

문화

- ☐ 新(あたら)しい 〔い형〕 새롭다
- ☐ 会場(かいじょう) 〔명〕 회장, 행사장
- ☐ ゲーム 〔명〕 게임
- ☐ 車(くるま) 〔명〕 자동차
- ☐ コンサート 〔명〕 콘서트
- ☐ 席(せき) 〔명〕 좌석, 자리
- ☐ チケット 〔명〕 티켓
- ☐ 使(つか)う 〔동〕 쓰다, 사용하다
- ☐ デパート 〔명〕 백화점
- ☐ 図書館(としょかん) 〔명〕 도서관
- ☐ パソコン 〔명〕 컴퓨터
- ☐ 待(ま)つ 〔동〕 기다리다
- ☐ 約束(やくそく) 〔명〕 약속
- ☐ 遊園地(ゆうえんち) 〔명〕 유원지
- ☐ 旅行(りょこう) 〔명〕 여행
- ☐ 渡(わた)す 〔동〕 건네주다

수업·일

- ☐ 空(あ)く 〔동〕 비다
- ☐ 動(うご)かす 〔동〕 작동시키다, 움직이다
- ☐ 動(うご)く 〔동〕 움직이다, 작동하다
- ☐ 課題(かだい) 〔명〕 과제
- ☐ 客(きゃく) 〔명〕 손님
- ☐ コピー機(き) 〔명〕 복사기
- ☐ 壊(こわ)れる 〔동〕 고장 나다
- ☐ 作文(さくぶん) 〔명〕 작문
- ☐ 静(しず)かだ 〔な형〕 조용하다
- ☐ 職員(しょくいん) 〔명〕 직원
- ☐ 座(すわ)る 〔동〕 앉다
- ☐ 先輩(せんぱい) 〔명〕 선배
- ☐ 駐車場(ちゅうしゃじょう) 〔명〕 주차장
- ☐ 使(つか)い方(かた) 〔명〕 사용법
- ☐ 友達(ともだち) 〔명〕 친구
- ☐ 荷物(にもつ) 〔명〕 짐
- ☐ 必要(ひつよう)だ 〔な형〕 필요하다
- ☐ レッスン 〔명〕 레슨

식당·음식

- ☐ いらっしゃる 〔동〕 오시다 (来る의 존경어)
- ☐ 売(う)り切(き)れ 〔명〕 매진
- ☐ お腹(なか)が空(す)く 배가 고프다
- ☐ お店(みせ)の人(ひと) 〔명〕 점원
- ☐ 外国人(がいこくじん) 〔명〕 외국인
- ☐ カフェイン 〔명〕 카페인

☐ 歓迎会 (かんげいかい)	명 환영회		☐ 済む (す)	동 끝나다
☐ 観光地 (かんこうち)	명 관광지		☐ 日程 (にってい)	명 일정
☐ 紅茶 (こうちゃ)	명 홍차		☐ 始める (はじ)	동 시작하다
☐ 下げる (さ)	동 치우다		☐ 発表 (はっぴょう)	명 발표
☐ 皿 (さら)	명 접시		☐ 無理 (むり)	명 무리
☐ スイーツ	명 디저트		☐ もらう	동 받다
☐ 頼む (たの)	동 주문하다			
☐ テーブル	명 테이블		**일상생활**	
☐ 並べる (なら)	동 차려놓다, 늘어놓다		☐ 当たり前だ (あ まえ)	な형 당연하다
☐ 袋 (ふくろ)	명 봉지		☐ 運動 (うんどう)	명 운동
☐ もう少し (すこ)	부 조금 더		☐ 遅れる (おく)	동 늦다
☐ 来店 (らいてん)	명 방문, 가게에 옴(내점)		☐ 押す (お)	동 누르다
☐ 料理 (りょうり)	명 요리		☐ 遅い (おそ)	い형 늦다
			☐ お茶を入れる (ちゃ い)	차를 내오다
과제·회의			☐ 気がつく (き)	깨닫다
☐ 忙しい (いそが)	い형 바쁘다		☐ 気にする (き)	신경 쓰다, 걱정하다
☐ おかげさまで	덕분에		☐ 今朝 (けさ)	명 오늘 아침
☐ 会議 (かいぎ)	명 회의		☐ 言葉 (ことば)	명 말
☐ 課長 (かちょう)	명 과장(님)		☐ 壊れる (こわ)	동 고장 나다
☐ コピー	명 복사		☐ 出発 (しゅっぱつ)	명 출발
☐ 締め切り (し き)	명 마감		☐ 手伝う (てつだ)	동 돕다
☐ 授業 (じゅぎょう)	명 수업		☐ ボタン	명 버튼
☐ 準備 (じゅんび)	명 준비		☐ メールアドレス	명 메일 주소
☐ 資料 (しりょう)	명 자료		☐ 家賃 (やちん)	명 집세
☐ 進む (すす)	동 진행되다		☐ 雪 (ゆき)	명 눈

15日 | 언어지식(문법) 빈출 문형 ①

음성 바로듣기

☑ 잘 외워지지 않는 문형은 박스에 체크하여 복습하세요.

명사 뒤에 접속하는 문형

☐ **~だって**
~라도

そのくらいは小学生だって知っているはずだ。
그 정도는 초등학생이라도 알고 있을 것이다.

☐ **~でいい**
~면 된다

おやつは一つでいい。
간식은 한 개면 된다.

☐ **~でしかない**
~에 불과하다

スマホはただの連絡手段でしかない。
스마트폰은 그저 연락수단에 불과하다.

☐ **~でなくてもよければ**
~가 아니라도 좋다면

今日でなくてもよければ買い物に付き合える。
오늘이 아니라도 좋다면 쇼핑에 같이 갈 수 있다.

☐ **~として**
~로서

彼は歌手として有名になった。
그는 가수로서 유명해졌다.

☐ **~としては**
~의 입장으로서는,
~의 관점으로서는

私としてはあなたの意見に賛成することができません。
저의 입장으로서는 당신의 의견에 찬성하는 것이 불가능합니다.

☐ **~において**
~에 있어서

人生においてもっとも重要だと思うことは何ですか。
인생에 있어서 가장 중요하다고 생각하는 것은 무엇인가요?

☐ **~にかけて**
~에 걸쳐

この仕事は夏休みにかけて特に忙しくなる。
이 일은 여름 방학에 걸쳐 특히 바빠진다.

☐ **~に比べて**
~에 비하여

日本に比べてベトナムの方が物価が安い。
일본에 비하여 베트남 쪽이 물가가 싸다.

☐ **~に加えて**
~에 더하여

彼女は仕事に加えて子育てもしている。
그녀는 일에 더하여 육아도 하고 있다.

☐ **~にしかできない**
~밖에 할 수 없다(~만이 할 수 있다)

この仕事はあなたにしかできない。
이 일은 당신밖에 할 수 없다. (이 일은 당신만이 할 수 있다.)

☐	**~にする** ~로 하다 (결정)	私はハンバーグにします。 저는 햄버그로 할게요.
☐	**~に対して** ~에 대하여, ~에 대해	この美術館は学生に対して割引サービスを行っています。 이 미술관은 학생에 대하여 할인 서비스를 시행하고 있습니다.
☐	**~について** ~에 대해서	農村について調べている。 농촌에 대해서 조사하고 있다.
☐	**~にとって** ~에게 있어서, ~에게는	私にとって人生でいちばん大切なのは家族の幸せだ。 나에게 있어서 인생에서 가장 소중한 것은 가족의 행복이다.
☐	**~に反して** ~와 달리, ~에 반하여	予想に反して、今年の試験は難しくなかったそうだ。 예상과 달리, 올해 시험은 어렵지 않았다고 한다.
☐	**~によって / ~により** ~에 따라서, ~에 의해서	人によって考え方が違う。 사람에 따라서 사고방식이 다르다. 調査結果により知らなかったことがわかるようになった。 조사 결과에 의해서 몰랐던 것을 알게 되었다.
☐	**~による** ~에 의한, ~에 따른	台風による被害が大きいそうです。 태풍에 의한 피해가 크다고 합니다.
☐	**~によると** ~에 의하면, ~에 따르면	天気予報によると明日は晴れだそうです。 일기 예보에 의하면 내일은 맑다고 합니다.
☐	**~にわたって** ~에 걸쳐	中田先生の講義は2時間にわたって続いた。 나카타 선생님의 강의는 2시간에 걸쳐 계속되었다.
☐	**~のことで** ~에 대해서	レポートのことで、相談したいことがあるんですが…。 리포트에 대해서, 상담하고 싶은 것이 있습니다만….
☐	**~を中心に** ~을 중심으로	先生を中心に写真を撮りましょう。 선생님을 중심으로 사진을 찍읍시다.

15日 | 언어지식(문법) 빈출 문형 ①

☑ 잘 외워지지 않는 문형은 박스에 체크하여 복습하세요.

	문형	예문
☐	**~を通じて** ~내내, ~을 통하여	この国は一年を通じて暖かいので、雪が降りません。 이 나라는 1년 내내 따뜻하기 때문에, 눈이 내리지 않습니다.
☐	**~を抜きにして** ~을 빼고	松本さんの努力を抜きにして今回のような成果はありえなかったと思う。 마쓰모토 씨의 노력을 빼고 이번과 같은 성과는 있을 수 없었다고 생각한다.
☐	**~をめぐって** ~를 둘러싸고	そのうわさをめぐっていろんな意見がある。 그 소문을 둘러싸고 여러 의견이 있다.
☐	**~をもとに** ~를 토대로, 바탕으로	この小説は実際にあった事件をもとにしている。 이 소설은 실제 있었던 사건을 토대로 하고 있다.
☐	**A, B といったC** A, B와 같은 C	タイ、ベトナムといった東南アジアに旅行に行きたい。 태국, 베트남과 같은 동남아시아로 여행가고 싶다.
☐	**A ほど ~ B はない** A만큼 ~한 B는 없다	母が作るケーキほどおいしいものはない。 엄마가 만드는 케이크만큼 맛있는 것은 없다.

동사 뒤에 접속하는 문형

	문형	예문
☐	**いまにも~ そうだ** 금세라도 ~(할) 것 같다	いまにも泣きそうな顔をしている。 금세라도 울 것 같은 얼굴을 하고 있다.
☐	**~がちだ** ~(하)기 쉽다	子供は好きなものだけ食べがちだ。 아이는 좋아하는 것만 먹기 쉽다.
☐	**~かねない** ~(할)지도 모른다, ~(할) 듯하다	そうやって週末も仕事していたら病気になりかねないよ。 그렇게 주말도 일하고 있으면 병에 걸릴지도 몰라요.

☐	**~きれない** 다 ~(할) 수 없다	量が多すぎて食べきれなかった。 양이 너무 많아서 다 먹을 수 없었다.
☐	**~そうもない** ~(할) 것 같지도 않다 **~そうにない** ~(할) 것 같지 않다	いくら頑張っても、できそうもない。 아무리 열심히 해도, 가능할 것 같지도 않다. 雨はまだ降りそうにない。 비는 아직 내릴 것 같지 않다.
☐	**~そうになる** ~(할) 뻔 하다	事故を起こしそうになったことがある。 사고를 일으킬 뻔한 적이 있다.
☐	**~たい** ~(하)고 싶다	将来は作家になりたい。 장래에는 작가가 되고 싶다.
☐	**~っぱなし** ~(한) 채	エアコンをつけっぱなしにしていると、電気代が高くなる。 에어컨을 켠 채로 있으면, 전기세가 비싸진다.
☐	**~終わる** 다 ~(하)다, ~(하)는 것이 끝나다	昨日借りたDVDは見終わった。 어제 빌린 DVD는 다 보았다.
☐	**~直す** 다시 ~(하)다	レポートのテーマを変えたせいで、最初から書き直した。 리포트의 주제를 바꾼 탓에, 처음부터 다시 썼다.
☐	**~にくい** ~(하)기 어렵다	ここでは話しにくい内容だからあとで話すね。 여기에서는 말하기 어려운 내용이니까 나중에 말할게.
☐	**~始める** ~(하)기 시작하다	先週からピアノを習い始めた。 지난주부터 피아노를 배우기 시작했다.
☐	**~やすい** ~(하)기 쉽다	日本は韓国から近いので行きやすい。 일본은 한국에서 가깝기 때문에 가기 쉽다.

15日 | 언어지식(문법) 빈출 문형 ①

16日 | 언어지식(문법) 빈출 문형 ②

☑ 잘 외워지지 않는 문형은 박스에 체크하여 복습하세요.

☐ **~てある**
~되어 있다

テーブルの上には花が飾って**ある**。
테이블 위에는 꽃이 장식**되어 있다**.

☐ **~ていく**
~(하)고 가다

今日はお弁当を持って**いきます**。
오늘은 도시락을 가지고 **갑니다**.

☐ **~て以来**
~(한) 이래, ~(한) 이후

マラソンを始め**て以来**、初めて大会に出てみようと思っている。
마라톤을 시작한 **이래**, 처음으로 대회에 나가보려고 생각하고 있다.

☐ **~ている**
~(하)고 있다, ~(한) 상태이다

人が多いから待っ**ています**。
사람이 많아서 기다리고 **있습니다**.

☐ **~ている間に**
~(하)는 동안에

友だちを待っ**ている間に**、音楽をきいていました。
친구를 기다리는 **동안에**, 음악을 듣고 있었습니다.

☐ **~ておく**
~(해) 두다

暑いから窓は開け**ておく**ね。
더우니까 창문은 열어 **둘게**.

☐ **~てから**
~(하)고 나서

遊びに行くのは宿題を終え**てから**だ。
놀러 가는 것은 숙제를 끝내**고 나서**다.

☐ **~てからでないと**
~(하)지 않고서는

この仕事が全部終わっ**てからでないと**帰れません。
이 일이 전부 끝나**지 않고서는** 돌아갈 수 없습니다.

☐ **~てごらん**
~(해) 보렴

もう一度ゆっくりやって**ごらん**。
한 번 더 천천히 해 **보렴**.

☐ **~てしまう(= ~ちゃう)**
~(해) 버리다

お皿を割っ**てしまいました**。
접시를 깨 **버렸습니다**.

発表で大きな失敗をし**ちゃった**。
발표에서 큰 실수를 해 **버렸다**.

☐	**~てはじめて** ~(하)고 나서야 비로소	社会人になってはじめて、お金を稼ぐことの大変さが分かりました。 사회인이 되고 나서야 비로소, 돈을 버는 것의 어려움을 알았습니다.
☐	**~てばかりいる** ~(하)기만 하다	最近遊んでばかりいたせいで成績が落ちた。 최근 놀기만 했던 탓에 성적이 떨어졌다.
☐	**~てほしい** ~(해) 줬으면 좋겠다, ~(하)면 좋겠다	もしよかったら、少し手伝ってほしいです。 혹시 괜찮다면, 조금 도와주었으면 좋겠습니다.
☐	**~てもかまわない** ~(해)도 괜찮다	食事が終わったら、1階でお土産を見ていてもかまいません。 식사가 끝나면, 1층에서 기념품을 보고 있어도 괜찮습니다.
☐	**~たうえで** ~후에	相手の意見を理解したうえで自分の考えを話してください。 상대의 의견을 이해한 후에 자신의 생각을 말해 주세요.
☐	**~たことがある** ~(한) 적이 있다 **~たことがない** ~(한) 적이 없다	日本の小説を読んだことがある。 일본의 소설을 읽은 적이 있다. 両親は飛行機に乗ったことがない。 부모님은 비행기를 탄 적이 없다.
☐	**~たところ** ~(해) 보니, ~(한) 결과	アンケート調査をしてみたところ、意外な結果が出た。 앙케이트 조사를 해 보니, 의외의 결과가 나왔다.
☐	**~たとたん** ~(하)자마자	空港に着いたとたん、あやしい人が話しかけてきた。 공항에 도착하자마자, 수상한 사람이 말을 걸어왔다.
☐	**~たばかり** ~(한) 지 얼마 되지 않다, 막 ~(하)다	買ったばかりのテレビなのに壊れてしまった。 산 지 얼마 안 된 텔레비전인데 고장 나 버렸다.
☐	**~たものだ** ~(하)곤 했다	子供のころはこの公園でよく遊んだものだ。 어릴 때는 이 공원에서 자주 놀곤 했다.

16日 | 언어지식(문법) 빈출 문형 ②

☑ 잘 외워지지 않는 문형은 박스에 체크하여 복습하세요.

☐ **~たり~たりする**
~(하)거나 ~(하)거나 하다

週末は買い物を**したり**友達と食事を**したりする**。
주말은 쇼핑을 하**거나** 친구와 식사를 하**거나 한다**.

☐ **~ずに**
~(하)지 않고

この料理は誰でも失敗**せずに**おいしく作れる。
이 요리는 누구라도 실패하**지 않고** 맛있게 만들 수 있다.

☐ **~ないこともない**
~(하)지 않을 것도 없다

この山はそんなに高くないので、1時間で登れ**ないこともない**です。
이 산은 그렇게 높지 않아서, 1시간에 오르**지 못할 것도 없습니다**.

☐ **~ないで**
~(하)지 않고

一週間も授業に来**ないで**何をしていたの？
일주일이나 수업에 오**지 않고** 무엇을 하고 있던 거야?

☐ **~一方だ**
~(하)기만 하다

子どもの数は減る**一方だ**。
아이의 수는 줄**기만 한다**.

☐ **~一方で**
~(하)는 한편

最近、自転車が健康にいいと注目される**一方で**、自転車事故が増えて問題になっている。
최근, 자전거가 건강에 좋다고 주목을 받는 **한편**, 자전거 사고가 늘어서 문제가 되고 있다.

☐ **~うえで**
~에 있어서

生きる**うえで**、一番重要なものは何だと思う？
살아가는 데**에 있어서**, 가장 중요한 것은 무엇이라고 생각해?

☐ **~ことができる**
~(할) 수 있다

さまざまな方法を利用して感情を伝える**ことができる**。
다양한 방법을 이용해서 감정을 전달할 **수 있다**.

☐ **~ことだ**
~(해)야 한다, ~것이다

かぜを早く治したいんだったら、ぐっすり寝る**ことだ**。
감기를 얼른 낫게 하고 싶다면, 푹 자**야 한다**.

夜遅くはピアノをひかない**ことだ**。
밤 늦게는 피아노를 치면 안 되는 **것이다**.

	문형	예문
☐	**~ことにする** ~(하)기로 하다	友だちと旅行に行く**ことにした**。 친구와 여행을 가기로 했다. 健康のためにお酒は飲まない**ことにした**。 건강을 위해서 술은 마시지 않기로 했다.
☐	**~ことになっている** ~(하)게 되어 있다	運転免許は10年ごとに更新する**ことになっている**。 운전면허는 10년마다 갱신하게 되어 있다. これ以上は参加者を増やさない**ことになっています**。 이 이상은 참가자를 늘리지 않게 되어있습니다.
☐	**~ことになる** ~(하)게 되다	親の転勤でアメリカに行く**ことになりました**。 부모님의 전근으로 미국에 가게 되었습니다. けがをして今回の試合に出ない**ことになりました**。 다쳐서 이번 시합에 나가지 않게 되었습니다.
☐	**~ことはない** ~(할) 필요는 없다	失敗しただけで、そんなに泣く**ことはない**。 실수한 것만으로, 그렇게 울 필요는 없다.
☐	**~つもりだ** ~(할) 계획이다, ~(할) 생각이다	来年はヨーロッパへ旅行する**つもりだ**。 내년은 유럽으로 여행 갈 계획이다. 宿題が多いので今日は寝ない**つもりだ**。 숙제가 많기 때문에 오늘은 자지 않을 생각이다.
☐	**~といい** ~(하)면 좋다	この料理にはさとうを少々入れる**といい**。 이 요리에는 설탕을 조금 넣으면 좋다.
☐	**~ところだ** ~(하)려던 참이다	仕事が終わって、これから帰る**ところだった**。 일이 끝나서, 이제부터 돌아가려던 참이었다.
☐	**~には** ~(하)려면	この列車に乗る**には**予約をとる必要があります。 이 열차를 타려면 예약할 필요가 있습니다.

17日 | 언어지식(문법) 빈출 문형 ③

음성 바로듣기

✓ 잘 외워지지 않는 문형은 박스에 체크하여 복습하세요.

☐ **~ほうがいい**
~(하)는 편이 좋다

このことは早く彼に言う**ほうがいい**。
이 일은 빨리 그에게 말하는 편이 좋아.

今は話しかけない**ほうがいい**と思う。
지금은 말 걸지 않는 편이 좋다고 생각해.

風邪をひいたら薬を飲んだ**ほうがいい**。
감기에 걸리면 약을 먹는 편이 좋아.

☐ **~ほかない**
~(하)는 수밖에 없다

この辺はタクシーも来ないので、歩いて行く**ほかありません**。
이 주변은 택시도 오지 않기 때문에, 걸어서 가는 수밖에 없습니다.

☐ **~ものではない**
~(해)서는 안 된다

うそを言う**ものではない**。
거짓을 말해서는 안 된다.

☐ **~ようと思う**
~(하)려고 생각하다

今月から運動を始め**ようと思っている**。
이번 달부터 운동을 시작하려고 생각하고 있다.

☐ **~ようとする**
~(하)려고 하다

勉強し**ようとした**のに、母に呼ばれた。
공부하려고 했는데, 엄마한테 불렸다.

☐ **~ようにする**
~(하)도록 하다

健康のために運動する**ようにします**。
건강을 위해서 운동하도록 하겠습니다.

遅刻しない**ようにします**。
지각하지 않도록 하겠습니다.

☐ **~ようになる**
~(하)게 되다

歴史をもっと学びたいと思う**ようになった**。
역사를 더 배우고 싶다고 생각하게 되었다.

☐ **~わけにはいかない**
~(할) 수는 없다

残念ですが、うちで犬を飼う**わけにはいきません**。
유감이지만, 우리 집에서 개를 키울 수는 없습니다.

社長に頼まれた仕事は嫌でもしない**わけにはいかない**。
사장님에게 부탁받은 일은 싫어도 안 할 수는 없다.

여러 품사 뒤에 접속하는 문형

☐ **~ことで**
~로 인해, ~(해)서

早く起きることでゆっくり朝食が食べられるようになった。
일찍 일어남으로 인해 느긋하게 아침을 먹을 수 있게 되었다.

考えたくないのに、不安なことで頭がいっぱいになってしまう。
생각하고 싶지 않은데, 불안으로 인해 머리가 꽉 차 버린다.

小さいことで怒らないで。
작은 일로 인해 화내지 마.

ピアノの発表会のことで相談したいことがあります。
피아노 발표회로 인해 상담하고 싶은 것이 있습니다.

☐ **~ことから**
~(하)기 때문에, ~(해)서

本田君は色々な知識があることから、歩く辞書と呼ばれています。
혼다 군은 다양한 지식이 있기 때문에, 걸어 다니는 사전이라고 불리고 있습니다.

彼女の机がきれいなことから、きれい好きな性格だと分かった。
그녀의 책상이 깨끗해서, 깨끗한 것을 좋아하는 성격이란 것을 알았다.

うちのねこは耳だけが黒いことから、「クロ」と名付けられた。
우리 집 고양이는 귀만 까맣기 때문에, '까망'이라고 이름 지어졌다.

人気商品の最新モデルであることから、発売前から注目度が高い。
인기 상품의 최신 모델이기 때문에, 발매 전부터 주목도가 높다.

☐ **~って**
~(하)대, ~래

日本ではスイカに塩をかけて食べるんだって。
일본에서는 수박에 소금을 뿌려서 먹는대.

高橋さん、この頃店が暇なんだって。
다카하시 씨, 요즘 가게가 한가하대.

昨日公開した映画、おもしろいんだって。
어제 개봉한 영화, 재미있대.

今回優勝したチームはAチームなんだって。
이번에 우승한 팀은 A팀이래.

17日 | 언어지식(문법) 빈출 문형 ③

☑ 잘 외워지지 않는 문형은 박스에 체크하여 복습하세요.

☐ **~てもおかしくない**
~(해)도 이상하지 않다

最近、無理をしているから、いつ病気になってもおかしくないと思う。
최근, 무리를 하고 있으니까, 언제 병이 나도 이상하지 않다고 생각한다.

約束が急になくなったんだから、不満でもおかしくない。
약속이 갑자기 없어졌으니까, 불만이어도 이상하지 않다.

女性が鉄道に詳しくてもおかしくありません。
여성이 철도에 대해 자세히 알고 있어도 이상하지 않습니다.

はるかという名前は男でもおかしくない名前です。
하루카라는 이름은 남자여도 이상하지 않은 이름입니다.

☐ **~ても不思議ではない**
~(해)도 이상하지 않다

いつ倒れても不思議ではないくらい古い家です。
언제 무너져도 이상하지 않을 정도로 오래된 집입니다.

趣味がないなら毎日が退屈でも不思議ではない。
취미가 없다면 매일이 심심해도 이상하지 않다.

昨日雨が降ったので車が汚くても不思議ではないです。
어제 비가 내렸기 때문에 차가 더러워도 이상하지 않습니다.

その会議で反対が過半数でも不思議ではない。
그 회의에서 반대가 과반수여도 이상하지 않다.

☐ **~わけだ**
~(한) 것이다

~わけがない
~(할) 리가 없다

遊んでばかりいる彼が合格するわけがない。
놀기만 하고 있는 그가 합격할 리가 없다.

寒いのにずっと外にいたから顔が真っ赤なわけだ。
추운데 계속 밖에 있었기 때문에 얼굴이 새빨간 것이다.

彼女は日本で３年間働いたらしい。だから日本に詳しいわけだ。
그녀는 일본에서 3년간 일했다고 한다. 그 때문에 일본에 대해 잘 아는 것이다.

彼は作文が下手なのに作家なわけがない。
그는 작문을 못하는데 작가일 리가 없다.

~たら ~(하)면, ~(했)더니	薬を飲んだら少し楽になりました。 약을 먹었더니 조금 편해졌습니다. 坂がなだらかだったら、自転車に乗ったまま坂を越えるのに。 언덕이 완만했으면, 자전거를 탄 채로 언덕을 넘는데. 服装がだらしなかったら先生に注意されちゃうよ。 복장이 깔끔하지 못하면 선생님께 주의 받을 거야. 申請を取り消すのが本人の希望だったら問題ありません。 신청을 취소하는 것이 본인의 희망이라면 문제 없습니다.
~だけあって ~(한) 만큼	A大学を目指しているだけあって、山田さんは頭がいい。 A대학을 목표로 하고 있는 만큼, 야마다 씨는 머리가 좋다. この機械は病気の詳しい検査が可能なだけあって大きいですね。 이 기계는 병의 상세한 검사가 가능한 만큼 크네요. 練習がきつかっただけあって、夏休みの間にかなり上達した。 연습이 힘들었던 만큼, 여름방학 동안에 꽤 실력이 늘었다. 中村さんは大学の先生だけあっていろいろなことを知っていますね。 나카무라 씨는 대학의 선생님인 만큼 다양한 것을 알고 있네요.
~だけだ ~뿐이다	このクッキーは材料を混ぜて焼くだけだから、難しくない。 이 쿠키는 재료를 섞어서 구울 뿐이기 때문에, 어렵지 않다. 動物は苦手なだけです。嫌いではありません。 동물은 다루기 어려울 뿐입니다. 싫지는 않습니다. このズボンはゆるいだけだから、ベルトがあればまだはけます。 이 바지는 헐렁할 뿐이라서, 벨트가 있으면 아직 입을 수 있습니다. 宿題を出していないのはもうあなただけです。 숙제를 내지 않은 것은 이제 당신뿐입니다.

18日 | 언어지식(문법) 빈출 문형 ④

☑ 잘 외워지지 않는 문형은 박스에 체크하여 복습하세요.

☐ **~だけで**
~만으로, ~뿐

あなたが笑ってくれるだけで、私は幸せです。
당신이 웃어주는 것만으로, 나는 행복합니다.

一人で家事をするのは、大変なだけでできないことではない。
혼자서 집안일을 하는 것은, 힘들 뿐 할 수 없는 것은 아니다.

道が少し険しかっただけで、登れない山ではなかったです。
길이 조금 험했을 뿐, 오를 수 없는 산은 아니었습니다.

このお菓子は小麦粉と卵だけでできています。
이 과자는 밀가루와 달걀만으로 만들어져 있습니다.

☐ **~だけでなく**
~뿐만 아니라

試合に勝つだけでなく、大会で優勝したいです。
시합에서 이기는 것뿐만 아니라, 대회에서 우승하고 싶습니다.

彼は歌が上手なだけでなく、自分で曲も作る。
그는 노래를 잘할 뿐만 아니라, 스스로 곡도 만든다.

あの看板は大きいだけでなく、とても派手で目立っている。
저 간판은 클 뿐만 아니라, 매우 화려해서 눈에 띈다.

この旅館は美味しい料理だけでなく、天然の温泉でも有名です。
이 료칸은 맛있는 요리뿐만 아니라, 천연 온천으로도 유명합니다.

☐ **~だけでよければ**
~만으로 좋다면

宣伝の紙を配るだけでよければ、私にも手伝わせてください。
선전 종이를 나눠주는 것만으로 좋다면, 나에게도 돕게 해주세요.

英語が上手なだけでよければ、誰でも申し込みできますか。
영어를 잘하는 것만으로 좋다면, 누구든지 신청할 수 있습니까?

背が高いだけでよければ、紹介できる人がいます。
키가 큰 것만으로 좋다면, 소개할 수 있는 사람이 있습니다.

午前中だけでよければ私は大丈夫です。
오전 중만으로 좋다면 저는 괜찮습니다.

☐ **〜だけに** 〜(한) 만큼, 〜라서 그런지	よく旅行に行く**だけに**彼は英語が上手だ。 자주 여행을 가는 만큼 그는 영어를 잘 한다. サッカーが好きな**だけに**夜遅くまで試合を見たりする。 축구를 좋아하는 만큼 밤 늦게까지 시합을 보거나 한다. 若い**だけに**何が流行しているかよく知っている。 젊은 만큼 무엇이 유행하고 있는지 잘 알고 있다. 初めて作った料理**だけに**、母においしいと言われてうれしかった。 처음 만든 요리인 만큼, 엄마에게 맛있다고 들어서 기뻤다.
☐ **〜なら** 〜라면, 〜(한)다면	ペットが飼える**なら**毎日世話をすると約束します。 반려 동물을 키울 수 있다면 매일 돌볼 거라고 약속합니다. 一人で処理するのが困難**なら**、誰かにお願いすることにします。 혼자서 처리하는 것이 곤란하다면, 누군가에게 부탁하는 것으로 하겠습니다. 故郷の家族が恋しい**なら**、たまには会いにいけばいい。 고향의 가족이 그립다면, 가끔 만나러 가면 된다. 本**なら**何でも好きです。 책이라면 무엇이든지 좋아합니다.
☐ **〜ようなら** 〜(할) 것 같으면, 〜인 경우에	この服、サイズが合う**ようなら**君にあげるよ。 이 옷, 사이즈가 맞을 것 같으면 너에게 줄게. 手が汚れて真っ黒な**ようなら**、あっちで手を洗ってきなさい。 손이 더러워져서 새까만 경우에, 저기에서 손을 씻고 오세요. これ以上しつこい**ようなら**、こちらも黙ってはいません。 이 이상 끈질긴 경우에는, 이쪽도 가만히 있지 않습니다. この量でも余裕の**ようなら**、明日はもっとお願いします。 이 정도 양이라도 여유인 것 같으면, 내일은 좀 더 부탁합니다.

18日 | 언어지식(문법) 빈출 문형 ④

☑ 잘 외워지지 않는 문형은 박스에 체크하여 복습하세요.

☐ **~と**
~(하)면
~ないと
~(하)지 않으면

砂糖を入れる**と**甘くなります。
설탕을 넣으**면** 달아집니다.

何でも積極的では**ないと**せっかくの機会を失ってしまう。
무엇이든 적극적이**지 않으면** 모처럼의 기회를 잃어버린다.

動きがあまり激しい**と**疲れやすいので、腕は小さく動かします。
움직임이 지나치게 격하**면** 피로해지기 쉬우므로, 팔은 작게 움직입니다.

今日は大雨だから授業が休講じゃ**ないと**納得できない。
오늘은 큰비이므로 수업이 휴강이**지 않으면** 납득할 수 없다.

☐ **~という**
~라는, ~라고 하는

林さんがやめる**という**うわさを聞きました。
하야시 씨가 그만둔**다고 하는** 소문을 들었습니다.

今年の山下公園の桜は見事だ**という**ことです。
올해 야마시타 공원의 벚꽃은 훌륭하**다는** 것입니다.

お風呂の水を捨てるのはもったいない**という**人もいます。
욕조의 물을 버리는 것은 아깝다**고 하는** 사람도 있습니다.

奨学金**という**援助を受けながら、大学に通っています。
장학금**이라고 하는** 원조를 받으면서, 대학을 다니고 있습니다.

☐ **~ということだ**
~라고 한다

この店はしばらく休業する**ということだ**。
이 가게는 잠시 휴업한**다고 한다**.

駅前にあるあの広告は効果的だ**ということだ**。
역 앞에 있는 저 광고는 효과적**이라고 한다**.

彼はテレビも買えないくらいに貧しい**ということだ**。
그는 텔레비전도 살 수 없을 정도로 가난하**다고 한다**.

あの会社の経営は、今危ない状態だ**ということだ**。
저 회사의 경영은, 지금 위험한 상태**라고 한다**.

~というのに
~라고 하는데

来月友だちが結婚する**というのに**、なぜか少し悲しくなった。
다음 달 친구가 결혼한다고 하는데, 왠지 조금 슬퍼졌다.

レストランの予約がいっぱいだ**というのに**、どうしても行きたい。
레스토랑 예약이 꽉 찼다고 하는데, 어떻게든 가고 싶다.

みんなあの曲はとてもいい**というのに**、私はあまり好きではない。
모두 저 노래는 매우 좋다고 하는데, 나는 그다지 좋아하지 않는다.

彼は先生だ**というのに**、まったくそう見えない。
그는 선생님이라고 하는데, 전혀 그렇게 보이지 않는다.

~といっても
~라고 해도

中国語ができる**といっても**、あいさつぐらいです。
중국어를 할 수 있다고 해도, 인사 정도입니다.

兄は元気だ**といっても**骨折していることにかわりはない。
형은 건강하다고 해도 골절한 것에 변함은 없다.

水泳がうまい**といっても**、もっとうまい人はたくさんいます。
수영을 잘한다고 해도, 더 잘 하는 사람은 많이 있습니다.

いくらそれが最近の流行だ**といっても**、決してまねしたくはない。
아무리 그것이 최근 유행이라고 해도, 결코 따라하고 싶지는 않다.

~としたら
~라고 하면

もし自分を色で表す**としたら**、何色だと思う?
만약 자신을 색으로 표현한다고 하면, 무슨 색이라고 생각해?

顔が真っ青だ**としたら**、すぐに家に帰って休む必要がある。
얼굴이 새파랗다면, 바로 집에 돌아가 쉴 필요가 있다.

犬がおとなしい**としたら**、お店に連れて行ってもいいですか?
개가 얌전하다고 한다면, 가게에 데리고 가도 괜찮습니까?

その話が誤解だ**としたら**、はやく本当のことを伝えるべきです。
그 이야기가 오해라고 한다면, 빨리 사실을 전해야 합니다.

18日 | 언어지식(문법) 빈출 문형 ④

☑ 잘 외워지지 않는 문형은 박스에 체크하여 복습하세요.

☐ **~としても**
~라고 해도

部屋を片付けた**としても**、また散らかしてしまうと思います。
방을 정리했다고 해도, 또 어질러 버릴 거라고 생각합니다.

たとえ困難だ**としても**最初から諦めてはいけません。
만약 곤란하다고 해도 처음부터 포기해서는 안 됩니다.

怪しかった**としても**理由もなく人を疑うことはよくない。
수상했다고 해도 이유도 없이 사람을 의심하는 것은 좋지 않다.

もし事実だ**としても**信じたくない。
만일 사실이라고 해도 믿고 싶지 않다.

☐ **~とは限らない**
~라고는 단정지을 수 없다

必ずしも勝つ**とは限りません**。
반드시 이긴다고는 단정지을 수 없습니다.

いつも笑っているからといってその人が幸せだ**とは限らない**。
항상 웃고 있으니까 라고 해서 그 사람이 행복하다고는 단정지을 수 없다.

小学校から同じクラスだからといって親しい**とは限りません**。
초등학교부터 같은 반이었다고 해도 친하다고는 단정지을 수 없습니다.

姉は3歳からピアノを習っているが彼女の意思**とは限らない**。
누나는 3살 때부터 피아노를 배우고 있지만 그녀의 의사라고는 단정지을 수 없다.

☐ **~うえに**
~(한) 데다가

友達は宿題を早く終わらせた**うえに**、私の宿題もしてくれた。
친구는 숙제를 빨리 끝낸 데다가, 내 숙제도 해 주었다.

あの魚は巨大な**うえに**めずらしいので高く売れた。
저 물고기는 거대한 데다가 희귀하기 때문에 비싸게 팔렸다.

この仕事は危ない**うえに**、給料も安いのでやりたくない。
이 일은 위험한 데다가, 급료도 싸기 때문에 하기 싫다.

厳しい訓練である**うえに**休憩時間も少なく、みんな疲れていた。
엄한 훈련인 데다가 휴식 시간도 적어, 모두 지쳐 있었다.

문형	예문
~かわりに ~대신에	私が洗濯物をたたむかわりにあなたはお皿を洗ってね。 내가 세탁물을 개는 대신에 당신은 접시를 씻어 줘. 人前で話すのが苦手なかわりに文章を書くことは得意です。 사람들 앞에서 이야기하는 것이 서툰 대신에 글을 쓰는 것은 자신 있습니다. このお店はアクセスが悪いかわりに、味は最高なんですよ。 이 가게는 접근성이 나쁜 대신에, 맛은 최고입니다. 私のかわりに山本さんが発表する予定です。 저 대신에 야마모토 씨가 발표할 예정입니다.
~からといって ~라고 해서, ~라고 하더라도	失敗したからといってあきらめる必要はない。 실패했다고 해서 포기할 필요는 없다. 面倒だからといって宿題をしないわけにはいかない。 귀찮다고 해서 숙제를 안 할 수는 없다. 安いからといって何でも買うのはよくない。 싸다고 해서 무엇이든 사는 것은 좋지 않다. 医者だからといってすべての病気は治せない。 의사라고 해도 모든 병은 고칠 수 없다.
~せいで ~탓에, ~탓으로	寝坊したせいで、新幹線に乗れなかった。 늦잠 잔 탓에, 신칸센을 못 탔다. 腹の中が空っぽなせいで授業に全然集中できない。 뱃속이 텅 빈 탓에 수업에 전혀 집중할 수 없다. 気候がおかしいせいで突然暑くなったり寒くなったりする。 날씨가 이상한 탓에 돌연 더워졌다가 추워졌다가 한다. 少ない予算のせいで買いたかったプレゼントが買えなかった。 적은 예산 탓에 사고 싶었던 선물을 살 수 없었다.

19日 | 언어지식(문법) 빈출 문형 ⑤

☑ 잘 외워지지 않는 문형은 박스에 체크하여 복습하세요.

☐ **~ごとに**
~마다

パンが焼ける**ごとに**、すぐお店に出して売っています。
빵이 구워질 때마다, 바로 가게에 내서 팔고 있습니다.

あのめざまし時計は10分**ごとに**鳴るようにしておきました。
저 알람 시계는 10분마다 울리도록 해 두었습니다.

☐ **~最中に**
한창 ~(하)는 중에

勉強をしている**最中に**停電した。
한창 공부를 하는 중에 정전됐다.

商品の輸送の**最中に**問題が発生したと会社から連絡が来た。
상품의 운송 중에 문제가 발생했다고 회사에서 연락이 왔다.

☐ **~くせに**
~주제에

彼は遅れてきた**くせに**、席が悪いと文句を言った。
그는 늦게 온 주제에, 자리가 나쁘다고 불만을 말했다.

自分も嫌な**くせに**、他の人にその仕事をやらせた。
자신도 싫어하는 주제에, 다른 사람에게 그 일을 시켰다.

頭はいい**くせに**、なんで勉強しないんだろう。
머리는 좋은 주제에, 왜 공부하지 않는 걸까.

大人の**くせに**、ごみの捨て方も知らないなんて。
어른인 주제에, 쓰레기 버리는 방법도 모르다니.

☐ **~たびに**
~(할) 때마다

親に会う**たびに**、「いつ結婚するの」と聞かれるのがいやだ。
부모님을 만날 때마다, '언제 결혼하니?'라고 듣는 것이 싫다.

事件の解決の**たびに**ニュースで大きく取り上げられる。
사건 해결 때마다 뉴스에서 크게 거론된다.

☐ **~ために**
~위해서

野菜をおいしく育てる**ために**は水と太陽といい土が必要です。
야채를 맛있게 키우기 위해서는 물과 태양과 좋은 흙이 필요합니다.

世界平和の**ために**国際会議が開かれる。
세계 평화를 위해서 국제회의가 열린다.

これ以上子供を減らさない**ために**政府は対策をすべきです。
이 이상 아이를 줄지 않게 하기 위해서 정부는 대책을 세워야 합니다.

☐	**~ついでに** ~(하)는 김에	郵便局に行く**ついでに**本屋によって雑誌を買って来てくれない？ 우체국에 가는 김에 서점에 들러서 잡지를 사 와 주지 않을래? 誕生日のお祝いの**ついでに**就職のお祝いもしましょう。 생일 축하하는 김에 취직 축하도 합시다.
☐	**~とおりに** ~대로	私の言う**とおりに**してください。 제가 말하는 대로 해주세요. 覚えた**とおりに**一度やってみましょう。 외운 대로 한 번 해 봅시다. 説明書の**とおりに**組み立てたら簡単に完成しました。 설명서대로 조립했더니 간단히 완성했습니다. 普段**どおりに**早く寝ようとしたが、昨日はなかなか眠れなかった。 평소대로 빨리 자려고 했지만, 어제는 좀처럼 잘 수 없었다.
☐	**~とともに** ~와 함께, ~와 동시에	健康になる**とともに**体力もついた。 건강해짐과 함께 체력도 붙었다. 町の発展**とともに**引っ越してくる人が増えた。 마을의 발전과 함께 이사해 오는 사람이 늘었다.
☐	**~うちに** ~(하)는 동안에, ~(일)때	英語を学ぶ**うちに**留学に興味を持つようになった。 영어를 배우는 동안에 유학에 흥미를 가지게 되었다. 祖父が元気な**うちに**たくさん会いに行くつもりだ。 할아버지가 건강하신 동안에 많이 만나러 갈 생각이다. 料理は熱い**うちに**食べたほうがおいしいです。 요리는 뜨거울 때 먹는 편이 맛있습니다. 学生の**うちに**一人で旅行してみたいです。 학생일 때 혼자서 여행해보고 싶습니다. 忘れ**ないうちに**、みんなに連絡しておきましょう。 잊어버리기 전에, 모두에게 연락해 둡시다.

19日 | 언어지식(문법) 빈출 문형 ⑤

☑ 잘 외워지지 않는 문형은 박스에 체크하여 복습하세요.

☐ **~にしても** ~라고 해도	遊ぶ**にしても**宿題を済ませないと遊びに行けません。 논다고 해도 숙제를 끝내지 않으면 놀러 갈 수 없습니다. 数学が苦手である**にしても**これくらいの問題は解けます。 수학이 서툴다고 해도 이 정도의 문제는 풀 수 있습니다. 安い**にしても**、今はお金がなくて買えません。 싸다고 해도, 지금은 돈이 없어서 살 수 없습니다. 休日**にしても**今日のデパートは人が多すぎるんじゃないかな。 휴일이라고 해도 오늘의 백화점은 사람이 너무 많은 것 아닐까.
☐ **~にしては** ~치고는	練習した**にしては**結果があまりよくなかった。 연습한 것치고는 결과가 그다지 좋지 않았다. 彼はまじめ**にしては**遅刻が多い。 그는 성실한 것치고는 지각이 많다. このコップは小さい**にしては**重い。 이 컵은 작은 것치고는 무겁다. 人生初めての面接**にしては**、全く緊張しなかった。 인생 첫 면접치고는, 전혀 긴장하지 않았다.
☐ **~につれ** ~(함)에 따라	発表する日が近づく**につれ**緊張してきました。 발표하는 날이 가까워져 옴에 따라 긴장되어 왔습니다. 時代の変化**につれ**、人も言葉も変わっていく。 시대의 변화에 따라, 사람도 말도 변해 간다.
☐ **~場合** ~(한) 경우	電話番号が変わった**場合**は新しい番号を教えてくださいね。 전화번호가 바뀐 경우는 새로운 번호를 알려주세요. 受験のことで不安な**場合**はいつでも相談にきていいですよ。 수험으로 불안한 경우는 언제든지 상담하러 와도 좋습니다. 何度注意してもしつこい**場合**は、警察に連絡します。 몇 번 주의를 줘도 끈질긴 경우에는, 경찰에게 연락합니다. 火事、地震など、非常の**場合**には、階段をご利用ください。 화재, 지진 등, 비상의 경우에는, 계단을 이용해 주십시오.

~ほか
~외에
~ほかに
~외에는

風邪予防には人の多い場所を避ける**ほかに**、手を洗うのが大切だ。
감기 예방에는 사람이 많은 장소를 피하는 것 외에는, 손을 씻는 것이 중요하다.

日本は家では靴を脱ぐのが一般的な**ほか**、床に座るのも一般的だ。
일본은 집에서는 신발을 벗는 것이 일반적인 외에, 바닥에 앉는 것도 일반적이다.

ここは駅から近い**ほかに**メリットがない。
여기는 역에서 가까운 것 외에는 메리트가 없다.

急激に上昇した物価の**ほか**、税金も上がって生活は苦しくなった。
급격하게 상승한 물가 외에, 세금도 올라서 생활이 괴로워졌다.

~前に
~전에

食事をする**前に**手を洗いましょう。
식사를 하기 전에 손을 씻읍시다.

面接の準備の**前に**まずは筆記試験に合格することが大切です。
면접 준비 전에 우선은 필기 시험에 합격하는 것이 중요합니다.

~まま
~(한) 채, ~그대로

テレビをつけた**まま**、寝てしまった。
텔레비전을 켠 채, 자 버렸다.

出かけた息子が帰って来なくて心配な**まま**一日を過ごした。
외출한 아들이 돌아오지 않아 걱정하는 채로 하루를 보냈다.

何度洗濯してもその靴下は臭い**まま**だった。
몇 번 세탁해도 그 양말은 냄새 나는 그대로였다.

彼女は外国人と結婚したが、国籍は日本の**まま**です。
그녀는 외국인과 결혼했지만, 국적은 일본인 채입니다.

~わりに
~에 비해서

いつもお金がないって言ってる**わりに**よく旅行に行くね。
항상 돈이 없다고 말하는 것에 비해서 자주 여행을 가네.

あの山道は坂が急な**わりに**意外と歩きやすいです。
저 산길은 고개가 가파른 것에 비해서 의외로 걷기 쉽습니다.

友達は頭がいい**わりに**成績は大して良くないらしい。
친구는 머리가 좋은 것에 비해서 성적은 그다지 좋지 않은 것 같다.

あの二人は姉妹の**わりに**顔も性格も似ていない。
저 둘은 자매인 것에 비해서 얼굴도 성격도 닮지 않았다.

19日 | 언어지식(문법) 빈출 문형 ⑤

☑ 잘 외워지지 않는 문형은 박스에 체크하여 복습하세요.

☐ **~おかげだ**
~덕분이다

外国人の友達がたくさんいるのは、海外で暮らしていた**おかげだ**。
외국인 친구가 많이 있는 것은, 해외에서 살았던 덕분이다.

いろんな場所に旅行に行けるのは、運転が可能な**おかげです**。
여러 장소에 여행을 갈 수 있는 것은, 운전이 가능한 덕분입니다.

今日かばんが軽いのは、普段より授業が少ない**おかげだ**。
오늘 가방이 가벼운 것은, 평소보다 수업이 적은 덕분이다.

子供が無事なのはあなたの**おかげです**。
아이가 무사한 것은 당신 덕분입니다.

☐ **~かもしれない**
~(할)지도 모른다

犯人は事件の現場にまた現れる**かもしれない**。
범인은 사건 현장에 다시 나타날지도 모른다.

彼は料理が苦手**かもしれない**。
그는 요리가 서툴지도 모른다.

思ったよりおもしろい**かもしれない**。
생각보다 재미있을지도 몰라.

あの人は様々な病気について詳しいから医者**かもしれない**。
저 사람은 다양한 병에 대해 잘 알고 있기 때문에 의사일지도 모른다.

☐ **~がる**
~싶어 하다, ~(해) 하다

祖父は孫に会いた**がっている**。
할아버지는 손자를 보고 싶어 하고 있다.

子供が不安**がる**ので、大きな声で騒がないでくれませんか。
아이가 불안해하기 때문에, 큰 소리로 떠들지 말아 주시겠습니까?

妹は犬を怖**がる**。
여동생은 개를 무서워한다.

☐ **~かどうか** ~(할)지 어떤지	この仕事を新入社員に任せる**かどうか**、考え直すべきだ。 이 일을 신입사원에게 맡길지 어떨지, 다시 생각해야 한다. あの子が意地悪**かどうか**なんて友達の私が一番わかっています。 저 아이가 짓궂은지 어떨지 따위 친구인 내가 가장 잘 알고 있습니다. その映画がおもしろい**かどうか**は見てみなければ分からない。 그 영화가 재미있는지 어떤지는 봐 보지 않으면 모른다. 来週の遠足が中止**かどうか**は当日の天気で決まります。 다음 주 소풍이 중지일지 어떨지는 당일의 날씨로 결정됩니다.
☐ **~すぎる** 너무 ~(하)다	チョコレートは冷やし**すぎる**と固くなりすぎる。 초콜릿은 너무 식히면 너무 단단해진다. 彼女はいつも上品**すぎて**、ただの一般人とは思えない。 그녀는 항상 너무 고상해서, 그저 일반인이라고는 생각할 수 없다. このコーヒーは熱**すぎる**。 이 커피는 너무 뜨겁다. もらったお米が大量**すぎて**一人では食べられません。 받은 쌀이 너무 대량이어서 혼자서는 먹을 수 없습니다.
☐ **~だろう** ~(하)겠지	来週には桜が咲く**だろう**。 다음 주에는 벚꽃이 피겠지. この試合に負けても優勝できるので気楽**だろう**。 이 시합에서 져도 우승할 수 있어서 마음이 편하겠지. 熱が下がったばかりでまだ体がだるい**だろう**。 열이 내린 직후라서 아직 몸이 나른하겠지. 留学して1年、そろそろ帰国するとき**だろう**。 유학한 지 1년, 슬슬 귀국할 때겠지.

20日 | 언어지식(문법) 빈출 문형 ⑥

음성 바로듣기

☑ 잘 외워지지 않는 문형은 박스에 체크하여 복습하세요.

☐ **~に決まっている**
당연히 ~이다, ~으로 정해져 있다

遅刻したら、先生は怒るに決まっている。
지각하면, 선생님은 당연히 화낼 것이다.

彼女が作った料理だから、おいしいに決まっている。
그녀가 만든 요리니까, 당연히 맛있을 것이다.

今年の優勝は彼に決まっている。
올해 우승은 당연히 그일 것이다.

☐ **~に違いない**
~(임)에 틀림없다

あの俳優は今年きっと売れるに違いない。
저 배우는 올해 분명 인기 있어질 것임에 틀림없다.

私が想像するよりも子供を育てることは大変に違いない。
내가 상상하는 것보다도 아이를 키우는 것은 힘듦에 틀림없다.

今回の試験は難しかったに違いない。
이번 시험은 어려웠음에 틀림없다.

まさか私が代表だなんて。きっと冗談に違いない。
설마 내가 대표라니. 분명 농담임에 틀림없어.

☐ **~に行く**
~(하)러 가다

コンビニにパンを買いに行った。
편의점에 빵을 사러 갔다.

週末は家族みんなで外食に行くことになっている。
주말은 가족 모두와 외식하러 가기로 되어 있다.

☐ **~にしたがって**
~에 따라

高度が上昇するにしたがって気圧は下がる。
고도가 상승함에 따라 기압은 내려간다.

先生の合図にしたがって生徒たちは同時に歩き出した。
선생님의 신호에 따라 학생들은 동시에 걷기 시작했다.

☐ **~のです (= ~んです)** ~(한) 것입니다	来週、試合なのにちっとも練習に来ないで何をやっていた**のですか**。 다음 주, 시합인데 조금도 연습에 오지 않고 무엇을 하고 있던 것입니까? この店はお昼だけ飲み物のおかわりが無料な**んですよ**。 이 가게는 낮에만 음료 리필이 무료인 것이에요. 昨日からご飯も食べなくてなんか様子がおかしい**のです**。 어제부터 밥도 먹지 않고 뭔가 상태가 이상한 것입니다. 女子サッカー選手になることが昔から私の夢な**んです**。 여자 축구 선수가 되는 것이 옛날부터 저의 꿈인 것입니다.
☐ **~はずだ** ~(할) 것이다	この地域は地震がよく起きるので普段から備えている**はずです**。 이 지역은 지진이 자주 일어나기 때문에 평소부터 준비하고 있을 것입니다. 昨日スーパーで買ったばかりの卵だから新鮮な**はずだ**。 어제 슈퍼에서 막 산 달걀이므로 신선할 것이다. 今日は朝からずっと会議があると言っていたから忙しい**はずです**。 오늘은 아침부터 계속 회의가 있다고 말했기 때문에 바쁠 것입니다. 今年はあの子も卒業の**はずだ**。 올해는 그 아이도 졸업일 것이다.
☐ **~はずがない** ~(할) 리가 없다	歴史に詳しい君が知らない**はずがない**。 역사에 밝은 네가 모를 리가 없다. 友達に頼られることが迷惑な**はずがない**。 친구에게 의지되는 것이 민폐일 리가 없다. 病院でもらった薬を飲んでいるから痛い**はずがありません**。 병원에서 받은 약을 먹고 있기 때문에 아플 리가 없습니다. 部屋の明かりがついているから留守の**はずがない**と思う。 방의 불이 켜져 있기 때문에 부재중일 리가 없다고 생각해.

20日 | 언어지식(문법) 빈출 문형 ⑥

☑ 잘 외워지지 않는 문형은 박스에 체크하여 복습하세요.

☐ **~ないといけない**
~(하)지 않으면 안 된다

痛みがない時も薬を飲まないといけないのでしょうか。
통증이 없을 때도 약을 먹지 않으면 안 되나요?

簡単に勝てる相手ではないので強気でないといけない。
간단히 이길 수 있는 상대가 아니기 때문에 강경하지 않으면 안 된다.

時間は3分しかないから発表する内容は短くないといけない。
시간은 3분밖에 없기 때문에 발표하는 내용은 짧지 않으면 안 된다.

ルールというのはすべての人にとって公平でないといけません。
규칙이라는 것은 모든 사람에게 있어서 공평하지 않으면 안 됩니다.

☐ **~なくてはならない**
(= ~なくちゃ)
~(하)지 않으면 안 된다

急いで準備しなくちゃ。
서둘러서 준비하지 않으면 안 돼.

赤ちゃんが使うものは常に清潔でなくてはなりません。
아기가 쓰는 것은 항상 청결하지 않으면 안 됩니다.

学校の先生になるにはまず賢くなくちゃ。
학교의 선생님이 되기 위해서는 우선 현명하지 않으면 안 돼.

暗証番号は他の人がわからないように複雑でなくてはならない。
비밀번호는 타인이 알 수 없게 복잡하지 않으면 안 된다.

☐ **~なくなってから**
~(하)지 않게 되고 나서

授業中に友達としゃべらなくなってからテストの点数が上がった。
수업 중에 친구와 이야기하지 않게 되고 나서 시험 점수가 올랐다.

仕事が楽でなくなってから辞めたいと思うようになった。
일이 편하지 않게 되고 나서 그만두고 싶다고 생각하게 되었다.

あの店は安くなくなってからは行っていない。
저 가게는 저렴하지 않게 되고 나서는 가지 않고 있다.

学生でなくなってから大学の友達に会うことも少なくなった。
학생이 아니게 되고 나서 대학 친구와 만나는 일도 줄었다.

~なければならない
~(하)지 않으면 안 된다

上司に報告する時は、話し方に気をつけ**なければならない**。
상사에게 보고할 때는, 말하는 방법에 신경 쓰**지 않으면 안 된다**.

正しい判断をするためには冷静で**なければならない**。
올바른 판단을 하기 위해서는 냉정하**지 않으면 안 된다**.

風邪を引かないためにも冬に着る服は暖かく**なければならない**。
감기에 걸리지 않기 위해서라도 겨울에 입는 옷은 따뜻하**지 않으면 안 된다**.

場所を変更するのであれば連絡は早めで**なければならない**。
장소를 변경하는 것이라면 연락은 빨리 하**지 않으면 안 된다**.

~ば
~(하)면

どの電車で行け**ば**いちばん便利なのか知っていますか。
어느 전철로 가**면** 가장 편리한지 알고 계시나요?

命令が絶対なら**ば**無視することはできないでしょう。
명령이 절대적이라**면** 무시하는 것은 불가능하겠죠.

僕がテニスができるのがうらやましけれ**ば**君も始めるといいよ。
내가 테니스를 할 수 있는 것이 부럽다**면** 너도 시작하면 돼.

この実験が成功なら**ば**これは大発見です。
이 실험이 성공이라**면** 이것은 대발견입니다.

~ば ~ほど
~(하)면 ~(할)수록

考えれ**ば**考える**ほど**むずかしいね。
생각하**면** 생각할**수록** 어렵네.

必死であれ**ば**ある**ほど**同時に不安にもなるものです。
필사적이**면** 필사적일**수록** 동시에 불안해지기도 하는 것입니다.

人は悔しけれ**ば**悔しい**ほど**努力する生き物だ。
사람은 분하**면** 분할**수록** 노력하는 생물이다.

何かに夢中であれ**ば**ある**ほど**周りが見えなくなりやすい。
무언가에 빠지**면** 빠질**수록** 주변이 보이지 않게 되기 쉽다.

20日 | 언어지식(문법) 빈출 문형 ⑥

☑ 잘 외워지지 않는 문형은 박스에 체크하여 복습하세요.

☐	**~ばよかった** ~(할) 걸 그랬다, ~(하)면 좋았겠다	私も行け**ば**よかった。 나도 갈 걸 그랬다. この割引券がまだ有効なら**ば**よかったのに。 이 할인권이 아직 유효하면 좋았을 텐데. 自分がもう少し絵画について詳しけれ**ば**よかったと思った。 자신이 좀 더 회화에 대해 잘 알았으면 좋았을 걸이라고 생각했다. 現実じゃなくて夢なら**ば**よかったのにと何度も思う。 현실이 아니고 꿈이면 좋았을 텐데 라고 몇 번이나 생각한다.
☐	**~ばかりか** ~뿐만 아니라	親切な若者は道を教えてくれた**ばかりか**荷物も運んでくれました。 친절한 젊은이는 길을 가르쳐줬을 뿐만 아니라 짐도 옮겨 주었습니다. 寝ることは体の健康にとって重要な**ばかりか**心の健康にも重要だ。 자는 것은 몸 건강에 있어서 중요할 뿐만 아니라 마음의 건강에도 중요하다. あのホテルは部屋がきたない**ばかりか**、値段も高かった。 저 호텔은 방이 더러울 뿐만 아니라, 가격도 비쌌다. 先日買った電子レンジは価格**ばかりか**質もよくて満足している。 얼마 전 산 전자레인지는 가격뿐만 아니라 질도 좋아서 만족하고 있다.
☐	**~さえ…ば** ~만 …(한)다면	やせ**さえ**すれ**ば**いいという考えはよくない。 마르기만 하면 된다는 생각은 좋지 않다. 彼が携帯を持って**さえ**いれ**ば**連絡はできる。 그가 핸드폰을 가지고 있기만 하면 연락은 할 수 있다. あの時、彼女**さえ**いれ**ば**よかったのに。 그 때, 그녀만 있었다면 좋았을 걸. 何が必要なのか**さえ**わかれ**ば**それを買っていくのに。 무엇이 필요한지만 안다면 그걸 사서 갈 텐데.

□ **なんて~だろう**
어쩜 이렇게 ~할까?

あの人はなんて親切なんだろう。
저 사람은 어쩜 이렇게 친절할까?

この人形はなんてかわいらしいのだろう。
이 인형은 어쩜 이렇게 귀여울까?

なんて賢い犬なんだろう。
어쩜 이렇게 똑똑한 개일까?